公路工程试验检测工程师手册

刘文胜 罗桂军 等编著
鲁贵卿 谭立新 等主审

中国建筑工业出版社

图书在版编目（CIP）数据

公路工程试验检测工程师手册/刘文胜等编著. —北京：中国建筑工业出版社，2013.4
ISBN 978-7-112-15217-9

Ⅰ.①公… Ⅱ.①刘… Ⅲ.①道路工程-试验-手册
②道路工程-检测-手册 Ⅳ.①U41-62

中国版本图书馆 CIP 数据核字（2013）第 077688 号

本书重点介绍公路工程试验检测与管理；路基、路面、桥梁与涵洞、隧道、交通安全设施和机电等多个专业领域的试验技术要求，它融施工技术要求、试验技术要求及试验检测技术于一体。内容丰富。帮助读者系统、全面、科学地了解和掌握公路建设多个专业领域的试验技术要求。书后还有相关附录。

本书既可供从事公路建设、施工、监理单位以及质量监督部门的专业试验检测技术人员使用，也可供参加公路工程试验检测人员考试的备考人员以及高校相关专业师生使用。

* * *

责任编辑：胡明安
责任设计：张　虹
责任校对：肖　剑　王雪竹

公路工程试验检测工程师手册

刘文胜　罗桂军　等编著
鲁贵卿　谭立新　等主审

*

中国建筑工业出版社出版、发行（北京西郊百万庄）
各地新华书店、建筑书店经销
北京红光制版公司制版
北京圣夫亚美印刷有限公司印刷

*

开本：787×1092 毫米　1/16　印张：61½　字数：1530 千字
2013 年 6 月第一版　2013 年 6 月第一次印刷
定价：**168.00** 元
ISBN 978-7-112-15217-9
（23241）

版权所有　翻印必究
如有印装质量问题，可寄本社退换
（邮政编码 100037）

本书编写委员会

主编：刘文胜　罗桂军　谭立新　邱朝兴

单位：中国建筑第五工程局有限公司

　　　　中建五局土木工程有限公司

　　　　南宁信和工程检测咨询有限公司

参编：张志远　旷庆华　罗努银　胡石卫　彭　斌

　　　　王彰庆　谢开武　赖美莲　邹　瑜　廖述勇

　　　　胡明德

主审：鲁贵卿　谭立新　张志远　彭　斌　罗努银

序

  《公路工程试验检测工程师手册》，作为中国建筑第五工程局有限公司（以下简称中建五局）多年来推进标准化工作的一个重要成果，此次公开出版，是一件值得高兴的事，也是一件有意义的事。

  近年来，随着我国经济的快速发展，企业的标准化工作也日益凸显其重要地位。其中，企业的管理标准，旨在规范管理、固化管理、复制管理；企业的技术标准，旨在规范工艺、规范操作、规范产品的质量安全环保指标。标准的形成，需要企业管理知识和技术知识的长期积累。一套高水平的企业标准，对内是一种控制标准，对外是一种技术准入门槛，对市场来说就是一种核心竞争力。所谓"三流公司做产品，二流公司做品牌，一流公司做标准"，说的也正是这个道理。

  近十年来，中建五局积极致力于推进标准化工作，并且通过实行"管理标准化、标准表单化、表单信息化、信息集约化"，将"标准化、信息化、精细化"这"三化"紧密融合、无缝对接，以标准化助推信息化，以信息化提升精细化，使企业的运营品质得到了大幅提升。十年来，中建五局新签合同额由 20 多亿元增长到 1000 多亿元，完成营业额从 20 多亿元增长到 500 多亿元，实现利润总额十年增长 815 倍，呈现出连续十年持续发展、快速发展、加速发展、科学发展的良好势头，被媒体和理论界誉为"中建五局现象"。

  近 3 年多来，中建五局坚持统筹顶层设计，按 A 篇全局适用、B 篇分支机构适用、C 篇项目适用三个层次，潜心编著《中建五局企业运营管控标准化系列丛书》，到目前为止，已发布标准化丛书 65 册，其中工作标准类 38 本，包括国家和行业标准 5 本、A 篇全局适用的标准 14 本、C 篇项目层面适用的标准 19 本，合计 500 多万字。中建五局标准化手册，既是管理模式的升级版，是对既往阶段性推进的全面质量管理、ISO 9000 质量体系认证及 ISO 14000 环境体系、ISO 18000 职业健康安全体系的三证合一认证、导入卓越绩效模式并使之"中国化、企业化、时代化、通俗化"的一次升级；也是运营管控的整合版，是将内部控制、风险管理、三标一体及日常管控等进行要素逐一梳理、制度全面覆盖、统一汇编整合，体现了统筹性、系统性、协同性、实用性等特点。

  《公路工程试验检测工程师手册》，在中建五局这套标准化丛书中，属于项目层面 C 篇范围。作为中建五局路桥人 20 多年基础设施建设实践心血的结晶，本书汇编了公路工程六大专业的工艺技术要点，以及各专业分项分部工程试验检测的操作要点，特别是把 20 多年试验检测实践的经验写成注意事项，拿出来和业界分享，希望本书能成为从事公路工程试验检测专业的工程师们的实用工具书和良师益友。

是为序。

中建五局董事长

2013 年 2 月 28 日

前　言

《公路工程试验检测工程师手册》是一本全面、系统介绍公路工程试验检测技术及其应用经验的实用手册，汇集了公路工程试验检测工作的最新技术规范和试验检测技术方法。

本手册是中国建筑第五工程局有限公司组织编写并审定的公路工程施工技术标准化丛书之一。中建五局从事高速公路建设已有20多年的历史，在公路建设试验检测方面积累了一定的经验。本手册最大的亮点是将内容翔实的施工工艺技术要点与试验操作要点紧密结合，详细阐述了试验检测工作的注意事项。本手册主要供公路建设、施工、监理以及质量监督单位从事专业试验检测技术人员的学习和使用参考，也可供公路工程项目施工技术管理的专业工程师学习和使用参考。

本手册是根据国家有关法律法规及交通规范性文件的管理要求，以我国公路工程现行试验规程、技术规范和工程质量检验评定标准为基础，全面介绍了公路工程试验检测与管理，全面介绍路基、路面、桥梁与涵洞、隧道、交通安全设施和机电等专业领域的试验技术要求。本手册共分7章，包括：第1章试验检测与管理；第2章路基工程；第3章路面工程；第4章桥梁、涵洞工程，第5章隧道工程，第6章交通安全设施，第7章机电工程等内容。

本手册由刘文胜、罗桂军、谭立新、邱朝兴担任主编。刘文胜主要负责编写第1章、第3章、第6章、第7章，并负责全书的统稿工作；第2章、第4章主要由罗桂军编写；第5章主要由邱朝兴、谭立新编写；张志远、旷庆华、罗努银、胡石卫、彭斌、王彰庆、邹瑜、廖述勇、谢开武、赖美莲、胡明德等分别参与了本手册部分内容编写工作。中建五局董事长鲁贵卿，总工程师谭立新，副总工程师彭斌分别对本书进行了审阅，并提出了宝贵的意见和修改建议，中建五局副总经理张志远、中建五局土木公司总工程师罗努银也参与了本书的审定。手册在编写过程中得到了交通运输部公路科学研究院专家成员包左军先生、全国交通工程设施（公路）标准化技术委员会委员韩文元先生的大力支持，得到了陈建勋、马建秦、张超、郑南翔、王建华、孙胜江先生的大力帮助，得到了中国建筑工业出版社的大力帮助，在此表示感谢。

由于公路工程试验检测技术发展迅猛，新的检测手段不断出现，技术规范和标准处于集中更新期，加之编者水平有限，书中难免存在一些疏漏和错误，敬请专家和读者批评指正，并提出宝贵意见。

罗桂军
2013年1月6日

目 录

第1章 试验检测与管理 ··· 1

1.1 试验检测的目的和意义 ·· 1
- 1.1.1 工程试验检测机构的职能 ·· 1
- 1.1.2 试验检测的目的和意义 ·· 1

1.2 试验检测规程和细则 ··· 1
- 1.2.1 试验检测标准和规程 ·· 1
- 1.2.2 试验检测工作细则 ·· 23
- 1.2.3 试验检测原始记录 ·· 24
- 1.2.4 试验检测结果的处理 ·· 25

1.3 试验检测工作制度 ··· 25
- 1.3.1 检测室管理制度 ·· 26
- 1.3.2 岗位责任制 ··· 26
- 1.3.3 安全制度 ··· 31
- 1.3.4 标准养护室管理制度 ·· 32
- 1.3.5 计量标准、标准物质、检测仪器的管理制度 ·· 32
- 1.3.6 仪器设备购置、验收、维修、降级和报废制度 ·· 33
- 1.3.7 检测事故分析报告制度 ·· 33
- 1.3.8 技术资料文件的管理及保密制度 ··· 34
- 1.3.9 检测样品的管理制度 ·· 35

1.4 试验检测人员配置及检测机构资质要求 ··· 35
- 1.4.1 质检机构技术负责人、质量负责人及其他人员配置 ··· 35
- 1.4.2 试验检测人员要求 ·· 36
- 1.4.3 计量检定人员要求 ·· 36
- 1.4.4 试验检测人员纪律 ·· 37
- 1.4.5 试验检测机构的资质要求 ·· 37

1.5 公路水运工程试验检测机构等级标准及等级评定程序 ·· 37
- 1.5.1 公路水运工程试验检测机构等级标准 ··· 37
- 1.5.2 公路水运工程试验检测机构等级评定程序 ··· 38

1.6 工地试验检测机构（室） ·· 38
- 1.6.1 工地试验室的类型 ·· 38
- 1.6.2 工地试验室的职责范围 ·· 39
- 1.6.3 试验室的组成 ··· 41
- 1.6.4 试验室用房 ··· 42
- 1.6.5 公路工程项目工地试验检测机构（室）临时资质条件（参考） ··································· 43

第2章 路基工程 ··· 46

2.1 施工准备 ·· 46

2.1.1　试验 ·· 46
　　2.1.2　试验路段 ·· 49
2.2　技术要求 ·· 50
　　2.2.1　一般路基 ·· 50
　　2.2.2　路基排水 ·· 60
　　2.2.3　特殊路基 ·· 66
　　2.2.4　冬、雨期路基 ··· 94
　　2.2.5　路基防护与支挡 ··· 96
2.3　试验检测项目、检测方法、频率及评定要求 ·· 112
　　2.3.1　试验检测项目 ··· 112
　　2.3.2　试验检测方法和频率 ··· 116
　　2.3.3　评定要求 ·· 120
2.4　试验检测注意事项 ·· 122
　　2.4.1　试验注意事项 ··· 122
　　2.4.2　其他注意事项 ··· 162

第3章　路面工程 ··· 171
3.1　术语与单位、分部及分项工程的划分 ··· 171
　　3.1.1　术语 ·· 171
　　3.1.2　单位、分部及分项工程的划分 ··· 176
3.2　一般规定 ·· 177
　　3.2.1　水泥混凝土面层 ·· 177
　　3.2.2　沥青及沥青混凝土面层 ··· 178
　　3.2.3　基层和底基层 ··· 179
3.3　技术要求 ·· 181
　　3.3.1　水泥混凝土面层 ·· 181
　　3.3.2　沥青及沥青混凝土面层 ··· 224
　　3.3.3　基层和底基层 ··· 278
3.4　试验检测项目、检测方法、频率及评定要求 ·· 311
　　3.4.1　试验检测项目 ··· 311
　　3.4.2　试验检测方法和频率 ··· 319
　　3.4.3　评定要求 ·· 329
3.5　试验检测注意事项 ·· 330
　　3.5.1　试验注意事项 ··· 330
　　3.5.2　其他注意事项 ··· 342

第4章　桥梁、涵洞工程 ··· 347
4.1　术语与单位、分部及分项工程的划分 ··· 347
　　4.1.1　术语 ·· 347
　　4.1.2　单位、分部及分项工程的划分 ··· 354
4.2　技术要求 ·· 356
　　4.2.1　钢筋 ·· 356
　　4.2.2　混凝土工程 ··· 361
　　4.2.3　特殊混凝土 ··· 364

4.2.4 预应力混凝土工程	373
4.2.5 钻（挖）孔灌注桩	386
4.2.6 沉入桩	391
4.2.7 沉井	395
4.2.8 地下连续墙	397
4.2.9 明挖地基	398
4.2.10 扩大基础、承台与墩台	402
4.2.11 砌体	404
4.2.12 拱桥	409
4.2.13 钢筋混凝土和预应力混凝土梁式桥	419
4.2.14 斜拉桥	428
4.2.15 悬索桥	437
4.2.16 钢桥	445
4.2.17 海洋环境桥梁	450
4.2.18 桥面及附属工程	453
4.2.19 涵洞	460
4.2.20 通道桥涵	465
4.2.21 冬期、雨期及热期施工	468
4.3 混凝土原材料	473
4.3.1 水泥	474
4.3.2 细集料	474
4.3.3 粗集料	476
4.3.4 水	477
4.3.5 掺合料	478
4.3.6 外加剂	478
4.3.7 海洋环境混凝土原材料	478
4.4 混凝土配合比	478
4.5 试验检测项目、检测方法、频率及评定要求	480
4.5.1 试验检测项目	480
4.5.2 试验检测方法和频率	484
4.5.3 评定要求	487
4.6 试验检测注意事项	492
4.6.1 试验注意事项	492
4.6.2 其他注意事项	497
第5章 隧道工程	505
5.1 术语与单位、分部及分项工程的划分	505
5.1.1 术语	505
5.1.2 单位、分部及分项工程的划分	507
5.2 技术要求	507
5.2.1 洞口、明洞与浅埋段	507
5.2.2 开挖	510
5.2.3 支护与衬砌	513

5.2.4 小净距隧道及连拱隧道 ... 519
5.2.5 监控量测 ... 520
5.2.6 防水和排水 ... 523
5.2.7 风、水、电供应 ... 526
5.2.8 通风、防尘、防有害气体 ... 527
5.2.9 辅助工程措施 ... 531
5.2.10 不良地质和特殊岩土地段 ... 533
5.2.11 隧道路面 ... 537
5.2.12 附属设施 ... 538
5.2.13 交工验收 ... 539
5.3 试验检测项目、检测方法、频率及评定要求 ... 540
5.3.1 试验检测项目 ... 540
5.3.2 试验检测方法和频率 ... 543
5.3.3 评定要求 ... 549
5.4 试验检测注意事项 ... 551
5.4.1 试验注意事项 ... 551
5.4.2 其他注意事项 ... 557

第6章 交通安全设施 ... 563
6.1 术语与单位、分部及分项工程的划分 ... 563
6.1.1 术语 ... 563
6.1.2 单位、分部及分项工程的划分 ... 569
6.2 技术要求 ... 570
6.2.1 标志 ... 570
6.2.2 标线、突起路标 ... 572
6.2.3 护栏、轮廓标 ... 573
6.2.4 防眩设施 ... 581
6.2.5 隔离栅和桥梁护网 ... 582
6.3 试验检测项目、检测方法、频率及评定要求 ... 584
6.3.1 试验检测项目 ... 584
6.3.2 试验检测方法和频率 ... 589
6.3.3 评定要求 ... 624
6.4 试验检测注意事项 ... 630
6.4.1 试验注意事项 ... 630
6.4.2 其他注意事项 ... 640

第7章 机电工程 ... 691
7.1 术语与单位、分部及分项工程的划分 ... 691
7.1.1 术语 ... 691
7.1.2 单位、分部及分项工程的划分 ... 701
7.2 技术要求 ... 701
7.2.1 监控设施 ... 702
7.2.2 通信设施 ... 738
7.2.3 收费设施 ... 750

7.2.4	低压配电设施	771
7.2.5	照明设施	778
7.2.6	隧道机电设施	783

7.3 试验检测项目、检测方法及评定要求 796
    7.3.1 试验检测项目 796
    7.3.2 试验检测方法 825
    7.3.3 评定要求 863

7.4 试验检测注意事项 893
    7.4.1 试验注意事项 893
    7.4.2 其他注意事项 910

附录 920
  附录1 关于印发公路水运工程试验检测人员考试办法的通知 920
  附录2 关于公布《公路水运工程试验检测机构等级标准》及
      《公路水运工程试验检测机构等级评定程序》的通知 923
  附录3 公路水运工程试验检测管理办法 941
  附录4 关于进一步加强公路水运工程工地试验室管理工作的意见 947
  附录5 单位、分部及分项工程的划分 949
  附录6 路基、路面压实度评定 952
  附录7 路基、柔性基层、沥青路面弯沉值评定 953
  附录8 水泥混凝土抗压强度评定 954
  附录9 水泥砂浆强度评定 957
  附录10 喷射混凝土抗压强度评定 958
  附录11 水泥混凝土弯拉强度评定 958
  附录12 路面结构层厚度评定 959
  附录13 半刚性基层和底基层材料强度评定 959
  附录14 沥青层压实度评定方法 960
  附录15 路面横向力系数评定 962
  附录16 回弹弯沉值的计算与检验 962
  附录17 钢筋机械连接接头的设计原则与性能等级 964
  附录18 掺合料技术要求 965
  附录19 混凝土配制强度计算 966
  附录20 超声波探伤 967
  附录21 通信管道试通的检验与评定 967

参考文献 969

第1章 试验检测与管理

1.1 试验检测的目的和意义

1.1.1 工程试验检测机构的职能

工程试验检测机构的职能对工程项目或产品进行检测，根据检测的结果判断工程质量或产品质量状态。因此，完善工程试验检测机构的工作制度、制定试验检测工作细则、配置合理的试验检测人员具有重要的现实意义。

1.1.2 试验检测的目的和意义

工程试验检测工作是公路工程施工技术管理中的一个重要组成部分，同时，也是公路工程施工质量控制和竣工验收评定工作中不可缺少的一个主要环节。通过试验检测能充分地利用当地原材料，能迅速推广应用新材料、新技术和新工艺；能用定量的方法科学地评定各种材料和构件的质量；能合理地控制并科学地评定工程质量。因此，工程试验检测工作对于提高工程质量、加快工程进度、降低工程造价、推动公路工程技术进步，将起到极为重要的作用。

工程实践经验证明：不重视施工检测和施工现场质量控制管理工作，而仅靠经验评估是造成工程出现早期破坏的重要原因之一。因此，要想切实提高公路工程施工质量、缩短施工工期、降低工程投资，在建立健全工程质量控制检查制度的同时必须配备一定数量的试验检测设备和相应的专职试验检测技术人员。

试验检测人员一定要正确地认识各种试验检测的作用及局限性。试验检测成果因试验方法和试验技巧的熟练程度不同，会有较大的误差。为了使试验检测能较正确地反映材料或工程的实际性质，就要求试验检测人员必须掌握试验检测的基本理论、基本知识和基本技能。

1.2 试验检测规程和细则

试验检测工作是质检机构工作中的关键环节，试验检测结果的准确性与可靠性将直接影响质检机构的工作质量。为了确保提供的数据准确可靠，要求质检人员在试验检测的全过程中必须严格遵守有关试验检测规程，并力求消除试验检测的人为误差，提高试验检测精度。

1.2.1 试验检测标准和规程

质检机构必须具备所检测项目内容业务范围内的有关技术标准、操作规程、工作规范等技术文件，它是检测工作的依据，必须齐全。对于不具备正式标准的项目内容，也可以检测机构制定的有关内部暂行操作规程或技术文件为依据，对原材料或工程质量进行检测。但这要求有检测机构的正式文件，同时只有在受检单位同意后才能按这种标准或技术文件对原材料或工程质量作出是否合格的结论，否则只能按项目认证。

质检机构检测的依据是设计文件、技术标准及试验检测规程，特殊情况下可由用户提供检测要求。若现行标准缺少结果判断方法或结果判断方法不明确，用户应提供明确的结果判断方法。

1.2.1.1 试验检测方法分类

若按试验检测的目的分类，试验检测方法可分为：

1. 作为学术研究手段进行的试验检测；
2. 作为设计依据参数进行的试验检测；
3. 作为工程质量控制检查或质量保证进行的试验检测；
4. 作为竣工验收评定进行的试验检测；
5. 作为积累技术资料进行的养护管理或后评估试验检测；
6. 作为工程质量事故调查分析进行的试验检测。

1.2.1.2 试验检测规程

公路工程试验检测常用的现行标准、规程和方法，有：检测类、施工类、质量检验与验收类及综合类等。

其中检测类，包括：水泥；石灰；掺合料（粉煤灰、硅粉、矿渣、钢纤维等）；钢材（含焊件）；钢绞线；砖、砌块；砂、石、矿粉；混凝土外加剂；混凝土养护剂；混凝土锚固剂；混凝土阻锈剂；土；水；锚具、夹片和连接器；橡胶支座；管材；防水涂料/防水卷材；高分子防水材料（片材、止水带、遇水膨胀橡胶）；土工合成材料；粘结材料；沥青及沥青混合料；砂浆及混凝土；无机结合料；公路路基路面；桥梁及混凝土主体结构；地基基础、桩基；工程物探检测（地质雷达检测）；隧道；钢结构；伸缩缝；交通安全设施；机电工程等。

施工类，包括：地基基础、桩基；公路路基路面；土工合成材料；混凝土；桥梁及混凝土主体结构；隧道；交通安全设施；机电工程等。

1. 检测类

（1）水泥

1)《水泥胶砂强度检验方法（ISO法）》GB/T 17671—1999；

2)《水泥细度检验方法（筛析法、80μm筛）》GB/T 1345—2005；

3)《水泥标准稠度用水量、凝结时间、安定性检验方法》GB/T 1346—2011；

4)《水泥胶砂流动度测定方法》GB/T 2419—2005；

5)《水泥化学分析方法》GB/T 176—2008；

6)《水泥比表面积测定方法 勃氏法》GB/T 8074—2008；

7)《水泥密度测定方法》GB/T 208—1994；

8)《水泥水化热测定方法》GB/T 12959—2008；

9)《水泥取样方法》GB 12573—2008；

10)《水泥胶砂耐磨性试验方法》JC/T 421—2004；

11)《水泥胶砂干缩试验方法》JC/T 603—2004；
12)《水泥中氯离子的化学分析方法》JC/T 1073—2008；
13)《水泥原料中氯离子的化学分析方法》JC/T 420—2006；
14)《水泥砂浆抗裂性能试验方法》JC/T 951—2005；
15)《铝酸盐水泥化学分析》GB/T 205—2008；
16)《铝酸盐水泥》GB 201—2000；
17)《抗硫酸盐硅酸盐水泥》GB 748—2005；
18)《白色硅酸盐水泥》GB/T 2015—2005；
19)《明矾石膨胀水泥》JC/T 311—2004；
20)《石灰石硅酸盐水泥》JC 600—2010；
21)《道路硅酸盐水泥》GB 13693—2005；
22)《通用硅酸盐水泥》GB 175—2007。

(2) 石灰
1)《石灰取样方法》JC/T 620—2009；
2)《石灰术语》JC/T 619—1996；
3)《建材用石灰石化学分析方法》GB/T 5762—2000；
4)《石膏化学分析》CB/T 5485—2000；
5)《建筑石灰及其试验方法》JC/T 478.1～478.2—1992/JC/T 479～481—1992。

(3) 掺合料（粉煤灰、硅粉、矿渣、钢纤维等）
1)《用于水泥和混凝土中的粉煤灰》GB/T 1596—2005；
2)《高强高性能混凝土用矿物外加剂》GB/T 18736—2002；
3)《用于水泥和混凝土中的粒化高炉矿渣粉》GB/T 18046—2008；
4)《水泥组分的定量测定》GB/T 12960—2007；
5)《用于水泥中的火山灰质混合材料》GB/T 2847—2005；
6)《粉煤灰混凝土应用技术规范》GBJ 146—1990；
7)《用于水泥混合材料的工业废渣活性试验方法》GB/T 12957—2005；
8)《预应力高强混凝土管桩用硅砂粉》JC/T 950—2005；
9)《粉煤灰在混凝土和砂浆中应用技术规程》JGJ 28—1986；
10)《混凝土用钢纤维》YB/T 151—1999。

(4) 钢材（含焊件）
1)《金属材料 拉伸试验 第1部分：室温试验方法》GB/T 228.1—2010；
2)《金属材料 弯曲试验方法》GB/T 232—2010；
3)《金属材料（线材）反复弯曲试验方法》GB/T 238—2002；
4)《金属材料 厚度等于或小于3mm薄板和薄带 反复弯曲试验方法》GB/T 235—1999；
5)《金属管 压扁试验方法》GB/T 246—2007；
6)《焊接接头拉伸试验方法》GB/T 2651—2008；
7)《焊缝及熔敷金属拉伸试验方法》GB/T 2652—2008；
8)《焊接接头弯曲试验方法》GB/T 2653—2008；

9)《焊接接头硬度试验方法》GB/T 2654—2008；

10)《钢筋混凝土用钢 第1部分：热轧光圆钢筋》GB 1499.1—2008；

11)《钢筋混凝土用钢 第2部分：热轧带肋钢筋》GB 1499.2—2007；

12)《钢筋混凝土用钢 第3部分：钢筋焊接网》GB/T 1499.3—2010；

13)《低碳钢热轧圆盘条》GB/T 701—2008；

14)《钢筋混凝土用余热处理钢筋》GB 13014—1991；

15)《结构用无缝钢管》GB/T 8162—2008；

16)《输送流体用无缝钢管》GB/T 8163—2008；

17)《低压流体输送用焊接钢管》GB/T 3091—2008；

18)《优质碳素结构钢》GB/T 699—1999；

19)《碳素结构钢》GB/T 700—2006；

20)《金属洛氏硬度试验 第1部分：试验方法（A、B、C、D、E、F、G、H、K、N、T标尺)》GB/T 230.1—2009；

21)《金属洛氏硬度试验 第2部分：硬度计（A、B、C、D、E、F、G、H、K、N、T标尺）的检验与校准》GB/T 230.2—2002；

22)《金属洛氏硬度试验 第3部分：标准硬度块（A、B、C、D、E、F、G、H、K、N、T标尺）的标定》GB/T 230.3—2002；

23)《钢和铁化学分析测定用试样的取样和制样方法》GB/T 20066—2006；

24)《钢铁及合金 碳含量的测定 管式炉内燃烧后气体容量法》GB/T 223.69—2008；

25)《钢铁及合金化学分析方法 管式炉内燃烧后碘酸钾滴定法测定硫含量》GB/T 223.68—1997；

26)《钢铁及合金化学分析方法 二安替比林甲烷磷钼酸重量法测定磷量》GB/T 223.3—1988；

27)《钢铁及合金锰含量的测定 电位滴定或可视滴定法》GB/T 223.4—2008；

28)《钢铁、酸溶硅和全硅含量的测定 还原型硅钼酸盐分光度法》GB/T 223.5—2008；

29)《热轧钢棒尺寸、外形、重量及允许偏差》GB/T 702—2008；

30)《型钢验收、包装、标志及质量证明书的一般规定》GB 2101—2008；

31)《钢丝验收、包装、标志及质量证明书的一般规定》GB/T 2103—2008；

32)《焊接用钢盘条》GB/T 3429—2002；

33)《预应力混凝土用钢丝》GB/T 5223—2002；

34)《金属压缩试验方法》GB 7314—2005；

35)《冷轧带肋钢筋》GB 13788—2008；

36)《钢及钢产品交货一般技术要求》GB/T 17505—1998；

37)《基于标准焊接规程的工艺评定》GB/T 19868.3—2005；

38)《建筑结构用钢板》GB/T 19879—2005；

39)《冷轧钢板和钢带的尺寸、外形、重量及允许偏差》GB/T 708—2006；

40)《热轧钢板和钢带的尺寸、外形、重量及允许偏差》GB/T 709—2006；

41)《结构用冷弯空心型钢尺寸、外形、重量及允许偏差》GB/T 6728—2002；

42)《直接电焊钢管》GB/T 13793—2008；

43)《热轧型钢》GB/T 706—2008；

44)《热轧 H 型钢和剖分 T 型钢》GB/T 11263—2010；

45)《碳素结构钢和低合金结构钢热轧薄钢板和钢带》GB 912—2008；

46)《碳素结构钢冷轧薄钢板及钢带》GB/T 11253—2007；

47)《连续热镀锌钢板及钢带》GB/T 2518—2008；

48)《一般工业用铝及铝合金挤压型材》GB/T 6892—2006；

49)《铝及铝合金拉（轧）制无缝管》GB/T 6893—2010；

50)《一般工业用铝及铝合金板、带材 第 2 部分：力学性能》GB/T 3880.2—2006；

51)《一般工业用铝及铝合金板、带材 第 3 部分：尺寸偏差》GB/T 3880.3—2006；

52)《铝及铝合金铆钉线与铆钉剪切试验方法及铆钉线铆接试验方法》GB/T 3250—2007；

53)《一般用途低碳钢丝》YB/T 5294—2009；

54)《金属丝编织网试验筛》GB/T 6003.1—1997；

55)《阴极铜》GB/T 467—2010；

56)《一般工程用铸造碳钢件》GB/T 11352—2009；

57)《钢板网》GB 3896—1999；

58)《涂覆涂料前钢材表面处理 表面清洁度的目视评定 第 1 部分：未涂覆过的钢材表面和全面清除原有涂层后的钢材表面的锈蚀等级和处理等级》GB/T 8923.1—2011；

59)《涂覆涂料前钢材表面处理 表面清洁度的目视评定 第 2 部分：已涂覆过的钢材表面局部清除原有涂层后的处理等级》GB/T 8923.2—2008；

60)《涂覆涂料前钢材表面处理 表面清洁度的目视评定 第 3 部分：焊缝、边缘和其他区域的表面缺陷的处理等级》GB/T 8923.3—2009；

61)《钢及钢产品力学性能试验取样位置及试样制备》GB/T 2975—1998；

62)《预应力混凝土用螺纹钢筋》GB/T 20065—2006；

63)《合金镀层（HA）钢管及管件》CJ/T 223—2006；

64)《桥梁用结构钢》GB/T 714—2008；

65)《低合金高强度结构钢》GB/T 1591—2008；

66)《钢筋焊接接头试验方法标准》JGJ/T 27—2001；

67)《钢筋焊接网混凝土结构技术规程》JGJ/T 114—1997；

68)《钢筋机械连接通用技术规程》JGJ 107—2010；

69)《带肋钢筋套筒挤压连接技术规程》JGJ 108—1996；

70)《钢筋锥螺纹接头技术规程》JGJ 109—1996；

71)《镦粗直螺纹钢筋接头》JG 171—2005；

72)《环氧树脂涂层钢筋》JG 3042—1997；

73)《滚轧直螺纹钢筋连接接头》JG 163—2004；

74)《钢筋焊接及验收规程》JGJ 18—2012；

75)《混凝土制品用冷拔低碳钢丝》JC/T 540—2006；

76)《混凝土灌注桩用钢薄壁声测管及使用要求》JT/T 705—2007；

77)《焊接接头机械性能试验取样方法》GB/T 2649—1989；
78)《公路工程金属试验规程》JTJ 055—1983；
79)《金属材料 线材 单向扭转试验方法》GB/T 239.1。

(5) 钢绞线

1)《预应力混凝土用钢绞线》GB/T 5224—2003；
2)《金属应力松弛试验方法》GB/T 10120—1996；
3)《桥梁缆索用热镀锌钢丝》GB/T 17101—2008；
4)《钢丝绳破断拉伸试验方法》GB/T 8358—2006；
5)《镀锌钢丝锌层质量试验方法》GB/T 2973—2004；
6)《锌—5%铝—混合稀土合金镀层钢丝、钢绞线》GB/T 20492—2006；
7)《无粘结预应力钢绞线》JG 161—2004；
8)《公路悬索桥吊索》JT/T 449—2001；
9)《镀锌钢绞线》YB/T 5004—2001。

(6) 砖、砌块

1)《砌墙砖试验方法》GB/T 2542—2003；
2)《普通混凝土小型空心砌块》GB 8239—1997；
3)《烧结多孔砖和多孔砌块》GB 13544—2011；
4)《烧结普通砖》GB 5101—2003；
5)《烧结空心砖和空心砌块》GB 13545—2003；
6)《混凝土小型空心砌块试验方法》GB/T 4111—1997；
7)《混凝土路面砖》JG/T 446—2000；
8)《砌墙砖检验规则》JC 466—1996；
9)《混凝土多孔砖》JC 943—2004；
10)《透水砖》JC/T 945—2005；
11)《轻集料混凝土小型空心砌块》GB/T 15229—2011；
12)《混凝土实心砖》GB/T 21144—2007；
13)《混凝土路缘石》JC 899—2002；
14)《蒸压加气混凝土砌块》GB 11968—2006；
15)《蒸压加气混凝土性能试验方法》GB/T 11969—2008。

(7) 砂、石、矿粉

1)《公路工程集料试验规程》JTG E42—2005；
2)《公路工程岩石试验规程》JTG E41—2005；
3)《建设用砂》GB/T 14684—2011；
4)《建设用卵石、碎石》GB/T 14685—2011；
5)《普通混凝土用砂、石质量及检验方法标准》JGJ 52—2006；
6)《工程岩体试验方法标准》GB/T 50266—1999；
7)《轻集料及其试验方法 第1部分：轻集料》GB/T 17431.1—1998；
8)《轻集料及其试验方法 第2部分：轻集料试验方法》GB/T 17431.2—1998。

(8) 混凝土外加剂

1)《公路工程混凝土外加剂》JT/T 523—2004；
2)《混凝土膨胀剂》GB 23439—2009；
3)《混凝土外加剂》GB 8076—2008；
4)《混凝土外加剂匀质性试验方法》GB/T 8077—2000；
5)《混凝土外加剂定义、分类、命名与术语》GB/T 8075—2005；
6)《高强高性能混凝土用矿物外加剂》GB/T 18736—2002；
7)《水泥基渗透结晶型防水材料》GB 18445—2001；
8)《混凝土外加剂应用技术规范》GB 50119—2003；
9)《混凝土界面处理剂》JG/T 907—2002；
10)《聚羧酸系高性能减水剂》JG/T 223—2007；
11)《砂浆、混凝土防水剂》JC 474—2008；
12)《喷射混凝土用速凝剂》JC 477—2005；
13)《混凝土泵送剂》JC 473—2001；
14)《水泥与减水剂相容性试验方法》JG/T 1083—2008；
15)《混凝土防冻剂》JC 475—2004；
16)《混凝土结构防火涂料》GA 98—2005；
17)《工业硅酸钠》GB/T 4209—2008。

(9) 混凝土养护剂
1)《公路工程混凝土养护剂》JT/T 522—2004；
2)《水泥混凝土养护剂》JC 901—2002。

(10) 混凝土锚固剂
1)《水泥锚杆 卷式锚固剂》MT 219—2002；
2)《吸水式锚固包技术条件》TB/T 2093—2002。

(11) 混凝土阻锈剂
1)《钢筋混凝土阻锈剂》JT/T 537—2004；
2)《钢筋阻锈剂应用技术规程》JGJ/T 192—2009。

(12) 土
1)《公路土工试验规程》JTG E40—2007；
2)《土工试验方法标准》GB/T 50123—1999；
3)《岩土工程基本术语标准》GB/T 50279—1998。

(13) 水
1)《公路工程水质分析操作规程》JTJ 056—1984；
2)《生活饮用水标准检验方法 总则》GB/T 5750.1—2006；
3)《混凝土用水标准》JGJ 63—2006；
4)《分析实验室用水规格和试验方法》GB/T 6682—2008。

(14) 锚具、夹片和连接器
1)《公路桥梁预应力钢绞线用锚具、夹具和连接器》JT/T 329—2010；
2)《预应力筋用锚具、夹具和连接器》GB/T 14370—2007；
3)《预应力筋用锚具、夹具和连接器应用技术规程》JGJ 85—2010。

(15) 橡胶支座

1)《公路桥梁板式橡胶支座》JT/T 4—2004;
2)《公路桥梁盆式橡胶支座》JT/T 391—2009;
3)《公路桥梁伸缩装置》JT/T 327—2004;
4)《公路桥梁板式橡胶支座规格系列》JT/T 663—2006;
5)《桥梁球形支座》GB/T 17955—2009;
6)《橡胶支座 第4部分:普通橡胶支座》GB 20688.4—2007;
7)《橡胶支座 第2部分:桥梁隔震橡胶支座》GB 20688.2—2006;
8)《公路桥梁球冠圆板式橡胶支座》Q/OVM 013—2005。

(16) 管材

1)《预应力混凝土桥梁用塑料波纹管》JT/T 529—2004;
2)《公路地下通信管道 高密度聚乙烯硅芯塑料管》JT/T 496—2004;
3)《高密度聚乙烯硅芯管》GB/T 24456—2009;
4)《塑料试样状态调节和试验的标准环境》GB/T 2918—1998;
5)《埋地用聚乙烯(PE)结构壁管道系统 第1部分:聚乙烯双壁波纹管材》GB/T 19472.1—2004;
6)《埋地排水用 硬聚氯乙烯(PVC-U)结构壁管道系统 第1部分:双壁波纹管材》GB/T 18477.1—2007;
7)《农田排水用塑料单壁波纹管》GB/T 19647—2005;
8)《热塑性塑料管材纵向回缩率的测定》GB/T 6671—2001;
9)《塑料管道系统 塑料部件尺寸的测定》GB/T 8806—2008;
10)《塑料拉伸性能的测定 第1部分:总则》GB/T 1040.1—2006;
11)《塑料拉伸性能的测定 第2部分:模塑和挤塑塑料的试验条件》GB/T 1040.2—2006;
12)《塑料拉伸性能的测定 第3部分:薄膜和薄片的试验条件》GB/T 1040.3—2006;
13)《塑料拉伸性能的测定 第4部分:各向同性和正交各向异性纤维增强复合材料的试验条件》GB/T 1040.4—2006;
14)《热塑性塑料管材 拉伸性能测定 第1部分:试验方法总则》GB/T 8804.1—2003;
15)《热塑性塑料管材 拉伸性能测定 第2部分:硬聚氯乙烯(PVC-U)、氯化聚氯乙烯(PVC-C)和高抗冲聚氯乙烯(PVC-HI)管材》GB/T 8804.2—2003;
16)《热塑性塑料管材 拉伸性能测定 第3部分:聚烯烃管材》GB/T 8804.3—2003;
17)《无压埋地排污、废水用硬聚氯乙烯(PVC—U)管材》GB/T 20221—2006;
18)《混凝土和钢筋混凝土排水管》GB/T 11836—2009;
19)《混凝土和钢筋混凝土排水管试验方法》GB/T 16752—2006;
20)《塑料 非泡沫塑料密度的测定 第1部分:浸渍法、液体比重瓶法和滴定法》GB/T 1033.1—2008;
21)《建筑排水用硬聚氯乙烯(PVC—U)管材》GB/T 5836.1—2006;
22)《硬聚氯乙烯(PVC—U)管件坠落试验方法》GB/T 8801—2007;
23)《热塑性塑料管材、管件维卡软化温度的测定》GB/T 8802—2001;

24)《橡胶或塑料增强软管和非增强软管 弯曲试验》GB/T 5565—2006；
25)《塑料弯曲性能试验方法》GB/T 9341—2000；
26)《纤维增强塑料性能试验方法总则》GB/T 1446—2005；
27)《纤维增强塑料拉伸性能试验方法》GB/T 1447—2005；
28)《纤维增强塑料压缩性能试验方法》GB/T 1448—2005；
29)《纤维增强塑料弯曲性能试验方法》GB/T 1449—2005；
30)《流体输送用热塑性塑料管材耐内压试验方法》GB/T 6111—2003；
31)《热塑性塑料管材蠕变比率的试验方法》GB/T 18042—2000；
32)《纤维增强塑料简支梁式冲击韧性试验方法》GB/T 1451—2005；
33)《热塑性塑料管材环刚度的测定》GB/T 9647—2003；
34)《热塑性塑料管材耐外冲击性能试验方法：时针旋转法》GB/T 14152—2001；
35)《预应力混凝土用金属波纹管》JG 225—2007；
36)《软式透水管》JC 937—2004；
37)《建筑用硬聚氯乙烯（PVC—U）》QB/T 2480—2000；
38)《钢塑复合压力管》CJ/T 183—2003；
39)《排水用硬聚氯乙烯（PVC—U）玻璃微珠复合管材》CJ/T 231—2006；
40)《埋地排水用钢带增强聚乙烯（PE）螺旋波纹管》CJ/T 225—2006；
41)《硬质塑料弯曲度测量方法》QB/T 2803—2006；
42)《地下通信管道用塑料管 第1部分：总则》YD/T 841.1—2008；
43)《地下通信管道用塑料管 第2部分：实壁管》YD/T 841.2—2008；
44)《地下通信管道用塑料管 第3部分：双壁波纹管》YD/T 841.3—2008；
45)《地下通信管道用塑料管 第5部分：梅花管》YD/T 841.5—2008。

(17) 防水涂料/防水卷材

1)《聚氨酯防水涂料》GB/T 19250—2003；
2)《聚氯乙烯弹性防水涂料》JC/T 674—1997；
3)《聚合物水泥防水涂料》GB/T 23445—2009；
4)《水乳型沥青防水涂料》JC/T 408—2005；
5)《溶剂型橡胶沥青防水涂料》JC/T 852—1999；
6)《合成树脂乳液外墙涂料》GB/T 9755—2001；
7)《建筑防水涂料试验方法》GB/T 16777—2008；
8)《石油沥青纸胎油毡》GB 326—2007；
9)《建筑防水卷材试验方法 第1部分：沥青和高分子防水卷材抽样规则》GB/T 328.1—2007；
10)《建筑防水卷材试验方法 第2部分：沥青防水卷材 外观》GB/T 328.2—2007；
11)《建筑防水卷材试验方法 第3部分：高分子防水卷材 外观》GB/T 328.3—2007；
12)《建筑防水卷材试验方法 第4部分：沥青防水卷材 厚度、单位面积质量》GB/T 328.4—2007；
13)《建筑防水卷材试验方法 第5部分：高分子防水卷材 厚度、单位面积质量》GB/T 328.5—2007；

14)《建筑防水卷材试验方法 第 6 部分：沥青防水卷材 长度、宽度和平直度》GB/T 328.6—2007；

15)《建筑防水卷材试验方法 第 7 部分：高分子防水卷材 长度、宽度、平直度和平整度》GB/T 328.7—2007；

16)《建筑防水卷材试验方法 第 8 部分：沥青防水卷材 拉伸性能》GB/T 328.8—2007；

17)《建筑防水卷材试验方法 第 9 部分：高分子防水卷材拉伸性能》GB/T 328.9—2007；

18)《建筑防水卷材试验方法 第 10 部分：沥青和高分子防水卷材 不透水性》GB/T 328.10—2007；

19)《建筑防水卷材试验方法 第 11 部分：沥青防水卷材 耐热性》GB/T 328.11—2007；

20)《建筑防水卷材试验方法 第 12 部分：沥青防水卷材 尺寸稳定性》GB/T 328.12—2007；

21)《建筑防水卷材试验方法 第 13 部分：高分子防水卷材 尺寸稳定性》GB/T 328.13—2007；

22)《建筑防水卷材试验方法 第 14 部分：沥青防水卷材 低温柔性》GB/T 328.14—2007；

23)《建筑防水卷材试验方法 第 15 部分：高分子防水卷材 低温弯折性》GB/T 328.15—2007；

24)《建筑防水卷材试验方法 第 16 部分：高分子防水卷材 耐化学液体（包括水）》GB/T 328.16—2007；

25)《建筑防水卷材试验方法 第 17 部分：沥青防水卷材 矿物料粘附性》GB/T 328.17—2007；

26)《建筑防水卷材试验方法 第 18 部分：沥青防水卷材 撕裂性能（钉杆法）》GB/T 328.18—2007；

27)《建筑防水卷材试验方法 第 19 部分：高分子防水卷材 撕裂性能》GB/T 328.19—2007；

28)《建筑防水卷材试验方法 第 20 部分：沥青防水卷材 接缝剥离性能》GB/T 328.20—2007；

29)《建筑防水卷材试验方法 第 21 部分：高分子防水卷材 接缝剥离性能》GB/T 328.21—2007；

30)《建筑防水卷材试验方法 第 22 部分：沥青防水卷材 接缝剪切性能》GB/T 328.22—2007；

31)《建筑防水卷材试验方法 第 23 部分：高分子防水卷材 接缝剪切性能》GB/T 328.23—2007；

32)《建筑防水卷材试验方法 第 24 部分：沥青和高分子防水卷材 抗冲击性能》GB/T 328.24—2007；

33)《建筑防水卷材试验方法 第 25 部分：沥青和高分子防水卷材 抗静态荷载》GB/T 328.25—2007；

34)《建筑防水卷材试验方法 第 26 部分：沥青防水卷材 可溶物含量（浸涂材料含量)》GB/T 328.26—2007；

35)《建筑防水卷材试验方法 第 27 部分：沥青和高分子防水卷材 吸水性》GB/T 328.27—2007；

36)《聚氯乙烯（PVC）防水卷材》GB 12952—2011；

37)《改性沥青聚乙烯胎防水卷材》GB 18967—2003；

38)《塑性体改性沥青防水卷材》GB 18243—2008；

39)《氯化聚乙烯防水卷材》GB 12953—2003；

40)《弹性体改性沥青防水卷材》GB 18242—2008；

41)《石油沥青玻璃布胎油毡》JC/T 84—1996；

42)《氯化聚乙烯——橡胶共混防水卷材》JC/T 684—1997；

43)《自粘橡胶沥青防水卷材》JC 840—1999；

44)《自粘聚合物改性沥青聚酯胎防水卷材》JC 898—2002；

45)《石油沥青玻璃纤维胎防水卷材》GB/T 14686—2008；

46)《沥青复合胎柔性防水卷材》JC/T 690—2008；

47)《铝箔面石油沥青防水卷材》JC/T 504—2007；

48)《塑料 聚乙烯环境应力开裂试验方法》GB/T 1842—2008；

49)《硫化橡胶低温脆性的测定 单试样法》GB/T 1682—1994。

（18）高分子防水材料（片材、止水带、遇水膨胀橡胶）

1)《硫化橡胶或热塑性橡胶压入硬度试验方法 第 1 部分：邵氏硬度法》（邵氏硬度）GB/T 531.1—2008；

2)《硫化橡胶或热塑性橡胶撕裂强度的测定》(裤形、直角形和新月形试样) GB/T 529—2008；

3)《硫化橡胶或热塑性橡胶热空气加速老化和耐热试验》GB/T 3512—2001；

4)《硫化橡胶、热塑性橡胶 常温、高温和低温下压缩永久变形测定》GB/T 7759—1996；

5)《高分子防水材料 第 1 部分：片材》GB 18173.1—2006；

6)《高分子防水材料 第 2 部分：止水带》GB 18173.2—2000；

7)《高分子防水材料 第 3 部分：遇水膨胀橡胶》GB 18173.3—2002；

8)《硫化橡胶或热塑性橡胶拉伸应力应变性能的测定》GB/T 528—2009；

9)《橡胶物理试验方法试样制备和调节通用程序》GB/T 2941—2006；

10)《硫化橡胶低温脆性的测定（多样式）》GB/T 15256—1994；

11)《硫化橡胶或热塑性橡胶 耐臭氧龟裂静态拉伸试验》GB/T 7762—2003；

12)《硫化橡胶或热塑性橡胶耐液体试验方法》GB/T 1690—2006；

13)《硫化橡胶回弹的测定》GB/T 1681—2009；

14)《硫化橡胶或热塑性橡胶 密度的测定》GB/T 533—2008；

15)《硬质橡胶抗剪强度的测定》GB/T 1700—2001。

（19）土工合成材料

1)《公路工程土工合成材料试验规程》JTG E50—2006；

2)《公路工程土工合成材料 土工格室》JT/T 516—2004；

3)《交通工程土工合成材料 土工格栅》JT/T 480—2002；

4)《公路工程土工合成材料 塑料排水板（带）》JT/T 521—2004；

5)《公路工程土工合成材料 防水材料》JT/T 664—2006；

6)《公路工程土工合成材料 排水材料》JT/T 665—2006；

7)《公路工程土工合成材料 轻型硬质泡沫材料》JT/T 666—2006；

8)《公路工程土工合成材料 无纺土工织物》JT/T 667—2006；

9)《公路工程土工合成材料 保温隔热材料》JT/T 668—2006；

10)《公路工程土工合成材料 复合材料的分类、性能要求和试验方法》JT/T 669—2006；

11)《土工合成材料 取样和试样准备》GB/T 13760—2009；

12)《土工合成材料 规定压力下厚度的测定 第1部分 单层产品厚度的测定方法》GB/T 13761.1—2009；

13)《土工合成材料 土工布及土工布有关产品单位面积质量的测定方法》GB/T 13762—2009；

14)《土工布 多层产品中单层厚度的测定》GB/T 17589—1998；

15)《土工布及有关产品 有效孔径的测定 干筛法》GB/T 14799—2005；

16)《土工布及其有关产品 动态穿孔试验 落锥法》GB/T 17630—1998；

17)《土工布及其有关产品 无负荷时垂直渗透特性的测定》GB/T 15789—2005；

18)《土工布透气性的试验方法》GB/T 13764—1992；

19)《土工布及其有关产品 宽条拉伸试验》GB/T 15788—2005；

20)《土工布 接头/接缝宽条拉伸试验方法》GB/T 16989—1997；

21)《土工合成材料 梯形法撕破强力的测定》GB/T 13763—2010；

22)《土工合成材料 静态顶破试验（CBR法）》GB/T 14800—2010；

23)《涂层织物涂层粘附强度测定方法》FZ/T 01010—1991；

24)《土工布及其有关产品 抗氧化性能的试验方法》GB/T 17631—1998；

25)《土工合成材料 塑料土工格栅》GB/T 17689—2008；

26)《公路工程土工合成材料 长丝纺粘针刺非织造土工布》GB/T 17639—2008；

27)《土工合成材料 短纤针刺非织造土工布》GB/T 17638—1998；

28)《土工合成材料 塑料三维土工网垫》GB/T 18744—2002；

29)《土工合成材料 非织造复合土工膜》GB/T 17642—2008；

30)《土工合成材料 聚乙烯土工膜》GB/T 13764—1998；

31)《土工合成材料 塑料扁丝扁织土工布》GB/T 17690—1999；

32)《土工合成材料 塑料土工格室》GB/T 19274—2003；

33)《土工合成材料 塑料土工网》GB/T 19470—2004；

34)《土工合成材料 术语与定义》GB/T 13759—2009；

35)《垃圾填埋场用高密度聚乙烯土工膜》CJ/T 234—2006。

(20) 粘结材料

1)《塑料 环氧树脂 黏度测定方法》GB/T 22314—2008；

2)《树脂浇铸体性能试验方法》GB/T 2567—2008；

3)《胶粘剂不挥发物含量的测定》GB/T 2793—1995；

4)《胶粘剂对接接头拉伸强度的测定》GB/T 6329—1996;
5)《胶粘剂 拉伸剪切强度的测定（刚性材料对刚性材料）》GB/T 7124—2008;
6)《建筑密封材料试验方法》GB/T 13477—2002;
7)《聚乙烯（PE）树脂》GB/T 11115—2009;
8)《胶粘剂—不均匀扯离强度试验方法（金属与金属）》GJB 94—1986;
9)《无粘结预应力筋专用防腐润滑脂》JG 3007—1993;

(21) 沥青及沥青混合料
1)《公路工程沥青及沥青混合料试验规程》JTG E20—2011;
2)《沥青针入度测定法》GB/T 4509—2010;
3)《沥青延度测定法》GB/T 4508—2010;
4)《沥青软化点测定法》（环球法）GB/T 4507—1999;
5)《建筑石油沥青》GB/T 494—1998;
6)《石油沥青蒸发损失测定法》GB 11964—2008;
7)《路面沥青改性材料 苯乙烯—丁二烯嵌段共聚物（SBS）》JT/T 526—2004;
8)《路面沥青改性材料 苯乙烯—丁二烯橡胶1502（SBR1502)》JT/T 527—2004;
9)《沥青路面坑槽冷拌修补材料 SBS沥青液》JT/T 530—2004。

(22) 砂浆及混凝土
1)《公路工程水泥及水泥混凝土试验规程》JTG E30—2005;
2)《水运工程混凝土试验规程》JTJ 270—1998;
3)《砌筑砂浆配合比设计规程》JGJ/T 98—2010;
4)《普通混凝土配合比设计规程》JGJ 55—2011;
5)《建筑砂浆基本性能试验方法标准》JGJ/T 70—2009;
6)《普通混凝土拌合物性能试验方法标准》GB/T 50080—2002;
7)《普通混凝土力学性能试验方法标准》GB/T 50081—2002;
8)《普通混凝土长期性能和耐久性能试验方法标准》GB/T 50082—2009;
9)《钻芯检测离心高强混凝土抗压强度试验方法》GB/T 19496—2004;
10)《钻芯法检测混凝土强度技术规程》CECS 03：2007;
11)《超声回弹综合法检测混凝土强度技术规程》CECS 02：2005;
12)《贯入法检测砌筑砂浆抗压强度技术规程》JGJ/T 136—2001。

(23) 无机结合料
《公路工程无机结合料稳定材料试验规程》JTG E51—2009。

(24) 公路路基路面
《公路路基路面现场测试规程》JTG E60—2008。

(25) 桥梁及混凝土主体结构
1)《工程测量规范》GB 50026—2007;
2)《混凝土结构试验方法标准》GB 50152—1992;
3)《建筑结构检测技术标准》GB/T 50344—2004;
4)《砌体工程现场检测技术标准》GB/T 50315—2000;
5)《牺牲阳极电化学性能试验方法》GB/T 17848—1999;

6)《铝-锌-铟系合金牺牲阳极》GB/T 4948—2002;
7)《镁合金牺牲阳极》GB 17731—2009;
8)《锌-铝-镉合金牺牲阳极》GB/T 4950—2002;
9)《回弹法检测混凝土抗压强度技术规程》JGJ/T 23—2011;
10)《建筑抗震试验方法规程》JGJ 101—1996;
11)《混凝土中钢筋检测技术规程》JGJ/T 152—2008;
12)《回弹仪检定规程》JJG 817—2011;
13)《超声波检测混凝土缺陷技术规范》CECS 21：2000;
14)《大跨径混凝土桥梁的试验方法》YC 4—4/1982。

(26) 地基基础、桩基

1)《公路工程基桩动测技术规程》JTG/T F81—01—2004;
2)《岩土工程勘察规范》GB 50021—2001;
3)《地基动力特性测试规范》GB/T 50269—1997;
4)《基桩低变动力检测规程》JGJ/T 93—1995;
5)《高层建筑岩土工程勘察规程》JGJ 72—2004;
6)《建筑基桩检测技术规范》JGJ 106—2003;
7)《建筑变形测量规程》JGJ/T 8—2007;
8)《岩土工程监测规范》YS 5229—1996;
9)《基桩静载试验 自平衡法》JT/T 738—2009。

(27) 工程物探检测（地质雷达检测）

1)《铁路隧道衬砌质量无损检测》TB 10223—2004;
2)《水利水电工程物探规程》SL 326—2005。

(28) 隧道

1)《公路工程物探规程》JTG/T C22—2009;
2)《环境空气质量标准》GB 3095—2012;
3)《声环境质量标准》GB 3096—2008;
4)《城市区域环境噪声测量方法》GB/T 14623—1993;
5)《工作场所空气中有害物质监测的采样规范》GBZ 159—2004;
6)《放射性污染的物料解控和场址开放的基本要求》GBZ 167—2005。

(29) 钢结构

1)《电弧螺柱焊用圆柱头焊钉》GB/T 10433—2002;
2)《钢焊缝手工超声波探伤方法和探伤结果分级》GB 11345—2007;
3)《热喷涂金属件表面预处理通则》GB/T 11373—1989;
4)《铸钢件磁粉检测》GB/T 9444—2007;
5)《金属熔化焊焊接接头射线照相》GB/T 3323—2005;
6)《钢结构用高强度大六角头螺栓》GB/T 1228—2006;
7)《钢结构用高强度大六角螺母》GB/T 1229—2006;
8)《钢结构用高强度垫圈》GB/T 1230—2006;
9)《钢结构用高强度大六角头螺栓、大六角螺母、垫圈技术条件》GB/T 1231—2006;

10)《六角头螺栓》GB/T 5782—2000；

11)《1型六角螺母》GB/T 6170—2000；

12)《平垫圈 A 级》GB/T 97.1—2002；

13)《紧固件机械性能 螺栓、螺钉和螺柱》GB/T 3098.1—2010；

14)《钢结构用扭剪型高强度螺栓连接副》GB/T 3632—2008；

15)《铸钢件射线照相检测》GB/T 5677—2007；

16)《紧固件 验收检查》GB/T 90.1—2002；

17)《钢结构高强度螺栓连接技术规程》JGJ 82—2011；

18)《钢结构超声波探伤及质量分级法》JG/T 203—2007；

19)《焊接材料质量管理规程》JB/T 3223—1996；

20)《承压设备无损检测 第1部分：通用要求》JB/T 4730.1—2005；

21)《承压设备无损检测 第2部分：射线检测》JB/T 4730.2—2005；

22)《承压设备无损检测 第3部分：超声检测》JB/T 4730.3—2005；

23)《承压设备无损检测 第4部分：磁粉检测》JB/T 4730.4—2005；

24)《承压设备无损检测 第5部分：渗透检测》JB/T 4730.5—2005；

25)《无损检测 焊缝磁粉检测》JB/T 6061—2007。

(30) 伸缩缝

1)《公路桥梁伸缩装置》JT/T 327—2004；

2)《公路桥梁波形伸缩装置》JT/T 502—2004。

(31) 交通安全设施

1)《道路交通标志和标线 第1部分：总则》GB 5768.1—2009；

2)《道路交通标志和标线 第2部分：道路交通标志》GB 5768.2—2009；

3)《道路交通标志和标线 第3部分：道路交通标线》GB 5768.3—2009；

4)《奥林匹克专用车道标志和标线》GB 21253—2007；

5)《公路交通标志反光膜》GB/T 18833—2002；

6)《道路交通标志板及支撑件》GB/T 23827—2009；

7)《道路交通标线质量要求和检测方法》GB/T 16311—2009；

8)《突起路标》GB/T 24725—2009；

9)《太阳能突起路标》GB/T 19813—2005；

10)《路面标线用玻璃珠》GB/T 24722—2009；

11)《道路预成形标线带》GB/T 24717—2009；

12)《防眩板》GB/T 24718—2009；

13)《轮廓标》GB/T 24970—2010；

14)《交通锥》GB/T 24720—2009；

15)《行人反光标识夜间光度性能及测试方法》GB/T 21380—2008；

16)《光致发光（磷光）安全标记光学性能要求》GB/T 21382—2008；

17)《新划路面标线初始逆反射亮度系数及测试方法》GB/T 21383—2008；

18)《公路沿线设施塑料制品耐候性要求及测试方法》GB/T 22040—2008；

19)《标准照明体和几何条件》GB/T 3978—2008；

20)《物体色的测量方法》GB/T 3979—2008；

21)《人造气氛腐蚀试验 盐雾试验》GB/T 10125—1997；

22)《公路用玻璃纤维增强塑料产品 第1部分：通则》GB/T 24721.1—2009；

23)《公路用玻璃纤维增强塑料产品 第2部分：管箱》GB/T 24721.2—2009；

24)《公路用玻璃纤维增强塑料产品 第3部分：管道》GB/T 24721.3—2009；

25)《公路用玻璃纤维增强塑料产品 第4部分：非承压通信井盖》GB/T 24721.4—2009；

26)《公路用玻璃纤维增强塑料产品 第5部分：标志底板》GB/T 24721.5—2009；

27)《钢产品镀锌层质量试验方法》GB/T 1839—2008；

28)《液体油墨附着牢度检验方法》GB/T 13217.7—2009；

29)《漆膜附着力测定法》GB/T 1720—1979（1989）；

30)《涂料黏度测定法》GB/T 1723—1993；

31)《漆膜一般制备法》GB/T 1727—1992；

32)《漆膜柔韧性测定法》GB/T 1731—1993；

33)《漆膜耐冲击测定法》GB/T 1732—1993；

34)《漆膜耐水性测定法》GB/T 1733—1993；

35)《漆膜耐湿热测定法》GB/T 1740—2007；

36)《漆膜厚度测定法》GB/T 1764—1979（1989）；

37)《建筑涂料 涂层耐碱性的测定》GB/T 9265—2009；

38)《涂料黏度的测定 斯托默黏度计法》GB/T 9269—2009；

39)《色漆和清漆 弯曲试验（圆柱轴）》GB/T 6742—2007；

40)《色漆、清漆和塑料 不挥发物含量的测定》GB/T 1725—2007；

41)《色漆和清漆 涂层老化的评级方法》GB/T 1766—2008；

42)《色漆和清漆 耐磨性的测定 旋转橡胶砂轮法》GB/T 1768—2006；

43)《色漆和清漆耐中性盐雾性能的测定》GB/T 1771—2007；

44)《色漆和清漆 试样的检查和制备》GB/T 20777—2006；

45)《色漆、清漆和色漆与清漆用原材料 取样》GB/T 3186—2006；

46)《色漆和清漆 密度的测定 比重瓶法》GB/T 6750—2007；

47)《色漆和清漆用漆基 软化点的测定 环球法》GB/T 9284—1988；

48)《色漆和清漆 漆膜的划格试验》GB/T 9286—1998；

49)《色漆和清漆 不含金属颜料的色漆 漆膜的20°、60°和85°镜面光泽的测定》GB/T 9754—2007；

50)《塑料 耐液体化学试剂性能的测定》GB/T 11547—2008；

51)《塑料实验室光源暴露试验方法 第1部分：总则》GB/T 16422.1—2006；

52)《塑料实验室光源暴露试验方法 第2部分：氙弧灯》GB/T 16422.2—1999；

53)《塑料 聚乙烯环境应力开裂试验方法》GB/T 1842—2008；

54)《塑料和硬橡胶 使用硬度计测定压痕硬度（邵氏硬度）》GB/T 2411—2008；

55)《热塑性塑料维卡软化温度（VST）的测定》GB/T 1633—2000；

56)《塑料 负荷变形温度的测定 第2部分：塑料、硬橡胶和长纤维增强复合材料》

GB/T 1634.2—2004；

57)《塑料 自然日光气候老化、玻璃过滤后日光气候老化和菲涅耳镜加速日光气候老化的暴露试验方法》GB/T 3681—2011；

58)《热塑性塑料熔体质量流动速率和熔体体积流动速率的测定》GB/T 3682—2000；

59)《非磁性覆盖层厚度测量磁性法》GB/T 4956—2005；

60)《玻璃纤维增强塑料老化性能试验方法》GB/T 2573—2008；

61)《纤维缠绕增强塑料环形试样力学性能试验方法》GB/T 1458—2008；

62)《纤维增强塑料密度和相对密度试验方法》GB/T 1463—2005；

63)《玻璃纤维短切原丝毡和连续原丝毡》GB/T 17470—2007；

64)《玻璃纤维无捻粗纱》GB/T 18369—2008；

65)《玻璃纤维无捻粗纱布》GB/T 18370—2001；

66)《连续玻璃纤维纱》GB/T 18371—2008；

67)《纤维增强塑料巴氏（巴柯尔）硬度试验方法》GB/T 3854—2005；

68)《玻璃纤维增强热固性塑料耐化学介质性能试验方法》GB/T 3857—2005；

69)《纤维增强热固性塑料管平行板外载性能试验方法》GB/T 5352—2005；

70)《电气绝缘用树脂基反应复合物 第 2 部分：试验方法 电气用涂敷粉末方法》GB/T 6554—2003；

71)《纤维增强塑料用液体不饱和聚酯树脂》GB/T 8237—2005；

72)《纤维增强塑料燃烧性能试验方法 氧指数法》GB/T 8924—2005；

73)《化学试剂 硫酸》GB/T 625—2007；

74)《化学试剂 氢氧化钠》GB/T 629—1997；

75)《化学试剂 氯化钠》GB/T 1266—2006；

76)《重熔用铝锭》GB/T 1196—2008；

77)《涂料试样状态调节和试验的温湿度》GB/T 9278—2008；

78)《锌锭》GB/T 470—2008；

79)《公路交通标志板》JT/T 279—2004；

80)《路面标线涂料》JT/T 280—2004；

81)《公路波形梁钢护栏》JT/T 281—2007；

82)《隔离栅技术条件》JT/T 374—1998；

83)《公路临时性交通标志技术条件》JT/T 429—2000；

84)《公路三波形梁钢护栏》JT/T 457—2007；

85)《公路作业人员工作服》JT/T 492—2003；

86)《公路防撞桶》JT/T 596—2004；

87)《公路用防腐蚀粉末涂料及涂层 第 1 部分：通则》JT/T 600.1—2004；

88)《公路用防腐蚀粉末涂料及涂层 第 2 部分：热塑性聚乙烯（PE）粉末涂料及涂层》JT/T 600.2—2004；

89)《公路用防腐蚀粉末涂料及涂层 第 3 部分：热塑性聚氯乙烯（PVC）粉末涂料及涂层》JT/T 600.3—2004；

90)《公路用防腐蚀粉末涂料及涂层 第 4 部分：热固性聚酯（Polyester）粉末涂料及

涂层》JT/T 600.4—2004；

91)《逆反射测量仪》JT/T 612—2004；
92)《交通钢构件聚苯胺防腐涂料》JT/T 657—2006；
93)《玻璃珠选形器》JT/T 674—2007；
94)《道路交通标线涂层湿膜厚度梳规》JT/T 675—2007；
95)《突起路标耐冲击性能测试仪》JT/T 682—2007；
96)《通信管道静摩擦系数测量仪》JT/T 683—2009；
97)《钢构件镀锌层附着性能测定仪》JT/T 684—2007；
98)《反光膜附着性能测试仪》JT/T 685—2007；
99)《反光膜耐冲击性能测定仪》JT/T 686—2007；
100)《反光膜防粘纸可剥离性能测试仪》JT/T 687—2007；
101)《逆反射术语》JT/T 688—2007；
102)《逆反射系数测试方法 共平面几何法》JT/T 689—2007；
103)《逆反射体光度性能测试方法》JT/T 690—2007；
104)《水平涂层逆反射亮度系数测试方法》JT/T 691—2007；
105)《夜间条件下逆反射体色度性能测试方法》JT/T 692—2007；
106)《荧光反光膜和荧光反光标记材料昼间色度性能测试方法》JT/T 693—2007；
107)《路面防滑涂料》JT/T 712—2008；
108)《路面橡胶减速带》JT/T 713—2008。

(32) 机电工程
1)《随机数的产生及其在产品质量抽样检验中的应用程序》GB/T 10111—2008；
2)《工业通风机 现场性能试验》GB/T 10178—2006；
3)《低温试验箱技术条件》GB/T 10589—2008；
4)《高温试验箱技术条件》GB/T 11158—2008；
5)《双端荧光灯 性能要求》GB/T 10682—2010；
6)《信息技术 汉字字型要求和检测方法》GB/T 11460—2009；
7)《高压钠灯》GB/T 13259—2005；
8)《道路交通信号灯》GB 14887—2011；
9)《自动电话机技术条件》GB/T 15279—2002；
10)《标准电压》GB/T 156—2007；
11)《建筑用安全玻璃 第2部分：钢化玻璃》GB 15763.2—2005；
12)《可编程序控制器 第3部分：编程语言》GB/T 15969.3—2005；
13)《台式激光打印机通用规范》GB/T 17540—1998；
14)《信息技术 软件包 质量要求和测试》GB/T 17544—1998；
15)《电磁兼容 试验和测量技术 静电放电抗扰度试验》GB/T 17626.2—2006；
16)《电磁兼容 试验和测量技术 射频电磁场辐射抗扰度试验》GB/T 17626.3—2006；
17)《电磁兼容 试验和测量技术 电快速瞬变脉冲群抗扰度试验》GB/T 17626.4—2008；
18)《电磁兼容 试验和测量技术 浪涌（冲击）抗扰度试验》GB/T 17626.5—2008；

19)《电磁兼容 试验和测量技术 工频磁场抗扰度试验》GB/T 17626.8—2006；

20)《电磁兼容 试验和测量技术 脉冲磁场抗扰度试验》GB/T 17626.9—2011；

21)《电磁兼容 试验和测量技术 阻尼振荡磁场抗扰度试验》GB/T 17626.10—1998；

22)《电磁兼容 试验和测量技术 电压暂降、短时中断和电压变化的抗扰度试验》GB/T 17626.11—2008；

23)《公路收费制式》GB/T 18277—2000；

24)《公路收费方式》GB/T 18367—2001；

25)《高速公路隧道监控系统模式》GB/T 18567—2010；

26)《高速公路有线紧急电话系统技术要求》GB/T 19516—2004；

27)《产品几何量技术规范（GPS）形状和位置公差 检测规定》GB/T 1958—2004；

28)《交通信息采集 微波交通流检测器》GB/T 20609—2006；

29)《信息交换用汉字编码字符集·基本集》GB 2312—1980；

30)《高速公路 LED 可变限速标志》GB 23826—2009；

31)《高速公路 LED 可变信息标志》GB/T 23828—2009；

32)《塑料 用氧指数法测定燃烧行为 第 1 部分：导则》GB/T 2406.1—2008；

33)《塑料 用氧指数法测定燃烧行为 第 2 部分：室温试验》GB/T 2406.2—2009；

34)《电工电子产品环境试验 概述和指南》GB/T 2421.1—2008；

35)《电工电子产品环境试验 规范编制者用信息 试验概要》GB/T 2421.2—2008；

36)《电工电子产品环境试验 第 2 部分：试验方法 试验 A：低温》GB/T 2423.1—2008；

37)《电工电子产品环境试验 第 2 部分：试验方法 试验 B：高温》GB/T 2423.2—2008；

38)《电工电子产品环境试验 第 2 部分：试验方法 试验 Cab：恒定湿热方法》GB/T 2423.3—2006；

39)《电工电子产品环境试验 第 2 部分：试验方法 试验 Fc：振动（正弦）》GB/T 2423.10—2008；

40)《电工电子产品环境试验 第 2 部分：试验方法 试验 Ka：盐雾》GB/T 2423.17—2008；

41)《电工电子产品基本环境试验 第 2 部分：试验方法 试验 Kb：盐雾，交变（氯化钠溶液)》GB/T 2423.18—2000；

42)《电工电子产品环境试验 第 2 部分：试验方法 试验 N：温度变化》GB/T 2423.22—2002；

43)《电工电子产品环境试验 第 2 部分：试验方法 振动、冲击和类似动力学试验样品的安装》GB/T 2423.43—2008；

44)《公路收费亭》GB/T 24719—2009；

45)《公路收费用票据打印机》GB/T 24723—2009；

46)《收费专用键盘》GB/T 24724—2009；

47)《公路照明技术条件》GB/T 24969—2010；

48)《数据通信基本型控制规程》GB/T 3453—1994；

49)《数据终端设备（DTE）和数据电路终接设备（DCE）之间的接口电路定义表》GB/T 3454—2011；

50)《电子设备雷击试验方法》GB/T 3482—2008;
51)《电视视频通道测试方法》GB/T 3659—1983;
52)《外壳防护等级（IP 代码）》GB 4208—2008;
53)《火灾报警控制器》GB 4717—2005;
54)《旋转电机整体结构的防护等级（IP 代码）分级》GB/T 4942.1—2006;
55)《低压电器外壳防护等级》GB/T 4942.2—1993;
56)《信息技术设备安全 第 1 部分：通用要求》GB 4943.1—2011;
57)《信息技术 汉字编码字符集（基本集）24 点阵字型》GB 5007.1—2010;
58)《信息技术 汉字编码字符集（辅助集）24 点阵字型 宋体》GB 5007.2—2008;
59)《设备可靠性试验 总要求》GB 5080.1—1986;
60)《设备可靠性试验 恒定失效率假设下的失效率与平均无故障时间的验证试验方案》GB/T 5080.7—1986;
61)《火警自动报警系统设计规范》GB 50116—2008;
62)《照明测量方法》GB/T 5700—2008;
63)《声学 声压法测定噪声源声功率级 消声室和半消声室精密法》GB/T 6882—2008;
64)《灯具第 1 部分：一般要求与试验》GB 7000.1—2007;
65)《道路与街路照明灯具安全要求》GB 7000.5—2005;
66)《电子设备雷击保护导则》GB 7450—1987;
67)《照明光源颜色的测量方法》GB/T 7922—2008;
68)《灯光信号颜色》GB/T 8417—2003;
69)《电子设备安全要求》GB 8898—2001;
70)《行式打印机通用技术条件》GB/T 9312—1988;
71)《电视广播接收机主观试验评价方法》GB 9379—1988;
72)《灯具分布光度测量的一般要求》GB/T 9468—2008;
73)《计数抽样检验程序及表》GJB 179A—1996;
74)《航空机载设备履历本及产品合格证编制要求》GJB 2489—1995;
75)《军用气象装备定型试验方法 第 6 部分：环境适应性》GJB 6556.6—2008;
76)《一般电子产品运输包装基本试验方法 汽车运输试验》SJ 3213—1989;
77)《灯具油漆涂层》QB/T 1551—1992;
78)《灯具电镀、化学覆盖层》QB/T 3741—1999;
79)《有线电视系统测量方法》GY/T 121—1995;
80)《有线电视系统接收机变换器入网技术条件和测量方法》GY/T 125—1995;
81)《通信电源设备的防雷技术要求和测试方法》YD/T 944—2007;
82)《综合布线系统电气特性通用测试方法》YD/T 1013—1999;
83)《城市道路照明设计标准》CJJ 45—2006;
84)《升降式高杆照明装置技术条件》JT/T 312—1996;
85)《收费栏杆技术条件 第 1 部分：电动栏杆》JT/T 428.1—2000;
86)《收费栏杆技术条件 第 2 部分：手动栏杆》JT/T 428.2—2000;
87)《公路收费非接触式 IC 卡 第 1 部分：物理特性》JT/T 452.1—2001;

88)《公路收费非接触式 IC 卡 第 2 部分：电气特性》JT/T 452.2—2001；
89)《环形线圈车辆检测器》JT/T 455—2001；
90)《高速公路监控系统交通数据库报表格式》JT/T 456—2001；
91)《LED 车道控制标志》JT/T 597—2004；
92)《高速公路监控系统地图板装置》JT/T 601—2004；
93)《公路收费车道控制机》JT/T 602—2004；
94)《公路收费非接触式 IC 卡收发卡机》JT/T 603—2004；
95)《汽车号牌视频自动识别系统》JT/T 604—2011；
96)《公路收费车道图像抓拍与数字化规程》JT/T 605—2004；
97)《高速公路监控设施通信规程 第 1 部分：通用规程》JT/T 606.1—2004；
98)《高速公路监控设施通信规程 第 2 部分：环形线圈车辆检测器》JT/T 606.2—2004；
99)《高速公路监控设施通信规程 第 3 部分：LED 可变信息标志》JT/T 606.3—2004；
100)《高速公路可变信息标志信息的显示和管理》JT/T 607—2004；
101)《隧道可编程控制器》JT/T 608—2004；
102)《公路隧道照明灯具》JT/T 609—2004；
103)《公路隧道火灾报警系统技术条件》JT/T 610—2004；
104)《公路隧道环境检测设备技术条件》JT/T 611—2004；
105)《公路 GSM/CDMA 数字紧急电话系统》JT/T 621—2005；
106)《公路收费用费额显示器》JT/T 641—2005；
117)《道路交通气象环境 能见度检测器》JT/T 714—2008；
108)《道路交通气象环境 埋入式路面状况检测器》JT/T 715—2008；
109)《内部照明标志》JT/T 750—2009；
110)《翻版式可变标志》JT/T 751—2009；
111)《公路机电系统设备通用技术要求及检测方法》JT/T 817—2011。

2. 施工类

(1) 地基基础、桩基

1)《港口工程桩基规范》JTJ 254—1998；
2)《水下深层水泥搅拌法加固软土地基技术规程》JTJ/T 259—2004；
3)《建筑边坡工程技术规范》GB 50330—2002；
4)《建筑地基处理技术规范》JGJ 79—2002；
5)《建筑桩基技术规范》JGJ 94—2008；
6)《基坑土钉支护技术规程》CECS 96：1997。

(2) 公路路基路面

1)《公路路基施工技术规范》JTG F10—2006；
2)《水泥混凝土路面施工技术规范》JTG F30—2003；
3)《公路路面基层施工技术规范》JTJ 034—2000；
4)《公路改性沥青路面施工技术规范》JTJ 036—1998；

5)《公路水泥混凝土路面滑模施工技术规程》JTJ 037.1—2000；

6)《公路沥青路面施工技术规范》JTG F40—2004；

7)《公路沥青路面再生技术规范》JTG F41—2008；

8)《公路水泥混凝土路面养护技术规范》JTJ 073.1—2001；

9)《公路沥青路面养护技术规范》JTJ 073.2—2001。

(3) 土工合成材料

《公路土工合成材料应用技术规范》JTG/T D32—2012。

(4) 混凝土

1)《预拌混凝土》GB/T 14902—2003；

2)《纤维混凝土结构技术规程》CECS38：2004。

(5) 桥梁及混凝土主体结构

1)《斜拉桥热挤聚乙烯高强钢丝拉索技术条件》GB/T 18365—2001；

2)《先张法预应力混凝土管桩》GB 13476—2009；

3)《先张法预应力混凝土薄壁管桩》JC 888—2001；

4)《公路桥梁钢结构防腐涂装技术条件》JT/T 722—2008；

5)《公路桥涵养护规范》JTG H11—2004；

6)《公路工程混凝土结构防腐蚀技术规范》JTG/T B07—1—2006；

7)《公路桥涵施工技术规范》JTG/T F50—2011；

8)《公路桥梁加固施工技术规范》JTG/T J23—2008；

9)《混凝土结构后锚固技术规程》JGJ 145—2004。

(6) 隧道

1)《公路隧道施工技术细则》JTG/T F60—2009；

2)《公路隧道施工技术规范》JTG F60—2009；

3)《公路隧道养护技术规范》JTG H12—2003；

4)《公路工程施工安全技术规程》JTJ 076—1995；

5)《锚杆喷射混凝土支护技术规范》GB 50086—2001；

6)《岩土锚杆（索）技术规程》CECS22：2005；

7)《地下工程防水技术规范》GB 50108—2008。

(7) 交通安全设施及机电工程

1)《公路交通安全设施施工技术规范》JTG F71—2006；

2)《高速公路护栏安全性能评价标准》JTG/T F83—01—2004；

3)《高速公路交通工程钢构件防腐技术条件》GB/T 18226—2000；

4)《公路沿线设施太阳能供电系统通用技术规范》GB/T 24716—2009；

5)《埋地硬聚氯乙烯管道工程技术规程》CECS 122：2001。

3. 质量检验与验收类

1)《公路工程质量检验评定标准 第一册（土建工程）》JTG F 80/1—2004；

2)《公路工程质量检验评定标准 第二册（机电工程）》JTG F 80/2—2004；

3)《界面渗透型防水涂料质量检验评定标准》DBJ 01—54—2001；

4)《公路交通安全设施质量检验抽样及判定》JT/T 495—2004；

5)《普通混凝土耐久性检验评定标准》JGJ/T 193—2009；

6)《公路桥梁承载能力检测评定规程》JTG/J 21—2011；

7)《沥青路面施工及验收规范》GB 50092—1996；

8)《混凝土强度检验评定标准》GB/T 50107—2010；

9)《混凝土质量控制标准》GB 50164—2011；

10)《建筑地基基础工程施工质量验收规范》GB 50202—2002；

11)《砌体工程施工质量验收规范》GB 50203—2011；

12)《混凝土结构工程施工质量验收规范》GB 50204—2002；

13)《钢结构工程施工质量验收规范》GB 50205—2001；

14)《建筑装饰装修工程质量验收规范》GB 50210—2001；

15) 交通部（88）公路技字 11 号《公路旧桥承载能力鉴定方法》；

16) 征求意见稿 2003.4《公路桥梁承载能力检测判定规程》。

4. 综合类

《公路试验检测数据报告编制导则》JT/T 828—2012。

1.2.2 试验检测工作细则

每项试验检测方法应根据有关国家或部颁现行最新技术标准、操作规程和有关行业规范制定详细的实施细则。

1.2.2.1 实施细则的制定

由于工程实际情况的复杂性和多样性及有些标准规定得不细，同时一些质检机构的检测操作人员有可能是新手，他们虽然已通过本单位的考核，但不一定很熟练；更重要的是质检机构的工作比工厂生产产品还要难，故每步都应该按规定要求进行详细的实施，为此，必须制定有关实施细则。

1.2.2.2 实施细则内容

1. 技术标准、规定要求、检测方法、操作规程等；
2. 抽样方法及样本大小；
3. 检测项目、被测参数大小及允许变化范围；
4. 检测仪器设备的名称、型号、量程、准确度、分辨率；
5. 检测人员组成和检测系统框图；
6. 对检测仪器的检查标定项目和结果；
7. 对检测仪器和样品或试件的基本要求；
8. 对环境条件等的要求，以及从保证计量检测结果可靠角度出发所允许的变化范围的规定；
9. 在检测过程中发生异常现象的处理方法；
10. 在检测过程中发生意外事故的处理方法；
11. 检测结果计算整理分析方法。

凡要求对整体工程项目或新产品进行质量判断的检测项目，均应进行抽样检测。凡送样检测的材料、产品，检测结果仅对样品负责，不对整体质量作任何评价。

1.2.2.3 实施细则的有关方法

1. 抽样方法为随机抽样。确定样本大小后，由委托试验检测单位提供编号进行随机抽样。原则上抽样人员不得与产品直接见面，样本应在生产单位或使用单位已经检测合格的基础上抽取。特殊情况下，也允许在生产场所已经检测合格的产品中抽取。

抽样前，不得事先通知被检产品单位，抽样结束后，样品应立即封存，连同出厂检测合格证一并送往指定试验检测地点。

2. 样本大小的确定方法。凡产品技术标准中已规定样本大小的，按标准规定执行；凡产品技术标准中未明确规定样本大小的，按试验检测规程或相应技术标准中的方法确定；也可按百分比抽样方法进行。百分比抽样的抽样基数不得小于样本的 5 倍；在生产场所抽样时，当天产量不得小于均衡生产时的基本日均产量；在使用抽样时，抽样基数不得小于样本的 2 倍。

3. 样本确定后，抽样人员应以适当的方式封存，由样本所在部门以适当的方式运往检测部门。运输方式应不损坏样本的外观及性能。样品箱、样品桶、样品的包装也满足上述要求。

4. 抽样结束后，由抽样人员填写样品登记表，登记表应包括以下内容：

产品生产单位；产品名称、型号；样品中单件产品编号及封样的编号；抽样依据、样本大小、抽样基数；抽样地点；运输方式；抽样日期；抽样人姓名、封样人姓名等。

注意事项：

(1) 对于比较重要的试验检测项目，若采用专用检测设备，应通过试验确定其检测数据的重复性。

(2) 对于某些比较简单的试验检测项目，如果标准规定得很细，能满足上述要求时，可不必制定实施细则。

1.2.3 试验检测原始记录

原始记录是试验检测结果的如实记载，不允许随意更改，不许删减。

原始记录应印成一定格式的记录表，其格式根据检测的要求不同可以有所不同。原始记录表主要应包括：产品名称、型号、规格；产品编号、生产单位；抽样地点、检测项目、检测编号、检测地点；温度、湿度；主要检测仪器名称、型号、编号；检测原始记录数据、数据处理结果；检测人、复核人；试验日期等。

记录表中应包括所要求记录的信息及其他必要信息，以便在必要时能够判断检测工作在哪个环节可能出现差错。同时根据原始记录提供的信息，能在一定准确度内重复所做的检测工作。

工程试验检测原始记录一般不得用铅笔填写，内容应填写完整，应有试验检测人员和计算及校核人员的签名。

原始记录如果确需更改，作废数据应划两条水平线，将正确数据填在上方，盖更改人印章。原始记录应集中保管，保管期一般不得少于两年。原始记录保存方式也可用计算机软盘。

原始记录经过计算后的结果即检测结果必须有人校核，校核者必须在本领域有 5 年以上工作经验。校核者必须在试验检测记录和报告中签字，以示负责。校核者必须认真核对检测数据，校核量不得少于所检测项目的 5%。

1.2.4 试验检测结果的处理

1.2.4.1 试验检测数据整理

试验检测结果的整理是试验检测工作中的一个重要内容。由于试验检测中得到的数值都是近似值，而且在运算过程中，还可能要运用无理数构成的常数。因此，为了获得准确的试验检测结果，同时也为了节省运算时间，必须按误差理论的规定和数字修改规则舍取所需要的数据。此外，误差表达方式反映了对试验检测结果的认识是否正确，也利于用户对试验检测结果的正确理解。由于目前尚未规定报告上必须注明不确定度，暂时可以不考虑。

1. 数据处理应注意
（1）检测数据有效位数的确定方法；
（2）检测数据异常值的判定方法；
（3）区分可剔除异常值和不可剔除异常值；
（4）整理后的数据应填入原始记录的相应部分。

2. 检测数据的有效位数应与检测系统的准确度相适应，不足部分以"0"补齐，以便测试数据位数相等。

3. 同一参数检测数据个数少于 3 时，用算术平均值法，检测个数大于 3 时，建议采用数理统计方法，求算代表值。

4. 测试数据异常值的判断，对于每一单元内检测结果中的异常值用格拉布斯法（Grabbs）；检测各试验室平均值中的异常值用狄克逊法（Dixon）。

这里要强调一下，对比检测是用 3 台与原检测仪器准确度相同的仪器对检测项目进行重复性试验。若检测结果与原检测数据相符，则证明此异常值是由产品性能波动造成的；若不相符，则证明此值是因仪器造成，可以剔除。

1.2.4.2 试验检测结果判断

在工程质量检验评定中，施工质量的不合格率是大家所关心的问题，由于所抽子样的数据都是随机变量，它们总是存在一定波动。看到数据有一些变化，或某检测数据低于技术规定要求，就认为施工质量或产品有问题，这样的判断方法是不慎重的，也是缺乏科学根据的，因此，很容易给施工带来损失。

1.3 试验检测工作制度

工作制度是否健全，制度能否坚持贯彻执行，反映了一个单位的管理水平。对质检机构来说，它必然会影响到检测工作的质量。为了保证检测质量，从全面质量管理的观点出发，应对影响检测结果的各种因素（包括人的因素和物的因素）进行控制。作为一个质检中心还要建立以下几个最基本的工作制度。

1.3.1 检测室管理制度

1. 检测室是进行检测、检定工作的场所，必须保持清洁、整齐、安静。
2. 检测室内禁止随地吐痰、吸烟、吃东西。禁止将与检测工作无关的物品带入检测室，工作人员不得在恒温恒湿室内喝水，禁止用湿布擦地，禁止开启门窗。
3. 检测室应建立卫生值日制度，每天有人打扫卫生，每周彻底清扫一次，空调通风管每季度彻底清扫一次。
4. 下班后与节假日期间，必须切断电源、水源、气源，关好门窗，以保证检测室的安全。
5. 仪器设备的零部件要妥善保管，连接线、常用工具应排列整齐，说明书、操作手册和原始记录等应专柜保管。
6. 带电作业必须由两个以上操作，地面应采取绝缘措施。电烙铁必须放在烙铁架上，电源线应排列整齐，不得横跨过道。
7. 检测室内设置的消防设施、消火栓和灭火桶，灭火桶应经常检查，任何人不得私自挪动位置，不得挪作他用。

1.3.2 岗位责任制

岗位责任制是质检机构的一项重要制度，它应明确组织机构框图中列出的各部门的职责范围和权限。各部门的职责范围应对"质量检测机构计量认证评审内容及考核办法"中规定的管理功能、技术功能全部覆盖，做到事事有人管。明确各部门的质量职责，明确各类人员的职责，尤其是对检测中心负责人、技术负责人、质量负责人和各部门负责人、各项目负责人、计量检定负责人、检测报告签发人等，应明确其职责范围、权限及质量责任。

对计量检定人员和质量检测人员要根据其考核情况确定其检测工作范围。

1.3.2.1 各部门的岗位职责

1. 办公室职责

（1）在质量负责人领导下，负责管理体系文件的组织编写和管理，参与新增项目的评审及验收，编制能力验证、内审等技术管理计划，安排监督检查活动，确保管理体系正常运行；

（2）检测方案、报价、介绍信、合同、报告等的盖章、登记、发放和归档工作；

（3）编制人员培训计划，组织人员培训、技术交流、考核及人员档案管理；

（4）负责有关检测业务接待，技术信函处理；

（5）开展征求用户反馈意见活动，负责对用户抱怨的受理及有关资料保存归档；

（6）负责仪器设备的申购会签、验收、检定（校准）计划编制及实施监督、档案管理；

（7）负责标准规范和技术管理文件的收集、登记、发放、保存，确保检测现场使用的文件为有效版本；

（8）负责文秘、人事、财务、后勤等日常工作的管理；

（9）负责质检机构的公章管理。

2. 资料（档案）室职责

（1）贯彻执行档案管理的法律、法规和方针政策，建立、健全质检机构档案管理的各项规章制度，并负责监督执行；

（2）对各有关部门文件材料的形成、积累和归档工作进行指导、督促；

（3）负责档案的收集、整理、保管、鉴定、销毁、统计和利用等管理工作；

（4）制订档案管理工作计划，逐步完善档案管理硬件环境；

（5）档案的接收、整理、归档、立卷、保管、利用等各个工作环节，必须依据质检机构制定的各项管理制度执行。

3. 仪器设备室职责

（1）承担检验仪器、设备购置、报废计划的制订及立档工作；

（2）按计量器具规定的检定周期督促各有关部门对仪器设备进行送检；

（3）检查各检测室对仪器设备的使用、维修、管理等各项制度的执行情况；

（4）负责全部仪器设备资料的归档、保管；

（5）负责对新购仪器的开箱清点核对，验收合格后建立仪器入库登记卡片；

（6）负责大型精密设备的值班及日常维修；

（7）负责制定试验检测仪器设备检定周期表并付诸实施。

4. 检测室职责

（1）贯彻执行质检机构的管理体系文件和有关规章制度；

（2）承接用户委托的检测任务，按要求编制检测方案，及时准确地完成检测任务，对原始记录进行校核，对检测结果进行审核，及时出具检测报告；

（3）负责与用户签订合同（协议）并按要求对其进行评审；

（4）编写检测项目的作业指导书等技术文件；

（5）负责仪器设备的采购和日常维护、保养及使用，做好仪器设备的检定/校准（自校）和期间核查工作；

（6）负责检测项目的不确定度分析、能力验证、比对计划和实施，对本部门的检测工作质量进行管理和监督；

（7）负责检测任务的登记及样品管理；

（8）负责本部门人员的技术、操作技能等的培训计划和实施；

（9）负责配合质量负责人对抱怨进行处理；

（10）执行保密安全制度；

（11）维护本部门的检测环境，做好质检机构内务管理；

（12）负责检测样品的检查、登记、接收、流转。

1.2.3.2 各类人员的岗位职责

1. 中心主任职责

（1）贯彻国家和省有关法律、法规、政策等，对质检机构的工作全面负责；

（2）确定质检机构的质量方针和质量目标，批准管理手册的发布和程序文件；

（3）批准内部审核计划、检测合同，主持质量体系管理评审；

（4）批准质检机构的发展计划和年度工作计划；

（5）任命质检机构各部门负责人和关键岗位人员；

(6) 批准质检机构的检测报告和授权签字人；
(7) 批准设备购置计划和新增项目，对人员进行考核奖惩；
(8) 协调各部门的工作，审批各类质量事故的处理决定。

2. 中心副主任职责
(1) 中心主任不在工作岗位时，审定（批准）中心主任委托的检验报告；
(2) 负责计量检测仪器设备的购置、更新、改造、维修、降级和报废工作；
(3) 负责质检机构各类人员的技术培训和考核；
(4) 对质检机构各类事故提出处理意见；
(5) 审阅质检机构制定的检测大纲、检测细则；
(6) 审阅各类检测报告及原始记录；
(7) 考核质检机构各类人员的工作情况及质量状况；
(8) 负责质检机构的日常行政管理事务。

3. 技术负责人职责
(1) 在中心主任的领导下，全面负责质检机构的技术工作，参与管理体系的评审；
(2) 全面掌握本领域检测技术的发展方向，对新增检测项目的立项进行审核；
(3) 批准检测标准有效版本目录、各项管理制度及规定、检测方案、检测实施细则、操作规程及检验仪器设备的自校方法，批准非标准方法；
(4) 批准年度人员培训计划，对培训计划的实施效果进行监督；
(5) 参与合同评审，批准检测报告；
(6) 批准检测比对计划，并组织对结果的有效性进行评价。

4. 质量负责人职责
(1) 负责管理手册的贯彻实施，确保管理手册的现行有效，审核管理体系文件；
(2) 负责内部管理体系审核的组织工作；
(3) 负责质量事故、用户抱怨和投诉的处理工作，并监督预防与纠正措施的执行；
(4) 负责对检测工作及服务实施质量监督；
(5) 负责向中心主任报告管理体系运行情况，提出有关管理体系改进的建议，为管理评审提供信息。

5. 办公室负责人职责
(1) 全面负责本部门职责范围内的工作和对外联系工作；
(2) 负责质检机构管理体系及与本部门相关要素的贯彻落实；
(3) 负责各部门及人员之间的工作协调；
(4) 负责编制与本部门有关的管理体系文件和规章制度。

6. 检测室负责人职责
(1) 安排本部门的检测工作，督促检测人员按时完成检测工作，指导解决工作中遇到的问题；
(2) 提出本部门人员的培训计划、新增项目计划，并负责组织实施；
(3) 负责接待委托检测的用户，并对检测合同进行初审；
(4) 审核检测报告，审核检测所用标准规范的有效版本目录；

(5) 负责提出年度比对计划并组织实施；

(6) 贯彻落实质检机构的管理体系文件和规章制度；

(7) 及时协助质量负责人做好抱怨的处理工作；

(8) 负责本部门出现和潜在的不符合项工作进行调查分析，提出纠正措施和预防措施，并组织实施；

(9) 负责本部门的保密、安全及环保工作。

7. 资料（档案）管理员职责

(1) 负责档案的收集、整理、保管、鉴定、销毁、统计和利用等管理工作；

(2) 负责检测报告、检测方案及有关资料的盖章、存档及管理；

(3) 负责质检机构人员档案的管理；

(4) 负责标准、规范、规程的订购、标识、更新；

(5) 负责标准、规范、规程有效版本目录的编制，确保使用场所的标准、规范、规程为有效版本，及时对作废的标准、规程、规范按有关规定进行标识，并撤出使用场所；

(6) 负责质检机构管理体系文件及有关文件的管理；

(7) 做好所有档案的防火、防盗、防蛀等安全工作。

8. 仪器设备管理员职责

(1) 负责编制仪器设备检定计划，建立仪器设备档案、台账；

(2) 负责仪器设备定期送检、检定后确认及标识管理工作，负责新购仪器设备的验收；

(3) 负责仪器设备资料的归档、保存，办理仪器设备的停用、报废手续。

9. 检测人员职责

(1) 对各自负责的检测工作质量负责；

(2) 严格按照标准规范、检测大纲、实施细则或客户要求进行各项检测工作，确保检测数据准确可靠、真实完整；

(3) 认真做好检测工作的原始记录和数据处理，并出具检测报告；

(4) 负责仪器设备的日常维护、保养，做好仪器设备的使用记录和维修记录；

(5) 做好比对验证、仪器设备的期间核查等工作；

(6) 积极参加各种技术培训，不断提高技术水平和业务水平；

(7) 有权拒绝行政和或其他方面对检测工作的任何干预，对客户的技术和商业资料要严格保密。

10. 校核人员职责

(1) 核查检测项目、检测依据是否正确；

(2) 核查原始记录是否采用法定计量单位、原始记录及图表内容是否完整、字迹是否清晰、数据更改是否符合有关要求；

(3) 核查所用仪器设备是否在检定有效期内。

11. 审核人员职责

(1) 审核检测项目是否超质检机构许可范围；

(2) 审核检测方法、程序是否符合有关标准规范、检测方案的要求；

(3) 审核检测报告是否采用统一格式，填写内容是否完整，计量单位是否正确、不确定度表述是否符合要求；

（4）检测报告结论是否客观、规范、科学、准确、严谨，与原始记录信息是否一致。

12. 授权签字人职责

（1）严格按照授权范围内的检测项目批准检测报告；

（2）审查检测报告与原始记录信息是否一致，抽查检测数据计算是否正确；

（3）审查检测报告整个内容是否完整，尤其是原因分析是否客观、结论是否准确；

（4）有权对报告出现的问题要求检测人员进行纠正，对有明显错误的报告有权拒绝签字。

13. 质量监督员职责

（1）对检测工作程序执行情况进行监督；

（2）对检测环境、样品状态和仪器设备使用情况进行监督检查；

（3）对检测工作是否按照标准规范实施监督，并对数据和结论的准确性进行评价，检查检测报告的质量，发现检测结论存在问题时，有权建议停止检测工作；

（4）对检测人员的能力和工作质量进行监督。

14. 内审员职责

（1）根据内审计划和质量负责人的委托，编制内审检查表并进行内部审核工作；

（2）跟踪纠正和预防措施，验证整改效果，并负责提交内部审核文件。

15. 样品管理员职责

（1）负责样品的检查、登记、接收；

（2）负责样品出入库的流转手续和备样的保管；

（3）负责样品间的安全管理和环境卫生；

（4）负责存放样品的处理。

16. 计量检定人员职责

（1）正确使用计量标准器具、标准物质，并对它们按规定进行计量检定以保证其具备良好的技术状态；

（2）执行计量技术法规及计量器具规程或暂行校验方法，切实执行互检、互审制度；

（3）确保检定数据、检定结论正确，原始记录和检定证书应用钢笔填写，字迹工整、内容完整、签名齐全；

（4）不断学习计量学知识，经常学习计量法规、规程，学习误差理论，更新知识，不断提高理论技术水平；

（5）检查各检测室在用检测仪器的周期计量制度的执行情况，有权制止使用不合格仪器和超检定周期的检测仪器，并将有关情况向上级报告；

（6）遵守各项工作制度。

17. 安全员职责

（1）贯彻落实国家和企业有关安全生产和职业健康管理体系的要求，负责质检中心安全生产和职业健康管理工作；

（2）建立健全质检中心安全生产责任制和安全生产管理体系，组织编制重大危险源及预防方案、应急预案，参与审核安全防护、试验检测用电等安全试验检测专项方案；参与审核并督促实施质检中心职业健康安全管理方案、环境管理方案；

(3) 组织安全教育培训,开展安全生产竞赛和宣传活动;

(4) 负责组织安全生产和文明试验检测的日常检查监督,消除安全隐患;

(5) 定期组织检测室安全、环境全面检查工作,对隐患责令限期整改,并有权发出停工令,直至危险状况得到消除;

(6) 负责组织安全生产事故和环境危害事故的应急救援和危害消除,对事故进行分析,提出事故处理意见;

(7) 负责与政府安全监督部门的对口协调工作。

1.3.3 安全制度

为了保证质检机构全体员工在工作期间的安全以及用户和质检机构设备设施的安全,使质检机构全体员工的工作符合安全保证要求,制定详细的工作制度和工作程序。

1. 工作制度

(1) 严格执行国家有关试验的操作规程;

(2) 设安全员一名,负责检测室的日常安全检查工作;

(3) 经常进行安全教育和安全检查,了解事故隐患,采取措施解决实际问题;

(4) 安全员应经常以试验进行安全检查,了解不安全因素及时指出,并有权责令停止检测工作;

(5) 节假日必须进行安全检查,认为安全合格后,方可封门;

(6) 各检测人员必须严格按操作规程进行各项试验操作,对检测室的安全负责;

(7) 除工作人员外,其他人员非经允许不得进入检测室、资料室等保密场所;

(8) 对易燃易爆等危险品,应按规定保管和使用;

(9) 对检测室的水源、电源、电器线路等未经检测室负责人许可不得随意更改,严禁私用电炉、烘箱;

(10) 严格执行奖罚制度,对事故责任者按有关规定处罚,对防火安全有贡献者,报请质检机构给予奖励。

2. 工作程序

(1) 办公室负责建立在质检机构活动中人员、设备设施和检测样品的各项安全措施及应急处理措施,一般应从以下几个方面因素考虑:用水、用电和用火的控制;样品防丢失、防失密的措施;化学试剂、毒品和腐蚀品的控制;现场高空作业的控制措施;大气、电离辐射、高温、高电压、撞击等因素;

(2) 安全及应急处理措施应包括使用程序、操作步骤、监控手段、施救措施等方面,由各责任部门负责制定并组织实施;

(3) 在有不安全因素的场合,应使用明显的警示标识,以避免发生安全事故。现场检测要戴安全帽、不准穿拖鞋和高跟鞋,严禁在起重臂和起吊重物下行走;

(4) 各部门应负责维护责任区内设施安全的完好性,相关人员有权中止一切违反安全的作业活动,必要时应对各种安全设施进行定期检查并记录,应将检查结果报中心主任;

(5) 仪器设备管理员应按照《仪器设备管理和维护程序》以及《仪器设备量值溯源程序》对安全监控设施和监控器具实施必要的管理;

(6) 质检机构全体员工应自觉遵守质检机构和现场施工工地安全制度,在遇到或发现险情时，有责任实施救助；

（7）当员工在工作活动中发生人身伤亡事故时，质检机构的任何人员都有责任立即实施救助措施，并设法立即通知中心主任做善后处理；

（8）当出现诸如火灾、水灾、化学品泄漏等灾害时，任何员工应立即采取防止灾害蔓延的一切施救措施，并设法立即通知中心主任；

（9）在检测过程中出现停电、停水、停气等影响检测的故障时，检测人员应首先对设备和被检样品实施安全保护措施，防止设备和样品损坏，同时做好现场记录，报告中心主任。

1.3.4　标准养护室管理制度

（1）标准养护室设专人负责管理；
（2）建立每天对标准养护室的温度、湿度进行登记制；
（3）标准养护室的门窗不得随意开启；
（4）标准养护试件应分试件类型、日期等进行养护；
（5）标准养护试件进行养护前，应对标准养护试件进行登记。

1.3.5　计量标准、标准物质、检测仪器的管理制度

1. 计量标准器具管理制度

（1）计量标准器具是质检机构最高实物标准，只能用于量值传递，特殊情况必须用于产品质量检测时，须经中心领导批准；

（2）计量标准器具的计量检定工作、维护保养工作，由仪器设备室专人负责；

（3）计量标准器具的保存环境应满足其说明书的要求，应使其经常保持最佳状态；

（4）计量标准器具的使用操作人员必须经考核合格并取得操作证书。每次使用计量标准器具后均须作使用记录。

2. 标准物质

（1）标准物质是质检机构进行标定计量的工作基准，它也是一种标准器件；

（2）标准物质的购置由各使用单位提出申请，经中心主任批准后交办公室购买，不得购买无许可证的标准物质；

（3）标准物质的发放应履行登记手续；

（4）标准物质应按说明书（合格证）上规定的使用期限定期更换。

3. 检测仪器的管理

（1）专管共用的检测仪器设备的保管人由中心主任确定，使用人在使用仪器设备前应征得保管人同意并填写使用记录。使用前后，由使用人和保管人共同检查仪器设备的技术状态，经确认以后，办理交接手续；

（2）专管专用的仪器设备的使用人即保管人；

（3）仪器设备的保管人应参加新购进仪器验收安装、调试工作，填写并保管仪器设备档案，填写并保管仪器设备使用记录；负责仪器设备降级使用及报废申请等事宜；

（4）使用贵重、精密、大型仪器设备者，均应经培训考核合格，取得操作许可证。贵重、精密、大型仪器设备的安放位置不得随意变动。如确实需要变动，事先应征得仪器设

备室的同意，重新安装后，应对其安装位置、安装环境、安装方式进行检查，并重新进行检定或校准；

（5）仪器设备保管人应负责所保管设备的清洁卫生，不用时，应罩上防尘罩。长期不用的电子仪器，每隔 3 个月应通电一次，每次通电时间不得少于半小时；

（6）检测仪器设备不得挪作他用，不得从事与检测无关的其他工作；

（7）仪器设备室除对所有仪器设备按周期进行计量检定外，还应对它们进行不定期的检查，以确保其功能正常，性能完好，精度满足检测工作的要求；

（8）全部仪器设备的使用环境均应满足说明书的要求。有温度、湿度要求者，确保温度、湿度方面的要求。

4. 仪器设备的借用

（1）计量标准器具一律不准出借，一般不能直接用于检测；

（2）质检机构内部仪器的借用，由各室自行商定，但仪器设备所有权的调动应经中心领导同意，并在设备技术档案上备案；

（3）外单位借用仪器设备应办理书面手续。

1.3.6 仪器设备购置、验收、维修、降级和报废制度

（1）计量标准器具的购置由仪器设备室提出申请，经中心主任批准后交办公室办理；

（2）计量标准器具、标准物质、仪器设备到货后，由仪器设备室组织验收。验收合格的仪器设备，由仪器设备室填写设备卡片，不合格的产品，由办公室联系返修或退货；

（3）仪器设备的维修由仪器设备室归口管理。各专业检测室根据检测仪器设备的技术状态和使用时间，填写仪器设备维修申请书，由仪器设备室在规定的时间内进行维修；

（4）在计量检定中发现仪器设备损坏或性能下降时，由仪器设备室直接进行维修，维修情况应填入设备档案；

（5）修理后的仪器设备均由仪器设备室按检定结果分别贴上合格（绿）、准用（黄）、或停用（红）3 种标志。其他人员均不得私自更改；

（6）材料试验机、疲劳试验机、振动台等试验设备的清洗和换油工作由各专业检测室的设备保管人负责，并在设备档案内详细记载；

（7）当检测仪器的技术性能降低或功能丧失、损坏时，应办理降级使用或报废手续；

（8）凡降级使用的仪器设备均应由各专业检测室提出申请，由仪器设备室确定其实际检定精度，提出使用范围的建议，经中心主任批准后实施。降级使用情况应载入设备档案；

（9）凡报废的仪器设备均应由各专业检测室填写"仪器设备报废申请单"，经仪器设备室确认后，由中心主任批准，并填入设备档案；

（10）已报废的仪器设备，不应存放在检测室内，其档案由资料室统一保管。

1.3.7 检测事故分析报告制度

（1）检测过程中发生下列情况按事故处理：

1）样品丢失，零部件丢失，样品损坏；

2）样品生产单位提供的技术资料丢失或失密，检测报告丢失，原始记录丢失或失密；

3）由于检测人员、检测仪器设备、检测条件不符合检测工作的要求，试验方法有误，数据差错，而造成的检测结论错误；

4）检测过程中发生人身伤亡；

5）检测过程中发生仪器设备损坏。

（2）凡违反上述各项规定所造成的事故均为责任事故，可按经济损失的大小、人身伤亡情况分成小事故、大事故和重大事故；

（3）重大或大事故发生后，应立即采取有效措施，防止事态扩大，抢救伤亡人员，并保护现场，通知有关人员处理事故；

（4）事故发生后 3 天内，由发生事故部门填写事故报告单，报告办公室；事故发生后 5 天内，由中心主任主持，召开事故分析会，对事故的直接责任者做出处理，对事故作善后处理并制定相应的办法，以防类似事故产生。

重大或大事故发生后一周内，质检机构应向上级主管部门补交事故处理专题报告。

1.3.8 技术资料文件的管理及保密制度

（1）技术资料的管理由资料（档案）室负责；

（2）长期保存的技术资料有：

1）国家、地区、部门有关产品质量检测工作的政策、法令、文件、法规和规定；

2）产品技术标准、相关标准、参考标准（国外的和国内的）、检测规程、规范、大纲、细则、操作规程和方法（国外的、国内的或自编的）；

3）计量检定规程、暂行校验方法；

4）仪器设备说明书、计量合格证，仪器、仪表、设备的验收、维修、使用、降级和报废记录；

5）仪器设备明细表和台账；

6）产品检验委托书、设计文件及其他技术资料。

（3）定期保存的技术资料有：

1）各类原始记录；

2）各类检测报告；

3）用户反馈意见及处理结果；

4）样品入库、发放及处理登记本。

其保管期不少于 2 年。

（4）长期保存的技术资料由资料（档案）室负责收集、整理、保存，其他各项技术资料由主管部门整理、填写技术资料目录，并对卷内资料进行编号，由资料（档案）室装订成册；

（5）技术资料入库时应办理交接手续，统一编号填写资料索引卡片；

（6）检测人员需借阅技术资料，应办理借阅手续。与检测无关的人员不得查阅检测报告和原始记录；

（7）检测报告和原始记录不允许复制；

（8）资料（档案）室工作人员要严格为用户保守技术机密，否则以违反纪律论处；

（9）超过保管期的技术资料应分门别类造册登记，经中心主任批准后才能销毁。

1.3.9 检测样品的管理制度

1. 样品的保管制度

（1）样品保管室由办公室指定专人负责；

（2）样品到达后，由办公室所指定的负责人会同有关专业室共同开封检查，确认样品完好后，编号入样品保管室保存，并办理入库登记手续；

（3）样品上应有明显的标志，确保不同单位和同类样品不致混淆，确保未检样品与已检样品不致混杂；

（4）样品保管室的环境条件应符合该样品必需的保管要求，不致使样品变质、损坏、丧失或降低其功能；

（5）样品保管室应做到账、物、卡三者相符；

（6）检测时由专业室填写样品领取单，到样品保管室领取样品，并会同样品保管员办理手续。

2. 样品的检后处理

（1）检测工作结束，检测结果经核实无误后，应将样品送样到保管室保管，需保留样品的立即通知送检单位前来领取；

（2）检后产品的保管期一般为申诉有效期后的一个月。过期无人领取，则作无主物品处理；

（3）破坏性检测后的样品，确认试验方法、检测仪器、检测环境、检测结果无误后，才准撤离试验现场。除用户有特殊要求，一般不再保存。不管是以哪种方式处理，均应办理处理手续，处理人应签字。

1.4 试验检测人员配置及检测机构资质要求

1.4.1 质检机构技术负责人、质量负责人及其他人员配置

1. 质检机构的技术负责人要对整个质检机构的工作全部负责，业务上应该有较高的水平；技术负责人在一定程度上决定了检测工作的质量，当技术负责人变动时，应检查在技术负责人变动后该质检机构的工作水平。

2. 质量负责人协助技术负责人对整个质检机构的全部检测工作的质量负责，在技术负责人不在时代行其职权；小的质检机构，质量负责人可由技术负责人兼任。

质量负责人不一定要求精通所管辖的每一项具体工作，但必须熟悉本质检机构的主要业务，并且有一定的质量管理方面的知识。

质量负责人必须是该质检机构的主要负责人之一，这有助于质量工作中的有关决定的贯彻执行。

3. 技术负责人、质量负责人及质量检测管理人员，应熟悉国家、部门、地方关于产品质量检测方面的政策、法令、法规、规定；应熟悉工程技术标准；应熟悉抽样理论，能熟练地应用各类抽样标准，确定其样本大小；具备编制审定检测实施细则，审查检测报告的能力；熟悉掌握检测质量控制理论，具有对检测工作进行质量诊断的能力；熟悉国内外工程质量的检测方法、检测技术的现状及发展趋势，掌握国内外检测仪器设备的信息；不

断学习新知识，不断进行知识更新。

4. 质检机构的技术负责人应有工程师以上职称，具有 10 年以上专业工作的经验，精通所管辖的业务。

5. 质检机构的人员应按所进行的业务范围进行配置，各类工程技术人员、工程师以上人员不得低于 20%。

6. 各业务岗位人员的配置应与所从事的检测项目相匹配，重要的检测项目应有两人，每人可兼作几个项目。

1.4.2 试验检测人员要求

试验检测人员应按各自的岗位分工，认真履行岗位职责，做好本职工作，确保检测工作质量。

1. 对试验检测人员的要求

（1）检测操作人员应熟悉检测任务，了解被测对象和所用检测仪器设备的性能。检测人员必须经过考核合格，取得上岗操作证后，才能上岗操作；凡使用精密、贵重、大型检测仪器设备者，必须熟悉该检测仪器的性能，具备使用该仪器的知识，经过考核合格，取得操作证书才能操作；

（2）检测人员应掌握所从事检测项目的有关技术标准，了解本领域国内外测试技术、检测仪器的现状及发展方向，具备制定检测大纲、采用国内外最新技术进行检测工作的能力；

（3）检测人员应了解误差理论、数理统计方面的知识，能独立进行数据处理工作；

（4）检测人员应对检测工作、数据处理工作持严肃的态度，以数据说话，不受行政或其他方面影响的干扰。

2. 对检测人员考核的主要内容

（1）工程质量检测专业知识

1）了解所用仪器设备的结构原理、性能及正确使用维护等知识；

2）掌握所检测工程项目的质量标准和有关技术指标的程度；

3）具有实际操作和数据处理的能力。

（2）计量基础知识

1）了解计量法常识；

2）国际单位制基本内容；

3）误差理论基本知识。

1.4.3 计量检定人员要求

1. 对计量检定人员的要求

（1）凡从事计量检定工作的人员，必须具备从事计量检定工作所必备的知识和技能，且经上级计量行政部门考核合格并取得"检定员证"，才能从事所考核合格项目的计量检定工作；见习人员或学徒工、代培人员，不得独立从事检定工作，不得在检定证书上签字；

（2）计量检定复核人员应真正起到复核的作用，复核人员必须是从事该项目两年以上具有工程师职称的人员或从事该项目5年以上的助理工程师；

（3）计量检定人员必须具备高中以上文化程度，应不断学习新知识，随时了解国内外本领域计量技术的现状及检测仪器设备的信息。

2. 对计量检定人员考核的主要内容

（1）计量基础知识

1）计量法常识；

2）国际单位制基本内容；

3）误差理论基本知识。

（2）计量专业知识

1）了解本专业所用标准器具的结构原理和正确使用维护等知识；

2）对本专业的检定系统和检定规程的理解和掌握的熟练程度；

3）实际操作和数据处理能力。

1.4.4 试验检测人员纪律

1. 认真学习贯彻国家、部门、地方有关质量方面的文件、政策、法令、法规，严格按产品技术标准、试验检测规程进行各项测试工作。

2. 坚持原则，忠于职守，遵守质检机构规定的各项规章制度。

3. 不准利用职权和工作条件接受受检企业或单位的礼品。

4. 不准擅自多抽或少抽样品，不准违章处理或使用样品。

5. 不准受贿，不准假公济私，弄虚作假。

6. 作风正派，秉公办事。

1.4.5 试验检测机构的资质要求

1. 试验检测人员均应参加交通运输部基本建设质量监督总站、交通专业人员资格评价中心及省级交通工程质量监督站组织的"公路水运工程试验检测人员"考试，考核合格并持有其批准的资格证书（见附录1）。技术负责人应具有工程师以上技术职称。

2. 试验检测机构仪器设备（包括标准物质）均应经省级质量技术监督局的计量认证、审查验收并取得合格证。

3. 试验检测机构应具有交通运输部基本建设质量监督总站、省级交通工程质量监督站批准的"公路水运工程试验检测机构等级证书"资质证书，并在规定范围内进行试验检测工作。

1.5 公路水运工程试验检测机构等级标准及等级评定程序

1.5.1 公路水运工程试验检测机构等级标准

公路工程试验检测机构等级分综合甲级、综合乙级、综合丙级、交通工程专项和桥梁隧道工程专项五个等级，等级标准包括：试验检测人员配备、试验检测能力基本要求及主要仪器设备、试验检测环境三个方面内容（见附录2）。

1.5.2 公路水运工程试验检测机构等级评定程序

公路水运工程试验检测机构等级评定程序见附录2。

1.6 工地试验检测机构（室）

公路水运工程工地试验室作为加强工程建设现场质量管理而设立的临时试验室，工地试验室随建设项目的开工而建立，伴随建设工程的结束而撤销。工地试验室所提供的试验检测数据是工程建设现场质量控制和评判的重要基础数据来源，是工程建设质量保证体系的重要组成部分，直接关系到工程质量和施工安全生产。根据《公路水运工程试验检测管理办法》（交通部令2005年第12号）第31条规定：取得《等级证书》的检测机构，可设立工地临时试验室（见附录3）。

与常设试验检测机构相比较，其工地试验室具有临时性的特点，决定了机构及人员的不稳定，加大了管理难度。

为了进一步贯彻《公路水运工程试验检测管理办法》的有关规定，加强工地试验室的监管，规范工程建设现场试验检测活动，保证工地试验室的检测质量，交通运输部出台了《关于进一步加强公路水运工程工地试验室管理工作的意见》（厅质监字〔2009〕183号）。对设立工地试验室的条件、责任、管理等方面提出了指导意见（见附录4）。

1.6.1 工地试验室的类型

1. 施工企业试验室

施工企业试验室是施工企业为完成其所承担的施工任务而建立的试验室。

（1）标段试验室。按工程招标划分的标段设置的试验室，由于其流动性强，其规模决定于工程规模的大小及所承担的具体工程任务，人员和设备多是由施工企业总部或分部临时调配，资质也多利用总部或分部的资质，一般只具有常规施工试验检测能力。但需经省级交通工程质量监督站临时资质认证后才能进行检测工作；

（2）中心拌合站（或厂）试验站。为方便工作，在中心拌合站或拌合厂设立的试验室，多由标段试验室派出，工作单一，任务明确，主要任务是负责检测混合材料配合比例和拌合质量；

（3）工点试验点。当标段里程较长，交通不便时，为方便工作，在工程队或工程量较集中的地方由标段试验室派出的驻工点试验点，主要负责某一项或几项施工自检试验工作。

2. 监理中心试验室

各省、市、自治区交通部门的监理公司或咨询公司都有自己的固定试验室，主要承担本省、市、区的监理工作方面的试验任务，一般都具有甲、乙级试验检测资质。社会监理公司大多无自己独立的试验室。较大的公路工程建设项目多由业主现场组建监理中心试验室，监理单位在施工期间对试验室拥有使用权，所有权归业主，工程建设完工后一般随同道路一同交公路管理部门使用。监理中心试验室一般规模较大，设备先进，功能完善，具有承担各类试验检测任务的能力。同时需经省级交通工程质量监督站临时资质认证后才能进行检测工作。施工标段一般不设监理试验室，现场监理的试验一般利用施工企业的试验室进行。

3. 政府监督部门试验室

按行政区划设置，大体上有三级。

（1）各省、市、自治区交通质检站所属的试验室，大部分具有甲级检测资质，设备较先进、齐全，具有对各级公路进行监督试验检测的能力；

（2）各地、市交通质检站所属的试验室，业务上受所在省、市、自治区交通质检站的领导，一般具有对二级及二级以下公路进行监督试验检测的能力；

（3）各县、市交通质检站所属的试验室，业务上受所在地、市交通质检站的领导，主要承担地方道路的监督试验检测任务。

1.6.2 工地试验室的职责范围

各级各类工地试验室的职能不同，其职责范围也有区别，分别如下：

1. 标段工地试验室的职责范围

（1）选定料源，主要指地方材料（包括土、砂石材料、石灰）等，按设计文件提供的料源，通过试验，选择符合技术标准要求，开采方便，运输费用低的料场供施工使用；

（2）试样管理，包括试样的采集、运输、分类、编号及保管；

（3）验收复检，指对已进场的各种材料（包括原材料、成品或半成品材料）按技术标准或试验规程的规定，分批量进行有关技术性质试验，以决定准予使用或封存、清退；

（4）标准试验，指完成各种混合材料的配合组成设计试验，提出配合比例及相关施工控制参数；

（5）工艺试验，包括试验路铺筑、混合材料的预拌等过程中的试验工作，为施工控制采集有关的控制参数；

（6）自检试验，包括配合比例、压实度、强度（包括各类试件的成型、养护和试验）、施工控制参数、分项或分部工程中间交工验收试验等；

（7）协助试验，指为监理试验室提供其复核试验所需的一切材料（同现场监理人员一同取样，每种材料取两份，一份留自己试验用，一份送监理试验室），为现场监理人员抽检试验提供必要的仪器设备及人员协助，以及委托试验的送样任务；

（8）协助有关方面调查施工中出现的质量问题或质量事故，为调查处理提供真实、齐全的试验数据、证据或信息，参与必要的试验检测工作；

（9）对试验资料进行整理分析，提出分析报告，随时掌握施工质量动态，供有关人员参考；

（10）参与现场科研试验工作，推广及应用材料、新技术、新工艺。

2. 监理中心试验室的职责范围

监理的职责是对工程的实施进行全过程、全方位的监督管理。监理试验室的职能介于施工企业和政府监督之间，既有监督的一面，也有被监督的一面。其职责主要是进行复核或平行试验。

（1）评估初验。标段试验室在起用前要经过监理试验室的评估验收，包括试验室用房、设备到位及安装情况、衡器及测力设备检定校验情况、人员及其资质情况、规章制度及管理情况等，以决定是否同意报审；

(2) 验证试验。对各种原材料或商品构件，按施工企业提供的样品、产品合格证和试验报告等进行订货前预检，以决定是否同意采购；

(3) 标准试验。对各种混合材料的配合比例、标准击实及所用原材料进行平行复核试验，以决定是否同意批复使用；

(4) 工艺试验。参与施工企业的有关工艺性的试验，包括各类试验路、混合材料预拌等过程中的试验工作，以决定是否同意正式开工；

(5) 抽检试验。在工程实施过程中，按规定的抽检频率，对工程所用原材料、成品或半成品材料的性能及压实度、强度等做全程跟踪抽检试验；

(6) 验收试验。对已完工的工程项目进行试验检测，以准确地评价工程内在品质，多指中间交验的分部及分项工程，以决定是否接收；

(7) 监管作用。对施工企业试验室的工作实施全面监督管理，包括质量保障体系管理、试样管理、试验工作管理、仪器设备管理、文献资料管理等。

以上工作任务，有些要由监理中心试验室来完成；有些由现场监理人员在标段试验室人员的协助下来完成；也可由现场监理人员利用标段试验室的设备独立来完成。

3. 质检部门试验室的职责范围

质量监督是指为满足质量要求，按有关规定对材料、工艺、方法、条件、产品、记录分析的状态进行连续监视和验证。质量监督的实施由政府监督部门或由政府监督部门认可的具有公正性、权威性的监督检验部门，用科学方法对产品抽查检验，对企业保证产品的各种条件（质量管理制度、技术规范、测试条件、工艺装备、检验记录）进行检查，并作出科学的评价结论。

监督部门的职能包括：

(1) 预防职能。预先排除质量问题或潜在的危险因素，防患于未然；

(2) 补救、完善职能。监督企业健全质量管理制度，消除产生质量缺陷的因素。处理质量纠纷，做好善后工作，弥补损失；

(3) 评价职能。验证评价产品质量，为仲裁提供依据，也是奖惩的依据；

(4) 信息职能。向政府有关部门提供有关质量信息，为政府宏观决策提供依据；

(5) 教育职能。宣传国家的质量方针政策，提高全员质量意识，树立先进的质量典范，惩治假冒伪劣。

按监督部门的职能，质量监督部门试验室的职责范围包括：

(1) 抽检试验。在工程实施过程中，定期或不定期地对在建工程的部分项目进行抽检试验，或进行全面的质量普查，以了解工程的质量动态，监督项目顺利实施；

(2) 竣工验收检测。工程竣工后，由质检单位对工程进行全面的试验检测，提出验收报告，以决定是否接收。

三类试验室的性质不同，职能不同，职责范围也有区别。施工企业试验室的职责主要是用规定的方法和手段，对工程所用的材料、成品或半成品材料、结构构件以及结构物进行自检或试行试验，提出自检报告，作为申请监理检查验收的依据。监理试验室的职责主要是进行复核或平行试验，提出复核或抽检试验报告，作为批复或检查验收的依据。质量监督部门试验室的职责主要是定期或不定期地对分项或分部工程进行抽检，提出抽检报告，作为监督的依据。

尽管各自的职责有所侧重，但目标是一致的，即杜绝不合格材料用于工程，对不合格的构件、结构物或工程提出返工或拒收的依据，构成了既有自检、复核，又有监督的质量保障体系，保证工程质量万无一失。

因此，要求各类试验室必须具有性能先进、配套齐全的试验设备，以及具有专门知识和试验技能、能熟练操作使用这些设备的工作人员，充分发挥试验室或试验检测工作在工程建设中举足轻重的作用。

1.6.3 试验室的组成

工地试验室由办公室、仪器设备室、资料室和检测室（功能室）四部分组成。

检测室（功能室）应根据工程内容和特点设置，一般分为：样品室、留样室、力学室、标准养护室、混凝土及砂浆室、水泥室、集料室、土工室、外检室、化学室、沥青室、沥青混合料室、石料室及储藏室 14 部分组成。

1. 办公室：试验检测人员办公场所。
2. 仪器设备室：负责检测室所有仪器设备的管理。
3. 资料室：用于存放人员、仪器设备及各种试验资料档案。
4. 样品室：负责样品的来样登记、样品流转过程等管理。
5. 留样室：用于存放已检测样品的留置处理。不同材料应分类别分区存放，不能混乱存放。
6. 力学室：负责原材料或混合材料的力学性能试验，如金属材料的机械性能试验、砂石材料的力学性能试验、混凝土及砂浆的强度试验。
7. 标准养护室：用于强度试件的标准养护，可控制温度 20℃±2℃，相对湿度大于 90%。
8. 混凝土及砂浆室：负责混凝土及砂浆配合比设计、水泥混凝土及水泥砂浆技术性能试验、混凝土及浆砌工程施工抽检。
9. 水泥室：负责水泥物理力学性能试验。
10. 集料室：负责水泥混凝土及沥青混合料用粗细集料的物理力学性能试验、浆砌工程用石料的技术性能试验。
11. 土工室：负责土的物理和力学性能试验，路面基层材料配合比设计试验，路基、路面基层施工现场抽检等。
12. 外检室：负责道路及桥梁工程结构现场检测工作，如路基路面的压实度、厚度、平整度、弯沉、回弹模量，路基 CBR、路面的摩擦系数、抗滑构造深度、透水性及车辙，桥梁的桩基检测、荷载试验等。
13. 化学室：负责土、砂石材料、石灰、粉煤灰、水泥等原材料的化学分析试验，合成材料的化学分析试验，如石灰土中石灰剂量的分析。
14. 沥青室：负责沥青的技术性能试验。
15. 沥青混合料室：负责沥青混合料配合比设计、沥青混合料技术性能试验、沥青路面工程施工检测。
16. 石料室：负责石料及强度试件芯样的加工等。
17. 储藏室。

1.6.4 试验室用房

1.6.4.1 基本要求

1. 通风、采光、朝向

试验室应有良好的通风、采光条件。沥青及沥青混合料室必须配置通风橱柜,并安装通风设备,朝向应避开东西向。

2. 供电

试验室的用电量应根据设备用电量计算,采用集中配电室控制。电路必须有安全接地,标准养护室的电路及灯具必须有防潮装置,大型设备、精密设备和大功率设备尽量设专用线路。

3. 排水

砂石、水泥、混凝土及砂浆配合比等室的下水都必须设沉淀池,防止堵塞。化学室要设置废液回收池,定期处理,减少对环境的污染。

4. 高度

房间高度要充分考虑设备高度,如压力机,当房间受高度限制时,可考虑下地坑安装。

5. 门及走道宽度

试验室的门、楼梯和走廊的宽度要充分考虑设备的外形尺寸,以方便设备进出。

6. 防噪声、振动

对安装噪声、振动比较大的设备的房间,要考虑采取防噪声、振动措施,以保护建筑物、环境和工作人员的身心健康。如安装混凝土振动台、加速磨光机等的房间的墙面应安装吸声板,混凝土振动台基座下应设置减振砂池等。

7. 平面布置

各室的平面布置应合理。化学室、沥青及沥青混合料室因其污染严重,应远离办公室和居民住宅楼。如果是楼房,化学室和沥青室应设在顶层。噪声大、振动大的设备应尽量远离精密设备、办公室、居民楼。另外,试验室的平面布局还需考虑方便工作,如混凝土及砂浆配合比室和力学室与标准养护室的距离不宜太远,以便于推车行走。

8. 消防设施

试验室要有完善的消防安全设施。

1.6.4.2 建筑面积

建筑面积大小应根据试验室的规模确定。中心试验室与标段试验室的建筑面积可参考表 1-1 确定(590～920m²)。

试验室建筑面积参考表　　　　　　　　　　　　　　　　　　　　表 1-1

分室名称	建筑面积(m²)	分室名称	建筑面积(m²)
办公室	30～50	集料室	20～40
资料室	30～50	土工室	30～50
仪器设备室	20～30	外检室	30～50
样品室	60～80	化学室	20～40

续表

分室名称	建筑面积（m²）	分室名称	建筑面积（m²）
留样室	60~80	沥青室	20~40
力学室	60~80	沥青混合料室	40~60
标准养护室	30~50	石料室	40~60
混凝土及砂浆室	40~60	储藏室	30~50
水泥室	30~50	—	—

注：表 1-1 为工地试验室的工作区面积，不包括生活区面积。

1.6.5 公路工程项目工地试验检测机构（室）临时资质条件（参考）

工地试验检测机构（室）临时资质条件，包括：母体试验检测机构资历和试验检测人员配备、工作管理制度、主要试验检测项目、主要仪器设备等内容。见表 1-2。

工地试验检测机构（室）临时资质条件参考表　　　　表 1-2

	高速公路、一级公路	二级及二级以下公路
资历和试验检测人员配备	（1）工地试验检测机构的原单位必须具备省级交通工程质量监督站批准的公路工程试验检测机构乙级以上资质； （2）技术人员应熟练掌握业务范围内的公路工程试验检测的标准、规范、规程及所用仪器设备的原理、性能和操作，具有法定计量单位的基本知识和出示准确试验报告的能力； （3）应有初级职称以上、3 年以上试验检测工作经验的各项专业技术人员至少 5 人以上，并同时满足高速公路 1 人/km、一级公路 0.8 人/km，特大桥 4~5 人、大桥 3~4 人、中桥 1~3 人，特长隧道 4~6 人、长隧道 2~4 人、中短隧道 2~3 人的要求； （4）试验检测人员均应参加交通运输部基本建设质量监督总站、交通专业人员资格评价中心及省级交通工程质量监督站组织的"公路水运工程试验检测人员"考试，考核合格并持有其批准的资格证书，上岗率应达到 60%； （5）试验检测负责人应具有中级以上技术任职资格和试验检测工程师资格，必须熟悉并能指导试验检测工作，并具有 5 年以上试验检测工作经历	（1）工地试验检测机构的原单位必须具备省级交通工程质量监督站批准的公路工程试验检测机构丙级以上资质； （2）技术人员应熟练掌握业务范围内的公路工程试验检测的标准、规范、规程及所用仪器设备的原理、性能和操作，具有法定计量单位的基本知识和出示准确试验报告的能力； （3）应有初级职称以上、3 年以上试验检测工作经验的各项专业技术人员至少 2 人以上，并同时满足二级公路 0.6 人/km、三级公路 0.5 人/km，四级公路 0.4 人/km，特大桥 4~5 人、大桥 3~4 人、中桥 2~3 人，特长隧道 4~6 人、长隧道 2~4 人、中短隧道 2~3 人的要求； （4）试验检测人员均应参加交通运输部基本建设质量监督总站、交通专业人员资格评价中心及省级交通工程质量监督站组织的"公路水运工程试验检测人员"考试，考核合格并持有其批准的资格证书，上岗率应达到 60%； （5）试验检测负责人应具有中级以上技术任职资格和试验检测工程师资格，必须熟悉并能指导试验检测工作，并具有 5 年以上试验检测工作经历

续表

	高速公路、一级公路	二级及二级以下公路
工作管理制度	(1) 组织与管理结构图； (2) 工作程序和质量管理； (3) 岗位责任制； (4) 试验室和养护室温度管理； (5) 仪器设备操作规程、保养维修及管理； (6) 仪器设备的计量认证（省级质量技术监督局）及管理； (7) 环境卫生、安全管理； (8) 样品、资料、档案管理的制度化、标准化； (9) 有关的试验检测标准、规范、规程、方法等技术文件齐全	(1) 组织与管理结构图； (2) 工作程序和质量管理； (3) 岗位责任制； (4) 试验室和养护室温度管理； (5) 仪器设备操作规程、保养维修及管理； (6) 仪器设备的计量认证（省级质量技术监督局）及管理； (7) 环境卫生、安全管理； (8) 样品、资料、档案管理的制度化、标准化； (9) 有关的试验检测标准、规范、规程、方法等技术文件齐全
主要试验检测项目	(1) 土工试验（密度、含水量、液塑限、击实、颗粒分析、CBR、孔隙比）； (2) 集料、石料（筛分、视密度、容重、含泥量、砂云母含量、针片状含量、压碎值、磨耗、石料硬度、加速磨光）； (3) 水泥软炼试验、石灰试验（有效钙镁含量）、粉煤灰试验； (4) 水泥混凝土（稠度、坍落度、抗压强度、抗折强度、劈裂试验、抗冻、抗渗）、砂浆强度试验、配合比设计； (5) 沥青指标试验（针入度、延度、软化点、闪点、燃点、粘附性、薄膜烘箱和老化试验）； (6) 沥青混合料试验（抽提试验、马歇尔试验）、沥青混凝土配合比设计； (7) 路面基层材料试验（击实、无侧限抗压强度、灰剂量、配合比设计）； (8) 路基、路面、构造物几何尺寸； (9) 路基路面（压实度、厚度、平整度、弯沉、路面抗滑构造深度、摩擦系数、透水性、路基CBR、回弹模量、车辙）； (10) 砌石工程常规试验检测； (11) 地基承载力； (12) 钢材物理、力学性能、焊接试验； (13) 桥梁构件强度、桩基完整性、桩基承载力； (14) 混凝土无破损检测； (15) 外加剂； (16) 钢绞线	(1) 土工试验（密度、含水量、液塑限、击实、颗粒分析、CBR）； (2) 集料、石料（筛分、视密度、容重、含泥量、砂云母含量、针片状含量、压碎值、石料硬度）； (3) 水泥软炼试验、石灰试验（有效钙镁含量）、粉煤灰试验； (4) 水泥混凝土（稠度、坍落度、抗压强度、抗折强度、劈裂试验、抗冻、抗渗）、砂浆强度试验、配合比设计； (5) 沥青指标试验（针入度、延度、软化点、闪点、粘附性）； (6) 沥青混合料试验（抽提试验、马歇尔试验）、沥青混凝土配合比设计； (7) 路面基层材料试验（击实、无侧限抗压强度、灰剂量、配合比设计）； (8) 路基、路面、构造物几何尺寸； (9) 路基路面（压实度、厚度、平整度、弯沉、路基CBR）； (10) 砌石工程常规试验检测； (11) 地基承载力； (12) 钢材物理、力学性能、焊接试验； (13) 混凝土无破损检测

续表

	高速公路、一级公路	二级及二级以下公路
主要仪器设备	(1) 多功能电动击实仪； (2) 光电式液塑限测定仪； (3) 灌砂法、环刀法、核子密度仪等容重测定仪； (4) 路面材料强度试验仪、测力环； (5) 电热恒温水浴锅、比重瓶； (6) 标准土壤筛、集料方孔筛、砂石筛、压碎（指标）值仪、针片状规准仪、洛杉矶磨耗机、加速磨光机、振摆筛选机； (7) 天平（不同感量、量程）； (8) 电热鼓风恒温干燥箱、干燥器； (9) 水泥软炼试验设备（水泥标准稠度凝结测定仪、水泥净浆搅拌机、水泥胶砂搅拌机、水泥胶砂振实台、水泥标准养护箱、水泥细度负压筛析仪、水泥胶砂流动度测定仪、雷氏夹测定仪、电动抗折试验机、沸煮箱）、电炉、高温炉、Blaine透气仪； (10) 物理、化学分析试验设备； (11) 强制式单卧轴混凝土搅拌机、混凝土振动台、混凝土坍落筒、混凝土贯入阻力仪、抗折试验夹具、劈裂试验夹具，混凝土渗透仪、冻融试验机、砂浆搅拌机、砂浆稠度仪、砂浆分层度测定仪； (12) 万能试验机（300kN、1000kN、2000kN）、压力试验机2000kN； (13) 标养室温湿自控仪、养生箱； (14) 沥青试验设备（自动针入度仪、恒温水槽、烘箱、低温延度仪、软化点仪、闪点仪、薄膜烘箱）； (15) 沥青抽提仪、马歇尔试验仪、自动击实仪、沥青混合料自动搅拌机、自动脱模机、恒温水浴； (16) 脱模器、滴定设备； (17) 取芯机、连续平整度仪、承载板、弯沉仪、铺砂仪、摆式摩擦仪、路面渗水仪、车辙自动测定仪； (18) 超声波混凝土探伤仪、回弹仪； (19) 桩基完整性检测设备； (20) 桩基承载力检测设备； (21) 桥梁动、静载试验设备； (22) 公路几何线形检测设备； (23) 全站仪、水准仪、2m、3m直尺	(1) 多功能电动击实仪； (2) 光电式液塑限测定仪； (3) 灌砂法、环刀法、核子密度仪等容重测定仪； (4) 路面材料强度试验仪、测力环； (5) 标准土壤筛、集料方孔筛、砂石筛、压碎（指标）值仪、针片状规准仪、振摆筛选机； (6) 天平（不同感量、量程）； (7) 电热鼓风恒温干燥箱、干燥器； (8) 水泥软炼试验设备（水泥标准稠度凝结测定仪、水泥净浆搅拌机、水泥胶砂搅拌机、水泥胶砂振实台、水泥标准养护箱、水泥细度负压筛析仪、水泥胶砂流动度测定仪、雷氏夹测定仪、电动抗折试验机、沸煮箱）、电炉、高温炉、Blaine透气仪； (9) 物理、化学分析试验设备； (10) 强制式单卧轴混凝土搅拌机、混凝土振动台、混凝土坍落筒、抗折试验夹具、劈裂试验夹具，混凝土渗透仪、冻融试验机、砂浆搅拌机、砂浆稠度仪、砂浆分层度测定仪； (11) 万能试验机（300kN、1000kN、2000kN）、压力试验机2000kN； (12) 标养室温湿自控仪、养护箱； (13) 沥青试验设备（自动针入度仪、恒温水槽、烘箱、低温延度仪、软化点仪、闪点仪、薄膜烘箱）； (14) 沥青抽提仪、马歇尔试验仪、自动击实仪、沥青混合料自动搅拌机、自动脱模机、恒温水浴； (15) 脱模器、滴定设备； (16) 取芯机、连续平整度仪（或3m直尺）、承载板、弯沉仪、铺砂仪、摆式摩擦仪、路面渗水仪、车辙自动测定仪； (17) 超声波混凝土探伤仪、回弹仪； (18) 桩基承载力检测设备； (19) 经纬仪、水准仪、2m、3m直尺

注：1. 临时资质条件可根据合同文件和工程规模进行调整，但必须满足本工程试验检测的需要；
2. 根据工程项目实际情况，隧道工程、交通工程等专业可增加相应的试验检测项目。

第 2 章 路 基 工 程

2.1 施工准备

2.1.1 试验

2.1.1.1 术语

1. 路床

路面结构层底面以下 0.80m 范围内的路基部分，在结构上分为上路床（0～0.30m）和下路床（0.30～0.80m）。

2. 路堤

高于原地面的填方路基。路堤在结构上分为上路堤和下路堤，上路堤是指路面底面以下 0.80～1.50m 范围内的填方部分；下路堤是指上路堤以下的填方部分。

3. 路堑

低于原地面的挖方路基。

4. 填石路堤

用粒径大于 37.5mm 且含量超过总质量 70% 的石料填筑的路堤。

5. 土石路堤

石料含量占总质量 30%～70% 的土石混合材料填筑的路堤。

6. CBR（承载比）

表征路基土、粒料、稳定土强度的一种指标，即标准试件在贯入量为 2.5mm 时所施加的试验荷载与标准碎石材料在相同贯入量时所施加的荷载之比值，以百分率表示。

7. EPS

膨胀性聚苯乙烯泡沫塑料的简称。

8. 特殊地段路堤

主要指特殊路基施工中特殊地质、特殊气候条件下的路基。

9. 特殊填料

是指具有与一般土质不同工程特性的填料，如煤矸石等。

10. 检验

对检验项目中的性能进行量测、检查、试验等，并将结果与标准规定要求进行比较以确定每项性能是否合格所进行的活动。

11. 评定

依据检验结果对工程质量进行评分并确定其等级的活动。

12. 关键项目

分项工程中对安全、卫生、环境保护和公众利益起决定性作用的实测项目。

13. 一般项目

分项工程中除关键项目以外的实测项目。

14. 外观（质量）

通过观察和必要的量测所反映的工程外在质量。

15. 权值

对工程项目或检测指标根据其重要程度所赋予的数值。

16. 含水率

土中水的质量与土颗粒质量的比值，以百分率表示。

17. 密度

单位体积土的质量。

18. 孔隙率

土的孔隙体积与土总体积的比值，以百分率表示。

19. 孔隙比

土的孔隙体积与固体颗粒体积的比值。

20. 土粒相对密度

土颗粒的质量与同体积4℃时蒸馏水的质量的比值。

21. 级配

土料按颗粒粗细的不同，将粒径相似、工程性质相近的颗粒划分为若干个粒组，土中各粒组的相对含量，即为土颗粒的级配。它是以不均匀系数 C_u 和曲率系数 C_c 来评价构成土的颗粒粒径分布曲线形态的一种概念。

22. 稠度界限

黏性土随含水率的变化从一种状态变为另一种状态时的界限含水率。

23. 固结

饱和土体在外荷载作用下，土体孔隙中水分逐渐排出，使土体体积减小、密度增长的过程。

24. 压缩系数

在 K_0 固结试验中，土试样的孔隙比减小量与有效压力增加量的比值。即 $e-p$ 压缩曲线上某压力段的割线斜率，以绝对值表示。

25. 压缩指数

压缩试验所得土孔隙比与有效压力对数值关系曲线上直线段的斜率。即 $e-\lg p$ 压缩曲线上大于先期固结压力后的直线段斜率。

26. 压缩模量

土体在侧限条件下受压时，竖向有效压力与竖向应变的比值。

27. 回弹模量

土体在部分侧限条件下，卸载过程中的竖向压力与回弹应变的比值。

28. 渗透系数

土中水渗流呈层流状态时，其流速与作用水力梯度成正比关系的比例系数。

29. 抗剪强度

土体在剪切面上所能承受的极限剪应力。

30. 无侧限抗压强度

土体在无侧限条件下，抵抗轴向压力的极限强度。

31. 有机质土

土中有机质含量大于或等于总质量的5%，且少于总质量的10%的土。

32. 黄土

主要由粉粒组成，呈棕黄或黄褐色，具有大孔隙和垂直节理特征的土。受水浸湿后产生湿陷的黄土，称为湿陷性黄土。

33. 膨胀土

富含亲水性矿物并具有明显的吸水膨胀与失水收缩特性的高塑性黏土。

34. 冻土

具有负温或零温度，并含有冰晶的土（石）。

35. 红土

石灰岩或其他岩浆岩经风化后形成的富含铁铝氧化物的褐红色粉土或黏土。

36. 盐渍土

不同程度盐渍化土的总称。在公路工程中，一般指地表下1.0m内土中易溶盐含量平均大于0.3%的土。

37. 土工合成材料

工程建设中应用的以人工合成或天然聚合物为原料制成的工程材料的总称，其主要品种有土工织物、土工膜、土工复合材料、土工特种材料等。

2.1.1.2 单位、分部及分项工程的划分

根据建设任务、施工管理和质量检验评定的需要，应在施工准备阶段按《公路工程质量检验评定标准　第一册　土建工程》JTG F80/1—2004将建设项目，划分为单位工程、分部工程和分项工程。施工单位、工程监理单位和建设单位应按相同的工程项目划分进行工程质量的监控和管理。

1. 单位工程

在建设项目中，根据签订的合同，具有独立施工条件的工程。

2. 分部工程

在单位工程中，应按结构部位、路段长度及施工特点或施工任务划分为若干个分部工程。

3. 分项工程

在分部工程中，应按不同的施工方法、材料、工序及路段长度等划分为若干个分项工程。

路基工程单位工程、分部及分项工程的划分，见表2-1。

2.1.1.3 试验

1. 路基施工前，应按照有关规定和要求，建立试验室，具体包括：试验室场地、试验室资质及备案审批、试验检测人员及其持证上岗率、试验仪器设备及其检定、试验室管理制度等情况。

2. 路基施工前，应对路基基底土进行相关试验。一般路基，每个填方自然段至少取样1个点，但土质变化大时，视具体情况增加取样点数。取土样深度要大于设计文件规定

路基清表深度；湿黏土、软土地段路基基底土，每个填方自然段要逐个路段进行取样。

3. 应及时对来源不同、性质不同的拟作为路堤填料的材料进行复查和取样试验。

4. 使用石料或隧道洞内石渣作为路堤填料的材料时，应进行石料的相关试验，必要时还应进行环境影响评估。不同岩质类别的石料，分别至少取样1组。

5. 使用特殊材料（如工业废渣）作为填料时，应按相关标准做相应试验，必要时还应进行环境影响评估，经批准后方可使用。

路基工程单位工程、分部及分项工程的划分表　　表2-1

单位工程	分部工程	分项工程
路基工程（每10km或每标段）	路基土石方工程*①（1～3km路段）②	土方路基*，石方路基*，软土地基*，土工合成材料处治层*等
	排水工程（1～3km路段）	管节预制，管道基础及管节安装*，检查（雨水）井砌筑*，土沟，浆砌排水沟*，盲沟，跌水，急流槽*，水簸箕，棒水泵站等
	小桥及符合小桥标准的通道*，人行天桥，渡槽（每座）	基础及下部构造*，上部构造预制、安装或浇筑*，桥面*，栏杆，人行道等
	涵洞、通道（1～3km路段）	基础及下部构造*，主要构件预制、安装或浇筑*，填土，总体等
	砌筑防护工程（1～3km路段）	挡土墙*，墙背填土，抗滑桩*，锚喷防护*，锥、护坡，导流工程，石笼防护等
	大型挡土墙*，组合式挡土墙*（每处）	基础*，墙身，墙背填土，构件预制*，构件安装*，筋带，锚杆、拉杆，总体*等

① 表内标注*号者为主要工程，评分时给以2的权值；不带*号者为一般工程，权值为1。
② 按路段长度划分的分部工程，高速公路、一级公路宜取低值，二级及二级以下公路可取高值。

2.1.2 试验路段

1. 在下列情况下，应进行试验路段施工：
（1）二级及二级以上公路路堤；
（2）填石路堤、土石路堤；
（3）特殊地段路堤；
（4）特殊填料路堤；
（5）拟采用新技术、新工艺、新材料的路基。

2. 试验路段应选择在地质条件、断面形式等工程特点具有代表性的地段，路段长度不宜小于100m。

3. 试验路段施工应包括以下内容：
（1）填料试验、检测报告等；
（2）压实工艺主要参数：
1）土质路堤和路床：机械组合；压实机械规格、松铺厚度、碾压遍数、碾压速度；最佳含水率及碾压时含水率允许偏差等。
2）填石路堤和路床：满足填石路堤上、下路堤压实质量标准孔隙率要求的松铺厚度、压实机械型号及组合、压实速度及压实遍数、沉降差等参数。
3）土石路堤和路床：能达到最大压实干密度的松铺厚度、压实机械型号及组合、压实速度及压实遍数、沉降差等参数。

4）特殊填料路堤和路床：机械组合；压实机械规格、松铺厚度、碾压遍数、碾压速度；最佳含水率及碾压时含水率允许偏差等。

5）特殊地段路堤和路床：机械组合；压实机械规格、松铺厚度、碾压遍数、碾压速度等。

（3）过程质量控制方法、指标；

（4）质量评价指标、标准；

（5）优化后的施工组织方案及工艺；

（6）原始记录、过程记录；

（7）对施工设计图的修改建议等。

2.2 技术要求

技术要求的内容有：一般路基；路基排水；特殊路基；冬期与雨期路基；路基防护与支挡5部分。

2.2.1 一般路基

2.2.1.1 路堤填料应符合下列规定：

1. 土质路堤填料

（1）含草皮、生活垃圾、树根、腐殖质的土严禁作为路基填料。

（2）泥炭、淤泥、冻土、强膨胀土、有机质土及易溶盐超过允许含量的土，不得直接用于填筑路基；确需使用时，必须采取技术措施进行处理，经检验满足设计要求后方可使用。

（3）液限大于50%、塑性指数大于26、含水量不适宜直接压实的细粒土，不得直接作为路堤填料；需要使用时，必须采取技术措施进行处理，经检验满足设计要求后方可使用。

（4）粉质土不宜直接填筑于路床，不得直接填筑于浸水部分的路堤及冰冻地区的路床。

（5）填料强度和粒径，应符合表2-2的规定。

路基填料最小强度和最大粒径要求　　　　　　表2-2

填料应用部分（路床顶面以下深度）(m)		填料最小强度（CBR）(%)			填料最大粒径(mm)
		高速公路、一级公路	二级公路	三、四级公路	
填方路基	上路床（0～0.30）	8	6	5	100
	下路床（0.30～0.80）	5	4	3	100
	上路堤（0.80～1.50）	4	3	3	150
	下路堤（>1.50）	3	2	2	150
零填及挖方路基	0～0.30	8	6	5	100
	0.30～0.80	5	4	3	100

注：1. 表列强度按《公路土工试验规程》规定的浸水96h的CBR试验方法确定。
　　2. 三、四级公路铺筑沥青混凝土和水泥混凝土路面时，应采用二级公路的规定。
　　3. 表中上、下路堤填料最大粒径150mm的规定，不适用于填石路堤和土石路堤。

2. 填石路堤填料

(1) 膨胀岩石、易溶性岩石不宜直接用于路堤填筑，强风化石料、崩解性岩石和盐化岩石不得直接用于路堤填筑。

(2) 路堤填料粒径应不大于500mm，并不宜超过层厚的2/3，不均匀系数宜为15～20。路床底面以下400mm范围内，填料粒径应小于150mm。

(3) 路床填料粒径应小于100mm。

3. 土石路堤填料

(1) 膨胀岩石、易溶性岩石等不宜直接用于路堤填筑，崩解性岩石和盐化岩石等不得直接用于路堤填筑。

(2) 天然土石混合填料中，中硬、硬质石料的最大粒径不得大于压实层厚的2/3；石料为强风化石料或软质石料时，其CBR值应符合表2-2的规定，石料最大粒径不得大于压实层厚。

(3) 一般情况下，石块强度大于20MPa时，不易被压路机压碎，超过规定粒径尺寸，造成上下层石块重叠，致使碾压时不稳定。当所含石块为软弱岩或极软岩时，易为压路机压碎，不存在较大石块产生的问题。

4. 高填方路堤填料

(1) 宜优先采用强度高、水稳性好的材料，或采用轻质材料。

(2) 受水淹、浸的部分，应采用水稳性和透水性均好的材料。

5. 桥、涵及结构物的回填填料

(1) 宜采用透水性材料或设计规定的填料，严禁采用膨胀土、高液限黏土、腐殖土、盐渍土、淤泥、和冻土块等不良填料。填料中不应含有机物、冰块、草皮、树根等杂物或生活垃圾。

(2) 透水性材料不足时，可采用石灰土或水泥稳定土回填。

6. 半填半挖路基、路堤与路堑过渡段填料

高度小于800mm的路堤、零填及挖方路床的加固换填时，宜选用水稳性较好的材料。

7. 轻质填料路堤填料

(1) 粉煤灰路堤

1) 用于高速公路、一级公路路堤的粉煤灰，烧失量宜小于20%；烧失量超过标准的粉煤灰应做对比试验，分析论证后采用。

2) 粉煤灰的粒径，宜在0.001～1.18mm之间，小于0.075mm的颗粒含量宜大于45%。粉煤灰中不得含团块、腐殖质及其他杂质。

3) 包边土和顶面封层的填料，宜采用塑性指数不小于12的黏性土。隔离层和土质护坡中的盲沟所用砂砾料、矿渣料等，最大粒径应小于75mm，4.75mm以下细料含量小于50%，含泥量小于5%。

8. 路基拓宽改建

(1) 拓宽部分的路堤采用非透水性填料时，应在地基表面按设计铺设垫层，垫层材料一般为砂砾或碎石，含泥量不大于5%。

(2) 拓宽路堤的填料宜选用与老路堤相同的填料，或者选用水稳性较好的砂砾、碎石

等填料。严禁将边坡清挖物作为新路堤填料。

2.2.1.2　土质路堤

1. 地基表层处理应符合下列规定：

（1）二级及二级以上公路路堤基底的压实度应不小于90％；三、四级公路应不小于85％。路基填土高度小于路面和路床总厚度时，基底应按设计要求处理。

（2）原地面有坑、洞、穴等时，应在清除沉积物后，用合格填料分层回填分层压实，压实度符合："二级及二级以上公路路堤基底的压实度应不小于90％；三、四级公路应不小于85％。路基填土高度小于路面和路床总厚度时，基底应按设计要求处理"的规定。

（3）泉眼或露头地下水，应按设计要求，采取有效导排措施后方可填筑路堤。

（4）地基为耕地、土质松散、水稻田、湖塘、软土、高液限土等时，应按设计要求进行处理，局部软弹的部分也应采取有效的处理措施。

（5）地下水位较高时，应按设计要求进行处理，如：设置稳定层、隔离层；或采用无机结合料（生石灰粉、水泥等固化材料）对填料进行改良；或选用水稳定性好的填料等。

2. 挖方土质路基施工。

（1）开挖施工应符合下列规定：

1）可作为路基填料的土方，应分类开挖分类使用。非适用材料应按设计要求或作为弃方处理。

2）开挖至零填、路堑路床部分后，应尽快进行路床施工；如不能及时进行，宜在设计路床顶标高以上预留至少300mm厚的保护层。

3）挖方路基路床顶面终止标高，应考虑因压实而产生的下沉量，其值通过试验确定。

（2）挖方路基施工遇到地下水时应按下列规定处理：

1）应采取排导措施，将水引入路基排水系统。不得随意堵塞泉眼。

2）路床土含水量高或为含水层时，应采取设置渗沟、换填、改良土质、土工织物等处理措施，路床填料除应符合表2-2的规定外，还应具有良好的透水性能。

（3）土质挖方边坡密实程度与边坡高度关系，见表2-3的规定。

土质挖方边坡密实程度与边坡高度关系表　　　　　表2-3

密实程度	边坡高度（m）	
	<20	20～30
胶结好	1:0.3～1:0.5	1:0.5～1:0.75
密实、中等密实	1:0.5～1:1.25	1:0.75～1:1.5
较松	1:1.25～1:1.75	1:1.5～1:2.0

3. 路堤填筑应符合下列规定：

（1）性质不同的填料，应水平分层、分段填筑，分层压实。同一水平层路基的全宽应采用同一种填料，不得混合填筑。每种填料的填筑层压实后的连续厚度不宜小于500mm。填筑路床顶最后一层时，压实后的厚度应不小于100mm。

（2）潮湿或冻融敏感性小的填料应填筑在路基上层。强度较小的填料应填筑在下层。在有地下水的路段或临水路基范围内，宜填筑透水性好的填料。

（3）每种填料的松铺厚度应通过试验确定。

(4) 几种碾压机具适应的松铺厚度如下：

羊足碾（6~8t）：≤0.50m；

振动压路机（10~12t）：≤0.40m；

压路机（8~12t）：0.20~0.25m；

压路机（12~15t）：0.25~0.30m；

动力打夯机：0.20~0.25m；

人工打夯：≤0.20m。

(5) 路堤填筑时，应从最低处起分层填筑，逐层压实。

4. 土质路基压实度标准应符合表2-4的规定。

土质路基压实度标准 表2-4

填挖类型		路床顶面以下深度（m）	压实度（%）		
			高速公路、一级公路	二级公路	三、四级公路
填方路基	上路床	0~0.30	≥96	≥95	≥94
	下路床	0.30~0.80	≥96	≥95	≥94
	上路堤	0.80~1.50	≥94	≥94	≥93
	下路堤	>1.50	≥93	≥92	≥90
零填及挖方路基		0~0.30	≥96	≥95	≥94
		0.30~0.80	≥96	≥95	—

注：1. 表列压实度以《公路土工试验规程》重型击实试验法为准。

2. 三、四级公路铺筑沥青混凝土或水泥混凝土路面时，其压实度应采用二级公路的规定值。

3. 路堤采用特殊填料或处于特殊气候地区时，压实度标准根据试验路在保证路基强度要求的前提下可适当降低。

4. 特别干旱地区的压实度标准可降低2%~3%。

2.2.1.3 填石路堤

1. 基底处理除满足土质路堤基底处理的规定外，承载力应满足设计要求。

2. 在非岩石地基上，填筑填石路堤前，应按设计要求设过渡层。

3. 对于石灰岩一类硬质岩，在路堤填筑区，最大粒径宜控制在350~500mm，不均匀系数宜控制在15~20范围内较好，同时粒径大于200mm的填料含量应控制在20%~40%，粒径在20mm以下的填料含量应控制在10%~15%范围。对于砂岩在路堤填筑区，最大粒径宜控制在300~400mm，不均匀系数宜控制在15~20范围内较好，同时粒径大于200mm的填料含量应控制在20%~30%，粒径在20mm以下的填料含量应控制在10%~20%范围。

路床底面以下一定范围控制填料粒径，可以提高路床的平整度，使其受力均匀，并有利于与路面底层的联结。

4. 由于填石路堤的填料比较坚硬，压实难度大且透水性强，水容易从路面、边坡等部位进入基底，使路基湿软以致造成不均匀沉降，为防止地基承载力不足而导致路基整体工后沉降过大或失稳破坏，因此，除了满足土质路堤地基表层处理的规定外，还应满足不同路堤填高对地基承载力的要求：路堤高度小于10m时，地基承载力不宜低于150kPa；路堤高度为10~20m时，地基承载力不宜低于200kPa；路堤高度大于20m时，路基宜填筑在岩石地基上。

当为细粒土地基时，应按设计要求设过渡层；当为岩石和细粒土组合地基时，应将岩石凿平，并在细粒土部位设过渡层。注意路堤基底范围内，可能因地面水或地下水影响路基的稳定时，应采取必要的引排、拦截等措施或在路堤底部填筑不易风化的、透水性好的填料。

5. 挖方石质路堤施工

（1）石方开挖应根据岩石的类别、风化程度、岩层产状、岩体断裂构造、施工环境等因素确定开挖方案。

（2）深挖路基施工，应逐级开挖，逐级按设计要求进行防护。

（3）边坡整修及检验

1) 挖方边坡应从开挖面往下分段整修，每下挖 2～3m，宜对新开挖边坡刷坡，同时清除危石及松动石块。

2) 石质边坡不宜超挖。

3) 石质边坡质量要求：边坡上无松石、危石。

（4）路床清理及验收

1) 欠挖部分必须凿除。超挖部分应采用无机结合料稳定碎石或级配碎石填平碾压密实，严禁用细粒土找平。

2) 石质路床底面有地下水时，可设置渗沟进行排导，渗沟宽度不宜小于 100mm，横坡不宜小于 0.6%。渗沟应用坚硬碎石回填。

3) 石质路床的边沟应与路床同步施工。

6. 二级及二级以上公路的填石路堤应分层填筑压实。二级以下砂石路面公路在陡峻山坡地段施工特别困难时，可采用倾填的方式将石料填筑于路堤下部，但在路床底面以下不小于 1.0m 范围内仍应分层填筑压实。

7. 岩性相差较大的填料应分层或分段填筑。严禁将软质石料与硬质石料混合使用。

8. 中硬、硬质石料填筑路堤时，应进行边坡码砌，码砌边坡的石料强度、尺寸及码砌厚度应符合设计要求。边坡码砌与路堤填筑宜基本同步进行。

9. 压实机械宜选用自重不小于 18t 的振动压路机。并按规定碾压参数（强振、4km/h 以下速度）碾压后确定沉降差。

10. 在填石路堤顶面与细粒土填土层之间应按设计要求设过渡层。

从已有的资料表明：当 $R_{15}/F_{85}>5$ 时，必须设置过渡层。该过渡层应满足 $M_{15}/F_{15}>5$、$M_{15}/F_{85}<5$。

注：R_{15} 为粗粒料中通过率 15% 的粒径；

M_{15} 为过渡层材料通过 15% 时的粒径；

F_{15} 为细粒料中通过率 15% 的粒径；

F_{85} 为细粒料中通过率 85% 的粒径。

填石路堤之上的填土，应在填石顶面上与填土之间设 2～3 层碎石过渡层。如填石路堤最大粒径为 300mm，层厚为 500mm，则过渡层厚 400mm。第一过渡层可设粒径 150mm，厚 250mm；第二过渡层可设粒径为 60mm，厚 150mm。

11. 填石路堤上、下路堤压实质量标准符合表 2-5 的规定。

填石路堤上、下路堤压实质量标准 表 2-5

分区	路床顶面以下深度（m）	硬质石料孔隙率（%）	中硬石料孔隙率（%）	软质石料孔隙率（%）
上路堤	0.8～1.50	≤23	≤22	≤20
下路堤	>1.50	≤25	≤24	≤22

12. 填石路堤施工过程中的每一压实层，可用试验路段确定的工艺流程和工艺参数，控制压实过程；用试验路段确定的沉降差指标检测压实质量。

在实际施工中，沉降差可以这样测定：以每个横断面的测量数据为基本分析单位。在对松铺层初平初压后，在同一横断面上选 7～11 点测量初始标高，终压完成后，在对应初始标高的测量点上测量终压标高，将终压标高减去初始标高并综合平均后，作为该断面的沉降差。

填石路堤的填料石质、压实及摊铺机具的功率是影响填筑层厚和最大粒径的主要因素。

13. 填石路堤成型后的外观质量要求：路堤表面无明显孔洞。大粒径石料不松动，铁锹挖动困难。边坡码砌紧贴、密实，无明显孔洞、松动，砌块间承接面向内倾斜，坡面平顺。

2.2.1.4 土石路堤

1. 基底处理应满足土质路堤基底处理的规定。在陡、斜坡地段，土石路堤靠山一侧应按设计要求，做好排水和防渗处理。

2. 压实机械宜选用自重不小于 18t 的振动压路机。

3. 土石路堤不得倾填，应分层填筑压实。

4. 碾压前应使大粒径石料均匀分散在填料中，石料间孔隙应填充小粒径石料、土和石渣。

5. 压实后透水性差异大的土石混合材料，应分层或分段填筑，不宜纵向分幅填筑；如确需纵向分幅填筑，应将压实后渗水良好的土石混合材料填筑于路堤两侧。

6. 土石混合材料来自不同料场，其岩性或土石比例相差较大时，宜分层或分段填筑。

7. 填料由土石混合材料变化为其他填料时，土石混合材料最后一层的压实厚度应小于 300mm，该层填料最大粒径宜小于 150mm，压实后，该层表面应无孔洞。

8. 中硬、硬质石料的土石路堤，应进行边坡码砌，码砌边坡的石料强度、尺寸及码砌厚度应符合设计要求。边坡码砌与路堤填筑宜基本同步进行。软质石料土石路堤的边坡按土质路堤边坡处理。

9. 中硬、硬质石料土石路堤质量应符合以下规定：

（1）施工过程中的每一压实层，可用试验路段确定的工艺流程和工艺参数，控制压实过程；用试验路段确定的沉降差指标，检测压实质量。

（2）路基成型后质量应符合填石路堤实测项目，表 2-64 的规定。

10. 软质石料填筑的土石路堤，应符合土质路堤的规定。

11. 土石路堤填料压实质量控制，应根据实际填料的来源配制不同含石量（20%～70%）的试样进行室内大筒重型击实试验，通过试验确定不同含石量（以击实后试样含石量为准）填料的最大干密度和最佳含水量，给出同一种料的不同含石量最大干密度曲线；

在采用细料压实度进行质量控制时,应由试验确定细料的最大干密度和最佳含水量,对于坚硬石料的土石混合填料中,细料的最大干密度应按表2-6进行修正。对于中等强度以下石料的土石混合填料,细料的最大干密度不需要进行修正。土石混合填料中细料的压实度要求同土质路堤标准。

细料的最大干密度修正系数 表2-6

粗料含量(%)	0~25	25~40	40~60	>60
修正系数	1.0	0.97	0.95	0.92

土石路堤的压实干密度检测,是一种常规的检测法,也是大家都接受的可信检测法。由于它需要挖的试坑较大(上路堤600mm×600mm,下路堤800mm×800mm),很费时,不能满足大规模施工的要求,因此,只用于试验路。在大规模的施工中不使用,而采用沉降差和工艺参数进行双控制,较为快捷实用。

12. 土石路堤的外观质量要求:路基表面无明显孔洞;大粒径填石无松动,铁锹挖动困难;中硬、硬质石料土石路堤边坡码砌紧贴、密实,无明显孔洞、松动,砌块间承接面应向内倾斜,坡面平顺。

2.2.1.5 高填方路堤

1. 基底处理应符合下列规定:

(1) 基底承载力应满足设计要求。特殊地段或承载力不足的地基应按设计要求进行处理。

(2) 覆盖层较浅的岩石地基,宜清除覆盖层。

2. 高填方路堤填筑应符合下列规定:

(1) 施工中应按设计要求预留路堤高度与宽度,并进行动态监控。

(2) 施工过程中宜进行沉降观测,按照设计要求控制填筑速率。

(3) 高填方路堤宜优先安排施工。

2.2.1.6 桥、涵及结构物的回填

1. 基坑回填必须在隐蔽工程验收合格后方可进行。基坑回填应分层填筑、分层压实,分层厚度宜为100~200mm。二级及二级以上公路,采用小型夯实机具时,基坑回填的分层压(夯)实厚度不宜大于150mm,并应压(夯)实到设计要求的压实度。

2. 台背及与路基间的回填施工应符合以下规定:

(1) 二级及二级以上公路的路堤与桥台、横向构造物(涵洞、通道)连接处应设置过渡段,其长度为路基填土高度的2~3倍,其压实度应不小于96%,并应按设计做好纵向和横向防排水系统及地基处理。

(2) 二级以下公路的路基与回填的连接部,应按设计要求预留台阶。

(3) 台背回填部分的路床宜与路基路床同步填筑。

(4) 桥台背和锥坡的回填施工宜同步进行,一次填足并保证压实整修后能达到设计宽度要求。

(5) 台背回填土顺路线方向长度,应自台身背面起,顶面长度不小于桥台高度加2m,底面长度不小于2m,拱桥(涵)台背填土长度不应小于台高的3~4倍。

(6) 台背的填土应分层夯实,其压实度不应小于96%,回填土的分层厚度宜为100~

200mm。

3. 涵洞回填施工应符合以下规定：

(1) 洞身两侧，应对称分层回填压实，压实度不应小于96%，回填土的分层厚度宜为100~200mm。填料粒径宜小于50mm。

(2) 两侧及顶面填土时，应采取措施防止压实过程对涵洞产生不利后果。

4. 台背填土的质量直接关系到竣工后行车的舒适与安全，应严格控制分层厚度和密实度，应设专人负责监督检查，宜采用小型机械压实。

5. 台背填土的顺序：拱桥台背填土，宜在主拱圈安装或砌筑以前完成；梁式桥的轻型桥台台背填土，宜在梁体安装完成以后，在两端桥台平衡地进行；埋置式桥台台背填土，宜在柱侧对称、平衡地进行。

6. 台、墙身强度达到设计强度75%以上时，方可开始填土。

2.2.1.7 半填半挖路基、路堤与路堑过渡段

1. 基底处理应符合下列规定：

(1) 应从填方坡脚起向上设置向内侧倾斜的台阶，台阶宽度不小于2m，在挖方一侧，台阶应与每个行车道宽度一致、位置重合。

(2) 石质山坡，应清除原地面松散风化层，按设计开凿台阶。

(3) 孤石、石笋应清除。

(4) 纵向填挖结合段，应合理设置台阶。

(5) 有地下水或地面水汇流的路段，应采用合理措施导排水流。

2. 施工应符合下列规定：

(1) 路基应从最低标高处的台阶开始分层填筑，分层压实。

(2) 填筑时，应严格处理横向、纵向、原地面等结合界面，确保路基的整体性。

(3) 路基填筑过程中，应及时清理设计边坡外的松土、弃土。

2.2.1.8 轻质填料路基

1. 粉煤灰路基

(1) 储运粉煤灰应符合下列规定：

1) 调节粉煤灰含水量宜在储灰场或灰池中进行。

2) 粉煤灰运输、装卸、堆放，应采取有效措施防止扬尘、流失与污染环境。

3) 储灰场地应排水通畅，地面应硬化。大的储灰场宜设置雨水沉淀池。堆场应安装洒水设备，防止干灰飞扬。

4) 粉煤灰若含水量大，则运输不经济，若含水量小则会造成飞扬、流失，还污染环境，同时含水量过大或过小都不易压实。故应在灰场内调节好含水量，以方便运输，也便于摊铺。存放时应注意表面含水量，避免飞扬。施工时，以达到1.0~1.1倍的最佳含水量为度，其加水计算公式（2-1）为：

$$Q = \frac{L \times B \times H \times \rho_{LW}}{1 + 0.01\omega_0} \times 0.01(\omega_1 - \omega_0) \qquad (2-1)$$

式中 Q——所需加水量（kg）；

L——路段长度（m）；

B——路段宽度（m）；

H——松铺厚度（m）；

ρ_{LW}——松铺湿密度（kg/m³）；

ω_0——粉煤灰原始含水量（%）；

ω_1——粉煤灰要求达到的含水量（%）。

（2）粉煤灰路堤填筑应符合下列规定：

1）温度在0℃以上方可施工，并避开大风季节。

2）颗粒组成、最大干密度和最佳含水量有显著差别的灰源应分别堆放，分段填筑。

3）按设计要求铺筑隔离层，隔离层界面的路拱横坡应与路堤同坡。

4）粉煤灰路基应采用水平分层填筑施工。当分成不同作业段填筑时，先填地段应分层预留台阶，每个压实层应相互重叠搭接，搭接长度宜大于1.5m，相邻作业段接头范围内的压实度应达到规定要求。

5）土质包边土施工，应与粉煤灰填筑同步进行。土质护坡铺筑宽度应保证削坡后的净宽满足设计要求，同时应按设计要求做好土质护坡的排水盲沟，底层盲沟标高应避免地表水倒灌。

6）施工过程中，应及时洒水，防止干灰飞扬。

7）粉煤灰摊铺后必须及时碾压，做到当天摊铺、当天碾压完毕。

粉煤灰路堤的压实度与碾压机具压实功能的大小、摊铺厚度、最佳含水量控制、碾压遍数等因素密切相关。其中碾压机械压实功能的大小至关重要。总的趋势是要求采用大吨位（20~50t）的振动压路机或振动羊足碾压路机进行压实作业，能取得满意的压实效果。

8）粉煤灰路基的压实，应遵循先轻后重、先低后高的原则。

9）铺筑上层时，宜采取洒水润湿、控制卸料车行驶路线、速度、掉头、紧急制动等措施，防止压实层松散。

10）若暂时不能及时铺筑上层粉煤灰，除特殊情况外，禁止车辆通行，并洒水润湿，防止表面干燥松散。施工间隔较长时，应在路基顶面覆盖适当厚度的封闭土层，并压实，横坡宜稍大于路拱。

11）当铺筑至粉煤灰路基顶层时，宜及时按设计要求做封闭层。

12）应按设计要求做好粉煤灰与混凝土结构、金属结构物等接触界面的防护。

（3）粉煤灰路基压实度标准应符合表2-7的规定。

粉煤灰路基压实度标准 表2-7

填料应用部位		压实度（%）	
（路床顶面以下深度）(m)		二级及二级以上公路	其他等级公路
上路床	0~0.30	≥95	≥93
下路床	0.30~0.80	≥93	≥90
上路堤	0.80~1.50	≥92	≥87
下路堤	>1.50	≥90	≥87

注：1. 表列压实度以交通运输部颁《公路土工试验规程》JTG E40—2007重型击实试验法为准；

2. 特别干旱或潮湿地区的压实度标准可降低1%~2%；

3. 包边土和顶面封层压实度应符合表2-3的规定。

(4) 现场压实度检测试验方法，对于细粒土，《公路土工试验规程》JTG E40—2007 规定的环刀法和灌砂法两种试验方法均可采用。但实践中发现，环刀法比灌砂法的结果偏小 1% 左右。因粉煤灰的颗粒较细，应以环刀法为准，而取样位置应在压实层中间部位，以代表压实层的平均水平。

2. EPS 路基

(1) EPS 块体在工地堆放时，应采取防火、防风、防雨水滞留、防有机溶剂及石油类油剂的侵蚀等保护措施，采取措施避免强阳光直接照射。

(2) 垫层应厚度均匀、密实，垫层宽度宜超过路基边缘 0.5～1m。

(3) EPS 块体施工应符合下列规定：

1) 与其他填料路堤或旧路基的接头处，EPS 块体应呈台阶铺设。EPS 块体铺筑前，施工基面应保持干燥，并铺设 10cm 厚的砂垫层，砂垫层应夯压密实、稳定。

2) 最底层块体与垫层之间、块体之间应联结牢固，联结件应进行防锈处理。

3) EPS 块的铺设应遵循由低到高、先中间后两侧、自下而上逐层错缝铺设的原则。块与块之间应紧贴，缝隙不得大于 20mm，块体间错台高差不得大于 10mm，各层块体间的错缝应大于 0.6m。最下层块体间的缝隙或错台应由砂浆垫层调整，中间各层缝隙采用无收缩水泥砂浆填塞密实。

4) 每层 EPS 块铺设完成后，与老路基的接合处宜采用 C20 细石混凝土填塞密实。

5) EPS 块铺设完成后，其顶部应铺设一层厚度不小于 10cm 的钢筋混凝土层。

6) 严禁重型机械直接在 EPS 块体上行驶。

(4) EPS 路堤使用的材料块技术指标要求，见表 2-8。

路用 EPS 材料的技术指标　　表 2-8

技术指标	技术要求
密度（kg/m³）	20～30
抗压强度（kPa）	≥100

(5) EPS 路堤质量应符合表 2-9 的规定。

EPS 路堤质量标准　　表 2-9

检查项目		允许偏差	检查方法和频率
EPS 块体尺寸	长度（mm）	±10	卷尺丈量，抽样频率：EPS 施工用量 $V<2000m^3$ 时抽检 2 块，$2000m^3≤V<5000m^3$ 时抽检 3 块，$5000m^3≤V<10000m^3$ 时抽检 4 块，$V>10000m^3$ 时，每 $2000m^3$ 抽检 1 块
	宽度（mm）	±8	
	厚度（mm）	±3	
EPS 块体密度		不低于设计值	天平，抽样频率同 EPS 块体尺寸
EPS 块体强度		符合设计要求	抗压试验，抽样频率同 EPS 块体尺寸
基底压实度（%）		≥90	环刀法或灌砂法，每 $1000m^2$ 检测 3 点
垫层平整度（mm）		10	3m 直尺，每 20m 检查 3 点
EPS 块体之间的平整度（mm）		5	3m 直尺，每 20m 检查 3 点
EPS 块体之间缝隙（mm）		20	卷尺丈量，每 20m 检查 1 点
EPS 块体之间错台（mm）		10	卷尺丈量，每 20m 检查 1 点
基底横坡（%）		±0.5	水准仪，每 20m 检查 6 点

续表

检查项目	允许偏差	检查方法和频率
护坡宽度	不小于设计值	卷尺丈量，每40m检查1点
钢筋混凝土板厚度（mm）	+10，-5	卷尺丈量板边，每块2点（钻孔，视需要）
钢筋混凝土板宽度（mm）	±20	卷尺丈量，每100m检查2点
钢筋混凝土板强度	符合设计要求	抗压试验，每工作台班留2组试件
钢筋网间距（mm）	±10	卷尺丈量

注：路线曲线部分的EPS块体缝隙不得大于50mm。

2.2.1.9 路基拓宽改建

1. 拓宽部分路堤的地基处理应按设计和公路路基施工技术规范有关条款处理。
2. 老路堤与新路堤交界的坡面，挖除清理的法向厚度不宜小于0.3m，然后从老路堤坡脚向上按设计要求挖设台阶；老路堤高度小于2m时，老路堤坡面处理后，可直接填筑新路堤。

2.2.2 路基排水

施工前，应校核全线排水设计是否完善、合理，必要时应提出补充和修改意见，使全线的沟渠、管道、桥涵组合成完整的排水系统。施工前，宜先完成临时排水设施。施工期间，应经常维护临时排水设施，保证水流畅通。

路堤施工中，各施工作业层面应设2%～4%的排水横坡，层面上不得有积水，并采取措施防止水流冲刷边坡。路堑施工中，应及时将地表水排走。施工中应对地下水情况进行记录并及时反馈。

2.2.2.1 地表排水

1. 边沟
(1) 边沟沟底纵坡应衔接平顺。
(2) 土质地段的边沟纵坡大于3%时应采取加固措施。

2. 截水沟
(1) 截水沟应先施工，与其他排水设施应衔接平顺。
(2) 截水沟应按设计要求进行防渗及加固处理。地质不良地段、土质松软路段、透水性大或岩石裂隙较多地段，截水沟沟底、沟壁、出水口都应进行加固处理，防止水流渗漏和冲刷。

3. 排水沟
(1) 排水沟线形应平顺，转弯处宜为弧线形。
(2) 排水沟的出水口，应设置跌水和急流槽将水流引出路基或引入排水系统。

4. 急流槽
(1) 片石砌缝应不大于40mm，砂浆饱满，槽底表面粗糙。
(2) 急流槽分节长度宜为5～10m，接头处应用防水材料填缝。混凝土预制块急流槽，分节长度宜为2.5～5.0m，接头采用榫接。

5. 无消力池的跌水，其台阶高度应小于600mm，每阶高度与长度之比应与原地面坡度相协调。

6. 蒸发池

(1) 蒸发池与路基之间的距离应满足路基稳定要求。湿陷性黄土地区，蒸发池与路基排水沟外缘的距离应大于湿陷半径。

(2) 不得因设置蒸发池而使附近地基泥沼化或对周围生态环境产生不利影响。

(3) 蒸发池池底宜设 0.5% 的横坡，入口处应与排水沟平顺衔接。

(4) 蒸发池四周应进行围护。

7. 油水分离池

(1) 污水进入油水分离池前应先通过格栅和沉砂池处理。

(2) 不得由于设置油水分离池而污染当地生态环境。

(3) 池底、池壁和隔板应采用砌浆片石或现浇混凝土进行加固。

2.2.2.2 地下排水

1. 暗沟（管）

(1) 沟底必须埋入不透水层内，沟壁最低一排渗水孔应高出沟底至少 200mm。

(2) 暗沟设在路基旁侧时，宜沿路线方向布置；设在低洼地带或天然沟谷处时，宜顺山坡的沟谷走向布置。沟底纵坡应大于 0.5%，出水口处应加大纵坡，并高出地表排水沟常水位 200mm 以上。

(3) 寒冷地区的暗沟应按照设计要求做好防冻保温处理，出水口处也应进行防冻保温处理，坡度宜大于 5%。

(4) 暗沟采用混凝土或浆砌片石砌筑时，在沟壁与含水层接触面以上高度，应设置一排或多排向沟中倾斜的渗水孔，沟壁外侧应填筑粗粒透水性材料或土工合成材料形成反滤层。沿沟槽底每隔 10~15m 或在软硬岩层分界处应设置沉降缝和伸缩缝。

(5) 暗沟顶面必须设置混凝土盖板或石料盖板，板顶上填土厚度应大于 500mm。

2. 渗沟

(1) 各类渗沟均应设置排水层、反滤层和封闭层。

(2) 填石渗沟

1) 石料应洁净、坚硬、不易风化。砂宜采用中砂，含泥量应小于 2%，严禁用粉砂、细砂。

2) 渗水材料的顶面（指封闭层以下）不得低于原地下水位。当用于排除层间水时，渗沟底部应埋置于最下面的不透水层。在冰冻地区，渗沟埋置深度不得小于当地最小冻结深度。

3) 填石渗沟纵坡不宜小于 1%。出水口底面标高应高出渗沟外最高水位 200mm。

(3) 管式渗沟

1) 管式渗沟长度大于 100m 时，应在其末端设置疏通井，并设横向泄水管，分段排除地下水。

2) 泄水孔应在管壁上交错布置，间距不宜大于 200mm。渗沟顶标高应高于地下水位。管节宜用承插式柔性接头连接。

(4) 洞式渗沟

1) 洞式渗沟填料顶面宜高于地下水位。

2) 洞式渗沟顶部必须设置封闭层，厚度应大于 500mm。

(5) 边坡渗沟

1) 边坡渗沟的基底应设置在潮湿土层以下的干燥地层内，阶梯式泄水坡坡度宜为 2%～4%，基底应铺砌防渗。

2) 沟壁应设反滤层，其余部分用透水性材料填充。

(6) 支撑渗沟

1) 支撑渗沟的基底宜埋入滑动面以下至少 500mm，排水坡度宜为 2%～4%。当滑动面较缓时，可做成台阶式支撑渗沟，台阶宽度宜大于 2m。

2) 渗沟侧壁及顶面宜设反滤层。寒冷地区，渗沟出口应进行防冻处理。

3) 渗沟的出水口宜设置端墙。端墙内的出水口底标高，应高于地表排水沟常水位 200mm 以上，寒冷地区宜大于 500mm。承接渗沟排水的排水沟应进行加固。

(7) 反滤层

1) 在渗沟的迎水面设置粒料反滤层时，粒料反滤层应用颗粒大小均匀的碎、砾石，分层填筑。

2) 用于反滤层的无纺土工布应符合《公路土工合成材料应用技术规范》(JTG/T D32—2012)的强度基本要求，见表 2-10。

无纺土工织物强度的基本要求　　　　表 2-10

测试项目	强度单位	用途分类					
		Ⅰ级		Ⅱ级		Ⅲ级	
		伸长率 <50%	伸长率 ≥50%	伸长率 <50%	伸长率 ≥50%	伸长率 <50%	伸长率 ≥50%
握持强度	N	≥1400	≥900	≥1100	≥700	≥800	≥500
撕裂强度	N	≥500	≥350	≥400	≥250	≥300	≥175
CBR 顶破强度	N	≥3500	≥1750	≥2750	≥1350	≥2100	≥950

注：表列数值指卷材沿强度最弱方向测试的最低平均值。

通常环境条件下宜采用Ⅱ级，所处环境条件良好时可采用Ⅲ级，遇有冲刷等较恶劣环境条件下时应采用Ⅰ级。无纺土工织物的单位面积质量宜选用 $300\sim500g/m^2$。

3) 土工布反滤层采用缝合法施工时，土工布的搭接宽度应大于 100mm。铺设时应紧贴保护层，但不宜拉得过紧。土工布破损后应及时修补，修补面积应大于破坏面积的 4～5 倍。

4) 无砂混凝土块反滤层用在卵石、砾石、粗中砂含水层中效果良好。无砂混凝土是由水泥浆和粗集料（级配碎石或砾石）黏结在一起而且有透水孔隙的圬工块体。配制时注意要点如下：

a. 粗集料要坚硬致密，粒径大渗透系数大。

b. 水泥用量大则强度高，但渗透系数小。

c. 每次浇筑混凝土时宜用扒平后轻轻插入的捣固方法，若过重会减弱其透水性能。投掷高度不宜超过 1m，过高投掷会造成水泥浆与石子离析。养护温度宜保持在 10～20℃。

d. 应进行透水能力的试验。

e. 无砂混凝土的试验数据如表 2-11 所示，可供参考。

无砂混凝土试验结果汇总表　　　　表 2-11

集料粒径（mm）	灰石比（质量比）	水灰比（质量比）	水泥用量（kg/m³）	混凝土容重（kN/m³）	平均强度（MPa）				平均渗透系数（m/d）	含水层
					龄期（d）	抗压	抗弯	对钢筋的黏结力		
10～20	1：6	0.38	253	18.7	32	9.14	1.17	1.12	2240	卵石、砾石、粗砂
5～10	1：6	0.42	253	18.7	30	11.72	1.72	1.27	1410	粗砂、中砂
3～5	1：6	0.46	247	18.4	30	8.54	1.51	1.58	337	中砂、细砂

5）坑壁土质为黏性土或粉细砂土，采用无砂混凝土板作反滤层时，在无砂混凝土板的外侧，应加设 100～150mm 厚的中粗砂或渗水土工织物反滤层。

（8）渗沟基底应埋入不透水层，沟壁的一侧应设反滤层汇集水流，另一侧用黏土夯实或浆砌片石拦截水流。如渗沟沟底不能埋入不透水层时，两侧沟壁均应设置反滤层。

（9）渗沟顶部应设置封闭层，封闭层宜采用浆砌片石或干砌片石水泥砂浆勾缝，寒冷地区应设保温层，并加大出水口附近纵坡。保温层可采用炉渣、砂砾、碎石或草皮等。

（10）渗沟宜从下游向上游开挖，开挖作业面应根据土质选用合理的支撑形式，并应随挖随支撑、及时回填，不可暴露太久。支撑渗沟应分段间隔开挖。

3. 渗井

（1）填充料含泥量应小于 5％，按单一粒径分层填筑，不得将粗细材料混杂填塞。下层透水层范围内宜填碎石或卵石，上层不透水范围内宜填砂或砾石。井壁与填充料之间应设反滤层。

（2）渗井顶部四周用黏土填筑围护，井顶应加盖封闭。

（3）渗井开挖应根据土质选用合理的支撑形式，并应随挖随支撑、及时回填。

4. 隔离工程土工合成材料施工应符合以下规定：

（1）采用搭接铺设，搭接长度宜为 1000mm。

（2）土工织物上填料为碎石、砂砾或矿渣时，其最大粒径宜小于 26.5mm，通过 19mm 筛孔的材料不得大于 10％，通过 0.075mm 筛孔的材料塑性指数不得大于 6。

（3）排水隔离层顶面应高出地下水位 300mm 以上。

（4）土工织物做排水隔离层施工宜选择在旱季，地下水位较低时将土基地面整平，分层压实，构成一定横坡，铺设土工织物，拉平并保持一定松弛度，随之用木桩或石块固定；在隔离层上铺筑路基土时应从中间开始卸料填筑，填料铺筑前严禁车辆在土工织物上行驶。

5. 仰斜式排水孔施工应符合下列规定：

（1）钻孔成孔直径宜为 75～150mm，仰角不小于 6°。孔深应延伸至富水区。

（2）排水管直径宜为 50～100mm，渗水孔宜梅花形排列，渗水段裹 1～2 层无纺土工布，防止渗水孔堵塞。

6. 承压水的排除

（1）一般地区，埋深较浅的承压水宜采用在承压水出口处抛填片石或混凝土预制块等措施，使承压水消能为无压水流后再采用排水沟、渗沟等方式排走，也可用隔离层把承压水引入排水沟。

(2) 一般地区，层间重力水可根据不同的含水情况和压力情况，采用渗沟、排水沟、渗井和暗沟（管）等措施排除。

(3) 寒冷地区，埋藏于冻土层以下的承压水宜采用渗沟、排水沟、渗井和暗沟（管）等方法排除；但如果因地形条件所限，排水设施不能埋设于当地冰冻深度以下时，上层填土宜采取保温措施，与排水设施出口处相连接的沟槽应做成保温沟，保温沟的保温覆盖层，其布设范围应在排水设施出口处向外延伸 2~5m，并应加大出水口处排水沟纵坡。

(4) 在寒冷地区，山坡较平缓，含水量和覆盖层又较浅，且涌水量、动水压力不大的情况下，可在覆盖层中挖冻结沟。

2.2.2.3 路基排水工程质量标准

1. 排水设施外观质量应符合下列规定：

(1) 纵坡顺直，曲线线形圆滑。

(2) 沟壁平整、稳定，无贴坡。沟底平整，排水畅通，无冲刷和阻水现象。

(3) 各类防渗、加固设施坚实稳固。

(4) 浆砌片石工程，嵌缝均匀、饱满、密实，勾缝平顺无脱落、密实、美观，缝宽均衡协调；砌体咬扣紧密；抹面平整、压光、顺直，无裂缝、空鼓。

(5) 干砌片石工程，砌筑咬合紧密，无叠砌、贴砌和浮塞。

(6) 水泥混凝土砌块的强度符合设计要求，砌体平整，勾缝整齐牢固。

2. 土质边沟、截水沟、排水沟施工质量标准，应符合表 2-12 的规定。

土质边沟、截水沟、排水沟施工质量标准　　　　　　　　表 2-12

检查项目	规定值或允许偏差	检查方法和频率
沟底纵坡	符合设计要求	水准仪：每 200m 测 8 点
沟底高程（mm）	+0，-30	水准仪：每 200m 测 8 处
断面尺寸	不小于设计要求	尺量：每 200m 测 8 处
边坡坡度	不陡于设计要求	每 50m 测 2 处
边棱顺直度（mm）	50	尺量：20m 拉线，每 200m 测 4 处

3. 浆砌排水沟、截水沟、边沟施工质量标准，应符合表 2-13 的规定。

浆砌排水沟、截水沟、边沟施工质量标准　　　　　　　　表 2-13

检查项目	规定值或允许偏差	检查方法和频率
砂浆强度	符合设计要求	同一配合比，每台班 2 组
轴线偏位（mm）	50	经纬仪：每 200m 测 8 处
墙面直顺度（mm）	30	20m 拉线
或坡度	符合设计要求	坡度尺：每 200m 测 4 处
断面尺寸（mm）	±30	尺量：每 200m 4 处
铺砌厚度	不小于设计值	尺量：每 200m 4 处
基础垫层宽、厚度	不小于设计值	尺量：每 200m 4 处
沟底高程（mm）	±15	水准仪：每 200m 8 点

注：跌水、急流槽等的质量标准可参照本表。

4. 混凝土排水管施工质量标准，应符合表2-14的规定。

混凝土排水管施工质量标准 表 2-14

检查项目		规定值或允许偏差	检查方法和频率
混凝土强度		符合设计要求	同一配合比，每台班2组
管轴线偏位（mm）		15	经纬仪或拉线：每两井间测5处
管内底高程（mm）		±10	水准仪：每两井间测4处
基础厚度		不小于设计值	尺量：每两井间测5处
管座	肩宽（mm）	+10，-5	尺量、挂边线：每两井间测4处
	肩高（mm）	±10	
抹带	宽度	不小于设计	尺量：按20%抽查
	厚度	不小于设计	
进出口、管节接缝处理		有防水处理	每处检查

5. 排水渗沟施工质量标准，应符合表2-15的规定。

排水渗沟施工质量标准 表 2-15

检查项目	规定值或允许偏差	检查方法和频率
沟底高程（mm）	±15	水准仪：每20m测4处
断面尺寸	不小于设计	尺量：每20m测2处

6. 隔离工程土工合成材料施工质量标准，应符合表2-16的规定。

隔离工程土工合成材料施工质量标准 表 2-16

检查项目	规定值或允许偏差	检查方法和频率
下承层平整度、拱度	符合设计要求	每200m，检查4处
搭接宽度（mm）	+50，0	抽查2%
搭接缝错开距离（mm）	符合设计要求	抽查2%
表面保护层厚度		抽查2%

7. 过滤排水工程土工合成材料施工质量标准，应符合表2-17的规定。

过滤排水工程土工合成材料施工质量标准 表 2-17

检查项目	规定值或允许偏差	检查方法和频率
下承层平整度、拱度	符合设计要求	每200m，检查4处
搭接宽度（mm）	+50，0	抽查2%
搭接缝错开距离（mm）	符合设计要求	抽查2%

8. 检查井、雨水井

（1）井基混凝土强度达到5MPa后方可砌筑井体。蹬步梯安装牢固。井框、井盖平稳。进口周围无积水。

（2）检查井、雨水井施工质量标准，应符合表2-18的规定。

9. 排水泵站平面位置、地基承载力应符合设计要求。井底不漏水。施工质量标准应符合表 2-19 的规定。

检查井、雨水井施工质量标准 表 2-18

检查项目	规定值或允许偏差		检查方法和频率
砂浆强度	符合设计要求		同一配比，每台班 2 组
轴线偏位（mm）	50		经纬仪：每个检查井检查
圆井直径或方井长、宽（mm）	±20		尺量：每个检查井检查
井底高程（mm）	±15		水准仪：每个检查井检查
井盖与相邻路面高差（mm）	检查井	+4, 0	水准仪：每个检查井检查
	雨水井	0, −4	

排水泵站施工质量标准 表 2-19

检查项目	规定值或允许偏差	检查方法和频率
混凝土强度	符合设计要求	同一配比，每工作台班 2 组
轴线平面偏位	1‰井深	经纬仪：纵、横向各 3 处
垂直度	1‰井深	吊垂线：纵、横向各 2 处
底板高程（mm）	±50	水准仪：检查 6 处

2.2.3 特殊路基

2.2.3.1 特殊路基应符合下列规定：

1. 特殊路基施工，应进行必要的基础试验，编制专项施工组织设计，批准后实施。
2. 施工中如实际地质情况与设计不符或设计处治方案因故不能实施，应按有关规定办理。
3. 采用新技术、新工艺、新设备、新材料时，必须制定相应的工艺、质量标准。
4. 用湿黏土、红黏土和中、弱膨胀土作为填料直接填筑时，应符合下列规定：

（1）填料液限在 40%～70% 之间且 CBR 值满足路基填料最小强度和最大粒径要求表 2-2 中的规定。

在实际施工中，可以采用如下步骤来判断 CBR 值是否满足规定：

1）分析天然土样的天然含水量、天然稠度。

2）取天然土样，采用湿土法制作不同含水量（一般可选择相当于稠度在 0.9～1.4 范围内）的试样，按照《公路土工试验规程》JTG E40—2007 中承载比（CBR）试验测试其 CBR 值。

3）绘制"CBR—含水量"关系图，根据路基填料最小强度和最大粒径要求表 2-2 的规定得出路基不同部位填料的含水量范围。

4）如果该种天然土的天然含水量处于步骤 3）所确定含水量范围，那么该种天然土可作为填料。

（2）碾压时填料稠度应控制在 1.1～1.3 之间。压实机械自重宜在 18t 左右。

（3）压实度标准可比土质路基压实度标准表 2-4 中的规定值降低 1%～5%，具体降低数值应根据当地土质等情况通过试验确定。

(4) 不得作为四级及四级以上公路路床、零填及挖方路基 0~0.80m 范围内的填料。

5. 特殊地区路基施工除符合本节规定外，还应遵守一般路基的规定。

2.2.3.2 湿黏土路基

1. 用不符合第 2.2.3.1 条第 4 款规定的湿黏土填筑路基时，应进行处理，处理后应符合路基填料最小强度和最大粒径要求表 2-2 中的规定，压实质量应符合土质路基压实度标准表 2-4 中的规定。

2. 基底为软土时，应按设计要求进行处治。

3. 不同类的填料，不得填筑在同一压实层上。

4. 路堤填筑时，每层宜设 2%~3% 的横坡。当天的填土，宜当天完成压实。

5. 填筑层压实后，应采取措施防止路基工作面曝晒失水。

6. 水稻田地段路基施工应符合下列规定：

(1) 水稻田地段路基施工，不得影响农田排灌。

(2) 施工前应采取措施排除公路用地范围内的地表水。疏干地表水确有困难时，应按设计要求进行处治。

(3) 二级及二级以上公路路堑段，应在边坡顶适当距离外，筑埂并挖截水沟；土质、风化岩石边坡，应浆砌护墙或护坡；路堑路段宜加大边沟尺寸并采用浆砌。

7. 河、塘、湖地段路堤施工应符合以下规定：

(1) 受水浸润作用的路堤部分，宜用水稳性好、塑性指数不大于 6、压缩性小、不易风化的透水性填料填筑。

(2) 在洪水淹没地段的路堤，两侧不得取土；三、四级公路，特殊情况下可在下游侧距路堤安全距离外取土。

(3) 两侧水位差较大的河滩路堤，根据具体情况，宜放缓下游一侧边坡、设滤水趾和反滤层、在基底设隔渗墙或隔渗层。

(4) 防洪工程应在洪水期前完成，施工期间应注意防洪。

8. 多雨潮湿地区路基施工应符合下列规定：

(1) 多雨潮湿地区是指一级区划Ⅳ、Ⅴ区范围内二级区划中的中湿区和过湿区。多雨潮湿地区施工，应注意排水。

(2) 多雨潮湿地区，应按设计要求对基底过湿土层进行处理。

采用含水量大的土填筑路堤一般难以压实到要求的压实度，所以需要换填或者掺入外加剂。

土的天然稠度是指土的液限与天然含水量之差与塑性指数之比，即：

$$\omega_c = \frac{\omega_c - \omega}{\omega_1 - \omega_p} = \frac{\omega_1 - \omega}{I_p} \tag{2-2}$$

式中　ω_c——土的天然稠度；

ω_1——土的液限（%）；

ω——土的天然含水量（%）；

ω_p——土的塑限（%）；

I_p——土的塑性指数（%）。

路基干湿状态与稠度关系，见表 2-20。

土基干湿状态的分界稠度建议值，见表 2-21。

2.2.3.3 软土地区路基

1. 软土地基处治前，应复核处治方案的可行性，编制实施性施工组织设计。
2. 软土地基处治材料的选用及处治方案，宜因地制宜、就地取材。

路基干湿状态与稠度关系 表 2-20

路基干湿状态	干燥	中湿	潮湿	过湿
稠度 ω_{c0}	$\omega_{c0} > \omega_{c1}$	$\omega_{c1} > \omega_{c2}$	$\omega_{c2} > \omega_{c3}$	ω_{c3}

注：ω_{c0}——干燥状态路基常见下限稠度；
　　ω_{c1}——干燥和中湿状态路基的分界稠度；
　　ω_{c2}——中湿和潮湿状态路基的分界稠度；
　　ω_{c3}——潮湿和过湿状态路基的分界稠度。

土基干湿状态的分界稠度建议值 表 2-21

干湿状态 土质类别	干燥状态 $\omega_c \geq \omega_{c1}$	中湿状态 $\omega_{c1} > \omega_c \geq \omega_{c2}$	潮湿状态 $\omega_{c2} > \omega_c \geq \omega_{c3}$	过湿状态 $\omega_c < \omega_{c3}$
砂质土	$\omega_c \geq 1.20$	$1.20 > \omega_c \geq 1.00$	$1.00 > \omega_c \geq 0.85$	$\omega_c < 0.85$
黏质土	$\omega_c \geq 1.10$	$1.10 > \omega_c \geq 0.95$	$0.95 > \omega_c \geq 0.80$	$\omega_c < 0.80$
粉质土	$\omega_c \geq 1.05$	$1.05 > \omega_c \geq 0.90$	$0.90 > \omega_c \geq 0.75$	$\omega_c < 0.75$

3. 浅层处治

（1）换填施工应符合下列规定：

1）当泥沼及软土厚度小于 2.0m 时可换填软基。对非饱和黏性土的软弱表层，也可添加适量石灰、水泥进行改良处治。换填料应选用水稳性或透水性好的材料。

2）回填应分层填筑、压实。

（2）抛石挤淤施工应符合下列规定：

1）抛石挤淤一般用于以下情况下：当泥沼及软土厚度小于 3.0m，且其软层位于水下，更换土施工困难或基底直接落在含水量极高的淤泥上，稠度远超过液限，呈流动状态。应选用不易风化的片石，片石厚度或直径不宜小于 300mm。

2）软土地层平坦、软土成流动状时，填筑应沿路基中线向前成三角形方式投放片石，再逐渐向两侧全宽范围扩展。当软土地层横坡陡于 1:10 时，应自高侧向低侧填筑，并在低侧坡脚外一定宽度内同时抛填形成片石平台。

3）片石抛填出软土面后，应用较小石块填塞垫平，并碾压密实。

4. 砂（砾）垫层

（1）垫层材料宜采用无杂物的中、粗砂，含泥量应小于 5%；也可采用天然级配砂砾料，其最大粒径应小于 50mm，砾石强度不低于四级（即洛杉矶法磨耗率小于 60%）。

（2）垫层宜分层摊铺压实，碾压到规定的压实度。碾压法施工时，最佳含水率一般控制在 8%～12%。摊铺厚度为 250～350mm，压实机具宜采用自重 60～100kN 压路机。垫层采用砂砾料时，应避免粒料离析。

（3）垫层宽度应宽出路基边脚 500～1000mm，两侧宜用片石护砌或采用其他方式防护。

(4) 砂（砾）垫层施工质量标准应符合表 2-22 的规定。

砂（砾）垫层施工质量标准　　　　表 2-22

检 查 项 目	规定值或允许偏差	检查方法和频率
砂垫层厚度	不小于设计	每 200m 检查 4 处
砂垫层宽度	不小于设计	每 200m 检查 4 处
反滤层设置	符合设计要求	每 200m 检查 4 处
压实度（%）	90	每 200m 检查 4 处

5. 土工合成材料

(1) 土工合成材料技术、质量指标应满足设计要求。土工合成材料在存放以及铺设过程中应避免长时间暴露或暴晒。与土工合成材料直接接触的填料中严禁含强酸性、强碱性物质。

(2) 土工合成材料施工应符合以下规定：

1) 下承层应平整，摊铺时应拉直、平顺，紧贴下承层，不得扭曲、折皱。在斜坡上摊铺时，应保持一定松紧度。

2) 铺设土工合成材料，应在路堤每边各留一定长度，回折覆裹在已压实的填筑层面上，折回外露部分应用土覆盖。

3) 土工合成材料的连接，采用搭接时，搭接长度宜为 300～600mm；采用缝接时，缝接宽度应不小于 50mm，缝接强度应不低于土工合成材料的抗拉强度；采用黏结时，黏合宽度应不小于 50mm，黏合强度应不低于土工合成材料的抗拉强度。

4) 施工中应采取措施防止土工合成材料受损，出现破损时应及时修补或更换。

5) 双层土工合成材料上、下层接缝应错开，错开长度应大于 500mm。

(3) 加筋工程土工合成材料施工质量标准，应符合表 2-23 的规定。

加筋工程土工合成材料施工质量标准　　　　表 2-23

检 查 项 目	规定值或允许偏差	检查方法和频率
下承层平整度、拱度	符合设计要求	每 200m，检查 4 处
搭接宽度（mm）	+50，0	抽查 2%
搭接缝错开距离（mm）	符合设计要求	抽查 2%
锚固（回折）长度	符合设计要求	抽查 2%
铺设层数	符合设计要求	每 200m，检查 4 处
铺设层间距（mm）	±50	每 200m，检查 4 处
筋材连接处强度	符合设计要求	每 200m，检查 4 处

(4) 隔离工程土工合成材料施工质量标准，应符合表 2-16 的规定。

(5) 过滤排水工程土工合成材料施工质量标准，应符合表 2-17 的规定。

(6) 防裂工程土工合成材料施工质量标准，应符合表 2-24 的规定。

防裂工程土工合成材料施工质量标准 表 2-24

检查项目	规定值或允许偏差	检查方法和频率
下承层平整度、拱度	符合设计要求	每200m，检查4处
搭接宽度（mm）	≥50（横向） ≥150（纵向）	抽查2%
黏结力（N）	≥20	抽查2%

6. 袋装砂井

(1) 中、粗砂中大于0.6mm颗粒的含量宜占总重的50%以上，含泥量小于3%，渗透系数大于$5×10^{-2}$mm/s。砂袋的渗透系数应不小于砂的渗透系数。

砂应保持干燥，不宜采用潮湿填料，以免袋内填料干燥后，体积减小，造成短井。

(2) 袋装砂井施工应符合以下规定：

1) 砂袋露天堆放时，应有遮盖，不得长时间暴晒。

2) 砂袋应垂直下井，不得扭结、缩颈、断裂、磨损。

3) 拔钢套管时，如将砂袋带出或损坏，应在原孔位边缘重打；连续两次将砂袋带出时，应停止施工，查明原因并处理后方可施工。

4) 砂袋在孔口外的长度，应能顺直伸入砂垫层至少300mm。

(3) 袋装砂井施工质量标准应符合表2-25的规定。

袋装砂井施工质量标准 表 2-25

检查项目	规定值或允许偏差	检查方法和频率
井距（mm）	±150	抽查3%
井长	不小于设计值	查施工记录
井径（mm）	+10，0	挖验3%
竖直度（%）	1.5	查施工记录
灌砂率（%）	-5	查施工记录

7. 塑料排水板

(1) 塑料排水板技术、质量指标应符合设计要求。露天堆放应有遮盖，不得长时间暴晒。

(2) 塑料排水板施工应符合以下规定：

1) 现场堆放的塑料排水板，应采取措施防止损坏滤膜。

2) 塑料排水板超过孔口的长度应能伸入砂垫层不小于500mm，预留段应及时弯折埋设于砂垫层中，与砂垫层贯通，并采取保护措施。

3) 塑料排水板不得搭接。

4) 施工中防止泥土等杂物进入套管内，一旦发现应及时清除。

5) 打设形成的孔洞应用砂回填，不得用土块堵塞。

(3) 塑料排水板施工质量标准应符合表2-26的规定。

塑料排水板施工质量标准 表 2-26

检查项目	规定值或允许偏差	检查方法和频率
板距（mm）	±150	抽查3%
板长	不小于设计值	抽查3%
竖直度（%）	1.5	查施工记录

8. 真空预压、真空堆载联合预压

真空预压法加固地基的基本原理是利用薄膜密封技术，在膜下形成真空，使薄膜内外产生一个气压差，地基在等向气压差作用下进行排水固结。

(1) 垫层材料宜采用中、粗砂，泥土杂质含量小于5%，严禁砂中混有尖石等尖利硬物。

(2) 密封膜厚度宜为0.12～0.17mm，密封膜每边长度应大于加固区相应边3～4m。薄膜加工后不得存在热穿、热合不紧等现象，不宜有交叉热合缝。

(3) 每个加固区用2～3层密封膜，具体层数可根据密封膜性能确定。

(4) 滤管应不透砂。滤管距泥面、砂垫层顶面的距离均应大于50mm。滤管周围必须用砂填实，严禁架空、漏填。

(5) 密封沟与围堰施工要求如下：

1) 沿加固边界开挖密封沟，其深度应低于地下水位并切断透水层，内外坡应平滑。沟底宽度应大于400mm，密封膜与沟底黏土之间应进行密封处理。

2) 密封沟回填料应为不含杂质的纯黏土，不得损害密封膜。

3) 筑堰位置应跨密封沟的外沟沿，堰体应密实牢固。

4) 铺膜前，应把出膜弯管与滤管连接好，并培实砂子，同时处理好出口的连接。

(6) 真空表测头应埋设于砂垫层中间，每块加固区不少于2个真空度测点，真空管出口须防止弯折或断裂。

(7) 抽真空施工要求如下：

1) 抽真空持续时间应符合设计要求，设计无规定时可持续2～5个月。

2) 覆盖厚度宜为200～400mm，膜下真空压力应持续稳定在80kPa以上。

3) 应注意观察负压对其相邻结构物的影响。

(8) 真空堆载联合预压施工要求如下：

1) 路堤填筑宜在抽真空30～40d后开始进行，或按设计规定开始堆载。

2) 路堤填筑速率应符合设计规定。

3) 路堤填筑期间，应保持抽真空。

4) 路堤填筑高度达到设计标高（考虑沉降）后，应继续抽真空，路堤沉降值（或地基固结度）达到设计要求后方可停止抽真空。

(9) 施工监测要求如下：

1) 预压过程中，应进行孔隙水压力、真空压力、深层沉降量及水平位移等预压参数的监测。真空压力每隔4h观测一次，表面沉降每2d测一次。

2) 当连续5昼夜实测地面沉降小于0.5mm/d、地基固结度已达到设计要求的80%时，经验收，即可终止抽真空。

3) 停泵卸荷后24h，应测量地表回弹值。

9. 砂桩

(1) 材料要求：采用中、粗砂，大于0.6mm颗粒含量宜占总重的50%以上，含泥量应小于3%，渗透系数大于5×10^{-2}mm/s。也可使用砂砾混合料，含泥量应小于5%。

(2) 砂桩施工应符合以下规定：

1) 采用单管冲击法、一次打桩管成桩法或复打成桩法施工时，应使用饱和砂；采用双管冲击法、重复压拔法施工时，可使用含水量为7%~9%的砂；饱和土中施工可用天然湿砂。

2）地面下1~2m土层应超量投砂，通过压挤提高表层砂的密实程度。

3）成桩过程应连续。

4）实际灌砂量未达到设计用量时，应进行处理。

（3）砂桩施工质量标准应符合表2-27的规定。

砂桩施工质量标准　　　　　　　　　　　　　　　　表2-27

检查项目	规定值或允许偏差	检查方法和频率
桩距（mm）	±150	抽查3%
桩长	不小于设计值	查施工记录
桩径	不小于设计值	抽查3%
竖直度（%）	1.5	查施工记录
灌砂量	不小于设计值	查施工记录

10. 碎石桩

利用一个产生水平方向振动的管状设备，以高压水流边振边冲在软弱黏性土地基中成孔，在孔内分批填入碎石加以振密制桩，与周围黏性土形成复合地基，这种加固技术称为振冲置换法或碎石桩法。

（1）材料要求：未风化碎石或砾石，粒径宜为19~63mm，含泥量应小于10%。

（2）施工前应按规定做成桩试验。

（3）根据试桩成果，严格控制水压、电流和振冲器在固定深度位置的留振时间。

（4）碎石桩施工质量标准应符合表2-28的规定。

碎石桩施工质量标准　　　　　　　　　　　　　　　　表2-28

检查项目	规定值或允许偏差	检查方法和频率
桩距（mm）	±150	抽查3%
桩长	不小于设计值	查施工记录
桩径	不小于设计值	抽查3%
竖直度（%）	1.5	查施工记录
灌碎石量	不小于设计值	查施工记录

施工质量检验，常用的方法有单桩荷载试验和动力触探试验；加固效果检验，常用的方法有单桩复合地基荷载试验和多桩复合地基大型荷载试验。

（5）碎石桩密实度抽查频率为2%，用重Ⅱ型动力触探测试，贯入量100mm时，击数应大于5次。

11. 加固土桩

加固土桩主要是以水泥、石灰、粉煤灰等材料作固化剂的主剂，利用深层搅拌机械和原位软土进行强制搅拌，经过物理化学作用生成一种特殊的具有较高强度、较好变形特性和水稳性的混合柱状体。它对提高软土地基承载能力，减少地基的沉降量有明显效果。

（1）材料要求如下：

1）生石灰粒径应小于 2.36mm，无杂质，氧化镁和氧化钙总量应不小于 85%，其中氧化钙含量应不小于 80%。

2）粉煤灰中二氧化硅和三氧化二铝含量应大于 70%，烧失量应小于 10%。

3）水泥宜用普通或矿渣水泥。

（2）加固土桩施工前必须进行成桩试验，桩数不宜少于 5 根，且满足以下要求：

1）应取得满足设计喷入量的各种技术参数，如钻进速度、提升速度、搅拌速度、喷气压力、单位时间喷入量等；

2）应确定能保证胶结料与加固软土拌和均匀性的工艺；

3）掌握下钻和提升的阻力情况，选择合理的技术措施；

4）根据地层、地质情况确定复喷范围。

（3）应根据固化剂喷入的形态（浆液或粉体），采用不同的施工机械组合。

（4）采用浆液固化剂时，制备好的浆液不得离析，不得停置过长。超过 2h 的浆液应降低等级使用。浆液拌合均匀、不得有结块，供浆应连续。

（5）采用粉体固化剂时，应符合以下规定：

1）严格控制喷粉标高和停粉标高，不得中断喷粉，确保桩体长度；严格控制粉喷时间、停粉时间和喷入量。应采取措施防止桩体上下喷粉不匀、下部剂量不足、上下部强度差异大等问题，应按设计要求的深度复搅。

2）当钻头提升到地面以下小于 500mm 时，送灰器停止送灰，用同剂量的混合土换填。

3）如喷粉量不足，应整桩复打，复打的喷粉量不小于设计用量。因故喷粉中断时，必须复打，复打重叠长度应大于 1m。

4）施工设备必须配有自动记录的计量系统。

5）钻头直径的磨损量不得大于 10mm。

（6）加固土桩施工质量标准应符合表 2-29 的规定。

加固土桩施工质量标准　　　　表 2-29

检查项目	规定值或允许偏差	检查方法和频率
桩距（mm）	±100	抽查桩数 3%
桩长	不小于设计值	抽查桩数 3%
桩径	不小于设计值	喷粉（浆）前检查钻杆长度，成桩 28d 后钻孔取芯 3%
竖直度（%）	1.5	抽查桩数 3%
单桩每延米喷粉（浆）量（%）	不小于设计值	查施工记录
桩体无侧限抗压强度	不小于设计值	成桩 28d 后钻孔取芯，桩体三等分段各取芯样一个，成桩数 3%
单桩或复合地基承载力	不小于设计值	成桩数的 0.2%，并不少于 3 根

12. 水泥粉煤灰碎石桩

水泥粉煤灰碎石桩（简称 CFG 桩）是在碎石桩的基础上发展起来的，由于桩体中加入了水泥和粉煤灰形成了高黏结强度的桩，从而改善了碎石桩的刚性，不仅能很好地发挥全桩的侧摩阻作用，同时，也能很好地发挥其端阻作用，CFG 桩和桩间土、垫层一起形成复合地基。

(1) 材料要求如下：

1) 集料：应根据施工方法，选择合理的集料级配和最大粒径。

CFG桩的粗骨料一般采用碎石或卵石，泵送混合料时，卵石最大粒径宜为26.5mm，碎石最大粒径宜为19mm。

采用振动沉管时，骨料最大粒径不宜超过63mm。为使级配良好，宜掺入石屑或砂填充碎石的空隙。

2) 水泥：一般采用32.5级普通硅酸盐水泥。

3) 粉煤灰：宜选用袋装Ⅱ、Ⅲ级粉煤灰。

(2) 施工前应进行成桩试验，试桩数量宜为5～7根。

成桩试验需要达到以下目的：

1) 确定符合设计要求的施工工艺和施工速度。

2) 确定合理的投料数量。

3) 确定桩的质量标准。

(3) 水泥粉煤灰碎石桩施工应符合以下规定：

1) 桩体施工应选择合理的施打顺序，避免对已成桩造成损害。

2) 成桩过程中，应对已打桩的桩顶进行位移监测。

3) 混合料应拌合均匀。

(4) 水泥粉煤灰碎石桩施工质量标准，应符合表2-30的规定。

水泥粉煤灰碎石桩施工质量标准　　　　表2-30

检查项目	规定值或允许偏差	检查方法和频率
桩距（mm）	±100	抽查桩数3%
桩长	不小于设计值	抽查桩数3%
桩径	不小于设计值	查施工记录
竖直度（%）	1	抽查桩数3%
桩体强度	不小于设计值	取芯法，总桩数的5%
单桩或复合地基承载力	不小于设计值	成桩数的0.2%，并不少于3根

质量检验一般应在达到28d龄期后进行，桩的平面位置可用经纬仪或皮尺检测，桩身质量可用低应变试验检测，而单桩和复合地基承载力可采用静载荷试验检验。

13. Y型沉管灌注桩

Y型沉管灌注桩是一种派生于传统的沉管灌注桩（圆型）的异形沉管灌注桩，根据"同等截面，多边形边长之和大于圆形周长"的原理，桩侧表面积增加，摩阻力相应增加，即等长等体积的Y型沉管灌注桩比传统的圆型沉管灌注桩侧面积增大、单桩承载力提高。

(1) 粗集料宜优先选用卵石；采用碎石，宜适当增加含砂率；骨料最大粒径不宜大于63mm。混凝土坍落度宜为80～100mm，在运输和灌注过程中无离析、泌水。

(2) 桩尖、桩帽混凝土强度等级不宜低于C30。

(3) 邻近有建筑物（构造物）时，应采取有效的隔振措施。

(4) 桩基定位点及施工区附近的水准点应设置在不受桩基施工影响处。

(5) 群桩施工,应合理设计打桩顺序、控制打桩速度,防止影响邻桩成桩质量。

(6) 沉管前,宜在桩管内先灌入高1.5m左右的封底混凝土,方可开始沉管。

(7) 灌注混凝土的充盈系数不得小于1。

(8) 拔管速度应保持在1.0~1.2m/min,桩管埋入混凝土深度应大于1m。

(9) Y型沉管灌注桩施工质量标准,应符合表2-31的规定。

Y型沉管灌注桩施工质量标准　　　　　　　　表2-31

检查项目	规定值或允许偏差	检查方法和频率
桩距(mm)	±100	尺量,桩数5%
沉桩深度	不小于设计值	尺量,桩数20%
桩横截面积	不小于设计值	尺量,桩数5%
竖直度(%)	1	查沉孔记录
混凝土抗压强度	在合格标准内	每根桩2组,每台班至少2组
单桩承载力	不小于设计值	总桩数的0.2%,并不少于3根
桩身完整性	无明显缺陷	低应变测试,桩数10%

14. 薄壁筒型沉管灌注桩

薄壁筒型沉管灌注桩是一种派生于传统的圆型沉管灌注桩的沉管灌注桩,利用一个内外双管及桩靴结构,配备中高频振动锤,形成密封管状系统沉孔,并灌注混凝土,形成大口径薄壁筒桩。它的主要工作原理是高频振动沉管、自动排土成桩。

(1) 混凝土粗集料宜优先选用卵石,卵石最大粒径为63mm;采用碎石,宜适当增加含砂率,碎石最大粒径为37.5mm。混凝土坍落度宜为80~150mm,在运输和灌注过程中无离析、泌水。

(2) 桩尖、桩帽混凝土强度等级不宜低于C30。桩尖表面应平整、密实,桩尖内外面圆度偏差不得大于1%,桩尖端头支承面应平整。

(3) 邻近有建筑物时,应采取有效的隔振措施。

(4) 在软土地基上打群桩时,应合理设计打桩顺序、控制打桩速度。

(5) 桩基定位点及施工区附近所设的水准点应设置在不受桩基施工影响处。

(6) 沉管工艺应符合下列规定:

1) 成孔器安装时,应控制底部套筒环形空隙(即成桩壁厚)的均匀性,环隙偏差小于5mm后方可固定上端法兰或缩压夹持器。

2) 沉孔之前,必须使桩尖与成孔器内、外钢管的空腔密封,确保在全部沉孔过程中水不会渗入空腔内。

3) 浇筑混凝土前,应检测孔底有无渗水和淤泥。

(7) 浇筑混凝土应符合下列规定:

1) 桩管内混凝土灌满后,先振动5~10s,再边振动边拔管,控制拔管速度均匀、保持管内混凝土高度不少于2m。穿越特别软弱土层时,拔管速度宜控制在1.0~1.2m/min。

2) 采取间歇性振动,即灌入2m高度混凝土后,提升振动一次,不宜连续振动而不提升。

3) 在沉孔及提升成孔器时，必须控制成孔器的垂直度。
4) 浇筑后的桩顶标高应大于设计标高 500mm。

（8）薄壁筒型沉管灌注桩施工质量标准，应符合表 2-32 的规定。

薄壁筒型沉管灌注桩施工质量标准　　表 2-32

检查项目	规定值或允许偏差	检查方法和频率
桩距（mm）	±100	尺量，桩数 5%
桩外径	不小于设计值	尺量，桩数 5%
沉桩深度	不小于设计值	尺量，桩数 20%
筒壁厚度	不小于设计值	尺量，桩数 5%
竖直度（%）	1	查沉孔记录
混凝土抗压强度	在合格标准内	每工作台班留 2 组试件，每根桩至少 1 组试件
单桩承载力	不小于设计值	总桩数的 0.2%，并不少于 3 根
桩身完整性	无明显缺陷	低应变测试，桩数 10%

15. 静压管桩

（1）管桩堆放场地，必须平整、坚实，应有排水措施，不得产生不均匀沉陷。

（2）施工前检查成品桩，先张法薄壁预应力混凝土管桩应符合《先张法预应力混凝土管桩》GB 13476 的规定、《先张法预应力混凝土薄壁管桩》JC 888 的规定。采用蒸汽养护时应在常温下静置 3d 以上。

（3）焊接接桩

1) 接桩时，上、下节桩的中心线偏差应小于 5mm，节点弯曲矢高不得大于桩段长度的 0.1%。

2) 焊接时，应采取措施减小焊接变形，焊缝连续、饱满。焊接后应自然降温，严禁用水浇降温。

3) 成桩过程中遇有较难穿透的土层时，接桩宜在桩尖穿过该层土后进行。

（4）管桩与托板的连接

1) 对于沉入到设计标高后不需要截桩的薄壁预应力混凝土管桩，与托板连接可用托板连接筋与钢筋板圈焊接后，将桩顶直接埋入托板内。连接筋和桩顶埋入托板内深度，应根据不同的情况，按设计要求确定。

2) 需要截桩的管桩与托板连接，管桩截断后，将垫块下入管内，并把连接用钢筋笼插入桩内，用与托板相同强度等级的混凝土灌注。

（5）静压管桩施工质量标准应符合表 2-33 的规定。

静压管桩施工质量标准　　表 2-33

检查项目	规定值或允许偏差	检查方法和频率
桩距（mm）	±100	5%
桩长	不小于设计	吊绳量测，5%
竖直度（%）	1	5%
单桩承载力	不小于设计	总桩数的 0.2%，并不少于 3 根
托板高度（mm）	+20，−10	钢尺量测，5%
托板长度和高度（mm）	+30，−20	钢尺量测，5%
托板位置（mm）	50	钢尺量测，5%

16. 强夯

强夯法,即"强力夯实法",或叫"动力固结法"。它是将很重的夯锤从高处自由落下,给土体以冲击和振动,从而提高地基的强度,降低土体的压缩性。它是在重锤表层夯实法的基础上发展起来而又与重锤表层夯实法不同的一项加固技术。

(1) 应采取隔振、防振措施消除强夯对邻近建筑物的有害影响。

(2) 施工前应选择有代表性并不小于 500m² 的路段进行试夯,确定最佳夯击能、间歇时间、夯间距等参数。

(3) 夯击次数应按现场试夯得到的夯击次数和夯沉量关系曲线确定。

(4) 垫层材料应采用透水性好的砂、砂砾、石屑、碎石土等。

(5) 强夯施工应符合以下规定:

1) 施工前应检查锤重和落距,单击夯击能量应符合设计要求。

2) 夯击前,应对夯点放样并复核,夯完后检查夯坑位置,发现偏差或漏夯应及时纠正。

3) 施工过程中应记录每个夯点的夯沉量,原始记录应完整、齐全。

(6) 强夯施工完成后,应通过标准贯入、静力触探等原位测试,测量地基的夯后承载能力是否达到设计要求。

17. 强夯置换

强夯置换是强夯用于加固饱和软黏土地基的方法,强夯置换法的加固机理与强夯法不同,它利用重锤高落差产生的高冲击能将碎石、片石、矿渣等性能较好的材料强力挤入地基中,在地基中形成一个一个的粒料墩,墩与墩间土形成复合地基,以提高地基承载力,减小沉降,对墩周土体作用同强夯法。

(1) 置换材料应采用级配良好的块(片)石、碎石、矿渣等坚硬的粗颗粒材料,粒径不宜大于夯锤底面直径的 0.2 倍,含泥量不宜大于 10%,粒径大于 300mm 的颗粒含量不宜大于总质量的 30%。

(2) 垫层材料应采用水稳定性好的砂、砂砾、石屑、碎石土等。

(3) 应采取隔振、防振措施消除强夯对邻近建筑物的有害影响。

(4) 强夯置换施工前应进行试夯。

(5) 强夯置换施工应符合以下规定:

1) 标出第一遍夯点位置,测量地面高程。

2) 测量夯前锤底高程。

3) 夯击并逐击记录夯坑深度,当夯坑过深而发生起锤困难时,停夯后向坑内填料直至坑顶填平,记录填料数量,如此重复直至满足规定的夯击次数及控制标准,完成一个墩体的夯击。

4) 应按由内而外,隔行跳夯击打的原则完成全部夯点的施工。

5) 推平地基,用低能量进行满夯,将表层松土夯实,并测量夯后地基高程。

6) 按设计铺筑垫层,并分层碾压密实。

(6) 施工过程质量控制:

1) 单击夯击能量应符合设计要求。

2) 夯击前,应对夯点放样进行复核,夯完后检查夯坑位置,发现偏差或漏夯应及时纠正。

3）按设计要求检查每个夯点的夯击次数和每击沉降量及夯墩的置换深度。

（7）质量检验

1）动力触探试验检查置换墩着底情况及承载力。检验数量不小于墩点数1%，且不少于3点。

2）置换墩直径与深度应符合设计要求。

18. 软土地区路堤施工

（1）软土地区路堤施工计划中宜考虑地基固结工期。

（2）施工时不宜破坏软土地基表层硬壳层。

（3）路堤压实宽度应不小于设计值，坡度应符合设计要求。

（4）填筑过程中，路堤中心线地面沉降速率每昼夜应不大于10~15mm，坡脚水平位移速率每昼夜应不大于5mm。应结合沉降和位移发展趋势对观测结果进行综合分析。填筑速率应以水平位移控制为主，超过标准应立即停止填筑。

（5）采用排水固结法施工时，桥台、涵洞、通道以及加固工程应在预压沉降完成后方可进行施工。路堤与桥台衔接部位、路堤与堆坡预压填土应同步填筑与碾压，填料宜选用透水性材料。

（6）应按设计要求的预压荷载、预压时间进行预压。在预压期内，除添加由于沉降而引起的沉降补方外，严禁其他作业。

（7）在软土地基上直接填筑路堤，应符合以下规定：

1）水面以下部分应选择透水性好的填料，水面以上可用一般土或轻质材料填筑。

2）填筑路基的土宜从取土场取用。必须在两侧取土时，取土坑距路堤坡脚的距离应满足路堤稳定的要求。

3）反压护道施工宜与路堤同时填筑。分开填筑时，必须在路堤达到临界高度前完成反压护道施工。

（8）吹填砂路堤施工应符合下列规定：

1）吹填砂材料宜采用中、粗砂，含泥量不宜大于15%。

2）吹填砂路堤用渗沟排水时，在连接砂堤的端部应设砂砾反滤层，防止砂土堵塞渗沟。排水口处两侧挡水堤应作加固处理。

3）挡水堤外边坡应按设计要求进行防护。

4）吹填砂路堤完工后，应及时完成封闭层。

（9）矿渣路堤施工应符合下列规定：

矿渣是高炉重矿渣的简称，是炼铁高炉的熔渣，从高炉运到渣场后，在大气中自然冷却凝固的废渣；或在凝固时通过浇水使之受冷破碎，或经过一定时间的自然消解，再经过破碎加工，即为矿渣碎石，用这种材料填筑的路堤具有慢性凝结板整体性作用，强度高、造价低。矿渣主要化学成分见表2-34，矿渣一般物理、力学性质见表2-35所示。

矿渣一般主要化学成分（%）　　　　　　　　表2-34

SiO_2	Al_2O_3	CaO	MgO	Fe_2O_3	MnO
25~40	20~50	20~50	0.5~4	0~2	0~5

矿渣一般物理、力学性质 表 2-35

相对密度	松方密度（t/m³）	压碎值（%）	吸水率（%）
2.06~2.86	1.15~1.30	33.8~36.0	10.0

1) 路堤填料应为至少放置 1 年以上的高炉矿渣，并有良好的级配，必要时应予破碎。

2) 矿渣用于水位以下或地下水位 300mm 以内的路堤施工时，其最大粒径应不大于 300mm，同时粒径宜小于 1/2 压实厚度，通过 19mm 筛孔量应不大于 10%，通过 0.075mm 的筛余料塑性指数应不超过 6。

3) 每层铺筑厚度应根据试验确定。矿渣填料顶面应采用级配良好的矿渣，或者用最大粒径为 75mm 的破碎矿渣或碎石进行嵌缝，其厚度应不小于 100mm。

19. 路堤施工观测

（1）观测项目、内容和频率应符合设计要求。

（2）二级及二级以上公路路堤施工中，必须进行沉降和稳定动态观测，其要求见表 2-36。

沉降和稳定动态观测要求 表 2-36

观测项目	常用仪具名称	观测内容及目的
地表沉降量	地表型沉降计（沉降板）	根据测定数据调整填土速率；预测沉降趋势，确定预压卸载时间和结构物及路面施工时间；提供施工期间沉降土方量的计算依据
地表水平位移量及隆起量	地表水平位移桩（边桩）	监测地表水平位移及隆起情况，以确保路堤施工的安全和稳定
地下土体分层水平位移量	地下水平位移计（测斜管）	用作掌握分层位移量，推定土体剪切破坏的位置。必要时采用

（3）观测仪表应在软土地基处理之后埋设，并在观测到稳定的初始值后，方可进行路堤填筑。

（4）地基条件差、地形变化大、实际问题多的部位和土质调查点附近应设置观测点。同一路段不同观测项目的测点宜布置在同一横断面上。

（5）施工期间，应按设计要求进行沉降和稳定的跟踪观测，观测频率应与沉降、稳定的变形速率相适应，每填筑一层应观测一次；如果两次填筑间隔时间较长，每 3d 至少观测一次。路堤填筑完成后，堆载预压期间观测应视地基稳定情况而定，半月或每月观测一次，直至预压期结束。

（6）如地基稳定出现异常，应立即停止加载并采取措施处理，待路堤恢复稳定后，方可继续填筑。

（7）稳定性观测

1) 一般路段沿纵向每 100~200m 设置一个观测断面，同时，每一路段应不少于 3 个断面；桥头路段应设置 2~3 个观测断面；桥头纵向坡脚、填挖交界的填方端、沿河等特殊路段均应增设观测点。

2) 位移观测边桩，应根据需要埋设在路堤两侧坡脚或坡脚以外 3~5m 处，并结合稳定分析，在预测可能的滑裂面与地面的切面位置布设测点，一般在坡脚以外 1~10m 范围内设置 3~4 个位移边桩。同一观测断面的边桩应埋在同一横轴线上。边桩应埋置稳固。

3) 校核基点四周必须采用保护措施,并定期与工作基点桩校核。

4) 地面位移观测仪器要求：测距精度±5mm。测角精度2″。

5) 沿河、临河等凌空面大而稳定性很差的路段,必要时需进行地基土体内部水平位移的观测。

(8) 沉降观测

路堤施工沉降观测的目的主要有三个：一是控制填土速率；二是根据实测沉降曲线观测地基固结情况,根据推定的残余下沉量确定填方预留沉降量、余宽及涵洞的预留沉降量和断面余量,同时确定构造物和路面结构的施工期；三是实测路堤沉降,为施工计量提供依据。因此,一般软土地基路段施工,要求每间隔200m左右设置一个观测点。桥头引道路段至少设置3个观测断面,第一块沉降板应设置在桥头搭板末端或桥台桩位处（有台前预压时）,沉降板间距离不宜超过50m。

观测仪器采用S_1及S_3水准仪。S_1水准仪作二等水准测量用,主要用于工作基桩和校核基桩标高检测；S_3水准仪作三等水准测量,主要在填筑过程中用于观测沉降。

1) 在施工路段的原地面上一般埋设沉降板进行高程观测。沉降板埋置于路基中心、路肩及坡趾的基底。

2) 沉降板观测仪器要求：往返水准测量精度1mm/km。

3) 用于观测水平位移的标点桩、校核基点桩亦同时用于沉降观测,埋设于坡趾及以外的标点边桩一般兼测地面沉降。

4) 堆载预压期间观测应视地基稳定情况而定,一般情况下,第一个月每3d观测一次,第二、三个月每7d观测一次,从第四个月起每15d观测一次,直至预压期结束。

(9) 工作标点桩、沉降板观测标、工作基点桩、校核基点桩在观测期均必须采取有效措施加以保护。还应在标杆上设醒目的警示标志。

2.2.3.4 红黏土地区路基

红黏土：碳酸盐类岩石在亚热带温湿气候条件下经风化后形成的褐红色黏性土。压实后水稳性较好,强度较高。

1. 压缩系数大于$0.5MPa^{-1}$的红黏土不得直接用于填筑路堤。

2. 不符合第2.2.3.1条第4款规定的红黏土拟作为路基填料时,应进行处理；处理后应符合路基填料最小强度和最大粒径要求表2-2中的规定,压实质量应符合土质路基压实度标准表2-4中的规定。

处理措施有：

(1) 掺加砂砾能改善高液限土（红黏土）的液限、塑性指数以及CBR值,当粗粒料含量大于35%~40%时一般能达到标准土质的填筑要求。

(2) 随着砂砾含量的增加,对裂缝的抑制作用愈来愈明显,抗裂性能得到相应提高。

(3) 化学改良（掺入石灰、水泥等外加剂）可有效降低含水率,提高强度,同时又可降低塑性指数,提高水稳性。

(4) 包边法：将不能直接填筑的红黏土进行隔水封闭。外包材料为水稳性较好的低液限土。但是对于碾压稠度偏低（小于1.15）导致难以压实的红黏土应避免采用此法。对于该法,建议用于下路堤填筑。

3. 路堤施工前应做好临时排水及防渗设施,截断流向路堤作业区的水源,疏干地表水。

4. 路堤填筑应符合下列规定：

(1) 应尽量避免雨期施工。雨期施工时，应防止松土被雨淋湿。施工中应保持作业面横坡不小于3%。雨后作业面，应经晾干且重新压实合格后方可进行下道工序的施工。

(2) 填料应随挖随用。摊铺后必须及时碾压，做到当天摊铺当天完成碾压。

(3) 路堤填筑应连续，碾压完成后，应采取措施防止路堤作业面暴晒失水。

5. 包边法施工应符合以下规定：

(1) 包边材料应为透水性较差的低液限黏土、石灰土等，CBR应符合路基填料最小强度和最大粒径要求表2-2中的规定。严禁用粉土、砂土等低塑性土包边。

(2) 分层填筑时，先摊铺包边土，后摊铺红黏土。碾压前，应控制两种填料的各自含水量，使两种填料在同一压实工艺下能达到压实标准。包边土的压实度应符合土质路基压实度标准表2-4中的规定。

(3) 碾压应从两边往中间进行，对不同填料的结合处要增加碾压遍数1~2遍；

(4) 超高弯道的碾压应自低处向高处进行。

6. 路堑边坡应按设计要求及时进行防护和综合排水施工。

7. 挖方边坡坡脚应按设计要求及时施工支挡结构物。

2.2.3.5 膨胀土地区路基

膨胀土是指土中黏粒成分主要由亲水性矿物组成，同时具有吸水膨胀、失水收缩两种变形的高液限黏土。凡是同时具备下列两个条件的黏土即可判断为膨胀土：液限大于或等于40%；自由膨胀率大于或等于40%。

膨胀土根据其膨胀率大致可分为强、中、弱三级，一般在设计文件中有规定，也可取样通过土工试验而定。按照自由膨胀率Fs，膨胀土可分为：

弱膨胀土：40%≤Fs<65%

中等膨胀土：65%≤Fs<90%

强膨胀土：Fs≥90%

强膨胀土难于捣碎压实，不应作为路堤填料。对于中、弱性膨胀土，经处理（一般掺石灰）可作为路床填料。作为路堤填料的膨胀土，高速公路及一级公路宜进行处治；如采用包边的方法，并及时采用浆砌片石护坡，亦可不加处治。弱膨胀土可作为三、四级公路的路堤填料，在水文条件较好时，亦可不做处理。

中、弱膨胀土在使用时都是在膨胀土中掺一定量的石灰，对土进行改性，即以"砂化"，主要使膨胀土砂化降低塑性指数、含水量，便于粉碎、压实，同时也为降低膨胀土的膨胀量，提高膨胀土的强度和水稳定性。

石灰掺量的多少与膨胀土的矿物组成有关，与改性后的性能要求有关，必须由试验确定。施工时还应注意以下几点：

(1) 中、弱膨胀土改性掺石灰的用量应由试验确定；

(2) 掺石灰宜分两次进行，第一次掺石灰是为"砂化"降低塑性指数，便于粉碎；第二次掺石灰是为提高强度，控制膨胀量。"砂化"的时间视土块程度而定，第二次掺石灰的剂量视浸水CBR值要求大小而定。

(3) 膨胀土掺石灰后，土与石灰在化学与物理化学作用下，进行离子交换作用、碳酸化作用、结晶作用、灰结作用，随着时间的延长，混合料中的钙、镁含量要衰减，最终为零，灰土的干密度也要随之衰减，而灰土的强度随之增大。

（4）掺石灰后，一定要控制土块粉碎后的大小，宜将16mm粒径的土块控制在15%以内。否则，大土块多达不到改性的目的，吸水后强度下降造成质量问题。

1. 膨胀土地区路基施工，应避开雨期作业，加强现场排水，基底和已填筑的路基不得被水浸泡。

2. 膨胀土地区路基应分段施工，各道工序应紧密衔接，连续完成。路基边坡按设计要求修整，并应及时进行防护施工。

3. 膨胀土作为填料时应符合以下规定：

（1）强膨胀土不得作为路堤填料。

（2）中等膨胀土经处理后可作为填料，用于二级及二级以上公路路堤填料时，改性处理后胀缩总率应不大于0.7%。

（3）胀缩总率不超过0.7%的弱膨胀土可直接填筑。

4. 二级及二级以上公路路堤基底处理应符合以下规定：

（1）高度不足1m的路堤，应按设计要求采取换填或改性处理等措施处治。

（2）表层为过湿土，应按设计要求采取换填或进行固化处理等措施处治。

（3）填土高度小于路面和路床的总厚度，基底为膨胀土时，宜挖除地表0.30～0.60m的膨胀土，并将路床换填为非膨胀土或掺灰处理。若为强膨胀土，挖除深度应达到大气影响深度。

5. 膨胀土地区路堑施工应符合下列规定：

（1）路堑施工前，先进行截、排水设施的施工，将水引至路幅以外。

（2）边坡施工过程中，必要时，宜采取临时防水封闭措施保持土体原状含水量。边坡不得一次挖到设计线，应预留厚度300～500mm，待路堑完成时，再分段削去边坡预留部分，并立即进行加固和封闭处理。

（3）路床底标高以下应按照设计要求进行处理。

（4）宜用支挡结构对强膨胀土边坡进行防护。支挡结构基坑应采取措施防止暴晒或浸水，基础埋深应在大气风化作用影响深度以下。

6. 膨胀土路基填筑松铺厚度不得大于300mm；土块粒径应小于37.5mm。

7. 填筑膨胀土路堤时，应及时对路堤边坡及顶面进行防护。

8. 路基完成后，当年不能铺筑路面时，应按设计要求做封层，其厚度应不小于200mm，横坡不小于2%。

9. 膨胀土路基的压实度应符合土质路基压实度标准表2-4中的规定；符合第2.2.3.1条第4款规定的中、弱膨胀土，可采用第2.2.3.1条第4款的压实标准。

2.2.3.6 黄土地区路基

1. 黄土地区路基施工，应做好施工期排水，将水迅速引离路基。在填挖交界处引出边沟时，应做好出水口的加固，排水设施接缝处应坚固不渗漏。

2. 路基基底处理应符合以下规定：

（1）若基底为非湿陷性黄土，且无地下水时，可按土质路基的地基表层处理规定进行基底处理。

(2) 若地基为一般湿陷性黄土，应采取措施拦截、排除地表水。地下排水构造物与地面排水沟渠必须采取防渗措施，路侧严禁积水。

(3) 若地基黄土具有强湿陷性或较高的压缩性，应按设计要求进行处理。

防止黄土地基受水浸而湿陷，可按设计要求或根据实际情况采用垫层法、强夯法、冲击压实法、素土桩（石灰桩、碎石桩）挤密加固法、重锤法、换填土、预浸水法、灰土改性加强、压力注浆法、单液硅化或碱液加固法等措施加固黄土地基，加固的目的是提高土层的承载力，减少路堤下沉量。一般情况下，地基处理范围为：大于基础的平面尺寸，每边宽出基础外缘的宽度不宜小于3m。

3. 黄土填筑路堤应符合下列规定：

(1) 路床填料不得使用老黄土。路堤填料不得含有粒径大于100mm的块料。

(2) 在填筑横跨沟堑的路基土方时，应做好纵横向界面的处理。

(3) 黄土路堤边坡应拍实，并应及时予以防护，防止路表水冲刷。

(4) 浸水路堤不得用黄土填筑。

4. 黄土路堑施工应符合以下规定：

(1) 路堑路床土质应符合设计要求，密实度不足时，应采取措施碾压至要求的压实度。

(2) 路堑施工前，应做好堑顶地表排水导流工程。路堑施工期间，开挖作业面应保持干燥。

(3) 路堑施工中，如边坡地质与设计不符，可提出修改边坡坡度。

5. 黄土陷穴处理可采取以下措施：

(1) 路基范围内的陷穴，应在其发源地点对陷穴进口进行封填，并截排周围地表水。

(2) 现有的陷穴、暗穴，可采用灌砂、灌浆、开挖回填、导洞和竖井等措施进行填充。

(3) 陷穴表面的防渗处理层厚度不宜小于300mm，并将流向陷穴的附近地面水引离。

(4) 挖方边坡坡顶以外50m范围内、路堤坡脚以外20m范围内的黄土陷穴宜进行处理。挖方边坡坡顶以外的陷穴，若倾向路基，应作适当处理。对串珠状陷穴应彻底进行处治。

2.2.3.7 盐渍土地区路基

1. 路堤填料

盐渍土作为路堤填料的适用性，首先与所含易溶盐的性质和数量有关，盐渍土按含盐性质分类见表2-37，按盐渍化程度分类见表2-38。其次与所在自然区域的气候、水文和水文地质条件有关，此外也与土质道路技术等级和路面结构类型有关。

盐渍土按含盐性质分类 表2-37

盐渍土名称	离子含量比值	
	Cl^-/SO_4^{2-}	$(CO_3^{2-}+HCO_3^-)/(Cl^-/SO_4^{2-})$
氯盐渍土	>2	—
亚氯盐渍土	1～2	—
亚硫酸盐渍土	0.3～1.0	—
硫酸盐渍土	<0.3	—
碳酸盐渍土	—	>0.3

注：离子含量以1kg土中离子的毫摩尔数计（mmol/kg）。

盐渍土按盐渍化程度分类　　　　　　　　　　　表 2-38

盐渍土名称	细粒土 土层的平均含盐量（以质量百分数计）		粗粒土通过 1mm 筛孔土的 平均含盐量（以质量百分数计）	
	氯盐渍土及 亚氯盐渍土	硫酸盐渍土及 亚硫酸盐渍土	氯盐渍土及 亚氯盐渍土	硫酸盐渍土及 亚硫酸盐渍土
弱盐渍土	0.3～1.0	0.3～0.5	2.0～5.0	0.5～1.5
中盐渍土	1.0～5.0	0.5～2.0	5.0～8.0	1.5～3.0
强盐渍土	5.0～8.0	2.0～5.0	8.0～10.0	3.0～6.0
过盐渍土	＞8.0	＞5.0	＞10.0	＞6.0

注：离子含量以 100g 干土内的含盐总量计。

（1）盐渍土地区路堤填料的可用性应符合表 2-39 的规定。

盐渍土地区路堤填料的可用性　　　　　　　　　　　表 2-39

公路等级	高速公路、一级公路			二级公路			三、四级公路	
填土层位 土类及盐渍化程度	0～ 0.80m	0.80～ 1.50m	1.50m 以下	0～ 0.80m	0.80～ 1.50m	1.50m 以下	0～ 0.80m	0.80～ 1.50m
粗粒土 弱盐渍土	×	○	○	□1	○	○	○	○
粗粒土 中盐渍土	×	×	○	□1	○	○	□3	○
粗粒土 强盐渍土	×	×	□1	×	□2	□3	×	□1
粗粒土 过盐渍土	×	×	×	×	×	□2	×	□2
细粒土 弱盐渍土	×	□1	○	×	○	○	□1	○
细粒土 中盐渍土	×	×.	□1	×	□1	○	×	□4
细粒土 强盐渍土	×	×	×	×	×	□2	×	×
细粒土 过盐渍土	×	×	×	×	×	□2	×	×

注：表中○—可用；

　　×—不可用；

　　□—部分可用；

　　□1—氯盐渍土及亚氯盐渍土可用；

　　□2—强烈干旱地区的氯盐渍土及亚氯盐渍土经过论证可用；

　　□3—粉土质（砂）、黏土质（砂）不可用；

　　□4—水文地质条件差时的硫酸盐渍土及亚硫酸盐渍土不可用。

　　强烈干旱地区的盐渍土经过论证酌情选用。

（2）对填料的含盐量及其均匀性应加强施工控制检测，路床以下每 1000m³ 填料、路床部分每 500m³ 填料应至少做一组测试，每组 3 个土样，填方不足上列数量时，亦应做一组试件。

（3）用石膏土作填料时，应先破坏其蜂窝状结构。

2．基底（包括护坡道）处治

（1）表土不符合表 2-39 的规定时，应挖除；盐渍土地区路堤最小高度小于表 2-40 的规定时，除应将基底土挖除外，还应按设计要求换填透水性较好的土。

盐渍土地区路堤最小高度 表 2-40

土质类别	高出地面 (m)		高出地下水位或地表长期积水位 (m)	
	弱、中盐渍土	强、过盐渍土	弱、中盐渍土	强、过盐渍土
砾类土	0.4	0.6	1.0	1.1
砂类土	0.6	1.0	1.3	1.4
黏性土	1.0	1.3	1.8	2.0
粉性土	1.3	1.5	2.1	2.3

注：1. 二级公路最小高度可为表中数值的 1.2~1.5 倍；
　　2. 一级公路、高速公路最小高度可为表中数值的 2 倍。

(2) 含水量超过液限的原地基土，应按设计要求将基底以下 1m 全部换填为透水性材料；含水量介于液限和塑限之间时，应按设计要求换填 100~300mm 厚的透水性材料；含水量在塑限以下时，可直接填筑黏性土。

(3) 地下水位以下的软弱土体应按设计要求采用透水性好的粗粒土换填，高度宜高出地下水位 300mm 以上。

(4) 在内陆盆地干旱地区，路面为沥青混凝土、水泥混凝土或沥青表处时，应按设计要求在路堤下部设置封闭性隔断层。

(5) 地表为过盐渍土的细粒土、有盐结皮和松散土层时，应将其铲除，铲除的深度通过试验确定。地表过盐渍土层过厚时，如仅铲除一部分，则应设置封闭隔断层，隔断层宜设置在路床顶面以下 800mm 处；若存在盐胀现象，隔断层应设在产生盐胀的深度以下。

3. 盐渍土路堤应分层填筑、分层压实，每层松铺厚度不宜大于 200mm，砂类土松铺厚度不宜大于 300mm。碾压时应严格控制含水量，碾压含水量不宜大于最佳含水量 1 个百分点。雨天不得施工。

4. 盐渍土路堤的施工，应从基底处理开始，连续施工。在设置隔断层的地段，宜一次做到隔断层的顶部。

5. 地下水位高的黏性盐渍土地区，宜在夏季施工；砂性盐渍土地区，宜在春季和夏初施工；强盐渍土地区，宜在表层含盐量较低的春季施工。

6. 排水

(1) 施工中应及时合理设置排水设施，路基及其附近不得积水。

(2) 取土坑底面应高出地下水位至少 150mm，底面向路堤外侧应有 2%~3% 排水横坡。

(3) 在排水困难地段或取土坑有可能被水淹没时，应在取土坑外采取适当处治措施。

(4) 在地下水位较高地段，应加深两侧边沟或排水沟，以降低路基下的地下水位。

(5) 盐渍土地区的地下排水管与地面排水沟渠，必须采取防渗措施。盐渍土地区不宜采用渗沟。

2.2.3.8 风积沙及沙漠地区路基

1. 施工作业应尽量避开风季。注意保护所有标志桩、点，防止被风刮倒或沙埋。

2. 应遵循边施工边防护的原则，土方施工、防护工程、防沙工程应配套完成。

3. 地表清理时，不得随意破坏路线两侧植被和地表硬壳，注意保护沙漠环境。

4. 流动性沙漠地区,应采用高效并且具有一定防风沙性能的施工机械。路基的填、挖应完成一段,防护一段,确保路基的强度和稳定。

5. 取土和弃土

(1) 取土坑应设在背风侧路堤坡脚处 5m 以外;当必须两侧取土时,应封闭或摊平取土坑。粗砂平地一般不宜取土。

(2) 取土坑应布设合理,减少对植被和原地貌的大面积破坏,取料结束后应整平,恢复原有植被。

(3) 弃土应根据地形情况,弃于背风侧低洼处,并大致整平。

6. 填方路堤

(1) 填方路堤施工前的原地面,应按照设计进行清理,基底属粉质淤积土路段沙基施工,如果路基高度在 1.0~1.5m 以下时,应换填一定厚度的风积沙,其厚度应满足基底强度要求,一般不小于 600mm。

(2) 风积沙填料不得使用沼泽土、淤泥、冻土、含草皮土、生活垃圾、树根和含有腐朽物质的土。对有机质含量大于 5%、液限大于 50%、塑性指数大于 26 的土,不得直接作为路堤填料。

(3) 路堤填筑宜采用水平分层填筑方式,按照横断面全宽推筑。

7. 挖方路基

(1) 挖方深度大于 2m 的路基两侧及半填半挖路段两侧路基宜加宽 1~2m。

(2) 流动沙漠路基边坡按设计坡度整平,并按设计要求进行固沙处理。

8. 土工布

在流动沙漠地区沙基上铺设土工合成材料,可以提高沙基的抗剪能力和承载能力,起到加固沙基的作用,有效阻止沙基在荷载作用下变形,同时方便施工。

土工布采用聚丙烯编织布,幅宽根据路面宽而定。尽可能采用整幅土工布摊铺。所选用的编织布应具有足够的强度,聚丙烯编织布质量标准要满足表 2-41 的要求。

聚丙烯编织布质量标准 表 2-41

项 目	握持强度 (kN)	刺破强度 (kN)	梯形撕裂强度 (kN)	CBR 顶破强度 (kN)
标 准 值	≥1.2	≥0.5	≥0.30	≥2.5

编织布外观应质地均匀,编制规整,不得采用黏结、断丝、缺经少纬的次品,应放于阴凉室内或土埋储藏,储藏期从出厂日期算起不得超过 18 个月。

(1) 土工布横向搭接宽度应不小于 300mm,纵向搭接长度应不小于 500mm,搭接部位应采用有效方法联接。

(2) 土工布展铺好后,宜采用振动压路机静压一遍,增强沙基表层密实度,然后方可铺筑垫层。

9. 沙漠路基

(1) 宜采用振动压实机械进行碾压。沙漠路基压实度标准可采用表 2-42 的规定。

表 2-42 中的压实度以交通运输部颁《公路土工试验规程》JTG E40—2007 重型击实试验法为准;沙漠路基的压实度检测方法可采用环刀法、核子密度仪法或其他方法。采用

核子密度仪法时，应先进行标定和对比试验应根据其类型，按说明书要求办理；用环刀法试验时，环刀中部处于压实层厚的 1/2 深度；

（2）每一压实层均应检验压实度，合格后方可填筑其上层，否则查明其原因，采取措施进行补压。

沙漠路基压实度标准　　　　　表 2-42

填挖类型		路床顶面以下深度（m）	压实度（%）	
			高速公路、一级公路	其他等级公路
路堤	上路床	0～0.30	≥95	≥93
	下路床	0.30～0.80	≥95	≥93
	上路堤	0.80～1.50	≥93	≥90
	下路堤	>1.50	≥90	≥90
零填及挖方路基		0～0.30	≥95	≥93
		0.30～0.80	≥95	≥93

（3）填方地段基底应在填筑前进行压实。当路堤填土高度小于路床厚度（0.80m）时，基底的压实度不应小于 90%。

10. 防沙工程

（1）防沙工程本着"因地制宜、就地取材、因害设防、综合治理"的原则，应注意保护施工区域的天然植被，工程建设和防沙治沙应同步进行。

（2）采用天然砂砾或黏土等覆盖地表面时，粒径应不大于 63mm。

（3）利用各种草类、截枝条全面铺压或带状铺草、平铺杂草固沙施工时，须用草绳或枝条纵横固结，或者用砂砾压盖，防止风毁。

（4）草方格应纵横成行、线条清晰。

（5）栅栏设置应先于固沙方格或同步施工，路基两侧应同时施工，无条件时，可先施工迎风侧。

（6）采用植物固沙法施工时，应严格按设计所要求的树苗（或灌木种类）和设计的种植间距及布置形式进行栽种。

2.2.3.9 季节性冻土地区路基

冻土：温度低于 0℃且含有冰晶的土。季节性冻土：冬期冻结春季融化的土层。自地表面至冻结层底面的厚度称冻结深度。路堤填筑高度小于冻土深度的路堤为全冻路堤。

1. 冻胀路基施工，应根据设计要求和现场调查、核对情况，合理选择施工方法，采取合理有效的抗冻措施。

2. 冻胀路基施工过程中，应经常检查冻害状况，发现冻胀、软弹、变形、纵向横向裂缝及翻浆等病害时应及时处理。

3. 路基填挖交界过渡段基底，根据填、挖段不同的冻胀量进行处理，使挖方终点的冻胀量和填方段的冻胀量基本一致。

4. 路基填料应符合下列规定：

路基上、下路床是冻胀最严重的部位。

（1）路床填料宜优先选择矿渣、炉渣、粉煤灰、砂、砂砾石及碎石等抗冻稳定性较好的材料。

(2) 路床或上路堤采用粉土、黏土填筑时,可按设计要求使用石灰、水泥、土壤固化剂等单独或混合进行稳定处理,填料的改善或处理应根据路基抗冻胀性能要求,结合填料性质经试验确定。

(3) 冻土、非透水性过湿土不得直接填筑下路堤。

5. 挖方段路基应符合下列规定:

(1) 路床换填

1) 路床地基土挖除、换填深度应符合设计要求。

2) 应分层开挖,一般宜从外侧向内侧挖掘,最后一层应从内向外挖掘。

3) 使用粗颗粒填料换填时,填料应均匀,小于 0.075mm 的含量应不大于 5%。

4) 采用石灰、水泥对填料进行改性处理时,应掺拌均匀,改性剂的剂量应符合设计要求或经试验确定。

5) 换填应分层填筑,压实度达到规定要求。

(2) 排水

1) 施工前应完成截水沟,填筑拦水埂,填平坡顶的冲沟、水坑。

2) 施工中,应采取措施阻止边界外的水流入路基中;应保持排水沟通畅,将水迅速排出路基之外。

3) 填挖交界段应设置过渡边沟。

4) 在路基开挖面接近设计标高时,应及时施工地下排水构造物,尽快形成各式沟、管、井、涵等,组成完整、有效的排水系统,严禁路基完成后才进行地下排水构造物施工。

6. 石质挖方、零填路段不宜超挖。超挖或清除软层后的凹凸面,严禁用挖方料和未经稳定处理的混合料回填,岩面凸出部分应凿除,超挖的坑槽及岩石凹面可用贫水泥混凝土浇筑,混凝土最小厚度应大于 80mm。

7. 非全冻路堤在冻深范围内的填筑应符合下列规定:

(1) 冻深范围内的填土严禁混杂,冻胀性质不同的土,应分层填筑;同一类土的填筑,总厚度不宜小于 600mm;抗冻性强的土应填在高层位。

(2) 同一层土的含水量应基本一致,允许偏差为 2%。

(3) 施工期间每层土顶面应设置不小于 2.5% 的排水横坡。

8. 全冻路堤施工前,应在路堤两侧先完成排水沟或边沟,应结合永久排水设计完成渗沟、渗井等地下排水设施。

2.2.3.10 多年冻土地区路基

多年冻土:持续 3 年或 3 年以上的冻结不融的土层。其表层冬冻夏融,称季节融化层。

1. 施工前应核查沿线冻土情况、地面水、地下水以及有无其他的热融(湖、塘)、冰丘、冰锥等不良地质情况,结合设计要求制定施工方案。

2. 施工必须严格遵循保护冻土的原则,使路基施工后仍处于热学稳定状态。

3. 填方路基施工要求如下:

(1) 施工过程中,应采取措施保持路基及周围冻土处于冻结状态。

(2) 根据设计要求和实际情况对基底应采取换填、设置毛细水隔断层等措施。

(3) 取土应符合以下规定：
1) 宜设置集中取土场，取土位置宜在路堤坡脚500m以外。
2) 斜坡地表上的路堤，取土坑应设在上坡一侧。
3) 取土坑深度不得超过当地多年冻土上限以上土层厚度的80%，坑底应设纵横坡和排水口。
4) 取土坑的外露面，应进行处理。
(4) 填料应符合以下要求：
1) 宜选用保温、隔水性能均较好的填料，严禁使用塑性指数大于12、液限大于32%的细粒土和富含腐殖质的土及冻土。高含冰的土不宜用于路基填料。
2) 采用黏性土或透水性不良土填筑路堤时，应控制土的含水量，碾压时含水量控制在最佳含水量±2%范围内。
3) 通过热融湖（塘）的路堤，水下部分必须用透水性良好的填料填筑，填筑高度应高于最高水位0.5m以上。
(5) 靠近基底部位有薄冰冻土层且有可能融化时，宜设保温护道和护脚。
(6) 应根据设计要求采用土工格栅等技术措施，增加路基整体性和强度。
(7) 路基填筑应分层碾压，压实度应符合土质路基压实度标准表2-3中的规定。

4. 挖方路基
(1) 地下水发育地段，路基边沟应有防渗措施。挡水堰等构造物施工应按设计要求采取加固措施。
(2) 加固土质边坡的铺砌厚度应满足设计和保温要求。
(3) 饱冰冻土、含土冰层地段路堑，可根据设计要求换填足够厚度的水稳性好的填料。施工应速度快，保温措施有效。

5. 路基处于其他不良地质地段时，应符合下列规定：
(1) 冰锥、冰丘地段路基施工，应按设计要求做好排水。
(2) 松软基底两侧宜设反压护道。
(3) 沼泽冻土地段路堤下部应按设计做好隔离层或隔温层，并保护好两侧地表植被。
(4) 冻胀丘较重地段，应在上游主流处按设计要求做好地下渗沟，将水引到一定距离外的地面积冰场。

2.2.3.11 涎流冰地段路基

1. 施工前，应对当地地形、地质、气象，涎流冰的水源、类型及规模、危害情况，当地防治经验等进行调查核对，确定合理的处置措施及施工方案。
在一般寒冷和严寒地区，常采用集水渗井、渗池、排水暗管和渗沟等措施防治涎流水，集水渗井适用于有较集中的山坡地下水露头处，渗池适用于汇集较分散的山坡地下水，排水部分在产砂石地区可用渗沟，在不产砂石地区可用暗管；出水口必要时可设置保温和加固措施，保温材料可因地制宜采用树枝、秫秸、炉渣、泥炭、青苔等或土工织物、聚氯乙烯等新型建材，加固措施（如边坡）可采用浆砌片石。

2. 施工应尽量减少对原有自然排水系统的影响。在修建排、挡、截等结构物时，不得随意挖掘取土，并注意保留（护）原自然形成的疏水系统。

3. 在冰冻或高寒的涎流冰地区，路基宜选用水稳性良好的砂砾石土作为填料。

4. 采用浆砌片（块）石砌筑的挡冰墙，砌筑砂浆必须密实、饱满，未达到设计强度前不得浸水而遭受冻胀破坏。采用干砌时，应采用大块石砌筑。挡冰墙外的聚冰坑应按设计要求进行施工。土质地段的聚冰坑，应按设计要求砌筑，并做好防渗施工。

5. 在施工过程中，应对涎流冰进行监控。

6. 地下排水施工应符合以下规定：

（1）应按设计要求在冻结深度以下，并在不低于路面以下2m处做好地下排水设施的隔水层或反滤层。

（2）地下排水设施应在路基完工前完成。

（3）地下排水结构开挖中，应采用有利于排水的方法分层进行，随时排出地下渗水和流水。上口通过封闭式渗池与含水层衔接，下口位于路基下侧边坡坡面以外，出水口应有保温措施。

2.2.3.12　雪害地段路基

1. 应充分理解和掌握防雪工程的设计意图，进行详细现场勘察，核查公路沿线雪害的类型、范围、规模、分布位置等。

2. 应本着不破坏自然景观及生态环境的原则，采用科学的施工工艺，尽量减少在施工过程中造成额外的公路雪害。及时清理现场，严禁随意破坏地表植被。

3. 雪崩地段施工应制定安全预案。

4. 在修筑高路堤、开挖储雪场及整修山坡的施工中，应及时查明工程地质及水文地质变化，根据实际情况，采取相应措施。

5. 路基排水应充分考虑春季融雪水的渗透作用，根据当地稳定积雪深度及融雪水的情况，采取措施保证路基的稳定及构造物的抗冻融性。路基的纵横向排水、防水系统要完善，保证融雪水顺畅排出。

6. 积雪地段路基及构造物应采用水稳性和抗冻融性较好的材料，对填料的性能指标及其均匀性应加强施工控制检测，保证雪害地段路基及防雪工程的稳定性。

7. 坡面防护施工应适时，防止温度变化、春融雪水作用破坏边坡坡面。

8. 雪崩地段路基施工

在雪崩地段，由于工程主要在海拔2000～3000m、较为陡峭的山坡或沟槽当中进行，地形及天气情况复杂，所以施工危险较大，应在保护当地生态环境的基础上，科学地组织施工。

（1）应配备专门的观测仪器和人员进行监测，及时预报警示山体塌方、碎石跌落、降雨降雪天气、大量地下水涌出等可能造成的山体变化情况，应制定安全预案，避免施工安全事故。

（2）应及时监测和预防施工机械运转振动造成的坍塌、碎落及山体滑坡。

（3）在同一个雪崩区，防雪工程应从雪崩源头开始施工，上一个单项工程完成后方可开始相邻的下一个单项工程施工。其他类似工程亦应按此要求依次施工。

（4）挖方施工时，应沿等高线开挖水平台阶，按从上到下的顺序开挖台阶，废方堆于台阶下方。

（5）稳雪栅栏可沿等高线设置。稳雪栅栏宜设置多排，最高一排栅栏应尽可能在雪崩裂点附近及雪檐下方，应保证基础的稳定性及锚固钢筋的锚固要求，回填土压实度应不小于95%，栅栏与坡面的交角应严格按设计要求施工。

(6) 防雪林的布设应从雪崩源头开始到雪崩运动区，从上到下分期种植适合当地环境的速生树种。

(7) 修筑钢筋混凝土或浆砌圬工防雪走廊时，原地基及回填土压实度应不小于95%。应注意结构物的防水、排水及冻融要求，墙后填土应与山坡相顺接。

9. 风吹雪地段路基施工

(1) 路基两侧距边坡坡脚不小于30m范围内的废方及障碍物应清除，并对地表进行整平，否则，应设置防雪设施。

(2) 根据当地主风向、风速等情况选择取土坑的位置。在单一风向的路段，取土坑宜设在路堤背风侧，与路堤边坡坡脚最小距离50m。在有两向交替风作用的路段，宜集中设置取土坑，与路堤边坡坡脚最小距离100m，施工完成后应将其边坡修成缓坡，使其平行于主风向的断面平顺通畅。根据需要，填方路堤的取土坑也可用作储雪场。

(3) 风吹雪路段路基弃方位置，应位于背风坡一侧、距离大于100m的低地或距路堑坡顶的距离不小于100m，并应将其整理平顺。

(4) 石方路堑（包括积雪平台）超挖处理应符合以下规定：

1) 严禁使用劣质开山料或覆盖土回填；

2) 超挖回填部分应选用水稳性和抗冻融性好的材料，压实度应符合土质路基压实度标准表2-4中的规定。

3) 超挖部分不规则或超挖深度超过80mm时，应用混凝土填补找平。

4) 边坡、积雪平台应按以上要求进行施工整理，并设路基坡脚外方向2%的坡度，应将积雪平台内进行硬化处理。

(5) 土质路堑或遇水崩解软化的风化泥质页岩类路堑的路床（包括积雪平台）压实度应符合土质路基压实度标准表2-4中的规定，积雪平台应设向外2%的坡度，路基边坡应严格按防雪设计要求施工，将废方或障碍物清理到设计指定的位置。

(6) 挖方路基边坡一般不陡于1:4。当外侧剩余台地工程量不大时，宜全部挖除。

2.2.3.13 滑坡地段路基

1. 滑坡地段施工前，应制定应对滑坡或边坡危害的安全预案，施工过程中应进行监测。

2. 滑坡整治宜在旱季施工。需要在冬期施工时，应了解当地气候、水文情况，严格按照冬期施工的有关规定实施。

3. 路基施工应注意对滑坡区内其他工程和设施的保护。在滑坡区内有河流时，应尽量避免因滑坡工程的施工使河流改道或压缩河道。

4. 滑坡整治，应及时采取技术措施封闭滑坡体上的裂隙，应在滑坡边缘一定距离外的稳定地层上，按设计要求并结合实际情况修筑一条或数条环形截水沟，截水沟应有防渗措施。

5. 施工时应采取措施截断流向滑坡体的地表水、地下水及临时用水。

6. 滑坡体未处理之前，严禁在滑坡体上增加荷载，严禁在滑坡前缘减载。

7. 滑坡整治完成后，应及时恢复植被。

8. 采用削坡减载方案整治滑坡时，减载应自上而下进行，严禁超挖或乱挖，严禁爆破减载。

9. 采用加填压脚方案整治滑坡时，只能在抗滑段加重反压，并且做好地下排水，不得因为加填压脚土而堵塞原有地下水出口。

10. 抗滑支挡工程施工

抗滑支挡结构的形式主要有：抗滑片石垛、抗滑挡墙、抗滑桩、抗剪键、锚杆、锚索等。用抗滑支挡结构来稳定滑坡时，各种支挡结构物的基础必须置于滑动面以下满足设计要求的深度。

（1）采用不同类型抗滑支挡结构整治措施时，应有合理的施工方法和施工程序。在上一道工序未达到设计要求之前，不得进行下一道工序。

（2）首件工程施工中，应核查实际地质情况并进行地质编录。

（3）当墙后有支撑渗沟及排水工程时，应先期施工。

（4）抗滑支挡结构物的尺寸和位置应符合设计要求，严禁擅自减小结构尺寸、减短抗滑桩桩长、减短锚索长度等。

（5）施工中遇到异常地质情况时，应会同有关单位进行处理。

（6）各种支挡结构的基础必须置于滑动面以下，并嵌入稳定地层。

（7）开挖基坑时，应分段跳槽施工，并应加强支撑，随挖随砌，及时回填。

11. 降雨前后及降雨过程中，应加强对施工现场的检查巡视。

2.2.3.14　崩塌与岩堆地段路基

岩堆中松散岩块一般占70%以上，稳定性不好，因此，路基通过岩堆地区主要应使岩堆保持稳定。

1. 崩塌与岩堆地段路基施工中，必须采取有效措施，预防岩石塌落，确保安全。

2. 施工中必须按设计要求做好截、排水、防渗设施，处理好岩堆地段的渗入水及地下水。

3. 岩堆地区路基施工，不宜扰动岩堆体、破坏原有的边坡。填筑路基时，不宜使用振动碾压设备。

4. 对单个危岩，应根据地形和岩层情况采用相应的处理措施。当地面坡度陡于1：1.5时，应对较大孤石进行处理。

5. 在岩堆上进行路堤施工，应清除表层堆积物并挖台阶。

6. 在较大而稳定性较好的岩堆上修筑路基，应按设计要求采取治理岩堆的措施，可注入水泥砂浆、修建护面墙、挡土墙等。对较大而稳定性较差的岩堆，应按设计要求采用综合治理措施，可先修筑下挡墙，再分阶梯形成边坡或修筑护面墙，然后在岩堆体内分段注入水泥砂浆等。

2.2.3.15　泥石流地区路基

1. 施工前，应结合设计详细调查泥石流的成因、规模、特征、活动规律、危害程度等相关情况，核实泥石流形成区、流动区和堆积区，确定适宜的施工方案。

2. 泥石流地区路基施工，应设置专职巡查人员，监测泥石流动态，遇有异常情况时应及时处理，确保施工安全。

3. 采用桥梁形式跨越泥石流地段时，应按设计要求采取防护加固措施。

4. 采用排泄道、排导沟、明洞、涵洞、渡槽等排导功能为主的结构进行泥石流治理时，排导构造物应符合下列规定：

（1）排导构造物基础应牢固，强度、断面与高度应符合设计要求。

（2）排导构造物平面线形应圆滑、渐变，上下游应有足够长的衔接段，行进段沟槽不宜过分压缩，出口不宜突然放宽。流向改变处的转折角不宜超过15°，避免因急弯突然收缩和扩大而造成淤塞。

（3）排导构造物行进段和出口段的纵坡应满足设计要求或大于沟槽的淤积平衡坡度。

5. 永久性调治构造物采用浆砌片（块）石时，应采用质地坚硬、不易风化的片（块）石，基础应置于设计要求的深度，强度符合设计要求。

6. 利用植被治理泥石流时，植物物种应选择生长期短、见效快、根系发达，适宜本地区生长的品种。

2.2.3.16 岩溶地区路基

1. 施工前，应结合设计详细核查岩溶分布、地形、地表水、地下水活动规律及设计处治方案的可行性和完整性，严禁随意堵塞溶洞。

2. 在路基边坡上的干溶洞，应清除洞内沉积物并用干砌或浆砌片石堵塞。

3. 路基上方的溶泉或壅水，应按设计先做好排水涵（管）。

4. 路基基底下的干溶洞，可结合设计要求采取以下措施：

（1）铲除溶洞石笋，整平基底，直接用砂砾石、碎石、干（浆）砌片石等回填密实。

（2）当溶洞顶板太薄或者顶板较破碎，按设计要求进行加固时，应严格控制加固质量，确保强度。

（3）当溶洞顶板较完整、厚度较大时，应根据设计要求，确定处理方案。

（4）采用桥涵跨越通过时，桥涵基础必须置于有足够承载能力的稳定地基上。

5. 路基基底下有溶泉或壅水，应采取排导措施保证路基不受侵害；当修建水泥混凝土、沥青路面等路面时，应按设计要求采取措施，防止因温差作用而使水汽上升，聚集在路面基层下。

6. 应对路基基底范围内的石笋、石牙进行处理。

7. 流水量大的暗洞及消水洞，用桥涵跨越时，应确保基础稳定。

2.2.3.17 采空区路基

1. 施工前，应结合设计详查路幅内采空区类型（平洞、竖井或斜井）、水文地质、地下水高度和顶板地层厚度，复核设计方案的可行性，编制施工组织设计，完善处治措施。

2. 路基边沟及排水沟底部，应采取措施防止地表水渗漏到采空区内。

3. 采空区路基基底采用砂砾石、碎石、干（浆）砌片石等回填时，填料质量和填筑压实度应符合设计要求，片石强度满足设计要求。

4. 开挖回填处治采空区，应按设计要求的处理长度、宽度、深度进行处理。

5. 采空区采用充填注浆处理时，处理后地基应满足设计对沉降稳定的要求。

2.2.3.18 沿河、沿溪地区路基

1. 沿河、沿溪地区路基施工应根据设计要求和现场情况，合理选择施工方法。

2. 路基弃方应妥善处理，严禁向河中倾弃。

3. 受水位涨落影响及常水位以下路堤，宜用水稳性好、不易风化的透水性材料填筑，粒径不宜大于300mm。

4. 沿河、沿溪地区的高填方、半挖半填、拓宽路段的新老交界面应按设计要求采取措施保证路基稳定,峡谷地段宜采用石质填料。

5. 路基边坡有潜水或渗水层时,应参照路基排水有关规定按设计要求设置排水设施,将水引出路基范围之外。

2.2.3.19 水库地区路基

1. 库区路基施工,应采取措施减少对水库水体及周围环境的污染。
2. 库区路基施工应根据设计线位与库岸的位置关系,合理选择施工方法。
3. 沿水库边缘修筑的路基,或路基离岸10m以内时,应按设计要求预先对库岸进行防护。
4. 路堤填料宜选择透水性较好的材料。
5. 边坡防护材料应采用强度较高、不易风化的硬质石料。在冰冻地区的护坡采用片石防护时,应选择抗冻性好的石料。在水库上游地段,护坡基础埋深应符合设计要求。
6. 库区浸水路堤施工要求如下:
(1) 填料应采用不易风化的硬质石料。
(2) 路堤外侧边坡的码砌厚度应满足设计要求,码砌石块粒径宜大于300mm,错缝台阶式砌筑,块体紧贴边坡,块体接触面向内倾斜,路堤边坡符合设计要求。
(3) 路基较高且浸水较深的路段,可在靠水库库心一侧的迎水坡面护脚上设置片石石垛,石块尺寸应不小于码砌厚度。

2.2.3.20 滨海地区路基施工

滨海地区路基施工应特别注意潮位、海浪、海流等情况。

1. 滨海地区路基施工应根据设计要求和现场水文地质情况,合理选择施工方法。
2. 滨海地区路基应采用水稳性较好的填料填筑。
3. 斜坡式路堤施工要求如下:
(1) 应采取措施保证路堤填料不被海流冲移、侵蚀。
(2) 护坡采用条石、块石或混凝土人工块体、土工合成材料时,所采用的材料质量必须满足相关要求,坡面平整,块体接触面向内倾斜,紧贴坡面。
(3) 胸墙应在路堤的沉降基本完成以后再修筑。
4. 直墙式路堤施工要求如下:
(1) 直墙式路堤应采用石块填筑,石块的大小应以石块能够沉达到位,且能确保路堤安全稳定为原则。
(2) 采用抛石方法形成的明基床或暗基床应满足设计要求。

2.2.4 冬、雨期路基

2.2.4.1 冬、雨期路基应符合下列规定:

1. 冬、雨期施工应根据季节特点和施工段的地质地形条件,制定合理的施工方案。
2. 冬、雨期施工应做好临时排水,并与永久排水设施衔接顺畅。
3. 冬、雨期施工应加强安全管理,制定安全预案,加强气象信息的收集工作,避免灾害和事故发生。
4. 冬、雨期施工前必须做好各项准备工作。

2.2.4.2 冬期施工

1. 在反复冻融地区，昼夜平均温度在-3℃以下，且连续10d以上，或者昼夜平均温度虽在-3℃以上，但冻土没有完全融化时，均应按冬期施工办理。

路基冬期施工适用于瞬时冻土和季节性冻土地区。永久性冻土地区路基施工另有规定。

2. 高速公路、一级公路的土质路堤和地质不良地区二级及二级以下公路路堤不宜进行冬期施工。河滩低洼地带，可被水淹没的填土路堤不宜进行冬期施工。土质路堤路床以下1m范围内，不得进行冬期施工。半填半挖地段、挖填方交界处不得在冬期施工。

3. 冬期路基施工应采取措施，及时排放雨雪水及路堑开挖时出现的地下水。

4. 路基基底处理应符合下列规定：

(1) 冻结前应完成表层清理，挖好台阶，并应采取保温措施防止冻结。

(2) 填筑前应将基底范围内的积雪和冰块清除干净。

(3) 对需要换填土地段或坑洼处需补土的基底应选用适宜的填料回填，并及时进行整平压实。

(4) 基底处理后应立即采取保温措施防止冻结。

5. 填方路堤施工应符合下列规定：

(1) 路堤填料，应选用未冻结的砂类土、碎石、卵石土、石渣等透水性良好的材料。不得含水量过大的黏性土。

(2) 填筑路堤，应按横断面全宽平填，每层松铺厚度应比正常施工减少20%～30%，且松铺厚度不得超过300mm。当天填土应当天完成碾压。

(3) 中途停止填筑时，应整平填层和边坡并进行覆盖防冻，恢复施工时应将表层冰雪清除，并补充压实。

(4) 当填筑标高距路床底面1m时，碾压密实后应停止填筑，在顶面覆盖防冻保温层，待冬期过后整理复压，再分层填至设计标高。

(5) 冬期过后必须对填方路堤进行补充压实，压实度应达到相关规定要求。

6. 挖方路基施工应符合下列规定：

(1) 挖方边坡不得一次挖到设计线，应预留一定厚度的覆盖层，待到正常施工季节后再修整到设计坡面。

(2) 路基挖至路床顶面以上1m时，完成临时排水沟后，应停止开挖，待冬期过后再施工。

7. 河滩地段可利用冬期水位低的有利条件，开挖基坑修建防护工程，但应采取措施保证工程质量。

2.2.4.3 雨期施工

1. 路基排水应符合下列规定：

(1) 雨期施工应综合规划、合理设置现场防排水系统，采取有效措施，及时引排地面水。

(2) 对施工临时挤占的沟渠、河道应采取措施保证不降低原有的排水能力。

(3) 路堤填筑的每一层表面应设2%～4%的排水横坡。

(4) 在已填路堤路肩处，应采取设置纵向临时挡水土埂、每隔一定距离设出水口和排水槽等措施,引排雨水至排水系统。

(5) 雨期路堑施工宜分层开挖,每挖一层均应设置纵横排水坡,使水排放畅通。

2. 路基基底处理应符合下列规定:

(1) 在雨期前应将基底处理好,孔洞、坑洼处填平夯实,整平基底,并设纵横排水坡。

(2) 低洼地段,应在雨期前将原地面处理好,并将填筑作业面填筑到可能的最高积水位 0.5m 以上。

3. 填方路堤施工应符合下列规定:

(1) 填料应选用透水性好的碎(卵)石土、砂砾、石方碎渣和砂类土等。利用挖方土作填料,含水量符合要求时,应随挖随填、及时压实。含水量过大难以晾晒的土不得用作雨期施工填料。

(2) 雨期填筑路堤需借土时,取土坑的设置应满足路基稳定的要求。

(3) 路堤应分层填筑,当天填筑的土层应当天或雨前完成压实。

4. 挖方路基施工应符合下列规定:

(1) 挖方边坡不宜一次挖到设计坡面,应预留一定厚度的覆盖层,待雨期过后再修整到设计坡面。

(2) 雨期开挖路堑,当挖至路床顶面以上 300~500mm 时应停止开挖,并在两侧挖好临时排水沟,待雨期过后再施工。

(3) 雨期开挖岩石路基,炮眼宜水平设置。

5. 结构物基坑在雨期开挖后未能及时施工时,应采取防浸泡措施,必要时雨后应对基坑地基承载力再次检测,以确定是否满足设计要求。

6. 制定雨期施工安全预案,做好防洪抢险的准备工作。

2.2.5 路基防护与支挡

2.2.5.1 路基防护与支挡应符合下列规定:

1. 路基防护工程宜与路基挖填方工程紧密结合、合理衔接,开挖一级防护一级,并及时进行养护。各类防护和加固工程应置于稳定的基础或坡体上。

2. 应根据开挖坡面地质水文情况逐段核实路基防护设计方案,应尽量采用边坡自然稳定下的植物防护或不防护。

3. 坡面防护施工前,应对边坡进行修整,清除边坡上的危石及不密实的松土。坡面防护层应与坡面密贴结合,不得留有空隙。

4. 在多雨地区或地下水发育地段,路基防护工程施工中,应采取有效措施截排地表水和导排地下水。

5. 临时防护措施应与永久防护工程相结合。

2.2.5.2 坡面防护

1. 骨架植物防护

(1) 浆砌片石(或混凝土)骨架植草防护施工应符合下列规定:

1) 骨架内应采用植物或其他辅助防护措施。植草草皮下宜有 50~100 mm 厚的种植土,草皮应与坡面和骨架密贴。

2) 应及时对草皮进行养护。
(2) 水泥混凝土空心块护坡施工应符合下列规定：
1) 预制块铺置应在路堤沉降稳定后方可施工。
2) 预制块铺置前应将坡面整平。
3) 预制块经验收合格后方可使用。
4) 预制块应与坡面紧贴，不得有空隙，并与相邻坡面平顺。
(3) 锚杆混凝土框架植草防护施工质量应符合土钉支护施工质量标准表2-61的相关规定。

锚杆混凝土植草防护形式有多种组合：锚杆混凝土框架＋喷播植草、锚杆混凝土框架＋挂三维土工网＋喷播植草、锚杆混凝土＋土工格室＋喷播植草、锚杆混凝土框架＋混凝土空心块＋喷播植草等。

2. 圬工防护

圬工防护包括喷护、锚杆挂网喷护、干砌片石、浆砌片（卵）石护坡和护面墙等结构形式。

喷浆（喷射混凝土）防护适用于边坡易风化、裂隙和节理发育、坡面不平整的岩石路堑边坡，且边坡较干燥，无流水侵入。

喷浆防护边坡常用机械喷护法施工，将配制好砂浆（混凝土）使用喷射机（或水泥枪）喷射于坡面上，由于喷射产生一定的压力，提高了保护层与坡面间的黏聚力及保护层的强度。

(1) 喷浆防护施工应符合下列规定：
1) 喷护前应采取措施对泉水、渗水进行处治，并按设计要求设置泄水孔，排、防积水。
2) 喷射顺序应自下而上进行。
3) 砂浆初凝后，应立即开始养护，养护期一般为5～7d。
4) 应及时对喷浆层顶部进行封闭处理。
5) 喷浆厚度不宜小于50mm。

(2) 喷射混凝土防护施工应符合下列规定：
1) 作业前应进行试喷，选择合适的水灰比和喷射压力。喷射混凝土宜自下而上进行。
2) 做好泄水孔和伸缩缝。
3) 喷射混凝土初凝后，应立即养护，养护期一般为7～10d。
4) 喷射混凝土防护施工质量应符合边坡锚固防护施工质量标准表2-58的相关规定。
5) 喷射混凝土厚度不宜小于80mm，应根据厚度分2～3层喷射。

(3) 锚杆挂网喷射混凝土（砂浆）防护施工应符合下列规定：
1) 锚杆应嵌入稳固基岩内，锚固深度根据设计要求结合岩体性质确定。锚杆孔深应大于锚固长度200mm。
2) 钢筋保护层厚度不宜小于20mm。
3) 固定锚杆的砂浆（宜用1:3水泥砂浆）应捣固密实，钢筋网应与锚杆连接牢固。
4) 铺设钢筋网前宜在岩面喷射一层混凝土，钢筋网与岩面的间隙宜为30mm，然后再喷射混凝土至设计厚度。

5) 喷射混凝土的厚度要均匀，钢筋网及锚杆不得外露。

6) 做好泄、排水孔和伸缩缝。

7) 锚杆挂网喷射混凝土（砂浆）防护施工质量应符合边坡锚固防护施工质量标准表2-58的相关规定。

(4) 干砌片石护坡施工应符合下列规定：

1) 边坡为粉质土、松散的砂或粉砂土等易被冲蚀的土时，碎石或砂砾垫层厚度不宜小于100mm。

2) 基础应选用较大石块砌筑，如基础与排水沟相连，其基础应设在沟底以下，并按设计要求砌筑浆砌片石。

3) 砌筑应彼此镶紧，接缝要错开，缝隙间用小石块填满塞紧。

(5) 浆砌片（卵）石护坡施工应符合下列规定：

1) 砂浆终凝前，砌体应覆盖，砂浆初凝后，立即进行养护。

2) 路堤边坡采用浆砌片（卵）石护坡，宜在路堤沉降稳定后施工。

3) 在冻胀变化较大的土质边坡上，护坡底面应铺设100～150mm厚的碎石或砂砾垫层。

4) 浆砌片（卵）石护坡每10～15m应留一伸缩缝，缝宽20～30mm。在基底地质有变化处，应设沉降缝，可将伸缩缝与沉降缝合并设置。

5) 泄水孔的位置和反滤层的设置应符合设计要求。

(6) 水泥混凝土预制块护坡施工应符合下列规定：

1) 在寒冷地区，预制块混凝土强度等级不宜低于C20。

2) 路堤边坡护坡宜在路堤沉降稳定后施工。

3) 铺设混凝土预制块前应将坡面平整，碎石或砂砾垫层的厚度不宜小于100mm。

4) 预制块应错缝砌筑，砌筑坡面应平顺，并与相邻坡面顺接。

5) 泄水孔的位置应符合设计要求，并保证畅通。

(7) 浆砌片石护面墙施工应符合下列规定：

1) 修筑护面墙前，应清除边坡风化层至新鲜岩面。对风化迅速的岩层，清挖到新鲜岩面后应立即修筑护面墙。

2) 护面墙的基础应设置在稳定的地基上，地基承载能力不够，应采取加固措施，基础埋置深度应根据地质条件确定，冰冻地区应埋置在冰冻深度以下至少250mm。

3) 护面墙背必须与路基坡面密贴，边坡局部凹陷处，应挖成台阶后用与墙身相同的圬工砌补，不得回填土石或干砌片石。坡顶护面墙与坡面之间应按设计要求做好防渗处理。

4) 应按设计要求做好伸缩缝。当护面墙基础修筑在不同岩层上时，应在变化处设置沉降缝。

5) 泄水孔的位置和反滤层的设置应符合设计要求。

护面墙有实体护面墙、窗孔式护面墙、拱式护面墙及肋式护面墙等，应根据坡面地质条件合理确定。

(8) 圬工防护质量

1) 石料应选用未风化的硬质石料，砌筑应紧密、错缝，严禁通缝、叠砌、贴砌和浮塞，勾缝应均匀饱满、美观，坡面应平顺。

2）干砌片石施工质量标准应符合表 2-43 的规定。

3）浆砌砌体施工质量标准应符合表 2-44 的规定。

干砌片石施工质量标准　　　　　　　　　　　　　　　表 2-43

检查项目	规定值或允许偏差	检查方法和频率
厚度（mm）	±50	每 100m² 抽查 8 点
顶面高程（mm）	±30	水准仪：每 20m 抽查 5 点
外形尺寸（mm）	±100	每 20m 或自然段，长宽各测 5 点
表面平整度（mm）	50	2m 直尺：每 20m 测 5 点

浆砌砌体施工质量标准　　　　　　　　　　　　　　　表 2-44

检查项目		规定值或允许偏差	检查方法和频率
砂浆强度		不小于设计强度	每 1 工作台班 2 组试件
顶面高程（mm）	料、块石	±15	水准仪：每 20m 抽查 5 点
	片石	±20	
底面高程（mm）		−20	
坡度或垂直度（%）	料、块石	0.3	吊垂线：每 20m 检查 5 点
	片石	0.5	
断面尺寸（mm）	料石、混凝土块	±20	尺量：每 20m 检查 5 点
	块石	±30	
	片石	±50	
墙面距路基中线（mm）		±50	尺量：每 20m 检查 5 点
表面平整度（mm）	料石、混凝土块	10	2m 直尺：每 20m 检查 5 处
	块石	20	
	片石	30	

3. 封面、捶面防护

封面适用于未严重风化的各种易风化岩石的路堑边坡，如页岩、泥岩、泥灰岩、千枚岩等；捶面适用于边坡率缓于 1∶0.5、易受冲刷的土质边坡或易风化剥落的边坡。

封面、锤面常用的材料有水泥、石灰、砂子、炉渣、黏土等。

(1) 封面防护施工应符合下列规定：

1）封面防护不宜在严寒冬期和雨天施工。

2）封面前岩体表面要冲洗干净，土体表面要平整、密实、湿润。

3）封面厚度应符合设计要求，封面应分两面层进行施工，底层为全厚的 2/3，面层为全厚的 1/3。封面厚度要均匀，表面光滑，封面与坡面应密贴稳固。

4）大面积封面宜每隔 5~10m 设伸缩缝，缝宽 10~20mm。

5）封面初凝后应立即进行养护。

6）按设计要求做好边坡封顶和排水设施。

(2) 捶面护坡施工应符合下列规定：

1）嵌补填平边坡坑凹、裂缝。

2）厚度要均匀，表面光滑，捶面与坡面应密贴稳固。

3）伸缩缝设置、边坡封顶、排水、养护方法、气候要求与封面防护施工要求相同。

(3) 封面、捶面防护施工质量标准应符合表 2-45 的规定。

封面、捶面防护施工质量标准　　　　　　表 2-45

检查项目	规定值或允许偏差	检查方法和频率
厚度	+20%、-10%	每 10m 检查 1 个断面，每 3m 检查 2 个点

4. 膨胀土路基边坡防护

(1) 边坡施工应避开雨期作业，以防边坡遇水膨胀破坏。

(2) 边坡施工过程中，应注意做好防排水，顶部应及时封闭。

(3) 边坡修整后，应立即防护。

2.2.5.3 沿河路基防护

沿河路基防护工程一般分直接与间接防护两种，直接防护工程类型包括护面墙、砌石或混凝土板、护坦、抛石、石笼、浸水挡墙等；间接防护包括导流构造物（丁坝、顺坝等）、改河和防护林带等。

1. 沿河路基防护工程基础应埋设在局部冲刷线以下不小于 1m 或嵌入基岩内。

2. 导流构造物施工前，应根据现场具体情况，采取相应措施，避免冲刷农田、村庄、公路和下游路基。

3. 砌石或混凝土防护包括干砌片石、浆砌片石及混凝土板等防护。除应符合圬工防护有关规定外，还应符合下列规定：

(1) 石料应选用未风化的坚硬岩石。

(2) 开挖基坑时，应核对地质情况，与设计要求不符时，应进行处理。基础完成后应及时用符合设计要求的材料回填。

(3) 铺砌层底面的碎石、砂砾石垫层或反滤层，应符合设计要求。

(4) 坡面密实、平整、稳定后方可铺砌。砌块应交错嵌紧，严禁浮塞。砂浆应饱满、密实，不得有悬浆。

(5) 每 10～15m 宜设伸缩缝，基底土质变化处应设沉降缝，并按设计要求做好伸缩缝、沉降缝及泄水孔。

(6) 采用干、浆砌片石时，不得大面平铺，石块应彼此交错搭接，不得松动。采用干、浆砌河卵石时，必须长方向垂直坡面，成横行栽砌牢固。采用铺砌混凝土预制块时，应按设计规格和要求检验合格后方可铺筑。就地浇筑混凝土板时，宜采取措施提高早期强度，混凝土表面应平整、光滑。

4. 护坦防护施工中，护坦顶面应埋入计算河床以下 0.5～1.0m。

5. 抛石防护施工应符合下列规定：

(1) 抛石体边坡坡度和石料粒径应根据水深、流速和波浪情况确定。坡度应不陡于抛石石料浸水后的天然休止角，抛石边坡坡度值见表 2-46。石料粒径一般不小于 300～500mm，宜用大小不同的石块掺杂抛投。抛石料粒径与水深、流速的关系见表 2-47。

抛石边坡坡度值　　　　　　表 2-46

水 文 条 件	采用边坡
水浅、流速较小	1:1.2～1:2.5
水深 2～6m，流速较大，波浪汹涌	1:2～1:3
水深大于 6m，在急流中施工	缓于 1:2

抛石料粒径与水深、流速的关系　　　　　表 2-47

抛石粒径 (cm)	水　深（m）				
	0.4	1.0	2.0	3.0	5.0
	容许流速（m/s）				
15	2.70	3.00	3.40	3.70	4.00
20	3.15	3.45	3.90	4.20	4.50
30	3.50	3.95	4.25	4.45	5.00
40	—	4.30	4.45	4.80	5.05
50	—	—	4.85	5.00	5.40

（2）抛石厚度，宜为粒径的 3～4 倍；用大粒径时，不得小于 2 倍。
（3）抛石石料应选用质地坚硬、耐冻且不易风化崩解的石块。
（4）抛石防护除特殊情况外，宜在枯水季节施工。

6. 石笼防护施工应符合下列规定：
（1）根据设计要求或根据不同情况和用途，合理选用石笼形状。
（2）应选用浸水不崩解、不易风化的石料。
（3）基底应大致整平，必要时用碎石或砾石垫层找平。
（4）石笼应做到位置正确，搭叠衔接稳固、紧密，确保整体性。
（5）石笼防护施工质量标准应符合表 2-48 的规定。

石笼防护施工质量标准　　　　　表 2-48

检查项目	规定值或允许偏差	检查方法和频率
平面位置（mm）	符合设计要求	经纬仪：按设计图控制坐标检查
长度（mm）	不小于设计长度－300	尺量：每个（段）检查
宽度（mm）	不小于设计宽度－200	尺量：每个（段）量 8 处
高度（mm）	不小于设计	水准仪或尺量：每个（段）检查 8 处
底面高程（mm）	不高于设计	水准仪：每个（段）检查 8 点

7. 浸水挡土墙施工应符合下列规定：
（1）浸水挡土墙应选用坚硬未风化且浸水不崩解的石块。
（2）应注意浸水挡土墙与岸坡的衔接。
（3）浸水挡土墙施工还应符合挡土墙有关规定。

8. 土工膜袋防护
土工膜袋是将土工合成材料表面涂一层树脂或橡胶等防水材料，或将土工合成材料与塑料薄膜复合在一起形成不透水的防水材料，用土工膜袋填充混凝土或砂浆形成防护结构，达到防护的目的。膜袋厚度应通过抗浮稳定分析和抗冰推移稳定分析确定。土工膜袋的主要技术指标见表 2-49。

土工膜袋的主要技术指标 表 2-49

项　目		标　准
单层质量（g/m²）		200
拉伸强度（N/5cm）	经	1500
	纬	1300
延伸率（%）	经	14
	纬	12
撕裂强度（N/5cm）	经	600
	纬	400
顶破强度（N）		800
渗透系数（cm/s）		0.028
单层厚度（mm）		0.4

土工膜袋防护施工应符合下列规定：

(1) 按设计要求整平坡面，放线定位，挖好边界处理沟。

(2) 膜袋铺展后应拉紧固定，防止充填时下滑。

(3) 充填材料应根据设计要求和实际情况合理选用，充填应连续。

(4) 需要排水的边坡，应适时开孔设置排水管。

(5) 膜袋顶部宜采用浆砌块石固定。有地面径流处，坡顶应采取防护措施，防止地表水侵蚀膜袋底部。

(6) 岸坡膜袋底端应设压脚或护脚棱体，有冲刷处应采取防冲措施。

(7) 膜袋护坡的侧翼宜设压袋沟。

(8) 膜袋与坡面间应按设计要求铺设好土工织物滤层。

9. 丁坝防护施工应符合下列规定：

(1) 施工前应制定合理的施工方案，合理安排工期，避免因工期过长引起农田、村庄、上下游路基冲刷。

(2) 丁坝坝头应做平面防护。

(3) 应处理好坝根与相连接的地层或其他防护设施的衔接。

(4) 丁坝间的河岸或路基边坡所承受的容许流速小于水流靠岸回流流速时，应缩短坝距或对河岸及路基边坡采取防护措施。

10. 顺坝防护施工应符合下列规定：

(1) 顺坝与上下游河岸的衔接，应使水流顺畅，起点应选择在水流匀顺的过渡段，坝根位置宜设在主流转向点的上方。

(2) 坝根嵌入稳定河岸内的距离应符合设计要求，坝根附近河岸应防护加固至上游不受水流冲击处。

(3) 丁坝、顺坝施工质量标准应符合表 2-50 的规定。

丁坝、顺坝施工质量标准 表 2-50

检查项目		规定值或允许偏差	检查方法和频率
砂浆强度（MPa）		不小于设计强度	每 1 工作台班 2 组试件
平面位置（mm）		30	经纬仪：按设计图控制坐标检查
长度（mm）		不小于设计长度－100	尺量：每个检查
断面尺寸		不小于设计	尺量：检查 8 处
高程（mm）	基底	不大于设计	水准仪：检查 8 点
	顶面	±30	

11. 改移河道施工应符合下列规定：

（1）改移河道工程应在枯水时期施工。一个旱季不能完成时，应采取防洪措施。

（2）河道开挖应先挖好中段，然后再开挖两端，确认新河床工程已符合要求后，方可挖通其上游河段。

（3）利用开挖新河道的土石填平旧河道时，在新河道未通流前，旧河道应保持适当的流水断面。

（4）通流时，改河上游进口河段的河床纵坡宜稍大于设计坡度。

（5）河床加固设施及导流构造物的施工应合理安排，及时配套完成。

2.2.5.4 挡土墙

1. 挡土墙施工前，应做好截、排水及防渗设施。

2. 在岩体破碎、土质松软或地下水丰富地段修建挡土墙，宜避开雨期施工。

3. 明挖基坑应符合下列规定：

（1）施工过程中应对地质情况进行核对，与设计不符时，应及时处理。

（2）基坑开挖宜分段跳槽进行。

（3）坑内积水应随时排干。

（4）采用倾斜基底时，基底标高应按设计控制，不得超挖填补。

4. 基底检验合格后，应及时进行下道工序施工。

5. 挡土墙端部伸入路堤或嵌入地层部分应与墙体同时砌筑。挡土墙顶应找平抹面或勾缝，其与边坡间的空隙应用黏土或其他材料夯填封闭。

6. 挡土墙与桥台、隧道洞门连接应协调施工，必要时应加临时支撑，确保与墙相接的填方或山体的稳定。

7. 重力式挡土墙

（1）基础施工应符合下列规定：

1）应将基底表面风化、松软土石清除。

2）硬质岩石基坑中的基础，宜满坑砌筑。

3）雨期在土质或易风化软质岩石基坑中砌筑基础时，应在基坑挖好后及时封闭坑底。当基底设有向内倾斜的稳定横坡时，应采取临时排水措施，辅以必要座浆后安砌基础。

4）采用台阶式基础时，台阶与墙体应连在一起同时砌筑，基底及墙趾台阶转折处不得砌成垂直通缝，砌体与台阶壁间的缝隙砂浆应饱满。

5）基坑应随砌筑分层回填夯实，并在表面留3%的向外斜坡。

(2) 墙身施工应符合下列规定:

1) 墙身要分层错缝砌筑,砌出地面后基坑应及时回填夯实,并完成其顶面排水、防渗设施。

2) 伸缩缝与沉降缝内两侧壁应竖直、平齐,无搭叠;缝中防水材料应按设计要求施工。

3) 泄水孔应在砌筑墙身过程中设置,确保排水畅通,并应保证墙背反滤、防渗设施的施工质量。

4) 当墙身的强度达到设计强度的75%时,方可进行回填等工作。在距墙背0.5~1.0m以内,不宜用重型振动压路机碾压。

(3) 砌体、干砌挡土墙施工质量标准应符合表2-51、表2-52的规定。

砌体挡土墙施工质量标准 表2-51

检查项目		规定值或允许偏差	检查方法和频率
砂浆强度（MPa）		不小于设计强度	每1工作台班2组试件
平面位置（mm）		50	经纬仪:每20m检查墙顶外边线5点
顶面高程（mm）		±20	水准仪:每20m检查2点
垂直度或坡度（%）		0.5	吊垂线:每20m检查4点
断面尺寸		不小于设计	尺量:每20m量4个断面
底面高程（mm）		±50	水准仪:每20m检查2点
表面平整度（mm）	混凝土块、料石	10	2m直尺:每20m检查5处,每处检查竖直和墙长两个方向
	块石	20	
	片石	30	

干砌挡土墙施工质量标准 表2-52

检查项目	规定值或允许偏差	检查方法和频率
平面位置（mm）	50	经纬仪:每20m检查5点
顶面高程（mm）	±30	水准仪:每20m检查5点
垂直度或坡度（%）	0.5	吊垂线:每20m检查4点
断面尺寸	不小于设计	尺量:每20m量4个断面
底面高程（mm）	±50	水准仪:每20m检查2点
表面平整度（mm）	50	2m直尺:每20m检查5处,每处检查竖直和墙长两个方向

8. 悬臂式和扶壁式挡土墙

(1) 凸榫必须按照设计尺寸开挖,并与墙底板一同灌注混凝土。

(2) 现场整体浇筑时,每段墙的底板、面板和肋的钢筋应一次绑扎,宜一次完成混凝土灌注。当采用现场分段浇筑时,应按设计要求进行施工,并预埋好连接钢筋,连接处混凝土面应严格凿毛,并清洗干净。

(3) 灌注混凝土后,应按有关规定进行养护。墙体达到设计强度的75%以后方可进行墙背填土,并应按设计要求的填料和密实度分层填筑、压实;墙背排水设施应随填土及时施工。

(4) 现浇悬臂式和扶壁式挡土墙施工质量标准应符合表 2-53 的规定。

现浇悬臂式和扶壁式挡土墙施工质量标准　　　　　表 2-53

检查项目	规定值或允许偏差	检查方法和频率
砂浆强度（MPa）	不小于设计强度	每 1 工作台班 2 组试件
平面位置（mm）	30	经纬仪：每 20m 检查 5 点
顶面高程（mm）	±20	水准仪：每 20m 检查 2 点
垂直度或坡度（%）	0.3	吊垂线：每 20m 检查 4 点
断面尺寸（mm）	不小于设计	尺量：每 20m 量 4 个断面，抽查扶臂 4 个
底面高程（mm）	±30	水准仪：每 20m 检查 2 点
表面平整度（mm）	5	2m 直尺：每 20m 检查 3 处，每处检查竖直和墙长两个方向

(5) 装配法施工应符合下列规定：

1) 基础混凝土强度达到设计强度 75% 后，方可安装。

2) 预制墙板与基础必须按设计要求连接牢固。

3) 预制墙板预制、安装质量应符合"面板预制、安装施工质量标准表 2-56"的规定。

9. 锚杆挡土墙

(1) 锚杆应按设计尺寸下料、调直、除污、加工。

(2) 按照设计要求，在施工前应作锚杆抗拔力验证试验。

(3) 钻孔施工应符合下列规定：

1) 施工前，应清除岩面松动石块，整平墙背坡面。

2) 根据设计孔径及岩土性质合理选择钻孔机具。

3) 孔轴应保持直线，孔位允许偏差为 ±50mm，深度允许偏差为 -10~+50mm。

4) 钻孔后应将孔内粉尘、石渣清理干净。

(4) 安装普通砂浆锚杆应符合下列规定：

1) 锚杆应安装在孔位中心。

2) 锚杆未插入岩层部分，必须按设计要求作防锈处理。

3) 有水地段安装锚杆，应将孔内的水排出或采用早强速凝药包式锚杆。

4) 砂浆应随拌随用。

5) 宜先插入锚杆然后灌浆，灌浆应采用孔底注浆法，灌浆管应插至距孔底 50~100mm，并随水泥砂浆的注入逐渐拔出，灌浆压强宜不小于 0.2MPa。

6) 砂浆锚杆安装后，不得敲击、摇动。普通砂浆锚杆在 3d 内，早强砂浆锚杆在 12h 内，不得在杆体上悬挂重物。必须待砂浆达到设计强度的 75% 后方可安装肋柱、墙板。

(5) 安装墙板时，应边安装墙板边进行墙背回填及墙背排水系统施工。

10. 锚定板挡土墙

(1) 拉杆使用前应按规定取样试验。拉杆埋于土中部分，必须进行防锈处理。

(2) 吊装时应保证肋柱不前倾。

(3) 拉杆及锚定板埋设，应先填土后挖槽就位；挖槽时，锚定板比设计位置宜高30~50mm。锚定板前方超挖部分宜用C10水泥混凝土或灰土回填夯实。严禁直接碾压拉杆和锚定板。

(4) 肋柱、锚定板上的锚头及螺丝杆应作防锈处理和防水封闭。

(5) 分级平台应按设计要求进行封闭，并设2%的外倾排水坡。

11. 加筋土挡土墙

(1) 安装直立式墙面板应按不同填料和拉筋预设仰斜坡，仰斜坡一般为1：0.02~1：0.05，墙面不得前倾。

(2) 拉筋应有粗糙面，并按设计布置呈水平铺设，当局部与填土不密贴时应铺砂垫平。钢拉筋与钢材外露部分应做防锈处理。连续敷设的拉筋接头应置于其尾部；拉筋尾端宜用拉紧器拉紧，各拉筋的拉力应大体均匀，但应避免拉动墙面板。

(3) 墙背拉筋锚固段填料宜采用粗粒土或改性土等填料。墙背填土必须满足设计压实度要求。

(4) 填料摊铺、碾压应从拉筋中部开始，平行于墙面碾压，先向拉筋尾部逐步进行，然后再向墙面方向进行，严禁平行于拉筋方向碾压。

(5) 填土分层厚度及碾压遍数，应根据拉筋间距、碾压机具和密实度要求，通过试验确定，严禁使用羊足碾碾压。靠近墙面板1m范围内，应使用小型机具夯实或人工夯实，不得使用重型压实机械压实。

(6) 当采用聚丙烯土工带时，拉带应平顺，不得出现打折、扭曲等现象，不得与硬质、棱角填料直接接触。

(7) 施工过程中随时观测加筋土挡土墙异常变化。

12. 筋带；锚杆、拉杆；面板预制、安装；锚杆、锚定板、加筋土挡土墙总体施工质量标准应符合表2-54~表2-57的规定。

筋带施工质量标准　　　　　　　　　　　　　　　　表2-54

检查项目	规定值或允许偏差	检查方法和频率
筋带长度	不小于设计	尺量：每20m检查5根（束）
筋带与面板连接	符合设计要求	目测：每20m检查5处
筋带与筋带连接	符合设计要求	目测：每20m检查5处
筋带铺设	符合设计要求	目测：每20m检查5处

锚杆、拉杆施工质量标准　　　　　　　　　　　　　表2-55

检查项目	规定值或允许偏差	检查方法和频率
锚杆、拉杆长度	符合设计要求	尺量：每20m检查5根
锚杆、拉杆间距（mm）	±20	尺量：每20m检查5根
锚杆、拉杆与面板连接	符合设计要求	目测：每20m检查5处
锚杆、拉杆防护	符合设计要求	目测：每20m检查10处
锚杆抗拔力	抗拔力平均值≥设计值，最小抗拔力≥0.9设计值	抗拔力试验：锚杆数量的1%，并不少于3根

面板预制、安装施工质量标准 表 2-56

检查项目	规定值或允许偏差	检查方法和频率
混凝土强度（MPa）	不小于设计强度	每台班 2 组试件
边长（mm）	±5 或 0.5%边长	尺量：长宽各量 1 次，每批抽查 20%
两对角线差（mm）	10 或 0.7%最大对角线长	尺量：每批抽查 20%
厚度（mm）	+5，-3	尺量：检查 4 处，每批抽查 20%
表面平整度（mm）	4 或 0.3%边长	2m 直尺：长、宽方向各测 1 次，每批抽查 20%
预埋件位置（mm）	5	尺量：检查每件，每批抽查 20%
每层面板顶高程（mm）	±10	水准仪：每 20m 抽查 5 组板
轴线偏位（mm）	10	挂线、尺量：每 20m 量 5 处
面板竖直度或坡度	0，-0.5%	吊垂线或坡度板：每 20m 量 5 处
相邻面板错台（mm）	5	尺量：每 20m 面板交界处检查 5 处

注：面板安装以同层相邻两板为一组。

锚杆、锚定板、加筋土挡土墙总体施工质量标准 表 2-57

检查项目		规定值或允许偏差	检查方法和频率
墙顶和肋柱平面位置（mm）	路堤式	+50，-100	经纬仪：每 20m 检查 5 处
	路肩式	±50	
墙顶和柱顶高程（mm）	路堤式	±50	水准仪：每 20m 测 5 点
	路肩式	±30	
肋柱间距（mm）		±15	尺量：每柱间
墙面倾斜度（mm）		+0.5%H 且不大于+50，-1%H 且不小于-100，见注	吊垂线或坡度板：每 20m 测 4 处
面板缝宽（mm）		10	尺量：每 20m 至少检查 5 条
墙面平整度（mm）		15	2m 直尺：每 20m 测 5 处，每处检查竖直和墙长两个方向
墙背填土：距面板 1m 范围内的压实度（%）		90	每 100m 每压实层测 2 处，并不得少于 2 处

注：平面位置和倾斜度"+"指向外，"-"指向内，H 为墙高。

2.2.5.5 边坡锚固防护

1. 破碎且不平整的边坡，必须将松散的浮石和岩渣清除，用浆砌片石填补空洞，对坡面缝隙进行封闭处理。边坡修整后应平整、密实，无溜滑体、蠕变体和松动岩体。

2. 边坡开挖和钻孔过程中，应对岩性及构造进行编录和综合分析，与设计相比出入较大时，应按规定处理。

3. 修整边坡的弃渣应按有关规定堆放，不得污染环境。

4. 钢筋制作与安装应符合《公路桥涵施工技术规范》JTG/T F50—2011 的规定。

5. 浇筑混凝土时，模板应加支撑固定。

6. 锚杆施工应符合下列规定：

（1）孔深小于 3m 时，宜采用先注浆后插锚杆的施工工艺。注浆时，浆体除孔口 200

～300mm 外，应均匀充满全孔。锚杆插入后应居中固定。杆体外露部分应避免敲击、碰撞，3d 内不得悬吊重物，3d 后才可安装垫板。

（2）当孔深大于 3m 时应按锚杆挡土墙的相关要求施工。

7. 预应力锚索应符合下列规定：

（1）严禁使用有机械损伤、电弧烧伤和严重锈蚀的钢绞线。严禁将钢绞线及锚索直接堆放在地面或露天储存，避免受潮、受腐蚀。

（2）施工前应按设计要求进行预应力锚索的锚固性能基本试验，确定施工工艺。

（3）锚索束制作安装应符合下列规定：

1）锚索束制作宜在现场厂棚内进行。

2）下料应采用机械切割，严禁用电弧切割。

3）普通锚索束必须进行清污、除锈处理。

4）锚固段锚索束应按设计安装。

5）在锚索入孔前，必须校对锚索编号与孔号是否一致，做好标记。

6）锚索束必须顺直地安放在钻孔中心。

（4）锚固端灌浆应符合下列规定：

1）放入锚索束后应及时灌浆。

2）无粘结锚索孔灌浆宜一次注满锚固段和自由段。

3）灌浆应饱满、密实。

（5）锚索张拉应按设计要求进行，并应符合下列规定：

1）张拉设备必须按规定配套标定，标定间隔期不宜超过 6 个月。拆卸检修的张拉设备或压力表经受强烈撞击后，都必须重新标定。

2）孔内砂浆的强度未达到设计强度的 75% 时，不得进行张拉。

3）锚索张拉采用张拉力和伸长值进行控制，用伸长值校核应力，当实际伸长值大于计算伸长值的 10% 或小于 5% 时，应暂停张拉，查明原因并处理后，可继续张拉。

4）锚索锁定后，在 48h 内若发现有明显的预应力松弛时，应进行补偿张拉。

（6）封孔应符合下列规定：

1）封孔灌浆应在锚索张拉、检测合格、锁定后进行。

2）封孔灌浆时，进浆管必须插到底，灌浆必须饱满。

3）封孔灌浆后，锚头部分应涂防腐剂，并按设计要求及时进行封闭。

8. 边坡锚固防护施工质量标准应符合表 2-58 的规定。

边坡锚固防护施工质量标准 表 2-58

检查项目	规定值或允许偏差	检查方法和频率
混凝土强度（MPa）	不小于设计强度	每台班 2 组试件
注浆强度（MPa）	不小于设计强度	每台班 2 组试件
钻孔位置（mm）	100	钢尺：逐孔检查
钻孔倾角、水平方向角	与设计锚固轴线的倾角、水平方向角偏差为 ±1°	地质罗盘仪：逐孔检查
锚孔深度（mm）	不小于设计	尺量：抽查 20%

续表

检查项目	规定值或允许偏差	检查方法和频率
锚杆（索）间距（mm）	±100	尺量：抽查20%
锚杆拔力（kN）	拔力平均值≥设计值，最小拔力≥0.9设计值	拔力试验：锚杆数1%，且不少于3根
喷层厚度（mm）	平均厚≥设计厚，60%检查点的厚度≥设计厚，最小厚度≥0.5设计厚，且不小于设计规定	尺量（凿孔）或雷达断面仪：每10m检查2个断面，每3m检查2点
锚索张拉应力（MPa）	符合设计要求	油压表：每索由读数反算
张拉伸长率（%）	符合设计要求；设计未规定时采用±6	尺量：每索
断丝、滑丝数	每束1根，且每断面不超过钢线总数的1%	目测：逐根（束）检查

2.2.5.6 土钉支护

土钉支护只适用于有一定黏性的硬黏土，有一定胶黏的黏土、砂土或有一定自稳能力的岩土，对于松散的砂土、黏土以及地下水丰富等地质不良土体，不宜采用。

1. 开挖、成孔等过程中应随时观察地质、位移的变化，发现异常应及时采取措施。大型土钉支护工程应进行施工监控。

2. 施工中应采取有效措施加强安全防护，严禁大爆破、大开挖。

3. 施工时应综合考虑排水系统，做好排水设施，疏导地表径流和地下水。

4. 坡面开挖

（1）坡面开挖应根据设计和实际地质情况确定分层深度及工作顺序。在完成上层作业面的土钉与喷射混凝土以前，严禁进行下一层深度的开挖。一次开挖深度不得大于设计中规定的边坡临界自稳高度，一次开挖长度也不得大于设计中规定的临界自稳长度。

（2）进行土方开挖作业时，应保证边坡平整并符合设计坡率，严禁边壁出现超挖或造成边壁土体松动。

（3）开挖面有软弱土层且垂直开挖时，应严格控制开挖高度和长度，开挖前应超前支护，开挖后应快速封闭。

5. 土钉施工应符合下列规定：

（1）施工前应按设计要求对土钉进行现场抗拉拔力验证试验。

（2）钻孔完成后，应将孔内残浆、残渣等杂物清除干净。

（3）安装土钉钢筋时，应连同注浆排气管按要求一并送入钻孔内。

（4）土钉孔注浆用砂应选用粒径小于2mm的中、细砂，使用前须过筛，严防石块、杂物混入，砂的含泥量不大于3%。土钉孔内注浆应饱满，浆体强度应符合设计要求。

6. 喷射混凝土所采用的砂、石子，其规格和质量应符合规定要求。喷射混凝土用砂应为中砂，细度模数大于2.5，喷射混凝土用砂的颗粒级配应满足表2-59要求；用于喷射混凝土的石子应为坚硬的卵石或碎石，最大粒径不宜超过15mm，喷射混凝土用石子的颗粒级配应符合表2-60要求。注浆用水或混凝土用水不得使用污水和pH值小于4的酸性水，不应含有影响混凝土质量的有害杂质。

喷射混凝土用砂的颗粒级配　　　　表2-59

筛孔尺寸（mm）	5	2.5	1.2	0.6	0.3	0.15
通过质量百分率（%）	100	80~100	50~85	25~60	10~30	2~10

喷射混凝土用石子的颗粒级配　　　　　　　　　　　　表 2-60

筛孔尺寸（mm）	15	10	5	2.5	1.2
通过质量百分率（%）	100	80～100	10～30	0～10	0～5

喷射混凝土面层应符合下列规定：

（1）喷射混凝土水灰比不宜大于 0.45，混凝土强度应符合设计要求。

（2）混凝土喷射厚度，临时支护厚度不宜小于 60mm，永久支护厚度不宜小于 80mm，永久支护面钢筋的喷射混凝土保护层厚度应不小于 50mm。

（3）混凝土喷射每一层应自下而上进行。当混凝土厚度大于 100mm 时，应分两次喷射，在第二次喷射混凝土作业前，应清除结合面上的浮浆和松散碎屑。面层表面应抹平、压实修整。

（4）喷射混凝土面层应在长度方向上每 30m 设伸缩缝，缝宽 10～20mm。

（5）土钉喷射混凝土除符合本规范要求外，还应满足《锚杆喷射混凝土支护技术规范》GB 50086—2001 的要求。

7. 地梁、网格梁施工应符合下列规定：

（1）地梁、网格梁槽施工应根据地质条件，确定合理开挖顺序及方案。

（2）土钉钢筋与网格梁受力钢筋应联接牢固。

（3）地梁、网格梁应及时养护。

8. 土钉支护施工质量标准应符合表 2-61 的规定。

土钉支护施工质量标准　　　　　　　　　　　　表 2-61

检查项目	规定值或允许偏差	检查方法和频率
水泥（砂）浆强度	满足设计要求	每工作班 1 组试件
喷射混凝土强度	满足设计要求	每 100m³ 取 1 组抗压试件；不足 100m³ 留 1 组抗压试件
水泥混凝土强度	满足设计要求	每工作台班 2 组试件
钢筋网网格	±10mm	抽检
钢筋网连接	绑接长度应不小于一个网格间距或 200mm，搭焊焊缝长不小于网筋直径的 10 倍	抽检
土钉抗拔力	平均值不小于设计值，低于设计值的土钉数 <20%，最低抗拔力不小于设计值的 90%	见表注
土钉间距、倾角、孔深	孔位不大于 150mm，钻孔倾角不大于 2°，孔径：+20 mm，−5mm，孔深：+200 mm，−50mm	工作土钉的 3%，钢尺、测钎和地质罗盘仪量测
喷射混凝土面层厚度	允许偏差 −10mm	每 10m 长检查一个断面，每 3m 长检查一个点。钻孔取芯或激光断面仪测量
网格梁、地梁、边梁	外观平整，无蜂窝麻面，尺寸允许偏差 +10mm，−5mm	每 100m² 检查一个点，钢尺量测

注：土钉抗拔力检测按工作土钉总数量的 1% 进行抽检，且不得少于 3 根；抽检不合格的土钉数量超过检测数量的 20% 时，将抽检的土钉数增大到 3%；如仍有 20% 以上的土钉不合格，则该土钉支护工程为不合格工程，应采取处理措施。

2.2.5.7 抗滑桩

1. 桩基开挖过程中,应随时核对滑动面情况,及时进行岩性资料编录,当其实际情况与设计不符时,应进行处理。
2. 抗滑桩施工准备应符合下列规定:
   (1) 施工宜在干旱季节进行;雨期施工时,孔口应搭雨棚,做好锁口,孔口地面上加筑适当高度的围埝。
   (2) 应备好各项工序的机具、器材和井下排水、通风、照明设施,落实人员配备、施工组织计划。
   (3) 应整平孔口地面,设置地表截、排水及防渗设施。
   (4) 应对滑坡变形、移动进行监测。
3. 开挖及支护应符合下列规定:
   (1) 应分节开挖,每节高度宜为 0.6~2.0m,分节不宜过长,不得在土石层变化处和滑动面处分节,挖一节立即支护一节。
   (2) 护壁应经过设计计算确定,应考虑到各种不利情况。护壁混凝土应紧贴围岩灌注,灌注前应清除孔壁上的松动石块、浮土。围岩较松软、破碎、有水时,护壁宜设泄水孔。
   (3) 开挖应在上一节护壁混凝土终凝后进行,护壁混凝土模板的支撑应在混凝土强度达到能保持护壁结构不变形后方可拆除。
   (4) 在围岩松软、破碎和有滑动面的节段,应在护壁内顺滑动方向用临时横撑加强支护,并经常观察其受力情况,及时进行加固。
   (5) 开挖桩群应从两端沿滑坡主轴间隔开挖,桩身强度不低于设计强度的 75% 时可开挖邻桩。
   (6) 弃渣严禁堆放在滑坡范围内。
4. 灌注桩身混凝土应符合下列规定:
   (1) 灌注前,应检查断面净空、清洗混凝土护壁。
   (2) 钢筋笼搭接接头不得设在土石分界和滑动面处。
   (3) 灌注必须连续进行。
5. 桩间支挡结构及与桩相邻的挡土、排水设施等,均应按设计要求与抗滑桩正确连接,配套完成。
6. 桩板式抗滑挡墙
   (1) 桩身混凝土应达到设计强度后方可安装挡土板,挡土板安装时,应边安装边回填,并做好施工板后排水设施。
   (2) 当桩间为土钉墙或喷锚支护时,桩间土体应分层开挖、分层加固;当锚固桩上部设有多排锚索(杆)时,应待上一排锚索(杆)施工完成后,才可开挖下一层的桩前土体。
   (3) 锚索(杆)桩板式路堤挡土墙,应严格控制墙背填土的压实度,压实时不得直接碾压锚索(杆)。
7. 抗滑桩施工质量标准应符合表 2-62 的规定。

抗滑桩施工质量标准　　　　　　　　　　　　　表 2-62

检查项目		规定值或允许偏差	检查方法和频率
混凝土强度		满足设计要求	每工作台班 2 组试件
桩长		不小于设计	测绳量：每桩测量
孔径或断面尺寸		不小于设计	探孔器：每桩测量
桩位（mm）		+100	经纬仪：每桩测量桩检查
竖直度（mm）	钻孔桩	1‰桩长，且不大于500	测壁仪或吊垂线：每桩检查
	挖孔桩	0.5‰桩长，且不大于200	吊垂线：每桩检查
钢筋骨架底面高程（mm）		±50	水准仪：测每桩骨架顶面高程后反算

2.3 试验检测项目、检测方法、频率及评定要求

2.3.1 试验检测项目

2.3.1.1 土样

1. 路基基底土样

（1）一般路基土：

1）路基填土高度小于路面和路床总厚度时，土的试验项目有：天然含水率、液塑限、天然稠度、标准击实试验、颗粒分析、自由膨胀率及 CBR 试验等。

2）路基填土高度大于路面和路床总厚度时，土的试验项目有：天然含水率、液塑限、天然稠度、标准击实试验及颗粒分析等。

（2）湿黏土、软土的试验项目有：天然含水率、密度、液塑限、天然稠度、孔隙比、相对密度、荷兰触探仪触探、路基基底承载力及有机质含量等。

2. 路基填料

（1）一般路基土的试验项目有：天然含水量、天然稠度、液塑限、标准击实试验、颗粒分析、自由膨胀率及 CBR 试验等，必要时应做：相对密度、有机质含量、易溶盐含量及冻胀等试验。

（2）特殊材料填料土，应按相关标准做相应试验，必要时还应进行环境影响评估。

2.3.1.2 石料或隧道洞内石渣

石料或隧道洞内石渣的试验项目有：岩石饱水抗压强度、表观密度、有机质含量、坚固性、压碎值、硫化物及硫酸盐、针片状含量、含泥量、筛分、含水率、湿（干）密度及孔隙率等。

2.3.1.3 混凝土及砂浆工程

1. 水泥的试验检测项目，见 4.5.1.1 原材料的相关内容。
2. 细集料的试验检测项目，见 4.5.1.1 原材料的相关内容。
3. 粗集料的试验检测项目，见 4.5.1.1 原材料的相关内容。
4. 水的试验检测项目，见 4.5.1.1 原材料的相关内容。
5. 水泥混凝土拌合物及水泥混凝土试件的试验检测项目有：水泥混凝土配合比设计、稠度、表观密度、含气量、凝结时间、泌水、抗压强度、抗冻性、抗渗性及渗水高度等。

6. 水泥砂浆拌合物及水泥砂浆试件的试验检测项目，有：水泥砂浆配合比设计、稠度、表观密度、分层度、保水性、凝结时间、抗压强度、抗冻性、吸水率及抗渗性能等。

7. 掺合料的试验检测项目，见 4.5.1.1 原材料的相关内容。

8. 外加剂的试验检测项目，见 4.5.1.1 原材料的相关内容。

2.3.1.4 其他材料

1. 钢筋的试验检测项目，见 4.5.1.1 原材料的相关内容。

2. 土工合成材料的试验检测项目有：单位面积质量、厚度、孔径、几何尺寸、垂直渗透系数、水平渗透系数、有效孔径、淤堵、耐静水压、拉伸强度、CBR 顶破、刺破、节点/焊点强度、拉拔摩擦及直接剪切摩擦等。

工地试验检测项目有：单位面积质量、厚度、孔径、几何尺寸及拉伸强度等。

3. 塑料排水板的试验检测项目有：外观质量、尺寸测量、等效孔径、复合体抗拉强度与延伸率、滤膜抗拉强度与延伸率、纵向通水量、滤膜渗透系数等。

4. 生石灰的试验检测项目有：有效钙加氧化镁含量、未消化残渣含量、含水量、细度及氧化镁含量等。

5. 粉煤灰的试验检测项目有：细度、烧失量、需水量比、含水量、Cl^-、SO_3 及混合砂浆活性指数（7d、28d）等。

6. 高炉矿渣的试验检测项目有：主要化学成分、相对密度、松方密度、压碎值及吸水率等。

7. 无纺土工布的试验检测项目有：单位面积质量、握持强度、撕裂强度、刺破强度及 CBR 顶破强度等。

8. 土工膜袋的试验检测项目有：单层面积质量、拉伸强度、延伸率、撕裂强度、顶破强度、渗透系数及单层厚度等。

9. EPS 块体的试验检测项目有：标准块体尺寸、密度、抗压强度。

2.3.1.5 路基工程

1. 土质路堤实测项目，见表 2-63 的规定。

土质路堤实测项目　　　　　　　表 2-63

检查项目			规定值或允许偏差			检查方法和频率
			高速公路一级公路	其他公路		
				二级公路	三、四级公路	
△压实度（%）	零填及挖方(m)	0~0.30	—	—	94	按附录 6 检查 密度法：每 200m 每压实层测 4 处
		0~0.80	≥96	≥95	—	
	填方(m)	0~0.80	≥96	≥95	≥94	
		0.80~1.50	≥94	≥94	≥93	
		>1.50	≥93	≥92	≥90	
△弯沉（0.01mm）			不大于设计要求值			按附录 7 检查
纵断面高程（mm）			+10，-15	+10，-20		水准仪：每 200m 测 4 断面
中线偏位（mm）			50	100		经纬仪：每 200m 测 4 点，弯道加 HY、YH 两点

续表

检查项目	规定值或允许偏差			检查方法和频率
	高速公路一级公路	其他公路		
		二级公路	三、四级公路	
宽度（mm）	符合设计要求			米尺：每200m测4处
平整度（mm）	15	20		3m直尺：每200m测2处×10尺
横坡（%）	±0.3	±0.5		水准仪：每200m测4个断面
边坡	符合设计要求			尺量：每200m测4处

注：1. 表列压实度以重型击实试验法为准，评定路段内的压实度平均值下置信界限不得小于规定标准，单个测定值不得小于极值（表列规定值减5个百分点）。按不小于表列规定值减2个百分点的测点数量占总检查点数的百分率计算合格率。
2. 采用核子仪检验压实度时应进行标定试验，确认其可靠性。
3. 特殊干旱、特殊潮湿地区或过湿土路基，可按交通运输部颁发的路基设计、施工规范所规定的压实度标准进行评定。
4. 三、四级公路铺筑沥青混凝土或水泥混凝土路面时，其路基压实度应采用二级公路标准。

2. 填石路堤实测项目，见表2-64的规定。

填石路堤实测项目　　　　　　　　表2-64

检查项目		规定值或允许偏差		检查方法和频率
		高速公路一级公路	其他等级公路	
压实度		符合试验路确定的施工工艺		施工记录
		沉降差≤试验路确定的沉降差		水准仪：每40m检测一个断面，每个断面检测5~9点
纵断面高程（mm）		+10，-20	+10，-30	水准仪：每200m测4断面
弯沉		不大于设计值		—
中线偏位（mm）		50	100	经纬仪：每200m测4点弯道加HY、YH两点
宽度		不小于设计值		米尺：每200m测4处
平整度（mm）		20	30	3m直尺：每200m测4点×10尺
横坡（%）		±0.3	±0.5	水准仪：每200m测4个断面
边坡	坡度	不陡于设计值		每200m抽查4处
	平顺度	符合设计要求		

3. 土石路堤实测项目
（1）中硬、硬质石料土石路堤实测项目，除压实度或固体体积率可根据实际可能进行检验外，其他检测项目与填石路堤相同。
（2）软质石料填筑的土石路堤实测项目，与土质路堤相同。

4. 高填方路堤实测项目
应根据路基填料类型不同，分别按相应类型路基的实测项目。

5. 桥、涵及结构物的回填实测项目,见表 2-65 的规定

桥、涵及结构物的回填实测项目 表 2-65

检查项目	规定值或允许偏差	检查方法和频率
压实度（%）	96	密度法,每 50m² 检验 1 点,不足 50m² 时至少检验 1 点
厚度（mm）	不大于设计值	挖验:每 50m² 检验 1 点,不足 50m² 时至少检验 1 点

6. 半填半挖路基、路堤与路堑过渡段实测项目

应根据路基填料类型不同,分别按相应类型路基的实测项目。

7. 轻质填料路堤实测项目

（1）粉煤灰路堤实测项目,参考土质路堤的实测项目。

（2）EPS 路堤实测项目,见表 2-9 的规定。

8. 路基排水实测项目

（1）土质边沟、截水沟、排水沟实测项目,见表 2-12 的规定。

（2）浆砌排水沟、截水沟、边沟实测项目,见表 2-13 的规定。

（3）混凝土排水管实测项目,见表 2-14 的规定。

（4）排水渗沟实测项目,见表 2-15 的规定。

（5）隔离工程土工合成材料实测项目,见表 2-16 的规定。

（6）过滤排水工程土工合成材料实测项目,见表 2-17 的规定。

（7）检查井、雨水井实测项目,见表 2-18 的规定。

（8）排水泵站实测项目,见表 2-19 的规定。

9. 特殊路基实测项目

（1）湿黏土路基、红黏土地区路基、膨胀土地区路基、黄土地区路基、盐渍土地区路基、风积沙及沙漠地区路基、季节性冻土地区路基、多年冻土地区路基、涎流冰地段路基、雪害地段路基、滑坡地段路基、崩塌与岩堆地段路基、泥石流地区路基、岩溶地区路基、采空区路基、沿河及沿溪地区路基、水库地区路基、滨海地区路基等类型路基的实测项目,应根据路基填料类型不同,分别按相应类型路基的实测项目。

（2）软土地区路基

软土地区路基的实测项目,除软土地基处治层外,应根据路基填料类型不同,分别按相应类型路基的实测项目。

软土地基处治层的实测项目:

1）砂（砾）垫层实测项目,见表 2-22 的规定。

2）加筋工程土工合成材料实测项目,见表 2-23 的规定。

3）隔离工程土工合成材料实测项目,见表 2-16 的规定。

4）过滤排水工程土工合成材料实测项目,见表 2-17 的规定。

5）防裂工程土工合成材料实测项目,见表 2-24 的规定。

6）袋装砂井实测项目,见表 2-25 的规定。

7）塑料排水板实测项目,见表 2-26 的规定。

8）砂桩实测项目，见表 2-27 的规定。
9）碎石桩实测项目，见表 2-28 的规定。
10）加固土桩实测项目，见表 2-29 的规定。
11）水泥粉煤灰碎石桩实测项目，见表 2-30 的规定。
12）Y 型沉管灌注桩实测项目，见表 2-31 的规定。
13）薄壁筒型沉管灌注桩实测项目，见表 2-32 的规定。
14）静压管桩实测项目，见表 2-33 的规定。

10. 路基防护与支挡实测项目

(1) 干砌片石实测项目，见表 2-43 的规定。
(2) 浆砌砌体实测项目，见表 2-44 的规定。
(3) 封面、捶面防护实测项目，见表 2-45 的规定。
(4) 石笼防护实测项目，见表 2-48 的规定。
(5) 丁坝、顺坝实测项目，见表 2-50 的规定。
(6) 砌体挡土墙实测项目，见表 2-51 的规定。
(7) 干砌挡土墙实测项目，见表 2-52 的规定。
(8) 现浇悬臂式和扶壁式挡土墙实测项目，见表 2-53 的规定。
(9) 筋带实测项目，见表 2-54 的规定。
(10) 锚杆、拉杆实测项目，见表 2-55 的规定。
(11) 面板预制、安装实测项目，见表 2-56 的规定。
(12) 锚杆、锚定板、加筋土挡土墙总体实测项目，见表 2-57 的规定。
(13) 边坡锚固防护实测项目，见表 2-58 的规定。
(14) 土钉支护实测项目，见表 2-61 的规定。
(15) 抗滑桩实测项目，见表 2-62 的规定。

2.3.2 试验检测方法和频率

2.3.2.1 土质路堤

1. 土样

(1) 路基基底土样

1）一般路基土：

a. 路基填土高度小于路面和路床总厚度时，土的试验项目有：天然含水率、液塑限、天然稠度、标准击实试验、颗粒分析、自由膨胀率及 CBR 试验等，按《公路土工试验规程》JTG E40—2007 中有关试验方法，每个填方自然段不同土质施工前至少取样做 1 次试验。

b. 路基填土高度大于路面和路床总厚度时，土的试验项目有：天然含水率、液塑限、天然稠度、标准击实试验及颗粒分析等，按《公路土工试验规程》JTG E40—2007 中有关试验方法，每个填方自然段不同土质施工前至少取样做 1 次试验。

2）湿黏土、软土的试验项目有：天然含水率、密度、液塑限、天然稠度、孔隙比、相对密度、荷兰触探仪触探、路基基底承载力及有机质含量等，按《公路土工试验规程》JTG E40—2007 中有关试验方法，每处或施工路段施工前至少取样做 1 次试验。

(2) 路基填料：一般路基土的试验项目，有：天然含水量、天然稠度、液塑限、标准击实试验、颗粒分析、自由膨胀率及 CBR 试验等，按《公路土工试验规程》JTG E40—2007 中有关试验方法，每个挖方自然段不同土质施工前至少取样做 1 次试验或使用中每 5000 m^3 取样重做以上试验；必要时按相关标准和频率应做：相对密度、有机质含量、易溶盐含量及冻胀等试验；特殊材料填料土，也应按相关标准和频率做相应试验，必要时还应进行环境影响评估。

2. 压实度检测

路基压实度须分层检测，并符合压实度评定的规定。

(1) 用灌砂法、灌水（水袋）法检测压实度时，取土样的底面位置为每一压实层底部；用环刀法试验时，环刀中部处于压实层厚的 1/2 深度；用核子仪试验时，应根据其类型，按说明书要求办理。

(2) 施工过程中，每一压实层均应检验压实度：

1)《公路路基施工技术规范》JTG F10—2006 中检测频率规定：每 1000 m^2 至少检验 2 点，不足 1000 m^2 时检验 2 点，必要时可根据需要增加检验点。

2)《公路工程质量检验评定标准　第一册　土建工程》JTG F80/1—2004 中，检测频率规定：每双车道公路每 200m 每压实层测 4 处，多车道公路必须按车道数与双车道之比，相应增加检测点数。

路堤施工段较短时，分层压实度应点点符合要求，且样本数不少于 6 个。

3. 弯沉值检测

在路基路床顶面进行检测。

弯沉值检测采用贝克曼梁或自动弯沉仪测量。每一双车道评定路段（不超过 1km）检查 80~100 个点，多车道公路必须按车道数与双车道之比，相应增加测点。

4. 平整度检测

平整度可以在路基填筑逢 5 逢 10 层、下路堤顶面、上路堤顶面及路床顶面等中间交工验收时进行检测；也可以在路基路床顶面中间交工验收时进行检测。采用 3m 直尺，每 200m 测 2 处×10 尺。

5. 纵断面高程、中线偏位、宽度、横坡、边坡等检测项目均在路基路床顶面中间交工验收时进行检查测定。

(1) 纵断面高程：采用水准仪，每 200m 测 4 断面。

(2) 中线偏位：采用经纬仪，每 200m 测 4 点，弯道加 HY、YH 两点。

(3) 宽度：采用米尺，每 200m 测 4 处。

(4) 横坡：采用水准仪，每 200m 测 4 个断面。

(5) 边坡：采用尺量，每 200m 测 4 处。

2.3.2.2　填石路堤

1. 压实度检测

(1) 碾压遍数符合试验路确定的压实遍数，查施工记录；

(2) 层厚符合试验路确定的松铺和压实层厚，查施工记录；

(3) 沉降差小于等于试验路确定的沉降差，用水准仪检测：每 40m 检测一个断面，每个断面检测 5~9 点。

2. 弯沉值检测

按土质路堤的弯沉值检测方法和频率进行检测。

3. 平整度检测

按土质路堤的平整度检测方法进行检测。每200m测4点×10尺。

4. 纵断面高程、中线偏位、宽度、横坡、边坡等检测项目

按土质路堤的纵断面高程、中线偏位、宽度、横坡、边坡等项目的检测方法和频率进行检测。

2.3.2.3 土石路堤

1. 中硬、硬质石料土石路堤各检测项目的检测方法和频率与填石路堤相同。
2. 软质石料填筑的土石路堤各检测项目的检测方法和频率与土质路堤相同。

2.3.2.4 高填方路堤

各检测项目的检测方法和频率应根据路基填料类型不同，分别按相应类型路基的检测方法和频率。

2.3.2.5 桥、涵及结构物的回填

1. 厚度检测

采用挖验方法，每50m^{2}检验1点，不足50m^{2}时至少检验1点；

2. 压实度检测

采用灌砂法、灌水（水袋）法检测时，取土样的底面位置为每一压实层底部，每50m^{2}检验1点，不足50m^{2}时至少检验1点，每点都应合格。

2.3.2.6 半填半挖路基、路堤与路堑过渡段

各检测项目的检测方法和频率应根据路基填料类型不同，分别按相应类型路基的检测方法和频率。

2.3.2.7 轻质填料路堤

1. 粉煤灰路堤

各检测项目的检测方法和频率参考土质路堤的检测方法和频率。

2. EPS路堤

EPS路堤各检测项目的检测方法和频率：

(1) EPS块体尺寸（长度、宽度和厚度）：卷尺丈量，抽样频率：EPS施工用量$V<2000m^3$时抽检2块，$2000m^3 \leqslant V<5000m^3$时抽检3块，$5000m^3 \leqslant V<10000m^3$时抽检4块，$V>10000m^3$时，每$2000m^3$抽检1块。

(2) EPS块体密度：天平，抽样频率同EPS块体尺寸。

(3) EPS块体强度：抗压试验，抽样频率同EPS块体尺寸。

(4) 基底压实度：环刀法或灌砂法，每1000m^{2}检测3点。

(5) 垫层平整度：3m直尺，每20m检查3点。

(6) EPS块体之间的平整度：3m直尺，每20m检查3点。

(7) EPS块体之间缝隙：卷尺丈量，每20m检查1点。

(8) EPS块体之间错台：卷尺丈量，每20m检查1点。

(9) 基底横波：水准仪，每20m检查6点。

(10) 护坡宽度：卷尺丈量，每40m检查1点。

(11) 钢筋混凝土板厚度：卷尺丈量板边，每块 2 点（钻孔，视需要）。
(12) 钢筋混凝土板宽度：卷尺丈量，每 100m 检查 2 点。
(13) 钢筋混凝土板强度：抗压试验，每工作台班留 2 组试件。
(14) 钢筋网间距：卷尺丈量。

2.3.2.8　路基排水

1. 土质边沟、截水沟、排水沟各检测项目的检测方法和频率，见表 2-12 的规定。
2. 浆砌排水沟、截水沟、边沟各检测项目的检测方法和频率，见表 2-13 的规定。
3. 混凝土排水管各检测项目的检测方法和频率，见表 2-14 的规定。
4. 排水渗沟各检测项目的检测方法和频率，见表 2-15 的规定。
5. 隔离工程土工合成材料各检测项目的检测方法和频率，见表 2-16 的规定。
6. 过滤排水工程土工合成材料各检测项目的检测方法和频率，见表 2-17 的规定。
7. 检查井、雨水井各检测项目的检测方法和频率，见表 2-18 的规定。
8. 排水泵站各检测项目的检测方法和频率，见表 2-19 的规定。

2.3.2.9　特殊路基

1. 湿黏土路基、红黏土地区路基、膨胀土地区路基、黄土地区路基、盐渍土地区路基、风积沙及沙漠地区路基、季节性冻土地区路基、多年冻土地区路基、涎流冰地段路基、雪害地段路基、滑坡地段路基、崩塌与岩堆地段路基、泥石流地区路基、岩溶地区路基、采空区路基、沿河及沿溪地区路基、水库地区路基、滨海地区路基等类型路基，各检测项目的检测方法和频率，应根据路基填料类型不同，分别按相应类型路基的检测方法和频率。

2. 软土地区路基

软土地区路基各检测项目的检测方法和频率，除软土地基处治层外，应根据路基填料类型不同，分别按相应类型路基的检测方法和频率。

软土地基处治层：

(1) 砂（砾）垫层各检测项目的检测方法和频率，见表 2-22 的规定。
(2) 加筋工程土工合成材料各检测项目的检测方法和频率，见表 2-23 的规定。
(3) 隔离工程土工合成材料各检测项目的检测方法和频率，见表 2-16 的规定。
(4) 过滤排水工程土工合成材料各检测项目的检测方法和频率，见表 2-17 的规定。
(5) 防裂工程土工合成材料各检测项目的检测方法和频率，见表 2-24 的规定。
(6) 袋装砂井各检测项目的检测方法和频率，见表 2-25 的规定。
(7) 塑料排水板各检测项目的检测方法和频率，见表 2-26 的规定。
(8) 砂桩各检测项目的检测方法和频率，见表 2-27 的规定。
(9) 碎石桩各检测项目的检测方法和频率，见表 2-28 的规定。
(10) 加固土桩各检测项目的检测方法和频率，见表 2-29 的规定。
(11) 水泥粉煤灰碎石桩各检测项目的检测方法和频率，见表 2-30 的规定。
(12) Y 型沉管灌注桩各检测项目的检测方法和频率，见表 2-31 的规定。
(13) 薄壁筒型沉管灌注桩各检测项目的检测方法和频率，见表 2-32 的规定。
(14) 静压管桩各检测项目的检测方法和频率，见表 2-33 的规定。

2.3.2.10 路基防护与支挡

(1) 干砌片石各检测项目的检测方法和频率,见表 2-43 的规定。
(2) 浆砌砌体各检测项目的检测方法和频率,见表 2-44 的规定。
(3) 封面、捶面防护各检测项目的检测方法和频率,见表 2-45 的规定。
(4) 石笼防护各检测项目的检测方法和频率,见表 2-48 的规定。
(5) 丁坝、顺坝各检测项目的检测方法和频率,见表 2-50 的规定。
(6) 砌体挡土墙各检测项目的检测方法和频率,见表 2-51 的规定。
(7) 干砌挡土墙各检测项目的检测方法和频率,见表 2-52 的规定。
(8) 现浇悬臂式和扶壁式挡土墙各检测项目的检测方法和频率,见表 2-53 的规定。
(9) 筋带各检测项目的检测方法和频率,见表 2-54 的规定。
(10) 锚杆、拉杆各检测项目的检测方法和频率,见表 2-55 的规定。
(11) 面板预制、安装各检测项目的检测方法和频率,见表 2-56 的规定。
(12) 锚杆、锚定板、加筋土挡土墙总体各检测项目的检测方法和频率,见表 2-57 的规定。
(13) 边坡锚固防护各检测项目的检测方法和频率,见表 2-58 的规定。
(14) 土钉支护各检测项目的检测方法和频率,见表 2-61 的规定。
(15) 抗滑桩各检测项目的检测方法和频率,见表 2-62 的规定。

2.3.3 评定要求

评定要求的内容,包括有:土质路堤;填石路堤;土石路堤;高填方路堤;桥、涵及结构物的回填;半填半挖路基、路堤与路堑过渡段;轻质填料路堤;路基排水;特殊路基;路基防护与支挡等。

2.3.3.1 土质路堤

(1) 压实度评定,见附录 6。
(2) 弯沉值评定,见附录 7。
(3) 平整度、纵断面高程、中线偏位、宽度、横坡、边坡等项目评定

采用现场抽样方法,按照土质路堤表 2-63 中规定频率、规定值或允许偏差和下列计分方法对分项工程的施工质量直接进行检测计分。

各检查项目均应按单点(组)测定值是否符合标准要求进行评定,并按合格率计分。

$$检查项目合格率(\%) = \frac{检查合格的点(组)数}{该检查项目的全部检查点(组)数} \quad (2-3)$$

$$检查项目得分 = 检查项目合格率 \times 100$$

2.3.3.2 填石路堤

(1) 压实度评定

符合填石路堤表 2-64 中规定值或允许偏差的要求。

(2) 弯沉值评定

按土质路堤弯沉值评定方法进行评定,符合填石路堤表 2-64 中规定值或允许偏差的要求。

(3) 平整度、纵断面高程、中线偏位、宽度、横坡、边坡等项目评定

各检查项目均应按土质路堤的评定方法进行评定。

2.3.3.3 土石路堤

(1) 中硬、硬质石料土石路堤各检测项目的评定与填石路堤评定相同。

(2) 软质石料填筑的土石路堤各检测项目的评定与土质路堤评定相同。

2.3.3.4 高填方路堤

各检测项目的评定应根据路基填料类型不同，分别按相应类型路基的评定方法进行评定。

2.3.3.5 桥、涵及结构物的回填

桥、涵及结构物的回填压实度的评定与土质路堤评定相同。压实度评定以每处桥（涵）台、结构物为评定单元。

2.3.3.6 半填半挖路基、路堤与路堑过渡段

各检测项目的评定应根据路基填料类型不同，分别按相应类型路基的评定方法进行评定。

2.3.3.7 轻质填料路堤

1. 粉煤灰路堤

各检测项目的评定参考土质路堤的评定。

2. EPS 路堤

(1) 基底压实度评定，见附录 6。

(2) 水泥混凝土抗压强度评定，见附录 8。

(3) 垫层平整度、EPS 块体之间的平整度、EPS 块体之间缝隙、EPS 块体之间错台、基底横坡、护坡宽度、钢筋混凝土板厚度、钢筋混凝土板宽度、钢筋网间距等项目评定。

各检查项目均应按采用现场抽样方法，按照 EPS 路堤质量标准表 2-9 中规定频率、规定值或允许偏差和下列计分方法对分项工程的施工质量直接进行检测计分。

各检查项目均应按单点（组）测定值是否符合标准要求进行评定，并按合格率计分。

2.3.3.8 路基排水

(1) 水泥混凝土抗压强度评定，见附录 8。

(2) 水泥砂浆抗压强度评定，见附录 9。

(3) 其他各检测项目的评定，均应按采用现场抽样方法，按照路基排水施工质量标准表 2-12～表 2-19 中的规定频率、规定值或允许偏差和下列计分方法对分项工程的施工质量直接进行检测计分。

各检查项目均应按单点（组）测定值是否符合标准要求进行评定，并按合格率计分。

2.3.3.9 特殊路基

(1) 压实度评定，见附录 6。

(2) 弯沉值评定，见附录 7。

(3) 水泥混凝土抗压强度评定，见附录 8。

(4) 水泥砂浆抗压强度评定，见附录 9。

(5) 单桩或复合地基承载力评定，单（桩）点测定值满足设计要求。

(6) 桩身完整性评定，没有明显缺陷。

(7) 单桩每延米喷粉（浆）量评定，测定值满足设计要求。

(8) 其他各检测项目的评定，均应按采用现场抽样方法，按照特殊路基施工质量标准表 2-16、表 2-17、表 2-22～表 2-33 中的规定频率、规定值或允许偏差和下列计分方法对分项工程的施工质量直接进行检测计分。

各检查项目均应按单点（组）测定值是否符合标准要求进行评定，并按合格率计分。

2.3.3.10 路基防护与支挡

(1) 水泥混凝土抗压强度评定，见附录 8。

(2) 水泥砂浆强度评定，见附录 9。

(3) 注浆强度评定，参考水泥砂浆强度评定，见附录 9。

(4) 锚杆抗拔力评定，抗拔力平均值≥设计值，最小抗拔力≥0.9 设计值。

(5) 喷层厚度评定，平均厚度≥设计厚度，60%检查点的厚度≥设计厚度，最小厚度≥0.5 设计厚度，且不小于设计规定。

(6) 喷射混凝土强度评定，见附录 10。

(7) 土钉抗拔力评定，平均值不小于设计值，低于设计值的土钉数<20%，最低抗拔力不小于设计值的 90%。

(8) 其他各检测项目的评定，均应按采用现场抽样方法，按照路基防护与支挡施工质量标准表 2-43～表 2-45、表 2-48、表 2-50～表 2-58、表 2-61、表 2-62 中的规定频率、规定值或允许偏差和下列计分方法对分项工程的施工质量直接进行检测计分。

各检查项目均应按单点（组）测定值是否符合标准要求进行评定，并按合格率计分。

2.4 试验检测注意事项

2.4.1 试验注意事项

在公路工程中，为适应公路各类工程的需要，测定土的基本工程性质，可将土工试验项目分为：物理性质、水理性质、力学性质及化学性质四个方面试验。本节重点介绍：物理性质试验、水理性质试验及力学性质试验，化学性质试验，见《公路土工试验规程》JTG E40—2007 中相关试验。

2.4.1.1 物理性质试验

物理性质试验有：含水率、密度、相对密度、颗粒分析和相对密实度等。

1. 含水率

烘干法、酒精燃烧法和比重法是目前常用的含水率试验方法，其他试验方法有：红外线照射法、微波加热法和碳化钙气压法等。

(1) 烘干法

本试验方法适用于测定黏质土、粉质土、砂类土、砂砾石、有机质土和冻土土类的含水率。

1) 测定土样含水率所需样品的数量如下：细粒土 15～30g，砂类土、有机质土为 50g，砂砾石为 1～2kg。

2) 对于用挖坑灌砂法检测压实度时，测定试坑土样含水率所需样品的数量如下：用小型灌砂筒测定时，对于细粒土，不少于 100g；对于各种中粒土，不少于 500g。用大型灌砂筒测定时，对于细粒土，不少于200g；对于各种中粒土，不少于1000g；对于粗粒土或水泥、石灰、粉煤灰等无机结合料稳定材料，宜将取出的全部材料烘干，且不少于2000g。

3）在温度105～110℃恒温下烘干。烘干时间对细粒土不得少于8h，对砂类土不得少于6h。对含有机质超过5%的土或含石膏的土，应将温度控制在60～70℃的恒温下，干燥12～15h为好。

对于大多数土，通常烘干16～24h就足够。但是，某些土或试样数量过多或试样很潮湿，可能需要烘更长的时间。烘干的时间也与烘箱内试样的总质量、烘箱的尺寸及其通风系统的效率有关。

此法是含水率试验的标准方法。

(2) 酒精燃烧法

本试验方法适用于快速简易测定细粒土（含有机质的土除外）的含水率。

1）测定土样含水率所需样品的数量如下：黏质土5～10g，砂类土20～30g。

2）用滴管将酒精注入放有试样的称量盒中，直至盒中出现自由液面为止。为使酒精在试样中充分混合均匀，可将盒底在桌面上轻轻敲击。

3）点燃盒中酒精，燃至火焰熄灭。将试样冷却数分钟，再重新燃烧两次。待第三次火焰熄灭后，盖好盒盖，立即称干土质量。

(3) 比重法

本试验方法仅适用于砂类土。

1）测定土样含水率所需样品的数量为200～300g。

2）本试验需用的主要设备为容积500mL以上的玻璃瓶。

3）向玻璃瓶中注入清水至1/3左右，然后用漏斗将土样盘中的试样倒入瓶中，并用玻璃棒搅拌1～2min，直到所含气体完全排出为止。

通过本法试验，测定湿土体积，估计土粒相对密度，间接计算土的含水率。由于试验时没有考虑温度的影响，所得结果准确度较差。土样倒入未盛满水的玻璃瓶中后，用玻璃棒充分搅拌悬液，使空气完全排出，因土内气体能否充分排出会直接影响试验结果的精度。

以上3种含水率试验方法，须进行二次平行测定，取其算术平均值，允许平行差值应符合表2-66的规定。

含水率测定的允许平行差值　　　　　　　表2-66

含水率（%）	允许平行差值（%）	含水率（%）	允许平行差值（%）
5以下	0.3	40以上	≤2
40以下	≤1	对层状和网状构造的冻土	<3

(4) 含水率的其他试验方法

1）红外线照射法

将土样置于红外线灯光之下烘干，通常将土样放于距光源5～15cm距离内照射约1h左右即可干燥。

试验证明，用此法所得结果较烘干含水率略大1%左右。

2) 微波加热法

微波加热器法可用商业产品中的家用微波炉，一批土样一般几分钟就可烘干。经试验对比多数土的测试结果与标准烘干法相对误差小于1.5%。但对一些含金属矿物质的土不适用。因为一些金属物质本身在微波作用下发热，其温度会超过100℃，从而损坏微波炉。

3) 碳化钙气压法

碳化钙为吸水剂。将一定量的湿土样和碳化钙置于体积一定的密封容器中，吸水剂与土中的水发生化学反应，产生乙炔气体，乙炔气体在密封容器中产生的压强与土中水分子质量成正比。通过测气体压强就可换算出相应的含水量。

此法的缺点是要求一种性能稳定的电石粉，而这种要求在对试验需求量小的情况下往往不易达到。

(5) 特殊土的含水率试验方法

1) 含石膏土和有机质土的含水率试验方法

含石膏土和有机质土的烘干温度在110℃时，对含石膏土会失去结晶水，对含有机质土其有机成分会燃烧，测试结果将与含水率定义不符。这种试样的干燥宜用真空干燥箱在近乎1个大气压力作用下将土干燥，或将烘箱温度控制在60~70℃的恒温下，干燥8h以上为好。

2) 无机结合料稳定土的含水率试验方法

无机结合料在国外常称为水硬性结合料。它主要指水泥、石灰、粉煤灰和石灰或水泥粉煤灰，所用术语水泥稳定土、石灰稳定土、石灰粉煤灰稳定土等的总称为无机结合料稳定土。

如水泥与水拌合就要发生水化作用，在较高温度下水化作用发生较快。因此，如将水泥混合料放在原为室温的烘箱内，再启动烘箱升温，则在升温过程中水泥与水的水化作用发生放热反应，使得出的含水率往往偏小，所以应提前将烘箱升温到110℃，使放入的水泥混合料一开始就能在105~110℃的环境下烘干。

2. 密度试验

密度是土的基本物理性质指标之一，无论在室内试验或野外勘查以及施工质量控制中均须测定密度。测定密度目前常用的试验方法有：环刀法、蜡封法、灌砂法和灌水法等。环刀法操作简便而准确，在室内和野外普遍采用；不能用环刀削的坚硬、易碎、含有粗粒、形状不规则的土，可用蜡封法；灌砂法、灌水法一般在野外应用。

(1) 环刀法

本方法规定在公路工程现场用环刀法测定土基及路面材料的密度及压实度。

本方法适用于测定细粒土及无机结合料稳定细粒土的密度。但对无机结合料稳定细粒土，其龄期不宜超过2d，且宜用于施工过程中的压实度检验。

1) 在室内做密度试验，考虑到与剪切、固结等项试验所用环刀相配合，规定室内环刀容积为60~150cm³。施工现场检查填土压实密度时，由于每层土压实度上下不均匀，为提高试验结果的精度，可增大环刀容积，一般采用的环刀容积为200~500cm³。

环刀高度与直径之比，对试验结果是有影响的。根据钻探机具、取土器的筒高和直径的大小，确定室内试验使用的环刀直径为 6~8cm，高 2~3cm；野外采用的环刀规格尚不统一，径高比一般以 1~1.5 为宜。

环刀壁越厚，压入时土样扰动程度也越大，所以环刀壁越薄越好。但环刀压入土中时，须承受相当的压力，壁过薄，环刀容易破损和变形。因此，建议壁厚一般用 1.5~2mm。

2) 根据工程实际需要，采取原状土或制备所需状态的扰动土。

3) 用修土刀或钢丝锯将土样上部削成略大于环刀直径的土柱，然后将环刀垂直下压，边压边削，至土样伸出环刀上部为止。削去两端余土，使土样与环刀口面齐平，并用剩余土样测定含水率。

(2) 蜡封法

本方法适用于易破裂土和形态不规则的坚硬土。

1) 蜡封试样在水中的质量，系指试样在水中的重力与浮力之差；蜡封试样的质量和蜡封试样在纯水中的质量之差，与纯水在 t（℃）时的密度的比值，即为蜡封试样的体积；当再减去试样上蜡的体积之后，即得风干土样的体积。

2) 密度试验中使用的石蜡，选用 55 号石蜡为宜，其密度以实测为准。如无条件实测，可采用其密度的近似值 $0.92g/cm^3$ 进行计算。测定石蜡的密度，应根据"阿基米德原理"，采用静水力学天平称量法或采用 500~1000mL 广口瓶比重法进行。

3) 蜡封时，为避免易碎裂土的扰动和蜡封试样内气泡的产生，本试验采用一次徐徐浸蜡方法。

4) 用削土刀切取体积大于 $30cm^3$ 的试件，削除试件表面的松、浮土以及尖锐棱角，在天平上称量，准确至 0.01g。取代表性土样进行含水率测定。

5) 将石蜡加热至刚过熔点，用细线系住试件浸入石蜡中，使试件表面覆盖一薄层严密的石蜡。若试件蜡膜上有气泡，需用热针刺破气泡，再用石蜡填充针孔，涂平孔口。

6) 待冷却后，将蜡封试件在天平上称量，准确至 0.01g。

7) 用细线将蜡封试件置于天平一端，使其浸浮在盛有蒸馏水的烧杯中，注意试件不要接触烧杯壁，称蜡封试件的水下质量，准确至 0.01g，并测量蒸馏水的温度。

8) 将蜡封试件从水中取出，擦干石蜡表面水分，在空气中称其质量。将其与本款第 6) 项中所称质量相比，若质量增加，表示水分进入试件中；若浸入水分质量超过 0.03g，应重做。

(3) 灌砂法

本方法适用于在现场测定基层（或底基层）、砂石路面及路基土的各种材料压实层的密度和压实度检测。但不适用于填石路堤等有大孔洞或大孔隙的材料压实层的压实度检测。

1) 灌砂法一般在野外应用。灌砂法是利用均匀颗粒的砂，由一定高度下落到一规定容积的筒或洞内，按其单位重量不变的原理来测量试洞的容积。

2) 用挖坑灌砂法测定密度和压实度时，应符合下列规定：

a. 当集料的最大粒径小于 13.2mm，测定层的厚度不超过 150mm 时，宜采用 ϕ100mm 的小型灌砂筒测试。

b. 当集料的最大粒径等于或大于 13.2mm，但不大于 31.5mm，测定层的厚度不超过

200mm 时，应用 φ150mm 的大型灌砂筒测试。

c. 如集料的最大粒径超过 31.5mm，则应相应地增大灌砂筒和标定罐的尺寸；如集料的最大粒径超过 53mm，灌砂筒和现场试洞的直径应为 200mm。

3) 量砂：粒径 0.30～0.60mm 清洁干燥的砂，约 20～40kg。使用前须洗净、烘干，并放置足够的时间，使其与空气的湿度达到平衡。

4) 标定灌砂筒下部圆锥体内砂的质量：

a. 在灌砂筒筒口高度上，向灌砂筒内装砂至距筒顶的距离 15mm 左右为止。称取装入筒内砂的质量（m_1），准确至 1g。以后每次标定及试验都应该维持装砂高度与质量不变。

b. 将开关打开，使灌砂筒筒底的流砂孔、圆锥形漏斗上端开口圆孔及开关铁板中心的圆孔上下对准重叠在一起，让砂自由流出，并使流出砂的体积与工地所挖试坑内的体积相当（或等于标定罐的容积），然后关上开关。

c. 不晃动储砂筒的砂，轻轻地将罐砂筒移至玻璃板上，将开关打开，让砂流出，直到筒内砂不再下流时，将开关关上，并细心地取走灌砂筒。

d. 收集并称量留在玻璃板上的砂或称量筒内的砂，准确至 1g。玻璃板上的砂就是填满筒下部圆锥体的砂（m_2）。

e. 重复上述测量三次，取其平均值。

5) 标定量砂的松方密度度 ρ_s（g/cm³）：

a. 用水确定标定罐的容积 V，准确至 1mL。

b. 在储砂筒中装入质量为 m_1 的砂，并将灌砂筒放在标定罐上，将开关打开，让砂流出。在整个流砂过程中，不要碰动灌砂筒，直到储砂筒内的砂不再下流时，将开关关闭。取下灌砂筒，称取筒内剩余砂的质量（m_3），准确至 1g。

c. 按式（2-4）计算填满标定罐所需砂的质量 m_a（g）：

$$m_a = m_1 - m_2 - m_3 \tag{2-4}$$

式中　m_a——标定罐中砂的质量（g）；
　　　m_1——装入灌砂筒内砂的总质量（g）；
　　　m_2——灌砂筒下部圆锥体内砂的质量（g）；
　　　m_3——灌砂入标定罐后，筒内剩余砂的质量（g）。

d. 重复上述测量三次，取其平均值。

e. 按式（2-5）计算量砂的松方密度 ρ_s：

$$\rho_s = \frac{m_a}{V} \tag{2-5}$$

式中　ρ_s——量砂的松方密度（g/cm³）；
　　　V——标定罐的体积（cm³）。

(4) 灌水法

本方法适用于现场测定粗粒土和巨粒土的密度。

1) 根据试样最大粒径宜按表 2-67 确定试坑尺寸。

试 坑 尺 寸　　　　　　　　　　　表 2-67

试样最大粒径 (mm)	试坑尺寸	
	直径（mm）	深度（mm）
5～20	150	200
40	200	250
60	250	300
200	800	1000

2）按确定的试坑直径画出坑口轮廓线。将测点处的地表整平，地表的浮土、石块、杂物等应予清除，坑洼不平处用砂铺整。用水准仪检查地表是否水平。

3）将座板固定于整平后的地表。将聚乙烯塑料膜沿环套内壁及地表紧贴铺好。记录储水筒初始水位高度，拧开储水筒的注水开关，从环套上方将水缓缓注入，至刚满不外溢为止。记录储水筒水位高度，计算座板部分的体积。在保持座板原固定状态下，将薄膜盛装的水排至对该试验不产生影响的场所，然后将薄膜揭离底板。

4）在轮廓线内下挖至要求深度，将落于坑内的试样装入盛土容器内，并测定含水率。

5）用挖掘工具沿座板上的孔挖试坑，为了使坑壁与塑料薄膜易于紧贴，对坑壁需加以整修。

将塑料薄膜沿坑底、坑壁密贴铺好。

在往薄膜形成的袋内注水时，牵住薄膜的某一部位，一边拉松，一边注水，使薄膜与坑壁间的空气得以排出，从而提高薄膜与坑壁的密贴程度。

6）记录储水筒内初始水位高度，拧开储水筒的注水开关，将水缓缓注入塑料薄膜中。当水面接近环套的上边缘时，将水流调小，直至水面与环套上边缘齐平时关闭注水管，持续 3～5min，记录储水筒内水位高度。

7）细粒与石料应分开测定含水率，按式（2-6）求出整体的含水率：

$$\omega = \omega_f P_f + \omega_c (1 - P_f) \tag{2-6}$$

式中　ω——整体含水率（%），计算至 0.01；

　　　ω_f——细粒土部分的含水率（%）；

　　　ω_c——石料部分的含水率（%）；

　　　P_f——细粒料的干质量与全部材料干质量之比。

细粒料与石块的划分以粒径 60mm 为界。

8）按式（2-7）计算座板部分的容积：

$$V_1 = (h_1 - h_2) A_w \tag{2-7}$$

式中　V_1——座板部分的容积（cm³），计算至 0.01；

　　　A_w——储水筒截面积（cm²）；

　　　h_1——储水筒内初始水位高度（cm）；

　　　h_2——储水筒内注水终了时水位高度（cm）。

9）按式（2-8）计算试坑容积：

$$V_p = (H_1 - H_2) A_w - V_1 \tag{2-8}$$

式中　V_p——试坑容积（cm³），计算至 0.01；

H_1——储水筒内初始水位高度（cm）；
H_2——储水筒内注水终了时水位高度（cm）；
A_w——储水筒截面积（cm²）；
V_1——座板部分的容积（cm³）。

以上四种密度试验方法，须进行两次平行测定，两次测定的差值不得大于 0.03g/cm³，取两次测值的平均值。

测定压实度目前常用的试验方法有：灌砂法、环刀法、核子密湿度仪、无核密度仪和钻芯法等。

(5) 核子密湿度仪法

本方法适用于现场用核子密湿度仪以散射法或直接透射法测定路基或路面材料的密度和含水率，并计算施工压实度。

核子密湿度仪是现场检测压实度较常用的一种方法，仪器按规定方法标定后，其检测结果可作为工程质量评定与验收的依据。本方法可检测土壤、碎石、土石混合物、沥青混合料和非硬化水泥混凝土等材料。

本方法属非破坏性检测，允许对同一个测试位置进行重复测试，并监测密度和压实度的变化，以确定合适的碾压方法，达到所要求的压实度。

1) 仪器的标定：每12个月以内要对核子密湿度仪进行一次标定。标定后的仪器密度（或含水率）值应达到要求，所有标定块上的每一测试深度上的标定响应该在 ±16kg/m³。

2) 仪器的技术指标：符合国家规定的关于健康保护和安全使用标准，密度的测定范围为 1.12～2.73g/cm³，测定误差不大于±0.03g/cm³；含水率测量范围为 0～0.64g/cm³，测定误差不大于±0.015g/cm³。

3) 用于测定沥青混合料面层的压实密度或硬化水泥混凝土等难以打孔材料的密度时宜使用散射法；用于测定土基、基层材料或非硬化水泥混凝土等可以打孔材料的密度及含水率时，应使用直接透射法。

4) 在表面用散射法测定时，所测定沥青面层的层厚应根据仪器的性能决定最大厚度；用于测定土基或基层材料的压实密度及含水率时，打洞后用直接透射法所测定的层厚不宜大于30cm。

5) 准备工作：每天使用前或者对测试结果有怀疑的时候，用标准计数块测定仪器的标准值；在进行沥青混合料压实层密度测定前，应用核子密湿度仪与钻孔取样的试件进行标定；测定其他材料密度时，宜与挖坑灌砂法的结果进行标定。

6) 由核子密湿度仪测定的压实沥青混合料的实际密度（g/cm³），一组不少于13个点，取平均值。

7) 沥青混合料的标准密度（g/cm³），按照《公路沥青路面施工技术规范》JTG F40—2004 附录E的规定选用。

8) 仪器工作时，所有人员均应退至距离仪器2m以外的地方。

(6) 无核密度仪

本方法适用于现场无核密度仪快速测定沥青路面各层沥青混合料的密度，并计算施工压实度，但测定结果不宜用于评定验收或仲裁。

无核密度仪可用于检测铺筑完工的沥青路面、现场沥青混合料铺筑层密度及快速检查混合料的离析。

1）应用无核密度仪时，必须严格标定，通过对比试验检验，确认其可靠性。

2）仪器的标定：每12个月要将无核密度仪进行标定和检查。

3）仪器的技术指标：

探头：无核，无电容，用于野外测量；探测深度：≥4.0cm；测量时间：1s；精度：0.003g/cm^3；操作环境温度：0~70℃；测试材料表面最高温度：150℃；湿度：98%且不结露。

4）准备工作：所测定沥青面层的层厚应不大于该仪器性能探测的最大深度；在进行沥青混合料压实层密度测定前，应用无核密度仪与钻孔取样的试件进行标定；第一次使用前需要对软件进行设置。

5）由无核密度仪测定的压实沥青混合料的实际密度（g/cm^3），一组不少于13个点，取平均值。

6）沥青混合料的标准密度（g/cm^3），按照《公路沥青路面施工技术规范》JTG F40—2004附录E的规定选用。

（7）钻芯法

本方法适用于检验从压实的沥青路面上钻取的沥青混合料芯样试件的密度，以评定沥青面层的施工压实度。

沥青混合料面层的压实度是按施工规范规定的方法测定的混合料试样的毛体积密度与标准密度之比值，以百分率表示。

1）钻取芯样：

a. 钻取路面芯样，芯样直径不宜小于ϕ100mm。

b. 当一次钻孔取得的芯样包含有不同层位的沥青混合料时，应根据结构组合情况用切割机将芯样沿各层结合面锯开分层进行测定。

c. 钻孔取样应在路面完全冷却后进行，对普通沥青路面通常在第二天取样，对改性沥青及SMA路面宜在第三天以后取样。

2）测定试件密度：

a. 将试件晾干或用电风扇吹干不少于24h，直至恒重。

b. 按现行《公路工程沥青及沥青混合料试验规程》JTG E20—2011的沥青混合料试件密度试验方法测定试件密度ρ_s。通常情况下采用表干法测定试件的毛体积相对密度；对吸水率大于2%的试件，宜采用蜡封法测定试件的毛体积相对密度；对吸水率小于0.5%特别致密的沥青混合料，在施工质量检验时，允许采用水中重法测定表观相对密度。

3）根据《公路沥青路面施工技术规范》JTG F40—2004附录E的规定，确定计算压实度的标准密度。

3. 相对密度试验

土的相对密度试验目的：是求土在温度105~110℃下烘干至恒重时的质量，然后与同体积4℃时蒸馏水的质量的比值。土的相对密度是可以通过试验直接测定的，它是土的物理性质中三个基本指标之一。测定土的相对密度随土的粒径大小不同可采用不同的试验方法。土的相对密度试验目前常用的试验方法有：比重瓶法、浮称法、浮力法和虹吸筒法等。

(1) 比重瓶法

本方法适用于粒径小于 5mm 的土。

1) 主要仪器设备

比重瓶：容量 100（或 50）mL；天平：称量 200g，感量 0.001g；恒温水槽：灵敏度 ±1℃。

2) 比重瓶校正：

a. 将比重瓶洗净、烘干，称比重瓶质量，准确至 0.001g。

b. 将煮沸后冷却的纯水注入比重瓶。对长颈比重瓶注水至刻度处，对短颈比重瓶应注满纯水，塞紧瓶塞，多余水分自瓶塞毛细管中溢出。调节恒温水槽至 5℃或 10℃，然后将比重瓶放入恒温水槽内，直至瓶内水温稳定。取出比重瓶，擦干外壁，称瓶、水总质量，准确至 0.001g。

c. 以 5℃级差，调节恒温水槽的水温，逐级测定不同温度下的比重瓶、水总质量，至达到本地区最高自然气温为止。每级温度均应进行两次平行测定，两次测定的差值不得大于 0.002g，取两次测值的平均值。绘制温度与瓶、水总质量的关系曲线。

3) 测定土粒相对密度所需样品的数量：使用 100mL 比重瓶时，烘干土样 15g；使用 50mL 比重瓶时，烘干土样 12g。

4) 煮沸时间：自悬液沸腾时算起，砂及低液限黏土应不少于 30min，高液限黏土应不少于 1h，使土粒分散。注意沸腾后调节砂浴温度，不使土液溢出瓶外。

5) 根据测得的温度，从已绘制的温度与瓶、水总质量关系曲线中查得瓶水总质量。

6) 对含有某一定量的可溶盐、不亲性胶体或有机质的土，必须用中性液体（如煤油）测定，并用真空抽气法排除土中气体。真空压力表读数宜为 100kPa，抽气时间 1~2h（直至悬液内无气泡为止）。

7) 一般规定：有机质含量小于 5% 时，可以用纯水测定；含盐量大于 0.5% 时，用中性液体测定。

8) 粗、细粒土混合料相对密度的测定，应分别测定粗、细粒土的相对密度，然后取加权平均值。

9) 本试验称量应准确至 0.001g。

(2) 浮称法

本试验目的是测定土颗粒的相对密度。本方法适用于粒径大于或等于 5mm 的土，且其中粒径大于或等于 20mm 的土质量应小于总土质量的 10%。

1) 主要仪器设备

静水力学天平（或物理天平）：称量 1000g 以上，感量 0.001g。

2) 测定土粒相对密度所需样品的数量为 500~1000g。彻底冲洗试样，直至颗粒表面无尘土和其他污物。

3) 对所求得大于 5mm 土粒的相对密度，和小于 5mm 土粒的相对密度按式（2-9）计算土粒平均相对密度：

$$G_S = \frac{1}{\frac{p_1}{G_{S1}} + \frac{p_2}{G_{S2}}} \tag{2-9}$$

式中　G_S——土料平均相对密度，计算至0.01；
　　G_{S1}——大于5mm土粒的相对密度；
　　G_{S2}——小于5mm土粒的相对密度；
　　p_1——大于5mm土粒占总质量的百分数（%）；
　　p_2——小于5mm土粒占总质量的百分数（%）。

（3）浮力法

本试验目的是测定土颗粒的相对密度。本方法适用于粒径大于或等于5mm的土，且其中粒径大于或等于20mm的土质量应小于总土质量的10%。

1）主要仪器设备

浮力仪（含电子天平）：称量1000g以上，感量0.001g。

2）测定土粒相对密度所需样品的数量为500～1000g。彻底冲洗试样，直至颗粒表面无尘土和其他污物。

（4）虹吸筒法

本试验目的是测定土颗粒的相对密度。本方法适用于粒径大于或等于5mm的土，且其中粒径大于或等于20mm土的含量大于或等于总土质量的10%。

1）主要仪器设备

虹吸筒；台秤：称量10kg，感量1g；量筒：容积大于2000mL。

2）测定土粒相对密度所需样品的数量为1000～7000g。将试样彻底冲洗，直至颗粒表面无尘土和其他污物。

3）本试验称量准确至1g。

用浮力法和虹吸筒法测定土颗粒的相对密度时，对所求得大于5mm土粒的相对密度和小于5mm土粒的相对密度，按浮称法中的计算公式计算土粒平均相对密度。

以上4种相对密度试验方法，必须进行二次平行测定，取其算术平均值，以两位小数表示，其平行差值不得大于0.02。

4. 颗粒分析试验

土粒大小是描述土的最直观和最简单的标准。土粒的大小称为粒度。常用的粒度成分的表示方法有：表格法、累计曲线法和三角形坐标法。由累计曲线可确定两个土粒的级配指标：不均匀系数（C_u）和曲率系数（或称级配系数）（C_c）。

常用的分析土粒大小的方法有两种。对于粗粒土，即颗粒大于0.075mm的土粒，可以用筛分析法；而对于颗粒小于0.075mm的土粒，则可用沉降分析法。当土中粗细粒兼有，则可联合使用筛分法和沉降分析法。

属于沉降分析法的有：密度计法及移液管法。沉降分析法就是根据土粒在液体中沉降的速度与粒径间的关系可由司笃克斯定理确定。土粒越大，在静水中沉降速度越快；反之，土粒越小，沉降速度越慢。

（1）筛分法

本方法适用于分析粒径大于0.075mm的土颗粒组成。对于粒径大于60mm的土样，本方法不适用。

1）标准筛：粗筛（圆孔）孔径为60mm、40mm、20mm、10mm、5mm、2mm；细筛孔径为：2.0mm、1.0mm、0.5mm、0.25mm、0.075mm。粗筛分析与细筛分析的分界

筛为 2mm 圆孔筛。

2) 土样的筛分试验所需样品的数量：小于 2mm 颗粒的土 100～300g；最大粒径小于 10mm 的土 300～900g；最大粒径小于 20mm 的土 1000～2000g；最大粒径小于 40mm 的土 2000～4000g；最大粒径大于 40mm 的土 4000g 以上。

3) 对于无凝聚性的土样，采用干筛法，如 2mm 筛下的土不超过试样总质量的 10%，可省略细筛分析；如 2mm 筛上的土不超过试样总质量的 10%，可省略粗筛分析。

筛后各级筛上和筛底土总质量与筛前试样质量之差，不应大于 1%。

4) 对于含有黏土粒的砂砾土样，必须用水筛法，以保证颗粒充分分散。

a. 将浸润后的混合液过 2mm 筛，边冲边洗过筛，直至筛上仅留大于 2mm 以上的土粒为止。然后，将筛上洗净的砂砾风干称量，进行粗筛分析。

b. 通过 2mm 筛下的混合液存放在盆中，待稍沉淀，将上部悬液过 0.075mm 洗筛，直至盆内悬液澄清。最后，将全部土粒倒在 0.075mm 筛上，用水冲洗，直到筛上仅留大于 0.075mm 净砂为止。

c. 将大于 0.075mm 的净砂烘干称量，并进行细筛分析。

d. 将大于 2mm 颗粒及 2～0.075mm 的颗粒质量从原称量的总质量中减去，即为小于 0.075mm 颗粒质量。

e. 如果小于 0.075mm 颗粒质量超过总土质量的 10%，有必要时，将这部分土烘干、取样，另做密度计或移液管分析。

(2) 密度计法

本方法适用于分析粒径小于 0.075mm 的细粒土。

1) 由于不同浓度溶液的表面张力不同，弯月面的上升高度也不同，密度计在生产后其刻度与密度计的几何形状、质量等均有关。因此，需进行刻度、有效沉降距离和弯月面的校正。

2) 本方法选用的试剂供作分散处理和洗盐之用，其中六偏磷酸钠和焦磷酸钠属强分散剂。

3) 密度计分析用的土样采用风干土，所需样品的数量为 30g，即悬液浓度为 3%。

4) 密度计应进行温度、土粒相对密度和分散剂的校正。

5) 根据对分散剂和分散方法的试验研究结果，特对分散剂和分散方法做如下规定：

a. 进行土的分散之前，用煮沸后的蒸馏水，按 1∶5 的土水比浸泡土样，摇振 3min，澄清约半小时后，用酸度计或 pH 试纸测定土样悬液的 pH 值。按照酸性土（pH≤6.5）、中性土（6.5<pH≤7.5）、碱性土（pH>7.5）分别选用分散剂。

b. 对酸性土（30g 土样），加 0.5mol/L 氢氧化钠 20mL；对中性土（30g 土样），加 0.25mol/L 草酸钠 18mL；对碱性土（30g 土样），加 0.083mol/L 六偏磷酸钠 15mL。若土的 pH 值大于 8，六偏磷酸钠分散效果不好或不好分散时，另用 30g 土样加 0.125mol/L 焦磷酸钠 14mL 进行分散。加入以上分散剂稍加振荡，煮沸 40min，即可分散。

c. 对于用强分散剂（如焦磷酸钠）仍不能分散的土样，可用阳离子树脂（粒径大于 2mm）100g 投入浸泡的土样中，不断搅拌，使之进行交换，历时约 2h，观察其不起泡时为止。再过 2mm 筛，将阳离子树脂与土样悬液分开，然后在土样悬液中加入 0.083mol/L 六偏磷酸钠 15mL，不煮沸即可分散。交换后的树脂，加盐酸处理，使之恢复后，仍能继续使用。

6) 对易溶盐含量超过总量 0.5% 的土样须进行洗盐，采用过滤法。

7) 本方法的试验步骤适用于甲、乙两种密度计。

8) 密度计土粒沉降距离校正：

a. 测定密度计浮泡体积；

b. 测定密度计浮泡体积中心；

c. 测定 1000mL 量筒内径（准确至 1mm），并算出量筒面积；

d. 量出自密度计最低分度至玻璃杆上各分度处的距离，每隔 5 格或 10 格量距 1 次；

e. 计算土粒有效沉降距离。

(3) 移液管法

本方法适用于分析粒径小于 0.075mm 细粒土的组成。

1) 主要仪器设备

分析天平：感量 0.001g；移液管：25mL；恒温水槽等。

2) 移液管分析所需样品的数量：黏质土为 10~15g，砂类土为 20g。

3) 试验中悬液温度变化不得大于 ±0.5℃。

5. 相对密实度

砂土的密实状态对其稳定性质有很大影响。确定土密实状态的方法很多，用孔隙比大小作为判断的指标是最简便的方法。

但根据孔隙比 e_0 评定密实度是有缺点的，因为它没有考虑到级配的因素，即同样密实的砂土，在颗粒均匀时 e_0 值较大，而当颗粒大小混杂（级配良好）时 e_0 值就小。

当砂土样以最疏松状态制备时，其孔隙比达最大值 e_{max}；当砂土样受振或捣实时，砂粒相互靠拢压缩，孔隙比达最小值 e_{min}。砂土在天然状态的孔隙比为 e_0，则砂土在天然状态的紧密程度，可用相对密实度 D_r 来表示，如式 (2-10)：

$$D_r = \frac{e_{max} - e_0}{e_{max} - e_{min}} \tag{2-10}$$

D_r 一般用小数或百分比表示。当 $D_r=0$，即 $e_0=e_{max}$ 时，表示砂土处于最疏松状态；当 $D_r=1.0$，即 $e_0=e_{min}$ 时，表示砂土处于最紧密状态。

从理论上讲，用 D_r 划分砂土的紧密程度是合理的。

(1) 砂的相对密度试验

相对密度是砂紧密程度的指标，等于其最大孔隙比与天然孔隙比之差和最大孔隙比与最小孔隙比之差的比值。

本试验的目的是求无凝聚性土的最大与最小孔隙比，用于计算相对密度，借此了解该土在自然状态或经压实后的松紧情况和土粒结构的稳定性。

本试验适用于颗粒直径小于 5mm 的土，且粒径 2~5mm 的试样质量不大于试样总质量的 15%。

1) 土样充分风干（或烘干），试验所需样品的数量：最大孔隙比为 700g；最小孔隙比为 600~800g。

2) 相对密度试验中的三个参数，即为：最大干密度、最小干密度及现场干密度。

3) 测定最大孔隙比即最小干密度的方法常见的有：漏斗法、量筒法和松砂器法。

4) 测定砂的最小孔隙比即最大干密度,采用振动锤击法。

最小与最大干密度,均须进行两次平行测定,取其算术平均值,其平行差值不得超过 0.03g/cm^3。

在实际工程中,利用标准贯入试验或静力触探试验等原位测试手段来评定砂土的密实度。

标准贯入试验是用标准的锤重(63.5kg),以一定的落距(76cm)自由下落所提供的锤击能,把一标准贯入器打入土中,记录贯入器贯入土中30cm的锤击数 N(或 $N_{63.5}$)。贯入击数反映了天然土层的密实程度。

2.4.1.2 水理性质试验

水理性质试验有:界限含水率、稠度、膨胀、收缩和毛细上升高度等。

1. 界限含水率

土从液体状态向塑性体状态过渡的界限含水率称为液限 ω_L;土由塑性体状态向脆性固体状态过渡的界限含水率称为塑限 ω_P。液限和塑限在国际上称为阿太堡界限,它们是黏性土的重要物理性质指标。黏性土的塑性大小,可用土处于塑性状态的含水率变化范围来衡量。此范围即液限与塑限之差值,称为塑性指数 I_P。

天然含水率与界限含水率关系的指标,即液性指标 I_L。

当土达塑限后继续变干,土的体积随含水率的减少而收缩。但达某一含水率后,土体积不再收缩,这个界限含水率称为缩限 ω_S。当土的含水率低于缩限时,土将是不饱和的。

土的界限含水率试验目前常用的试验方法有:液限和塑限联合测定法、液限碟式仪法、塑限滚搓法和缩限试验等。

(1) 液限和塑限联合测定法

本试验的目的是联合测定土的液限和塑限,用于划分土类、计算天然稠度和塑性指数,供公路工程设计和施工使用。

本试验适用于粒径不大于0.5mm,有机质含量不大于试样总质量5%的土。

1) 测定 a 点的锥入深度,对于100g锥应为 $20\text{mm}\pm0.2\text{mm}$。测定 c 点的锥入深度,对于100g锥应控制在5mm以下。对于砂类土,用100g锥测定 c 点的锥入深度可大于5mm。

2) 放锥时间为5s。

3) 锥入深度 h_1、h_2 允许平行误差为0.5mm,否则,应重做。

4) 在双对数坐标上,以含水率 ω 为横坐标,锥入深度 h 为纵坐标,点绘 a、b、c 三点含水率的 $h-\omega$ 图。连此3点,应呈一条直线。如3点不在同一直线上,要通过 a 点与 b、c 两点连成两条直线,根据液限(a 点含水率)在 $h_P-\omega_L$ 图上查得 h_P,以此 h_P 再在 $h-\omega$ 的 ab 及 ac 两直线上求出相应的两个含水率。当两个含水率的差值小于2%时,以该两点含水率的平均值与 a 点连成一直线。当两个含水率的差值不小于2%时,应重做试验。

5) 采用100g锥做液限试验,则在 $h-\omega$ 图上,查得纵坐标入土深度 $h=20\text{mm}$ 所对应的横坐标的含水率 ω,即为该土样的液限 ω_L。

6) 根据用100g锥做液限试验求出的液限,通过液限 ω_L 与塑限时入土深度 h_P 的关系曲线,查得 h_P,再由 $h-\omega$ 图求出入土深度为 h_P 时所对应的含水率,即为该土样的塑

限 ω_p。

查 $h_\mathrm{P}-\omega_\mathrm{L}$ 关系图时，须先通过简易鉴别法及筛分法把砂类土与细粒土区别开来，再按这两种土分别采用相应的 $h_\mathrm{P}-\omega_\mathrm{L}$ 关系曲线；对于细粒土，用双曲线确定 h_P 值；对于砂类土，则用多项式曲线确定 h_P 值。

7）若根据用 100g 锥做液限试验求出的液限，当 a 点的锥入深度在 $20\mathrm{mm}\pm0.2\mathrm{mm}$ 范围内时，应在 ad 线上查得入土深度为 20mm 处相对应的含水率，此为液限 ω_L。再用此液限在 $h_\mathrm{P}-\omega_\mathrm{L}$ 关系曲线上找出与之相对应的塑限入土深度 h_P，然后到 $h-\omega$ 图 ad 直线上查得 h_P 相对应的含水率，此为塑限 ω_p。

本试验须进行两次平行测定，取其算术平均值，以整数（%）表示。其允许差值为：高液限土小于或等于 2%，低液限土小于或等于 1%。

（2）液限碟式仪法

本试验的目的是按碟式液限仪法测定土的液限，适用于粒径小于 0.5mm 以及有机质含量不大于试样总质量 5% 的土。

1）测定击数在 15~35 次之间（25 次以上及以下各 1 次）下合拢长度为 13mm 时，试样的相应含水率。

2）根据试验结果，以含水率为纵坐标，以击次的对数为横坐标，绘制曲线。查得曲线上击数 25 次所对应的含水率，即为该试样的液限。

本试验须进行两次平行测定，取其算术平均值，以整数（%）表示。其允许差值为：高液限土小于或等于 2%，低液限土小于或等于 1%。

（3）塑限滚搓法

本试验的目的是按滚搓法测定土的塑限，适用于粒径小于 0.5mm 以及有机质含量不大于试样总质量 5% 的土。

1）搓滚土条，直至土条直径达 3mm 时，产生裂缝并开始断裂为止。测定试样的含水率。

2）对于某些低液限砂类土，始终搓不到 3mm 即开始断裂，可认为塑性极低或无塑性，可按极细砂处理。

本试验须进行两次平行测定，取其算术平均值，以整数（%）表示。其允许差值为：高液限土小于或等于 2%，低液限土小于或等于 1%。

（4）缩限试验

土的缩限是扰动的黏质土在饱和状态下，因干燥收缩至体积不变时的含水率。本试验适用于粒径小于 0.5mm 和有机质含量不超过 5% 的土。

含水率达液限的土在 105~110℃ 下水分继续蒸发至体积不变时的含水率，叫做缩限 ω_S。

液限与缩限之差称收缩指数 I_S。

本试验需进行二次平行测定，取其算术平均值，计算至 0.1%。平行差值，高液限土不得大于 2%，低液限土不得大于 1%。

2. 稠度

（1）天然稠度试验

本试验采用直接法和间接法。直接法是按烘干法测定原状土的天然含水率，用稠度公式计算土的天然稠度。间接法是用 LP-100 型液限塑限联合测定仪测定天然结构土体的锥入深度,并用联合测定结果确定土的天然稠度。

1) 土的液限与天然含水率之差与塑性指数之比,称为土的天然稠度 ω_C。
2) 根据土的天然稠度,将土的状态划分为以下几种状态:

$$0<\omega_C\leqslant 0.25 \text{ 为液塑状态}$$
$$0.25<\omega_C\leqslant 0.5 \text{ 为极软塑状态}$$
$$0.5<\omega_C\leqslant 0.75 \text{ 为软塑状态}$$
$$0.75<\omega_C\leqslant 1.0 \text{ 为硬塑状态}$$

3. 膨胀

土的膨胀试验目前常用的试验方法有:自由膨胀率试验、无荷载膨胀率试验、有荷载膨胀率试验和膨胀力试验等。

(1) 自由膨胀率试验

自由膨胀率是反映土膨胀性的指标之一,它与土的黏土矿物成分、胶粒含量、化学成分和水溶液性质等有着密切的关系。自由膨胀率为松散的烘干土粒在水中和空气中分别自由堆积的体积之差与在空气中自由堆积的体积之比,以百分数表示,用以判定无结构力的松散土粒在水中的膨胀特性。

本试验方法适宜用于膨胀土。

本试验的目的在于测定黏质土在无结构力影响下的膨胀潜势,初步评定黏质土的胀缩性。自由膨胀率与液限试验相配合,对判别膨胀土可得到满意的结果。

1) 主要仪器设备

玻璃量筒:容积 50mL,最小刻度 1mL;量土杯:容积 10 mL;天平:称量 200g,感量 0.01g。

2) 试剂:5%纯氯化钠溶液。
3) 土样全部通过 0.5mm 筛,并在 105～110℃温度下烘至恒量。
4) 将无颈漏斗装在支架上,漏斗下口对正量土杯中心,并保持距杯口 10mm 距离。
5) 称取试样,须进行两次平行测定,两次质量差值不得大于 0.1g。
6) 将量筒置于试验台上,注入蒸馏水 30 mL,并加入 5mL 5%的分析纯氯化钠溶液,然后将量土杯中的土样倒入量筒内。
7) 量筒中土样沉积后约每隔 5h,记录一次试样体积,体积估读至 0.1mL。
8) 当两次读数差值不大于 0.2mL 时,即认为膨胀稳定。用此稳定读数计算自由膨胀率。

本试验应做两次平行测定,取其算术平均值,其平行差值应为:$\delta_{ef} \geqslant 60\%$ 时不大于 8%;$\delta_{ef} < 60\%$ 时不大于 5%。

(2) 无荷载膨胀率试验

本试验用于测定试样在无荷载有侧限条件下,浸水后在高度方向上的单向膨胀与原高度的比值,这一比值称膨胀率,以百分数表示。

本试验方法适用于测定原状土和击实土样的无荷载膨胀率,供评价黏质土膨胀势能时参考。

1) 试样尺寸对膨胀率是有影响的。在统一的膨胀稳定标准下,膨胀率随试样高度的增加而减小，随直径的增大而增大。

2) 膨胀率与土的自然状态关系非常密切。起始含水率、干密度都直接影响试验结果。

3) 试验用水的成分、离子浓度（pH 值）和水温对膨胀率都有一定的影响。本试验采用纯水（蒸馏水）或天然水。

4) 以 6h 内变形不超过 0.01mm，作为无荷载膨胀率试验的稳定标准。

本试验应做两次平行测定，取其算术平均值，其平行差值应为：$\delta_e \geqslant 10\%$ 时不大于 1%；$\delta_e < 10\%$ 时不大于 0.5%。

(3) 有荷载膨胀率试验

为了模拟覆盖压力或某一特定荷载条件，可按实际荷载大小做有荷载有侧限的膨胀率试验，或做不同荷载下的膨胀率试验。

本试验方法适用于测定原状土或击实黏质土在特定荷载下的膨胀率，或测定荷载与膨胀的关系曲线。

1) 试验前，固结仪应在不同压力下进行变形校正。

2) 一次或分级连续施加所要求的荷载。待每小时变形不超过 0.01mm 时，即认为变形稳定。

3) 为了保持试样始终浸在水中，要求注入至土样顶面以上 5mm。

4) 以 2h 的读数差不超过 0.01mm，作为有荷载膨胀率试验的稳定标准。

5) 测定试样试验前、试验后的含水率，计算孔隙比，根据计算的饱和度，推断试样是否已充分吸水膨胀。

本试验应做两次平行测定，取其算术平均值，其平行差值应为：$\delta_{ep} \geqslant 10\%$ 时不大于 1%；$\delta_{ep} < 10\%$ 时不大于 0.5%。

(4) 膨胀力试验

膨胀力是土体在吸水膨胀时所产生的内应力。本试验用于测定试样在体积不变时由于膨胀所产生的最大内应力。

本试验方法适用于原状土和击实土试样，采用加荷平衡法。

1) 为了加荷方便准确，固结仪宜用铁砂和盛砂筒代替砝码和吊盘。

2) 试样面积 30cm²。

3) 允许变形值为 0.01mm。

4) 以加荷平衡后 2h 不再膨胀，作为膨胀力试验的稳定标准。

本试验应做两次平行测定，取其算术平均值，其平行差值应为：$p_e \geqslant 30$kPa 时不大于 5kPa；$p_e < 30$kPa 时不大于 2kPa。

4. 收缩

(1) 收缩试验

本试验方法适用于原状土和击实黏质土。原状土收缩试验的方法很多，大部分为直接量测法。

本试验的目的是测定原状土和击实土试样在自然风干条件下的线缩率、体缩率、缩限及收缩系数等收缩指标。

1) 试样制备

a. 压样法制备试样

试件制备的数量视试验需要而定，一般应多制备1~2组备用，同一组试件或平行试件的密度、含水率与制备标准之差值，应分别在±0.1g/cm³或2%范围之内。

b. 原状土试件制备

平行试验或同一组试件密度差值不大于±0.1g/cm³，含水率差值不大于2%。

冻土制备原状土样时，应保持原土样温度，保持土样的结构和含水率不变。

c. 试件饱和

土的孔隙逐渐被水填充的过程称为饱和。孔隙被水充满时的土，称为饱和土。

根据土的性质，决定饱和方法：

砂类土：可直接在仪器内浸水饱和。

较易透水的黏性土：即渗透系数大于10^{-4}cm/s时，采用毛细管饱和法较为方便，或采用浸水泡和法。

不易透水的黏性土：即渗透系数小于10^{-4}cm/s时，采用真空饱和法。如土的结构性较弱，抽气可能发生扰动，不宜采用。

2）随着土体含水率的减少，土的收缩过程大致可分三个阶段：直线收缩阶段（Ⅰ），其斜率为收缩系数；曲线过渡阶段（Ⅱ），随土质不同，曲线各异；近水平直线阶段，此时土的体积基本上不再收缩。

3）在室温不高于30℃条件下进行收缩试验。根据试样温度及收缩速度，宜每隔1~4h测记百分表读数，并称整套装置和试样质量。两天后，每隔6~24h测记百分表读数，并称质量，至两次百分表读数不变。在收缩曲线的Ⅰ阶段内应取不得少于4个数据。

4）试验结束，取出试样，并在105~110℃下烘干，称干土质量。

5）按《公路土工试验规程》JTG E40—2007蜡封法测定烘干试样体积。

6）以线缩率为纵坐标，含水率为横坐标，绘制关系曲线。如Ⅰ和Ⅱ阶段的转折点明显，则与其相应的横坐标值即为原状土的缩限ω_s。否则，延长Ⅰ、Ⅱ阶段的直线段，两者交点相应的横坐标值即为原状土的近似缩限。

5. 毛细上升高度

（1）毛细管水上升高度试验

土的毛细管水上升高度是水在土孔隙中因毛细管作用而上升的最大高度。

结合道路工程的特点，本试验采用直接观测法。本试验适用于确定对道路发生危害的路基土的强烈毛细管水上升高度，即在含水率与上升高度的关系曲线上，取含水率等于塑限时的下部高度为强烈毛细管水上升高度。

本试验的目的是测定土的毛细管水上升高度和速度，用于估计地下水位升高时路基被浸湿的可能性和浸湿的程度。

1）在半对数纸上，以毛细管水上升高度h为纵坐标，以时间t为横坐标，绘制毛细管水上升高度h与时间t的关系曲线。

2）根据毛细管水上升高度与时间的关系曲线，可用最小二乘法求得曲线的类型，并可估算毛细管水上升的平均速度。

3）另绘制毛细管水上升高度h与含水率ω的关系曲线，在横坐标上找出含水率等于该土塑限之点，从该点引垂线，交曲线于A点，再由A点引水平线，交纵坐标于B点。B点的纵坐标即代表该土的强烈毛细管水上升高度h_c。

2.4.1.3 力学性质试验

力学性质试验有：渗透性、击实性、压缩性、黄土湿陷性、直接剪切、三轴剪切、无侧限抗剪、土基承载比及回弹模量等。

1. 渗透性

渗透是水在多孔介质中运动的现象。土的渗透试验目前常用的试验方法有：常水头渗透试验和变水头渗透试验两种。

(1) 常水头渗透试验

本试验方法适用于砂类土和含少量砾石的无凝聚性土。

1) 试验用水应采用实际作用于土的天然水。如有困难，允许用蒸馏水或一般经过滤的清水，但试验前必须用抽气法或煮沸法脱气。试验时水温宜高于试验室温度 3~4℃。

2) 主要仪器设备：70 型常水头渗透仪。

3) 渗透系数与水的动力黏滞系数成反比，而动力黏滞系数与温度有关。

4) 以温度 20℃作为标准温度。

5) 按土力学的基本公式计算干密度和孔隙比。根据渗透系数与动力黏滞系数成反比的关系，把某温度下的渗透系数换算为标准温度下的渗透系数。

6) 根据需要，可在半对数坐标纸上绘制以孔隙比为纵坐标，渗透系数为横坐标的 $e-k$ 关系曲线。

一个试样多次测定时，应在所测结果中取 3~4 个允许差值符合规定的测值，求平均值，作为该试样在某孔隙比 e 时的渗透系数。允许差值不大于 2×10^{-n}。

(2) 变水头渗透试验

本试验方法适用于细类土。

1) 采用的蒸馏水，应在试验前用抽气法或煮沸法进行脱气。试验时的水温，宜高于室温 3~4℃。

2) 主要仪器设备：渗透容器；透水石的渗透系数应大于 10^{-3} cm/s。

3) 用原状土试样试验时，可根据需要用环刀垂直或平行于土样层面切取；用扰动土样试验时，可按击实法制备试样，两者均须进行充分饱和。

4) 对不易透水的试样，进行抽气饱和；对饱和试样和较易透水的试样，直接用变水头装置的水头进行饱和。

5) 以温度 20℃作为标准温度。

6) 按土力学的基本公式计算干密度和孔隙比。求得的渗透系数是测试某一温度下的渗透系数，需要换算为标准温度下的渗透系数。

7) 根据需要，可在半对数坐标纸上绘制以孔隙比为纵坐标，渗透系数为横坐标的 $e-k$ 关系曲线。

一个试样多次测定时，应在所测结果中取 3~4 个允许差值符合规定的测值，求平均值，作为该试样在某孔隙比 e 时的渗透系数。允许差值不大于 2×10^{-n}。

2. 击实性

击实是指采用人工或机械方法对土施加夯压能量（如打夯、碾压、振动碾压等方式），使土颗粒重新排列紧密。对于粗粒土因颗粒的紧密排列，增强了颗粒表面摩擦力和颗粒之间嵌挤形成的咬合力；对细粒土则因为颗粒间的靠紧而增加粒间的分子引力，从而使土在短时间内得到新的结构强度。

研究土的压实性常用的方法有：现场填筑试验和室内击实试验两种。前者是在某一工序动工之前在现场选一试验路段，后者室内击实试验是通过击实仪进行。

土的击实试验分为细粒土、粗粒土和巨粒土3种。细粒土的击实试验常用的试验方法有：轻型击实法和重型击实法；粗粒土和巨粒土的击实试验常用的试验方法有：表面振动压实仪法和振动台法。

（1）击实试验

本试验方法适用于细粒土。

本试验分轻型击实和重型击实。内径100mm试筒适用于粒径不大于20mm的土。内径152mm试筒适用于粒径不大于40mm的土。

当土中最大颗粒粒径大于或等于40mm，并且大于或等于40mm颗粒粒径的质量含量大于5%时，则应使用大尺寸试筒进行击实试验，或进行最大干密度校正。大尺寸试筒要求其最小尺寸大于土样中最大颗粒粒径的5倍以上，并且击实试验的分层厚度应大于土样中最大颗粒粒径的3倍以上。

当细粒土中的粗粒土总含量大于40%或粒径大于0.005mm颗粒的含量大于土总质量的70%（即 $d_{30} \leqslant 0.005mm$）时，还应做粗粒土最大干密度试验，其结果与重型击实试验结果比较，最大干密度取两种试验结果的最大值。

1) 击实试验方法和相应设备的主要参数，应符合表2-68的规定。

击实试验方法和相应设备的主要参数 表2-68

试验方法	类别	锤底直径(cm)	锤质量(kg)	落高(cm)	试筒尺寸 内径(cm)	试筒尺寸 高(cm)	试样尺寸 高度(cm)	试样尺寸 体积(cm³)	层数	每层击数	击实功(kJ/m³)	最大粒径(mm)
轻型	Ⅰ-1	5	2.5	30	10	12.7	12.7	997	3	27	598.2	20
轻型	Ⅰ-2	5	2.5	30	15.2	17	12	2177	3	59	598.2	40
重型	Ⅱ-1	5	4.5	45	10	12.7	12.7	997	5	27	2687.0	20
重型	Ⅱ-2	5	4.5	45	15.2	17	12	2177	3	98	2677.2	40

重型击实试验方法的单位击实功为轻型击实法的4.5倍。试验表明，在单位体积击实功相同的情况下，同类土用轻型和重型击实试验的结果相同。

2) 试样准备

本试验可分别采用不同的方法准备试样。各方法可按表2-69准备试料。

试料用量 表2-69

使用方法	类别	试筒内径（cm）	最大粒径（mm）	试料用量（kg）
干土法，试样不重复使用	b	10	20	至少5个试样，每个3
干土法，试样不重复使用	b	15.2	40	至少5个试样，每个6
湿土法，试样不重复使用	c	10	20	至少5个试样，每个3
湿土法，试样不重复使用	c	15.2	40	至少5个试样，每个6

a. 干土法（土不重复使用）。按四分法至少准备5个试样，分别加入不同水分（按

2%~3%含水率递增），拌匀后闷料一夜备用。

b. 湿土法（土不重复使用）。对于高含水率土，可省略过筛步骤，用手拣除大于40mm 的粗石子即可。保持天然含水率的第一个土样，可立即用于击实试验。其余几个试样，将土分成小土块，分别风干，使含水率按 2%~3%递减。其中有两个大于和两个小于最佳含水率。

对于高含水率土宜选用湿土法，对于非高含水率土则选用干土法。

3) 试验时，小试筒按三层法时，每次约 800~900g（其量应使击实后的试样等于或略高于筒高的 1/3）；按五层法时，每次约 400~500g（其量应使击实后的土样等于或略高于筒高的 1/5）。对于大试筒，先将垫块放入筒内底板上，按三层法，每层需试样 1700g 左右。小试筒击实后，试样不应高出筒顶面 5mm；大试筒击实后，试样不应高出筒顶面 6mm。

4) 从试样中心处取样测其含水率，计算至 0.1%。

5) 以干密度为纵坐标，含水率为横坐标，绘制干密度与含水率的关系曲线，曲线上峰值点的纵、横坐标分别为最大干密度和最佳含水率。如曲线不能绘出明显的峰值点，应进行补点或重做。

a. 当土含水率偏干时，含水率的变动对干密度的影响要比含水率偏湿时的影响更为明显，曲线的左段较右段陡。

b. 击实曲线位于饱和曲线的左下侧。饱和曲线表示当土在饱和状态时的含水率与干密度之间的关系。

6) 当试样中有大于 40mm 的颗粒时，应先取出大于 40mm 的颗粒，并求得其百分率 P，把小于 40mm 部分做击实试验，并分别对试验所得的最大干密度和最佳含水率进行校正（适用于大于 40mm 颗粒的含量小于 30%时）。

本试验含水率须进行两次平行测定，取其算术平均值，含水率测定的允许平行差值应符合表 2-70 规定。

含水率测定的允许平行差值（击实试验） 表 2-70

含水率（%）	允许平行差值（%）	含水率（%）	允许平行差值（%）	含水率（%）	允许平行差值（%）
5 以下	0.3	40 以下	≤1	40 以上	≤2

（2）表面振动压实仪法

本方法是测定粗粒土和巨粒土最大干密度的试验方法。

本试验规定采用表面振动压实仪法测定无黏性自由排水粗粒土和巨粒土（包括堆石料）的最大干密度。

本试验方法适用于通过 0.075mm 标准筛的土颗粒质量百分数不大于 15%的无黏性自由排水粗粒土和巨粒土。

对于最大颗粒尺寸大于 60mm 的巨粒土，因受试筒允许最大粒径的限制，宜按本试验第 4) 项规定处理。

1) 主要仪器设备

振动器：功率 0.75~2.2kW，振动频率 30~50Hz，激振力 10~80kN。钢制夯：可牢固于振动电机上，且有一厚 15~40mm 夯板。夯板直径应略小于试筒内径 2~5mm。夯与振动电机总重在试样表面产生 18kPa 以上的静压力。

试筒：根据土体颗粒级配选用较大试筒。但固定试筒的底板须固定于混凝土基础上或至少质量为 450kg 混凝土块上。试筒容积宜用灌水法每年标定一次。

直钢条：宜用尺寸为 350mm×25mm×3mm（长×宽×厚）。

深度仪或钢尺：量测精度要求至 0.5mm。

2) 干土法

a. 试验时，按三层法振动压实，每层装填量宜使振毕密实后的试样等于或略低于筒高的 1/3，振动时间为 6min。待第三层试样振动压实完毕。

b. 卸去套筒。将直钢条放于试筒直径位置上，测定振毕试样高度。

c. 卸下试筒，测定并记录试筒与试样质量。扣除试筒质量即为试样质量。计算最大干密度 ρ_{dmax}。

d. 重复本试验，直至获得一致的最大干密度。但须制备足够的代表性试料，不得重复振动压实单个试样。

3) 湿土法

a. 按湿法试验时，可对烘干试料加足量水，或用现场湿土料进行。拌匀试料颗粒级配及含水率（使颗粒分离程度尽可能小），然后大致分成 3 份。如果向干料中加水，则需最小饱和时间约 0.5h；加水量宜加到足够分量，即在拌合盘中无自由水滞积，且在振密过程中基本保持饱和状态。

b. 对于估算向烘干试料中的加水量，起初可尝试每 4.5kg 试料约加 1000mL 的水量，或按式（2-11）估算：

$$M_w = M_s \left(\frac{\rho_w}{\rho_d} - \frac{1}{G_s} \right) \tag{2-11}$$

式中　M_w——加水量（g）；

　　　ρ_d——由起初振密结果所估算的干密度（g/cm³）；

　　　M_s——试样质量（g）；

　　　ρ_w——水的密度（g/cm³）；

　　　G_s——土粒相对密度。

c. 试验时，按三层法振动压实，每层装填量宜使振毕试样等于或略低于筒高的 1/3，振动时间为 6min，吸去试样表面自由水。待第三层试样振动压实完毕。

d. 卸去套筒。吸去加重底板上及边缘的所有自由水。将百分表架支杆插入每个试筒导向瓦套孔中；刷净试筒顶沿面上及加重底板上位于试筒导向瓦两侧测量位置所积落的细粒土，并尽量避免将这些细粒土刷进试筒内。然后分别测读并记录试筒导向瓦每侧试筒顶沿面（中心线处）各 3 个百分表读数，共 12 个读数（其平均值即为百分表初始读数）；再从加重底板上测读并记录出相应读数（其平均值即为终了百分表读数）。

e. 测定振毕试样含水率后没，计算最大干密度。

f. 重复本试验，直至获得一致的最大干密度。但须制备足够的代表性试料，不得重复振动压实单个试样。

4) 对于粒径大于 60mm 的巨粒土，因受试筒允许最大粒径的限制，应按相似级配法制备缩小粒径的系列模型试料。

5) 巨粒土原型料最大干密度应按作图法和计算法确定。

6) 计算干土法所测定的最大干密度试验结果的平均值作为试验报告的最大干密度值，当湿土法结果比干土法高时，采用湿土法试验结果的平均值。

7) 最大干密度试验结果精度要求如表 2-71 所列。最大干密度 ρ_{dmax}（g/cm³），取 3 位有效数字。

最大干密度试验结果精度　　　　　　　　表 2-71

试料粒径 (mm)	标准差 S (g/cm³)	两个试验结果的允许范围 （以平均值百分数表示）(%)
<5	±0.013	2.7
5～60	±0.022	4.1

（3）振动台法

本方法是测定粗粒土和巨粒土最大干密度的比选试验方法。

本试验规定采用振动台法测定无黏性自由排水粗粒土和巨粒土（包括堆石料）的最大干密度。

本试验方法适用于通过 0.075mm 标准筛的干颗粒质量百分数不大于 15% 的无黏性自由排水粗粒土和巨粒土。

对于最大颗粒尺寸大于 60mm 的巨粒土，因受试筒允许最大粒径的限制，宜按本试验第 2) 项 b 规定处理。

1) 主要仪器设备

振动台：固定于混凝土基础上；振动台面尺寸至少 550mm×550mm，且具有足够刚度。振动台最大负荷不宜小于 200kg；其频率 20～60Hz 可调，双振幅 0～2mm 可调。

试筒：圆柱形金属筒，试筒容积宜用灌水法每年标定一次。

台秤：应具有足够测定试筒及试样总质量的量程，且达到所测定土质量 0.1% 的精度。所用台秤，对于 ϕ280mm 试筒，量程至少 50kg，感量 6g；对于 ϕ152mm 试筒，量程至少 30kg，感量 2g。

2) 试样制备

a. 采用标准筛分法（T0115—2007）测定各粒组的颗粒百分数。

b. 对于粒径大于 60mm 的巨粒土，因受试筒允许最大粒径的限制，应按相似级配法制备缩小粒径的系列模型试料。

c. 如果采用干土法进行试验，则需将试样在烘箱内烘至恒量，并用烘干法测定现场试料含水率。烘干后，应完全剥去弱胶结物，以免增大颗粒的自然尺寸。

3) 干土法

a. 试验时，按三层法振动压实，每层装填量宜使振毕密实后的试样等于或略低于筒高的 1/3。

b. 设定振动台在振动频率 50Hz 下的垂直振动双振幅为 0.5mm；或在振动频率 60Hz 下的垂直振动双振幅为 0.35mm。振动试筒及试样等，在 50Hz 下振动 10min；在 60Hz

下振动 8min。振毕卸去加重块及加重底板。

c. 待第三层试样振动压实完毕，加重底板不再立即卸去。

d. 卸去套筒。将百分表架支杆插入每个试筒导向瓦套孔中；刷净试筒顶沿面上及加重底板上位于试筒导向瓦两侧测量位置所积落的细粒土，并尽量避免将这些细粒土刷进试筒内。然后分别测读并记录试筒导向瓦每侧试筒顶沿面（中心线处）各 3 个百分表读数，共 12 个读数（其平均值即为百分表初始读数）；再从加重底板上测读并记录出相应读数（其平均值即为终了百分表读数）。

e. 卸去加重底板，并从振动台面上卸下试筒。

f. 在合适的台秤上测定并记录试筒及试样总质量，扣除空试筒质量即为试样质量，或仔细地将试筒里试样全部倒入已知质量的盘中称量。计算最大干密度 ρ_{dmax}。

g. 重复本试验，直至获得一致的最大干密度值（最好在 2% 内）。如果发现产生过分的颗粒破碎或者是有棱角的石渣、堆石料或风化软弱岩试料，则宜尽量制备足够数量代表性试样，以避免单个试样重复使用。

4）湿土法

a. 按湿法试验时，可对烘干试料加足量水，或用现场湿土料进行。拌匀试料颗粒级配及含水率（使颗粒分离程度尽可能小），然后大致分成 3 份。如果向干料中加水，则需最小饱和时间约 0.5h；加水量宜加到足够分量，即在拌合盘中无自由水滞积，且在振密过程中基本保持饱和状态。

b. 对于估算向烘干试料中的加水量，起初可尝试每 4.5kg 试料约加 1000mL 的水量，或按公式（2-11）估算。

c. 试验时，按三层法振动压实，每层装填量宜使振毕试样等于或略低于筒高的 1/3，大致振动 2~3min 后，宜用尽可能不带走土粒的办法吸去试样表面的所有自由水。

d. 振动试筒及试样，按本试验第 3) 项 b 方法进行振动。振毕，卸去加重块及加重底板。吸去试样表面所有自由水。

e. 待第三层试样振动压实完毕，加重底板不再立即卸去。

f. 卸下套筒。吸去加重底板上及边缘的所有自由水。

g. 卸下加重底板及试筒，然后测定并记录试筒与试样的总质量。为测定试样的含水率，仔细地将试筒中全部湿试样倒入已知质量的盘中，并将黏附于试筒内壁及筒的所有颗粒冲洗于盘中；然后在烘箱中将试样烘至恒量，测定并记录其烘干质量。

5）巨粒土原型料最大干密度应按作图法和计算法确定。

6）计算干土法所测定的最大干密度试验结果的平均值作为试验报告的最大干密度值，当湿土法结果比干土法高时，采用湿土法试验结果的平均值。

7）最大干密度试验结果精度要求如表 2-71 所列。最大干密度 ρ_{dmax}（g/cm³），取 3 位有效数字。

3. 压缩性

固结试验是研究土压缩性的基本方法。目前室内常用的试验方法有：单轴固结仪法和快速试验法。

（1）单轴固结仪法

本试验的目的是测定土的单位沉降量、压缩系数、压缩模量、压缩指数、回弹指数、固结系数,以及原状土的先期固结压力等。

本试验方法适用于饱和的黏质土。当只进行压缩时,允许用非饱和土。

1) 主要仪器设备

固结仪:试样面积 30cm² 和 50cm²,高 2cm。

环刀:直径为 61.8mm 和 79.8mm,高度为 20mm。

变形量测设备:量程 10mm,最小分度为 0.01mm 的百分表或零级位移传感器。

2) 试样需要饱和时,应进行抽气饱和。

3) 预加 1.0kPa 压力,使固结仪各部分紧密接触,装好百分表,并调整读数至零。荷载等级一般规定为 50kPa、100kPa、200kPa、300kPa 和 400kPa。有时根据土的软硬程度,第一级荷载可考虑用 25kPa。

4) 如系饱和试样,则在施加第一级荷载后,立即向容器中注水至满。如系非饱和试样,须以湿棉纱围住上下透水面四周,避免水分蒸发。

5) 如需确定原状土的先期固结压力时,荷载率宜小于 1,可采用 0.5 或 0.25 倍,最后一级荷载应大于 1000kPa,使 $e-\lg p$ 曲线下端出现直线段。

6) 如需测定沉降速率、固结系数等指标,一般按 0s、15s、1min、2min、4min、6min、9min、12min、16min、20min、25min、35min、45min、60min、90min、2h、4h、10h、23h、24h,至稳定为止。固结稳定的标准是最后 1h 变形量不超过 0.01mm。

当不需测定沉降速度时,则施加每级压力后 24h,测记试样高度变化作为稳定标准。当试样渗透系数大于 10^{-5} cm/s 时,允许以主固结完成作为相对稳定标准。

注:测定沉降速率仅适用于饱和土。

7) 试验结束后,测定土样终结含水率(如不需测定试验后的饱和度,则不必测定终结含水率)。

8) 以单位沉降量 S_i 或孔隙比 e 为纵坐标,以压力 p 为横坐标,作单位沉降量或孔隙比与压力的关系曲线。

9) 求固结系数 C_v 的方法有:

a. 求某一压力下固结度为 90% 的时间 t_{90};

b. 求某一荷载下固结度为 68% 的 t_{68};

c. 求某一荷载下固结度为 50% 的 t_{50}。

10) 在 $e-\lg p$ 曲线上确定原状土的先期固结压力 p_c。

(2) 快速试验法

本试验采用快速方法确定饱和黏质土的各项土性指标,是一种近似试验方法。

1) 主要仪器设备

固结仪:试样面积 30cm² 和 50cm²,高 2cm。

环刀:直径为 61.8mm 和 79.8mm,高度为 20mm。

变形量测设备:量程 10mm,最小分度为 0.01mm 的百分表或零级位移传感器。

2) 预加 1.0kPa 压力,使固结仪各部分紧密接触,装好百分表,并调整读数至零。荷载等级一般规定为 50kPa、100kPa、200kPa、300kPa 和 400kPa。有时根据土的软硬程度,第一级荷载可考虑用 25kPa。

3) 如系饱和试样,则在施加第一级荷载后,立即向容器中注水至满。如系非饱和试样，须以湿棉纱围住上下透水面四周，避免水分蒸发。

4）如需确定原状土的先期固结压力时，荷载率宜小于1，可采用0.5或0.25倍，最后一级荷载应大于1000kPa，使$e-\lg p$曲线下端出现直线段。

5）一般按0s、15s、1min、2min、4min、6min、9min、12min、16min、20min、25min、35min、45min、60min，至稳定为止。各级荷载下的压缩时间规定为1h，最后一级荷载下加读到稳定沉降时的读数。固结稳定的标准是最后1h变形量不超过0.01mm。

当不需测定沉降速度时，则施加每级压力后24h，测记试样高度变化作为稳定标准。当试样渗透系数大于10^{-5}cm/s时，允许以主固结完成作为相对稳定标准。

注：测定沉降速率仅适用于饱和土。

6）试验结束后，测定土样终结含水率（如不需测定试验后的饱和度，则不必测终结含水率）。

7）以单位沉降量S_i或孔隙比e为纵坐标，以压力p为横坐标，作单位沉降量或孔隙比与压力的关系曲线。

8）求固结系数C_v的方法有：

a. 求某一压力下固结度为90%的时间t_{90}；

b. 求某一荷载下固结度为68%的t_{68}；

c. 求某一荷载下固结度为50%的t_{50}。

9）在$e-\lg p$曲线上确定原状土的先期固结压力p_c。

10）以每级荷载下固结1h与最后一级荷载固结24h的变形之比作为校正系数校正变形量。

4. 黄土湿陷性

湿陷变形是指黄土在荷重和浸水共同作用下，由于结构遭破坏产生显著的湿陷变形，这是黄土的重要特性。湿陷系数大于或等于0.015时，称为湿陷性黄土；当湿陷系数小于0.015时，称非湿陷性黄土。

黄土湿陷试验对地基来说，主要是测定自重湿陷系数、起始压力和规定压力下的湿陷系数，而对填土建筑物来说，主要是测定施工和运营阶段相应的湿陷性指标。

黄土湿陷性指标的测定方法有：单线、双线两种方法。以单线法为标准方法。为测定黄土的湿陷性指标，一般应切取三个原状土样，一个试样用于测定孔隙比或垂直变形与压力的关系，另两个试样用于测定大孔隙比与压力的关系。

浸水压力和湿陷系数是划分湿陷等级的主要指标，以200kPa的浸水压力作为评定湿陷系数的标准。对黄土的压缩变形和湿陷变形，一般均采用每小时变形量不大于0.01mm为稳定标准。

黄土湿陷性目前常用的试验方法有：相对下沉系数试验、自重湿陷系数试验、溶滤变形系数试验及湿陷起始压力试验等。

（1）相对下沉系数试验

本试验的目的是测定黄土（黄土类土）的大孔隙比和相对下沉系数。

本试验方法采用大孔隙比和相对下沉系数作为黄土湿陷性指标。

本试验将原生黄土、次生黄土、黄土状土及新近堆积黄土统称为黄土类土。

1）主要仪器设备

固结仪：试样面积 30cm² 和 50cm²，高 2cm。

环刀：直径为 61.8mm 和 79.8mm，高度为 20mm。

变形量测设备：量程 10mm，最小分度为 0.01mm 的百分表或零级位移传感器。

2）试样制备

为判定黄土（黄土类土）的下沉性质，应切取三个原状土样。各试样间的密度差值不得大于 0.03g/cm³，并测定试样含水率。

3）单线法

a. 切取 5 个环刀试样，对 5 个试样均在天然湿度下分级加压，分别加至不同的规定压力，按下述进行试验，直至试样湿陷变形稳定为止。

去掉预加荷载，立即加上第一级荷载 50kPa，在加上砝码的同时开动秒表，按下述时间读百分表读数：10min、20min、30min，以后每 1h 读数一次，直至达到稳定沉降为止。然后加第二级荷载。沉降稳定的标准是每小时变形量不超过 0.01mm。

第二级荷载为 100kPa，以后顺次为 150kPa、200kPa、400kPa，加压间隔为 50kPa。荷载加上后，按本试验第 3）项 a 中规定的时间记录百分表读数至沉降稳定为止。

5 个试样分别在最后一级压力下，达到沉降稳定，稳定标准为每小时变形不大于 0.01mm。而后自试样顶面加水，按本试验第 3）项 a 中规定的时间间隔记录百分表读数至再度达沉降稳定。稳定标准为每 3d 变形不大于 0.01mm。

b. 记读最后一级荷载下达到假定沉降后的百分表读数。拆除仪器，取下试样，测定其含水率和干密度。

c. 如需测定大孔隙比与压力的关系，用从同一块土切取的另外两个性质相同土样，测定其密度和含水率。并按上述步骤安装仪器并进行试验。但第一个试样在整个过程中应保持其天然含水率。第二个试样在 50kPa 压力下达到沉降稳定，稳定标准为每小时变形不大于 0.01mm。而后自试样顶面加水，直至试样分别在各级压力下浸水变形稳定。稳定标准为每 3d 变形不大于 0.01mm。

d. 为求实际压力下的大孔隙比及相对下沉系数，可按本试验第 3）项 a、b 步骤进行试验，求大孔隙比及相对下沉系数的实际最大值。

e. 试验完毕，取出土样。在试样中心处取土测定其含水率。

4）双线法

a. 切取两个环刀试样，一个试样在天然湿度下按下述分级加压，直至湿陷变形稳定为止。

去掉预加荷载，立即加上第一级荷载 50kPa，在加上砝码的同时开动秒表，按下述时间读百分表读数：10min、20min、30min，以后每 1h 读数一次，直至达到稳定沉降为止。然后加第二级荷载。沉降稳定的标准是每小时变形量不超过 0.01mm。

第二级荷载为 100kPa，以后顺次为 150kPa、200kPa、400kPa，加压间隔为 50kPa。荷载加上后，按本试验第 4）项 a 中规定的时间记录百分表读数至沉降稳定为止。

试样在最后一级压力下，达到沉降稳定，稳定标准为每小时变形不大于 0.01mm。再自试样顶面加水，按本试验第 4）项 a 中规定的时间间隔记录百分表读数至再度达浸水沉降稳定。稳定标准为每 3d 变形不大于 0.01mm。

b. 另一个试样在天然湿度下施加第一级压力 50kPa，按本试验第 4）项 a 中规定的时间间隔记录百分表读数,直至变形稳定,稳定标准为每小时变形不大于0.01mm。而后浸水,再分级加压、记录百分表读数,直至试样在各级压力下浸水变形稳定为止。稳定标准为每3d变形不大于0.01mm。

c. 记读最后一级荷载下达到假定沉降后的百分表读数。拆除仪器,取下试样,测定其含水率和干密度。

d. 为求实际压力下的大孔隙比及相对下沉系数,可按本试验第4)项a、c步骤进行试验,并在加荷至计算压力下浸水,求其在该荷载下的大孔隙比及相对下沉系数,或在不同荷载下进行试验,求大孔隙比及相对下沉系数的实际最大值。

e. 试验完毕,取出土样。在试样中心处取土测定其含水率。

(2) 自重湿陷系数试验

黄土受水浸湿后,在上覆土的自重压力下发生湿陷的称为自重湿陷性黄土,在上覆土的自重压力下不发生湿陷的称为非自重湿陷性黄土。

本试验的目的是测定黄土(黄土类土)的自重湿陷系数。

1) 主要仪器设备

固结仪:试样面积30cm²和50cm²,高2cm。

环刀:直径为61.8mm和79.8mm,高度为20mm。

变形量测设备:量程10mm,最小分度为0.01mm的百分表或零级位移传感器。

2) 试样制备

a. 连续切取数个试件,应使含水率不发生变化。

b. 视试件本身及工程要求,决定试件是否进行饱和。如不立即进行试验或饱和时,则将试件暂存于保湿器内。

c. 平行试验或同一组试件密度差值不大于±0.1g/cm³,含水率差值不大于2%。

3) 单线法

a. 切取5个环刀试样。将土的饱和自重压力大致均分规定为5级压力,分别施加在5个试样上。当施加的压力小于或等于50kPa时,可一次施加;当压力大于50kPa时,应分级施加,每级压力不大于50kPa,每级压力时间不少于15min,如此连续加至规定压力。加压后每隔1h测记一次变形读数,直到每小时试样变形量不超过0.01mm为止。

b. 向容器内注入纯水,水面应高出试样顶面,每隔1h测记一次变形读数,分别测记5个试样浸水变形稳定读数后的百分表读数。直至试样浸水变形稳定为止。稳定标准为每3d变形不大于0.01mm。

c. 拆除仪器,取下试样,测定其含水率和干密度。

4) 双线法

a. 切取两个环刀试样,在一个试样上施加土的饱和自重压力,当饱和自重压力小于或等于50kPa时,可一次施加;当压力大于50kPa时,应分级施加,每级压力不大于50kPa,每级压力时间不少于15min,如此连续加至饱和自重压力。加压后每隔1h测记一次变形读数,直到每小时试样变形量不超过0.01mm为止。在自试样顶面加水,每隔1h测记一次变形读数。测记浸水沉降稳定百分表读数。稳定标准为每3d变形不大于0.01mm。

b. 在另一个试样上施加第一个50kPa压力,每隔1h测记一次变形读数,直至试样每小时试样变形量不超过 0.01mm 为止。再向容器内注入纯水，水面应高出试样顶面，当饱和自重压力小于或等于 50kPa 时，可一次施加；当压力大于 50kPa 时，应分级施加，每级压力不大于 50kPa，每级压力时间不少于 15min，如此连续加至饱和自重压力。加压后每隔 1h 测记一次变形读数，直到试样浸水变形稳定为止。稳定标准为每 3d 变形不大于 0.01mm。

c. 试验完毕，取出土样。在试样中心处取土测定其含水率。

（3）溶滤变形系数试验

渗透溶滤变形是指黄土在荷重及渗透水长期作用下，由于盐类溶滤及土中孔隙继续被压密而产生的垂直变形。实际上是湿陷变形的继续，一般很缓慢，在公路湿陷性黄土地基中是常见的。

溶滤变形系数是公路土工建筑物施工和运用阶段所关注的湿陷性指标。一般在实际荷重下进行试验，浸水后长期渗透求得溶滤变形。

本试验的目的是测定黄土（黄土类土）的湿陷变形系数和溶滤变形系数。

1）主要仪器设备

固结仪：试样面积 30cm^2 和 50cm^2，高 2cm。

环刀：直径为 61.8mm 和 79.8mm，高度为 20mm。

变形量测设备：量程 10mm，最小分度为 0.01mm 的百分表或零级位移传感器。

2）试样制备

a. 连续切取数个试件，应使含水率不发生变化。

b. 视试件本身及工程要求，决定试件是否进行饱和。如不立即进行试验或饱和时，则将试件暂存于保湿器内。

c. 平行试验或同一组试件密度差值不大于 ±0.1g/cm^3，含水率差值不大于 2%。

3）单线法

a. 切取 5 个环刀试样，对 5 个试样均在天然湿度下分级加压，分别加至不同的规定压力，按下述进行试验，直至试样湿陷变形稳定为止。

去掉预加荷载，立即加上第一级荷载 50kPa，在加上砝码的同时开动秒表，按下述时间读百分表读数：10min、20min、30min，以后每 1h 读数一次，直至达到稳定沉降为止。然后加第二级荷载。沉降稳定的标准是每小时变形量不超过 0.01mm。

第二级荷载为 100kPa，以后顺次为 150kPa、200kPa、400kPa，加压间隔为 50kPa。荷载加上后，按本试验第 3）项 a 中规定的时间记录百分表读数至沉降稳定为止。

5 个试样分别在最后一级压力下，达到沉降稳定后，自试样顶面加水，按本试验第 3）项 a 中规定的时间间隔记录百分表读数至再度达沉降稳定。

b. 继续用水渗透，每隔 2h 测记一次变形读数，24h 后每天测记 1～3 次，直至每 3d（72h）变形不大于 0.01mm 为止。

c. 测记试样溶滤变形稳定的百分表读数。拆除仪器，取下试样，测定其含水率和干密度。

4）双线法

a. 切取两个环刀试样，一个试样在天然湿度下按下述分级加压，直至湿陷变形稳定为止。

去掉预加荷载，立即加上第一级荷载 50kPa，在加上砝码的同时开动秒表，按下述时间读百分表读数：10min、20min、30min，以后每 1h 读数一次，直至达到稳定沉降为止。然后加第二级荷载。沉降稳定的标准是每小时变形量不超过 0.01mm。

第二级荷载为 100kPa，以后顺次为 150kPa、200kPa、400kPa，加压间隔为 50kPa。荷载加上后，按本试验第 4) 项 a 中规定的时间记录百分表读数至沉降稳定为止。

试样在最后一级压力下，达到沉降稳定后，自试样顶面加水，按本试验第 4) 项 a 中规定的时间间隔记录百分表读数至再度达沉降稳定。

b. 另一个试样在天然湿度下施加第一级压力 50kPa，按本试验第 4) 项 a 中规定的时间间隔记录百分表读数，待变形稳定后浸水。按本试验第 4) 项 a 中规定的时间间隔记录百分表读数，直至第一级压力下湿陷稳定后，再分级加压、记录百分表读数，直至试样在各级压力下浸水变形稳定为止。

c. 继续用水渗透，每隔 2h 测记一次变形读数，24h 后每天测记 1～3 次，直至每 3d (72h) 变形不大于 0.01mm 为止。

d. 测记试样溶滤变形稳定的百分表读数。拆除仪器，取下试样，测定其含水率和干密度。

(4) 湿陷起始压力试验

黄土在荷重作用下，受水浸湿后开始出现湿陷的压力，称为湿陷起始压力。

湿陷起始压力利用湿陷系数和压力关系曲线求得。测定湿陷起始压力（或不同压力下的湿陷系数）的方法，有单线、双线两种方法。从理论上和试验结果来说，单线法比双线法更适用于黄土变形的实际情况，如果土质均匀可以得出良好的结果。

本试验的目的是测定黄土（黄土类土）的湿陷起始压力。

1) 主要仪器设备

固结仪：试样面积 30cm² 和 50cm²，高 2cm。

环刀：直径为 61.8mm 和 79.8mm，高度为 20mm。

变形量测设备：量程 10mm，最小分度为 0.01mm 的百分表或零级位移传感器。

2) 试样制备

a. 连续切取数个试件，应使含水率不发生变化。

b. 视试件本身及工程要求，决定试件是否进行饱和。如不立即进行试验或饱和时，则将试件暂存于保湿器内。

c. 平行试验或同一组试件密度差值不大于 ±0.1g/cm³，含水率差值不大于 2%。

3) 单线法

a. 切取 5 个环刀试样，对 5 个试样均在天然湿度下分级加压，分别加至不同的规定压力，按下述进行试验，直至试样湿陷变形稳定为止．

去掉预加荷载，立即加上第一级荷载 50kPa，在加上砝码的同时开动秒表，按下述时间读百分表读数：10min、20min、30min，以后每 1h 读数一次，直至达到稳定沉降为止。然后加第二级荷载。沉降稳定的标准是每小时变形量不超过 0.01mm。

第二级荷载为 100kPa，以后顺次为 150kPa、200kPa、400kPa，加压间隔为 50kPa。荷载加上后，按本试验第 3) 项 a 中规定的时间记录百分表读数至沉降稳定为止。

5 个试样分别在最后一级压力下，达到沉降稳定后，自试样顶面加水，按本试验第 3)

项 a 中规定的时间间隔记录百分表读数至再度达变形稳定。稳定标准为每 3d 变形不大于 0.01mm。

b. 记读最后一级荷载下达到假定沉降后的百分表读数。拆除仪器，取下试样，测定其含水率和干密度。

4）双线法

a. 切取两个环刀试样，一个试样在天然湿度下按下述分级加压，直至湿陷变形稳定为止。

去掉预加荷载，立即加上第一级荷载 50kPa，在加上砝码的同时开动秒表，按下述时间读百分表读数：10min、20min、30min，以后每 1h 读数一次，直至达到稳定沉降为止。然后加第二级荷载。沉降稳定的标准是每小时变形量不超过 0.01mm。

第二级荷载为 100kPa，以后顺次为 150kPa、200kPa、400kPa，加压间隔为 50kPa。荷载加上后，按本试验第 4）项 a 中规定的时间记录百分表读数至沉降稳定为止。

试样在最后一级压力下，达到沉降稳定，稳定标准为每小时变形不大于 0.01mm。而后自试样顶面加水，按本试验第 4）项 a 中规定的时间间隔记录百分表读数至再度达沉降稳定，稳定标准为每 3d 变形不大于 0.01mm。

b. 另一个试样在天然湿度下施加第一级压力 50kPa，按本试验第 4）项 a 中规定的时间间隔记录百分表读数，待变形稳定，稳定标准为每小时变形不大于 0.01mm。而后浸水，按本试验第 4）项 a 中规定的时间间隔记录百分表读数，直至第一级压力下浸水变形稳定，再分级加压、记录百分表读数，直至试样在各级压力下浸水变形稳定为止。稳定标准为每 3d 变形不大于 0.01mm。

c. 记读最后一级荷载下达到假定沉降后的百分表读数。拆除仪器，取下试样，测定其含水率和干密度。

5）以压力为横坐标、湿陷系数为纵坐标，绘制压力与湿陷系数关系曲线，湿陷系数为 0.015 所对应的压力即为湿陷起始压力。

5. 直接剪切

抗剪强度试验的方法有多种，目前室内最常用的是直接剪切试验和三轴试验。直接剪切试验是室内最基本的抗剪强度测定方法，目前常用的试验方法有：黏质土的慢剪试验、黏质土的固结快剪试验、黏质土的快剪试验、砂类土的直剪试验、排水反复直接剪切试验和粗粒土的直接剪切试验等。

（1）黏质土的慢剪试验

本试验方法适用于测定黏质土的抗剪强度指标。

1）直接剪切仪分为应变控制式和应力控制式两种。仪器设备为应变控制式直剪仪。

2）试样制备

a. 原状土试样制备

每组试样制备不得少于 4 个。平行试验或同一组试件密度差值不大于 $\pm 0.1 \text{g/cm}^3$，含水率差值不大于 2%。

b. 细粒土扰动土样的制备，见《公路土工试验规程》JTG E40—2007 中 T0102—2007 土样和试样制备的试验方法。

3）试件饱和

土的孔隙逐渐被水填充的过程称为饱和。孔隙被水充满时的土，称为饱和土。

根据土的性质，决定饱和方法：

砂类土：可直接在仪器内浸水饱和。

较易透水的黏性土：即渗透系数大于 10^{-4} cm/s 时，采用毛细管饱和法较为方便，或采用浸水泡和法。

不易透水的黏性土：即渗透系数小于 10^{-4} cm/s 时，采用真空饱和法。如土的结构性较弱，抽气可能发生扰动，不宜采用。

4）试样固结稳定时的垂直变形值为：黏质土垂直变形每 1h 不大于 0.005mm。

5）剪切速度为小于 0.02mm/min。

6）当测力计百分表读数不变或后退时，继续剪切至剪切位移为 4mm 时停止，记下破坏值。当剪切过程中测力计百分表无峰值时，剪切至剪切位移达 6mm 时停止。

7）绘制关系曲线

a. 以剪应力 τ 为纵坐标，剪切位移 ΔL 为横坐标，绘制 $\tau - \Delta L$ 的关系曲线。

b. 以垂直压力 p 为横坐标，抗剪强度 s 为纵坐标，将每一试样的抗剪强度点绘在坐标纸上，并连成一直线。此直线的倾角为摩擦角 φ，纵坐标上的截距为凝聚力 c。

（2）黏质土的固结快剪试验

本试验适用于渗透系数小于 10^{-6} cm/s 的黏质土。

1）仪器设备，与黏质土的慢剪试验相同。

2）试样制备，与黏质土的慢剪试验相同。

3）试件饱和，与黏质土的慢剪试验相同。

4）试样固结稳定时的垂直变形值为：黏质土垂直变形每 1h 不大于 0.005mm。

5）剪切速度为 0.8mm/min，在 3~5min 内剪损。

6）当测力计百分表读数不变或后退时，继续剪切至剪切位移为 4mm 时停止，记下破坏值。当剪切过程中测力计百分表无峰值时，剪切至剪切位移达 6mm 时停止。

7）绘制关系曲线

a. 以剪应力 τ 为纵坐标，剪切位移 ΔL 为横坐标，绘制 $\tau - \Delta L$ 的关系曲线。

b. 以垂直压力 p 为横坐标，抗剪强度 s 为纵坐标，将每一试样的抗剪强度点绘在坐标纸上，并连成一直线。此直线的倾角为摩擦角 φ，纵坐标上的截距为凝聚力 c。

（3）黏质土的快剪试验

本试验适用于渗透系数小于 10^{-6} cm/s 的黏质土。

1）仪器设备，与黏质土的慢剪试验相同。

2）试样制备，与黏质土的慢剪试验相同。

3）试件饱和，与黏质土的慢剪试验相同。

4）剪切速度为 0.8mm/min。

5）当测力计百分表读数不变或后退时，继续剪切至剪切位移为 4mm 时停止，记下破坏值。当剪切过程中测力计百分表无峰值时，剪切至剪切位移达 6mm 时停止。

6）绘制关系曲线

a. 以剪应力 τ 为纵坐标，剪切位移 ΔL 为横坐标，绘制 $\tau - \Delta L$ 的关系曲线。

b. 以垂直压力 p 为横坐标，抗剪强度 s 为纵坐标，将每一试样的抗剪强度点绘在坐标纸上,并连成一直线。此直线的倾角为摩擦角 ψ,纵坐标上的截距为凝聚力 c。

(4) 砂类土的直剪试验

本试验适用于砂类土。

1) 仪器设备,与黏质土的慢剪试验相同。

2) 试样制备

取过 2mm 筛的风干砂 1200g。并按预定的试样干密度,按式(2-12)计算每个试样需称取的砂质量。

$$m = V\rho_d \tag{2-12}$$

式中　V——试样体积(cm^3);

　　　ρ_d——规定的干密度(g/cm^3);

　　　m——每一试件所需风干砂的质量(g)。

3) 剪切速度为 0.8mm/min,在 3~5min 内剪损。

4) 当测力计百分表读数不变或后退时,继续剪切至剪切位移为 4mm 时停止,记下破坏值。当剪切过程中测力计百分表无峰值时,剪切至剪切位移达 6mm 时停止。

5) 绘制关系曲线

a. 如欲求砂类土在每一干密度下的抗剪强度,则以抗剪强度为纵坐标,垂直压力为横坐标,绘制在一定干密度下的抗剪强度与垂直压力的关系曲线。

b. 如欲求砂类土在某一垂直压力下的抗剪强度,则以干密度为横坐标,抗剪强度为纵坐标,绘制一定垂直压力下的抗剪强度与干密度的关系曲线。

6) 试验结果表明,砂类土的内摩擦角随试样干密度的增加而增大。

(5) 排水反复直接剪切试验

反复直接剪切试验是用应变控制式直剪仪在慢速(排水)条件下,对试样反复剪切至剪应力达到稳定值,以测求土的残余抗剪强度指标 c'_r 和 ψ'_r。

本试验方法适用于超固结黏性土及软弱岩石夹层的黏性土。

1) 仪器设备为应变控制式反复直剪仪。

2) 试样制备

试样应达到饱和。饱和方法一般用抽气饱和法。

每组试验应制备 4 个试样,同组试样的密度差值不大于 $0.03g/cm^3$。

3) 试样剪切

a. 每组试验应取 4 个试样,在 4 种不同垂直压力下进行剪切试验。一个垂直压力相当于现场预期的最大压力,一个垂直压力要大于现场预期的最大垂直压力,其他垂直压力均小于现场预期的最大垂直压力。但垂直压力的各级差值要大致相等。

b. 每小时垂直变形读数变化不超过 0.005mm,认为已达到固结稳定。

c. 对一般粉质土、粉质黏土及低塑性黏土的剪切速度不宜超过 0.06mm/min;对高塑性黏土的剪切速度,不宜超过 0.02mm/min。

d. 每次剪切时,试验不能中断,直至最大剪切位移(每次正向剪切位移 8~10mm)停止剪切。

e. 倒转手轮,用反推设备缓慢地(剪切速度不大于 0.6mm/min)将下剪切盒反向推至与上剪切盒重合位置。继续反复进行剪切至剪应力达到稳定值为止。

4）绘制剪应力与剪切位移关系曲线。取每个试验曲线上第1次剪切时峰值作为破坏强度 S；取曲线上最后稳定值作为残余强度 S_r，并绘制抗剪强度（峰值强度与残余强度）与垂直压力关系曲线。

（6）粗粒土的直接剪切试验

本试验采用应力控制式或应变控制式大型直接剪切仪测定粗、巨粒土的抗剪强度参数。

本试验方法适用于最大粒径为60mm的粗颗粒土。

1）主要仪器设备：应力控制式大型直剪仪；剪切盒：形状宜采用圆形，尺寸：D/d_{max} 为 8~12，H/d_{max} 为 4~8。

2）试样制备

a. 试样按《公路土工试验规程》JTG E40—2007 中 T0102—2007 的规定进行备料。

b. 粗颗粒土直接剪切试验的开缝尺寸为 (1/3~1/4) d_{max}。

c. 试样如需饱和，对无黏性粗颗粒土，宜用水头饱和法；对黏质粗颗粒土宜用真空饱和法。

d. 每组试验应制备 4 或 5 个试样，其密度差值不得大于 0.03g/cm^3。含水率差值不得大于 1‰。在不同压力下进行试验，各级垂直压力级差大致相同。

3）试样剪切

a. 快剪试验（Q）

当水平荷载读数不再增加或剪切变形急骤增长时，即认为已剪损。若无上述两种情况出现，应控制剪切变形达到试样直径的 1/15~1/10，方可停止试验。应控制试样在 5~10 min 内达到剪切破坏。

b. 固结快剪试验（R）

每小时垂直变形小于 0.03mm，则认为变形稳定。

试样达到固结稳定后，按快剪试验中的规定进行剪切。

c. 慢剪试验（S）

按固结快剪试验的规定进行试样固结。

当水平荷载读数不再增加或剪切变形急骤增长时，即认为已剪损。若无上述两种情况出现，应控制剪切变形达到试样直径的 1/5~1/10，方可停止试验。

4）绘制关系曲线

a. 以剪应力和垂直变形为纵坐标，水平位移为横坐标，分别绘制某级垂直压力下剪应力 τ 与水平位移 $\triangle L$ 关系曲线和垂直变形 $\triangle s$ 与水平位移 $\triangle L$ 关系曲线。

b. 取剪应力 τ 与水平位移 $\triangle L$ 关系曲线上峰值或稳定值作为抗剪强度。如无明显峰值，则取水平位移达到试样直径 1/15~1/10 处的剪应力作为抗剪强度 S。

c. 以抗剪强度 S 为纵坐标，垂直压力 P 为横坐标，绘制抗剪强度 S 与垂直压力 P 的关系曲线。直线的倾角为粗颗粒土的内摩擦角 φ，直线在纵坐标轴上的截距为粗颗粒土的黏聚力 c。

6. 三轴剪切

三轴剪切试验是土的抗剪强度试验的方法之一，目前常用的试验方法有：不固结不排水剪试验、固结不排水剪试验、固结排水剪试验、一个试样多级加荷试验和粗粒土的三轴压缩试验等。

(1) 不固结不排水剪试验（UU 试验）

不固结不排水剪试验是在施加周围压力和增加轴向压力直至破坏过程中均不允许试样排水。

本试验适用于测定细粒土和砂类土的总抗剪强度参数 c_u、φ_u。

1) 三轴压缩仪由压力室、周围压力系统、轴向加压系统、孔隙水压力量测系统以及试样体积变化量测设备等组成。

2) 按轴向加压的不同，三轴压缩仪分为应变控制式和应力控制式两种。本试验采用应变控制式。

3) 试验前要求对仪器进行检查，以保证施加的周围压力能保持恒压。孔隙水压力量测系统应无气泡。仪器管路应畅通，无漏水现象。

4) 试样制备

a. 本试验需 3～4 个试样，分别在不同周围压力下进行试验。

b. 试样尺寸：试样直径为 35～101mm，试样高度宜为试样直径的 2～2.5 倍，试样的土粒最大粒径应符合表 2-72 规定。对于有裂缝、软弱面和构造面的试样，试样直径宜大于 60mm。

试样的土粒最大粒径　　　　　　　　　　　　表 2-72

试样直径 ϕ（mm）	允许最大粒径（mm）
$\phi<100$	试样直径的 1/10
$\phi\geqslant100$	试样直径的 1/5

c. 原状土试样制备用切土器切取即可。对扰动土试样制备，可采用压样法和击样法。采用击样法制样，击锤的面积宜小于试样面积。在击实分层方面，黏质土宜为 5～8 层，粉质土宜为 3～5 层。各层土样数量相等，各层接触面应刨毛。

d. 砂类土的试样制备通常有干样制备和煮沸制备两种。前者可测定干燥状态砂类土的强度。也可以在试样成型后注水饱和，以测定饱和状态下砂类土的强度。

5) 饱和的方法有抽气饱和、浸水饱和、水头饱和及反压饱和，应根据不同土类和要求而选用不同的饱和度方法。通常对黏性土采用抽气饱和，粉土采用浸水饱和，砂性土采用水头饱和，渗透系数小于 10^{-7} 的老黏土采用反压饱和等。

6) 对试样施加的周围压力应尽可能与土体现场的压力一致。

7) 试样剪切

a. 剪切应变速率宜为每分钟 0.5%～1.0%。

b. 试验中采用最大主应力差、最大主应力比和有效应力路径的方法来确定强度的破坏值。当试验中无明显破坏值时，取 15% 轴向应变时的主应力差值作为破坏值。当测力计读数出现峰值时，剪切应继续进行至超过 5% 的轴向应变为止。当测力计读数无峰值时，剪切应进行到轴向应变为 15%～20%。

8) 在直角坐标纸上绘制轴向应变与主应力差的关系曲线。

(2) 固结不排水剪试验（CU 试验）

固结不排水剪试验是使试样先在某一周围压力作用下排水固结,然后在保持不排水的情况下,增加轴向压力直至破坏。

本试验适用于测定黏质土和砂类土的总抗剪强度参数 c_{cu}、ψ_{cu} 或有效抗剪强度参数 c'、ψ' 和孔隙压力系数。

1) 三轴压缩仪由压力室、周围压力系统、轴向加压系统、孔隙水压力量测系统以及试样体积变化量测设备等组成。

2) 按轴向加压的不同,三轴压缩仪分为应变控制式和应力控制式两种。本试验采用应变控制式。

3) 试验前要求对仪器进行检查,以保证施加的周围压力能保持恒压。孔隙水压力量测系统应无气泡。仪器管路应畅通,无漏水现象。

4) 试样制备,与不固结不排水剪试验相同。

5) 饱和的方法有抽气饱和、浸水饱和、水头饱和及反压饱和,应根据不同土类和要求而选用不同的饱和度方法。通常对黏性土采用抽气饱和,粉土采用浸水饱和,砂性土采用水头饱和,渗透系数小于 10^{-7} 的老黏土采用反压饱和等。

6) 试样排水固结

以孔隙水压力消散 95% 作为判别固结的标准。固结稳定的标准是最后 1h 变形量不超过 0.01mm。

7) 试样剪切

a. 对于不同土类应选择不同的剪切速率。三轴压缩试验中,黏质土每分钟应变为 0.05%~0.1%;粉质土每分钟应变为 0.1%~0.5%。砂类土的剪切速率以试验方便为原则,每分钟应变可在 0.5%~1.0% 左右。

b. 当试验中无明显破坏值时,取 15% 轴向应变时的主应力差值作为破坏值。当测力计读数出现峰值时,剪切应继续进行至超过 5% 的轴向应变为止。当测力计读数无峰值时,剪切应进行到轴向应变为 15%~20%。

8) 试验固结后的高度及面积可按实际的垂直变形量和排水量两种方法计算。剪切过程中的校正面积按平均断面计算剪损面积。

9) 绘制关系曲线

a. 轴向应变与主应力差的关系曲线;

b. 轴向应变与有效主应力比的关系曲线;

c. 轴向应变与孔隙水压力的关系曲线;

d. 有效应力路径曲线,并计算有效摩擦角和有效凝聚力;

e. 破坏应力圆、摩擦角和凝聚力的确定,根据轴向应变与主应力差的关系曲线在直角坐标纸上绘制等。

(3) 固结排水剪试验(CD试验)

固结排水剪试验是使试样先在某一周围压力作用下排水固结,然后在允许试样充分排水的情况下增加轴向压力直至破坏。

本试验适用于测定黏质土和砂类土的抗剪强度参数 c_d、ψ_d。

1) 三轴压缩仪由压力室、周围压力系统、轴向加压系统、孔隙水压力量测系统以及试样体积变化量测设备等组成。

2) 按轴向加压的不同，三轴压缩仪分为应变控制式和应力控制式两种。本试验采用应变控制式。

3) 试验前要求对仪器进行检查，以保证施加的周围压力能保持恒压。孔隙水压力量测系统应无气泡。仪器管路应畅通，无漏水现象。

4) 试样制备，与不固结不排水剪试验相同。

5) 饱和的方法有抽气饱和、浸水饱和、水头饱和及反压饱和，应根据不同土类和要求而选用不同的饱和度方法。通常对黏性土采用抽气饱和，粉土采用浸水饱和，砂性土采用水头饱和，渗透系数小于 10^{-7} 的老黏土采用反压饱和等。

6) 试样排水固结

以孔隙水压力消散 95% 作为判别固结的标准。

7) 试样剪切

a. 剪切速率采用每分钟应变 0.003%～0.012%。

b. 当试验中无明显破坏值时，取 15% 轴向应变时的主应力差值作为破坏值。当测力计读数出现峰值时，剪切应继续进行至超过 5% 的轴向应变为止。当测力计读数无峰值时，剪切应进行到轴向应变为 15%～20%。

c. 在剪切过程中试样始终排水，孔隙水压力为零。

8) 试验固结后的高度及面积可按实际的垂直变形量和排水量两种方法计算。

9) 绘制关系曲线

a. 轴向应力与主应力差的关系曲线；

b. 轴向应变与主应力比的关系曲线。

(4) 一个试样多级加荷试验

本试验采用一个试样多级施加周围压力和轴向压力进行剪切，以测定土的总强度参数 c、φ 和有效强度参数 c'、φ'。

本规程适用于无法取得多个试样（3～4 个）进行三轴试验的原状硬土、扰动土或有不规则裂隙的裂土。

1) 三轴压缩仪由压力室、周围压力系统、轴向加压系统、孔隙水压力量测系统以及试样体积变化量测设备等组成。

2) 试样制备，与不固结不排水剪试验相同。

3) 饱和的方法有抽气饱和、浸水饱和、水头饱和及反压饱和，应根据不同土类和要求而选用不同的饱和度方法。通常对黏性土采用抽气饱和，粉土采用浸水饱和，砂性土采用水头饱和，渗透系数小于 10^{-7} 的老黏土采用反压饱和等。

4) 试样剪切

a. 不固结不排水剪试验（UU 试验）

(a) 安装试样后，施加第一级周围压力（周围压力分 2～3 级施加）；

(b) 剪切应变速率取每分钟为 0.5%～1.0%，然后开始剪切；

(c) 当测力计读数稳定或接近稳定时，将轴向压力退至零；

(d) 最后一级周围压力下的剪切累积应不超过 20%。

b. 固结不排水剪试验（CU 试验）。

(a) 安装试样后，施加第一级周围压力，并按规定进行试样固结；

(b) 第一级剪切完成后，轴向压力退至为零。待孔隙压力稳定后再施加第二级周围压力，并按规定进行排水固结；

(c) 最后一级周围压力下的剪切累积应变量应不超过20%。

5) 破坏点的确定应与多个试样破坏标准的确定相一致。对于软黏土及塑性大的土，因破坏点不显明，难以根据峰值或稳定值的近似点确定施加下一级周围压力的标准，可以按预先设定的轴向应变，施加各级周围压力。一般可以按以下标准进行：第一级轴向应变至16%；第二级轴向应变至18%；第三级轴向应变至20%。

6) 采用该法进行试验，不固结、不排水试验的试样面积修正与多个试样的试验相同。对于固结、不排水试验，因为每一级周围压力下试样体积产生变化，所以试样面积修正还应考虑体积变化问题。目前仍按分级计算方法进行，即第一级周围压力下试样剪切终了时的状态作为下一级周围压力下试样的起始状态。

7) 绘制关系曲线

a. 不固结不排水剪应力与应变关系曲线；

b. 固结不排水剪应力与应变曲线；

c. 固结不排水剪的法向力与剪应力曲线。

(5) 粗粒土的三轴压缩试验

本试验方法适用于测定最大粒径为60mm粗粒土的抗剪强度指标参数。

根据路面基层的受力状态和使用条件，本试验方法采用应变控制式试验，试样在不饱和水、不固结和不排水情况下测定抗剪强度参数。

1) 试件尺寸

a. 规格为$\phi30cm\times60cm$和$\phi30cm\times75cm$两种。

b. 若土粒最大粒径大于60mm，要求试样直径尺寸不小于最大粒径的5倍，试样高度为直径的2倍以上。

2) 标准测力计的量程一般为100~300kN。测量轴向变形时，需用大量程（达5cm）百分表。

3) 试验前应对仪器的加压系统、体变量测系统、压力室、传压活塞、橡皮膜和蓄能器水位标高等进行检查，标定无级调速阀上的刻度与油缸上升速度的关系。

4) 试样准备

a. 试验用材料的最大粒径过大或过小，都不能真实反映粒料材料试验结果的可靠性。试件的最大允许粒径以不超过试件直径的1/5为宜。

b. 对超过仪器允许粒径的颗粒含量的处理，可采用下述方法：

(a) 若超过粒径颗粒含量小于5%时，可采用剔除法，即把超径颗粒剔除。

(b) 若超过粒径颗粒含量大于5%时，则采用等质量代换法处理，方法是按仪器允许的全部粗料（从粒径为5mm至最大粒径之间的粗料）按比例等质量代换超径颗粒含量。

5) 试件制备

a. 试件尺寸：试件直径为30cm，高度60cm；若试件压缩量较大时，试件高度可采用75cm。

b. 按试件尺寸和设计干密度，计算试件需要的材料总质量。制备试件时试样采用分层装填击实法。

c. 试验证明，试料的含水率是影响试验结果的重要因素，必须严格准确地加以控制。当试料的总含水率增加 1%～2%时，φ 将降低 8%～28%，c 值将降低 68%～97%。

6) 试样剪切

为使剪切试验的状态接近于路面基层的实际工作状态，试件宜采用不饱水、不固结排水的快剪试验方法。剪切速率为 1.5mm/min。剪切开始阶段，试件每产生 1mm 的垂直变形，测记轴向压力、垂直变形和体变各一次。当应力应变曲线接近峰值时，应适当加密读数。

7) 车轮荷载作用下的路面力学计算结果表明，路面基层以内产生的侧压力均小于 200kPa。本试验的侧压力分别采用 50kPa、100kPa、150kPa 和 200kPa 四级。

8) 求解抗剪强度指标 c、φ 值，可分别采用作图法或计算法。

7. 无侧限抗剪

(1) 细粒土的无侧限抗压强度试验

无侧限抗压强度是试件在无侧向压力的条件下，抵抗轴向压力的极限强度。

本试验适用于测定饱和软黏土的无侧限抗压强度及灵敏度。

1) 目前采用的无侧限抗压强度仪器，一般有应变控制式和应力控制式两种。仪器设备为应变控制式无侧限抗压强度仪。

2) 试件直径和高度应与重塑筒直径和高度相同，一般直径为 40～50mm，高为 100～120mm。试件高度与直径之比应大于 2，按软土的软硬程度采用 2.0～2.5。

3) 测定土的灵敏度时，重塑（扰动）试件应保持同原状试件相同的密度和湿度。

4) 试样剪切

a. 以轴向应变 1%/min～3%/min 的速度转动手轮（0.06～0.12mm/min），使试验在 8～20min 内完成。

b. 应变在 3%以前，每 0.5%应变记读百分表读数一次；应变达 3%以后，每 1%应变记读百分表读数一次。

c. 当百分表达到峰值或读数达到稳定，再继续剪 3%～5%应变值即可停止试验。如读数无稳定值，则轴向应变达 20%时即可停止试验。

5) 以轴向应力为纵坐标，轴向应变为横坐标，绘制应力—应变曲线。以最大轴向应力作为无侧限抗压强度。若最大轴向应力不明显，取轴向应变 15%处的应力作为该试件的无侧限抗压强度 q_u。

6) 灵敏度 S_t 是原状试件的无侧限抗压强度与重塑（扰动）试件的无侧限抗压强度之比。灵敏度是表示土结构对强度影响的指标。灵敏度值愈大，表示土的结构对土体强度影响也愈大，根据灵敏度的大小可将黏性土划分为如下：

$S_t < 2$　　　不灵敏的黏土；

$S_t = 2～4$　　中等灵敏黏土或一般黏土；

$S_t = 4～8$　　灵敏性黏土；

$S_t > 8$　　　高灵敏度黏土。

8. 土基承载比

(1) 承载比（CBR）试验

所谓 CBR 值，是指试料贯入量达 2.5mm 时，单位压力对标准碎石压入相同贯入量时标准荷载强度的比值。

本试验方法只适用于在规定的试筒内制件后，对各种土和路面基层、底基层材料进行承载比试验。

试样的最大粒径宜控制在 20mm 以内，最大不得超过 40mm 且含量不超过 5%。

1) 主要仪器设备

路面材料强度仪或其他载荷装置：能量不小于 50kN，能调节贯入速度至每分钟贯入 1mm，可采用测力计式。

荷载板：直径 150mm，中心孔眼直径 52mm，每块质量 1.25kg，共 4 块，并沿直径分为两个半圆块。

水槽：浸泡试件用，槽内水面应高出试件顶面 25mm。

2) 试件制备

a. 本试验采用风干试料，按四分法备料。先按击实试验求得试料的最佳含水率后，再按此最佳含水率制备所需试件。制备每个试件时，都要取样测定试料的含水率。

b. 需要时，可制备三种干密度试件。如每种干密度试件制 3 个，则共制 9 个试件。每层击数分别为 30、50 和 98 次，使试件的干密度从低于 95% 到等于 100% 的最大干密度。

c. 大试筒击实后，试样不宜高出筒高 10mm。

3) 泡水测膨胀量

a. 在泡水期间，槽内水面应保持在试件顶面以上大约 25mm。通常试件要泡水 4 昼夜（96h）。

b. 原试件高度为 120mm。

4) 贯入试验

a. 先在贯入杆上施加 45N 荷载，然后将测力和测变形的百分表指针均调整至整数，并记读起始读数。

b. 加荷使贯入杆以 1~1.25mm/min 的速度压入试件，同时测记 3 个百分表的读数。记录测力计内百分表某些整读数（如 20、40、60）时的贯入量，并注意使贯入量为 250×10^{-2} mm 时，能有 5 个以上的读数。

5) 以单位压力（p）为横坐标，贯入量（l）为纵坐标，绘制 $p-l$ 关系曲线，如发现曲线起始部分反弯，则应对曲线进行修正，以 O' 作为修正的原点。

6) 一般采用贯入量为 2.5mm 时的单位压力与标准压力之比作为材料的承载比（CBR）。如贯入量为 5mm 时的承载比大于 2.5mm 时的承载比，则试验应重做。如结果仍然如此，则采用 5mm 时的承载比。

7) 如根据 3 个平行试验结果计算得的承载比变异系数 C_v 大于 12%，则去掉一个偏离大的值，取其余两个结果的平均值。如 C_v 小于 12%，且 3 个平行试验结果计算的干密度偏差小于 0.03g/cm³，则取 3 个结果的平均值。如 3 个试验结果计算的干密度偏差超过 0.03g/cm³，则去掉一个偏离大的值，取其两个结果的平均值。

承载比小于 100，相对偏差不大于 5%；承载比大于 100，相对偏差不大于 10%。

9. 回弹模量

土的回弹模量试验目前常用的试验方法有：承载板法和强度仪法。

(1) 承载板法

本试验适用于不同湿度和密度的细粒土。

1) 主要仪器设备

杠杆压力仪：最大压力 1500N，加压球座直径为 50mm。

承载板：直径为 50mm，高 80mm。

试筒：内径 152mm、高 170mm 的金属圆筒；套环，高 50mm；筒内垫块，直径 151mm，高 50mm；夯击底板与击实仪相同。

量表：千分表；秒表。

2) 先按击实试验求得试料的最大干密度和最佳含水率后，再按此最佳含水率制备试件。

3) 预压：在杠杆仪的加载架上施加砝码，用预定的最大单位压力 p 进行预压。含水率大于塑限的土，$p=50\sim100$kPa；含水率小于塑限的土，$p=100\sim200$kPa。预压进行 1~2 次，每次预压 1min。

4) 测定回弹量：将预定最大单位压力分成 4~6 份，作为每级加载的压力。每级加载时间为 1min 时，记录千分表读数，同时卸载，让试件恢复变形。卸载 1min 时，再次记录千分表读数，同时施加下一级荷载。如此逐级进行加载卸载，并记录千分表读数，直至最后一级荷载。为使试验曲线开始部分比较准确，第一、二级荷载可用每份的一半。试验的最大压力也可略大于预定压力。

5) 以单位压力 p 为横坐标（向右），回弹变形 l 为纵坐标（向下），绘制 $p-l$ 曲线。

6) 每个试样的回弹模量由 $p-l$ 曲线上直线段的数值确定。

7) 对于较软的土，如果 $p-l$ 曲线不通过原点，允许用初始直线段与纵坐标轴的交点当作原点，修正各级荷载下的回弹变形和回弹模量。

8) 土的回弹模量由三个平行试验的平均值确定，每个平行试验结果与均值回弹模量相差均应不超过 5%。

(2) 强度仪法

本试验适用于不同湿度、密度的细粒土及其加固土。

1) 主要仪器设备

路面材料强度仪：能量不小于 50kN，能调节贯入速度至每分钟贯入 1mm，可采用测力计式。

承载板：直径为 50mm，高 80mm。

试筒：内径 152mm、高 170mm 的金属圆筒；套环，高 50mm；筒内垫块，直径 151mm，高 50mm；夯击底板与击实仪相同。

量表：千分表；秒表。

2) 先按击实试验求得试料的最大干密度和最佳含水率后，再按此最佳含水率制备试件。

3) 预压：摇动摇把，用预定的试验最大单位压力 p 进行预压。含水率大于塑限的土，$p=50\sim100$kPa；含水率小于塑限的土，$p=100\sim200$kPa。预压进行 1~2 次，每次预压 1min。

4) 测定回弹模量：

a. 将预定的最大压力分为 4~6 份,作为每级加载的压力。由每级压力计算测力计百分表读数,按照百分表读数逐级加载。

b. 加载卸载:将预定最大单位压力分成 4~6 份,作为每级加载的压力。每级加载时间为 1min 时,记录千分表读数,同时卸载,让试件恢复变形。卸载 1min 时,再次记录千分表读数,同时施加下一级荷载。如此逐级进行加载卸载,并记录千分表读数,直至最后一级荷载。为使试验曲线开始部分准确,第一、二级荷载可用每份的一半。试验的最大压力也可略大于预定压力。

c. 如果试样较硬,预定的 p 值可能偏小,此时可不受 p 值的限制,增加加载级数,至需要的压力为止。

5)以单位压力 p 为横坐标(向右),回弹变形 l 为纵坐标(向下),绘制 $p-l$ 曲线。

6)每个试样的回弹模量由 $p-l$ 曲线上直线段的数值确定。

7)对于较软的土,如果 $p-l$ 曲线不通过原点,允许用初始直线段与纵坐标轴的交点当作原点,修正各级荷载下的回弹变形和回弹模量。

8)土的回弹模量由三个平行试验的平均值确定,每个平行试验结果与均值回弹模量相差均应不超过 5%。

2.4.1.4 化学性质试验

化学性质试验有:酸碱度、烧失量、有机质含量、可溶盐含量、阳离子交换量和矿物成分等试验。试验注意事项,见《公路土工试验规程》JTG E40—2007 中相关试验。

2.4.2 其他注意事项

2.4.2.1 《公路土工试验规程》JTG E40—2007 中土的工程分类

1. 土的工程分类(简称"分类")适用于公路工程用土的鉴别、定名和描述,以便对土的性状作定性评价。

2. 土的分类依据

应以土的下列特征作为土的分类依据:

(1) 土颗粒组成特征。

(2) 土的塑性指标:液限(ω_L)、塑限(ω_P)和塑性指数(I_P)。

(3) 土中有机质存在情况。

3. 本"分类"应按《公路土工试验规程》JTG E40—2007 筛分法 T 0115—1993 确定各粒组的含量;按液限塑限联合测定法 T 0118—2007 确定液限和塑限;按有机质土定名方法判别有机质存在情况。

4. 土的颗粒应根据图 2-1 所列粒组范围划分粒组。

5. 本"分类"将土分为巨粒土、粗粒土、细粒土和特殊土。

(1) 巨粒土分类

1) 巨粒土应按下列规定定名分类:

a. 巨粒组质量多于总质量 75% 的土称漂(卵)石。

b. 巨粒组质量为总质量 50%~75%(含 75%)的土称漂(卵)石夹土。

c. 巨粒组质量为总质量 15%~50%(含 50%)的土称漂(卵)石质土。

d. 巨粒组质量少于或等于总质量 15% 的土,可扣除巨粒,按粗粒土或细粒土的相应

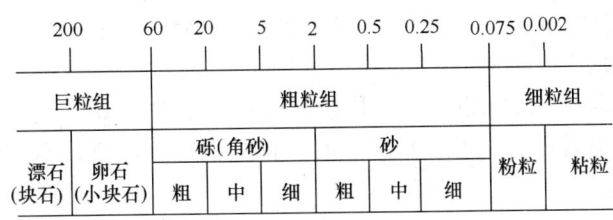

图 2-1 粒组划分图

规定分类定名。

2) 漂（卵）石按下列规定定名：

a. 漂石粒组质量多于卵石粒组质量的土称漂石，记为 B。

b. 漂石粒组质量少于或等于卵石粒组质量的土称卵石，记为 Cb。

3) 漂（卵）石夹土按下列规定定名：

a. 漂石粒组质量多于卵石粒组质量的土称漂石夹土，记为 BSl。

b. 漂石粒组质量少于或等于卵石粒组质量的土称卵石夹土，记为 CbSl。

4) 漂（卵）石质土应按下列规定定名：

a. 漂石粒组质量多于卵石粒组质量的土称漂石质土，记为 SlB。

b. 漂石粒组质量少于或等于卵石粒组质量的土称卵石质土，记 SlCb。

c. 如有必要，可按漂（卵）石质土中的砾、砂、细粒土含量定名。

(2) 粗粒土分类

1) 试样中巨粒组土粒质量少于或等于总质量 15%，且巨粒组土粒与粗粒组土粒质量之和多于总土质量 50% 的土称粗粒土。

2) 粗粒土中砾粒组质量多于砂粒组质量的土称砾类土。砾类土应根据其中细粒含量和类别以及粗粒组的级配进行分类。

a. 砾类土中细粒组质量少于或等于总质量 5% 的土称砾，按下列级配指标定名：

当 $C_u \geqslant 5$，且 $C_c = 1 \sim 3$ 时，称级配良好砾，记为 GW；

当不同时满足：$C_u \geqslant 5$，且 $C_c = 1 \sim 3$ 条件时，称级配不良砾，记为 GP。

b. 砾类土中细粒组质量为总质量 5%～15%（含 15%）的土称含细粒土砾，记为 GF。

c. 砾类土中细粒组质量大于总质量的 15%，并小于或等于总质量的 50% 的土称细粒土质砾，按细粒土在塑性图中的位置定名：

当细粒土位于塑性图 A 线以下时，称粉土质砾，记为 GM；

当细粒土位于塑性图 A 线或 A 线以上时，称黏土质砾，记为 GC。

3) 粗粒土中砾粒组质量少于或等于砂粒组质量的土称砂类土。砂类土应根据其中细粒含量和类别以及粗粒组的级配进行分类。

a. 砂类土中细粒组质量少于或等于总质量 5% 的土称砂，按下列级配指标定名：

当 $C_u \geqslant 5$，且 $C_c = 1 \sim 3$ 时，称级配良好砂，记为 SW；

当不同时满足：$C_u \geqslant 5$，且 $C_c = 1 \sim 3$ 条件时，称级配不良砂，记为 SP。

b. 砂类土中细粒组质量为总质量 5%～15%（含 15%）的土称含细粒土砂，记为 SF。

c. 砂类土中细粒组质量大于总质量的 15%，并小于总质量的 50% 的土称细粒土质砂。按细粒土在塑性图中的位置定名：

当细粒土位于塑性图 A 线以下时，称粉土质砂，记为 SM；

当细粒土位于塑性图 A 线或 A 线以上时，称黏土质砂，记为 SC。

（3）细粒土分类

1）试样中细粒组土粒质量多于或等于总质量 50% 的土称细粒土。

2）细粒土应按下列规定划分：

a. 细粒土中粗粒组质量少于或等于总质量 25% 的土称粉质土或黏质土。

b. 细粒土中粗粒组质量为总质量 25%～50%（含 50%）的土称含粗粒的粉质土或含粗粒的黏质土。

c. 试样中有机质含量多于或等于总质量的 5%，且少于总质量的 10% 的土称有机质土。试样中有机质含量多于或等于 10% 的土称为有机土。

3）含粗粒的细粒土应先按第 2.4.2.1 条第 5 款第（3）项 5）中的规定确定细粒土部分的名称，再按以下规定最终定名：

a. 当粗粒组中砾粒组质量多于砂粒组质量时，称含砾细粒土，应在细粒土代号后缀以代号 "G"。

b. 当粗粒组中砂粒组质量多于或等于砂粒组质量时称含砂细粒土，应在细粒土代号后缀以代号 "S"。

4）细粒土应按塑性图分类。本"分类"的塑性图（见图 2-2）采用下列液限分区：低液限 $\omega_L < 50\%$、高液限：$\omega_L \geq 50\%$。

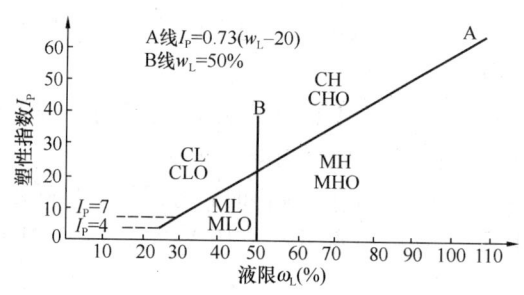

图 2-2 塑性图

5）细粒土应按其在图 2-2 中的位置确定土名称：

a. 当细粒土位于塑性图 A 线或 A 线以上时，按下列规定定名：

在 B 线或 B 线以右，称高液限黏土，记为 CH；

在 B 线以左，$I_P = 7$ 线以上，称低液限黏土，记为 CL。

b. 当细粒土位于 A 线以下时，按下列规定定名：

在 B 线或 B 线以右，称高液限粉土，记为 MH；

在 B 线以左，$I_P = 4$ 线以下，称低液限粉土，记为 ML。

c. 黏土～粉土过渡区（CL～ML）的土可以按相邻土层的类别考虑细分。

6) 有机质土应根据图 2-2 按下列规定定名:

a. 位于塑性图 A 线或 A 线以上时:

在 B 线或 B 线以右,称有机质高液限黏土,记为 CHO;

在 B 线以左,$I_P=7$ 线以上,称有机质低液限黏土,记为 CLO。

b. 位于塑性图 A 线以下:

在 B 线或 B 线以右,称有机质高液限粉土,记为 MHO;

在 B 线以左,$I_P=4$ 线以下,称有机质低液限粉土,记为 MLO。

c. 黏土~粉土过渡区 (CL~ML) 的土可以按相邻土层的类别考虑细分。

(4) 特殊土分类

1) 本"分类"给出黄土、膨胀土和红黏土在塑性图中的位置及其学名,以及盐渍土的含盐量标准和冻土的分类标准。

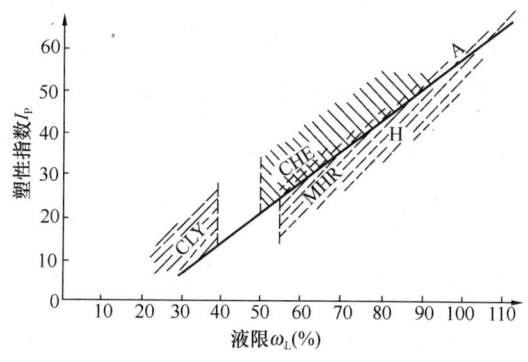

图 2-3 特殊土塑性图

2) 黄土、膨胀土和红黏土按图 2-3 定名:

a. 黄土:低液限黏土 (CLY),分布范围:大部分在 A 线以上,$\omega_L<40\%$

b. 膨胀土:高液限黏土 (CHE),分布范围:大部分在 A 线以上,$\omega_L>50\%$。

c. 红黏土:高液限粉土 (MHR),分布范围:大部分在 A 线以下,$\omega_L>55\%$。

3) 盐渍土工程分类见表 2-73。

盐渍土工程分类　　　　　　表 2-73

土层中平均总盐量[质量(%)] 名称	Cl^-/SO_4^{2-} 比值	氯盐渍土 >2.0	亚氯盐渍土 1.0~2.0	亚硫酸盐渍土 0.3~1.0	硫酸盐渍土 <0.3
弱盐渍土		0.3~1.5	0.3~1.0	0.3~0.8	0.3~0.5
中盐渍土		1.5~5.0	1.0~4.0	0.8~2.0	0.5~1.5
强盐渍土		5.0~8.0	4.0~7.0	2.0~5.0	1.5~4.0
过盐渍土		>8.0	>7.0	>5.0	>4.0

4) 根据冻土冻结状态持续时间的长短,我国冻土可分为多年冻土、隔年冻土和季节冻土三种类型,冻土按冻结状态持续时间分类,见表 2-74。

冻土按冻结状态持续时间分类 表2-74

类　　型	持续时间 t（年）	地面温度（℃）特征	冻融特征
多年冻土	$t \geqslant 2$	年平均地面温度≤0	季节融化
隔年冻土	$2 > t \geqslant 1$	最低月平均地面温度≤0	季节冻结
季节冻土	$t < 1$	最低月平均地面温度≤0	季节冻结

6. 土颗粒组成特征应以土的级配指标的不均匀系数（C_u）和曲率系数（C_c）表示。不均匀系数 C_u 反映粒径分布曲线上的土粒分布范围，按式（2-13）计算：

$$C_u = \frac{d_{60}}{d_{10}} \tag{2-13}$$

曲率系数 C_c 反映粒径分布曲线上的土粒分布形状，按式（2-14）计算：

$$C_c = \frac{d_{30}^2}{d_{10} \times d_{60}} \tag{2-14}$$

以上两式中 d_{10}、d_{30} 和 d_{60}——土的特征粒径（mm），在土的粒径分布曲线上，小于该粒径的土粒质量分别为总土质量的 10%、30%、60%。

7. 土的成分、级配、液限和特殊土等基本代号应按下列规定构成：

(1) 土的成分代号

漂石：B；

块石：B_a；

卵石：C_b；

小块石：Cba；

砾：G；

角砾：G_a；

砂：S；

粉土：M；

黏土：C；

细粒土（C 和 M 合称）：F；

（混合）土（粗、细粒土合称）：Sl；

有机质土：O。

(2) 土的级配代号

级配良好：W；

级配不良：P。

(3) 土液限高低代号

高液限：H；

低液限：L。

(4) 特殊土代号

黄土：Y；

膨胀土：E；

红黏土：R；

盐渍土：St；

冻土：Ft。

8. 土类名称可用一个基本代号表示

当由两个基本代号构成时,第一个代号表示土的主成分,第二个代号表示副成分(土的液限或土的级配)。

当由3个基本代号构成时,第一个代号表示土的主成分,第二个代号表示液限的高低(或级配的好坏),第三个代号表示土中所含次要成分。

土类的名称和代号,见表2-75。

土类的名称和代号　　　　　　　表2-75

名 称	代 号	名 称	代 号	名 称	代 号
漂石	B	级配良好砂	SW	含砾低液限黏土	CLG
块石	B_a	级配不良砂	SP	含砂高液限黏土	CHS
卵石	C_b	粉土质砂	SM	含砂低液限黏土	CLS
小块石	C_{ba}	黏土质砂	SC	有机质高液限黏土	CHO
漂石夹土	BSl	高液限粉土	MH	有机质低液限黏土	CLO
卵石夹土	CbSI	低液限粉土	ML	有机质高液限粉土	MH0
漂石质土	SIB	含砾高液限粉土	MHG	有机质低液限粉土	MLO
卵石质土	SICb	含砾低液限粉土	MLG	黄土(低液限黏土)	CLY
级配良好砾	GW	含砂高液限粉土	MHS	膨胀土(高液限黏土)	CHE
级配不良砾	GP	含砂低液限粉土	MLS	红土(高液限粉土)	MHR
细粒质砾	GF	高液限黏土	CH	红黏土	R
粉土质砾	GM	低液限黏土	CL	盐渍土	St
黏土质砾	GC	含砾高液限黏土	CHG	冻土	Ft

2.4.2.2 影响压实的因素

1. 含水率对整个压实过程的影响

由击实曲线可知,严格的控制最佳含水率是关键,但是,不同的土类其最佳含水率和最大干密度也是不同的。一般粉粒和黏粒含量多,土的塑性指数越大,土的最佳含水率也越大,同时其最大干密度越小。

一般砂性土的最佳含水率小于黏性土,而砂性土的最大干密度也大于黏性土。

2. 击实功对最佳含水率和最大干密度的影响。对同一种土用不同的击实功进行击实试验后表明:击实功越大,土的最大干密度也越大,而土的最佳含水率则越小。但是这种增大击实功是有一定限度的,超过这一限度,即使增加击实功,土的干密度的增加也不明显。

3. 不同压实机械对压实的影响。

4. 土粒级配的影响。

在路基、路面基层材料等的施工中表明,粒料的级配对所能达到的密实度有明显的影响。均匀颗粒的砂,单一尺寸的砾石和碎石,都很难碾压密实。只有在良好级配的条件下才能达到要求的密实度,也才能满足强度和稳定性的要求。

5. 压实厚度的影响。

2.4.2.3 土体的三种固结状态

土体的压缩变形主要是由于孔隙的减小所引起的。饱和土的压缩需要一定时间才能完成。压缩性指标主要有：压缩系数（a）、压缩模量（E_s）及压缩指数（C_c）三个指标。

天然土层可区分为下列三种固结状态：（γ_z 为以现地面以下某一深度 Z 处的单元土体 A 而言）。

1. 超固结状态。天然土层在地质历史上受到过的固结压力 P_c 大于目前的上覆压力的情况。即：$P_c > \gamma_z$ 的情况（γ 为土的容重）。

2. 正常固结状态。土层在历史上最大固结压力作用下 P_c 压缩稳定，但沉积后土层厚度无大变化，也没有受到过其他荷载的继续作用。即：$P_c = \gamma_z$ 的情况。

3. 欠固结状态。土层历史上曾在 P_c 作用下压缩稳定，固结完成。以后由于某种原因使土层继续沉积或加载，形成目前大于 P_c 的自重压力 γ_z，但因时间不长，γ_z 作用下的压缩固结还没有完成，还在继续压缩中。即：$P_c < \gamma_z$ 的情况。

上述 3 种固结状态可以统一用超固结比 $\text{OCR} = P_c/P_0$（$P_0 = \gamma_z$ 即自重压力）的大小来判断。

当 OCR>1 时：超固结状态；

OCR=1 时：正常固结状态；

OCR<1 时：欠固结状态。

2.4.2.4 土体的抗剪强度

土体对于外荷载所产生的剪应力的极限抵抗能力称为土的抗剪强度。

1. 土与强度有关的工程问题主要有下列 3 个方面：

(1) 土作为材料构成的土工构筑物的稳定问题；

(2) 土作为工程构筑物的环境问题，即土压力问题；

(3) 土作为建筑物地基的承载力问题。

2. 土体的强度指标，主要有：黏聚力（c）和内摩擦角（ψ）两个指标。

土体的强度规律的数学表达式，见式（2-15）、式（2-16）。

砂性土： $$\tau_f = \sigma \tan\psi \quad (2\text{-}15)$$

黏性土： $$\tau_f = c + \sigma \tan\psi \quad (2\text{-}16)$$

式中 c——土的黏聚力（kPa）；

ψ——土的内摩擦角；

$\tan\psi$——直线的斜率。

砂土的内摩擦角 ψ 值取决于砂粒间的摩擦阻力以及连锁作用。

黏性土的抗剪强度，主要是黏聚力 c 的问题。包括：原始黏聚力和固化黏聚力等。

黏性土的抗剪强度指标的变化范围很大，与土的种类有关，并且与土的天然结构是否被破坏、试样在法向压力下的排水固结、试验方法等因素有关。

3. 抗剪强度的测定方法，有：直接剪切试验和三轴试验两种测定方法。

(1) 直接剪切试验

直接剪切试验有：快剪、固结快剪及慢剪 3 种不同试验方法。

(2) 三轴试验

根据土样固结排水的不同条件，三轴试验可分为下列 3 种基本方法：

1) 不固结不排水剪（UU 试验），这种试验方法所对应的实际工程条件相当于饱和软黏土中快速加荷时的应力状况。

2) 固结不排水剪（CU 试验）是经常要做的工程试验，它适用的实际工程条件常常是一般正常固结土层在工程竣工时或以后受到大量、快速的活荷载或新增加的荷载的作用时所对应的受力情况。

3) 固结排水剪（CD 试验）。

2.4.2.5 用灌砂法检测压实度时，应注意以下几个问题

1. 标定量砂的松方密度和灌砂筒下部圆锥体内砂的质量；
2. 试坑深度要贯穿整个填土层；
3. 试坑内若遇石头，要先把石头拿出来不称重量。灌砂时要把石头放回试坑中。

2.4.2.6 用灌砂法测量试洞的容积时，其准确度和精度受下列几个因素的影响

1. 标定罐的深度对砂的密度有影响。

标定罐的深度减 2.5cm，砂的密度约降低 1%。因此，标定罐的深度应与试洞的深度一致。

2. 储砂筒中砂面的高度对砂的密度有影响。

储砂筒中砂面的高度降低 5cm，砂的密度约降低 1%。因此，现场测量时，储砂筒中的砂面高度应与标定砂的密度时储砂筒中的砂面高度一致。

3. 砂的颗粒组成对试验的重现性有影响。

使用的砂应清洁干燥，否则，砂的密度会有明显变化。

用不同粒径的砂标定漏斗的体积和砂的密度时的重现性列在表 2-76 中。从表中所列资料可以看出，使用粒径 0.3~0.6mm 砂的重现性最好。标定的精度达到 0.001kg。

用不同粒径的砂标定时的重现性　　　　　表 2-76

砂的粒径	与平均值的最大偏差	
（mm）	在锥形漏斗中（%）	在标定罐中（%）
0.6~1.2	0.4	0.3
0.3~0.6	0.2	0.1
0.15~0.3	0.6	0.2
小于 0.15	0.7	0.2

2.4.2.7 挖坑灌砂法试验做得准确，应注意以下几个环节

1. 量砂要规则，如果重复使用时一定要注意晾干，处理一致，否则影响量砂的松方密度。

2. 每换一次量砂，都必须测定松方密度，灌砂筒下部圆锥体内砂的数量也应该每次重新标定。因此，量砂宜事先准备较多数量。切勿到试验时临时找砂，又不进行标定，仅使用以前的数据。

3. 地表面处理要平，只要表面凸出一点（即使 1mm），使整个表面高出一薄层，其体积便算到试坑中去了，将影响试验结果。因此，试验时一般宜采用先放上基板测定一次粗糙表面消耗的量砂。只有在非常光滑的情况下方可省去此步骤操作。

2.4.2.8 弯沉值与土基回弹模量之间的关系

弯沉值与土基回弹模量之间的相关关系应按路面设计规范规定的公式换算,当无规定时可参照下列回归方程式 (2-17) 换算:

$$l_0 = 9308 \times E_0^{-0.938} \tag{2-17}$$

式中 E_0——土基回弹模量 (MPa);

l_0——顶面实测弯沉值 (1/100mm),路面设计采用双轮组单轴载 100kN 作为标准轴载。

若弯沉检验时不是不利季节,应先将此弯沉值换算的土基回弹模量值乘以季节影响系数,换算为不利季节的土基回弹模量值。

2.4.2.9 回弹弯沉值的修正

1. 检测路基、路面回弹弯沉所用的弯沉仪标准为 5.4m,若使用 3.6m 弯沉仪时,要进行支点变形修正。
2. 在不利季节检测路基、路面回弹弯沉时,要进行不利季节修正。
3. 沥青路面的弯沉以标准温度 20℃时为准,当地面平均温度在 20℃±2℃以内可不修正。在其他温度测试时,对沥青层厚度大于 5cm 的沥青路面,弯沉值应予温度修正。

2.4.2.10 平整度的测试设备

平整度的测试设备分为断面类和反应类两大类。

1. 断面类:实际上是测定路面表面凹凸情况,如最常用的 3m 直尺 (最大间隙 h, mm)、连续式平整度仪 (标准差 σ, mm) 及激光路面平整度仪,还可用精确测定高程得到。
2. 反应类:测定路面凹凸引起车辆振动的颠簸情况,最常用的测试设备是车载式颠簸累积仪 (单向累计值 VBI, cm/km)。

2.4.2.11 将车载式颠簸累积仪测定结果换算成国际平整度指数的标定方法

1. 将所选择的标定路段在标记上每隔 0.25m 作出补充标记.
2. 采用激光路面平整度检测仪器检测标定路段及各段落,得到国际平整度指数 IRI。
3. 用车载式颠簸累积仪测试得到各个路段的测试结果。
4. 将各个路段的国际平整度指数 IRI 与颠簸累积值 VBI_v 绘制出曲线,并进行回归分析,建立相关关系,见式 (2-18):

$$IRI = a + b \times VBI_v \tag{2-18}$$

式中 IRI——国际平整度指数 (m/km);

VBI_v——测试速度为 v 时颠簸累积仪测得的颠簸累积值 (cm/km);

a、b——回归系数。

第3章 路面工程

3.1 术语与单位、分部及分项工程的划分

3.1.1 术语

1. 路面水泥混凝土

满足路面摊铺工作性、弯拉强度、表面功能、耐久性及经济性等要求的水泥混凝土材料。

2. 滑模铺筑

采用滑模摊铺机铺筑混凝土路面的施工工艺。其特征是不架设边缘固定模板，能够一次完成布料摊铺、振捣密实、挤压成形、抹面修饰等混凝土路面摊铺功能。

3. 轨道铺筑

采用轨道摊铺机铺筑混凝土路面的施工工艺。

4. 三辊轴机组铺筑

采用振捣机、三辊轴整平机等机组铺筑混凝土路面的施工工艺。

5. 小型机具铺筑

采用固定模板，人工布料，手持振捣棒、振动板或振捣梁振实，棍杠、修整尺、抹刀整平的混凝土路面施工工艺。

6. 碾压混凝土路面铺筑

采用特干硬性水泥混凝土拌合物，使用沥青摊铺机摊铺、压路机械碾压密实成形的混凝土路面施工工艺。

7. 真空脱水工艺

混凝土路面摊铺后，随即使用真空泵及真空垫等专用吸水装置，将新铺筑路面混凝土中多余水分吸除的一种面层施工工艺。

8. 工作性

混凝土拌合物在浇筑、振捣、成形、抹平等过程中的可操作性。它是拌合物流动性、可塑性、稳定性和易密性的综合体现。

9. 振动黏度系数

在特定振动能量作用下，混凝土拌合物内部阻碍水泥、粗细集料、气泡等质点相对运动的摩阻能力。它反映了振捣时混凝土拌合物中气体上升排除、集料下沉稳固的难易程度，用于测定混凝土拌合物的振捣易密性。

10. 碾压混凝土压实度

干硬性混凝土拌合物现场压实后的湿密度与配合比设计时标准压实（空隙率为4%）下湿密度之比。

11. 改进 VC 值
用于测定碾压混凝土拌合物稠度的一种改进的维勃工作度。

12. 振捣棒的有效作用半径
插入式振捣棒在混凝土拌合物中能振实该拌合物的作用距离。

13. 构造深度
使用拉毛、塑性刻槽或硬性刻槽等工艺制作的沟槽或纹理的平均深度。

14. 基准水泥混凝土
不掺掺合料或外加剂的水泥混凝土。在对比掺合料的使用效果时，为不掺掺合料但掺有外加剂的混凝土；在比较外加剂的使用效果时，为无掺合料和外加剂、用基准水泥配制的混凝土。

15. 粉煤灰超量取代法
通过超量取代水泥使粉煤灰混凝土与基准混凝土在相同龄期时获得同等强度的掺配方法。

16. 粉煤灰超量取代系数
粉煤灰掺入量与其所取代水泥量的比值。

17. 填缝料形状系数
填缝料灌缝时的深度与宽度之比。

18. 前置钢筋支架法
混凝土路面铺筑过程中，布料前在基层上预先安置胀缝或缩缝传力杆钢筋支架的一种施工方法。

19. 传力杆插入装置
滑模摊铺机配备的一种可自动插入缩缝传力杆的装置。

20. 碱集料反应
指混凝土中的碱和环境中可能渗入的碱与集料中的碱活性矿物成分在混凝土固化后缓慢发生导致混凝土破坏的化学反应。

21. 亚甲蓝 MB 值
用于判定机制砂中粒径小于 $75\mu m$ 的颗粒主要是泥土还是石粉的指标。

22. 砂浆磨光值
经磨光后砂浆表面的摩擦系数。

23. 填充体积率
混凝土中粗集料的体积占有率。用 $1m^3$ 混凝土中粗集料用量除以其视密度计算。

24. 轻物质
表观密度小于 $2000kg/m^3$ 的物质。

25. 检验
对检验项目中的性能进行量测、检查、试验等，并将结果与标准规定要求进行比较以确定每项性能是否合格所进行的活动。

26. 评定
依据检验结果对工程质量进行评分并确定其等级的活动。

27. 关键项目

分项工程中对安全、卫生、环境保护和公众利益起决定性作用的实测项目。

28. 一般项目

分项工程中除关键项目以外的实测项目。

29. 外观（质量）

通过观察和必要的量测所反映的工程外在质量。

30. 权值

对工程项目或检测指标根据其重要程度所赋予的数值。

31. 沥青结合料

在沥青混合料中起胶结作用的沥青类材料（含添加的外掺剂、改性剂等）的总称。

32. 乳化沥青

石油沥青与水在乳化剂、稳定剂等的作用下经乳化加工制得的均匀沥青产品，也称沥青乳液。

33. 液体沥青

用汽油、煤油、柴油等溶剂将石油沥青稀释而成的沥青产品，也称轻制沥青或稀释沥青。

34. 改性沥青

掺加橡胶、树脂、高分子聚合物、天然沥青、磨细的橡胶粉，或者其他材料等外掺剂（改性剂）制成的沥青结合料，从而使沥青或沥青混合料的性能得以改善。

35. 改性乳化沥青

在制作乳化沥青的过程中同时加入聚合物胶乳，或将聚合物胶乳与乳化沥青成品混合，或对聚合物改性沥青进行乳化加工得到的乳化沥青产品。

36. 天然沥青

石油在自然界长期受地壳挤压、变化，并与空气、水接触逐渐变化而形成的、以天然状态存在的石油沥青，其中常混有一定比例的矿物质。按形成的环境可以分为湖沥青、岩沥青、海底沥青、油页岩等。

37. 透层

为使沥青面层与非沥青材料基层结合良好，在基层上喷洒液体石油沥青、乳化沥青、煤沥青而形成的透入基层表面一定深度的薄层。

38. 粘层

为加强路面沥青层与沥青层之间、沥青层与水泥混凝土路面之间的粘结而洒布的沥青材料薄层。

39. 封层

为封闭表面空隙、防止水分侵入而在沥青面层或基层上铺筑的有一定厚度的沥青混合料薄层。铺筑在沥青面层表面的称为上封层，铺筑在沥青面层下面、基层表面的称为下封层。

40. 稀浆封层

用适当级配的石屑或砂、填料（水泥、石灰、粉煤灰、石粉等）与乳化沥青、外掺剂和水，按一定比例拌合而成的流动状态的沥青混合料，将其均匀地摊铺在路面上形成的沥青封层。

41. 微表处

采用适当级配的石屑或砂、填料（水泥、石灰、粉煤灰、石粉等）与聚合物改性乳化沥青、外掺剂和水按一定比例拌合而成的流动状态的沥青混合料，将其均匀地摊铺在路面上形成的沥青封层。

42. 沥青混合料

由矿料与沥青结合料拌合而成的混合料的总称。按材料组成及结构分为连续级配、间断级配混合料，按矿料级配组成及空隙率大小分为密级配、半开级配、开级配混合料。按公称最大粒径的大小可分为特粗式（公称最大粒径大于 31.5mm）、粗粒式（公称最大粒径等于或大于 26.5mm）、中粒式（公称最大粒径 16 mm 或 19mm）、细粒式（公称最大粒径 9.5 mm 或 13.2mm）、砂粒式（公称最大粒径小于 9.5mm）沥青混合料。按制造工艺分为热拌沥青混合料、冷拌沥青混合料；再生沥青混合料等。

43. 密级配沥青混合料

按密实级配原理设计组成的各种粒径颗粒的矿料与沥青结合料拌合而成，设计空隙率较小（对不同交通及气候情况、层位可作适当调整）的密实式沥青混凝土混合料（以 AC 表示）和密实式沥青稳定碎石混合料（以 ATB 表示）。按关键性筛孔通过率的不同又可分为细型、粗型密级配沥青混合料等。粗集料嵌挤作用较好的也称嵌挤密实型沥青混合料。

44. 开级配沥青混合料

矿料级配主要由粗集料嵌挤组成，细集料及填料较少，设计空隙率为 18% 的混合料。

45. 半开级配沥青碎石混合料

由适当比例的粗集料、细集料及少量填料（或不加填料）与沥青结合料拌合而成，经马歇尔标准击实成型试件的剩余空隙率在 6%～12% 的半开式沥青碎石混合料（以 AM 表示）。

46. 间断级配沥青混合料

矿料级配组成中缺少 1 个或几个粒径档次（或用量很少）而形成的沥青混合料。

47. 沥青稳定碎石混合料（简称沥青碎石）

由矿料和沥青组成具有一定级配要求的混合料，按空隙率、集料最大粒径、添加矿粉数量的多少，分为密级配沥青稳定碎石（ATB），开级配沥青碎石（OGFC 表面层及 ATPB 基层）、半开级配沥青碎石（AM）。

48. 沥青玛蹄脂碎石混合料

由沥青结合料与少量的纤维稳定剂、细集料以及较多量的填料（矿粉）组成的沥青玛蹄脂填充于间断级配的粗集料骨架的间隙，组成一体的沥青混合料，简称 SMA。

49. 基层

直接位于沥青面层下、用高质量材料铺筑的主要承重层或直接位于水泥混凝土面板下、用高质量材料铺筑的一层称为基层。基层可以是一层或两层，可以是一种或两种材料。

50. 底基层

在沥青路面基层下、用质量较次材料铺筑的次要承重层或在水泥混凝土路面基层下、用质量较次材料铺筑的辅助层称为底基层。底基层可以是一层或两层以上，可以是一种或两种材料。

51. 细粒土

颗粒的最大粒径小于 9.5mm，且其中小于 2.36mm 的颗粒含量不少于 90%（如塑性指数不同的各种黏性土、粉性土、砂性土、砂和石屑等）。

52．中粒土

颗粒的最大粒径小于 26.5mm，且其中小于 19mm 的颗粒含量不少于 90％（如砂砾土、碎石土、级配砂砾、级配碎石等）。

53．粗粒土

颗粒的最大粒径小于 37.5mm，且其中小于 31.5mm 的颗粒含量不少于 90％（如砂砾石、碎石土、级配砂砾、级配碎石等）。

54．水泥稳定土

用水泥做结合料所得混合料的一个广义的名称，它既包括用水泥稳定各种细粒土，也包括用水泥稳定各种中粒土和粗粒土。在经过粉碎的或原来松散的土中，掺入足量的水泥和水，经拌合得到的混合料在压实和养护后，当其抗压强度符合规定的要求时，称为水泥稳定土。

用水泥稳定细粒土得到的强度符合要求的混合料，视所用的土类而定，可简称为水泥土、水泥砂或水泥石屑等。

用水泥稳定中粒土和粗粒土得到的强度符合要求的混合料，视所用原材料而定，可简称为水泥碎石、水泥砂砾等。

55．综合稳定土

同时用水泥和石灰稳定某种土得到的强度符合要求的混合料，简称为综合稳定土。

56．水泥改善土

仅使用少量水泥改善级配砾石的塑性指数或提高级配砾石的强度，使其能适合做轻交通道路上沥青面层的基层，而达不到规定的强度要求时，这种材料称为水泥改善土。

57．土的均匀系数

筛分土的颗粒组成时，通过量为 60％的筛孔尺寸与通过量为 10％的筛孔尺寸之比值，称为土的均匀系数。

58．集料

由碎石（或砾石）、砂粒和粉粒（有时还可能有粘粒）组成的，并以碎石（或砾石）和砂粒为主的矿料混合料，统称其为集料。

粒径大于 2.36mm 的集料，称粗集料；粒径小于 2.36mm 的集料，称细集料。

59．石灰稳定土

在粉碎的或原来松散的土（包括各种粗、中、细粒土）中，掺入足量的石灰和水，经拌合、压实及养护后得到的混合料，当其抗压强度符合规定的要求时，称为石灰稳定土。

用石灰稳定细粒土得到的强度符合要求的混合料，称为石灰土。

用石灰稳定中粒土和粗粒土得到的强度符合要求的混合料，视所用原材料而定，原材料天然砂砾土或级配砂砾时，称为石灰砂砾土；原材料为碎石土或级配碎石时，称为石灰碎石土。

用石灰稳定原中级路面，使其适用做沥青路面和水泥混凝土路面的基层时，属于石灰砂砾土或石灰碎石土。

60．石灰改善土

仅使用少量石灰改善级配砾石的塑性指数或提高级配砾石的强度，使其能适应做轻交通道路上沥青面层的基层，但达不到规定的强度要求时，这种材料称为石灰改善土。

61. 石灰工业废渣稳定土

一定数量的石灰和粉煤灰或石灰和煤渣与其他集料相配合，加入适量的水（通常为最佳含水量），经拌合、压实及养护后得到的混合料，当其抗压强度符合规定的要求时，称为石灰工业废渣稳定土（简称为石灰工业废渣）。

一定数量的石灰和粉煤灰，一定数量的石灰、粉煤灰和土以及一定数量的石灰、粉煤灰和砂相配合，加入适量的水（通常为最佳含水量），经拌合、压实及养护后得到的混合料，当其抗压强度符合规定的要求时，分别简称为二灰、二灰土、二灰砂。

用石灰和粉煤灰稳定级配碎石或级配砾石得到的混合料，当其强度符合要求时，分别称为石灰、粉煤灰级配碎石和石灰、粉煤灰级配砾石。这两种混合料又统称为石灰、粉煤灰级配集料，或分别简称二灰级配碎石、二灰级配砾石、二灰级配集料。

用石灰、煤渣和土以及石灰、煤渣和集料得到的强度符合要求的混合料，分别称为石灰煤渣土和石灰煤渣集料。

62. 级配碎石

粗、中、小碎石集料和石屑各占一定比例的混合料，当其颗粒组成符合规定的密实级配要求时，称为级配碎石。

63. 级配砾石

粗、中、小砾石和砂各占一定比例的混合料，当其颗粒组成符合规定的密实级配要求且塑性指数和承载比均符合规定要求时，称为级配砾石。

64. 未筛分碎石

轧石机轧出来的粒径大小不一的碎石混合料，仅用一个筛孔尺寸与规定最大粒径相符的筛筛去超尺寸颗粒后得到的碎石混合料，称为未筛分碎石。它的理论颗粒组成为 $0\sim D$（D 为最大粒径），并具有较好的级配。

65. 石屑

轧石场通过筛分设备最小筛孔（通常为 5mm 或 3mm）的细筛余料，称做石屑。其理论颗粒组成为 $0\sim d$（mm）（d 为轧石场用最小筛孔的尺寸）。实际上，石屑中常有部分粒径大于 d 的超尺寸颗粒。

66. 填隙碎石

用单一尺寸的粗碎石做主骨料，形成嵌锁结构，起承受和传递车轮荷载的作用，用石屑做填隙料，填满碎石间的孔隙，增加密实度和稳定性，这种材料称为填隙碎石。

67. 松铺厚度

用各种不同方法摊铺任何一种混合料时，其密实度经常明显小于碾压后达到的规定密实度。这种未经压实的材料层厚度称为松铺厚度。

68. 松铺系数

材料的松铺厚度与达到规定压实度的压实厚度之比值称为松铺系数，常精确到小数点后两位。

3.1.2 单位、分部及分项工程的划分

根据建设任务、施工管理和质量检验评定的需要，应在施工准备阶段按《公路工程质

量检验评定标准 第一册 土建工程》JTG F80/1—2004 将建设项目,划分为单位工程、分部工程和分项工程。施工单位、工程监理单位和建设单位应按相同的工程项目划分进行工程质量的监控和管理。

1. 单位工程

在建设项目中,根据签订的合同,具有独立施工条件的工程。

2. 分部工程

在单位工程中,应按结构部位、路段长度及施工特点或施工任务划分为若干个分部工程。

3. 分项工程

在分部工程中,应按不同的施工方法、材料、工序及路段长度等划分为若干个分项工程。

路面工程单位工程、分部及分项工程的划分,见表 3-1。

路面工程单位工程、分部及分项工程的划分表 表 3-1

单位工程	分部工程	分项工程
路面工程(每 10km 或每标段)	路面工程*(1~3km 路段)	底基层,基层*,面层*,垫层,联结层,路缘石,人行道,路肩,路面边缘排水系统等

注:1. 表内标注 * 号者为主要工程,评分时给以 2 的权值;不带 * 号者为一般工程,权值为 1。
2. 按路段长度划分的分部工程,高速公路、一级公路宜取低值,二级及二级以下公路可取高值。

3.2 一般规定

本章一般规定的内容,包括有:水泥混凝土面层;沥青及沥青混凝土面层;基层和底基层 3 部分。

3.2.1 水泥混凝土面层

1. 基本要求

(1) 基层质量必须符合规定要求,并应进行弯沉测定,验算的基层整体模量应满足设计要求。

(2) 水泥强度、物理性能和化学成分应符合国家标准及有关规范的规定。

(3) 粗细集料、水、外掺剂及接缝填缝料应符合设计和施工规范要求。

(4) 施工配合比应根据现场测定水泥的实际强度进行计算,并经试验,选择采用最佳配合比。

(5) 接缝的位置、规格、尺寸及传力杆、拉力杆的设置应符合设计要求。

(6) 路面拉毛或机具压槽等抗滑措施,其构造深度应符合施工规范要求。

(7) 面层与其他构造物相接应平顺,检查井井盖顶面高程应高于周边路面 1~3mm。雨水口标高按设计比路面低 5~8mm,路面边缘无积水现象。

(8) 混凝土路面铺筑后按施工规范要求养护。

2. 外观质量

（1）混凝土板的断裂块数，高速公路和一级公路不得超过评定路段混凝土板总块数的0.2%，其他公路不得超过0.4%。对于断裂板应采取适当措施予以处理。

（2）混凝土板表面的脱皮、印痕、裂纹和缺边掉角等病害现象，对于高速公路和一级公路，有上述缺陷的面积不得超过受检面积的0.2%，其他公路不得超过0.3%。

对于连续配筋的混凝土路面和钢筋混凝土路面，因干缩、温缩产生的裂缝，可不减分。

（3）路面侧石直顺、曲线圆滑。

（4）接缝填筑饱满密实，不污染路面。

（5）胀缝无明显缺陷。

3.2.2 沥青及沥青混凝土面层

沥青混凝土面层的种类，包括有：沥青混凝土面层和沥青碎（砾）石面层、沥青贯入式面层（或上拌下贯式面层）及沥青表面处治面层等。

3.2.2.1 沥青混凝土面层和沥青碎（砾）石面层

1. 基本要求

（1）沥青混合料的矿料质量及矿料级配应符合设计要求和施工规范的规定。

（2）严格控制各种矿料和沥青用量及各种材料和沥青混合料的加热温度，沥青材料及混合料的各项指标应符合设计和施工规范要求。沥青混合料的生产，每日应做抽提试验、马歇尔稳定度试验。矿料级配、沥青含量、马歇尔稳定度等结果的合格率应不小于90%。

（3）拌合后的沥青混合料应均匀一致，无花白，无粗细料分离和结团成块现象。

（4）基层必须碾压密实，表面干燥、清洁、无浮土，其平整度和路拱度应符合要求。

（5）摊铺时应严格控制摊铺厚度和平整度，避免离析，注意控制摊铺和碾压温度，碾压至要求的密实度。

2. 外观质量

（1）表面应平整密实，不应有泛油、松散、裂缝和明显离析等现象，对于高速公路和一级公路，有上述缺陷的面积（凡属单条的裂缝，则按其实际长度乘以0.2m宽度，折算成面积）之和不得超过受检面积的0.03%，其他公路不得超过0.05%。

半刚性基层的反射裂缝可不计作施工缺陷，但应及时进行灌缝处理。

（2）搭接处应紧密、平顺，烫缝不应枯焦。

（3）面层与路缘石及其他构筑物应密贴接顺，不得有积水或漏水现象。

3.2.2.2 沥青贯入式面层（或上拌下贯式面层）

1. 基本要求

（1）沥青材料的各项指标应符合设计要求和施工规范。

（2）各种材料的规格和用量应符合设计要求和施工规范，上拌沥青混凝土混合料每日应做抽提试验和马歇尔稳定度试验。

（3）碎石层必须平整坚实，嵌挤稳定，沥青贯入应深透，浇洒应均匀，不得污染其他构筑物。

（4）嵌缝料必须趁热撒铺，扫料均匀，不应有重叠现象。

（5）上层采用拌合料时，混合料应均匀一致，无花白和粗细分离现象，摊铺平整，接茬平顺，及时碾压密实。
（6）沥青贯入式面层施工前，应先做好路面结构层与路肩的排水。
2. 外观质量
（1）表面应平整密实，不应有松散、裂缝、油包、油丁、波浪、泛油等现象，有上述缺陷的面积之和不超过受检面积的0.2%。
（2）表面无明显碾压轮迹。
（3）面层与路缘石及其他构筑物应密贴接顺，无积水现象。

3.2.2.3　沥青表面处治面层

1. 基本要求
（1）在新建或旧路的表层进行表面处治时，应将表面的泥砂及一切杂物清除干净，底层必须坚实、稳定、平整，保持干燥后才可施工。
（2）沥青材料的各项指标和石料的质量、规格、用量应符合设计要求和施工规范的规定。
（3）沥青浇洒应均匀，无露白，不得污染其他构筑物。
（4）嵌缝料必须趁热撒铺，扫布均匀，不得有重叠现象，压实平整。
2. 外观质量
（1）表面平整密实，不应有松散、油包，油丁、波浪、泛油、封面料明显散失等现象，有上述缺陷的面积之和不超过受检面积的0.2%。
（2）无明显碾压轮迹。
（3）面层与路缘石及其他构筑物应密贴接顺，不得有积水现象。

3.2.3　基层和底基层

基层和底基层的种类包括：水泥土基层和底基层、水泥稳定粒料（碎石、砂砾或矿渣等）基层和底基层、石灰土基层和底基层、石灰稳定粒料（碎石、砂砾或矿渣等）基层和底基层、石灰粉煤灰土基层和底基层、石灰粉煤灰稳定粒料（碎石、砂砾或矿渣等）基层和底基层、级配碎（砾）石基层和底基层及填隙碎石（矿渣）基层和底基层等。

3.2.3.1　水泥土基层和底基层

1. 基本要求
（1）土质应符合设计要求，土块应经粉碎。
（2）水泥用量应按设计要求控制准确。
（3）路拌深度应达到层底。
（4）混合料应处于最佳含水量状况下，用重型压路机碾压至要求的压实度。从加水拌合到碾压终了的时间不应超过3~4h，并应短于水泥的终凝时间。
（5）碾压检查合格后应立即覆盖或洒水养护，养护期应符合规范要求。
2. 外观质量
（1）表面平整密实、无坑洼。
（2）施工接茬平整、稳定。

3.2.3.2　水泥稳定粒料（碎石、砂砾或矿渣等）基层和底基层

1. 基本要求

(1) 粒料应符合设计和施工规范要求,并应根据当地料源选择质坚干净的粒料;矿渣应分解稳定,未分解渣块应予剔除。

(2) 水泥用量和矿料级配应按设计控制准确。

(3) 路拌深度应达到层底。

(4) 摊铺时应注意消除离析现象。

(5) 混合料应处于最佳含水量状况下,用重型压路机碾压至要求的压实度。从加水拌合到碾压终了的时间不应超过3~4h,并应短于水泥的终凝时间。

(6) 碾压检查合格后应立即覆盖或洒水养护,养护期应符合规范要求。

2. 外观质量

(1) 表面平整密实、无坑洼。

(2) 施工接茬平整、稳定。

3.2.3.3 石灰土基层和底基层

1. 基本要求

(1) 土质应符合设计要求,土块应经粉碎。

(2) 石灰质量应符合设计要求,块灰须经充分消解才能使用。

(3) 石灰和土的用量应按设计要求控制准确,未消解的生石灰块必须剔除。

(4) 路拌深度应达到层底。

(5) 混合料应处于最佳含水量状况下,用重型压路机碾压至要求的压实度。

(6) 保湿养护,养护期应符合规范要求。

2. 外观质量

(1) 表面平整密实、无坑洼。

(2) 施工接茬平整、稳定。

3.2.3.4 石灰稳定粒料(碎石、砂砾或矿渣等)基层和底基层

1. 基本要求

(1) 粒料应符合设计和施工规范要求,矿渣应分解稳定后才能使用。

(2) 石灰质量应符合设计要求,块灰须经充分消解才能使用。

(3) 石灰的用量应按设计要求控制准确,未消解的生石灰块必须剔除。

(4) 路拌深度应达到层底。

(5) 混合料应处于最佳含水量状况下,用重型压路机碾压至要求的压实度。

(6) 保湿养护,养护期应符合规范要求。

2. 外观质量

(1) 表面平整密实、无坑洼。

(2) 施工接茬平整、稳定。

3.2.3.5 石灰、粉煤灰土基层和底基层

1. 基本要求

(1) 土质应符合设计要求,土块应经粉碎。

(2) 石灰和粉煤灰质量应符合设计要求,石灰须经充分消解才能使用。

(3) 混合料配合比应准确,不得含有灰团和生石灰块。

(4) 碾压时应先用轻型压路机稳压,后用重型压路机碾压至要求的压实度。

(5) 保湿养护，养护期应符合规范要求。
2. 外观质量
(1) 表面平整密实、无坑洼。
(2) 施工接茬平整、稳定。

3.2.3.6 石灰、粉煤灰稳定粒料（碎石、砂砾或矿渣等）基层和底基层

1. 基本要求

(1) 粒料应符合设计和施工规范要求，并应根据当地料源选择质坚干净的粒料。矿渣应分解稳定，未分解渣块应予剔除。
(2) 石灰和粉煤灰质量应符合设计要求，石灰须经充分消解才能使用。
(3) 混合料配合比应准确，不得含有灰团和生石灰块。
(4) 摊铺时应注意消除离析现象。
(5) 碾压时应先用轻型压路机稳压，后用重型压路机碾压至要求的压实度。
(6) 保湿养护，养护期应符合规范要求。

2. 外观质量

(1) 表面平整密实、无坑洼。
(2) 施工接茬平整、稳定。

3.2.3.7 级配碎（砾）石基层和底基层

1. 基本要求

(1) 应选用质地坚韧、无杂质的碎石、砂砾、石屑或砂，级配应符合要求。
(2) 配料必须准确，塑性指数必须符合规定。
(3) 混合料应拌合均匀，无明显离析现象。
(4) 碾压应遵循先轻后重的原则，洒水碾压至要求的密实度。

2. 外观质量

(1) 表面平整密实，边线整齐，无松散。

3.2.3.8 填隙碎石（矿渣）基层和底基层

1. 基本要求

(1) 粗粒料应为质坚、无杂质的轧制石料或分解稳定的轧制矿渣，填缝料为5mm以下的轧制细料或粗砂。
(2) 应用振动压路机碾压，使填缝料填满粗粒料空隙。

2. 外观质量

(1) 表面平整密实，边线整齐，无松散现象。

3.3 技术要求

本章内容包括：水泥混凝土面层、沥青及沥青混凝土面层、基层和底基层3部分。

3.3.1 水泥混凝土面层

水泥混凝土面层的主要内容有：原材料技术要求、混凝土配合比、施工准备、试验路段、混凝土拌合物拌合与运输、混凝土铺筑、混凝土面层接缝、抗滑与养护、特殊气候条

件下的施工及质量检查与验收等。

3.3.1.1 原材料技术要求

水泥混凝土面层所用原材料包括：水泥、粉煤灰及其他掺合料、粗集料、细集料、水、外加剂、钢筋、钢纤维、接缝材料及其他材料等。

1. 水泥

（1）特重、重交通路面宜采用旋窑道路硅酸盐水泥，也可采用旋窑硅酸盐水泥或普通硅酸盐水泥；中、轻交通的路面可采用矿渣硅酸盐水泥；低温天气施工或有快通要求的路段可采用 R 型水泥，此外宜采用普通型水泥。各交通等级路面水泥各龄期的抗折强度、抗压强度，应符合表 3-2 的规定。

各交通等级路面水泥各龄期的抗折强度、抗压强度　　表 3-2

交通等级	特重交通		重交通		中、轻交通	
龄期（d）	3	28	3	28	3	28
抗压强度（MPa），≥	25.5	57.5	22.0	52.5	16.0	42.5
抗折强度（MPa），≥	4.5	7.5	4.0	7.0	3.5	6.5

（2）水泥进场时每批量应附有化学成分、物理、力学指标合格的检验证明。各交通等级路面所使用水泥的化学成分和物理性能等路用品质要求，应符合表 3-3 的规定。

各交通等级路面用水泥的化学成分和物理性能　　表 3-3

水泥性能	特重、重交通路面	中、轻交通路面
铝酸三钙	不宜＞7.0%	不宜＞9.0%
铁铝酸四钙	不宜＜15.0%	不宜＜12.0%
游离氧化钙	不得＞1.0%	不得＞1.5%
氧化镁	不得＞5.0%	不得＞6.0%
三氧化硫	不得＞3.5%	不得＞4.0%
碱含量	$Na_2O+0.658K_2O \leq 0.6\%$	怀疑有碱活性集料时，≤0.6%；无碱活性集料时，≤1.0%
混合材种类	不得掺窑灰、煤矸石、火山灰和黏土，有抗盐冻要求时不得掺石灰、石粉	不得掺窑灰、煤矸石、火山灰和黏土，有抗盐冻要求时不得掺石灰、石粉
出磨时安定性	雷氏夹或蒸煮法检验必须合格	蒸煮法检验必须合格
标准稠度需水量	不宜＞28%	不宜＞30%
烧失量	不得＞3.0%	不得＞5.0%
比表面积	宜在 300~450m²/kg	宜在 300~450m²/kg
细度（80μm）	筛余量不得＞10%	筛余量不得＞10%
初凝时间	不早于 1.5h	不早于 1.5h
终凝时间	不迟于 10h	不迟于 10h
28d 干缩率[①]	不得＞0.09%	不得＞0.10%
耐磨性	不得＞3.6kg/m²	不得＞3.6kg/m²

① 28d 干缩率和耐磨性试验方法采用《道路硅酸盐水泥》GB 13693—2005 标准。

(3) 选用水泥时,除满足表 3-2、表 3-3 的各项规定外,还应通过混凝土配合比试验,根据其配制弯拉强度、耐久性和工作性优选适宜的水泥品种、强度等级。

(4) 采用机械化铺筑时,宜选用散装水泥。散装水泥的夏季出厂温度:南方不宜高于 65℃,北方不宜高于 55℃;混凝土搅拌时的水泥温度:南方不宜高于 60℃,北方不宜高于 50℃,且不宜低于 10℃。

(5) 当贫混凝土和碾压混凝土用作基层时,可使用各种硅酸盐类水泥。不掺用粉煤灰时,宜使用强度等级 32.5 级以下的水泥。掺用粉煤灰时,只能使用道路水泥、硅酸盐水泥、普通水泥。水泥的抗压强度、抗折强度、安定性和凝结时间必须检验合格。

2. 粉煤灰及其他掺合料

(1) 混凝土路面在掺用粉煤灰时,应掺用质量指标符合表 3-4 规定的 Ⅰ、Ⅱ 级干排或磨细粉煤灰,不得使用 Ⅲ 级粉煤灰。贫混凝土、碾压混凝土基层或复合式路面下面层应掺用符合表 3-4 规定的 Ⅲ 级或 Ⅲ 级以上粉煤灰,不得使用等外粉煤灰。

粉煤灰分级和质量指标　　　　　表 3-4

粉煤灰等级	细度[①]（45μm 气流筛,筛余量）（%）	烧失量（%）	需水量比（%）	含水量（%）	Cl^-（%）	SO_3（%）	混合砂浆活性指数[②]	
							7d	28d
Ⅰ	≤12	≤5	≤95	≤1.0	<0.02	≤3	≥75	≥85 (75)
Ⅱ	≤20	≤8	≤105	≤1.0	<0.02	≤3	≥70	≥80 (62)
Ⅲ	≤45	≤15	≤115	≤1.5	—	≤3	—	—

[①] 45μm 气流筛的筛余量换算为 80μm 水泥筛的筛余量时换算系数约为 2.4;
[②] 混合砂浆的活性指数为掺粉煤灰的砂浆与水泥砂浆的抗压强度比的百分数,适用于所配制混凝土强度等级 ≥ C40 的混凝土;当配制的混凝土强度等级 < C40 时,混合砂浆的活性指数要求应满足 28d 括号中的数值。

(2) 粉煤灰宜采用散装灰,进货应有等级检验报告。应确切了解所用水泥中已经加入的掺合料种类和数量。

(3) 路面和桥面混凝土中可使用硅灰或磨细矿渣,使用前应经过试配检验,确保路面和桥面混凝土弯拉强度、工作性、抗磨性、抗冻性等技术指标合格。

3. 粗集料

(1) 粗集料应使用质地坚硬、耐久、洁净的碎石、碎卵石和卵石,碎石、碎卵石和卵石技术指标见表 3-5。高速公路、一级公路、二级公路及有抗(盐)冻要求的三、四级公路混凝土路面使用的粗集料级别应不低于 Ⅱ 级,无抗(盐)冻要求的三、四级公路混凝土路面、碾压混凝土及贫混凝土基层可使用 Ⅲ 级粗集料。有抗(盐)冻要求时,Ⅰ 级集料吸水率不应大于 1.0%;Ⅱ 级集料吸水率不应大于 2.0%。

碎石、碎卵石和卵石技术指标　　　　　表 3-5

项　目	技术要求		
	Ⅰ 级	Ⅱ 级	Ⅲ 级
碎石压碎指标（%）	<10	<15	<20[①]
卵石压碎指标（%）	<12	<14	<16
坚固性（按质量损失计%）	<5	<8	<12

续表

项　目	技术要求		
	Ⅰ级	Ⅱ级	Ⅲ级
针片状颗粒含量（按质量计%）	<5	<15	<20[②]
含泥量（按质量计%）	<0.5	<1.0	<1.5
泥块含量（按质量计%）	0	<0.2	<0.5
有机物含量（比色法）	合格	合格	合格
硫化物及硫酸盐（按SO_3质量计%）	<0.5	<1.0	<1.0
岩石抗压强度	火成岩不应小于100 MPa；变质岩不应小于80 MPa；水成岩不应小于60 MPa		
表观密度	>2500 kg/m³		
松散堆积密度	>1350 kg/m³		
空隙率	<47%		
碱集料反应	经碱集料反应试验后，试件无裂缝、酥裂、胶体外溢等现象，在规定试验龄期的膨胀率应小于0.10%		

①Ⅲ级碎石的压碎指标，用作路面时，应小于20%；用作下面层或基层时，可小于25%；
②Ⅲ级粗集料的针片状颗粒含量，用作路面时，应小于20%；用作下面层或基层时，可小于25%。

(2) 用作路面和桥面混凝土的粗集料不得使用不分级的统料，应按最大公称粒径的不同采用2～4个粒级的集料进行掺配，粗集料级配范围见表3-6。卵石最大公称粒径不宜大于19.0mm；碎卵石最大公称粒径不宜大于26.5mm；碎石最大公称粒径不应大于31.5mm。贫混凝土基层粗集料最大公称粒径不应大于31.5mm；钢纤维混凝土与碾压混凝土粗集料最大公称粒径不宜大于19.0mm。碎卵石或碎石中粒径小于75μm的石粉含量不宜大于1%。

粗集料级配范围　　　　　　表3-6

类型	粒径 级配	方孔筛尺寸（mm）							
		2.36	4.75	9.50	16.0	19.0	26.5	31.5	37.5
		累计筛余（以质量计）(%)							
合成级配	4.75～16	95～100	85～100	40～60	0～10				
	4.75～19	95～100	85～95	60～75	30～45	0～5	0		
	4.75～26.5	95～100	90～100	70～90	50～70	25～40	0～5	0	
	4.75～31.5	95～100	90～100	75～90	60～75	40～60	20～35	0～5	0
粒级	4.75～9.5	95～100	80～100	0～15	0				
	9.5～16		95～100	80～100	0～15	0			
	9.5～19		95～100	85～100	40～60	0～15	0		
	16～26.5			95～100	55～70	25～40	0～10	0	
	16～31.5			95～100	85～100	55～70	25～40	0～10	0

4. 细集料

(1) 细集料应采用质地坚硬、耐久、洁净的天然砂、机制砂或混合砂,细集料技术指标见表 3-7。高速公路、一级公路、二级公路及有抗(盐)冻要求的三、四级公路混凝土路面使用的砂应不低于Ⅱ级,无抗(盐)冻要求的三、四级公路混凝土路面、碾压混凝土及贫混凝土基层可采用Ⅲ级砂。特重、重交通混凝土路面宜使用河砂,砂的硅质含量不应低于 25%。

细集料技术指标   表 3-7

项 目	技 术 要 求		
	Ⅰ级	Ⅱ级	Ⅲ级
机制砂单粒级最大压碎指标(%)	<20	<25	<30
氯化物(氯离子质量计%)	<0.01	<0.02	<0.06
坚固性(按质量损失计%)	<6	<8	<10
云母(按质量计%)	<1.0	<2.0	<2.0
天然砂、机制砂含泥量(按质量计%)	<1.0	<2.0	<3.0①
天然砂、机制砂泥块含量(按质量计%)	0	<1.0	<2.0
机制砂 MB 值<1.4 或合格石粉含量(按质量计%)	<3.0	<5.0	<7.0
机制砂 MB 值≥1.4 或不合格石粉含量(按质量计%)	<1.0	<3.0	<5.0
有机物含量(比色法)	合格		
硫化物及硫酸盐(按 SO_3 质量计%)	<0.5		
轻物质(按质量计%)	<1.0		
机制砂母岩抗压强度	火成岩不应小于 100 MPa;变质岩不应小于 80 MPa;水成岩不应小于 60 MPa。		
表观密度	>2500kg/m³		
松散堆积密度	>1350kg/m³		
空隙率	<47%		
碱集料反应	经碱集料反应试验后,由砂配制的试件无裂缝、酥裂、胶体外溢等现象,在规定试验龄期的膨胀率应小于 0.10%		

①天然Ⅲ级砂用作路面时,含泥量应小于 3%;用作贫混凝土基层时,可小于 5%。

(2) 细集料的级配范围应符合表 3-8 的规定,路面和桥面用天然砂宜为中砂,也可使用细度模数在 2.0~3.5 范围内的砂。同一配合比用砂的细度模数变化范围不应超过 0.3,否则,应分别堆放,并调整配合比中的砂率后使用。

细集料级配范围   表 3-8

砂分级	方孔筛尺寸(mm)					
	0.15	0.30	0.60	1.18	2.36	4.75
	累计筛余(以质量计)(%)					
粗砂	90~100	80~95	71~85	35~65	5~35	0~10
中砂	90~100	70~92	41~70	10~50	0~25	0~10
细砂	90~100	55~85	16~40	0~25	0~15	0~10

(3) 路面和桥面混凝土所使用的机制砂除应符合表 3-7 和表 3-8 规定外,还应检验砂

浆磨光值，其值宜大于35，不宜使用抗磨性较差的泥岩、页岩、板岩等水成岩类母岩品种生产机制砂。配制机制砂混凝土应同时掺引气高效减水剂。

（4）在河砂资源紧缺的沿海地区，二级及二级以下公路混凝土路面和基层可使用淡化海砂，缩缝设传力杆混凝土路面不宜使用淡化海砂；钢筋混凝土及钢纤维混凝土路面和桥面不得使用淡化海砂。淡化海砂除应符合表3-7和表3-8要求外，尚应符合下述规定：

1）淡化海砂带入每立方米混凝土中的含盐量不应大于1.0kg。
2）淡化海砂中碎贝壳等甲壳类动物残留物含量不应大于1.0%。
3）与河砂对比试验，淡化海砂应对砂浆磨光值、混凝土凝结时间、耐磨性、弯拉强度等无不利影响。

5. 水

（1）饮用水可直接作为混凝土搅拌和养护用水。对水质有疑问时，应检验下列指标，合格者方可使用。

1）硫酸盐含量（按SO_4^{2-}计）小于$0.0027mg/mm^3$。
2）含盐量不得超过$0.005mg/mm^3$。
3）pH值不得小于4。
4）不得含有油污、泥和其他有害杂质。

6. 外加剂

（1）混凝土外加剂产品的技术性能指标见表3-9。供应商应提供有相应资质外加剂检测机构的品质检测报告，检测报告应说明外加剂的主要化学成分，认定对人员无毒副作用。

混凝土外加剂产品的技术性能指标 表3-9

试验项目		普通减水剂	高效减水剂	早强减水剂	缓凝高效减水剂	缓凝减水剂	引气减水剂	早强剂	缓凝剂	引气剂
减水率（%），≮		8	15	8	15	8	12	—	—	6
泌水率比（%），≮		95	90	95	100	100	70	100	100	70
含气量（%）		≤3.0	≤4.0	≤3.0	<4.5	<5.5	>3.0	—	—	>3.0
凝结时间（min）	初凝 终凝	−90~ +120	−90~ +90	−90~ +90	>+90	>+90	−90~ +120	−90~ +90	>+90	−90~ +120
抗压强度比（%），≮	1d	—	140	140	—	—	—	135	—	—
	3d	115	130	130	125	100	115	130	100	95
	7d	115	125	115	125	110	110	110	100	95
	28d	110	120	105	120	110	100	100	100	90
收缩率比（%）28d，≯		120	120	120	120	120	120	120	120	120
抗冻标号		50	50	50	50	50	200	50	50	200
对钢筋锈蚀作用		应说明对钢筋无锈蚀危害								

注：1. 除含气量外，表中数据为掺外加剂混凝土与基准混凝土差值或比值；
2. 凝结时间指标"−"表示提前，"+"表示延缓。

（2）引气剂应选用表面张力降低值大、水泥稀浆中起泡容量多而细密、泡沫稳定时间长、不溶残渣少的产品。有抗冰（盐）冻要求地区，各交通等级路面、桥面、路缘石、路肩及贫混凝土基层必须使用引气剂；无抗冰（盐）冻要求地区，二级及二级以上公路路面混凝土中应使用引气剂。

（3）各交通等级路面、桥面混凝土宜选用减水率大、坍落度损失小、可调控凝结时间的复合型减水剂。高温施工宜使用引气缓凝（保塑）（高效）减水剂；低温施工宜使用引气早强（高效）减水剂。选定减水剂品种前，必须与所用的水泥进行适应性检验。

（4）处在海水、海风、氯离子、硫酸根离子环境的或冬期洒除冰盐的路面或桥面钢筋混凝土、钢纤维混凝土中宜掺阻锈剂。

7. 钢筋

（1）各交通等级混凝土路面、桥面和搭板所用钢筋网、传力杆、拉杆等钢筋应符合下列国家标准的技术要求：《钢筋混凝土用钢　第3部分：钢筋焊接网》GB/T 1499.3—2010、《钢筋混凝土用钢　第2部分：热轧带肋钢筋》GB 1499.2—2007、《冷轧带肋钢筋》GB 13788—2008和《钢筋混凝土用钢　第1部分：热轧光圆钢筋》GB 1499.1—2008。

（2）各交通等级混凝土路面、桥面和搭板所用钢筋应顺直，不得有裂纹、断伤、刻痕、表面油污和锈蚀。传力杆钢筋加工应锯断，不得挤压切断；断口应垂直、光圆，用砂轮打磨掉毛刺，并加工成2~3mm圆倒角。

8. 钢纤维

（1）用于公路混凝土路面和桥面的钢纤维除应满足《混凝土用钢纤维》YB/T 151—1999的规定外，还应符合下列技术要求：

1）单丝钢纤维抗拉强度不宜小于600MPa。

钢纤维掺量与强度的关系，应符合表3-10的规定。厂家生产的钢纤维一般分为三个等级：380MPa、600MPa、1000MPa。

钢纤维掺量与强度的关系　　　　　　　表3-10

体积百分率（%）	混凝土强度等级对应的钢纤维强度（MPa）		
	C30	C40	C50
0.6	620	752	852
0.8	474	573	608
1.0	387	466	525
1.2	328	394	443

2）钢纤维长度应与混凝土粗集料最大公称粒径相匹配，最短长度宜大于粗集料最大公称粒径的1/3；最大长度宜大于粗集料最大公称粒径的2倍；钢纤维长度与标称值的偏差不应超过±10%。

（2）路面和桥面混凝土中，宜使用防锈蚀处理的钢纤维；宜使用有锚固端的钢纤维。不得使用表面磨损前后裸露尖端导致行车不安全的钢纤维；不宜使用搅拌易成团的钢纤维。

9. 接缝材料

（1）应选用能适应混凝土面板膨胀和收缩、施工时不变形、弹性复原率高、耐久性好的胀缝板。高速公路、一级公路宜采用塑胶、橡胶泡沫板或沥青纤维板；其他公路可采用各种胀缝板。其技术要求应符合表 3-11 的规定。

胀缝板的技术要求 表 3-11

试验项目	胀缝板种类		
	木材类	塑胶、橡胶泡沫类	纤维类
压缩应力（MPa）	5.0~20.0	0.2~0.6	2.0~10.0
弹性复原率（%）	≥55	≥90	≥65
挤出量（mm）	<5.5	<5.0	<3.0
弯曲荷载（N）	100~400	0~50	5~40

注：各类胀缝板吸水后的压缩应力不应小于不吸水的 90%，木板应去除结疤，沥青浸泡后木板厚度应为（20~25）±1mm。

(2) 填缝材料应具有与混凝土板壁粘结牢固、回弹性好、不溶于水、不渗水，高温时不挤出、不流淌、抗嵌入能力强、耐老化龟裂，负温拉伸量大，低温时不脆裂、耐久性好等性能。填缝料有常温施工式和加热施工式两种，其技术指标应分别符合表 3-12、表 3-13 的规定。常温施工式填缝料主要有聚（氨）酯、硅树脂类，氯丁橡胶、沥青橡胶类等。加热施工式填缝料主要有沥青玛蹄脂类、聚氯乙烯胶泥类、改性沥青类等。高速公路、一级公路应优先使用树脂类、橡胶类或改性沥青类填缝材料，并宜在填缝料中加入耐老化剂。

常温施工式填缝料技术要求 表 3-12

试验项目	低弹性型	高弹性型
失黏（固化）时间（h）	6~24	3~16
弹性复原率（%）	≥75	≥90
流动度（mm）	0	0
（-10℃）拉伸量（mm）	≥15	≥25
与混凝土粘结强度（MPa）	≥0.2	≥0.4
粘结延伸率（%）	≥200	≥400

注：低弹性型适宜在气候严寒、寒冷地区使用；高弹性型适宜在炎热、温暖地区使用。

加热施工式填缝料技术要求 表 3-13

试验项目	低弹性型	高弹性型
针入度（0.01mm）	<50	<90
弹性复原率（%）	≥30	≥60
流动度（mm）	<5	<2
（-10℃）拉伸量（mm）	≥10	≥15

(3) 填缝时应使用背衬垫条控制填缝形状系数。背衬垫条应具有良好的弹性、柔韧性、不吸水、耐酸碱腐蚀和高温不软化等性能。背衬垫条材料有聚氨酯、橡胶或微孔泡沫塑料等，其形状应为圆柱形，直径应比接缝宽度大 2~5mm。

10. 其他材料

(1) 当使用油毡、玻纤网和土工织物做防裂层及修补基层裂缝时，油毡的物理力学性能应符合《石油沥青玻璃纤维胎防水卷材》GB/T 14686—2008 或《石油沥青玻璃布胎油毡》JC/T 84—1996 的规定；玻纤网和土工织物的技术性能应满足《公路土工合成材料应用技术规范》JTG/T D32—2012 的规定。

(2) 传力杆套（管）帽、沥青及塑料薄膜应符合下列要求：

1) 用于滑模摊铺的传力杆自动插入装置（DBI）缩缝传力杆塑料套管，其管壁、厚度不应小于 0.5mm，套管与传力杆应密切贴合，套管长度应比传力杆一半长度长 30mm。

2) 用于胀缝传力杆端部的套帽宜采用镀锌管或塑料管，厚度不应小于 2.0mm；要求端部密封不透水，内径宜较传力杆直径大 1.0~1.5mm，塑料套帽长度宜为 100mm 左右，镀锌套帽长度宜为 50mm 左右，顶部空隙长度均不应小于 25mm。

3) 用于滑动封层的石油沥青、改性沥青和乳化沥青，应符合《公路沥青路面施工技术规范》JTG F40—2004 和《公路改性沥青路面施工技术规范》JTJ 036—1998 的规定。

4) 用于滑动封层的软聚氯乙烯吹塑或压延塑料薄膜厚度不应小于 0.12mm，拉伸强度不应小于 12.0MPa，直角撕裂强度不应小于 400N/mm。用于混凝土路面养护的塑料薄膜可为聚氯乙烯、聚乙烯、聚丙烯等品种，厚度不宜小于 0.05mm。

(3) 用于混凝土路面养护的养护剂的技术指标应符合表 3-14 的规定。

混凝土路面养护的养护剂的技术指标　　　　表 3-14

检验项目		一 级 品	合 格 品
有效保水率[①]，不小于（%）		90	75
抗压强度比[②]，不小于（%）	7d	95	90
	28d	95	90
磨损量[③]，不大于（kg/m²）		3.0	3.5
含固量，不小于（%）		20	
干燥时间，不短于（h）		4	
成膜后浸水溶解性[④]		应注明不溶或可溶	
成膜耐热性		合格	

①有效保水率试验条件：温度 38℃±2℃；相对湿度 32%±3%；风速 0.5±0.2m/s；失水时间 72h；
②抗压强度比也可为弯拉强度比，指标要求相同，可根据工程需要和用户要求选测；
③在对有耐磨性要求的表面上使用养护剂时为必检项目；
④露天养护的永久性表面，必须为不溶；在要求继续浇筑的混凝土结构上使用，应使用可溶，该指标由供需双方协商。

3.3.1.2 混凝土配合比

混凝土配合比的种类有：普通混凝土配合比、钢纤维混凝土配合比、碾压混凝土配合比及贫混凝土配合比等。

1. 普通混凝土配合比

(1) 普通混凝土配合比设计适用于滑模摊铺机、轨道摊铺机、三辊轴机组及小型机具 4 种施工方式。

(2) 普通混凝土路面的配合比设计在兼顾经济性的同时应满足下列三项技术要求：

1) 弯拉强度

a. 各交通等级路面板的 28d 设计弯拉强度标准值 f_r 应符合《公路水泥混凝土路面设

计规范》JTG D40 的规定。

b. 应按式（3-1）计算配制 28d 弯拉强度的均值。

$$f_c = \frac{f_r}{1-1.04C_v} + ts \tag{3-1}$$

式中 f_c——配制 28d 弯拉强度的均值（MPa）；
　　f_r——设计弯拉强度标准值（MPa）；
　　s——弯拉强度试验样本的标准差（MPa）；
　　t——保证率系数，应按表 3-15 确定；
　　C_v——弯拉强度变异系数，应按统计数据在表 3-16 的规定范围内取值；在无统计数据时，弯拉强度变异系数应按设计取值；如果施工配制弯拉强度超出设计给定的弯拉强度变异系数上限，则必须改进机械装备和提高施工控制水平。

保证率系数 t　　　　　　　　　表 3-15

公路技术等级	判别概率 p	样本数 n（组）				
		3	6	9	15	20
高速公路	0.05	1.36	0.79	0.61	0.45	0.39
一级公路	0.10	0.95	0.59	0.46	0.35	0.30
二级公路	0.15	0.72	0.46	0.37	0.28	0.24
三、四级公路	0.20	0.56	0.37	0.29	0.22	0.19

各级公路混凝土路面弯拉强度变异系数　　　　　　表 3-16

公路技术等级	高速公路	一级公路	二级公路		三、四级公路	
混凝土弯拉强度变异水平等级	低	低	中	中	中	高
弯拉强度变异系数 C_v 允许变化范围	0.05~0.10	0.05~0.10	0.10~0.15	0.10~0.15	0.10~0.15	0.15~0.20

2）工作性

a. 滑模摊铺机前拌合物最佳工作性及允许范围应符合表 3-17 的规定。

混凝土路面滑模摊铺最佳工作性及允许范围　　　表 3-17

指标 界限	坍落度 S_L（mm）		振动黏度系数 η（N·s/m²）
	卵石混凝土	碎石混凝土	
最佳工作性	20~40	25~50	200~500
允许波动范围	5~55	10~65	100~600

注：1. 滑模摊铺机适宜的摊铺速度应控制在 0.5~2.0m/min 之间；
　　2. 本表适用于设超铺角的滑模摊铺机；对不设超铺角的滑模摊铺机，最佳振动黏度系数为 250~600 N·s/m²；最佳坍落度卵石为 10~40mm；碎石为 10~30mm；
　　3. 滑模摊铺时的最大单位用水量卵石混凝土不宜大于 155kg/m³；碎石混凝土不宜大于 160kg/m³。

b. 轨道摊铺机、三辊轴机组、小型机具摊铺的路面混凝土坍落度及最大单位用水量，应满足表 3-18 的规定。

不同路面施工方式混凝土坍落度及最大单位用水量　　　　表 3-18

摊铺方式	轨道摊铺机摊铺		三辊轴机组摊铺		小型机具摊铺	
出机坍落度（mm）	40～60		30～50		10～40	
摊铺坍落度（mm）	20～40		10～30		0～20	
最大单位用水量（kg/m³）	碎石 156	卵石 153	碎石 153	卵石 148	碎石 150	卵石 145

注：1. 表中的最大单位用水量系采用中砂、粗细集料为风干状态的取值，采用细砂时，应使用减水率较大的（高效）减水剂；

2. 使用碎卵石时，最大单位用水量可取碎石与卵石中值。

3）耐久性

a. 根据当地路面无抗冻性、有抗冻性或有抗盐冻性要求及混凝土最大公称粒径，路面混凝土含气量及允许偏差宜符合表 3-19 的规定。

路面混凝土含气量及允许偏差（%）　　　　表 3-19

最大公称粒径（mm）	无抗冻性要求	有抗冻性要求	有抗盐冻要求
19.0	4.0±1.0	5.0±0.5	6.0±0.5
26.5	3.5±1.0	4.5±0.5	5.5±0.5
31.5	3.5±1.0	4.0±0.5	5.0±0.5

b. 各交通等级路面混凝土满足耐久性要求的最大水灰（胶）比和最小单位水泥用量应符合表 3-20 的规定。最大单位水泥用量不宜大于 400kg/m³；掺粉煤灰时，最大单位胶材总量不宜大于 420kg/m³。

混凝土满足耐久性要求的最大水灰（胶）比和最小单位水泥用量　　　　表 3-20

公路技术等级		高速公路、一级公路	二级公路	三、四级公路
最大水灰（胶）比		0.44	0.46	0.48
抗冰冻要求最大水灰（胶）比		0.42	0.44	0.46
抗盐冻要求最大水灰（胶）比		0.40	0.42	0.44
最小单位水泥用量（kg/m³）	42.5 级	300	300	290
	32.5 级	310	310	305
抗冰（盐）冻时最小单位水泥用量（kg/m³）	42.5 级	320	320	315
	32.5 级	330	330	325
掺粉煤灰时最小单位水泥用量（kg/m³）	42.5 级	260	260	255
	32.5 级	280	270	265
抗冰（盐）冻掺粉煤灰最小单位水泥用量（42.5 级水泥）（kg/m³）		280	270	265

注：1. 掺粉煤灰，并有抗冰（盐）冻性要求时，不得使用 32.5 级水泥；

2. 水灰（胶）比计算以砂石料的自然风干状态计（砂含水量≤1.0%；石子含水量≤0.5%）；

3. 处在除冰盐、海风、酸雨或硫酸盐等腐蚀性环境中，或在大纵坡等加减速车道上的混凝土，最大水灰（胶）比可比表中数值降低 0.01～0.02。

c. 严寒地区路面混凝土抗冻标号不宜小于 F250，寒冷地区不宜小于 F200。

d. 在海风、酸雨、除冰盐或硫酸盐等腐蚀环境影响范围内的混凝土路面和桥面,在使用硅酸盐水泥时,应掺加粉煤灰、磨细矿渣或硅灰掺合料,不宜单独使用硅酸盐水泥,可使用矿渣水泥或普通水泥。

(3) 外加剂的使用应符合下列要求

1) 高温施工时,混凝土拌合物的初凝时间不得小于 3h,否则应采取缓凝或保塑措施;低温施工时,终凝时间不得大于 10h,否则应采取必要的促凝或早强措施。

2) 外加剂的掺量应由混凝土试配试验确定。引气剂的适宜掺量可由搅拌机口的拌合物含气量进行控制。实际路面和桥面引气混凝土的抗冰冻、抗盐冻耐久性,宜采用《公路水泥混凝土路面施工技术规范》JTG F30—2003 中附录 F.1、F.2 规定的钻芯法测定,测定位置:路面为表面和表面下 50mm;桥面为表面和表面下 30mm;测得的上下两个表面的最大平均气泡间距系数不宜超过表 3-21 的规定。

混凝土路面和桥面最大平均气泡间距系数 (μm) 表 3-21

环境	公路技术等级	高速公路、一级公路	其他公路
严寒地区	冰冻	275	300
	盐冻	225	250
寒冷地区	冰冻	325	350
	盐冻	275	300

3) 引气剂与减水剂或高效减水剂等其他外加剂复配在同一水溶液中时,应保证其共溶性,防止外加剂溶液发生絮凝现象。如产生絮凝现象,应分别稀释、分别加入。

(4) 配合比参数的计算应符合下列要求

1) 水灰(胶)比的计算和确定

a. 根据粗集料的类型,水灰比可分别按下列统计公式(3-2)、式(3-3)计算:

碎石或碎卵石混凝土:

$$\frac{W}{C} = \frac{1.5684}{f_c + 1.0097 - 0.3595 f_s} \quad (3-2)$$

卵石混凝土:

$$\frac{W}{C} = \frac{1.2618}{f_c + 1.5492 - 0.4709 f_s} \quad (3-3)$$

式中 $\frac{W}{C}$——水灰比;

f_c——配制 28d 弯拉强度的均值(MPa);

f_s——水泥实测 28d 抗折强度(MPa)。

b. 掺用粉煤灰时,应计入超量取代法中代替水泥的那一部分粉煤灰用量(代替砂的超量部分不计入),用水胶比 $\frac{W}{C+F}$ 代替水灰比 $\frac{W}{C}$。

c. 应在满足弯拉强度计算值和耐久性(表 3-20)两者要求的水灰(胶)比中取小值。

2) 砂率应根据砂的细度模数和粗集料种类,查表 3-22 取值。在软做抗滑槽时,砂率在表 3-22 基础上可增大 1%~2%。

砂的细度模数与最优砂率关系 表 3-22

砂细度模数		2.2~2.5	2.5~2.8	2.8~3.1	3.1~3.4	3.4~3.7
砂率 S_p (%)	碎石	30~34	32~36	34~38	36~40	38~42
	卵石	28~32	30~34	32~36	34~38	36~40

注：碎卵石可在碎石和卵石混凝土之间内插取值。

3）根据粗集料种类和表 3-17、表 3-18 中适宜的坍落度，分别按经验式（3-4）、式（3-5）计算单位用水量（砂、石料以自然风干状态计）：

碎石：
$$W_0 = 104.97 + 0.309 S_L + 11.27 \frac{C}{W} + 0.61 S_P \tag{3-4}$$

卵石：
$$W_0 = 86.89 + 0.370 S_L + 11.24 \frac{C}{W} + 1.00 S_P \tag{3-5}$$

式中　W_0——不掺外加剂与掺合料混凝土的单位用水量（kg/m³）；
　　　S_L——坍落度（mm）；
　　　S_P——砂率（%）；
　　　$\frac{C}{W}$——灰水比，水灰比之倒数。

掺外加剂的混凝土单位用水量应按式（3-6）计算：
$$W_{0w} = W_0 \left(1 - \frac{\beta}{100}\right) \tag{3-6}$$

式中　W_{0w}——掺外加剂混凝土的单位用水量（kg/m³）；
　　　β——所用外加剂剂量的实测减水率（%）。

单位用水量应取计算值和表 3-17 或表 3-18 的规定值两者中的小值。若实际单位用水量仅掺引气剂不满足所取数值，则应掺用引气（高效）减水剂，三、四级公路也可采用真空脱水工艺。

4）单位水泥用量应由公式（3-7）计算，并取计算值与表 3-20 规定值两者中的大值。
$$C_0 = \left(\frac{C}{W}\right) W_0 \tag{3-7}$$

式中　C_0——单位水泥用量（kg/m³）。

5）砂石料用量可按密度法或体积法计算。按密度法计算时，混凝土单位质量可取 2400~2450kg/m³；按体积法计算时，应计入设计含气量。采用超量取代法掺用粉煤灰时，超量部分应代替砂，并折减用砂量。经计算得到的配合比，应验算单位粗集料填充体积率，且不宜小于 70%。

6）重要路面、桥面工程应采用正交试验法进行配合比优选。

（5）采用真空脱水工艺时，可采用比经验式（3-4）、式（3-5）计算值略大的单位用水量，但在真空脱水后，扣除每立方米混凝土实际吸除的水量，剩余单位用水量和剩余水灰（胶）比分别不宜超过表 3-18 最大单位用水量和表 3-20 最大水灰（胶）比的规定。真空脱水混凝土抗压强度试件成型方法可参考《公路水泥混凝土路面施工技术规范》JTG F30—2003 中附录 E.1。

（6）路面混凝土掺用粉煤灰时，其配合比计算应按超量取代法进行。粉煤灰掺量应根据水泥中原有的掺合料数量和混凝土弯拉强度、耐磨性等要求由试验确定。Ⅰ、Ⅱ级粉煤灰的超量取代系数可按表 3-23 初选。代替水泥的粉煤灰掺量：Ⅰ型硅酸盐水泥宜≤30%；Ⅱ型硅酸盐水泥宜≤25%；道路水泥宜≤20%；普通水泥宜≤15%；矿渣水泥不得掺粉煤灰。

各级粉煤灰的超量取代系数 表 3-23

粉煤灰等级	Ⅰ	Ⅱ	Ⅲ
超量取代系数 k	1.1～1.4	1.3～1.7	1.5～2.0

2. 钢纤维混凝土配合比

（1）本配合比设计适用于采用滑模摊铺机、轨道摊铺机、三辊轴机组及小型机具铺筑的钢纤维混凝土路面。

（2）钢纤维混凝土的配合比设计在兼顾经济性的同时应满足下列三项技术要求：

1）弯拉强度

a. 钢纤维混凝土路面板 28d 设计弯拉强度标准值 f_{rf} 应符合设计规范的规定。

b. 钢纤维混凝土配制 28d 弯拉强度的均值应按式（3-1）计算，以 f_{cf} 和 f_{rf} 代替 f_c 和 f_r。

2）工作性

a. 钢纤维混凝土的坍落度可比表 3-17 或表 3-18 的规定值小 20mm。

b. 钢纤维混凝土掺高效减水剂时的单位用水量可按表 3-24 初选，再由拌合物实测坍落度确定。

钢纤维混凝土单位用水量选用表 表 3-24

拌合物条件	粗集料种类	粗集料最大公称粒径 D_m（mm）	单位用水量（kg/m³）
长径比 $L_f/d_f=50$ $\rho_f=0.6\%$ 坍落度 20mm 中砂，细度模数 2.5 水灰比 0.42～0.50	碎石	9.5、16.0	215
		19.0、26.5	200
	卵石	9.5、16.0	208
		19.0、26.5	190

注：1. 钢纤维长径比每增减 10，单位用水量相应增减 10kg/m³；
    2. 钢纤维体积率每增减 0.5%，单位用水量相应增减 8kg/m³；
    3. 坍落度为 10～50mm 变化范围内，相对于坍落度 20mm 每增减 10mm，单位用水量相应增减 7kg/m³；
    4. 细度模数在 2.0～3.5 范围内，砂的细度模数每增减 0.1，单位用水量相应增减 1kg/m³。

3）耐久性

a. 钢纤维混凝土满足耐久性要求最大水灰（胶）比和最小单位水泥用量应符合表 3-25 的规定。

b. 钢纤维混凝土严禁采用海水、海砂，不得掺加氯盐及氯盐类早强剂、防冻剂等外加剂。

c. 处在海风、酸雨、硫酸盐及除冰盐等环境中的钢纤维混凝土路面宜掺用表3-4中Ⅰ、Ⅱ级粉煤灰，桥面宜掺用硅灰与S95和S105级磨细矿渣。

钢纤维混凝土满足耐久性要求最大水灰（胶）比和最小单位水泥用量　　表3-25

公路技术等级		高速、一级公路	二级公路	三、四级公路
最大水灰（胶）比		0.47	0.49	0.50
抗冰冻要求最大水灰（胶）比		0.45	0.46	0.48
抗盐冻要求最大水灰（胶）比		0.42	0.43	0.46
最小单位水泥用量（kg/m³）	42.5级	360	360	350
	32.5级	370	370	365
抗冰（盐）冻要求最小单位水泥用量（kg/m³）	42.5级	380	380	375
	32.5级	390	390	385
掺粉煤灰时最小单位水泥用量（kg/m³）	42.5级	320	320	315
	32.5级	340	340	335
抗冰（盐）冻掺粉煤灰最小单位水泥用量（42.5级水泥）（kg/m³）		330	330	325

(3) 钢纤维混凝土配合比设计应按以下步骤进行：

1) 计算和确定水灰比

a. 以钢纤维混凝土配制28d弯拉强度 f_{cf} 替换 f_c，按式 (3-2) 或式 (3-3) 计算出基体混凝土的水灰比。

b. 取钢纤维混凝土基体的水灰比计算值与表3-25规定值两者中的小值。

2) 钢纤维掺量体积率宜在0.60%～1.0%范围内初选，当板厚折减系数小时，体积率宜取上限；当长径比大时，宜取较小值；有锚固端者宜取较小值。

3) 查表3-24，初选单位用水量 W_{0f}。

4) 掺用粉煤灰时应符合第3.3.1.2条第1款第(6)项中的规定。

5) 钢纤维混凝土的单位水泥用量应按式 (3-8) 计算。

$$C_{0f} = \left(\frac{C}{W}\right)W_{0f} \tag{3-8}$$

式中　C_{0f}——钢纤维混凝土的单位水泥用量（kg/m³）；

　　　W_{0f}——钢纤维混凝土的单位用水量（kg/m³）。

取计算值与表3-25规定值两者中的大值。但不宜大于500kg/m³。

6) 砂率可按式 (3-9) 计算，也可按表3-26初选。钢纤维混凝土砂率宜在38%～50%之间。

$$S_{pf} = S_p + 10\rho_f \tag{3-9}$$

式中　S_{pf}——钢纤维混凝土砂率（%）；

　　　S_p——砂率（%）；

　　　ρ_f——钢纤维掺量体积率（%）。

钢纤维混凝土砂率选用值（%）　　　　表 3-26

拌合物条件	最大公称粒径 19mm 碎石	最大公称粒径 19mm 卵石
$L_f/d_f=50$；$\rho_f=1.0\%$；$W/C=0.5$；砂细度模数 $M_x=3.0$	45	40
L_f/d_f 增减 10	±5	±3
ρ_f 增减 0.10%	±2	±2
W/C 增减 0.1	±2	±2
砂细度模数 M_x 增减 0.1	±1	±1

7) 砂石料用量可采用密度法或体积法计算。按密度法计算时，钢纤维混凝土单位质量可取 2450~2580kg/m³；按体积法计算时，应计入设计含气量。

8) 重要路面、桥面工程应采用正交试验法进行钢纤维混凝土配合比优选。

3. 碾压混凝土配合比

(1) 碾压混凝土的配合比设计在兼顾经济性的同时应满足下列三项技术要求：

1) 弯拉强度

a. 碾压混凝土设计弯拉强度 f_r 应符合第 3.3.1.2 条第 1 款第（2）项中的规定。

b. 碾压混凝土配制 28d 弯拉强度均值 f_{cc} 可按式（3-10）计算。

$$f_{cc} = \frac{f_r + f_{cy}}{1 - 1.04C_v} + ts \tag{3-10}$$

式中　f_{cc}——碾压混凝土配制 28d 弯拉强度均值（MPa）；

　　　f_r——设计弯拉强度标准值（MPa）；

　　　s——弯拉强度试验样本的标准差（MPa）；

　　　t——保证率系数，应按表 3-15 确定；

　　　C_v——弯拉强度变异系数，应按统计数据在表 3-16 的规定范围内取值；在无统计数据时，弯拉强度变异系数应按设计取值；

　　　f_{cy}——碾压混凝土压实安全弯拉强度，可按式（3-11）计算。

$$f_{cy} = \frac{\alpha}{2}(y_{c1} + y_{c2}) \tag{3-11}$$

式中　y_{c1}——弯拉强度试件标准压实度（95%）；

　　　y_{c2}——路面芯样压实度下限值（由芯样压实度统计得出）；

　　　α——相应于压实度变化 1% 的弯拉强度波动值（通过试验得出）。

2) 工作性

碾压混凝土出搅拌机口的改进 VC 值宜为 5~10s；碾压时的改进 VC 值宜控制在 (30±5) s。试验中的试样表面出浆评分应为 4~5 分。

3) 耐久性

a. 处于严寒和寒冷地区的碾压混凝土面层或基层，应掺引气剂，其含气量宜符合表 3-19 的规定。

b. 面层碾压混凝土满足耐久性要求的最大水灰（胶）比和最小单位水泥用量应符合表 3-27 的规定。

面层碾压混凝土满足耐久性要求的最大水灰（胶）比和最小单位水泥用量　　表 3-27

公路技术等级		二级公路	三、四级公路
最大水灰（胶）比		0.40	0.42
抗冰冻要求最大水灰（胶）比		0.38	0.40
抗盐冻要求最大水灰（胶）比		0.36	0.38
最小单位水泥用量（kg/m³）	42.5 级	290	280
	32.5 级	305	300
抗冰（盐）冻要求最小单位水泥用量（kg/m³）	42.5 级	315	310
	32.5 级	325	320
掺粉煤灰时最小单位水泥用量（kg/m³）	42.5 级	255	250
	32.5 级	265	260
抗冰（盐）冻掺粉煤灰最小单位水泥用量（42.5 级水泥）（kg/m³）		260	265

（2）面层碾压混凝土粗、细集料合成级配范围宜符合表 3-28 的要求，基层应符合《公路路面基层施工技术规范》JTJ 034 水泥稳定粒料的级配规定。

面层碾压混凝土粗、细集料合成级配范围　　表 3-28

筛孔尺寸（mm）	19.0	9.50	4.75	2.36	1.18	0.60	0.30	0.15
通过百分率（%）	90～100	50～70	35～47	25～38	18～30	10～23	5～15	3～10

（3）碾压混凝土中所掺粉煤灰的技术要求应符合第 3.3.1.1 条第 2 款第（1）项中的规定。代替水泥的粉煤灰掺量应符合第 3.3.1.2 条第 1 款第（6）项中的规定。粉煤灰超量取代系数 k：Ⅰ级灰可取 1.4～1.8；Ⅱ级灰可取 1.6～2.0；碾压混凝土基层和复合式路面下面层用Ⅲ级灰宜取 1.8～2.2。

（4）碾压混凝土中外加剂的使用要求除满足第 3.3.1.2 条第 1 款第（3）项中的规定外，应预先通过碾压混凝土性能试验优选品种和掺量，确认满足各项性能要求后方可使用。

（5）重要工程碾压混凝土的配合比确定应使用正交试验法，一般工程可采用简捷法。

1）正交试验法

a. 不掺粉煤灰的碾压混凝土正交试验可选用水量、水泥用量、粗集料填充体积率 3 个因素；掺粉煤灰的碾压混凝土可选用水量、基准胶材总量、粉煤灰掺量、粗集料填充体积率 4 个因素。每个因素选定三个水平，选用 $L_9(3^4)$ 正交表安排试验方案。

b. 对正交试验结果进行直观及回归分析，回归分析的考察指标：VC 值及抗离析性、弯拉强度或抗压强度、抗冻性或耐磨性。根据直观分析结果并依据所建立的单位用水量及弯拉强度推定经验公式，综合考虑拌合物工作性，确定满足 28d 弯拉强度或抗压强度、抗冻性或耐磨性等设计要求的正交初步配合比。

2）简捷法

a. 不掺粉煤灰的碾压混凝土配合比计算宜按下述步骤进行：
（a）按式（3-12）计算单位用水量

$$W_{0c} = 137.7 - 20.55 \lg VC \tag{3-12}$$

式中 W_{0c}——碾压混凝土的单位用水量（kg/m³）；
VC——碾压混凝土拌合物改进 VC 值（s）。

（b）按式（3-13）计算灰水比，并取计算值与表 3-27 中规定值两者中的小值。

$$\frac{C}{W} = \frac{f_{cc}}{0.2156 f_s} - 0.798 \tag{3-13}$$

式中 f_{cc}——碾压混凝土配制 28d 弯拉强度均值（MPa）；
f_s——水泥实测 28d 抗折强度（MPa）。

（c）按式（3-14）计算单位水泥用量，并取计算值与表 3-27 规定值两者中的大值。

$$C_{0c} = W_{0c} \times \left(\frac{C}{W}\right) \tag{3-14}$$

式中 C_{0c}——碾压混凝土单位水泥用量（kg/m³）。

（d）按表 3-29 选定配合比中粗集料填充体积率。

粗集料填充体积率 表 3-29

砂细度模数 M_x	2.40	2.60	2.80	3.00
粗集料填充体积率 V_g（%）	75	73	71	69

（e）按式（3-15）计算粗集料用量。

$$G_{0c} = \gamma_{cc} \times \frac{V_g}{100} \tag{3-15}$$

式中 G_{0c}——碾压混凝土粗集料单位体积用量（kg/m³）；
γ_{cc}——碾压混凝土单位质量（kg/m³）；
V_g——粗集料填充体积率（%）。

（f）根据 G_{0c}、C_{0c}、W_{0c} 及相应原材料密度，按体积法计算用砂量 S_{0c}，计算时应计入设计含气量。

（g）按式（3-16）计算单位外加剂用量。

$$Y_{0c} = y \times C_{0c} \tag{3-16}$$

式中 Y_{0c}——碾压混凝土中单位外加剂用量（kg/m³）；
y——外加剂掺量；
C_{0c}——碾压混凝土单位水泥用量（kg/m³）。

b. 掺粉煤灰的碾压混凝土配合比计算宜按下述步骤进行：
（a）按表 3-29 选定粗集料填充体积率 V_g，由式（3-15）计算单位体积粗集料用量 G_{0c}。

（b）按第 3.3.1.2 条第 3 款第（3）项中的规定，初选粉煤灰超量取代系数 k，并按经验或正交试验分析结果选定代替水泥的粉煤灰掺量 F_c。

（c）按式（3-17）计算单位用水量。

$$W_{0fc} = 135.5 - 21.1 \lg VC + 0.32 F_c \tag{3-17}$$

式中 W_{0fc}——掺粉煤灰的碾压混凝土单位用水量（kg/m³）；

VC——碾压混凝土拌合物改进VC值（s）；

F_c——代替水泥的粉煤灰掺量（%）。

(d) 按式（3-18）计算基准胶材总量。

$$J = 200(f_{cc} - 7.22 + 0.025F_c + 0.023V_g) \quad (3-18)$$

式中 J——碾压混凝土中单位体积基准胶材总量（kg/m³）。

(e) 按式（3-19）计算单位水泥用量，并应取计算值与表 3-27 规定值两者中大值。

$$C_{0fc} = J\left(1 - \frac{F_c}{100}\right) \quad (3-19)$$

式中 C_{0fc}——掺粉煤灰的碾压混凝土单位水泥用量（kg/m³）。

(f) 按式（3-20）计算单位粉煤灰总用量。

$$F_{cc} = C_{0fc} \times F_c \times k \quad (3-20)$$

式中 F_{cc}——单位粉煤灰总用量（kg/m³）；

C_{0fc}——掺粉煤灰的碾压混凝土单位水泥用量（kg/m³）；

F_c——代替水泥的粉煤灰掺量（%）；

k——粉煤灰超量取代系数。

(g) 按式（3-21）计算总水胶比，应取计算值与表 3-27 规定值两者中小值。

$$J_z = \frac{W_{0fc}}{C_{0fc} + F_{cc}} \quad (3-21)$$

式中 J_z——碾压混凝土中总水胶比；

W_{0fc}——掺粉煤灰的碾压混凝土单位用水量（kg/m³）；

C_{0fc}——掺粉煤灰的碾压混凝土单位水泥用量（kg/m³）；

F_{cc}——单位粉煤灰总用量（kg/m³）。

(h) 根据 G_{0c}、C_{0fc}、F_{cc}、W_{0fc} 及相应原材料密度，按体积法计算单位用砂量 S_{0c}，计算时应计入设计含气量。

(i) 按式（3-22）计算单位外加剂用量

$$Y_{0fc} = y_f(C_{0fc} + F_{cc}) \quad (3-22)$$

式中 Y_{0fc}——掺粉煤灰的碾压混凝土单位外加剂用量（kg/m³）；

y_f——掺粉煤灰的碾压混凝土外加剂掺量；

C_{0fc}——掺粉煤灰的碾压混凝土单位水泥用量（kg/m³）；

F_{cc}——单位粉煤灰总用量（kg/m³）。

4. 贫混凝土配合比

(1) 基层贫混凝土配合比设计应符合下列三项技术要求：

1) 强度

贫混凝土基层设计强度标准值应符合表 3-30 的规定。

贫混凝土基层设计强度标准值（MPa） 表 3-30

交通等级	特重	重	中等
7d 施工质检抗压强度 f_{cu7}	10.0	7.0	5.0
28d 设计抗压强度标准值 $f_{cu,k}$	15.0	10.0	7.0
28d 设计弯拉强度标准值 $f_{c,k}$	3.0	2.0	1.5

2）工作性

贫混凝土的坍落度应满足表 3-17 或表 3-18 的要求。基层贫混凝土中应掺粉煤灰，粉煤灰的品质、掺量和超量取代系数应符合第 3.3.1.2 条第 3 款第（3）项中的规定。

3）耐久性

a. 满足耐久性要求的贫混凝土最大水灰（胶）比宜符合表 3-31 的规定。

满足耐久性要求的贫混凝土最大水灰（胶）比　　　　　表 3-31

交通等级	特重	重	中等
最大水灰（胶）比	0.65	0.68	0.70
有抗冻要求的最大水灰（胶）比	0.60	0.63	0.65

b. 在基层受冻地区，贫混凝土中应掺引气剂，并控制贫混凝土含气量为 4%±1%。当水灰（胶）比不能满足抗冻耐久性要求时，宜使用引气减水剂。当高温摊铺坍落度损失较大时，可使用引气缓凝减水剂。

（2）贫混凝土配合比可按下述步骤进行计算：

1）配制 28d 抗压强度 $f_{cu,o}$ 可按式（3-23）计算。

$$f_{cu,o} = f_{cu,k} + t_1 s_1 \tag{3-23}$$

式中　$f_{cu,o}$——贫混凝土配制 28d 抗压强度（MPa）；

　　　$f_{cu,k}$——混凝土 28d 设计抗压强度标准值（MPa），按表 3-30 取值；

　　　t_1——抗压强度保证率系数，高速公路应取 1.645；一级公路应取 1.28；二级公路应取 1.04；

　　　s_1——抗压强度标准差，宜按不小于 6 组统计资料取值；无统计资料或试件组数小于 6 组时，可取 1.5（MPa）。

2）水灰比应按式（3-24）计算，并取计算值与表 3-31 规定值两者中的小值。

$$\frac{W}{C} = \frac{A \cdot f_{ce}}{f_{cu,o} + A \cdot B \cdot f_{ce}} \tag{3-24}$$

式中　f_{ce}——水泥实测 28d 抗压强度（MPa）；无实测值时，也可按式（3-25）计算；

　　　$f_{cu,o}$——贫混凝土配制 28d 抗压强度（MPa）；

　　　$A、B$——回归系数，碎石及碎卵石 $A=0.46$、$B=0.07$；卵石 $A=0.48$、$B=0.33$。

$$f_{ce} = \gamma \times f_{cek} \tag{3-25}$$

式中　f_{cek}——水泥抗压强度等级（MPa）；

　　　γ——水泥抗压强度富余系数，应按统计资料取值；无统计资料时可在 1.08～1.13 范围内取值。

3）贫混凝土单位水泥用量可按式（3-26）计算。

$$C_p = 0.5 \zeta C_0 \tag{3-26}$$

式中　C_p——贫混凝土的单位水泥用量（kg/m³）；

　　　ζ——工作性及平整度放大系数，可取 1.1～1.3；

C_0——路面混凝土单位水泥用量（kg/m³）。

4）掺用粉煤灰时，单位胶材总量可按式（3-27）计算。
$$J_z = 0.5C_0(1 + F_p k) \tag{3-27}$$

式中 J_z——单位胶材总量（kg/m³）；

F_p——代替水泥的粉煤灰掺量，可取 0.15～0.30；

k——粉煤灰超量取代系数，可按第 3.3.1.2 条第 3 款第（3）项中的规定取值。

5）不掺粉煤灰贫混凝土的单位水泥用量宜控制在 160～230kg/m³ 范围内；在基层受冻地区最小单位水泥用量不宜低于 180kg/m³。掺粉煤灰时，单位水泥用量宜在 130～175kg/m³ 范围内；单位胶材总量宜在 220～270kg/m³ 范围内；基层受冻地区最小单位水泥用量不宜低于 150kg/m³。

6）根据水灰（胶）比和单位水泥（胶材）用量，计算单位用水量。

7）基层贫混凝土的砂率可按表 3-32 初选。

基层贫混凝土的砂率 表 3-32

砂细度模数		2.2～2.5	2.5～2.8	2.8～3.1	3.1～3.4	3.4～3.7
砂率 S_p（%）	碎石混凝土	24～28	26～30	28～32	30～34	32～36
	卵石混凝土	22～26	24～28	26～30	28～32	30～34

注：碎卵石可在碎石和卵石混凝土之间内插取值。

8）砂、石料用量可用密度法或体积法计算。在采用体积法计算时，应计入含气量。

5. 配合比确定与调整

（1）由上述各经验公式推算得出的普通混凝土、钢纤维混凝土、碾压混凝土和贫混凝土配合比，应在试验室内按下述步骤和《公路工程水泥及水泥混凝土试验规程》JTG E30 规定方法进行试配检验和调整：

1）首先检验各种混凝土拌合物是否满足不同摊铺方式的最佳工作性要求。检验项目包括：含气量、坍落度及其损失、振动黏度系数、改进 VC 值、外加剂品种及其最佳掺量等。在工作性和含气量不满足相应摊铺方式要求时，可在保持水灰（胶）比不变的前提下调整单位用水量、外加剂掺量或砂率，不得减小满足计算弯拉强度及耐久性要求的单位水泥用量、钢纤维体积率。

2）对于采用密度法计算的配合比，应实测拌合物视密度，并应按视密度调整配合比，调整时水灰比不得增大，单位水泥用量、钢纤维掺量不得减小，调整后的拌合物视密度允许偏差为±2.0%。实测拌合物含气量 a（%）及其偏差应满足表 3-19 的规定，不满足要求时，应调整引气剂掺量直至达到规定含气量。

3）以初选水灰（胶）比为中心，按 0.02 增减幅度选定 2～4 个水灰（胶）比，制作试件，检验各种混凝土 7d 和 28d 配制弯拉强度、抗压强度、耐久性等指标（有抗冻性要求的地区，抗冻性为必测项目，耐磨性及干缩为选测项目）。也可保持计算水灰（胶）比不变，以初选单位水泥用量为中心，按 15～20kg/m³ 增减幅度选定 2～4 个单位水泥用量；钢纤维混凝土还应以选定的钢纤维掺量为中心，按 0.1% 增减幅度选定 2～4 个钢纤维掺量，制作试件并做上述各项试验。

4）施工单位通过上述各项指标检验提出的配合比，在经监理方或建设方中心试验室验证合格后，方可确定为试验室基准配合比。

（2）试验室的基准配合比应通过搅拌楼实际拌合检验和不小于 200m 试验路段的验证，并应根据料场砂石料含水量、拌合物实测视密度、含气量、坍落度及其损失，调整单位用水量、砂率或外加剂掺量。调整时，水灰（胶）比、单位水泥用量、钢纤维体积率不得减小。考虑施工中原材料含泥量、泥块含量、含水量变化和施工变异性等因素，单位水泥用量应适当增加 5~10kg。满足试拌试铺的工作性、28d（至少 7d）配制弯拉强度、抗压强度和耐久性等要求的配合比，经监理方或建设方批准后方可确定为施工配合比。

（3）施工期间配合比的微调与控制应符合下列要求：

1）根据施工季节、气温和运距等的变化，可微调缓凝（高效）减水剂、引气剂或保塑剂的掺量，保持摊铺现场的坍落度始终适宜于铺筑，且波动最小。

2）降雨后，应根据每天不同时间的气温及砂石料实际含水量变化，微调加水量，同时微调砂石料称量，其他配合比参数不得变更，维持施工配合比基本不变。雨天或砂石料变化时应加强控制，保持现场拌合物工作性始终适宜摊铺和稳定。

3.3.1.3 施工准备

施工准备工作包括：施工机械选择、施工组织、搅拌场设置、摊铺前材料与设备检查、路基、基层和封层的检测与修整及贫混凝土基层铺筑与质量检验等。

1. 施工机械选择

（1）根据公路等级的不同，混凝土路面的施工宜符合表 3-33 规定的机械装备要求。

与公路等级相适应的机械装备　　　　表 3-33

摊铺机械装备	高速公路	一级公路	二级公路	三级公路	四级公路
滑模摊铺机	√	√	√	▲	○
轨道摊铺机	▲	√	√	√	○
三辊轴机组	○	▲	√	√	√
小型机具	×	○	▲	√	√
碾压混凝土机械	×	○	√	√	▲
计算机自动控制强制搅拌楼（站）	√	√	√	▲	○
强制搅拌楼（站）	×	○	▲	√	√

注：1. 符号含义：√应使用；▲有条件使用；○不宜使用；×不得使用；

2. 各等级公路均不得使用体积计量、小型自落滚筒式搅拌机，严禁使用人工控制加水量；

3. 碾压混凝土亦可用于高速公路、一级公路复合式路面的下面层和贫混凝土基层。

2. 施工组织

（1）开工前，建设单位应组织设计、施工、监理单位进行技术交底。

（2）施工单位应根据设计图纸、合同文件、摊铺方式、机械设备、施工条件等确定混凝土路面施工工艺流程、施工方案，进行详细的施工组织设计。

（3）开工前，施工单位应对施工、试验、机械、管理等岗位的技术人员和各工种技术工人进行培训。未经培训的人员不得单独上岗操作。

（4）施工单位应根据设计文件，测量校核平面和高程控制桩，复测和恢复路面中心、边缘全部基本标桩,测量精确度应满足相应规范的规定。

(5) 施工工地应建立具备相应资质的现场试验室,能够对原材料、配合比和路面质量进行检测和控制,提供符合交工检验、竣工验收和计量支付要求的自检结果。

(6) 各种桥涵、通道等构筑物应提前建成,确有困难不能通行时,应有施工便道。施工时应确保运送混凝土的道路基本平整、畅通,不得延误运输时间或碾坏基层或桥面。施工中的交通运输应配备专人进行管制,保证施工有序、安全进行。

(7) 摊铺现场和搅拌场之间应建立快速有效的通信联络,及时进行生产调度和指挥。

3. 搅拌场设置

(1) 搅拌场宜设置在摊铺路段的中间位置。搅拌场内部布置应满足原材料储运、混凝土运输、供水、供电、钢筋加工等使用要求,并尽量紧凑,减少占地。

(2) 搅拌场应保障搅拌、清洗、养护用水的供应,并保证水质。供水量不足时,搅拌场应设置与日搅拌量相适应的蓄水池。

(3) 搅拌场应保证充足的电力供应。电力总容量应满足全部施工用电设备、夜间施工照明及生活用电的需要。

(4) 应确保摊铺机械、运输车辆及发电机等动力设备的燃料供应。离加油站较远的工地宜设置油料储备库。

(5) 水泥、粉煤灰储存和供应要求

1) 每台搅拌楼应至少配备 2 个水泥罐仓,如掺粉煤灰还应至少配备 1 个粉煤灰罐仓。当水泥的日用量很大,需要两家以上的水泥厂供应水泥时,不同厂家的水泥,应清仓再灌,并分罐存放。严禁粉煤灰与水泥混罐。

2) 应确保施工期间的水泥和粉煤灰供应。供应不足或运距较远时,应储备和使用吨包装水泥或袋装粉煤灰,并准备水泥仓库、拆包及输送入罐设备。水泥仓库应覆盖或设置顶篷防雨,并应设置在地势较高处,严禁水泥、粉煤灰受潮或浸水。

(6) 砂石料储备

1) 施工前,宜储备正常施工 10～15d 的砂石料。

2) 砂石料场应建在排水通畅的位置,其底部应做硬化处理。不同规格的砂石料之间应有隔离设施,并设标识牌,严禁混杂。

3) 在低温天、雨天、大风天及日照强烈的条件下,应在砂石料堆上部架设顶篷或覆盖,覆盖砂石料数量不宜少于正常施工一周的用量。

(7) 原材料与混凝土运输车辆不应相互干扰。搅拌楼下宜采用厚度不薄于 200mm 的混凝土铺装层,并应设置污水排放管沟、积水坑或清洗搅拌楼的废水处理回收设备。

4. 摊铺前材料与设备检查

(1) 在施工准备阶段,应依据混凝土路面设计要求、工程规模,对当地及周边的水泥、钢材、粉煤灰、外加剂、砂石料、水资源、电力、运输等状况进行实地调研,确认符合铺筑混凝土路面的原材料质量、品种、规格、原材料的供应量、供应强度和供给方式、运距等。通过调研优选,初步选择原材料供应商。

(2) 开工前,工地试验室应对计划使用的原材料进行质量检验和混凝土配合比优选,监理应对原材料抽检和配合比试验验证,报请业主审批。

(3) 应根据路面施工进度安排,保证及时地供给符合 3.3.1.1 原材料技术指标规定的各种原材料，不合格的原材料不得进场。所有原材料进出场应进行称量、登记、保管或签发。

（4）应将相同料源、规格、品种的原材料作为一批，分批量检验和储存。

（5）施工前必须对机械设备、测量仪器、基准线或模板、机具工具及各种试验仪器等进行全面的检查、调试、校核、标定、维修和保养。主要施工机械的易损零部件应有适量储备。

5. 路基、基层和封层的检测与修整

（1）路基应稳定、密实、均质，对路面结构提供均匀的支承。对桥头、软基、高填方、填挖方交界等处的路基段，应进行连续沉降观测，并采取切实有效的措施保证路基的稳定性。

（2）垫层、基层除应符合《公路水泥混凝土设计规范》JTG D 40 和《公路路面基层施工技术规范》JTJ 034 的规定外，尚应符合下列技术要求：

1)（上）基层纵、横坡一般可与面层一致，但横坡可略大于 0.15%～0.20%，并不得小于路面横坡。

2) 硬路肩厚度薄于面板时，应设排水基层或排水盲沟。缘石和软路肩底部应有渗透排水措施。

3) 面层铺筑前，宜至少提供足够机械连续施工 10d 以上的合格基层。

（3）面板铺筑前，应对基层进行全面的破损检查，当基层产生纵、横向断裂、隆起或碾坏时，应采取下述有效措施彻底修复：

1) 所有挤碎、隆起、空鼓的基层应清除，并使用相同的基层料重铺，同时设胀缝板横向隔开，胀缝板应与路面胀缝或缩缝上下对齐。

2) 当基层产生非扩展性温缩、干缩裂缝时，应灌沥青密封防水，还应在裂缝上粘贴油毡、土工布或土工织物，其覆盖宽度不应小于 1000mm；距裂缝最窄处不得小于 300mm。

3) 当基层产生纵向扩展裂缝时，应分析原因，采取有效的路基稳固措施根治裂缝，且宜在纵向裂缝所在的整个面板内，距板底 1/3 高度增设补强钢筋网，补强钢筋网到裂缝端部不宜短于 5m。

4) 基层被碾坏成坑或破损面积较小的部位，应挖除并采用贫混凝土局部修复。对表面严重磨损裸露粗集料的部位，宜采用沥青封层处理。

（4）在高速公路和一级公路的半刚性上基层表面，宜喷洒热沥青和石屑（2～3m^3/100m^2）做滑动封层，或做乳化沥青稀浆封层。沥青封层或乳化沥青稀浆封层的厚度不宜小于 5mm。

（5）在各交通等级有可能被水淹没浸泡路面的路段，可采用较厚的坚韧塑料薄膜或密闭土工膜覆盖基层防水。

（6）当封层出现局部损坏时，摊铺前应采用相同的封层材料进行修补，经质量检验合格，并由监理签认后，方可铺筑水泥混凝土面层。

6. 贫混凝土基层铺筑与质量检验

（1）贫混凝土上基层宜采用与面板相同机械铺筑；可采用普通混凝土面层四种施工方式中的任一种。

(2) 贫混凝土基层的铺筑除应满足混凝土面层铺筑的技术要求外，尚应符合下列规定：

1) 贫混凝土基层应锯切与面板接缝位置和尺寸相对齐的纵、横向接缝，切缝深度不宜小于1/4板厚，最浅不宜小于50mm，并使用沥青灌缝。基层设封层时，混凝土面板的横向缩缝在行车前进方向可前错300～500mm。

2) 贫混凝土基层纵、横向缩缝中可不设拉杆和传力杆，胀缝中应设传力杆和胀缝板，胀缝位置应与面层胀缝对齐，板顶宜与贫混凝土基层表面齐平，传力杆、胀缝板设置精确度应符合表3-42的规定。

3) 若一块贫混凝土板上纵、横向断板缝仅为一条，可不挖除重铺，宜按第3.3.1.3条第5款第（3）项2）中的规定处理；但当一块板上的断板缝多于2条或分叉，则应挖除重铺。

(3) 贫混凝土基层的施工质量要求应符合表3-45的规定。

3.3.1.4 试验路段

1. 铺筑试验路段

（1）二级及其以上公路混凝土路面工程，使用滑模、轨道、碾压、三辊轴机组机械施工时，在正式摊铺混凝土路面前，必须铺筑试验路段。试验路段长度不应短于200m，高速公路、一级公路宜在主线路面以外进行试铺。路面厚度、摊铺宽度、接缝设置、钢筋设置等均应与实际工程相同。

（2）试验路段分为试拌及试铺两个阶段，通过试验路段应达到下述目的：

1) 通过试拌检验搅拌楼性能及确定合理搅拌工艺，检验适宜摊铺的搅拌楼拌合参数：上料速度，拌合容量，搅拌均匀所需时间，新拌混凝土坍落度、振动黏度系数、含气量、泌水性、VC值和生产使用的混凝土配合比等。

2) 通过试铺检验主要机械的性能和生产能力，检验辅助施工机械组配合理性，检验路面摊铺工艺和质量：模板架设固定方式或基准线设置方式，摊铺机械（具）的适宜工作参数，包括：松铺高度、摊铺速度、振捣时间与频率、滚压遍数、碾压遍数、压实度、中间和侧向拉杆置入情况等。检验整套施工工艺流程。

3) 使工程技术及工作人员熟悉和掌握各自的操作要领。

4) 按施工工艺要求检验施工组织形式和人员编制。

5) 建立混凝土原材料、拌合物、路面铺筑全套技术性能检验手段，熟悉检验方法。

6) 检验通信联络和生产调度指挥系统。

（3）试铺中，施工人员应认真做好记录，监理工程师或质量监督部门应监督检查试验段的施工质量，及时与施工单位商定并解决问题。试验段铺筑后，施工单位应提出试验路段总结报告，上报监理和业主批复，取得正式开工认可。

3.3.1.5 混凝土拌合物拌合与运输

1. 拌合技术要求

（1）每台搅拌楼在投入生产前，必须进行标定和试拌。在标定有效期满或搅拌楼搬迁安装后，均应重新标定。施工中应每15d校验一次搅拌楼计量精确度。搅拌楼的混凝土拌合计量允许偏差见表3-34。不满足时，应分析原因，排除故障，确保拌合计量精确度。采用计算机自动控制系统的搅拌楼时，应使用自动配料生产，并按需要打印每天（周、旬、月）对应路面摊铺桩号的混凝土配料统计数据及偏差。

搅拌楼的混凝土拌合计量允许偏差（％） 表 3-34

材料名称	水泥	掺合料	钢纤维	砂	粗集料	水	外加剂
高速公路、一级公路每盘	±1	±1	±2	±2	±2	±1	±1
高速公路、一级公路累计每车	±1	±1	±1	±2	±2	±1	±1
其他公路	±2	±2	±2	±3	±3	±2	±2

（2）应根据拌合物的黏聚性、均质性及强度稳定性试拌确定最佳拌合时间。一般情况下，单立轴式搅拌机总拌合时间宜为 80～120s，全部原材料到齐后的最短纯拌合时间不宜短于 40s；行星立轴和双卧轴式搅拌机总拌合时间为 60～90s，最短纯拌合时间不宜短于 35s；连续双卧轴搅拌楼的最短拌合时间不宜短于 40s。最长总拌合时间不应超过高限值的 2 倍。

（3）混凝土拌合过程中，不得使用沥水、夹冰雪、表面沾染尘土和局部暴晒过热的砂石料。

（4）外加剂应以稀释溶液加入，其稀释用水和原液中的水量，应从拌合加水量中扣除。使用间歇搅拌楼时，外加剂溶液浓度应根据外加剂掺量、每盘外加剂溶液筒的容量和水泥用量计算得出。连续式搅拌楼应按流量比例控制加入外加剂。加入搅拌锅的外加剂溶液应充分溶解，并搅拌均匀。有沉淀的外加剂溶液，应每天清除一次稀释池中的沉淀物。

（5）拌合引气混凝土时，搅拌楼一次拌合量不应大于其额定搅拌量的 90％。纯拌合时间应控制在含气量最大或较大时。

（6）粉煤灰或其他掺合料应采用与水泥相同的输送、计量方式加入。粉煤灰混凝土的纯拌合时间应比不掺的延长 10～15s。当同时掺用引气剂时，宜通过试验适当增大引气剂掺量，以达到规定含气量。

（7）拌合物质量检验与控制应符合下列要求：

1）搅拌过程中，拌合物质量检验与控制应符合表 3-145 的规定。低温或高温天气施工时，拌合物出料温度宜控制在 10～35℃。并应测定原材料温度、拌合物的温度、坍落度损失率和凝结时间等。

2）拌合物应均匀一致，有生料、干料、离析或外加剂、粉煤灰成团现象的非均质拌合物严禁用于路面摊铺。一台搅拌楼的每盘之间，各搅拌楼之间，拌合物的坍落度最大允许偏差为±10mm。拌合坍落度应为最适宜摊铺的坍落度值与当时气温下运输坍落度损失值两者之和。

（8）钢纤维混凝土的拌合，除应满足上述规定外，尚应符合下列规定：

1）当钢纤维体积率较高，拌合物较干时，搅拌楼一次拌合量不宜大于其额定搅拌量的 80％。拌合物中不得有钢纤维结团现象。

2）钢纤维混凝土搅拌的投料次序和方法应以搅拌过程中钢纤维不产生结团和保证一定的生产率为原则，并通过试拌或根据经验确定。宜采用将钢纤维、水泥、粗细集料先干拌后加水湿拌的方法；也可采用钢纤维分散机在拌合过程中分散加入钢纤维。

3）钢纤维混凝土的拌合时间应通过现场搅拌试验确定，并应比普通混凝土规定的纯拌合时间延长 20～30s，采用先干拌后加水的搅拌方式时，干拌时间不宜少于 1min。

4) 钢纤维混凝土严禁用人工拌合。当桥梁伸缩缝等零星工程使用少量的钢纤维混凝土时，可采用容量较小的搅拌机拌合，每种原材料应准确称量后加入，不得使用体积计量。采用小容量搅拌机拌合时，钢纤维混凝土总拌合时间应较搅拌楼拌合时间延长 1~2min，采用先干拌后加水的搅拌方式时，干拌时间不宜少于 1.5min。

5) 应保证钢纤维在混凝土中的分散性及均匀性，水洗法检测的钢纤维含量偏差不应大于设计掺量的±15%，检测方法见《公路水泥混凝土路面施工技术规范》JTG F30—2003 中附录 D.2。

(9) 碾压混凝土拌合除应满足上述有关规定外，尚应符合下列规定：

1) 砂石料堆应全部覆盖防雨，堆底严禁浸水。必要时，还应对砂石料仓、粉煤灰料斗、外加剂溶液池等做防雨覆盖。在装载机料斗和料仓内的砂石料不应有明显的湿度差别，严禁雨天拌合碾压混凝土。

2) 拌合时，应精确检测砂石料的含水率，根据砂石料含水率变化，快速反馈并严格控制加水量和砂石料用量。除搅拌楼应配备砂（石）含水率自动反馈控制系统外，每台班至少应检测 3 次砂石料含水率。

3) 碾压混凝土的最短纯拌合时间应比普通混凝土延长 15~20s。

2. 运输技术要求

(1) 应根据施工进度、运量、运距及路况，选配车型和车辆总数。总运力应比总拌合能力略有富余。确保新拌混凝土在规定时间内运到摊铺现场。

(2) 运输到现场的拌合物必须具有适宜摊铺的工作性。不同摊铺工艺的混凝土拌合物从搅拌机出料到运输、铺筑完毕的允许最长时间应符合表 3-35 的规定。不满足时应通过试验、加大缓凝剂或保塑剂的剂量。

混凝土拌合物出料到运输、铺筑完毕允许最长时间　　　表 3-35

施工气温* (℃)	到运输完毕允许最长时间 (h)		到铺筑完毕允许最长时间 (h)	
	滑模、轨道	三轴、小机具	滑模、轨道	三轴、小机具
5~9	2.00	1.50	2.50	2.00
10~19	1.50	1.00	2.00	1.50
20~29	1.00	0.75	1.50	1.25
30~35	0.75	0.50	1.25	1.00

* 指施工时间的日间平均气温，使用缓凝剂延长凝结时间后，本表数值可增加 0.25~0.5h。

(3) 混凝土拌合物的运输除应满足上述规定外，尚应符合下列技术要求：

1) 运送混凝土的车辆装料前，应清净厢罐，洒水润壁，排干积水。装料时，自卸车应挪动车位，防止离析。搅拌楼卸料落差不应大于 2m。

2) 混凝土运输过程中应防止漏浆、漏料和污染路面，途中不得随意耽搁。自卸车运输应减小颠簸，防止拌合物离析。车辆起步和停车应平稳。

3) 超过表 3-35 规定摊铺允许最长时间的混凝土不得用于路面摊铺。混凝土一旦在车内停留超过初凝时间，应采取紧急措施处置，严禁混凝土硬化在车厢（罐）内。

4) 烈日、大风、雨天和低温天远距离运输时，自卸车应遮盖混凝土，罐车宜加保温隔热套。

5) 使用自卸车运输混凝土最远运输半径不宜超过 20km。

6) 运输车辆在模板或导线区调头或会车时，严禁碰撞模板或基准线，一旦碰撞，应告知测工重新测量纠偏。

7) 车辆倒车及卸料时，应有专人指挥。卸料应到位，严禁碰撞摊铺机和前场施工设备及测量仪器。卸料完毕，车辆应迅速离开。

8) 碾压混凝土卸料时，车辆应在前一辆车离开后立即倒向摊铺机，并在机前 10～30cm 处停住，不得撞击沥青摊铺机。然后换成空挡，并迅速升起料斗卸料，靠摊铺机推动前进。

3.3.1.6 混凝土铺筑

水泥混凝土路面铺筑种类主要有：混凝土面层铺筑、钢筋混凝土路面铺筑、钢筋混凝土桥面铺装、钢纤维混凝土路面及桥面铺筑等。

1. 混凝土面层铺筑

（1）滑模机械铺筑

1) 当坍落度在 10～50mm 时，布料松铺系数宜控制在 1.08～1.15 范围内。布料机与滑模摊铺机之间施工距离宜控制在 5～10m。

2) 摊铺钢筋混凝土路面、桥面或搭板时，严禁任何机械开上钢筋网。

3) 软拉抗滑构造时表面砂浆层厚度宜控制在 4mm 左右，硬刻槽路面的砂浆表层厚度宜控制在 2～3mm。

4) 养护 5～7d 后，方允许摊铺相邻车道。

5) 当混凝土抗压强度不小于 8.0MPa 方可拆模。当缺乏强度实测数据时，混凝土路面边侧模板的允许最早拆模时间宜符合表 3-36 的规定。达不到要求，不能拆除端模时，可空出一块面板，重新起头摊铺，空出的面板待两端均可拆模后再补做。

混凝土路面边侧模板的允许最早拆模时间（h） 表 3-36

昼夜平均气温（℃）	-5	0	5	10	15	20	25	≥30
硅酸盐水泥、R 型水泥	240	120	60	36	34	28	24	18
道路、普通硅酸盐水泥	360	168	72	48	36	30	24	18
矿渣硅酸盐水泥	—	—	120	60	50	45	36	24

注：允许最早拆侧模时间从混凝土面板精整成形后开始计算。

（2）三辊轴机组铺筑

1) 工艺流程：布料→密集排振→拉杆安装→人工补料→三辊轴整平→（真空脱水）→（精平饰面）→拉毛→切缝→养护→（硬刻槽）→填缝。

2) 坍落度为 10～40mm 的拌合物，松铺系数为 1.12～1.25。坍落度大时取低值，坍落度小时取高值。超高路段，横坡高侧取高值，横坡底侧取低值。

3) 混凝土拌合物布料长度大于 10m 时，可开始振捣作业。密排振捣棒组间歇插入振实时，每次移动距离不宜超过振捣棒有效作用半径的 1.5 倍，并不得大于 500mm，振捣时间宜为 15～30s。排式振捣机连续拖行振实时，作业速度宜控制在 4m/min 以内。具体作业速度视振实效果，可由式（3-28）计算。

$$V = 1.5 \frac{R}{t} \tag{3-28}$$

式中 V——排式振捣机作业速度（m/s）；

t——振捣密实所必需的时间（s），一般为 15～30s；

R——振捣棒的有效作用半径（m）。

排式振捣机应匀速缓慢、连续不间断地振捣行进。其作业速度以拌合物表面不露粗集料，液化表面不再冒气泡并泛出水泥浆为准。

4）面板振实后，应随即安装纵缝拉杆。单车道摊铺的混凝土路面，在侧模预留孔中应按设计要求插入拉杆；一次摊铺双车道路面时，除应在侧模孔中插入拉杆外，还应在中间纵缝部位，使用拉杆插入机在 1/2 板厚处插入拉杆，插入机每次移动的距离应与拉杆间距相同。

5）表面砂浆厚度宜控制在（4±1）mm，三辊轴整平机前方表面过厚、过稀的砂浆必须刮除丢弃。

（3）轨道摊铺机铺筑

轨道摊铺时的适宜坍落度按振捣密实情况宜控制在 20～40mm 范围内。松铺系数 K 与坍落度 S_L 的关系见表 3-37，并按此计算出松铺高度。

松铺系数 K 与坍落度 S_L 的关系　　　　　　表 3-37

坍落度 S_L（mm）	5	10	20	30	40	50	60
松铺系数 K	1.30	1.25	1.22	1.19	1.17	1.15	1.12

（4）小型机具铺筑

1）人工摊铺混凝土拌合物的坍落度应控制在 5～20mm 范围内，拌合物松铺系数宜控制在 K=1.10～1.25 范围内，料偏干，取较高值；反之，取较低值。

2）插入式振捣棒振实

a. 振捣棒在每一处的持续时间，应以拌合物全面振动液化，表面不再冒气泡和泛水泥浆为限，不宜过振，也不宜少于 30s。振捣棒的移动间距不宜大于 500mm；至模板边缘的距离不宜大于 200mm。应避免碰撞模板、钢筋、传力杆和拉杆。

b. 振捣棒插入深度宜离基层 30～50mm，振捣棒应轻插慢提，不得猛插快拔，严禁在拌合物中推行和拖拉振捣棒振捣。

3）振动板振实

振动板移位时，应重叠 100～200mm，振动板在一个位置的持续振捣时间不应少于15s。移位控制以振动板底部和边缘泛浆厚度 3±1mm 为限。

4）振动梁振实

a. 每车道路面宜使用 1 根振动梁。振动梁应具有足够的刚度和质量，底部应焊接或安装深度 4mm 左右的粗集料压实齿，保证（4±1）mm 的表面砂浆厚度。

b. 振动梁应垂直路面中线沿纵向拖行，往返 2～3 遍，使表面泛浆均匀平整。

5）真空脱水工艺要求

a. 小型机具施工三、四级公路混凝土路面时，应优先采用在拌合物中掺外加剂，无掺外加剂条件时，应使用真空脱水工艺，该工艺适用于面板厚度不大于 240mm 混凝土面板施工。

b. 使用真空脱水工艺时，混凝土拌合物的最大单位用水量可比不采用外加剂时增大

3～12kg/m³；拌合物适宜坍落度：高温天 30～50mm；低温天 20～30mm。

c. 真空脱水作业

(a) 脱水前，应检查真空泵空载真空度不小于 0.08MPa，并检查吸管、吸垫连接后的密封性，同时应检查随机工具和修补材料是否齐备。

(b) 吸垫铺放应采取卷放，避免皱折；边缘应重叠已脱水的面板 50～100mm。

(c) 开机脱水，真空度应逐渐升高，最大真空度不宜超过 0.085MPa。脱水量应经过脱水试验确定，但剩余单位用水量和水灰比不得大于表 3-18 和表 3-20 最大值的规定。混凝土拌合物真空脱水量（率）测定方法可参考《公路水泥混凝土路面施工技术规范》JTG F30—2003 中附录 E.2。

(d) 最短脱水时间不宜短于表 3-38 的规定。当脱水达到规定时间和脱水量要求后（双控），应先将吸垫四周微微掀起 10～20mm，继续抽吸 15s，以便吸尽作业表面和吸管中的余水。

最短脱水时间（min）　　　　　　　　　　　　　　　　　表 3-38

面板厚度 h (cm)	昼夜平均气温 T（℃）					
	3～5	6～10	11～15	16～19	20～25	>25
18	26	24	22	20	18	17
22	30	28	26	24	22	21
25	35	32	30	27	25	24

d. 真空脱水后，应采用振动梁、滚杠或叶片、圆盘式抹面机重新压实精平 1～2 遍。

e. 真空脱水整平后的路面，应采用硬刻槽方式制作抗滑构造。

f. 真空脱水混凝土路面切缝时间可比规定时间适当提前。

(5) 碾压混凝土面层施工

1) 碾压铺筑工艺流程为：碾压混凝土拌合→运输→卸入沥青摊铺机→沥青摊铺机摊铺→打入拉杆→钢轮压路机初压→振动压路机复压→轮胎压路机终压→抗滑构造处理→养护→切缝→填缝。

2) 碾压混凝土路面铺筑松铺系数应根据混凝土配合比、施工机械由试铺确定。采用高密实度摊铺机时，松铺系数宜控制在 1.05～1.15 范围内。

3) 碾压段长度以 30～40m 为宜。直线段碾压时，压路机应从外侧向路中心碾压；平曲线有超高路段，由底侧向高侧、自内向外碾压，压完全宽为 1 遍；碾压作业应均匀、速度稳定；并按初压、复压和终压三个阶段进行。

a. 初压应采用钢轮压路机或振动压路机静压，静压重叠量宜为 1/3～1/4 钢轮宽度，初压遍数宜为 2 遍。

b. 复压应采用振动压路机振动碾压，重叠量宜为 1/3～1/2 振动碾宽度。振动压路机起步、倒车和转向均应缓慢柔顺，严禁振动压路机中途急停、急拐、紧急起步及快速倒车。复压遍数按检测达到规定压实度进行控制，一般宜为 2～6 遍。

c. 终压应采用轮胎压路机静压。终压遍数应以弥合表面微裂纹和消除轮迹为停压标准，一般宜为 2～8 遍。

d. 初压、复压和终压作业应密切衔接配合、一气呵成；中间不应停顿、等候和拖延，也不得相互干扰。宜尽量缩短全部碾压作业完成时间。如有局部晒干和风干迹象,应及时喷雾。压实后表面应及时覆盖,并洒水养护。

4) 碾压混凝土路面纵向缩缝中应设拉杆,面板尺寸可与普通混凝土路面相同,也可略大,但最大不宜超过 6m×8m。纵、横向缩缝应采用硬切缝,硬切缝及填缝要求与普通混凝土路面相同。面层抗滑构造可采用硬刻槽或缓凝裸露集料法制作,三、四级公路和基层可不做抗滑处理。

5) 碾压混凝土路面铺筑质量除应符合混凝土拌合物的检测项目和频率表 3-145、混凝土路面的检测项目、方法和频率表 3-146 和各级公路混凝土路面铺筑质量要求表 3-46 的规定外,尚应符合下列要求:

a. 应严格控制 VC 值、松铺系数、离析和碾压遍数,保证碾压作业完成后的整个混凝土路面板厚度一致、均匀密实,密实度必须达到配合比设计的规定值。板厚和匀质性可用钻芯检验。

b. 碾压成形后的面板应达到公路等级所规定的平整度。

c. 碾压终了后的面板表面不应有可见微裂纹或轮迹。

2. 钢筋混凝土路面铺筑

(1) 钢筋网加工与安装应符合下列要求

1) 钢筋网加工

a. 钢筋网所采用的钢筋直径、间距,钢筋网的设置位置、尺寸、层数等应符合设计图纸的要求。

b. 钢筋网焊接和绑扎应符合国家相关标准的规定。

c. 可采用工厂焊接好的冷轧带肋钢筋网,其质量应符合国家相关标准的规定。钢筋直径和间距应按设计的非冷轧钢筋等强互换为冷轧带肋钢筋。

2) 钢筋网安装

a. 钢筋网应采用预先架设安装方式。单层钢筋网的安装,在确保精度的条件下,可采用两次摊铺,中间摆设钢筋网的安装方式。

b. 单层钢筋网的安装高度应在面板下 (1/3~1/2) h 处,外侧钢筋中心至接缝或自由边的距离不宜小于 100mm,并应配置 4~6 个/m^2 焊接支架或三角形架立钢筋支座,保证在拌合物堆压下钢筋网基本不下陷、不移位。单层钢筋网不得使用砂浆或混凝土垫块架设。

c. 钢筋网的主受力钢筋应设置在弯拉应力最大的位置。单层钢筋网纵筋应安装在底部,双层钢筋网纵筋应分别安装在上层顶部、下层底部。双层钢筋网上、下层之间不应少于 4~6 个/m^2 焊接支架或环形绑扎箍筋。双层钢筋网底部可采用焊接架立钢筋或用 30mm 厚的混凝土垫块支撑,数量不少于 4~6 个/m^2。

d. 双层钢筋网底部到基层表面应有不小于 30mm 的保护层,顶部离面板表面应有不小于 50mm 的耐磨保护层。

e. 横向连接摊铺的钢筋混凝土路面之间的拉杆数量应比普通混凝土路面加密 1 倍。双车道整体摊铺的路面板钢筋网应整体连续,可不设纵缝。

(2) 钢筋网及钢筋骨架的质量检验

1) 路面钢筋网的焊接及绑扎的允许偏差应符合表 3-39 规定。

路面钢筋网焊接及绑扎的允许偏差 表 3-39

项　　目		焊接钢筋网及骨架允许偏差（mm）	绑扎钢筋网及骨架允许偏差（mm）
钢筋网的长度与宽度		±10	±10
钢筋网眼尺寸		±10	±20
钢筋骨架宽度及高度		±5	±5
钢筋骨架的长度		±10	±10
箍筋间距		±10	±20
受力钢筋	间距	±10	±10
	排距	±5	±5

2) 搭接焊和帮条焊时钢筋的搭接长度：双面焊不小于 5d（钢筋直径）；单面焊不小于 10d，钢筋绑扎搭接长度不应小于 35d。同一垂直断面上不得有 2 个焊接或绑扎接头，相邻钢筋的焊接或绑扎接头应分别错开 500mm 和 900mm 以上。连续钢筋网每隔 30m 宜采用绑扎方式安装。

3) 摊铺前应检验绑扎或焊接安装好的钢筋网和钢筋骨架，不得有贴地、变形、移位、松脱和开焊现象。路面钢筋网及钢筋骨架安装位置的允许偏差应符合表 3-40 的规定。

路面钢筋网及钢筋骨架安装位置的允许偏差 表 3-40

项　　目		允许偏差（mm）
受力钢筋排距		±5
钢筋弯起点位置		20
箍筋、横向钢筋间距	绑扎钢筋网及钢筋骨架	±20
	焊接钢筋网及钢筋骨架	±10
钢筋预埋位置	中心线位置	±5
	水平高差	±3
钢筋保护层	距表面	±3
	距底面	±5

4) 开铺前必须按上述要求对所有在路面中预埋及后安装的钢筋结构作质量检验，验收合格后，方可开始铺筑。

(3) 布料

1) 安装完毕的钢筋网，不得被混凝土或机械压垮、压坏或发生变形。摊铺好的拌合物上严禁任何机械碾压。

2) 采用滑模摊铺机、箱式轨道摊铺机和三辊轴机组摊铺时，钢筋混凝土路面可采用两次布料，以便在其中摆放间断钢筋网。连续配筋混凝土路面应采用钢筋网预设安装，整体一次布料。

3) 坍落度相同时的布料松铺高度，宜比相应机械施工方式普通混凝土路面大 10mm 左右。

(4) 钢筋混凝土路面摊铺作业除应符合混凝土面层铺筑中相应铺筑方式有关规定外，

尚应符合下列规定：

1) 拌合物的坍落度可比相应铺筑方式普通混凝土路面（表 3-17、表 3-18）规定大 10～20mm。

2) 振捣棒组横向间距宜比普通混凝土路面适当加密。采用插入振捣时，振捣棒组不应碰撞和扰动钢筋。插入振捣时不得拖行振捣棒组，应依次逐条分别振捣。振捣棒组应轻插慢提，不得猛插急提。

3) 滑模或轨道摊铺机摊铺钢筋混凝土路面时应适当增大振捣频率或减速摊铺。拌合物坍落度相同时，钢筋混凝土路面的振捣密实持续时间应比普通混凝土路面的规定时间延长 5～10s。

（5）连续配筋混凝土路面的端部锚固结构施工

1) 端部锚固结构应按设计尺寸和配筋要求施工，确保锚固效果。

a. 地梁施工应按设计位置和尺寸开挖地槽，并应尽量避免扰动和超挖两侧基层、垫层及路基，尺寸较规矩、超挖较少时，可不设侧模；否则应设侧模。拆模后应回填超挖部位并夯实路基和垫层，基层应采用贫混凝土修复。岩石路基上可直接将钢筋锚固在岩基中。地梁钢筋应与路面钢筋相焊接，地梁混凝土采用振捣棒分层振实，并应与面板浇筑成整体。地梁与路面混凝土合拢温度宜控制在 20～25℃，或在当地年平均气温时合拢。

b. 宽翼缘工字钢梁施工应按设计枕垫板尺寸在基层上挖槽，再安装钢筋骨架，并浇筑钢筋混凝土枕垫板。枕垫板表面应预留与工字钢梁的焊接锚固钢筋，并铺设滑动隔离层。安装并焊接宽翼缘工字钢后，再摊铺面板。应确保搁置在枕垫板上的连续配筋混凝土路面板端部可自由滑动，面板端部与工字钢槽内连接部位应以胀缝填缝料填塞。

3. 钢筋混凝土桥面铺装

（1）桥面和搭板钢筋网的加工、焊接和安装的质量要求，除应符合第 3.3.1.6 条第 2 款第（2）项中的各项要求外，尚应符合下列规定：

1) 所有桥梁、通道钢筋混凝土桥面铺装层均应在梁板混凝土顶面安装锚固架立钢筋，再将钢筋网与锚固架立钢筋相焊接，锚固架立钢筋应有 4～8 根/m^2。在梁端或支座部位剪应力较大处取大值；反之，可取小值。桥面铺装层钢筋网应使用焊接网或预制冷轧带肋钢筋网，不宜使用绑扎钢筋网。

2) 钢筋混凝土桥面极限最薄厚度不得小于 90mm。桥面铺装层钢筋网不得贴梁板顶面，也不得使用非锚固钢筋网支架和砂浆垫块。

3) 采用双层钢筋网一次铺装时，除底层钢筋网应与梁板锚固焊接外，上下层钢筋网亦应焊接。分双层两次铺装的钢筋混凝土桥面，防水找平层中应设置一层钢筋网，横向钢筋位于纵向钢筋之下，横向钢筋直径、数量和间距不宜小于纵向，并应与梁板锚固筋相焊接，上层钢筋网可不与下层钢筋网焊接，但应与锚固在找平层混凝土中的架立钢筋相焊接。上层钢筋网设置应满足抗裂要求，钢筋直径宜细不宜粗；间距宜密不宜疏。

4) 桥面板应在梁端或负弯矩欲切缝部位，按设计要求使用接缝钢筋补强。桥面接缝补强钢筋的直径不宜小于 12mm；长度不宜短于 1.2m 或按负弯矩影响范围确定。

5) 桥面钢筋网应在整个桥面铺装层内连续，不得因铺装宽度不足或停工而切断纵、横向钢筋。

6) 路面与桥涵相接的两条胀缝，一条应位于搭板与过渡板之间；另一条应设在过渡板与普通混凝土路面之间。钢筋混凝土搭板及过渡板端部钢筋应与胀缝钢筋支架相焊接,焊接点不应少于4个/m。也可在双层钢筋混凝土搭板一侧取消胀缝支架,直接利用双层钢筋网,并增加箍筋,箍筋数量不得少于胀缝钢筋支架。

(2)桥面及搭板的连续机械铺装

1)桥面铺装层和搭板混凝土强度等级不应低于主梁翼缘板。在桥面与路面机械连续摊铺条件下,路面混凝土强度等级不低于桥面铺装层要求时,桥面混凝土配合比可与路面混凝土相同,反之,应按桥面铺装层抗压强度要求设计桥面混凝土配合比。用于桥面铺装的混凝土中不宜掺粉煤灰,但应掺高效减水剂;有抗冰(盐)冻要求时应掺引气(缓凝)高效减水剂;腐蚀环境下宜掺硅灰或磨细矿渣。

2)钢筋混凝土桥面铺装层的铺装厚度应采取双控措施:厚度代表值应满足设计要求;极限最小厚度不应小于设计厚度20mm。不能同时满足两者要求时,应在保证翼缘板厚度的前提下,凿除突起部分。

3)整体摊铺钢筋混凝土搭板(加枕梁或肋梁)的总厚度不得大于400mm。超厚部分应人工浇筑并振实底部。

4)浇筑伸缩缝的混凝土中应加入不少于体积掺量0.8%的钢纤维。伸缩缝部位钢纤维混凝土强度等级不宜低于C40,应采用机械强制拌合,并掺加高效减水剂。

4. 钢纤维混凝土路面及桥面铺筑

(1)钢纤维混凝土路面和桥面的厚度、平面尺寸和钢纤维掺量等应符合《公路水泥混凝土路面设计规范》JTG D40和设计图纸的规定。

(2)钢纤维混凝土路面的布料与摊铺除应满足滑模、轨道和三辊轴机组摊铺普通混凝土路面的规定外,尚应符合下列规定:

1)所采用的各种机械布料与摊铺方式,应保证面板内钢纤维分布的均匀性及结构连续性,在一块面板内的浇筑和摊铺不得中断。

2)布料松铺高度应通过试铺确定。拌合物坍落度相同时,宜比相同机械施工方式的普通混凝土路面松铺高度高10mm左右。

3)钢纤维混凝土拌合物应与所选定的摊铺方式相适应,其工作性宜符合第3.3.1.2条第2款第(2)项中的要求。

(3)钢纤维混凝土路面施工的特殊工艺要求

1)钢纤维混凝土拌合物从出料到运输、铺筑完毕允许最长时间不宜超过表3-41的规定。在浇筑和摊铺过程中严禁因拌合物干涩而加水,但可喷雾防止表面水分蒸发。

钢纤维混凝土拌合物从出料到运输、铺筑完毕允许最长时间　　　　表3-41

施工气温* (℃)	到运输完毕允许最长时间(h)		到铺筑完毕允许最长时间(h)	
	滑模、轨道	三辊轴机组	滑模、轨道	三辊轴机组
5~9	1.25	1.00	1.50	1.25
10~19	0.75	0.50	1.00	0.75
20~29	0.50	0.35	0.75	0.50
30~35	0.35	0.25	0.50	0.35

＊指施工时间的日间平均气温,使用缓凝剂延长凝结时间后,本表数值可增加0.20~0.35h。

2) 必须使用硬刻槽方式制作抗滑沟槽，不得使用粗麻袋、刷子和扫帚制作抗滑构造。

3) 钢纤维混凝土路面的板长宜为6～10m，钢纤维掺量较大，可用大值；掺量小，取小值。面板长宽比应符合设计要求。

(4) 设钢筋网的钢纤维混凝土桥面铺装时，其钢筋网焊接、锚固与安装应符合第3.3.1.6条第2、3款中的有关规定；布料与摊铺应分别符合第3.3.1.6条第3款第（2）项和第七款第（2）项中的规定；振捣、整平、接缝与抗滑构造施工应符合第3.3.1.6条第4款中的规定。

3.3.1.7 混凝土面层接缝、抗滑与养护

1. 接缝

(1) 纵缝

1) 当一次铺筑宽度小于路面和硬路肩总宽度时，应设纵向施工缝，位置应避开轮迹，并重合或靠近车道线，构造可采用平缝加拉杆型。当所摊铺的面板厚度大于等于260mm时，也可采用插拉杆的企口型纵向施工缝。采用滑模施工时，纵向施工缝的拉杆可用摊铺机的侧向拉杆装置插入。采用固定模板施工方式时，应在振实过程中，从侧模预留孔中手工插入拉杆。

2) 当一次摊铺宽度大于4.5m时，应采用假缝拉杆型纵缝，即锯切纵向缩缝，纵缝位置应按车道宽度设置，并在摊铺过程中用专用的拉杆插入装置插入拉杆。

3) 钢筋混凝土路面、桥面和搭板的纵缝拉杆可由横向钢筋延伸穿过接缝代替。钢纤维混凝土路面切开的假纵缝可不设拉杆，纵向施工缝应设拉杆。

4) 插入的侧向拉杆应牢固，不得松动、碰撞或拔出。若发现拉杆松脱或漏插，应在横向相邻路面摊铺前，钻孔重新植入。当发现拉杆可能被拔出时，宜进行拉杆拔出力（握裹力）检验，混凝土与拉杆握裹力试验方法可参照《公路水泥混凝土路面施工技术规范》JTG F30—2003中附录C。

(2) 每天摊铺结束或摊铺中断时间超过30min时，应设置横向施工缝，其位置宜与胀缝或缩缝重合，确有困难不能重合时，施工缝应采用设螺纹传力杆的企口缝形式。横向施工缝应与路中心线垂直。

(3) 横向缩缝

1) 普通混凝土路面横向缩缝宜等间距布置。不宜采用斜缝。不得不调整板长时，最大板长不宜大于6.0m；最小板长不宜小于板宽。

2) 在中、轻交通的混凝土路面上，横向缩缝可采用不设传力杆假缝型。

3) 在特重和重交通公路、收费广场、邻近胀缝或路面自由端的3条缩缝处，应采用假缝加传力杆型。

(4) 胀缝

1) 普通混凝土路面、钢筋混凝土路面和钢纤维混凝土路面的胀缝间距视集料的温度膨胀性大小、当地年温差和施工季节综合确定：高温施工，可不设胀缝；常温施工，集料温缩系数和年温差较小时，可不设胀缝；集料温缩系数或年温差较大，路面两端构造物间距大于等于500m时，宜设一道中间胀缝；低温施工，路面两端构造物间距大于350m时，宜设一道胀缝。邻近构造物、平曲线或与其他道路相交处的胀缝应按《公路水泥混凝土路面设计规范》JTG D40的规定设置。

2) 普通混凝土路面的胀缝应设置胀缝补强钢筋支架、胀缝板和传力杆。钢筋混凝土和钢纤维混凝土路面可不设钢筋支架。胀缝宽 20～25mm，使用沥青或塑料薄膜滑动封闭层时，胀缝板及填缝宽度宜加宽到 25～30mm。胀缝板应与路中心线垂直，缝壁垂直；缝隙宽度一致；缝中完全不连浆。

3) 胀缝应采用前置钢筋支架法施工，也可采用预留一块面板，高温时再铺封。胀缝应连续贯通整个路面板宽度。

(5) 拉杆、胀缝板、传力杆及其套帽、滑移端设置精确度应符合表 3-42 的要求。

拉杆、胀缝板、传力杆及其套帽、滑移端设置精确度 表 3-42

项 目	允许偏差（mm）	测量位置
传力杆端上下左右偏斜偏差	10	在传力杆两端测量
传力杆在板中心上下左右偏差	20	以面板为基准测量
传力杆沿路面纵向前后偏位	30	以缝中心线为准
拉杆深度偏差及上下左右偏斜偏差	10	以板厚和杆端为基准测量
拉杆端及在板中上下左右偏差	20	杆两端和板面测量
拉杆沿路面纵向前后偏位	30	纵向测量
胀缝传力杆套帽长度不小于 100mm	10	以封堵帽端起测
缩缝传力杆滑移端长度大于 1/2 杆长	20	以传力杆长度中间起测
胀缝板倾斜偏差	20	以板底为准
胀缝板的弯曲和位移偏差	10	以缝中心线为准

注：胀缝板不允许混凝土连浆，必须完全隔断。

(6) 贫混凝土基层、各种混凝土面层、加铺层、桥面和搭板的纵、横向缩缝均应采用切缝法施工。切缝作业应符合下列规定：

1) 横向缩缝

a. 横向缩缝的切缝方式有全部硬切缝、软硬结合切缝和全部软切缝三种，切缝方式的选用，应由施工期间该地区路面摊铺完毕到切缝时的昼夜温差确定，宜参照表 3-43 选用。

根据施工气温所推荐的切缝方式 表 3-43

昼夜温差*（℃）	切 缝 方 式	缩 缝 切 深
<10	最长时间不得超过 24h	硬切缝 1/4～1/5 板厚
10～15	软硬结合切缝，每隔 1～2 条提前软切缝，其余用硬切缝补切	软切深度不应小于 60mm；不足者应硬切补深到 1/3 板厚，已断开的缝不补切
>15	宜全部软切缝，抗压强度约为 1～1.5MPa，人可行走。软切缝不宜超过 6h	软切缝深大于等于 60mm，未断开的接缝，应硬切补深到不小于 1/4 板厚

*注意降雨后刮风引起路面温度骤降，面板温差在表中规定范围内，应按表中方法，提早切缝。

b. 对分幅摊铺的路面应在先摊铺的混凝土板横缩缝已断开的部位作标记。在后摊铺的路面上应对齐已断开的横缩缝提前软切缝。

c. 有传力杆缩缝的切缝深度应为 1/3~1/4 板厚,最浅不得小于 70mm;无传力杆缩缝的切缝深度应为 1/4~1/5 板厚,最浅不得小于 60mm。

2) 高速公路和一级公路及路基高度大于等于 10m 的高边坡、软基及填挖交界路段、桥头搭板、桥面板的纵向施工缝,应在上半部涂满沥青,然后硬切缝,并填缝。二级及其以下公路一般路段的纵向施工缝在上半部涂满沥青后,可不切缝。

3) 对已插入拉杆的纵向假缩缝,切缝深度不应小于 1/3~1/4 板厚,最浅切缝深度不应小于 70mm,纵、横缩缝宜同时切缝。

4) 缩缝切缝宽度宜控制在 4~6mm,切缝时锯片晃度不应大于 2mm。可先用薄锯片锯切到要求深度,再使用 6~8mm 厚锯片或叠合锯片扩宽填缝槽,填缝槽深度宜为 25~30mm,宽度宜为 7~10mm。

5) 在变宽度路面上,宜先切缝划分板宽。匝道上的纵缝宜避开轮迹位置。横缝应垂直于每块面板的中心线。变宽度路面缩缝,允许切割成小转角的折线,相邻板的横向缩缝切口必须对齐,允许偏差不得大于 5mm。

(7) 灌缝

1) 混凝土板养护期满后,应及时灌缝。

2) 灌缝技术要求

a. 应先采用切缝机清除接缝中夹杂的砂石、凝结的泥浆等,再使用压力大于等于 0.5MPa 的压力水和压缩空气彻底清除接缝中的尘土及其他污染物,确保缝壁及内部清洁、干燥。缝壁检验以擦不出灰尘为灌缝标准。

b. 使用常温聚氨酯和硅树脂等填缝料时,应按规定比例将两组分材料按 1h 灌缝量混拌均匀后使用。

c. 使用加热填缝料时应将填缝料加热至规定温度。加热过程中应将填缝料融化,搅拌均匀,并保温使用。

d. 灌缝的形状系数宜控制在 2 左右,灌缝深度宜为 15~20mm,最浅不得小于 15mm。先挤压嵌入直径 9~12mm 多孔泡沫塑料背衬条,再灌缝。灌缝顶面热天应与板面齐平;冷天应填为凹液面,中心低于板面 1~2mm。填缝必须饱满、均匀、厚度一致并连续贯通,填缝料不得缺失、开裂和渗水。

e. 常温施工式填缝料的养护期,低温天宜为 24h,高温天宜为 12h。加热施工式填缝料的养护期,低温天宜为 2h,高温天宜为 6h。在灌缝料养护期间应封闭交通。

3) 路面胀缝和桥台隔离缝等应在填缝前,凿去接缝板顶部嵌入的木条,涂胶粘剂后,嵌入胀缝专用多孔橡胶条或灌进适宜的填缝料,当胀缝的宽度不一致或有啃边、掉角等现象时,必须灌缝。

2. 抗滑

(1) 抗滑构造技术要求

1) 各交通等级混凝土面层竣工时的表面抗滑技术要求应符合表 3-46 的规定。

2) 构造深度应均匀,不损坏构造边棱,耐磨抗冻,不影响路面和桥面的平整度。

(2) 抗滑构造施工

1) 摊铺完毕或精整平表面后，宜使用钢支架拖挂 1~3 层叠合麻布、帆布或棉布，洒水湿润后作拉毛处理。布片接触路面的长度以 0.7~1.5m 为宜，细度模数偏大的粗砂，拖行长度取小值；砂较细，取大值。人工修整表面时，宜使用木抹。用钢抹修整过的光面，必须再拉毛处理，以恢复细观抗滑构造。

2) 当日施工进度超过 500m 时，抗滑沟槽制作宜选用拉毛机械施工，没有拉毛机时，可采用人工拉槽方式。在混凝土表面泌水完毕 20~30min 内应及时进行拉槽。拉槽深度应为 2~4mm，槽宽 3~5mm，槽间距 15~25mm。可施工等间距或非等间距抗滑槽，为减小噪声，宜使用后者。衔接间距应保持一致。

3) 特重和重交通混凝土路面宜采用硬刻槽，凡使用圆盘、叶片式抹面机精平后的混凝土路面、钢纤维混凝土路面必须采用硬刻槽方式制作抗滑沟槽。可采用等间距刻槽，其几何尺寸与上款相同；为降低噪声，宜采用非等间距刻槽，尺寸宜为：槽深 3~5mm，槽宽 3mm，槽间距在 12~24mm 范围内随机调整。路面结冰地区，硬刻槽的形状宜使用上宽 6mm、下窄 3mm 的梯形槽；硬刻槽机重量宜重不宜轻，一次刻槽最小宽度不应小于 500mm，硬刻槽时不应掉边角，亦不得中途抬起或改变方向，并保证硬刻槽到面板边缘。抗压强度达到 40% 后可开始硬刻槽，并宜在两周内完成。硬刻槽后应随即将路面冲洗干净，并恢复路面的养护。

4) 一般路段可采用横向槽或纵向槽，在弯道或要求减噪的路段宜使用纵向槽。

5) 年降雨量小于 250mm 地区的各级公路混凝土路面，可不拉毛和刻槽；年降雨量为 250~500mm 的地区，当组合坡度小于 3% 时，可不拉毛与刻槽；组合坡度大于等于 3% 时，宜执行表 3-46 中一般路段的抗滑构造规定。高寒和寒冷地区混凝土路面的停车带边板和收费站广场，可不制作抗滑沟槽。

(3) 新建路面或旧路面抗滑构造不满足要求时，可采用硬刻槽或喷砂打毛等方法加以恢复。

3. 养护

(1) 混凝土路面铺筑完成或软作抗滑构造完毕后应立即开始养护。机械摊铺的各种混凝土路面、桥面及搭板宜采用喷洒养护剂同时保湿覆盖的方式养护。在雨天或养护用水充足的情况下，也可采用覆盖保湿膜、土工毡、土工布、麻袋、草袋、草帘等洒水湿养护方式，不宜使用围水养护方式。

(2) 混凝土路面采用喷洒养护剂养护时，喷洒应均匀、成膜厚度应足以形成完全密闭水分的薄膜，喷洒后的表面不得有颜色差异。喷洒时间宜在表面混凝土泌水完毕后进行。喷洒高度宜控制在 0.5~1m。使用一级品养护剂时，最小喷洒剂量不得少于 $0.30kg/m^2$；合格品的最小喷洒剂量不得少于 $0.35kg/m^2$。不得使用易被雨水冲刷掉的和对混凝土强度、表面耐磨性有影响的养护剂。当喷洒一种养护剂达不到 90% 以上有效保水率要求时，可采用两种养护剂各喷洒一层或喷一层养护剂再加覆盖的方法。

(3) 覆盖塑料薄膜养护的初始时间，以不压坏细观抗滑构造为准。薄膜厚度（韧度）应合适，宽度应大于覆盖面 600mm。两条薄膜对接时，搭接宽度不应小于 400mm，养护期间应始终保持薄膜完整盖满。

(4) 覆盖养护

1) 宜使用保湿膜、土工毡、土工布、麻袋、草袋、草帘等覆盖物保湿养护并及时洒水,保持混凝土表面始终处于潮湿状态,并由此确定每天的洒水遍数。

2) 昼夜温差大于10℃以上的地区或日平均温度小于等于5℃施工的混凝土路面应采取保温保湿养护措施。

(5) 养护时间应根据混凝土弯拉强度增长情况而定,不宜小于设计弯拉强度的80%,应特别注重前7d的保湿(温)养护。一般养护天数宜为14~21d,高温天不宜少于14d,低温天不宜少于21d。掺粉煤灰的混凝土路面,最短养护时间不宜少于28d,低温天应适当延长。

(6) 混凝土板养护初期,严禁人、畜、车辆通行,在达到设计强度40%后,行人方可通行。在路面养护期间,平交道口应搭建临时便桥。面板达到设计弯拉强度后,方可开放交通。

3.3.1.8 特殊气候条件下的施工

1. 一般规定

(1) 混凝土路面铺筑期间,应收集月、旬、日天气预报资料,遇有影响混凝土路面施工质量的天气时,应暂停施工或采取必要的防范措施,制定特殊气候的施工方案。

(2) 混凝土路面施工如遇下述条件之一者,必须停工:

1) 现场降雨;

2) 风力大于6级,风速在10.8m/s以上的强风天气;

3) 现场气温高于40℃或拌合物摊铺温度高于35℃;

4) 摊铺现场连续5昼夜平均气温低于5℃,夜间最低气温低于-3℃。

2. 雨期施工

(1) 防雨准备

1) 地势低洼的搅拌场、水泥仓库、备件库及砂石料堆场,应按汇水面积修建排水沟或预备抽排水设施。搅拌楼的水泥和粉煤灰罐仓顶部通气口、料斗及不得遇水部位应有防潮、防水覆盖措施,砂石料堆应防雨覆盖。

2) 雨天施工时,在新铺路面上,应备足防雨篷、帆布和塑料布或薄膜。

3) 防雨篷支架宜采用可推行的焊接钢结构,并具有人工饰面拉槽的足够高度。

(2) 防雨水冲刷

1) 摊铺中遭遇阵雨时,应立即停止铺筑混凝土路面,并紧急使用防雨篷、塑料布或塑料薄膜等覆盖尚未硬化的混凝土路面。

2) 被阵雨轻微冲刷过的路面,视平整度和抗滑构造破坏情况,采用硬刻槽或先磨平再刻槽的方式处理。对被暴雨冲刷后,路面平整度严重劣化或损坏的部位,应尽早铲除重铺。

3) 降雨后开工前,应及时排除车辆内、搅拌场及砂石料堆场内的积水或淤泥。运输便道应排除积水,并进行必要的修整。摊铺前应扫除基层上的积水。

3. 风天施工

(1) 风天应采用风速计在现场定量测风速或观测自然现象,确定风级,并按表3-44的规定采取刮风天混凝土路面防止塑性收缩开裂措施。

刮风天混凝土路面防止塑性收缩开裂措施　　　　　表 3-44

风　力	相应自然现象	风速(m/s)	防止路面塑性收缩开裂措施
1级软风	烟能表示风向，水面有鱼鳞波	≤1.5	正常施工，喷洒一遍养护剂，原液剂量 0.30kg/m²
2级轻风	人面有感，树叶沙沙响，风标转动，水波显著	1.6～3.3	应加厚喷洒一遍养护剂，剂量 0.45kg/m²
3级微风	树叶和细枝摇晃，旗帜飘动，水面波峰破碎，产生飞沫	3.4～5.6	路面摊铺完成后，立即喷洒第一遍养护剂，拉毛后，再喷洒第二遍养护剂。两遍剂量共 0.60kg/m²
4级和风	吹起尘土和纸片，小树枝摇动，水波出白浪	5.7～7.9	除拉毛前后喷两遍养护剂外（两遍剂量共 0.60kg/m²），还需覆盖塑料薄膜
5级轻劲风	有叶小树开始摇动，大浪明显，波峰起白沫	8.0～10.7	使用抹面机械抹面，加厚喷一遍剂量 0.45kg/m² 的养护剂和覆盖塑料薄膜或麻袋草袋，使用钢刷做细观抗滑构造，使用硬刻槽机刻出抗滑沟槽。无机械抹面措施时，应停止施工
6级强风	大树枝摇动，电线呼呼响，出现长浪，波峰吹成条纹	10.8～13.8	必须停止施工

4. 高温季节施工

（1）施工现场的气温高于30℃，拌合物摊铺温度在30～35℃，同时，空气相对湿度小于80%时，混凝土路面和桥面的施工应按高温季节施工的规定进行。

（2）高温天铺筑混凝土路面和桥面应采取下列措施：

1）当现场气温≥30℃时，应避开中午高温时段施工，可选择在早晨、傍晚或夜间施工，夜间施工应有良好的操作照明，并确保施工安全。

2）砂石料堆应设遮阳篷；抽用地下冷水或采用冰屑水拌合；拌合物中宜加允许最大掺量的粉煤灰或磨细矿渣，但不宜掺硅灰。拌合物中应掺足够剂量的缓凝剂、高温缓凝剂、保塑剂或缓凝（高效）减水剂等。

3）自卸车上的混凝土拌合物应加遮盖。

4）应加快施工各环节的衔接，尽量压缩搅拌、运输、摊铺、饰面等各工艺环节所耗费的时间。

5）可使用防雨篷作防晒遮阳篷。在每日气温最高和日照最强烈时段遮阳。

6）高温天气施工时，混凝土拌合物的出料温度不宜超过35℃，并应随时监测气温、水泥、拌合水、拌合物及路面混凝土温度。必要时加测混凝土水化热。

7）在采用覆盖保湿养护时，应加强洒水，并保持足够的湿度。

8）切缝应视混凝土强度的增长情况或按250温度小时计，宜比常温施工适当提早切缝，以防止断板。特别是在夜间降温幅度较大或降雨时，应提早切缝。

5. 低温季节施工

(1) 当摊铺现场连续 5 昼夜平均气温高于 5℃，夜间最低气温在 -3~5℃ 之间，混凝土路面和桥面的施工应按下述低温季节施工规定的措施进行：

1) 拌合物中应优选掺加早强剂或促凝剂。

2) 应选用水化总热量大的 R 型水泥或单位水泥用量较多的 32.5 级水泥，不宜掺粉煤灰。

3) 搅拌机出料温度不得低于 10℃，摊铺混凝土温度不得低于 5℃。在养护期间，应始终保持混凝土板最低温度不低于 5℃。否则，应采用热水或加热砂石料拌合混凝土，热水温度不得高于 80℃；砂石料温度不宜高于 50℃。

4) 应加强保温保湿覆盖养护，可选用塑料薄膜保湿隔离覆盖或喷洒养护剂，再采用草帘、泡沫塑料垫等保温覆盖初凝后的混凝土路面。遇雨雪必须再加盖油布、塑料薄膜等。

5) 应随时检测气温、水泥、拌合水、拌合物及路面混凝土的温度，每工班至少测定 3 次。

(2) 混凝土路面或桥面弯拉强度未达到 1.0MPa 或抗压强度未达到 5.0MPa 时，应严防路面受冻。

(3) 低温天施工，路面或桥面覆盖保温保湿养护天数不得少于 28d，拆模时间应符合混凝土路面板的允许最早拆模时间（h）表 3-36 的规定。

3.3.1.9 质量检查与验收

1. 质量检查

(1) 贫混凝土基层

贫混凝土基层质量要求见表 3-45。

贫混凝土基层质量要求 表 3-45

项次	检查项目	规定值或允许值	检查方法和频率
1	7d 抗压强度（MPa） 28d 试件或 28~56d 钻芯抗压强度（MPa） n: 10~14 | 15~24 | ≥25 K_1: 1.70 | 1.65 | 1.60 K_2: 0.90 | 0.85	$f_{cue} - K_1 S_n \geq 0.9 f_{cuk}$ $f_{min} \geq K_2 f_{cue}$ f_{cue}——统计平均抗压强度（MPa）； f_{cuk}——设计抗压强度（MPa）； f_{min}——统计最小抗压强度（MPa）； S_n——抗压强度标准差（MPa）；小于 $0.06 f_{cuk}$，取 $0.06 f_{cuk}$	标准立方体 7d 抗压强度用于施工期间的质量控制。28d 弯拉强度试件或 28~56d 钻芯抗压强度用于质量验收，以钻芯抗压强度作为最终判定质量的标准。当要求返工时，每车道每公里不少于 3 个芯样
2	每块板平均板厚（mm）	代表值：-5；极值：-10	尺测：每 100m 左右各 1 处，参考芯样
3	平整度最大间隙（mm）	高速公路和一级公路≤4mm，合格率应≥85%；二级公路≤6mm，合格率应≥85%	3m 直尺：每车道 200m 2 处 10 尺
4	纵断高程（mm）	代表值：±5；极值：±10	水准仪：每 200m 测 4 点
5	相邻板高差（mm）	≤4	3m 直尺：每条横向胀缝、工作缝测 3 点，每 200m 纵横缝 2 条，每条测 3 点

续表

项次	检查项目	规定值或允许值	检查方法和频率
6	连接摊铺纵缝高差	代表值：≤5mm；极值：≤7mm	3m 直尺：200m 测 2 处，每处测 3 尺
7	接缝顺直度（mm）	≤10	每 500m，20m 拉线测 2 处
8	中线平面偏位（mm）	≤20	经纬仪：每 200m 测 4 点
9	路面宽度（mm）	±20	尺测：每 200m 测 4 点
10	横坡度（%）	代表值：≤+0.20；极值：≤+0.25	水准仪：每 200m 测 4 个断面
11	断板率（‰）	≤2	数断板量，计算占总板块（‰）
12	坑穴、拱包、接缝缺边掉角	≤20mm/m²	尺测：每 200m 随机测 4m²
13	切缝深度（mm）	≥50 或≥1/4h	尺测：每 200m 接缝测 4 处
14	胀缝板连浆（mm）	≤30	尺测：每条胀缝板安装时测
15	胀缝传力杆偏斜（mm）	≤13	钢筋保护层仪：每 5 条胀缝抽测 1 条

(2) 混凝土路面

1) 混凝土路面除应按表 3-146 规定的检查项目和频率检测外，其中平整度、弯拉强度和板厚三大关键质量指标的自检要求，尚应符合下列规定：

a. 用 3m 直尺检测平整度作为施工过程中质量控制检测项目；用平整度仪检测动态平整度作为二级及二级以上公路交工验收时工程质量的评定依据。平整度合格标准应符合表 3-46 的规定。

b. 应从搅拌楼生产的拌合物中随机取样，并按《公路工程水泥及水泥混凝土试验规程》JTG E30 规定的标准方法检测混凝土路面弯拉强度，检测频率宜符合表 3-146 的规定。弯拉强度应采用三参数评价：平均弯拉强度合格值、最小值和统计变异系数。各级公路弯拉强度合格标准规定应按附录 11 进行，统计变异系数应符合设计规定。检测小梁弯拉强度后的断块宜测抗压强度，作为混凝土强度等级的参考。

c. 应在面层摊铺前通过基准线或模板严格控制板厚，检验标准为：行车道横坡低侧面板厚度和厚度平均值两项指标均应满足设计厚度允许偏差。同时，板厚统计变异系数应符合设计规定。

2) 在混凝土路面铺筑过程中，各级公路混凝土路面铺筑质量要求见表 3-46。

各级公路混凝土路面铺筑质量要求　　　　表 3-46

项次	检查项目		允许值	
			高速公路、一级公路	其他公路
1	弯拉强度① (MPa)		100%符合本书附录 11 的规定	
2	板厚度（mm）		代表值≥−5；极值≥−10，Cv 值符合设计规定	
3	平整度	σ（mm）	≤1.2	≤2.0
		IRI（m/km）	≤2.0	≤3.2
		3m 直尺最大间隙 Δh（mm）	≤3（合格率应≥90%）	≤5（合格率应≥90%）
4	抗滑构造深度（mm）	一般路段	0.70～1.10	0.50～0.90
		特殊路段②	0.80～1.20	0.60～1.00

续表

项次	检查项目	允许值	
		高速公路、一级公路	其他公路
5	相邻板高差（mm）	≤2	≤3
6	连接摊铺纵缝高差（mm）	平均值≤3；极值≤5	平均值≤5；极值≤7
7	接缝顺直度（mm）	≤10	
8	中线平面偏位（mm）	≤20	
9	路面宽度（mm）	≤±20	
10	纵断高程（mm）	±10	±15
11	横坡度（%）	±0.15	±0.25
12	断板率（‰）	≤2	≤4
13	脱皮印痕裂纹露石缺边掉角（‰）	≤2	≤3
14	路缘石顺直度和高度（mm）	≤20	≤20
15	灌缝饱满度（mm）	≤2	≤3
16	切缝深度（mm）	≥50	≥50
17	胀缝表面缺陷	不应有	不宜有
18	胀缝板连浆（mm）	≤20	≤30
	胀缝板倾斜（mm）	≤20	≤25
	胀缝板弯曲和位移（mm）	≤10	≤15
19	传力杆偏斜（mm）	≤10	≤13

① 路面钻芯劈裂强度应换算为实际面板弯拉强度进行质量评定；
② 特殊路段指高速公路、一级公路的立交、平交、变速车道等处；其他公路系指急弯、陡坡、交叉口或集镇附近。

3）施工单位的质检结果应按表 3-46 的规定，以 1km 为单位进行整理。对于滑模、轨道、碾压和三辊轴机组机械铺筑混凝土路面的关键工序宜拍照或录像，作为现场记录保存。

2. 验收

(1) 混凝土路面完工后，施工单位应提交全线检测结果、施工总结报告及全部原始记录等齐全资料，申请交工验收。

(2) 质量问题处理

1）路面混凝土弯拉强度应采用小梁标准试件和路面钻芯取样圆柱体劈裂强度折算的弯拉强度综合评定。当弯拉强度不足时，每公里每车道应取 3 个以上芯样。二级及二级以下路面混凝土弯拉强度可按式（3-29）或式（3-30）计算，满足则可通过；不满足时，应通过试验得到各自工程的统计公式，试验组数不宜小于 10 组。

石灰岩、花岗岩碎石混凝土：
$$f_c = 1.868 \, f_{sp}^{0.871} \tag{3-29}$$

式中　f_c——混凝土标准小梁弯拉强度（MPa）；
f_{sp}——混凝土直径 150mm 圆柱体的劈裂强度（MPa）。

玄武岩碎石混凝土：
$$f_c = 3.035 \, f_{sp}^{0.423} \tag{3-30}$$

当二级以下公路采用砾石混凝土时，用钻芯劈裂强度 f_{sp} 推估弯拉强度 f_c 时，可参考下式估计：
$$f_c = 1.607 + 1.035 f_{sp} \tag{3-31}$$

高速公路、一级公路应通过试验得到各自工程的统计公式，试验组数不宜小于15组。

2）平整度不合格的部位应进行处理，并硬刻槽恢复抗滑构造。

3）板厚不足时，应判明区段，返工重铺。

(3) 工程施工总结

1）施工单位应根据国家竣工文件编制规定，提出施工总结报告、质量测试报告或采用新材料新技术研究报告，连同竣工图表，形成完整的施工资料档案。

2）施工总结报告应包括工程概况、设计图纸及变更、基层、原材料、施工组织、机械及人员配备、施工工艺、进度、工程质量评价、工程预决算等。

3）施工质量管理与测试报告应包括施工组织设计、质量保证体系、试验段铺筑报告、施工质量达到或超过现行规范规定情况、原材料和混凝土检测结果、施工中路面质量自检结果、交工复测结果、工程质量评价、原始记录相册和录像资料等。

4）首次采用滑模、轨道、碾压、三辊轴机组施工或首次铺筑钢筋混凝土路面、钢纤维混凝土路面等路面结构时，应同时提交试验总结报告。

3.3.2 沥青及沥青混凝土面层

沥青及沥青混凝土面层的主要内容有：原材料技术要求、配合比设计、施工准备、试验路段、各种沥青路面、其他沥青铺装工程及质量检查与验收7部分。

3.3.2.1 原材料技术要求

沥青混凝土面层所使用的原材料包括：道路石油沥青、乳化沥青、液体石油沥青、煤沥青、改性沥青、改性乳化沥青、粗集料、细集料、填料及纤维稳定剂等。

1. 道路石油沥青

(1) 道路石油沥青的适用范围见表3-47。道路石油沥青技术要求见表3-48。经建设单位同意，沥青的PI值、60℃动力黏度，10℃延度可作为选择性指标。

道路石油沥青的适用范围　　　　表3-47

沥青等级	适 用 范 围
A级沥青	各个等级的公路，适用于任何场合和层次。
B级沥青	1. 高速公路、一级公路沥青下面层及以下的层次，二级及二级以下公路的各个层次； 2. 用做改性沥青、乳化沥青、改性乳化沥青、稀释沥青的基质沥青。
C级沥青	三级及三级以下公路的各个层次。

(2) 沥青路面采用的沥青标号，宜按照公路等级、气候条件、交通条件、路面类型及在结构层中的层位及受力特点、施工方法等，结合当地的使用经验，经技术论证后确定。

1）对高速公路、一级公路，夏期温度高、高温持续时间长、重载交通、山区及丘陵区上坡路段、服务区、停车场等行车速度慢的路段，尤其是汽车荷载剪应力大的公路，宜采用稠度大、60℃黏度大的沥青，也可提高高温气候分区的温度水平选用沥青等级；对冬期寒冷的地区或交通量小的公路、旅游公路宜选用稠度小、低温延度大的沥青；对温度日温差、年温差大的地区宜注意选用针入度指数大的沥青。当高温要求与低温要求发生矛盾时应优先考虑满足高温性能的要求。

2）当缺乏所需标号的沥青时，可采用不同标号掺配的调和沥青，其掺配比例由试验决定。掺配后的沥青质量应符合表3-48的要求。

道路石油沥青技术要求

表 3-48

指标	单位	等级	160号②	130号	110号	90号③	70号②	50号②	30号④
针入度(25℃, 5s, 100g)	0.1mm		140~200	120~140	100~120	80~100	60~80	40~60	20~40
适用的气候分区⑤			注③	注③	2-1,2-2,3-2	1-2,1-3,1-4,2-2,2-3,3-2	1-1,1-2,1-3,1-4,2-1,2-2,2-3,3-1,3-2	1-4,2-2,2-3,3-2	注③
针入度指数 PI①		A				-1.5~+1.0	-1.8~+1.0		
		B							
软化点(R&B)不小于	℃	A	38	40	43	45	46	49	55
		B	36	39	42	43	44	46	53
		C	35	37	41	42	43	45	50
60℃动力黏度① 不小于	Pa·s	A	—	60	120	160	180/160/140	200	260
10℃延度① 不小于	cm	A	50	50	40	45/30/20	20/20/20/20	15	10
		B	30	30	30	30/20/15	15/15/15	10	8
		C	30	30	30	20/20/15/10	10/10/10/8	8	5
15℃延度 不小于	cm	A,B	80	80	60	100 / 50	40	30	20
		C							
蜡含量(蒸馏法) 不大于	%	A	2.2					3.0	4.5
		B							
		C							
闪点 不小于	℃		230	230	230	245	245	260	260
溶解度 不小于	%		99.5	99.5	99.5	99.5	99.5	99.5	99.5
密度(15℃)	g/cm³		实测记录	实测记录	实测记录	实测记录	实测记录	实测记录	实测记录
TFOT(或RTFOT)后④ 质量变化 不大于	%		±0.8	±0.8	±0.8	±0.8	±0.8	±0.8	±0.8
残留针入度比(25℃) 不小于	%	A	48	54	55	57	61	63	65
		B	45	50	52	54	58	60	62
		C	40	45	48	50	54	58	60
残留延度(10℃) 不小于	cm	A	12	12	10	8	6	4	—
		B	10	10	8	6	4	2	—
残留延度(15℃) 不小于	cm	C	40	35	30	20	15	10	—

① 经建设单位同意,表中 PI 值、60℃动力黏度、10℃延度等可作为选择性指标,也可不作为施工质量检验指标。

② 70号沥青可根据需要求供应商提供针入度范围为 60~70 或 70~80 的沥青,50号沥青可要求提供针入度范围为 40~50 或 50~60 的沥青。

③ 30号沥青仅适用于沥青稳定基层。130号和160号沥青除寒冷地区可直接在中低级公路上直接应用外,通常用作乳化沥青、稀释沥青、改性沥青的基质沥青。

④ 老化试验以 TFOT 为准,也可以 RTFOT 代替。

⑤ 气候分区见《公路沥青路面施工技术规范》JTG F40—2004 附录 A。

（3）沥青必须按品种、标号分开存放。除长期不使用的沥青可放在自然温度下存储外，沥青在储罐中的贮存温度不宜低于130℃，并不得高于170℃。桶装沥青应直立堆放，加盖苫布。

（4）道路石油沥青在贮运、使用及存放过程中应有良好的防水措施，避免雨水或加热管道蒸汽进入沥青中。

2. 乳化沥青

（1）乳化沥青适用于沥青表面处治路面、沥青贯入式路面、冷拌沥青混合料路面，修补裂缝，喷洒透层、粘层与封层等。乳化沥青品种及适用范围见表3-49。

乳化沥青品种及适用范围 表3-49

分类	品种及代号	适用范围
阳离子乳化沥青	PC-1	表处、贯入式路面及下封层用
	PC-2	透层油及基层养护用
	PC-3	粘层油用
	BC-1	稀浆封层或冷拌沥青混合料用
阴离子乳化沥青	PA-1	表处、贯入式路面及下封层用
	PA-2	透层油及基层养护用
	PA-3	粘层油用
	BA-1	稀浆封层或冷拌沥青混合料用
非离子乳化沥青	PN-2	透层油用
	BN-1	与水泥稳定集料同时使用（基层路拌或再生）

（2）道路用乳化沥青技术要求见表3-50。在高温条件下宜采用黏度较大的乳化沥青，寒冷条件下宜使用黏度较小的乳化沥青。

道路用乳化沥青技术要求 表3-50

试验项目		品种及代号									
		阳离子				阴离子				非离子	
		喷洒用			拌合用	喷洒用			拌合用	喷洒用	拌合用
		PC-1	PC-2	PC-3	BC-1	PA-1	PA-2	PA-3	BA-1	PN-2	BN-1
破乳速度		快裂	慢裂	快裂或中裂	慢裂或中裂	快裂	慢裂	快裂或中裂	慢裂或中裂	慢裂	慢裂
粒子电荷		阳离子（+）				阴离子（-）				非离子	
筛上残留物(1.18mm筛)不大于(%)		0.1				0.1				0.1	
黏度	恩格拉黏度计 E25	2~10	1~6	1~6	2~30	2~10	1~6	1~6	2~30	1~6	2~30
	道路标准黏度计 C25.3 (s)	10~25	8~20	8~20	10~60	10~25	8~20	8~20	10~60	8~20	10~60

续表

试验项目		品种及代号									
		阳离子				阴离子				非离子	
		喷洒用			拌合用	喷洒用			拌合用	喷洒用	拌合用
		PC-1	PC-2	PC-3	BC-1	PA-1	PA-2	PA-3	BA-1	PN-2	BN-1
蒸发残留物	残留分含量不小于(%)	50	50	50	55	50	50	50	55	50	55
	溶解度，不小于(%)	97.5				97.5				97.5	
	针入度(25℃)(0.1mm)	50～200	50～300	45～150		50～200	50～300	45～150		50～300	60～300
	延度(15℃)，不小于(cm)	40				40				40	
与粗集料的粘附性，裹覆面积不小于		2/3			—	2/3			—	2/3	—
与粗、细粒式集料拌合试验		—			均匀	—			均匀	—	
水泥拌合试验的筛上剩余，不大于(%)		—				—				—	3
常温贮存稳定性	1d，不大于(%)	1				1				1	
	5d，不大于(%)	5				5				5	

注：1. P为喷洒型，B为拌合型，C、A、N分别表示阳离子、阴离子、非离子乳化沥青；
2. 黏度可选用恩格拉黏度计或沥青标准黏度计之一测定；
3. 表中的破乳速度与集料的粘附性、拌合试验的要求、所使用的石料品种有关，质量检验时应采用工程上实际的石料进行试验，仅进行乳化沥青产品质量评定时可不要求此三项指标；
4. 贮存稳定性根据施工实际情况选用试验时间，通常采用5d，乳液生产后能在当天使用时也可用1d的稳定性；
5. 当乳化沥青需要在低温冰冻条件下贮存或使用时，尚需按T0656进行－5℃低温贮存稳定性试验，要求没有粗颗粒、不结块；
6. 如果乳化沥青是将高浓度产品运到现场经稀释后使用时，表中的蒸发残留物等各项指标指稀释前乳化沥青的要求。

（3）乳化沥青类型根据集料品种及使用条件选择。阳离子乳化沥青可适用于各种集料品种，阴离子乳化沥青适用于碱性石料。乳化沥青的破乳速度、黏度宜根据用途与施工方法选择。

（4）制备乳化沥青用的基质沥青，对高速公路和一级公路，宜符合表3-48道路石油沥青A、B级沥青的要求，其他情况可采用C级沥青。

（5）乳化沥青宜存放在立式罐中，并保持适当搅拌。贮存期以不离析、不冻结、不破乳为度。

3. 液体石油沥青

（1）液体石油沥青适用于透层、粘层及拌制冷拌沥青混合料。根据使用目的与场所，可选用快凝、中凝、慢凝的液体石油沥青，道路用液体石油沥青技术要求见表3-51。

道路用液体石油沥青技术要求　　　　表 3-51

试验项目		快凝		中凝					
		AL(R)-1	AL(R)-2	AL(M)-1	AL(M)-2	AL(M)-3	AL(M)-4	AL(M)-5	AL(M)-6
黏度	C25.5 (s)	<20	—	<20	—	—	—	—	—
	C60.5 (s)	—	5~15	—	5~15	16~25	26~40	41~100	101~200
蒸馏体积	225℃前 (%)	>20	>15	<10	<7	<3	<2	0	0
	315℃前 (%)	>35	>30	<35	<25	<17	<14	<8	<5
	360℃前 (%)	>45	>35	<50	<35	<30	<25	<20	<15
蒸馏后残留物	针入度(25℃)(0.1mm)	60~200	60~200	100~300	100~300	100~300	100~300	100~300	100~300
	延度(25℃)(cm)	>60	>60	>60	>60	>60	>60	>60	>60
	浮漂度(5℃)(S)	—	—	—	—	—	—	—	—
闪点,(TOC法)(℃)		>30	>30	>65	>65	>65	>65	>65	>65
含水量,不大于(%)		0.2	0.2	0.2	0.2	0.2	0.2	0.2	0.2

试验项目		慢凝					
		AL(S)-1	AL(S)-2	AL(S)-3	AL(S)-4	AL(S)-5	AL(S)-6
黏度	C25.5 (s)	<20	—	—	—	—	—
	C60.5 (s)	—	5~15	16~25	26~40	41~100	101~200
蒸馏体积	225℃前 (%)	—	—	—	—	—	—
	315℃前 (%)	—	—	—	—	—	—
	360℃前 (%)	<40	<35	<25	<20	<15	<5
蒸馏后残留物	针入度(25℃)(0.1mm)	—	—	—	—	—	—
	延度(25℃)(cm)	—	—	—	—	—	—
	浮漂度(5℃)(S)	<20	>20	>30	>40	>45	>50
闪点(TOC法)(℃)		>70	>70	>100	>100	>120	>120
含水量,不大于(%)		2.0	2.0	2.0	2.0	2.0	2.0

(2) 液体石油沥青宜采用针入度较大的石油沥青,使用前按先加热沥青后加稀释剂的顺序,掺配煤油或轻柴油,经适当的搅拌、稀释制成。掺配比例根据使用要求由试验确定。

(3) 液体石油沥青在制作、贮存、使用的全过程中必须通风良好,并有专人负责,确保安全。基质沥青的加热温度严禁超过140℃,液体沥青的贮存温度不得高于50℃。

4. 煤沥青

(1) 道路用煤沥青的标号根据气候条件、施工温度、使用目的选用,道路用煤沥青技术要求见表3-52。

道路用煤沥青技术要求 表3-52

试验项目		T-1	T-2	T-3	T-4	T-5	T-6	T-7	T-8	T-9
黏度(s)	C30.5	5~25	26~70	—	—	—	—	—	—	—
	C30.10	—	—	5~25	26~50	51~120	121~200	—	—	—
	C50.10	—	—	—	—	—	—	10~75	76~200	—
	C60.10	—	—	—	—	—	—	—	—	35~65
蒸馏试验,馏出量(%)	170℃前,不大于	3	3	3	2	1.5	1.5	1.0	1.0	1.0
	270℃前,不大于	20	20	20	15	15	15	10	10	10
	300℃前,不大于	15~35	15~35	30	30	25	25	20	20	15
300℃蒸馏残留物软化点(环球法)(℃)		30~45	30~45	35~65	35~65	35~65	35~65	40~70	40~70	40~70
水分,不大于(%)		1.0	1.0	1.0	1.0	1.0	0.5	0.5	0.5	0.5
甲苯不溶物,不大于(%)		20	20	20	20	20	20	20	20	20
萘含量,不大于(%)		5	5	5	4	4	3.5	3	3	2
焦油酸含量,不大于(%)		4	4	3	3	2.5	2.5	1.5	1.5	1.5

(2) 道路用煤沥青适用于下列情况:

1) 各种等级公路的各种基层上的透层,宜采用T-1或T-2级,其他等级不合喷洒要求时可适当稀释使用;

2) 三级及三级以下的公路铺筑表面处治或贯入式沥青路面,宜采用T-5、T-6或T-7级;

3) 与道路石油沥青、乳化沥青混合使用,以改善渗透性。

(3) 道路用煤沥青严禁用于热拌热铺的沥青混合料,作其他用途时的贮存温度宜为70~90℃,且不得长时间贮存。

5. 改性沥青

(1) 改性沥青可单独或复合采用高分子聚合物、天然沥青及其他改性材料制作。

(2) 各类聚合物改性沥青技术要求见表3-53,当使用表列以外的聚合物及复合改性沥青时,可通过试验研究制定相应的技术要求。

聚合物改性沥青技术要求 表3-53

指 标	SBS类(Ⅰ类)				SBR类(Ⅱ类)			EVA、PE类(Ⅲ类)			
	Ⅰ-A	Ⅰ-B	Ⅰ-C	Ⅰ-D	Ⅱ-A	Ⅱ-B	Ⅱ-C	Ⅲ-A	Ⅲ-B	Ⅲ-C	Ⅲ-D
针入度25℃,100g,5s(0.1mm)	>100	80~100	60~80	40~60	>100	80~100	60~80	>80	60~80	40~60	30~40
针入度指数PI,不小于	−1.2	−0.8	−0.4	0	−1.0	−0.8	−0.6	−1.0	−0.8	−0.6	−0.4

续表

指标	SBS类（Ⅰ类）				SBR类（Ⅱ类）			EVA、PE类（Ⅲ类）			
	Ⅰ-A	Ⅰ-B	Ⅰ-C	Ⅰ-D	Ⅱ-A	Ⅱ-B	Ⅱ-C	Ⅲ-A	Ⅲ-B	Ⅲ-C	Ⅲ-D
延度5℃，5cm/min 不小于（cm）	50	40	30	20	60	50	40	—			
软化点 $T_{R\&B}$，不小于（℃）	45	50	55	60	45	48	50	48	52	56	60
运动黏度①135℃，不大于（Pa·s）	3										
闪点，不小于（℃）	230				230			230			
溶解度，不小于（%）	99				99			—			
弹性恢复25℃，不小于（%）	55	60	65	75	—			—			
粘韧性，不小于（N·m）	—				5			—			
韧性，不小于（N·m）	—				2.5			—			
贮存稳定性②离析，48h软化点差，不大于（℃）	2.5				—			无改性剂明显析出、凝聚			
TFOT（或RTFOT）后残留物											
质量变化，不大于（%）	±1.0										
针入度比25℃，不小于（%）	50	55	60	65	50	55	60	50	55	58	60
延度5℃，不小于（cm）	30	25	20	15	30	20	10	—			

① 表中135℃运动黏度可采用《公路工程沥青及沥青混合料试验规程》JTG E20—2011中的"沥青旋转黏度试验方法（布洛克菲尔德黏度计法）"进行测定。若在不改变改性沥青物理力学性质并符合安全条件的温度下易于泵送和拌合，或经证明适当提高泵送和拌合温度时能保证改性沥青的质量，容易施工，可不要求测定。

② 贮存稳定性指标适用于工厂生产的成品改性沥青。现场制作的改性沥青对贮存稳定性指标可不作要求，但必须在制作后，保持不间断的搅拌或泵送循环，保证使用前没有明显的离析。

（3）制造改性沥青的基质沥青应与改性剂有良好的配伍性，其质量宜符合表3-48中A级或B级道路石油沥青的技术要求。供应商在提供改性沥青的质量报告时应提供基质沥青的质量检验报告或沥青样品。

（4）天然沥青可以单独与石油沥青混合使用或与其他改性沥青混融后使用。天然沥青的质量要求宜根据其品种参照相关标准和成功的经验执行。

（5）用作改性剂的SBR胶乳中的固体物含量不宜少于45%，使用中严禁长时间暴晒或遭冰冻。

（6）改性沥青的剂量以改性剂占改性沥青总量的百分数计算，胶乳改性沥青的剂量应以扣除水以后的固体物含量计算。

（7）改性沥青宜在固定式工厂或在现场设厂集中制作，也可在拌合厂现场边制造边使用，改性沥青的加工温度不宜超过180℃。胶乳类改性剂和制成颗粒的改性剂可直接投入拌合缸中生产改性沥青混合料。

（8）用溶剂法生产改性沥青母体时，挥发性溶剂回收后的残留量不得超过5%。

（9）现场制造的改性沥青宜随配随用，需作短时间保存，或运送到附近的工地时，使用前必须搅拌均匀，在不发生离析的状态下使用。改性沥青制作设备必须设有随机采集样品的取样口，采集的试样宜立即在现场灌模。

（10）工厂制作的成品改性沥青到达施工现场后存贮在改性沥青罐中，改性沥青罐中必须加设搅拌设备并进行搅拌，使用前改性沥青必须搅拌均匀。在施工过程中应定期取样检验产品质量，发现离析等质量不符合要求的改性沥青不得使用。

6. 改性乳化沥青

改性乳化沥青的品种和适用范围见表3-54，其技术要求见表3-55。

改性乳化沥青的品种和适用范围 表3-54

	品　种	代号	适　用　范　围
改性乳化沥青	喷洒型改性乳化沥青	PCR	粘层、封层、桥面防水粘结层用
	拌合用乳化沥青	BCR	改性稀浆封层和微表处用

改性乳化沥青技术要求 表3-55

	试　验　项　目	品种及代号	
		PCR	BCR
	破乳速度	快裂或中裂	慢裂
	粒子电荷	阳离子（+）	阳离子（+）
	筛上剩余量（1.18mm），不大于（%）	0.1	0.1
黏度	恩格拉黏度 E25	1~10	3~30
	沥青标准黏度 C25,3（s）	8~25	12~60
蒸发残留物	含量，不小于（%）	50	60
	针入度（100g，25℃，5s）（0.1mm）	40~120	40~100
	软化点，不小于（℃）	50	53
	延度（5℃），不小于（cm）	20	20
	溶解度（三氯乙烯），不小于（%）	97.5	97.5
	与矿料的粘附性，裹覆面积，不小于	2/3	—
贮存稳定性	1d，不大于（%）	1	1
	5d，不大于（%）	5	5

注：1. 破乳速度与集料粘附性、拌合试验、所使用的石料品种有关。工程上施工质量检验时应采用实际的石料试验，仅进行产品质量评定时可不对这些指标提出要求；

2. 当用于填补车辙时，BCR 蒸发残留物的软化点宜提高至不低于55℃；

3. 贮存稳定性根据施工实际情况选择试验天数，通常采用5d，乳液生产后能在第二天使用完时也可选用1d。个别情况下改性乳化沥青5d的贮存稳定性难以满足要求，如果经搅拌后能够达到均匀一致并不影响正常使用，此时要求改性乳化沥青运至工地后存放在附有搅拌装置的贮存罐内，并不断地进行搅拌，否则不准使用。

4. 当改性乳化沥青或特种改性乳化沥青需要在低温冰冻条件下贮存或使用时，尚需按 T0656 进行−5℃低温贮存稳定性试验，要求没有粗颗粒、不结块。

7. 粗集料

(1) 沥青层用粗集料包括碎石、破碎砾石、筛选砾石、钢渣、矿渣等，但高速公路和一级公路不得使用筛选砾石和矿渣。粗集料必须由具有生产许可证的采石场生产或施工单位自行加工。

(2) 粗集料应该洁净、干燥、表面粗糙，沥青混合料用粗集料质量技术要求见表3-56。当单一规格集料的质量指标达不到表中要求，而按照集料配比计算的质量指标符合要求时，工程上允许使用。对受热易变质的集料，宜采用经拌合机烘干后的集料进行检验。

沥青混合料用粗集料质量技术要求　　　　　表3-56

指　　标		高速公路及一级公路		其他等级公路
		表面层	其他层次	
石料压碎值，不大于（%）		26	28	30
洛杉矶磨耗损失，不大于（%）		28	30	35
表观相对密度，不小于		2.60	2.50	2.45
吸水率，不大于（%）		2.0	3.0	3.0
坚固性，不大于（%）		12	12	—
针片状颗粒含量	（混合料），不大于（%）	15	18	20
	其中粒径大于9.5mm，不大于（%）	12	15	—
	其中粒径小于9.5mm，不大于（%）	18	20	—
水洗法<0.075mm 颗粒含量，不大于（%）		1	1	1
软石含量，不大于（%）		3	5	5

注：1. 坚固性试验可根据需要进行；
　　2. 用于高速公路、一级公路时，多孔玄武岩的视密度可放宽至2.45t/m³，吸水率可放宽至3%，但必须得到建设单位的批准，且不得用于SMA路面；
　　3. 对S14即3~5规格的粗集料，针片状颗粒含量可不予要求，<0.075mm含量可放宽到3%。

(3) 沥青混合料用粗集料规格见表3-57。

沥青混合料用粗集料规格　　　　　表3-57

规格名称	公称粒径(mm)	通过下列筛孔（mm）的质量百分率（%）											
		106	75	63	53	37.5	31.5	26.5	19.0	13.2	9.5	4.75	2.36	0.6
S1	40~75	100	90~100	—	—	0~15	—	0~5						
S2	40~60		100	90~100	—	0~15	—	0~5						
S3	30~60		100	90~100	—	—	0~15	—	0~5					
S4	25~50			100	90~100	—	—	0~15	—	0~5				
S5	20~40				100	90~100	—	0~15	—	0~5				
S6	15~30					100	90~100	—	0~15	—	0~5			
S7	10~30					100	90~100	—	—	0~15	0~5			
S8	10~25						100	90~100	—	0~15	0~5			
S9	10~20							100	90~100	—	0~15	0~5		

续表

规格名称	公称粒径(mm)	通过下列筛孔（mm）的质量百分率（%）											
		106	75	63	53	37.5	31.5	26.5	19.0	13.2	9.5	4.75	2.36	0.6
S10	10~15								100	90~100	0~15	0~5		
S11	5~15								100	90~100	40~70	0~15	0~5	
S12	5~10									100	90~100	0~15	0~5	
S13	3~10									100	90~100	40~70	0~20	0~5
S14	3~5										100	90~100	0~15	0~3

（4）采石场在生产过程中必须彻底清除覆盖层及泥土夹层。生产碎石用的原石不得含有土块、杂物，集料成品不得堆放在泥土地上。

（5）高速公路、一级公路沥青路面的表面层（或磨耗层）的粗集料的磨光值应符合表3-58的要求。除SMA、OGFC路面外，允许在硬质粗集料中掺加部分较小粒径的磨光值达不到要求的粗集料，其最大掺加比例由磨光值试验确定。

粗集料与沥青的黏附性、磨光值的技术要求 表3-58

雨量气候区		1（潮湿区）	2（湿润区）	3（半干区）	4（干旱区）
年降雨量（mm）		>1000	1000~500	500~250	<250
粗集料的磨光值PSV，不小于 高速公路、一级公路表面层		42	40	38	36
粗集料与沥青的黏附性，不小于	高速公路、一级公路表面层	5	4	4	3
	高速公路、一级公路的其他层次及其他等级公路的各个层次	4	4	3	3

（6）粗集料与沥青的黏附性、磨光值的技术要求见表3-58，当使用不符要求的粗集料时，宜掺加消石灰、水泥或用饱和石灰水处理后使用，必要时可同时在沥青中掺加耐热、耐水、长期性能好的抗剥落剂，也可采用改性沥青的措施，使沥青混合料的水稳定性检验达到要求。掺加外加剂的剂量由沥青混合料的水稳定性检验确定。

（7）破碎砾石应采用粒径大于50mm、含泥量不大于1%的砾石轧制，粗集料对破碎面的要求见表3-59。

粗集料对破碎面的要求 表3-59

路面部位或混合料类型		具有一定数量破碎面颗粒的含量（%）	
		1个破碎面	2个或2个以上破碎面
沥青路面表面层	高速公路、一级公路不小于	100	90
	其他等级公路不小于	80	60
沥青路面中下面层、基层	高速公路、一级公路不小于	90	80
	其他等级公路不小于	70	50
SMA混合料不小于		100	90
贯入式路面不小于		80	60

(8) 筛选砾石仅适用于三级及三级以下公路的沥青表面处治路面。

(9) 经过破碎且存放期超过 6 个月以上的钢渣可作为粗集料使用。除吸水率允许适当放宽外，各项质量指标应符合表 3-56 的要求。钢渣在使用前应进行活性检验，要求钢渣中的游离氧化钙含量不大于 3%，浸水膨胀率不大于 2%。

8. 细集料

(1) 沥青路面的细集料包括天然砂、机制砂、石屑。细集料必须由具有生产许可证的采石场、采砂场生产。

(2) 细集料应洁净、干燥、无风化、无杂质，并有适当的颗粒级配，沥青混合料用细集料质量要求见表 3-60。细集料的洁净程度，天然砂以小于 0.075mm 含量的百分数表示，石屑和机制砂以砂当量（适用于 0～4.75mm）或亚甲蓝值（适用于 0～2.36mm 或 0～0.15mm）表示。

沥青混合料用细集料质量要求　　　　　　　　表 3-60

项　目	高速公路、一级公路	其他等级公路
表观相对密度，不小于	2.50	2.45
坚固性（>0.3mm 部分），不小于（%）	12	—
含泥量（小于 0.075mm 的含量），不大于（%）	3	5
砂当量，不小于（%）	60	50
亚甲蓝值，不大于（g/kg）	25	—
棱角性（流动时间），不小于（s）	30	—

注：坚固性试验可根据需要进行。

(3) 天然砂可采用河砂或海砂，通常宜采用粗、中砂，沥青混合料用天然砂规格见表 3-61。砂的含泥量超过规定时应水洗后使用，海砂中的贝壳类材料必须筛除。开采天然砂必须取得当地政府主管部门的许可，并符合水利及环境保护的要求。热拌密级配沥青混合料中天然砂的用量通常不宜超过集料总量的 20%，SMA 和 OGFC 混合料不宜使用天然砂。

沥青混合料用天然砂规格　　　　　　　　表 3-61

筛孔尺寸（mm）	通过各孔筛的质量百分率（%）		
	粗　砂	中　砂	细　砂
9.5	100	100	100
4.75	90～100	90～100	90～100
2.36	65～95	75～90	85～100
1.18	35～65	50～90	75～100
0.6	15～30	30～60	60～84
0.3	5～20	8～30	15～45
0.15	0～10	0～10	0～10
0.075	0～5	0～5	0～5

(4) 石屑是采石场破碎石料时通过 4.75mm 或 2.36mm 的筛下部分，沥青混合料用

机制砂或石屑规格见表 3-62。采石场在生产石屑的过程中应具备抽吸设备，高速公路和一级公路的沥青混合料，宜将 S14 与 S16 组合使用，S15 可在沥青稳定碎石基层或其他等级公路中使用。

沥青混合料用机制砂或石屑规格 表 3-62

规格	公称粒径（mm）	水洗法通过各筛孔的质量百分率（%）						
		9.5	4.75	2.36	1.18	0.6	0.3	0.15	0.075
S15	0~5	100	90~100	60~90	40~75	20~55	7~40	2~20	0~10
S16	0~3	—	100	80~100	50~80	25~60	8~45	0~25	0~15

注：当生产石屑采用喷水抑制扬尘工艺时，应特别注意含粉量不得超过表中要求。

（5）机制砂宜采用专用的制砂机制造，并选用优质石料生产，其级配应符合 S16 的要求。

9. 填料

（1）沥青混合料的矿粉必须采用石灰岩或岩浆岩中的强基性岩石等憎水性石料经磨细得到的矿粉，原石料中的泥土杂质应除净。矿粉应干燥、洁净，能自由地从矿粉仓流出，沥青混合料用矿粉质量要求见表 3-63。

沥青混合料用矿粉质量要求 表 3-63

项 目		高速公路、一级公路	其他等级公路
表观密度，不小于（t/m³）		2.50	2.45
含水量，不大于（%）		1	1
粒度范围	<0.6mm（%）	100	100
	<0.15mm（%）	90~100	90~100
	<0.075mm（%）	75~100	70~100
外 观		无团粒结块	
亲水系数		<1	
塑性指数（%）		<4	
加热安定性		实测记录	

（2）拌合机的粉尘可作为矿粉的一部分回收使用。但每盘用量不得超过填料总量的 25%，掺有粉尘填料的塑性指数不得大于 4%。

（3）粉煤灰作为填料使用时，用量不得超过填料总量的 50%，粉煤灰的烧失量应小于 12%，与矿粉混合后的塑性指数应小于 4%，其余质量要求与矿粉相同。高速公路、一级公路的沥青面层不宜采用粉煤灰作填料。

10. 纤维稳定剂

（1）在沥青混合料中掺加的纤维稳定剂宜选用木质素纤维、矿物纤维等，木质素纤维质量技术要求见表 3-64。

木质素纤维质量技术要求 表 3-64

项 目	指 标	试 验 方 法
纤维长度,不大于(mm)	6	水溶液用显微镜观测
灰分含量(%)	18±5	高温 590~600℃燃烧后测定残留物
pH 值	7.5±1.0	水溶液用 pH 试纸或 pH 计测定
吸油率,不小于	纤维质量的 5 倍	用煤油浸泡后放在筛上经振敲后称量
含水率(以质量计),不大于(%)	5	105℃烘箱烘 2h 后冷却称量

(2) 纤维应在 250℃的干拌温度不变质、不发脆,使用纤维必须符合环保要求,不危害身体健康。纤维必须在混合料拌合过程中能充分分散均匀。

(3) 矿物纤维宜采用玄武岩等矿石制造,易影响环境及造成人体伤害的石棉纤维不宜直接使用。

(4) 纤维应存放在室内或有棚盖的地方,松散纤维在运输及使用过程中应避免受潮,不结团。

(5) 纤维稳定剂的掺加比例以沥青混合料总量的质量百分率计算,通常情况下用于 SMA 路面的木质素纤维不宜低于 0.3%,矿物纤维不宜低于 0.4%,必要时可适当增加纤维用量。纤维掺加量的允许误差宜不超过±5%。

3.3.2.2 配合比设计

沥青混合料配合比设计的种类有:热拌沥青混合料配合比设计方法、SMA 混合料配合比设计方法、OGFC 混合料配合比设计方法及冷拌沥青混合料配合比设计等。

1. 热拌沥青混合料配合比设计方法

(1) 一般规定

1) 本方法适用于密级配沥青混凝土及沥青稳定碎石混合料。

2) 热拌沥青混合料的配合比设计应通过目标配合比设计、生产配合比设计及生产配合比验证三个阶段,确定沥青混合料的材料品种及配比、矿料级配、最佳沥青用量。此配合比设计采用马歇尔试验配合比设计方法。如采用其他方法设计沥青混合料时,应按《公路沥青路面施工技术规范》JTG F40—2004 规定进行马歇尔试验及各项配合比设计检验,并报告不同设计方法的试验结果。

3) 热拌沥青混合料的目标配合比设计宜按图 3-1 的框图的步骤进行。

4) 配合比设计的试验方法必须遵照现行试验规程的方法执行。混合料拌合必须采用小型沥青混合料拌合机进行。混合料的拌合温度和试件制作温度应符合本规范的要求。

5) 生产配合比设计可参照本方法规定的步骤进行。

(2) 确定工程设计级配范围

1) 沥青混合料的矿料级配应符合工程设计规定的设计级配范围。密级配沥青混合料宜根据公路等级、气候及交通条件按表 3-65 选择采用粗型(C 型)或细型(F 型)混合料,并在表 3-66 范围内确定工程设计级配范围,通常情况下工程设计级配范围不宜超出表 3-66 的要求。其他类型的混合料宜直接以表 3-67~表 3-71 作为工程设计级配范围。密

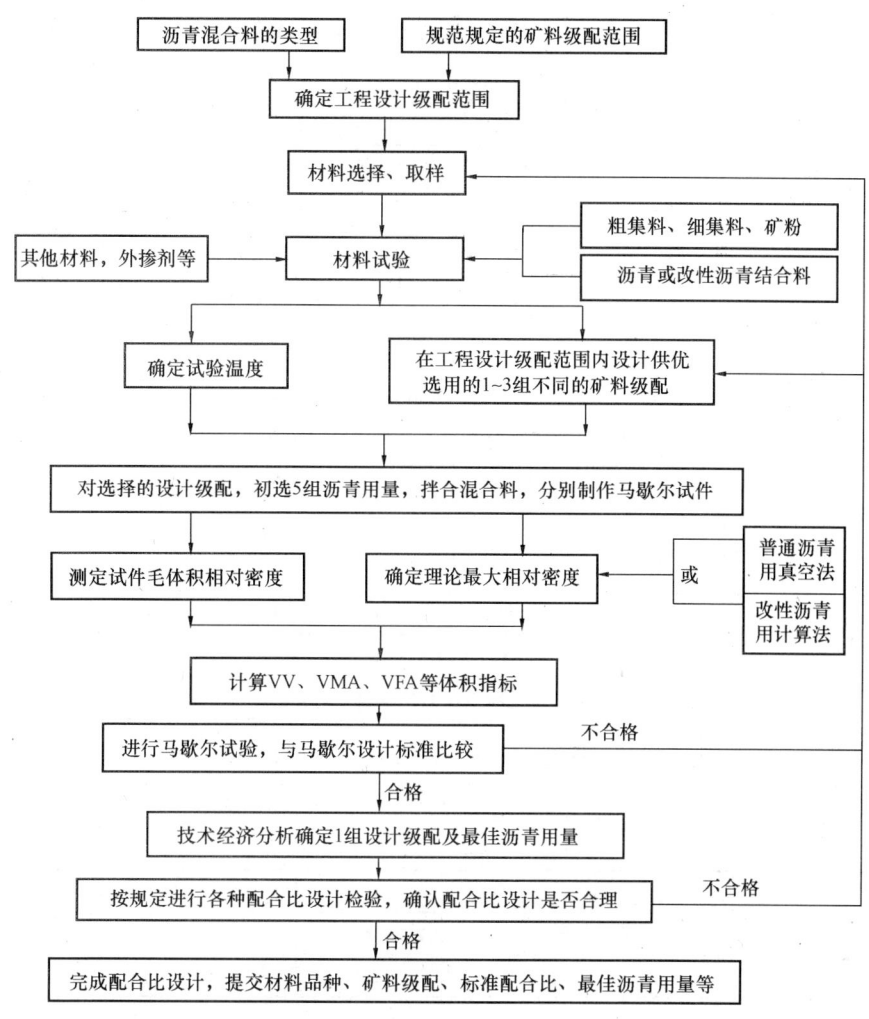

图 3-1 密级配沥青混合料目标配合比设计流程图

集配沥青稳定碎石混合料可直接以《公路沥青路面施工技术规范》JTG F40—2004 规定的级配范围作工程设计级配范围使用。经确定的工程设计级配范围是配合比设计的依据,不得随意变更。

粗型和细型密级配沥青混凝土的关键性筛孔通过率 表 3-65

混合料类型	公称最大粒径(mm)	用以分类的关键性筛孔(mm)	粗型密级配		细型密级配	
			名称	关键性筛孔通过率(%)	名称	关键性筛孔通过率(%)
AC-25	26.5	4.75	AC-25C	<40	AC-25F	>40
AC-20	19	4.75	AC-20C	<45	AC-20F	>45
AC-16	16	2.36	AC-16C	<38	AC-16F	>38
AC-13	13.2	2.36	AC-13C	<40	AC-13F	>40
AC-10	9.5	2.36	AC-10C	<45	AC-10F	>45

密级配沥青混凝土混合料矿料级配范围 表 3-66

级配类型		通过下列筛孔（mm）的质量百分率（%）											
		31.5	26.5	19	16	13.2	9.5	4.75	2.36	1.18	0.6	0.3	0.15	0.075
粗粒式	AC-25	100	90~100	75~90	65~83	57~76	45~65	24~52	16~42	12~33	8~24	5~17	4~13	3~7
中粒式	AC-20		100	90~100	78~92	62~80	50~72	26~56	16~44	12~33	8~24	5~17	4~13	3~7
	AC-16			100	90~100	76~92	60~80	34~62	20~48	13~36	9~26	7~18	5~14	4~8
细粒式	AC-13				100	90~100	68~85	38~68	24~50	15~38	10~28	7~20	5~15	4~8
	AC-10					100	90~100	45~75	30~58	20~44	13~32	9~23	6~16	4~8
砂粒式	AC-5						100	90~100	55~75	35~55	20~40	12~28	7~18	5~10

沥青玛蹄脂碎石混合料矿料级配范围 表 3-67

级配类型		通过下列筛孔（mm）的质量百分率（%）										
		26.5	19	16	13.2	9.5	4.75	2.36	1.18	0.6	0.3	0.15	0.075
中粒式	SMA-20	100	90~100	72~92	62~82	40~55	18~30	13~22	12~20	10~16	9~14	8~13	8~12
	SMA-16		100	90~100	65~85	45~65	20~32	15~24	14~22	12~18	10~15	9~14	8~12
细粒式	SMA-13			100	90~100	50~75	20~34	15~26	14~24	12~20	10~16	9~15	8~12
	SMA-10				100	90~100	28~60	20~32	14~26	12~22	10~18	9~16	8~13

开级配排水式磨耗层混合料矿料级配范围 表 3-68

级配类型		通过下列筛孔（mm）的质量百分率（%）										
		19	16	13.2	9.5	4.75	2.36	1.18	0.6	0.3	0.15	0.075
中粒式	OGFC-16	100	90~100	70~90	45~70	12~30	10~22	6~18	4~15	3~12	3~8	2~6
	OGFC-13		100	90~100	60~80	12~30	10~22	6~18	4~15	3~12	3~8	2~6
细粒式	OGFC-10			100	90~100	50~70	10~22	6~18	4~15	3~12	3~8	2~6

密级配沥青稳定碎石混合料矿料级配范围 表 3-69

级配类型		通过下列筛孔（mm）的质量百分率（%）												
		53	37.5	31.5	26.5	19	16	13.2	9.5	4.75	2.36	1.18	0.6	0.3	0.15	0.075
特粗式	ATB-40	100	90~100	75~92	65~85	49~71	43~63	37~57	30~50	20~40	15~32	10~25	8~18	5~14	3~10	2~6
	ATB-30		100	90~100	70~90	53~72	44~66	39~60	31~51	20~40	15~32	10~25	8~18	5~14	3~10	2~6
粗粒式	ATB-25			100	90~100	60~80	48~68	42~62	32~52	20~40	15~32	10~25	8~18	5~14	3~10	2~6

半开级配沥青碎石混合料矿料级配范围 表 3-70

级配类型		通过下列筛孔（mm）的质量百分率（%）										
		26.5	19	16	13.2	9.5	4.75	2.36	1.18	0.6	0.3	0.15	0.075
中粒式	AM-20	100	90~100	60~85	50~75	40~65	15~40	5~22	2~16	1~12	0~10	0~8	0~5
	AM-16		100	90~100	60~85	45~68	18~40	6~25	3~18	1~14	0~10	0~8	0~5
细粒式	AM-13			100	90~100	50~80	20~45	8~28	4~20	2~16	0~10	0~8	0~6
	AM-10				100	90~100	35~65	10~35	5~22	2~16	0~12	0~9	0~6

开级配沥青稳定碎石混合料矿料级配范围　　　　表 3-71

级配类型		通过下列筛孔（mm）的质量百分率（％）												
		53	37.5	31.5	26.5	19	16	13.2	9.5	4.75	2.36	1.18	0.6	0.3	0.15	0.075
特粗式	ATPB-40	100	70~100	65~90	55~85	43~75	32~70	20~65	12~50	0~3	0~3	0~3	0~3	0~3	0~3
	ATPB-30		100	80~100	70~95	53~85	36~80	26~75	14~60	0~3	0~3	0~3	0~3	0~3	0~3
粗粒式	ATPB-25			100	80~100	60~100	45~90	30~82	16~70	0~3	0~3	0~3	0~3	0~3	0~3

2）调整工程设计级配范围宜遵循下列原则：

a. 首先按表 3-65 确定采用粗型（C 型）或细型（F 型）的混合料。对夏期温度高、高温持续时间长，重载交通多的路段，宜选用粗型密级配沥青混合料（AC-C 型），并取较高的设计空隙率。对冬期温度低、且低温持续时间长的地区，或者重载交通较少的路段，宜选用细型密级配沥青混合料（AC-F 型），并取较低的设计空隙率。

b. 为确保高温抗车辙能力，同时兼顾低温抗裂性能的需要。配合比设计时宜适当减少公称最大粒径附近的粗集料用量，减少 0.6mm 以下部分细粉的用量，使中等粒径集料较多，形成 S 型级配曲线，并取中等或偏高水平的设计空隙率。

c. 确定各层的工程设计级配范围时应考虑不同层位的功能需要，经组合设计的沥青路面应能满足耐久、稳定、密水、抗滑等要求。

d. 根据公路等级和施工设备的控制水平，确定的工程设计级配范围应比规范级配范围窄，其中 4.75mm 和 2.36mm 通过率的上下限差值宜小于 12％。

e. 沥青混合料的配合比设计应充分考虑施工性能，使沥青混合料容易摊铺和压实，避免造成严重的离析。

(3) 材料选择与准备

1）配合比设计的各种矿料必须按现行《公路工程集料试验规程》JTG F42—2005 规定的方法，从工程实际使用的材料中取代表性样品。进行生产配合比设计时，取样至少应在干拌 5 次以后进行。

2）配合比设计所用的各种材料必须符合气候和交通条件的需要。其质量应符合 3.3.2.1 原材料部分规定的技术要求。当单一规格的集料某项指标不合格，但不同粒径规格的材料按级配组成的集料混合料指标能符合规范要求时，允许使用。

(4) 矿料配比设计

1）高速公路和一级公路沥青路面矿料配合比设计宜借助电子计算机的电子表格用试配法进行。其他等级公路沥青路面也可参照进行。

2）矿料级配曲线按《公路工程沥青及沥青混合料试验规程》JTG E20—2011 T0725 的方法绘制（图 3-2）。以原点与通过集料最大粒径 100％的点的连线作为沥青混合料的最大密度线，见表 3-72 和表 3-73。

泰勒曲线的横坐标　　　　　　　　　表 3-72

d_i	0.075	0.15	0.3	0.6	1.18	2.36	4.75	9.5
$x = d_i^{0.45}$	0.312	0.426	0.582	0.795	1.077	1.472	2.016	2.754
d_i	13.2	16	19	26.5	31.5	37.5	53	63
$x = d_i^{0.45}$	3.193	3.482	3.762	4.370	4.723	5.109	5.969	6.452

矿料级配设计计算表示例　　　　　　　　　表 3-73

筛孔	10～20 (%)	5～10 (%)	3～5 (%)	石屑 (%)	黄砂 (%)	矿粉 (%)	消石灰 (%)	合成级配	工程设计级配范围		
									中值	下限	上限
16	100	100	100	100	100	100	100	100.0	100	100	100
13.2	88.6	100	100	100	100	100	100	96.7	95	90	100
9.5	16.6	99.7	100	100	100	100	100	76.6	70	60	80
4.75	0.4	8.7	94.9	100	100	100	100	47.7	41.5	30	53
2.36	0.3	0.7	3.7	97.2	87.9	100	100	30.6	30	20	40
1.18	0.3	0.7	0.5	67.8	62.2	100	100	22.8	22.5	15	30
0.6	0.3	0.7	0.5	40.5	46.4	100	100	17.2	16.5	10	23
0.3	0.3	0.7	0.5	30.2	3.7	99.8	99.2	9.5	12.5	7	18
0.15	0.3	0.7	0.5	20.8	3.1	96.2	97.6	8.1	8.5	5	12
0.075	0.2	0.6	0.3	4.2	1.9	84.7	95.6	5.5	6	4	8
配合比	28	26	14	12	15	3.3	1.7	100.0			

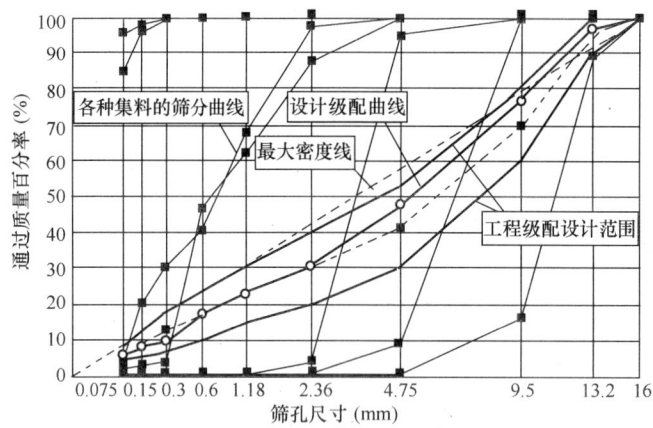

图 3-2　矿料级配曲线示例

3）对高速公路和一级公路，宜在工程设计级配范围内计算 1～3 组粗细不同的配比，绘制设计级配曲线，分别位于工程设计级配范围的上方、中值及下方。设计合成级配不得有太多的锯齿形交错，且在 0.3～0.6mm 范围内不出现"驼峰"。当反复调整不能满意时，宜更换材料设计。

4）根据当地的实践经验选择适宜的沥青用量，分别制作几组级配的马歇尔试件，测定 VMA，初选一组满足或接近设计要求的级配作为设计级配。

（5）马歇尔试验

1) 此配合比设计采用马歇尔试验配合比设计方法，沥青混合料技术要求应符合表 3-74～表 3-77 的规定，并有良好的施工性能。当采用其他方法设计沥青混合料时，应按《公路沥青路面施工技术规范》JTG F40—2004 规定进行马歇尔试验及各项配合比设计检验，并报告不同设计方法的试验结果。

密级配沥青混凝土混合料马歇尔试验技术标准　　　　表 3-74

（本表适用于公称最大粒径≤26.5mm 的密级配沥青混凝土混合料）

试验指标		高速公路、一级公路				其他等级公路	行人道路
		夏炎热区（1-1、1-2、1-3、1-4 区）		夏热区及夏凉区（2-1、2-2、2-3、2-4、3-2 区）			
		中轻交通	重载交通	中轻交通	重载交通		
击实次数（双面）（次）		75				50	50
试件尺寸（mm）		$\phi 101.6mm \times 63.5mm$					
空隙率 VV	深约 90mm 以内（%）	3～5	4～6	2～4	3～5	3～6	2～4
	深约 90mm 以下（%）	3～6		2～4	3～6	3～6	—
稳定度 MS，不小于（kN）		8				5	3
流值 FL（mm）		2～4	1.5～4	2～4.5	2～4	2～4.5	2～5
矿料间隙率 VMA（%），不小于	设计空隙率（%）	相应于以下公称最大粒径(mm)的最小 VMA 及 VFA 技术要求（%）					
		26.5	19	16	13.2	9.5	4.75
	2	10	11	11.5	12	13	15
	3	11	12	12.5	13	14	16
	4	12	13	13.5	14	15	17
	5	13	14	14.5	15	16	18
	6	14	15	15.5	16	17	19
沥青饱和度 VFA（%）		55～70		65～75		70～85	

注：1. 对空隙率大于 5% 的夏炎热区重载交通路段，施工时应至少提高压实度 1%。
2. 当设计的空隙率不是整数时，由内插确定要求的 VMA 最小值。
3. 对改性沥青混合料，马歇尔试验的流值可适当放宽。

沥青稳定碎石混合料马歇尔试验配合比设计技术标准　　　　表 3-75

试验指标	密级配基层（ATB）	半开级配面层（AM）	排水式开级配磨耗层（OGFC）	排水式开级配基层（ATPB）
公称最大粒径（mm）	26.5mm	等于或大于 31.5mm	等于或小于 26.5mm	等于或小于 26.5mm	所有尺寸
马歇尔试件尺寸（mm）	$\phi 101.6mm \times 63.5mm$	$\phi 152.4mm \times 95.3mm$	$\phi 101.6mm \times 63.5mm$	$\phi 101.6mm \times 63.5mm$	$\phi 152.4mm \times 95.3mm$
击实次数（双面）（次）	75	112	50	50	75
空隙率 VV（%）	3～6		6～10	不小于 18	不小于 18

续表

试 验 指 标	密级配基层（ATB）		半开级配面层（AM）	排水式开级配磨耗层（OGFC）	排水式开级配基层（ATPB）
稳定度，不小于（kN）	7.5	15	3.5	3.5	—
流值（mm）	1.5～4		实测	—	—
沥青饱和度 VFA（%）	55～70		40～70	—	—
密级配基层 ATB 的矿料间隙率 VMA（%），不小于	设计空隙率（%）	ATB-40	ATB-30		ATB-25
	4	11	11.5		12
	5	12	12.5		13
	6	13	13.5		14

注：在干旱地区，可将密级配沥青稳定碎石基层的空隙率适当放宽到 8%。

SMA 混合料马歇尔试验配合比设计技术要求　　　　表 3-76

试 验 项 目	技术要求	
	不使用改性沥青	使用改性沥青
马歇尔试件尺寸（mm）	$\phi 101.6mm \times 63.5mm$	
马歇尔试件击实次数①	两面击实 50 次	
空隙率 VV②（%）	3～4	
矿料间隙率 VMA②，不小于（%）	17.0	
粗集料骨架间隙率 VCA_{mix}③，不大于	VCA_{DRC}	
沥青饱和度 VFA（%）	75～85	
稳定度④，不小于（kN）	5.5	6.0
流值（mm）	2～5	—
谢伦堡沥青析漏试验的结合料损失（%）	不大于 0.2	不大于 0.1
肯塔堡飞散试验的混合料损失或浸水飞散试验（%）	不大于 20	不大于 15

① 对集料坚硬不易击碎，通行重载交通的路段，也可将击实次数增加为双面 75 次。
② 对高温稳定性要求较高的重交通路段或炎热地区，设计空隙率允许放宽到 4.5%，VMA 允许放宽到 16.5%（SMA-16）或 16%（SMA-19），VFA 允许放宽到 70%。
③ 试验粗集料骨架间隙率 VCA 的关键性筛孔，对 SMA-19、SMA-16 是指 4.75mm，对 SMA-13、SMA-10 是指 2.36mm。
④ 稳定度难以达到要求时，容许放宽到 5.0kN（非改性）或 5.5kN（改性），但动稳定度检验必须合格。

OGFC 混合料技术要求　　　　表 3-77

试 验 项 目	技 术 要 求
马歇尔试件尺寸（mm）	$\phi 101.6mm \times 63.5mm$
马歇尔试件击实次数	两面击实 50 次
空隙率（%）	18～25
马歇尔稳定度，不小于（kN）	3.5
析漏损失（%）	<0.3
肯特堡飞散损失（%）	<20

二级公路宜参照一级公路的技术标准执行。表中气候分区按《公路沥青路面施工技术规范》JTG F40—2004 附录 A 执行。

2）沥青混合料试件的制作温度按《公路沥青路面施工技术规范》JTG F40—2004 规定的方法确定，并与施工实际温度相一致，普通沥青混合料如缺乏黏温曲线时可参照表 3-78 执行，改性沥青混合料的成型温度在此基础上再提高 10~20℃。

热拌普通沥青混合料试件的制作温度（℃） 表 3-78

施工工序	石油沥青的标号				
	50 号	70 号	90 号	110 号	130 号
沥青加热温度	160~170	155~165	150~160	145~155	140~150
矿料加热温度	集料加热温度比沥青温度高 10~30（填料不加热）				
沥青混合料拌合温度	150~170	145~165	140~160	135~155	130~150
试件击实成型温度	140~160	135~155	130~150	125~145	120~140

注：表中混合料温度，并非拌合机的油浴温度，应根据沥青的针入度、黏度选择，不宜都取中值。

3）按式（3-32）计算矿料的合成毛体积相对密度 γ_{sb}。

$$\gamma_{sb} = \frac{100}{\dfrac{P_1}{\gamma_1} + \dfrac{P_2}{\gamma_2} + \cdots + \dfrac{P_n}{\gamma_n}} \quad (3\text{-}32)$$

式中 P_1、P_2、$\cdots$、P_n——各种矿料成分的配合比，其和为 100；

γ_1、γ_2、$\cdots$、γ_n——各种矿料相应的毛体积相对密度。

注：
1. 沥青混合料配合比设计时，均采用毛体积相对密度（无量纲），不采用毛体积密度，故无需进行密度的水温修正。
2. 生产配合比设计时，当细料仓中的材料混杂各种材料而无法采用筛分替代法时，可将 0.075mm 部分筛除后以统货实测值计算。

4）按式（3-33）计算矿料的合成表观相对密度 γ_{sa}。

$$\gamma_{sa} = \frac{100}{\dfrac{P_1}{\gamma'_1} + \dfrac{P_2}{\gamma'_2} + \cdots + \dfrac{P_n}{\gamma'_n}} \quad (3\text{-}33)$$

式中 P_1、P_2、$\cdots$、P_n——各种矿料成分的配合比，其和为 100；

γ'_1、γ'_2、$\cdots$、γ'_n——各种矿料按试验规程方法测定的表观相对密度。

5）按式（3-34）或按式（3-35）预估沥青混合料的适宜的油石比 P_a 或沥青用量为 P_b。

$$P_a = \frac{P_{a1} \times \gamma_{sb1}}{\gamma_{sb}} \quad (3\text{-}34)$$

$$P_b = \frac{P_a}{100 + P_a} \times 100 \quad (3\text{-}35)$$

式中 P_a——预估的最佳油石比（与矿料总量的百分比）（%）；

P_b——预估的最佳沥青用量（占混合料总量的百分数）（%）；

P_{a1}——已建类似工程沥青混合料的标准油石比（%）；

γ_{sb}——矿料的合成毛体积相对密度；

γ_{sb1}——已建类似工程集料的合成毛体积相对密度。

注：作为预估最佳油石比的集料密度，原工程和新工程也可均采用有效相对密度。

6) 确定矿料的有效相对密度

a. 对非改性沥青混合料，宜以预估的最佳油石比拌合 2 组的混合料，采用真空法实测最大相对密度，取平均值。然后由式（3-36）反算合成矿料的有效相对密度 γ_{se}。

$$\gamma_{se} = \frac{100 - P_b}{\frac{100}{\gamma_t} - \frac{P_b}{\gamma_b}} \tag{3-36}$$

式中　γ_{se}——合成矿料的有效相对密度；

P_b——试验采用的沥青用量（占混合料总量的百分数）（%）；

γ_t——试验沥青用量条件下实测得到的最大相对密度，无量纲；

γ_b——沥青的相对密度（25℃/25℃），无量纲。

b. 对改性沥青及 SMA 等难以分散的混合料，有效相对密度宜直接由矿料的合成毛体积相对密度与合成表观相对密度按式（3-37）计算确定，其中沥青吸收系数 C 值根据材料的吸水率由式（3-38）求得，材料的合成吸水率按式（3-39）计算：

$$\gamma_{se} = C \times \gamma_{sa} + (1 - C) \times \gamma_{sb} \tag{3-37}$$

$$C = 0.033 w_x^2 - 0.2936 w_x + 0.9339 \tag{3-38}$$

$$w_x = \left(\frac{1}{\gamma_{sb}} - \frac{1}{\gamma_{sa}}\right) \times 100 \tag{3-39}$$

式中　γ_{se}——合成矿料的有效相对密度；

C——合成矿料的沥青吸收系数，可按矿料的合成吸水率从式（3-38）求取；

w_x——合成矿料的吸水率，按式（3-39）求取（%）；

γ_{sb}——矿料的合成毛体积相对密度，按式（3-32）求取，无量纲；

γ_{sa}——矿料的合成表观相对密度，按式（3-33）求取，无量纲。

7) 以预估的油石比为中值，按一定间隔（对密级配沥青混合料通常为 0.5%，对沥青碎石混合料可适当缩小间隔为 0.3%～0.4%），取 5 个或 5 个以上不同的油石比分别成型马歇尔试件。每一组试件的试样数按现行试验规程的要求确定，对粒径较大的沥青混合料，宜增加试件数量。

注：5 个不同油石比不一定选整数，例如预估油石比 4.8%，可选 3.8%、4.3%、4.8%、5.3%、5.8%等。第 3.3.2.2 条第 1 款第（5）项 6）a 中规定的实测最大相对密度通常与此同时进行。

8) 测定压实沥青混合料试件的毛体积相对密度 γ_f 和吸水率，取平均值。测试方法应按以下规定执行：

a. 通常采用表干法测定毛体积相对密度；

b. 对吸水率大于 2% 的试件，宜改用蜡封法测定的毛体积相对密度。

注：对吸水率小于 0.5% 的特别致密的沥青混合料，在施工质量检验时，允许采用水中重法测定的表观相对密度作为标准密度，钻孔试件也采用相同方法。但配合比设计时不得采用水中重法。

9) 确定沥青混合料的最大理论相对密度

a. 对非改性的普通沥青混合料，在成型马歇尔试件的同时，按第 3.3.2.2 条第 1 款第（5）项 6）a 中的要求用真空法实测各组沥青混合料的最大理论相对密度 γ_{ti}。当只对其中一组油石比测定最大理论相对密度时，也可按式（3-40）或式（3-41）计算其他不同油石比时的最大理论相对密度 γ_{ti}。

b. 对改性沥青或 SMA 混合料宜按式（3-40）或式（3-41）计算各个不同沥青用量混合料的最大理论相对密度。

$$\gamma_{ti} = \frac{100 + P_{ai}}{\frac{100}{\gamma_{se}} + \frac{P_{ai}}{\gamma_b}} \tag{3-40}$$

$$\gamma_{ti} = \frac{100}{\frac{P_{si}}{\gamma_{se}} + \frac{P_{bi}}{\gamma_b}} \tag{3-41}$$

式中　γ_{ti}——相对于计算沥青用量 P_{bi} 时沥青混合料的最大理论相对密度，无量纲；

P_{ai}——所计算的沥青混合料中的油石比（%）；

P_{bi}——所计算的沥青混合料的沥青用量，$P_{bi} = P_{ai}/(1 + P_{ai})$（%）；

P_{si}——所计算的沥青混合料的矿料含量，$P_{si} = 100 - P_{bi}$（%）；

γ_{se}——矿料的有效相对密度，按式（3-36）或式（3-37）计算，无量纲；

γ_b——沥青的相对密度（25℃/25℃），无量纲。

10）按式（3-42）～式（3-44）计算沥青混合料试件的空隙率、矿料间隙率 VMA、有效沥青的饱和度 VFA 等体积指标，取 1 位小数，进行体积组成分析。

$$VV = \left(1 - \frac{\gamma_f}{\gamma_t}\right) \times 100 \tag{3-42}$$

$$VMA = \left(1 - \frac{\gamma_f}{\gamma_{sb}} \times \frac{P_s}{100}\right) \times 100 \tag{3-43}$$

$$VFA = \frac{VMA - VV}{VMA} \times 100 \tag{3-44}$$

式中　VV——试件的空隙率（%）；

VMA——试件的矿料间隙率（%）；

VFA——试件的有效沥青饱和度（有效沥青含量占 VMA 的体积比例）（%）；

γ_f——按第 3.3.2.2 条第 1 款第（5）项 8）测定的试件的毛体积相对密度，无量纲；

γ_t——沥青混合料的最大理论相对密度，按第 3.3.2.2 条第 1 款第（5）项 9）的方法计算或实测得到，无量纲；

P_s——各种矿料占沥青混合料总质量的百分率之和，即 $P_s = 100 - P_b$（%）；

γ_{sb}——矿料的合成毛体积相对密度，按式（3-32）计算。

11）进行马歇尔试验，测定马歇尔稳定度及流值。

（6）确定最佳沥青用量（或油石比）

1）按图 3-3 的方法，以油石比或沥青用量为横坐标，以马歇尔试验的各项指标为纵坐标，将试验结果点入图中，连成圆滑的曲线。确定均符合《公路沥青路面施工技术规范》JTG F40—2004 规定的沥青混合料技术标准的沥青用量范围 OAC_{min}～OAC_{max}。选择的沥青用量范围必须涵盖设计空隙率的全部范围,并尽可能涵盖沥青饱和度的要求范围,并使密度及稳定度曲线出现峰值。如果没有涵盖设计空隙率的全部范围,试验必须扩大沥青用量范围重新进行。

注:绘制曲线时含 VMA 指标,且应为下凹型曲线,但确定 $OAC_{min} \sim OAC_{max}$ 时不包括 VMA。

2)根据试验曲线的走势,按下列方法确定沥青混合料的最佳沥青用量 OAC_1。

a. 在曲线图 3-3 上求取相应于密度最大值、稳定度最大值、目标空隙率(或中值)、沥青饱和度范围的中值的沥青用量 a_1、a_2、a_3、a_4。按式(3-45)取平均值作为 OAC_1。

$$OAC_1 = (a_1 + a_2 + a_3 + a_4)/4 \tag{3-45}$$

b. 如果在所选择的沥青用量范围未能涵盖沥青饱和度的要求范围,按式(3-46)求取 3 者的平均值作为 OAC_1。

$$OAC_1 = (a_1 + a_2 + a_3)/3 \tag{3-46}$$

c. 对所选择试验的沥青用量范围,密度或稳定度没有出现峰值(最大值经常在曲线的两端)时,可直接以目标空隙率所对应的沥青用量 a_3 作为 OAC_1,但 OAC_1 必须介于 $OAC_{min} \sim OAC_{max}$ 的范围内,否则应重新进行配合比设计。

3)以各项指标均符合技术标准(不含 VMA)的沥青用量范围 $OAC_{min} \sim OAC_{max}$ 的中值作为 OAC_2。

$$OAC_2 = (OAC_{min} + OAC_{max})/2 \tag{3-47}$$

4)通常情况下取 OAC_1 及 OAC_2 的中值作为计算的最佳沥青用量 OAC。

$$OAC = (OAC_1 + OAC_2)/2 \tag{3-48}$$

5)按式(3-48)计算的最佳油石比 OAC,从图 3-3 中得出所对应的空隙率和 VMA 值,检验是否能满足表 3-74 或表 3-75 关于最小 VMA 值的要求。OAC 宜位于 VMA 凹形曲线最小值的贫油一侧。当空隙率不是整数时,最小 VMA 按内插法确定,并将其画入图 3-3 中。

6)检查图 3-3 中相应于此 OAC 的各项指标是否均符合马歇尔试验技术标准。

7)根据实践经验和公路等级、气候条件、交通情况,调整确定最佳沥青用量 OAC。

a. 调查当地各项条件相接近的工程的沥青用量及使用效果,论证适宜的最佳沥青用量。检查计算得到的最佳沥青用量是否相近,如相差甚远,应查明原因,必要时重新调整级配,进行配合比设计。

b. 对炎热地区公路以及高速公路、一级公路的重载交通路段,山区公路的长大坡度路段,预计有可能产生较大车辙时,宜在空隙率符合要求的范围内将计算的最佳沥青用量减小 0.1%~0.5%作为设计沥青用量。此时,除空隙率外的其他指标可能会超出马歇尔试验配合比设计技术标准,配合比设计报告或设计文件必须予以说明。但配合比设计报告必须要求采用重型轮胎压路机和振动压路机组合等方式加强碾压,以使施工后路面的空隙率达到未调整前的原最佳沥青用量时的水平,且渗水系数符合要求。如果试验段试拌试铺达不到此要求时,宜调整所减小的沥青用量的幅度。

c. 对寒区公路、旅游公路、交通量很少的公路,最佳沥青用量可以在 OAC 的基础上增加 0.1%~0.3%,以适当减小设计空隙率,但不得降低压实度要求。

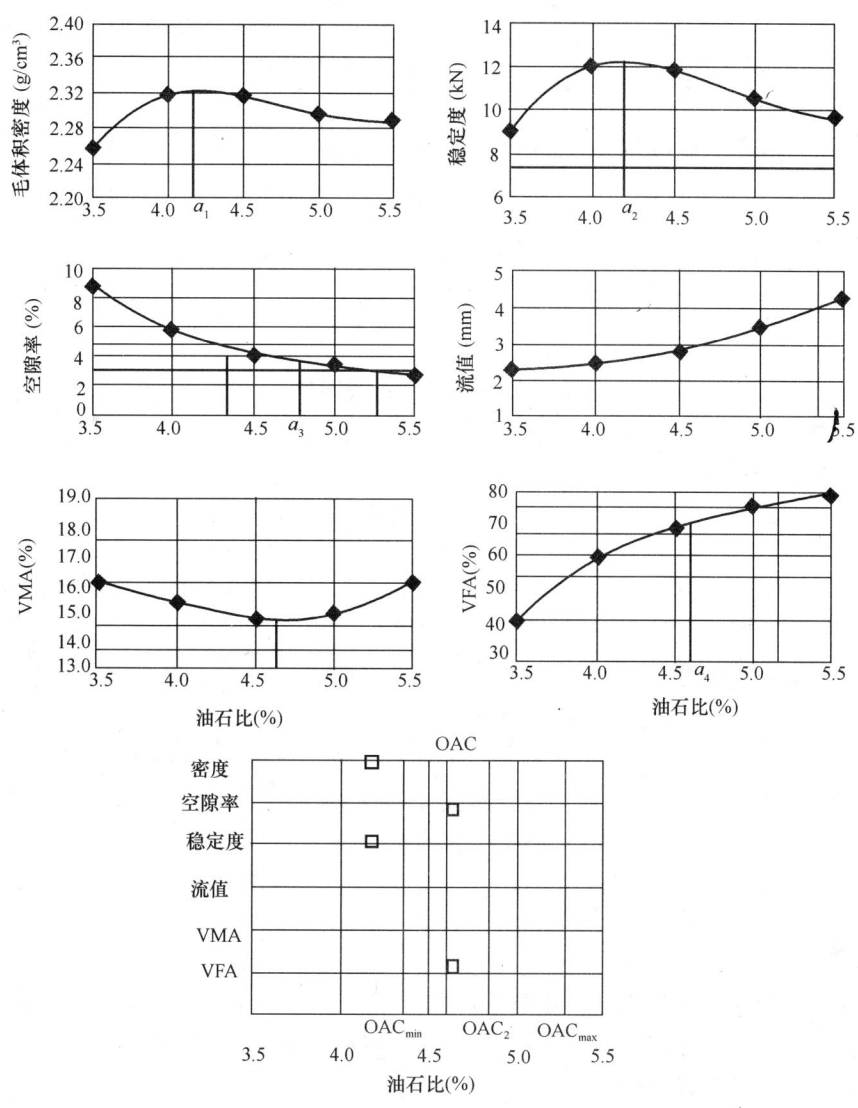

图 3-3 马歇尔试验结果示例

注：图中 $a_1=4.2\%$，$a_2=4.25\%$，$a_3=4.8\%$，$a_4=4.7\%$，$OAC_1=4.49\%$（由 4 个平均值确定），$OAC_{min}=4.3\%$，$OAC_{max}=5.3\%$，$OAC_2=4.8\%$，$OAC=4.64\%$。此例中相对于空隙率 4% 的油石比为 4.6%。

8）按式（3-49）及式（3-50）计算沥青结合料被集料吸收的比例及有效沥青含量。

$$P_{ba} = \frac{\gamma_{se} - \gamma_b}{\gamma_{se} \times \gamma_{sb}} \times \gamma_b \times 100 \tag{3-49}$$

$$P_{be} = P_b - \frac{P_{ba}}{100} \times P_s \tag{3-50}$$

式中 P_{ba}——沥青混合料中被集料吸收的沥青结合料比例（%）；

P_{be}——沥青混合料中的有效沥青用量（%）；

γ_{se}——矿料的有效相对密度，按式（3-36）计算，无量纲；

γ_{sb}——材料的合成毛体积相对密度,按式(3-32)求取,无量纲;

γ_b——沥青的相对密度(25℃/25℃),无量纲;

P_b——沥青含量(%);

P_s——各种矿料占沥青混合料总质量的百分率之和,即$P_s=100-P_b$(%)。

如果需要,可按式(3-51)及式(3-52)计算有效沥青的体积百分率V_{be}及矿料的体积百分率V_g。

$$V_{be} = \frac{\gamma_f \times P_{be}}{\gamma_b} \quad (3-51)$$

$$V_g = 100 - (V_{be} + VV) \quad (3-52)$$

9)检验最佳沥青用量时的粉胶比和有效沥青膜厚度

a. 按式(3-53)计算沥青混合料的粉胶比,宜符合0.6~1.6的要求。对常用的公称最大粒径为13.2~19mm的密级配沥青混合料,粉胶比宜控制在0.8~1.2范围内。

$$FB = \frac{P_{0.075}}{P_{be}} \quad (3-53)$$

式中 FB——粉胶比,沥青混合料的矿料中0.075mm通过率与有效沥青含量的比值,无量纲;

$P_{0.075}$——矿料级配中0.075mm的通过率(水洗法)(%);

P_{be}——有效沥青含量(%)。

b. 按式(3-54)的方法计算集料的比表面积,按式(3-55)估算沥青混合料的沥青膜有效厚度。各种集料粒径的表面积系数按表3-79采用。

$$SA = \Sigma(P_i \times FA_i) \quad (3-54)$$

$$DA = \frac{P_{be}}{\gamma_b \times SA} \times 10 \quad (3-55)$$

式中 SA——集料的比表面积(m²/kg);

P_i——各种粒径的通过百分率(%);

FA_i——相应于各种粒径的集料的表面积系数,如表3-79所列;

DA——沥青膜有效厚度(μm);

P_{be}——有效沥青含量(%);

γ_b——沥青的相对密度(25℃/25℃),无量纲。

注:各种公称最大粒径混合料中大于4.75mm尺寸集料的表面积系数FA均取0.0041,且只计算一次,4.75mm以下部分的FA_i如表3-79示例。该例的$SA=6.60$m²/kg。若混合料的有效沥青含量为4.65%,沥青的相对密度1.03,则沥青膜厚度为$DA=4.65/(1.03\times6.60)\times10=6.83$μm。

集料的表面积系数计算示例 表3-79

筛孔尺寸(mm)	19	16	13.2	9.5	4.75	2.36	1.18	0.6	0.3	0.15	0.075	集料比表面总和 SA (m²/kg)
表面积系数 FA_i	0.0041	—	—	—	0.0041	0.0082	0.0164	0.0287	0.0614	0.1229	0.3277	
通过百分率 P_i (%)	100	92	85	76	60	42	32	23	16	12	6	
比表面 $FA_i \times P_i$ (m²/kg)	0.41	—	—	—	0.25	0.34	0.52	0.66	0.98	1.47	1.97	6.60

(7) 配合比设计检验

1) 对用于高速公路和一级公路的公称最大粒径等于或小于 19mm 的密级配沥青混合料（AC），及 SMA、OGFC 混合料，需在配合比设计的基础上按下列步骤进行各种使用性能检验，不符合要求的沥青混合料，必须更换材料或重新进行配合比设计。其他等级公路的沥青混合料可参照执行。

a. 必须在规定的试验条件下进行车辙试验，并符合表 3-80 的要求。

沥青混合料车辙试验动稳定度技术要求 表 3-80

气候条件与技术指标	相应于下列气候分区所要求的动稳定度（次/mm）									
七月平均最高气温（℃）及气候分区	＞30				20～30				＜20	
	1. 夏炎热区				2. 夏热区				3. 夏凉区	
	1-1	1-2	1-3	1-4	2-1	2-2	2-3	2-4	3-2	
普通沥青混合料，不小于	800		1000		600		800		600	
改性沥青混合料，不小于	2400		2800		2000		2400		1800	
SMA 混合料	非改性，不小于	1500								
	改性，不小于	3000								
OGFC 混合料	1500（一般交通路段）、3000（重交通量路段）									

注：1. 如果其他月份的平均最高气温高于 7 月时，可使用该月平均最高气温；
2. 在特殊情况下，如钢桥面铺装、重载车特别多或纵坡较大的长距离上坡路段、厂矿专用道路，可酌情提高动稳定度的要求；
3. 对因气候寒冷确需使用针入度很大的沥青（如大于 100），动稳定度难以达到要求，或因采用石灰岩等不很坚硬的石料，改性沥青混合料的动稳定度难以达到要求等特殊情况，可酌情降低要求；
4. 为满足炎热地区及重载车要求，在配合比设计时采取减少最佳沥青用量的技术措施时，可适当提高试验温度或增加试验荷载进行试验，同时增加试件的碾压成型密度和施工压实度要求；
5. 车辙试验不得采用二次加热的混合料，试验必须检验其密度是否符合试验规程的要求；
6. 如需要对公称最大粒径等于或大于 26.5mm 的混合料进行车辙试验，可适当增加试件的厚度，但不宜作为评定合格与否的依据。

b. 必须在规定的试验条件下进行浸水马歇尔试验和冻融劈裂试验检验沥青混合料的水稳定性，并同时符合表 3-81 中的两个要求。达不到要求时必须按第 3.3.2.1 条第 7 款第（6）项中的要求采取抗剥落措施，调整最佳沥青用量后再次试验。

沥青混合料水稳定性检验技术要求 表 3-81

气候条件与技术指标	相应于下列气候分区的技术要求（%）			
年降雨量（mm）及气候分区	＞1000	500～1000	250～500	＜250
	1. 潮湿区	2. 湿润区	3. 半干区	4. 干旱区
浸水马歇尔试验残留稳定度（%），不小于				
普通沥青混合料	80		75	
改性沥青混合料	85		80	
SMA 混合料	普通沥青	75		
	改性沥青	80		
冻融劈裂试验的残留强度比（%），不小于				
普通沥青混合料	75		70	
改性沥青混合料	80		75	
SMA 混合料	普通沥青	75		
	改性沥青	80		

c. 宜对密级配沥青混合料在温度-10℃、加载速率50mm/min的条件下进行弯曲试验，测定破坏强度、破坏应变、破坏劲度模量，并根据应力应变曲线的形状，综合评价沥青混合料的低温抗裂性能。其中沥青混合料的破坏应变宜不小于表3-82的要求。

沥青混合料低温弯曲试验破坏应变（$\mu\varepsilon$）技术要求　　　　表 3-82

气候条件与技术指标	相应于下列气候分区所要求的破坏应变（$\mu\varepsilon$）							
年极端最低气温（℃）及气候分区	<-37.0		-21.5~-37.0			-9.0~-21.5		>-9.0
	1. 冬严寒区		2. 冬寒区			3. 冬冷区		4. 冬温区
	1-1	2-1	1-2	2-2	3-2	1-3	2-3	1-4　2-4
普通沥青混合料，不小于	2600		2300			2000		
改性沥青混合料，不小于	3000		2800			2500		

d. 宜利用轮碾机成型的车辙试验试件，脱模架起进行渗水试验，并符合表3-83的要求。

沥青混合料试件渗水系数（mL/min）技术要求　　　　表 3-83

级 配 类 型	渗水系数要求（mL/min）
密级配沥青混凝土，不大于	120
SMA 混合料，不大于	80
OGFC 混合料，不小于	实测

e. 对使用钢渣作为集料的沥青混合料，应按《公路工程集料试验规程》JTG E42—2005（T0348）进行活性和膨胀性试验，钢渣沥青混凝土的膨胀量不得超过1.5%。

f. 对改性沥青混合料的性能检验，应针对改性目的进行。以提高高温抗车辙性能为主要目的时，低温性能可按普通沥青混合料的要求执行；以提高低温抗裂性能为主要目的时，高温稳定性可按普通沥青混合料的要求执行。

2）配合比设计检验按计算确定的设计最佳沥青用量在标准条件下进行。如按照第3.3.2.2条第1款第（6）项7）中的方法将计算的设计沥青用量调整后作为最佳沥青用量，或者改变试验条件时，各项技术要求均应适当调整，不宜照搬。

3）高温稳定性检验。对公称最大粒径等于或小于19mm的混合料，按规定方法进行车辙试验，动稳定度应符合表3-80的要求。

注：对公称最大粒径大于19mm的密级配沥青混凝土或沥青稳定碎石混合料，由于车辙试件尺寸不能适用，不宜按规定方法进行车辙试验和弯曲试验。如需要检验可加厚试件厚度或采用大型马歇尔试件。

4）水稳定性检验。按规定的试验方法进行浸水马歇尔试验和冻融劈裂试验，残留稳定度及残留强度比均必须符合表3-81的规定。

注：调整沥青用量后，马歇尔试件成型可能达不到要求的空隙率条件。当需要添加消石灰、水泥、抗剥落剂时，需重新确定最佳沥青用量后试验。

5）低温抗裂性能检验。对公称最大粒径等于或小于19mm的混合料，按规定方法进行低温弯曲试验，其破坏应变宜符合表3-82要求。

6）渗水系数检验。利用轮碾机成型的车辙试件进行渗水试验检验的渗水系数宜符合表3-83要求。

7) 钢渣活性检验。对使用钢渣的沥青混合料,应按规定的试验方法检验钢渣的活性及膨胀性试验,钢渣沥青混凝土的膨胀量不得超过 1.5%。

8) 根据需要,可以改变试验条件进行配合比设计检验,如按调整后的最佳沥青用量、变化最佳沥青用量 OAC±0.3%、提高试验温度、加大试验荷载、采用现场压实密度进行车辙试验,在施工后的残余空隙率(如 7%~8%)的条件下进行水稳定性试验和渗水试验等,但不宜用规范规定的技术要求进行合格评定。

(8) 配合比设计报告

1) 配合比设计报告应包括工程设计级配范围选择说明、材料品种选择与原材料质量试验结果、矿料级配、最佳沥青用量,以及各项体积指标、配合比设计检验结果等。试验报告的矿料级配曲线应按规定的方法绘制。

2) 当按第 3.3.2.2 条第 1 款第 (6) 项 7) 调整沥青用量作为最佳沥青用量,宜报告不同沥青用量条件下的各项试验结果,并提出对施工压实工艺的技术要求。

2. SMA 混合料配合比设计方法

(1) 一般规定

1) 除本方法另有规定外,应遵照热拌沥青混合料配合比设计方法的规定执行。

2) SMA 混合料的配合比设计采用马歇尔试件的体积设计方法进行,马歇尔试验的稳定度和流值并不作为配合比设计接受或者否决的唯一指标。

(2) 材料选择

1) 对用于配合比设计的各种材料,按热拌沥青混合料配合比设计方法的规定选择,其质量必须符合 3.3.2.1、原材料规定的技术要求。

2) 除已有成功经验证明使用非改性的普通沥青能符合使用要求者外,SMA 宜采用改性石油沥青,且采用比当地常用沥青更硬标号的沥青。

(3) 设计矿料级配的确定

1) 设计初试级配

a. SMA 路面的工程设计级配范围宜直接采用表 3-67 规定的矿料级配范围。公称最大粒径等于或小于 9.5mm 的 SMA 混合料,以 2.36mm 作为粗集料骨架的分界筛孔,公称最大粒径等于或大于 13.2mm 的 SMA 混合料以 4.75mm 作为粗集料骨架的分界筛孔。

b. 在工程设计级配范围内,调整各种矿料比例设计 3 组不同粗细的初试级配,3 组级配的粗集料骨架分界筛孔的通过率处于级配范围的中值、中值±3%附近,矿粉数量均为 10%左右。

2) 按热拌沥青混合料配合比设计方法的方法计算初试级配的矿料的合成毛体积相对密度 γ_{sb}、合成表观相对密度 γ_{sa}、有效相对密度 γ_{se}。其中各种集料的毛体积相对密度、表观相对密度试验方法遵照热拌沥青混合料配合比设计方法的规定进行。

3) 把每个合成级配中小于粗集料骨架分界筛孔的集料筛除,按《公路工程集料试验规程》JTG E42—2005 T0309 的规定,用捣实法测定粗集料骨架的松方毛体积相对密度 γ_S,按式(3-56)计算粗集料骨架混合料的平均毛体积相对密度 γ_{CA}。

$$\gamma_{CA} = \frac{P_1 + P_2 + \cdots + P_n}{\dfrac{P_1}{\gamma_1} + \dfrac{P_2}{\gamma_2} + \cdots + \dfrac{P_n}{\gamma_n}} \quad (3\text{-}56)$$

式中 P_1、P_2、$\cdots$、P_n——粗集料骨架部分各种集料在全部矿料级配混合料中的配比；
　　　γ_1、γ_2、$\cdots$、γ_n——各种粗集料相应的毛体积相对密度。

4）按式（3-57）计算各组初试级配的捣实状态下的粗集料松装间隙率 VCA_{DRC}。

$$VCA_{DRC} = \left(1 - \frac{\gamma_S}{\gamma_{CA}}\right) \times 100 \tag{3-57}$$

式中 VCA_{DRC}——粗集料骨架的松装间隙率（%）；
　　　γ_{CA}——粗集料骨架的毛体积相对密度；
　　　γ_S——粗集料骨架的松方毛体积相对密度。

5）按第3.3.2.2条第1款第（5）项5）中的方法预估新建工程SMA混合料的适宜的油石比 P_a 或沥青用量为 P_b，作为马歇尔试件的初试油石比。

6）按照选择的初试油石比和矿料级配制作SMA试件，马歇尔标准击实的次数为双面50次，根据需要也可采用双面75次，一组马歇尔试件的数目不得少于4～6个。SMA马歇尔试件的毛体积相对密度由表干法测定。

7）按式（3-58）的方法计算不同沥青用量条件下SMA混合料的最大理论相对密度，其中纤维部分的比例不得忽略。

$$\gamma_t = \frac{100 + P_a + P_x}{\frac{100}{\gamma_{se}} + \frac{P_a}{\gamma_a} + \frac{P_x}{\gamma_x}} \tag{3-58}$$

式中 γ_{se}——矿料的有效相对密度；
　　　P_a——沥青混合料的油石比（%）；
　　　γ_a——沥青的相对密度（25℃/25℃），无量纲；
　　　P_x——纤维用量，以矿料质量的百分数计（%）；
　　　γ_x——纤维稳定剂的密度，由供货商提供或由比重瓶实测得到。

8）按式（3-59）计算SMA马歇尔混合料试件中的粗集料骨架间隙率 VCA_{mix}，试件的集料各项体积指标空隙率VV、集料间隙率VMA、沥青饱和度VFA按热拌沥青混合料配合比设计方法的方法计算。

$$VCA_{mix} = \left(1 - \frac{\gamma_f}{\gamma_{ca}} \times \frac{P_{CA}}{100}\right) \times 100 \tag{3-59}$$

式中 P_{CA}——沥青混合料中粗集料的比例，即大于4.75mm的颗粒含量（%）；
　　　γ_{ca}——粗集料骨架部分的平均毛体积相对密度，由式（3-56）确定；
　　　γ_f——沥青混合料试件的毛体积相对密度，由表干法测定；

9）从3组初试级配的试验结果中选择设计级配时，必须符合 $VCA_{mix} < VCA_{DRC}$ 及 $VMA > 16.5\%$ 的要求，当有1组以上的级配同时符合要求时，以粗集料骨架分界集料通过率大且VMA较大的级配为设计级配。

（4）确定设计沥青用量

1）根据所选择的设计级配和初试油石比试验的空隙率结果，以0.2%～0.4%为间隔，调整3个不同的油石比，制作马歇尔试件，计算空隙率等各项体积指标。一组试件数不宜少于4～6个。

2）进行马歇尔稳定度试验，检验稳定度和流值是否符合《公路沥青路面施工技术规范》JTG F40—2004规定的技术要求。

3) 根据期望的设计空隙率,确定油石比,作为最佳油石比 OAC。所设计的 SMA 混合料应符合热拌沥青混合料配合比设计规定的各项技术标准。

4) 如初试油石比的混合料体积指标恰好符合设计要求时,可以省去此步骤,但宜进行一次复核。

(5) 配合比设计检验

除热拌沥青混合料配合比设计方法规定项目外,SMA 混合料的配合比设计还必须进行谢伦堡析漏试验及肯特堡飞散试验。配合比设计检验应符合热拌沥青混合料配合比设计的技术要求。不符合要求的必须重新进行配合比设计。

(6) 配合比设计报告

配合比设计结束后,必须按热拌沥青混合料配合比设计方法的要求及时出具配合比设计报告。

3. OGFC 混合料配合比设计方法

(1) 一般规定

1) 除本方法另有规定外,应遵照热拌沥青混合料配合比设计方法的规定执行。

2) OGFC 混合料的配合比设计采用马歇尔试件的体积设计方法进行,并以空隙率作为配合比设计主要指标。配合比设计指标应符合《公路沥青路面施工技术规范》JTG F40—2004 规定的技术标准。

3) OGFC 混合料配合比设计后必须对设计沥青用量进行析漏试验及肯特堡试验,并对混合料进行高温稳定性、水稳定性等进行检验。配合比设计检验应符合《公路沥青路面施工技术规范》JTG F40—2004 的技术要求。

(2) 材料选择

1) 用于 OGFC 混合料的粗集料、细集料的质量应符合 3.3.2.1、原材料对表面层材料的技术要求。OGFC 宜在使用石粉的同时掺用消石灰、纤维等添加剂。

2) OGFC 宜采用高黏度改性沥青,其质量宜符合表 3-84 的技术要求。当实践证明采用普通改性沥青或纤维稳定剂后能符合当地条件时也允许使用。

高黏度改性沥青的技术要求 表 3-84

试 验 项 目	技术要求	试 验 项 目	技术要求
针入度(25℃,100g,5s),不小于(0.1mm)	40	薄膜加热试验(TFOT)后的质量变化,不大于(%)	0.6
软化点($T_{R\&B}$),不小于(℃)	80	粘韧性(25℃),不小于(N·m)	20
延度(15℃),不小于(cm)	50	韧性(25℃),不小于(N·m)	15
闪点,不小于(℃)	260	60℃黏度,不小于(Pa·s)	20000

(3) 确定设计矿料级配和沥青用量

1) 按试验规程规定的方法精确测定各种原材料的相对密度,粗集料按 T0304 方法测定,机制砂及石屑可按 T0330 方法测定,也可以用筛出的 2.36~4.75mm 部分的毛体积相对密度代替,矿粉(含消石灰、水泥)以表观相对密度代替。

2) 以表 3-68 级配范围作为工程设计级配范围,在充分参考同类工程的成功经验的基础上,在级配范围内适配 3 组不同 2.36mm 通过率的矿料级配作为初选级配。

3）对每一组初选的矿料级配，按式（3-60）计算集料的表面积。根据希望的沥青膜厚度，按式（3-61）计算每一组混合料的初试沥青用量 P_b。通常情况下，OGFC的沥青膜厚度 h 宜为 $14\mu m$。

$$A = (2 + 0.02a + 0.04b + 0.08c + 0.14d + 0.3e + 0.6f + 1.6g)/48.74 \quad (3-60)$$
$$P_b = h \times A \quad (3-61)$$

式中 A——集料总的表面积；

其中 a、b、c、d、e、f、g 分别代表 4.75mm、2.36mm、1.18mm、0.6mm、0.3mm、0.15mm、0.075mm 筛孔的通过百分率（%）。

4）制作马歇尔试件，马歇尔试件的击实次数为双面50次。用体积法测定试件的空隙率，绘制2.36mm通过率与空隙率的关系曲线。根据期望的空隙率确定混合料的矿料级配，并再次按第3.3.2.2条第3款第（3）项3）中的方法计算初始沥青用量。

5）以确定的矿料级配和初始沥青用量拌合沥青混合料，分别进行马歇尔试验、谢伦堡析漏试验、肯特堡飞散试验、车辙试验，各项指标应符合热拌沥青混合料配合比设计的技术要求，其空隙率与期望空隙率的差值不宜超过 $\pm 1\%$。如不符合要求，应重新调整沥青用量拌合沥青混合料进行试验，直至符合要求为止。

6）如各项指标均符合要求，即配合比设计已完成，出具配合比设计报告。

4．冷拌沥青混合料配合比设计方法

（1）冷拌沥青混合料可参照热拌沥青混合料配合比设计相应的矿料级配使用，并根据已有的成功经验经试拌确定设计级配范围和施工配合比。

（2）乳化沥青碎石混合料的乳液用量应根据当地实践经验以及交通量、气候、集料情况、沥青标号、施工机械等条件确定，也可按热拌沥青混合料的沥青用量折算，实际的沥青残留物数量可较同规格热拌沥青混合料的沥青用量减少10%~20%。

3.3.2.3 施工准备

施工准备工作包括：施工前材料与设备检查、热拌沥青混合料路面及沥青贯入式路面等。

（1）施工前材料与设备检查

1）施工前必须检查各种材料的来源和质量。对经招标程序购进的沥青、集料等重要材料，供货单位必须提交最新检测的正式试验报告。从国外进口的材料应提供该批材料的船运单。对首次使用的集料，应检查生产单位的生产条件、加工机械、覆盖层的清理情况。所有材料都应按规定取样检测，经质量认可后方可订货。

2）各种材料都必须在施工前以"批"为单位进行检查，不符合《公路沥青路面施工技术规范》JTG F40—2004 技术要求的材料不得进场。对各种矿料是以同一料源、同一次购入并运至生产现场的相同规格材料为一"批"；对沥青是指从同一来源、同一次购入且储入同一沥青罐的同一规格的沥青为一"批"。材料试样的取样数量与频率按现行试验规程的规定进行。

3）工程开始前，必须对材料的存放场地、防雨和排水措施进行确认，不符合《公路沥青路面施工技术规范》JTG F40—2004 要求的材料不得进场。进场的各种材料的来源、品种、质量应与招标及提供的样品一致，不符要求的材料严禁使用。

4）使用成品改性沥青的工程，应要求供应商提供所使用的改性剂型号、基质沥青的质量检测报告。使用现场改性沥青的工程，应对试生产的改性沥青进行检测。质量不合格的不可使用。

5）施工前应对沥青拌合楼、摊铺机、压路机等各种施工机械和设备进行调试，对机械设备的配套情况、技术性能、传感器计量精度等进行认真检查、标定，并得到监理方的认可。

6）正式开工前，各种原材料的试验结果，及据此进行的目标配合比设计和生产配合比设计结果，应在规定的期限内向业主方及监理方提出正式报告，待取得正式认可后，方可使用。

（2）热拌沥青混合料路面

1）铺筑沥青层前，应检查基层或下卧沥青层的质量，不符要求的不得铺筑沥青面层。旧沥青路面或下卧层已被污染时，必须清洗或经铣刨处理后方可铺筑沥青混合料。

2）石油沥青加工及沥青混合料施工温度应根据沥青标号及黏度、气候条件、铺装层的厚度确定。

a. 普通沥青结合料的施工温度宜通过在135℃及175℃条件下测定的黏度－温度曲线按表3-85的规定确定沥青混合料拌合及压实温度的适宜温度。缺乏黏温曲线数据时，可参照表3-86热拌沥青混合料的施工温度的范围选择，并根据实际情况确定使用高值或低值。当表中温度不符合实际情况时，容许作适当调整。

确定沥青混合料拌合及压实温度的适宜温度　　　　　　　表3-85

黏　　度	适宜于拌合的沥青结合料黏度	适宜于压实的沥青结合料黏度
表观黏度	(0.17±0.02) Pa·s	(0.28±0.03) Pa·s
运动黏度	(170±20) mm²/s	(280±30) mm²/s
赛波特黏度	(85±10) s	(140±15) s

热拌沥青混合料的施工温度（℃）　　　　　　　表3-86

施 工 工 序		石油沥青的标号			
		50号	70号	90号	110号
沥青加热温度		160～170	155～165	150～160	145～155
矿料加热温度	间隙式拌合机	集料加热温度比沥青温度高10～30			
	连续式拌合机	矿料加热温度比沥青温度高5～10			
沥青混合料出料温度		150～170	145～165	140～160	135～155
混合料贮料仓贮存温度		贮料过程中温度降低不超过10			
混合料废弃温度，高于		200	195	190	185
运输到现场温度，不低于		150	145	140	135
混合料摊铺温度，不低于	正常施工	140	135	130	125
	低温施工	160	150	140	135
开始碾压的混合料内部温度，不低于	正常施工	135	130	125	120
	低温施工	150	145	135	130

续表

施工工序		石油沥青的标号			
		50号	70号	90号	110号
碾压终了的表面温度，不低于	钢轮压路机	80	70	65	60
	轮胎压路机	85	80	75	70
	振动压路机	75	70	60	55
开放交通的路表温度，不高于		50	50	50	45

注：1. 沥青混合料的施工温度采用具有金属探测针的插入式数显温度计测量。表面温度可采用表面接触式温度计测定。当采用红外线温度计测量表面温度时，应进行标定。

2. 表中未列入的130号、160号及30号沥青的施工温度由试验确定。

b. 聚合物改性沥青混合料的正常施工温度范围见表3-87。通常宜较普通沥青混合料的施工温度提高10～20℃。对采用冷态胶乳直接喷入法制作的改性沥青混合料，集料烘干温度应进一步提高。

聚合物改性沥青混合料的正常施工温度范围（℃）　　表3-87

工　序	聚合物改性沥青品种		
	SBS类	SBR胶乳类	EVA、PE类
沥青加热温度	160～165		
改性沥青现场制作温度	165～170	—	165～170
成品改性沥青加热温度，不大于	175	—	175
集料加热温度	190～220	200～210	185～195
改性沥青SMA混合料出厂温度	170～185	160～180	165～180
混合料最高温度（废弃温度）	195		
混合料贮存温度	拌合出料后降低不超过10		
摊铺温度，不低于	160		
初压开始温度，不低于	150		
碾压终了的表面温度，不低于	90		
开放交通时的路表温度，不高于	50		

注：1. 同表3-86。

2. 当采用表列以外的聚合物或天然沥青改性沥青时，施工温度由试验确定。

c. SMA混合料的施工温度应视纤维品种和数量、矿粉用量的不同，在改性沥青混合料的基础上作适当提高。

(3) 沥青贯入式路面

1) 沥青贯入式路面施工前，基层必须清扫干净。当需要安装路缘石时，应在路缘石安装完成后施工。路缘石应予遮盖。

2) 乳化沥青贯入式路面必须浇洒透层或粘层沥青。沥青贯入式路面厚度小于或等于5cm时，也应浇洒透层或粘层沥青。

3.3.2.4 试验路段

(1) 铺筑试验路段

1) 高速公路和一级公路的沥青路面在施工前应铺筑试验路段。其他等级公路在缺乏施工经验或初次使用重大设备时,也应铺筑试验路段。当同一施工单位在材料、机械设备及施工方法与其他工程完全相同时,也可利用其他工程的结果,不再铺筑新的试验路段。

2) 试验段的长度应根据试验目的确定,通常宜为100~200m,宜选在正线上铺筑。

3) 热拌热铺沥青混合料路面试验段铺筑分试拌及试铺两个阶段,应包括下列试验内容:

a. 检验各种施工机械的类型、数量及组合方式是否匹配。

b. 通过试拌确定拌合机的操作工艺,考察计算机打印装置的可信度。

c. 通过试铺确定透层油的喷洒方式和效果、摊铺、压实工艺,确定松铺系数等。

d. 验证沥青混合料生产配合比设计,提出生产用的标准配合比和最佳沥青用量。

e. 建立用钻孔法与核子密度仪无破损检测路面密度的对比关系。确定压实度的标准检测方法。核子仪等无破损检测在碾压成型后热态测定,取13个测点的平均值为1组数据,一个试验段的不得少于3组。钻孔法在第2天或第3天以后测定,钻孔数不少于12个。

f. 检测试验段的渗水系数。

4) 试验段铺筑应由有关各方共同参加,及时商定有关事项,明确试验结论。铺筑结束后,施工单位应就各项试验内容提出完整的试验路施工、检测报告,取得业主或监理的批复。

3.3.2.5 各种沥青路面

沥青路面的种类有:热拌沥青混合料路面、沥青表面处治与封层、沥青贯入式路面、冷拌沥青混合料路面及透层、粘层等。

1. 热拌沥青混合料路面

(1) 一般规定

1) 热拌沥青混合料(HMA)适用于各种等级公路的沥青路面。其种类按集料公称最大粒径、矿料级配、空隙率划分,热拌沥青混合料种类见表3-88。

热拌沥青混合料种类　　　　　　表3-88

混合料类型	密级配		开级配		半开级配	公称最大粒径(mm)	最大粒径(mm)
	连续级配	间断级配	间断级配				
	沥青混凝土	沥青稳定碎石	沥青玛蹄脂碎石	排水式沥青磨耗层	排水式沥青碎石基层	沥青碎石		
特粗式	—	ATB-40	—	—	ATPB-40	—	37.5	53.0
粗粒式	—	ATB-30	—	—	ATPB-30	—	31.5	37.5
	AC-25	ATB-25	—	—	ATPB-25	—	26.5	31.5
中粒式	AC-20	—	SMA-20	—	—	AM-20	19.0	26.5
	AC-16	—	SMA-16	OGFC-16	—	AM-16	16.0	19.0
细粒式	AC-13	—	SMA-13	OGFC-13	—	AM-13	13.2	16.0
	AC-10	—	SMA-10	OGFC-10	—	AM-10	9.5	13.2
砂粒式	AC-5	—	—	—	—	—	4.75	9.5
设计空隙率(%)	3~5	3~6	3~4	>18	>18	6~12	—	—

注:空隙率可按配合比设计要求适当调整。

2) 各层沥青混合料应满足所在层位的功能性要求，便于施工，不容易离析。各层应连续施工并联结成为一个整体。当发现混合料结构组合及级配类型的设计不合理时，应进行修改、调整，以确保沥青路面的使用性能。

3) 沥青面层集料的最大粒径宜从上至下逐渐增大，并应与压实层厚度相匹配。对热拌热铺密级配沥青混合料，沥青层一层的压实厚度不宜小于集料公称最大粒径的2.5～3倍，对SMA和OGFC等嵌挤型混合料不宜小于公称最大粒径的2～2.5倍，以减少离析，便于压实。

(2) 混合料的拌制

1) 沥青混合料必须在沥青拌合厂（场、站）采用拌合机械拌制。

a. 拌合厂的设置必须符合国家有关环境保护、消防、安全等规定。

b. 拌合厂与工地现场距离应充分考虑交通堵塞的可能，确保混合料的温度下降不超过要求，且不致因颠簸造成混合料离析。

c. 拌合厂应具有完备的排水设施。各种集料必须分隔贮存，细集料场应设防雨顶棚，料场及场内道路应做硬化处理，严禁泥土污染集料。

2) 沥青混合料可采用间歇式拌合机或连续式拌合机拌制。高速公路和一级公路宜采用间歇式拌合机拌合。连续式拌合机使用的集料必须稳定不变，一个工程从多处进料、料源或质量不稳定时，不得采用连续式拌合机。

3) 沥青混合料拌合设备的各种传感器必须定期检定，周期不少于每年一次。冷料供料装置需经标定得出集料供料曲线。

4) 间歇式拌合机应符合下列要求：

a. 总拌合能力满足施工进度要求。拌合机除尘设备完好，能达到环保要求。

b. 冷料仓的数量满足配合比需要，通常不宜少于5～6个。具有添加纤维、消石灰等外掺剂的设备。

5) 集料与沥青混合料取样应符合现行试验规程的要求。从沥青混合料运料车上取样时必须在设置取样台分几处采集一定深度下的样品。

6) 集料进场宜在料堆顶部平台卸料，经推土机推平后，铲运机从底部按顺序竖直装料，减小集料离析。

7) 高速公路和一级公路施工用的间歇式拌合机必须配备计算机设备，拌合过程中逐盘采集并打印各个传感器测定的材料用量和沥青混合料拌合量、拌合温度等各种参数，每个台班结束时打印出一个台班的统计量，按沥青路面质量过程控制及总量检验方法的方法进行沥青混合料生产质量及铺筑厚度的总量检验。总量检验的数据有异常波动时，应立即停止生产，分析原因。

8) 沥青混合料的生产温度应符合第3.3.2.3条第（2）款第2）项中的要求。烘干集料的残余含水量不得大于1%。每天开始几盘集料应提高加热温度，并干拌几锅集料废弃，再正式加沥青拌合混合料。

9) 拌合机的矿粉仓应配备振动装置以防止矿粉起拱。添加消石灰、水泥等外掺剂时，宜增加粉料仓，也可由专用管线和螺旋升送器直接加入拌合锅，若与矿粉混合使用时应注意两者因密度不同发生离析。

10) 拌合机必须有二级除尘装置，经一级除尘部分可直接回收使用，二级除尘部分可进入回收粉仓使用（或废弃）。对因除尘造成的粉料损失应补充等量的新矿粉。

11）沥青混合料拌合时间根据具体情况经试拌确定，以沥青均匀裹覆集料为度。间歇式拌合机每盘的生产周期不宜少于45s（其中干拌时间不少于5~10s）。改性沥青和SMA混合料的拌合时间应适当延长。

12）间歇式拌合机的振动筛规格应与矿料规格相匹配，最大筛孔宜略大于混合料的最大粒径，其余筛的设置应考虑混合料的级配稳定，并尽量使热料仓大体均衡，不同级配混合料必须配置不同的筛孔组合。

13）间隙式拌合机宜备有保温性能好的成品储料仓，贮存过程中混合料温降不得大于10℃、且不能有沥青滴漏，普通沥青混合料的贮存时间不得超过72h，改性沥青混合料的贮存时间不宜超过24h，SMA混合料只限当天使用，OGFC混合料宜随拌随用。

14）生产添加纤维的沥青混合料时，纤维必须在混合料中充分分散，拌合均匀。拌合机应配备同步添加投料装置，松散的絮状纤维可在喷入沥青的同时或稍后采用风送设备喷入拌合锅，拌合时间宜延长5s以上。颗粒纤维可在粗集料投入的同时自动加入，经5~10s的干拌后，再投入矿粉。工程量很小时也可分装成塑料小包或由人工量取直接投入拌合锅。

15）使用改性沥青时应随时检查沥青泵、管道、计量器是否受堵，堵塞时应及时清洗。

16）沥青混合料出厂时应逐车检测沥青混合料的重量和温度，记录出厂时间，签发运料单。

（3）混合料的运输

1）热拌沥青混合料宜采用较大吨位的运料车运输，但不得超载运输，或急刹车、急弯掉头使透层、封层造成损伤。运料车的运力应稍有富余，施工过程中摊铺机前方应有运料车等候。对高速公路、一级公路，宜待等候的运料车多于5辆后开始摊铺。

2）运料车每次使用前后必须清扫干净，在车厢板上涂一薄层防止沥青粘结的隔离剂或防粘剂，但不得有余液积聚在车厢底部。从拌合机向运料车上装料时，应多次挪动汽车位置，平衡装料，以减少混合料离析。运料车运输混合料宜用苫布覆盖保温、防雨、防污染。

3）运料车进入摊铺现场时，轮胎上不得沾有泥土等可能污染路面的脏物，否则，宜设水池洗净轮胎后进入工程现场。沥青混合料在摊铺地点凭运料单接收，若混合料不符合施工温度要求，或已经结成团块、已遭雨淋的不得铺筑。

4）摊铺过程中运料车应在摊铺机前100~300mm处停住，空挡等候，由摊铺机推动前进开始缓缓卸料，避免撞击摊铺机。在有条件时，运料车可将混合料卸入转运车经二次拌合后向摊铺机连续均匀的供料。运料车每次卸料必须倒净，尤其是对改性沥青或SMA混合料，如有剩余，应及时清除，防止硬结。

5）SMA及OGFC混合料在运输、等候过程中，如发现有沥青结合料沿车厢板滴漏时，应采取措施易于避免。

（4）混合料的摊铺

1）热拌沥青混合料应采用沥青摊铺机摊铺，在喷洒有粘层油的路面上铺筑改性沥青混合料或SMA时，宜使用履带式摊铺机。摊铺机的受料斗应涂刷薄层隔离剂或防胶粘剂。

2）铺筑高速公路、一级公路沥青混合料时，一台摊铺机的铺筑宽度不宜超过 6m（双车道）～7.5m（3 车道以上），通常宜采用两台或更多台数的摊铺机前后错开 10m～20m，呈梯队方式同步摊铺，两幅之间应有 30～60mm 左右宽度的搭接，并躲开车道轮迹带，上下层的搭接位置宜错开 200mm 以上。

3）摊铺机开工前应提前 0.5～1h 预热熨平板不低于 100℃。铺筑过程中应选择熨平板的振捣或夯锤压实装置具有适宜的振动频率和振幅，以提高路面的初始压实度。熨平板加宽连接应仔细调节至摊铺的混合料没有明显的离析痕迹。

4）摊铺机必须缓慢、均匀、连续不间断地摊铺，不得随意变换速度或中途停顿，以提高平整度，减少混合料的离析。摊铺速度宜控制在 2～6m/min 的范围内，对改性沥青混合料及 SMA 混合料宜放慢至 1～3m/min。当发现混合料出现明显的离析、波浪、裂缝、拖痕时，应分析原因，予以消除。

5）摊铺机应采用自动找平方式，下面层或基层宜采用钢丝绳引导的高程控制方式，上面层宜采用平衡梁或雪橇式摊铺厚度控制方式，中面层根据情况选用找平方式。直接接触式平衡梁的轮子不得粘附沥青。铺筑改性沥青或 SMA 路面时宜采用非接触式平衡梁。

6）沥青路面施工的最低气温不得低于 10℃（高速公路和一级公路）或 5℃（其他等级公路），寒冷季节遇大风降温，不能保证迅速压实时不得铺筑沥青混合料。热拌沥青混合料的最低摊铺温度根据铺筑层厚度、气温、风速及下卧层表面温度按第 3.3.2.3 条第（2）款第 2）项执行，且不得低于表 3-89 沥青混合料的最低摊铺温度的要求。每天施工开始阶段宜采用较高温度的混合料。

沥青混合料的最低摊铺温度 表 3-89

下卧层的表面温度（℃）	相应于下列不同摊铺层厚度的最低摊铺温度（℃）					
	普通沥青混合料			改性沥青混合料或 SMA 沥青混合料		
	<50mm	50～80mm	>80mm	<50mm	50～80mm	>80mm
<5	不允许	不允许	140	不允许	不允许	不允许
5～10	不允许	140	135	不允许	不允许	不允许
10～15	145	138	132	165	155	150
15～20	140	135	130	158	150	145
20～25	138	132	128	153	147	143
25～30	132	130	126	147	145	141
>30	130	125	124	145	140	139

7）沥青混合料的松铺系数应根据混合料类型由试铺试压确定。摊铺过程中应随时检查摊铺层厚度及路拱、横坡，并按沥青路面质量过程控制及总量检验方法的方法由使用的混合料总量与面积校验平均厚度。

8）摊铺机的螺旋布料器应相应于摊铺速度调整到保持一个稳定的速度均衡地转动，两侧应保持有不少于送料器 2/3 高度的混合料，以减少在摊铺过程中混合料的离析。

9）用机械摊铺的混合料，不宜用人工反复修整。当不得不由人工做局部找补或更换混合料时，需仔细进行，特别严重的缺陷应整层铲除。

10) 在路面狭窄部分、平曲线半径过小的匝道或加宽部分,以及小规模工程不能采用摊铺机铺筑时可用人工摊铺混合料。人工摊铺沥青混合料应符合下列要求:

a. 半幅施工时,路中一侧宜事先设置挡板。

b. 沥青混合料宜卸在铁板上,摊铺时应扣锹布料,不得扬锹远甩。铁锹等工具宜沾防胶粘剂或加热使用。

c. 边摊铺边用刮板整平,刮平时应轻重一致,控制次数,严防集料离析。

d. 摊铺不得中途停顿,并加快碾压。如因故不能及时碾压时,应立即停止摊铺,并对已卸下的沥青混合料覆盖苫布保温。

e. 低温施工时,每次卸下的混合料应覆盖苫布保温。

11) 在雨期铺筑沥青路面时,应加强与气象台(站)的联系,已摊铺的沥青层因遇雨未行压实的应予铲除。

(5) 沥青路面的压实及成型

1) 压实成型的沥青路面应符合压实度及平整度的要求。

2) 沥青混凝土的压实层最大厚度不宜大于 100mm,沥青稳定碎石混合料的压实层厚度不宜大于 120mm,但当采用大功率压路机且经试验证明能达到压实度时允许增大到 150mm。

3) 沥青路面施工应配备足够数量的压路机,选择合理的压路机组合方式及初压、复压、终压(包括成型)的碾压步骤,以达到最佳碾压效果。高速公路铺筑双车道沥青路面的压路机数量不宜少于 5 台。施工气温低、风大、碾压层薄时,压路机数量应适当增加。

4) 压路机应以慢而均匀的速度碾压,压路机碾压速度应符合表 3-90 的规定。压路机的碾压路线及碾压方向不应突然改变而导致混合料推移。碾压区的长度应大体稳定,两端的折返位置应随摊铺机前进而推进,横向不得在相同的断面上。

压路机碾压速度 (km/h)　　　　　　　　　表 3-90

压路机类型	初 压		复 压		终 压	
	适宜	最大	适宜	最大	适宜	最大
钢筒式压路机	2~3	4	3~5	6	3~6	6
轮胎压路机	2~3	4	3~5	6	4~6	8
振动压路机	2~3 (静压或振动)	3 (静压或振动)	3~4.5 (振动)	5 (振动)	3~6 (静压)	6 (静压)

5) 压路机的碾压温度应符合第 3.3.2.3 条第 (2) 款第 2) 项中的要求,并根据混合料种类、压路机、气温、层厚等情况经试压确定。在不产生严重推移和裂缝的前提下,初压、复压、终压都应在尽可能高的温度下进行。同时不得在低温状况下作反复碾压,使石料棱角磨损、压碎,破坏集料嵌挤。

6) 沥青混合料的碾压顺序:

a. 初压应在紧跟摊铺机后碾压,并保持较短的初压区长度,以尽快使表面压实,减少热量散失;

b. 复压应紧跟在初压后开始,且不得随意停顿;

c. 终压应紧接在复压后进行,如经复压后已无明显轮迹时可免去终压。终压可选用双轮钢筒式压路机或关闭振动的振动压路机碾压不宜少于2遍，至无明显轮迹为止。

7）SMA路面的压实应符合以下要求：

a. 除沥青用量较低，经试验证明采用轮胎压路机碾压有良好效果外，不宜采用轮胎压路机碾压，以防将沥青结合料搓揉挤压上浮。

b. SMA路面宜采用振动压路机或钢筒式压路机碾压。振动压路机应遵循"紧跟、慢压、高频、低幅"的原则，即紧跟在摊铺机后面，采取高频率、低振幅的方式慢速碾压。如发现SMA混合料高温碾压有推拥现象，应复查其级配是否合适。

8）OGFC宜采用小于12t的钢筒式压路机碾压。

9）压路机不得在未碾压成型路段上转向、调头、加水或停留。在当天成型的路面上，不得停放各种机械设备或车辆，不得散落矿料、油料等杂物。

（6）接缝

1）沥青路面的施工必须接缝紧密、连接平顺，不得产生明显的接缝离析。上下层的纵缝应错开150mm（热接缝）或300~400mm（冷接缝）以上。相邻两幅及上、下层的横向接缝均应错位1m以上。接缝施工应用3m直尺检查，确保平整度符合要求。

2）高速公路和一级公路的表面层横向接缝应采用垂直的平接缝，以下各层可采用自然碾压的斜接缝，沥青层较厚时也可作阶梯形接缝。其他等级公路的各层均可采用斜接缝。

3）斜接缝的搭接长度与层厚有关，宜为0.4~0.8m。搭接处应洒少量沥青，混合料中的粗集料颗粒应予剔除，并补上细料，搭接平整，充分压实。阶梯形接缝的台阶经铣刨而成，并洒粘层沥青，搭接长度不宜小于3m。

4）平接缝宜趁尚未冷透时用凿岩机或人工垂直刨除端部层厚不足的部分，使工作缝成直角连接。当采用切割机制作平接缝时，宜在铺设当天混合料冷却但尚未结硬时进行。刨除或切割不得损伤下层路面。切割时留下的泥水必须冲洗干净，待干燥后涂刷粘层油。铺筑新混合料接头应使接茬软化，压路机先进行横向碾压，再纵向碾压成为一体，充分压实，连接平顺。

（7）开放交通及其他

1）热拌沥青混合料路面应待摊铺层完全自然冷却，混合料表面温度低于50℃后，方可开放交通。需要提早开放交通时，可洒水冷却降低混合料温度。

2）沥青路面雨期施工应符合下列要求：

a. 注意气象预报，加强工地现场、沥青拌合厂及气象台站之间的联系，控制施工长度，各项工序紧密衔接。

b. 运料车和工地应备有防雨设施，并做好基层及路肩排水。

3）铺筑好的沥青层应严格控制交通，做好保护，保持整洁，不得造成污染，严禁在沥青层上堆放施工产生的土或杂物，严禁在已铺沥青层上制作水泥砂浆。

2. 沥青表面处治与封层

（1）一般规定

1）沥青表面处治适用于三级及三级以下公路的沥青面层。各种封层适用于加铺薄层罩面、磨耗层、水泥混凝土路面上的应力缓冲层、各种防水和密水层、预防性养护罩面层。

2) 沥青表面处治与封层宜选择在干燥和较热的季节施工,并在最高温度低于15℃时期到来以前半个月及雨期前结束。

(2) 层铺法沥青表面处治

1) 沥青表面处治可采用道路石油沥青、乳化沥青、煤沥青铺筑,沥青标号应按《公路沥青路面施工技术规范》JTG F40—2004 相关规定选用。沥青表面处治的集料最大粒径应与处治层的厚度相等,沥青表面处治材料规格和用量见表3-91;沥青表面处治施工后,应在路侧另备 S12(5~10mm)碎石或 S14(3~5mm)石屑、粗砂或小砾石 2~3m³/1000m² 作为初期养护用料。

沥青表面处治材料规格和用量 表3-91

沥青种类	类型	厚度(mm)	集料(m³/1000m²)						沥青或乳液用量(kg/m²)			
			第一层		第二层		第三层		第一次	第二次	第三次	合计用量
			规格	用量	规格	用量	规格	用量				
石油沥青	单层	1.0	S12	7~9	—	—	—	—	1.0~1.2	—	—	1.0~1.2
		1.5	S10	12~14	—	—	—	—	1.4~1.6	—	—	1.4~1.6
	双层	1.5	S10	12~14	S12	7~8	—	—	1.4~1.6	1.0~1.2	—	2.4~2.8
		2.0	S9	16~18	S12	7~8	—	—	1.6~1.8	1.0~1.2	—	2.6~3.0
		2.5	S8	18~20	S12	7~8	—	—	1.8~2.0	1.0~1.2	—	2.8~3.2
	三层	2.5	S8	18~20	S10	12~14	S12	7~8	1.6~1.8	1.2~1.4	1.0~1.2	3.8~4.4
		3.0	S6	20~22	S10	12~14	S12	7~8	1.8~2.0	1.2~1.4	1.0~1.2	4.0~4.6
乳化沥青	单层	0.5	S14	7~9	—	—	—	—	0.9~1.0	—	—	0.9~1.0
	双层	1.0	S12	9~11	S14	4~6	—	—	1.8~2.0	1.0~1.2	—	2.8~3.2
	三层	3.0	S6	20~22	S10	9~11	S12	4~6	2.0~2.2	1.8~2.0	1.0~1.2	4.8~5.4
							S14	3.5~4.5				

注:1. 煤沥青表面处治的沥青用量可比石油沥青用量增加15%~20%;
2. 表中的乳液用量按乳化沥青的蒸发残留物含量60%计算,如沥青含量不同应予折算;
3. 在高寒地区及干旱风沙大的地区,可超出高限5%~10%。

2) 在清扫干净的碎(砾)石路面上铺筑沥青表面处治时,应喷洒透层油。在旧沥青路面、水泥混凝土路面、块石路面上铺筑沥青表面处治路面时,可在第一层沥青用量中增加10%~20%,不再另洒透层油或粘层油。

3) 三层式沥青表面处治的施工工艺应按下列步骤进行:

a. 清扫基层,撒布第一层沥青。沥青的撒布温度根据气温及沥青标号选择,石油沥青宜为130~170℃,煤沥青宜为80~120℃,乳化沥青在常温下洒布,加温洒布的乳液温度不得超过60℃。前后两车喷洒的接茬处用铁板或建筑纸铺1~1.5m,使搭接良好。分几幅浇洒时,纵向搭接宽度宜为100~150mm。撒布第二、三层沥青的搭接缝应错开。

b. 撒布主层沥青后应立即用集料撒布机或人工撒布第一层主集料。撒布集料后应及时扫匀,达到全面覆盖、厚度一致、集料不重叠、也不露出沥青的要求。局部有缺料时适当找补,积料过多的将多余集料扫出。两幅搭接处,第一幅撒布沥青应暂留100~150mm宽度不撒布石料,待第二幅一起撒布。

c. 撒布主集料后，不必等全段撒布完，立即用6～8t钢筒双轮压路机从路边向路中心碾压3～4遍，每次轮迹重叠约300mm。碾压速度开始不宜超过2km/h，以后可适当增加。

d. 第二、三层的施工方法和要求应与第一层相同，但可以采用8t以上的压路机碾压。

4）双层式或单层式沥青表面处治浇洒沥青及撒布集料的次数相应减少，其施工程序和要求参照三层式沥青表面处治的施工工艺进行。

5）除乳化沥青表面处治应待破乳、水分蒸发并基本成型后方可通车外，沥青表面处治在碾压结束后即可开放交通，并通过开放交通补充压实，成型稳定。

6）沥青表面处治应注意初期养护。当发现有泛油时，应在泛油处补撒与最后一层石料规格相同的嵌缝料并扫匀，过多的浮料应扫出路外。

（3）上封层

1）根据情况可选择乳化沥青稀浆封层、微表处、改性沥青集料封层、薄层磨耗层或其他适宜的材料。

2）铺设上封层的下卧层必须彻底清扫干净，对车辙、坑槽、裂缝进行处理或挖补。

3）上封层的类型根据使用目的、路面的破损程度选用。

a. 裂缝较细、较密的可采用涂洒类密封剂、软化再生剂等涂刷罩面；

b. 对二级及二级以下公路的旧沥青路面可以采用普通的乳化沥青稀浆封层，也可在喷洒道路石油沥青后撒布石屑（砂）后碾压作封层；

c. 对高速公路、一级公路有轻微损坏的宜铺筑微表处；

d. 对用于改善抗滑性能的上封层可采用稀浆封层、微表处或改性沥青集料封层。

（4）下封层

1）多雨潮湿地区的高速公路、一级公路的沥青面层空隙率较大，有严重渗水可能，或铺筑基层不能及时铺筑沥青面层而需通行车辆时，宜在喷洒透层油后铺筑下封层。

2）下封层宜采用层铺法表面处治或稀浆封层法施工。稀浆封层可采用乳化沥青或改性乳化沥青作结合料。下封层的厚度不宜小于6mm，且做到完全密水。

3）以层铺法沥青表面处治铺筑下封层时，通常采用单层式，表3-91中的矿料用量宜为$5\sim 8m^3/1000m^2$，沥青用量可采用要求范围的中高限。

（5）稀浆封层和微表处

1）微表处主要用于高速公路及一级公路的预防性养护以及填补轻度车辙，也适用于新建公路的抗滑磨耗层。稀浆封层一般用于二级及二级以下公路的预防性养护，也适用于新建公路的下封层。

2）稀浆封层和微表处必须使用专用的摊铺机进行摊铺。单层微表处适用于旧路面车辙深度不大于15mm的情况，超过15mm的必须分两层铺筑，或先用V字形车辙摊铺箱摊铺；深度大于40mm时不适宜微表处处理。

3）微表处必须采用改性乳化沥青，稀浆封层可采用普通乳化沥青或改性乳化沥青，其品种和质量应分别符合表3-49、表3-50、表3-54、表3-55的要求。

4）稀浆封层和微表处应选择坚硬、粗糙、耐磨、洁净的集料。各项性能应符合表3-56和表3-60的要求。其中微表处用通过4.75mm筛的合成矿料的砂当量不得低于65%，稀浆封层用通过4.75mm筛的合成矿料的砂当量不得低于50%。当用于抗滑表层时，还应符合表 3-58 中有关磨光值的要求。细集料宜采用碱性石料生产的机制砂或洁净的石屑。对集料中的超粒径颗粒必须筛除。

5）根据铺筑厚度、处治目的、公路等级等条件，按照表 3-92 稀浆封层和微表处的矿料级配选用合适的矿料级配。

稀浆封层和微表处的矿料级配　　　　　　　　　　　　　　　表 3-92

筛孔尺寸 (mm)	不同类型通过各筛孔的百分率（%）				
	微表处		稀浆封层		
	MS-2 型	MS-3 型	ES-1 型	ES-2 型	ES-3 型
9.5	100	100	—	100	100
4.75	95～100	70～90	100	95～100	70～90
2.36	65～90	45～70	90～100	65～90	45～70
1.18	45～70	28～50	60～90	45～70	28～50
0.6	30～50	19～34	40～65	30～50	19～34
0.3	18～30	12～25	25～42	18～30	12～25
0.15	10～21	7～18	15～30	10～21	7～18
0.075	5～15	5～15	10～20	5～15	5～15
一层的适宜厚度（mm）	4～7	8～10	2.5～3	4～7	8～10

6）稀浆封层和微表处的混合料中乳化沥青及改性乳化沥青的用量应通过配合比设计确定。稀浆封层和微表处混合料技术要求见表 3-93。

稀浆封层和微表处混合料技术要求　　　　　　　　　　　　　表 3-93

项　目		微表处	稀浆封层
可拌合时间（s）		>120	
稠度（cm）		—	2～3
黏聚力试验	30min（初凝时间）(N·m)	≥1.2	≥1.2
	60min（开放交通时间）(N·m)	≥2.0	≥2.0（仅适用于快开放交通的稀浆封层）
负荷轮碾压试验（LWT）	黏附砂量（g/m²）	<450	<450（仅适用于重交通道路表层时）
	轮迹宽度变化率（%）	<5	—
湿轮磨耗试验的磨耗值（WTAT）	浸水 1h（g/m²）	<540	<800
	浸水 6d（g/m²）	<800	

注：负荷轮碾压试验（LWT）的宽度变化率适用于需要修补车辙的情况。

7）稀浆封层和微表处混合料的配合比设计按下列步骤进行：

a. 根据选择的级配类型，按表 3-92 确定矿料的级配范围。计算各种集料的配合比例，使合成级配在要求的级配范围内。

b. 根据以往的经验初选乳化沥青、填料、水和外加剂用量，进行拌合试验和黏聚力试验。可拌合时间的试验温度应考虑最高施工温度，黏聚力试验的温度应考虑施工中可能遇到的最低温度。

c. 根据上述试验结果和稀浆混合料的外观状态，选择 1～3 个认为合理的混合料配方，按表 3-93 规定试验稀浆混合料的性能，如不符合要求，适当调整各种材料的配合比例再试验，直至符合要求为止。

d. 当设计人员经验不足时,可将初选的1~3个混合料配方分别变化不同的沥青用量(沥青用量一般在6.0%~8.5%之间),按照表3-93的要求重复试验,并分别将不同沥青用量的1h湿轮磨耗值及砂黏附量绘制成图3-4的关系曲线,以磨耗值接近表3-93中要求的沥青用量作为最小沥青用量 $P_{b_{min}}$,砂黏附量接近表3-93中要求的沥青用量为最大沥青用量 $P_{b_{max}}$,得出沥青用量的可选择范围 $P_{b_{min}} \sim P_{b_{max}}$。

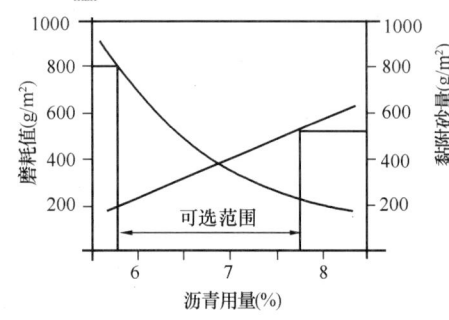

图3-4 确定稀浆封层和微表处最佳沥青用量的曲线

e. 根据经验在沥青用量的可选范围内选择适宜的沥青用量。对微表处混合料,以所选择的沥青用量检验混合料的浸水6d湿轮磨耗指标,用于车辙填充的增加检验负荷车轮试验的宽度变化率指标,不符合要求时调整沥青用量重新试验,直至符合要求为止。

f. 根据以往经验及配合比设计试验结果,在充分考虑气候及交通特点的基础上综合确定混合料配方。

8)稀浆封层和微表处施工前,应彻底清除原路面的泥土、杂物,修补坑槽、凹陷,较宽的裂缝宜清理灌缝。在水泥混凝土路面上铺筑微表处时宜洒布粘层油,过于光滑的表面需做拉毛处理。

9)稀浆封层和微表处的最低施工温度不得低于10℃,严禁在雨天施工,摊铺后尚未成型的混合料遇雨时应予铲除。

10)稀浆封层和微表处两幅纵缝搭接的宽度不宜超过80mm,横向接缝宜做成对接缝。分两层摊铺时,第一层摊铺后至少应开放交通24h后方可进行第二层摊铺。

11)稀浆封层和微表处铺筑后的表面不得有超粒径料拖拉的严重划痕,横向接缝和纵向接缝处不得出现余料堆积或缺料现象,用3m直尺测量接缝处的不平整度不得大于6mm。对微表处不得有横向波浪和深度超过6mm的纵向条纹。经养护和初期交通碾压稳定的稀浆封层和微表处,在行车作用下应不飞散且完全密水。

3.沥青贯入式路面

(1)一般规定

1)沥青贯入式路面适用于三级及三级以下公路,也可作为沥青路面的联结层或基层。

2)沥青贯入式路面的厚度宜为4~8cm,但乳化沥青的厚度不宜超过5cm。当贯入层上部加铺拌合的沥青混合料面层成为上拌下贯式路面时,拌合层的厚度宜不小于1.5cm。

3)沥青贯入式路面的最上层应撒布封层料或加铺拌合层。沥青贯入层作为联结层使用时,可不撒表面封层料。

4)沥青贯入式路面宜选择在干燥和较热的季节施工,并宜在日最高温度降低至15℃以前半个月结束,使贯入式结构层通过开放交通碾压成型。

(2)材料规格和用量

1)沥青贯入式路面的集料应选择有棱角、嵌挤性好的坚硬石料,沥青贯入式路面材料规格和用量见表3-94,上拌下贯式路面的材料规格和用量见表3-95。当使用破碎砾石时,其破碎面应符合表3-59的要求。沥青贯入层主层集料中大于粒径范围中值的数量不宜少于50％。表面不加铺拌合层的贯入式路面在施工结束后每1000m² 宜另备2～3m³ 与最后一层嵌缝料规格相同的细集料等供初期养护使用。

2）沥青贯入层的主层集料最大粒径宜与贯入层厚度相当。当采用乳化沥青时,主层集料最大粒径可采用厚度的0.8～0.85倍,数量宜按压实系数1.25～1.30计算。

3）沥青贯入式路面的结合料可采用道路石油沥青、煤沥青或乳化沥青,用量应按表3-94或表3-95选用,沥青标号按表3-48、表3-50、表3-52选用。

4）贯入式路面各层分次沥青用量应根据施工气温及沥青标号等在规定范围内选用,在寒冷地带或当施工季节气温较低、沥青针入度较小时,沥青用量宜用高限;在低温潮湿气候下用乳化沥青贯入时,应按乳液总用量不变的原则进行调整,上层较正常情况适当增加,下层较正常情况适当减少。

沥青贯入式路面材料规格和用量　　　　　　表3-94

（用量单位：集料：m³/1000m²,沥青及沥青乳液：kg/m²）

沥青品种	石 油 沥 青					
厚度（cm）	4		5		6	
规格和用量	规格	用量	规格	用量	规格	用量
封层料	S14	3～5	S14	3～5	S13（S14）	4～6
第三遍沥青	—	1.0～1.2	—	1.0～1.2	—	1.0～1.2
第二遍嵌缝料	S12	6～7	S11（S10）	10～12	S11（S10）	10～12
第二遍沥青	—	1.6～1.8	—	1.8～2.0	—	2.0～2.2
第一遍嵌缝料	S10（S9）	12～14	S8	12～14	S8（S6）	16～18
第一遍沥青	—	1.8～2.1	—	2.4～2.6	—	2.8～3.0
主层石料	S5	45～50	S4	55～60	S3（S4）	66～76
沥青总用量	4.4～5.1		5.2～5.8		5.8～6.4	

沥青品种	石 油 沥 青				乳 化 沥 青			
厚度（cm）	7		8		4		5	
规格和用量	规格	用量	规格	用量	规格	用量	规格	用量
封层料	S13（S14）	4～6	S13（S14）	4～6	S13（S14）	4～6	S14	4～6
第五遍沥青	—	—	—	—	—	—	—	0.8～1.0
第四遍嵌缝料	—	—	—	—	—	—	S14	5～6
第四遍沥青	—	—	—	—	—	0.8～1.0	—	1.2～1.4
第三遍嵌缝料	—	—	—	—	S14	5～6	S12	7～9
第三遍沥青	—	1.0～1.2	—	1.0～1.2	—	1.4～1.6	—	1.5～1.7
第二遍嵌缝料	S10（S11）	11～13	S10（S11）	11～13	S12	7～8	S10	9～11
第二遍沥青	—	2.4～2.6	—	2.6～2.8	—	1.6～1.8	—	1.6～1.8
第一遍嵌缝料	S6（S8）	18～20	S6（S8）	20～22	S9	12～14	S8	10～12
第一遍沥青	—	3.3～3.5	—	4.4～4.2	—	2.2～2.4	—	2.6～2.8
主层石料	S3	80～90	S1（S2）	95～100	S5	40～45	S4	50～55
沥青总用量	6.7～7.3		7.6～8.2		6.0～6.8		7.4～8.5	

注：1. 煤沥青贯入式的沥青用量可较石油沥青用量增加15％～20％；
　　2. 表中乳化沥青是指乳液的用量,并适用于乳液浓度约为60％的情况,如果浓度不同,用量应予换算；
　　3. 在高寒地区及干旱风砂大的地区,可超出高限,再增加5％～10％。

上拌下贯式路面的材料规格和用量　　　　表 3-95

（用量单位：集料：m³/1000m²，沥青及沥青乳液：kg/m²）

沥青品种	石 油 沥 青					
厚度（cm）	4		5		6	
规格和用量	规格	用量	规格	用量	规格	用量
第二遍嵌缝料	S12	5～6	S12（S11）	7～9	S12（S11）	7～9
第二遍沥青	—	1.4～1.6	—	1.6～1.8	—	1.6～1.8
第一遍嵌缝料	S10（S9）	12～14	S8	16～18	S8（S7）	16～18
第一遍沥青	—	2.0～2.3	—	2.6～2.8	—	3.2～3.4
主层石料	S5	45～50	S4	55～60	S3（S2）	66～76
沥青总用量	3.4～3.9		4.2～4.6		4.8～5.2	
沥青品种	石油沥青		乳 化 沥 青			
厚度（cm）	7		5		6	
规格和用量	规格	用量	规格	用量	规格	用量
第四遍嵌缝料	—	—	—	—	S14	4～6
第四遍沥青	—	—	—	—	—	1.3～1.5
第三遍嵌缝料	—	—	S14	4～6	S12	8～10
第三遍沥青	—	—	—	1.4～1.6	—	1.4～1.6
第二遍嵌缝料	S10（S11）	8～10	S12	9～10	S9	8～12
第二遍沥青	—	1.7～1.9	—	1.8～2.0	—	1.5～1.7
第一遍嵌缝料	S6（S8）	18～20	S8	15～17	S6	24～26
第一遍沥青	—	4.0～4.2	—	2.5～2.7	—	2.4～2.6
主层石料	S2（S3）	80～90	S4	50～55	S3	50～55
沥青总用量	5.7～6.1		5.9～6.2		6.7～7.2	

注：1. 煤沥青贯入式的沥青用量可较石油沥青用量增加 15%～20%；
　　2. 表中乳化沥青是指乳液的用量，并适用于乳液浓度约为 60% 的情况；
　　3. 在高寒地区及干旱风砂大的地区，可超出高限，再增加 5%～10%。
　　4. 表面加铺拌合层部分的材料规格及沥青（或乳化沥青）用量按热拌沥青混合料（或乳化沥青碎石混合料路面）的有关规定执行。

（3）施工方法

1）沥青贯入式路面的施工应按下列步骤进行：

a. 采用碎石摊铺机、平地机或人工摊铺主层集料。铺筑后严禁车辆通行。

b. 碾压主层集料。撒布后应采用 6～8t 的轻型钢筒式压路机自路两侧向路中心碾压，碾压速度宜为 2km/h，每次轮迹重叠约 30cm，碾压一遍后检验路拱和纵向坡度，当不符合要求时，应调整找平后再压。然后用重型的钢轮压路机碾压，每次轮迹重叠 1/2 左右，宜碾压 4～6 遍，直至主层集料嵌挤稳定，无显著轮迹为止。

c. 浇洒第一层沥青。浇洒方法应按三层式沥青表面处治的施工工艺进行。采用乳化沥青贯入时，为防止乳液下漏过多，可在主层集料碾压稳定后，先撒布一部分上一层嵌缝料，再浇洒主层沥青。

d. 采用集料撒布机或人工撒布第一层嵌缝料。撒布后尽量扫匀，不足处应找补。当使用乳化沥青时，石料撒布必须在乳液破乳前完成。

e. 立即用8～12t钢筒式压路机碾压嵌缝料，轮迹重叠轮宽的1/2左右，宜碾压4～6遍，直至稳定为止。碾压时随压随扫，使嵌缝料均匀嵌入。因气温较高使碾压过程中发生较大推移现象时，应立即停止碾压，待气温稍低时再继续碾压。

f. 按上述方法浇洒第二层沥青、撒布第二层嵌缝料，然后碾压，再浇洒第三层沥青。

g. 按撒布嵌缝料方法撒布封层料。

h. 采用6～8t压路机最后碾压，宜碾压2～4遍，然后开放交通。

2) 铺筑上拌下贯式路面时，贯入层不撒布封层料，拌合层应紧跟贯入层施工，使上下成为一整体。贯入部分采用乳化沥青时应待其破乳、水分蒸发且成型稳定后方可铺筑拌合层，当拌合层与贯入部分不能连续施工，且要在短期内通行施工车辆时贯入层部分的第二遍嵌缝料应增加用量 $2\sim3m^3/1000m^2$，在摊铺拌合层沥青混合料前，应做补充碾压，并浇洒粘层沥青。

4. 冷拌沥青混合料路面

(1) 一般规定

1) 冷拌沥青混合料适用于三级及三级以下的公路的沥青面层、二级公路的罩面层施工，以及各级公路沥青路面的基层、联接层或整平层。冷拌改性沥青混合料可用于沥青路面的坑槽冷补。

2) 冷拌沥青混合料宜采用乳化沥青或液体沥青拌制，也可采用改性乳化沥青，各种结合料类型及规格应符合3.3.2.1原材料的要求。

3) 冷拌沥青混合料宜采用密级配沥青混合料，当采用半开级配的冷拌沥青碎石混合料路面时应铺筑上封层。

(2) 冷拌沥青混合料路面施工

1) 冷拌沥青混合料宜采用拌合厂机械拌合及沥青摊铺机摊铺的方式。缺乏厂拌条件时也可采用现场路拌及人工摊铺方式。冷拌沥青混合料施工应注意防止混合料离析。

2) 当采用阳离子乳化沥青拌合时，宜先用水使集料湿润，若湿润后仍难于与乳液拌合均匀时，应改用破乳速度更慢的乳液，或用1%～3%浓度的氯化钙水溶液代替水润湿集料表面。

3) 混合料适宜的拌合时间应根据实际情况调节并通过试拌确定，矿料中加进乳液后的机械拌合时间不宜超过30s，人工拌合时间不宜超过60s。

4) 已拌好的混合料应立即运至现场进行摊铺，并在乳液破乳前结束。在拌合与摊铺过程中已破乳的混合料，应予废弃。

5) 乳化沥青冷拌混合料摊铺后宜采用6t左右的轻型压路机初压1～2遍，使混合料初步稳定，再用轮胎压路机或钢筒式压路机碾压1～2遍。当乳化沥青开始破乳、混合料由褐色转变成黑色时，改用12～15t轮胎压路机碾压，将水分挤出，复压2～3遍后停止，待晾晒一段时间，水分基本蒸发后继续复压至密实为止。当压实过程中有推移现象时应停止碾压，待稳定后再碾压。当天不能完全压实时，可在较高气温状态下补充碾压。当缺乏轮胎压路机时，也可采用钢筒式压路机或较轻的振动压路机碾压。

6) 乳化沥青混合料路面的上封层应在压实成型、路面水分完全蒸发后加铺。

7) 乳化沥青混合料路面施工结束后宜封闭交通 2～6h，并注意做好早期养护。开放交通初期，应设专人指挥，车速不得超过 20km/h，不得刹车或掉头。

8) 冷拌沥青混合料施工遇雨应立即停止铺筑，以防雨水将乳液冲走。

（3）冷补沥青混合料

1) 用于修补沥青路面坑槽的冷补沥青混合料宜采用适宜的改性沥青结合料制造，并具有良好的耐水性。

2) 冷补沥青混合料的矿料级配见表 3-96。沥青用量通过试验并根据实际使用效果确定，通常宜为 4%～6%。其级配应符合补坑的需要，粗集料级配必须具有充分的嵌挤能力，以便在未经充分碾压的条件下可开放通车碾压而不松散。

冷补沥青混合料的矿料级配　　　　　　　　　　　　　　　表 3-96

类型		通过下列筛孔（mm）的百分率（%）										
		26.5	19	16	13.2	9.5	4.75	2.36	1.18	0.6	0.3	0.15	0.075
细粒式	LB-10	—	—	—	100	80～100	30～60	10～40	5～20	0～15	0～12	0～8	0～5
	LB-13	—	—	100	90～100	60～95	30～60	10～40	5～20	0～15	0～12	0～8	0～5
中粒式	LB-16	—	100	90～100	50～90	40～75	30～60	10～40	5～20	0～15	0～12	0～8	0～5
粗粒式	LB-19	100	95～100	80～100	70～100	60～90	30～70	10～40	5～20	0～15	0～12	0～8	0～5

注：1. 黏聚性试验方法：将冷补材料 800g 装入马歇尔试模中，放入 4℃ 恒温室中 2～3h，取出后双面各击实 5 次，制作试件，脱模后放在标准筛上，将其直立使试件沿筛框来回滚动 20 次，破损率不得大于 40%。

2. 冷补沥青混合料马歇尔试验方法：称混合料 1180g 在常温下装入试模中，双面各击实 50 次，连同试模一起以侧面竖立方式置 110℃ 烘箱中养护 24h，取出后再双面各击实 25 次，再连同试模在室温中竖立放置 24h，脱模后在 60℃ 恒温水槽中养护 30min，进行马歇尔试验。

3) 冷补沥青混合料的质量宜符合下列要求：

a. 制作冷补沥青混合料的集料必须符合热拌沥青混合料集料的质量要求。

b. 有良好的低温操作和易性。用于冬期寒冷期节补坑的混合料，应在松散状态下经 −10℃ 的冰箱保持 24h 无明显的凝聚结块现象，且能用铁铲方便地拌合操作。

c. 有良好的耐水性，混合料按水煮法或水浸法检验的抗水剥落性能（裹覆面积）不得小于 95%。

d. 冷补沥青混合料应有足够的黏聚性，马歇尔试验稳定度宜不小于 3kN。

5. 透层、粘层

（1）透层

1) 沥青路面各类基层都必须喷洒透层油，沥青层必须在透层油完全渗透入基层后方可铺筑。基层上设置下封层时，透层油不宜省略。气温低于 10℃ 或大风、即将降雨时不得喷洒透层油。

2) 根据基层类型选择渗透性好的液体沥青、乳化沥青、煤沥青作透层油，喷洒后通过钻孔或挖掘确认透层油渗透入基层的深度宜不小于 5mm（无机结合料稳定集料基层）～10mm（无结合料基层），并能与基层联结成为一体。透层油的质量应符合 3.3.2.1 原材料的要求。

3) 透层油的黏度通过调节稀释剂的用量或乳化沥青的浓度得到适宜的黏度，基质沥青的针入度通常宜不小于 100。透层用乳化沥青的蒸发残留物含量允许根据渗透情况适当调整，当使用成品乳化沥青时可通过稀释得到要求的黏度。透层用液体沥青的黏度通过调节煤油或轻柴油等稀释剂的品种和掺量经试验确定。

4）透层油的用量通过试洒确定，不宜超出表3-97沥青路面透层材料的规格和用量要求的范围。

沥青路面透层材料的规格和用量　　　　　　表3-97

用途	液体沥青		乳化沥青		煤沥青	
	规格	用量(L/m²)	规格	用量(L/m²)	规格	用量(L/m²)
无结合料粒料基层	AL（M）-1、2或3	1.0~2.3	PC-2	1.0~2.0	T-1	1.0~1.5
	AL（S）-1、2或3		PA-2		T-2	
半刚性基层	AL（M）-1或2	0.6~1.5	PC-2	0.7~1.5	T-1	0.7~1.0
	AL（S）-1或2		PA-2		T-2	

注：表中用量是指包括稀释剂和水分等在内的液体沥青、乳化沥青的总量。乳化沥青中的残留物含量以50%为基准。

5）用于半刚性基层的透层油宜紧接在基层碾压成型后表面稍变干燥，但尚未硬化的情况下喷洒。

6）在无结合料粒料基层上洒布透层油时，宜在铺筑沥青层前1~2天洒布。

（2）粘层

1）符合下列情况之一时，必须喷洒粘层油。

a. 双层式或三层式热拌热铺沥青混合料路面的沥青层之间。

b. 水泥混凝土路面、沥青稳定碎石基层或旧沥青路面层上加铺沥青层。

c. 路缘石、雨水口、检查井等构造物与新铺沥青混合料接触的侧面。

2）粘层油宜采用快裂或中裂乳化沥青、改性乳化沥青，也可采用快、中凝液体石油沥青，其规格和质量应符合《公路沥青路面施工技术规范》JTG F40—2004的要求，所使用的基质沥青标号宜与主层沥青混合料相同。

3）粘层油品种和用量，应根据下卧层的类型通过试洒确定，并符合表3-98的要求。当粘层油上铺筑薄层大空隙排水路面时，粘层油的用量宜增加到0.6~1.0L/m²。在沥青层之间兼作封层而喷洒的粘层油宜采用改性沥青或改性乳化沥青，其用量宜不少于1.0L/m²。

沥青路面粘层材料的规格和用量表　　　　　　表3-98

下卧层类型	液体沥青		乳化沥青	
	规格	用量（L/m²）	规格	用量（L/m²）
新建沥青层或旧沥青路面	AL（R）-3~AL（R）-6	0.3~0.5	PC-3	0.3~0.6
	AL（M）-3~AL（M）-6		PA-3	
水泥混凝土	AL（M）-3~AL（M）-6	0.2~0.4	PC-3	0.3~0.5
	AL（S）-3~AL（S）-6		PA-3	

注：表中用量是指包括稀释剂和水分等在内的液体沥青、乳化沥青的总量。乳化沥青中的残留物含量以50%为基准。

4）气温低于10℃时不得喷洒粘层油，寒冷季节施工不得不喷洒时可以分成两次喷洒。路面潮湿时不得喷洒粘层油，用水洗刷后需待表面干燥后喷洒。

5）粘层油宜在当天洒布，待乳化沥青破乳、水分蒸发完成，或稀释沥青中的稀释剂基本挥发完成后，紧跟着铺筑沥青层，确保粘层不受污染。

3.3.2.6 其他沥青铺装工程

其他沥青铺装工程的主要内容有：行人及非机动车道路、重型车停车场及公共汽车站、水泥混凝土桥面的沥青铺装层、钢桥面铺装、公路隧道沥青路面及路缘石与拦水带等。

1. 一般规定

（1）在特殊场合铺筑沥青铺装层时，应根据其使用部位及功能要求采取相应的措施。

2. 行人及非机动车道路

（1）行人道路宜选择针入度较大的石油沥青或乳化沥青，沥青混合料的沥青用量宜比车行道用量增加0.3%左右。

（2）行人道路的表面层应采用细型的细粒式或砂粒式密级配沥青混凝土混合料。在无机动车通行的道路上也可铺筑透水路面。

3. 重型车停车场、公共汽车站

（1）高速公路服务区、停车场、公共汽车站等的沥青层应满足较长时间停驻重型车辆及承受反复启动制动水平力的功能要求。沥青混合料应有较高的抗永久性流动变形的能力。

（2）沥青混合料宜选择集料最大粒径较粗、嵌挤性能好的矿料级配，适当增加4.75mm以上的粗集料部分，减少天然砂用量。沥青结合料宜采用低针入度沥青或者改性沥青，沥青用量比标准配合比设计用量宜减少0.3%～0.5%左右。

4. 水泥混凝土桥面的沥青铺装层

（1）大中型水泥混凝土桥桥面铺筑的沥青铺装层，应满足与混凝土桥面的粘结、防止渗水、抗滑及有较高抵抗振动变形的能力等功能性要求，并设置有效的桥面排水系统。

（2）铺装沥青层的下卧层必须符合平整、粗糙、整洁的要求，桥面纵横坡符合要求。

（3）水泥混凝土桥面板表面应作铣刨拉毛处理，清除浮浆，除去过高的突出部位。

（4）铺设桥面铺装必须确保混凝土完全干燥，严禁在潮湿条件下铺设防水粘结层及摊铺沥青混合料，防止混凝土中的水分在施工或使用过程中遇热变成水汽使防水粘结层产生鼓包。

（5）沥青面层所用的沥青应符合《公路沥青路面施工技术规范》JTG F40—2004要求，必要时采用改性沥青。

5. 钢桥面铺装

（1）钢桥面铺装结构通常由防锈层、防水粘结层、沥青面层等组成。

（2）涂刷防水层前应对钢板焊缝和吊钩残留物仔细平整，彻底除锈，清扫干燥。

（3）钢桥面铺装的防水粘结层必须紧跟防锈层后涂刷，防水粘结层宜采用高黏度的改性沥青、环氧沥青、防水卷材。当采用浇筑式沥青混凝土铺筑桥面铺装时，可不设防水粘结层。

(4) 钢桥面铺装宜在无雨少雾季节、干燥状态下施工。

6. 公路隧道沥青路面

在隧道内铺筑沥青路面时应充分考虑隧道沥青路面施工和维修养护工作困难，隧道内外光线变化显著，隧道有可能漏水、冒水，隧道防火安全等特点选择适宜的材料与结构。

7. 路缘石与拦水带

(1) 沥青路面外侧边缘宜设置深度深入基层的纵向渗水沟，并留置横向的排水孔，渗水沟可采用多孔水泥混凝土或单粒径碎石，表面层铺筑沥青混凝土。

(2) 沥青混凝土拦水带应采用专用设备连续铺设，其矿料级配宜符合表 3-99 要求，沥青用量宜在正常试验的基础上增加 0.5%～1.0%，双面击实 50 次的设计空隙率宜为 1%～3%。基底需洒布用量为 0.25～0.5kg/m² 的粘层油。

沥青混凝土拦水带矿料级配范围　　　　　　　　　　表 3-99

筛孔（mm）	16	13.2	4.75	2.36	0.3	0.075
通过质量百分率（%）	100	85～100	65～80	50～65	18～30	5～15

3.3.2.7 质量检查与验收

1. 质量检查

(1) 热拌沥青混合料

热拌沥青混合料的频率和质量要求见表 3-100 的规定。

热拌沥青混合料的频率和质量要求　　　　　　　　　　表 3-100

项目		检查频率及单点检验评价方法	质量要求或允许偏差	
			高速公路、一级公路	其他等级公路
混合料外观		随时	观察集料粗细、均匀性、离析、油石比、色泽、冒烟、有无花白料、油团等各种现象	
拌合温度	沥青、集料的加热温度	逐盘检测评定	符合规范规定	
	混合料出厂温度	逐车检测评定	符合规范规定	
		逐盘测量记录，每天取平均值评定	符合规范规定	
矿料级配（筛孔）	0.075mm	逐盘在线检测	±2%（2%）	—
	≤2.36mm		±5%（4%）	
	≥4.75mm		±6%（5%）	
	0.075mm	逐盘检查，每天汇总1次取平均值评定	±1%	
	≤2.36mm		±2%	
	≥4.75mm		±2%	
	0.075mm	每台拌合机每天1～2次，以2个试样的平均值评定	±2%（2%）	±2%
	≤2.36mm		±5%（3%）	±6%
	≥4.75mm		±6%（4%）	±7%

续表

项目	检查频率及单点检验评价方法	质量要求或允许偏差	
		高速公路、一级公路	其他等级公路
沥青用量（油石比）	逐盘在线监测	±0.3%	—
	逐盘检查，每天汇总1次取平均值评定	±0.1%	—
	每台拌合机每天1~2次，以2个试样的平均值评定	±0.3%	±0.4%
马歇尔试验：空隙率、稳定度、流值	每台拌合机每天1~2次，以4~6个试件的平均值评定	符合规范规定	
浸水马歇尔试验	必要时（试件数同马歇尔试验）	符合规范规定	
车辙试验	必要时（以3个试件的平均值评定）	符合规范规定	

注：1. 单点检验是指试验结果以一组试验结果的报告值为一个测点的评价依据，一组试验（如马歇尔试验、车辙试验）有多个试样时，报告值的取用按《公路工程沥青及沥青混合料试验规程》JTG E20—2011 的规定执行。
2. 对高速公路和一级公路，矿料级配和油石比必须进行总量检验和抽提筛分的双重检验控制，互相校核，表中括号内的数字是对SMA的要求。油石比抽提试验应事先进行空白试验标定，提高测试数据的准确度。

(2) 热拌沥青混合料路面

热拌沥青混合料路面质量标准，见表3-101。

热拌沥青混合料路面质量标准　　表3-101

检查项目		检查频率（每一侧车行道）	质量要求或允许偏差	
			高速公路、一级公路	其他等级公路
外观		随时	表面平整密实，不得有明显轮迹、裂缝、推挤、油汀、油包等缺陷，且无明显离析	
面层总厚度	代表值	每1km 5点	设计值的-5%	设计值的-8%
	极值	每1km 5点	设计值的-10%	设计值的-15%
上面层厚度	代表值	每1km 5点	设计值的-10%	—
	极值	每1km 5点	设计值的-20%	—
压实度	代表值	每1km 5点	实验室标准密度的96%（98%）最大理论密度的92%（94%）试验段密度的98%（99%）	
	极值（最小值）	每1km 5点	比代表值放宽1%（每km）或2%（全部）	
路表平整度	标准差σ	全线连续	1.2mm	2.5mm
	IRI	全线连续	2.0m/km	4.2m/km
	最大间隙	每1km10处，各连续10尺	—	5mm
路表渗水系数，不大于		每1km不少于5点，每点3处取平均值评定	300mL/min（普通沥青路面）200mL/min（SMA路面）	—

续表

检查项目		检查频率（每一侧车行道）	质量要求或允许偏差	
			高速公路、一级公路	其他等级公路
宽度	有侧石	每1km 20个断面	±20mm	±30mm
	无侧石	每1km 20个断面	不小于设计宽度	不小于设计宽度
纵断面高程		每1km 20个断面	±15mm	±20mm
中线偏位		每1km 20个断面	±20mm	±30mm
横坡度		每1km 20个断面	±0.3%	±0.5%
弯沉	回弹弯沉	全线每20m 1点	符合设计对交工验收的要求	符合设计对交工验收的要求
	总弯沉	全线每5m 1点	符合设计对交工验收的要求	—
构造深度		每1km 5点	符合设计对交工验收的要求	—
摩擦系数摆值		每1km 5点	符合设计对交工验收的要求	—
横向力系数		全线连续	符合设计对交工验收的要求	—

注：高速公路、一级公路面层除验收总厚度外，尚须验收上面层厚度，代表值的计算方法按附录14进行。

(3) 沥青表面处治及贯入式路面

沥青表面处治及贯入式路面质量标准，见表3-102。

沥青表面处治及贯入式路面质量标准 表3-102

路面类型	检查项目		检查频率（每一侧车行道）	质量要求或允许偏差
沥青表面处治	外观		全线	密实，不松散
	厚度	代表值	每200m每车道1点	−5mm
		极值	每200m每车道1点	−10mm
	路表平整度	标准差σ	全线每车道连续	4.5mm
		IRI	全线每车道连续	7.5m/km
		最大间隙	每1km 10处，各连续10尺	10mm
	宽度	有侧石	每1km 20个断面	±3cm
		无侧石	每1km 20个断面	不小于设计宽度
	纵断面高程		每1km 20个断面	±20mm
	横坡度		每1km 20个断面	±0.5%
	沥青用量		每1km 1点	±0.5%
	矿料用量		每1km 1点	±5%

续表

路面类型	检查项目		检查频率 (每一侧车行道)	质量要求或允许偏差
沥青贯入式路面	外观		全线	密实,不松散
	厚度	代表值	每 200m 1 点	−5mm 或 −8%
		极值	每 200m 1 点	15mm
	路表平整度	标准差 σ	全线连续	3.5mm
		IRI	全线连续	5.8m/km
		最大间隙	每 1km 10 处,各连续 10 尺	8mm
	宽度	有侧石	每 1km 20 个断面	±3cm
		无侧石	每 1km 20 个断面	不小于设计宽度
	纵断面高程		每 1km 20 个断面	±20mm
	横坡度		每 1km 20 个断面	±0.5%
	沥青用量		每 1km 1 点	±0.5%
	矿料用量		每 1km 1 点	±5%

(4) 沥青路面稀浆封层

沥青路面稀浆封层质量标准,见表 3-103。

沥青路面稀浆封层质量标准　　　　表 3-103

检查项目	检查频率 (每一幅车行道)	质量要求或允许偏差	
		高速公路、一级公路	其他等级公路
平均厚度	每 1km 3 点	−10%	−10%
渗水系数	每 1km 3 处	10mL/min	10mL/min
路表构造深度	每 1km 5 点	符合设计要求	—
路面摩擦系数摆值	每 1km 5 点	符合设计要求	—
横向力系数	全线连续	符合设计要求	—

(5) 行人道路沥青面层

行人道路沥青面层的质量标准,见表 3-104。

行人道路沥青面层质量标准　　　　表 3-104

检查项目		质量要求或允许偏差	检查频率
厚度		±5mm	每 100m 1 点
路表平整度 (最大间隙)	沥青混凝土	5mm	每 200m 2 处 各连续 10 尺
	其他沥青面层	7mm	
宽度		−20mm	每 100m 2 点
横坡度		±0.3%	每 100m 2 点

(6) 桥面沥青铺装工程

桥面沥青铺装工程质量标准,见表 3-105。

桥面沥青铺装工程质量标准　　　　　　　　　　　　　　　　表 3-105

检 查 项 目		检查频率	允许偏差	
			高速公路、一级公路	其他等级公路
厚度		每100m 2点	0～+5mm	—
路表平整度	标准差	连续测定	1.8mm	2.5mm
	最大间隙	连续测定	3mm	5mm
宽度		每100m 10点	0～+5mm	
压实度		每100m 2点	马歇尔密度的97% 最大相对密度的93%	
横坡		每100m 10点	±0.3%	
其他			同热拌沥青混合料要求	

（7）路缘石及止水带

路缘石及止水带工程质量标准，见表3-106。

路缘石及止水带工程质量标准　　　　　　　　　　　　　　　　表 3-106

检 查 项 目	质量要求或允许偏差	检查频率
直顺度	10mm	每100m 2点
预制块相邻块高差	3mm	每100m 5点
预制块相邻缝宽	±3mm	每100m 5点
立式路缘石顶面高程	±10mm	每100m 5点
水泥混凝土路缘石的预制块强度	25MPa	每1km 1点
沥青混凝土拦水带的压实度	95%	每1km 1点

2. 验收

（1）工程完工后，施工单位应将全线以1～3km作为一个评定路段，每一侧车行道按表3-101～表3-103的规定频率，随机选取测点，对沥青面层进行全线自检，将单个测定值与表中的质量要求或允许偏差进行比较，计算合格率，然后计算一个评定路段的平均值、极差、标准差及变异系数。施工单位应在规定时间内提交全线检测结果及施工总结报告，申请交工验收。

（2）沥青路面交工时应检查验收沥青面层的各项质量指标，包括路面的厚度、压实度、平整度、渗水系数、构造深度、摩擦系数。

1）需要作破损路面进行检测的指标，如厚度、压实度宜利用施工过程中的钻孔数据，检查每一个测点与极值相比的合格率，同时按本书附录14的方法计算代表值。厚度也可利用路面雷达连续测定路面剖面进行评定。压实度验收可选用其中的1个或2个标准，并以合格率低的作为评定结果。

2）路表平整度可采用连续式平整度仪和颠簸累积仪进行测定，以每100m计算一个测值，计算合格率。

3）路表渗水系数与构造深度宜在施工过程中在路面成型后立即测定，但每一个点为3个测点的平均值，计算合格率。

4）交工验收时可采用连续式摩擦系数测定车在行车道实测路表面横向摩擦系数，如实记录测点数据。

5) 交工验收时可选择贝克曼梁或连续式弯沉仪实测路面的回弹弯沉或总弯沉,如实记录测点数据(含测定时的气候条件、测定车数据等),测定时间宜在公路的最不利使用条件下(指春融期或雨期)进行。

(3) 工程交工时应对全线宽度、纵断面高程、横坡度、中线偏位等进行实测,以每个桩号的测定结果评定合格率,最后提出实际的竣工图。

(4) 工程施工总结

1) 工程结束后,施工企业应根据国家竣工文件编制的规定,提出施工总结报告及若干个专项报告,连同竣工图表,形成完整的施工资料档案。

2) 施工总结报告应包括工程概况(包括设计及变更情况)、工程基础资料、材料、施工组织、机械及人员配备、施工方法、施工进度、试验研究、工程质量评价、工程决算、工程使用服务计划等。

3) 施工管理与质量检查报告应包括施工管理体制、质量保证体系、施工质量目标、试验段铺筑报告、施工前及施工中材料质量检查结果(测试报告)、施工过程中工程质量检查结果(测试报告)、工程交工验收质量自检结果(测试报告)、工程质量评价,以及原始记录、相册、录像等各种附件。

3.3.3 基层和底基层

基层和底基层的主要内容有:原材料技术要求、混合料组成设计、试验路段、各种基层和底基层及质量管理与检查验收 5 个部分。

3.3.3.1 原材料技术要求

原材料技术要求包括有:水泥稳定土、石灰稳定土、石灰工业废渣稳定土、级配碎石、级配砾石及填隙碎石等。

1. 水泥稳定土

(1) 对于二级和二级以下的公路,水泥稳定土所用的粗粒土、中粒土、细粒土应满足如下要求:

1) 水泥稳定土用做底基层时,单个颗粒的最大粒径不应超过 53mm❶,用做底基层时水泥稳定土的颗粒组成范围见表 3-107,土的均匀系数应大于 5。细粒土的液限不应超过 40,塑性指数不应超过 17。对于中粒土和粗料土,如土中小于 0.6mm 的颗粒含量在 30% 以下,塑性指数可稍大。实际工作中,宜选用均匀系数大于 10、塑性指数小于 12 的土。塑性指数大于 17 的土,宜采用石灰稳定,或用水泥和石灰综合稳定。

用做底基层时水泥稳定土的颗粒组成范围   表 3-107

筛孔尺寸(mm)	53	4.75	0.6	0.075	0.002
通过质量百分率(%)	100	50~100	17~100	0~50	0~30

注:表中所列用筛均为方孔筛。在无相应尺寸方孔筛的情况下,可先将颗粒组成在半对数坐标纸上画出两根级配曲线,然后在对数坐标上查找所需筛孔的位置或点,从此点引一垂直线向上与两根曲线相交。从此两交点画水平线与垂直坐标相交,即可得到所需粒径尺寸的通过百分率。

---

❶ 指方孔筛。如为圆孔筛,则最大粒径可为所列数值的 1.2~1.25 倍,下同。

2) 水泥稳定土用做基层时，单个颗粒的最大粒径不应超过 37.5mm。用做基层时水泥稳定土的颗粒组成范围见表 3-108。集料中不宜含有塑性指数的土。对于二级公路宜按接近级配范围的下限组配混合料或采用 3-109 中的 2 号级配。

用做基层时水泥稳定土的颗粒组成范围　　　　　　表 3-108

筛孔尺寸（mm）	通过质量百分率（%）	筛孔尺寸（mm）	通过质量百分率（%）
37.5	90～100	2.36	20～70
26.5	66～100	1.18	14～57
19.0	54～100	0.6	8～47
9.5	39～100	0.075	0～30
4.75	28～84	—	—

3) 级配碎石、未筛分碎石、砂砾、碎石土、砂砾土、煤矸石和各种粒状矿渣均适宜用水泥稳定。碎石包括岩石碎石、矿渣碎石、破碎砾石等。

(2) 对于高速公路和一级公路，水泥稳定土所用的粗粒土和中粒土应满足如下要求：

1) 水泥稳定土用做底基层时，单个颗粒的最大粒径不应超过 37.5mm。水泥稳定土的颗粒组成应在表 3-109 所列 1 号级配范围内，土的均匀系数应大于 5。细粒土的液限不应超过 40%，塑性指数不应超过 17。对于中粒土和粗粒土，如土中小于 0.6mm 的颗粒含量在 30% 以下，塑性指数可稍大。实际工作中，宜选用均匀系数大于 10、塑性指数小于 12 的土。塑性指数大于 17 的土，宜采用石灰稳定，或用水泥和石灰综合稳定。对于中粒土和粗粒土，宜采用 3-109 中 2 号级配，但小于 0.075mm 的颗粒含量和塑性指数可不受限制。

水泥稳定土的颗粒组成范围　　　　　　表 3-109

项目	通过质量百分率（%）　编号	1	2	3
筛孔尺寸（mm）	37.5	100	100	—
	31.5	—	90～100	100
	26.5	—	—	90～100
	19.0	—	67～90	72～89
	9.5	—	45～68	47～67
	4.75	50～100	29～50	29～49
	2.36	—	18～38	17～35
	0.6	17～100	8～22	8～22
	0.075	0～30	0～7①	0～7①
液限（%）		—	—	<28
塑性指数		—	—	<9

注：集料中 0.5 以下细粒土有塑性指数时，小于 0.075mm 的颗粒含量不应超过 5%；细粒土无塑性指数时，小于 0.075mm 的颗粒含量不应超过 7%。

2) 水泥稳定土用做基层时，单个颗粒的最大粒径不应超过 31.5mm。水泥稳定土的颗粒组成应在表 3-109 所列 3 号级配范围内。

3) 水泥稳定土用做基层时,对所用的碎石或砾石,应预先筛分成 3~4 个不同粒级,然后配合,使颗粒组成符合 3-109 所列级配范围。

(3) 水泥稳定粒径较均匀的砂时,宜在砂中添加少部分塑性指数小于 10 的黏性土或石灰土,也可添加部分粉煤灰,加入比例可按使混合料的标准干密度接近最大值确定,一般约为 20%~40%。

(4) 水泥稳定土中碎石或砾石的压碎值应符合下列要求:

1) 基层

高速公路和一级公路,不大于 30%;

二级和二级以下公路,不大于 35%。

2) 底基层

高速公路和一级公路,不大于 30%;

二级和二级以下公路,不大于 40%。

(5) 有机质含量超过 2%的土,必须先用石灰进行处理,闷料一夜后再用水泥稳定。

(6) 硫酸盐含量超过 0.25%的土,不应用水泥稳定。

(7) 普通硅酸盐水泥、矿渣硅酸盐水泥和火山灰质硅酸盐水泥都可用于稳定土,但应选用初凝时间 3h 以上和终凝时间较长(宜在 6h 以上)的水泥。不应使用快硬水泥、早强水泥以及已受潮变质的水泥。宜采用强度等级为 32.5 或 42.5 的水泥。

(8) 综合稳定土中用的石灰应是消石灰粉或生石灰粉。

(9) 凡是饮用水(含牲畜饮用水)均可用于水泥稳定土施工。

2. 石灰稳定土

(1) 塑性指数为 15~20 的黏性土以及含有一定数量黏性土的中粒土和粗粒土均适宜于用石灰稳定。

用石灰稳定无塑性指数的级配砂砾、级配碎石和未筛分碎石时,应添加 15%左右的黏性土。

塑性指数在 15 以上的黏性土更适宜于用石灰和水泥综合稳定。

塑性指数在 10 以下的砂质粉土和砂土用石灰稳定时,应采取适当的措施或采用水泥稳定。

塑性指数偏大的黏性土,应加强粉碎,粉碎后土块的最大尺寸不应大于 15mm。可以采用两次拌合法,第一次加部分石灰拌合后,闷放 1~2d,再加入其余石灰,进行第二次拌合。

使用石灰稳定土时,应遵守下列规定:

1) 石灰稳定土用做高速公路和一级公路的底基层时,颗粒的最大粒径不应超过 37.5mm,用做其他等级公路的底基层时,颗粒的最大粒径不应超过 53mm。

2) 石灰稳定土用做基层时,颗粒的最大粒径不应超过 37.5mm。

级配碎石、未筛分碎石、砂砾、碎石土、砂砾土、煤矸石和各种粒状矿渣等均适宜用做石灰稳定土的材料。石灰稳定土中碎石、砂砾或其他粒状材料的含量应在 80%以上,并应具有良好的级配。

3) 石灰稳定土中碎石或砾石的压碎值应符合下列要求:

a. 基层:

二级公路，不大于30%；

二级以下公路，不大于35%。

b. 底基层：

高速公路和一级公路，不大于35%；

二级和二级以下公路，不大于40%。

4）硫酸盐含量超过0.8%的土和有机质含量超过10%的土，不宜用石灰稳定。

（2）石灰的技术指标见表3-110。应尽量缩短石灰的存放时间。石灰在野外堆放时间较长时，应覆盖防潮。

石灰的技术指标　　　　　　　表3-110

指标 项目	类别	钙质生石灰			镁质生石灰			钙质消石灰			镁质消石灰		
	等级	Ⅰ	Ⅱ	Ⅲ	Ⅰ	Ⅱ	Ⅲ	Ⅰ	Ⅱ	Ⅲ	Ⅰ	Ⅱ	Ⅲ
有效钙加氧化镁含量（%）		≥85	≥80	≥70	≥80	≥75	≥65	≥65	≥60	≥55	≥60	≥55	≥50
未消化残渣含量（5mm圆孔筛的筛余,%）		≤7	≤11	≤17	≤10	≤14	≤20	—	—	—	—	—	—
含水量（%）		—	—	—	—	—	—	≤4	≤4	≤4	≤4	≤4	≤4
细度	0.71mm方孔筛的筛余（%）	—	—	—	—	—	—	0	≤1	≤1	0	≤1	≤1
	0.125mm方孔筛的筛余（%）	—	—	—	—	—	—	≤13	≤20	—	≤13	≤20	—
钙镁石灰的分类界限，氧化镁含量（%）		≤5			≥5			≤4			＞4		

注：硅、铝、镁氧化物含量之和大于5%的生石灰，有效钙加氧化镁含量指标，Ⅰ等≥75%，Ⅱ等≥70%，Ⅲ等≥60%；未消化残渣含量指标与镁质生石灰指标相同。

使用等外石灰、贝壳石灰、珊瑚石灰等，应进行试验，如混合料的强度符合石灰稳定土的抗压强度标准，即可使用。

对于高速公路和一级公路，宜采用磨细生石灰粉。

（3）凡饮用水（含牲畜饮用水）均可用于石灰土施工。

3. 石灰工业废渣稳定土

（1）石灰工业废渣稳定土所用石灰质量应符合表3-110规定的Ⅲ级消石灰或Ⅲ级生石灰的技术指标，应尽量缩短石灰的存放时间，如存放时间较长，应采取覆盖封存措施，妥善保管。

有效钙含量在20%以上的等外石灰、贝壳石灰、珊瑚石灰、电石渣等，当其混合料的强度通过试验符合二灰混合料的抗压强度标准时，可以应用。

（2）粉煤灰中SiO_2、Al_2O_3和Fe_2O_3的总含量应大于70%，粉煤灰的烧失量不应超过20%；粉煤灰的比表面积宜大于$2500cm^2/g$（或90%通过0.3mm筛孔，70%通过0.075mm筛孔）。

干粉煤灰和湿粉煤灰都可以应用。湿粉煤灰的含水量不宜超过35%。

（3）煤渣的最大粒径不应大于30mm，颗粒组成宜有一定级配，且不宜含杂质。

（4）宜采用塑性指数12~20的黏性土（粉质黏土）。土块的最大粒径不应大于 15mm。

有机质含量超过 10%的土不宜选用。

(5) 二灰稳定的中粒土和粗粒土不宜含有塑性指数的土。

(6) 用于二级及二级以下公路的二灰稳定土应符合下列要求：

1) 二灰稳定土用做底基层时，石料颗粒的最大粒径不应超过 53mm。

2) 二灰稳定土用做基层时，石料颗粒的最大粒径不应超过 37.5mm；碎石、砾石或其他粒状材料的质量宜占 80%以上，并符合表 3-111 或表 3-112 的级配范围。

二灰级配砂砾中集料的颗粒组成范围　　　　　表 3-111

筛孔尺寸（mm） \ 编号 通过质量百分率（%）	1	2
37.5	100	—
31.5	85～100	100
19.0	65～85	85～100
9.50	50～70	55～75
4.75	35～55	39～59
2.36	25～45	27～47
1.18	17～35	17～35
0.60	10～27	10～25
0.075	0～15	0～10

二灰级配碎石中集料的颗粒组成范围　　　　　表 3-112

筛孔尺寸（mm） \ 编号 通过质量百分率（%）	1	2
37.5	100	—
31.5	90～100	100
19.0	72～90	81～98
9.50	48～68	52～70
4.75	30～50	30～50
2.36	18～38	18～38
1.18	10～27	10～27
0.60	6～20	6～20
0.075	0～7	0～7

(7) 用于高速公路和一级公路的二灰稳定土应符合下列要求：

1) 二灰稳定土用做底基层时，土中碎石、砾石颗粒的最大粒径不应超过 37.5mm。各种细粒土、中粒土和粗粒土都可用二灰稳定后用做底基层。

2) 二灰稳定土用做基层时，二灰的质量应占 15%，最多不超过 20%，石料颗粒的最大粒径不应超过 31.5mm，其颗粒组成宜符合表 3-111 或表 3-112 中 2 号级配的范围❶，粒

---

❶ 表中所列级配的颗粒组成范围是根据强度高、干缩性小和抗冲刷能力强提出的。此颗粒组成范围可做改变，但改变后的二灰级配集料的强度，特别是干缩性和抗冲刷能力，应优于按表列颗粒组成范围配合的二灰级配集料的性质。

径小于 0.075mm 的颗粒含量宜接近 0。

3) 对所用的砾石或碎石，应预先筛分成 3~4 个不同粒级，然后再配合成颗粒组成符合表 3-111 或表 3-112 所列级配范围的混合料。

(8) 碎石或砾石的压碎值应符合下列要求：

1) 基层：

高速公路和一级公路，不大于 30%；

二级和二级以下公路，不大于 35%。

2) 底基层：

高速公路和一级公路，不大于 35%；

二级和二级以下公路，不大于 40%。

(9) 凡饮用水（含牲畜饮用水）均可使用。

4. 级配碎石

(1) 轧制碎石的材料可以是各种类型的岩石（软质岩石除外）、圆石或矿渣。圆石的粒径应是碎石最大粒径的 3 倍以上；矿渣应是已崩解稳定的，其干密度和质量应比较均匀，干密度不小于 960kg/m³。

(2) 碎石中针片状颗粒的总含量应不超过 20%。碎石中不应有黏土块、植物等有害物质。

(3) 石屑或其他细集料可以使用一般碎石场的细筛余料，也可以利用轧制沥青表面处治和贯入式用石料时的细筛余料，或专门轧制的细碎石集料。也可以用天然砂砾或粗砂代替石屑。天然砂砾的颗粒尺寸应该合适，必要时应筛除其中的超尺寸颗粒。天然砂砾或粗砂应有较好的级配。

(4) 级配碎石或级配碎砾石用做二级和二级以下公路的基层时，其颗粒组成和塑性指数应满足表 3-113 中 1 号级配的规定。级配碎石用做高速公路和一级公路的基层时，其颗粒组成和塑性指数应满足表 3-113 中 2 号级配的规定。同时，级配曲线宜为圆滑曲线。

级配碎石或级配碎砾石的颗粒组成范围　　　　表 3-113

通过质量百分率（%）\项目	编号	1	2
筛孔尺寸（mm）	37.5	100	—
	31.5	90~100	100
	19.0	73~88	85~100
	9.5	49~69	52~74
	4.75	29~54	29~54
	2.36	17~37	17~37
	0.6	8~20	8~20
	0.075	0~7①	0~7①
液限（%）		<28	<28
塑性指数		<6（或 9②）	<6（或 9②）

① 对于无塑性的混合料，小于 0.075mm 的颗粒含量应接近高限。
② 潮湿多雨地区塑性指数宜小于 6，其他地区塑性指数宜小于 9。

(5) 在塑性指数偏大的情况下，塑性指数与 0.5mm 以下细土含量的乘积应符合下列规定：

1) 在年降雨量小于600mm的地区，地下水位对土基没有影响时，乘积不应大于120；

2) 在潮湿多雨地区，乘积不应大于100。

(6) 级配碎石用做中间层时，其颗粒组成和塑性指数应符合表3-113中2号级配的规定。

(7) 未筛分碎石用做二级和二级以下公路的底基层时，其颗粒组成和塑性指数应符合表3-114中1号级配的规定；用做高速公路和一级公路的底基层时，其颗粒组成和塑性指数应符合表3-114中2号级配的规定。

未筛分碎石底基层颗粒组成范围　　　　　　表 3-114

项目	通过质量百分率(%) 编号	1	2
筛孔尺寸(mm)	53	100	—
	37.5	85～100	100
	31.5	69～88	83～100
	19.0	40～65	54～84
	9.5	19～43	29～59
	4.75	10～30	17～45
	2.36	8～25	11～35
	0.6	6～18	6～21
	0.075	0～10	0～10
液限(%)		<28	<28
塑性指数		<6（或9①）	<6（或9①）

①在潮湿多雨地区，塑性指数宜小于6，其他地区塑性指数宜小于9。

(8) 级配碎石或级配碎砾石所用石料的压碎值应满足下列规定：

1) 基层：

高速公路和一级公路，不大于26%；

二级公路，不大于30%；

二级以下公路，不大于35%。

2) 底基层：

高速公路和一级公路，不大于30%；

二级公路，不大于35%；

二级以下公路，不大于40%。

5. 级配砾石

(1) 级配砾石用做基层时，砾石的最大粒径不应超过37.5mm；用做底基层时，砾石的最大粒径不应超过53mm。

(2) 砾石颗粒中细长及扁平颗粒的含量不应超过20%。

(3) 级配砾石基层的颗粒组成和塑性指数见表 3-115, 同时级配曲线应为圆滑曲线。

级配砾石基层的颗粒组成范围 表 3-115

项目	通过质量百分率（%）编号	1	2	3
筛孔尺寸（mm）	53	100	—	—
	37.5	90~100	100	—
	31.5	81~94	90~100	100
	19.0	63~81	73~88	85~100
	9.5	45~66	49~69	52~74
	4.75	27~51	29~54	29~54
	2.36	16~35	17~37	17~37
	0.6	8~20	8~20	8~20
	0.075	0~7①	0~7①	0~7①
液限（%）		<28	<28	<28
塑性指数		<6（或9②）	<6（或9②）	<6（或9②）

① 对于无塑性的混合料，小于 0.075mm 的颗粒含量应接近高限。
② 潮湿多雨地区塑性指数宜小于 6，其他地区塑性指数宜小于 9。

在塑性指数偏大的情况下，塑性指数与 0.5mm 以下细土含量的乘积应符合下列规定：

1）在年降雨量小于 600mm 的中干和干旱地区，地下水位对土基没有影响时，乘积不应大于 120；

2）在潮湿多雨地区，乘积不应大于 100。

(4) 当用于基层的在最佳含水量下制备的级配砾石试件的干密度与工地规定达到的压实干密度相同时，浸水 4d 的承载比值应不小于 160%。

(5) 用做底基层的砂砾、砂砾土或其他粒状材料的级配，应位于表 3-116 的范围内。液限应小于 28%，塑性指数应小于 9。

砂砾底基层的级配范围 表 3-116

筛孔尺寸（mm）	53	37.5	9.5	4.75	0.6	0.075
通过质量百分率（%）	100	80~100	40~100	25~85	8~45	0~15

(6) 当用于底基层的在最佳含水量下制备的级配砾石试件的干密度与工地规定达到的压实干密度相同时，浸水 4d 的承载比值在轻交通道路上应不小于 40%，在中等交通道路上应不小于 60%。

(7) 级配砾石用做基层时，石料的集料压碎值应满足下列规定：

1）基层：

二级公路，不大于 30%；

三级和四级公路，不大于 35%。

2）底基层：

高速公路和一级公路，不大于 30%；

二级公路，不大于 35%；

二级以下公路，不大于40%。

6. 填隙碎石

（1）填隙碎石用做基层时，碎石的最大粒径不应超过53mm；用做底基层时，碎石的最大粒径不应超过63mm。

（2）粗碎石可以用具有一定强度的各种岩石或漂石轧制❶，但漂石的粒径应为粗碎石最大粒径的3倍以上；也可以用稳定的矿渣轧制，矿渣的干密度和质量应比较均匀，且其干密度不小于960kg/m³。材料中的扁平、长条和软弱颗粒的含量不应超过15%。

（3）填隙碎石、粗碎石的颗粒组成见表3-117。

填隙碎石、粗碎石的颗粒组成　　　　　　　　　　　　　　　　　表3-117

编号	通过质量百分率（%）\标称尺寸（mm）	筛孔尺寸（mm）							
		63	53	37.5	31.5	26.5	19	16	9.5
1	30~60	100	25~60	—	0~15	—	0~5	—	—
2	25~50	—	100	—	25~50	0~15	—	0~5	—
3	20~40	—	—	100	35~70	—	0~15	—	0~5

（4）采用表3-117中的1号粗集料时，填隙料的标称最大粒径可为9.5mm❷。填隙料的颗粒组成见表3-118。

填隙料的颗粒组成　　　　　　　　　　　　　　　　　　　　　表3-118

筛孔尺寸（mm）	9.5	4.75	2.36	0.6	0.075	塑性指数
通过质量百分率（%）	100	85~100	50~70	30~50	0~10	<6

（5）粗碎石的压碎值应符合下列规定：

1）用做基层，不大于26%；

2）用做底基层，不大于30%。

3.3.3.2 混合料组成设计

混合料组成设计的种类有：水泥稳定土、石灰稳定土及石灰工业废渣稳定土等。

1. 水泥稳定土

（1）一般规定

1）各级公路用水泥稳定土的7d浸水抗压强度应符合表3-119的规定。

水泥稳定土的抗压强度标准　　　　　　　　　　　　　　　　　表3-119

层位 \ 公路等级	高速公路和一级公路	二级和二级以下公路
基层（MPa）	3~5①	2.5~3②
底基层（MPa）	1.5~2.5①	1.5~2.0②

① 设计累计标准轴次小于12×10⁶的公路可采用低限值；设计累计标准轴次超过12×10⁶的公路可用中值；主要行驶重载车辆的公路应用高限值。某一具体公路应采用一个值，而不用某一范围。

② 二级以下公路可取低限值；行驶重载车辆的公路，应取较高的值；二级公路可取中值；行驶重载车辆的二级公路应取高限值。某一具体公路应采用一个值，而不用某一范围。

---

❶ 宜用石灰岩轧制。

❷ 宜用轧制石灰岩碎石的石屑。

2) 水泥稳定土的组成设计应根据表 3-119 的强度标准,通过试验选取最适宜于稳定的土,确定必需的水泥剂量和混合料的最佳含水量,在需要改善混合料的物理力学性质时,还应确定掺加料的比例。

3) 综合稳定土的组成设计应通过试验选取最适宜于稳定的土,确定必需的水泥和石灰剂量以及混合料的最佳含水量。

4) 采用综合稳定时,如水泥用量占结合料总量的 30% 以上,应按水泥稳定土的技术要求进行组成设计。水泥和石灰的比例宜取 60:40、50:50 或 40:60。

5) 水泥稳定土的各项试验应按《公路工程无机结合料稳定材料试验规程》JTG E51—2009 进行。

(2) 混合料的设计步骤

1) 分别按下列五种❶水泥剂量配制同一种土样、不同水泥剂量的混合料:

a. 做基层用

中粒土和粗料土:3%,4%,5%,6%,7%❷;

塑性指数小于 12 的细粒土:5%,7%,8%,9%,11%;

其他细粒土:8%,10%,12%,14%,16%。

b. 做底基层用

中粒土和粗料土:3%,4%,5%,6%,7%;

塑性指数小于 12 的细粒土:4%,5%,6%,7%,9%;

其他细粒土:6%,8%,9%,10%,12%。

2) 确定各种混合料的最佳含水量和最大干(压实)密度,至少应做三个不同水泥剂量混合料的击实试验,即最小剂量、中间剂量和最大剂量。其他两个剂量混合料的最佳含水量和最大干密度用内插法确定。

3) 按规定压实度分别计算不同水泥剂量的试件应有的干密度。

4) 按最佳含水量和计算得的干密度制备试件。进行强度试验时,作为平行试验的最少试件数量应不小于表 3-120 的规定。如试验结果的偏差系数大于表中规定的值,则应重做试验,并找出原因,加以解决。如不能降低偏差系数,则应增加试件数量。

最 少 试 件 数 量　　　　　表 3-120

土类 \ 偏差系数 试件数量	<10%	10%~15%	15%~20%
细粒土	6	9	—
中粒土	6	9	13
粗粒土	—	9	13

5) 试件在规定温度下保湿养护 6d,浸水 24h 后,按《公路工程无机结合料稳定材料试验规程》JTG E51—2009 进行无侧限抗压强度试验。

---

❶ 在能估计合适剂量的情况下,可以将五个不同剂量缩减到三或四个。
❷ 如要求用做基层的混合料有较高强度时,水泥剂量可用 4%,5%,6%,7%,8%。

6) 计算试验结果的平均值和偏差系数。

7) 根据表 3-119 的强度标准，选定合适的水泥剂量，此剂量试件室内试验结果的平均抗压强度 R 应符合式（3-62）的要求：

$$R \geqslant R_d/(1-Z_a C_v) \tag{3-62}$$

式中　R_d——设计抗压强度（表 3-119）；

　　　C_v——试验结果的偏差系数（以小数计）；

　　　Z_a——标准正态分布表中随保证率（或置信度 a）而变的系数，高速公路和一级公路应取保证率 95%，即 $Z_a=1.645$；其他公路应取保证率 90%，即 $Z_a=1.282$。

8) 工地实际采用的水泥剂量应比室内试验确定的剂量多 0.5%～1.0%。

采用集中厂拌法施工时，可只增加 0.5%；采用路拌法施工时，宜增加 1%。

9) 水泥的最小剂量见表 3-121。

水泥的最小剂量　　　　　　　　　　表 3-121

拌合方法 土类	路拌法	集中厂拌法
中粒土和粗粒土	4%	3%
细粒土	5%	4%

10) 综合稳定土的组成设计与上述步骤相同。

2. 石灰稳定土

（1）一般规定

1) 各级公路用石灰稳定土的 7d 浸水抗压强度应符合表 3-122 的规定。

石灰稳定土的抗压强度标准　　　　　　　　　　表 3-122

公路等级 层位	高速公路和一级公路	二级和二级以下公路
基层（MPa）	—	≥0.8①
底基层（MPa）	≥0.8	0.5～0.7②

① 在低塑性土（塑性指数小于 7）地区，石灰稳定砂砾土和碎石土的 7d 浸水抗压强度应大于 0.5MPa（100g 平衡锥测液限）。

② 低限用于塑性指数小于 7 的黏性土，且低限值宜仅用于二级以下公路。高限用于塑性指数大于 7 的黏性土。

2) 石灰稳定土的组成设计应根据表 3-122 的强度标准，通过试验选取最适宜于稳定的土，确定必需的或最佳的石灰剂量和混合料的最佳含水量，在需要改善混合料的物理力学性质时，还应确定掺加料的比例。

3) 采用综合稳定土时，如水泥用量占结合料总量的 30% 以下，则按石灰稳定土的技术要求进行组成设计。

4) 石灰稳定土的各项试验应按《公路工程无机结合料稳定材料试验规程》JTG E51—2009 进行。

（2）混合料的设计步骤

1) 按下列石灰剂量配制同一种土样、不同石灰剂量的混合料：
a. 做基层用
砂砾土和碎石土：3%，4%，5%，6%，7%；
塑性指数小于 12 的黏性土：10%，12%，13%，14%，16%；
塑性指数大于 12 的黏性土：5%，7%，9%，11%，13%。
b. 做底基层用
塑性指数小于 12 的黏性土：8%，10%，11%，12%，14%；
塑性指数大于 12 的黏性土：5%，7%，8%，9%，11%。

2) 确定混合料的最佳含水量和最大干（压实）密度，至少应做三个不同石灰剂量混合料的击实试验，即最小剂量、中间剂量和最大剂量，其余两个混合料的最佳含水量和最大干密度用内插法确定。

3) 按规定的压实度，分别计算不同石灰剂量的试件应有的干密度。

4) 按最佳含水量和计算得的干密度制备试件。进行强度试验时，作为平行试验的最少试件数量应不小于表 3-123 中的规定。如试验结果的偏差系数大于表中规定的值，则应重做试验，并找出原因，加以解决。如不能降低偏差系数，则应增加试件数量。

最 少 试 件 数 量　　　　　　　　　　　　　　　　　　　表 3-123

土类 \ 试件数量 \ 偏差系数	<10%	10%～15%	15%～20%
细粒土	6	9	—
中粒土	6	9	13
粗粒土	—	9	13

5) 试件在规定温度下保湿养护 6d，浸水 24h 后，按《公路工程无机结合料稳定材料试验规程》JTG E51—2009 进行无侧限抗压强度试验。

6) 计算试验结果的平均值和偏差系数。

7) 根据表 3-122 的强度标准，选定合适的石灰剂量。此剂量试件室内试验结果的平均抗压强度 R 应符合式（3-63）的要求：

$$\underline{R} \geqslant R_d/(1 - Z_a C_v) \tag{3-63}$$

式中　R_d——设计抗压强度（表 3-122）；

　　　C_v——试验结果的偏差系数（以小数计）；

　　　Z_a——标准正态分布表中随保证率（或置信度 a）而变的系数，高速公路和一级公路应取保证率 95%，即 $Z_a = 1.645$；其他公路应取保证率 90%，即 $Z_a = 1.282$。

8) 工地实际采用的石灰剂量应比室内试验确定的剂量多 0.5%～1.0%。
采用集中厂拌法施工时，可只增加 0.5%；采用路拌法施工时，宜增加 1%。

9) 石灰稳定不含黏性土的级配碎石、未筛分碎石和级配砂砾用做高级沥青路面的基层时，碎石和砂砾的颗粒组成应符合级配碎石或未筛分碎石或级配砾石的级配范围，并应添加黏性土。石灰和所加土的总质量与碎石或砂砾的质量比宜为 1∶4～1∶5，即碎石或砾石在混合料中的质量应不少于80%。

10）综合稳定土的组成设计与上述步骤相同。

3. 石灰工业废渣稳定土

（1）一般规定

1）石灰工业废渣稳定土的7d浸水抗压强度应符合表3-124二灰混合料的抗压强度标准的规定。

二灰混合料的抗压强度标准　　　　　　　表3-124

层位 \ 公路等级	高速公路和一级公路	二级和二级以下公路
基层（MPa）	0.8～1.1①	0.6～0.8
底基层（MPa）	≥0.6	≥0.5

①设计累计标准轴次小于$12×10^6$的高速公路用低限值；设计累计标准轴次大于$12×10^6$的高速公路用中值；主要行驶重载车辆的高速公路用高限值。对于具体一条高速公路，应根据交通状况采用某一强度标准。

2）石灰工业废渣稳定土的组成设计应根据表3-124的强度标准，通过试验选取最适宜于稳定的土，确定石灰与粉煤灰或石灰与煤渣的比例，确定石灰粉煤灰或石灰煤渣与土的质量比例，确定混合料的最佳含水量。

3）对于CaO含量2%～6%的硅铝粉煤灰，采用石灰粉煤灰做基层或底基层时，石灰与粉煤灰的比例可以是1∶2～1∶9。

4）采用二灰土做基层或底基层时，石灰与粉煤灰的比例可用1∶2～1∶4（对于粉土，以1∶2为宜），石灰粉煤灰与细粒土的比例可以是30∶70❶～90∶10。

5）采用二灰级配集料做基层时，石灰与粉煤灰的比例可用1∶2～1∶4，石灰粉煤灰与集料的比应是20∶80～15∶85。

6）采用石灰煤渣做基层或底基层时，石灰与煤渣的比例可用20∶80～15∶85。

7）采用石灰煤渣土做基层或底基层时，石灰与煤渣的比例可选用1∶1～1∶4，石灰煤渣与细粒土的比例可以是1∶1～1∶4。混合料中石灰不应少于10%，或通过试验选取强度较高的配合比。

8）采用石灰煤渣集料做基层或底基层时，石灰∶煤渣∶集料可选用

（7～9）∶（26～33）∶（67～58）。

9）为提高石灰工业废渣的早期强度，可外加1%～2%的水泥。

10）各种混合料的各项试验应按《公路工程无机结合料稳定材料试验规程》JTG E51—2009进行。

（2）混合料的设计步骤

1）制备不同比例的石灰粉煤灰混合料（如10∶90，15∶85，20∶80，25∶75，30∶70，35∶65，40∶60，45∶55和50∶50），确定其各自的最佳含水量和最大干密度，确定同一龄期和同一压实度试件的抗压强度，选用强度最大时的石灰粉煤灰比例。

2）根据上款所得的二灰比例，制备同一种土样的4～5种不同配合比的二灰土或二灰级配集料。其配合比宜位于二灰土或二灰级配集料配合比所列范围内。

---

❶ 采用此比例时，石灰与粉煤灰之比宜为1∶2～1∶3。

3) 确定各种二灰土或二灰级配集料的最佳含水量和最大干密度（用重型击实试验法）。

4) 按规定达到的压实度，分别计算不同配合比时二灰土、二灰级配集料试件应有的干密度。

5) 按最佳含水量和计算得的干密度制备试件。进行强度试验时，作为平行试验的试件数量应符合表 3-125 中的规定。如试验结果的偏差系数大于表中规定的值，则应重做试验，并找出原因，加以解决。如不能降低偏差系数，则应增加试件数量。

最 少 试 件 数 量　　　　　　　　　表 3-125

土类 \ 偏差系数	<10%	10%～15%	15%～20%
细粒土	6	9	—
中粒土	6	9	13
粗粒土	—	9	13

6) 试件在规定温度下保湿养护 6d，浸水 24h 后，按《公路工程无机结合料稳定材料试验规程》JTG E51—2009 进行无侧限抗压强度试验。

7) 计算试验结果的平均值和偏差系数。

8) 根据表 3-124 的强度标准，选定混合料的配合比。在此配合比下试件室内试验结果的平均抗压强度 $\bar{R}$ 应符合式（3-64）的要求：

$$\bar{R} \geqslant R_d/(1-Z_a C_v) \tag{3-64}$$

式中　R_d——设计抗压强度（表 3-124）；

C_v——试验结果的偏差系数（以小数计）；

Z_a——标准正态分布表中随保证率(或置信度 a)而变的系数，高速公路和一级公路应取保证率 95%，即 $Z_a=1.645$；其他公路应取保证率 90%，即 $Z_a=1.282$。

9) 石灰煤渣混合料的设计可参照上述石灰粉煤灰混合料的设计步骤。

3.3.3.3　试验路段

1. 在底基层和基层正式开工之前，应铺筑试验段。
2. 应通过铺筑无结合料的集料基层试验段，确定以下主要项目：

(1) 用于施工的集料配合比例。

(2) 材料的松铺系数。

(3) 确定标准施工方法：

1) 集料数量的控制；

2) 集料摊铺方法和适用机具；

3) 合适的拌合机械、拌合方法、拌合深度和拌合遍数；

4) 集料含水量的增加和控制方法；

5) 整平和整形的合适机具和方法；

6) 压实机械的选择和组合，压实的顺序、速度和遍数；

7) 拌合、运输、摊铺和碾压机械的协调和配合；

8) 密实度的检查方法，初定每一作业段的最小检查数量。

（4）确定每一作业段的合适长度。

（5）确定一次铺筑的合适厚度。

3. 通过铺筑水泥稳定土、石灰稳定土和石灰工业废渣稳定土基层试验段，除确定第 3.3.3.3 条第 2 款所列者外，还应确定控制结合料数量和拌合均匀性的方法。

对于水泥稳定土基层，还包括通过严密组织拌合、洒水、整形、碾压等工序，缩短延迟时间，规定允许的拌合时间。

3.3.3.4 各种基层和底基层

各种基层和底基层的种类包括有：水泥稳定土、石灰稳定土、石灰工业废渣稳定土、级配碎石、级配砾石及填隙碎石等。

1. 水泥稳定土

（1）一般规定

1）按照土中单个颗粒的粒径大小和组成，将土分为细粒土、中粒土和粗粒土 3 种。

2）水泥剂量以水泥质量占全部粗细土颗粒（即砾石、砂粒、粉粒和粘粒）的干质量的百分率表示，即水泥剂量＝水泥质量/干土质量。

3）水泥稳定土可适用于各级公路的基层和底基层，但水泥土不得用做二级和二级以上公路高级路面的基层。

4）水泥稳定中粒土和粗粒土用做基层时，水泥剂量不宜超过 6%。必要时，应首先改善集料的级配，然后用水泥稳定。

在只能使用水泥稳定细粒土做基层时或水泥稳定集料的强度要求明显大于规定时，水泥剂量不受此限制。

5）水泥稳定土结构层宜在春末和气温较高季节组织施工。施工期的日最低气温应在 5℃ 以上，在有冰冻的地区，并应在第 1 次重冰冻（−3～−5℃）到来之前半个月到一个月完成。

6）在雨期施工水泥稳定土，特别是水泥土结构层时，应特别注意气候变化，勿使水泥和混合料遭雨淋。降雨时应停止施工，但已经摊铺的水泥混合料应尽快碾压密实。路拌法施工时，应采取措施排除下承层表面的水，勿使运到路上的集料过分潮湿。

7）水泥稳定土结构层施工时，应遵守下列规定：

a. 土块应尽可能粉碎，土块最大尺寸不应大于 15mm。

b. 配料应准确。

c. 路拌法施工时水泥应摊铺均匀。

d. 洒水、拌合均匀。

e. 应严格控制基层厚度和高程，其路拱横坡应与面层一致。

f. 应在混合料处于或略大于最佳含水量（气候炎热干燥时，基层混合料可大 1%～2%）时进行碾压，直到达到下列按重型击实试验法确定的要求压实度（最低要求）。

基层：

高速公路和一级公路，98%。

二级和二级以下公路：

水泥稳定中粒土和粗粒土，97%；

水泥稳定细粒土，93%。

底基层：

高速公路和一级公路：

水泥稳定中粒土和粗粒土，97%；

水泥稳定细粒土，95%。

二级和二级以下公路：

水泥稳定中粒土和粗粒土，95%；

水泥稳定细粒土，93%。

由于当前有多种大能量压路机，宜提高压实度1%～2%。

g. 水泥稳定土结构层应用12t以上的压路机碾压。用12～15t三轮压路机碾压时，每层的压实厚度不应超过15cm；用18～20t三轮压路机和振动压路机碾压时，每层的压实厚度不应超过20cm；对于水泥稳定中粒土和粗粒土，采用能量大的振动压路机碾压时，或对于水泥稳定细粒土，采用振动羊足碾与三轮压路机配合碾压时，每层的压实厚度可以根据试验适当增加；压实厚度超过上述规定时，应分层铺筑，每层的最小压实厚度为10cm，下层宜稍厚。对于稳定细粒土，以及用摊铺机摊铺的混合料，都应采用先轻型、后重型压路机碾压。

h. 路拌法施工时，必须严密组织，采用流水作业法施工，尽可能缩短从加水拌合到碾压终了的延迟时间，此时间不应超过3～4h，并应短于水泥的终凝时间。采用集中厂拌法施工时，延迟时间不应超过2h。

i. 水泥稳定土基层施工时，严禁用薄层贴补法进行找平。必须保湿养护，不使稳定土层表面干燥，也不应忽干忽湿。

j. 水泥稳定土基层上未铺封层或面层时，除施工车辆可慢速（不超过30km/h）通行外，禁止一切机动车辆通行。

8）水泥改善土的施工方法可参照水泥稳定土。

9）对于二级以下的公路，水泥稳定土基层和底基层可以采用路拌法施工。但对于二级公路，应采用专用的稳定土拌合机或使用集中拌合法制备混合料。

10）对于高速公路和一级公路，直接铺筑在土基上的底基层下层可以用稳定土拌合机进行路拌法施工，当土基上层已用石灰或固化剂处理时，底基层的下层也宜用集中拌合法拌制混合料。其上的各个稳定土层都应用集中厂拌法拌制混合料，并用摊铺机摊铺基层混合料。

11）基层分两层施工时，在铺筑上层前，应在下层顶面先撒薄层水泥或水泥净浆。

(2) 路拌法施工

1）路拌法施工水泥稳定土的工艺流程见图3-5。

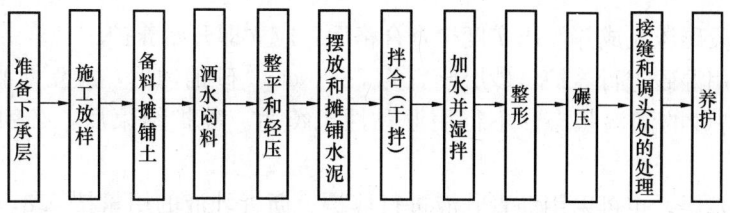

图3-5 路拌法施工水泥稳定土的工艺流程

2) 应事先通过试验确定土的松铺系数。人工摊铺混合料时，其松铺系数可按表3-126选用。

混合料松铺系数参考表　　　　　　　　表3-126

材料名称	松铺系数	备注
水泥稳定砂砾	1.30～1.35	
水泥土	1.53～1.58	现场人工摊铺土和水泥，机械拌合，人工整平

3) 洒水及拌合过程中，应及时检查混合料的含水量。含水量宜略大于最佳值。对于稳定粗粒土和中粒土，宜较最佳含水量大 0.5%～1.0%；对于稳定细粒土，宜较最佳含水量大 1%～2%。

4) 整形后，当混合料的含水量为最佳含水量（+1%～+2%）时，应立即用轻型压路机并配合 12t 以上压路机在结构层全宽内进行碾压。

(3) 中心站集中厂拌法施工

1) 对于高速公路和一级公路，应采用专用稳定土集中厂拌机械拌制混合料。集中拌合时，应符合下列要求：

 a. 土块应粉碎，最大尺寸不得大于 15mm；

 b. 配料应准确，拌合应均匀；

 c. 含水量宜略大于最佳值，使混合料运到现场摊铺后碾压时的含水量不小于最佳值；

 d. 不同粒级的碎石或砾石以及细集料（如石屑和砂）应隔离，分别堆放。

2) 当采用连接式的稳定土厂拌设备拌合时，应保证集料的最大粒径和级配符合要求。

3) 在潮湿多雨地区或其他地区的雨期施工时，应采取措施，保护集料，特别是细集料（如石屑和砂等）应有覆盖，防止雨淋。

4) 应根据集料和混合料含水量的大小，及时调整加水量。

5) 宜先用轻型两轮压路机跟在摊铺机后及时进行碾压，后用重型振动压路机、三轮压路机或轮胎压路机继续碾压密实。

(4) 养护

1) 水泥稳定土底基层分层施工时，下层水泥稳定土碾压完后，在采用重型振动压路机碾压时，宜养护 7d 后铺筑上层水泥稳定土。在铺筑上层稳定土之前，应始终保持下层表面湿润。在铺筑上层稳定土时，宜在下层表面撒少量水泥或水泥浆。底基层养护 7d 后，方可铺筑基层。

水泥稳定级配碎石（或砾石）基层分两层用摊铺机铺筑时，下层分段摊铺和碾压密实后，在不采用重型振动压路机碾压时，宜立即摊铺上层，否则在下层顶面应撒少量水泥或水泥浆。

2) 每一段碾压完成并经压实度检查合格后，应立即开始养护。

3) 宜采用湿砂进行养护，砂层厚宜为 7～10cm。砂铺匀后，应立即洒水，并在整个养护期间保持砂的潮湿状态。不得用湿黏性土覆盖。养护结束后，必须将覆盖物清除干净。

4) 对于基层，也可采用沥青乳液进行养护。沥青乳液的用量按 0.8～1.0kg/m^2（指沥青用量）选用，宜分两次喷洒。第一次喷洒沥青含量约 35% 的慢裂沥青乳液，使其能稍透入基层表层。第二次喷洒浓度较大的沥青乳液。如不能避免施工车辆在养护层上通行，应在乳液分裂后撒布 3~8mm 的小碎（砾）石，做成下封层。

5) 无上述条件时，也可用洒水车经常洒水进行养护。每天洒水的次数应视气候而定。整个养护期间应始终保持稳定土层表面潮湿，应注意表层情况，必要时，用两轮压路机压实。

6) 对于高速公路和一级公路，基层的养护期不宜少于 7d。对于二级和二级以下的公路，如养护期少 7d 即铺筑沥青面层，则应限制重型车辆通行。

7) 养护期结束后，如其上为沥青面层，应先清扫基层，并立即喷洒透层或粘层沥青。在喷洒透层或粘层沥青后，宜在上均匀撒布 5~10mm 的小碎（砾）石❶，用量约为全铺一层用量的 60%~70%。在清扫干净的基层上，也可先做下封层，以防止基层干缩开裂，同时保护基层免遭施工车辆破坏，宜在铺设下封层后的 10~30d 内开始铺筑沥青面层的底面层。如为水泥混凝土面层，也不宜让基层长期暴晒，以免开裂。

(5) 施工组织与作业段划分

1) 水泥稳定土施工时，必须采用流水作业法，使各工序紧密衔接。特别是要尽量缩短从拌合到完成碾压之间的延迟时间。

2) 应做水泥稳定土的延迟时间对其强度影响的试验，以确定合适的延迟时间。

3) 确定路拌法施工每一作业段的合理长度时，应综合考虑下列因素：

a. 水泥的终凝时间；

b. 延迟时间对混合料密实度和抗压强度的影响；

c. 施工机械和运输车辆的效率和数量；

d. 操作的熟练程度；

e. 尽量减少接缝；

f. 施工季节和气候条件。

一般情况下，当稳定土层宽 7~8m 时，每一流水作业段以 200m 为宜，但每天的第一个作业段宜稍短，可为 150m。如稳定土层较宽，则作业段应再缩短。

2. 石灰稳定土

(1) 一般规定

1) 按照土中单个颗粒的粒径大小和组成，将土分为细粒土、中粒土和粗粒土 3 种。

2) 石灰剂量以石灰质量占全部粗细土颗粒干质量的百分率表示，即石灰剂量＝石灰质量/干土质量。

3) 石灰稳定土适用于各级公路的底基层，以及二级和二级以下公路的基层，但石灰土不得用做二级公路的基层和二级以下公路高级路面的基层。

4) 在冰冻地区的潮湿路段以及其他地区的过分潮湿路段，不宜采用石灰土做基层。当只能采用石灰土时，应采取措施防止水分浸入石灰土层。

5) 石灰稳定土层应在春末和夏季组织施工。施工期的日最低气温应在 5℃以上，并应在第一次重冰冻（-3~-5℃）到来之前一个月到一个半月完成。稳定土层宜经历半月

---

❶ 如喷洒的透层沥青能透入基层，且运料车辆和面层混合料摊铺机在上行驶不会破坏沥青膜时，可以不撒小碎（砾）石。在撒小碎（砾）石的情况下，应尽早铺筑沥青面层的底面层。

以上温暖和热的气候养护。多雨地区，应避免在雨期进行石灰土结构层的施工。

6) 在雨期施工石灰稳定中粒土和粗粒土时，应采用排除表面水的措施，防止运到路上的集料过分潮湿，并应采取措施保护石灰免遭雨淋。

7) 石灰稳定土层施工时，应遵守下列规定：

a. 细粒土应尽可能粉碎，土块最大尺寸不应大于15mm。

b. 配料应准确。

c. 路拌法施工时，石灰应摊铺均匀。

d. 洒水、拌合应均匀。

e. 应严格控制基层厚度和高程，其路拱横坡应与面层一致。

f. 应在混合料处于最佳含水量或略小于最佳含水量（1%~2%）时进行碾压，直到达到下列按重型击实试验法确定的要求压实度：

基层：

二级和二级以下公路：

石灰稳定中粒土和粗粒土，97%；

石灰稳定细粒土，93%。

底基层：

高速公路和一级公路：

石灰稳定中粒土和粗粒土，97%；

石灰稳定细粒土，95%。

二级和二级以下公路：

石灰稳定中粒土和粗粒土，95%；

石灰稳定细粒土，93%。

g. 石灰稳定土结构层应用12t以上的压路机碾压。用12~15t三轮压路机碾压时，每层的压实厚度不应超过15cm；用18~20t三轮压路机和振动压路机碾压时，每层的压实厚度不应超过20cm；对于石灰稳定土，采用能量大的振动压路机碾压时，或对于石灰土，采用振动羊足碾与三轮压路机配合碾压时，每层的压实厚度可以根据试验适当增加。压实厚度超过上述规定时，应分层铺筑，每层的最小压实厚度为10cm，下层宜稍厚。对于石灰土，应采用先轻型、后重型压路机碾压。

h. 石灰稳定土层宜在当天碾压完成，碾压完成后必须保湿养护，不使稳定土层表面干燥，也不应过分潮湿。

i. 石灰稳定土层上未铺封层或面层时，禁止开放交通；当施工中断，临时开放交通时，应采取保护措施，不使基层表面遭破坏。

8) 石灰稳定土基层施工时，严禁用薄层贴补的办法进行找平。

9) 在采用石灰土做基层时，必须采取措施防止表面水透入基层，同时应经历一个月以上的温暖和热的气候养护。作为沥青路面的基层时，还应采取措施加强基层与面层的联结。

10) 石灰改善土的施工方法可按石灰稳定土执行。

11) 对于二级以下的公路，石灰稳定土基层和底基层可以采用路拌法施工。对于二级公路，应采用专用的稳定土拌合机路拌或用集中厂拌法拌制混合料。

12) 对于高速公路和一级公路，直接铺筑在土基上的底基层下层可以用专用稳定土拌合机进行路拌法施工，如土基上层已用石灰或固化剂处理，则底基层的下层也应用集中拌合法拌制混合料。其上的各个稳定土层都应用集中厂拌法拌制混合料并宜用摊铺机摊铺混合料。

(2) 路拌法施工

1) 路拌法施工石灰稳定土的工艺流程宜按图3-6的顺序进行。

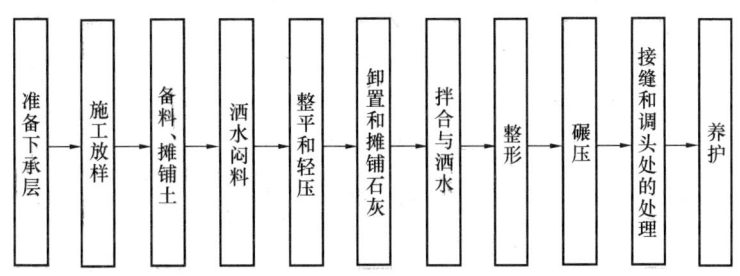

图3-6 路拌法施工石灰稳定土的工艺流程

2) 对于塑性指数小于15的黏性土，机械拌合时，可视土质和机械性能确定是否需要过筛。人工拌合时，应筛除15mm以上的土块。

3) 石灰应选择公路两侧宽敞、临近水源且地势较高的场地集中堆放。当堆放时间较长时，应覆盖封存。石灰堆放在集中拌合场地时间较长时，也应覆盖封存。

4) 生石灰块应在使用前7~10d充分消解。消解后的石灰应保持一定的湿度，不得产生扬尘，也不可过湿成团。

5) 消石灰宜过孔径10mm的筛，并尽快使用。

6) 应事先通过试验确定土的松铺系数。人工摊铺混合料松铺系数见表3-127。

人工摊铺混合料松铺系数表　　　　表3-127

材料名称	松铺系数	备注
石灰土	1.53~1.58	现场人工摊铺土和石灰，机械拌合，人工整平
	1.65~1.70	路外集中拌合，运到现场人工摊铺
石灰土砂砾	1.52~1.56	路外集中拌合，运到现场人工摊铺

(3) 中心站集中厂拌法施工

1) 对于高速公路和一级公路，应采用专用稳定土集中厂拌机械拌制混合料。集中拌合时，应符合下列要求：

a. 土块应粉碎，最大尺寸不得大于15mm；

b. 配料应准确，拌合应均匀；

c. 含水量宜略大于最佳值，使混合料运到现场摊铺后碾压时的含水量不小于最佳值；

d. 不同粒级的碎石或砾石以及细集料（如石屑和砂）应隔离，分别堆放。

2) 当采用连接式稳定土厂拌设备拌合时，应保证集料的最大粒径和级配符合要求。

3) 在潮湿多雨地区或其他地区的雨期施工时，应采取措施，保护集料，特别是细集料（如石屑和砂等）应有覆盖，防止雨淋。

4) 应根据集料和混合料含水量的大小，及时调整加水量。

5) 宜先用轻型两轮压路机跟在摊铺机后及时进行碾压，后用重型振动压路机、三轮压路机或轮胎压路机继续碾压密实。

(4) 人工沿路拌合法施工

1) 二级以下公路的小工程可以采用人工沿路拌合施工。

2) 拌合

a. 筛拌法　将土和石灰混合或交替过孔径 15mm 的筛，筛余土块应随打碎随过筛。过筛以后，适当加水，拌合到均匀为止。

b. 翻拌法　将过筛的土和石灰先干拌 1~2 遍，然后加水拌合，应不少于 3 遍，直到均匀为止。

c. 为使混合料的水分充分均匀，可在当天拌合后堆放闷料，第二天再摊铺。

3) 摊铺　将拌好的石灰土混合料按松铺厚度摊铺均匀。

(5) 养护

1) 石灰稳定土在养护期间应保持一定的湿度，不应过湿或忽干忽湿。养护期不宜少于 7d。每次洒水后，应用两轮压路机将表层压实。石灰稳定土基层碾压结束后 1~2d，当其表层较干燥（如石灰土的含水量不大于 10%，石灰粒料土的含水量为 5%~6%）时，可以立即喷洒透层沥青，然后做下封层或铺筑面层，但初期应禁止重型车辆通行。

2) 养护期结束后，在铺筑沥青面层前，应清扫基层并喷洒透层沥青或做下封层。如面层是沥青混凝土，在喷洒透层沥青后，应撒布 5~10mm 的小碎（砾）石，小碎（砾）石应均匀撒布约 60% 的面积。如喷洒的透层沥青能透入基层，其上作业车辆不会破坏沥青膜时，可以不撒小碎（砾）石。

在喷洒沥青时，石灰稳定土层的上层应比较湿润。

3) 石灰稳定土分层施工时，下层石灰稳定土碾压完成后，可以立即铺筑上一层石灰稳定土，不需专门的养护期。

(6) 其他

1) 用石灰稳定低塑性土时，施工中应掌握下列要点：

a. 宜分两阶段碾压：第一阶段，洒较多水后用履带拖拉机先压 2~3 遍，达到初步稳定；第二阶段，待水分接近最佳含水量时，再用 12t 以上压路机压实。

b. 当缺少履带拖拉机时，洒水后，先用轻型压路机碾压两遍，然后覆盖一层素土，继续用 12t 以上压路机压实，养护后，将素土层清除干净。

3. 石灰工业废渣稳定土

(1) 一般规定

1) 可利用的工业废渣包括：粉煤灰、煤渣、高炉矿渣、钢渣（已经过崩解达到稳定），及其他冶金矿渣、煤矸石等。

2) 石灰工业废渣稳定土可分为下列两大类：

a. 石灰粉煤灰类。

b. 石灰其他废渣类。

3) 石灰工业废渣稳定土可适用于各级公路的基层和底基层，但二灰、二灰土和二灰砂不应用做二级和二级以上公路高级路面的基层。

4) 石灰工业废渣混合料采用质量配合比计算，以石灰∶粉煤灰∶集料（或土）的质量比表示。

5) 石灰工业废渣稳定土宜在春末和夏季组织施工。施工期的日最低气温应在5℃以上,并应在第一次重冰冻(-3～-5℃)到来之前一个月到一个半月完成。

6) 石灰工业废渣稳定土结构层施工时,应遵守下列规定:

a. 配料应准确。

b. 石灰应摊铺均匀。

c. 洒水、拌合应均匀。

d. 应严格控制基层厚度和高程,其路拱横坡应与面层一致。

e. 应在混合料处于或略大于最佳含水量时进行碾压,直到达到下列按重型击实试验法确定的要求压实度:

基层:

高速公路和一级公路❶,98%。

二级和二级以下公路:

稳定中粒土和粗粒土,97%;

稳定细粒土,93%。

底基层:

高速公路和一级公路❶:

稳定中粒土和粗粒土,97%;

稳定细粒土,95%。

二级和二级以下公路:

稳定中粒土和粗粒土,95%;

稳定细粒土,93%。

f. 石灰工业废渣稳定土应用12t以上的压路机碾压。用12～15t三轮压路机碾压时,每层的压实厚度不应超过15cm;用18～20t三轮压路机和振动压路机碾压时,每层的压实厚度不应超过20cm。对于二灰级配集料,采用能量大的振动压路机碾压时,或对于二灰土,采用振动羊足碾与三轮压路机配合碾压时,每层的压实厚度可以根据试验适当增加。压实厚度超过上述规定时,应分层铺筑,每层的最小压实厚度为10cm,下层宜稍厚。对于石灰工业废渣稳定土,应采用先轻型、后重型压路机碾压。

g. 必须保湿养护,不使石灰工业废渣稳定土层表面干燥。

h. 石灰工业废渣稳定土基层上未铺封层或面层时,应封闭交通,保护表层不受破坏。当施工中断,临时开放交通时,必须采取保护措施。

7) 石灰工业废渣基层施工时,严禁用薄层贴补的办法进行找平。

8) 对于二级以下的公路,用石灰工业废渣做基层和底基层时,可以采用路拌法施工;对于二级公路,应采用专用的稳定土拌合机,或用集中厂拌法拌制混合料。

9) 对于高速公路和一级公路,直接铺筑在土基上的底基层下层可以用专用的稳定土拌合机进行路拌法施工,如土基上层已用石灰或固化剂处理,则底基层的下层也应用集中拌合法拌制混合料。其上的各个稳定土层都应用集中厂拌法拌制混合料,并应用摊铺机摊

---

❶ 由于当前有多种能量大的压路机,宜提高压实度1%～2%。

铺基层混合料。

(2) 路拌法施工

1) 路拌法施工石灰工业废渣稳定土的工艺流程见图 3-7。

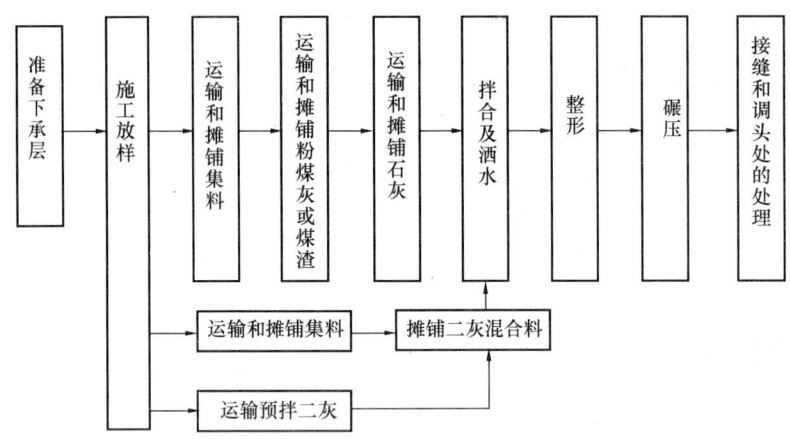

图 3-7　路拌法施工石灰工业废渣稳定土的工艺流程

2) 运到现场的粉煤灰，应含有足够的水分，防止扬尘。在干燥和多风季节，应使料堆表面保持湿润，或者覆盖。如在堆放过程中，部分粉煤灰凝结成块，使用时应将灰块打碎。

场地集中堆放的粉煤灰，应予覆盖，避免雨淋过分潮湿。

3) 在洒水拌合过程中，应及时检查混合料的含水量。水分宜大于最佳含水量1%左右。

4) 拌合过程中，要及时检查拌合深度，要使石灰工业废渣层全深都拌合均匀。拌合完成的标志是：混合料色泽一致，没有灰条、灰团和花面，没有粗细颗粒"窝"或"带"，且水分合适和均匀。

5) 对于二灰级配集料，应先将石灰和粉煤灰拌合均匀，然后均匀地摊铺在集料层上，再一起进行拌合。

6) 初步整形后，检查混合料的松铺厚度，必要时应进行补料或减料。二灰土的松铺系数约为 1.5～1.7；二灰集料的松铺系数约为 1.3～1.5；人工铺筑石灰煤渣土的松铺系数为 1.6～1.8；石灰煤渣集料的松铺系数为 1.4。用机械拌合及机械整形时，集料松铺系数约为 1.2～1.3。

(3) 中心站集中厂拌法施工

1) 石灰工业废渣混合料可以在中心站用多种机械进行集中拌合，也可用路拌机械或人工在现场进行分批集中拌合。对于高速公路和一级公路，应采用专用稳定土集中厂拌机械拌制混合料。

集中拌合时，应符合下列要求：

a. 土块最大尺寸不应大于 15mm；粉煤灰块不应大于 12mm，且 9.5mm 和 2.36mm 筛孔的通过量应分别大于 95% 和 75%。

b. 不同粒级的砾石或碎石以及细集料都应分开堆放。

c. 石灰、粉煤灰和细集料都应有覆盖,防止雨淋过湿。

d. 配料应准确,拌合应均匀。

e. 混合料的含水量应略大于最佳含水量,使混合料运到现场摊铺后碾压时的含水量能接近最佳值。

2) 石灰工业废渣稳定土的集中拌合工艺流程按图 3-8 进行。

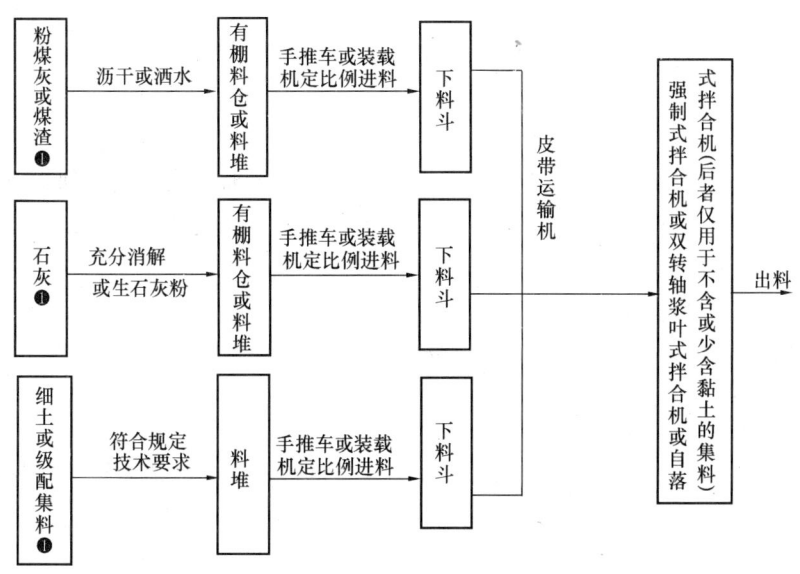

图 3-8 石灰工业废渣稳定土的集中拌合工艺流程❷

3) 拌成混合料的堆放时间不宜超过 24h,宜在当天将拌成的混合料运送到铺筑现场,不应将拌成的混合料长时间堆放。

(4) 人工沿路拌合法施工

1) 对于二级以下公路和不适宜采用机械施工的小工程,可以采用人工沿路拌合法施工。

2) 拌合

a. 筛拌法 将土、粉煤灰和石灰混合或交替过孔径 15mm 的筛,筛余土块、粉煤灰块随打碎随过筛。过筛以后,适当加水至比最佳含水量大 1%~2%,并拌合均匀。

b. 翻拌法 将过筛的土、粉煤灰或煤渣和石灰先干拌 1~2 遍,然后加水拌合均匀,不宜少于 3 遍。

c. 对于二灰集料和石灰煤渣集料,应先将石灰和粉煤灰或煤渣拌合均匀,然后再与集料一起拌合均匀。

d. 为使混合料的水分均匀,宜在当天拌合后堆放闷料,第二天再摊铺。

3) 摊铺 将拌合好的混合料按松铺厚度摊铺均匀。

---

❶ 进入下料斗的粉煤灰、石灰、土和细集料都不应潮湿。

❷ 如拌制基层用二灰级配集料,则至少应有三个集料下料斗,分装粗细集料。

(5) 养护

1) 石灰工业废渣稳定土层碾压完成后的第二天或第三天开始养护，每天洒水的次数视气候条件而定，应始终保持表面潮湿，也可用泡水养护法。对于二灰稳定粗、中粒土的基层，也可用沥青乳液和沥青下封层进行养护，养护期一般为7d。

2) 二灰层宜采用泡水养护法，养护期应为14d。

3) 在养护期间，除洒水车外，应封闭交通。

4) 对于二灰集料基层，养护期结束后，宜先让施工车辆慢速通行7～10d，磨去表面的二灰薄层，或用带钢丝刷的机械扫刷去表面的二灰薄层。清扫和冲洗干净后再喷洒透层或粘层沥青。在喷洒透层或粘层沥青后，宜撒布5～10mm的小碎（砾）石，小碎（砾）石均匀撒布约60%～70%的面积❶。然后应尽早铺筑沥青面层的底面层。

在清扫干净的基层上，也可先做下封层，防止基层干缩开裂，同时保护基层免遭施工车辆破坏。宜在铺设下封层后的10～30d内开始铺筑沥青面层的底面层。如为水泥混凝土面层，也不宜让基层长期暴晒，以免开裂。

5) 石灰工业废渣底基层分层施工时，下层碾压完毕后，可以立即铺筑上一层，不需专门的养护期。也可以养护7d后再铺筑另一层。

4. 级配碎石

(1) 一般规定

1) 用于二级和二级以上公路基层和底基层的级配碎石应用预先筛分成几组不同粒径的碎石（如37.5～19mm，19～9.5mm，9.5～4.75mm的碎石）及4.75mm以下的石屑组配而成。

2) 在其他等级公路上，级配碎石可用未筛分碎石和石屑组配而成。

3) 缺乏石屑时，可以添加细砂砾或粗砂。也可以用颗粒组成合适的含细集料较多的砂砾与未筛分碎石组配成级配碎砾石。

4) 级配碎石可用于各级公路的基层和底基层。

5) 级配碎石可用做较薄沥青面层与半刚性基层之间的中间层。

6) 当级配碎石用做二级和二级以下公路的基层时，其最大粒径应控制在37.5mm以内；当级配碎石用做高速公路和一级公路的基层以及半刚性路面的中间层时，其最大粒径宜控制在31.5mm以下。

7) 级配碎石层施工时，应遵守下列规定：

a. 颗粒组成应是一根顺滑的曲线。

b. 配料必须准确。

c. 塑性指数应符合规定。

d. 混合料必须拌合均匀，没有粗细颗粒离析现象。

e. 在最佳含水量时进行碾压，直到达到下列按重型击实试验法确定的要求压实度：

中间层，100%；

基层，98%；

---

❶ 如喷洒的透层沥青能透入基层，当运料车辆和面层混合料摊铺机在上行驶不会破坏沥青膜时，可以不撒小碎（砾）石。

底基层，96%。

f. 应使用12t以上三轮压路机碾压，每层的压实厚度不应超15~18cm。用重型振动压路机和轮胎压路机碾压时，每层的压实厚度可达20cm。

g. 级配碎石基层未洒透层沥青或未铺封层时，禁止开放交通，以保护表层不受破坏。

8）级配碎石用做半刚性路面的中间层以及用做二级以上公路的基层时，应采用集中厂拌法拌制混合料，并用摊铺机摊铺混合料。

(2) 路拌法施工

1）级配碎石路拌法施工工艺流程见图3-9。

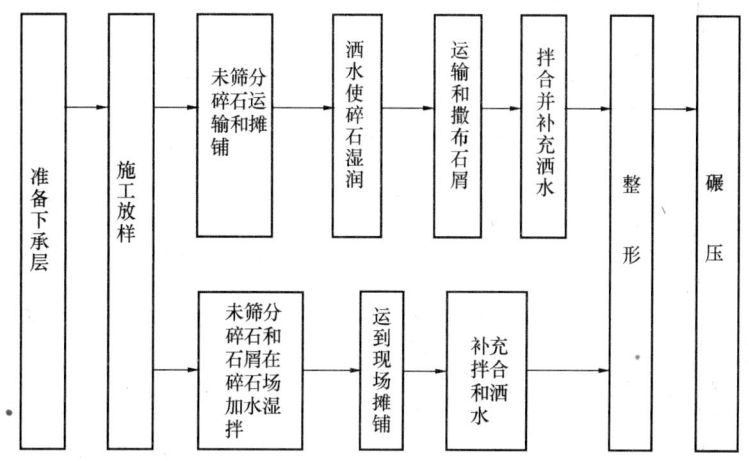

图3-9　级配碎石路拌法施工工艺流程

2）未筛分碎石的含水量较最佳含水量宜大1%左右。

3）未筛分碎石和石屑可按预定比例在料场混合，同时洒水加湿，使混合料的含水量超过最佳含水量约1%。

4）应事先通过试验确定集料的松铺系数并确定松铺厚度。人工摊铺混合料时，其松铺系数约为1.40~1.50；平地机摊铺混合料时，其松铺系数约为1.25~1.35。

5）整形后，当混合料的含水量等于或略大于最佳含水量时，立即用12t以上三轮压路机、振动压路机或轮胎压路机进行碾压。

(3) 中心站集中厂拌法施工

1）级配碎石混合料可以在中心站用多种机械进行集中拌合，如强制式拌合机、卧式双转轴桨叶式拌合机、普通水泥混凝土拌合机等。

2）对用于高速公路和一级公路的级配碎石基层和中间层，宜采用不同粒级的单一尺寸碎石和石屑，按预定配合比在拌合机内拌制级配碎石混合料。

3）不同粒级的碎石和石屑等细集料应隔离，分别堆放。

4）细集料应有覆盖，防止雨淋。

5. 级配砾石

(1) 一般规定

1）天然砂砾符合规定的级配要求，而且塑性指数在6或9以下时，可以直接用做基层。

2) 塑性指数偏大的砂砾,可加少量石灰降低其塑性指数,也可以用无塑性的砂或石屑进行掺配,使其塑性指数降低到符合要求,或塑性指数与细土(粒径小于 0.5mm 的颗粒)含量的乘积符合要求。

3) 可在天然砂砾中掺加部分碎石或轧碎砾石,以提高混合料的强度和稳定性。天然砂砾掺加部分未筛分碎石组成的混合料的强度和稳定性介于级配碎石和级配砾石之间。

4) 级配砾石可适用于轻交通的二级和二级以下公路的基层以及各级公路的底基层。

5) 级配砾石层施工时,应遵守下列规定:

a. 颗粒级配应符合规定。

b. 配料应准确。

c. 塑性指数应符合规定。

d. 混合料应拌合均匀,没有粗细颗粒离析现象。

e. 在最佳含水量时进行碾压,直到达到下列按重型击实试验法确定的要求压实度:

基层,98%;

底基层,96%。

f. 级配砾石应用 12t 以上三轮压路机碾压,每层的压实厚度不应超过 15~18cm。用重型振动压路机和轮胎压路机碾压时,每层的压实厚度不应超过 20cm。

g. 级配砾石基层未洒透层沥青或未铺封层时,禁止开放交通,以保护表层不受破坏。

(2) 施工

1) 级配砾石施工工艺流程见图 3-10。

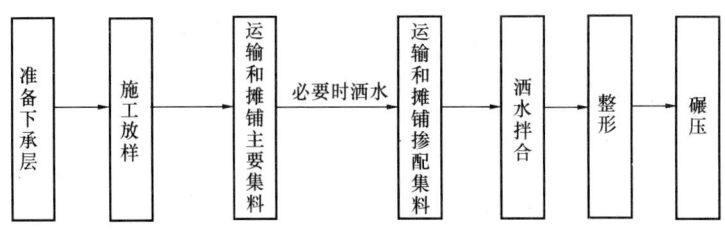

图 3-10 级配砾石施工工艺流程

2) 应通过试验确定集料的松铺系数,并确定松铺厚度。人工摊铺混合料时,其松铺系数约为 1.40~1.50;平地机摊铺混合料时,其松铺系数约为 1.25~1.35。

3) 用平地机拌合时,每一作业段的长度宜为 300~500m。一般需拌合 5~6 遍。拌合过程中,用洒水车洒足所需的水分。拌合结束时,混合料的含水量应均匀,并较最佳含水量大 1% 左右。应无粗细颗粒离析现象。

6. 填隙碎石

(1) 一般规定

1) 用单一粒径的粗碎石和石屑组成的填隙碎石可用干法施工,也可用湿法施工。干法施工的填隙碎石特别适宜于干旱缺水地区。

2) 填隙碎石的一层压实厚度,可取碎石最大粒径的 1.5~2.0 倍。

3) 缺乏石屑时,可以添加细砾砂或粗砂等细集料,但其技术性能不如石屑。

4) 填隙碎石可用于各等级公路的底基层和二级以下公路的基层。

5) 填隙碎石施工时，应遵守下列规定：

a. 细集料应干燥。

b. 应采用振动轮每米宽质量不小于1.8t的振动压路机进行碾压。填隙料应填满粗碎石层内部的全部孔隙。碾压后，表面粗碎石间的孔隙应填满，但不得使填隙料覆盖粗集料而自成一层，表面应看得见粗碎石。碾压后基层的固体体积率应不小于85%，底基层的固体体积率应不小于83%。

c. 填隙碎石基层未洒透层沥青或未铺封层时，禁止开放交通。

（2）施工

1) 填隙碎石施工工艺流程见图3-11。

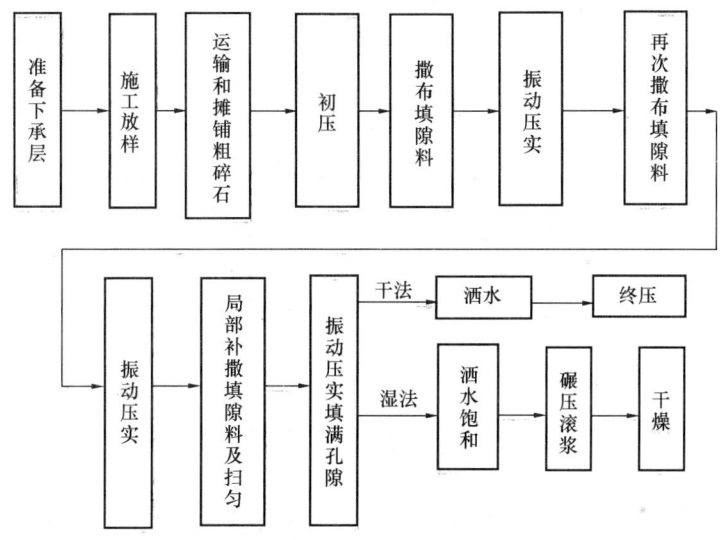

图3-11 填隙碎石施工工艺流程

2) 填隙料的用量约为粗碎石质量的30%～40%。

3) 撒铺填隙料和碾压

a. 干法施工

(a) 初压：用8t两轮压路机碾压3～4遍，使粗碎石稳定就位。

(b) 撒铺填隙料：用石屑撒布机或类似的设备将干填隙料均匀地撒铺在已压稳的粗碎石层上，松铺厚度约2.5～3.0cm。必要时，用人工或机械扫匀。

(c) 碾压：用振动压路机慢速碾压，将全部填隙料振入粗碎石间的孔隙中。

(d) 再次撒布填隙料：用石屑撒布机或类似的设备将干填隙料再次撒铺在粗碎石层上，松铺厚度约2.0～2.5cm。用人工或机械扫匀。

(e) 再次碾压：用振动压路机慢速碾压。在碾压过程中，对局部填隙料不足之处，人工进行找补。局部多余的填隙料应扫除。

(f) 再次碾压后，如表面仍有未填满的孔隙，则应补撒填隙料，并用振动压路机继续碾压，直到全部孔隙被填满为止。

如填隙碎石层上为薄沥青面层，应使粗碎石的棱角外露3～5mm。

(g) 当需分层铺筑时，应将已压成的填隙碎石层表面粗碎石外露约 5～10mm，然后在上摊铺第二层粗碎石，并按本款（a）～（f）要求施工。

(h) 填隙碎石表面孔隙全部填满后，用 12～15t 三轮压路机再碾压 1～2 遍。在碾压过程中，不应有任何蠕动现象。在碾压之前，宜在表面先洒少量水，洒水量宜为 $3kg/m^2$ 以上。

b. 湿法施工

(a) 开始工序与干法施工（a）～（f）项要求相同。

(b) 粗碎石层表面孔隙全部填满后，立即用洒水车洒水，直到饱和，但应注意避免多余水浸泡下承层。

(c) 用 12～15t 三轮压路机跟在洒水车后进行碾压。在碾压过程中，将湿填隙料继续扫入所出现的孔隙中。需要时，再添加新的填隙料。洒水和碾压应一直进行到填隙料和水形成粉砂浆为止。粉砂浆应填塞全部孔隙，并在压路机轮前形成微波纹状。

(d) 干燥：碾压完成的路段应让水分蒸发一段时间。结构层变干后，表面多余的细料以及细料覆盖层都应扫除干净。

(e) 当需分层铺筑时，应待结构层变干后，将已压成的填隙碎石层表面的填隙料扫除一些，使表面粗碎石外露 5～10mm，然后在上摊铺第二层粗碎石，并按本款（a）～（d）项要求施工。

3.3.3.5 质量管理与检查验收

1. 质量管理

(1) 施工过程中的质量管理包括外形尺寸的控制和检查以及质量控制和检查。

(2) 外形尺寸检查项目、频率和质量标准，见表 3-128。

(3) 质量控制的项目、频率和质量标准，见表 3-129。

外形尺寸检查项目、频率和质量标准　　　表 3-128

工程类别	项目		频率	质量标准	
				高速公路和一级公路	一般公路
底基层	纵断高程（mm）		二级及二级以下公路每 20m 1 点；高速公路和一级公路每 20m 1 个断面，每个断面 3～5 个点	+5，-15	+5，-20
	厚度（mm）	均值	每 1500～2000m² 6 个点	-10	-12
		单个值		-25	-30
	宽度（mm）		每 40m 1 处	0 以上	0 以上
	横坡度（%）		每 100m 3 处	±0.3	±0.5
	平整度（mm）		每 200m 2 处，每处连续 10 尺（3m 直尺）	12	15
基层	纵断高程（mm）		二级及二级以下公路每 20m 1 点；高速公路和一级公路每 20m 1 个断面，每个断面 3～5 个点	+5，-10	+5，-15
	厚度（mm）	均值	每 1500～2000m² 6 个点	-8	-15
		单个值		-10	-20
	宽度（mm）		每 40m 1 处	0 以上	0 以上
	横坡度（%）		每 100m 3 处	±0.3	±0.5
	平整度（mm）		每 200m 2 处，每处连续 10 尺（3m 直尺）	8	12
			连续式平整度仪的标准差（mm）	3.0	—

质量控制的项目、频率和质量标准   表 3-129

工程类别	项目		频率	质量标准
无结合料底基层	含水量		据观察，异常时随时试验	在规范规定范围内
	级配		据观察，异常时随时试验	在规范规定范围内
	拌合均匀性		随时观察	无粗细集料离析现象
	压实度		每一作业段或不大于 2000m² 检查 6 次以上	96% 以上，填隙碎石以固体体积率表示，不小于 83%
	塑性指数		每 1000m² 1 次，异常时随时试验	小于规范规定值
	承载比		每 3000m² 1 次，据观察，异常时随时增加试验	不小于规范规定值
	弯沉值检验		每一评定段(不超过 1km)每车道 40~50 个测点	95%(二级及二级以下公路)或 97.7%(高速公路和一级公路)概率的上波动界限不大于计算得的容许值①
无结合料基层	含水量		据观察，异常时随时试验	在规范规定范围内
	级配		每 2000m² 1 次	在规范规定范围内
	拌合均匀性		随时观察	无粗细集料离析现象
	压实度		每一作业段或不大于 2000m² 检查 6 次以上	级配集料基层 98%，中间层 100%，填隙碎石固体体积率 85%
	塑性指数		每 1000m² 1 次，异常时随时试验	小于规范规定值
	集料压碎值		据观察，异常时随时试验	不超过规范规定值
	承载比		每 3000m² 1 次，据观察，异常时随时增加试验	不小于规范规定值
	弯沉值检验		每一评定段(不超过 1km)每车道 40~50 个测点	95%(二级及二级以下公路)或 97.7%(高速公路和一级公路)概率的上波动界限不大于计算得的容许值①
水泥或石灰稳定土及综合稳定土	级配		每 2000m² 1 次	在规范规定范围内
	集料压碎值		据观察，异常时随时试验	不超过规范规定值
	水泥或石灰剂量		每 2000m² 1 次，至少 6 个样品，用滴定法或用直读式测钙仪试验，并与实际水泥或石灰用量校核	不小于设计值 −1.0%
	含水量	水泥稳定土	据观察，异常时随时试验	在规范规定范围内
		石灰稳定土		
	拌合均匀性		随时观察	无灰条、灰团，色泽均匀，无离析现象
	压实度	稳定细粒土	每一作业段或不大于 2000m² 检查 6 次以上	二级及二级以下公路 93% 以上，高速公路和一级公路 95% 以上
		稳定中粒土和粗粒土		二级及二级以下公路的底基层 95%，基层 97%；高速公路和一级公路的底基层 96%，基层 98%
	抗压强度		稳定细粒土，每一作业段或每 2000m² 6 个试件；稳定中粒土和粗粒土，每一作业段或每 2000m² 6 个或 9 个试件	符合规范规定要求

续表

工程类别	项 目		频 率	质 量 标 准
石灰工业废渣稳定土	延迟时间		每个作业段1次	不超过规范规定
	配合比		每2000m² 1次	石灰剂量不小于设计值−1%（当石灰剂量少于4%时，为不小于设计值−0.5%）以内
	级配		每2000m² 1次	在规范规定范围内
	含水量		据观察，异常时随时试验	最佳含水量±1%（二灰土为±2%）
	拌合均匀性		随时观察	无灰条、灰团，色泽均匀，无离析现象
	压实度	二灰土	每一作业段或不大于2000m²检查6次以上	二级及二级以下公路93%以上，高速公路和一级公路95%以上
		其他含粒料的石灰工业废渣		二级及二级以下公路底基层95%或93%，基层97%以上；高速公路和一级公路底基层97%或95%，基层98%以上
	抗压强度		稳定细粒土，每一作业段或每2000m² 6个试件；稳定中粒土和粗粒土，每一作业段或每2000m² 6个或9个试件	符合规定要求

①弯沉值按附录16计算。

（4）对于无机结合料稳定基层，应取钻件（俗称路面芯样）检验其整体性。水泥稳定基层的龄期7～10d时，应能取出完整的钻件。二灰稳定基层的龄期20～28d时，应能取出完整的钻件。

如果路面钻机取不出水泥稳定基层或二灰稳定基层的完整钻件，则应找出不合格基层的界限，进行返工处理。

2. 检查验收

（1）检查验收的目的是判定完成的路面结构层是否满足设计文件与施工规范的要求。检查内容包括工程竣工后的外形和质量。

（2）判定路面结构层质量是否合格（即满足要求）时，以1km长的路段为评定单位。采用大流水作业法施工时，也可以每天完成的段落为评定单位。

（3）检查施工原始记录，对上述检查内容进行初步评定。

（4）进行抽样检查。抽样必须是随机的，不能带有任何倾向性。压实度、厚度、水泥（石灰）剂量检测样品、制强度试件样品等的现场随机取样位置的确定应按《公路路面基层施工技术规范》JTJ 034—2000附录B的方法进行。

（5）竣工工程外形的检查项目、频率和质量标准值，见表3-130。

竣工工程外形的检查项目、频率和质量标准值　　　表3-130

工程类别	项 目	频 率	质量标准	
			高速公路和一级公路	二级和二级以下公路
路基	高程（mm）	每200m，4点	+10，−15	+10，−20
	宽度（mm）	每200m，4个断面	不小于设计值	不小于设计值
	横坡度（%）	每200m，4个断面	±0.5	±0.5
	平整度（mm）	每200m，2处，每处连续10尺（3m直尺）	≤15	≤20

续表

工程类别	项目		频率	质量标准	
				高速公路和一级公路	二级和二级以下公路
底基层	高程（mm）		每200m，4点	+5，−15	+5，−20
	厚度（mm）	均值	每200m，每车道1点	−10	−12
		单个值		−25	−30
	宽度（mm）		每200m，4个断面	0以上	0以上
	横坡度（%）		每200m，4个断面	±0.3	±0.5
	平整度（mm）		每200m，2处，每处连续10尺	12	15
基层	高程（mm）		每200m，4点	+5，−10	+5，−15
	厚度（mm）	均值	每200m，每车道1点	−8	−10
		单个值		−15	−20
	宽度（mm）		每200m，4个断面	0以上	0以上
	横坡度（%）		每200m，4个断面	±0.3	±0.5
	平整度（mm）		每200m，2处，每处连续10尺	8	12
			连续式平整度仪的标准差（mm）	3.0	—

厚度检查后，应按式（3-65）和式（3-66）分别计算其平均值 $\overline{X}$ 和标准差 S：

$$\overline{X} = \frac{X_1 + X_2 + \cdots + X_n}{n} \tag{3-65}$$

$$S = \sqrt{\frac{(X_1 - \overline{X})^2 + (X_2 - \overline{X})^2 + \cdots (X_n - \overline{X})^2}{n-1}} \tag{3-66}$$

式中 X_1、X_2、…、X_n——每次检查得的厚度值；

n——检查数量。

按式（3-67）计算算术平均值的下置信限 $\overline{X}_L$：

$$\overline{X}_L = \overline{X} - t_\alpha \frac{S}{\sqrt{n}} \tag{3-67}$$

式中 t_α——t分布表中随自由度和保证率（或置信度 α）而变的系数，对高速公路和一级公路应取保证率99%，对其他公路可取保证率95%。

厚度平均值的下置信限（$\overline{X}_L$）应不小于设计厚度减去均值允许误差。

（6）应按表3-131质量合格标准值对工程质量进行检查验收。

质量合格标准值 表3-131

工程类别	检查项目	检查数量	标准值	极限低值
路基	压实度	200m，4处（灌砂法）	重型压实标准，二级和二级以下公路93%以上，高速公路和一级公路不小于95%	二级和二级以下公路88%，高速公路和一级公路90%
	碾压检验[①]	全面，随时	无"弹簧"现象	
	弯沉值[②]	每一评定段（不超过1km）每车道40~50个测点[③]	按附录16所得的弯沉标准值	

续表

工程类别	检查项目	检查数量	标准值	极限低值
无结合料底基层	压实度	6~10③ 处	96%	92%
	弯沉值②	每车道40~50个测点③	按附录16所得的弯沉标准值	
级配碎石（或砾石）	压实度	6~10 处③	基层 98%	94%
			底基层 96%	92%
	颗粒组成	2~3③	规定级配范围	
	弯沉值②	每车道40~50个测点③	按附录16所得的弯沉标准值	
填隙碎石	压实度（固体体积率）	6~10 处③	基层 85%	82%
			底基层 83%	80%
	弯沉值②	每车道40~50个测点③	按附录16所得的弯沉标准值	
水泥土、石灰土、二灰、二灰土	压实度	6~10 处③	93%（95%）	89%（91%）
	水泥或石灰剂量（%）	3~6 处③	设计值	水泥 1.0% 石灰 2.0%
水泥稳定土、石灰稳定土、石灰工业废渣稳定土	压实度	6~10 处③	基层 98%（97%）	94%（93%）
			底基层 96%（95%）	92%（91%）
	颗粒组成	2~3③	规定级配范围	
	水泥或石灰剂量（%）	3~6 处③	设计值	设计值－1.0%

① 对于路基，碾压检验是最重要的。用重型压路机在准备验收的路基上错轮碾压3~4遍，能暴露潜在的薄弱位置，以便及时进行必要的处理。
② 按附录16计算得的弯沉值即是极限高值。
③ 以每天完成段落为评定单位时，检查数量可取低值，以1km为评定单位时，检查数量应取高值。

(7) 测量弯沉后，考虑一定保证率测量值的上波动界限按式 (3-68) 计算：

$$L_r = \underline{L} + Z_a S \tag{3-68}$$

式中 L_r——测量值的上波动界限（即代表弯沉值）；

$\underline{L}$——标准车测得的弯沉的平均值；

Z_a——与要求保证率有关的系数，高速公路和一级公路可取 $Z_a=2.0$；二级公路取 $Z_a=1.645$；二级以下公路取 $Z_a=1.5$。

在计算观测值的平均值和标准差时，可将超出 $[\underline{L}\pm(2\sim3)S]$ 的弯沉特异值舍弃。舍弃后，计算得的代表弯沉值应不大于容许的弯沉值。

对舍弃的弯沉值过大的点，应找出其周围界限，并进行局部处理。

压实度检查后，其下置信限 K_L 应不小于标准值 K_d（参看公式 (3-67)）。

水泥或石灰剂量测定后，其下置信限应不小于设计值。对超出极限值的点，应找出其范围并进行局部处理。

3.4 试验检测项目、检测方法、频率及评定要求

3.4.1 试验检测项目

3.4.1.1 水泥混凝土面层

1. 原材料

(1) 水泥的试验检测项目有：细度、标准稠度用水量、凝结时间、安定性、抗折强度、抗压强度、温度、水化热、f-CaO、MgO、SO_3 含量、铝酸三钙、铁铝酸四钙、干缩率、耐磨性、碱度、混合材料种类及数量等。

(2) 粉煤灰的试验检测项目有：活性指数、细度、烧失量、需水量比及 SO_3 含量等。

(3) 粗集料的试验检测项目有：级配、超径颗粒含量、表观密度、堆积密度、空隙率、含泥量、泥块含量、针片状、坚固性、岩石抗压强度、压碎指标、碱集料反应及含水量等。

(4) 细集料的试验检测项目有：级配、细度模数、表观密度、堆积密度、空隙率、含泥量、泥块、石粉含量、坚固性、云母含量、轻物质与有机物含量、含盐量（硫酸盐、氯盐）及含水量等。

(5) 外加剂的试验检测项目有：减水剂减水率、液体外加剂含固量和相对密度、粉状外加剂的不溶物含量、引气剂引气量、气泡细密程度和稳定性等。

(6) 钢纤维的试验检测项目有：抗拉强度、弯折性能、长度、长径比、形状、杂质、质量及其偏差等。

(7) 养护剂的试验检测项目有：有效保水率、抗压强度比、耐磨性、耐热性、膜水溶性、含固量、成膜时间等。

(8) 水的试验检测项目有：pH 值、含盐量、硫酸根及杂质含量等。

(9) 钢筋的试验检测项目有：屈服强度、抗拉强度、延伸率及冷弯等。

2. 水泥混凝土拌合物

水泥混凝土拌合物的试验检测项目有：水灰比及稳定性、坍落度及其均匀性、坍落度损失率、振动黏度系数、钢纤维体积率、含气量、泌水率、视密度、温度、凝结时间、水化发热量、离析、压实度、松铺系数、VC 值及稳定性等。

3. 水泥混凝土面层

(1)《公路工程质量检验评定标准 第一册 土建工程》JTG F80/1—2004 的规定：水泥混凝土面层实测项目，见表 3-132。

水泥混凝土面层实测项目　　　　表 3-132

项次	检查项目		规定值或允许偏差		检查方法和频率
			高速公路 一级公路	其他公路	
1	弯拉强度（MPa）		在合格标准之内		按附录 11 检查
2	板厚度 （mm）	代表值	−5		按附录 12 检查，每 200m 每车道 2 处
		合格值	−10		

续表

项次	检查项目		规定值或允许偏差		检查方法和频率
			高速公路 一级公路	其他公路	
3	平整度	σ (mm)	1.2	2.0	平整度仪；全线每车道连续检测，每100m计算σ、IRI
		IRI (m/km)	2.0	3.2	
		最大间隙 h (mm)	—	5	3m 直尺：半幅车道板带每200m测2处×10尺
4	抗滑构造深度（mm）		一般路段不小于0.7且不大于1.1；特殊路段不小于0.8且不大于1.2	一般路段不小于0.5且不大于1.0；特殊路段不小于0.6且不大于1.1	铺砂法：每200m测1处
5	相邻板高差（mm）		2	3	抽量：每条胀缝2点；每200m抽纵、横缝各2条，每条2点
6	纵、横缝顺直度（mm）		10		纵缝20m拉线，每200m 4处；横缝沿板宽拉线，每200m 4条
7	中线平面偏位（mm）		20		经纬仪：每200m，测4点
8	路面宽度（mm）		±20		抽量：每200m，测4处
9	纵断高程（mm）		±10	±15	水准仪：每200m，测4断面
10	横坡（%）		±0.15	±0.25	水准仪：每200m，测4断面

注：表中 σ 为平整度仪测定的标准差；IRI 为国际平整度指数；h 为3m直尺与面层的最大间隙。

(2)《公路水泥混凝土路面施工技术规范》JTG F30—2003 的规定：水泥混凝土路面的实测项目有：弯拉强度、板厚度、平整度（σ、IRI、Δh）、抗滑构造深度、相邻板高差、连接摊铺纵缝高差、接缝顺直度、中线平面偏位、路面宽度、纵断高程、横坡度、断板率、脱皮印痕裂纹露石缺边掉角、路缘石顺直度和高度、灌缝饱满度、切缝深度、胀缝表面缺陷、胀缝板（连浆、倾斜、弯曲和位移）、传力杆偏斜等。

3.4.1.2 沥青及沥青混凝土面层

1. 原材料

(1) 粗集料的试验检测项目有：外观（石料品种、含泥量等）、针片状颗粒含量、颗粒组成（筛分）、压碎值、磨光值、洛杉矶磨耗值及含水量等。

(2) 细集料的试验检测项目有：颗粒组成（筛分）、砂当量、含水量及松方单位重等。

(3) 矿粉的试验检测项目有：外观、<0.075mm含量及含水量等。

(4) 石油沥青的试验检测项目有：针入度、软化点、延度及含蜡量等。

(5) 改性沥青的试验检测项目有：针入度、软化点、离析试验（对成品改性沥青）、低温延度、弹性恢复及显微镜观察（对现场改性沥青）等。

(6) 乳化沥青的试验检测项目有：蒸发残留物含量、蒸发残留物针入度等。

(7) 改性乳化沥青的试验检测项目有：蒸发残留物含量、蒸发残留物针入度、蒸发残留物软化点及蒸发残留物的延度等。

2. 热拌沥青混合料

热拌沥青混合料的试验检测项目有：混合料外观、拌合温度（沥青、集料的加热温度及混合料出厂温度）、矿料级配（筛孔）（0.075mm、≤2.36mm、≥4.75mm）、沥青用量（油石比）、马歇尔试验（空隙率、稳定度、流值）、浸水马歇尔试验及车辙试验等。

3. 沥青混凝土面层和沥青碎（砾）石面层

(1)《公路工程质量检验评定标准 第一册 土建工程》JTG F80/1—2004 的规定：沥青混凝土面层和沥青碎（砾）石面层实测项目，见表3-133。

沥青混凝土面层和沥青碎（砾）石面层实测项目　　表3-133

项次	检查项目		规定值或允许偏差		检查方法和频率
			高速公路、一级公路	其他公路	
1	压实度（%）		实验室标准密度的96%（*98%）；最大理论密度的92%（*94%）；试验段密度的98%（*99%）		按附录6检查,每200m,测1处
2	平整度	σ（mm）	1.2	2.5	平整度仪：全线每车道连续按每100m计算 IRI 或 σ
		IRI（m/km）	2.0	4.2	
		最大间隙 h（mm）	—	5	3m 直尺：每200m测2处×10尺
3	弯沉值（0.01mm）		符合设计要求		按附录7检查
4	渗水系数		SMA 路面 200mL/min；其他沥青混凝土路面 300mL/min	—	渗水试验仪：每200m测1处
5	抗滑	摩擦系数	符合设计要求	—	摆式仪：每200m测1处；横向力系数测定车：全线连续，按附录15评定
		构造深度			铺砂法：每200m测1处
6	厚度（mm）	代表值	总厚度：-5%H 上面层：-10%h	-8%H	按附录12检查，双车道每200m测1处
		合格值	总厚度：-10%H 上面层：-20%h	-15%H	
7	中线平面偏位（mm）		20	30	经纬仪：每200m,测4点
8	纵断高程（mm）		±15	±20	水准仪：每200m,测4断面
9	宽度（mm）	有侧石	±20	±30	尺量：每200m,测4断面
		无侧石	不小于设计		
10	横坡（%）		±0.3	±0.5	水准仪：每200m,测4处

注：1. 表内压实度可选用其中的1个或2个标准，选用两个标准时，以合格率低的作为评定结果。
　　2. 带*号者是指SMA路面，其他为普通沥青混凝土路面。
　　3. 表列厚度仅规定负允许偏差。H为沥青层设计总厚度（mm），h为沥青上面层设计厚度（mm）。

(2)《公路沥青路面施工技术规范》JTG F40—2004 的规定：热拌沥青混合料路面的实测项目有：外观、厚度（面层总厚度、上面层厚度）、压实度、路表平整度（标准差 σ、IRI、最大间隙）、路表渗水系数、宽度（有侧石、无侧石）、纵断面高程、中线偏位、横坡度、弯沉（回弹弯沉、总弯沉）、构造深度、摩擦系数摆值及横向力系数等。

4. 沥青贯入式面层

(1)《公路工程质量检验评定标准 第一册 土建工程》JTG F80/1—2004 的规定：沥青贯入式面层实测项目，见表3-134。

沥青贯入式面层实测项目 表3-134

项次	检查项目		规定值或允许偏差	检查方法和频率
1	平整度	σ（mm）	3.5	平整度仪：全线每车道连续按每100m计算 IRI 或 σ
		IRI（m/km）	5.8	
		最大间隙 h（mm）	8	3m 直尺：每200m测2处×10尺
2	弯沉值（0.01mm）		符合设计要求	按附录7检查
3	厚度（mm）	代表值	$-8\%H$ 或 -5mm	按附录12检查 每200m每车道1点
		合格值	$-15\%H$ 或 -10mm	
4	沥青用量（kg/m²）		±0.5%	每工作日每层洒布查1次
5	中线平面偏位（mm）		30	经纬仪：每200m，测4点
6	纵断高程（mm）		±20	水准仪：每200m，测4断面
7	宽度（mm）	有侧石	±30	尺量：每200m，测4处
		无侧石	不小于设计	
8	横坡（%）		±0.5	水准仪：每200m，测4断面

注：1. 当设计厚度≥60mm 时，按厚度百分率控制；当设计厚度<60mm 时，按厚度不足的毫米数控制。H 为厚度（mm）。

2. 沥青用量按《公路路基路面现场测试规程》JTG E60—2008 中 T0892 的方法，每个工作日每层洒布沥青检查一次，并计算同一路段的单位面积的总沥青用量。

(2)《公路沥青路面施工技术规范》JTG F40—2004 的规定：沥青贯入式路面的实测项目有：外观、厚度、路表平整度（标准差 σ、IRI、最大间隙）、宽度（有侧石、无侧石）、纵断面高程、横坡度、沥青用量及矿料用量等。

5. 沥青表面处治面层

(1)《公路工程质量检验评定标准 第一册 土建工程》JTG F80/1—2004 的规定：沥青表面处治面层实测项目，见表3-135。

沥青表面处治面层实测项目 表3-135

项次	检查项目		规定值或允许偏差	检查方法和频率
1	平整度	σ（mm）	4.5	平整度仪：全线每车道连续按每100m计算 IRI 或 σ
		IRI（m/km）	7.5	
		最大间隙 h（mm）	10	3m 直尺：每200m测2处×10尺

续表

项次	检查项目		规定值或允许偏差	检查方法和频率
2	弯沉值（0.01mm）		符合设计要求	按附录7检查
3	厚度（mm）	代表值	−5	按附录12检查；每200m每车道1点
		合格值	−10	
4	沥青用量（kg/m²）		±0.5%	每工作日每层洒布查1次
5	中线平面偏位（mm）		30	经纬仪：每200m，测4点
6	纵断高程（mm）		±20	水准仪：每200m，测4断面
7	宽度（mm）	有侧石	±30	尺量：每200m，测4处
		无侧石	不小于设计	
8	横坡（%）		±0.5	水准仪：每200m，测4断面

注：沥青用量按《公路路基路面现场测试规程》JTG E60—2008中T0892的方法，每个工作日每层洒布沥青检查一次，并计算同一路段的单位面积的总沥青用量。

（2）《公路沥青路面施工技术规范》JTG F40—2004的规定：沥青表面处治的实测项目有：外观、厚度、路表平整度（标准差σ、IRI、最大间隙）、宽度（有侧石、无侧石）、纵断面高程、横坡度、沥青用量及矿料用量等。

6. 沥青路面稀浆封层

沥青路面稀浆封层的实测项目有：平均厚度、渗水系数、路表构造深度、路面摩擦系数摆值及横向力系数等。

7. 行人道路沥青面层

行人道路沥青面层的实测项目有：厚度、路表平整度（最大间隙）（沥青混凝土、其他沥青面层）、宽度及横坡度等。

8. 桥面沥青铺装

桥面沥青铺装的实测项目有：厚度、路表平整度（标准差、最大间隙）、宽度、压实度、横坡及其他等。

9. 路缘石及止水带

路缘石及止水带的实测项目有：直顺度、预制块相邻块高差、预制块相邻缝宽、立式路缘石顶面高程、水泥混凝土路缘石的预制块强度及沥青混凝土拦水带的压实度等。

3.4.1.3 基层和底基层

1. 原材料

（1）土的试验检测项目有：含水量、液塑限、有机质含量及硫酸盐含量等。

（2）砂砾、碎石等集料的试验检测项目有：含水量、颗粒分析、液塑限、相对毛体积密度、吸水率及压碎值等。

（3）石灰的试验检测项目有：细度、未消化残渣含量、有效氧化钙、氧化镁及密度等。

（4）粉煤灰的试验检测项目有：细度、比表面积、密度、二氧化硅含量、氧化铁含量、氧化铝含量及烧失量等。

（5）水泥的试验检测项目有：物理力学性能。

2. 无机结合料稳定材料

无机结合料稳定材料的试验检测项目有：击实试验、承载比、无侧限抗压强度、延迟时间及水泥或石灰剂量等。

3. 各种基层和底基层

（1）水泥稳定土

1）水泥土基层和底基层

水泥土基层和底基层实测项目，见表 3-136。

水泥土基层和底基层实测项目　　表 3-136

项次	检查项目		规定值或允许偏差				检查方法和频率
			基层		底基层		
			高速公路一级公路	其他公路	高速公路一级公路	其他公路	
1	压实度（%）	代表值	—	95	95	93	按附录6检查，每200m每车道2处
		极值	—	91	91	89	
2	平整度（mm）		—	12	12	15	3m直尺：每200m测2处×10尺
3	纵断高程（mm）		—	+5, −15	+5, −15	+5, −20	水准仪：每200m，测4个断面
4	宽度（mm）		符合设计要求		符合设计要求		尺量：每200m，测4个断面
5	厚度（mm）	代表值	—	−10	−10	−12	按附录12检查，每200m，每车道1点
		合格值	—	−20	−25	−30	
6	横坡（%）		—	±0.5	±0.3	±0.5	水准仪：每200m，测4个断面
7	强度（MPa）		符合设计要求		符合设计要求		按附录13检查

2）水泥稳定粒料基层和底基层

水泥稳定粒料基层和底基层实测项目，见表 3-137。

水泥稳定粒料基层和底基层实测项目　　表 3-137

项次	检查项目		规定值或允许偏差				检查方法和频率
			基层		底基层		
			高速公路一级公路	其他公路	高速公路一级公路	其他公路	
1	压实度（%）	代表值	98	97	96	95	按附录6检查，每200m，每车道2处
		极值	94	93	92	91	
2	平整度（mm）		8	12	12	15	3m直尺：每200m测2处×10尺
3	纵断高程（mm）		+5, −10	+5, −15	+5, −15	+5, −20	水准仪：每200m，测4个断面
4	宽度（mm）		符合设计要求		符合设计要求		尺量：每200m，测4个断面
5	厚度（mm）	代表值	−8	−10	−10	−12	按附录12检查，每200m，每车道1点
		合格值	−15	−20	−25	−30	
6	横坡（%）		±0.3	±0.5	±0.3	±0.5	水准仪：每200m，测4个断面
7	强度（MPa）		符合设计要求		符合设计要求		按附录13检查

（2）石灰稳定土

1）石灰土基层和底基层

石灰土基层和底基层实测项目，见表3-138。

石灰土基层和底基层实测项目 表3-138

项次	检查项目		规定值或允许偏差				检查方法和频率
			基层		底基层		
			高速公路一级公路	其他公路	高速公路一级公路	其他公路	
1	压实度（%）	代表值	—	95	95	93	按附录6检查，每200m，每车道2处
		极值	—	91	91	89	
2	平整度（mm）		—	12	12	15	3m直尺：每200m，测2处×10尺
3	纵断高程（mm）		—	+5，−15	+5，−15	+5，−20	水准仪：每200m，测4个断面
4	宽度（mm）		符合设计要求		符合设计要求		尺量：每200m，测4个断面
5	厚度（mm）	代表值	—	−10	−10	−12	按附录12检查，每200m，每车道1点
		合格值	—	−20	−25	−30	
6	横坡（%）		—	±0.5	±0.3	±0.5	水准仪：每200m，测4个断面
7	强度（MPa）		符合设计要求		符合设计要求		按附录13检查

2）石灰稳定粒料基层和底基层

石灰稳定粒料基层和底基层实测项目，见表3-139。

石灰稳定粒料基层和底基层实测项目 表3-139

项次	检查项目		规定值或允许偏差				检查方法和频率
			基层		底基层		
			高速公路一级公路	其他公路	高速公路一级公路	其他公路	
1	压实度（%）	代表值	—	97	96	95	按附录6检查，每200m，每车道2处
		极值	—	93	92	91	
2	平整度（mm）		—	12	12	15	3m直尺：每200m，测2处×10尺
3	纵断高程（mm）		—	+5，−15	+5，−15	+5，−20	水准仪：每200m，测4个断面
4	宽度（mm）		符合设计要求		符合设计要求		尺量：每200m，测4个断面
5	厚度（mm）	代表值	—	−10	−10	−12	按附录12检查，每200m，每车道1点
		合格值	—	−20	−25	−30	
6	横坡（%）		—	±0.5	±0.3	±0.5	水准仪：每200m，测4个断面
7	强度（MPa）		符合设计要求		符合设计要求		按附录13检查

（3）石灰工业废渣稳定土

1）石灰、粉煤灰土基层和底基层

石灰、粉煤灰土基层和底基层实测项目，见表3-140。

石灰、粉煤灰土基层和底基层实测项目　　表 3-140

项次	检查项目		规定值或允许偏差				检查方法和频率
			基层		底基层		
			高速公路一级公路	其他公路	高速公路一级公路	其他公路	
1	压实度（%）	代表值	—	95	95	93	按附录6检查，每200m，每车道2处
		极值	—	91	91	89	
2	平整度（mm）		—	12	12	15	3m直尺：每200m，测2处×10尺
3	纵断高程（mm）		—	+5，-15	+5，-15	+5，-20	水准仪：每200m，测4个断面
4	宽度（mm）		符合设计要求		符合设计要求		尺量：每200m，测4个断面
5	厚度（mm）	代表值	—	-10	-10	-12	按附录12检查，每200m，每车道1点
		合格值	—	-20	-25	-30	
6	横坡（%）		—	±0.5	±0.3	±0.5	水准仪：每200m，测4个断面
7	强度（MPa）		符合设计要求		符合设计要求		按附录13检查

2）石灰、粉煤灰稳定粒料基层和底基层

石灰、粉煤灰稳定粒料基层和底基层实测项目，见表3-141。

石灰、粉煤灰稳定粒料基层和底基层实测项目　　表 3-141

项次	检查项目		规定值或允许偏差				检查方法和频率
			基层		底基层		
			高速公路一级公路	其他公路	高速公路一级公路	其他公路	
1	压实度（%）	代表值	98	97	96	95	按附录6检查，每200m，每车道2处
		极值	94	93	92	91	
2	平整度（mm）		8	12	12	15	3m直尺：每200m，测2处×10尺
3	纵断高程（mm）		+5，-10	+5，-15	+5，-15	+5，-20	水准仪：每200m，测4个断面
4	宽度（mm）		符合设计要求		符合设计要求		尺量：每200m，测4个断面
5	厚度（mm）	代表值	-8	-10	-10	-12	按附录12检查，每200m，每车道1点
		合格值	-15	-20	-25	-30	
6	横坡（%）		±0.3	±0.5	±0.3	±0.5	水准仪：每200m，测4个断面
7	强度（MPa）		符合设计要求		符合设计要求		按附录13检查

(4) 级配碎（砾）石基层和底基层

级配碎（砾）石基层和底基层实测项目，见表3-142。

级配碎（砾）石基层和底基层实测项目　　　　　表3-142

项次	检查项目		规定值或允许偏差				检查方法和频率
			基　层		底基层		
			高速公路 一级公路	其他公路	高速公路 一级公路	其他公路	
1	压实度 (%)	代表值	98	98	96	96	按附录6检查，每200m，每车道2处
		极值	94	94	92	92	
2	弯沉值（0.01mm）		符合设计要求		符合设计要求		按附录7检查
3	平整度（mm）		8	12	12	15	3m直尺：每200m，测2处×10尺
4	纵断高程（mm）		+5，-10	+5，-15	+5，-15	+5，-20	水准仪：每200m，测4个断面
5	宽度（mm）		符合设计要求		符合设计要求		尺量：每200m，测4个断面
6	厚度 (mm)	代表值	-8	-10	-10	-12	按附录12检查，每200m，每车道1点
		合格值	-15	-20	-25	-30	
7	横坡（%）		±0.3	±0.5	±0.3	±0.5	水准仪：每200m，测4个断面

(5) 填隙碎石（矿渣）基层和底基层

填隙碎石（矿渣）基层和底基层实测项目，见表3-143。

填隙碎石（矿渣）基层和底基层实测项目　　　　　表3-143

项次	检查项目		规定值或允许偏差				检查方法和频率
			基　层		底基层		
			高速公路 一级公路	其他公路	高速公路 一级公路	其他公路	
1	固体体积率（%）	代表值	—	85	85	83	灌砂法：每200m，每车道2处
		极值	—	82	82	80	
2	弯沉值（0.01mm）		符合设计要求		符合设计要求		按附录7检查
3	平整度（mm）		—	12	12	15	3m直尺：每200m，测2处×10尺
4	纵断高程（mm）		—	+5，-15	+5，-15	+5，-20	水准仪：每200m，测4个断面
5	宽度（mm）		符合设计要求		符合设计要求		尺量：每200m，测4个断面
6	厚度 (mm)	代表值	—	-10	-10	-12	按附录12检查，每200m，每车道1点
		合格值	—	-20	-25	-30	
7	横坡（%）		—	±0.5	±0.3	±0.5	水准仪：每200m，测4个断面

3.4.2 试验检测方法和频率

3.4.2.1 水泥混凝土面层

1. 原材料

水泥混凝土原材料的检测项目和频率，见表3-144。

水泥混凝土原材料的检测项目和频率　　　　　　　　　　表 3-144

材料	检查项目	检查频率 高速公路、一级公路	检查频率 其他公路
水泥	抗折强度、抗压强度，安定性	机铺 1500t 一批	机铺 1500t、小型机具 500t 一批
水泥	凝结时间，标稠用水量，细度	机铺 2000t 一批	机铺 3000t、小型机具 500t 一批
水泥	f-CaO、MgO、SO_3 含量，铝酸三钙、铁铝酸四钙、干缩率、耐磨性、碱度、混合材料种类及数量	每标段不少于 3 次，进场前必测	每标段不少于 3 次，进场前必测
水泥	温度、水化热	冬、夏季施工随时检测	冬、夏季施工随时检测
粉煤灰	活性指数、细度、烧失量	机铺 1500t 一批	机铺 1500t、小型机具 500t 一批
粉煤灰	需水量比、SO_3 含量	每标段不少于 3 次，进场前必测	每标段不少于 3 次，进场前必测
粗集料	针片状、超径颗粒含量，级配，表观密度，堆积密度，空隙率	机铺 2500m³ 一批	机铺 5000m³、小型机具 1500m³ 一批
粗集料	含泥量、泥块含量	机铺 1000m³ 一批	机铺 2000m³、小型机具 1000m³ 一批
粗集料	坚固性、岩石抗压强度、压碎指标	每种粗集料每标段不少于 2 次	每种粗集料每标段不少于 2 次
粗集料	碱集料反应	怀疑有碱活性集料进场前测	怀疑有碱活性集料进场前测
粗集料	含水量	降雨或湿度变化随时测	降雨或湿度变化随时测
细集料	细度模数，表观密度，堆积密度，空隙率，级配	机铺 2000m³ 一批	机铺 4000m³、小型机具 1500m³ 一批
细集料	含泥量、泥块、石粉含量	机铺 1000m³ 一批	机铺 2000m³、小型机具 500m³ 一批
细集料	坚固性	每种砂每标段不少于 3 次	每种砂每标段不少于 3 次
细集料	云母含量，轻物质与有机物含量	目测有云母或杂质时测	目测有云母或杂质时测
细集料	含盐量（硫酸盐、氯盐）	必要时测，淡化海砂每标段 3 次	必要时测，淡化海砂每标段 2 次
细集料	含水量	降雨或湿度变化随时测	降雨或湿度变化随时测
外加剂	减水剂减水率，液体外加剂含固量和相对密度，粉状外加剂的不溶物含量	机铺 5t 一批	机铺 5t、小型机具 3t 一批
外加剂	引气剂引气量、气泡细密程度和稳定性	机铺 2t 一批	机铺 3t、小型机具 1t 一批

续表

材料	检查项目	检查频率	
		高速公路、一级公路	其他公路
钢纤维	抗拉强度、弯折性能、长度、长径比、形状	开工前或有变化时,每标段3次	开工前或有变化时,每标段3次
	杂质、质量及其偏差	机铺50t一批	机铺50t,小型机具30t一批
钢筋	屈服强度、抗拉强度、延伸率及冷弯	每种规格型号60t一批	每种规格型号60t一批
养生剂	有效保水率、抗压强度比、耐磨性、耐热性、膜水溶性	开工前或有变化时,每标段3次	开工前或有变化时,每标段3次
	含固量、成膜时间	试验路段测,施工每5t测1次	试验路段测,施工每5t测1次
水	pH值、含盐量、硫酸根及杂质含量	开工前和水源有变化时	开工前和水源有变化时

注:1. 开工前,所有原材料项目均应检验;当原材料规格、品种、生产厂、来源变化时,必检;
　　2. 机铺是指滑模、轨道、三辊轴机组和碾压混凝土摊铺,数量不足一批时,按一批检验。

2. 水泥混凝土拌合物

水泥混凝土拌合物的检测项目和频率,见表3-145。

水泥混凝土拌合物的检测项目和频率　　　　表3-145

检查项目	检查频率	
	高速公路、一级公路	其他公路
水灰比及稳定性	每5000m^3抽检1次,有变化随时测	每5000m^3抽检1次,有变化随时测
坍落度及其均匀性	每工班测3次,有变化随时测	每工班测3次,有变化随时测
坍落度损失率	开工、气温较高和变化随时测	开工、气温较高和变化随时测
振动黏度系数	试拌、原材料和配合比有变化时测	试拌、原材料和配合比有变化时测
钢纤维体积率	每工班测2次,有变化随时测	每工班测1次,有变化随时测
含气量	每工班测2次,有抗冻要求不少于3次	每工班测1次,有抗冻要求不少于3次
泌水率	必要时测	必要时测
视密度	每工班测1次	每工班测1次
温度、凝结时间、水化发热量	冬、夏季施工,气温最高、最低时,每工班至少测1~2次	冬、夏季施工,气温最高、最低时,每工班至少测1次
离析	随时观察	随时观察
VC值及稳定性、压实度、松铺系数	碾压混凝土做复合式路面底层时,检查频率与其他公路相同	每工班测3~5次,有变化随时测

注:1. 混凝土拌合物振动黏度系数试验方法见《公路水泥混凝土路面滑模施工技术规程》JTJ/T 037.1—2000附录A;
　　2. 钢纤维混凝土拌合物钢纤维体积率试验方法见《公路水泥混凝土路面施工技术规范》JTG F30—2003中附录D.2。

3. 水泥混凝土路面

(1)《公路水泥混凝土路面施工技术规范》JTG F30—2003 的规定：水泥混凝土路面的检测项目、方法和频率，见表 3-146。

水泥混凝土路面的检测项目、方法和频率　　　　表 3-146

项次	检查项目	检验方法和频率	
		高速公路、一级公路	其他公路
1	弯拉强度	每班留 2～4 组试件，日进度<500m 取 2 组；≥500m 取 3 组；≥1000m 取 4 组，测 f_{cs}、f_{min}、c_v	每班留 1～3 组试件，日进度<500m 取 1 组；≥500m 取 2 组；≥1000m 取 3 组，测 f_{cs}、f_{min}、c_v
	钻芯劈裂强度	每车道每 3km 钻取 1 个芯样，硬路肩为 1 个车道，测平均 f_{cs}、f_{min}、c_v、板厚 h	每车道每 3km 钻取 1 个芯样，硬路肩为 1 个车道，测平均 f_{cs}、f_{min}、c_v、板厚 h
2	板厚度	路面摊铺宽度内每 100m 左右各 2 处，连接摊铺每 100m 单边 1 处，参考芯样	路面摊铺宽度内每 100m 左右各 1 处，连接摊铺每 100m 单边 1 处，参考芯样
3	3m 直尺平整度	每半幅车道 100m，2 处 10 尺	每半幅车道 200m，2 处 10 尺
	动态平整度	所有车道连续检测	所有车道连续检测
4	抗滑构造深度	铺砂法：每幅 200m，2 处	铺砂法：每幅 200m，1 处
5	相邻板高差	尺测：每 200m 纵横缝 2 条，每条 3 处	尺测：每 200m 纵横缝 2 条，每条 2 处
6	连接摊铺纵缝高差	尺测：每 200m 纵向工作缝，每条 3 处，每处间隔 2m，3 尺，共 9 尺	尺测：每 200m 纵向工作缝，每条 2 处，每处间隔 2m，3 尺，共 9 尺
7	接缝顺直度	20m 拉线测：每 200m，6 条	20m 拉线测：每 200m，4 条
8	中线平面偏位	经纬仪：每 200m，6 点	经纬仪：每 200m，4 点
9	路面宽度	尺测：每 200m，6 处	尺测：每 200m，4 处
10	纵断高程	水准仪：每 200m，6 点	水准仪：每 200m，4 点
11	横坡度	水准仪：每 200m，6 个断面	水准仪：每 200m，4 个断面
12	断板率	数断板面板块占总块数比例	数断板面板块占总块数比例
13	脱皮裂纹露石缺边掉角	量实际面积，并计算与总面积比	量实际面积，并计算与总面积比
14	路缘石顺直度和高度	20m 拉线测：每 200m，4 处	20m 拉线测：每 200m，2 处
15	灌缝饱满度	尺测：每 200m，接缝测 6 处	尺测：每 200m，接缝测 4 处
16	切缝深度	尺测：每 200m，6 处	尺测：每 200m，4 处
17	胀缝表面缺陷	每条观察填缝及啃边断角	每条观察填缝及啃边断角
18	胀缝板连浆	每条胀缝板安装时测量	每条胀缝板安装时测量
	胀缝板倾斜	尺测：每块胀缝板每条两侧	尺测：每块胀缝板每条两侧
	胀缝板弯曲和位移	尺测：每块胀缝板每条 3 处	尺测：每块胀缝板每条 3 处
19	传力杆偏斜	钢筋保护层仪：每车道 4 根	钢筋保护层仪：每车道 3 根

注：1. 路面钻芯劈裂强度应换算为实际面板弯拉强度进行质量评定；
　　2. 钢纤维混凝土弯拉强度试验见《公路水泥混凝土路面施工技术规范》JTG F30—2003 中附录 D。

(2)《公路工程质量检验评定标准 第一册 土建工程》JTG F80/1—2004 的规定：水泥混凝土路面的检测项目、方法和频率，应符合以下规定：

1) 弯拉强度：按附录 11 检查；

2) 板厚度：按附录 12 检查，每 200m，每车道 2 处；

3) 平整度：采用平整度仪，全线每车道连续检测，每 100m 计算 σ、IRI；采用 3m 直尺，半幅车道板带每 200m，测 2 处×10 尺；

4) 抗滑构造深度：采用铺砂法，每 200m，测 1 处；

5) 相邻板高差：采用抽量法，每条胀缝 2 点；每 200m 抽纵、横缝各 2 条，每条 2 点；

6) 纵、横缝顺直度：纵缝 20m 拉线，每 200m，4 处；横缝沿板宽拉线，每 200m，4 条；

7) 中线平面偏位：采用经纬仪，每 200m，测 4 点；

8) 路面宽度：采用抽量法，每 200m，测 4 处；

9) 纵断高程：采用水准仪，每 200m，测 4 断面；

10) 横坡：采用水准仪，每 200m，测 4 断面。

3.4.2.2 沥青及沥青混凝土面层

1. 原材料

沥青混合料原材料的检测项目与频率，见表 3-147。

沥青混合料原材料的检测项目与频率　　　　表 3-147

材料	检查项目	检查频率		试验规程规定的平行试验次数或一次试验的试样数
		高速公路、一级公路	其他等级公路	
粗集料	外观(石料品种、含泥量等)	随时	随时	—
	针片状颗粒含量	随时	随时	2~3
	颗粒组成(筛分)	随时	必要时	2
	压碎值	必要时	必要时	2
	磨光值	必要时	必要时	4
	洛杉矶磨耗值	必要时	必要时	2
	含水量	必要时	必要时	2
细集料	颗粒组成(筛分)	随时	必要时	2
	砂当量	必要时	必要时	2
	含水量	必要时	必要时	2
	松方单位重	必要时	必要时	2
矿粉	外观	随时	随时	—
	<0.075mm 含量	必要时	必要时	2
	含水量	必要时	必要时	2
石油沥青	针入度	每 2~3 天 1 次	每周 1 次	3
	软化点	每 2~3 天 1 次	每周 1 次	2
	延度	每 2~3 天 1 次	每周 1 次	3
	含蜡量	必要时	必要时	2~3

续表

材料	检查项目	检查频率		试验规程规定的平行试验次数或一次试验的试样数
		高速公路、一级公路	其他等级公路	
改性沥青	针入度	每天1次	每天1次	3
	软化点	每天1次	每天1次	2
	离析试验(对成品改性沥青)	每周1次	每周1次	2
	低温延度	必要时	必要时	3
	弹性恢复	必要时	必要时	3
	显微镜观察(对现场改性沥青)	随时	随时	—
乳化沥青	蒸发残留物含量	每2~3天1次	每周1次	2
	蒸发残留物针入度	每2~3天1次	每周1次	2
改性乳化沥青	蒸发残留物含量	每2~3天1次	每周1次	2
	蒸发残留物针入度	每2~3天1次	每周1次	3
	蒸发残留物软化点	每2~3天1次	每周1次	2
	蒸发残留物的延度	必要时	必要时	3

注：1. 表列内容是在材料进场时已按"批"进行了全面检查的基础上，日常施工过程中质量检查的项目与要求。
2. "随时"是指需要经常检查的项目，其检查频率可根据材料来源及质量波动情况由业主及监理确定；"必要时"是指施工各方任何一个部门对其质量发生怀疑，提出需检查时，或是根据需要商定的检查频率。

2. 热拌沥青混合料

热拌沥青混合料的检测项目、方法和频率，应符合以下规定：

（1）混合料外观：采用目测法，随时。

（2）拌合温度：

1）沥青、集料的加热温度：采用传感器自动检测、显示并打印，逐盘检测；

2）混合料出厂温度：①采用传感器自动检测、显示并打印，出厂时逐车按T0981人工检测，逐车检测；②采用传感器自动检测、显示并打印，逐盘测量记录，每天取平均值。

（3）矿料级配：

1）采用计算机采集数据计算，逐盘在线检测；

2）按沥青路面质量过程控制及总量检验方法总量检验，逐盘检查，每天汇总1次取平均值；

3）采用T0725抽提筛分与标准级配比较的差，每台拌合机每天1~2次，以2个试样的平均值。

（4）沥青用量（油石比）：

1）采用计算机采集数据计算，逐盘在线监测；

2）按沥青路面质量过程控制及总量检验方法总量检验，逐盘检查，每天汇总1次取平均值；

3）采用抽提T0722、T0721，每台拌合机每天肥市~2次，以2个试样的平均值。

（5）马歇尔试验（空隙率、稳定度、流值）：采用T0702、T0709、《公路沥青路面施工技术规范》JTG F40—2004 附录 B、附录 C，每台拌合机每天 1~2 次，以 4~6 个试件的平均值。

(6) 浸水马歇尔试验：采用 T0702、T0709，必要时（试件数同马歇尔试验）。

(7) 车辙试验：采用 T0719，必要时（以 3 个试件的平均值）。

3. 沥青混凝土面层和沥青碎（砾）石面层

(1)《公路工程质量检验评定标准　第一册　土建工程》JTG F80/1—2004 的规定：沥青混凝土面层和沥青碎（砾）石面层的检测项目、方法和频率，应符合以下规定：

1) 压实度：按附录 6 检查，每 200m，测 1 处；

2) 平整度：①标准差 σ 和 IRI：采用平整度仪，全线每车道连续按每 100m 计算 IRI 或 σ；②最大间隙 h：采用 3m 直尺，每 200m，测 2 处×10 尺；

3) 弯沉值：按附录 7 检查；

4) 渗水系数：采用渗水试验仪，每 200m，测 1 处；

5) 抗滑：①摩擦系数：采用摆式仪，每 200m，测 1 处；采用横向力系数测定车，全线连续；②构造深度：采用铺砂法，每 200m，测 1 处；

6) 厚度：按附录 12 检查，双车道每 200m，测 1 处；

7) 中线平面偏位：采用经纬仪，每 200m，测 4 点；

8) 纵断高程：采用水准仪，每 200m，测 4 断面；

9) 宽度：采用尺量，每 200m，测 4 断面；

10) 横坡：采用水准仪，每 200m，测 4 处。

(2)《公路沥青路面施工技术规范》JTG F40—2004 的规定：热拌沥青混合料路面的检测项目、方法和频率，应符合以下规定：

1) 外观：采用目测法，随时；

2) 厚度：采用 T0912，每 1km，5 点；

3) 压实度：采用 T0924，每 1km，5 点；

4) 路表平整度：①标准差 σ：采用 T0932，全线连续；②IRI：采用 T0933，全线连续；③最大间隙：采用 T0931，每 1km，10 处，各连续 10 尺；

5) 路表渗水系数：采用 T0971，每 1km 不少于 5 点，每点 3 处取平均值；

6) 宽度：采用 T0911，每 1km，20 个断面；

7) 纵断面高程：采用 T0911，每 1km，20 个断面；

8) 中线偏位：采用 T0911，每 1km，20 个断面；

9) 横坡度：采用 T0911，每 1km，20 个断面；

10) 弯沉：①回弹弯沉：采用 T0951，全线每 20m，1 点；②总弯沉：采用 T0952，全线每 5m，1 点；

11) 构造深度：采用 T0961/62，每 1km，5 点；

12) 摩擦系数摆值：采用 T0964，每 1km，5 点；

13) 横向力系数：采用 T0965，全线连续。

4. 沥青贯入式面层

(1)《公路工程质量检验评定标准　第一册　土建工程》JTG F80/1—2004 的规定：沥青贯入式面层的检测项目、方法和频率，应符合以下规定：

1) 平整度：①标准差 σ 和 IRI：采用平整度仪，全线每车道连续按每 100m 计算 IRI 或 σ；②最大间隙 h：采用 3m 直尺，每 200m，测 2 处×10 尺；
2) 弯沉值：按附录 7 检查；
3) 厚度：按附录 12 检查，每 200m，每车道 1 点；
4) 沥青用量：每工作日每层洒布查 1 次；
5) 中线平面偏位：采用经纬仪，每 200m，测 4 点；
6) 纵断高程：采用水准仪，每 200m，测 4 断面；
7) 宽度：采用尺量，每 200m，测 4 处；
8) 横坡：采用水准仪，每 200m，测 4 断面。

(2)《公路沥青路面施工技术规范》JTG F40—2004 的规定：沥青贯入式路面的检测项目、方法和频率，应符合以下规定：
1) 外观：采用目测法，全线；
2) 厚度：采用 T0921，每 200m，1 点；
3) 路表平整度：①标准差 σ：采用 T0932，全线连续；②IRI：采用 T0933，全线连续；③最大间隙：采用 T0931，每 1km，10 处，各连续 10 尺；
4) 宽度：采用 T0911，每 1km，20 个断面；
5) 纵断面高程：采用 T0911，每 1km，20 个断面；
6) 横坡度：采用 T0911，每 1km，20 个断面；
7) 沥青用量：采用 T0722，每 1km，1 点；
8) 矿料用量：采用 T0722，每 1km，1 点。

5. 沥青表面处治面层

(1)《公路工程质量检验评定标准 第一册 土建工程》JTG F80/1—2004 的规定：沥青表面处治面层的检测项目、方法和频率，应符合以下规定：
1) 平整度：①标准差 σ 和 IRI：采用平整度仪，全线每车道连续按每 100m 计算 IRI 或 σ；②最大间隙 h：采用 3m 直尺，每 200m，测 2 处×10 尺；
2) 弯沉值：按附录 7 检查；
3) 厚度：按附录 12 检查，每 200m，每车道 1 点；
4) 沥青用量：每工作日每层洒布查 1 次；
5) 中线平面偏位：采用经纬仪，每 200m，测 4 点；
6) 纵断高程：采用水准仪，每 200m，测 4 断面；
7) 宽度：采用尺量，每 200m，测 4 处；
8) 横坡：采用水准仪，每 200m，测 4 断面。

(2)《公路沥青路面施工技术规范》JTG F40—2004 的规定：沥青表面处治的检测项目、方法和频率，应符合以下规定：
1) 外观：采用目测法，全线；
2) 厚度：采用 T0921，每 200m，每车道 1 点；
3) 路表平整度：①标准差 σ：采用 T0932，全线每车道连续；②IRI：采用 T0933，全线每车道连续；③最大间隙：采用 T0931，每 1km，10 处，各连续 10 尺；
4) 宽度：采用 T0911，每 1km，20 个断面；

5) 纵断面高程：采用 T0911，每 1km，20 个断面；
6) 横坡度：采用 T0911，每 1km，20 个断面；
7) 沥青用量：采用 T0722，每 1km，1 点；
8) 矿料用量：采用 T0722，每 1km，1 点。

6. 沥青路面稀浆封层

《公路沥青路面施工技术规范》JTG F40—2004 的规定：沥青路面稀浆封层的检测项目、方法和频率，应符合以下规定：

(1) 平均厚度：采用挖小坑量测，取平均，每 1km，3 点；
(2) 渗水系数：采用 T0971，每 1km，3 处；
(3) 路表构造深度：采用 T0961/62，每 1km，5 点；
(4) 路面摩擦系数摆值：采用 T0964，每 1km，5 点；
(5) 横向力系数：采用 T0965，全线连续。

7. 行人道路沥青面层

《公路沥青路面施工技术规范》JTG F40—2004 的规定：行人道路沥青面层的检测项目、方法和频率，应符合以下规定：

(1) 厚度：采用 T0912，每 100m，1 点；
(2) 路表平整度（最大间隙）：采用 T0931，每 200m，2 点，各连续 10 尺；
(3) 宽度：采用 T0911，每 100m，2 点；
(4) 横坡度：采用 T0911，每 100m，2 点。

8. 桥面沥青铺装

《公路沥青路面施工技术规范》JTG F40—2004 的规定：桥面沥青铺装的检测项目、方法和频率，应符合以下规定：

(1) 厚度：采用 T0912，每 100m，2 点；
(2) 路表平整度：1) 标准差：采用 T0932，连续测定；2) 最大间隙：采用 T0931，连续测定；
(3) 宽度：采用 T0911，每 100m，10 点；
(4) 压实度：采用 T0924，每 100m，2 点；
(5) 横坡：采用 T0911，每 100m，10 点。

9. 路缘石及止水带

《公路沥青路面施工技术规范》JTG F40—2004 的规定：路缘石及止水带的检测项目、方法和频率，应符合以下规定：

(1) 直顺度：拉 20m 小线量取最大值，每 100m，2 点；
(2) 预制块相邻块高差：用钢板尺量，每 100m，5 点；
(3) 预制块相邻缝宽：用钢板尺量，每 100m，5 点；
(4) 立式路缘石顶面高程：采用 T0911，每 100m，5 点；
(5) 水泥混凝土路缘石的预制块强度：留试块试验，每 1km，1 点；
(6) 沥青混凝土拦水带的压实度：取样试验，每 1km，1 点。

3.4.2.3 基层和底基层

1. 原材料

基层和底基层原材料的检测项目、方法和频率，见表3-148。

原材料的检测项目、方法和频率　　　　　　　　　　　　表3-148

材料	检查项目		频率	试验方法
土	含水量		每天使用前测2个样品	烘干法、酒精燃烧法、砂浴法
	液塑限		每种土使用前测2个样品，使用过程中每2000m³，测2个样品	液塑限联合测定法
	有机质含量		对土有怀疑时做此试验	有机质含量试验
	硫酸盐含量			易溶盐试验
砂砾、碎石等集料	含水量		每天使用前测2个样品	烘干法、酒精燃烧法、砂浴法
	颗粒分析		每种土使用前测2个样品，使用过程中每2000m³，测2个样品	筛分法
	液塑限			液塑限联合测定法
	相对毛体积密度、吸水率		使用前测2个样品，砂砾使用过程中每2000m³，测2个样品，碎石种类变化重做2个样品	网篮法或容积1000mL以上的比重瓶法
	压碎值			集料压碎值试验
石灰	细度		做材料组成设计和生产使用时分别测2个样品，以后每月测2个样品	石灰的细度试验法
	未消化残渣含量			石灰的未消化残渣含量测定法
	有效氧化钙			石灰的化学分析
	氧化镁			
	密度			密度测定法
粉煤灰	细度		做材料组成设计前测2个样品	粉煤灰细度试验法
	比表面积			比表面积测定方法（勃氏法）
	密度			密度测定法
	二氧化硅含量			二氧化硅、氧化铁和氧化铝含量测定方法
	氧化铁含量			
	氧化铝含量			
	烧失量			烧失量试验法
水泥	物理力学性能	强度	做材料组成设计时测1个样品，料源或标号变化时重测	水泥胶砂强度检验方法
		凝结时间		水泥标准稠度用水量、凝结时间、安定性检验方法

2. 无机结合料稳定材料

无机结合料稳定材料的检测项目、方法和频率，应符合以下规定：

(1) 击实试验：采用T0804，每种混合料使用前1次或料源及混合料组成变化时重做此试验；

(2) 承载比：采用T0134，每3000m²，1次；

(3) 无侧限抗压强度：采用T0805，稳定细粒土，每一作业段或每2000m²，6个试件；稳定中粒土和粗粒土，每一作业段或每2000m²，6个或9个试件；

(4) 延迟时间：每个作业段1次；

(5) 水泥或石灰剂量：采用T0809/10，每2000m²，1次，至少6个样品，与实际水泥或石灰用量校核等。

3. 各种基层和底基层

水泥稳定土、石灰稳定土、石灰工业废渣稳定土、级配碎（砾）石及填隙碎石等基层和底基层的检测项目、方法和频率，应符合以下规定：

(1) 压实度：按附录6检查，每200m，每车道2处；
(2) 弯沉值：按附录7检查；
(3) 平整度：采用3m直尺，每200m，测2处×10尺；
(4) 纵断高程：采用水准仪，每200m，测4个断面；
(5) 宽度：用尺量，每200m，测4个断面；
(6) 厚度：按附录12检查，每200m，每车道1点；
(7) 横坡：采用水准仪，每200m，测4个断面；
(8) 强度：按附录13检查等。

3.4.3 评定要求

本节评定要求的内容包括有：水泥混凝土面层；沥青及沥青混凝土面层；基层和底基层3部分。

3.4.3.1 水泥混凝土面层

1. 弯拉强度

弯拉强度评定，见附录11。

2. 板厚度

板厚度评定，见附录12。

3. 平整度、抗滑构造深度、相邻板高差、纵横缝顺直度、中线平面偏位、路面宽度、纵断高程及横坡等项目评定。

采用现场抽样方法，按照水泥混凝土面层的规定频率、规定值或允许偏差和下列计分方法对分项工程的施工质量直接进行检测计分。

各检查项目均应按单点（组）测定值是否符合标准要求进行评定，并按合格率计分。

$$检查项目合格率(\%) = \frac{检查合格的点(组)数}{该检查项目的全部检查点(组)数} \tag{3-69}$$

$$检查项目得分 = 检查项目合格率 \times 100$$

3.4.3.2 沥青及沥青混凝土面层

1. 压实度

压实度评定，见附录14。

2. 弯沉值

弯沉值评定，见附录7。

3. 厚度

厚度评定，见附录12。

4. 路面横向力系数

路面横向力系数评定，见附录15。

5. 平整度、路表渗水系数、构造深度、宽度、纵断高程、中线平面偏位及横坡等项目评定。

采用现场抽样方法，对工程的施工质量直接进行检测。各检查项目均应按单点（组）测定值是否符合标准要求进行评定，并计算合格率。

3.4.3.3 基层和底基层

1. 压实度

压实度评定，见附录6。

2. 弯沉值

弯沉值评定，见附录7。

3. 厚度

厚度评定，见附录12。

4. 强度

强度评定，见附录13。

5. 平整度、宽度、纵断高程及横坡等项目评定。

采用现场抽样方法，对工程的施工质量直接进行检测。各检查项目均应按单点（组）测定值是否符合标准要求进行评定，并计算合格率。

3.5 试验检测注意事项

3.5.1 试验注意事项

3.5.1.1 水泥混凝土面层

水泥混凝土面层的试验检测，主要有：亚甲蓝MB值测定方法（含泥量测定、石粉含量测定）、混凝土与钢筋握裹力试验方法、钢纤维混凝土试验方法（钢纤维混凝土弯曲韧性和弯曲初裂强度试验、拌合物钢纤维体积率试验）、真空脱水混凝土试验方法（真空脱水混凝土强度试件成型方法、混凝土拌合物真空脱水率测定）、混凝土抗冻性现场测试方法（取芯法测定混凝土抗冻性、取芯法测定混凝土气泡参数）等。

1. 亚甲蓝MB值测定方法

（1）试验目的

MB值试验目的在于检测含泥量和石粉含量，并区分机制砂中的土和石粉。

（2）含泥量测定

1）主要仪器设备

① 鼓风烘箱：温度控制在（105±5）℃。

② 天平：称量1000g，感量0.1g。

③ 方孔筛：孔径75μm、1.18mm和9.5mm筛各一只。

2）试验步骤

① 取样方法：在料堆均匀取样，先铲除表层，从不同部位抽取等量8份为一组试样，总和不少于6kg。

② 试样制备：将试样缩分至1100g，放在烘箱中于（105±5）℃烘干至恒量（恒量指试样在烘干1~3h情况下，其前后质量之差不大于该项试验所要求的称量精度），待冷却至室温后，筛除大于9.5mm的颗粒（并算出筛余百分数），分为大致相等的两份备用。

③ 淘洗：称取试样 500g，精确至 0.1g。将试样倒入淘洗容器中，注入清水，使水面高于试样面约 150mm，充分搅拌均匀后，浸泡 2h，然后用手在水中淘洗试样，使尘屑、淤泥和黏土与砂粒分离，把浑水缓缓倒入 1.18mm（上）及 75μm（下）的套筛上，滤去大于 75μm 的颗粒。试验前筛子的两面应先用水湿润，在整个过程中应小心防止砂粒流失。

④ 重复淘洗：再向容器中注入清水，重复上述操作，直至容器中的水目测清澈为止。用水淋洗剩余在筛上的细颗粒，并将 75μm 筛放在水中（使水面略高出筛中砂粒的上表面）来回摇动，以充分洗掉小于 75μm 的颗粒。

⑤ 烘干并称量：将两只筛的筛余颗粒和清洗容器中已经洗净的试样一并倒入搪瓷盘，放入烘箱中于（105±5）℃下烘干至恒量，待冷却至室温后，称出其质量，精确到 0.1g。

3) 取值：含泥量取两个试样的试验结果算术平均值作为测定值。

(3) 石粉含量测定

1) 主要仪器设备

① 鼓风烘箱：温度控制在（105±5）℃。

② 天平：称量 1000g，感量 0.1g 及称量 100g，感量 0.01g 各一台。

③ 方孔筛：孔径 75μm、1.18mm 和 2.36mm 筛各一只。

④ 滴定管：容量 100mL 或 50mL，精度 1mL 一支；或 5mL、2mL 移液管各一支。

⑤ 三或四片式叶轮搅拌器：转速可调（最高达（600±60）r/min），直径（75±10）mm；定时装置：精度 1s。

⑥ 其他：快速定量滤纸；玻璃容量瓶：1L；温度计：精度 1℃。

2) 试剂和材料

① 亚甲蓝：纯度≥95%。

② 制备亚甲蓝溶液：(10g/L 亚甲蓝溶液)：将亚甲蓝粉末在（100±5）℃下烘干至恒量（若烘干温度超过 105℃，亚甲蓝粉末会变质），称取烘干亚甲蓝粉末 10g，精确至 0.01g，倒入盛有约 600mL 蒸馏水（水温加热至 35~40℃）的烧杯中，用玻璃棒持续搅拌 40min，直至亚甲蓝粉末完全溶解，冷却至 20℃。将溶液倒入 1L 容量瓶中，用蒸馏水淋洗烧杯等，使所有亚甲蓝溶液全部移入容量瓶，容量瓶和溶液的温度应保持在（20±1）℃，加蒸馏水至容量瓶 1L 刻度。振荡容量瓶以保证亚甲蓝粉末完全溶解。将容量瓶中溶液移入深色储藏瓶中，标明制备日期、失效日期（亚甲蓝溶液保持期应不超过 28d），并置于阴暗处保存。

3) 试验步骤

① 亚甲蓝 MB 值的测定

(a) 按第 3.5.1.1 条第 1 款第（2）项 2）中的规定取样，将试样缩分至 400g，放在烘箱中于（105±5）℃下烘干至恒量，待冷却至室温后，筛除大于 2.36mm 的颗粒备用。

(b) 称取试样 200g，精确至 0.1g，将试样倒入盛有（500±5）ml 蒸馏水的烧杯中，用叶轮搅拌机以（600±60）r/min 转速搅拌 5min，使溶液成悬浮液，然后持续以（400±40）r/min 转速搅拌，直至试验结束。

(c) 悬浮液中加入 5mL 亚甲蓝染料溶液，以（400±40）r/min 转速搅拌至少 1min 后，用玻璃棒蘸取一滴悬浮液（所取悬浮液滴应使沉淀物直径在 8~12mm 内），滴于滤纸（置于空烧杯或其他合适的支撑物上，以使滤纸表面不与任何固体或液体接触）上。若沉淀物周围未出现色晕，再加入 5mL 染料，继续搅拌 1min，再用玻璃棒蘸取一滴悬浮液，滴于滤纸上，若沉淀物周围仍未出现色晕，则重复上述步骤，直到沉淀物周围出现约 1mm 的稳定浅蓝色色晕。此时，继续搅拌，不加染料溶液，每 1min 进行一次沾染试验。若色晕在 4min 内消失，再加入 5mL 染料溶液；若色晕在 5min 内消失，再加入 2mL 染料溶液。两种情况下，均应继续进行搅拌和沾染试验，直至色晕可持续 5min。

（d）记录色晕持续 5min 时所加入的染料溶液总体积，精确至 1mL。

② 亚甲蓝的快速试验

（a）按第 3.5.1.1 条第 1 款第（3）项 3）①（a）和（b）中的规定制样和搅拌。

（b）一次性向烧杯中加入 30mL 亚甲蓝染料溶液，在（400±40）r/min 转速持续搅拌 8min，然后用玻璃棒蘸取一滴悬浮液，滴于滤纸上，观察沉淀物周围是否出现明显色晕。

4）亚甲蓝快速试验结果评定

若沉淀物周围出现明显色晕，则判定亚甲蓝快速试验为合格，若沉淀物周围未出现明显色晕，则判定亚甲蓝快速试验为不合格。

2. 混凝土与钢筋握裹力试验方法

（1）目的及适用范围

检验拉杆钢筋与混凝土的握裹力；相对比较不同混凝土与相同钢筋间握裹力的大小。

（2）主要试验设备

1）试模尺寸：150mm×150mm×150mm，水平钢筋轴线距离模底 75mm。埋入的一端嵌入模壁，予以固定、防止钢筋下沉，另一端由模壁伸出。

2）试件夹头：两块厚度为 30mm 的长方形钢板（250mm×150mm、45 号钢），用 4 根直径为 18mm 的钢杆连接。另附 150mm×150mm×10mm 的钢垫板一块、中心开有直径为 40mm 的圆孔，垫于试件下端与夹头的下端钢板之间。

3）千分表：精度 0.001mm。

4）量表固定架：金属制成，横跨试件表面，并可用止动螺钉固定在试件上。上部中央有孔，可夹持千分表，使之直立，量杆朝下。

5）万能试验机：示值的相对误差不应大于±1%；试件的预期破坏荷载值应在全量程的 20%～80%内。

6）钢筋：检测拉杆拔除握裹力时，直接使用路面拉杆钢筋，直径与路面拉杆相同，长度 500mm；比较混凝土握裹力时，应采用质量符合《钢筋混凝土用钢 第 2 部分：热轧带肋钢筋》GB 1499.2—2007、《钢筋混凝土用钢 第 1 部分：热轧光圆钢筋》GB 1499.1—2008 的钢筋，钢筋尺寸为 ϕ20mm×500mm 的带肋钢筋或光圆钢筋。

（3）试验步骤

1）成型前将尺寸、形状和螺纹均相同的试验所用钢筋用钢钉刷刷净，并用丙酮擦拭，不得有锈屑和油污存在，钢筋的自由端顶面应光滑平整，并与试模预留的凹洞吻合。

2）混凝土的拌合应按规定的标准方法进行。每一试验龄期制作 6 个试件。

3）安装钢筋时，钢筋自由端应嵌入模壁，穿钢筋的模壁孔应用橡皮圈和固定圈填塞固定钢筋，并不得漏浆、漏水（当需要模拟扰动和松动拉杆的拔出力时，可在混凝土初凝时间前后晃动钢筋）。

4）混凝土成型和养护除应按规定标准方法执行外，还应符合下列规定：

① 混凝土集料最大粒径不应超过 31.5mm；

② 对于干稠混凝土，应采用振动台振实，试样仍应分两层装入；

③ 试验成型后直至试验龄期，不得碰动钢筋，拆模时间宜延长至两昼夜。拆模时，应先取下橡皮圈和固定圈，再将套在钢筋上的试模壁小心取下。

5) 试件从养护地点取出后，应及时进行试验，避免试件湿度和温度发生显著变化。

6) 试验时，先将试件擦拭干净，检查外观，试件不得有明显缺损或钢筋松动、歪斜。

7) 将试件套上中心有洞孔的垫板，然后装入已安装在万能试验机上的试验夹头中，使万能试验机的下夹头将试件的钢筋夹牢。

8) 在试件上安装量表固定架，并装上千分表，使千分表杆尖端垂直朝下，与略伸出混凝土试件表面的钢筋顶面相接触。

9) 加荷前应检查千分表量杆与钢筋顶面接触是否良好，千分表是否灵活，并进行适当调整。

10) 记下千分表的初始读数后，即开动万能试验机，以不超过 400N/s 的加荷速度拉拔钢筋。每加一定荷重（1000～5000N）记录相应千分表读数。

11) 发生下列任一情况时，应停止加荷：

① 钢筋达到屈服点；

② 混凝土发生破裂；

③ 钢筋已从混凝土拔出。

(4) 试验结果取值

1) 将各级荷重下千分表读数减去初始读数，即得该级荷重下滑动变形。

2) 当采用带肋钢筋时，以 6 个试件滑动变形的算术平均值绘出荷重—滑动变形关系曲线，以荷重为纵坐标，滑动变形为横坐标。取滑动变形 0.01mm、0.05mm 及 0.10mm，在曲线上查出相应的荷重，此三级荷重的平均值，除以钢筋埋入混凝土中的表面积，而得握裹强度的计算公式如式（3-70）、式（3-71）：

$$\tau = \frac{P_1 + P_2 + P_3}{3A} \qquad (3\text{-}70)$$

$$A = \pi DL \qquad (3\text{-}71)$$

式中 τ——钢筋握裹强度（MPa）；

P_1——滑动变形为 0.01mm 时的荷重（N）；

P_2——滑动变形为 0.05mm 时的荷重（N）；

P_3——滑动变形为 0.10mm 时的荷重（N）；

A——埋入混凝土中的钢筋表面积（mm^2）；

D——钢筋的公称直径（mm）；

L——钢筋埋入的长度（mm）。

3) 当采用光圆钢筋时，可取 6 个试件拔出试验时的最大荷重的平均值进行计算。

3. 钢纤维混凝土试验方法

(1) 钢纤维混凝土弯曲韧性和弯曲初裂强度试验

1) 适用范围

本方法适用于测定钢纤维混凝土试件弯曲时的韧度指数和弯曲初裂强度。

2) 试件尺寸

当纤维长度不大于 40mm 时，采用截面为 100mm×100mm 的梁式试件；当纤维长度大于 40mm 时，采用截面 150mm×150mm 试件。试件跨度为截面边长的 3 倍，试件长度应比试件跨度大 100mm。每组四个试件，其制作及养护应符合钢纤维混凝土标准试验有关的规定。

3) 主要试验设备

本试验的设备应符合下列规定：

① 试验机：宜采用由变形控制的刚性试验机。试验机的卸载刚度应大于试件荷载—挠度曲线下降段的最大斜率（绝对值），其示值相对误差应不大于±1%，试件的预期破坏荷载应处在全量程的 20%~80%。也可采用 1000kN 普通液压试验机附加刚性组件（千斤顶、弹簧或玻璃钢圆筒等）。刚性组件应符合下列规定：

（a）刚性组件与试件共同的荷载—变形曲线的斜率大于零，或试验机卸载刚度和刚性组件刚度之和，应大于试件荷载—挠度曲线下降段的最大斜率（绝对值）。

（b）刚性组件在弹性范围内的可压缩值，应大于试件的变形量。

② 加载装置：按三分点加荷，试验机应带有两个能同时作用在小梁跨度三分点处相等荷载的装置。与试件接触的两个支座和两个加压头应具有直径为 20~40mm 的弧形端面，并应比试件宽度长 10mm，其中一个支座和两个加压头宜做成能滚动并前后可倾斜。试验机上、下压板与刚性组件及测力计之间均应加钢垫板，其不平度为 100mm 应不大于 0.02mm。

③ 挠度测量装置：应将安装位移传感器的铝板（或钢板）用螺钉固定在支座垂线与试件中和轴的交点上，采用精度为 0.01mm 的位移传感器（或机械式位移计），抵承在粘结于加荷点下侧的角型支承上。

可将荷载与挠度输出信号经放大器与 $X-Y$ 记录仪相连，直接绘出荷载—挠度曲线。

4) 试验步骤

① 从养护地点取出试件，检查外观和测量尺寸。

② 安放试件，并安装测量传感器。

③ 对试件连续、均匀加荷。初裂前的加荷速度取 0.05~0.08MPa/s；初裂后取每分钟 $L/3000$，使挠度增长速度相等。

若试件在受拉面跨度（L）三分点以外断裂，则该试件试验结果无效。

④ 采用千斤顶做刚性组件时，应使活塞顶升至稍高出传感器顶面，然后开动试验机，使千斤顶刚度达到稳定状态，随时对试件连续均匀加荷。初裂前的加荷速度取 0.05~0.08MPa/s，初裂后减小加荷速度，使试件处于"准等应变"状态，其条件是：

$$V_{\Delta\omega max}/V_m \leqslant 5 \quad (3-72)$$

式中 $V_{\Delta\omega max}$——挠度增量最大时的相应速度（μm/s）；

V_m——挠度由零到 3 倍最大荷载挠度时段内相应速度平均值（μm/s）。

在加荷过程中记录挠度变化速度。

⑤ 绘出荷载—挠度曲线。

5) 结果计算

钢纤维混凝土试件的弯曲韧度指数、承载能力变化系数、弯曲初裂强度的计算步骤如下：

① 将直尺与荷载—挠度曲线的线性部分重叠放置确定初裂点 A。A 点的纵坐标为弯曲初裂荷载 F_{cra}，横坐标为弯曲初裂挠度 W_{Fcra}，面积 OAB 为弯曲初裂韧度。

② 以 O 为原点，按 3.0、5.5 和 15.5 或试验要求的初裂挠度的倍数，在横轴上确定 D、F 和 H 点或其他给定点（J）。用求积仪测得 OAB、$OACD$、$OAEF$ 和 $OAGH$ 或其他给定变形的面积，即为弯曲初裂韧度和各给定挠度的韧度实测值。按公式（3-73）求得每个试件的弯曲韧度指数，精确至 0.01。

$$\eta_{m5} = OACD \text{ 面积} / OAB \text{ 面积}$$
$$\eta_{m10} = OAEF \text{ 面积} / OAB \text{ 面积} \tag{3-73}$$
$$\eta_{m^30} = OAGH \text{ 面积} / OAB \text{ 面积}$$

以四个试件计算值的算术平均值作为该组试件的韧度指数。

③ 每组试件的承载能力变化系数 $\zeta_{m,n,m}$ 按式（3-74）计算：

$$\zeta_{m,n,m} = (\eta_{m,n,m} - \alpha)/(\alpha - 1) \tag{3-74}$$

式中 α——倍数，α 等于给定挠度除以弯曲初裂挠度，本试验给定 α 为 3.0、5.5、15.5，或按试验要求给定；

$\zeta_{m,n,m}$——与给定挠度 αW_{Fcra} 对应的一组试件的平均弯曲韧度指数。

将所得结果与理想弹塑性材料的承载能力变化系数 $\zeta_{m,n,m}=1$ 比较，评定其弯曲韧性。

④ 弯曲初裂强度按式（3-75）计算，精确至 0.1MPa。

$$f_{fc,cra} = F_{cra} \times \frac{l}{bh^2} \tag{3-75}$$

式中 $f_{fc,cra}$——钢纤维混凝土弯曲初裂强度（MPa）；

F_{cra}——钢纤维混凝土弯曲初裂荷载（N）；

l——支座间距（mm）；

b——试件截面宽度（mm）；

h——试件截面高度（mm）。

以四个试件计算值的算术平均值作为该组试件的弯曲初裂强度。

(2) 拌合物钢纤维体积率试验

1) 适用范围

本方法适用于测定钢纤维混凝土拌合物中钢纤维所占的体积百分率，即钢纤维体积率。

2) 主要试验设备

测定钢纤维体积率所用设备应符合下列规定：

① 容量筒：钢制，容积 5L；直径和筒高均为（186±2）mm，壁厚 3mm。

② 托盘天平：称量 2kg，感量 2g。

③ 台秤：称量 100kg，感量 50g。

④ 振动台：频率（50±3）Hz，空载振幅 0.5±0.1mm。

⑤ 震槌：质量 1kg 的木槌。

3) 检测步骤

钢纤维体积率应测定两次，测定步骤如下：

① 按下述规定装料并振实：
(a) 拌合物坍落度小于 50mm 时，用振动台振实。
(b) 拌合物坍落度大于等于 50mm 时，分两层装料，每层沿侧壁四周均匀敲振 30 次；敲毕，底部垫直径 16mm 钢棒，左右交错颠击地面 15 次。
② 倒出拌合物，边水洗边用磁铁搜集钢纤维。
③ 将搜集的钢纤维在 105±5℃ 的温度下烘干至恒重，冷却至室温后称其质量，精确至 2g。

4) 结果计算

钢纤维体积率按式（3-76）计算：

$$V_{sf} = \frac{m_{sf}}{\rho_{sf}V} \times 100\% \tag{3-76}$$

式中　V_{sf}——钢纤维体积率（%）；
　　　m_{sf}——容量筒中钢纤维质量（g）；
　　　V——容量筒容积（L）；
　　　ρ_{sf}——钢纤维质量密度（kg/m³）。

5) 试验结果处理

① 两次测定值的平均值即为钢纤维体积率。若测定值不符合下列条件，则试验结果无效。

$$|V_{sf1} - V_{sf2}| \leqslant 0.05 V_{sf,m} \tag{3-77}$$

式中　$V_{sf,m}$——两次测定钢纤维体积率的平均值（%）；
　　　V_{sf1}，V_{sf2}——两次测得的钢纤维体积率（%）。

② 钢纤维的称量每一工作班至少检验两次；同时，应采用水洗法在浇筑地点取样检验钢纤维体积率，每一工作班至少两次；水洗法检验钢纤维体积率的误差不应超过配合比要求的钢纤维体积率的±15%。

4. 真空脱水混凝土试验方法

(1) 真空脱水混凝土强度试件成型方法

1) 目的及适用范围

制作室内真空脱水混凝土性能试验的试件。

2) 主要仪器设备

① 试模：抗压强度试模采用 150mm×150mm×150mm 立方体标准试模，并配以真空吸盘固定架。
② 真空吸盘：真空吸盘采用硬吸垫，大小应与试模尺寸相配。真空吸盘由尼龙布，两层塑料网格，薄镀锌铁板分别作为过滤层、骨架层和密封层，并在密封层上装吸水嘴。吸盘四周设橡胶封圈。
③ 真空集水瓶：试模尺寸为 150mm×150mm×150mm 时，宜采用 500mL 容量的真空瓶。
④ 真空橡胶管：宜采用适宜直径的耐压橡胶管。亦可采用工业氧气管或乙炔管代替。
⑤ 真空脱水机组：宜采用抽气速率为 28L/s 的符合国家标准的产品。

3) 试验步骤

① 混凝土拌合、成型应符合《公路水泥混凝土路面施工技术规范》JTG F30—2003 有关规定。

② 试件成型后，立即在表面覆盖真空吸盘。固定吸盘后，用少量水泥浆封闭吸盘四周。用耐压橡胶管连接吸盘吸水嘴和真空集水瓶及真空脱水机组，开机脱水处理。试件断面尺寸为 100mm×100mm 时，脱水时间宜为 10～15min。断面尺寸为 150mm×150mm 时，脱水时间宜为 15～20min。真空度控制为 0.08MPa。脱水结束时，先掀开吸盘的一角，将管路中水分全部抽至集水瓶中，然后切断集水瓶与脱水泵之间的连接管路再关机，防止脱水泵中冷却水回冲到集水瓶中。

对混凝土进行脱水时，宜采取先低真空度，而后逐渐升高的操作方法。

对于抗磨、抗渗试件，以试模的上口尺寸（ϕ175mm）制一副模托，将试模的上口翻转朝下成型试件。真空脱水在试件的下口（ϕ185mm）面进行，测定抗渗标号时保持抗渗水压作用于真空处理面。抗磨性试验时，应保持磨损面为真空处理面。处理时间约为 20～25min。

③ 试件脱水处理后，用湿布覆盖，并在（20±5）℃的室内净置 24h，拆模编号。根据需要也可立即拆模进行试验。

④ 试件养护应符合《公路水泥混凝土路面施工技术规范》JTG F30—2003 标准养护规定。

(2) 混凝土拌合物真空脱水率测定

1) 目的及适用范围

测定混凝土拌合物真空脱水率，计算剩余水灰比，为设计真空脱水混凝土配合比提供试验数据。不适合于水灰比小于 0.35 的混凝土拌合物。

2) 主要仪器设备

应符合第 3.5.1.1 条第 4 款第（1）项 2）中的规定。试模尺寸为 150mm×150mm×150mm。

3) 试验步骤

① 按第 3.5.1.1 条第 4 款第（1）项 3）中的规定制作试件。

② 试件成型后即进行脱水处理。脱水处理的方法应符合第 3.5.1.1 条第 4 款第（1）项 3）中的规定。

③ 将脱出的水分集于真空瓶中，然后倒入量筒中计量得 ΔW，计量准确至 1.0mL。

4) 试验结果处理：

① 脱水率按式（3-78）计算：

$$Q = \frac{\Delta W \cdot \rho_w}{\frac{3.375W}{1000\rho_w}} \times 100 \qquad (3-78)$$

式中　Q——脱水率（%）；

　　　W——每立方米混凝土的拌和水量（kg）；

　　　ΔW——试件脱出水量（g）；

　　　ρ_w——水的密度（g/mL），取 1.00。

② 取三个试件测值的平均值为该组试件脱水率的试验结果。当单个试件的测值与中

间值之差超过中间值的±15%时，取中间值作为试验结果。当有两个试件的测值与中间值之差均超过中间值的±15%时，该组试件作废。

5. 混凝土抗冻性现场测试方法

（1）取芯法测定混凝土抗冻性

1）目的及适用范围

从混凝土结构或构件上钻取芯样，制备抗冻试样，用于测定和评价实际混凝土结构物的抗冻性。

2）主要仪器设备

① 取芯机：宜采用轻便型混凝土取芯机；

② 取芯钻头：宜选用人造金刚石薄壁钻头；

③ 切割机：可选用岩石切割机，切割方式有手动和自动两种形式。

3）试件准备

① 制备混凝土抗冻性芯样试件，其直径不宜小于100mm，长度应为：

(a) 标准芯样试件长度与直径比，不宜小于4；

(b) 非标准芯样试件长度与直径比，不宜小于1。

② 在制取抗冻性芯样试件时，还应在同一芯样上制备3个直径70mm，高度70mm的抗压强度试件。

③ 测量芯样试件的几何尺寸：

(a) 直径：用游标卡尺测量试件中部，在相互垂直的两个位置上测量两次，计算其算术平均值，精确至0.5mm。沿试件高度任一直径与试块直径相差不宜大于2.0mm。

(b) 高度：用钢板尺测量，精确至1.0mm，高度为路面板厚度。

(c) 垂直度：用游标量角器测量两个端面与轴线的夹角，精确至0.10°，试件端面与轴线的不垂直度超过2°。

(d) 平整度：用钢板尺或角尺紧靠在试件端面上，用塞尺测量钢板尺或角尺与试件端面的间隙。

4）试验步骤

① 测量标准芯样试件长度、质量、动弹性模量及进行外观描述，必要时测定声速。

② 测量非标准芯样试件质量及进行外观描述，必要时测定声速。

③ 按《公路工程水泥及水泥混凝土试验规程》JTG E30—2005中"水泥混凝土抗冻性试验方法（快冻法）"T0565进行抗冻性试验。

④ 标准芯样试件的抗冻性评定按相对动弹性模量和质量损失率进行；非标准芯样试件的抗冻性以质量损失率进行评定。

⑤ 在试验完毕的试件上，钻取3个直径70mm高径比为1的抗压强度试件，与本款第（1）项3）②中制备的抗压强度试件同时进行抗压强度试验，计算抗压强度损失率。

（2）取芯法测定混凝土气泡参数

1）目的及适用范围

从混凝土结构或构件上钻取芯样，制备试样，测定混凝土芯样的气泡参数：空气含量、气泡比表面积和间距系数等。用于评定混凝土结构的抗冰冻、抗盐冻性能和鉴定引气剂性能等，也适用于实际结构物的抗冻性调查。

2) 主要仪器设备

① 钻芯取样设备：与取芯法测定混凝土抗冻性的仪器设备相同。

② 测孔显微镜：放大 80～128 倍，具有目镜测微尺和物镜测微尺。目镜测微尺最小读数为 $10\mu m$，载物台能横向、纵向移动；配有显微镜照明灯、聚光型灯。

③ 其他：切片机、磨片机、抛光机。

3) 试件制备

芯样试件应在制取抗冻性试验的同一芯样切片上制取。

4) 试验步骤

① 每组试样至少 3 个，最小观测总面积和最小总导线长度应符合表 3-149 的规定。

最小观测总面积和最小总导线长度　　　　表 3-149

粗集料最大粒径（mm）	最小观测总面积（mm²）	最小总导线长度（mm）
40	17000	2600
31.5	11000	2500
19.0	7000	2300
9.5	6000	1000

注：如混凝土内集料或大孔隙分布很不均匀，应适当增大观测面积。当在 1 个芯样中取 2 个试样时，截取 2 个试样的间距应大于集料最大粒径的 1/2。

② 将硬化混凝土片锯下后，刷洗干净，分别采用 400 号或 800 号金刚砂仔细研磨。每次磨完后刷洗干净，再进行下次研磨。最后在固定呢毡的抛光机转盘上，涂刷三氧化二铬进行抛光，再刷洗干净，在 (105±5)℃ 的烘箱中烘干，然后置于测孔显微镜下试测，当强光以低入射角照射在观测面上，观测到在表面除了气孔截面和集料孔隙外，基本是平的，且气泡边缘清晰并能测出尺寸为 $10\mu m$ 的气泡截面，即认为该观测面已处理完毕。

③ 观测应与浇筑面垂直。观测前用物镜测微尺校准目镜测微尺刻度，在观测面两端，附贴导线间距标志，使选定的导线长度均匀分布在观测面范围内。调整目镜位置，使十字丝的横丝与导线重合，然后用目镜测微尺截取每个气泡的弦长刻度值，亦可增测气泡截面直径，当测完第一条导线后，按测线间距，相继观测第 2、3、4……条导线，直至测完规定的总导线长度。

5) 试验结果处理

根据直线导线法观测的数据，按下列公式计算各参数：

气泡平均弦长：

$$m_l = \Sigma l/N \tag{3-79}$$

气泡比表面积：

$$\alpha = 4/m_l \tag{3-80}$$

气泡平均半径：

$$m_r = 3m_l/4 \tag{3-81}$$

硬化混凝土中的空气含量：

$$a = \Sigma l/T \tag{3-82}$$

1000mm³ 混凝土中的气泡个数：

$$n_v = (3/4\pi)a/m_r^3 \tag{3-83}$$

10mm 导线切割的气泡个数：
$$n_l = 10N/T \tag{3-84}$$

气泡间距系数：

当混凝土中浆气比 P/a 大于 4.33 时，按下式计算：
$$L = 3a[1.49(P/a+1)^{1/3} - 1]/n_l \tag{3-85}$$

当混凝土中浆气比 P/a 小于 4.33 时，按下式计算：
$$L = P/(4n_l) \tag{3-86}$$

式中　m_l——气泡平均弦长（mm）；

Σl——全导线切割的气泡弦长总和（mm）；

N——全导线切割的气泡总个数；

α——气泡比表面积（mm^2/mm^3）；

m_r——气泡平均半径（mm）；

n_v——1000mm^3 混凝土中的气泡个数；

a——硬化混凝土中的空气含量（体积比%）；

T——导线总长（mm）；

P——混凝土中水泥净浆含量（体积比，不包括空气含量）；

n_l——平均每 10mm 导线切割的气泡个数；

L——气泡间距系数（mm）。

计算结果取三位有效数字。

3.5.1.2　沥青及沥青混凝土面层

1. 沥青路面质量过程控制及总量检验方法

（1）为做好沥青混合料生产过程中的实时控制，及时发现各项生产参数是否符合配合比设计要求，高速公路和一级公路采用间歇式拌合机生产沥青混合料时，必须配备计算机自动采集及自记打印数据的装置，进行沥青混合料的"过程控制"（在线监测）和总量检验。

（2）开始拌合前应设定每拌合一盘沥青混合料的生产量，各个热料仓、矿粉、沥青等的标准配合比用量，设定各项施工温度。拌合过程中计算机通过传感器采集每拌合一盘混合料的各项数据，由计算机自动处理或者逐盘打印这些数据，进行沥青混合料质量的在线监测。当计算机能够实时监测、自动处理、显示、保存所采集的各项数据时，也允许不逐个打印数据，只打印汇总统计值。

注意：拌合机的各种称重传感器必须逐个经过认真标定，自动采集、记录打印的结果应经过校验，如与实际数量有差值时应求出修正系数，保证各项施工参数的准确性。

（3）计算机必须逐盘采集各项数据，按各个料仓的筛分曲线，逐个计算出矿料级配，与工程设计级配范围及容许的施工波动范围进行比较，实时评定矿料级配是否符合要求。当发现有不合格的情况，必须引起注意，如果连续 3 个以上都出现不合格情况时，宜对设定值适当调整。

注意：各个料仓的筛分结果应按《公路沥青路面施工技术规范》JTG F40—2004 的取样方法定期检测，施工过程中应经常检查是否有大的变化，利用新的筛分结果计算矿料级配，必要时适当调整配合比的设定值，以确保符合实际情况，达到标准配合比的要求。

(4) 计算机必须逐盘采集沥青结合料的实际使用量及沥青混合料的生产量,计算油石比(或沥青用量),与设计值及容许的波动范围相比较,评定是否符合要求。如果连续3个以上不符合要求时,宜对设定值适当调整。

(5) 计算机必须实时监测和采集与沥青混合料生产有关的各种施工温度,与《公路沥青路面施工技术规范》JTG F40—2004 的要求进行比较,评定是否符合要求。

(6) 总量检验的报告周期可以是一个工作日或一个台班。施工停止时,计算机应自动计算并及时打印出各项数据的统计结果。其中沥青混合料的矿料级配可以是全部筛孔,但评定是否符合要求可只对 5 个控制性筛孔(0.075mm、2.36mm、4.75mm、公称最大粒径、一档较粗的控制性粒径等筛孔)。并按式(3-87)～式(3-89)计算全过程各种指标的平均值、标准差、变异系数,进行沥青混合料生产质量的总量检验。

$$K_0 = \frac{K_1 + K_2 + \cdots + K_n}{N} \quad (3\text{-}87)$$

$$S = \sqrt{\frac{(K_1 - K_0)^2 + (K_2 - K_0)^2 + \cdots + (K_n - K_0)^2}{n-1}} \quad (3\text{-}88)$$

$$C_V = \frac{S}{K_0} \quad (3\text{-}89)$$

式中 K_0——该报告周期的平均值(%);
S——一个报告周期的测定值的标准差(%);
C_V——一个报告周期的测定值的变异系数(%);
K_1、K_2、…、K_n——该报告周期内每一盘的测定值(%);
N——该报告周期内总的拌合盘数,其自由度为 $N-1$。

(7) 利用一个评定周期的沥青混合料总生产量、施工总面积、沥青混合料密度按式(3-90)计算该摊铺层的平均压实厚度:

$$H = \left[\sum m_i/(A \times d)\right] \times 1000 \quad (3\text{-}90)$$

式中 H——该评定周期沥青路面摊铺层的平均施工压实厚度(mm);
m_i——每一盘沥青混合料的质量,下角标 i 为依次记录的盘次,Σm_i 为一个评定周期内沥青混合料的总生产量(t);
A——该评定周期沥青路面摊铺层的总面积,当遇有加宽等情况时,铺筑面积应按实际计算(m^2);
d——评定周期内摊铺层的现场压实密度的平均值,由钻孔试件的干燥密度(即实验室标准密度乘以压实度)测定得到(t/m^3)。

(8) 沥青混合料生产过程中的动态质量管理按《公路沥青路面施工技术规范》JTG F40—2004 附录 F 的方法进行。

(9) 一个沥青层全部铺筑完成后,应绘制出各个检测指标的变化过程,并计算总的平均值、标准差、变异系数。计算各个指标的总合格率,作为施工质量检验的依据。

(10) 计算机采集、计算的沥青混合料过程控制及施工质量总量检验的数据图表,均必须按要求随工程档案一起存档。

2. 沥青及沥青混合料

(1) 沥青按《公路工程沥青及沥青混合料试验规程》JTG E20—2011 中的相关试验

方法进行试验。

(2) 沥青混合料按《公路工程沥青及沥青混合料试验规程》JTG E20—2011 中的相关试验方法进行试验。

3. 粗集料、细集料及矿粉

(1) 粗集料按《公路工程集料试验规程》JTG E42—2005 中的有关试验方法进行试验。

(2) 细集料按《公路工程集料试验规程》JTG E42—2005 中的有关试验方法进行试验。

(3) 矿粉按《公路工程集料试验规程》JTG E42—2005 中的有关试验方法进行试验。

3.5.1.3 基层和底基层

1. 原材料

(1) 土按《公路土工试验规程》JTG E40—2007 中的有关试验方法进行试验。

(2) 砂砾、碎石等集料按《公路土工试验规程》JTG E40—2007 和《公路工程集料试验规程》JTG E42—2005 中的有关试验方法进行试验。

(3) 石灰按《公路工程无机结合料稳定材料试验规程》JTG E51—2009 中的有关试验方法进行试验。

(4) 粉煤灰按《公路工程无机结合料稳定材料试验规程》JTG E51—2009 中的有关试验方法进行试验。

(5) 水泥按《水泥胶砂强度检验方法》GB/T 17671—1999 和《水泥标准稠度用水量、凝结时间、安定性检验方法》GB/T 1346—2011 中的有关试验方法进行试验。

2. 无机结合料稳定材料

无机结合料稳定材料按《公路工程无机结合料稳定材料试验规程》JTG E51—2009 中的有关试验方法进行试验。

3.5.2 其他注意事项

1. 路面常用水泥的化学成分和物理指标汇总,见表 3-150。

路面常用水泥的化学成分和物理指标汇总　　　　表 3-150

水泥性能	通路水泥 GB 13693	硅酸盐水泥 GB 175	普通水泥 GB 175	矿渣水泥 GB 1344
铝酸三钙	不得大于 5.0%[②]	—	—	—
铁铝酸四钙	不得小于 16.0%[②]	—	—	—
游离氧化钙	旋窑不得大于 1.0%[②] 立窑不得大于 1.8%[②]	—	—	—
氧化镁	不得大于 5.0%[①]	不宜大于 5%～6%[①]	不宜大于 5%～6%[①]	不宜大于 5%～6%[①]
三氧化硫	不得大于 3.5%[①]	不得大于 3.5%[①]	不得大于 3.5%[①]	不得大于 4.0%[①]
碱含量	供需双方商定	双方商定或有活性集料不得大于 0.6%	双方商定或有活性集料不得大于 0.6%	供需双方商定

续表

水泥性能	通路水泥 GB 13693	硅酸盐水泥 GB 175	普通水泥 GB 175	矿渣水泥 GB 1344
混合材种类掺量	0～10%活性②	Ⅰ不掺②，Ⅱ不大于5%石灰石或矿渣②	6%～15%活性混合材，5%窑灰，≤10%非活性混合材	20%～70%矿渣②
烧失量	不得大于3.0%②	Ⅰ不大于3.0%② Ⅱ不大于3.5%②	不大于5.0%②	—
细度（80μm）	筛余量② 不得大于10%	比表面积② 大于300m²/kg	筛余量② 不得大于10%	筛余量② 不得大于10%
初凝时间	不早于1h①	不早于45min①	不早于45min①	不早于45min①
终凝时间	不迟于10h②	不迟于390min②	不迟于10h②	不迟于10h②
安定性	蒸煮必须合格①	蒸煮必须合格①	蒸煮必须合格①	蒸煮必须合格①
28d干缩率	不得大于0.10%②	—	—	—
耐磨性	不得大于3.6kg/m²②	—	—	—

① 任一项不符合标准指标者，为废品；
② 任一项不符合标准指标者或强度低于商品强度等级时，为不合格品。

2. 外加剂的使用问题中要求解决好三个问题

（1）拌合物凝结时间的控制：在任何气温下，均要求将拌合物的初凝时间控制在施工铺筑所必需的3h，终凝不晚于10h。夏季要求缓凝或保塑，低温施工要求早强，负温施工要求防冻；

（2）提出实际工程结构混凝土含气量的检验方法和要求；

（3）提出外加剂沉淀、絮凝现象的防止办法。

3. 普通混凝土和钢纤维28d设计弯拉强度标准值和弹性模量的关系，应符合表3-151的规定。

混凝土路面板设计强度标准值和弹性模量的关系   表3-151

交通等级	特重	重	中等	轻
混凝土设计弯拉强度标准值 f_r（MPa）	5.0*	5.0	4.5	4.0
钢纤维混凝土设计弯拉强度标准值 f_{rf}（MPa）	6.0	6.0	5.5	5.0
混凝土和钢纤维混凝土弯拉弹性模量 E_c（MPa）	31000	30000	29000	27000

* 在特重交通的特殊路段，通过论证，可使用设计弯拉强度标准值5.5MPa，弯拉弹性模量33000MPa。

4. 钢纤维混凝土与普通混凝土的不同特征差异

（1）水灰比明显大；

（2）单位水泥用量显著大；

（3）砂率显著大；

（4）最大公称粒径较小。

5. 路面表层渗水系数宜在路面成型后立即测定。

6. 路基、路面压实度评定与路面结构层厚度评定的不同点

(1) 路基、路面压实度评定

1) 路基、基层和底基层：$K \geqslant K_0$，且单点压实度 K_i 全部大于等于规定值减 2 个百分点时，评定路段的压实度合格率为 100%；当 $K \geqslant K_0$，且单点压实度全部大于等于规定极值时，按测定值不低于规定值减 2 个百分点的测点数计算合格率。

$K < K_0$ 或某一单点压实度 K_i 小于规定极值时，该评定路段压实度为不合格，相应分项工程评为不合格。

路堤施工段较短时，分层压实度应点点符合要求，且样本数不少于 6 个。

2) 沥青面层：当 $K \geqslant K_0$，且全部测点大于等于规定值减 1 个百分点时，评定路段的压实度合格率为 100%；当 $K \geqslant K_0$ 时，按测定值不低于规定值减 1 个百分点的测点数计算合格率。

$K < K_0$ 时，评定路段的压实度为不合格，相应分项工程评为不合格。

(2) 评定路段内路面结构层厚度按代表值和单个合格值的允许偏差进行评定。

1) 当厚度代表值大于等于设计厚度减去代表值允许偏差时，则按单个检查值的偏差不超过单点合格值来计算合格率；当厚度代表值小于设计厚度减去代表值允许偏差时，相应分项工程评为不合格。

2) 沥青面层一般按沥青铺筑层总厚度进行评定，高速公路和一级公路分 2~3 层铺筑时，还应进行上面层厚度检查和评定。

7. 在绘制矿料级配曲线时，横坐标上的筛孔尺寸采用对数坐标，纵坐标上的通过量仍采用常数坐标。

8. 矿料组成设计的两个方法和两个条件

矿料组成设计的两个方法：试算法和图解法；

矿料组成设计的两个条件：级配要求范围（目标）和工地集料的级配情况。

9. 蜡在沥青中的危害性

(1) 使沥青的低温延展能力降低；

(2) 使沥青的黏度降低，增加沥青的温度敏感性；

(3) 使沥青与石料表面的黏附性降低；

(4) 引起沥青路面抗滑性能的降低。

10. 沥青针入度试验的三项关键性条件

针入度试验的三项关键性条件：温度（25℃）、针的质量（100g）和测试时间（5s）。针入度常用 $P_{25℃, 100g, 5s}$ 表示。

11. 沥青延度试验通常采用的试验温度

通常采用的试验温度：25℃、15℃、10℃或 5℃等。

12. 沥青混合料的三种结构类型的不同特点及其优缺点

沥青混合料的三种结构类型为：悬浮密实结构、骨架空隙结构和骨架密实结构。

(1) 特点：

悬浮密实结构的沥青混合料密实程度高，空隙率低，具有水稳性好、低温抗裂性和耐久性好的特点。

骨架空隙结构的沥青混合料具有较好的高温稳定性的特点。

骨架密实结构的沥青混合料具有减缓高温时车辙的形成、提高抗老化性、减缓低温时的开裂现象等特点。

(2) 优缺点：

悬浮密实结构的沥青混合料在高温使用条件下，因沥青结合料黏度的降低而导致沥青混合料产生过多的变形，形成车辙，造成高温稳定性的下降。

骨架空隙结构的沥青混合料，因整个混合料缺少细颗粒部分，压实后留有较多的空隙，在使用过程中，水和不利的环境因素都会直接作用于混合料，引起沥青老化或将沥青从集料表面剥离，使沥青混合料的耐久性下降。

骨架密实结构的沥青混合料兼具悬浮密实结构和骨架空隙结构的优点，是一种优良的路用结构类型。

13. 对于沥青混合料的高温稳定性，实际工作中通过马歇尔稳定度试验方法和车辙试验法进行测定和评价。

14. 现行规范要求采用沥青混合料低温弯曲试验，通过低温破坏强度、破坏应变和破坏劲度模量等指标评价混合料的低温性能。

15. 沥青混合料的空隙率是影响沥青混合料耐久性的重要因素。空隙率的大小取决于矿料的级配、沥青材料的用量以及压实程度等方面。

16. 我国现行规范采用空隙率、饱和度和残留稳定度等指标来表征沥青混合料的耐久性。

17. 影响沥青路面抗滑性的因素主要取决于矿料自身或级配形成的表面构造深度、颗粒形状与尺寸、抗磨光性及沥青用量等方面。

18. 影响沥青混合料施工和易性的因素有：材料组成和施工条件的控制。

19. 沥青混合料的路用性能有：承载能力、高温稳定性、低温抗裂性、耐久性、抗滑性及施工和易性等。

20. 沥青混合料配合比设计的三个阶段及其主要工作

沥青混合料配合比设计包括三个阶段：目标配合比设计阶段、生产配合比设计阶段和生产配合比验证。

目标配合比设计阶段的主要工作是进行矿料的级配组成设计和最佳沥青用量的确定两部分。

生产配合比设计阶段的主要工作是在目标配合比确定之后，利用实际施工的拌合机进行施工配合比设计。

生产配合比验证阶段的主要工作是试验路试铺。

21. 影响抗滑性能的因素有路面表面特性、路面潮湿程度和行车速度。表面特性包括路表面细构造和粗构造。路表面细构造是指集料表面的粗糙度，通常有石料磨光值（PSV）表征；粗构造由构造深度表征。

22. 路面渗透系数与空隙率的关系

剩余空隙率越大，路面渗水系数越大，路面渗水越严重；但同样的空隙率，路面的渗水情况却不同，因为空隙率包括了开空隙和闭空隙，而只有开空隙才能够透水。

23. 公路路面基层、底基层按材料力学行为可划分为半刚性类、柔性类和刚性类，按材料组成可划分为有结合料稳定类和无黏结粒料类。无机结合料稳定类即为半刚性类。

半刚性（无机结合料稳定类）基层、底基层的种类包含：水泥稳定类、石灰工业废渣稳定类、石灰稳定类及综合稳定类（水泥粉煤灰、水泥石灰稳定类等）。

柔性基层、底基层的种类可分为有机结合料稳定类（沥青碎石、沥青贯入等）和无黏结粒料类（级配碎石、级配砾石、级配砾碎石及填隙碎石等）。

刚性基层类包括贫混凝土基层、水泥混凝土基层及连续配筋水泥混凝土基层。

24. 石灰使用时的注意事项

(1) 消解必须要完全；

(2) 在现场必须进行覆盖，尽快用完；

(3) 使用时必须过10mm筛。

25. 在结合料剂量试验中，EDTA溶液用完了，重新配制EDTA溶液需不需要重新制作灰剂量滴定标准曲线。

由于材料的不稳定性与离散性，基准物不够将难以保证测量相对误差不超过许可限度。

26. 无机结合料稳定土材料的养护方法

养护方法有：标准养护和快速养护两种方法。

(1) 标准养护方法

1) 温度、湿度：温度为20±2℃，湿度为不小于95%；

2) 养护龄期：对无侧限抗压强度试验的养护龄期为7d，最后一天浸水；对弯拉强度、间接抗拉强度，水泥稳定材料的养护龄期为90d（3个月）；石灰稳定材料的养护龄期为180d（6个月）。

(2) 快速养护方法

1) 温度、湿度：温度为60±1℃，湿度为不小于95%；

2) 养护龄期：7d、14d、21d、28d等。

27. 从加水拌合到碾压终了的延迟时间对水泥稳定土混合料的强度和所能达到的干密度有明显的影响。延迟时间愈长，混合料强度和干密度的损失愈大。

延迟时间对混合料强度的影响取决于两个因素，即水泥品种和土质。我国通常规定延迟时间为3~4h。

28. 根据土基回弹模量（E_0）与土基顶面的回弹弯沉计算值（l_0）的回归方程式 $l_0 = 9308 E_0^{-0.938}$，得出不同E_0值时与l_0的对应关系，如表3-152。

不同E_0值时与l_0的对应关系表　　　　　　　　表3-152

E_0 (MPa)	30	35	40	45	50	55	60	65	70
l_0 (0.01mm)	383	332	292	262	237	217	200	185	173
E_0 (MPa)	75	80	85	90	100	110	120	140	—
l_0 (0.01mm)	162	153	144	137	124	113	104	90	—

第4章 桥梁、涵洞工程

4.1 术语与单位、分部及分项工程的划分

4.1.1 术语

1. 控制测量

为建立测量控制网而进行的测量工作。包括平面控制测量、高程控制测量和三维控制测量。

2. 公路 GPS 控制测量

利用全球定位系统（GPS）测量公路各控制点坐标的测量。

3. 跨河水准测量

视线长度超过规定，跨越江河（或湖塘、宽沟、洼地、山谷等）的水准测量。

4. 施工测量

工程开工前及施工中，根据设计图在现场恢复道路中线、定出构造物位置等测量放样的作业。

5. 竣工测量

工程竣工后，为编制竣工文件，对实际完成的各项工程进行的一次全面测量的作业。

6. 围堰

用于水下施工的临时性挡水设施。

7. 锚锭

将系于水中船只或双壁钢围堰的缆索固定的临时构造物。

8. 止水帷幕

用以隔断水源，减少渗流水量，防止流沙、突涌、管涌、潜蚀等，在基坑边线外设置的一圈隔水幕。

9. 地基

直接承受构造物荷载影响的地层。

10. 加固地基

用换土、夯实、有机或无机结合料稳定等方法加固处理的地基。

11. 天然地基

未经加固处理或扰动的地基。

12. 沉入桩

钢、木、钢筋混凝土等材料制作的柱状构件，经锤击、振动、射水、静压等方式沉入或埋入地基而成的桩。

13. 贯入度

锤击沉入桩时，根据锤的种类取每锤或每分钟桩的贯入量，以 mm/击、mm/min 计。

14. 灌注桩

在地基中以人工或机械成孔，在孔中灌注混凝土而成的桩。

15. 大直径桩

直径大于或等于 2.5m 的钻孔灌注桩。

16. 超长桩

桩长大于或等于 90m 的钻孔灌注桩。

17. PHP 泥浆

丙烯酰胺泥浆，即 PHP 泥浆，以膨润土、碳酸钠、聚丙烯酰胺的水解物和锯木屑、稻草、水泥或有机纤维复合物按一定比例配制的不分散、低固相、高黏度泥浆。

18. 摩擦桩

主要靠桩表面与地基之间的摩擦力支承荷载的桩。

19. 支承桩

主要靠桩的下端反力支承荷载的桩。

20. 沉井基础

上下敞口带刃脚的空心井筒状结构物，下沉水中到设计标高处，以井筒作为结构外壳而建筑成的基础。

21. 地下连续墙

用专用的挖槽（孔）设备，沿着深基础或地下构筑物周边，采用泥浆护壁，开挖出具有一定宽度（或直径）与深度的沟槽（或孔），在槽（或孔）内设置钢筋笼，采用导管法浇筑混凝土，筑成一个单元墙（或桩柱）段，依次施工，以某种接头方式连接成一道连续的地下钢筋混凝土墙，作为基坑开挖时防渗、挡土、邻近建筑物基础的支护以及直接成为承受垂直荷载的基础结构物的一部分。这种地下墙体即是现浇钢筋混凝土地下连续墙。

22. 导墙

用于地下连续墙施工导向、蓄积泥浆并维持表面高度，支承挖墙机械设备，维护槽顶表土层的稳定和阻止地面水流入沟槽的板形、冂形，倒 L 形构造物。

23. 钢筋闪光对焊

将两根钢筋安放成对接形式，利用电阻热使接触点金属熔化，产生强烈飞溅，形成闪光，迅速加顶锻力完成的一种压焊方法。

24. 钢筋电渣压力焊

将钢筋安放成竖向对接形式，利用焊接电流通过两钢筋端面间隙，在焊剂层下形成电弧过程和电渣过程，产生电弧热和电阻热，熔化钢筋，加压完成的一种压焊方式。

25. 预埋件钢筋埋弧压力焊

将钢筋与钢板安放成 T 形接头形式，利用焊接电流通过，在焊剂层下产生电弧，形成熔池，加压完成的一种压焊方法。

26. 钢筋机械连接

通过连接件的机械咬合作用或钢筋端面的承压作用，将一根钢筋中的力传递至另一根钢筋的连接方法。

27. 挤压套筒接头

通过挤压力使连接用钢套塑性变形与带肋钢筋紧密咬合形成的接头。

28. 锥螺纹套筒接头

通过钢筋端头特制的锥形螺纹和锥纹套管咬合形成的接头。

29. 直螺纹套筒接头

通过钢筋端头特制的直螺纹和直螺纹套管咬合形成的接头。

30. 焊接网

具有相同或不同直径的纵向和横向钢筋分别以一定距离垂直排列，全部交叉点均用电阻电焊在一起的钢筋网片。

31. 水泥强度

水泥强度用强度等级表示，水泥强度等级按规定龄期的抗压强度和抗折强度来划分，单位为 MPa，水泥的强度等级依次为 32.5，32.5R，42.5，42.5R，52.5，52.5R，62.5，62.5R。

32. 胶凝材料

混凝土原材料中具有胶结作用的硅酸盐水泥和粉煤灰、硅灰、磨细矿渣等矿物掺和料（或混合材料）的总称。矿物掺和料在混凝土配比中的用量，以其占胶凝材料的质量百分比表示。

33. 水胶比

混凝土拌合物用水量与胶凝材料总量（水泥和矿物掺和料质量之和）之比。

34. 高性能混凝土

采用混凝土的常规材料、常规工艺，在常温下，以低水胶比、大掺量优质掺合料和严格的质量控制措施制作的，具有良好的施工工作性能且硬化后具有高耐久性、高尺寸稳定性及较高强度的混凝土。

35. 海工耐久混凝土

用混凝土常规原材料、常规工艺、加矿物掺合料及化学外加剂，经配比优化而制作的，在海洋环境中具有高耐久性、高尺寸稳定性和良好工作性的高性能结构混凝土。

36. 氯离子在混凝土中的扩散系数

表示氯离子在混凝土中扩散性的一个参数。

37. 混凝土耐久性

在正常设计、施工、使用和维护条件下，混凝土在设计使用期内具有抗冻、防止钢筋腐蚀和抗渗的能力。

38. 大体积混凝土

现场浇筑的最小边尺寸大于或等于 1m，且必须采取措施以避免因水化热引起的内表温差过大而导致裂缝的混凝土。

39. 钢筋的混凝土保护层

从混凝土表面到钢筋最外缘之间的距离。在耐久性设计中，如无特殊标明，这一保护层应为最外侧钢筋的保护层，通常情况下应为箍筋或外侧分布筋而不是主筋。

40. 先张法

先在台座上张拉预应力钢材，然后浇筑水泥混凝土以形成预应力混凝土构件的施工方法。

41. 后张法

先浇筑水泥混凝土，待达到规定的强度后再张拉预应力筋以形成预应力混凝土构件的施工方法。

42. 片石

符合工程要求的岩石，经开采选择所得的形状不规则的、边长一般不小于 150cm 的石块。

43. 块石

符合工程要求的岩石，经开采并加工而成的形状大致方正的石块。

44. 料石

按规定要求经凿琢加工而成的形状规则的石块。

45. 结构物的表面系数

结构物冷却面积（m^2）与结构体积（m^3）的比值。

46. 移动模架逐跨现浇法

采用可在桥墩上纵向移动的支架及模板，在其上逐跨现浇梁体混凝土，并逐跨施加预应力的施工方法。

47. 悬臂浇筑法

在以桥墩为中心的顺桥向两侧，采用专用设备对称平衡地逐段向跨中浇筑混凝土梁体，并逐段施加预应力的施工方法。

48. 挂篮

悬臂法浇筑混凝土梁体时，用于承受梁体自重及施工荷载，能逐段向前移动、经特殊设计的主要工艺设备。主要组成部分有承重系统、提升系统、锚固系统、行走系统、模板与支架系统。

49. 伸缩缝

为减轻材料膨胀对建筑物的影响而在建筑物中预先设置的间隙。

50. 沉降缝

为减轻地基不均匀变形对建筑物的影响而在建筑物中预先设置的间隙。

51. 施工缝

因设计要求或施工需要分次浇筑，而在先、后浇筑的混凝土之间形成的接缝。

52. 悬臂拼装法

在以桥墩为中心的顺桥向两侧，采用专用设备对称平衡地逐段向跨中拼装混凝土梁体预制块件，并逐段施加预应力的施工方法。

53. 预制节段逐跨拼装法

将预制好的梁体混凝土块件利用专用设备逐跨进行拼装，并逐跨施加预应力的施工方法。

54. 支架

用于支承模板或其他施工荷载的临时结构。

55. 托架（牛腿）

在桥梁某些悬臂部位施工时，利用预埋件与钢构件拼制联结而成的支架。

56. 膺架

悬臂浇筑施工墩顶梁段及附近梁段，根据墩身高度、承台形式和地形情况用分别支承在墩身、承台上的型钢或万能杆件拼制的支架。

57. 箱梁基准块

是悬臂拼装施工过程中作为控制桥轴线和高程标准的首块梁块，预制时在该梁块顶面埋置轴线和高程控制标志，预制尺寸精度要求高，悬拼时安放在墩侧。

58. 胶接缝

预应力混凝土梁体分块预制，悬臂拼装成大跨度连续梁，梁体间采用环氧胶粘剂使相邻的两梁块粘合为一体的接缝。

59. 顶推施工法

梁体在桥头逐段浇筑或拼装，在梁前端安装导梁，采用千斤顶等设备纵向顶推（拉）或牵引，使梁体通过各墩顶的临时滑动支座就位的施工方法。

60. 滑板

在顶推施工的顶进过程中，在主梁与墩、台上的滑道或导向装置之间随顶进而填加进滑道内的临时块件，由钢板夹橡胶等粘贴聚四氟乙烯板组成。

61. 预拱度

为抵消梁、拱、桁架等结构在荷载作用下产生的位移（挠度），在施工或制造时所预留的与位移方向相反的校正量。

62. 施工荷载

施工阶段施加在结构或构件上的临时荷载，包括施工机具设备、模板和其他材料、人群、风力、拱桥单向推力等。

63. 分环（层）分段浇筑法

在拱架上浇筑大跨径拱圈（拱肋）时，为减轻拱架负荷，沿拱圈纵向分成若干条幅或上下分层浇筑。分为条幅时中间条幅先行浇筑合龙，再横向对称、分次浇筑其他条幅，其浇筑顺序应通过计算确定。

64. 分环多工作面均衡浇筑法

浇筑大跨径劲性骨架混凝土拱圈（拱肋）时，为使劲性骨架变形均匀并有效地控制拱圈内力和变形，将拱圈沿纵向分为多个工作面，每个工作面沿横向又分成多个工作段，各工作面对称、均衡浇筑。

65. 斜拉扣挂分环连接浇筑

浇筑劲性骨架混凝土拱圈（拱肋）时，在拱圈（拱肋）适当位置选取扣点，用钢绞线作为扣索（斜拉索）联结于两岸设置的临时塔架，在混凝土浇筑过程中，根据各断面的应力情况对扣索进行张拉或放松，以实现从拱脚到拱顶连续浇筑混凝土。

66. 风缆系统

为保证永久结构或临时结构在施工过程中的稳定而进行专门设计的包括风缆及其附属设施的临时装置。

67. 缆索吊装法

利用支承在索塔上的缆索，运输和安装桥梁构件的施工方法。

68. 转体架桥法

利用地形地貌预制两个半孔桥跨结构，在桥墩或桥台上旋转就位跨中合龙的施工方法。

69. 零件

组成部件或构件的最小单元，如节点板、翼缘板等。

70. 部件

由若干零件组成的单元，如焊接 H 型钢、牛脚等。

71. 构件

由零件或零件和部件组成的钢结构基本单元，如梁、柱、支撑等。

72. 高强度螺栓连接副

高强度螺栓和与之配套的螺母、垫圈的总称。

73. 抗滑移系数

高强度螺栓连接中，使连接件摩擦面产生滑动时的外力与垂直于摩擦面的高强度螺母预拉力之和的比值。

74. 超声波探伤

利用超声波对结构或钢材焊接进行质量检验的方法。

75. 射线探伤

利用 X、γ 射线对结构或钢材焊接进行质量检验的方法。

76. 试拼装

在安装施工前为检验预制构件是否满足安装质量要求而进行的拼装。

77. 环境温度

制作或安装时现场的温度。

78. 锚碇

一般指主缆索的锚固系统。包括锚块、鞍部及其他附属构造的锚体和基础的总称。

79. 索塔

悬索桥或斜拉桥支承主索的塔形构造物。

80. 猫道

为悬索桥上部结构施工需要而架设的，一般由缆索支承的空中施工通道。

81. 空中纺线法

一种将单根钢丝在锚体之间往返编织而形成悬索桥主缆的架设方法。

82. 预制平行钢丝索股法

以多根平行钢丝预制成索股，并将其从一端锚体向另一端锚体牵引就位锚固而形成悬索桥主缆的架设方法。

83. 索鞍

在悬索桥索塔顶部设置的鞍状支承装置。

84. 索夹

将悬索桥吊索与主缆连接的夹箍式构件。

85. 吊索

将悬索桥主缆与主梁相联系的受拉构件。将主梁承受的恒荷载及活荷载传递给主缆。

86. 加劲钢箱梁

支承桥面，与桥面结合成一体并将恒荷载及活荷载通过吊、拉索传递给索塔或通过梁底支座传递给墩台的钢制箱形构件。

87. 拉索

承受拉力并作为主梁主要支承的结构构件。

88. 初拉力

安装拉索时,给拉索施加的张拉力。

89. 拉索调整力

为改善主梁及索塔的截面内力及变形而调整拉索的拉力。

90. 模数式伸缩装置

伸缩体由异形钢梁与单元橡胶密封带组合而成的伸缩装置,它适用于伸缩量为80～1200mm的公路桥梁工程。

91. 弹塑体材料填充式伸缩装置

伸缩体由高粘弹塑性材料和碎石结合而成,填充于伸缩缝内,称为填充式弹塑体材料伸缩装置,它适用于伸缩量小于50mm的中、小跨径公路桥梁工程。

92. 复合改性沥青填充式伸缩装置

伸缩体由复合改性沥青及碎石混合而成,填充于伸缩缝内,称为复合改性沥青填充式伸缩装置,适用于伸缩量小于50mm的中、小跨径公路桥梁工程。

93. 顶进施工法

利用千斤顶等设备将预制的箱形或圆管形构造物逐渐顶入路基,以构成立体交叉通道或涵洞的施工方法。

94. 桥涵顶进后背

在桥涵顶进施工中,承受千斤顶反力的临时结构物。

95. 检验

对检验项目中的性能进行量测、检查、试验等,并将结果与标准规定要求进行比较以确定每项性能是否合格所进行的活动。

96. 评定

依据检验结果对工程质量进行评分并确定其等级的活动。

97. 关键项目

分项工程中对安全、卫生、环境保护和公众利益起决定性作用的实测项目。

98. 一般项目

分项工程中除关键项目以外的实测项目。

99. 外观(质量)

通过观察和必要的量测所反映的工程外在质量。

100. 权值

对工程项目或检测指标根据其重要程度所赋予的数值。

101. 普通混凝土

干密度为2000～2800kg/m³的水泥混凝土。

102. 干硬性混凝土

混凝土拌合物的坍落度小于10mm且须用维勃稠度(s)表示其稠度的混凝土。

103. 塑性混凝土

混凝土拌合物坍落度为10～90mm的混凝土。

104. 流动性混凝土

混凝土拌合物坍落度为 100~150mm 的混凝土。

105. 大流动性混凝土

混凝土拌合物坍落度大于或等于 160mm 的混凝土。

106. 抗渗混凝土

抗渗等级大于或等于 W6 级的混凝土。

107. 抗冻混凝土

抗冻等级大于或等于 F50 级的混凝土。

108. 高强度混凝土

强度等级为 C60 及其以上的混凝土。

109. 泵送混凝土

混凝土拌合物的坍落度不低于 100mm 并用泵送施工的混凝土。

4.1.2 单位、分部及分项工程的划分

根据建设任务、施工管理和质量检验评定的需要，应在施工准备阶段按《公路工程质量检验评定标准　第一册　土建工程》JTG F80/1—2004 将建设项目，划分为单位工程、分部工程和分项工程。施工单位、工程监理单位和建设单位应按相同的工程项目划分进行工程质量的监控和管理。

1. 单位工程

在建设项目中，根据签订的合同，具有独立施工条件的工程。

2. 分部工程

在单位工程中，应按结构部位、路段长度及施工特点或施工任务划分为若干个分部工程。

3. 分项工程

在分部工程中，应按不同的施工方法、材料、工序及路段长度等划分为若干个分项工程。

桥梁工程单位工程、分部及分项工程的划分，见表4-1；特大斜拉桥和悬索桥为主体建设项目的工程划分，见表4-2。

桥梁工程单位工程、分部及分项工程的划分　　　　表 4-1

单位工程	分部工程	分项工程
桥梁工程① (特大、大、中桥)	基础及下部构造* （每桥或每墩、台）	扩大基础，桩基*，地下连续墙*，承台，沉井*，桩的制作*，钢筋加工及安装，墩台身（砌体）浇筑*，墩台身安装，墩台帽*，组合桥台*，台背填土，支座垫石和挡块等
	上部构造预制 和安装*	主要构件预制，其他构件预制，钢筋加工及安装，预应力筋的加工和张拉*，梁板安装，悬臂拼装*，顶推施工梁*，拱圈节段预制，拱的安装，转体施工拱*，劲性骨架拱肋安装*，钢管拱肋制作*，钢管拱肋安装*，吊杆制作和安装*，钢梁制作*，钢梁安装，钢梁防护*等
	上部构造现场 浇筑*	钢筋加工及安装，预应力筋的加工和张拉*，主要构件浇筑*，其他构件浇筑，悬臂浇筑*，劲性骨架混凝土拱，钢筋混凝土拱*等
	总体、桥面系和 附属工程	桥梁总体*，钢筋加工及安装，桥面防水层施工，桥面铺装*，钢桥面铺装*，支座安装，搭板，伸缩缝安装，大型伸缩缝安装*，栏杆安装，混凝土护栏，人行道铺设，灯柱安装等
	防护工程	护坡，护岸*②，导流工程*，石笼防护，砌石工程等
	引道工程	路基*，路面*，挡土墙*，小桥，涵洞*，护栏等

续表

单位工程	分部工程	分项工程
互通立交工程	桥梁工程*（每座）	桥梁总体，基础及下部构造*，上部构造预制、安装或浇筑*，支座安装，支座垫石，桥面铺装*，护栏，人行道等
	主线路基路面工程*（1~3km路段）	见路基、路面等分项工程
	匝道工程（每条）	路基*，路面*，通道*，护坡，挡土墙*，护栏等

表内标注＊号者为主要工程，评分时给以2的权值；不带＊号者为一般工程，权值为1。
① 斜拉桥和悬索桥可参照附表4-2进行划分。
② 护岸参照挡土墙。

特大斜拉桥和悬索桥为主体建设项目的工程划分　　　　表 4-2

单位工程	分部工程	分项工程
塔及辅助、过渡墩（每座）	塔基础*	钢筋加工及安装，扩大基础，桩基*，地下连续墙*，沉井*等
	塔承台*	钢筋加工及安装，双壁钢围堰，封底，承台浇筑*，等
	索塔*	索塔*
	辅助墩	钢筋加工，基础，墩台身浇（砌）筑，墩台身安装，墩台帽，盖梁等
	过渡墩	
锚碇	锚碇基础*	钢筋加工及安装，扩大基础，桩基*，地下连续墙*，沉井*，大体积混凝土构件*等
	锚体*	锚固体系制作*，锚固体系安装*，锚碇块体，预应力锚索的张拉与压浆*等
上部构造制作与防护（钢结构）	斜拉索*	斜拉索制作与防护*
	主缆（索股）*	索股和锚头的制作与防护*
	索鞍*	主索鞍和散索鞍制作与防护*
	索夹	索夹制作与防护
	吊索	吊索和锚头制作与防护*等
	加劲梁*	加劲梁段制作*，加劲梁防护*，等
上部构造浇筑与安装	悬浇*	梁段浇筑*
	安装*	加劲梁安装*，索鞍安装*，主缆架设*，索夹和吊索安装*等
	工地防护*	工地防护*
	桥面系及附属工程	桥面防水层的施工，桥面铺装，钢桥面板上防水粘结层的洒布，钢桥面板上沥青混凝土铺装*，支座安装*，抗风支座安装，伸缩缝安装，人行道铺设，栏杆安装，防撞护栏等
	桥梁总体	桥梁总体
引桥		（参见附表5-1"桥梁工程"）
引道		（参见附表5-1"路基工程"和"路面工程"）
互通立交工程		（参见附表5-1"互通立交工程"）
交通安全设施		（参见附表5-1"交通安全设施"）

表内标注＊号者为主要工程，评分时给以2的权值；不带＊号者为一般工程，权值为1。

4.2 技术要求

技术要求的内容包括：钢筋；混凝土工程；特殊混凝土；预应力混凝土工程；钻（挖）孔灌注桩；沉入桩；沉井；地下连续墙；明挖地基；扩大基础、承台与墩台；砌体；拱桥；钢筋混凝土和预应力混凝土梁式桥；斜拉桥；悬索桥；钢桥；海洋环境桥梁；桥面及附属工程；涵洞；通道桥涵；冬期、雨期及热期施工21部分。

4.2.1 钢筋

钢筋的内容包括：普通钢筋和环氧涂层钢筋两部分。

4.2.1.1 普通钢筋

1. 一般要求

(1) 桥涵工程中采用的普通钢筋应符合现行国家标准《钢筋混凝土用钢第1部分：热轧光圆钢筋》GB 1499.1、《钢筋混凝土用钢第2部分：热轧带肋钢筋》GB 1499.2、《钢筋混凝土用余热处理钢筋》GB 13014、《冷轧带肋钢筋》GB 13788 的规定；环氧树脂涂层钢筋应符合现行行业标准《环氧树脂涂层钢筋》JG 3042 的规定；其他特殊钢筋应符合其相应产品标准的规定。

(2) 钢筋应具有出厂质量证明书和试验报告单，进场时除应检查其外观和标志外，尚应按不同的钢种、等级、牌号、规格及生产厂家分批抽取试样进行力学性能试验，检验试验方法应符合现行国家标准的规定。钢筋经进场检验合格后方可使用。

(3) 钢筋分批检验时，可由同一牌号、同一炉罐号、同一尺寸的钢筋进行组批，每批的质量不宜大于60t，超过60t的部分，每增加40t（或不足40t的余数）应增加一个拉伸和一个弯曲试验试样；钢筋的进场检验亦可由同一牌号、同一冶炼方法、同一浇注方法的不同炉罐号组成混合批进行，但各炉罐号的含碳量之差应不大于0.02%，含锰量之差应不大于0.15%。

(4) 钢筋在运输过程中应避免锈蚀、污染或被压弯；在工地存放时，应按不同品种、规格，分批分别堆置整齐，不得混杂，并应设立识别标志，存放的时间不宜超过6个月。存放场地应有防、排水设施，且钢筋不得直接置于地面，应垫高或堆置在台座上，顶部应采用合适的材料予以遮盖，防止水浸和雨淋。

(5) 在工程施工过程中，应采取适当的措施，防止钢筋产生锈蚀。对设置在结构或构件中的预留钢筋的外露部分，当外露时间较长且环境湿度较大时，宜采取包裹、涂刷防锈材料或其他有效方式，进行临时性防护。

(6) 钢筋的级别、种类和直径应按设计规定采用，当需要代换时，应得到设计人员的书面认可。

(7) 预制构件的吊环，必须采用未经冷拉的热轧光圆钢筋制作，且其使用时的计算拉应力应不大于50MPa。

2. 连接

(1) 钢筋的连接宜采用焊接接头或机械连接接头。绑扎接头仅当钢筋构造复杂施工困难时方可采用，绑扎接头的钢筋直径不宜大于28mm，对轴心受压和偏心受压构件中的受压钢筋可不大于32mm；轴心受拉和小偏心受拉构件不应采用绑扎接头。

（2）受力钢筋的连接接头应设置在内力较小处，并应错开布置。对焊接接头和机械连接接头，在接头长度区段内，同一根钢筋不得有两个接头；对于绑扎接头，两接头间的距离应不小于1.3倍搭接长度。配置在接头长度区段内的受力钢筋，其接头的截面面积占总截面面积的百分率，应符合表4-3的规定。

接头长度区段内受力钢筋接头面积的最大百分率　　　　　表4-3

接头形式	接头面积最大百分率（%）	
	受拉区	受压区
主钢筋绑扎接头	25	50
主钢筋焊接接头	50	不限制

注：1. 焊接接头长度区段内是指35d（d为钢筋直径）长度范围内，但不得小于500mm，绑扎接头长度区段是指1.3倍搭接长度。
　　2. 在同一根钢筋上宜少设接头。
　　3. 装配式构件连接处的受力钢筋焊接接头可不受此限制。
　　4. 绑扎接头中钢筋的横向净距不应小于钢筋直径且不应小于25mm。

（3）钢筋的焊接接头应符合下列规定：

1）钢筋的焊接接头宜采用闪光对焊，或采用电弧焊、电渣压力焊或气压焊，但电渣压力焊仅可用于竖向钢筋的连接，不得用作水平钢筋和斜筋的连接。钢筋焊接的接头形式、焊接方法和焊接材料应符合现行行业标准《钢筋焊接及验收规程》JGJ 18—2012的规定，质量验收标准按《公路桥涵施工技术规范》JTG/T F50—2011附录A1执行。

2）每批钢筋焊接前，应先选定焊接工艺和焊接参数，按实际条件进行试焊，并检验接头外观质量及规定的力学性能，试焊质量经检验合格后方可正式施焊。焊接时，对施焊场地应有适当的防风、雨、雪、严寒的设施。焊工必须持焊工考试合格证上岗。

3）电弧焊宜采用双面焊缝，仅在双面焊无法施焊时，方可采用单面焊缝。采用搭接电弧焊时，两钢筋搭接端部应预先折向一侧，两接合钢筋的轴线应保持一致；采用帮条电弧焊时，帮条应采用与主筋相同的钢筋，其总截面面积不应小于被焊接钢筋的截面面积。电弧焊接头的焊缝长度，对双面焊缝不应小于$5d$，单面焊缝不应小于$10d$（d为钢筋直径）。电弧焊接与钢筋弯曲处的距离不应小于$10d$，且不宜位于构件的最大弯矩处。

（4）钢筋的机械连接宜采用镦粗直螺纹、滚轧直螺纹或套筒挤压连接接头。镦粗直螺纹和滚轧直螺纹连接接头适用于直径大于或等于25mm的HRB335、HRB400级热轧带肋钢筋；套筒挤压连接接头适用于直径为16～40mm的HRB335、HRB400级热轧带肋钢筋。各类接头的性能均应符合现行行业标准《钢筋机械连接通用技术规程》JGJ 107—2010的规定，并应符合下列规定：

1）钢筋机械连接接头的等级应选用Ⅰ级或Ⅱ级，接头的性能指标应符合附录17的规定。

2）钢筋机械连接接头的材料、制作、安装施工及质量检验和验收，应符合现行行业标准《镦粗直螺纹钢筋接头》JG 171—2005、《滚轧直螺纹钢筋连接接头》JG 163—2004或《钢筋机械连接通用技术规程》JGJ 107—2010的规定。

3）钢筋机械连接件的最小混凝土保护层厚度，应符合设计受力主筋混凝土保护层厚度的规定,且不得小于 20mm;连接件之间或连接件与钢筋之间的横向净距不宜小于 25mm。

4)对受力钢筋机械连接接头的位置要求,应设置在内力较小处,并应错开布置;在接头长度区段内,同一根钢筋不得有两个接头。

5)连接套筒、锁母、丝头在运输和储存过程中应采取防护措施,防止雨淋、沾污和损伤。

(5)钢筋机械接头在施工现场的检验与验收应符合下列规定:

1)技术提供单位应向使用单位提交有效的形式检验报告。

2)钢筋连接工程开始前及施工过程中,应对第一批进场钢筋进行接头工艺试验。进行工艺试验时,每种规格钢筋的接头试件不应少于3个,3个接头试件的抗拉强度和残余变形均应满足附录17的要求。

3)现场检验应进行外观质量检查和单向拉伸强度试验。

4)接头的现场检验应按验收批进行。同一施工条件下采用同一批材料的同等级、同形式、同规格接头,以500个为一个验收批进行检验与验收,不足500个时亦作为一个验收批。

5)对接头的每一个验收批,应在工程结构中随机截取3个试件做抗拉强度试验,当3个接头试件的抗拉强度符合相应等级要求时,该验收批评为合格。如有1个试件的抗拉强度不合格,应再取6个试件进行复检,复检中如仍有1个试件试验结果不合格,则该验收批评为不合格。

6)在现场连续检验10个验收批,其全部试件抗拉强度试验一次抽样均合格时,验收批接头数量可扩大1倍。

(6)钢筋的绑扎接头应符合下列规定:

1)绑扎接头的末端距钢筋弯折处的距离,不应小于钢筋直径的10倍,接头不宜位于构件的最大弯矩处。

2)受拉钢筋绑扎接头的搭接长度,应符合表4-4的规定;受压钢筋绑扎接头的搭接长度,应取受拉钢筋绑扎接头搭接长度的0.7倍。

受拉钢筋绑扎接头的搭接长度　　　　　　　　　　表 4-4

钢筋类型	混凝土强度等级		
	C20	C25	>C25
HPB235	35d	30d	25d
HRB335	45d	40d	35d
HRB400、RRB400	—	50d	45d

注:1. 当带肋钢筋直径 d 大于 25mm 时,其受拉钢筋的搭接长度应按表中值增加 $5d$ 采用;当带肋钢筋直径 d 小于或等于 25mm 时,其受拉钢筋的搭接长度按表中值减少 $5d$ 采用。
2. 当混凝土在凝固过程中受力钢筋易受扰动时,其搭接长度应增加 $5d$。
3. 在任何情况下,纵向受拉钢筋的搭接长度均不应小于 300mm;受压钢筋的搭接长度均不应小于 200mm。
4. 环氧树脂涂层钢筋的绑扎接头搭接长度,受拉钢筋按表值的1.5倍采用。
5. 两根不同直径的钢筋的搭接长度,以较细的钢筋直径计算。

3）受拉区内 HPB235 钢筋绑扎接头的末端应做弯钩；HRB335、HRB400、RRB400 钢筋的绑扎接头末端可不做弯钩；直径不大于 12mm 的受压 HPB235 钢筋的末端，可不做弯钩，但搭接长度应不小于钢筋直径的 30 倍。钢筋搭接处，应在其中心和两端用铁丝扎牢。

（7）钢筋焊接骨架质量标准，见表 4-5。

钢筋焊接骨架质量标准　　　　　　　　　　　　　表 4-5

项　目	允许偏差（mm）
骨架的宽及高	±5
骨架长度	±10
箍筋间距	±10

（8）焊接钢筋网质量标准，见表 4-6。

焊接钢筋网质量标准　　　　　　　　　　　　　表 4-6

项　目	允许偏差（mm）
网的长、宽	±10
网眼的尺寸	±10
网眼的对角线差	15

（9）灌注桩钢筋骨架制作和安装质量标准，见表 4-7。

灌注桩钢筋骨架制作和安装质量标准　　　　　　　　　表 4-7

项　目	允许偏差	项　目	允许偏差
主筋间距（mm）	±10	保护层厚度（mm）	±20
箍筋间距（mm）	±20	中心平面位置（mm）	20
外径（mm）	±10	顶端高程（mm）	±20
倾斜度（%）	0.5	底面高程（mm）	±50

（10）钢筋安装质量标准，见表 4-8。

钢筋安装质量标准　　　　　　　　　　　　　表 4-8

项　目			允许偏差（mm）
受力钢筋间距	两排以上排距		±5
	同排	梁、板、拱肋	±10
		基础、锚碇、墩台、柱	±20
箍筋、横向水平钢筋、螺旋筋间距			±10
钢筋骨架尺寸	长		±10
	宽、高或直径		±5
绑扎钢筋网尺寸	长、宽		±10
	网眼尺寸		±20
弯起钢筋位置			±20
保护层厚度	柱、梁、拱肋		±5
	基础、锚碇、墩台		±10
	板		±3

4.2.1.2 环氧涂层钢筋

1. 环氧涂层钢筋作为防腐蚀附加措施用于海洋环境桥梁工程时,其原材料、技术要求、制造工艺和质量应符合现行行业标准《环氧树脂涂层钢筋》JG 3042 的规定。

2. 环氧涂层钢筋进场时应分批对其质量进行检验。每一验收批应由同一规格、同一生产线连续生产的涂层钢筋组成,直径小于或等于 20mm 的以 2t 为一验收批;直径大于 20mm 的以 4t 为一验收批。对每一验收批应随机抽取不少于 1 根进行涂层的厚度、连续性及可弯性的检验,检验结果应符合现行行业标准《环氧树脂涂层钢筋》JG 3042 的规定;同时每米涂层钢筋上不得出现大于 $25mm^2$ 的涂层损伤缺陷,小于 $25mm^2$ 的涂层缺陷面积总和不得超过钢筋表面积的 0.05%。

3. 采用环氧涂层钢筋的结构或构件混凝土应为耐久性混凝土。环氧涂层钢筋可与钢筋阻锈剂联合使用,但不得与阴极保护联合使用。

4. 环氧涂层钢筋宜采用集装箱封闭运输,在现场的存放时间不宜超过 6 个月;当需在室外存放 2 个月以上时,应采取有效的保护措施,使其避免受到阳光直射、盐雾和大气暴露的不利影响。存放时,环氧涂层钢筋与地面之间应架空并设置保护性支承,各捆之间应采用垫木隔开,且支承与垫木的间距应足以防止成捆钢筋的下垂;成捆存放时其层数不得多于 5 层,并不得与无涂层钢筋混杂存放。

5. 环氧涂层钢筋在施工中应减少吊装次数,吊装应采用不会损伤涂层的绑带、麻绳或多吊点的韧性吊架,直接接触环氧涂层钢筋的部位应设置柔软的支垫物,并不得在地上或其他钢筋上拖拽、碰撞或承受冲击荷载。

6. 对环氧涂层钢筋进行剪切、弯曲加工及安装时,应采取措施避免在操作过程中损伤其涂层。对钢筋加工台座上的支座和芯轴等直接与环氧涂层钢筋接触的部位,应配以尼龙套或其他适宜的塑料套;架立环氧涂层钢筋时,不得采用无涂层钢筋支架架立,而应采用以尼龙、塑料或其他柔软材料包裹的钢筋垫座或垫块进行架立;绑扎环氧涂层钢筋的绑丝亦应采用类似材料包裹的金属丝,不得直接采用普通金属丝进行绑扎;在同一结构或构件中,环氧涂层钢筋与无涂层钢筋不得有电连接。

7. 环氧涂层钢筋的锚固长度应为无涂层钢筋锚固长度的 1.25 倍。对受力钢筋,其绑扎搭接长度应为无涂层钢筋的 1.5 倍;对受压钢筋应为 1.0 倍,且不应小于 250mm。其他要求应符合钢筋的相关规定。

8. 环氧涂层钢筋在加工和安装过程中其涂层受到损伤时应进行修补,涂层的修补应符合下列规定:

(1) 加工时剪切的断口、焊接烧伤和其热影响区,以及其他损伤,均应在损伤发生后 2h 内及时修补。修补应采用与生产工艺相同的涂层材料。

(2) 修补前,应将损伤部位的残余涂层和钢筋的锈迹清理干净;修补应在相对湿度小于或等于 85% 的环境中进行,当环境相对湿度大于 85% 时,应采用电热吹风器对修补部位适当加热;修补时应使损伤部位的涂层与相邻处的涂层搭接,搭接的范围应与修补涂层的范围大致相当,且搭接处的涂层厚度不宜过厚,修补涂层的厚度亦不应小于 $180\mu m$。修补完成且应待修补材料固化后,方可浇筑混凝土。

(3) 当环氧涂层的损伤为下列情况之一时,不得进行修补并应弃用:

1) 除钢筋的剪切断口外,任一损伤点的面积大于 $25mm^2$,或长度大于 50mm。

2）1m 长度范围内有 3 个以上损伤点。

3）切下并弯曲的一段上有 6 个以上损伤点。

9.浇筑混凝土时，宜采用附着式振捣器；使用插入式振捣器进行振捣时，应采用塑料或橡胶将振捣器包覆，同时应采取其他辅助措施防止在振捣过程中损伤钢筋的涂层。对结构或构件分阶段施工完成后外露的环氧涂层钢筋，应采取防止阳光暴晒等防护措施。

4.2.2 混凝土工程

混凝土工程包括：一般要求；混凝土拌制；混凝土运输；混凝土浇筑；混凝土养护 5 部分。

4.2.2.1 一般要求

1.混凝土工程所用的各种原材料，均应符合现行国家或行业标准的规定，并应在进场时对其性能和质量进行检验。

2.在进行试配和质量检测时，混凝土的抗压强度应以边长为 150mm 的立方体尺寸标准试件测定，且应取其保证率为 95%。试件应以同龄期者 3 个为一组，每组试件的抗压强度以 3 个试件测值的算术平均值（计算精确至 0.1MPa）为测定值，当有 1 个测值与中间值的差值超过中间值的 15% 时，取中间值为测定值；当有 2 个测值与中间值的差值均超过 15% 时，则该组试件无效。

3.混凝土的抗压强度应以标准方式成型的试件，置于标准养护条件下（温度 20±2℃，相对湿度不低于 95%）养护 28d 所测得的抗压强度值（MPa）进行评定。采用蒸汽养护的混凝土抗压强度，试件应先随构件同条件蒸汽养护，再转入标准条件下养护，累计养护时间应为 28d。当混凝土中掺用粉煤灰等矿物掺合料时，确定混凝土抗压强度时的龄期应符合设计规定。

4.公路桥涵混凝土宜使用非碱活性集料，当条件不具备必须使用时，其他材料中的碱含量及混凝土中的最大总碱含量应符合《公路桥涵施工技术规范》JTG/T F50—2011 的规定。

4.2.2.2 混凝土拌制

1.混凝土的配料宜采用自动计量装置，各种衡器的精度应符合要求，计量应准确。计量器具应定期标定，迁移后应重新进行标定。拌制混凝土所用的各项材料应按质量投料，配料数量允许质量偏差应符合表 4-9 的规定。

配料数量允许质量偏差　　　　　　表 4-9

材料类别	允许偏差（%）	
	现场拌制	预制场或集中搅拌站拌制
水泥、干燥状态的掺合料	±2	±1
粗、细集料	±3	±2
水、外加剂	±2	±1

2.外加剂宜以稀释溶液加入，其稀释用水和原液中的水量，应从拌合加水量中扣除。加入搅拌筒的外加剂溶液应充分溶解，并搅拌均匀。掺合料应采用与水泥相同的输送、计量方式加入。

3. 混凝土应采用机械拌制，拌制时，自全部材料装入搅拌筒开始搅拌至开始出料的最短搅拌时间，应按照搅拌机产品说明书的要求并经试验确定。

4. 混凝土拌合物应搅拌均匀，颜色一致，不得有离析和泌水现象，对在施工现场集中拌制的混凝土，应检测其拌和物的均匀性。检测时，应在搅拌机的卸料过程中，从卸料流的 1/4～3/4 之间部位取试样进行试验，试验结果应符合下列规定：

(1) 混凝土中砂浆密度两次测值的相对误差应不大于 0.8%。
(2) 单位体积混凝土中粗集料含量两次测值的相对误差应不大于 5%。

5. 混凝土搅拌完毕后，应按下列要求检测混凝土拌和物的各项性能：

(1) 混凝土拌合物的坍落度及其损失，宜在搅拌地点和浇筑地点分别取样检测，每一工作班或每一单元结构物不应少于两次，评定时应以浇筑地点的测值为准。当混凝土拌和物从搅拌机出料起至浇筑入模的时间不超过 15min 时，其坍落度可仅在搅拌地点取样检测。

(2) 必要时，尚宜对工作性能、泌水率及含气量等混凝土拌合物的其他指标进行检测。

4.2.2.3 混凝土运输

1. 运输能力应与混凝土的凝结速度和浇筑速度相适应，应使浇筑工作不间断且混凝土运到浇筑地点时仍能保持其均匀性和规定的坍落度。混凝土的运输宜采用搅拌运输车，或在条件允许时采用泵送方式输送；采用吊斗或其他方式运输时，运距不宜超过 100m 且不得使混凝土产生离析。

2. 采用搅拌运输车运输混凝土时，途中应以 2～4r/min 的慢速进行搅动，卸料前应以常速再次搅拌。混凝土运至浇筑地点后发生离析、泌水或坍落度不符合要求时，应进行第二次搅拌，二次搅拌时不宜任意加水，确有必要时，可同时加水、相应的胶凝材料和外加剂并保持其原水胶比不变；二次搅拌仍不符合要求时，则不得使用。

3. 混凝土采用泵送方式时应符合下列规定：

(1) 混凝土的供应宜使输送混凝土的泵能连续工作，泵送的间歇时间不宜超过 15min。在泵送过程中，受料斗内应具有足够的混凝土，应防止吸入空气产生阻塞。

(2) 输送管应顺直，转弯处应圆缓，接头应严密不漏气。

(3) 向低处泵送混凝土时，应采取必要措施，防止混凝土离析或堵塞输送管。

4.2.2.4 混凝土浇筑

1. 浇筑混凝土前应进行以下准备工作：

(1) 应根据待浇筑结构物的情况、环境条件及浇筑量等制订合理的浇筑工艺方案，工艺方案应对施工缝设置、浇筑顺序、浇筑工具、防裂措施、保护层的控制等作出明确规定。

(2) 应对支架、模板、钢筋和预埋件等进行检查，模板内的杂物、积水及钢筋上的污物应清理干净。模板如有缝隙或孔洞时，应堵塞严密且不漏浆。

(3) 应对混凝土的均匀性和坍落度等性能进行检测。

2. 自高处向模板内倾卸混凝土时，应防止混凝土离析。直接倾卸时，其自由倾落高度不宜超过 2m；超过 2m 时，应通过串筒、溜管（槽）或振动溜管（槽）等设施下落；倾落高度超过 10m 时，应设置减速装置。

3. 混凝土应按一定的厚度、顺序和方向分层浇筑，且应在下层混凝土初凝或能重塑前浇筑完成上层混凝土；上下层同时浇筑时，上层与下层的前后浇筑距离应保持 1.5m 以上；在倾斜面上浇筑混凝土时，应从低处开始逐层扩展升高，并保持水平分层。混凝土分层浇筑厚度不宜超过表 4-10 的规定。

混凝土分层浇筑厚度　　　　　　　表 4-10

振捣方式		浇筑层厚度（mm）
采用插入式振动器		300
采用附着式振动器		300
采用表面振动器	无筋或配筋稀疏时	250
	配筋较密时	150

4. 采用振动器振捣混凝土时，应符合下列规定：

（1）插入式振动器的移位间距应不超过振动器作用半径的 1.5 倍，与侧模应保持 50～100mm 的距离，且插入下层混凝土中的深度宜为 50～100mm。

（2）表面振动器的移位间距应使振动器平板能覆盖已振实部分不小于 100mm。

（3）附着式振动器的布置距离，应根据结构物形状和振动器的性能通过试验确定。

（4）每一振点的振捣延续时间宜为 20～30s，以混凝土停止下沉、不出现气泡、表面呈现浮浆为度。

5. 混凝土的浇筑宜连续进行，因故中断间歇时，其间歇时间应小于前层混凝土的初凝时间或能重塑时间。混凝土的运输、浇筑及间歇的全部允许时间见表 4-11；当超出时应按浇筑中断处理，并应留置施工缝，同时应记录。

混凝土的运输、浇筑及间歇的全部允许时间（min）　　　表 4-11

混凝土强度等级	气温≤25℃	气温＞25℃
≤C30	210	180
＞C30	180	150

注：当混凝土中掺有促凝剂或缓凝剂时，其允许时间应通过试验确定。

6. 施工缝的位置应在混凝土浇筑之前确定，且宜留置在结构受剪力和弯矩较小并便于施工的部位，施工缝宜设置成水平面或垂直面。对施工缝的处理应符合下列规定：

（1）处理层混凝土表面的松弱层应予以凿除。对处理层混凝土的强度，当采用水冲洗凿毛时，应达到 0.5MPa；人工凿毛时，应达到 2.5MPa；采用风动机凿毛时，应达到 10MPa。

（2）经凿毛处理后的混凝土面，应采用洁净水冲洗干净。

（3）重要部位及有抗震要求的混凝土结构或钢筋稀疏的钢筋混凝土结构，宜在施工缝处补插锚固钢筋；有抗渗要求的混凝土，其施工缝宜做成凹形、凸形或设置止水带；施工缝为斜面时宜浇筑或凿成台阶状。

7. 在环境相对湿度较小、风速较大的条件下浇筑混凝土时，应采取适当措施防止混凝土表面过快失水。浇筑混凝土期间，应随时检查支架、模板、钢筋、预应力管道和预埋件等的稳固情况，并应及时填写混凝土施工记录。新浇筑混凝土的强度达到 2.5MPa 之前，不得使其承受行人、运输工具、模板、支架及脚手架等荷载。

4.2.2.5 混凝土养护

1. 对新浇筑混凝土的养护,应满足其对温度、湿度和时间的要求。应根据施工对象、环境条件、水泥品种、外加剂或掺合料以及混凝土性能等因素,制定具体的养护方案,并严格实施。

2. 混凝土浇筑完成后,应在其收浆后尽快予以覆盖并洒水保湿养护。对干硬性混凝土、高强度和高性能混凝土、炎热天气浇筑的混凝土以及桥面等大面积裸露的混凝土,应加强初始保湿养护,具备条件的可在浇筑完成后立即加设棚罩,待收浆后再予以覆盖和洒水养护,覆盖时不得损伤或污染混凝土的表面。混凝土面有模板覆盖时,应在养护期间使模板保持湿润。

3. 混凝土的养护不得采用海水或含有害物质的水。混凝土的洒水保湿养护时间应不少于7d,对重要工程或有特殊要求的混凝土,应根据环境湿度、温度、水泥品种,以及掺用的外加剂和掺合料等情况,酌情延长养护时间,并应使混凝土表面始终保持湿润状态。当气温低于5℃时,应采取保温养护的措施,不得向混凝土表面洒水。当采用喷洒养护剂对混凝土进行养护时,所使用的养护剂应不会对混凝土产生不利影响,且应通过试验验证其养护效果。

4. 新浇筑的混凝土与流动的地表水或地下水接触时,应采取临时防护措施,保证混凝土在7d以内且强度达到设计强度的50%以前,不受水的冲刷侵袭;当环境水具有侵蚀作用时,应保证混凝土在10d以内且强度达到设计强度的70%以前,不受水的侵袭。混凝土处于冻融循环作用的环境时,宜在结冰期到来4周前完成浇筑施工,且在混凝土强度未达到设计强度等级的80%前不得受冻,否则应采取技术措施,防止发生冻害。

4.2.3 特殊混凝土

特殊混凝土的种类包括:大体积混凝土;抗冻混凝土;抗渗混凝土;泵送混凝土;水下混凝土;高强度混凝土;高性能混凝土;海洋环境混凝土8部分。

4.2.3.1 大体积混凝土

1. 大体积混凝土在选用原材料和进行配合比设计时,应按照降低水化热温升的原则进行,并应符合下列规定:

(1) 宜选用低水化热和凝结时间长的水泥品种。粗集料宜采用连续级配,细集料宜采用中砂。宜掺用可降低混凝土早期水化热的外加剂和掺合料,外加剂宜采用缓凝剂、减水剂;掺合料宜采用粉煤灰、矿渣粉等。

(2) 进行配合比设计时,在保证混凝土强度、和易性及坍落度要求的前提下,宜采取改善粗集料级配、提高掺合料和粗集料的含量、降低水胶比等措施,减少单方混凝土的水泥用量。

(3) 大体积混凝土进行配合比设计及质量评定时,可按60d龄期的抗压强度控制。

2. 大体积混凝土的施工应提前制定专项施工技术方案,并应对混凝土采取温度控制措施。大体积混凝土的浇筑、养护和温度控制应符合下列规定:

(1) 施工前应根据原材料、配合比、环境条件、施工方案和施工工艺等因素,进行温控设计和温控监测设计,并应在浇筑后按该设计要求对混凝土内部和表面的温度实施监测和控制。对大体积混凝土进行温度控制时,应使其内部最高温度不大于75℃、内表温差不大于 25℃。

(2) 大体积混凝土可分层、分块浇筑，分层、分块的尺寸宜根据温控设计的要求及浇筑能力合理确定；当结构尺寸相对较小或能满足温控要求时，可全断面一次浇筑。

(3) 分层浇筑时，在上层混凝土浇筑之前应对下层混凝土的顶面作凿毛处理，且新浇筑混凝土与下层已浇筑混凝土的温差宜小于 20℃，并应采取措施将各层间的浇筑间歇期控制在 7d 以内。

(4) 分块浇筑时，块与块之间的竖向接缝面应平行于结构物的短边，并应在浇筑完成拆模后按施工缝的要求进行凿毛处理。分块施工所形成的后浇段，应在对大体积混凝土实施温度控制且其温度场趋于稳定后方可浇筑；后浇段宜采用微膨胀混凝土，并应一次浇筑完成。

(5) 大体积混凝土的浇筑宜在气温较低时进行，但混凝土的入模温度应不低于 5℃；热期施工时，宜采取措施降低混凝土的入模温度，且其入模温度不宜高于 28℃。

(6) 大体积混凝土的温度控制宜按照"内降外保"的原则，对混凝土内部采取设置冷却水管通循环水冷却，对混凝土外部采取覆盖蓄热或蓄水保温等措施进行。在混凝土内部通水降温时，进出口水的温差宜小于或等于 10℃，且水温与内部混凝土的温差宜不大于 20℃，降温速率宜不大于 2℃/d；利用冷却水管中排出的降温用水在混凝土顶面蓄水保温养护时，养护水温度与混凝土表面温度的差值应不大于 15℃。

(7) 大体积混凝土采用硅酸盐水泥或普通硅酸盐水泥时，其浇筑后的养护时间不宜少于 14d，采用其他品种水泥时不宜少于 21d。在寒冷天气或遇气温骤降天气时浇筑的混凝土，除应对其外部加强覆盖保温外，尚宜适当延长养护时间。

4.2.3.2 抗冻混凝土

1. 宜选用硅酸盐水泥或普通硅酸盐水泥，不宜使用火山灰质硅酸盐水泥。粗集料宜选用连续级配，其最大粒径不宜大于 37.5mm，含泥量应不大于 1%；细集料的含泥量应不大于 2%。集料的坚固性 5 次循环试验质量损失应不大于 3%，并不得含有泥块。

2. 抗冻混凝土的配合比设计除应符合本篇第四章的规定外，最大水胶比尚应小于 0.50，同时应进行抗冻融性能试验。混凝土抗冻性试验方法应符合现行行业标准《公路工程水泥及水泥混凝土试验规程》JTG E30—2005 的规定。

3. 水位变动区混凝土抗冻等级选定标准见表 4-12。

水位变动区混凝土抗冻等级选定标准　　　　　　　表 4-12

结构物所在地区	海水环境	淡水环境
严重受冻地区（最冷月的月平均气温低于 -8℃）	F350	F250
受冻地区（最冷月的月平均气温在 -4～-8℃ 之间）	F300	F200
微冻地区（最冷月的月平均气温在 0～-4℃ 之间）	F250	F150

注：1. 试验过程中试件所接触的介质应与结构物实际接触的介质相近。
　　2. 墩、台身等结构物的混凝土应选用比同一地区高一级的抗冻等级。

4. 有抗冻性要求的混凝土宜掺入适量引气剂，同时宜掺入减水剂，其拌合物的适宜含气量应在表 4-13 范围内选择。

有抗冻性要求的混凝土拌合物含气量控制范围　　　表 4-13

集料最大粒径（mm）	含气量范围（%）	集料最大粒径（mm）	含气量范围（%）
9.5	5.0～8.0	31.5	3.5～6.5
19.0	4.0～7.0	37.5	3.0～6.0

注：当要求的含气量为某一定值时，其检测结果与要求值的允许偏差范围应为±1.0%；当含气量要求值为某一范围时，检测结果应满足规定范围的要求。

4.2.3.3 抗渗混凝土

1. 混凝土的抗渗等级应符合设计规定。
2. 粗集料宜选用连续级配，其最大粒径不宜大于 37.5mm，含泥量不得大于 1.0%。
3. 细集料的含泥量不得大于 3.0%。
4. 抗渗混凝土宜掺用矿物掺合料。
5. 胶凝材料总量不宜小于 320kg/m³；砂率宜为 35%～45%；抗渗混凝土最大水胶比见表 4-14。

抗渗混凝土最大水胶比　　　表 4-14

| 抗渗等级 | 最大水胶比 | |
	C20～C30 混凝土	C30 以上混凝土
W6	0.60	0.55
W8～W12	0.55	0.50
W12 以上	0.50	0.45

6. 掺引气剂的抗渗混凝土，应做含气量试验，其含气量宜控制在 3%～5% 范围内。
7. 混凝土抗渗性试验方法应符合《公路工程水泥及水泥混凝土试验规程》JTG E30—2005 的规定。试配时要求的抗渗水压值比设计值提高 0.2MPa。

4.2.3.4 泵送混凝土

1. 应选用硅酸盐水泥、普通硅酸盐水泥、矿渣硅酸盐水泥和粉煤灰硅酸盐水泥，不宜采用火山灰质硅酸盐水泥。
2. 粗集料宜采用连续级配，其针片状颗粒含量不宜大于 10%，粗集料的最大粒径与输送管径之比见表 4-15。

粗集料的最大粒径与输送管径之比　　　表 4-15

石子品种	泵送高度（mm）	粗集料最大粒径与输送管径比
碎石	<50	≤1∶3.0
	50～100	≤1∶4.0
	>100	≤1∶5.0
卵石	<50	≤1∶2.5
	50～100	≤1∶3.0
	>100	≤1∶4.0

3. 宜采用中砂，其通过 0.315mm 筛孔的颗粒含量不应少于 15%。
4. 应掺用泵送剂或减水剂，并宜掺用粉煤灰或其他活性矿物掺合料，其质量应符合

国家现行有关标准的规定。

5. 胶凝材料总量不宜小于 300kg/m³；砂率宜为 35%～45%；最大水胶比不宜大于 0.60。

6. 混凝土拌合物的出机坍落度宜为 100～200mm，泵送入模时的坍落度宜控制在 80～180mm 之间。

7. 掺用引气型外加剂时，其混凝土含气量不宜大于 4%。

4.2.3.5 水下混凝土

1. 水泥可采用火山灰质硅酸盐水泥、粉煤灰硅酸盐水泥、普通硅酸盐水泥或硅酸盐水泥，采用矿渣硅酸盐水泥时应采取防离析的措施；粗集料宜选用卵石，如采用碎石宜适当增加混凝土配合比中的含砂率，粗集料的最大粒径不应大于导管内径的 1/6～1/8 和钢筋最小净距的 1/4，同时不应大于 37.5mm；细集料宜采用级配良好的中砂。

2. 混凝土的配合比，可在保证水下混凝土顺利灌注的条件下，按 4.4 混凝土配合比的有关规定计算确定。掺用外加剂、粉煤灰等材料时，其技术条件及掺用量亦应符合 4.3 混凝土原材料的规定。混凝土的初凝时间应根据气温、运距及灌注时间长短等因素确定，混凝土可经试验掺配适量缓凝剂。

3. 混凝土拌合物应具有良好的和易性，灌注时应能保持足够的流动性，其坍落度当桩径直径 $D<1.5m$ 时，宜为 180～220mm；$D\geqslant1.5m$ 时，宜为 160～220mm，且应充分考虑气温、运距及施工时间的影响导致的坍落度损失。

4.2.3.6 高强度混凝土

1. 原材料

(1) 水泥宜选用强度等级不低于 52.5 的硅酸盐水泥和普通硅酸盐水泥，不得使用立窑水泥。

(2) 细集料除应符合 4.3 混凝土原材料的规定外，尚宜选用质地坚硬、级配良好的中砂，细度模数应不小于 2.6，含泥量应不大于 1.5%；配制 C70 及以上等级混凝土时，含泥量应不大于 1.0%，且不应有泥块存在，必要时应冲洗后使用。

(3) 粗集料宜选用质地坚硬、级配良好、无风化颗粒的碎石。其质量指标除应满足 4.3 混凝土原材料的规定外，粗集料的最大粒径尚不宜大于 25mm，含泥量应不大于 0.5%，针片状颗粒含量不宜大于 5%；配制 C80 及以上等级混凝土时，最大粒径不宜大于 20mm。

(4) 外加剂的性能应符合 4.3 混凝土原材料的规定。所采用的减水剂应为高效减水剂或缓凝高效减水剂，其掺量应根据试验确定。

(5) 掺合料可选用粉煤灰、磨细矿渣和硅灰等，其技术条件应符合附录 18 的规定，掺量应根据试验确定。

(6) 拌合与养护用水应符合 4.3 混凝土原材料的规定。

2. 高强度混凝土的配合比应有利于减少温度收缩、干燥收缩和自身收缩引起的体积变形，避免早期开裂，配合比设计除应符合 4.4 混凝土配合比的规定外，尚应符合下列规定：

(1) 配制高强度混凝土所用砂率及所采用的外加剂和矿物掺合料的品种、掺量等，均应通过试验确定。

(2) 高强度混凝土的水泥用量不宜大于 500kg/m³，胶凝材料总量不宜大于 600kg/m³。

(3) 当采用 3 个不同的配合比进行混凝土强度试验时，其中一个应为基准配合比，另外两个配合比的水胶比宜较基准配合比分别增加和减少 0.02~0.03。

(4) 高强度混凝土的设计配合比确定后，尚应采用该配合比进行不少于 6 次的重复试验进行验证，其平均值应不低于配制强度。

3. 高强度混凝土的施工技术要求除应符合普通混凝土的规定外，尚应符合下列规定：

(1) 混凝土应采用强制式搅拌机拌制，不得采用自落式搅拌机搅拌。配料数量的允许偏差应符合表 4-9 中预制场或集中搅拌站拌制的规定。

(2) 应准确控制用水量，粗、细集料的含水率应及时测定，并应按测定值调整用水量和集料用量，不得在拌合物出机后再加水。

(3) 搅拌混凝土时高效减水剂宜采用后掺法，且宜制成溶液后再加入，并应在混凝土用水量中扣除溶液用水量。加入减水剂后，混凝土拌合料在搅拌机中继续搅拌的时间不宜少于 30s。

(4) 高强度混凝土的入模温度应根据环境状况和结构所受的内、外约束程度加以限制。保湿养护的时间应不少于 7d。

4.2.3.7 高性能混凝土

1. 高性能混凝土的原材料和配合比除应符合《公路桥涵施工技术规范》JTG/T F50—2011 的规定外，尚应符合现行行业标准《公路工程混凝土结构防腐蚀技术规范》JTG/T B07—01 的规定。

2. 配制高性能混凝土时，应选用优质水泥和级配良好的优质集料，同时应掺加与水泥相匹配的高效减水剂及优质掺合料。

3. 水泥宜选用品质稳定、标准稠度低、强度等级不低于 42.5 的硅酸盐水泥或普通硅酸盐水泥，不宜采用矿渣硅酸盐水泥、火山灰质硅酸盐水泥及粉煤灰硅酸盐水泥。水泥的技术要求除应符合《通用硅酸盐水泥》GB 175 的规定外，尚应符合表 4-16 的规定。

水泥的技术要求　　　　　　　　　表 4-16

项　目	技术要求	检验标准
比表面积 (m^2/kg)	≤350（硅酸盐水泥、抗硫酸盐硅酸盐水泥）	《水泥比表面积测定方法（勃氏法）》GB/T 8074
80μm 方孔筛筛余 (%)	≤10.0（普通硅酸盐水泥）	《水泥细度检验方法（筛析法）》GB/T 1345
游离氧化钙含量 (%)	≤1.5	《水泥化学分析方法》GB/T 176
碱含量 (%)	≤0.60	《水泥化学分析方法》GB/T 176
熟料中的 C_3A 含量 (%)	≤8；海水环境下≤10	按《水泥化学分析方法》GB/T 176 检验后计算求得
氯离子含量 (%)	≤0.03	《水泥原料中氯离子的化学分析方法》JC/T 420

4. 细集料宜选用级配良好、质地均匀坚固、吸水率低、空隙小、细度模数 2.6~3.2 的洁净天然中粗河砂，或符合要求的人工砂，不得使用山砂和海砂。细集料的技术要求除

应符合 4.3 混凝土原材料的规定外,其有害物质含量的限值尚应符合表 4-17 的规定。

细集料有害物质含量限值　　　　　　　　　表 4-17

项目	有害物质含量限值		
	混凝土强度等级		
	<C30	C30~C45	≥C50
含泥量(%)	≤3.0	≤2.5	≤2.0
泥块含量(%)	≤0.5		
云母含量(%)	≤0.5		
轻物质含量(%)	≤0.5		
氯离子含量(%)	<0.02		
有机物含量	合格		
硫化物及硫酸盐含量(按 SO_3 质量计,%)	≤0.5		

注:对可能处于干湿循环、冻融循环下的混凝土,细集料的含泥量应小于 1.0%。

5. 粗集料宜选用质地均匀坚硬、粒形良好、级配合理、线胀系数小的洁净碎石或卵石,不宜采用砂岩加工成的碎石。粗集料的技术要求除应符合 4.3 混凝土原材料的规定外,其压碎指标尚应不大于 10%;坚固性试验结果失重率对钢筋混凝土结构应小于 8%,对预应力混凝土结构应小于 5%。粗集料应采用两级配或多级配,其松散堆积密度应大于 1500kg/m³;紧密空隙率宜小于 40%;吸水率应小于 2%,当用于干湿循环、冻融循环下的混凝土时应小于 1%。粗集料的最大粒径不宜超过 25mm(大体积混凝土除外),且不得超过保护层厚度的 2/3。粗集料中有害物质含量限值见表 4-18。

粗集料中有害物质含量限值　　　　　　　　　表 4-18

项目	有害物质含量限值		
	混凝土强度等级		
	<C30	C30~C45	≥C50
含泥量(%)	≤1.0	≤1.0	≤0.5
泥块含量(%)	≤0.25		
针片状颗粒含量(%)	≤7		
硫化物及硫酸盐含量(按 SO_3 质量计,%)	≤0.5		
氯离子含量(%)	<0.02		
有机物含量(比色法)	合格		

6. 外加剂应选用高效减水剂或复合减水剂,并应选择减水率高、坍落度损失小、适量引气、与水泥之间具有良好的相容性、能明显改善或提高混凝土耐久性能且质量稳定的产品;引气剂或引气型外加剂应有良好的气泡稳定性。用于提高混凝土抗冻性的引气剂、减水剂和复合外加剂中均不得掺有木质硫酸盐组分,并不得采用含有氯盐的防冻剂。外加剂的性能指标见表 4-19。

外加剂性能指标   表 4-19

项目		指标	检验标准
水泥净浆流动度（mm）		≥240	《混凝土外加剂匀质性试验方法》 GB/T 8077
硫酸钠含量（%）		≤5.0	
氯离子含量（%）		≤0.02	
碱含量（$Na_2O+0.658K_2O$,%）		≤10.0	
减水率（%）		≥20	《混凝土外加剂》 GB 8076
含气量（%）	用于配制非抗冻混凝土时	≥3.0	
	用于配制抗冻混凝土时	≥4.5	
坍落度保留值（mm）	30min	≥180	《混凝土泵送剂》 JC 473
	60min	≥150	
常压泌水率比（%）		≤20	《混凝土外加剂》 GB 8076
压力泌水率比（%）		≤90	《混凝土泵送剂》 JC 473
抗压强度比（%）	3d	≥130	《混凝土外加剂》 GB 8076
	7d	≥125	
	28d	≥120	
对钢筋锈蚀作用		无锈蚀	
收缩率比（%）		≤135	
相对耐久性指标（200次,%）		≥80	

注：表中坍落度保留值、压力泌水率比仅适用于泵送混凝土用外加剂。

7. 矿物掺合料应选用品质稳定、来料均匀的粉煤灰、磨细矿渣粉和硅灰等。所用掺合料的技术要求除应符合附录 18 的规定外，尚应分别符合表 4-20～表 4-22 的规定。

粉煤灰技术要求   表 4-20

项目	技术要求		检验标准
	C50 以下混凝土	C50 及以上混凝土	
细度（%）	≤20	≤12	《用于水泥和混凝土中的粉煤灰》 GB/T 1596
需水量比（%）	≤105	≤100	
含水率（%）	≤1.0（干排灰）		
烧失量（%）	≤5.0	≤3.0	
SO_3 含量（%）	≤3		《水泥化学分析方法》 GB/T 176
CaO 含量（%）	≤10（硫酸盐侵蚀环境）		
游离 CaO 含量（%）	F 类粉煤灰≤1.0 C 类粉煤灰≤4.0		
氯离子含量（%）	≤0.02		《水泥原料中氯离子的化学分析方法》 JC/T 420
安定性（雷氏夹沸煮后增加距离，mm）	C 类粉煤灰≤5.0		《水泥标准稠度用水量、凝结时间、安定性检验方法》 GB/T 1346

磨细矿渣粉技术要求 表 4-21

项　　目	技术要求	检　验　标　准
比表面积（m²/kg）	350~450	《水泥比表面积测定方法（勃氏法）》GB/T 8074
需水量比（%）	≤100	《高强高性能混凝土用矿物外加剂》GB/T 18736
含水率（%）	≤1.0	《用于水泥和混凝土中的粒化高炉矿渣粉》GB/T 18046
烧失量（%）	≤3	
SO_3 含量（%）	≤4	《水泥化学分析方法》GB/T 176
MgO 含量（%）	≤14	
氯离子含量（%）	≤0.02	《水泥原料中氯的化学分析方法》JC/T 420
28d 活性指数（%）	≥95	《用于水泥和混凝土中的粒化高炉矿渣粉》CB/T 18046

硅灰技术要求 表 4-22

项　　目	技术要求	检　验　标　准
比表面积（m²/kg）	≥18000	《高强高性能混凝土用矿物外加剂》GB/T 18736
需水量比（%）	≤125	
含水率（%）	≤3.0	《水泥化学分析方法》GB/T 176
烧失量（%）	≤6	
SiO_2 含量（%）	≥85	《高强高性能混凝土用矿物外加剂》GB/T 18736
氯离子含量（%）	≤0.02	《水泥原料中氯的化学分析方法》JC/T 420
28d 活性指数（%）	≥85	《高强高性能混凝土用矿物外加剂》GB/T 18736

8. 高性能混凝土的配合比应根据原材料品质、设计强度等级、耐久性以及施工工艺对工作性能的要求，通过计算、试配和调整等步骤确定。进行配合比设计时应符合下列规定：

（1）对不同强度等级混凝土的胶凝材料总量应进行控制，C40 以下不宜大于 400kg/m³；C40~C50 不宜大于 450kg/m³；C60 及以上的非泵送混凝土不宜大于 500kg/m³，泵送混凝土不宜大于 530kg/m³。配有钢筋的混凝土结构，在不同环境条件下其最大水胶比和单方混凝土中胶凝材料的最小用量应符合设计要求，设计未要求时应符合表 4-23 的规定。

高性能混凝土的最大水胶比和最小胶凝材料用量（kg/m³） 表 4-23

环境作用等级	强度等级	最大水胶比	最小胶凝材料用量	强度等级	最大水胶比	最小胶凝材料用量
	设计基准期 100 年			设计基准期 50 年		
A	C30	0.55	280	C25	0.60	260
B	C35	0.50	300	C30	0.55	280
C	C40	0.45	320	C35	0.50	300
D	C45	0.40	340	C40	0.45	320
E	C50	0.36	360	C45	0.40	340
F	C50	0.32	380	C50	0.36	360

注：1. 大掺量矿物掺合料混凝土的水胶比应不大于 0.42。
　　2. 对环境作用等级为 E 或 F 的重要工程，其混凝土材料的拌合用水量不宜高于 150kg/m³。
　　3. 对冻融和化学腐蚀环境下的薄壁结构或构件，其水胶比宜适当低于表中对应的数值。

(2) 混凝土中宜适量掺加优质的粉煤灰、磨细矿渣粉或硅灰等矿物掺合料，用以提高其耐久性，改善其施工性能和抗裂性能，其掺加量宜根据混凝土的性能要求通过试验确定，且不宜小于胶凝材料总量的20%。当混凝土中粉煤灰掺量大于30%时，混凝土的水胶比不得大于0.45；在预应力混凝土及处于冻融环境的混凝土中，粉煤灰的掺量不宜大于30%，且粉煤灰的含碳量不宜大于2%。对暴露于空气中的一般构件混凝土，粉煤灰的掺量不宜大于20%，且单方混凝土胶凝材料中的硅酸盐水泥用量不宜小于240kg。

(3) 对耐久性有较高要求的混凝土结构，试配时应进行混凝土和胶凝材料抗裂性能的对比试验，并从中优选抗裂性能良好的混凝土原材料和配合比。

(4) 混凝土中宜适量掺加符合表4-19规定的外加剂，且宜选用质量可靠、稳定的多功能复合外加剂。

(5) 冻融环境下的混凝土宜采用引气混凝土。冻融环境作用等级D级及以上的混凝土必须掺用引气剂，并应满足表4-23对相应强度等级中最大水胶比和胶凝材料最小用量的要求；对处于其他环境作用等级的混凝土，亦可通过掺加引气剂（含气量不小4%）提高其耐久性。混凝土抗冻性的耐久性指数（DF）应符合现行行业标准《公路工程混凝土结构防腐蚀技术规范》JTG/T B07—01的规定。引气混凝土的适宜含气量和气泡间距系数应符合表4-24的规定。

引气混凝土的适宜含气量和气泡间距系数 表4-24

集料最大粒径 (mm)	含气量（%）		
	高度水饱和环境	中度水饱和环境	盐冻环境
10	7.0	5.5	7.0
15	6.5	5.0	6.5
25	6.0	4.5	6.0
40	5.5	4.0	5.5
气泡间距系数（μm）	≤250	≤300	≤200

注：1. 高度水饱和指冰冻前长期或频繁接触水或湿润土体，混凝土体内高度水饱和；中度水饱和指冰冻前偶受雨水或潮湿，混凝土体内饱水程度不高。
2. 表中含气量为在现场新拌混凝土中取样测得的平均值，允许误差为±1.0%。
3. 气泡间距系数为在现场或模拟现场的硬化混凝土中钻芯取样测得的数值。

(6) 对混凝土中总碱含量的控制，应符合第4.4条第5款中的规定。混凝土中的氯离子总含量，对钢筋混凝土不应超过胶凝材料总质量的0.10%；对预应力混凝土不应超过0.06%。

(7) 混凝土的坍落度宜根据施工工艺的要求确定，条件允许时宜选用低坍落度的混凝土施工。

4.2.3.8 海洋环境混凝土

1. 海洋环境桥梁结构的混凝土，宜采用具有防腐蚀耐久性的高性能混凝土。高性能混凝土的原材料选择、配制要求及其性能指标等，应符合现行行业标准《公路工程混凝土结构防腐蚀技术规范》JTG/T B07—01和4.2.3.7高性能混凝土的规定。

2. 高性能混凝土的施工对原材料的质量应严格控制，并应保证配料设备称量准确。

所有混凝土原材料,除水可按体积计外,其余均应按质量进行称量,粗、细集料称量的允许偏差应为±2%,其他原材料称量的允许偏差应为±1%。

3. 高性能混凝土的搅拌应采用搅拌效率高且均质性好的卧轴式、行星式或逆流式强制搅拌机,不得采用自落式或立轴强制式搅拌机。搅拌时,宜先投入细集料和掺合料干拌均匀,再加水泥与部分拌和用水搅拌,最后加入粗集料、外加剂溶液及余额拌和用水,搅拌至均匀为止。上述每一阶段的搅拌时间均不应少于30s,总搅拌时间应比常规混凝土延长40s以上。混凝土中掺加钢筋阻锈剂溶液时,拌和物的搅拌时间应延长1min,采用粉剂时应延长3min。

4. 混凝土浇筑前,应根据工程特点和施工环境条件确定浇筑方案,并应认真检查钢筋的混凝土保护层垫块的位置、数量及其紧固程度。在结构或构件侧面和底面所布设的垫块数量应不少于4个/m²,用于绑扎垫块和钢筋的绑丝头不得伸入保护层内。垫块的尺寸应能保证混凝土保护层厚度的准确性,其形状宜为工字型或截头锥形且应有利于钢筋的定位;高性能混凝土的结构或构件中不得采用普通砂浆垫块,当采用细石混凝土制作时,其抗腐蚀的能力和强度应高于结构或构件本体混凝土,且水胶比不应大于0.4。对钢筋的净混凝土保护层厚度,其施工的允许误差应为正偏差,对现浇结构其最大允许误差应不大于10mm,对预制构件应不大于5mm。

5. 高性能混凝土的入模温度不宜超过28℃,新浇筑混凝土与已浇并硬化混凝土或岩土介质之间的温差应不大于20℃,混凝土表面的接触物与混凝土表面温度之差应不大于15℃。高性能混凝土的浇筑应连续进行,在振捣过程中应控制混凝土的均匀性和密实性,同时应在浇筑及静置过程中采取防止裂缝的有效措施,对混凝土的沉降及塑性干缩产生的表面裂缝,应及时予以处理。混凝土的振捣应采用高频振捣器,且宜采取二次振捣及二次抹面的方式施工;每点的振捣时间不宜超过30s,并应防止过振和过度抹面,严禁通过洒水辅助抹面。

6. 新浇筑的混凝土应及早养护,并应减少暴露时间,防止表面水分的蒸发;终凝后,应立即开始对混凝土进行持续潮湿养护。洒水养护时不得采用海水,应采用淡水。当缺乏淡水时可采用养护剂喷涂养护,养护剂应符合现行行业标准《水泥混凝土养护剂》JC 901的规定。持续潮湿养护在养护期内不应间断,且不得形成干湿循环,在常温下养护应不少于12d;不同组成胶凝材料的混凝土湿养护最低期限应符合现行行业标准《公路工程混凝土结构防腐蚀技术规范》JTG/T B07—01的规定。对浪溅区以下的新浇混凝土结构,应保证其在10d内且混凝土强度达到设计强度等级值的70%之前,不受海水的侵袭。

7. 施工缝应按设计要求设置;当施工需要设置施工接缝时,应设置在结构或构件受力较小的部位。对施工缝的处理应符合第4.2.2.4条第6款中的规定。

4.2.4 预应力混凝土工程

预应力混凝土工程的内容包括:预应力筋;锚具、夹具和连接器;管道;混凝土浇筑;施加预应力;先张法;后张法;后张孔道压浆及封锚;无粘结预应力;体外预应力;质量控制与检验11部分。

4.2.4.1 预应力筋

1. 预应力混凝土结构所采用的钢丝、钢绞线、螺纹钢筋等材料的性能和质量,应符合现行国家标准的规定。钢丝应符合《预应力混凝土用钢丝》GB/T 5223 的规定；钢绞线应符合《预应力混凝土用钢绞线》GB/T 5224 的规定；螺纹钢筋应符合《预应力混凝土用螺纹钢筋》GB/T 20065 的规定。有涂层的预应力筋应符合相应的现行国家标准的规定。进口材料的性能和质量应符合合同规定标准的要求。

2. 预应力筋进场时应分批验收，验收时，除应按合同要求对其质量证明书、包装、标志和规格等进行检查外，尚应按下列规定进行检验：

（1）钢丝分批检验时每批质量应不大于 60t。检验时应先从每批中抽查 5% 且不少于 5 盘，进行表面质量检查，如检查不合格，则应对该批钢丝逐盘检查。在表面质量检查合格的钢丝中抽取 5%，但不少于 3 盘，在每盘钢丝的两端取样进行抗拉强度、弯曲和伸长率的试验。试验结果如有一项不合格时，则不合格盘报废，并从同批未试验过的钢丝盘中取双倍数量的试样进行该不合格项的复验；如仍有一项不合格，则该批钢丝为不合格。

（2）钢绞线分批检验时每批质量应不大于 60t，检验时应从每批钢绞线中任取 3 盘，并从每盘所选的钢绞线端部正常部位截取一组试样进行表面质量、直径偏差和力学性能试验。如每批少于 3 盘，则应逐盘取样进行上述试验。试验结果如有一项不合格时，则不合格盘报废，并再从该批未试验过的钢绞线中取双倍数量的试样进行该不合格项的复验；如仍有一项不合格，则该批钢绞线为不合格。

（3）螺纹钢筋分批检验时每批质量应不大于 100t，对表面质量应逐根目视检查，外观检查合格后在每批中任选 2 根钢筋截取试件进行拉伸试验。试验结果如有一项不合格时，则应另取双倍数量的试件重做全部各项试验；如仍有一根试件不合格，则该批钢筋为不合格。

（4）预应力筋的实际强度不得低于现行国家标准的规定。预应力筋的检验试验方法应按现行国家标准的规定执行，用作拉伸试验的试件，不得进行任何形式的加工。在对预应力筋的拉伸试验中，应同时测定其弹性模量。

（5）对特大桥、大桥或重要桥梁工程中使用的钢丝、钢绞线和螺纹钢筋，进场时应按上述规定进行检验；对预应力材料用量较少的一般桥梁工程，其预应力钢材的力学性能，可仅进行抗拉强度检验，或由生产厂提供力学性能试验报告。

3. 预应力筋应保持清洁，在存放和搬运过程中应避免使其产生机械损伤和有害的锈蚀。进场后的存放时间不宜超过 6 个月，且宜存放在干燥、防潮、通风良好、无腐蚀气体和介质的仓库内；在室外存放室，不得直接堆放于地面，应支垫并遮盖，防止雨露和各种腐蚀性介质对其产生不利影响。

4. 预应力筋制作时的下料应符合下列规定：

（1）下料长度应通过计算确定，计算时应考虑结构的孔道长度或台座长度、锚夹具厚度、千斤顶长度、镦头预留量、冷拉伸长值、弹性回缩值、张拉伸长值和张拉工作长度等因素。

（2）钢丝束两端采用镦头锚具时，宜采用等长下料法对钢丝进行下料。

（3）预应力筋的下料，应采用切断机或砂轮锯切断，严禁采用电弧切割。

5. 高强钢丝的镦头宜采用液压冷镦，镦头前应确认钢丝的可镦性。钢丝镦头的强度不得低于钢丝强度标准值的 98%。

4.2.4.2 锚具、夹具和连接器

1. 锚具、夹具和连接器应按设计规定采用，并应具有可靠的锚固性能、足够的承载能力和良好的适用性，应能保证充分发挥预应力筋的强度，并安全地实现预应力张拉作业，其性能和质量应符合现行国家标准《预应力筋用锚具、夹具和连接器》GB/T 14370 的规定。

2. 锚具应满足分级张拉、补张拉以及放松预应力的要求；锚固多根预应力筋的锚具除应具有整束张拉的性能外，尚应具有单根张拉的性能；用于承受低应力或动荷载的夹片式锚具应具有防松性能；锚具的锚口摩擦损失率不宜大于 6%。

3. 夹具应具有良好的自锚性能、松锚性能和安全的重复使用性能，主要锚固零件应具有良好的防锈性能，可重复使用的次数不应少于 300 次。需敲击才能松开的夹具，必须保证其对预应力筋的锚固没有影响，且对操作人员的安全不造成危险。

4. 在混凝土结构或构件中的永久性预应力筋连接器，应符合锚具的性能要求；用于先张法施工且在张拉后还需要进行放张和拆卸的连接器，应符合夹具的性能要求。

5. 锚垫板应具有足够的强度和刚度，且宜设置锚具对中止口以及压浆孔或排气孔，压浆孔的内径不宜小于 20mm。与后张预应力筋用锚具或连接器配套的锚垫板和局部加强钢筋，在规定的局部承压试件尺寸及混凝土强度下，应满足传力性能要求。

6. 锚具、夹具和连接器进场时，应按合同核对其型号、规格和数量，以及适用的预应力筋品种、规格和强度等级，且生产厂家应提供产品质量保证书、产品技术手册、锚固区传力性能型式检验报告，以及夹片式锚具的锚口摩擦损失测试报告或参数。产品按合同验收后，应按下列规定进行进场检验：

（1）外观检查：应从每批产品中抽取 2% 且不少于 10 套样品，检查其外形尺寸、表面裂纹及锈蚀情况。外形尺寸应符合产品质量保证书所示的尺寸范围，且表面不得有裂纹及锈蚀。当有下列情况之一时，本批产品应逐套检查，合格者方可进入后续检验：

1）当有 1 个零件不符合产品质量保证书所示的外形尺寸，则应另取双倍数量的零件重新检查，仍有 1 个不合格；

2）当有 1 个零件表面有裂纹或夹片、锚孔锥面有锈蚀。

对配套使用的锚垫板和螺旋筋可按上述方法进行外观检查，但允许表面有轻度锈蚀。

（2）硬度检验：应从每批产品中抽取 3% 且不少于 5 套样品（对多孔夹片式锚具的夹片，每套抽取 6 片），对其中有硬度要求的零件进行硬度检验，每个零件测试 3 点，其硬度应符合产品质量保证书的规定。当有 1 个零件不合格时，则应另取双倍数量的零件重做检验；如仍有 1 个零件不合格，应对本批产品逐个检验，合格者方可使用或进入后续检验。

（3）静载锚固性能试验：应在外观检查和硬度检验均合格的同批产品中抽取样品，与相应规格和强度等级的预应力筋组成 3 个预应力筋——锚具组装件，进行静载锚固性能试验。如有 1 个试件不符合要求时，则应另取双倍数量的样品重做试验；仍有 1 个试件不符合要求，则该批锚具为不合格。静载锚固性能试验方法应符合现行国家标准《预应力筋用锚具、夹具和连接器》GB/T 14370 的规定。

（4）对特大桥、大桥和重要桥梁工程中使用的锚具产品，应进行上述 3 项检查和检验；对锚具用量较小的一般中、小桥梁工程，如生产厂能提供有效的静载锚固性能试验合格的证明文件，则仅需进行外观检查和硬度检验。

(5) 进场检验时，同种材料、同一生产工艺条件下、同批进场的产品可视为同一验收批。锚具的每个验收批不宜超过 2000 套；夹具、连接器的每个验收批不宜超过 500 套；获得第三方独立认证的产品其验收批可扩大 1 倍。检验合格的产品，在现场的存放期超过 1 年时，再用时应进行外观检查。

7. 锚具、夹具和连接器在存放、搬运及使用期间均应妥善防护，避免锈蚀、沾污、遭受机械损伤、混淆和散失，但临时性的防护措施应不影响其安装和永久性防腐的实施。

8. 预应力筋用锚具产品应配套使用，同一结构或构件中应采用同一生产厂的产品，工作锚不得作为工具锚使用。夹片式锚具的限位板和工具锚宜采用与工作锚同一生产厂的配套产品。

4.2.4.3 管道

1. 在后张有粘结预应力混凝土结构或构件中，预应力筋的孔道宜由浇筑在混凝土中的刚性或半刚性管道构成，或采取钢管抽芯、胶管抽芯及金属伸缩套管抽芯等方法进行预留。设置于混凝土中的刚性或半刚性管道不应有漏浆现象，且应具有足够的强度和刚度，应能在浇筑混凝土重力的作用下保持原有的形状，并能按要求传递粘结应力。

2. 管道的性能要求应符合下列规定：

(1) 刚性管道应是壁厚不小于 2mm 的平滑钢管，且应具有光滑的内壁并可被弯曲成适当的形状而不出现卷曲或被压扁；半刚性管道应是波纹状的金属管或高密度聚乙烯塑料管，且金属波纹管宜采用镀锌钢带制作，壁厚不宜小于 0.3mm。

(2) 金属波纹管的性能和质量应符合现行行业标准《预应力混凝土用金属波纹管》JG 225 的规定；塑料波纹管的制作材料、性能和质量应符合现行行业标准《预应力混凝土桥梁用塑料波纹管》JT/T 529 的规定。

3. 管道的进场检验应符合下列规定：

(1) 进场时除应按合同检查出厂合格证和质量保证书，核对其类别、型号、规格及数量外，尚应对其外观、尺寸、集中荷载下的径向刚度、荷载作用后的抗渗漏及抗弯曲渗漏等进行检验。检验试验方法应分别符合现行行业标准《预应力混凝土用金属波纹管》JG 225 和《预应力混凝土桥梁用塑料波纹管》JT/T 529 的规定。

(2) 管道应按批进行检验。金属波纹管每批应由同一钢带生产厂生产的同一批钢带所制造的产品组成，累计半年或 50000m 生产量为一批，不足半年产量或 50000m 也作为一批的，则取产量最多的规格；塑料波纹管每批应由同一配方、同一生产工艺、同设备稳定连续生产的产品组成，每批数量应不超过 10000m。

(3) 检验时应先进行外观质量的检验，合格后再进行其他指标的检验。当其他指标中有不合格项时，应取双倍数量的试件对该不合格项进行复验；复验仍不合格时，则该批产品为不合格。

4. 波纹管在搬运时应采用非金属绳捆扎，或采用专用框架装载，不得抛掷或在地面上拖拉。波纹管在存放时应远离热源及可能遭受各种腐蚀性气体、介质影响的地方，存放时间不宜超过 6 个月，在室外存放时不得直接堆于地面，应支垫并遮盖。

4.2.4.4 混凝土浇筑

1. 浇筑混凝土前，除应符合第 4.2.2.4 条第 1 款中的规定外，尚应对预埋于混凝土中的锚具、管道和钢筋等进行全面检查验收，符合要求后方可开始浇筑。

2. 浇筑混凝土时，宜根据结构或构件的不同形式选用插入式、附着式或平板式等振动器进行振捣。对箱梁腹板与底板及顶板连接处的承托、预应力筋锚固区及其他预应力钢束与钢筋密集的部位，应采取有效措施加强振捣；对先张构件应避免振动器碰撞预应力筋；对后张结构应避免振动器碰撞预应力筋的管道、预埋件等。浇筑过程中应随时检查模板、管道、锚固端垫板等的稳固性，保证其位置及尺寸符合设计要求。

3. 用于判断现场预应力混凝土结构或构件强度的混凝土试件，应置于现场与结构或构件同环境、同条件养护。

4.2.4.5 施加预应力

1. 预应力张拉用的机具设备和仪表应符合下列规定：

（1）预应力筋的张拉宜采用穿心式双作用千斤顶，整体张拉或放张宜采用具有自锚功能的千斤顶；张拉千斤顶的额定张拉力宜为所需张拉力的 1.5 倍，且不得小于 1.2 倍。与千斤顶配套使用的压力表应选用防振型产品，其最大读数应为张拉力的 1.5~2.0 倍，标定精度应不低于 1.0 级。张拉机具设备应与锚具产品配套使用，并应在使用前进行校正、检验和标定。

（2）张拉用的千斤顶与压力表应配套标定、配套使用，标定应在经国家授权的法定计量技术机构定期进行，标定时千斤顶活塞的运行方向应与实际张拉工作状态一致。当处于下列情况之一时，应重新进行标定：

1）使用时间超过 6 个月；

2）张拉次数超过 300 次；

3）使用过程中千斤顶或压力表出现异常情况；

4）千斤顶检修或更换配件后。

（3）采用测力传感器测量张拉力时，测力传感器应按相关国家标准的规定每年送检一次。

2. 施加预应力之前，施工现场的准备工作及结构或构件需达到的要求应符合下列规定：

（1）施工现场已具备经批准的张拉顺序、张拉程序和施工作业指导书，经培训掌握预应力施工知识和正确操作的施工人员，以及能保证操作人员和设备安全的防护措施。

（2）锚具安装正确，结构或构件混凝土已达到要求的强度和弹性模量（或龄期）。

3. 对预应力筋施加预应力时，应符合下列规定：

（1）千斤顶安装时，工具锚应与前端的工作锚对正，工具锚和工作锚之间的各根预应力筋不得错位、扭绞。实施张拉时，千斤顶与预应力筋、锚具的中心线应位于同一轴线上。

（2）预应力筋的张拉顺序和张拉控制应力应符合设计规定。当施工中需要对预应力筋实施超张拉或计入锚圈口预应力损失时，可比设计规定提高 5%，但在任何情况下均不得超过设计规定的最大张拉控制应力。

（3）预应力筋采用应力控制方法张拉时，应以伸长值进行校核。实际伸长值与理论伸长值的差值应符合设计规定；设计未规定时，其偏差应控制在 ±6% 以内，否则应暂停张拉，待查明原因并采取措施予以调整后，方可继续张拉。对环形筋、U 形筋等曲率半径较小的预应力束，其实际伸长值与理论伸长值的偏差宜通过试验确定。

（4）预应力筋的理论伸长值 ΔL_L（mm）可按式（4-1）计算：

$$\Delta L_\mathrm{L} = \frac{P_\mathrm{P} L}{A_\mathrm{P} E_\mathrm{P}} \tag{4-1}$$

式中 P_P——预应力筋的平均张拉力（N），直线筋取张拉端的拉力；两端张拉的曲线筋，计算方法见 4.6.1.2。

L——预应力筋的长度（mm）；

A_P——预应力筋的截面面积（mm²）；

E_P——预应力筋的弹性模量（N/mm²）。

（5）预应力筋张拉时，应先调整到初应力 σ_0，该初应力宜为张拉控制应力 σ_con 的 10%～25%，伸长值应从初应力时开始量测。预应力筋的实际伸长值除量测的伸长值外，尚应加上初应力以下的推算伸长值。预应力筋张拉的实际伸长值 ΔL_s（mm）可按式（4-2）计算：

$$\Delta L_\mathrm{s} = \Delta L_1 + \Delta L_2 \tag{4-2}$$

式中 ΔL_1——从初应力至最大张拉应力间的实测伸长值（mm）；

ΔL_2——初应力以下的推算伸长值（mm），可采用相邻级的伸长值。

（6）预应力筋的锚固，应在张拉控制应力处于稳定状态下进行。锚固阶段张拉端锚具变形、预应力筋回缩量和接缝压缩容许值，应不大于设计规定或不大于表 4-25 所列容许值。

锚具变形、预应力筋回缩和接缝压缩容许值 表 4-25

锚具、接缝类型		变形形式	容许值 ΔL_R（mm）
钢制锥形锚具		预应力筋回缩、锚具变形	6
夹片式锚具	有预压时	预应力筋回缩、锚具变形	4
	无预压时		6
镦头锚具		缝隙压密	1
粗钢筋锚具（用于螺纹钢筋）		预应力筋回缩、锚具变形	1
每块后加垫板的缝隙		缝隙压密	1
水泥砂浆接缝		缝隙压密	1
环氧树脂砂浆接缝		缝隙压密	1

（7）在预应力筋张拉、锚固过程中及锚固完成后，均不得大力敲击或振动锚具。预应力筋锚固后需要放松时，对夹片式锚具宜采用专门的放松装置松开；对支撑式锚具可采用张拉设备缓慢地松开。

（8）预应力筋在实施张拉或放松作业时，应采取有效的安全防护措施，预应力筋两端的正面严禁站人和穿越。

（9）预应力筋张拉、锚固及放松时，均应填写施工记录。

4.2.4.6 先张法

1. 先张法的墩式台座结构应符合下列规定：

（1）承力台座应进行专门设计，并应具有足够的强度、刚度和稳定性，其抗倾覆安全系数应不小于 1.5，抗滑移系数应不小于 1.3。

(2) 锚固横梁应有足够的刚度，受力后挠度应不大于 2mm。

2. 预应力筋的安装宜自下而上进行，并应采取措施防止其被台座上涂刷的隔离剂污染。预应力筋与锚固横梁间的连接，宜采用张拉螺杆。

3. 先张法预应力筋的张拉除应符合 4.2.4.5 施加预应力的相关规定外，尚应符合下列规定：

(1) 张拉前，应对台座、锚固横梁及各项张拉设备进行详细检查，符合要求后方可进行操作。

(2) 同时张拉多根预应力筋时，应预先调整其单根预应力筋的初应力，使相互之间的应力一致，再整体张拉。张拉过程中，应使活动横梁与固定横梁始终保持平行，并应检查预应力筋的预应力值，其偏差的绝对值不得超过按一个构件全部预应力筋预应力总值 5%。

(3) 先张法预应力筋张拉程序应符合设计规定；设计未规定时，其张拉程序可按表 4-26 的规定进行。

先张法预应力筋张拉程序 表 4-26

预应力筋种类		张 拉 程 序
钢丝、钢绞线	夹片式等具有自锚性能的锚具	普通松弛预应力筋：0→初应力→1.03σ_{con}（锚固） 低松弛预应力筋：0→初应力→σ_{con}（持荷 5min 锚固）
	其他锚具	0→初应力→1.05σ_{con}（持荷 5min）→0→σ_{con}（锚固）
螺纹钢筋		0→初应力→1.05σ_{con}（持荷 5min）→0.9σ_{con}→σ_{con}（锚固）

注：1. 表中 σ_{con} 为张拉时的控制应力值，包括预应力损失值。

2. 超张拉数值超过第 4.2.4.5 条第 3 款中规定的最大超张拉应力限值时，应按该条规定的限制张拉应力进行张拉。

3. 张拉螺纹钢筋时，应在超张拉并持荷 5min 后放张至 0.9σ_{con} 时再安装模板、普通钢筋及预埋件等。

(4) 先张法预应力筋断丝数量不得超过表 4-27 的规定。

先张法预应力筋断丝限制 表 4-27

预应力筋种类	检查项目	控制数
钢丝、钢绞线	同一构件内断丝数不得超过钢丝总数的百分比	1%
螺纹钢筋	断筋	不容许

(5) 预应力筋张拉完毕后，其位置与设计位置的偏差应不大于 5mm，同时不应大于构件最短边长的 4%，且宜在 4h 内浇筑混凝土。

4. 先张法预应力筋的放张应符合下列规定：

(1) 预应力筋放张时构件混凝土的强度和弹性模量（或龄期）应符合设计规定；设计未规定时，混凝土的强度应不低于设计强度等级值的 80%，弹性模量应不低于混凝土 28d 弹性模量的 80%。

(2) 在预应力筋放张之前，应将限制位移的侧模、翼缘模板或内模拆除。

(3) 预应力筋的放张顺序应符合设计规定；设计未规定时，应分阶段、均匀、对称、相互交错地放张。

(4) 多根整批预应力筋的放张,当采用砂箱放张时,放砂速度应均匀一致;采用千斤顶放张时,放张宜分数次完成;单根钢筋采用拧松螺母的方法放张时,宜先两侧后中间,并不得一次将一根预应力筋松完。

(5) 预应力筋放张后,对钢丝和钢绞线,应采用机械切割的方式进行切断;对螺纹钢筋,可采用乙炔——氧气切割,但应采取必要措施防止高温对其产生不利影响。

(6) 长线台座上预应力筋的切断顺序,应由放张端开始,依次向另一端切断。

4.2.4.7 后张法

1. 采用金属或塑料管道构成后张预应力混凝土结构或构件的孔道时,应符合下列规定:

(1) 管道的规格、尺寸应符合设计规定,且其内横截面积应不小于预应力筋净截面积的2倍;对长度大于60m的管道,宜通过试验确定其面积比是否可以进行正常的压浆作业。

(2) 管道应按设计规定的坐标位置进行安装,并应采用定位钢筋固定,使其能牢固地置于模板内的设计位置,且在混凝土浇筑期间不产生位移。管道与普通钢筋重叠时,应移动普通钢筋,不得改变管道的设计坐标位置。固定各种成孔管道用的定位钢筋的间距,对钢管不宜大于1.0m;波纹管不宜大于0.8m;位于曲线上的管道和扁平波纹管道应适当加密。定位后的管道应平顺,其端部的中心线应与锚垫板相垂直。

(3) 管道接头处的连接管宜采用大一级直径的同类管道,其长度宜为被连接管道内径的5~7倍。连接时不应使接头处产生角度变化及在混凝土浇筑期间发生管道的转动或移位,并应缠裹紧密防止水泥浆的渗入。塑料波纹管应采用专用焊接机进行热熔焊接或采用具有密封性能的塑料结构连接器连接。当采用真空辅助压浆工艺进行孔道压浆时,管道的所有接头应具有可靠的密封性能,并应满足真空度的要求。

(4) 所有管道均应在每个顶点设排气孔及需要时在每个低点设排水孔。压浆管、排气管和排水管应是最小内径为20mm的标准管或适宜的塑性管,与管道之间的连接应采用金属或塑料结构扣件,长度应足以从管道引出结构物以外。

(5) 管道安装完毕后,其端口应采取可靠措施临时封堵,防止水或其他杂物进入。

(6) 后张预应力管道安装允许偏差见表4-28。

后张预应力管道安装允许偏差　　　　　　　　表4-28

项　　　目		允许偏差(mm)
管道坐标	梁长方向	30
	梁高方向	10
管道间距	同排	10
	上下层	10

2. 采用胶管抽芯法制孔时,胶管内应插入芯棒或充以压力水增加刚度;采用钢管抽芯法制孔时,钢管表面应光滑,焊接接头应平顺。抽芯时间应通过试验确定,以混凝土抗压强度达到0.4~0.8MPa时为宜,抽拔时不得损伤结构混凝土。抽芯后,应采用通孔器或压气、压水等方法对孔道进行检查,如发现孔道堵塞或有残留物或与邻孔有串通,应及时处理。

3. 预应力筋的安装应符合下列规定:

(1) 预应力筋可在浇筑混凝土之前或之后穿入孔道,穿束前应检查锚垫板和孔道,锚垫板的位置应准确;孔道内应畅通,无水和其他杂物。

(2) 宜将一根钢束中的全部预应力筋编束后整体穿入孔道中,整体穿束时,束的前端宜设置穿束网套或特制的牵引头,应保持预应力筋顺直,且仅应前后拖动,不得扭转。对钢绞线、可采用穿束机逐根将其穿入孔道内,但应保证其在孔道内不发生相互缠绕。

(3) 对在混凝土浇筑及养护之前安装在孔道中但在表 4-29 的规定时限内未压浆的预应力筋,应采取防止锈蚀或其他防腐蚀的措施,直至压浆。

未采取防腐蚀措施的预应力筋在安装后至压浆时的容许间隔时间 表 4-29

暴露条件	安装后至压浆时的容许间隔时间(d)
空气湿度大于 70% 或盐分过大时	7
空气湿度 40%~70% 时	15
空气湿度小于 40% 时	20

(4) 预应力筋安装在管道中后,应将管道端部开口密封,防止湿汽进入。采用蒸汽养护混凝土时,在养护完成之前不应安装预应力筋。

(5) 在任何情况下,当在安装有预应力筋的结构或构件附近进行电焊时,均应对全部预应力筋、管道和附属构件进行保护,防止溅上焊渣或造成其他损坏。

4. 后张法预应力筋的张拉和锚固应符合下列规定:

(1) 预应力张拉之前,宜对不同类型的孔道进行至少一个孔道的摩阻测试,通过测试所确定的 μ 值和 k 值宜用于对设计张拉控制应力的修正。摩阻损失的测试方法见 4.6.1.3。

(2) 张拉时,结构或构件混凝土的强度、弹性模量(或龄期)应符合设计规定;设计未规定时,混凝土的强度应不低于设计强度等级值的 80%,弹性模量应不低于混凝土 28d 弹性模量的 80%。

(3) 预应力筋的张拉顺序应符合设计规定;设计未规定时,可采取分批、分阶段的方法对称张拉。

(4) 预应力筋应整束张拉锚固。对扁平管道中平行排放的预应力钢绞线束,在保证各根钢绞线不会叠压时,可采用小型千斤顶逐根张拉,但应考虑逐根张拉时预应力损失对控制应力的影响。

(5) 预应力筋张拉端的设置应符合设计规定;设计未规定时,应符合下列规定:

1) 直线筋和螺纹钢筋可在一端张拉。对曲线预应力筋,应根据施工计算的要求采取两端张拉或一端张拉的方式进行,当锚固损失的影响长度小于或等于 $L/2$(L 为结构或构件长度)时,应采取两端张拉;当锚固损失的影响长度大于 $L/2$ 时,可采取一端张拉。

2) 当同一截面中有多束一端张拉的预应力筋时,张拉端宜分别交错设置在结构或构件的两端。

3) 预应力筋采用两端张拉时,宜两端同时张拉,或先在一端张拉锚固后,再在另一端补足预应力值进行锚固。

(6) 后张预应力筋的张拉程序应符合设计规定;设计未规定时,可按表 4-30 的规定进行。

后张法预应力筋张拉程序　　　　　　　　　　　　　　　表 4-30

锚具和预应力筋种类		张 拉 程 序
夹片式等具有自锚性能的锚具	钢绞线束、钢丝束	普通松弛预应力筋：0→初应力→$1.03\sigma_{con}$（锚固）
		低松弛预应力筋：0→初应力→σ_{con}（持荷5min锚固）
其他锚具	钢绞线束、	0→初应力→$1.05\sigma_{con}$（持荷5min）→σ_{con}（锚固）
	钢丝束	0→初应力→$1.05\sigma_{con}$（持荷5min）→0→σ_{con}（锚固）
螺母锚固锚具	螺纹钢筋	0→初应力→σ_{con}（持荷5min）→0→σ_{con}（锚固）

注：1. 表中 σ_{con} 为张拉时的控制应力值，包括预应力损失值。
　　2. 超张拉数值超过第4.2.4.5条第3款中规定的最大超张拉应力限值时，应按该条规定的限值进行张拉。
　　3. 两端同时张拉时，两端千斤顶升降压、画线、测伸长等工作应基本一致。

（7）后张预应力筋断丝、滑移的数量不得超过表4-31的控制数。

后张预应力筋断丝、滑移限制　　　　　　　　　　　　　表 4-31

类　别	检　查　项　目	控制数
钢丝束、钢绞线束	每束钢丝断丝或滑丝	1根
	每束钢绞线断丝或滑丝	1丝
	每个断面断丝之和不超过该断面钢丝总数的百分比	1%
螺纹钢筋	断筋或滑移	不容许

注：1. 钢绞线断丝系指单根钢绞线内钢丝的断丝。
　　2. 超过表列控制数时，原则上应更换；当不能更换时，在许可的条件下，可采取补救措施，如提高其他束预应力值，但必须满足设计各阶段极限状态的要求。

（8）预应力筋在张拉控制应力达到稳定后方可锚固。对夹片式锚具，锚固后夹片顶面应齐平，其相互间的错位不宜大于2mm，且露出锚具外的高度不应大于4mm。锚固完毕并经检验确认合格后方可切割端头多余的预应力筋，切割时应采用砂轮锯，严禁采用电弧进行切割，同时不得损伤锚具。

（9）切割后预应力筋的外露长度不应小于30mm，且不应小于1.5倍预应力筋直径。锚具应采用封端混凝土保护，当需长期外露时，应采取防止锈蚀的措施。

4.2.4.8　后张孔道压浆及封锚

1. 预应力筋张拉锚固后，孔道应尽早压浆，且应在48h内完成，否则应采取避免预应力筋锈蚀的措施。

2. 后张预应力孔道宜采用专用压浆料或专用压浆剂配制的浆液进行压浆。所用原材料应符合下列规定：

（1）水泥应采用性能稳定、强度等级不低于42.5的低碱硅酸盐或低碱普通硅酸盐水泥，水泥的性能要求应符合表4-16的规定。

（2）外加剂应与水泥具有良好的相容性，且不得含有氯盐、亚硝酸盐或其他对预应力筋有腐蚀作用的成分。减水剂应采用高效减水剂，且应满足现行国家标准《混凝土外加剂》GB 8076中高效减水剂一等品的要求，其减水率应不小于20%。

（3）矿物掺合料的品种宜为Ⅰ级粉煤灰、磨细矿渣粉或硅灰，并应符合表4-20～表

4-22 的规定。

（4）水不应含有对预应力筋或水泥有害的成分，每升水中不得含有 350mg 以上的氯化物离子或任何一种其他有机物，宜采用符合国家卫生标准的清洁饮用水。

（5）膨胀剂宜采用钙矾石系或复合型膨胀剂，不得采用以铝粉为膨胀源的膨胀剂或总碱量 0.75% 以上的高碱膨胀剂。

（6）压浆材料中的氯离子含量不应超过胶凝材料总量的 0.06%，比表面积应大于 350m²/kg，三氧化硫含量不应超过 6.0%。

3. 后张预应力孔道压浆浆液性能指标见表 4-32。

后张预应力孔道压浆浆液性能指标　　　　　　　　表 4-32

项　目		性能指标	检验试验方法标准
水胶比		0.26～0.28	《水泥标准稠度用水量、凝结时间、安定性检验方法》GB/T 1346
凝结时间（h）	初凝	≥5	
	终凝	≤24	
流动度（25℃）(s)	初始流动度	10～17	见 4.6.1.4
	30min 流动度	10～20	
	60min 流动度	10～25	
泌水率（%）	24h 自由泌水率	0	见 4.6.1.5
	3h 钢丝间泌水率	0	见 4.6.1.6
压力泌水率（%）	0.22MPa（孔道垂直高度≤1.8m 时）	≤2.0	见 4.6.1.7
	0.36MPa（孔道垂直高度＞1.8m 时）		
自由膨胀率（%）	3h	0～2	见 4.6.1.5
	24h	0～3	
充盈度		合格	见 4.6.1.8
抗压强度（MPa）	3d	≥20	《水泥胶砂强度检验方法（ISO 法）》GB/T 17671
	7d	≥40	
	28d	≥50	
抗折强度（MPa）	3d	≥5	
	7d	≥6	
	28d	≥10	
对钢筋的锈蚀作用		无锈蚀	《混凝土外加剂》GB 8076

注：1. 有抗冻性要求时，宜在压浆材料中掺用适量引气剂，且含气量宜为 1%～3%。
　　2. 有抗渗性要求时，抗氯离子渗透的 28d 电量指标宜小于或等于 1500C。

4. 孔道压浆前的准备工作应符合下列规定：

（1）应在工地试验室对压浆材料加水进行试配，各种材料的称量（均以质量计）应精确到±1%。经试配的浆液，其各项性能指标均应满足表 4-32 的要求后方可用于正式压浆。

（2）应对孔道进行清洁处理。对抽芯成型的孔道应冲洗干净并应使孔壁完全湿润；金属和塑料管道在必要时亦应冲洗清除附着于孔道内壁的有害材料。对孔道内可能存在的油污等，可采用已知对预应力筋和管道无腐蚀作用的中性洗涤剂或皂液，用水稀释后进行冲洗；冲洗后，应使用不含油的压缩空气将孔道内的所有积水吹出。

（3）应对压浆设备进行清洗，清洗后的设备内不应有残渣和积水。

5. 压浆时，对曲线孔道和竖向孔道应从最低点的压浆孔压入；对结构或构件中以上下分层设置的孔道，应按先下层后上层的顺序进行压浆。同一管道的压浆应连续进行，一次完成。压浆应缓慢、均匀地进行，不得中断，并应将所有最高点的排气孔依次一一打开和关闭，使孔道内排气通畅。

6. 浆液自拌制完成至压入孔道的延续时间不宜超过 40min，且在使用前和压注过程中应连续搅拌，对因延迟使用所致流动度降低的水泥浆，不得通过额外加水增加其流动度。

7. 对水平或曲线孔道，压浆的压力宜为 0.5～0.7MPa；对超长孔道，最大压力不宜超过 1.0MPa；对竖向孔道，压浆的压力宜为 0.3～0.4MPa。压浆的充盈度应达到孔道另一端饱满且排气孔排出与规定流动度相同的水泥浆为止，关闭出浆口后，宜保持不小于 0.5MPa 的稳压期，该稳压期的保持时间为 3～5min。

8. 采用真空辅助压浆工艺时，在压浆前应对孔道进行抽真空，真空度宜稳定在 －0.06～－0.10MPa 范围内。真空度稳定后，应立即开启孔道压浆端的阀门，同时启动压浆泵进行连续压浆。

9. 压浆时，每一工作班应制作留取不少于 3 组尺寸为 40mm×40mm×160mm 的试件，标准养护 28d，进行抗压强度和抗折强度试验，作为质量评定的依据。试验方法应按现行国家标准《水泥胶砂强度检验方法（ISO 法）》GB/T 17671 的规定执行；质量评定方法可参照第 4.5.3 条第 17 款中的规定执行。

10. 压浆过程中及压浆后 48h 内，结构或构件混凝土的温度及环境温度不得低于 5℃，否则应采取保温措施，并应按冬期施工的要求处理，浆液中可适量掺用引气剂，但不得掺用防冻剂。当环境温度高于 35℃时，压浆宜在夜间进行。

11. 压浆后应通过检查孔抽查压浆的密实情况，如有不实，应及时进行补压浆处理。

12. 压浆完成后，应及时对锚固端按设计要求进行封闭保护或防腐处理，需要封锚的锚具，应在压浆完成后对梁端混凝土凿毛并将其周围冲洗干净，设置钢筋网浇筑封锚混凝土；封锚应采用与结构或构件同强度的混凝土并应严格控制封锚后的梁体长度。长期外露的锚具，应采取防锈措施。

13. 对后张预制构件，在孔道压浆前不得安装就位；压浆后，应在浆液强度达到规定的强度后方可移运和吊装。

14. 孔道压浆应填写施工记录。记录项目应包括：压浆材料、配合比、压浆日期、搅拌时间、出机初始流动度、浆液温度、环境温度、稳压压力及时间，采用真空辅助压浆工艺时尚应包括真空度。

4.2.4.9 无粘结预应力

1. 无粘结预应力所采用的材料应符合下列规定：

（1）无粘结预应力筋的性能和质量应符合现行行业标准《无粘结预应力钢绞线》JG

161 的规定；制作无粘结预应力筋的钢绞线，其质量应符合现行国家标准《预应力混凝土用钢绞线》GB/T 5224 的规定。

（2）无粘结预应力筋的护套应采用挤塑型高密度聚乙烯管，其性能和质量应符合现行国家标准《聚乙烯（PE）树脂》GB/T 11115 的规定。护套表面应光滑，无裂缝、凹陷、可见钢绞线轮廓、气孔及机械损伤等缺陷。

（3）防腐润滑脂应符合现行行业标准《无粘结预应力筋专用防腐润滑脂》JG 3007 的规定。

2. 无粘结预应力筋的下料长度应经计算确定。下料宜采用砂轮锯成束切割，且宜采用先粗后精、略长于计算长度的二次下料法。无粘结预应力筋在运输、存放和安装过程中应采取可靠措施，防止对其产生任何损伤。

3. 无粘结预应力筋的张拉和防护应符合下列规定：

（1）施加预应力之前，应对结构或构件进行检验，符合要求后方可进行张拉。张拉应符合 4.2.4.5 和 4.2.4.7 中的规定。

（2）张拉完毕后应及时对锚固区进行保护处理，应采用防腐油脂通过灌注孔将张拉形成的空腔全部灌注密实。将多余的预应力筋切割后，应先在锚具部位套上内涂防腐油脂的塑料封端罩，再采用细石混凝土或微膨胀砂浆进行封堵。

（3）对不能使用细石混凝土或微膨胀砂浆封堵的部位，应将锚具全部涂以与无粘结预应力筋涂料层相同的防腐油脂，并采用具有可靠防腐和防火性能的保护罩将锚具全部密封。

4.2.4.10 体外预应力

1. 体外预应力所采用的材料应符合下列规定：

（1）体外预应力筋宜选用高强度低松弛预应力钢绞线，其质量应符合现行国家标准《预应力混凝土用钢绞线》GB/T 5224 的规定。

（2）体外束的外套管可选用高密度聚乙烯管或镀锌钢管。外套管和连接接头应完全密闭防水，在使用期应有可靠的耐久性；外套管应与预应力筋和防腐蚀材料具有良好的兼容性，且应能抵抗运输、安装和使用过程中所受的各种作用力而不被损坏。

（3）防腐蚀材料的耐久性能应与体外束所处的环境类别和使用年限一致；防腐蚀材料在加工、运输、安装及张拉过程中应能保持其稳定性、柔性且不产生裂缝，并在所要求的温度范围内不流淌。

（4）锚固体系应与束体的形式和组成相匹配。

2. 体外预应力束的端部应垂直于承压板，曲线段的起点至张拉锚固点的直线长度不宜小于 600mm。穿束时应采取保护措施，严禁在混凝土面上拖拽预应力筋，防止损坏其保护层而减弱防腐能力。

3. 体外预应力束的张拉顺序应严格按设计规定进行，张拉时应保证结构或构件对称均匀受力，避免发生侧向弯曲或失稳。

4. 体外预应力束张拉完成后，应对其锚具设置全密封防护罩，并应在防护罩内灌注油脂或其他可清洗的防腐蚀材料。

4.2.4.11 质量控制与检验

1. 预应力工程在施工过程中应对其施工的质量进行控制和检验。控制和检验宜按照原材料进场、制作与安装、施加预应力、先张法放张或后张孔道压浆、锚具防护及封锚等阶段进行。

2. 对预应力筋施加预应力时，宜对多台千斤顶张拉时的同步性、持荷时间、锚下的有效预应力及其均匀度等进行质量控制，并应符合下列规定：

（1）在采用两台以上千斤顶实施对称和两端张拉时，各千斤顶之间同步张拉力的允许误差宜为±2%。

（2）张拉至控制应力时，应按先张法和后张法的规定，保证千斤顶具有足够的持荷时间。张拉控制应力的精度宜为±1.5%。

（3）张拉锚固后，预应力筋在锚下的有效预应力应符合设计张拉控制应力，两者的相对偏差应不超过±5%，且同一断面中的预应力束其有效预应力的不均匀度应不超过±2%。

3. 先张法预应力筋放张后，预应力筋在构件端部的内缩值不宜大于2.0mm。

4. 后张孔道压浆的质量应符合下列规定：

（1）压浆所采用的水泥、外加剂、矿物掺合料、膨胀剂和水等原材料的质量，以及所配制浆液的性能应符合后张孔道压浆与封锚的规定。

（2）孔道内的结硬浆体应饱满、密实，充盈度应满足要求。

5. 锚具防护及封锚的质量应符合下列规定：

（1）锚固端的混凝土保护层厚度应不小于50mm或符合设计规定。

（2）封锚混凝土应密实、无裂纹。

（3）无粘结和体外束的预应力筋端头、锚具夹片等应达到密封的要求。

4.2.5 钻（挖）孔灌注桩

钻（挖）孔灌注桩包括：钻孔灌注桩；岩溶、采空区和其他特殊地区的钻孔灌注桩；大直径桩和超长桩；桩底后压浆；挖孔灌注桩；质量检验与质量标准6部分。

4.2.5.1 钻孔灌注桩

1. 钻孔泥浆应符合下列规定：

（1）泥浆的配合比和配制方法宜通过试验确定，其性能应与钻孔方法、土层情况相适应。当缺乏泥浆的性能指标参数时，可参照表4-33选用。泥浆各种性能指标的测定方法见4.6.1.9。

泥浆性能指标　　　　　表4-33

钻孔方法	地层情况	泥浆性能指标							
		相对密度	黏度(Pa·s)	含砂率(%)	胶体率(%)	失水率(mL/30min)	泥皮厚(mm/30min)	静切力(Pa)	酸碱度(pH)
正循环	一般地层	1.05~1.20	16~22	8~4	≥96	≤25	≤2	1.0~2.5	8~10
	易坍地层	1.20~1.45	19~28	8~4	≥96	≤15	≤2	3~5	8~10
反循环	一般地层	1.02~1.06	16~20	≤4	≥95	≤20	≤3	1~2.5	8~10
	易坍地层	1.06~1.10	18~28	≤4	≥95	≤20	≤3	1~2.5	8~10
	卵石土	1.10~1.15	20~35	≤4	≥95	≤20	≤3	1~2.5	8~10

续表

钻孔方法	地层情况	泥浆性能指标							
		相对密度	黏度(Pa·s)	含砂率(%)	胶体率(%)	失水率(mL/30min)	泥皮厚(mm/30min)	静切力(Pa)	酸碱度(pH)
旋挖	一般地层	102~1.10	18~22	≤4	≥95	≤20	≤3	1~2.5	8~11
冲击	易坍地层	1.20~1.40	22~30	≤4	≥95	≤20	≤3	3~5	8~11

注：1. 地下水位高或其流速大时，指标取高限，反之取低限。
   2. 地质状态较好时，孔径或孔深较小的取低限，反之取高限。

（2）钻孔过程中，应随时对孔内泥浆的性能进行检测，不符合要求时应及时调整。

（3）钻孔泥浆宜进行循环处理后重复使用，减少排放量。对重要工程的钻孔桩施工，宜采用泥浆处理器进行泥浆的循环。

（4）施工完成后废弃的泥浆应采取先集中沉淀再处理的措施，严禁随意排放，污染环境和水域。

2. 清孔应符合下列规定：

（1）钻孔深度达到设计高程后，应对孔径、孔深和孔的倾斜度进行检验，符合表 4-34 的要求后方可清孔。

（2）清孔方法应根据设计要求、钻孔方法、机具设备条件和地层情况决定。不论采用何种清孔方法，在清孔排渣时，均必须保持孔内水头，防止坍孔。

（3）在吊入钢筋骨架后，灌注水下混凝土之前，应再次检查孔内泥浆的性能指标和孔底沉淀厚度；如超过表 4-34 的规定，应进行第二次清孔，符合要求后方可灌注下混凝土。

（4）不得用加深钻孔深度的方式代替清孔。

3. 灌注水下混凝土前的准备工作应符合下列规定：

（1）应按水下混凝土灌注数量和灌注速度的要求配齐施工机具设备，设备的能力应满足桩孔在规定时间内灌注完毕的要求，且应保证其完好率，对主要设备应有备用。

（2）水下混凝土宜采用钢导管灌注，导管的内径宜为 200~350mm。导管使用前应进行水密承压和接头抗拉试验，严禁采用压气试压。进行水密试验的水压应不小于孔内水深 1.3 倍的压力，亦不应小于导管壁和焊缝可能承受灌注混凝土时最大内压力 P 的 1.3 倍，P 可按式（4-3）计算：

$$P = \gamma_c h_c - \gamma_w H_w \tag{4-3}$$

式中　P——导管可能受到的最大内压力（kPa）；

　　　γ_c——混凝土拌合物的重力密度，取 $24kN/m^3$；

　　　h_c——导管内混凝土柱最大高度（m），以导管全长或预计的最大高度计；

　　　γ_w——桩孔内水或泥浆的重力密度（kN/m^3）；

　　　H_w——桩孔内水或泥浆的深度（m）。

4. 灌注水下混凝土应符合下列规定：

（1）水下混凝土的灌注时间不得超过首批混凝土的初凝时间。

（2）混凝土运至灌注地点时，应检查其均匀性和坍落度等，不符合要求时不得使用。

（3）首批灌注混凝土的数量应能满足导管首次埋置深度 1.0m 以上的需要，所需混凝土数量可按式（4-4）计算，如图 4-1：

$$V = \pi D^2 (H_1 + H_2)/4 + \pi d^2 h_1 /4 \qquad (4\text{-}4)$$

式中　　V——灌注首批混凝土所需数量（m³）；

　　　　D——桩孔直径（m）；

　　　　H_1——桩孔底至导管底端间距，一般为 0.3～0.4m；

　　　　H_2——导管初次埋置深度（m）；

　　　　d——导管内径（m）；

　　　　h_1——桩孔内混凝土达到埋置深度 H_2 时，导管内混凝土柱平衡导管外（或泥浆）压力所需的高度（m）；

$$h_1 = H_w \gamma_w / \gamma_c$$

H_w、γ_w、γ_c——意义同式（4-3）/。

（4）首批混凝土入孔后，混凝土应连续灌注，不得中断。

（5）在灌注过程中，应保持孔内的水头高度；导管的埋置深度宜控制在 2～6m，并应随时测探桩孔内混凝土面的位置，及时调整导管埋深；应将桩孔内溢出的水或泥浆引流至适当地点处理，不得随意排放。

（6）灌注时应采取措施防止钢筋骨架上浮。当灌注的混凝土顶面距钢筋骨架底部 1m 左右时，宜降低灌注速度；混凝土顶面上升到骨架底部 4m 以上时，宜提升导管，使其底口高于骨架底部 2m 以上后再恢复正常灌注速度。

（7）对变截面桩，应在灌注过程中采取措施，保证变截面处的水下混凝土灌注密实。

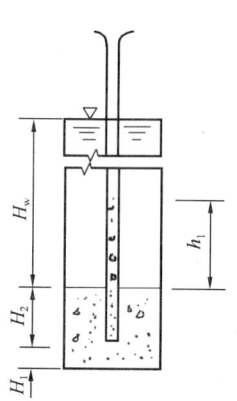

图 4-1　首批混凝土数量计算

（8）采用全护筒钻机施工的桩在灌注水下混凝土时，护筒应随导管的提升逐步上拔，上拔过程中除应保证导管的埋置深度外，同时应使护筒底口始终保持在混凝土面以下。施工时应边灌注、边排水，并应保持护筒内的水位稳定。

（9）混凝土灌注至桩顶部位时，应采取措施保持导管内的混凝土压力，避免桩顶泥浆密度过大而产生泥团或桩顶混凝土不密实、松散等现象；在灌注将近结束时，应核对混凝土的灌入数量，确定所测混凝土的灌注高度是否正确。灌注的桩顶高程应比设计高程高出不小于 0.5m，当存在地质较差、孔内泥浆密度过大、桩径较大等情况，应适当提高其超灌的高度；超灌的多余部分在承台施工前或接桩前应凿除，凿除后的桩头应密实、无松散层。

（10）灌注中发生故障时，应查明原因，合理确定处置方案，进行处理。

4.2.5.2　岩溶、采空区和其他特殊地区的钻孔灌注桩

1. 钻孔施工时，护筒底部宜进入不透水层，泥浆的密度可比一般地区所用泥浆密度稍大，并应加强对钻进过程和孔内泥浆面高程的检测，避免发生坍塌、埋钻等事故。

2. 当发生漏浆及坍孔等问题时，应按应急预案及时进行补浆或回填，避免出现大面积坍塌，并应采取措施保证平台、钻机和施工人员的安全。

3. 清孔应在确认孔壁稳定安全后方可进行作业。

4. 灌注水下混凝土时应符合下列规定：

（1）安装钢筋骨架并清孔后，应尽快进行混凝土的灌注施工。

(2) 对岩溶特别发育的部位,应采取措施防止因混凝土压力增大而出现坍孔。

(3) 对出现过严重坍孔的桩孔,应适当控制混凝土的灌注速度。

5. 其他特殊地区钻孔灌注桩的施工应符合下列规定:

(1) 在山坡上进行钻孔灌注桩的施工时,应清除坡面上的危石和浮土;若坡面有裂缝或可能坍塌时,应采取必要的防护措施。

(2) 在砂性土或粉性土层较厚的地区,钻孔施工应采取防止地层液化、缩颈、坍孔的有效措施;在软土地区,应采取防止缩颈、坍孔的有效措施。

(3) 多年冻土地区的钻孔灌注桩施工,宜采用能减少对冻土层扰动的钻机成孔,且宜采用低温或负温早强耐久性混凝土。

4.2.5.3 大直径桩、超长桩

1. 钻孔宜采用高性能优质泥浆,泥浆的配合比应通过试验确定,配制时膨润土或聚丙烯酰胺(PHP)水解后宜静置 24h。在钻孔过程中,宜采用泥水分离装置进行泥浆的循环。

2. 大直径桩和超长桩的成孔宜采用大扭矩反循环回旋钻机。钻孔作业时,应根据不同土层、不同的钻孔深度采用不同的钻压、转速、配重、进尺速度及泥浆指标。

3. 钢筋骨架宜在同一胎架上分节加工制作,主筋的连接宜采用机械连接接头。钢筋骨架吊装时,应制作专门的吊具,并应防止钢筋骨架变形。

4. 水下混凝土的灌注应符合下列规定:

(1) 混凝土灌注前,宜采用相对密度小于 1.05 的优质泥浆循环置换孔内泥浆。

(2) 采用搅拌船或水上搅拌站拌制混凝土时,材料的储备应满足一根桩连续灌注的需要。

(3) 首批混凝土灌注时,宜采用大、小储料斗同时储料,料斗的出口应能方便快捷地开启或关闭,储料斗的体积应大于或等于首批灌注混凝土的体积,并应满足混凝土能完全充满导管连续灌注的要求。

4.2.5.4 桩底后压浆

1. 压浆所采用水泥的强度等级不宜低于 42.5,水泥浆的配合比应经试验确定。压浆管宜采用低压液体输送管制作,其质量应符合现行国家标准《低压流体输送用焊接钢管》GB/T 3091 的规定;当桩内有声测管时,可利用其兼作压浆管。

2. 桩底后压浆施工应符合下列规定:

(1) 桩身混凝土灌注后应及时采用高压水冲洗压浆管,疏通压浆通道。压浆工作宜在桩身混凝土强度达到设计强度的 75% 后进行,或在桩身的超声波检测工作结束后进行。

(2) 桩底压浆时,同一根桩中的全部压浆管宜同时均匀压入水泥浆,并应随时监测桩顶的位移和桩周土层的变化情况。压浆终止的时间应根据压浆量、压浆压力和孔口返浆等因素确定。在压浆 10m 范围内不得进行其他钻孔桩的施工作业。

(3) 桩底后压浆宜采取压浆量与压力双控,以压浆量控制为主,压力控制为辅。若压浆压力达到控制压力,并在持荷 5min 后达到设计压浆量的 80%,可认为满足要求。压浆压力宜为桩底静水压力的 2~4 倍。

(4) 对桩底采用开放式后压浆时,压浆宜分 3 次进行,且宜依次按 40%、40%、20% 的压浆量循环压入。

(5) 每次循环压浆完成后,应立即采用清水将压浆软管清洗干净,再关闭阀门;压浆

停顿时间超过 30min，应对管路进行清洗。3 次循环压浆完毕，应在阀门关闭 40min 后，方可拆卸阀门。

（6）桩底后压浆的施工应记录压浆的起止时间、压浆量、压浆压力及桩的上抬量。

4.2.5.5 挖孔灌注桩

1. 在无地下水或有少量地下水，且较密实的土层或风化岩层中，或无法采用机械成孔或机械成孔非常困难且水文、地质条件允许的地区，可采用人工挖孔施工；岩溶地区和采空区不宜采用人工挖孔施工；孔内空气污染物超过现行国家标准《环境空气质量标准》GB 3095 规定的三级标准浓度限值，且无通风措施时，不得采用人工挖孔施工。

2. 挖孔桩施工应符合下列规定：

（1）人工挖孔施工应制订专项施工技术方案，并应根据工程地质和水文地质情况，因地制宜选择孔壁支护方式。

（2）孔口处应设置高出地面不小于 300mm 的护圈，并应设置临时排水沟，防止地表水流入孔内。

（3）挖孔施工时相邻两桩孔不得同时开挖，宜间隔交错跳挖。

（4）采用混凝土护壁支护的桩孔必须挖一节浇筑一节护壁，护壁的节段高度必须按施工技术方案执行，严禁只挖不及时浇筑护壁的冒险作业。护壁外侧与孔壁间应填实，不密实或有空洞时，应采取措施进行处理。

（5）桩孔直径应符合设计规定，孔壁支护不得占用桩径尺寸。挖孔过程中，应经常检查桩孔尺寸、平面位置和竖轴线倾斜情况，如有偏差应随时纠正。

（6）挖孔的弃土应及时转运，孔口四周作业范围内不得堆积弃土及其他杂物。

（7）挖孔达到设计高程并经确认后，应将孔底的松渣、杂物和沉淀泥土等清除干净。

（8）孔内无积水时，混凝土的灌注可按 4.2.2 混凝土工程中的有关规定施工；孔内有积水且无法排净时，宜按水下混凝土灌注的要求施工。

4.2.5.6 质量检验与质量标准

1. 钻孔灌注桩在终孔后，应对桩孔的孔位、孔径、孔形、孔深和倾斜度进行检验，清孔后，应对孔底的沉淀厚度进行检验；挖孔桩终孔并对孔底处理后，应对桩孔孔位、孔径、孔深、倾斜度及孔底处理情况等进行检验。

2. 孔径、孔形、倾斜度和孔底沉淀厚度宜采用专用仪器检测，孔深可采用专用测绳检测。钢筋检孔器仅可用于对中、小桥梁工程桩孔的检测，检孔器的外径应不小于桩孔直径，长度宜为外径的 4~6 倍；采用钻杆测斜法量测桩的倾斜度时，量测应从钻孔平台顶面起算至孔底。

3. 钻（挖）孔灌注桩成孔质量标准见表 4-34。

钻（挖）孔灌注桩成孔质量标准　　　　　　表 4-34

项　目		规定值或允许偏差
钻（挖）孔桩	孔的中心位置（mm）	群桩：100；单排桩：50
	孔径（mm）	不小于设计桩径
	倾斜度（%）	钻孔：<1；挖孔：<0.5
	孔深（m）	摩擦桩：不小于设计规定 支承桩：比设计深度超深不小于 0.05

续表

项 目		规定值或允许偏差
钻孔桩	沉淀厚度 (mm)	摩擦桩：符合设计规定。设计未规定时，对于直径≤1.5m 的桩，≤200；对桩径>1.5m 或桩长>40m 或土质较差的桩，≤300 支承桩：不大于设计规定；设计未规定时≤50
	清孔后泥浆指标	相对密度：1.03～1.10；黏度：17～20Pa·s；含砂率：<2%；胶体率：>98%

注：1. 清孔后的泥浆指标，是从桩孔的顶、中、底部分别取样检验的平均值。本项指标的测定，限制大直径桩或有特定要求的钻孔桩。
  2. 对冲击成孔的桩，清孔后泥浆的相对密度可适当提高，但不宜超过 1.15。

4. 钻（挖）孔灌注桩的混凝土质量检验应符合下列规定：

(1) 桩身混凝土和桩底后压浆中水泥浆的抗压强度应符合设计规定。每桩的试件取样组数应各为 3～4 组，混凝土和水泥浆的检验要求应分别符合 4.2.2 和 4.2.4 中的规定。

(2) 对桩身的完整性进行检验时，检测的数量和方法应符合设计要求。宜选择有代表性的桩采用无破损法进行检测，重要工程或重要部位的桩宜逐桩进行检测；设计有规定时或对桩的质量有疑问时，应采用钻取芯样法对桩进行检测，当需检验柱桩的桩底沉淀与地层的结合情况时，其芯样应钻至桩底 0.5m 以下。

(3) 经检验桩身质量不符合要求时，应研究处理方案，报批处理。

5. 当设计或合同有要求时，钻（挖）孔灌注桩应进行单桩承载力试验。采用自平衡法进行承载力试验时，应符合现行行业标准《基桩静载试验自平衡法》JT/T 738 的规定。

4.2.6 沉入桩

沉入桩包括：桩的制作；试桩与桩基承载力；质量标准等 3 部分。

4.2.6.1 桩的制作

1. 用以制作桩的原材料应符合设计和本章相关章节的规定。外购或自行制作的成品桩，均应有出厂合格证明、质量检验等资料。

2. 钢筋混凝土桩和预应力混凝土桩制作时，预制场的设置、模板、钢筋、混凝土和预应力的施工除应符合本篇相关章节的规定外，尚应符合下列规定：

(1) 钢筋混凝土桩的主筋宜采用整根钢筋，如需接长时，宜采用对焊连接或机械连接，接头应相互错开，在桩尖、桩顶各 2m 长范围内的主筋不应有接头。箍筋或螺旋筋与纵筋的交接处宜采用点焊焊接；当采用矩形绑扎筋时，箍筋末端应为 135°弯钩或 90°弯钩加焊接；桩两端的加密箍筋均应采用点焊焊成封闭箍。

(2) 采用焊接连接的混凝土桩，应按设计要求准确预埋连接钢板。采用法兰盘连接的混凝土桩，法兰盘应对准位置连接在钢筋或预应力筋上；先张法预应力混凝土桩采用法兰盘连接时，应先将法兰盘连接在预应力筋上，然后再进行张拉；法兰盘应保证焊接质量。

(3) 预制桩钢筋骨架施工质量标准见表 4-35。

(4) 每根或每一节桩的混凝土应由桩顶向桩尖方向连续浇筑，不得留施工缝。混凝土浇筑完毕后，应及时覆盖养护，并应在桩上标明编号、浇筑日期和吊点位置，同时应填写制桩记录。

预制桩钢筋骨架施工质量标准 表 4-35

项 目	允许偏差（mm）
纵向钢筋间距	±5
箍筋间距或螺旋筋螺距	±10
纵向钢筋保护层厚度	±5
桩顶钢筋网片位置	±5
桩尖纵向钢筋位置	±5

3. 预制钢筋混凝土桩和预应力混凝土桩制作质量标准见表 4-36；采用法兰盘接头的预制桩，法兰盘的允许偏差见表 4-37。同时应符合下列规定：

（1）钢筋混凝土桩的横向收缩裂缝宽度不得大于 0.2mm，深度不得大于 20mm，裂缝长度不得大于 1/2 桩宽；预应力混凝土桩不得有裂缝。

（2）桩的表面出现蜂窝麻面时，其深度不得大于 5mm，每面的蜂窝麻面面积不得超过该面总面积的 0.5%。

（3）有棱角的桩，棱角破损深度应在 5mm 以内，且每 10m 长的边棱角上只能有 1 处破损，在 1 根桩上边棱破损的总长度不得大于 500mm。

（4）预制桩出场前应进行检验，出场时应具备出场合格检验记录。

预制钢筋混凝土桩和预应力混凝土桩制作质量标准 表 4-36

项 目		允 许 偏 差
混凝土强度（MPa）		在合格标准内
长度（mm）		±50
横断面	桩的边长（mm）	±5
	空心桩空心（管心）直径（mm）	±5
	空心中心与桩中心偏差（mm）	±5
桩尖对桩纵轴线偏差（mm）		10
桩轴线的弯曲矢高（mm）		桩长的 0.1%，且不大于 20
桩顶面与桩纵轴线的倾斜偏差（mm）		1% 桩径或边长，且不大于 3
接桩的接头平面与桩轴平面垂直度（%）		0.5

法兰盘的允许偏差 表 4-37

项 目	允许偏差（mm）
法兰盘顶面任意两点高差	≤2
螺栓孔中心对法兰盘中心径向偏差	±0.5
法兰盘顺圆周相邻两孔间距偏差	±0.5
法兰盘顺圆周任意不相邻两孔间距偏差	≤1

4. 先张法预应力混凝土管桩的制作应符合《先张法预应力混凝土管桩》GB 13476 的

规定；后张法预应力混凝土大直径管桩的制作应符合《港口工程桩基规范》JTJ 254 的规定。预制管节允许偏差应符合表 4-38 的规定；用于水上沉设的大直径管桩宜在预制场内按设计桩长拼接成整根长桩，拼接后管桩的允许偏差应符合表 4-39 的规定。

预制管节允许偏差 表 4-38

项 目	允许偏差（mm）	项 目	允许偏差（mm）	项 目	允许偏差（mm）
管节外周长	+15，-5	管节壁厚	+10，-0	管壁端面倾斜	$\delta/100$
				管节椭圆度	不大于 5
管节长度	±3	管节端面倾斜	$d/1000$	预留孔直径	±3

注：d 为管节直径；δ 为管壁厚度。

拼接后管桩的允许偏差 表 4-39

项 目	允许偏差	项 目	允许偏差
管桩长度（mm）	±100	拼接处错牙（mm）	6
桩顶倾斜（％）	<0.5d	拼接处弯曲矢高（mm）	8

注：d 为管桩直径。

5. 钢管桩的制作应符合下列规定：

(1) 制作钢管桩的材料应符合设计要求，并应有出厂合格证明和质量检验报告。钢管桩的分节长度应满足桩架的有效高度、制作场地条件、运输与装卸能力等要求。

(2) 钢管桩可采用成品钢管或自制钢管，焊接钢管的制作工艺应符合相应标准规范的规定。对焊接钢管的管节制作，管节外形尺寸的允许偏差应符合表 4-40 的规定。管节对口拼装时，相邻管节的焊接应错开 1/8 周长以上，相邻管节的管径允许偏差应符合表 4-41 的规定，相邻管节对口板边的允许偏差应符合表 4-42 的规定。

(3) 钢管桩的防腐处理应符合设计要求及现行行业标准《公路桥梁钢结构防腐涂装技术条件》JT/T 722 的规定。

管节外形尺寸的允许偏差 表 4-40

偏 差 部 位	允许偏差（mm）
周长	±0.5％周长，且不大于 10
管端椭圆度	0.5％D，且不大于 5
管端平整度	2
管端平面倾斜	小于 0.5％D，且不大于 4

注：D 为管外径。

相邻管节的管径允许偏差 表 4-41

管径（mm）	相邻管节管径允许偏差（mm）
≤700	≤2
>700	≤3

相邻管节对口板边的允许偏差　　　　　表 4-42

板厚 δ (mm)	相邻管节对口的板边高差 Δ (mm)
$\delta \leqslant 10$	<1.0
$10 < \delta \leqslant 20$	<2.0
$\delta > 20$	<δ/10，且不大于 3

6. 钢管桩的焊接应符合设计要求，设计未要求时，除应符合 4.2.16 钢桥中的相关规定外，尚应符合下列规定：

（1）焊接前，应将焊缝上下 30mm 范围内的铁锈、油污、水和杂物清除干净，并应将焊丝、焊条和焊剂烘干。

（2）管节拼接所用的辅助工具（如夹具等）不应妨碍管节焊接时的自由伸缩。

（3）焊接定位点和施焊应对称进行。露天焊接时，应考虑由于阳光照射所造成的桩身弯曲。当环境温度低于 -10°C 时不宜焊接。

（4）钢管桩应采用多层焊，焊完每层焊缝后，应及时清除焊渣，并做外观检查，每一层焊缝均应错开。

（5）焊缝外观允许偏差见表 4-43；钢管桩成品外形尺寸的允许偏差见表 4-44。

焊缝外观允许偏差　　　　　表 4-43

缺陷名称	允　许　偏　差
咬边（mm）	深度不超过 0.5，累计总长度不超过焊缝长度的 10%
超高（mm）	3
表面裂缝、未熔合、未焊透	不允许
弧坑、表面气孔、夹渣	不允许

钢管桩成品外形尺寸的允许偏差　　　　　表 4-44

项　目	允许偏差（mm）
桩　长	+300，-0
桩纵轴线的弯曲矢高	桩长的 0.1%，且不大于 30

4.2.6.2　试桩与桩基承载力

1. 除一般的中、小桥沉桩工程，其地质不复杂并有可靠的数据和实践经验可不进行试桩外，其他沉桩工程均应在施工前进行工艺试桩和承载力试桩，确定沉桩的施工工艺、技术参数和检验桩的承载力。

2. 试桩的数量不宜少于 2 根，且附近应有钻探资料；试桩的规格应与工程桩一致，所用船机应与正式施工时相同。试桩试验办法见《公路桥涵施工技术规范》JTG/T F50—2011 附录 E。

3. 特大桥和地质复杂的大、中桥，宜采用静压试验方法确定单桩容许承载力；一般大、中桥的试桩，可采用静载试验法，在条件适宜时，亦可采用可靠的动力检测法；锤击沉入的中、小桥试桩，在缺乏上述试验条件时，可结合具体情况，选用适当的动力公式计算单桩容许承载力。当确定的单桩容许承载力不能满足设计要求时，应会同监理和设计单位研究处理。

4.2.6.3 质量标准

沉桩施工质量标准见表 4-45。

沉桩施工质量标准　　　　表 4-45

检查项目			允许偏差
桩位 (mm)	群桩	中间桩	$d/2$，且不大于 250
		外缘桩	$d/4$
	单排桩	顺桥方向	40
		垂直桥轴方向	50
倾斜度		直桩	1%
		斜桩	$\pm 0.15\tan\theta$

注：1. d 为桩的直径或短边长度。
2. θ 为斜桩轴线与垂线间的夹角。
3. 深水中采用打桩船沉桩时，其允许偏差应符合设计文件或现行行业标准《港口工程桩基规范》JTJ 254 的规定。

4.2.7 沉井

沉井包括：基底检验与沉井封底；质量检验与质量标准两部分。

4.2.7.1 基底检验与沉井封底

1. 沉井下沉至设计高程后。应检验基底的地质情况是否与设计相符。对下沉至设计高程后的沉井尚应进行沉降观测，沉降稳定且满足设计要求后方可封底。

2. 沉井基底检验合格及沉降稳定后，应及时封底。不排水下沉的沉井应采用水下混凝土进行封底；对排水下沉的沉井，基底渗水的上升速度不大于 6mm/min 时，可按普通混凝土的浇筑方法进行封底，但应设置引流排水设施，及时排除明水，且应采取可靠措施使混凝土强度在达到 5MPa 前不受到压力水的作用；渗水上升速度大于上述规定时，宜采用水下混凝土进行封底。沉井的封底如设计为水下压浆混凝土时，应按设计要求施工。

3. 沉井的混凝土封底厚度应根据基底的水压力和地基土的向上反力经计算确定，且封底混凝土的顶面高度应高出刃脚根部 0.5m 及以上。封底混凝土的强度等级不应低于 C25。

4. 沉井的水下混凝土封底宜全断面一次连续灌注完成；对特大型沉井，可划分区域进行封底，但任一区域的封底工作均应一次连续灌注完成。

5. 采用刚性导管法进行水下混凝土封底时，应符合下列规定：

（1）封底混凝土的原材料、配合比等可按照钻孔灌注桩水下混凝土的相关规定执行。每根导管开始灌注时所用的混凝土坍落度宜采用下限，首批混凝土需要数量应通过计算确定。

（2）灌注封底水下混凝土时，需要的导管间隔及根数，应根据导管作用半径及封底面积确定。采用多根导管灌注时，对其灌注的顺序应进行专门设计，并应采取有效措施防止发生混凝土夹层；若同时灌注，当基底不平时，应逐步使混凝土保持大致相同的高程。

（3）在灌注过程中，导管应随混凝土面升高而逐步提升，导管的埋深宜与导管内混凝土下落深度相适应，且不宜小于表4-46的规定；采用多根导管灌注时，导管的埋深不宜小于表4-47的规定。同时应根据混凝土的堆高和扩展情况，调整坍落度和导管埋深，使每盘混凝土灌注后均形成适宜的堆高和不陡于1∶5的流动坡度。抽拔导管时应防止导管进水。

（4）水下混凝土面的最终灌注高度，应比设计值高出150mm以上；待混凝土强度达到设计要求后，再抽水凿除表面松弱层。

不同灌注深度导管的最小埋深　　　　　　　　　　　　　　表 4-46

灌注深度（m）	≤10	10～15	15～20	>20
导管最小埋深（m）	0.6～0.8	1.1	1.3	1.5

导管不同间距的最小埋深　　　　　　　　　　　　　　表 4-47

导管间距（m）	≤5	6	7	8
导管最小埋深（m）	0.6～0.9	0.9～1.2	1.2～1.4	1.3～1.6

6. 封底混凝土在灌注过程中发生事故或对封底施工的质量有疑问时，应对其进行检查鉴定，必要时可钻孔取芯检验。

7. 不排水封底的沉井，应在封底混凝土强度满足设计要求后方可进行井内抽水，然后进行下一道工序。

4.2.7.2 质量检验与质量标准

1. 沉井基础的施工应分阶段进行质量检验并填写检查记录。沉井基底应按基底检验与沉井封底的要求进行检查验收。

2. 沉井基础施工质量标准见表4-48。

沉井基础施工质量标准　　　　　　　　　　　　　　表 4-48

项　目		规定值或允许偏差
沉井混凝土强度（MPa）		在合格标准内
沉井平面尺寸（mm）	长度、宽度	±0.5%边长，大于24m时±120
	曲线部分的半径	±0.5%半径，大于12m时±60
	两对角线的差异	对角线长度的1‰，且不大于180
沉井井壁厚度（mm）	混凝土	+40，-30
	钢壳和钢筋混凝土	±15
沉井刃脚高程（mm）		符合设计要求
中心偏位（纵、横向）（mm）	就地制作下沉	井高的1/100
	水中下沉	井高的1/100+250
最大倾斜度（纵、横向）		井高的1/100
平面扭转角（°）	就地制作下沉	1
	水中下沉	2

注：1. 对于钢沉井及结构构造、拼装等方面有特殊要求的沉井，其平面尺寸允许偏差值应按照设计要求确定。
　　2. 井壁的表面应平滑、不外凸，且不得向外倾斜

4.2.8 地下连续墙

地下连续墙包括：导墙；地下连续墙施工；质量标准3部分。

4.2.8.1 导墙

1. 采用泥浆护壁挖槽构成的地下连续墙应先构筑导墙。导墙的材料、平面位置、形式、埋置深度、墙体厚度、顶面高程应符合设计要求；设计未要求时，应符合下列规定：

（1）导墙宜采用钢筋混凝土构筑，混凝土强度等级不宜低于C20。导墙的形式根据土质情况可采用板墙形、匸形或倒L形，墙体的厚度应满足施工需要。

（2）导墙的平面轴线应与地下连续墙轴线平行，两导墙的内侧间距宜比地下连续墙墙体的厚度大40~60mm。导墙应每隔1~1.5m距离设置1道支撑。

（3）导墙底端埋入土内的深度宜大于1m；基底土层应夯实，如地基土较松散或较软弱时，构筑导墙前应采取加固措施；导墙顶端应高出地面，遇地下水位较高时，导墙顶端应高于稳定后的地下水位1.5m以上。

2. 导墙的施工及质量要求应符合下列规定：

（1）导墙分段施工时，段落的划分应与地下连续墙划分的节段错开。安装预制导墙块时，应按照设计要求施工，并应保证连接处的质量，防止渗漏。混凝土导墙在浇筑及养护时，应避免重型机械、车辆在附近作业和行驶。施工过程中，应对导墙的沉降和位移进行监测。

（2）导墙平面轴线与地下连续墙平面轴线的偏差不应大于10mm；导墙内墙面应竖直，顶面应水平，墙后应填土且应与墙顶齐平；两导墙内墙面间的距离允许偏差为±5mm，导墙顶面高程的允许偏差为±10mm。

4.2.8.2 地下连续墙施工

1. 槽孔的清底工作应在吊放接头装置之前进行。清底工序应包括清除槽底沉淀的泥渣和置换槽中的泥浆。清底应符合下列规定：

（1）清底之前应检测槽段的平面位置、横截面和竖面；当槽壁的竖向倾斜、弯曲和宽度超过允许偏差时，应进行修槽工作，使其符合要求。修槽后的槽段接头处应进行清理。

（2）清底的方法宜根据槽孔的形状、尺寸、施工环境条件及设备条件等确定，施工可参照4.2.5钻（挖）孔灌注桩中的相关规定执行。

（3）清理槽底和置换泥浆工作结束1h后，应进行检验，槽底以上200mm处的泥浆相对密度不应大于1.15，槽底沉淀物厚度应符合设计要求。

2. 地下连续墙钢筋骨架的制作和吊放除应符合4.2.1.1普通钢筋中的相关规定外，尚应符合下列规定：

（1）钢筋骨架应根据设计图和单元槽段的划分长度制作，并宜在胎架上试装配成型；骨架主筋的接长宜采用机械连接，骨架中间应留出上下贯通的导管位置。

（2）吊放钢筋骨架时，应使其中心对准单元槽段中心。钢筋骨架应竖直、不变形并能顺利地下放插入槽内，下放时不得使骨架发生摆动。

（3）全部钢筋骨架入槽后，应固定在导墙上，并应使骨架顶端高程符合设计要求。

（4）当钢筋骨架不能顺利插入槽内时，应将骨架吊起，查明原因并采取措施后，重新放入，不得强行压入槽内。

3. 水下混凝土应采用导管法灌注。单元槽段长度小于4m时，可采用1根导管灌注；单元槽段长度超过4m时，宜采用2或3根导管同时灌注；采用多根导管灌注时，导管间净距不宜大于3m，导管距节段端部不宜大于1.5m；各导管灌注的混凝土表面高差不宜大于0.3m；导管内径不宜小于200mm。

4.2.8.3 质量标准

地下连续墙施工质量标准见表4-49。

地下连续墙施工质量标准　　　　　　　　　　　表4-49

项　　目	规定值或允许偏差
混凝土强度（MPa）	在合格标准内
轴线位置（mm）	30
倾斜度	墙身高度的0.5%
沉淀厚度（mm）	符合设计要求
外形尺寸（mm）	+30，0
顶面高程（mm）	±10
槽底高程（mm）	不高于设计值

注：对作为永久基础的地下连续墙，其墙体混凝土宜进行超声波无损检测。

4.2.9 明挖地基

明挖地基包括：一般要求；基坑；挖基和排水；地基处理；地基检验5部分。

4.2.9.1 一般要求

1. 明挖地基施工前，应对基坑边坡的稳定性进行验算，并应制订专项施工技术方案和安全技术方案。基坑的开挖施工如需爆破，爆破作业的安全管理应符合《爆破安全规程》GB 6722的规定。

2. 基坑开挖时，应对其边坡的稳定性进行监测。对特大型深基坑，除应按照边开挖、边支护的原则进行施工外，尚应建立边坡稳定信息化、动态化的监控系统，指导施工。挖基的废方应进行妥善处置，不得阻塞河道，影响泄洪，污染环境。

4.2.9.2 基坑

1. 基坑开挖前应根据水文、地质、开挖方式及施工环境条件等因素，确定是否对坑壁采取支护措施。当基坑深度较小且坑壁土层稳定时，可直接放坡开挖；坑壁土层不易稳定且有地下水影响，或放坡开挖场地受到限制，或放坡开挖工程量大时，应按设计要求对坑壁进行支护，设计未要求时，应结合实际情况选择适宜的坑壁支护方案。

2. 基坑的顶面应设置防止地面水流入基坑的设施。基坑顶面有动荷载时，其边缘与动荷载之间应留有不小于1m宽的护道，动荷载较大时宜适当加宽护道；若水文和地质条件较差，应采取加固措施。

3. 不支护坑壁进行基坑开挖施工时应符合下列规定：

（1）基坑坑壁的坡度宜根据地质条件、基坑深度、施工方法等情况确定。当为无水基坑且土层构造均匀时，基坑坑壁坡度可按表4-50确定；当土的湿度有可能使坑壁不稳定而引起坍塌时，基坑坑壁坡度应缓于该湿度下的天然坡度。

基坑坑壁坡度　　　　　　　　　　　表 4-50

坑壁土类别	坑壁坡度		
	坡顶无荷载	坡顶有静荷载	坡顶有动荷载
砂类土	1:1	1:1.25	1:1.5
卵石、砾类土	1:0.75	1:1	1:1.25
粉质土、黏质土	1:0.33	1:0.5	1:0.75
极软岩	1:0.25	1:0.33	1:0.67
软质岩	1:0	1:0.1	1:0.25
硬质岩	1:0	1:0	1:0

注：1. 坑壁有不同土层时，基坑坑壁坡度可分层选用，并酌设平台。
　　2. 坑壁土的类别按照现行行业标准《公路土工试验规程》JTG E40 划分；岩面单轴抗压强度小于 5MPa、5～30MPa、大于 30MPa 时，分别定为极软、软质、硬质岩。
　　3. 当基坑深度大于 5m 时，基坑坑壁坡度可适当放缓或加设平台。

（2）当基坑有地下水时，地下水位以上部分可放坡开挖；地下水位以下部分，若土质易坍塌或水位在基坑底以上较高时，应采用加固土体或降低地下水位等方法开挖。

（3）基坑为渗水性的土质基底时，坑底的平面尺寸应根据排水要求（包括排水沟、集水井、排水管网等）和基础模板所需基坑大小确定。

4. 对坑壁采取支护措施进行基坑的开挖时，应符合下列规定：

（1）基坑较浅且渗水量不大时，可采用竹排、木板、混凝土板或钢板等对坑壁进行支护；基坑深度小于或等于 4m 且渗水量不大时，可采用槽钢、H 型钢或工字钢等进行支护；地下水位较高，基坑开挖深度大于 4m 时，宜采用锁口钢板桩或锁口钢管桩围堰进行支护，其施工要求应符合 4.2.10.2 承台的规定；在条件许可时亦可采用水泥土墙、混凝土围圈或桩板墙等支护方式。

（2）对支护结构应进行设计计算，当支护结构受力过大时应加设临时支撑，支护结构和临时支撑的强度、刚度及稳定性应满足基坑开挖施工的要求。

5. 对特大型深基坑，其坑壁支护方式应符合设计规定，施工技术要求和质量要求应符合《公路桥涵施工技术规范》JTG/T F50—2011 的相关规定。

6. 基坑坑壁采用喷射混凝土、锚杆喷射混凝土、预应力锚索和土钉支护等方式进行加固时，其施工应符合下列规定：

（1）对基坑开挖深度小于 10m 的较完整风化基层，可直接喷射混凝土加固坑壁。喷射混凝土之前应将坑壁上的松散层或岩渣清理干净。

（2）对锚杆、预应力锚索和土钉支护，均应在施工前按设计要求进行抗拉拔力的验证试验，并确定适宜的施工工艺。

（3）采用锚杆挂网喷射混凝土加固坑壁时，各层锚杆进入稳定层的长度、间距和钢筋的直径均应符合设计要求。孔深小于或等于 3m 时，宜采用先注浆后插入锚杆的施工工艺；孔深大于 3m 时，宜先插入锚杆后注浆。锚杆插入孔内后应居中固定，注浆应采用孔底注浆法，注浆管应插至距孔底 50～100mm 处，并随浆液的注入逐渐拔出，注浆的压力不宜小于 0.2MPa。

（4）采用预应力锚索加固坑壁时，预应力锚索（包括锚杆）编束、安装和张拉等的施工应符合 4.2.4 预应力混凝土工程中的规定，其他施工可参照现行国家标准《建筑边坡工程技术规范》GB 50330 的规定执行。

（5）采用土钉支护加固坑壁时，施工前应制订专项施工技术方案和施工监控方案，配备适宜的机具设备。土钉支护中的开挖、成孔、土钉设置及喷射混凝土面层等的施工可按现行行业标准《基坑土钉支护技术规程》CECS 96 的规定执行。

（6）不论采用何种加固方式，均应按设计要求逐层开挖、逐层加固，坑壁或边坡上有明显出水点处应设置导管排水。施工质量标准应符合现行行业标准《公路路基施工技术规范》JTG F10 的相关规定。

4.2.9.3 挖基和排水

1. 采用集水坑排水时应符合下列规定：

（1）基坑开挖时，宜在坑底基础范围之外设置集水坑并沿坑底周围开挖排水沟，使水流入集水坑内，排出坑外。集水坑的尺寸宜视渗水量的大小确定。

（2）排水设备的排水能力宜为总渗水量的 1.5～2.0 倍。

2. 采用井点降水法排水时应符合下列规定：

（1）井点降水法宜用于粉砂、细砂、地下水位较高、有承压水、挖基较深、坑壁不易稳定的土质基坑，在无砂的黏质土中不宜采用。井点类别的选择，宜按照土层的渗透系数、要求降低水位的深度以及工程特点确定。

（2）井管的成孔可根据土质分别采用射水成孔或冲击钻机、旋转钻机及水压钻探机成孔。井点降水曲线应低于基底设计高程或开挖高程 0.5m。

（3）应做好沉降及边坡位移监测，保证水位降低区域内构筑物的安全，必要时应采取防护措施。

3. 采用帷幕法防渗时应符合下列规定：

（1）采用帷幕防渗方法施工时应进行施工设计。帷幕防渗层的厚度应满足基坑防渗的要求，截水帷幕的渗透系数宜小于 10×10^{-6} mm/s。

（2）采用防水土工膜在围堰外侧铺底防渗时，应将河床面杂物清除干净并整平。土工膜应从围堰外侧的水位以上铺起，并超过堰脚不小于 3m；土工布之间的接头应搭接严密。铺底土工膜上应满压不小于 300mm 厚的砂土袋。

4.2.9.4 地基处理

1. 对符合设计要求的细粒土、特殊土等基底，经修整完成后，应尽快进行基础的施工，不得使基底浸水或长期暴露；基坑开挖后如基底的地质情况与设计不符时，应按程序进行设计变更并应对地基进行处理。地基处理应根据地基土的种类、强度和密度，按照设计要求，并结合现场情况，采取相应的处理方法。地基处理的范围应宽出基础之外不小于 0.5m

2. 对强度低、稳定性差的细粒土及特殊土地基，如饱和软弱黏土层、粉砂土层、湿陷性黄土、膨胀土、季节性冻土等，处理时应视该类土的处治深度和含水率等情况，采取固结、换填等措施，使之满足设计要求。

3. 粗粒土和巨粒土地基的处理应符合下列规定：

（1）对于强度和稳定性满足设计要求的粗粒土及巨粒土基底，应将其承重面平整夯实。

（2）基底有水不能彻底排干时，应先将水引至排水沟，然后再在其上进行基础的施工。

4. 岩层基底的处理应符合下列规定：

（1）对风化岩层，应在挖至设计高程并满足地基承载力要求后尽快进行封闭，防止其继续风化。

（2）在未风化的平整岩层上，基础施工前应先将淤泥、苔藓及松动的石块清除干净，并凿出新鲜岩面。

（3）对坚硬的倾斜岩层，宜将岩层面凿平；倾斜度较大无法凿平时，则宜凿成多级台阶，台阶的宽度不宜小于 0.3m。

5. 多年冻土地基的处理应符合下列规定：

（1）基础不应置于季节性冻融土层上，并不得直接与冻土接触。

（2）基础位于多年冻土层（即永冻土）上时，基底之上应设置隔温层或保温层材料，其铺筑宽度应在基础外缘加宽 1m。

（3）按保持冻结原则设计的明挖地基，其多年平均地温高于或等于－3℃时，应在冬期施工；多年平均地温低于－3℃时，可在其他季节施工，但应避开高温季节，并应按下列规定处理：

1）严禁地表水流入基坑。

2）及时排除季节冻层内的地下水和冻土本身的融化水。

3）必须搭设遮阳棚和防雨棚。

4）施工前应做好充分准备，组织快速施工。施工完成的基础应立即回填封闭，不宜间歇；必须间歇时，应采用保温材料加以覆盖，防止热量侵入。

（4）施工期间如有明水，应在距坑顶 10m 之外设置排水沟，并应将水引向远离基坑的位置排出；当有融化水时亦应及时排除。

6. 溶洞地基的处理应符合下列规定：

（1）处理溶洞地基时，不得堵塞溶洞的水路。

（2）对干溶洞可采用砂砾石、碎石、干砌或浆砌片石及灰土等回填密实；基底的干溶洞较大，回填处理有困难时，可设置桩基进行处理，桩基的设置应履行设计变更手续，并应由设计单位进行设计。

7. 泉眼地基的处理应符合下列规定：

（1）可采用有螺口的钢管紧密打入泉眼，盖上螺帽并拧紧，阻止泉水流出；或向泉眼内压注速凝水泥砂浆，再打入木塞堵眼。

（2）堵眼困难时，可采用管子塞入泉眼，将水引流至集水坑排出；或在基底下设盲沟引流至集水坑排出，待基础施工完成后，再向盲沟压注水泥浆堵塞。采取引流方式排水时，应防止砂土流失，引起基底沉陷。

（3）不论采用何种方法处理基底的泉眼，均不应使基底饱水。

4.2.9.5 地基检验

1. 地基的检验应包括下列内容：

（1）基底的平面位置、尺寸和基底高程；

（2）基底的地质情况和承载力是否与设计资料相符；

（3）基底处理和排水情况是否符合规范要求；
（4）施工记录及有关试验资料等。

2. 按桥涵大小、地基土质复杂（如溶洞、断层、软弱夹层、易溶岩等）程度及结构对地基有无特殊要求，可采用以下检验方法：

（1）小桥涵的地基检验可采用直观或触探方法，必要时可进行土质试验。

（2）大、中桥和地基土质复杂、结构对地基有特殊要求的地基检验，宜采用触探和钻探（钻深至少4m）取样做土工试验；或按设计的特殊要求进行荷载试验。

（3）特大桥或特殊结构桥梁的地基检验应符合设计规定。

3. 基底平面位置和高程的允许偏差应符合下列规定：

（1）基底的平面位置应符合设计要求，且应满足基础施工作业的需要。

（2）基底高程允许偏差：土质±50mm；石质+50mm，−200mm。

4.2.10 扩大基础、承台与墩台

扩大基础、承台与墩台包括：扩大基础；承台；桥墩与桥台；墩台帽和盖梁；片石混凝土5部分。

4.2.10.1 扩大基础

1. 扩大基础的基底为非黏性土或干土时，在施工前应将其润湿，并应按设计要求浇筑混凝土垫层，垫层顶面不得高于基础底面设计高程；地基为淤泥或承载力不足时，应按设计要求处理后方可进行基础的施工；基底为岩石时，应采用水冲洗干净，且在基础施工前应铺设一层不低于基础混凝土强度等级的水泥砂浆。

2. 扩大基础的施工宜采用钢模板。混凝土宜在全平截面范围内水平分层进行浇筑，且机械设备的能力应满足混凝土浇筑施工的要求；当浇筑量过大设备能力难以满足施工要求，或大体积混凝土温控需要时，可分块浇筑。

3. 扩大基础施工质量标准见表4-51。

扩大基础施工质量标准　　　　　　　表4-51

检　查　项　目		规定值或允许偏差
混凝土强度（MPa）		在合格标准内
平面尺寸（mm）		±50
基础底面高程（mm）	土质	±50
	石质	+50，−200
基础顶面高程（mm）		±30
轴线偏位（mm）		25

4.2.10.2 承台

1. 承台施工前应进行桩基等隐蔽工程的质量验收，桩顶的混凝土面应按水平施工缝的要求凿毛，桩头预留钢筋上的泥土及鳞锈等应清理干净。承台基底为软弱土层时，应按设计要求采取措施避免在浇筑承台混凝土过程中产生不均匀沉降。

2. 承台的钢筋和混凝土应在无水条件下进行施工，施工时应根据地质、地下水位和基坑内的积水等情况采取防水或排水的措施。应采取有效措施，使承台钢筋的混凝土保护

层厚度符合设计规定。桩伸入承台的长度以及边桩外侧与承台边缘的净距应不小于设计规定值。

3. 承台施工质量标准见表4-52。

承台施工质量标准　　　　　表 4-52

项　目	规定值或允许偏差	项　目		规定值或允许偏差
混凝土强度（MPa）	在合格标准内	尺寸（mm）	$B \leqslant 30m$	±30
			$B > 30m$	±$B/1000$
轴线偏位（mm）	15	顶面高程（mm）		±20

注：1. B 为承台边长。
　　2. 深水基础中以围堰作为承台模板时，承台的轴线偏位应符合设计规定。

4.2.10.3　桥墩与桥台

墩、台身的施工除应符合本篇其他相关章节的规定外，尚应符合下列规定：

（1）墩、台身施工前，应对其施工范围内基础顶面的混凝土进行凿毛处理，并应将表面的松散层、石屑等清理干净；对分节段施工的墩、台身，其接缝亦应作相同的凿毛和清洁处理。

（2）墩、台身高度超过10m时，可分节段施工，节段的高度宜根据混凝土施工条件和钢筋定尺长度等因素确定。上一节段施工时，已浇节段的混凝土强度应不低于2.5MPa。

（3）在模板安装前，应在基础顶面放出墩、台身的轴线及边缘线；对分节段施工的墩、台身，其首节模板安装的平面位置和垂直度应严格控制。模板在安装过程中应通过测量监控措施保证墩、台身的垂直度，并应有防倾覆的临时措施；对高墩且风力较大地区的墩身模板，应考虑其抗风稳定性。

（4）应采取措施，缩短墩、台身与承台之间浇筑混凝土的间隔时间，间歇期不宜大于10d。

（5）浇筑混凝土时，串筒、溜槽等的布置应方便摊铺和振捣，并应明确划分工作区域。混凝土浇筑完成后，应及时进行养护，养护时间不得少于7d。

（6）墩、台身施工质量标准见表4-53。

墩、台身施工质量标准　　　　　表 4-53

项　目		规定值或允许偏差	项　目	规定值或允许偏差
混凝土强度（MPa）		在合格标准内	断面尺寸（mm）	±20
竖直度（mm）	$H \leqslant 30m$	$H/1500$，且不大于20	顶面高程（mm）	±10
	$H > 30m$	$H/3000$，且不大于30		
节段间错台（mm）		5	轴线偏位（mm）	10
预埋件位置（mm）		10	大面积平整度（mm）	5

注：H 为墩身或台身高度。

4.2.10.4 墩台帽和盖梁

1. 墩台帽和盖梁的施工应在墩、台身质量检验合格后方可进行。

2. 对墩台帽、盖梁施工所采用的托架、支架或抱箍等临时结构,应进行受力分析计算与验算。支架宜直接支承在承台顶部,当必须支承在承台以外的软弱地基上时,应对地基进行妥善加固处理,并应对支架进行预压。

3. 在墩台帽、盖梁与墩身的连接处,模板与墩台身之间应密贴,不得出现漏浆现象。钢筋安装施工时,应避免在钢筋的接头处起弯,并应保证钢筋的混凝土保护层厚度。对支座垫石的预埋钢筋及上部结构所需要的预埋件,其位置应准确。

4. 施工过程中应采取措施防止对墩、台身成品造成损伤和污染。

5. 墩台帽和盖梁施工质量标准见表4-54。

墩台帽和盖梁施工质量标准　　　　　　　　　　　　表4-54

项　目	规定值或允许偏差	项　目	规定值或允许偏差
混凝土强度(MPa)	在合格标准内	断面尺寸(mm)	±20
轴线偏位(mm)	10	顶面高程(mm)	±10
预埋件位置(mm)	10	大面积平整度(mm)	5

4.2.10.5 片石混凝土

1. 片石混凝土仅适用于较大体积的基础、墩台身等圬工受压结构。

2. 采用片石混凝土时,可在混凝土中掺入不多于该结构体积20%的片石,片石的抗压强度等级应符合设计规定;设计未规定时,小桥涵的墩台、基础应不低于MU30,大、中桥的墩台和基础以及轻型桥台应不低于MU40。

3. 片石混凝土施工时,应使用质地坚硬、密实、耐久、无裂纹和无风化的石料,片石的厚度应为150~300mm。在混凝土中埋放片石时应符合下列规定:

(1) 片石应清洗干净并完全饱水,应在浇筑时的混凝土中埋入一半左右。

(2) 当气温低于0℃时,不得埋放片石。

(3) 片石应分布均匀,净距应不小于150mm,片石边缘距结构侧面和顶面的净距应不小于150mm,片石不得触及构造钢筋和预埋件。

(4) 混凝土应采取分层浇筑的方式,每层混凝土的厚度不应超过300mm,大致水平,分层振捣,边振捣边加片石。

4.2.11 砌体

砌体包括:材料;圬工墩台;附属工程与回填;砌体勾缝与养护;加筋土桥台;质量检验与质量标准6部分。

4.2.11.1 材料

1. 砌体工程所用的石料应符合下列规定:

(1) 石料应符合设计规定的类别和强度,石质应均匀、不易风化、无裂纹。一月份平均气温低于-10℃的地区,除干旱地区的不受冰冻部位外,所用石料应通过冻融试验,其抗冻性指标合格后,方可使用。

(2) 片石的厚度应不小于150mm。用作镶面的片石，应选择表面较平整、尺寸较大者，并应稍加修整。

(3) 块石的形状应大致方正，上下面应大致平整，厚度应为200~300mm，宽度应为厚度的1.0~1.5倍，长度应为厚度的1.5~3.0倍。块石如有锋棱锐角，应敲除。块石用作镶面时，应从外露四周向内稍加修凿；后部可不作修凿，但应略小于修凿部分。

(4) 粗料石的外形应方正，呈六面体，厚度应为200~300mm，宽度应为厚度的1.0~1.5倍，长度应为厚度的2.5~4.0倍，表面凹陷深度应不大于20mm。加工镶面粗料石时，丁石长度应比相邻顺石宽度大150mm；修凿面每100mm长应有錾路4~5条，侧面修凿面应与外露面垂直，正面凹陷深度不应超过15mm；外露面带细凿边缘时，细凿边缘的宽度应为30~50mm。

2. 用于砌体工程的混凝土预制块，其规格、形状和尺寸应统一，表面应平整，强度应符合设计要求。

3. 砌筑采用的砂浆应符合下列规定：

(1) 砌筑用砂浆的类别和强度等级应符合设计规定。

(2) 砂浆中所用水泥、砂、水等材料的质量应符合4.3混凝土原材料中的相应规定。砂宜采用中砂或粗砂，当缺乏天然中砂或粗砂时，可采用满足质量要求的机制砂代替；在保证砂浆强度的基础上，也可采用细砂，但应适当增加水泥用量。砂的最大粒径，当用于砌筑片石时，不宜超过5mm；当用于砌筑块石、粗料石时，不宜超过2.5mm。

(3) 砂浆的配合比应通过试验确定，当变更砂浆的组成材料时，其配合比应重新试验确定。砂浆应具有良好的和易性，用于石砌体时其稠度宜为50~70mm，气温较高时可适当增大。砂浆的配制宜采用质量比，并应随拌随用，保持适宜的稠度，且宜在3~4h内使用完毕；气温超过30℃时，宜在2~3h内使用完毕。在运输过程或在储存器中发生离析、泌水的砂浆，砌筑前应重新拌合；已凝结的砂浆，不得使用。

(4) 各类砂浆均宜采用机械拌合，拌合时间宜为3~5min。

4. 小石子混凝土应符合下列规定：

(1) 配合比设计、材料规格、强度试验及质量检验标准应符合第4.3条、第4.4条、第4.5.3条第17款中的规定。

(2) 粗集料可采用细卵石或碎石，最大粒径不宜大于20mm。

(3) 小石子混凝土的拌合物应具有良好的和易性，对片石砌体其坍落度宜为50~70mm，对块石砌体其坍落度宜为70~100mm。

4.2.11.2 圬工墩台

1. 砌体的砌筑施工应符合下列规定：

(1) 砌块在使用前应浇水湿润，砌块的表面如有泥土、水锈，应清洗干净。

(2) 砌筑基础的第一层砌块时，如基底为岩层或混凝土基础，应先将基底表面清洗、湿润，再坐浆砌筑；如基底为土质，可直接坐浆砌筑。

(3) 砌体宜分层砌筑，砌体较长时可分段分层砌筑，但两相邻工作段的砌筑高差不宜超过1.2m；分段位置宜设在沉降缝或伸缩缝处，各段的水平砌缝应一致。

(4) 砌体的外露面应进行勾缝，并应在砌筑时靠外露面预留深约20mm的空缝备作勾缝之用。砌体隐蔽面的砌缝可随砌随刮平，不另勾缝。

(5) 各砌层的砌块应安放稳固，砌块间的砂浆应饱满，黏结牢固，不得直接贴靠或脱空。砌筑时，底浆应铺满，竖缝砂浆应先在已砌石块侧面铺放一部分，然后在石块放好后用砂浆填满捣实。用小石子混凝土填竖缝时，应捣固密实。

2. 浆砌片石的砌筑施工应符合下列规定：

(1) 片石应分层砌筑，宜以2~3层砌块组成一工作层，每一工作层的水平缝应大致找平。各工作层竖缝应相互错开，不得贯通。

(2) 砌缝宽度不宜大于40mm；采用小石子混凝土砌筑时，可为30~70mm。

(3) 较大的砌块应用于下层，安砌时应选取形状和尺寸较为合适的砌块，尖锐凸出部分应敲除。竖缝较宽时，应在砂浆中塞以小石块，但不得在石块下面用高于砂浆砌缝的小石片支垫。

3. 浆砌块石的砌筑施工应符合下列规定：

(1) 块石应平砌，每层石料高度应大致相同。对外圈定位行和镶面石块，应丁顺相间或两顺一丁排列，砌缝宽度应不大于30mm，上下竖缝的错开距离应不小于80mm。

(2) 砌体里层平缝的宽度不应大于30mm，竖缝宽度不应大于40mm，用小石子混凝土砌筑时不应大于50mm。

4. 浆砌粗料石及混凝土预制块的砌筑施工应符合下列规定：

(1) 砌筑前，应先计算层数并选好料，砌筑时应严格控制平面位置和高度。镶面石应一丁一顺排列，砌缝应横平竖直。砌缝的宽度，对粗料石不应大于20mm，对混凝土预制砌块不应大于10mm；上下层竖缝错开的距离应不小于100mm，同时在丁石的上层或下层不宜有竖缝。砌体里层为浆砌块石时，应符合块石浆砌的规定。

(2) 桥墩破冰体镶面的砌筑应符合下列规定：

1) 破冰棱与垂线的夹角大于20°时，镶面的横缝应垂直于破冰棱；夹角小于或等于20°时，镶面横缝可成水平。

2) 破冰体镶面的砌筑层次应与墩身一致。砌缝的宽度应为10~12mm。

3) 不得在破冰棱中线上及破冰棱与墩身相交线上设置砌缝。

4.2.11.3 附属工程与回填

1. 桥涵附属工程的砌体施工应符合下列规定：

(1) 石砌锥坡、护坡和河床铺砌层等工程，应在坡面或基面夯实、整平后，方可开始铺砌。

(2) 片石护坡的外露面和坡顶、边口，应选用较大、较平整并略加修凿的石块。

(3) 浆砌片石护坡和河床铺砌的石块应相互咬接，砌缝砂浆应饱满，砌缝宽度宜为40~70mm。浆砌卵石护坡和河床铺砌层，应采用栽砌法，砌块应相互咬接。

(4) 干砌片石护坡和河床铺砌时，铺砌应紧密、稳定、表面平顺，但不得用小石块塞垫或找平。干砌卵石河床铺砌时，应采用栽砌法。用于防护急流冲刷的护坡、河床铺砌层，其石块尺寸不得小于设计规定。

(5) 铺砌层砂砾垫层材料的粒径不宜大于50mm，含泥量不宜超过5%，含砂量不宜超过40%，铺砌厚度宜不小于300mm。垫层与铺砌层应配合铺筑，随铺随砌。

(6) 防护工程采用石笼时，石笼的构造、形状和尺寸应适应水流及河床的实际情况，笼内填充料可采用片石或大卵石，石料的尺寸应大于笼网孔眼。笼内石料应塞紧、装满，笼网应锁口牢固；石笼应铺放整齐，笼与笼间的空隙应采用石块填满。

2. 桥涵附属工程后背回填的施工应符合下列规定：

（1）桥涵台背、锥坡、护坡的各种填料，宜采用天然砂砾、二灰土、水泥稳定土或粉煤灰等轻质材料，不得采用含有泥草、腐殖质或冻土块的土。

（2）台背填土应顺路线方向，自台身起，其填土的长度在顶面应不小于桥台高度加2m，在底面应不小于2m，拱桥台背填土的长度不应小于台高的3～4倍。锥坡填土应与台背填土同时进行，并应按设计宽度一次填足。

（3）台背回填应严格控制分层厚度和密实度，应设专人负责监督检查，检查频率应每50m^2检验1点，不足50m^2时应至少检验1点，每点均应合格，且宜采用小型机械压实。桥涵台背填土的压实度不应小于96%。

（4）台背填土的顺序应符合设计规定。设计未规定时，拱桥台背填土宜在主拱圈安装或砌筑以前完成；梁式桥的轻型桥台台背填土，宜在梁体安装完成以后，在两端桥台平衡地进行；埋置式桥台台背填土，宜在柱侧对称、平衡地进行。

（5）对位于软土地基处的桥台，可采取先填筑再进行基础和台身施工的方式。

4.2.11.4 砌体勾缝与养护

1. 砌体的勾缝，宜采用凸缝或平缝。浆砌较规则的块料时，可采用凹缝。

2. 勾缝砂浆的强度不应低于砌体的砂浆强度，主体工程不应低于M10，附属工程不应低于M7.5，流冰和严重冲刷部位应采用高强度水泥砂浆。

3. 石砌体的勾缝应嵌入砌缝内20mm深，缝槽深度不足时，应凿够深度后再勾缝。干砌片石勾缝时，应嵌入砌缝内20mm以上；干砌片石护坡、锥坡的勾缝，宜待坡体稳定后进行，除设计另有规定外，宜做成平缝。

4. 浆砌砌体应在砂浆初凝后，洒水覆盖养护7～14d。养护期间应避免碰撞、振动或承重。

4.2.11.5 加筋土桥台

1. 台背筋带锚固段的填筑宜采用粗粒土或改性土等填料。当填料为黏性土时，宜在面板后不小于0.5m范围内回填砂砾材料。

2. 填料摊铺厚度应均匀一致，表面平整，并应设置不小于3%的横坡。

3. 台背填料应严格分层碾压，碾压时宜先轻后重，并不得使用羊足碾。压实作业应先从筋带中部开始，逐步碾压至筋带尾部，再碾压靠近面板部位，且压实机械距面板不得小于1.0m。台背填筑施工过程中应随时观测加筋土桥台的变化。

4.2.11.6 质量检验与质量标准

1. 砂浆及小石子混凝土的抗压强度应按不同强度等级、不同配合比分别制取试件，用于检查各施工阶段的强度，对重要及主体砌筑物，每工作班应制取试件2组；一般及次要砌筑物，每工作班可制取试件1组。小石子混凝土的抗压强度评定方法同一般混凝土。砂浆抗压强度的合格条件应符合下列规定：

（1）同等级试件的平均强度应不低于设计强度等级。

（2）任意一组试件最低值应不低于设计强度的75%。

2. 砌体施工应符合下列规定：

（1）砌体所用各项材料的类别、规格及质量应符合设计要求及本章的规定。

(2) 砌缝砂浆或小石子混凝土铺填饱满,强度应符合设计要求或本章的规定。

(3) 砌缝的宽度和错缝距离应符合设计或本章的规定,勾缝应坚固、整齐,深度和形式应符合本章的规定。

(4) 砌筑方法应正确,砌体的位置、尺寸应不超过允许偏差。

3. 墩、台砌体施工质量标准见表4-55。

墩、台砌体施工质量标准　　　　表4-55

项　目		规定值或允许偏差
砂浆强度(MPa)		在合格标准内
轴线偏位(mm)		20
墩台长、宽(mm)	片石	+40,-10
	块石	+30,-10
	粗料石	+20,-10
大面积平整度(mm)	片石	30
	块石	20
	粗料石	10
竖直度或坡度(%)	片石	0.5
	块石、粗料石	0.3
墩台顶面高程(mm)		±10

4. 浆砌片石基础施工质量标准见表4-56。

浆砌片石基础施工质量标准　　　　表4-56

项　目		规定值或允许偏差
砂浆强度(MPa)		在合格标准内
轴线偏位(mm)		25
平面尺寸(mm)		±50
顶面高程(mm)		±30
基底高程(mm)	土质	±50
	石质	+50,-200

5. 侧墙砌体施工质量标准见表4-57。

侧墙砌体施工质量标准　　　　表4-57

项　目		规定值或允许偏差
砂浆强度(MPa)		在合格标准内
外侧平面偏位(mm)	无镶面	+30,-10
	有镶面	+20,-10
宽度(mm)		+40,-10
顶面高程(mm)		±10
竖直度或坡度(%)	片石砌体	0.5
	块石、粗料石、混凝土块镶面	0.3

6. 加筋土桥台面板预制、安砌施工质量标准见表 4-58。

加筋土桥台面板预制、安砌施工质量标准　　　　表 4-58

项　目	规定值或允许偏差
混凝土强度（MPa）	在合格标准内
边长（mm）	±5 或 ±0.5%边长
两对角线差（mm）	10 或 0.7%最大对角线长
厚度（mm）	+5，−3
表面平整度（mm）	4 或 0.3%边长
预埋件位置（mm）	5
每层面板顶高程（mm）	±10
轴线偏位（mm）	10
面板竖直度或坡度（%）	0，−0.5
相邻面板错台（mm）	5

注：面板安装以同层相邻两板为一组。

4.2.12　拱桥

拱桥包括：现浇混凝土拱圈；无支架和少支架施工；转体施工；劲性骨架拱；悬臂浇筑拱；钢管混凝土拱；装配式混凝土桁架拱和刚架拱；钢拱桥；石拱桥；拱上结构；施工控制 11 部分。

4.2.12.1　现浇混凝土拱圈

1. 跨径较小的拱圈或拱肋，应按拱圈的全宽从两端拱脚向拱顶对称地连续浇筑混凝土，并应在拱脚混凝土初凝前全部完成。跨径较大的拱圈或拱肋，应沿拱跨方向分段对称浇筑，分段的位置应以拱架受力对称、均匀和变形小为原则，且宜设置在拱顶、$L/4$ 部位、拱脚及拱架节点等处；各段的接缝面应与拱轴线垂直，各分段点应预留间隔槽，其宽度宜为 0.5～1.0m，槽内有钢筋接头时，其宽度尚应满足钢筋接头的需要。

2. 浇筑拱圈混凝土时，应严格按照预先制定的浇筑程序对称于拱顶进行，并应控制两端的浇筑速度，避免产生过大的偏差。分段浇筑时，各分段内的混凝土宜一次连续浇筑完成，因故中断时，应浇筑成垂直于拱轴线的施工缝；如已浇筑成斜面，应凿成垂直于拱轴线的平面或台阶式结合面。

3. 间隔槽混凝土的浇筑应符合设计规定。设计未规定时，应在拱圈混凝土的强度达到设计强度的 85%后，由拱脚向拱顶对称进行浇筑；拱顶及拱脚间隔槽的混凝土应在最后封拱时浇筑。

4. 大跨径拱圈采用分环（层）、分段法浇筑混凝土时，纵向钢筋宜分段设置，且其接头应设在最后的几个间隔槽内，待浇筑间隔槽混凝土时再连接。

5. 大跨径钢筋混凝土箱形拱圈采用在拱架上组装部分预制部件然后现浇混凝土的方法进行施工时，组装和现浇均应从两拱脚向拱顶对称进行。箱形拱圈的底板施工时，应按拱架的变形情况设置间隔缝，缝内的混凝土应在底板合龙时浇筑；拱圈的底、腹板混凝土强度达到设计强度的 85%后方可安装盖板，铺设钢筋，现浇顶板混凝土。

6. 拱圈合龙的温度应符合设计要求；设计未要求时，宜选择夜间气温较稳定时段的温度。拱圈合龙前如采取千斤顶对两侧拱圈施加压力的方法调整拱圈应力时，拱圈混凝土的强度应达到设计规定的强度。

7. 拱圈在浇筑过程中，应随时监测拱架的变形，如变形量超过计算值，应及时查明原因，并采取加固拱架或调整加载顺序的措施，保证施工安全。

8. 现浇混凝土拱圈施工质量标准见表4-59。

现浇混凝土拱圈施工质量标准　　　　表 4-59

项　目		规定值或允许偏差
混凝土强度（MPa）		在合格标准内
轴线偏位（mm）	板拱和箱形拱	10
	肋拱	5
内弧线偏离设计弧线（mm）	$L \leqslant 30m$	±20
	$L > 30m$	$\pm L/1500$
断面尺寸（mm）	高度	±5
	顶、底、腹板厚	+10，0
拱宽（mm）	板拱和箱形拱	±20
	肋拱	±10
拱肋间距（mm）		±5

注：L 为跨径。

4.2.12.2 无支架和少支架施工

1. 采用无支架和少支架方法施工时，拱圈的预制应符合下列规定：

（1）拱肋宜采用立式方法预制，且宜先在样台上放出拱肋大样，然后制作样板。放样时，应将横隔板、吊孔、接头位置准确放出。

（2）箱形拱预制时，可先预制横隔板、腹板，然后在拱胎上进行组装，并浇筑底、顶板和接头混凝土。混凝土强度达到设计强度的85%后，方可起吊运输到存放场地存放。

（3）预制拱圈节段施工质量标准见表4-60。

预制拱圈节段施工质量标准　　　　表 4-60

项　目		规定值或允许偏差
混凝土强度（MPa）		在合格标准内
每段拱箱内弧长（mm）		0，−10
内弧偏离设计弧线（mm）		5
断面尺寸（mm）	顶底腹板厚	+10，0
	宽度及高度	+10，−5
轴线偏位（mm）	肋拱	5
	箱拱	10
拱箱接头倾斜（mm）		±5
预埋件位置（mm）	肋拱	5
	箱拱	10

2. 采用无支架方法安装拱圈时，宜根据桥梁规模、构件重量、施工环境条件等，选用适宜的吊装方式和吊装机具。施工前应对吊装所采用非定型产品的特殊设施和机具进行专门设计，对跨径、起拱线高程、预制拱圈节段长度等应进行复核；对安装后形成的拱圈基肋应进行稳定性验算。

3. 采用无支架或少支架方法安装的拱圈，主拱圈安装质量标准见表 4-61。

主拱圈安装质量标准　　　　　　　　　　　　表 4-61

项　目		规定值或允许偏差
轴线偏位 （mm）	$L \leqslant 60$m	10
	$L > 60$m	$L/6000$，且不超过 40
拱圈高程 （mm）	$L \leqslant 60$m	±20
	$L > 60$m	$±L/3000$，且不超过 50
两对称接头相对高差 （mm）	$L \leqslant 60$m	20
	$L > 60$m	$L/3000$，且不超过 40
同跨各拱肋相对高差 （mm）	$L \leqslant 60$m	20
	$L > 60$m	$L/3000$，且不超过 30
同跨各拱肋间距		±30

注：L 为跨径。

4.2.12.3 转体施工

1. 采用转体法施工时，拱圈的预制及拼装应符合下列规定：

（1）应按照设计确定的位置、高程，充分利用地形，合理布置预制场地，在适当的支架和模板上进行，支架应稳固且安装方便。

（2）应严格控制拱肋的制作尺寸，构件尺寸的允许偏差为±5mm，质量偏差为±2%，拱肋轴线平面、立面的允许偏差为±10mm。

2. 采用有平衡重平转施工时，应符合下列规定：

（1）对跨径较大、转动体系重心较高的拱桥，宜采用环道与中心支撑相结合的转盘结构；对中、小跨径的拱桥，可采用中心支承的转盘结构。平衡重宜视情况利用桥台或设置临时配重。转体前，应核对平衡体的重量和转动体系的重心；如采用临时配重，应保证锚固设施安全、可靠。

（2）应待拱圈混凝土达到设计规定的强度后，方可分批、分级张拉扣索。对扣索的索力应进行检测，其允许偏差为±3%。张拉达到设计控制应力时，拱圈应脱离支架成为以转盘为支点的悬臂平衡状态，且应根据合龙高程（考虑合龙温度）的要求精调张拉扣索。

（3）采用内、外锚扣体系时，扣索宜采用钢绞线和带镦头锚的高强钢丝等高强材料，其安全系数应大于 2。

（4）扣索张拉到位、拱圈卸架后，应有 24h 的观测阶段，检验锚固、支承体系的可靠程度。同时应观测拱结构的变形状态及其随气温变化的规律，确定转体前拱顶的高程。

（5）转动时宜控制速度，角速度不宜大于 0.01~0.02rad/min 或拱圈悬臂端的线速度不宜大于 1.5~2.0m/min。

（6）转体合龙应在当日最低温度时进行。当合龙温度与设计计算温度相差较大时，应考虑温度差带来的影响，修正合龙高程。合龙时，宜采取先打入钢楔的快速合龙措施，然后施焊接头钢筋，浇筑接头混凝土，封固转盘；合龙应严格控制拱肋的高程和轴线，合龙接口的高程允许偏差为±10mm，轴线允许偏差为±5mm。合龙段混凝土达到设计强度后，应分批、分级松扣，拆除扣、锚索。

3. 采用无平衡重平转施工时，应符合下列规定：

（1）转体系统宜由锚固体系、转动体系和位控体系等构成。对尾索张拉、扣索张拉、拱体平转、合龙卸扣等工序，施工时应进行索力、轴线、高程等监测。

（2）张拉尾索时，两组尾索应按照上下左右对称、均衡的原则，对桥轴向和斜向的尾索进行分次、分组交叉张拉，并应使各尾索的内力均衡。张拉达到设计规定的荷载后，应对其内力进行量测；不符合要求时，应重新进行张拉，使之达到设计内力且均衡。

（3）张拉扣索前，应在桥轴向和斜轴向支撑以及拱顶、3/8、1/4、1/8跨径处设立平面位置和高程监测点，且应在全面检查支撑、锚梁、轴套、拱铰、拱体和锚碇等的质量，经分析确认安全后，方可开始张拉。扣索分级张拉时，应对称于拱体按由下向上的次序进行。张拉过程中应随时进行监测，各索内力的相对偏差应控制在5kN以内。

（4）转体前应对全桥各部位进行检查，符合要求后方可正式转动；转体不能自行启动时，宜采用千斤顶在拱顶处施力使拱体启动，并宜以风缆控制拱体的转速，风缆的走速在启动和就位阶段宜控制在0.5～0.6m/min，中间阶段宜控制在0.8～1.0mm/min。

（5）两岸拱体平转至桥轴线位置就位后，应对其高程和轴线进行测量，不符合设计要求时应进行调整，且宜按设计要求的合龙温度进行合龙施工。

（6）合龙口混凝土符合设计规定的强度或达到设计强度的85%后，应按对称均衡的原则，分级卸除扣索，卸除过程中应对拱体的拱轴线和高程以及扣索的内力进行监测；全部扣索卸除后，应测量拱体的最终轴线位置和高程。

4. 采用竖转法施工时，应符合下列规定：

（1）竖转法施工中的转动系统宜由转动铰、提升体系、锚固体系等构成。竖转施工宜采用横向连接成整体的双肋为一个转动单元。

（2）扣索宜选用钢丝绳或钢绞线，扣索的锚碇宜采用钢筋混凝土锚。扣索系统应经计算确定，钢丝绳的安全系数应不小于6，钢绞线的安全系数应不小于2，锚碇的抗拔、抗滑安全系数应不小于2。

（3）转动前应进行试转，检验转动系统的可靠性。竖转速度宜控制在0.005～0.01rad/min范围内，提升重量大者宜采用较低的转速，转动过程中应保持平稳。

5. 采用平转加竖转的方法进行拱桥的转体施工时，宜先将拱肋平转到桥轴线位置，然后再竖转到设计高程。平转和竖转宜采用各自独立的转动系统，并应分别按平转和竖转的相关规定施工。

6. 拱桥转体施工质量标准见表4-62。

拱桥转体施工质量标准　　　　　　　　　　　　　　　表4-62

项　　目	规定值或允许偏差
封闭转盘和合龙段混凝土强度（MPa）	在合格标准内
轴线偏位（mm）	$L/6000$，且不超过30
跨中拱顶面高程（mm）	±20
同一横截面两侧或相邻上部构件高差（mm）	10

注：L为跨径。

4.2.12.4 劲性骨架拱

1. 劲性骨架拱圈的浇筑施工应符合下列规定：

(1) 施工前，应在分析计算劲性骨架或劲性骨架与混凝土组合结构受力行为的基础上，进行混凝土浇筑程序设计；在施工过程中应对结构的应力和变形进行监控。

(2) 采用分环多工作面均衡浇筑法施工时，各工作面的工作段长度可根据模板长度划分，且其浇筑进度差不宜超过一个工作段。

(3) 采用水箱压载分环浇筑法施工时，应严格控制 $L/4$ 截面附近的劲性骨架的变形，预防混凝土开裂；必要时可在浇筑该处第一层（环）混凝土时设置宽约 200mm 的变形缝，待浇完第一层（环）后再用混凝土填实。

(4) 采用斜拉扣挂分环连续浇筑法施工时，应选用可靠且操作方便的扣索系统，并应确定扣索的索力、位移和张拉程序，控制连续浇筑混凝土过程中拱圈（拱肋）的变形。

(5) 分阶段浇筑拱圈时，应严格控制每一施工阶段劲性骨架及劲性骨架与混凝土形成组合结构的变形形态、位置、拱圈高程和轴线横向偏位，其变形值、高差和偏位等，应符合设计要求，否则应采取纠正措施。

2. 劲性骨架制作加工质量标准见表 4-63；其安装质量标准见表 4-64。劲性骨架混凝土拱圈浇筑施工质量标准见表 4-65。

劲性骨架制作加工质量标准 表 4-63

项　目	规定值或允许偏差	项　目	规定值或允许偏差
杆件截面尺寸（mm）	不小于设计值	每段的弧长（mm）	±10
骨架高、宽（mm）	±10	焊缝	符合设计要求
内弧偏离设计弧线（mm）	10		

劲性骨架安装质量标准 表 4-64

项　目	规定值或允许偏差	项　目	规定值或允许偏差
轴线偏位（mm）	$L/6000$	对称点相对高差（mm）	$L/3000$
高程（mm）	$±L/3000$	焊缝	符合设计要求

劲性骨架混凝土拱圈浇筑施工质量标准 表 4-65

项　目		规定值或允许偏差
混凝土强度（MPa）		在合格标准内
轴线偏位（mm）	$L≤60m$	10
	$L=200m$	30
	$L>200m$	$L/4000$，且不超过 40
拱圈高程（mm）		$±L/3000$，且不超过 50
对称点相对高差（mm）		$L/3000$，且不超过 40
断面尺寸（mm）		±10

注：L 为跨径。当 L 在 60～200m 之间时，轴线偏位允许偏差内插。

4.2.12.5 悬臂浇筑拱

1. 悬臂浇筑拱圈的扣索和锚索应采用钢绞线或带镦头锚的高强钢丝,其安全系数应大于 2;锚碇应采用钢筋混凝土锚碇,其抗拔、抗滑安全系数应不小于 2;扣塔应具有足够的强度、刚度和稳定性,扣塔塔顶的最大偏位不得大于 10mm。

2. 在悬臂浇筑拱圈的施工过程中,应对扣索和锚索系统、拱圈的应力和变形等进行监控,并应确定适当的扣索张拉次数,保证拱圈混凝土在悬臂施工过程中不出现拉应力。大跨度拱桥悬浇拱圈时,应对拱肋在悬臂状态下的控制工况进行压屈分析计算,其压屈稳定系数应大于 4。

3. 对支架浇筑的首段和悬臂浇筑段的拱圈,均应严格控制其尺寸、轴线平面及立面的精度。各节段重量的允许偏差应为±2%或符合设计规定值。

4. 悬臂浇筑拱圈应选择在当天气温最低且温度场较为稳定的时段合龙,且宜先焊接劲性骨架,达到受力状态下的合龙;然后绑扎钢筋,浇筑合龙段混凝土,完成结构状态的合龙。

5. 扣索和锚索应在合龙段混凝土强度符合设计规定的强度或达到设计强度的 85% 后方可拆除;挂篮宜沿轨道从拱顶缓慢地滑移到拱脚后再进行拆除。

6. 悬臂浇筑拱圈施工质量标准见表 4-66。

悬臂浇筑拱圈施工质量标准 表 4-66

项 目		规定值或允许偏差
混凝土强度(MPa)		在合格标准内
轴线偏位 (mm)	$L \leqslant 60m$	10
	$L > 60m$	$L/6000$,且不超过 30
拱圈高程 (mm)	$L \leqslant 60m$	±20
	$L > 60m$	$±L/3000$,且不超过 30
断面尺寸 (mm)	高度	±5
	顶、底、腹板厚	+10,0
	宽度	±15
合龙后同跨对称点高差 (mm)	$L \leqslant 60m$	20
	$L > 60m$	$L/3000$,且不超过 30
同跨各拱肋高差 (mm)	$L \leqslant 60m$	20
	$L > 60m$	$L/3000$,且不超过 30
同跨各拱肋间距 (mm)		±20

注:L 为跨径。

4.2.12.6 钢管混凝土拱

1. 拱肋节段的对接接头宜与母材等强度焊接。所有焊缝均应进行外观检查,焊缝内部质量应达到Ⅱ级以上标准,熔透焊缝应进行 100% 的超声波探伤。

2. 焊缝的超声波探伤质量检验应符合 4.2.16 钢桥中的规定。

3. 混凝土的施工应符合下列规定:

(1) 混凝土应采用泵送顶升压注施工,混凝土应具有低含气量、大流动性、收缩补偿、延后初凝和早强等性能，其配合比应经试验确定。

（2）压注前应先对管内进行清洗、润湿管壁并泵入适量水泥浆，然后再正式压注混凝土。

（3）混凝土应由拱脚至拱顶对称、均衡地压注，有腹箱的断面应先管后腹，除拱顶外不宜在拱肋内的其他部位设置横隔板。压注应连续进行，不得中断，直至拱顶端的溢流管排出正常混凝土时方可停止，溢流管的高度应为 1.5～2.0m。压注时尚应考虑上、下游拱肋的对称性和均衡性，并应将施工时间控制在 6～8h 范围内。混凝土压注完成后应及时关闭设于压注口的倒流截止阀。

（4）管壁与混凝土应结合紧密，管内的混凝土应密实，其质量检验应按现行行业标准《超声波检测混凝土缺陷技术规程》CECS 21 的规定执行。

（5）对大跨径钢管混凝土拱桥混凝土的配合比和泵送工艺，应在试验室试验的基础上，根据需要进行模拟压注试验。

4. 钢管拱肋制作与安装、钢管拱肋混凝土施工质量标准见表 4-67 和表 4-68。中、下承式钢管拱桥吊索（杆）安装质量标准见表 4-69。

钢管拱肋制作与安装质量标准 表 4-67

项 目	规定值或允许偏差
钢管直径（mm）	$\pm D/500$ 及 ± 5
内弧偏离设计弧线（mm）	8
每段拱肋内弧长（mm）	0，-10
轴线偏位（mm）	$L/6000$，且不超过 50
拱肋接缝错台（mm）	0.2 倍壁厚，且不大于 2
拱圈高程（mm）	$\pm L/3000$，且不超过 ± 50
焊缝尺寸、焊缝探伤	符合设计要求

注：D 为钢管内径；L 为跨径。

钢管拱肋混凝土施工质量标准 表 4-68

项 目		规定值或允许偏差
混凝土强度（MPa）		在合格标准内
轴线偏位（mm）	$L \leqslant 60$m	10
	$L = 200$m	30
	$L > 200$m	$L/4000$，且不超过 40
拱圈高程（mm）		$\pm L/3000$，且不超过 ± 50
对称点高差（mm）		$L/3000$，且不超过 40

注：L 为跨径。当 L 在 60～200m 之间时，轴线偏位允许偏差内插。

中、下承式钢管拱桥吊索（杆）安装质量标准 表 4-69

项 目	规定值或允许偏差
吊索（杆）长度（mm）	$\pm L/1000$ 及 ± 10
吊索（杆）的拉力（kN）	符合设计要求

续表

项　　目		规定值或允许偏差
吊点位置（mm）		10
吊点高程（mm）	高程	±10
	两侧高差	20
吊索（杆）锚固处防护		符合设计要求

注：L 为吊索（杆）长度。

4.2.12.7 装配式混凝土桁架拱和刚架拱

1. 装配式混凝土桁架拱和刚架拱的合龙段两侧高差应在设计允许范围内，节点应平整，接头两侧杆件应无错台，上下弦杆应线形顺畅、表面平整。
2. 桁架拱预制施工质量标准见表 4-70，装配式桁架拱、刚架拱安装施工质量标准见表 4-71。

桁架拱预制施工质量标准　　表 4-70

项　　目	规定值或允许偏差
混凝土强度（MPa）	在合格标准内
断面尺寸（mm）	±5
杆件长度（mm）	±10
杆件旁弯（mm）	5
预埋件位置（mm）	5

装配式桁架拱、刚架拱安装施工质量标准　　表 4-71

项　　目		规定值或允许偏差
节点混凝土强度（MPa）		在合格标准内
轴线偏位（mm）	$L \leqslant 60\text{m}$	10
	$L > 60\text{m}$	$L/6000$
拱圈高程（mm）	$L \leqslant 60\text{m}$	±20
	$L > 60\text{m}$	$\pm L/3000$
相邻拱片高差（mm）		20
对称点相对高差（mm）	$L \leqslant 60\text{m}$	20
	$L > 60\text{m}$	$L/3000$
拱片竖直度（mm）		$L/300$ 高度，且不大于 20

注：L 为跨径。

4.2.12.8 钢拱桥

1. 钢拱桥构件的制造、涂装及运输等应符合 4.2.16 钢桥中的规定。钢构件制造加工完成后应在厂内进行试拼装。
2. 钢拱桥合龙时，合龙段的安装应符合设计规定，并应按设计要求采取相应的辅助措施；设计未规定时，对钢桁拱宜采用单构件安装合龙；对钢箱拱应提前设置临时刚性连接再进行合龙杆件的焊接或螺栓连接。

3. 钢拱桥安装质量标准见表 4-72。

钢拱桥安装质量标准 表 4-72

项　　目		规定值或允许偏差
轴线偏位（mm）	L≤60m	10
	L＞60m	L/6000
拱圈高程（mm）	L≤60m	±20
	L＞60m	±L/3000
对称点相对高差（mm）	L≤60m	20
	L＞60m	L/3000

注：L 为跨径。

4.2.12.9 石拱桥

1. 石拱桥的拱架宜采用钢拱架、木拱架等结构形式。当小跨径石拱桥采用土牛拱胎时，土牛拱胎在制作时应设防排水设施，土石应分层夯实，密实度应不小于 95%，拱顶部分应选用含水率适宜的黏土。

2. 用于砌筑拱圈的拱石应采用粗料石或块石，按拱圈放样尺寸加工成楔形。拱石的厚度应不小于 200mm，加工成楔形时其较薄端的厚度应符合设计要求的尺寸或按施工放样的要求确定；其高度应为最小厚度的 1.2~2.0 倍；长度应为最小厚度的 2.5~4.0 倍。拱石应按立纹破料，岩层面应与拱轴线垂直，各排拱石沿拱圈内弧的厚度应一致。对砌筑拱圈所用砂浆的要求应符合 4.2.11 砌体中的规定。

3. 拱圈的砌筑施工应符合下列规定：

（1）拱圈及拱上结构施工时均应按设计要求留置施工预拱度。

（2）砌筑施工前，应先详细检查拱架和模板，符合要求后方可开始砌筑。

（3）拱圈的辐射缝应垂直于拱轴线，辐射缝两侧相邻两行拱石的砌缝应互相错开，错开距离应不小于 100mm。同一行内上下层砌缝可不错开。

（4）浆砌粗料石和混凝土预制块拱圈的砌缝宽度应为 10~20mm；块石拱圈的砌缝宽度应不大于 30mm；用小石子混凝土砌块石时，砌缝宽度应不大于 50mm。

4. 拱圈的封拱合龙应符合下列规定：

（1）封拱合龙宜在当日最低气温且温度场较为稳定的时段进行。

（2）分段砌筑的拱圈应待填塞空缝的砂浆强度达到设计强度的 85% 后再进行合龙。

（3）封拱合龙前当采用千斤顶施加压力的方法调整拱圈应力，应待砌筑砂浆的强度达到设计规定的强度后方可合龙。

5. 拱上结构的砌筑应符合下列规定：

（1）拱上结构在拱架卸架前砌筑时，应待拱圈合龙段的砂浆强度达到设计强度的 85% 以上后进行。

（2）当先卸架后砌拱上结构时，应待拱圈合龙段的砂浆强度达到设计强度的 100% 后进行。

（3）拱上结构宜由拱脚至拱顶对称、均衡地砌筑。

6. 采用小石子混凝土砌筑拱圈时，靠拱模一面应选用底面较大且较平整的块，必要时应稍加修整,拱背面应大致平顺;砌筑施工设置空缝时,在空缝的两侧应选用较大且较平整的石块。砌缝中的小石子混凝土应饱满、密实;对较宽的竖缝,可在填塞小石子混凝土的同时,填塞一部分小石块,将砌缝挤满。砌缝宽度应不大于50mm。

7. 拱圈砌筑施工质量标准见表 4-73。

拱圈砌筑施工质量标准　　表 4-73

项　　目		规定值或允许偏差
砂浆或小石子混凝土强度(MPa)		在合格标准内
砌体外侧平面偏位 (mm)	无镶面	+30, -10
	有镶面	+20, -10
拱圈厚度(mm)		+30, 0
相邻镶面石砌块表层错位 (mm)	粗料石、预制块	3
	块石	5
内弧线偏离设计弧线 (mm)	$L \leqslant 30m$	±20
	$L > 30m$	±L/1500

注:L 为跨径。

4.2.12.10 拱上结构

1. 应在主拱圈的混凝土强度达到设计规定强度后,方可进行拱上结构的施工。施工前应对拱上结构立柱、横墙等基座的位置和高程进行复测检查,如超过允许偏差应予以调整,基座与主拱的联结应牢固;同时应解除拱架、扣索等约束。

2. 对大跨径拱桥的拱上结构,施工时应严格按照设计加载程序进行;设计未提供加载程序时,应根据施工验算由拱脚至拱顶均衡、对称加载。施工中应对主拱圈进行监测和控制。

3. 对在支架或拱架上浇筑拱圈的中、小跨上承式拱桥,当不卸除支架或拱架进行拱上结构施工时,其主拱圈的混凝土强度应全部达到设计规定的强度;对下承式或中承式拱桥,其悬吊桥面系的混凝土应在支架或拱架卸落后进行浇筑,吊杆混凝土应在桥面系完成后再对称浇筑。

4. 在支架或拱架上浇筑拱圈的拱桥,其拱上结构混凝土浇筑施工时应符合下列规定:
(1) 立柱的底座应与拱圈同时浇筑,立柱上端的施工缝应设在横梁承托的底面。
(2) 桥面系的梁与板应同时浇筑,两相邻伸缩缝间的桥面板应一次浇筑完成。

5. 对中、小跨径装配式拱桥的拱上结构,应在主拱圈混凝土和砂浆强度均达到设计规定强度后方可施工;采用少支架施工的拱桥应先卸除支架后,再从拱脚至拱顶对称进行施工。

6. 拱上腹拱圈施工时,应考虑腹拱圈所产生的推力对立柱或横墙的影响,相邻腹板的施工进度应同步。腹拱圈安装质量标准见表 4-74。

腹拱圈安装质量标准　　表 4-74

项　　目	允　许　偏　差
轴线偏位(mm)	10
起拱线高程(mm)	±20
相邻块件底面高差(mm)	5

7. 安装预制桥面板时，应按照纵横向对称的原则进行，且宜从拱的一端至另一端分阶段往复安装，改善主拱圈的受力。

8. 采用无支架施工的大、中跨径拱桥，其拱上结构宜充分利用缆索吊装施工。

4.2.12.11 施工控制

1. 拱桥施工时应对其进行过程控制，应保证拱结构在施工过程中的稳定性、变形和内力始终处于安全范围内。对大跨径拱桥，应按本篇的规定进行施工过程控制；对中、小跨径拱桥，可采取相对简便易行的方法进行施工控制。

2. 拱桥的施工控制方法应根据拱结构的特点、拱的受力特性、施工方法和施工环境条件等因素综合选择确定。对施工控制的管理工作、监控测试及测试的环境要求等，可参照 4.2.14.4 上部结构施工控制中相关规定执行。

3. 拱桥的施工控制应以主拱圈的稳定性、变形和内力作为监测和控制目标。

4.2.13 钢筋混凝土和预应力混凝土梁式桥

钢筋混凝土和预应力混凝土梁式桥包括：支架上现浇梁式桥；移动模架逐孔现浇施工；装配式桥施工；悬臂浇筑；悬臂拼装；顶推施工；整孔预制安装箱梁；斜腿刚构 8 部分。

4.2.13.1 支架上现浇梁式桥

1. 梁式桥的现浇可采用满布支架或梁式支架。梁式桥现浇支架的预压应根据支架的类型和结构形式、地基的沉降量和承载能力，以及荷载大小等因素确定。

2. 梁式桥现浇施工时，梁体混凝土在顺桥方向宜从低处向高处进行浇筑，在横桥方向宜对称进行浇筑。混凝土浇筑过程中，应对支架的变形、位移、节点和卸架设备的压缩及支架地基的沉降等进行监测，如发现超过允许值的变形、变位，应及时采取措施予以处理。

3. 连续梁桥在支架上逐孔现浇施工时，应符合移动模架逐孔现浇施工的相关规定。

4. 支架上现浇梁施工质量标准见表 4-75。

支架上现浇梁施工质量标准　　　　表 4-75

项　目		规定值或允许偏差
混凝土强度（MPa）		在合格标准内
轴线偏位（mm）		10
梁（板）顶面高程（mm）		±10
断面尺寸（mm）	高度	+5，-10
	顶宽	±30
	箱梁底宽	±20
	顶、底、腹板或梁肋厚	+10，0
长度（mm）		+5，-10
横坡（%）		±0.15
平整度（mm/2m）		8

4.2.13.2 移动模架逐孔现浇施工

1. 移动模架宜采用定型产品，模架的功能、承载能力、长度、模板的尺寸及支承系统等，应与所施工的预应力混凝土连续梁的各项要求相适应，设计制造厂家应提供模架的产品出厂质量合格证书，以及操作手册等相关技术文件。当采用非定型模架时，应对模架进行专门的设计计算，并应进行荷载试验，确认其能保证施工的安全和质量后方可投入使用。

2. 模架的支承系统应安全可靠，应具有足够的承载能力、刚度和稳定性。

3. 首孔梁浇筑混凝土前，应做好施工前的各项准备工作，制定详细的施工方案、施工工艺、各项保障措施及应急预案；浇筑施工时，应对模架进行挠度监测，监测的数据及分析结果应作为修正模架预拱度的依据。首孔梁的混凝土在顺桥方向宜从桥台（或过渡墩）开始向悬臂端进行浇筑，中间孔梁宜从悬臂端开始向已浇梁段推进浇筑，末孔梁宜从一联中最后一个墩位处向已浇梁段推进浇筑，最终与已浇梁段接合；梁体混凝土在横桥向应对称浇筑。连续梁逐孔现浇的纵向分段接缝位置应符合设计规定；设计未规定时，宜设在1/5跨的弯矩零点附近。

4. 任一孔梁的混凝土浇筑施工完成后，内模中的侧向模板应在混凝土抗压强度达到2.5MPa后，顶面模板应在混凝土抗压强度达到设计强度等级的75%后，方可拆除；外模架应在梁体建立预应力后方可卸落。

5. 模架在移动过孔时的抗倾覆稳定系数应不小于1.5。

6. 采用移动模架逐孔施工的梁体质量应符合表4-75的规定。

4.2.13.3 装配式桥施工

1. 装配式桥的构件在脱底模、移运、存放和吊装时，混凝土的强度应不低于设计规定的吊装强度；设计未规定时，应不低于设计强度的80%。

2. 安装构件时，支承结构（墩台、盖梁）的混凝土强度和预埋件（包括预留锚栓孔、锚栓、支座钢板等）的尺寸、高程及平面位置应符合设计要求。

3. 对分层、分段安装的构件，应在先安装的构件可靠固定且受力较大的接头混凝土达到设计要求的强度后，方可继续安装；设计未规定时，应达到设计强度的80%后方可继续安装。

4. 分段拼装梁的接头混凝土或砂浆，其强度应不低于构件的设计强度；不承受内力的构件的接缝砂浆，其强度应不低于M10。需与其他混凝土或砌体结合的预制构件的砌筑面应按施工缝处理。

5. 对高宽比较大的预应力混凝土T形梁和I形梁，应对称、均衡地施加预应力，并应采取有效措施防止梁体产生侧向弯曲。

6. 后张预应力混凝土梁、板在孔道压浆后进行移运的，其压浆浆体强度应不低于设计强度的80%。

7. 构件应按其安装的先后顺序编号存放，预应力混凝土梁、板的存放时间不宜超过3个月，特殊情况下不应超过5个月。

8. 当构件多层叠放时，层与层之间应以垫木隔开，各层垫木的位置应设在设计规定的支点处，上下层垫木应在同一条竖直线上；叠放的高度宜按构件强度、台座地基的承载力、垫木强度及叠放的稳定性等经计算确定，大型构件宜为2层，不应超过3层，小型构件宜为 6~10 层。

9. 采用架桥机进行安装作业时，其抗倾覆稳定系数应不小于 1.3；架桥机过孔时，应将起重小车置于对稳定最有利的位置，且抗倾覆稳定系数应不小于 1.5。

10. 安装在同一孔跨的梁、板，其预制施工的龄期差不宜超过 10d。梁、板上有预留孔道的，其中心应在同一轴线上，偏差应不大于 4mm。梁、板之间的横向湿接缝，应在一孔梁、板全部安装完成后方可进行施工。

11. 先简支后连续的梁，其湿接头的混凝土宜在一天中气温相对较低的时段浇筑，且一联中的全部湿接头应一次浇筑完成。湿接头混凝土的养护时间应不少于 14d。

12. 预制梁、板施工质量标准见表 4-76，简支梁、板安装质量标准见表 4-77。

预制梁、板施工质量标准　　　　　　表 4-76

项　目			规定值或允许偏差
混凝土强度（MPa）			在合格标准内
梁（板）长度（mm）			+5，-10
宽度（mm）	干接缝（梁翼缘、板）		±10
	湿接缝（梁翼缘、板）		±20
	箱梁	顶宽	±30
		底宽	±20
	腹板或梁肋		+10，0
高度（mm）	梁、板		±5
	箱梁		0，-5
断面尺寸（mm）	顶板厚		
	底板厚		+5，0
	腹板或梁肋		
跨径（支座中心至支座中心）(mm)			±20
支座平面平整度（mm）			2
平整度（mm）			5
横系梁及预埋件位置（mm）			5

简支梁、板安装质量标准　　　　　　表 4-77

项　目		允许偏差	项　目	允许偏差
支座中心偏位（mm）	梁	5	梁、板顶面纵向高程（mm）	+8，-5
	板	10	相邻梁、板顶面高差（mm）	8
竖直度（%）		1.2		

4.2.13.4　悬臂浇筑

1. 底板钢筋与腹板钢筋的连接应牢固，且宜采用焊接；底板上、下两层的钢筋网应采用两端带弯钩的竖向筋进行连接，使之形成整体；顶板底层的横向钢筋宜采用通长筋。

2. 钢筋与预应力管道相互影响时，钢筋仅可移动，不得切断。

3. 墩顶梁段宜全断面一次浇筑完成，当梁段过高，一次浇筑完成难以保证质量时，可沿高度方向分两次浇筑，但宜将两次浇筑混凝土的龄期差控制在 7d 以内。

4. 悬臂浇筑施工应符合下列规定：

（1）悬臂浇筑施工应对称、平衡地进行，两端悬臂上荷载的实际不平衡偏差不得超过设计规定值；设计未规定时，不宜超过梁段重的 1/4。悬臂梁段应全断面一次浇筑完成，并应从悬臂端开始，向已完成梁段推进分层浇筑。

（2）悬臂浇筑的施工过程控制宜遵循变形和内力双控的原则，且宜以变形控制为主。悬浇过程中梁体的中轴线允许偏差应控制在 5mm 以内，高程允许偏差为 ±10mm。

5. 悬臂浇筑时预应力的施工除应符合 4.2.4 预应力混凝土工程中的规定外，尚应符合下列规定：

（1）预应力管道的安装定位应准确，备用管道和长束的管道应采取措施保证其在使用时的有效性。

（2）对纵向预应力长钢束的张拉，宜通过必要的试验确定其张拉程序和各项参数，张拉持荷时间宜增加 1 倍；当钢束的伸长值不能满足要求时，可采取补张拉或反复张拉的措施，但张拉应力不得超过设计规定的最大控制应力。横向预应力采用一端张拉时，其张拉端宜在梁两侧交错设置。竖向预应力宜采取反复张拉的方式进行，反复张拉的次数应以钢束的伸长值是否达到要求且是否可靠锚固而定。

（3）对竖向预应力孔道，压浆时应从下端的压浆孔压入，压力宜为 0.3～0.4MPa，且压入的速度不宜过快。

6. 悬臂浇筑预应力混凝土梁的合龙和体系转换应符合下列规定：

（1）合龙的顺序应符合设计规定。

（2）合龙施工前应对两端悬臂梁段的轴线、高程和梁长受温度影响的偏移值进行观测，并应根据实际观测值进行合龙的施工计算，确定准确的合龙温度、合龙时间及合龙程序。

（3）对两端的悬臂梁段采取施加水平推力的方式调整梁体的应力时，千斤顶的施力应对称、均衡。

（4）合龙时，宜采取措施将合龙口两侧的悬臂端予以临时刚性连接，再浇筑合龙段混凝土。合龙段的混凝土宜在一天中气温最低且稳定的时段内浇筑，浇筑后应及时覆盖洒水养护。

（5）合龙时在桥面上设置的全部临时施工荷载应符合施工控制的要求。对预应力混凝土连续梁，合龙后应在规定的时间内尽快拆除墩梁临时固结装置，按设计规定的程序完成体系转换和支座反力调整。

7. 悬臂浇筑预应力混凝土梁施工质量标准见表 4-78。

悬臂浇筑预应力混凝土梁施工质量标准 表 4-78

项　　目		规定值或允许偏差
混凝土强度（MPa）		在合格标准内
轴线偏位 (mm)	L≤100m	10
	L>100m	L/10000

续表

项　目		规定值或允许偏差
顶面高程（mm）	L≤100m	±20
	L>100m	±L/5000
	相邻节段高差	10
断面尺寸（mm）	高度	+5，－10
	顶宽	±30
	底宽	±20
	顶底腹板厚	+10，0
同跨对称点高差（mm）	L≤100m	20
	L>100m	L/5000
横坡（%）		±0.15
平整度（mm）		8

注：L 为跨径。

4.2.13.5 悬臂拼装

1. 节段预制前，应在其预制场地建立精密测量的平面控制网和高程控制网，并设置测量控制点、测量塔及靶标。测量控制点应设在远离热源和振动源的位置，且应具有良好的通视条件，必要时应设置备用的测量控制点。

2. 节段预制时，应对其预制线形进行控制，使成桥后的线形符合设计要求。节段预制的测量控制宜采用专用线形控制软件进行。

3. 节段预制混凝土的性能除应符合 4.2.2 混凝土工程和 4.2.3 特殊混凝土中的规定外，尚应符合设计对其弹性模量、收缩和徐变等性能的要求。节段预制混凝土的浇筑应符合 4.2.2.4 混凝土浇筑中的规定，并应根据环境温度、水泥品种、外加剂、施工进度及对混凝土性能的要求等制定养护方案，总体养护时间不宜少于 14d，对节段的外立面混凝土宜采用喷湿或其他适宜的方式进行养护。

4. 节段的脱模时间应符合设计规定；设计未规定时，应在混凝土强度达到设计强度等级的 75% 后方可脱模并拆除。在脱模、拆除或移动节段时，应采取措施防止损伤节段混凝土的棱角和剪力键。

5. 模板拆除后应及时对节段进行检查验收，测量其外形尺寸，并标出梁高及纵横轴线。节段预制施工质量标准见表 4-79。

节段预制施工质量标准　　　　表 4-79

项　目		规定值或允许偏差
混凝土抗压强度（MPa）		在合格标准内
表面平整度（mm/2m）		5
长度（mm）		0，－2
断面尺寸（mm）	宽度	+5，0
	高度	±5
	壁厚	+5，0

续表

项目		规定值或允许偏差
轴线偏移量（mm）	纵轴线	5
	横隔梁轴线	5
预埋件	支座板、锚垫板等预埋钢板 位置	10
	支座板、锚垫板等预埋钢板 高程	±5
	支座板、锚垫板等预埋钢板 平面高差	5
	螺栓、锚筋等 位置	10
	螺栓、锚筋等 外露尺寸	±10
预留孔	吊孔 位置	5
	预应力孔道位置 位置	节段端部10
	预应力孔道位置 孔径	+3，0

6. 节段的起吊、移运、存放应符合下列规定：

(1) 节段从预制台座起吊时，混凝土的强度应符合设计规定。

(2) 节段的移运应满足运输安全和施工安全的要求。在移运时，应采取措施防止对节段产生冲击或碰撞。

(3) 节段在存放台座的叠放层数不宜超过两层，并应对存放台座及其地基的承载力进行验算。节段支点的位置应符合设计规定，且宜采用垫木或橡胶板等弹性支撑物进行支承。

(4) 节段的存放时间应符合设计要求；设计未要求时，不宜少于28d。对未达到养护时间的节段，应在存放时继续养护。

7. 悬臂拼装施工前，应按施工荷载对起吊设备进行强度、刚度和稳定性验算，其安全系数应不小于2。节段起吊安装前，应对起吊设备进行全面安全技术检查，并应分别进行1.25倍设计荷载的静荷和1.1倍设计荷载的动荷起吊试验，经检查及起吊试验符合要求后方可正式进行节段的起吊拼装。

8. 节段悬臂拼装时，桥墩两侧的节段应对称起吊，且应保证桥墩两侧平衡受力，最大不平衡力应符合设计规定。

9. 接缝的处理应符合下列规定：

(1) 采用胶接缝拼装的节段，涂胶前应就位试拼。胶粘剂进场后应进行力学性能及作业性能的抽检，其各项性能应满足结构设计与节段拼装施工的要求。节段的匹配面应平整，对尘土、油脂等污染物及松散混凝土和浮浆应清除干净。涂胶前的匹配面应进行干燥处理。

(2) 胶粘剂宜采用机械拌合，且在使用过程中应连续搅拌并保持其均匀性。胶粘剂应涂抹均匀，覆盖整个匹配面，涂抹厚度不宜超过3mm。对胶接缝施加临时预应力进行挤压时，挤压力宜为0.2MPa，胶粘剂应在梁体的全断面挤出，且胶接缝的挤压应在3h以内完成；当施工时间超过明露时间的70%时，在固化之前应清除被挤出的胶结料。胶粘剂在涂抹和挤压时，应采取措施对预应力孔道的端口处进行防护，防止胶粘剂进入孔道内。

10. 节段悬臂拼装的预应力施工除应符合 4.2.4 预应力混凝土工程中的规定外，尚应符合下列规定：

(1) 对采用胶接缝的节段，在拼装工作结束并经检查符合要求后，应立即施加预应力对接缝进行挤压；对采用湿接缝的节段，应在接缝混凝土强度达到设计强度的 80% 以上时方可对其施加预应力。

(2) 临时预应力钢束的布置和张拉控制应力应符合设计规定，并应满足多次重复张拉的作业要求；临时预应力钢束在结构永久预应力施工完成后方可拆除。

(3) 节段对称悬臂拼装完成并施加预应力后，方可放松起吊吊钩，并应立即对预应力孔道进行压浆和封锚。

(4) 对梁顶面明槽内已张拉的预应力钢束应加以保护，严禁在其上堆放物体或抛物撞击。

11. 合龙及体系转换的程序应符合设计要求，施工应符合第 4.2.13.4 条第 6 款中的规定。

12. 预应力混凝土梁节段悬臂拼装施工质量标准见表 4-80。

预应力混凝土梁节段悬臂拼装施工质量标准　　　　表 4-80

项　目		规定值或允许偏差
湿接头、合龙段混凝土强度（MPa）		在合格标准内
轴线偏位（mm）	$L \leqslant 100m$	10
	$L > 100m$	$L/10000$
顶面高程（mm）	$L \leqslant 100m$	±20
	$L > 100m$	$±L/5000$
	相邻节段高差	10
同跨对称点高差（mm）	$L \leqslant 100m$	20
	$L > 100m$	$L/5000$

注：L 为跨径。

4.2.13.6　顶推施工

1. 梁体的顶推应符合下列规定：

(1) 顶推施工宜根据梁体长度、顶推跨度、桥墩所能承受的水平推力等条件，选择适宜的顶推方式。

(2) 顶推滑道的长度应大于水平千斤顶行程加滑块的长度，宽度应为滑板宽度的 1.2~1.5 倍；相邻墩滑道顶面高程的允许偏差应为 ±2mm，同墩两滑道高程的允许偏差应为 ±1mm；滑动装置的摩擦系数宜经试验确定。

(3) 采用单点或多点水平千斤顶方式顶推时，实际总顶推力应不小于计算顶推力的 2 倍；采用单点或多点拉杆方式顶拉时，拉杆的截面积和根数应满足顶拉力的要求，拉锚器的锚固和放松应方便、快速，设置在各墩顶的反力台应牢固且应满足顶拉反力的要求。多点顶推（拉）时，各点的水平千斤顶应同步运行。

(4) 顶推时至少应在两个墩上设置保险千斤顶。如遇顶推故障需采用竖向千斤顶将梁顶高时，最大顶升高度不得超过设计规定或不得大于 10mm，起顶的反力值不得大于计算反力的 1.1 倍。

2. 梁体顶推到位后的落梁应符合下列规定:

(1) 落梁前应按设计规定的顺序,对预应力钢束进行张拉、锚固和压浆,拆除全部临时预应力钢束。拆除墩、台上的滑动装置时,梁体的各支点应均匀顶起,其顶力应按设计支点反力的大小进行控制,顶起时相邻墩各顶点的高差不得大于5mm,同墩两侧梁底顶起时高差不得大于1mm。

(2) 落梁时,应按设计规定的顺序和每次的下落量分步进行,同一墩、台的千斤顶应同步运行;落梁反力的允许偏差应为±10%设计反力。

(3) 永久支座应在落梁前进行安装。

3. 连续梁顶推施工质量除应符合表4-75的规定外,尚应符合表4-81顶推施工梁质量标准的规定。

顶推施工梁质量标准 表4-81

项 目		规定值或允许偏差
轴线偏位 (mm)		10
落梁反力 (kN)		符合设计规定;设计未规定时不大于1.1倍的设计反力
支点高差 (mm)	相邻纵向支点	符合设计规定;设计未规定时不大于5
	同墩两侧支点	符合设计规定;设计未规定时不大于2

4.2.13.7 整孔预制安装箱梁

1. 箱梁混凝土宜一次连续浇筑完成,且宜采取水平分层、斜向推进的方式浇筑,水平分层的厚度不得大于300mm,各层间混凝土的间隔浇筑时间不应超过其初凝时间,梁体腹板下部的底板混凝土宜采用设于底模处的附着式振捣器振动;腹板混凝土宜采用插入式振捣器及附着式振捣器辅助振捣;对钢筋和预应力管道密布区域的混凝土,应提前按一定间距设置混凝土溜槽和插入式振捣器辅助导向等装置,保证该区域的混凝土能振捣密实。

2. 箱梁混凝土浇筑完成后,应按第4.2.3.8条第6款中的规定及时进行覆盖和养护,并应符合下列规定:

(1) 当采取蒸汽养护时,除应符合4.2.21冬期、雨期及热期施工中的规定外,尚宜分为静停、升温、恒温、降温及自然养护五个阶段。静停期间应保持蒸养棚内的温度不低于5℃;混凝土浇筑完成4h后方可升温,且升温的速度不应大于10℃/h;恒温时应将温度控制在50℃以下,恒温时间宜由试验确定;降温的速度不应大于5℃/h;蒸汽养护结束后,应立即进入自然养护阶段,且养护时间不宜少于7d。蒸养期间、拆除保温设施及模板时,梁体混凝土表层的温度与环境温度之差不得大于15℃。

(2) 当采取自然养护时,对暴露于大气环境中的混凝土表面应采用适宜的材料进行覆盖,并洒水养护;拆模后尚未达到养护时间的梁体混凝土表面,宜采用喷淋方式或采用养护剂喷洒养护。当环境相对湿度小于60%时,自然养护的时间不宜少于28d;相对湿度大于或等于60%时,不宜少于14d。

3. 梁体混凝土的抗压强度达到设计强度的1/3以上、弹性模量不低于设计值的50%时,可对部分预应力钢束进行初张拉,但其张拉应力不应超过设计张拉控制应力的1/3,且初张拉的预应力钢束编号及张拉应力应符合设计规定。对箱梁预应力钢束的终张拉,应在其混凝土抗压强度达到设计强度的80%、弹性模量不小于设计值的80%后进行。设计对张拉有具体规定时应从其规定。

4. 梁体预应力孔道的压浆应符合 4.2.4 预应力混凝土工程中的规定。压浆结束后应将锚具外部清理干净,并应对梁端混凝土进行凿毛,对锚具进行防锈处理,按设计要求设置钢筋网片,浇筑封端混凝土。封端应采用无收缩混凝土,其强度应符合设计规定,并应严格控制梁体长度。

5. 整孔预制大型后张预应力混凝土箱梁施工质量标准见表 4-82。

整孔预制大型后张预应力混凝土箱梁施工质量标准　　　　表 4-82

项　　目		规定值或允许偏差
混凝土强度（MPa）		在合格标准内
梁长（mm）		+5，-10
梁高（mm）		0，-5
梁宽（mm）	顶板	±20
	底板	±10
断面尺寸（mm）	顶板厚	+10，0
	腹板厚	+10，-5
	底板厚	+10，0
横隔板厚（mm）		+10，-5
梁体上拱（mm）		$L/3000$
表面平整度（mm/m）		5
横坡（%）		±0.15
预埋件位置（mm）		5
顶面预留钢筋位置（mm）		5

注：L 为跨径。

6. 箱梁的架设,采用架桥机安装作业时,其抗倾覆稳定系数不应小于 1.3；架桥机过孔时,起重小车应位于对稳定最有利的位置,且抗倾覆稳定系数不应小于 1.5。

7. 箱梁架设安装后的吊梁孔应采用收缩补偿混凝土封填。

8. 整孔箱梁安装质量标准见表 4-83。

整孔箱梁安装质量标准　　　　表 4-83

项　　目	规定值或允许偏差	项　　目	规定值或允许偏差
轴线偏位（mm）	10	相邻预制梁端的顶面高差（mm）	10
梁顶面高程（mm）	±5	湿接头混凝土强度（MPa）	在合格标准内

4.2.13.8　斜腿刚构

1. 斜腿可采取有支架或无支架的方式进行施工。不论采取何种方式施工,均应采取有效措施,防止斜腿的截面产生过大的局部应力或变形。

2.主梁的施工应符合下列规定:

(1)对多跨斜腿刚构桥的主梁不应一次浇筑成型,而应在分跨浇筑后,再设置合龙段合龙。

(2)采用悬臂法施工时,除应符合4.2.13.4悬臂浇筑中的要求外,对斜腿部分尚应设置具有足够强度和刚度的临时支撑或拉杆进行固定,抵抗主梁悬浇过程中产生的不均衡弯矩,且其基础应满足承载力的要求;主梁与斜腿的连接处应一次性浇筑完成,对有V形墩的斜腿刚构桥,应选择适宜的温度先使V形墩与其上的主梁形成闭合三角形结构,再进行其余主梁的悬臂浇筑施工。

3.斜腿刚构桥斜腿、主梁施工质量标准见表4-84和表4-85。

斜腿刚构桥斜腿施工质量标准　　　　　　　　　　　表4-84

项　目	规定值或允许偏差	项　目	规定值或允许偏差
混凝土强度（MPa）	在合格标准内	顶面高程（mm）	±10
断面尺寸（mm）	±20	节段间错台（mm）	5
斜度（mm）	$0.3\%H$,且不大于20	平整度（mm/2m）	5
轴线偏位（mm）	10		

注:H为斜腿高度。

斜腿刚构桥主梁施工质量标准　　　　　　　　　　　表4-85

项　目	规定值或允许偏差	项　目	规定值或允许偏差
混凝土强度（MPa）	在合格标准内	合龙高程偏差（mm）	±20
断面尺寸（mm）	±10	横坡（%）	±1.5
合龙轴线偏差（mm）	10	平整度（mm/2m）	8

4.2.14 斜拉桥

斜拉桥包括:索塔;主梁;拉索;上部结构施工控制;矮塔斜拉桥;无背索斜拉桥6部分。

4.2.14.1 索塔

1.索塔的施工方法宜根据结构特点、施工环境和设备能力等综合确定。索塔施工期间,应具有必要的起重设备和安全通道。索塔施工时应对其平面位置、断面尺寸、倾斜度、应力和线形等进行监测和控制。

2.混凝土索塔的施工应符合下列规定:

(1)塔柱节段施工长度的划分,宜根据索塔结构形式、钢筋定尺长度和施工条件等因素确定;塔柱模板应具有足够的强度、刚度和稳定性,用于高塔且风力较大地区的模板应进行抗风稳定性验算。

(2)塔座及塔柱实心段施工时,除应控制好模板的平面位置和倾斜度外,尚应对混凝土采取降低水化热和温度控制的措施;同时宜采取适当措施缩短塔座与承台、塔柱与塔座之间浇筑混凝土的间隔时间,间歇期不宜大于10d。

(3) 索塔与主梁不宜交叉施工,必须交叉施工时应采取保证质量和施工安全的措施。索塔施工时宜设置劲性骨架,所设置的劲性骨架应能起到保证钢筋架立、模板安装和拉索预埋导管空间定位精度的作用;劲性骨架应采用型钢制作,不得使用管材。

(4) 横梁施工时,应设置可靠的支架系统。支架系统应进行专门设计,其强度、刚度和稳定性应满足使用要求,同时应考虑变形和日照温差等因素对支架系统的不利影响。体积过大的横梁可沿高度方向分次浇筑,但分次浇筑的时间间隔不宜超过 10d,并应采取措施防止施工接缝处产生收缩裂缝;分次浇筑时支架系统的设计宜考虑横梁的全部自重。

(5) 塔柱和横梁可同步施工或异步施工。但异步施工时塔柱与横梁之间浇筑混凝土的间隔时间不应超过 30d,并应采取措施使塔梁之间的接缝可靠连接,不得产生收缩裂缝。倾斜塔柱施工时,应对各施工阶段塔柱的强度和变形进行验算,分高度设置主动横撑或拉杆,使其线形、内力和倾斜度满足设计要求并保证施工期结构的安全。

(6) 混凝土浇筑施工时应根据索塔的高度及混凝土供应能力选择适宜的输送方式,采用输送泵时宜一泵到顶。浇筑混凝土时,布料应均匀,应控制其倾落高度不超过 2m,保证混凝土不产生离析,并应采取措施避免上部塔体施工时对下部塔体的表面造成污染。混凝土浇筑完成后,应及时养护。养护的方法和措施应根据结构特点、气温、环境条件等因素综合确定,每一节段现浇混凝土的养护时间应不少于 7d。

(7) 索塔横梁和拉索锚固区的预应力施工,应符合本篇预应力混凝土工程的有关规定。对拉索锚固区曲率半径较小的环向预应力钢束,宜按设计要求进行模型试验,取得经验数据后方可正式施工。

(8) 对拉索预埋导管的安装,应在施工前认真复核设计单位提供的施工图是否已进行拉索的垂度修正;定位安装时宜利用劲性骨架控制导管进出口处的中心坐标,并应采取其他辅助措施进行调整和固定;预埋导管不宜有接头。在上塔柱安装钢锚箱或钢锚梁时,应根据构件的结构特点,提前确定吊装的方法和施工工艺,并验算吊装的安全性;吊装宜在风速 10m/s 以下的时段进行,安装的允许误差应符合设计要求。

(9) 混凝土索塔施工质量标准见表 4-86。

混凝土索塔施工质量标准 表 4-86

项 目		规定值或允许偏差
混凝土强度(MPa)		在合格标准内
塔柱底偏位(mm)		10
横梁轴线偏位(mm)		10
倾斜度(mm)	总体	符合设计规定;设计未规定时按塔高的 1/3000,且不大于 30
	节段	节段高的 1/1000,且不大于 8
塔顶高程(mm)		±20
外轮廓尺寸(mm)	塔柱	±20
	横梁	±10
拉索锚固点高程(mm)		±10
横梁顶面高程(mm)		±10
预埋索管孔道位置(mm)		10,且两端同向

3. 钢索塔的施工应符合下列规定：

（1）钢索塔的构件在工厂制作时应进行试拼装，试拼装合格后方可启运，并应根据不同的运输方式对构件进行必要的临时加固和保护。节段构件安装的吊点、导向件及临时匹配件宜在厂内制作时设置。

（2）钢索塔与基础的连接采用螺栓锚固时，承压板与混凝土之间应保持密贴，混凝土表面应抛光磨平并对承压板进行机械加工切削；采用埋入式锚固时，应保证底座的安装精度符合设计要求。

（3）采用高强度螺栓连接或焊接连接的钢索塔，其工地现场连接施工应符合本篇钢桥的规定。

（4）倾斜索塔架设时，应验算索塔内力，控制成塔线形，分高度设置水平横撑或拉杆。

（5）钢索塔安装质量标准见表4-87。

钢索塔安装质量标准 表4-87

项　　目		规定值或允许偏差
顶面高程（mm）		$\pm 2.0n$；且不大于20
总体垂直度偏差（mm）	顺桥向	$H/4000$
	横桥向	$H/4000$
对接口板错边量（mm）		$\leqslant 2$
塔柱中心距（接头部位）（mm）		± 4.0
节段轴线相对塔柱轴线的偏差（mm）	顺桥向	$2h/1000$
	横桥向	$2h/1000$
两塔柱横梁中心处高程的相对差（mm）		4
端面金属接触率（%）	壁板	符合设计要求
	腹板	符合设计要求
	加劲板	符合设计要求
斜拉索锚固点高程（mm）		± 10

注：n为节段总数；H为索塔总高度；h为节段高度。

4.2.14.2 主梁

1. 主梁应严格按照预定的程序、方法和措施进行施工。对设计为飘浮或半飘浮体系的斜拉桥，在主梁施工期间应使塔梁临时固结。主梁在悬臂施工时，应保持两端的施工荷载对称平衡，其最大不平衡荷载不得超过设计允许的范围。

2. 混凝土主梁采用悬臂浇筑法施工时，除应符合本章悬臂浇筑的有关规定外，尚应符合下列规定：

（1）主梁0号梁段及相邻梁段浇筑施工时，应设置可靠的支架系统。支架系统应进行专门设计，其强度、刚度和稳定性应满足使用要求，同时应考虑变形、地基的不均匀沉降和日照温差等因素对支架系统的不利影响；施加在支架上的临时施工荷载应包括悬浇挂篮的重量。辅助跨梁段的现浇支架亦应符合上述规定。

（2）用于悬浇施工的挂篮应进行专门设计，挂篮应满足使用期的强度和稳定性要求，同时应考虑主梁在浇筑混凝土时抗风振的刚度要求。挂篮的全部构件制作完成后应进行检验和试拼，合格后再运至现场整体组装，并应按设计荷载及技术要求进行预压。挂篮在预压时应测定其弹性挠度的变化、高程调整的性能及其他技术性能。

（3）混凝土主梁悬臂浇筑施工质量标准见表 4-88。

混凝土主梁悬臂浇筑施工质量标准 表 4-88

项　目		规定值或允许偏差
混凝土强度（MPa）		在合格标准内
轴线偏位（mm）	$L \leqslant 100$m	10
	$L > 100$m	$L/10000$，且不大于 30
塔顶偏位（mm）		符合设计和施工控制要求；未要求时，纵向不大于 30，横向不大于 20
斜拉索索力（kN）		符合设计和施工控制要求
断面尺寸（mm）	高度	$+5$，-10
	顶宽	± 30
	底宽	± 20
	板厚	$+10$，0
梁锚固点高程（mm）	$L \leqslant 100$m	± 20
	$L > 100$m	$\pm L/5000$
锚具轴线与孔位轴线偏位（mm）		5

注：L 为跨径。

3. 混凝土主梁采用悬臂拼装法施工时，除应符合本章悬臂拼装的有关规定外，尚应符合下列规定：

（1）梁段的预制可采用长线法或短线法台座。预制台座的设计应考虑主梁成桥线形的影响，并应保证预制梁段的截面尺寸能满足拼装的精度要求。预制梁段的混凝土端面应密实饱满，不得随意修补。

（2）对梁段拼装用的非定型桥面悬臂吊机或其他起吊设备，应进行专门设计并宜委托具有相应资质的专业单位加工制造，加工完成后应进行出厂质量验收。起吊设备在现场组装后应进行试吊，确认安全方可用于正式施工。

（3）0 号及其相邻的梁段为现浇时，在现浇梁段和第一节预制安装梁段间宜设湿接头，对湿接头结合面的梁段混凝土应进行凿毛并清洗干净。采用垫片调整梁段拼装线形时，每次调整的高程不应大于 20mm；多段拼装中的累积误差，可用湿接头调整。

（4）混凝土主梁悬臂拼装施工质量标准见表 4-89。

混凝土主梁悬臂拼装施工质量标准 表 4-89

项　目		规定值或允许偏差
合龙段混凝土强度（MPa）		在合格标准内
轴线偏位（mm）	$L \leqslant 100$m	10
	$L > 100$m	$L/10000$；且不大于 20
塔顶偏位（mm）		符合设计和施工控制要求；未要求时，纵向不大于 30，横向不大于 20

续表

项　　目		规定值或允许偏差
斜拉索索力（kN）		符合设计和施工控制要求
锚具轴线与孔道轴线偏位（mm）		5
梁锚固点高程（mm）	$L \leqslant 100m$	±20
	$L > 100m$	$\pm L/5000$

注：L 为跨径。

4. 钢主梁的施工应符合下列规定：

（1）钢梁应由具备相应资质的专业单位加工制造，制造完成后应在工厂内进行试拼装和涂装，经质量检验合格后方可运至工地现场。加工制造应符合本篇钢桥的规定，钢梁构件上的吊点、导向件及临时匹配件宜按照设计要求在工厂加工制造时设置。

（2）钢梁的构件或梁段在运输过程中，应采取可靠的临时加固措施，避免受到损伤。在工地临时存放时，应对存放场地进行规划，存放场地应平整、稳固、排水良好，存放的构件或梁段应支离地面一定高度，基础应具有足够的强度，并应防止地基的不均匀沉降；同时应采取必要的防护措施，防止钢梁积水锈蚀和栓接板面损坏、污染。

（3）钢梁安装施工前应编制详细的梁段吊装施工工艺，并应制定梁段间连接的工艺标准、焊接或栓接的工艺检验标准，以及施工的安全技术规程。在吊装前应核对各构件或梁段的起吊重量，对构件或梁段起吊的稳定性进行验算，经试吊确认无误后方可正式起吊安装。

（4）在支架上进行索塔附近无索区梁段安装施工时，应设置可调节梁段空间位置的装置，保证梁体在安装时的精确定位。

（5）应采取必要措施减少钢箱梁安装时的接缝偏差，在内、外腹板位置，高度方向和宽度方向的拼接错口宜不大于2mm。

（6）采用高强度螺栓连接或焊接连接的钢梁，其工地现场连接施工应符合本章钢桥的规定。

（7）钢主梁安装质量标准见表4-90。

钢主梁安装质量标准　　　　　　　　　　　　　　　表4-90

项　　目		规定值或允许偏差		
		0号梁段	悬臂拼装梁段	合龙梁段
轴线偏位（mm）		5	$L \leqslant 200m$，10；$L > 200m$，$L/20000$	10
塔顶偏位（mm）		符合设计和施工控制要求；未要求时，纵向不大于30，横向不大于20		
线形高程（mm）		符合设计和施工控制要求		
梁顶水平度（mm）		20		
梁段上3点相对高差(mm)		±3	符合施工控制要求	符合施工控制要求
相邻梁段匹配高差（mm）		2		
索力（kN）		符合设计规定；设计未规定时与设计值相差10%		
连接	焊缝尺寸	符合设计要求		
	探伤			
	高强螺栓扭矩	±10%		

注：L 为跨径。

5. 钢—混凝土组合梁的施工应符合下列规定：

(1) 钢—混凝土组合梁在施工前，应根据结构的特点和受力特性确定施工程序和施工工艺。钢结构部分的施工应符合本节钢主梁施工的规定。

(2) 混凝土桥面板宜预制施工，对跨径不大的组合梁或某些特殊部位，可现浇施工。采取预制施工时，预制台座顶面的平整度宜不大于2mm；侧向模板的设置应保证钢筋及预应力管道的准确定位。

(3) 桥面板混凝土可适当掺加能提高混凝土抗裂性能的材料，但掺加材料应得到设计的认可并应通过试验确定其掺加量和效果。混凝土浇筑后，应及时覆盖洒水养护，养护的时间应不少于7d；拆模后应及时对桥面板侧面的混凝土进行凿毛，凿毛可采用人工方式或采用高压水冲法，凿毛的深度宜为5～8mm。

(4) 预制桥面板的存放台座应进行专门设计，桥面板在台座上叠放的数量应根据地基情况经计算确定。当台座位于软弱地基上时，应采取措施防止地基不均匀沉降。预制桥面板的存放时间不宜少于6个月。

(5) 各桥面板单元之间的湿接缝应采用微膨胀低收缩混凝土。湿接缝混凝土浇筑后的养护时间应不少于7d，对桥面板预应力钢束的张拉亦宜在混凝土龄期达7d后进行。

(6) 钢—混凝土组合梁施工质量标准见表4-91。

钢—混凝土组合梁施工质量标准　　　　　表4-91

项　目		规定值或允许偏差
混凝土强度（MPa）		在合格标准内
轴线偏位（mm）	$L \leqslant 200m$	10
	$L > 200m$	$L/20000$；20
混凝土桥面板断面尺寸（mm）	厚	+10，0
	宽	±30
桥面板中心线与钢梁中心线（mm）		10
塔顶偏位（mm）		符合设计和施工控制要求；未要求时，纵向不大于30，横向不大于20
斜拉索索力（kN）		符合设计和施工控制要求
梁顶面高程（mm）	$L \leqslant 200m$	±20
	$L > 200m$	$±L/10000$
连接	焊缝尺寸	符合设计要求
	焊缝探伤	
	高强螺栓扭矩	±10%
钢梁防护		涂装符合设计要求

注：L为跨径。

6. 钢—混凝土混合梁的施工应符合下列规定：

(1) 混合梁施工时，钢主梁部分的施工应符合本节钢主梁施工的规定；混凝土主梁部分的施工应符合本节悬臂浇筑法或本节悬臂拼装法的规定。钢梁与混凝土梁在结合段处的临时连接应严格按照设计要求设置。

(2) 对支承钢—混凝土结合段连接施工的支架，应进行专门设计，支架的强度、刚度和稳定性应满足使用的要求，并应充分考虑变形、地基的不均匀沉降和日照温差等因素对支架系统的不利影响。

(3) 结合段在浇筑混凝土之前，应对混凝土梁的结合面进行严格凿毛，并将全部结合面清理干净。结合段宜采用微膨胀低收缩混凝土，其配合比应通过专项试验确定；混凝土浇筑时应充分振捣，保证其密实性，混凝土浇筑后的养护时间应不少于7d。

(4) 结合段的预应力钢束宜在混凝土龄期达7d后张拉或符合设计规定，张拉时应对称均衡地进行，预应力的其他施工要求应符合本章预应力混凝土工程的规定。

7. 主梁的合龙施工应符合下列规定：

(1) 主梁的合龙应按照设计和施工控制的要求进行，施工前应确定施工程序并进行合龙施工计算，制定详细的施工工艺及各项保障措施的方案。

(2) 对合龙前最后若干个悬臂施工梁段的高程、线形、轴线偏差及索力应进行严格控制，使合龙口两侧主梁的自然相对偏差满足合龙的误差要求。

(3) 混凝土主梁和全焊钢主梁在合龙时，应按照设计要求设置临时刚性连接，控制合龙口长度及主梁轴线与高程的变化。

(4) 主梁合龙施工期间，应对桥面上的临时施工荷载进行严格控制，不得随意施加除合龙施工需要的其他附加荷载。

(5) 主梁中跨合龙后，应按设计要求的程序在规定时间内拆除塔梁临时固结装置，保证体系的安全转换。

(6) 边跨合龙应根据主梁的结构特点按主梁合龙施工的相关要求进行施工。

(7) 多塔斜拉桥主梁的合龙顺序应符合设计规定。

4.2.14.3 拉索

1. 拉索及其附件应符合设计规定，进场后应进行质量验收。平行钢丝拉索应符合《斜拉桥热挤聚乙烯高强钢丝拉索技术条件》GB/T 18365 的要求，成品拉索在出厂前应做放索试验，同时应做 1.2~1.4 倍设计索力的超张拉检验，检验后冷铸锚板的内缩值不宜大于5mm；钢绞线拉索采用的钢绞线、锚具应分别符合《预应力混凝土用钢绞线》GB/T 5224 和《预应力筋用锚具、夹具和连接器》GB/T 14370 的要求。成品拉索和钢绞线应缠绕成盘进行运输。在起吊、运输和存放时应采取措施防止其产生破坏、变形或腐蚀。

2. 拉索在安装施工前，应按设计要求及拉索结构的不同制订相应的施工方案、施工工艺及施工安全技术方案。安装前还应全面检查预埋拉索导管的位置是否准确，发现问题应及时采取措施予以处理，同时应将导管内的杂物清理干净。

3. 拉索的安装施工应按设计和施工控制的要求进行，在安装和张拉拉索时应采用专门设计制作的施工平台及其他辅助设施进行操作，保证施工安全。张拉拉索用的千斤顶、油泵等机具及测力设备应按本篇预应力混凝土工程的要求进行配套校验；为施工配备的张拉机具，其能力应大于最大拉索所需要的张拉力。

4. 拉索可在塔端或梁端单端进行张拉，张拉时应按索塔的顺桥向两侧及横桥两侧对称同步进行。同步张拉时不同步索力之间的差值不得超出设计和施工控制的规定；两侧不对称或设计拉力不同的拉索，应按设计规定的索力分级同步张拉，各千斤顶同步之差不得大于油表读数的最小分格。拉索张拉的顺序、级次数和量值应符合设计和施工控制的规定；张拉宜以测定的索力或油压表量值为准，以延伸值做校核。

5. 平行钢丝拉索的安装和张拉施工应符合下列规定：

(1) 施工前应根据索长、索重、斜度和风力等因素，计算拉索在安装时锚头距索管口不同距离以及满足锚环支承时的牵引力；张拉杆、连接套和软牵引等施工辅助设施应经专门设计，并应在正式使用前进行1.2倍设计牵引力的对拉试验。

(2) 吊装时不宜使用起重钩或容易对索体产生集中应力的吊具直接挂扣拉索，宜采用带胶垫的管形夹具和尼龙吊带并设置多吊点进行起吊。放索时索体应在柔软的滚轮或皮带输送机上拖拉，并应控制索盘的转速，防止转速过快导致索盘倾覆。

(3) 安装施工时不得挤压、弯折索体，不得损伤索体的保护层和索端的锚头及螺纹；应在索管管口处设置对中控制的装置或限位器进行调控，防止锚头和索体在穿入索管时因偏位而产生摩擦受损。当拉索的索体防护层和锚头已发生不影响使用的损伤时，应及时进行修复并记录在案，施工结束后对损伤部位尚应进行跟踪维护。

(4) 拉索的内置式减振圈和外置式抑振器未安装前，应采取有效措施，保证塔、梁两端的索管和锚头不受到水或其他介质的污染和腐蚀。

(5) 张拉平行钢丝拉索时，其施工的方法和设备应根据索型、锚具、布索方式、塔和梁的构造特点确定。

6. 钢绞线拉索的安装施工应符合下列规定：

(1) 拉索外套管的连接接长采用热熔焊接接头时，热熔焊接的温度应符合外套管材料的要求。

(2) 钢绞线的下料长度应计入牵引、张拉时的工作长度；下料时对钢绞线的切割应采用砂轮锯，不得采用电弧焊或氧乙炔进行切断。

(3) 牵引安装钢绞线时，其牵引装置必须安全可靠，牵引过程中钢绞线不得产生弯折，转向时应通过导向轮实现。每根钢绞线安装就位后，均应及时用夹片锁定。

7. 钢绞线拉索的张拉施工应符合下列规定：

(1) 钢绞线拉索宜采用单根安装、单根张拉、最后再整体张拉的施工方法。单根钢绞线的张拉应按分级、等值的原则进行，整体张拉时应以控制所有钢绞线的延伸量相同为原则。拉索整体张拉完成后，宜对各个锚固单元进行顶压，并安装防松装置。

(2) 在一根斜拉索中，单根张拉后各钢绞线索力的离散误差不宜超过±2%；整体张拉完成后，各钢绞线索力的离散误差不宜超过±1%。

(3) 拉索的张拉工作全部完成后，应及时对塔、梁两端的锚固区进行最后的组装以及抗振防护与防腐处理。

8. 拉索索力实测值与设计值的偏差不宜大于5%，超过时应进行调整。调整索力时应对索塔和相应的主梁段进行变形和应力监测，并做记录。

4.2.14.4 上部结构施工控制

1. 斜拉桥上部结构施工时应对其施工过程进行控制，应保证结构在施工过程中始终处于安全范围内，成桥后的线形、内力和索力应符合设计要求。施工控制的方法宜根据结构特点、施工方案和环境条件等因素综合选择确定。

2. 斜拉桥的施工控制宜遵守以下原则：在主梁悬臂施工阶段以高程控制为主；二期

恒载施工阶段以控制索力为主。

3. 施工控制应贯穿于斜拉桥施工的全过程中，除施工应按规定的程序进行外，对各类施工荷载应加强管理，并应对施工过程中的变形、应力和温度等参数进行监控测试，且采集的数据应准确、可靠。监控测试应符合下列规定：

(1) 宜选择无风或微风的天气进行测试，减小风对测量的不利影响。

(2) 测试时应停止桥上的机械施工作业，消除机械设备的振动及不平衡荷载等对测试产生的不利影响。

(3) 各种测试均应在尽可能短的时间内完成，应避免测试条件产生较大的变化。测量宜在夜间气温相对稳定的时段进行。

4.2.14.5 矮塔斜拉桥

1. 矮塔斜拉桥各部位的施工除应分别符合本节相关的规定外，尚应根据其结构特点和受力特性，制定针对特殊部位的施工方案、施工工艺及控制方法。

2. 安装拉索的索鞍前，应检查分丝管数量是否正确，有无孔洞等；安装时，宜采用劲性骨架进行定位，保证索鞍位置符合设计规定的精度要求。

3. 在浇筑索鞍区混凝土时，应按索鞍分排的情况依次浇筑；振捣混凝土时不得碰撞索鞍区的预埋钢管，并应采取措施保证索鞍区下方混凝土的密实性。

4. 抗滑锚块压注环氧砂浆时，应采用专用的环氧砂浆压浆机进行压注，并应封闭索鞍管口，防止环氧砂浆进入索鞍内。采用内外管索鞍时，应采取有效措施保证内管压浆的密实性，保证拉索的防腐效果。

5. 混凝土主梁施工时的控制宜以调整挂篮立模高程为主；主梁为钢梁时宜以调整梁顶高程为主。

6. 张拉拉索时，对平行钢丝拉索每张拉完一根拉索，或对钢绞线拉索每张拉完一根钢绞线，均应对索鞍两侧的管口进行封堵，保证雨水与杂物不进入管内。

7. 矮塔斜拉桥施工的质量标准除应符合一般斜拉桥相应的规定外，索鞍的预埋钢管尚应符合下列规定：管口高程的允许偏差为±10mm；管口坐标的允许偏差为±10mm，且两边同向。

4.2.14.6 无背索斜拉桥

1. 无背索斜拉桥的施工应根据其结构特点和受力特性，在施工前制定施工方案和施工工艺。是采用先塔后梁还是先梁后塔的施工方法宜根据索塔的倾斜程度确定。

2. 倾斜混凝土索塔的施工，在进行模板、支架设计及预埋拉索导管定位时，应充分考虑因塔的倾斜而导致各种构造尺寸和角度的变化，认真复核验算，避免发生差错。对倾斜钢索塔，在加工制造前，应在认真复核设计图纸的基础上，绘制加工工艺图，并应在加工制造时严格控制精度。

3. 采用先塔后梁的方法进行倾斜索塔的施工时，应采取必要措施，避免塔柱根部的混凝土产生过大的拉、压应力；有横梁的索塔，在横梁施工时应根据其构造特点对模板和支架系统进行专门设计，支架系统应可靠，其强度、刚度和稳定性应满足使用的要求。采用先梁后塔方法时，索塔应结合拉索的安装和张拉并按照施工控制的要求进行分段施工。

4.2.15 悬索桥

悬索桥包括：锚碇；索塔；索鞍；猫道；主缆工程；索夹与吊索；加劲梁；自锚式悬索桥 8 部分。

4.2.15.1 锚碇

1. 重力式锚碇的基坑开挖和基础施工应符合下列规定：

(1) 采用机械开挖时，应在基底高程以上预留 150～300mm 土层采用人工清理，且不得破坏基底岩土的原状结构；采用爆破方法施工时，宜使用预裂光面爆破等小型爆破法，避免对边坡造成破坏。对深大基坑，应采取边开挖边支护的措施保证其边坡的稳定，边坡支护的方法应符合设计规定。

(2) 沉井基础的施工应按 4.2.7 沉井中的有关规定执行。地下连续墙基础的施工除应符合 4.2.9 明挖地基中的有关规定外，基坑开挖前对地下连续墙基底的基岩裂隙宜进行压浆封闭，并应减少地下水向基坑渗透。采用"逆作法"进行基坑开挖时必须进行施工监测，监测内容宜包括环境监测、水工监测、地下连续墙体监测、土工监测及内衬监测等。

2. 隧道锚洞室开挖和岩锚施工应符合下列规定：

(1) 洞室的开挖除应符合《公路隧道施工技术规范》JTG F60 的有关规定外，在条件许可的情况下，宜在附近选取一地质相似的地方进行爆破监控试验，对爆破施工方案的各种参数进行试验和修正，据此确定爆破方案。开挖施工时应严格控制爆破，减少对围岩的扰动。对于向下倾斜的隧道锚，如地下水较丰富应采取必要的措施将水引出洞外，在衬砌混凝土的施工缝处应沿隧洞轴线方向预埋止水板。

(2) 岩锚施工时的钻孔宜采用破碎法施工，在成孔过程中应对钻孔深度和孔空间轴线位置进行检查和记录；达到设计深度后，应采用洁净高压水冲洗孔道并采取有效方法将钻渣掏出。锚索下料时宜采用砂轮机切割，穿束时应设置定位环，保证锚索在孔中位于对中位置，同时应避免锚索扭转。锚索安装完成后应及时对孔道进行压浆。

(3) 隧道锚洞室开挖和岩锚施工质量标准见表 4-92。

隧道锚洞室开挖和岩锚施工质量标准 表 4-92

项目			规定值或允许偏差
洞室（mm）	总体	偏位	200
		高度	±100
		宽度	
	允许超挖	平均	50
		最大	100
岩锚（mm）	中心线偏位		100
	深度		不小于设计值

3. 锚碇锚固体系的施工应符合下列规定：

(1) 型钢锚固体系施工时，所有钢构件的制作均应按 4.2.16 钢桥中的要求进行。锚杆、锚梁在制造时应进行抛丸除锈、表面防腐涂装和无损检测等工作；出厂前应对构件连接进行试拼装，试拼装应包括锚杆拼装、锚杆与锚梁连接、锚支架及其连接系平面试装。

锚杆、锚梁制作安装质量标准见表 4-93。

锚杆、锚梁制作安装质量标准 表 4-93

项 目		规定值或允许偏差
锚杆制造（mm）	长度	±3
	高度	
	宽度	
支架安装（mm）	中心线偏位	10
	横向安装锚杆之平联高差	+5，-2
锚杆安装（mm）	X轴	±10
	Y轴	±5
	Z轴	±5
后锚梁安装	中心偏位（mm）	5
	偏角（°）	符合设计要求
漆膜厚度（μm）		不小于设计值

（2）预应力锚固系统的施工应符合设计及 4.2.4 预应力混凝土工程中的规定。锚具应安装防护套，并应注入保护性油脂；对加工件应进行超声波和磁粉探伤检查。预应力锚固系统施工质量标准见表 4-94。

预应力锚固系统施工质量标准 表 4-94

项 目	规定值或允许误差	项 目	规定值或允许误差
拉杆张拉力（kN）	符合设计要求	拉杆轴线偏位（mm）	5
前锚孔道中心线（mm）	10	连接器轴线（mm）	5
前锚面孔道角度（°）	±0.2	—	—

4. 锚碇混凝土的施工除应符合 4.2.2 混凝土工程中的有关规定外，尚应符合下列规定：

（1）锚碇的基础和锚体应按大体积混凝土的要求组织施工，施工前应根据结构特点和施工条件编制专项施工技术方案。

（2）隧道式锚碇的混凝土施工时，锚体混凝土应与岩体结合良好，且宜采用自密实型微膨胀混凝土，保证混凝土与拱顶基岩紧密黏结；浇筑混凝土时洞内应具备排水和通风条件。

（3）锚碇混凝土施工时应保证上部构造施工预埋件的安装质量。

（4）锚碇混凝土施工质量标准见表 4-95。

锚碇混凝土施工质量标准 表 4-95

项 目		规定值或允许偏差
轴线偏位（mm）	基础	20
	锚面槽口	10
断面尺寸（mm）		±30

续表

项 目		规定值或允许偏差
基础底面高程（mm）	土质	±50
	石质	+50，-200
顶面高程（mm）		±20
大面积平整度（mm）		8
预埋件位置（mm）		10

4.2.15.2 索塔

1. 悬索桥索塔的施工应按 4.2.14.1 索塔中的相关规定执行。

2. 索塔在施工过程中应对其施工状况进行监测和控制。施工完成后，应测定裸塔的倾斜度、塔顶高程及塔的中心线里程，并做好沉降、变位观测点标记。

3. 悬索桥混凝土索塔施工质量标准见表 4-96。钢索塔的施工质量宜按第 4.2.14.1 条第 3 款中 4.2.14.1 中第 3 条的规定执行。

悬索桥混凝土索塔施工质量标准　　　　　　　表 4-96

项 目	规定值或允许偏差
混凝土强度（MPa）	在合格标准内
塔柱底水平偏位（mm）	10
倾斜度（mm）	符合设计规定；设计未规定时，塔高的 1/3000，且不大于 30
断面尺寸（mm）	±20
横梁高程（mm）	±20
索鞍底板面高程（mm）	+10，0
预埋件位置（mm）	10

4.2.15.3 索鞍

1. 索鞍应由专业单位加工制造，制造的要求可按 4.2.16 钢桥中的相关规定执行。制造完成后应在厂内进行试装配和防腐涂装，并应对各部件的相对位置作出永久性定位标记，经检验合格后方可运至工地现场安装。

2. 索鞍在安装前，应根据鞍体的形状和重量、施工环境条件、起吊高度等因素选用吊装设备。

3. 索鞍在正式起吊前，应先将鞍体吊离地面 0.1~0.2m 并持荷 10min 以上，检验起重设施各部位的受力和变形状况；并应在离地面 1~3m 范围内将鞍体提升起降两次检验卷扬机电机的性能。经上述检验并确认起重设施的各部位均正常后方可进行正式起吊作业。

4. 主索鞍底座钢格栅和散索鞍底座安装调整完成后，必须进行全桥联测检查，确认无误后方可灌注底座下的混凝土。

5. 索鞍在安装时应根据设计规定的预偏量进行就位和固定，且应在主缆加载过程中根据监控数据分次顶推到设计位置。顶推前应确认滑动面的摩阻系数，严格控制顶推量。

6. 主、散索鞍安装质量标准见表 4-97 和表 4-98。

主索鞍安装质量标准 表 4-97

项 目	规定值或允许偏差	项 目	规定值或允许偏差
纵向最终偏差（mm）	符合设计要求	高程（mm）	+20, 0
横向偏位（mm）	10	四角高差（mm）	2

散索鞍安装质量标准 表 4-98

项 目	规定值或允许偏差	项 目	规定值或允许偏差
纵、横向偏位（mm）	5	角度（°）	符合设计要求
高程（mm）	±5	—	—

4.2.15.4 猫道

1. 猫道应根据悬索桥的跨径、主缆线形、施工环境条件等因素进行专门设计，其结构形式及各部尺寸应满足主缆工程施工的需要。猫道设计应符合下列规定：

（1）猫道的线形宜与主缆空载时的线形平行。猫道面层宜由阻风面积小的两层大、小方格钢丝网组成，面层顶部与主缆下沿的净距宜为 1.3~1.5m；猫道的净宽宜为 3~4m，扶手高宜为 1.2~1.5m。猫道在桥纵向应左右对称于主缆中心线布置，猫道间宜设置若干条横向人行通道。

（2）承重索设计时应充分考虑猫道的恒载及可能作用于其上的其他荷载。对承重索进行强度计算时，猫道承重索强度计算荷载组合与安全系数见表 4-99。承重索的锚固系统应有足够的调整范围，每端宜设±2m 以上的调节长度。

猫道承重索强度计算荷载组合与安全系数 表 4-99

荷 载 组 合		安全系数	备 注
静力结构 强度验算	恒载	≥3.5	—
	恒载+活载	≥3.0	—
	恒载+活载+温度荷载	≥3.0	温度荷载按温降15℃考虑
风荷载组合 结构强度验算	恒载+活载+施工阶段风荷载组合	≥3.0	按 6 级风考虑
	恒载+最大阵风荷载组合	≥2.5	—

（3）设计时宜根据桥位处的施工环境条件和当地的气象条件对猫道进行抗风稳定验算。对特大跨径悬索桥，必要时可通过猫道断面节段模型三分力测力风洞试验，获得试验参数后对猫道进行结构动力分析及抗风稳定性验算。可采取适当增加猫道间横向联结的措施增强其抗风稳定性。

2. 猫道钢构件的制作要求可参照 4.2.16 钢桥中的相关规定执行，面层和承重索的材料均应符合相应产品的质量要求。承重索和抗风缆采用钢丝绳时，架设前应对钢丝绳进行预张拉处理消除其非弹性变形，预张拉的荷载应不小于其破断荷载的 0.5 倍，且应持荷 60min，并进行两次；预张拉时的测长和标记宜在温度较稳定的夜间进行。承重索端部的锚头应垂直于承重索，并应对锚头部位进行静载检验，符合受力要求后方可使用。

3. 猫道的架设应按照横桥向对称、顺桥向边跨和中跨平衡的原则进行，且应将裸塔塔顶的变位及扭转控制在设计允许的范围内。

4.2.15.5 主缆工程

1. 主缆用热镀锌钢丝的技术条件应符合《桥梁缆索用热镀锌钢丝》GB/T 17101 的规定。主缆热铸锚锚体灌注材料的材质应符合《锌锭》GB/T 470 和《阴极铜》GB/T 467 的规定。锚杯钢材的化学成分和机械性能应符合《一般工程用铸造碳钢件》GB/T 11352 的规定。

2. 主缆采用预制平行钢丝索股时，索股的制造应符合下列规定：

（1）编股时应记录所使用钢丝的盘号，并应从检验记录中统计出钢丝的平均线径和弹性模量。

（2）定位标志钢丝宜设在索股六角形截面的左上角；标准长度钢丝宜设在右上角，其测长精度应在 1/15000 以上。索股应沿长度方向在主跨中央、主索鞍、边跨中央、散索鞍及索股两端等处设置标记点，标记点间距的精度应不低于 1/15000。

（3）索股制作成形后在切断时，其长度应以标准长度钢丝为准，且在基准温度及零应力状态下的精度应不低于 1/15000；同一索股内的钢丝长度的相对允许误差应相当于抗拉强度 1‰ 的应力伸长值。在长度方向，应按 1.5m 的间距用纤维强力带将索股包扎定型，相邻索股的包扎带应交错设置。

（4）索股锚头制造时，应严格控制锚杯内灌注的锌铜合金配合比及纯度。索股插入锚杯后，应保持索股中心与锚杯中心完全一致，并保证索股的任何部位不与锚杯接触。锚杯下口应采用石棉或耐火泥充分密封，锚头顶面应采用红色油漆对索股进行编号。

（5）制造完成后，应对索股进行静载破断荷载、静载延伸率、弹性模量和疲劳等试验，并应进行成品质量检验，符合设计要求后方可用于工程中。

（6）索股的包装工艺应与架设时的放索工艺相对应，当采用成盘工艺时索盘内径应不小于 2.4m。包装应方便运输和安装，并应保证在收卷或放出索股时不会产生任何障碍损坏钢丝表面镀锌层。包装好的索股宜在仓库内平稳整齐架空堆垛存放，不宜露天存放，储存期不宜超过 6 个月。

3. 索股的线形调整应符合下列规定：

（1）垂度调整应在夜间温度稳定时进行。温度稳定的条件为：长度方向索股的温差 $\Delta t_1 \leqslant 2℃$；横截面索股的温差 $\Delta t_2 \leqslant 1℃$。

（2）对基准索股的线形应采用绝对垂度进行调整，调整完成后，应连续数天对其线形进行观测，观测宜在风力小于 5 级的夜间且温度稳定时进行，并应记录对应的跨中高程、气温、索股温度及索鞍 IP 点的偏量，确认基准索股的线形稳定后方可进行其他索股的架设；其他索股的线形应以基准索股为准，进行相对垂度调整。调整好的索股在索鞍位置应临时压紧固定，不得在鞍槽内滑移。

（3）对索股线形进行垂度调整时，其精度宜以索股高程的允许误差控制：索股中跨跨中为 $\pm L/20000$（L 为跨径），边跨跨中为中跨跨中的 2 倍；上下游基准索股高差为 10mm，一般索股（相对于基准索股）为 −5mm，+10mm。

4. 主缆索力的调整应以设计和施工控制提供的数据为依据，其调整量应根据调整装置中测力计的读数和锚头移动量双控确定。其精度要求为：实际拉力与设计值之间的允许误差应为设计锚固力的 3‰。

5. 主缆的紧缆应分为预紧缆和正式紧缆两阶段进行，并应符合下列规定：

（1）预紧缆应在温度稳定的夜间且应将主缆全长分为若干区段分别进行。预紧缆完成处应采用不锈钢带捆紧,并应保持主缆的形状、不锈钢带的间距可为5~6m,外缘索股上的绑扎带宜边紧缆边拆除。预紧缆的目标空隙率宜为26%~28%。

(2) 正式紧缆时,应采用紧缆机将主缆挤压整形成圆形,其作业可在白天进行。紧缆的顺序宜从跨中向两侧方向进行,紧缆挤压点的间距宜为1m;紧缆的空隙率应符合设计规定,其允许误差应为-0,+3%,圆度偏差宜不超过主缆设计直径的5%。紧缆点空隙率达到要求后,应在靠近紧缆机的压蹄两侧打上两道钢带,带扣宜设在主缆的侧下方,其间距宜为100mm。

6. 主缆的缠丝工作宜在二期恒载完成后进行,并应符合下列规定:

(1) 缠丝的总体方向宜由高处向低处进行,两个索夹之间应自低到高进行。

(2) 缠丝始端应嵌入索夹内不少于2圈或符合设计要求,并宜施加固结焊。

(3) 钢丝的缠绕应密贴,缠绕张力应符合设计规定,设计未规定时宜为2kN。缠绕钢丝的接头宜采用碰接焊工艺。

(4) 节间缠丝每间隔1~1.5m宜进行一次并接焊,并接焊部位应在主缆上表面30°圆心角所对应的圆弧范围内。

7. 主缆的防护涂装应符合设计规定,且宜在桥面铺装完成后进行。防护前应清除主缆表面的灰尘、油和水分等污物并临时覆盖,进行防护涂装等作业时方可将覆盖物分段揭开。

4.2.15.6 索夹与吊索

1. 索夹的制造除应符合下列规定:

(1) 同一只索夹构件(半只索夹)的修补点应不超过2个,同一修补点不得重复修补。

(2) 螺杆、螺母和垫圈的表面宜进行磷化或发蓝处理。高强螺栓应抽样进行楔负载拉力试验,螺母应抽样进行保证荷载和硬度试验,无损检测及硬度等试验结果应满足设计和相关标准的规定。

(3) 索夹各部件加工面的精度要求见表4-100。

索夹各部件加工面的精度要求 表4-100

项 目	精度要求	项 目	精度要求
长度(mm)	±2	壁厚度(%)	0~5
内径(mm)	±2	圆度(mm)	2
螺孔位置度(mm)	±1.5	平直度(mm)	1
螺孔直径公差(mm)	±2	索夹孔内的表面粗糙度Ra(μm)	12.5~25
螺栓孔直线度	$L/500$	索夹质量的容许误差(%)	8

2. 索夹的安装应符合下列规定:

(1) 安装前,应测定主缆的空缆线形,并在对设计规定的索夹位置进行确认后,方可于温度稳定时在空缆上放样定出各索夹的具体位置并编号。安装前尚应清除索夹内表面及索夹位置处主缆表面的油污及灰尘,涂上防锈漆。

(2) 索夹在主缆上精确定位后,应立即紧固螺栓,且在紧固同一索夹的螺栓时,应保证各螺栓受力均匀。索夹安装位置的纵向误差应不大于10mm。

（3）索夹螺栓的紧固应按安装时、加劲梁吊装后、全部二期恒载完成后三个荷载阶段分步进行，对每次紧固的数据应进行记录并存档。

3. 吊索的制作、检验和包装应符合《公路悬索桥吊索》JT/T 449 的规定，在运输和安装过程中应保证其不受到任何损伤。

4.2.15.7　加劲梁

1. 钢加劲梁应由专业单位加工制造，制造完成后应在厂内进行试拼装和防腐涂装。制造、试拼装和涂装应符合 4.2.16 钢桥中的规定。

2. 钢箱加劲梁的安装应符合下列规定：

（1）安装钢箱加劲梁的非定型吊机应进行专门设计，在安装前必须进行试吊，检验其安全性和可靠性。

（2）钢箱加劲梁的运输方式应满足安装的要求。

（3）安装的顺序应符合设计规定。从吊装第二节段开始，应与相邻节段间预留 0.5～0.8m 的工作间隙，吊至设计高程后再牵拉连接，并应避免吊装过程中与相邻节段发生碰撞。安装合龙段前，应根据实际的合龙长度，对合龙段长度进行修正。

（4）安装过程中应监测索塔的变位情况，并应根据设计要求和实测塔顶位移量分阶段调整索鞍偏移量。

（5）钢箱加劲梁工地接头的焊接连接和高强度螺栓连接施工应符合 4.2.16 钢桥中的相关规定。

3. 钢桁架梁的安装应符合下列规定：

（1）钢桁架梁的架设安装方法宜根据钢桁架的结构特点、施工安全、设备和现场环境条件等因素综合确定。

（2）采取单构件方式安装时，宜根据钢桁架和吊索的受力情况及桥位的气候条件，选择全铰接法或逐次固结法。架设的顺序可从索塔处开始，向中跨跨中及边跨的端部方向进行。

（3）采用全铰接法架设时，在桁架梁逐渐接近设计线形后，可对部分铰接点逐次固结；采用逐次固结法架设时，宜采用接长杆牵引吊索与桁架梁连接，且宜在不同架设阶段采用千斤顶调整吊索张力，直至最后拆除接长杆入锚。架设过程中应逐一对桁架梁及吊索的内力及变形进行分析，并应将桁架梁斜杆及吊索的最大应力控制在允许范围内。

（4）在短吊索区，单片主桁不宜直接架设，宜采用临时吊索并对吊具进行改装后进行架设。合龙段宜采用单根杆件架设安装。

4. 预应力混凝土加劲梁的安装可参照 4.2.13.5 悬臂拼装及本节的相关规定执行。

5. 加劲梁安装质量标准见表 4-101。

加劲梁安装质量标准　　　　　　　　表 4-101

项　目	规定值或允许偏差	项　目	规定值或允许偏差
吊点偏位（mm）	20	吊索防护	符合设计规定
梁顶面高程在两吊索处的高差（mm）	20	梁段工地连接接头	符合设计规定
相邻节段匹配高差（mm）	2	加劲梁工地防护	符合设计规定

4.2.15.8　自锚式悬索桥

1. 加劲梁为钢箱且采用顶推工艺安装时,应符合下列规定:
(1) 顶推导梁应具有足够的强度和刚度,其长度宜为最大顶推跨径的 0.75 倍。
(2) 施工前应制订钢箱节段在拼装平台上进行接口拼装、焊接的工艺细则。接口处的中线和高程误差应不大于 2mm;接口的焊接均应符合Ⅰ级焊缝的要求,并应进行无损检测。
2. 加劲梁为预应力混凝土箱梁时,宜采取分段现浇的方式施工,其施工技术要求应符合 4.2.13 钢筋混凝土和预应力混凝土梁式桥中的相关规定。
3. 不论采用何种方法安装不同类型的加劲梁,对其支架的结构均应进行专项设计。
4. 加劲梁的线形控制应充分考虑支架的沉降和变形、体系转换及二期恒载等因素的影响,预拱度的设置应满足施工过程中的荷载变化及受力体系转换顺序的要求。支架的顶面高程应按"设计高程+预拱度"设置,当加劲梁为钢箱时,宜略低于该高程;当加劲梁为预应力混凝土箱梁时,宜等于该高程。
5. 加劲梁施工质量标准见表 4-102。

加劲梁施工质量标准　　　　　　　　　　　　　　表 4-102

项　目		规定值或允许偏差
吊点平面偏位 (mm)	纵桥向	±15
	横桥向	±10
吊点锚固面(吊耳中心点)高程 (mm)	高程误差	±10
	左右高差	10
锚管或吊耳角度误差 (°)		1
纵断面线形		符合设计要求

6. 主缆锚固系统的施工应符合下列规定:
(1) 钢锚导管应与锚垫板先组焊后再安装,组焊时导管的轴线应与钢垫板平面成正交,误差不得大于 0.5°,且管的内壁应进行防腐处理。钢锚导管的安装位置应符合设计三维坐标的要求,其误差不得大于 3mm。
(2) 对索股锚固体导管密集区的混凝土应进行专门的配合比设计,浇筑时应保证其密实性。
(3) 散索套宜根据其构造特点进行安装,宜先安装临时套,待主缆索股架设完成后,拆除临时套,再正式安装散索套和施拧高强螺栓。
(4) 主缆锚固系统施工质量标准见表 4-103。

主缆锚固系统施工质量标准　　　　　　　　　　　　表 4-103

项　目		规定值或允许偏差
钢锚导管轴线与锚垫板垂直度误差 (°)		90±0.5
钢锚导管轴线误差 (mm)		3
散索套底板安装误差 (mm)	中心里程	±5
	中线偏位	5
	高程	±3

7. 主缆的架设安装方法宜根据结构特点和施工环境条件等因素综合确定。在安装过程中为铅垂线形的空间线形主缆,其安装要求应与铅垂线形主缆相同;在安装过程中及成桥状态均为空间线形的主缆,其锚道的宽度应满足索股牵引及入锚的要求,索股应先入鞍后入锚。

8. 索夹的制作与安装除应符合第 4.2.15.6 条第 1 款和第 2 款中的规定外,尚应符合下列规定:

(1) 索夹应经过厂内工艺试验确定其与主缆间的摩阻力、握裹力满足设计要求。索夹的紧固力宜通过滑移试验确定。

(2) 索夹的安装顺序在中跨宜从跨中向塔顶进行,边跨宜从锚固点附近向塔顶进行。对空间线形主缆,索夹在安装时应注意偏角的变化。

9. 吊索的张拉及体系转换应符合下列规定:

(1) 吊索张拉前应确定张拉施工方案,明确张拉的顺序、步骤和方法;制订鞍座顶推步骤,确定分次顶推的时机和顶推量;同时应配备接长杆、千斤顶、作业台架等施工机具。

(2) 吊索宜分 2~3 次进行张拉,逐步到位。张拉顺序宜从索塔向跨中进行,张拉时应同步、分级、均匀施力,且应以拉力和拉伸长度进行双控,并以拉力为主;同时在张拉过程中应根据吊索张拉实施步骤,适时顶推鞍座,并应对索塔的倾斜度、主缆和加劲梁的线形进行严密的监测和控制。

(3) 张拉吊索使加劲梁脱离临时支墩后,主梁、主缆的线形应符合设计要求。体系转换后吊索的拉力误差应控制在±2%以内。

(4) 体系转换后索夹和吊索施工质量标准见表 4-104。

体系转换后索夹和吊索施工质量标准　　　　　表 4-104

项　目		规定值或允许偏差
索　夹	中心里程(mm)	±20
	主缆截面圆心角度误差(°)	±1
吊索张力(kN)	与设计张力误差	±10%设计值
	顺桥向相邻吊索张力差	5%设计值
	左右吊索张力差	3%设计值

10. 桥面铺装等二期恒载施工时,应对其施工顺序进行重点控制,控制时应遵循均衡加载保证吊索受力平衡的原则;对预应力混凝土箱梁,尚应控制其结构变形,防止开裂。

4.2.16　钢桥

钢桥包括:材料;焊接;焊接检验;高强度螺栓连接副与摩擦面处理;表面清理和厂内涂装;验收 6 部分。

4.2.16.1　材料

1. 制造钢桥所用材料的品种、规格、性能等应符合设计文件的要求和现行国家产品标准的规定。材料除应有生产厂家的质量证明书外，制造厂还应按相关标准进行抽样复验，复验合格后方可使用。

2. 钢材应按同一厂家、同一材质、同一板厚、同一出厂状态，每 10 个炉（批）号抽检 1 组试件。若订货为探伤钢板，尚应抽取每种板厚的 10%（至少 1 块）进行超声波探伤。进口钢材产品的质量应符合设计和合同规定标准的要求，除应进行进口商检及按规定标准检验其化学成分和力学性能外，尚应将其与匹配的焊接材料做焊接试验。检验不合格的钢材不得使用。

3. 当钢材表面有锈蚀、麻点或划痕等缺陷时，其深度不得大于该钢材厚度允许偏差值的 1/2。钢材表面的锈蚀等级应符合《涂覆涂料前钢材表面处理 表面清洁度的目视评定》GB/T 8923.1～8923.3 的规定。钢材端边或断口处不应有分层、夹渣等缺陷。

4. 焊接与涂装材料的质量及检验应符合现行国家和行业相关标准的规定。高强度螺栓连接副材料的质量及检验应符合《钢结构用高强度大六角头螺栓》GB/T 1228、《钢结构用高强度大六角螺母》GB/T 1229、《钢结构用高强度垫圈》GB/T 1230、《钢结构用高强度大六角头螺栓、大六角螺母、垫圈技术条件》GB/T 1231 及《钢结构用扭剪型高强度螺栓连接副》GB/T 3632 的规定。圆柱头焊钉、焊接瓷环材料的质量及检验应符合《电弧螺柱焊用圆柱头焊钉》GB/T 10433 的规定。

5. 钢桥材料的管理应符合下列规定：

(1) 焊接材料的管理应按《焊接材料质量管理规程》JB/T 3223 的规定执行。

(2) 涂装材料应存放在专用仓库内，涂装时不得使用超出保质期的涂料。

(3) 高强度螺栓连接副进场后应按包装箱上注明的批号、规格分类保管，不得混淆；在室内应架空存放，不得直接置于地面上，并应采取措施防止受潮生锈。高强度螺栓连接副在安装使用前不得任意开箱。

4.2.16.2　焊接

1. 在工厂或工地首次焊接工作之前，或材料、工艺在施工过程中有变化时，必须分别进行焊接工艺评定试验。焊接工艺评定应符合《公路桥涵施工技术规范》JTG/T F50—2011 附录 F1 的规定。

2. 焊接工艺应根据焊接工艺评定报告编制，施焊时应严格遵守焊接工艺，不得随意改变焊接参数。焊接材料应根据焊接工艺评定确定，焊剂、焊条应按产品说明书烘干使用，对储存期较长的焊接材料，使用前应重新按标准检验。CO_2 气体保护焊的气体纯度应大于 99.5%。

3. 焊接工作宜在室内或防风、防晒设施内进行，焊接环境的相对湿度应小于 80%；焊接环境的温度，对低合金高强度结构钢不应低于 5℃，普通碳素结构钢不应低于 0℃。主要杆件应在组装后 24h 内焊接。

4. 施焊前应清除焊接区的有害物。施焊时母材的非焊接部位严禁焊接引弧，焊接后应及时清除熔渣及飞溅物。多层焊接时宜连续施焊，且应控制层间温度，每一层焊缝焊完后应及时清理检查，应在清除药皮、熔渣、溢流和其他缺陷后，再焊下一层。

4.2.16.3　焊接检验

1. 焊接完毕且待焊缝冷却至室温后，应对所有焊缝进行外观检查，焊缝不应有裂纹、未熔合、夹渣、未填满弧坑、漏焊以及超出表 4-105 焊缝外观质量标准规定的缺陷。

焊缝外观质量标准 表 4-105

项 目		质量标准（mm）	
气孔	横向对接焊缝	不允许	
	纵向对接焊缝、主要角焊缝	直径小于 1.0	每米不多于 3 个，间距不小于 20，但焊缝端部 10mm 之内不允许
	其他焊缝	直径小于 1.5	
咬边	受拉杆件横向对接焊缝及竖加劲肋角焊缝（腹板侧受拉区）	不允许	
	受压杆件横向对接焊缝及竖加劲肋角焊缝（腹板侧受压区）	$\Delta \leqslant 0.3$	
	纵向对接及主要角焊缝	$\Delta \leqslant 0.5$	
	其他焊缝	$\Delta \leqslant 1.0$	
焊脚尺寸	主要角焊缝	$K_0^{+2.0}$	
	其他焊缝	$K_{-1.0}^{+2.0}$ *	
焊波	角焊缝	任意 25mm 范围内高低差 $\Delta \leqslant 2.0$	
余高	不铲磨余高的对接焊缝	焊缝宽 $b>12$mm 时，$\Delta \leqslant 3.0$	
		焊缝宽 $b \leqslant 12$mm 时，$\Delta \leqslant 2.0$	
余高铲磨后表面	横向对接焊缝	不高于母材 0.5	
		不低于母材 0.3	
		粗糙度 50μm	

* 手工角焊缝全长 10% 区段内允许 $K_{-1.0}^{+3.0}$。

2. 焊缝经外观检查合格后方可进行无损检测，无损检测应在焊接 24h 后进行。箱形杆件棱角焊缝探伤的最小有效厚度为 $\sqrt{2t}$（t 为水平板厚度，以毫米计），当设计有熔深要求时应从其规定。焊缝无损检测的质量等级及探伤范围见表 4-106，距离一波幅曲线灵敏度及缺陷等级评定应符合附录 20 的规定。

3. 进行局部超声波探伤的焊缝，当发现裂纹或较多其他缺陷时，应扩大该条焊缝探伤范围，必要时可延至全长。进行射线探伤或磁粉探伤的焊缝，当发现超标缺陷时应加倍检验。

焊缝无损检验质量等级及探伤范围 表 4-106

焊缝名称	质量等级	探伤方法	检验等级	探伤比例	探伤部位
横向对接焊缝（顶板、底板、腹板、横隔板等）	Ⅰ级	超声波探伤（UT）	B（单面双侧）	100%	焊缝全长
纵向对接焊缝（顶板、底板、腹板等)	Ⅰ级		B（单面双侧）	100%	端部 1m 范围内为Ⅰ级，其余部位为Ⅱ级
T 形接头和角接接头熔透角焊缝			B		焊缝全长
横隔板纵向对接焊缝			B		焊缝全长
部分熔透角焊缝	Ⅱ级		B	100%	焊缝两端各 1m
焊脚尺寸≥12mm 的角焊缝			A		焊缝两端各 1m

续表

焊缝名称		质量等级	探伤方法	检验等级	探伤比例	探伤部位
纵向对接焊缝	顶板	Ⅰ级	射线探伤（RT）	AB	10%	中间250~300mm
	底板、腹板					焊缝两端各250~300mm
横隔板横向对接焊缝					5%	下部250~300mm
横向对接焊缝（顶板、底板、腹板等）					10%	两端各250~300mm，长度大于1200mm中间加探250~300mm
梁段间对接焊缝	顶板十字交叉焊缝				100%	纵、横向各250~300mm
	底板十字交叉焊缝				30%	
	腹板				100%	焊缝两端各250~300mm
连接锚箱或吊耳板的熔透角焊缝		Ⅱ级	磁粉探伤（MT）		100%	焊缝全长
U形肋对接焊缝						焊缝全长
横隔板与腹板角焊缝						焊缝两端各500mm
U形肋与顶（底）板角焊缝						每条焊缝两端各1000mm，其中行车道范围的顶板角焊缝为两端各2000mm
横隔板与顶（底）板角焊缝						行车道范围总长的20%
腹板与底板角焊缝						焊缝两端各1000mm，中间每隔2000mm探1000mm
临时连接（含马板）						拆除临时连接的部位

注：探伤比例指探伤接头数量与全部接头数量之比。

4. 采用超声波、射线、磁粉等多种方法检验的焊缝，应达到各自的质量要求，该焊缝方可认为合格。焊缝的射线探伤应符合《金属熔化焊焊接接头射线照相》GB/T 3323的规定，射线透照技术等级采用B级（优化级），焊缝内部质量应达到Ⅱ级；磁粉探伤应符合《无损检测 焊缝磁粉检测》JB/T 6061的规定。

5. 圆柱头焊钉焊接后应获得完整的360°周边焊缝。圆柱头焊钉焊缝的宽度、高度等尺寸应满足：焊缝沿圆柱头焊钉轴线方向的平均高度 h_m 应不小于 $0.2d$；最小高度 h_{min} 应不小于 $0.15d$；在钢板侧焊趾的平均直径和应不小于 $1.25d$（d 为圆柱头焊钉直径）。应随机抽取各部位圆柱头焊钉总数的3%进行30°弯曲检验，弯曲后圆柱头焊钉的焊缝和热影响区不应有肉眼可见的裂纹，检验合格的圆柱头焊钉可保留其弯曲状态。

4.2.16.4　高强度螺栓连接副与摩擦面处理

1. 公路钢桥所用的高强度螺栓连接副可选用大六角形和扭剪型两类，并应在专门螺栓厂制造，其规格、质量应符合《钢结构用高强度大六角头螺栓》GB/T 1228、《钢结构用高强度大六角螺母》GB/T 1229、《钢结构用高强度垫圈》GB/T 1230、《钢结构用高强度大六角头螺栓、大六角螺母、垫圈技术条件》GB/T 1231 及《钢结构用扭剪型高强度螺栓连接副》GB/T 3632 的规定。高强度螺栓、螺母、垫圈的表面宜进行表面防锈处理；垫圈两面应平直，不得翘曲，其维氏硬度 HV30 应为 329~436（HRC35~45）。

2. 高强度螺栓连接副应由制造厂按批配套供货，并必须提供出厂质量保证书。运输或搬运时应轻装轻卸，防止损伤螺纹。进场后除应检查出厂质量保证书外，尚应从每批螺栓中抽取 8 副进行检验，检验试验方法和结果应符合《钢结构用高强度大六角头螺栓、大六角螺母、垫圈技术条件》GB/T 1231 或《钢结构用扭剪型高强度螺栓连接副》GB/T 3632 的规定，合格者方可使用。

3. 摩擦面处理应符合下列规定：

（1）在工地以高强度螺栓栓接的杆件和梁段板面（摩擦面）必须进行处理，处理后的抗滑移系数值应符合设计规定；设计未规定时，抗滑移系数出厂时应不小于 0.55，工地安装前的复验值应不小于 0.45。

（2）抗滑移系数试验用的试件应按制造批每批制作 6 组，其中 3 组用于出厂试验，3 组用于工地复验。抗滑移系数试件应与杆件和梁段同材质、同工艺、同批制造，并应在同条件下运输、存放且试件的摩擦面不得损伤。抗滑移系数的试验应符合《公路桥涵施工技术规范》JTG/T F50-2011 附录 F3 的规定。

4.2.16.5 表面清理和厂内涂装

1. 钢桥的杆件和梁段在涂装前，应对其表面进行除锈清理。除锈应采用喷丸或抛丸的方法进行，除锈等级应符合设计规定，设计未规定时，应达到《涂覆涂料前钢材表面处理 表面清洁度的目视评定》GB 8923.1～8923.3 规定的 Sa2.5 级，表面粗糙度 Ra 应达到 25～60 μm；对高强度螺栓连接面，除锈等级应达到 Sa3 级，表面粗糙度 Ra 应达到 50～100 μm，且除锈后的连接面宜进行喷铝防锈处理，同时应清除高强度螺栓头部的油污及螺母、垫圈外露部分的皂化膜。

2. 涂装方案应符合设计文件要求，并应符合《公路桥梁钢结构防腐涂装技术条件》JT/T 722 的规定。

3. 涂装施工时，杆件和梁段表面不应有雨水或结露，相对湿度不应高于 80%；环境温度对环氧类漆不得低于 10℃，对水性无机富锌防锈底漆、聚氨酯漆和氟碳面漆不得低于 5℃。在风沙天、雨天和雾天不应进行涂装施工，涂装后 4h 内应采取措施保护，避免遭受雨淋。

4. 底漆、中间漆涂层的最长暴露时间不宜超过 7d，两道面漆的涂装间隔时间亦不宜超过 7d；若超过，应先采用细砂纸将涂层表面打磨成细微毛面，再涂装后一道面漆。喷铝应在表面清理后 4h 内完成，涂层间隔的时间要求应符合《热喷涂金属件表面预处理通则》GB/T 11373 的规定。

5. 涂装后，应在规定的位置涂刷杆件和梁段标记。杆件和梁段的码放必须在涂层干燥后进行。

6. 涂料涂层的表面应平整均匀，不应有漏涂、剥落、起泡、裂纹和气孔等缺陷，颜色应与比色卡相一致；金属涂层的表面应均匀一致，不应有起皮、鼓包、大熔滴、松散粒子、裂纹和掉块等缺陷。每涂完一道涂层应检查干膜厚度，出厂前应检查总厚度。

4.2.16.6 验收

1. 钢桥制造完成后应按施工图和《公路桥涵施工技术规范》JTG/T F50-2011 的规定进行验收。

2. 板梁制造尺寸、桁梁杆件制造尺寸、一般箱形梁制造尺寸及大型钢箱梁梁段制造尺寸等允许偏差均应符合《公路桥涵施工技术规范》JTG/T F50-2011 钢桥的相关规定。

3. 钢桥的制造应按确定的加工图和制造工艺进行。制造及验收应使用经检定合格的计量器具,并应按有关规定进行操作。

4. 钢桥制造的所有焊工和无损检测人员均应持证上岗,且仅能从事资格证书中认定范围内的工作。

4.2.17 海洋环境桥梁

海洋环境桥梁包括:环氧涂层钢筋;混凝土工程;基础和墩台;钢管桩防腐蚀;混凝土附加防腐蚀5部分。

4.2.17.1 环氧涂层钢筋

环氧涂层钢筋按4.2.1.2环氧涂层钢筋的要求执行。

4.2.17.2 混凝土工程

混凝土工程按4.2.3.8海洋环境混凝土的要求执行。

4.2.17.3 基础和墩台

1. 海上桥梁的钻孔灌注桩宜采用钢制平台施工,平台的顶面高程应按施工期的最高潮水位、浪高并加上适宜的安全高度确定;平台的设计荷载除应考虑结构自重、施工荷载、水流和波浪作用及风荷载外,尚应根据现场情况考虑船舶撞击的偶然作用;平台应设置船舶停靠、安全栏杆、水上救生设备及防撞警示灯等设施。

2. 钻孔护筒的顶面高程应高出施工期高潮水位加浪高1~2m以上;作为永久结构的钢护筒,其材质、直径、壁厚和防腐的要求应符合设计规定。钻孔泥浆宜采用淡水拌制;仅当淡水供应确有困难,经论证证明海水泥浆的性能可保证稳定性且不会构成对钢筋及永久钢护筒的腐蚀和污染时,方可采用海水泥浆。钻孔后废弃泥浆的处理应符合海洋环境保护的要求,不得随意排入海中。

3. 海上桥梁的沉入桩宜采用整根长桩,不宜接桩,其位置允许偏差应符合设计规定。

4. 海中承台采用围堰施工时,应符合下列规定:

(1) 围堰的高度应考虑潮汐和波浪对承台及墩身施工的影响,跨台风期施工时尚应考虑台风荷载对其的作用。

(2) 钢筋混凝土套箱应采用与承台相同强度等级的防腐蚀高性能混凝土,并应按主体结构的抗裂要求配置钢筋,钢筋保护层厚度的允许偏差应符合承台的相应标准。对套箱内侧与承台混凝土的接触面,应采取结构措施或进行表面封闭处理,防止氯离子的渗透;围堰的外露面不得有表面粗糙、不平整或蜂窝等不良外观。

(3) 围堰的封底混凝土中不应有伸入承台内的未经防腐处理的钢件。对承台顶部预留的墩身锚固钢筋,应按设计要求作防腐处理;在承台顶部设置用于施工的临时预埋件时,应在混凝土上预留槽口,施工结束后应将预埋件切除,切除的位置应保证承台钢筋的混凝土保护层厚度的要求,且槽口应采用与承台同强度等级的混凝土填塞捣实。

(4) 利用围堰内壁兼作承台模板时,承台平面尺寸的允许偏差应符合设计规定。

5. 浪溅区上界以下的墩身模板宜采用透水模板衬里。安装墩身模板时,宜在墩的四角设立劲性骨架,骨架的底部宜与承台顶面的预埋件连接,保证其在安装和墩身施工过程中的抗风安全。

6. 对预制安装墩身与承台连接处的接头混凝土,其施工应符合下列规定:

(1) 墩身和承台的连接面应严格凿毛，浇筑混凝土前应将其清理干净，且宜采用淡水充分湿润或涂刷界面剂。必要时宜加密湿接头范围内的钢筋。

(2) 宜通过试验，在混凝土中掺加钢筋阻锈剂和工程纤维，且宜在混凝土表面浸渍硅烷。

(3) 混凝土应振捣密实，保湿养护的时间应符合第4.2.3.8条第6款中的规定。

4.2.17.4　钢管桩防腐蚀

1. 海洋环境桥梁的钢管桩防腐蚀措施应符合设计规定。应根据钢管桩所处的不同海洋环境采用不同的防腐蚀方法，大气区和浪溅区宜采用涂层、玻璃钢和钢管桩护套保护；潮汐区和水下区宜采用阴极保护和涂料联合保护；泥下区宜采用阴极保护或涂料防护。

2. 采用涂层方法进行防护时，应符合下列规定：

(1) 涂装的方法和工艺应根据所选用的涂料产品和施工环境条件进行确定。

(2) 钢管桩在涂装之前应进行表面预处理。表面预处理宜采用喷丸或抛丸处理，处理后的表面清洁度和表面粗糙度应符合设计规定；设计未规定时，基体金属的表面清洁度应不低于《涂覆涂料前钢材表面处理　表面清洁度的目视评定》GB 8923.1～8923.3中规定的Sa2.5级，表面粗糙度应不低于50μm。

(3) 喷丸或抛丸表面预处理达到质量要求后，应尽快对钢管桩做底漆处理，避免处理过的基体金属表面返锈；在潮湿或工业大气等环境条件下，应在2h内将底漆涂装完毕。

(4) 涂装时，涂层的底漆、中间漆和面漆各道漆层宜以不同颜色区别；基体温度应不大于60℃，同时应做防雨和防尘处理。涂装过程中，应进行湿膜外观检查，涂层不应有漏涂、流挂等缺陷。

3. 采用牺牲阳极阴极保护方法进行防护时，应符合下列规定：

(1) 钢管桩防腐蚀可采用牺牲阳极阴极保护或牺牲阳极与涂料联合阴极保护。

(2) 钢管桩采用碳素钢或低合金钢时，其阴极保护电位应达到$-0.85V$或更负（相对于铜/饱和硫酸铜参比电极，扣除钢管桩与溶液IR降后的电位）。

(3) 阴极保护总电流应考虑以下几个因素：

1) 阴极保护总面积包括潮汐区、水下区和泥下区；

2) 预计最小保护电流密度；

3) 涂层破损系数；

4) 阴极保护电流分布效率。

(4) 牺牲阳极材料应具有足够负的电极电位，其性能应符合《牺牲阳极电化学性能试验方法》GB/T 17848、《铝—锌—铟系合金牺牲阳极》GB/T 4948、《镁合金牺牲阳极》GB 17731和《锌—铝—镉合金牺牲阳极》GB/T 4950的规定。

(5) 牺牲阳极与结构的馈电连接宜采用焊接，且应尽早使焊点得到极化保护，避免焊接点的点蚀和腐蚀断裂。

4. 采用护套保护方法对浪溅区的钢管桩进行加强防护时，护套宜采用玻璃钢或塑料；护套和钢管桩之间可灌注混凝土或安装牺牲阳极。

4.2.17.5　混凝土附加防腐蚀

1. 海洋环境桥梁的结构混凝土采取附加防腐蚀措施时，其施工应符合设计要求，同时应符合《公路工程混凝土结构防腐蚀技术规范》JTG/T B07-01 和本条的规定。

2. 混凝土表面涂层的施工应符合下列规定：

（1）涂层的施工应在混凝土的龄期达到 28d，且混凝土结构经质量验收合格后进行。

（2）涂层施工前应对混凝土表面的蜂窝和露石缺陷、附着物和油污等进行处理，处理后的表面应平整。

（3）防腐蚀涂料的品质与涂层性能应符合设计规定，并应符合产品相应的国家或行业标准的要求。选用的配套涂料之间应具有相容性，进场的涂料应取样检验，检验合格者方可用于施工。

（4）涂装施工的方法宜根据涂料的性能、施工条件、涂装要求和被涂装结构的情况确定。涂装宜采用高压无气喷涂，刷涂或滚涂仅在条件不允许高压无气喷涂时方可采用。

（5）涂装前应在现场进行涂装试验，试验应符合《公路工程混凝土结构防腐蚀技术规范》JTG/T B07-01 的规定。当试验涂层的黏结强度小于 1.5MPa 时，应重做涂装试验；若仍不合格，应变更涂层配套设计。

（6）涂装应在无雨时进行，并应按设计规定的涂装道数和涂膜厚度施工。涂装施工过程中应采用湿膜厚度规随时检查湿膜厚度，控制涂层的均匀性及其最终厚度；每道涂层施工前应对上道涂层进行检查，涂层表面应均匀，无气泡、裂缝等缺陷；当涂层湿膜表面产生漏涂、流挂等情况时，应及时进行处理。

（7）涂层干膜厚度的检测应在涂装完成 7d 后进行，检测时应按每 $50m^2$ 面积随机抽测 1 个点，测点总数应不少于 30 个。干膜的平均厚度应不小于设计厚度，最小厚度应不小于设计厚度的 75%；当不符合上述要求时，应进行局部或全面补涂，直至达到设计要求的厚度为止。

（8）涂层的验收应在涂装施工完成后 14d 内进行，验收时应提交各种涂料出厂质量合格证、设计文件或设计变更文件、涂装施工记录等资料。

3. 混凝土表面硅烷浸渍的施工应符合下列规定：

（1）宜采用辛基或异丁基硅烷或其他经论证的硅烷作为硅烷浸渍材料，所用材料的质量应符合设计要求及相应产品标准的规定。

（2）浸渍硅烷前应按本条第 2 款第（2）项中的要求对混凝土的表面进行处理，并应进行喷涂试验，试验应符合《公路工程混凝土结构防腐蚀技术规范》JTG/T B07-01 的规定。

（3）喷涂硅烷时混凝土的龄期应不少于 28d，或混凝土修补后应不少于 14d。混凝土表面应保持干燥，采用洁净水冲洗表面后应自然干燥 72h；在水位变动区，应在海水落到最低潮位且混凝土表面无水时喷涂硅烷，并应尽量延长喷涂前的自然干燥期。有雨或有强风或有强烈阳光直射时不得喷涂硅烷。喷涂时混凝土表面的温度应在 5～45℃ 范围内。

（4）浸渍硅烷的施工应符合产品的技术要求，并应由有经验的人员进行操作，施工人员应使用必要的安全防护设施。

（5）对早期暴露于海水环境的现浇结构，应在模板拆除后立即浸渍硅烷，且待其表面自然干燥后再喷洒养护膜进行养护。

（6）浸渍硅烷应连续喷涂施工，使被涂表面饱和溢流，各道喷涂之间的间隔时间应不少于6h。

(7) 浸渍硅烷施工完成后应进行质量验收。验收时应以每 500m² 浸渍面积为一个浸渍质量验收批，进行吸水率、硅烷浸渍深度和氯化物吸收量的降低效果测试。测试方法和质量标准应符合《公路工程混凝土结构防腐蚀技术规范》JTG/T B07-01 的规定。

4. 在混凝土中掺加钢筋阻锈剂时，其掺量和使用方法应符合相应产品的技术要求，并应经试配和适应性试验验证。阻锈剂的质量验证试验可按《水运工程混凝土试验规程》JTJ 270 的规定执行。

5. 混凝土结构采用透水模板衬里时，其布设应沿混凝土模板的纵向与横向同时张拉，防止褶皱；在拆除模板后宜继续保持该衬里附着于混凝土表面，且宜适当延长混凝土的养护时间。

6. 采取其他特殊防腐蚀措施时，其施工技术要求可按《公路工程混凝土结构防腐蚀技术规范》JTG/T B07-01 的规定执行。

4.2.18 桥面及附属工程

桥面及附属工程包括：支座；伸缩装置；桥面防水与排水；混凝土桥面铺装；钢桥面铺装；桥面防护设施；桥头搭板 7 部分。

4.2.18.1 支座

1. 支座的规格、性能应符合设计要求，并应符合相应产品标准的规定。

2. 支座在使用前，应对其规格和技术性能进行核对检查，不符合设计要求的不得用于工程中。对有包装箱保护的支座，在安装前方可拆箱，并不得随意拆卸支座上的固定件。

3. 支座在安装前，应对支座垫石的混凝土强度、平面位置、顶面高程、预留地脚螺栓孔和预埋钢垫板等进行复核检查，确认符合设计要求后方可进行安装。支座垫石的顶面高程应准确，表面应平整、清洁；对先安装后填灌浆料的支座，其垫石的顶面应预留出足够的灌浆料层的厚度。

4. 支座安装时，应分别在垫石和支座上标出纵横向的中心十字线。安装完成的支座应与梁在顺桥方向的中心线相平行或重合，且支座应保持水平，不得有偏斜、不均匀受力和脱空等现象。

5. 板式橡胶支座应符合《公路桥梁板式橡胶支座》JT/T 4 的规定，其安装施工应符合下列规定：

(1) 支座在顺桥向和横桥向的方向、位置应准确，安装时应进行检查核对，避免反置。

(2) 当顺桥向有纵坡导致两相邻墩（台）的高程不同时，支座安装对高程的控制应符合设计规定，且同一片梁（板）在考虑坡度后其相邻墩垫石顶面高程的相对误差不得超过 3mm。

(3) 梁、板吊装时，就位应准确且其底面应与支座密贴，否则应将梁、板吊起，重新调整就位安装；安装时不得采用撬棍移动梁、板的方式进行就位。

6. 盆式支座应符合《公路桥梁盆式橡胶支座》JT/T 391 的规定，其安装施工应符合下列规定：

（1）梁、板底面和垫石顶面的钢垫板应埋置稳固。垫板与支座间应平整密贴，支座四周不得有 0.3mm 以上的缝隙，并应保持清洁。

（2）活动支座的聚四氟乙烯板和不锈钢板不得有刮伤、撞伤。氯丁橡胶板块应密封在钢盆内，应排除空气，保持紧密。

（3）活动支座安装前应采用适宜的清洁剂擦洗各相对滑移面，擦净后应在四氟滑板的储油槽内注满硅脂类润滑剂。

（4）盆式支座的顶板和底板可采用焊接或锚固螺栓栓接在梁体底面和垫石顶面的预埋钢板上。采用焊接时，应对称、间断焊接，并应防止温度过高对橡胶板、聚四氟乙烯板以及对周边混凝土产生影响；焊接完成后，应在焊接部位做防锈处理。安装锚固螺栓时，其外露螺杆的高度不得大于螺母的厚度。

（5）对跨数较多的连续梁，支座顶板纵桥向的尺寸，应考虑温度、预应力、混凝土收缩与徐变等影响因素引起的梁长变化，保证支座能正常工作。

7. 球型支座应符合《桥梁球型支座》GB/T 17955 的规定，其安装施工应符合下列规定。

（1）支座的安装高度应符合设计要求，安装时应保证支座平面的水平，支座支承面的四角高差不得大于 2mm。

（2）安装支座板及地脚螺栓时，在下支座板四周宜采用钢楔块进行调整，使支座水平。支座在安装过程中不得松开上顶板与下底盘的连接固定板。

（3）灌浆料应采用质量可靠的专用产品，灌浆应饱满、密实。灌浆料硬化并达到规定的强度后，应及时拆除支座四角的临时钢楔块，楔块抽出的位置应采用相同的灌浆料填塞密实。

（4）在梁体安装完毕或现浇混凝土梁体形成整体并达到设计强度后，张拉梁体预应力之前，应拆除支座上顶板与下底盘的连接固定板，解除约束使梁体能正常转动和位移。

（5）拆除连接固定板后，应对支座进行清洁，检查无误后灌注硅脂，并应及时安装支座外防尘罩。

（6）当支座采用焊接连接时，应在支座准确定位后，采用对称、间断的方式焊接。焊接时应采取适当措施防止损伤支座的钢构件、聚四氟乙烯板、硅脂以及周边的混凝土等；焊接后应对焊接部位做防锈处理。

8. 拉力支座、海洋环境桥梁防腐支座、竖向和横向限位支座等具有特殊功能和规格的支座，除应符合本条支座的规定外，尚宜按照相应产品推荐的方法进行安装施工。

9. 支座安装质量标准见表 4-107。斜拉桥、悬索桥支座安装质量标准见表 4-108。

支座安装质量标准　　　　　　　　　　　　　　　　　　　　表 4-107

项　　目		规定值或允许偏差
支座中心与主梁中线（mm）		2
支座顺桥向偏位（mm）		10
高程（mm）		符合设计规定；未规定时±5
支座四角高差（mm）	承压力≤5000kN	小于 1
	承压力>5000kN	小于 2

斜拉桥、悬索桥支座安装质量标准　　　　　　　　　　　　　　　　　表 4-108

项　　　目	规定值或允许偏差
竖向支座的纵、横向偏位（mm）	5
支座高程（mm）	±10
竖向支座垫石钢板水平度（mm）	2
竖向支座滑板中线与桥轴线平行度	1/1000
横向抗风支座支挡垂直度（mm）	不大于1
横向抗风支座支挡表面平行度（mm）	不大于1
支挡表面与横向抗风支座表面间距（mm）	2

4.2.18.2　伸缩装置

1. 伸缩装置的规格、性能应符合设计要求，并应符合《公路桥梁伸缩装置》JT/T 327 的规定。

2. 伸缩装置安装预留槽口的尺寸应符合设计规定，锚固钢筋的位置应准确。伸缩装置安装前应将预留槽口清理干净。

3. 伸缩装置宜在桥面铺装完成后，采取反开槽的方式进行安装；当采取先安装再铺装桥面的方式时，应采取有效措施对安装好的伸缩装置进行妥善保护。

4. 伸缩装置安装前，应按照现场的实际气温调整其定位值。安装固定后，两侧过渡段的混凝土宜在接缝伸缩开放状态下进行浇筑，浇筑时应采取措施防止已定位固定的构件移位，并应在浇筑后及时养护，养护时间应不少于7d。

5. 梳齿板式伸缩装置安装时，应采取措施防止产生梳齿不平、扭曲和变形等现象，并应对梳齿间隙的偏差进行控制，在气温最高时，梳齿的横向间隙应不小于5mm，齿板的间隙应不小于15mm。

6. 橡胶伸缩装置的安装施工应符合下列规定：

（1）安装前应检查桥面端部预留槽口的尺寸及钢筋，确认无误后方可进行安装。采用后嵌式橡胶伸缩体时，应在桥面混凝土干燥收缩完成且徐变亦大部完成后再进行安装。

（2）安装前应将预留槽口的混凝土表面清理干净，并涂防水胶粘材料。应根据气温和缝宽，进行必要的调整后，再将伸缩装置安装就位，且安装后应使其处于受压状态。

（3）应根据安装时的环境温度计算并设置伸缩装置的模板宽度与螺栓间距，将加强钢筋与螺栓焊接就位后，再浇筑过渡段的混凝土并洒水养护。

（4）向伸缩装置螺栓孔内灌注防蚀剂后，应及时盖好盖帽。

7. 模数式伸缩装置所用的异形钢梁沿长度方向的直线度应满足 1.5mm/m、全长应满足 10mm/10m 的要求；钢构件外观应光洁、平整，不得扭曲变形，且应进行有效的防腐处理。伸缩装置应在工厂进行组装，出厂时应附有效的产品质量合格证明文件；吊装位置应采用明显颜色标明；在运输和存放过程中应避免阳光直接暴晒或雨淋雪浸，并应保持清洁，防止变形。其安装施工应符合下列规定：

（1）安装前应检查核对预留槽口尺寸和预埋锚固筋，不符合设计要求时应进行处理，满足设计要求后方可进行安装，并应根据安装时的气温确定安装的定位值。

（2）安装时宜采用专用卡具将其固定，伸缩装置的中心线应与桥梁中心线重合，顶面高程应与设计高程相吻合；绑扎其他钢筋和铺设防裂钢筋网等工作，应在按桥面横坡定位、焊接固定后进行。

（3）浇筑过渡段混凝土前应将间隙填塞；浇筑时应防止混凝土渗入伸缩装置的位移控制箱内，或撒落在密封橡胶带缝中及表面，如发生此现象，应立即清除；浇筑后应将填塞物及时取出。

（4）伸缩装置两侧的过渡段混凝土应覆盖洒水养护不少于7d，其强度满足设计要求后，方可开放交通。

8. 其他特殊形式和特殊规格的伸缩装置，宜按照产品推荐的方法进行安装施工。

9. 伸缩装置安装质量标准见表4-109。

伸缩装置安装质量标准　　　　　　　表4-109

项　　目		规定值或允许偏差
长度（mm）		符合设计要求
缝宽（mm）		符合设计要求
与桥面高差（mm）		2
纵坡（%）	一般	±0.5
	大型	±0.2
横向平整度（mm）		3

注：缝宽应按安装时的气温折算。

4.2.18.3 桥面防水与排水

1. 桥面防水层的层数和采用的材料应符合设计要求，材料的性能和质量应符合产品相应标准的规定。

2. 铺设桥面防水层时应符合下列规定：

（1）防水层材料应在进场时进行检测，在符合产品的相应标准后方可使用。

（2）铺设防水材料前应清除桥面的浮浆和各类杂物。

（3）防水层在横桥向应闭合铺设，底层表面应平顺、干燥、干净。防水层不宜在雨天或低温下铺设。

（4）防水层通过伸缩缝或沉降缝时，应按设计规定铺设。

（5）水泥混凝土桥面铺装层当采用织物与沥青黏合的防水层时，应设置隔断缝。

（6）防水层施工完成后，在未达到规定的时间内，不得开放交通。

3. 泄水管的施工应符合设计规定。泄水孔的顶面不应高于水泥混凝土铺装层的顶面。

4.2.18.4 混凝土桥面铺装

1. 沥青混凝土桥面铺装的施工应符合下列规定：

（1）铺装的层数和厚度应符合设计规定，铺装前应对桥面进行检查，桥面应平整、粗糙、干燥、整洁。铺筑前应洒布黏层沥青。

（2）当采用刻槽方式增加沥青混凝土铺装层与混凝土桥面的嵌合，提高其抗滑能力时，刻槽的宽度宜为20mm，槽间距宜为20m，槽深宜为3~5mm。

（3）沥青混凝土的配合比设计、铺筑及碾压等施工，应符合《公路沥青路面施工技术规范》JTG F40 的有关规定。

2. 水泥混凝土桥面铺装的施工应符合下列规定：

(1) 铺装的厚度、材料、铺装层结构、混凝土强度、防水层设置等均应符合设计规定。

(2) 桥面铺装工作应在梁体的横向联结钢板焊接工作或湿接缝浇筑完成后，方可进行。

(3) 铺装施工前应使梁、板顶面粗糙，清洗干净，并应按设计要求铺设纵向接缝钢筋和桥面钢筋网。

(4) 水泥混凝土桥面铺装，其表面应采取防滑措施，并宜分两次进行，第二次抹平后，应沿横坡方向拉毛或采用机具压槽，拉毛或压槽的深度应符合《公路水泥混凝土路面施工技术规范》JTG F30 的有关规定。

(5) 水泥混凝土桥面铺装如设计为防水混凝土，施工时应按照防水混凝土的相关规定执行。

(6) 纤维水泥混凝土桥面铺装的施工，可参照《纤维混凝土结构技术规程》CECS38 的规定执行。

3. 混凝土桥面铺装施工质量标准见表 4-110。

混凝土桥面铺装施工质量标准　　　　　表 4-110

项　　目			规定值或允许偏差	
强度或压实度			符合设计要求	
厚度（mm）			沥青混凝土	水泥混凝土
			+10，-5	+20，-5
平整度	高速公路、一级公路	IRI（m/km）	2.5	3
		σ（mm）	1.5	1.8
	其他公路	IRI（m/km）	4.2	
		σ（mm）	2.5	
		最大间隙 h（mm）	5	
横坡（%）		水泥混凝土面层	±0.15	
		沥青混凝土面层	±0.3	
抗滑构造深度			符合设计要求	

注：1. 桥长不足 100m 时，按 100m 处理。
　　2. 高速公路、一级公路上的小桥可按路面的要求进行质量控制。

4.2.18.5 钢桥面铺装

1. 钢桥面铺装的结构层、厚度、材料等应符合设计规定。

2. 钢桥面铺装施工前应制定专项施工技术方案，并应做好人员培训、材料的调查试验以及机具设备的检查维护等准备工作。

3. 钢桥顶面在出厂时应按设计要求涂防锈漆，在桥面铺装施工前应喷丸除锈并做防锈处理。

4. 铺装施工前应做试验段，试验段的铺设应包括钢桥面铺装的全部工序。

5. 铺装施工在一道工序完成之后，下道工序应连续进行；上一层铺装施工前其下层应保持干燥、整洁，不得有尘土、杂物、油污或损坏，当不符合要求时应予处理。铺装层完工后，应规定时限，期间严禁车辆通行。

6. 钢桥面铺装宜避开雨季施工。钢桥面铺装的每个层次均不得在雨天施工，施工中遇雨必须立即停工，在消除雨水所带来的危害后，方可重新施工。钢桥面铺装施工的环境温度应在15℃以上，且不宜在夜间施工。

7. 对钢桥面沥青混凝土铺装进行检测时，不得采用钻孔法，而应采用无损检测法。钢桥面铺装施工质量标准见表4-111。

钢桥面铺装施工质量标准 表4-111

项　　　目			规定值或允许偏差
压实度代表值	SMA	面层	理论最大密度的94%
		下层	理论最大密度的95%
	AC	面层	理论最大密度的94%
	环氧沥青混凝土	面层、下层	理论最大密度的97%
面层厚度	代表值		设计值的-10%
	极值		设计值的-20%
总铺装层厚度	代表值		设计值的-8%
	极值		设计值的-15%
平整度	标准差（mm）		不大于1.2
	最大间隙（mm）		不大于3
路表渗水系数（mL/min）			不大于200
宽度（mm）			-20
横坡度（%）			±0.3
表层构造深度（mm）			满足设计要求
摩擦系数			满足设计要求

4.2.18.6 桥面防护设施

1. 混凝土防撞护栏的施工应符合下列规定：

(1) 对结构重心位于梁体以外的悬臂式防撞护栏，应在主梁横向联结或拱上结构完成后方可施工。

(2) 对就地现浇的防撞护栏，宜在顺桥方向每间隔5~8m设1道断缝或假缝。

(3) 防撞护栏的钢筋应与梁体的预留钢筋可靠连接。

(4) 模板宜采用钢模，支模时宜在其顶部和底部各设1道对拉螺杆，或采用其他固定模板的装置。

(5) 宜采用坍落度较小的干硬性混凝土，浇筑时应分层进行，分层厚度不宜超过200mm；振捣时应采取适当的措施使模板表面的气泡逸出。

(6) 对预制安装的防撞护栏，在搬运和安装时，应采取适当的保护措施，防止损伤棱角处的混凝土。连接钢板的焊接质量应符合设计要求和《公路桥涵施工技术规范》JTG/T F50-2011的相关规定。

(7) 施工完成后的防撞护栏，其顶面高程和位置应准确，位于弯道上的护栏其线形应平顺。

（8）混凝土防撞护栏施工质量标准见表4-112。

混凝土防撞护栏施工质量标准　　　　表4-112

项　目	规定值或允许偏差	项　目	规定值或允许偏差
混凝土强度（MPa）	在合格标准内	竖直度（mm）	4
平面偏位（mm）	4	预埋件位置（mm）	5
断面尺寸（mm）	±5	—	—

2. 栏杆构件应在人行道板铺设完毕后方可安装。安装栏杆柱时，应全桥对直、校平，弯桥、坡桥应平顺。护栏、栏杆安装质量标准见表4-113。

护栏、栏杆安装质量标准　　　　表4-113

项　目	规定值或允许偏差
护栏、栏杆平面偏位（mm）	4
扶手高度（mm）	±10
栏杆柱顶面高差（mm）	4
护栏、栏杆柱纵、横向竖直度（mm）	4
相邻栏杆扶手高差及护栏接缝两侧高差（mm）	3

3. 人行道的安装施工应符合下列规定：

（1）悬臂式人行道构件应在与主梁横向联结或拱上结构完成后方可安装。

（2）人行道梁应采用M20稠水泥砂浆坐浆安装，并应使人行道顶面形成设计规定的横向排水坡。

（3）人行道板应在人行道梁锚固后方可铺设；对设计无锚固的人行道梁、人行道板，应按照由里向外的次序铺设。

（4）人行道施工质量标准见表4-114。

人行道施工质量标准　　　　表4-114

项　目	规定值或允许偏差	项　目	规定值或允许偏差
人行道边缘平面偏位（mm）	5	横坡（%）	±0.3
纵向高程（mm）	+10,0	平整度（mm）	5
接缝两侧高差（mm）	2	—	—

4. 桥面安全带和缘石的安装施工应符合下列规定：

（1）悬臂式安全带构件应在与主梁横向联结或拱上结构完成后方可安装。

（2）安全带梁应采用M20稠水泥砂浆坐浆安装，并应使顶面形成设计规定的横向排水坡。

（3）缘石宜采用现浇混凝土。

4.2.18.7　桥头搭板

1. 桥头搭板下台后填土的填料宜以透水性材料为主，并应分层填筑、压实。

2. 台后地基如为软土，应按设计要求对地基进行处理并对台后填土进行预压，预压应在搭板施工前完成。

3. 钢筋混凝土桥头搭板的施工应符合下列规定：

（1）钢筋混凝土搭板及枕梁宜采用就地浇筑的方式施工。

（2）搭板钢筋与其下的垫层间宜设置垫块并应交错布置。在上、下两层钢筋之间应设置支撑，保证其位置的准确。

（3）浇筑搭板混凝土时应按照搭板的坡度由低处向高处进行，振捣时应避免碰撞钢筋、模板。

4. 桥头搭板施工质量标准见表4-115。

桥头搭板施工质量标准 表4-115

项　　目		规定值或允许偏差
混凝土强度（MPa）		在合格标准内
枕梁尺寸（mm）	宽、高	±20
	长	±30
板尺寸（mm）	长、宽	±30
	厚	±10
顶面高程（mm）		±2
顶面纵坡（%）		0.3

4.2.19 涵洞

涵洞包括：一般要求；混凝土管涵；波形钢涵洞；倒虹吸管；拱涵与盖板涵；箱涵6部分。

4.2.19.1 一般要求

1. 对地形复杂处、斜交、平曲线和纵坡上的涵洞，应先绘出定位详图，再依图放样施工。

2. 除设置在岩石地基上的涵洞外，涵洞的洞身及基础应根据地基土的情况，按设计要求设置沉降缝，且沉降缝处的两端面应竖直、平整，上下不得交错。填缝料应具有弹性和不透水性，并应填塞紧密。预制圆管涵的沉降缝应设在管节接缝处，预制盖板涵的沉降缝应设在盖板的接缝处，沉降缝应贯穿整个洞身断面；波形钢管涵可不设沉降缝。

3. 涵洞施工完成后，砌体砂浆或混凝土强度达到设计强度的85%时，方可进行涵洞洞身两侧的回填。涵洞两侧紧靠涵台部分的回填土不宜采用大型机械进行压实施工，宜采用人工配合小型机械的方法夯填密实。填土的每侧长度均应符合设计规定；设计未规定时，应不小于洞身填土高度的1倍。填筑应在两侧同时对称、均衡地分层进行，填筑的压实度应不小于96%。涵洞顶部的填土厚度必须大于0.5m后方可通行车辆和筑路机械。

4.2.19.2 混凝土管涵

1. 混凝土圆管管节成品应符合下列规定：

（1）管节端面应平整并与其轴线垂直；斜交管涵进出水口管节的外端面，应按斜交角度进行处理。

（2）混凝土圆管管节成品质量标准见表4-116。

混凝土圆管管节成品质量标准 表 4-116

项　目	规定值或允许偏差	项　目	规定值或允许偏差
混凝土强度（MPa）	在合格标准内	顺直度	矢度不大于 0.2%管节长
内径（mm）	不小于设计值	长度（mm）	+5, 0
壁厚（mm）	正值不限，-3	—	—

2. 管节安装时应对接缝进行防水、防裂处置。

3. 管涵基础的顶面应设置混凝土管座，管座的弧形面应与管身紧密贴合，使管节受力均匀。当管节直接放置在天然地基上时，应按照设计要求将管底的土层夯压密实或设置砂垫层，并做成与管身弧度密贴的弧形管座。

4. 管节的安装施工应符合下列规定：

（1）管节应按本条第 1 款中的规定经检验合格后方可使用。

（2）各管节应顺水流方向安装平顺，当管壁厚度不一致时应调整高度使下部内壁齐平；管节应垫稳坐实，安装完成后管内不得遗留泥土等杂物。

（3）插口管安装时，其接口应平直，环形间隙应均匀，并应安装特制的胶圈或用沥青、麻絮等防水材料填塞；平接管安装的接缝宽度宜为 10~20mm，其接口表面应平整，并应采用有弹性的不透水材料嵌塞密实，不得采用加大接缝宽度的方式满足涵洞长度要求。管节的接缝不得有间断、裂缝、空鼓和漏水等现象。

5. 管涵施工质量标准见表 4-117。

管涵施工质量标准 表 4-117

项　目		规定值或允许偏差
轴线偏位（mm）		50
流水面高程（mm）		±20
涵管长度（mm）		+100, -50
管座或垫层混凝土强度（MPa）		在合格标准内
管座或垫层宽度、厚度		不小于设计值
相邻管节底面错台（mm）	管径≤1m	3
	管径>1m	5

4.2.19.3 波形钢涵洞

1. 波形钢管节、块件及连接螺栓应符合下列规定：

（1）波形钢管节、块件及连接螺栓宜采用定型产品。其管节和块件除应满足强度要求外，尚应具有足够的刚度，在运输和安装过程中应具备抵抗冲击的能力，以及在安装就位后填土夯实时仍可保持不产生较大变形的能力。

（2）波形钢管节、块件和连接螺栓均应做防腐处理。

2. 在运输、装卸、堆放和安装管节或块件时，应采取措施防止其损坏，不得对管节和块件进行敲打或碰撞硬物。管节在搬运、安装时不得滚动；块件在运输、堆放时相互间宜设置适宜的材料予以隔离。对在施工中损坏的防腐涂层，应涂刷防锈漆进行修补。

3. 管节的地基应予压实，并应做成与管身弧度密贴的弧形管座，管座所采用的材料应匀质且无大石块等硬物。波形钢管不得直接置于岩石地基或混凝土基座上，应在管节和地基之间设置砂砾垫层或其他适宜材料；对于软土地基，应先对其进行处理后，再填筑一层厚度不小于200mm的砂砾垫层并夯实紧密，方可安装管节；在寒冷地区，应对换填深度以及砂砾垫层材料的最大粒径和粉黏粒含量进行控制。

4. 波形钢管涵的安装施工应符合下列规定：

(1) 管节的形式、规格、直径和管壁厚度应符合设计规定。

(2) 管节或块件之间的接缝应采用不透水的弹性材料进行嵌塞，宽度宜为2～5mm；接缝嵌塞材料应连续，不得有漏水现象。

(3) 各管节应顺水流方向安装平顺，垫稳坐实，安装完成后管内不得遗留泥土等杂物。

(4) 波形钢管涵宜设置预拱度，其大小应根据地基可能产生的下沉量、涵底纵坡和填土高度等因素综合确定，但管涵中心的高程应不高于进水口的高程。

(5) 在涵洞的进出水口处，当波形钢管节的管端与涵洞刚性端墙相连时，宜采用直径不小于20mm的螺栓，按不大于500mm的间距，将管节与端墙墙体予以锚固。

5. 波形钢管涵安装后的填土施工应符合下列规定：

(1) 填土的材料宜采用砾类土、砂类土，或砾、卵石与细粒土的混合料；当细粒土的成分为黏性土或粉土时，所掺入的石料体积应占总体积的2/3以上。

(2) 在距波形钢管0.3m范围内的填土中，不得含有尺寸超过80mm的石块、混凝土块、冻土块、高塑性黏土块或其他有害腐蚀材料。

(3) 管涵两侧的填土应对称、均衡地进行，水平分层的压实厚度宜为150～200mm。

(4) 管顶填土前，对直径1.25m及以上的波形钢管涵，宜在管内设置一排竖向临时支撑；对直径大于2.0m的波形钢管涵，宜在管内设置竖向和横向十字临时支撑，防止其在填土过程中产生变形。管内的临时支撑应在填土不再下沉后方可拆除。

(5) 波形钢管涵管顶最小填土厚度应在符合表4-118的规定后，方可允许车辆通行。

波形钢管涵管顶最小填土厚度 (mm)　　　　　表4-118

管涵直径 (m)	车辆轴载 (kN)			
	100～200	201～500	501～1000	1001～2000
0.75	400	600	800	1200
0.80～1.25	600	800	1200	1600
1.30～2.00	800	1200	1600	2000
3.00～4.00	1200	1600	2000	2500

注：1. 表中数值未考虑动荷载的效应。
　　2. 管涵直径的数值不连续时，其最小填土厚度的数值可内插求得。

6. 波形钢管涵施工的质量应符合表4-117的规定。

4.2.19.4 倒虹吸管

1. 倒虹吸管宜采用钢筋混凝土或混凝土圆管，进出水口应设置竖井及防淤沉淀井。施工时管节接头及进出水口砌缝的质量应严格控制，不得漏水。填土覆盖前应做灌水试验，符合要求后，方可回填土。

2. 倒虹吸管如需在冰冻期施工时，除应符合 4.2.21 冬期、雨期及热期施工中规定外，还应在灌水试验后及时将管内积水排出。

3. 倒虹吸管的进出水口应在完工后及时上盖，并应按设计要求及时安装防堵塞装置。

4. 倒虹吸管施工质量标准见表 4-119，倒虹吸管灌水试验渗水量限值见表 4-120。

倒虹吸管施工质量标准　　　　　　　　　　表 4-119

项　　　目		规定值或允许偏差
轴线偏位（mm）		20
流水面高程（mm）		±20
涵管长度（mm）		+100，-50
管座或垫层混凝土强度（MPa）		在合格标准内
管座或垫层宽度、厚度		不小于设计值
相邻管节底面错台（mm）	管径≤1m	3
	管径＞1m	5
砂浆强度（MPa）		在合格标准内
井底高程（mm）		±15
井口高程（mm）		±20
圆井直径或方井边长（mm）		±20
井壁井底厚（mm）		+20，-5

倒虹吸管灌水试验渗水量限值　　　　　　　　表 4-120

管径（m）	最大渗水量（混凝土和钢筋混凝土）		管径（m）	最大渗水量（混凝土和钢筋混凝土）	
	m³/(d·km)	L/(h·m)		m³/(d·km)	L/(h·m)
0.75	27	1.13	1.50	42	1.75
1.00	32	1.33	2.00	52	2.17
1.25	37	1.54	2.50	62	2.58

4.2.19.5 拱涵与盖板涵

1. 拱圈和出入口拱上端墙的砌筑施工，应由两侧向中间同时对称进行。

2. 拱涵、盖板涵混凝土的现场浇筑施工在涵长方向宜连续进行；当涵身较长，不能一次连续完成时，可沿长度方向分段进行浇筑，施工缝应设在涵身的沉降缝处。现浇混凝土拱圈时，应对称浇筑，最后浇筑拱顶，或在拱顶预留合龙段最后浇筑并合龙。

3. 就地浇筑的拱涵和盖板涵，宜采用钢模板或胶合板模板。采用土胎就地现浇时应有保证浇筑质量的可靠措施。

4. 拱圈、盖板的预制施工除应符合 4.2.12 拱桥和 4.2.13 钢筋混凝土和预应力混凝土梁式桥中的相关规定外，尚应注意检查盖板上下面的方向，对斜交涵洞应注意斜交角的方向，避免发生反向错误。

5. 预制拱圈和盖板的安装应符合下列规定：

（1）预制构件的混凝土强度应达到设计强度的 85% 后，方可搬运安装，设计有规定时应从其规定。

（2）安装前，应检查构件及拱座、涵台的尺寸；安装后，拱圈和盖板上的吊装孔，应以砂浆填塞密实。

(3) 拱座与拱圈、拱圈与拱圈的拼装接触面，应先拉毛或凿毛（沉降缝处除外），安装前应浇水湿润，再以 M10 水泥砂浆砌筑。

6. 拱架拆除和拱顶填土应符合下列规定：

(1) 先拆除拱架再进行拱顶填土时，拱圈和护拱的砌筑砂浆或混凝土的强度应符合设计规定，设计未规定时，应达到设计强度的 85% 后，方可拆除拱架，且在拱架拆除时应先完成拱脚以下部分回填土的填筑；达到设计强度的 100% 后，方可进行拱顶填土。

(2) 在拱架未拆除的情况下进行拱顶填土时，拱圈和护拱砌筑砂浆或混凝土的强度应符合设计规定，设计未规定时，应达到设计强度的 85% 后，方可进行拱顶填土；拱架应在拱圈强度达到设计强度的 100% 后，方可拆除。

7. 拱涵施工质量标准见表 4-121，盖板涵施工质量标准见表 4-122。

拱涵施工质量标准　　　　　　　　　　　　　　　　表 4-121

项　　目		规定值或允许偏差
轴线偏位（mm）		50
流水面高程（mm）		±20
涵底铺砌厚度（mm）		+40，-10
涵长（mm）		+100，-50
孔径（mm）		±20
净高（mm）		±50
混凝土或砂浆强度（MPa）		在合格标准内
涵台断面尺寸（mm）	片石砌体	±20
	混凝土	±15
垂直度或斜度		0.3%台高
涵台顶面高程（mm）		±10
拱圈厚度（mm）	砌体	±20
	混凝土	±15
内弧线偏离设计弧线（mm）		±20

盖板涵施工质量标准　　　　　　　　　　　　　　　　表 4-122

项　　目		规定值或允许偏差
轴线偏位（mm）		明涵 20，暗涵 50
流水面高程（mm）		±20
涵底铺砌厚度（mm）		+40，-10
涵长（mm）		+100，-50
孔径（mm）		±20
净高（mm）		明涵±20，暗涵±50
混凝土或砂浆强度（MPa）		在合格标准内
涵台断面尺寸（mm）	片石砌体	±20
	混凝土	±15

续表

项目		规定值或允许偏差
垂直度或斜度		0.3%台高
涵台顶面高程（mm）		±10
盖板高度（mm）	明涵	+10，0
	暗涵	不小于设计值
盖板宽度（mm）	现浇	±20
	预制	±10
盖板长度（mm）		+20，10
支承面中心偏位（mm）		10
相邻板最大高差（mm）		10

4.2.19.6 箱涵

1. 预制钢筋混凝土箱涵节段拼装时，接缝两侧的混凝土表面应采用清水冲洗干净，再按设计要求进行拼接施工。拼装时应符合下列规定：

（1）设计未规定时，预制构件的混凝土强度应达到设计强度的 85%，方可吊运、安装。

（2）构件安装前，应完成构件、地基、定位测量等验收工作。

2. 就地浇筑的箱涵可视具体情况分阶段施工，且宜先进行底板和梗肋的混凝土浇筑，然后再完成剩余部分的混凝土浇筑。

3. 混凝土强度达到设计强度的 85% 时，方可拆除支架；达到设计强度的 100% 后，方可进行涵顶回填土。设计有具体要求的应从其规定。

4. 箱涵施工质量标准见表 4-123。

箱涵施工质量标准   表 4-123

项目		规定值或允许偏差
轴线偏位（mm）		明涵 20，暗涵 50
流水面高程（mm）		±20
涵长（mm）		+100，-50
混凝土强度（MPa）		在合格标准内
高度（mm）		+5，10
宽度（mm）		±30
顶板厚（mm）	明涵	+10，0
	暗涵	不小于设计值
侧墙和底板厚度（mm）		不小于设计值
平整度（mm）		5

4.2.20 通道桥涵

通道桥涵包括：桥涵顶进施工和防水与排水两部分。

4.2.20.1 桥涵顶进施工

1. 顶进施工前应进行现场调查，制定专项施工技术方案，并应进行下列计算和验算：

(1) 应进行工作坑地基的承载能力、边坡稳定性计算,以及顶推后背承载能力计算。当采用从一侧顶进的方法施工时,应进行桥涵上覆土抗推能力计算。对于有沉降限值要求的工程,应进行地基或地面沉降计算。

(2) 采用对拉法、牵引法时,应进行拉杆或者拉索等受力构件的强度计算;采用对拉法、对顶法时,应进行桥涵上覆土抗隆起承载能力计算。

(3) 采用井点降水时,应进行水力计算。当实际地基的地质与设计资料不符时,应根据降水后实测的土力学指标,验算桥涵顶进过程中的地基承载力。

2. 顶进作业宜在地下水位降至基底以下 0.5～1.0m 时进行,且宜避开雨期施工,必须在雨期施工时应做好防洪及防雨排水工作。复杂条件下的大型桥涵顶进施工时,应根据地质条件和上部建筑的结构安全要求,采取必要的顶进围护结构和地基加固措施,保证顶进施工自身以及上部、周边构筑物的安全。

3. 顶进作业应符合下列规定:

(1) 顶进前应对桥涵主体结构进行质量验收,同时应检查顶进设备并做预顶试验。千斤顶应按桥涵的中轴线对称布置,顶进的传力设备安装时应与顶力线一致并与横梁垂直;顶程较长时,顶柱与横梁应采用可靠的方法固定。

(2) 桥涵顶进时的挖土应与监测紧密配合,根据顶进偏差应随时调整挖土方法,挖土时应保持刃角有足够的吃土量,挖掘进尺及坡度应视土质情况确定。

(3) 涵管顶进施工时应在工作坑内安装导轨,导轨高程的允许偏差为 ±2mm,中心线允许偏差为 3mm。首节涵管安放在导轨上时,应测量其中线和前后两端的高程,符合要求后方可顶进。作业时可在涵管前端先挖土后顶进,且轴向超挖量在铁路道砟下不得大于 100mm,其余情况不得大于 300mm,涵管上部超挖量不得大于 15mm,下部 135°范围内不应超挖。

(4) 顶进作业宜连续进行,不宜长期停工,应防止地下水渗出,造成坍塌。发生事故时应立即停止顶进并进行处理。

(5) 桥涵顶进时,对节间接缝及结构物应按设计要求进行防水处理。

4. 桥涵顶进作业时应进行下列监测与控制:

(1) 桥涵顶进施工过程中,应监测桥涵主体结构的倾斜和偏位以及后背的变形,如有偏差应采取措施及时纠正。

(2) 穿越铁路顶进施工时,应监测线路加固受力构件的变形、线路横移量、轨道沉降等;穿越公路顶进施工时,应监测路面的沉降、路面横移量、路面隆起等;穿越重要构筑物顶进施工时,应根据其结构安全要求,确定监测的内容和方法,采取控制措施。

5. 桥涵顶进施工质量标准见表 4-124。

桥涵顶进施工质量标准 表 4-124

项 目		规定值或允许偏差	
		框构桥、箱涵	管涵
轴线偏位 (mm)	涵(桥)长<15m	100	50
	涵(桥)长 15～30m	150	100
	涵(桥)长>30m	300	200

续表

项目		规定值或允许偏差	
		框构桥、箱涵	管涵
高程（mm）	涵（桥）长<15m	+30，-100	±20
	涵（桥）长 15～30m	+40，-150	±40
	涵（桥）长>30m	+50，-200	+50，-100
相邻两节高差（mm）		30	20

4.2.20.2　防水与排水

1. 防水与排水的施工应符合下列规定：

（1）通道防水设施的施工应符合设计要求，并应在结构物验收合格后方可施工。

（2）通道桥涵地面以下结构和防、排水设施施工时，应防止周围的地面水流入基坑；当基坑底低于地下水位时，应采取井点法或其他排水方法将地下水位降低至桥涵底部防水层以下不小于0.3m处。不得在带泥水情况下进行防水混凝土和其他防、排水设施的施工。

（3）排水工程应按设计规定施工；设计未规定时，集水井、排水管、水泵、总排水管（明渠）的排水能力应大于地面汇水范围内设计水流量的1.5倍。

（4）集水井的数量、尺寸应根据地面水流量和每个集水井的泄水能力确定，井口应设平箅盖，并应设深度不小于0.3m的沉淀池。集水井、检查井的深度宜为1.5m，并应考虑通道桥涵排水构造和冻胀的影响。

2. 排水管和排水总管的施工应符合下列规定：

（1）排水管道应垫稳并连接平顺，管间承插口或套环接口应平直，环间间隙应均匀。管道与集水井间应连接牢固，接缝处和结合处均应采用弹性不透水材料充填密实。采用抹带接口时，其表面应平整，不得有裂缝、间断及空鼓等现象。

（2）排水管道或排水总管每隔50m及转弯处均应设检查井，井底应设沉淀池。管道的纵坡不应小于0，5%。

（3）应对排水管道和排水总管做闭水试验，其允许渗水量应符合表4-120的规定。

3. 自流式盲沟排水和渗排水层排水的施工应符合下列规定：

（1）盲沟滤管基座应采用混凝土浇筑，并应与滤管密贴；纵坡应均匀，无反向坡。管节应逐节检查，不合格者不得使用。

（2）渗排水层可由粗细卵石和粗细砂分层构成。施工时基坑中如有积水，应将水位降到砂滤水层以下，且不得在泥水层中做滤水层。施工完成后的渗排水系统应保持畅通。

4. 集水井和检查井施工质量标准见表4-125，排水管道施工质量标准见表4-126。

集水井和检查井施工质量标准　　　　　　表 4-125

项目	允许偏差（mm）	项目	允许偏差（mm）
轴线偏位	不大于 50	通道内检查井井盖与邻接路面高差	+4，0
圆井直径或方井长度	±20	集水井与邻接路面高差	0，-4
井盖高程	±10	—	—

排水管道施工质量标准　　　　　　　　　　　　　表 4-126

项　　目	允许偏差（mm）	项　　目	允许偏差（mm）
轴线偏位	50	基座宽度	+80，0
管底高程	±20	相邻管内底错口	5（下游低于上游）

4.2.21　冬期、雨期及热期施工

冬期、雨期及热期施工包括：冬期施工；雨期施工；热期施工3部分。

4.2.21.1　冬期施工

1. 根据当地多年气温资料，室外昼夜日平均气温连续5d稳定低于5℃时，钢筋、预应力、混凝土及砌体等工程应采取冬期施工的措施。严寒期不宜进行施工。

2. 冬期施工的工程，应预先做好冬期施工组织计划及技术准备工作。对各项设施和材料，应提前采取防雪、防冻、防火及防煤气中毒等防护措施；对钢筋的冷拉和预应力筋的张拉，应制订专门的施工工艺及安全技术方案；对处于结冰水域的结构物，应采取必要的防护措施，防止其在施工期间和完工后遭受冻胀、流冰撞击等危害。

3. 冬期施工期间，除永冻地区外，地基在基础施工和养护时，均不得受冻。

4. 钢筋的焊接、冷拉及预应力筋的张拉应符合下列规定：

（1）焊接钢筋宜在室内进行；当必须在室外进行时，最低温度不宜低于−20℃，并应采取防雪、挡风等措施，减少焊件的温度差。焊接后的接头严禁立刻接触冰雪。

（2）冷拉钢筋时环境温度不宜低于−15℃，当采取可靠的安全措施时可不低于−20℃；当采用控制应力或冷拉率方法冷拉时，冷拉控制应力宜较常温时酌予提高，提高值应经试验确定。

（3）张拉预应力筋时的环境温度应不低于−15℃。

（4）钢筋的冷拉设备、预应力筋张拉设备以及仪表工作油液，应根据实际使用时的环境温度选用，并应在使用时的环境温度条件下进行配套校验。

5. 混凝土的配制和搅拌应符合下列规定：

（1）配制混凝土时，宜选用硅酸盐水泥或普通硅酸盐水泥，水泥的强度等级不宜低于42.5，水胶比不宜大于0.5；采用蒸汽养护时，宜选用矿渣硅酸盐水泥；采用加热法养护掺加外加剂的混凝土，严禁使用高铝水泥；使用其他品种的水泥时，应考虑其掺合材料对混凝土强度、抗冻、抗渗等性能的影响。当有抗冻性要求时，混凝土的配制应符合4.2.3.2抗冻混凝土中的规定。

（2）搅拌设备宜设在气温不低于10℃的厂房或暖棚内。拌制混凝土前及停止拌制后，应采用热水冲洗搅拌机的拌盘或鼓筒。集料宜堆放在棚房内或采用保温材料进行覆盖，防止出现冻块。

（3）拌制混凝土时各种材料的温度，应满足混凝土拌合物拌合后所需要的温度。当材料原有温度不能满足要求时，应首先考虑对拌合用水加热；仍不能满足要求时，再考虑对集料加热；水泥仅能保温，不得加热。各种材料需要加热的温度应根据冬期施工热工计算公式计算确定，但不得超过表4-127的规定。

拌合水及集料最高温度（℃） 表 4-127

项　　　目	拌合水	集料
强度等级小于 42.5 的普通硅酸盐水泥、矿渣硅酸盐水泥	80	60
强度等级大于或等于 42.5 的普通硅酸盐水泥、矿渣硅酸盐水泥	60	40

注：当集料不加热时，水可加热到 100℃，但水泥不应与 80℃以上的水直接接触。加料顺序为先加集料和已加热的水，然后再加水泥。

（4）冬期搅拌混凝土时，应严格控制混凝土的配合比和坍落度，集料不得带有冰雪和冻结团块。投料前，应先采用热水或蒸汽冲洗搅拌机。加料顺序应先为集料、水，稍加搅拌后再加入水泥，且搅拌时间应比常温时延长 50%。混凝土拌合物的出机温度不宜低于 10℃，入模温度应不低于 5℃。

6. 混凝土的运输和浇筑应符合下列规定：

（1）混凝土的运输时间应最大限度地缩短，运输混凝土的容器应有保温措施。

（2）混凝土在浇筑前应清除模板、钢筋上的冰雪和污垢。浇筑完成后开始养护时的温度，采用蓄热法养护时不得低于 10℃，采用蒸汽法养护时不得低于 5℃，细薄结构不得低于 8℃。

（3）冬期施工在浇筑混凝土时，应在新混凝土浇筑前对接合面加热，其温度应保持在 5℃以上。浇筑完成后，应采取措施使混凝土接合面继续保持正温，直至新浇混凝土达到规定的抗冻强度。浇筑预应力混凝土构件的湿接缝时，应适当降低水胶比。浇筑完成后应加热或连续保温养护，直至接缝混凝土或水泥砂浆抗压强度达到设计强度的 75%。

（4）喷射混凝土作业区的环境温度和进入喷射机的材料温度应不低于 5℃。已喷射混凝土的强度达到 5MPa 前不得受冻。

7. 混凝土的养护应符合下列规定：

（1）冬期施工期间，采用硅酸盐水泥或普通硅酸盐水泥配制的混凝土，在其抗压强度达到设计强度的 40% 以前；采用矿渣硅酸盐水泥配制的混凝土，在其抗压强度达到设计强度的 50% 以前，均不得受冻。

（2）混凝土的养护方法，宜根据技术、经济比较和热工计算确定。当室外最低温度不低于 −15℃时，地面以下的工程或结构表面系数不大于 $15m^{-1}$ 的结构，宜采用蓄热法养护；当蓄热法不能适应强度增长速度要求时，可根据具体情况，选用蒸汽加热、暖棚加热等方法进行养护。

8. 采用蓄热法养护混凝土时，应符合下列规定：

（1）应根据环境条件，在经计算能保证结构物不受冻害的情况下方可采用蓄热法养护混凝土。

（2）混凝土应采用较小的水胶比，养护过程中应采取加速混凝土硬化和降低混凝土冻结温度的措施。对容易冷却的结构部位，应特别加强保温，且不应往混凝土和覆盖物上洒水。

9. 采用蒸汽加热法养护混凝土时，混凝土的升、降温速度不得超过表 4-128 的规定。当采用普通硅酸盐水泥时，养护温度不宜超过 80℃；采用矿渣硅酸盐水泥时，养护温度可提高到 85℃。对大体积混凝土，养护时的升、降温速度宜按温控设计的要求确定。

加热养护混凝土的升、降温速度（℃/h）　　　　表 4-128

表面系数（m^{-1}）	升温速度	降温速度
≥6	15	10
<6	10	5

10. 采用暖棚加热法养护混凝土时，暖棚应坚固、不透风，内墙宜采用非易燃性材料，且暖棚内应有防火、防煤气中毒的安全防护措施。暖棚内的温度不得低于5℃，且宜保持一定的湿度，湿度不足时，应向混凝土面及模板洒水。

11. 采用蓄热法和加热法养护的混凝土结构，其模板的拆除应符合下列规定：

（1）应根据与结构同条件养护试件的试验，证明混凝土已达到要求的抗冻强度及拆模强度后方可拆除模板。

（2）加热养护的结构模板和保温层，在混凝土表面冷却到5℃以后，方可拆除。拆除后当混凝土表面温度与环境温度相差大于20℃时，仍应对混凝土表面加以覆盖保温，使其缓慢冷却。

12. 对掺用防冻剂的混凝土，其养护应符合下列规定：

（1）在负温条件下严禁洒水，外露表面应采用塑料薄膜及保温材料双层覆盖养护。养护温度不得低于抗冻剂规定的温度，当达不到规定温度时应采取加热保温的措施。

（2）拆模后混凝土的表面温度与环境温度差大于15℃时，仍应对混凝土表面采取覆盖保温的措施。

13. 灌注桩在冬期施工时，混凝土不得掺抗冻剂，灌注时混凝土拌合物的温度应不低于5℃，对已凿除桩头预留混凝土的桩顶部位应采取措施进行覆盖保温养护。

14. 砌体冬期施工时，所使用的材料应符合下列规定：

（1）砌块应干净，无冰霜附着；砂不得含有冰块或冻结团块。被水浸泡后受冻的砌块不得使用。

（2）砂浆宜采用普通硅酸盐水泥拌制，搅拌时间宜比常温时增加0.5～1倍，且宜随拌随用，砌石砂浆的稠度宜较常温时适当加大。砌筑时砂浆应保持正温，砂浆与石料或砌块表面的温差不宜超过20℃。

15. 砌体采用保温法在暖棚中砌筑时，砌块的温度应在5℃以上；砂和水加温拌合的砂浆，其温度不得低于15℃；棚内地面处的温度不得低于5℃。砂浆的保温时间应以达到其抗冻强度为准。养护期间应洒水，保持砌体湿润。

16. 采用抗冻砂浆砌筑砌体时，应符合下列规定：

（1）抗冻砂浆在严寒地区宜采用硅酸盐水泥或普通硅酸盐水泥，其他地区可采用矿渣硅酸盐水泥、火山灰质硅酸盐水泥或粉煤灰硅酸盐水泥；抗冻砂浆宜采用细度模数较大的砂；抗冻剂掺量宜通过试验确定。

（2）抗冻砂浆使用时的温度不得低于5℃。当设计无要求且一天最低气温低于-15℃时，承重砌体的砂浆强度应按常温时提高一级。

（3）采用抗冻砂浆砌筑的砌体，应在砌筑后加以覆盖，但不得洒水。对未采取抗冻措施的浆砌砌体，在砂浆抗压强度达到设计强度的70%前，不得受冻。

17. 冬期施工时，混凝土工程的质量检验应符合下列规定：

(1) 应对混凝土用水和集料的加热温度、混凝土的加热养护方法和时间等进行检查。

(2) 集料和拌合水输入拌合机时的温度、混凝土自拌合机输出时的温度及浇筑时的温度,每一工作班至少应检查3次。

(3) 对混凝土在养护期间温度的检查,当采用蓄热法养护时,每昼夜至少应定时检查4次;采用加热法养护时,升温及降温期间至少每小时应检查1次,恒温期间至少每2h应检查1次。对室内外的环境温度,每昼夜应定时定点检查4次。

(4) 检查混凝土温度前,应绘制测温孔布置图并编号。对测温孔的位置,当采用蓄热法养护时,应设置在易冷却部位;当采用加热法养护时,应在离热源不同位置分别设置;厚大结构应在表层及内部分别设置。测温时温度计应与外界温度隔绝,并应在测温孔内留置不少于3min。

(5) 混凝土除应预留标准试件外,尚应制取相同数量与结构同条件养护的试件。对采用蒸汽加热法养护的混凝土结构,除应制取标准养护试件外,尚应同时制取与混凝土结构同条件蒸养后,再在标准条件下养护到28d的试件,用以检查经过蒸养后混凝土28d的强度。冬期施工混凝土的质量评定方法与常温施工混凝土相同。

18. 砌体冬期施工的质量检验除应符合4.2.11砌体中的规定外,尚应符合下列规定:

(1) 对室外气温、暖棚气温及砂浆温度,每昼夜应定时检查不少于3次。

(2) 对抗冻剂的掺量,每一工作班组的检查应不少于1次。

(3) 砂浆强度应以在标准条件下养护28d的试件试验结果为准,试件制取组数不应少于常温下施工的试件组数。每一单元砌体(如墩台、拱圈、涵洞)应同时制取与砌体同条件养护的试件,用以检查砂浆强度实际增长情况。砂浆强度的质量评定方法与常温施工的砂浆相同。

19. 桥面沥青防水层不宜在低温下施工。伸缩装置应按设计要求且在适宜的温度范围内安装;气温在5℃以下时,不宜进行橡胶伸缩装置的安装施工。

4.2.21.2 雨期施工

1. 在降雨量集中季节且会对工程质量造成影响时,应按雨期的要求进行施工。

2. 雨期施工应通过当地气象部门提前获取气象预报资料,制订切实可行的施工组织计划、施工技术方案及应急预案,做好防范各种自然灾害的准备工作。雨期施工应提前准备必要的防洪抢险器材、机具及遮盖材料。对水泥、钢材等工程材料应有防雨防潮、对施工机械应有防止洪水淹没等措施;施工场地和生活区应设置排水设施;同时应制订安全用电规程,严防漏电、触电;雷区应有防雷措施。

3. 雨期施工的工作面不宜过大,宜逐段、分片、分期施工。雨期施工应避开大风大雨天气,遇暴风雨或受洪水危害时应停止施工作业。

4. 雨期进行基础施工时应符合下列规定:

(1) 基坑开挖时,应设挡水埂,防止地面水流入;基坑内应设集水井,并应配备足够的抽水设备,基坑顶应有截水措施。同时应加强对边坡的支护,或适当放大边坡坡度;对地基不良地段的边坡应加强观测,发现异常应及时分析原因,采取处理措施。基坑开挖后应及时进行垫层和基础的施工,防止被水浸泡;若被浸泡,应挖除被浸泡部分,采用砂砾材料回填。

(2) 在位于山坡或山脚地质不良地段进行桩基础的施工时,相邻墩不宜同时钻、挖孔，宜间隔错开施工，防止引起山体失稳。

（3）水中基础的施工应采取防止洪水淹没或冲毁施工作业平台及施工设备、设施的有效措施。

5. 结构混凝土的雨期施工应符合下列规定：

（1）模板支架的地基和基础应满足强度和稳定性的要求，应采取必要的安全技术措施，防止因地面软化引起地基沉降及支架失稳。

（2）钢筋、钢绞线等材料的存放应支垫覆盖，并应防水、防潮。钢筋的加工和焊接应在防雨棚内进行。结构外露的钢筋、钢绞线及预埋钢件等应采取覆盖或缠裹等防护措施。

（3）水泥的储存应防雨防潮，已受潮有结块的水泥不得用于工程中。雨期施工应增加砂、石集料含水率的检测次数，及时调整混凝土配合比，保证拌和质量；砂、石集料的含水率检测，每个台班应不少于1次，雨后拌制混凝土应先检测后拌和。

（4）雨后模板和钢筋上的淤泥、杂物等，应在浇筑混凝土前清除干净。除非有良好的防护措施，否则不宜在大雨天浇筑结构混凝土。新浇筑的混凝土在终凝前，不得被雨淋。

（5）桥面防水层不宜在雨天进行铺设施工。

6. 砌体的雨期施工应符合下列规定：

（1）砌体砂浆在达到终凝前，不得遭受雨水冲淋。

（2）砌体的砌筑块石、片石或预制混凝土块应将淤泥、杂物冲洗干净后方可砌筑。

（3）现场制作的砌体砂浆试件应采取防雨措施。

4.2.21.3 热期施工

1. 当昼夜日平均气温高于30℃时，混凝土工程和砌体工程的施工应符合热期施工的规定。

2. 热期混凝土工程施工所用的原材料，其储存及温度应符合下列规定：

（1）应采取必要措施对水泥和砂、石集料等遮阳防晒，或对砂、石料堆喷水降温，降低原材料进入搅拌机的温度。

（2）对拌合水宜采用冷却装置或其他适宜的方法降温；对水管及水箱应设置遮阳或隔热设施。

3. 热期混凝土工程施工时，混凝土的配制、搅拌合运输应符合下列规定：

（1）配合比的设计应考虑高温对混凝土坍落度损失的影响。混凝土中可掺加高效减水剂或掺用粉煤灰等活性材料取代部分水泥，减少水泥用量；混凝土宜选用水化热较低的水泥，当掺用缓凝型减水剂时，可根据气温情况适当提高坍落度。

（2）搅拌站的料斗、储水器、皮带运输机及搅拌筒等应采取遮阳措施。在搅拌合浇筑混凝土过程中，应增加混凝土坍落度的检测次数；当不满足施工需要时，应及时对配合比进行适当调整。

（3）混凝土宜在棚内或气温较低的夜间进行搅拌；当无其他特殊规定时，混凝土的入模温度宜控制在30℃以下。

（4）宜采用带有搅拌装置的运输车运输混凝土，且搅拌筒上应有防晒设施。在运输过程中应慢速、不间断地搅拌混凝土，但不得在运输过程中加水搅拌，并应最大限度地缩短运输时间。

4. 热期混凝土的浇筑施工应符合下列规定：

（1）浇筑前应有全面的施工组织计划，做好充分准备，配备足够的施工机具设备，保证浇筑施工能连续进行。条件具备时，应对浇筑场地进行遮盖防晒，降低模板和钢筋的温度；亦可在模板、钢筋和地基上喷水降温，但在浇筑时模板内不得有积水或附着水。

（2）在混凝土浇筑前，应通过试验确定在最高气温条件下混凝土分层浇筑的覆盖时间，施工时应严格控制，不得超过。混凝土的浇筑施工宜选在一天温度较低的时间进行；混凝土从搅拌至浇筑的时间应缩短，浇筑速度应加快且应连续进行。

（3）浇筑完成后应加快表面混凝土的修整速度，修整时可采用喷雾器喷洒少量水防止表面干缩裂纹，但不得直接在混凝土表面浇水。

5. 热期施工时混凝土的养护应符合下列规定：

（1）混凝土浇筑完成并对表面修整后应尽快开始养护，应在其表面立即覆盖清洁的塑料薄膜，使混凝土表面保持水分；初凝后应增加覆盖浸湿的粗麻布或土工布，继续洒水保湿养护。

（2）混凝土保湿养护的时间不得少于 7d。保湿养护期间，如具备条件，宜采取遮阳和挡风措施，控制高温和干热风对养护质量的影响。

（3）混凝土结构拆模后的洒水养护宜采用自动喷水系统或喷雾器，保湿养护不得间断，亦不得形成干湿循环。除非当地缺少足够的清洁水，否则不得仅采用喷洒养护剂的方式对高强度混凝土和高性能混凝土进行养护。

（4）对桥面铺装混凝土或其他外露面较大的板式结构混凝土，应在施工前制订养护方案，采取有效措施进行养护，防止开裂。

6. 砌体在热期施工时应符合下列规定：

（1）砂浆宜随拌随用，气温超过 30℃时，宜在 2～3h 内使用完毕。已凝结的砂浆，不得使用。

（2）砌筑砂浆宜有良好的和易性，用于石砌体时稠度宜为 50～70mm；气温较高时，在保证强度的条件下可适当增大稠度。

7. 热期施工的质量检验应符合下列规定：

（1）砂、石集料的含水率检测，每台班应不少于 1 次。

（2）混凝土浇筑与养护时，对环境温度应每日检查 4 次，并做好检查记录；当温度超过热期施工的规定时，混凝土的搅拌应采取有效的降温和防晒措施，并应保证混凝土的浇筑质量。否则应停止施工。

（3）混凝土热期施工，除应留置标准条件下养护的试件外，尚应制取相同数量的试件，并将其置于与结构相同的环境条件下养护，检查混凝土的强度用以指导施工。

（4）在混凝土的浇筑过程中，应严格控制缓凝剂的掺量，并应检查混凝土的凝结时间，防止缓凝剂掺量不准确对结构造成危害。

4.3 混凝土原材料

混凝土原材料包括：水泥；细集料；粗集料；水；掺合料；外加剂；海洋环境混凝土原材料 7 部分。

4.3.1 水泥

1. 公路桥涵工程采用的水泥应符合《通用硅酸盐水泥》GB 175 的规定，水泥的品种和强度等级应通过混凝土配合比试验选定，且其特性应不会对混凝土的强度、耐久性和工作性能产生不利影响。当混凝土中采用碱活性集料时，宜选用含碱量不大于 0.6％ 的低碱水泥。

2. 水泥进场时，应附有生产厂家的品质试验检验报告等合格证明文件，并应按批次对同一生产厂、同一品种、同一强度等级及同一出厂日期的水泥进行强度、细度、安定性和凝结时间等性能的检验，散装水泥应以每 500t 为一批，袋装水泥应以每 200t 为一批，不足 500t 或 200t 时，亦按一批计。当对水泥质量有怀疑或受潮或存放时间超过 3 个月时，应重新取样复验，并应按其复验结果使用。水检验试验方法应符合现行行业标准《公路工程水泥及水泥混凝土试验规程》JTG E30 的规定。

3. 公路桥涵混凝土工程宜采用散装水泥，散装水泥在工地应采用专用水泥罐储存；采用袋装水泥时，在运输和储存过程中应防止受潮，且不得长时间露天堆放，临时露天堆放时应设支垫并覆盖。不同品种、强度等级和出厂日期的水泥应分别按批存放。

4.3.2 细集料

1. 细集料宜采用级配良好、质地坚硬、颗粒洁净且粒径小于 5mm 的河砂；当河砂不易得到时。可采用符合规定的其他天然砂或人工砂；细集料不宜采用海砂，不得采用时，应经冲洗处理。细集料技术指标见表 4-129。

细集料技术指标 表 4-129

项目			技术要求		
			Ⅰ类	Ⅱ类	Ⅲ类
有害物质含量	云母（按质量计,%）		≤1.0	≤2.0	≤2.0
	轻物质（按质量计,%）		≤1.0	≤1.0	≤1.0
	有机物（比色法）		合格	合格	合格
	硫化物及硫酸盐（按 SO_3 质量计,%）		≤1.0	≤1.0	≤1.0
	氯化物（以氯离子质量计,%）		<0.01	<0.02	<0.06
天然砂含泥量（按质量计,%）			≤2.0	≤3.0	≤5.0
泥块含量（按质量计,%）			≤0.5	≤1.0	≤2.0
人工砂的石粉含量（按质量计,%）	亚甲蓝试验	MB 值<1.4 或合格	≤5.0	≤7.0	≤10.0
		MB 值≥1.4 或不合格	≤2.0	≤3.0	≤5.0
坚固性	天然砂（硫酸钠溶液法经 5 次循环后的质量损失,%）		≤8	≤8	≤10
	人工砂单级最大压碎指标（%）		<20	<25	<30
表观密度（kg/m³）			>2500		
松散堆积密度（kg/m³）			>1350		
空隙率（%）			<47		

续表

项　　目	技术要求		
	Ⅰ类	Ⅱ类	Ⅲ类
碱集料反应	经碱集料反应试验后，由砂配制的试件无裂缝、酥裂、胶体外溢现象，在规定试验龄期的膨胀率应小于0.10%		

注：1. 砂按技术要求分为Ⅰ类、Ⅱ类、Ⅲ类。Ⅰ类宜用于强度等级大于C60的混凝土；Ⅱ类宜用于强度等级C30~C60及有抗冻、抗渗或其他要求的混凝土；Ⅲ类宜用于强度等级小于C30的混凝土和砌筑砂浆。
2. 天然砂包括河砂、湖砂、山砂、淡化海砂，人工砂包括机制砂和混合砂。
3. 石粉含量系指粒径小于0.075mm的颗粒含量。
4. 砂中不应混有草根、树叶、树枝、塑料、煤块、炉渣等杂物。
5. 当对砂的坚固性有怀疑时，应做坚固性试验。
6. 当碱集料反应不符合表中要求时，应采取抑制碱集料反应的技术措施。

2. 细集料宜按同产地、同规格、连续进场数量不超过400m³或600t为一验收批，小批量进场的宜以不超过200m³或300t为一验收批进行检验；当质量稳定且进料量较大时，可以1000t为一验收批。检验内容应包括外观、筛分、细度模数、有机物含量、含泥量、泥块含量及人工砂的石粉含量等；必要时尚应对坚固性、有害物质含量、氯离子含量及碱活性等指标进行检验。检验试验方法应符合现行行业标准《公路工程集料试验规程》JTG E42的规定。

3. 砂的分类见表4-130。

砂的分类　　　　　　　　　　　　　表4-130

砂组	粗砂	中砂	细砂
细度模数	3.7~3.1	3.0~2.3	2.2~1.6

注：细度模数主要反映全部颗粒的粗细程度，不完全反映颗粒的级配情况，混凝土配制时应同时考虑砂的细度模数和级配情况。

4. 细集料的颗粒级配应处于表4-131中的任一级配区以内。

细集料的分区及级配范围　　　　　　　表4-131

级配区	方孔筛尺寸（mm）					
	0.15	0.30	0.60	1.18	2.36	4.75
	累计筛余（以质量计）（%）					
Ⅰ区	90~100	80~95	71~85	35~65	5~35	0~10
Ⅱ区	90~100	70~92	41~70	10~50	0~25	0~10
Ⅲ区	90~100	55~85	16~40	0~25	0~15	0~10

注：1. 表中除4.75mm和0.60mm筛孔外，其余各筛孔的累计筛余允许超出分界线，但其超出量不得大于5%。
2. 人工砂中0.15mm筛孔的累计筛余：Ⅰ区可放宽到100%~85%，Ⅱ区可放宽到100%~80%，Ⅲ区可放宽到100%~75%。
3. Ⅰ区砂宜提高砂率配低流动性混凝土；Ⅱ区砂宜优先选用配不同强度等级的混凝土；Ⅲ区砂宜适当降低砂率保证混凝土的强度。
4. 对高性能、高强度、泵送混凝土宜选用细度模数为2.9~2.6的中砂。2.36mm筛孔的累计筛余量不得大于15%，0.30mm筛孔的累计筛余量宜在85%~92%范围内。

4.3.3 粗集料

1. 粗集料宜采用质地坚硬、洁净、级配合理、粒形良好、吸水率小的碎石或卵石，粗集料技术指标见表 4-132。

粗集料技术指标　　　　　　　　　表 4-132

项 目		技术要求		
		Ⅰ类	Ⅱ类	Ⅲ类
碎石压碎指标（%）		<10	<20	<30
卵石压碎指标（%）		<12	<16	<16
坚固性（硫酸钠溶液法经 5 次循环后质量损失值，%）		<5	<8	<12
吸水率（%）		<1.0	<2.0	<2.5
针片状颗粒含量（按质量计，%）		<5	<15	<25
有害物质含量	含泥量（按质量计，%）	<0.5	<1.0	<1.5
	泥块含量（按质量计，%）	0	<0.5	<0.7
	有机物含量（比色法）	合格	合格	合格
	硫化物及硫酸盐（按 SO_3 质量计，%）	<0.5	<1.0	<1.0
岩石抗压强度（水饱和状态，MPa）		火成岩>80；变质岩>60；水成岩>30		
表观密度（kg/m^3）		>2500		
松散堆积密度（kg/m^3）		>1350		
空隙率（%）		<47		
碱集料反应		经碱集料反应试验后，试件无裂缝、酥裂、胶体外溢等现象，在规定试验龄期的膨胀率应小于 0.10%。		

注：1. Ⅰ类宜用于强度等级大于 C60 的混凝土；Ⅱ类宜用于强度等级为 C30~C60 及有抗冻、抗渗或其他要求的混凝土；Ⅲ类宜用于强度等级小于 C30 的混凝土。
2. 粗集料中不应混有草根、树叶、树枝、塑料、煤块、炉渣等杂物。
3. 岩石的抗压强度除应满足表中要求外，其抗压强度与混凝土强度等级之比应不小于 1.5。岩石强度首先应由生产单位提供，工程中可采用压碎值指标进行质量控制。
4. 当粗集料中含有颗粒状硫酸盐或硫化物杂质时，应进行专门检验，确认能满足混凝土耐久性要求后，方可采用。
5. 采用卵石破碎成砾石时，应具有两个及以上的破碎面，且其破碎面应不小于 70%。

2. 当混凝土结构物处于不同环境条件下时，粗集料坚固性试验的结果除应符合表 4-132 的规定外，尚应符合表 4-133 的规定。

粗集料坚固性试验　　　　　　　　　表 4-133

混凝土所处环境条件	在硫酸钠溶液中循环 5 次后的质量损失（%）
寒冷地区，经常处于干湿交替状态	<5
严寒地区，经常处于干湿交替状态	<3
混凝土处于干燥条件，但粗集料风化或软弱颗粒过多时	<12
混凝土处于干燥条件，但有抗疲劳、耐磨、抗冲击要求或强度等级大于 C40	<5

注：有抗冻、抗渗要求的混凝土用硫酸钠法进行粗集料坚固性试验不合格时，可再进行直接冻融试验。

3. 粗集料宜根据混凝土最大粒径采用连续两级配或连续多级配，不宜采用单粒级或间断级配配制，必须使用时，应通过试验验证。粗集料级配范围应符合表 4-134 的规定。

粗集料级配范围 表 4-134

级配情况	公称粒级 (mm)	累计筛余（按质量计,%） 方孔筛尺寸（mm）										
		2.36	4.75	9.50	16.0	19.0	26.5	31.5	37.5	53.0	63.0	75.0	90.0
连续级配	5～10	95～100	80～100	0～15	0	—							
	5～16	95～100	85～100	30～60	0～10	0							
	5～20	95～100	90～100	40～80	—	0～10	0						
	5～25	95～100	90～100	—	30～70	—	0～5	0					
	5～31.5	95～100	90～100	70～90	—	15～45	—	0～5	0				
	5～40		95～100	70～90	—	30～65	—	—	0～5	0			
单粒级配	10～20		95～100	85～100	—	0～15	—	0					
	16～31.5		95～100	—	85～100	—	—	0～10	0				
	20～40			95～100	—	80～100	—	—	0～10	0			
	31.5～63			—	95～100	—	—	75～100	45～75	—	0～10	0	
	40～80				—	95～100	—	—	70～100	—	30～60	0～10	0

4. 粗集料最大粒径宜按混凝土结构情况及施工方法选取，但最大粒径不得超过结构最小边尺寸的 1/4 和钢筋最小净距的 3/4；在两层或多层密布钢筋结构中，最大粒径不得超过钢筋最小净距的 1/2，同时不得超过 75.0mm。混凝土实心板的粗集料最大粒径不宜超过板厚的 1/3 且不得超过 37.5mm。泵送混凝土时的粗集料最大粒径，除应符合上述规定外，对碎石不宜超过输送管径的 1/3；对卵石不宜超过输送管径的 1/2.5。

5. 施工前应对所用的粗集料进行碱活性检验，在条件许可时宜避免采用有碱活性反应的粗集料，必须采用时应采取必要的抑制措施。

6. 粗集料的进场检验组批应符合细集料进场检验组批的规定，检验内容应包括外观、颗粒级配、针片状颗粒含量、含泥量、泥块含量、压碎值指标等，检验试验方法应符合《公路工程集料试验规程》JTG E42 规定。

7. 粗集料在生产、运输与储存过程中，不得混入影响混凝土性能的有害物质。粗集料应按品种、规格分别堆放，不得混杂。在装卸及存储时，应采取措施，使集料颗粒级配均匀，并保持洁净。

4.3.4 水

1. 符合国家标准的饮用水可直接作为混凝土的拌制和养护用水；当采用其他水源或对水质有疑问时，应对水质进行检验。混凝土用水的品质指标应符合表 4-135 的规定。

2. 混凝土用水尚应符合下列规定：

(1) 水中不应有漂浮明显的油脂和泡沫，及有明显的颜色和异味。

(2) 严禁将未经处理的海水用于结构混凝土的拌制。

混凝土用水的品质指标 表 4-135

项　　目	预应力混凝土	钢筋混凝土	素混凝土
pH 值	≥5.0	≥4.5	≥4.5
不溶物（mg/L）	≤2000	≤2000	≤5000
可溶物（mg/L）	≤2000	≤5000	≤10000
氯化物（以 Cl^- 计，mg/L）	≤500	≤1000	≤3500
硫酸盐（以 SO_4^{2-} 计，mg/L）	≤600	≤2000	≤2700
碱含量（mg/L）	≤1500	≤1500	≤1500

注：1. 对设计使用年限为 100 年的结构混凝土，氯离子含量不得超过 500mg/L；对使用钢丝或热处理钢筋的预应力混凝土，氯离子含量不得超过 350mg/L。

2. 碱含量按 $Na_2O+0.658K_2O$ 计算值表示。采用非碱活性集料时，可不检验碱含量。

4.3.5 掺合料

1. 掺合料应保证其产品品质稳定，来料均匀；掺合料应由生产单位专门加工，进行产品检验并出具产品合格证书。掺合料的技术要求见附录 18。

2. 混凝土中需要掺用粉煤灰、磨细矿渣、硅灰等掺合料时，其掺入量应在使用前通过试验确定。

3. 掺合料在运输与存储过程中，应有明显标识，严禁与水泥等其他粉状材料混淆。

4.3.6 外加剂

1. 公路桥涵工程使用的外加剂，与水泥、矿物掺合料之间应具有良好的相容性。

2. 所采用的外加剂，应是经过具备相关资质的检测机构检验并附有检验合格证明的产品，且其质量应符合现行国家标准《混凝土外加剂》GB 8076 的规定。外加剂使用前应进行复验，复验结果满足要求后方可用于工程中。外加剂的品种和掺量应根据使用要求、施工条件、混凝土原材料的变化等通过试验确定。

3. 采用膨胀剂时应符合下列规定：

(1) 在公路桥涵混凝土工程中采用的膨胀剂，其性能应符合现行国家标准《混凝土膨胀剂》GB 23439 的规定。

(2) 膨胀剂的品种和掺量应通过试验确定。

(3) 掺入膨胀剂的混凝土宜采取有效的持续保湿养护措施，且宜按不同结构和温度适当延长养护时间。

4.3.7 海洋环境混凝土原材料

海洋环境桥梁结构的混凝土，宜采用具有防腐蚀耐久性的高性能混凝土。高性能混凝土的原材料，应符合《公路工程混凝土结构防腐蚀技术规范》JTG/T B07-01 和 4.2.3.7 高性能混凝土中的规定。

4.4 混凝土配合比

1. 混凝土的配合比应以质量比表示，并应通过计算和试配选定。试配时应使用施工实际采用的材料,配制的混凝土拌和物应满足和易性、凝结时间等施工技术条件;制成的混凝土应满足强度、耐久性(抗冻、抗渗、抗侵蚀)等质量要求。

2. 普通混凝土的配合比,可按照《普通混凝土配合比设计规程》JGJ 55—2011 的规定进行计算,并应通过试配确定。混凝土的试配强度,应根据设计强度等级,并考虑施工条件的差异和变化以及原材料质量可能的波动,按照《公路桥涵施工技术规范》JTG/T F50—2011 附录 B2 混凝土配制强度计算确定;混凝土的坍落度和工作性能宜根据结构物情况和施工工艺要求确定,在满足工艺要求的前提下,宜采用低坍落度的混凝土施工。通过设计和试配确定的配合比,应经批准后方可使用,且应在混凝土拌制前将理论配合比换算为施工配合比。

3. 混凝土的最大水胶比、最小水泥用量及最大氯离子含量见表 4-136。

混凝土的最大水胶比、最小水泥用量及最大氯离子含量　　　　表 4-136

环境类别	环境条件	最大水胶比	最小水泥用量 (kg/m³)	最低混凝土强度等级	最大氯离子含量(%)
Ⅰ	温暖或寒冷地区的大气环境、与无侵蚀的水或土接触的环境	0.55	275	C25	0.30
Ⅱ	严寒地区的大气环境、使用除冰盐环境、滨海环境	0.50	300	C30	0.15
Ⅲ	海水环境	0.45	300	C35	0.10
Ⅳ	受侵蚀性物质影响的环境	0.40	325	C35	0.10

注:1. 水胶比、氯离子含量系指其与胶凝材料用量的百分比。
2. 最小水泥用量,包括掺合料。当掺用外加剂且能有效地改善混凝土的和易性时,水泥用量可减少 25kg/m³。
3. 严寒地区系指最冷月份平均气温低于或等于 −10℃,且日平均温度低于或等于 5℃ 的天数在 145d 以上的地区。
4. 预应力混凝土结构中的最大氯离子含量为 0.06%,最小水泥用量为 350 kg/m³。
5. 封底、垫层及其他临时工程的混凝土,可不受本表的限制。

4. 在混凝土中掺入外加剂时,除应符合 4.3.6 外加剂中的规定外,尚应符合下列规定:

(1) 在钢筋混凝土和预应力混凝土中,均不得掺用氯化钙、氯化钠等氯盐。

(2) 当从各种组成材料引入的氯离子含量(折合氯盐含量)大于表 4-136 规定的限值时,宜在混凝土中采取掺加阻锈剂、增加保护层厚度、提高密实度等防腐蚀措施。

(3) 掺入引气剂的混凝土,其含气量宜为 3.5%~5.5%。

5. 除应对由各种组成材料带入混凝土中的碱含量进行控制外,尚应控制混凝土的总碱含量。每立方米混凝土的总碱含量,对一般桥涵不宜大于 3.0 kg/m³,对特大桥、大桥和重要桥梁不宜大于 1.8kg/m³;当混凝土结构处于受严重侵蚀的环境时,不得使用有碱活性反应的集料。

4.5 试验检测项目、检测方法、频率及评定要求

4.5.1 试验检测项目

4.5.1.1 原材料

1. 水泥的试验检测项目有：细度、相对密度、比表面积、标准稠度用水量、凝结时间、安定性、流动度、抗折强度、抗压强度、游离 CaO 含量、碱含量、熟料中的 C_3A 含量及氯离子含量等。

2. 细集料的试验检测项目有：外观、筛分、细度模数、表观密度、堆积（紧装）密度、空隙率、含水率、含泥量、泥块含量、人工砂的石粉含量、有机质含量、云母含量、轻物质含量、硫化物及硫酸盐含量、氯化物、膨胀率、坚固性、抗冻融、砂当量、棱角性、压碎指标及碱集料反应等。

3. 粗集料的试验检测项目有：外观、筛分、含水率、吸水率、表观密度、堆积（振实）密度、空隙率、含泥量、泥块含量、针片状颗粒含量、有机质含量、硫化物及硫酸盐含量、氯化物、坚固性、抗冻融、压碎指标、磨耗值、软弱颗粒含量、磨光值、冲击值及碱集料反应等。

4. 石料的试验检测项目有：力学性能试验（单轴抗压强度、单轴压缩变形）和抗冻性。

5. 混凝土及砂浆拌合水的试验检测项目有：pH 值、不溶物、可溶物、氯化物、硫酸盐及碱含量等。

6. 掺合料的种类主要有：粉煤灰、磨细矿渣及硅灰 3 种。

（1）粉煤灰的试验检测项目有：细度、比表面积、烧失量、需水量比、含水率、CaO 含量、游离 CaO、SO_3 含量、氯离子含量、安定性、均匀性及总碱量等。

（2）磨细矿渣的试验检测项目有：密度、比表面积、活性指数（7d、28d）、流动度比、需水量比、含水率、SO_3 含量、氯离子含量、MgO 含量、烧失量、玻璃体含量及放射性等。

（3）硅灰的试验检测项目有：比表面积、烧失量、含水率、氯离子含量、SiO_2 含量、混合砂浆性能（需水量比、28d 活性指数）及总碱量等。

7. 外加剂的试验检测项目有：水泥净浆流动度、硫酸钠含量、氯离子含量、碱含量、减水率、含气量、坍落度保留值、常压泌水率比、压力泌水率比、抗压强度比（3d、7d、28d）、对钢筋锈蚀作用、收缩率比及相对耐久性指标等。

8. 钢筋的试验检测项目有：重量偏差、屈服强度、抗拉强度、延伸率、冷弯性能及反复弯曲等。

9. 预应力筋的种类主要有：钢丝、钢绞线及螺纹钢筋 3 种。除预应力筋的松弛率、孔道摩阻测试及张拉控制应力（伸长值）等试验检测项目外，尚应有以下试验检测项目：

（1）钢丝的试验检测项目有：表面质量、抗拉强度、弹性模量、弯曲及伸长率等。

（2）钢绞线的试验检测项目有：表面质量、直径偏差、弹性模量、规定非比例延伸力测试及力学性能试验等。

（3）螺纹钢筋的试验检测项目有：表面质量、拉伸试验及弹性模量等。

10. 锚具、夹具和连接器的试验检测项目有：常规检测（外观检查、硬度检验、静载锚固性能试验）、疲劳试验、周期荷载试验及辅助性试验（锚具内缩量、锚具摩阻损失、张拉锚固工艺）等。

11. 管道（金属波纹管、塑料波纹管）的试验检测项目有：外观、尺寸、集中荷载下径向刚度、荷载作用后抗渗漏及抗弯曲渗漏等。

12. 桥梁支座的种类主要有：板式橡胶支座、盆式橡胶支座及球型橡胶支座3种。

（1）板式橡胶支座的试验检测项目有：外形尺寸、外观质量、解剖检测及力学性能（抗压弹性模量、抗剪弹性模量、抗剪黏结性能、抗剪老化、摩擦系数、转角、极限抗压强度）等。

（2）盆式橡胶支座的试验检测项目有：外形尺寸、外观质量、解剖检测及力学性能（竖向承载力、水平承载力、转角、摩阻系数）等。

（3）球型橡胶支座的试验检测项目有：外形尺寸、外观质量、解剖检测及力学性能（竖向承载力、支座摩擦因数、支座转动力矩）等。

13. 桥梁伸缩装置的种类主要有：模数式伸缩装置、梳齿板式伸缩装置、橡胶伸缩装置及异型钢单缝伸缩装置4种。

（1）模数式伸缩装置的试验检测项目有：尺寸、外观质量、拉伸、压缩、（纵向、竖向、横向）错位试验、水平摩阻力、变位均匀性、振动冲击及橡胶密封带防水等。

（2）梳齿板式伸缩装置的试验检测项目有：尺寸、外观质量、拉伸、压缩、水平摩阻力及变位均匀性等。

（3）橡胶伸缩装置的试验检测项目有：尺寸、外观质量、内在质量（解剖检测）、拉伸、压缩、水平摩阻力及垂直变形等。

（4）异型钢单缝伸缩装置的试验检测项目有：尺寸、外观质量及橡胶密封带防水等。

4.5.1.2 施工过程质量控制

1. 钢筋焊接接头，主要有：钢筋闪光对焊接头、电弧焊接头、电渣压力焊接头及气压焊接头4种。

（1）电弧焊接头、电渣压力焊接头的试验检测项目有：外观检查和拉伸试验等。

（2）闪光对焊接头、气压焊接头的试验检测项目有：外观检查、拉伸试验及弯曲试验等。

2. 钢筋焊接网的试验检测项目有：外观检查、拉伸试验及剪切试验等。

3. 钢筋机械连接接头的试验检测项目有：抗拉强度、单项拉伸（强度、残余变形、极限变形）、高应力反复拉压（强度、残余变形）、大变形反复拉压（强度、残余变形）及抗疲劳性能等。

4. 泥浆性能指标的试验检测项目有：相对密度、黏度、静切力、含砂率、胶体率、失水率、泥皮厚及酸碱度等。

5. 后张预应力孔道压浆浆液的试验检测项目有：凝结时间、流动度、泌水率、压力泌水率、自由膨胀率、充盈度、抗压强度、抗折强度及对钢筋的锈蚀作用等。

6. 水泥混凝土拌合物及水泥混凝土试件的试验检测项目有：水泥混凝土配合比设计、稠度、表观密度、含气量、凝结时间、泌水、力学性能试验（抗压强度、抗压弹性模量、抗弯拉强度、抗弯拉弹性模量、劈裂抗拉强度、动弹性模量）、抗冻性、干缩性、耐磨性、抗渗性及渗水高度等。

7. 水泥砂浆拌合物及水泥砂浆试件的试验检测项目有：水泥砂浆配合比设计、稠度、表观密度、分层度、保水性、凝结时间、抗压强度、拉伸粘结强度、抗冻性、收缩、含气量、吸水率、抗渗性能、静力受压弹性模量等。

8. 桩基础及扩大基础的实测项目，除桩身的完整性、单桩承载力及地基的容许承载力等试验检测项目外，尚应有以下试验检测项目：

（1）钢筋焊接骨架的实测项目，见表 4-5；

（2）焊接钢筋网的实测项目，见表 4-6；

（3）灌注桩钢筋骨架制作和安装的实测项目，见表 4-7；

（4）钢筋安装的实测项目，见表 4-8；

（5）钻（挖）孔灌注桩成孔的实测项目，见表 4-34；

（6）预制桩钢筋骨架的实测项目，见表 4-35；

（7）预制钢筋混凝土桩和预应力混凝土桩制作的实测项目，见表 4-36；

（8）沉桩施工的实测项目，见表 4-45；

（9）沉井基础施工的实测项目，见表 4-48；

（10）地下连续墙施工的实测项目，见表 4-49；

（11）扩大基础施工的实测项目，见表 4-51；

9. 承台施工的实测项目，见表 4-52。

10. 墩、台身施工的实测项目，见表 4-53。

11. 墩台帽和盖梁施工的实测项目，见表 4-54。

12. 浆砌片石基础施工的实测项目，见表 4-56。

13. 墩、台砌体施工的实测项目，见表 4-55。

14. 侧墙砌体施工的实测项目，见表 4-57。

15. 加筋土桥台面板预制、安砌施工的实测项目，见表 4-58。

16. 现浇混凝土拱圈施工的实测项目，见表 4-59。

17. 预制拱圈节段施工的实测项目，见表 4-60。

18. 主拱圈安装的实测项目，见表 4-61。

19. 拱桥转体施工的实测项目，见表 4-62。

20. 劲性骨架制作加工的实测项目，见表 4-63。

21. 劲性骨架安装的实测项目，见表 4-64。

22. 劲性骨架混凝土拱圈浇筑施工的实测项目，见表 4-65。

23. 悬臂浇筑拱圈施工的实测项目，见表 4-66。

24. 钢管拱肋制作与安装的实测项目，见表 4-67。

25. 钢管拱肋混凝土施工的实测项目，见表 4-68。

26. 中、下承式钢管拱桥吊索（杆）安装的实测项目，见表 4-69。

27. 桁架拱预制施工的实测项目，见表 4-70。

28. 装配式桁架拱、刚架拱安装施工的实测项目，见表 4-71。

29. 钢拱桥安装的实测项目，见表 4-72。

30. 拱圈砌筑施工的实测项目，见表 4-73。

31. 腹拱圈安装的实测项目，见表4-74。
32. 支架上现浇梁施工的实测项目，见表4-75。
33. 预制梁、板施工的实测项目，见表4-76。
34. 简支梁、板安装的实测项目，见表4-77。
35. 悬臂浇筑预应力混凝土梁施工的实测项目，见表4-78。
36. 节段预制施工的实测项目，见表4-79。
37. 预应力混凝土梁节段悬臂拼装施工的实测项目，见表4-80。
38. 顶推施工梁的实测项目，见表4-81。
39. 后张预应力管道安装的实测项目，见表4-28。
40. 后张预应力孔道压浆浆液性能指标的实测项目，见表4-32。
41. 整孔预制大型后张预应力混凝土箱梁施工的实测项目，见表4-82。
42. 整孔箱梁安装的实测项目，见表4-83。
43. 斜腿刚构桥斜腿施工的实测项目，见表4-84。
44. 斜腿刚构桥主梁施工的实测项目，见表4-85。
45. 混凝土索塔施工的实测项目，见表4-86。
46. 钢索塔安装的实测项目，见表4-87。
47. 混凝土主梁悬臂浇筑施工的实测项目，见表4-88。
48. 混凝土主梁悬臂拼装施工的实测项目，见表4-89。
49. 钢主梁安装的实测项目，见表4-90。
50. 钢—混凝土组合梁施工的实测项目，见表4-91。
51. 隧道洞室开挖和岩锚施工的实测项目，见表4-92。
52. 锚杆、锚梁制作安装的实测项目，见表4-93。
53. 预应力锚固系统施工的实测项目，见表4-94。
54. 锚碇混凝土施工的实测项目，见表4-95。
55. 悬索桥混凝土索塔施工的实测项目，见表4-96。
56. 主索鞍安装的实测项目，见表4-97。
57. 散索鞍安装的实测项目，见表4-98。
58. 加劲梁安装的实测项目，见表4-101。
59. 加劲梁施工的实测项目，见表4-102。
60. 主缆锚固系统施工的实测项目，见表4-103。
61. 体系转换后索夹、吊索施工的实测项目，见表4-104。
62. 钢桥焊缝外观质量的实测项目，见表4-105。
63. 钢桥焊缝无损检验质量等级及探伤范围的实测项目，见表4-106。
64. 支座安装的实测项目，见表4-107。
65. 斜拉桥、悬索桥支座安装的实测项目，见表4-108。
66. 伸缩装置安装的实测项目，见表4-109。
67. 混凝土桥面铺装施工的实测项目，见表4-110。
68. 钢桥面铺装施工的实测项目，见表4-111。
69. 混凝土防撞护栏施工的实测项目，见表4-112。

70. 护栏、栏杆安装的实测项目，见表 4-113。

71. 人行道施工的实测项目，见表 4-114。

72. 桥头搭板施工的实测项目，见表 4-115。

73. 混凝土圆管管节成品的实测项目，见表 4-116。

74. 管涵施工的实测项目，见表 4-117。

75. 倒虹吸管施工的实测项目，见表 4-119。

76. 拱涵施工的实测项目，见表 4-121。

77. 盖板涵施工的实测项目，见表 4-122。

78. 箱涵施工的实测项目，见表 4-123。

79. 桥涵顶进施工的实测项目，见表 4-124。

80. 集水井和检查井施工的实测项目，见表 4-125。

81. 排水管道施工的实测项目，见表 4-126。

82. 高性能混凝土的试验检测项目，除对混凝土进行常规检验外，尚应对其耐久性质量进行检验有：抗渗、抗冻、电通量、含气量、钢筋保护层厚度、密实性、渗透性、气泡间距系数、抗冻等级、耐久性指数 DF、氯离子扩散系数等。

4.5.1.3 桥梁荷载试验

桥梁的荷载试验，主要为静载试验和动载试验两种。

4.5.2 试验检测方法和频率

4.5.2.1 原材料

1. 水泥的试验检测方法和频率：采用《水泥标准稠度用水量、凝结时间、安定性检验方法》GB/T 1346、《水泥胶砂强度检验方法（ISO 法）》GB/T 17671、《水泥细度检验方法（筛析法、80μm 筛)》GB/T 1345、《水泥比表面积测定方法　勃氏法》GB/T 8074、《水泥胶砂流动度测定方法》GB/T 2419 及《公路工程水泥及水泥混凝土试验规程》JTG E30 的规定方法；应按批次对同一生产厂、同一品种、同一强度等级及同一出厂日期的水泥进行检验，散装水泥应以每 500t 为一批，袋装水泥应以每 200t 为一批，不足 500t 或 200t 时，亦按一批计。当对水泥质量有怀疑或受潮或存放时间超过 3 个月时，应重新取样复验。

2. 细集料的试验检测方法和频率：采用《公路工程集料试验规程》JTG E42 的规定方法；应按同产地、同规格、连续进场数量不超过 400m³ 或 600t 为一验收批，小批量进场的宜以不超过 200m³ 或 300t 为一验收批进行检验；当质量稳定且进料量较大时，可以 1000t 为一验收批等进行检验。

3. 粗集料的试验检测方法和频率：采用《公路工程集料试验规程》JTG E42 的规定方法；以应按同产地、同规格、连续进场数量不超过 400m³ 或 600t 为一验收批，小批量进场的宜以不超过 200m³ 或 300t 为一验收批进行检验；当质量稳定且进料量较大时，可以 1000t 为一验收批等进行检验。

4. 石料的试验检测方法和频率：采用《公路工程岩石试验规程》JTG E41 的规定方法；应按不同料源、不同岩质分别取样或对石料质量有怀疑时进行检验。

5. 混凝土及砂浆拌合水的试验检测方法和频率：采用《公路工程水质分析操作规程》

JTJ 056 的规定方法;应按不同水源或对水质有疑问时,应进行检验。

6. 掺合料的种类主要有:粉煤灰、磨细矿渣及硅灰 3 种。其试验检测方法和频率如下:

(1) 粉煤灰:采用《用于水泥和混凝土中的粉煤灰》GB/T 1596、《水泥化学分析方法》GB/T 176、《水泥原料中氯离子的化学分析方法》JC/T 420 及《水泥标准稠度用水量、凝结时间、安定性检验方法》GB/T 1346 等的规定方法;应按不同料源或对粉煤灰质量有疑问时,应进行检验。

(2) 磨细矿渣:采用《水泥比表面积测定方法 勃氏法》GB/T 8074、《高强高性能混凝土用矿物外加剂》GB/T 18736、《用于水泥和混凝土中的粒化高炉矿渣粉》GB/T 18046、《水泥化学分析方法》GB/T 176 及《水泥原料中氯离子的化学分析方法》JC/T 420 等的规定方法;应按不同料源或对磨细矿渣质量有疑问时,应进行检验。

(3) 硅灰:采用《高强高性能混凝土用矿物外加剂》GB/T 18736、《水泥化学分析方法》GB/T 176 及《水泥原料中氯离子的化学分析方法》JC/T 420 等的规定方法;应按不同料源或对硅灰质量有疑问时,应进行检验。

7. 外加剂的试验检测方法和频率:采用《混凝土外加剂匀质性试验方法》GB/T 8077、《混凝土外加剂》GB 8076 及《混凝土泵送剂》JC 473 等的规定方法;应按不同料源、不同类别外加剂的规定取样频率或对外加剂质量有疑问时,应进行检验。

8. 钢筋的试验检测方法和频率:采用《金属材料 拉伸试验 第 1 部分:室温试验方法》GB/T 228.1、《金属材料(线材)反复弯曲试验方法》GB/T 238 及《金属材料弯曲试验方法》GB/T 232 等的规定方法;应按分批进行检验,可由同一牌号、同一炉罐号、同一尺寸的钢筋进行组批,每批的质量不宜大于 60t,超过 60t 的部分,每增加 40t(或不足 40t 的余数)应增加一个拉伸和一个弯曲试验试样;钢筋的进场检验亦可由同一牌号、同一冶炼方法、同一浇筑方法的不同炉罐号组成混合批进行,但各炉罐号的含碳量之差应不大于 0.02%,含锰量之差应不大于 0.15%。

9. 预应力筋的种类主要有:钢丝、钢绞线及螺纹钢筋 3 种。其试验检测方法和频率如下:

(1) 钢丝:采用《预应力混凝土用钢丝》GB/T 5223 的规定及相关试验检测方法;分批检验时每批质量应不大于 60t。

(2) 钢绞线:采用《预应力混凝土用钢绞线》GB/T 5224 的规定及相关试验检测方法;分批检验时每批质量应不大于 60t。

(3) 螺纹钢筋:采用《预应力混凝土用螺纹钢筋》GB/T 20065 的规定及相关试验检测方法;分批检验时每批质量应不大于 100t。

10. 锚具、夹具和连接器的试验检测方法和频率:采用《预应力筋用锚具、夹具和连接器》GB/T 14370 的规定及相关试验检测方法;进场检验时,同种材料、同一生产工艺条件下、同批进场的产品可视为同一验收批。锚具的每个验收批不宜超过 2000 套;夹具、连接器的每个验收批不宜超过 500 套;获得第三方独立认证的产品其验收批可扩大 1 倍。

11. 管道(金属波纹管、塑料波纹管)的试验检测方法和频率:采用《预应力混凝土用金属波纹管》JG 225 和《预应力混凝土桥梁用塑料波纹管》JT/T 529 的规定及相关试验检测方法;管道应按批进行检验。金属波纹管每批应由同一钢带生产厂生产的同一批钢带所制造的产品组成，累计半年或50000m生产量为一批，不足半年产量或50000m也作为一批的，则取产量最多的规格；塑料波纹管每批应由同一配方、同一生产工艺、同设备稳定连续生产的产品组成，每批数量应不超过10000m。

12. 桥梁支座的种类主要有：板式橡胶支座、盆式橡胶支座及球型橡胶支座3种。其试验检测方法和频率如下：

（1）板式橡胶支座：采用《公路桥梁板式橡胶支座》JT/T 4的规定及相关试验检测方法；试样应随机抽取实样，每种规格试样数量为三对，各种试验试样通用。

（2）盆式橡胶支座：采用《公路桥梁盆式橡胶支座》JT/T 391的规定及相关试验检测方法；试样数量应满足试验所需的要求。

（3）球型橡胶支座：采用《桥梁球形支座》GB/T 17955的规定及相关试验检测方法；试样数量应满足试验所需的要求。

13. 桥梁伸缩装置的种类主要有：模数式伸缩装置、梳齿板式伸缩装置、橡胶伸缩装置及异型钢单缝伸缩装置4种。其试验检测方法和频率：采用《公路桥梁伸缩装置》JT/T 327的规定及相关试验检测方法；试样数量和长度应满足试验所需的要求。橡胶板式伸缩装置解剖检验应每100块取1块。

4.5.2.2 施工过程质量控制

1. 钢筋焊接接头，主要有：钢筋闪光对焊接头、电弧焊接头、电渣压力焊接头及气压焊接头4种。其试验检测方法采用《钢筋焊接接头试验方法标准》JGJ/T27的规定方法；频率为如下：

（1）闪光对焊接头：在同一台班内，由同一焊工完成的300个同牌号、同直径钢筋焊接接头应作为一批；当同一台班内焊接的接头数量较少时，可在一周之内累计计算；累计仍不足300个接头时，应按一批计算；应从每批接头中随机切取6个接头，其中3个做拉伸试验，3个做弯曲试验。

（2）电弧焊接头：应以300个同牌号钢筋、同形式接头作为一批，不足300个时仍应作为一批，每批应随机切取3个接头做拉伸试验。

（3）电渣压力焊接头：应以300个同牌号钢筋接头作为一批；当不足300个接头时，仍应作为一批。每批应随机切取3个接头做拉伸试验。

（4）气压焊接头：应以300个同牌号钢筋接头作为一批；当不足300个接头时，仍应作为一批。并应从每批接头中随机切取3个接头做拉伸试验；在梁、板的水平钢筋连接中，应另切取3个接头做弯曲试验。

2. 钢筋焊接网的试验检测方法和频率：采用《钢筋混凝土用钢 第3部分：钢筋焊接网》GB/T 1499.3的规定方法；凡钢筋牌号、直径及尺寸相同的焊接网应视为同一类型制品，且每300件应作为一批，一周内不足300件的亦应按一批计算。外观检查应按同一类型制品分批检查，每批抽查5%，且不得少于5件。

3. 钢筋机械连接接头的试验检测方法和频率：采用《金属材料 拉伸试验 第1部分：室温试验方法》GB/T 228.1和《钢筋机械连接通用技术规程》JGJ 107的规定方法；同一施工条件下采用同一批材料的同等级、同形式、同规格接头，以500个为一个验收批进行检验，不足500个时亦作为一个验收批。

4. 泥浆性能指标的试验检测方法和频率：采用4.6.1.9和《公路桥涵施工技术规范》

JTG/T F50-2011 附录 D 泥浆各种性能指标的测定方法；每根桩基测定：钻孔时和清孔后各不少于 1 次。

5. 后张预应力孔道压浆浆液的试验检测方法和频率：采用 4.6.1.4～4.6.1.8、《水泥标准稠度用水量、凝结时间、安定性检验方法》GB/T 1346、《水泥胶砂强度检验方法（ISO 法）》GB/T 17671、《混凝土外加剂》GB 8076 试验方法；每一工作班检测不少于 1 次。

6. 水泥混凝土拌合物及水泥混凝土试件的试验检测方法和频率：采用《公路工程水泥及水泥混凝土试验规程》JTG E30 的规定方法；应按附录 8 的规定频率制取试件组数。

7. 水泥砂浆拌合物及水泥砂浆试件的试验检测方法和频率：采用《建筑砂浆基本性能试验方法标准》JGJ/T 70 和《公路工程水泥及水泥混凝土试验规程》JTG E30 的规定方法；应按附录 9 的规定频率制取试件组数。

8. 地基容许承载力的试验检测方法，采用：规范法、荷载板试验及标准贯入试验等方法。

9. 桩身完整性的试验检测方法，采用：钻芯检验法、振动检验法（敲击法和锤击法、稳态激振机械阻抗法、瞬态激振机械阻抗法、水电效应法）、超声脉冲检验法及射线法等方法。

10. 基桩承载力的试验检测方法，采用：静荷载试验（慢速维持荷载法、快速维持荷载法、等贯入速率法、循环加卸载法）和动测法。

11. 轴线偏位：采用全站仪或经纬仪，频率按《公路工程质量检验评定标准》JTG F80/1 的规定频率。

12. 高程：采用水准仪，频率按《公路工程质量检验评定标准》JTG F80/1 的规定频率。

13. 高差、长度、宽度、间距等其他检测项目的检测方法和频率，均应按《公路工程质量检验评定标准》JTG F80/1 的规定执行。

14. 高性能混凝土耐久性质量的试验检测方法：

（1）抗渗、抗冻检验：采用《公路工程水泥及水泥混凝土试验规程》JTG E30 的规定。

（2）电通量检验：采用《公路桥涵施工技术规范》JTG/T F50-2011 附录 B3 的规定。

（3）高性能混凝土保护层厚度：采用专用的钢筋保护层厚度检测仪进行无损检测。

（4）保护层混凝土的密实性：采用标准预埋件的拔出试验或回弹仪试验，通过测定表层混凝土的强度并间接估计其质量。采用回弹仪测定时应在试验室内通过标定对比试验确定。

（5）高性能混凝土的渗透性检验：采用混凝土渗透性测试仪，测定结构物表层混凝土的抗渗性。

4.5.2.3 桥梁荷载试验

桥梁荷载试验，采用静载试验和动载试验两种方法。

4.5.3 评定要求

评定要求包括：硅酸盐水泥判定规则；石料抗冻性判定规则；钢筋复验与判定规则；预应力筋判定规则；锚具、夹具和连接器判定规则；管道（金属波纹管和塑料波纹管）判定规则；桥梁支座判定规则；伸缩装置判定规则；拌制混凝土和砂浆用粉煤灰判定规则；

钢筋焊接接头判定规则；钢筋焊接网判定规则；钢筋机械连接接头判定规则；桩身完整性类别判定规则；基桩承载力判定规则；桥梁承载能力评定；桥梁结构动力性能评价；水泥混凝土抗压强度；高性能混凝土耐久性；水泥砂浆强度；轴线偏位、高程、高差、长度、宽度、间距等其他检测项目 20 部分。

1. 硅酸盐水泥判定规则

(1) 凡游离 MgO、SO_3、初凝时间、安定性中任一项指标不符合相关规定的水泥，均判为废品水泥。废品水泥严禁在工程中使用。

(2) 凡细度、终凝时间、不溶物和烧失量中任一项指标不符合规定，或混合料掺入量超过最大限量和强度低于商品强度等级指标时，判为不合格品。当水泥包装标志中水泥品种、强度等级、生产者名称和出厂标号不全的也属于不合格品。

2. 石料抗冻性判定规则

石料抗冻性的评定指标为：一般要求冻融后的质量损失率 $L \leqslant 2\%$；耐冻系数 $K \geqslant 75\%$；试件外形无变化。

3. 钢筋复验与判定规则

(1) 屈服强度、抗拉强度和伸长率评定

屈服强度、抗拉强度和伸长率均应符合相应标准中规定的指标。在做拉伸检验的两根试件中，如一根试件的屈服强度、抗拉强度和伸长率三个指标中有一个指标不符合标准时，即为拉伸试验不合格，应取双倍试件重新测定；在第二次拉伸试验中，如仍有一个指标不符合规定，不论这个指标在第一次试验中是否合格，判定拉伸试验项目仍不合格，表示该批钢筋为不合格品。

试验中出现下列情况之一者，试验结果无效。

1) 试件断在标距外（伸长率无效）；

2) 操作不当，影响试验结果；

3) 试验记录有误或设备发生故障。

(2) 冷弯试验评定

冷弯试验后，弯曲外侧表面无裂纹、断裂或起层，即判为合格。做冷弯的两根试件中，如有一根试件不合格，可取双倍数量试件重新做冷弯试验，第二次冷弯试验中，如仍有一根不合格，即判该批钢筋为不合格品。

(3) 反复弯曲试验评定

弯曲次数达到或超过有关标准中所规定的弯曲次数判为合格。

4. 预应力筋判定规则

预应力筋的判定，详见 4.2.4 预应力混凝土工程的规定。

5. 锚具、夹具和连接器判定规则

锚具、夹具和连接器的判定，详见 4.2.4 预应力混凝土工程的规定。

6. 管道（金属波纹管和塑料波纹管）判定规则

管道的判定，详见 4.2.4 预应力混凝土工程的规定。

7. 桥梁支座判定规则

(1) 板式橡胶支座：

1) 实测抗压弹性模量、抗剪弹性模量、试样老化后的抗剪弹性模量和四氟滑板试样与不锈钢的摩擦系数应满足《公路桥梁板式橡胶支座》JT/T 4 成品支座力学性能的技术要求。

2）支座在不小于 70MPa 压应力时，橡胶层未被挤坏，中间层钢板未断裂，四氟板与橡胶未发生剥离，则试样的抗压强度满足要求。

3）支座在 2 倍剪应力作用下，橡胶层未被剪坏，中间层钢板未断裂错位，卸载后，支座变形恢复正常，认为试样抗剪粘结性能满足要求。

4）试样的容许转角正切值，混凝土、钢筋混凝土桥在 1/300，钢桥在 1/500 时，试样边缘最小变形值大于或等于零时，则试样容许转角满足要求。

5）三块（或三对）试样中，有两块（或两对）不能满足要求时，则认为该批产品不合格。若有一块（或一对）试样不能满足要求时，则应从该批产品中随机再取双倍试样对不合格项目进行复验，若仍有一项不合格，则判定该批产品不合格。

(2) 盆式橡胶支座：

1）试验支座的竖向压缩变形值不得大于支座总高度的 2%，盆环上口径的变形不得大于盆环外径的 0.5‰；支座残余变形不得超过总变形量的 5%；满足以上条件的支座为合格，表明该试验支座可以继续使用。

2）实测荷载－竖向压缩变形曲线或荷载－盆环径向变形曲线呈非线性关系，该支座为不合格。

3）支座卸载后，若残余变形超过总变形量的 5%，应重复上述试验；若残余变形不消失或有增长趋势，则认为该支座不合格。

4）支座在加载中出现损坏，则该支座为不合格。

5）实测支座摩阻系数大于 0.01 时，应检查材质后重复进行试验；若重复试验后的摩阻系数仍大于 0.01，则认为该支座摩阻系数不合格。

6）支座外露表面应平整、美观、焊缝均匀。喷漆表面应光滑，不得有漏漆、留痕、褶皱等现象。

(3) 球型橡胶支座

1）荷载－竖向压缩变形曲线呈线性关系，且支座竖向压缩变形不大于支座总高的 1%。

2）支座摩擦因数应满足：在试验温度 21℃下，初始静摩擦因数 $\mu_0 \leqslant 0.03$；动摩擦因数 $\mu \leqslant 0.005$；在试验温度 －35℃下，初始静摩擦因数 $\mu_0 \leqslant 0.05$；动摩擦因数 $\mu \leqslant 0.025$。

3）支座实测转动力矩应小于支座设计转动力矩。

8. 伸缩装置判定规则

(1) 进厂原材料检验应全部项目合格后方可使用，不合格材料不能应用于生产。

(2) 出厂检验时，若有一项指标不合格，则应从该批产品中再随机抽取双倍数目的试样，对不合格项目进行复检，若仍有一项不合格则判定该批产品不合格。

(3) 型式检验时，整体性能试验全部项目应满足《公路桥梁伸缩装置》JT/T 327 伸缩装置整体性能的技术要求为合格。若检验项目中有一项不合格，则从该批产品中再随机抽取双倍数目的试样，对不合格项目进行复检；若复检仍有一项不合格，则判定该批产品不合格。

9. 拌制混凝土和砂浆用粉煤灰判定规则

拌制混凝土和砂浆的粉煤灰试验结果符合相关技术要求时为等级品。其中任一项不符合要求允许在同一编号加倍取样复验全部项目，复验不合格可降级处理。凡低于最低级别要求的为不合格产品。

10. 钢筋焊接接头判定规则

（1）钢筋闪光对焊接头、电弧焊接头、电渣压力焊接头、气压焊接头拉伸试验结果均应符合下列规定：

1）3个热轧钢筋接头试件的抗拉强度均不得小于该牌号钢筋规定的抗拉强度；RRB400钢筋接头试件的抗拉强度均不得小于570MPa。

2）至少应有2个试件断于焊缝之外，并应呈延性断裂。

3）当达到上述两项要求时，应评定该批接头为抗拉强度合格。

4）当试验结果有2个试件抗拉强度小于钢筋规定的抗拉强度，或3个试件均在焊缝或热影响区发生脆性断裂时，则一次判定该批接头为不合格品。

5）当试验结果有1个试件的抗拉强度小于规定值，或2个试件在焊缝或热影响区发生脆性断裂，其抗拉强度均小于钢筋规定抗拉强度的1.10倍时，应进行复验。复验时，应再切取6个试件。复验结果，当仍有1个试件的抗拉强度小于规定值，或有3个试件断于焊缝或热影响区呈脆性断裂，其抗拉强度小于钢筋规定抗拉强度的1.10倍时，应判定该批接头为不合格品。

6）当接头试件虽断于焊缝或热影响区，呈脆性断裂，但其抗拉强度大于或等于钢筋规定抗拉强度的1.10倍时，可按延性断裂（断于焊缝或热影响区之外）同等对待。

（2）闪光对焊接头、气压焊接头弯曲试验结果均应符合下列规定：

1）弯曲试验结果，当弯至90°，有2个或3个试件外侧（含焊缝和热影响区）未发生破裂时，应评定该批接头弯曲试验合格。

2）当3个试件均发生破裂（试件外侧横向裂纹宽度达到0.5mm时，应认定已经破裂时），则一次判定该批接头为不合格品。

3）当有2个试件发生破裂时，应进行复验，复验时，应再切取6个试件；复验结果，当有3个试件发生破裂时，应判定该接头为不合格品。

11. 钢筋焊接网判定规则

（1）当拉伸试验结果不合格时，应再切取双倍数量试件进行复检；复检结果均合格时，应评定该批焊接制品焊点拉伸试验合格。

（2）当剪切试验结果不合格时，应从该批制品中再切取6个试件进行复检；当全部试件平均值达到要求时，应评定该批焊接制品焊点剪切试验合格。

12. 钢筋机械连接接头判定规则

（1）接头连接件的屈服承载力和受拉承载力的标准值应不小于被连接钢筋的屈服承载力和受拉承载力标准值的1.10倍。

（2）对Ⅰ级接头，其抗拉强度应不小于被连接钢筋的实际抗拉强度或1.10倍钢筋抗拉强度标准值；Ⅱ级接头的抗拉强度应不小于被连接钢筋的抗拉强度标准值。

（3）对直接承受动力荷载的结构或构件，其接头应满足设计要求的抗疲劳性能要求；当无专门要求时，接头的疲劳应力幅限值应不小于普通钢筋疲劳应力幅限值的80%。

13. 桩身完整性类别判定规则

（1）反射波法：适用于混凝土灌注桩和预制桩等刚性材料桩的桩身完整性检测。

1) Ⅰ类桩：桩端反射较明显，无缺陷反射波，振幅谱线分布正常，混凝土波速处于正常范围。

2) Ⅱ类桩：桩端反射较明显，但有局部缺陷所产生的反射信号，混凝土波速处于正常范围。

3) Ⅲ类桩：桩端反射不明显，可见缺陷二次反射波信号，或有桩端反射但波速明显偏低。

4) Ⅳ类桩：无桩端反射信号，可见因缺陷引起的多次强反射信号，或按平均波速计算的桩长明显短于设计桩长。

(2) 超声波法：适用于检测桩径大于 0.8m 以上混凝土灌注桩的完整性。

1) Ⅰ类桩：各声测剖面每个测点的声速、波幅均大于临界值，波形正常。

2) Ⅱ类桩：某一声测剖面个别测点的声速、波幅略小于临界值，但波形基本正常。

3) Ⅲ类桩：某一声测剖面连续多个测点或某一深度桩截面处的声速、波幅值小于临界值，PSD 值变大，波形畸变。

4) Ⅳ类桩：某一声测剖面连续多个测点或某一深度桩截面处的声速、波幅值明显小于临界值，PSD 值突变，波形严重畸变。

14. 基桩承载力判定规则

(1) 静荷载试验：

1) 稳定标准：每级加载下沉量，在下列时间内如不大于 0.1mm 即可认为稳定。

①桩端下为巨粒土、砂类土、坚硬黏质土，最后 30min。

②桩端下为半坚硬和细粒土，最后 1h。

2) 加载终止及极限荷载取值

①总位移量大于或等于 40mm，本级荷载的下沉量大于或等于前一级荷载下沉量的 5 倍时，加载即可终止。取此终止时荷载小一级的荷载为极限荷载。

②总位移量大于或等于 40mm，本级荷载加上后 24h 未达稳定，加载即可终止。取此终止时荷载小一级的荷载为极限荷载。

③巨粒土、密实砂类土以及坚硬的黏质土中，总下沉量小于 40mm，但荷载已大于或等于设计荷载设计规定的安全系数，加载即可终止。取此时的荷载为极限荷载。

④施工过程中的检验性试验，一般加载应继续到桩的 2 倍的设计荷载为止。如果桩的总沉降量不超过 40mm，及最后一级加载引起的沉降不超过前一级加载引起的沉降的 5 倍，则该桩可以停止试验。

(2) 静拔试验

1) 稳定标准：位移量小于或等于 0.1mm/h，即可认为稳定。

2) 加载终止：勘测设计阶段，总位移大于或等于 25mm，加载即可终止；施工阶段，加载不应大于设计容许抗拔荷载。

(3) 静推试验

1) 单循环加载法静推稳定标准：如位移量小于或等于 0.05mm/h，即可认为稳定。

2) 终止加载条件：勘测设计阶段的试验，水平力作用点处位移量大于或等于 50mm，加载即可终止；施工检验性试验，加载不应超过设计的容许荷载。

15. 桥梁承载能力评定

通过对桥梁结构工作状况（校验系数 η、实测值与理论值的关系曲线、相对残余变位或应变、动载性能）、结构的强度及稳定性、结构的刚度要求和抗裂性各项指标进行综合评定，并结合结构下部评定和动力性能评定，综合给出桥梁承载能力评定结论，将评定结论写入桥梁承载能力鉴定报告。

16. 桥梁结构动力性能评价

桥梁结构动力性能的各参数，如固有频率、阻尼比、振型、动力冲击系数等，及动力响应的大小，是宏观评价桥梁结构的整体刚度、运营性能的重要指标；也是一些规范评价桥梁安全运营性能的主要尺度。

在实际测试中，通常通过以下几个方面来评价桥梁结构的动力性能：

（1）比较桥梁结构频率的理论值与实测值，如果实测值大于理论计算值，说明桥梁结构的实际刚度较大，反之则说明桥梁结构的刚度偏小，可能存在开裂或其他不正常的现象。

（2）根据动力冲击系数的实测值来评价桥梁结构的行车性能，实测冲击系数较大则说明桥梁结构的行车性能差，桥面平整度不良，反之亦然。

（3）实测阻尼比的大小反应了桥梁结构耗散外部能量输入的能力，阻尼比大，说明桥梁耗散外部能量输入的能力大，振动衰减得快；阻尼比小，说明桥梁耗散外部能量输入的能力差，振动衰减得慢。但是，过大的阻尼比可能是由于桥梁结构存在开裂或支座工作不正常等现象引起的。

17. 水泥混凝土抗压强度

水泥混凝土抗压强度评定，见附录8。

当混凝土强度按试件强度进行评定达不到合格条件时，可采用无损检测法或钻取试样确定结构混凝土的实际强度和浇筑质量。如仍有不合格，应采取措施进行处理。

18. 高性能混凝土耐久性

耐久性质量应根据不同要求和处于不同环境作用下的工程，对混凝土的拌合物及实体结构分别进行相应的检验。质量检验的结果应符合设计的规定，同时应符合《公路桥涵施工技术规范》JTG/T F50 的相关规定；当质量检验评定结果不合格时，应委托专门的咨询机构就其耐久性质量进行评价，并应按其评价结论采取措施进行处理。

19. 水泥砂浆强度

水泥砂浆强度评定，见附录9。

20. 轴线偏位、高程、高差、长度、宽度、间距等其他检测项目评定

采用现场抽样方法，对工程的施工质量直接进行检测。各检查项目均应按单点（组）测定值是否符合标准要求进行评定，并计算合格率。

4.6 试验检测注意事项

4.6.1 试验注意事项

4.6.1.1 混凝土电通量快速测定方法

1. 适用范围

（1）本方法通过测定混凝土在直流恒电压作用下通过电量值的大小来评价混凝土原材

料和配合比对混凝土抗渗性能的影响,也可用来间接评价混凝土的密实性。

(2) 本试验方法适用于直径为 95~102mm、厚度为 51±3mm 的素混凝土芯样。

(3) 本试验方法不适用于掺亚硝酸钙的混凝土。掺其他外加剂或表面处理过的混凝土,当有疑问时,应进行氯化物溶液的长期浸渍试验。

2. 试验设备及材料

(1) 仪器设备及材料应满足下列规定:

1) 直流稳压电源,可输出 60V 直流电压,精度±0.1V;

2) 带有注液孔的塑料或有机玻璃试验槽;

3) 20 目铜网;

4) 数字式直流表,量程 20A,精度±1.0%;

5) 真空泵,真空度可达 133Pa 以下;

6) 真空干燥器,内径不小于 250mm。

(2) 试验应采用下列材料:

1) 用分析纯试剂配制的 3.0%氯化钠溶液;

2) 用分析纯试剂配制的 0.3mol/L 氢氧化钠溶液;

3) 硅橡胶或树脂密封材料。

3. 试验步骤

(1) 在规定的 56d 试验龄期前,对预留的试块进行钻芯制件,试件直径为 95~102mm,厚度为 51mm,试验时以 3 个试件为一组。

(2) 将试件暴露于空气中至表面干燥,以硅橡胶或树脂密封材料涂于试件侧面,必要时填补涂层中的孔道以保证试件侧面完全密封。

(3) 测试前应进行真空饱水。将试件放入 1000mL 烧杯中;然后一起放入真空干燥器中,启动真空泵,数分钟内真空度达 133Pa 以下;保持真空 3h 后,维持这一真空度并注入足够的蒸馏水,直至淹没试件;试件浸泡 1h 后恢复常压,再继续浸泡 18h±2h。

(4) 从水中取出试件,抹掉多余水分;将试件安装于试验槽内,用橡胶密封环或其他密封胶密封,并用螺杆将两试验槽和试件夹紧,以保证不会渗漏;然后将试验装置放在 20~23℃的流动冷水槽中,其水面宜低于装置顶面 5mm。试验应在 20~25℃恒温室内进行。

(5) 将浓度为 0.3%的氯化钠和 0.3mol/L 的氢氧化钠溶液分别注入试件两侧的试验槽中,注入氯化钠溶液的试验槽内的铜网连接电源负极,注入氢氧化钠溶液的试验槽中的铜网连接电源正极。

(6) 接通电源,对上述两铜网施加 60V 直流恒电压,并记录电流初始读数。通电并保持试验槽中充满溶液,开始时每隔 5min 记录一次电流值;当电流值变化不大时,每隔 10min 记录一次电流值;当电流变化很小时,每隔 30min 记录一次电流值,直至通电 6h。

4. 试验结果计算

(1) 绘制电流与时间的关系图。将各点数据以光滑曲线连接,对曲线做面积积分,或按梯形法进行面积积分,即可得到试验 6h 通过的电量。

(2) 取同组 3 个试件通过电量的平均值,作为该组试件的电通量。

4.6.1.2 预应力筋平均张拉力的计算

预应力筋平均张拉力应按下式计算：

$$P_P = \frac{P(1-e^{-(kx+\mu\theta)})}{kx+\mu\theta} \tag{4-5}$$

式中　P_P——预应力筋平均张拉力（N）；

　　　P——预应力筋张拉端的张拉力（N）；

　　　x——从张拉端至计算截面的孔道长度（m）；

　　　θ——从张拉端至计算截面曲线孔道部分切线的夹角之和（rad）；

　　　k——孔道每米局部偏差对摩擦的影响系数，参见表 4-137；

　　　μ——预应力筋与孔道壁的摩擦系数，参见表 4-137。

注：当预应力筋为直线时 $P_P = P$。

系数 k 及 μ 值表　　　　表 4-137

管道成型方式	k	μ 值	
		钢丝束、钢绞线	螺纹钢筋
预埋铁皮管道	0.0030	0.35	0.4
预埋钢管	0.0010	0.25	—
抽芯成型孔道	0.0015	0.55	0.60
预埋金属波纹管	0.0015	0.20~0.25	0.50
预埋塑料波纹管	0.0015	0.14~0.17	0.45

4.6.1.3　预应力损失的测试

1. 锚圈口摩阻损失的测试

采用油压千斤顶测试时，可在张拉台上或用一根直孔道钢筋混凝土柱进行。两端均用锥形锚时，其测试步骤如下：

（1）两端同时充油，油表数值均保持 4MPa；然后将甲端封闭作为被动端，乙端作为主动端，张拉至控制吨位。设乙端控制吨位为 N_a 时，甲端相应吨位为 N_b，则锚圈口摩阻力：

$$N_0 = N_a - N_b \tag{4-6}$$

克服锚圈口摩阻力的超张拉系数：

$$n_0 = \sqrt{\frac{N_a}{N_b}} \tag{4-7}$$

测试反复进行 3 次，取平均值。

（2）乙端封闭，甲端张拉，同样按上述方法进行 3 次，取平均值。

（3）两次的 N_0 和 n_0 平均值，再予以平均，即为测定值。

2. 孔道摩阻损失的测试

采用千斤顶测试曲线孔道摩阻时，测试步骤如下：

（1）梁的两端装千斤顶后同时充油，保持一定数值（约 4MPa）。

（2）甲端封闭，乙端张拉。张拉时分级升压，直至张拉控制应力。如此反复进行 3 次，取两端压力差的平均值。

（3）仍按上述方法，但乙端封闭，甲端张拉，取两端 3 次压力差的平均值。

(4) 将上述两次压力差平均值再次平均,即为孔道摩阻力的测定值。如两端为锥形锚,上述测定值应扣除锚圈口摩阻力。

4.6.1.4 后张预应力孔道压浆浆液流动度试验

1. 试验仪器

(1) 流动度测试仪:流动锥。

(2) 流动锥的校准:1725±5mL,水流出的时间应为8.0±0.2s。

2. 流动度试验方法

测定时,先将漏斗调整放平,关上底口活门,将搅拌均匀的浆液倾入漏斗内,直至表面触及点测规下端(1725±5mL浆液);打开活门,让浆液自由流出,浆液全部流完时间(s)称为压浆浆液的流动度。

4.6.1.5 压浆浆液自由泌水率和自由膨胀率试验

1. 容器

浆液泌水率和自由膨胀率试验容器如图4-2,用有机玻璃制成,带有密封盖,高120mm,置放于水平面上。

2. 试验方法

往容器内填灌浆液约100mm深,测填灌面高度并记录,然后盖严。置放3h和24h后量测其离析水水面和浆液膨胀面,然后按下列公式计算泌水率及膨胀率:

泌水率 $= [(a_2 - a_3)/a_1] \times 100\%$ (4-8)

膨胀率 $= [(a_3 - a_1)/a_1] \times 100\%$ (4-9)

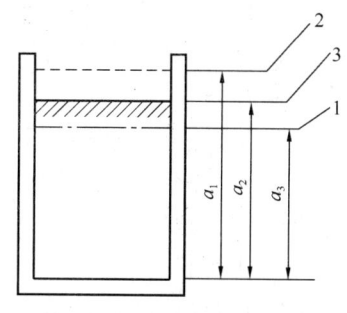

图4-2 浆液泌水率和自由膨胀率试验容器
1—最初填灌的浆液面;2—水面;
3—膨胀后的浆液面

4.6.1.6 钢丝间泌水率试验

1. 容器

试验容器用有机玻璃制成,带有密封盖,内径为100mm,高为160mm。在容器中间置入一根7丝的钢绞线。钢绞线在容器顶露出的高度为10~30mm。

2. 试验方法

试验容器静置于水平面上,将搅拌均匀的浆液注入容器中,注入浆液体积约800mL,并记录浆液准确体积;然后将密封盖盖严,并在中心位置插入钢绞线至容器底部;静置3h后用吸管吸出浆液表面的离析水量,移入10mL的量筒内,测量泌水量V_1。

$$泌水率 = \frac{V_1}{V_0} \times 100\%$$ (4-10)

式中 V_1——浆液上部泌水的体积;

V_0——测试前浆液的体积。

4.6.1.7 压力泌水率试验

1. 试验仪器

(1) 一个包含2块压力表的CO_2气瓶,外侧压力表最大读数不小于1.0MPa,最小分度值0.02MPa,级别为1.5级。

(2) 压力泌水容器为内径50mm、容积400mL的圆柱形不锈钢压力容器,需要进行压力试验，在 0.8MPa 压力下不会破裂。

(3) 10mL 的量筒，分度值为 0.2mL。

2. 试验方法

将搅拌均匀的浆液在自加水开始的 7min 内倒入容积为 400mL 的压力容器过滤漏斗中，倒入的浆液体积为 200mL。安装并旋紧上端盖，静置 10min，上端连接压缩空气，开启压缩空气阀，迅速加压至试验压力。保持试验压力 5min 后，关闭压缩空气阀卸压，使漏斗下部泌水管中的泌水全部流出，记录泌水体积，精确至 0.2mL。压力泌水率按下式计算：

$$泌水率 = \frac{V_1}{V_0} \times 100\% \tag{4-11}$$

式中　V_1——泌水体积；

　　　V_0——测试前浆液的体积。

4.6.1.8　充盈度试验

1. 试验仪器

试验仪器内径为 40mm 的透明有机玻璃管，两端的直管夹角为 120°，每部分长度为 0.5m，两部分通过粘结剂密封粘结，将有机玻璃管固定在固定架上。

2. 试验方法

按规定的方法拌制好浆液后，静置 1min，通过流动锥将浆液灌入固定在固定架上的充盈度管中。充完浆液后，用塑料薄膜封闭圆管的两端。在 20±3℃的条件下放置 7d，观察管内部是否有直径大于 3mm 的气囊或水蒸气，在管道的两端是否有泡沫层。

3. 充盈度判定

如果存在厚度超过 1mm 的泡沫层，或存在直径大于 3mm 的气囊，或存在体积大于 1mL 的水，则判定充盈度指标不合格。

4.6.1.9　泥浆各种性能指标的测定方法

1. 相对密度 ρ_x

可采用泥浆相对密度计测定。将需要量测的泥浆装满泥浆杯，加盖并洗净从小孔溢出的泥浆，然后置于支架上，移动游码，使杠杆呈水平状态（即气泡处于中央），读出游码左侧所示刻度，即为泥浆的相对密度。当工地无以上仪器时，可用一口杯，先称其质量设为 m_1，再装清水称其质量为 m_2，再倒去清水，装满泥浆并擦去杯周溢出的泥浆，称其质量为 m_3，则

$$\rho_x = \frac{m_3 - m_1}{m_2 - m_1} \tag{4-12}$$

2. 黏度 η（s）

工地采用标准漏斗黏度计测定。用两端开口量杯分别量取 200mL 和 500mL 泥浆，通过滤网滤去大砂粒后，将泥浆 700mL 均注入漏斗，然后使泥浆从漏斗流出，流满 500mL 量杯所需时间（s），即为所测泥浆的黏度。

校正方法：漏斗中注入 700mL 清水，流出 500mL，所需时间应是 15s，如偏差超过 ±1s，则量测泥浆黏度时应校正。

3. 含砂率（%）

工地用含砂率计测定。量测时，把调制好的泥浆 50mL 倒进含砂率计，然后再倒 450mL 清水，将仪器口塞紧，摇动 1min，使泥浆与水混合均匀，再将仪器竖直静放 3min，仪器下端沉淀物的体积（由仪器上刻度读出）乘 2 就是含砂率（%）。（另有一种大型的含砂率计，容积 1000mL，从刻度读出的数不乘 2 即为含砂率）。

4. 胶体率（%）

亦称稳定率，用于评价泥浆中土粒保持悬浮状态的性能。

测定方法：可将 100mL 的泥浆放入干净量杯中，用玻璃板盖上，静置 24h 后，量杯上部的泥浆可能澄清为透明的水，量杯底部可能有沉淀物。以 100－（水＋沉淀物）体积即等于胶体率。

5. 失水量（mL/30min）和泥皮厚（mm）

用一张 120mm×120mm 的滤纸，置于水平玻璃板上，中央画一直径 30mm 的圆圈，将 2mL 的泥浆滴于圆圈中心，30min 后，量算湿润圆圈的平均半径减去泥浆坍平成为泥饼的平均半径（mm），算出的结果（mm）值代表失水量，单位：mL/min。在滤纸上量出泥饼厚度（mm）即为泥皮厚。泥皮愈平坦、愈薄，则泥浆质量愈高，一般不宜厚于 2～3mm。

4.6.2 其他注意事项

1. 外掺混合料在水泥中所起的作用。

水泥熟料中或多或少要掺入一些混合料，这些外加混合料所起的作用是：增加水泥产量；降低生产成本；改善水泥的品质；有效降低水泥的水化热等作用。

2. 石膏在水泥中所起的作用

在水泥熟料中加入石膏是用来调节水泥的凝结速度，使水泥水化速度的快慢适应实际使用的需要。因此，石膏是水泥组成中必不可缺少的缓凝剂。但石膏的用量必须严格控制，否则过量的石膏会造成水泥在水化过程中体积上的不安定现象。

3. 石料的单轴抗压强度试验、单轴压缩变形试验、抗冻性试验 3 种试验，在试件尺寸与数量上的异同。

桥梁工程用的石料试验，采用立方体试件，边长为 70mm±2mm。每组试件共 6 个。有显著层理的岩石，分别沿平行和垂直层理方向各取试件 6 个。试件的含水状态可根据需要选择烘干状态、天然状态和饱水状态。

单轴压缩变形试验的试件，从岩石试样中制取直径为 50±2mm、高径比为 2∶1 的圆柱体。试件的含水状态可根据需要选择烘干状态、天然含水状态和饱水状态。同一含水状态下每组试件数量不应少于 6 个。

抗冻性试验，采用立方体试件，边长为 70±2mm。每组试件不应少于 3 个，此外再制备同样试件 3 个，用于做冻融系数试验。

4. 试件尺寸公差对混凝土强度的影响。

公差包括尺寸公差和形位公差。试件的形位公差是否符合要求，对其力学性能，特别是对高强度混凝土的力学性能影响甚大。

试件相邻面间的夹角应为 90°，其公差不得超过 0.5°。试件各边长、直径和高的尺寸的公差不得超过 1mm。

5. 混凝土试件的制作应符合下列规定：

（1）成型前，应检查试模尺寸并应符合有关规定。试模内表面应涂一薄层矿物油或其他不与混凝土发生反应的脱模剂。

（2）普通混凝土力学性能试验每组试件所用的拌合物应从同一盘混凝土或同一车混凝土中取样。在试验室拌制混凝土时，其材料用量应以质量计，称量的精度：水泥、掺合料、水和外加剂为±0.5%，集料为±1%。

（3）取样或试验室拌制的混凝土应在拌制后尽量短的时间内成型，一般不宜超过15min。

（4）根据混凝土拌合物的稠度确定混凝土成型方法，坍落度不大于70mm的混凝土宜用振动振实；大于70mm的宜用捣棒人工捣实；检验现浇混凝土或预制构件的混凝土，试件成型方法宜与实际采用的方法相同。

（5）圆柱体试件的制作见《普通混凝土力学性能试验方法标准》GB/T 50081—2002附录A。

6. 混凝土试件的养护

（1）试件成型后应立即用不透水的薄膜覆盖表面。

（2）采用标准养护的试件，应在温度为20±5℃的环境中静置一至二昼夜，然后编号、拆模。拆模后立即放入温度为20±2℃，相对湿度为95%以上的标准养护室中养护，或在温度为20±2℃的不流动的$Ca(OH)_2$饱和溶液中养护。标准养护室内的试件应放在支架上，彼此间隔10~20mm，试件表面应保持潮湿，并不得被水直接冲淋。

（3）同条件养护试件的拆模时间可与实际构件的拆模时间相同，拆模后，试件仍需保持同条件养护。

（4）标准养护龄期为28d（从搅拌加水开始计时）。非标准养护龄期一般为1d、3d、7d、60d、90d和180d。

7. 不流动的$Ca(OH)_2$饱和溶液在混凝土试件养护中的作用。

因为水泥石中存在$Ca(OH)_2$是水泥水化和维持水泥石稳定的重要前提，如果养护水不是$Ca(OH)_2$饱和溶液，那么混凝土中的$Ca(OH)_2$就会溶出，这就影响水泥的水化进程从而影响混凝土的强度。

8. 普通混凝土力学性能试验所用设备应符合下列规定。

设备包括：试模、振动台、压力试验机、钢垫板、其他量具及器具等。

（1）试模：各种试模必须满足相关技术要求的规定，且对试模应根据试模的使用频率来决定检查时间，至少每三个月应检查一次。

（2）振动台：振动台的主要技术指标应符合规定的要求，并且必须由法定计量部门定期进行检测，周期一年，有计量检定证书。

（3）压力试验机：压力试验机测量精度为±1%，试件破坏荷载必须大于压力机全量程的20%且小于压力机全量程的80%。压力试验机应定期进行标定，并具有计量检定证书，鉴定周期一般为一年。

（4）钢垫板：钢垫板的平面尺寸应不小于试件的承压面积，厚度应不小于25mm。

（5）其他量具及器具：

1）量程大于600mm、分度值为1mm的钢板尺。

2) 量程大于 200mm、分度值为 0.02mm 的卡尺。
3) 直径 16mm、长 600mm、端部呈半球形的捣棒。

9. 混凝土的收缩变形会对桥梁结构产生什么影响？

收缩变形是混凝土材料因物理和化学作用产生体积缩小的总称。收缩变形通常简称为收缩。收缩对桥梁结构产生的影响：

（1）能使混凝土产生内应力，导致桥梁结构发生变形，甚至裂缝，从而降低其强度和刚度。

（2）能使混凝土内部产生微裂缝，破坏混凝土的微结构，降低混凝土的耐久性。

（3）能使预应力钢筋混凝土结构产生应力损失。

10. 混凝土的徐变会对桥梁结构产生什么影响？

混凝土在持续荷载作用下，随时间增加的变形称为徐变，亦称蠕变。混凝土不论是受压、受拉或受弯时，均有徐变现象。徐变对桥梁结构产生的影响：

（1）在预应力混凝土桥梁构件中，由于混凝土的徐变，可使钢筋的预应力受到损失。

（2）能消除钢筋混凝土内的部分应力集中，使应力较均匀地重新分布。

（3）对大体积混凝土，能消除一部分由于温度变形所产生的破坏应力。

11. 影响混凝土工作性的因素

影响到混凝土拌合物工作性的因素有内因和外因两大类。外因主要是指施工环境条件，包括外界环境的气温、湿度、风力大小以及时间等。内因是在构成混凝土组成材料的特点及其配合比例，其中包括原材料特性（水泥品种和细度、粗集料的颗粒形状和表面特征）、单位用水量、水灰比及砂率等。

12. 影响混凝土强度的因素

影响混凝土强度的因素很多，主要有组成原材料的影响，包括原材料的特征和各材料之间的组成比例等内因，以及养护条件和试验测试条件等外因。

13. 混凝土拌合物工作性调整的方法

通过具体的坍落度（或维勃稠度）试验，混凝土的工作性检测结果会有以下几种可能：

（1）坍落度（或维勃稠度）达到设计要求，且混凝土的黏聚性和保水性亦好，则原有初步配合比无需调整，得到的基准配合比与初步配合比一致。

（2）混凝土的坍落度（或维勃稠度）不能满足设计要求，但黏聚性和保水性却较好时，此时应在保持原有水灰比和砂石总量维持不变的条件下，调整水和水泥用量，直到通过试验证实工作性满足要求。

（3）坍落度（或维勃稠度）达到设计要求，但黏聚性和保水性却不好，此时保持原有水泥和水的用量，在维持砂石总量不变的条件下，适当调整砂率改善混凝土的黏聚性和保水性，直至坍落度、黏聚性和保水性均满足要求。

（4）混凝土的坍落度（或维勃稠度）不能满足设计要求，且黏聚性和保水性也不好，则应在水灰比和砂石总量维持不变的条件下，改变用水量和砂率，直至符合设计要求为止。此时提出的基准配合比与初步配合比完全不同。

14. 混凝土拌合物的工作性指标，包括：坍落度（或维勃稠度）、棍度、含砂情况、黏聚性及保水性等。

15. 中碳钢和高碳钢没有明显的屈服点,通常以残余变形 0.2% 的应力作为屈服强度。

16. 标准贯入试验是采用质量为 63.5kg 的穿心锤,以 76cm 的落距,将一定规格的标准贯入器先打入土中 15cm,然后开始记录锤击数目,将标准贯入器再打入土中 30cm,用此 30cm 的锤击数作为标准贯入试验的指标。

标准贯入试验不仅用于砂土,亦可用于黏性土的测试。标准贯入锤击数 N,可用于判定:砂土的密实度、黏性土的稠度、地基土的容许承载力、砂土的振动液化、桩基承载力等,也是检验地基处理效果的重要手段。

17. 桩身完整性,常见的缺陷有:夹泥、断裂、缩径、扩径、混凝土离析及桩顶混凝土密实性较差等。

18. 影响嵌岩桩桩底支承条件的质量问题,主要是灌注混凝土前清孔不彻底,孔底沉淀厚度超过规定极限,影响承载力。

19. 预埋声测管时应注意以下几个问题

(1) 当桩径不大于 1500mm 时,应埋设三根管;当桩径大于 1500mm 时,应埋设四根管。

(2) 声测管宜采用金属管,其内径应比换能器外径大 15mm,管的连接宜采用螺纹连接,且不漏水。

(3) 声测管应牢固焊接或绑扎在钢筋笼的内侧,且互相平行、定位准确,并埋设至桩底,管口宜高出桩顶面 300mm 以上。

(4) 声测管管底应封闭,管口应加盖。

(5) 声测管的布置以路线前进方向的顶点为起始点,按顺时针旋转方向进行编号和分组,每两根编为一组。

20. 采用声波透射法时,判断桩内缺陷的数值判据有:声速判据(概率法)、PSD 判据法及波幅(衰减量)判据法等。

21. 构件混凝土的强度等级,通常以立方体试件的抗压强度来反映;当对某一方面的检验内容产生怀疑时,如构件的强度离散性大、强度不足、振捣不密实或存在其他缺陷时,通常还需要采用无破损的方法进行专项检验或荷载试验来判定。目前工程中应用比较多的有以下几种方法:钻芯法、回弹法、超声法、超声-回弹综合法和拉拔法等。

22. 钻芯法的适用情况

(1) 对试块抗压强度的测试结果有怀疑时。

(2) 因材料、施工或养护不良而发生混凝土质量问题时。

(3) 混凝土遭受冻害、火灾、化学侵蚀或其他损害时。

(4) 需检测经多年使用的建筑结构或构筑物中混凝土强度时。

23. 钻取芯样试件宜在与被检测结构或构件混凝土湿度基本一致的条件下进行抗压试验。按自然干燥状态进行试验时,芯样试件在受压前应在室内自然干燥 3d,按潮湿状态进行试验时,芯样试件应在 (20±5)℃ 的清水中浸泡 40~48h,从水中取出后应立即进行抗压试验。

24. 钻芯法的注意事项

(1) 对混凝土强度等级低于 C10 的结构,不宜采用钻芯法检测。

(2) 芯样试件内不应含有钢筋。如不能满足此项要求,每个试件内最多只允许含有 2

根直径小于10mm的钢筋,且钢筋应与芯样轴线基本垂直并不得露出端面。

(3) 将芯样取出并稍晾干后,应标上芯样的编号,并应记录取芯构件名称、取芯位置、芯样长度及外观质量等,必要时应拍摄照片。如发现不符合制作芯样试件的条件,应另行钻取。

(4) 芯样在搬运之前应采用草袋废水泥袋等材料仔细包装,以免碰坏。

(5) 芯样有裂缝或有其他较大缺陷时不得用作抗压强度试验。

(6) 硫磺胶泥(或硫磺)补平法一般适用于自然干燥状态下抗压试验的芯样试件补平;水泥砂浆(或水泥净浆)补平法一般适用于潮湿状态下抗压试验的芯样试件补平。

(7) 补平层应与芯样结合牢固,以使受压时补平层与芯样的结合面不提前破坏。

(8) 经端面补平后的芯样高度小于 $0.95d$(d 为芯样试件平均直径),或大于 $2.05d$ 时,不得用作抗压强度试验。

25. 回弹仪的率定方法

回弹仪在工程检测前后,应在钢砧上做率定试验,并应符合下述要求:

(1) 回弹仪率定试验宜在干燥、室温为5~35℃的条件下进行。率定时,钢砧应稳固地平放在刚度大的物体上。测定回弹值时,取连续向下弹击3次的稳定回弹值的平均值。弹击杆应分4次旋转,每次旋转宜为90°。

(2) 弹击杆每旋转一次的率定平均值应为80±2。

26. 回弹仪具有下列情况之一时,应由法定计量检定部门按照《回弹仪检定规程》JJG817—2011对回弹仪进行校验。

(1) 新回弹仪启用前。

(2) 超过检定有效期限(有效期为半年)。

(3) 累计弹击次数超过6000次。

(4) 经常规保养后钢砧率定值不合格。

(5) 遭受严重撞击或其他损害。

27. 碳化深度值测量方法

采用适当的工具在测区表面形成直径约15mm的孔洞,其深度应大于预估混凝土的碳化深度。孔洞中的粉末和碎屑应除净,并不得用水擦洗。同时,采用浓度为1%的酚酞酒精溶液滴在孔洞内壁的边缘处,当已碳化与未碳化界线清楚时,再用深度测量工具测量已碳化与未碳化混凝土交界面到混凝土表面的垂直距离,测量不应少于3次,取其平均值。每次读数精确至0.5mm。

28. 回弹仪检测的注意事项

(1) 回弹仪测强的误差比较大,因此对比较重要的构件或结构物强度检测必须慎重使用。

(2) 符合下列条件的混凝土才能采用全国统一测强曲线进行测区混凝土强度换算:

1) 混凝土采用的材料、拌合用水符合现行国家有关标准;

2) 不掺外加剂或仅掺非引气型外加剂;

3) 采用普通成型工艺;

4) 采用符合《混凝土结构工程施工质量验收规范》GB 50204—2002规定的钢模、木模及其他材料制作的模板;

5) 自然养护或蒸汽养护出池后经自然养护 7d 以上，且混凝土表层为干燥状态；
6) 龄期为 14～1000d；
7) 抗压强度为 10～60MPa；

(3) 当有下列情况之一时，测区混凝土强度值不得按全国统一测强曲线进行测区混凝土强度换算，但可制定专用测强曲线或通过试验进行修正，专用测强曲线的制定方法见《回弹法检测混凝土抗压强度技术规程》JGJ/T 23—2001。

1) 粗集料最大粒径大于 60mm；
2) 特种成型工艺制作的混凝土；
3) 检测部位曲率半径小于 250mm；
4) 潮湿或浸水混凝土。

(4) 当构件混凝土抗压强度大于 60MPa 时，可采用标准能量大于 2.207J 的混凝土回弹仪，并应另行制订检测方法及专用测强曲线进行检测。

(5) 批量检测的条件：在相同的生产工艺条件下，混凝土强度等级相同，原材料、配合比、成型工艺、养护条件基本一致且龄期相近的同类结构或构件。按批进行检测的构件，抽检数量不得少于同批构件总数的 30% 且构件数量不得少于 10 件。抽检构件时，应随机抽取并使所选构件具有代表性。

29. 张拉设备具有下列情况之一时，应由法定计量检定部门对张拉设备进行校验。
(1) 新千斤顶初次使用前。
(2) 油压表指针不能退回零点时。
(3) 千斤顶、油压表和油管进行过更换或维修后。
(4) 当千斤顶使用超过 6 个月或张拉超过 300 次以上。
(5) 在使用过程中出现其他不正常现象。

30. 钢结构构件焊接质量检验，一般分为三个阶段：焊前检验、焊接过程中检验和焊后成品检验。焊前检验主要是焊接实施之前准备工作的检验；焊接过程中主要检验焊接规范（焊接过程中的工艺参数，如焊接电流、焊接电压、焊接速度、焊条（焊丝）直径、焊接的道数、层数、焊接顺序、能源的种类和极性等）、焊缝尺寸和结构装配质量；焊后成品检验，主要检验钢结构构件的表面缺陷，内部缺陷用超声波探伤和射线探伤检测。

31. 钢材焊缝无损探伤的检测方法，主要有：超声波探伤、射线探伤、磁粉及渗透等。在 X 射线探伤工作中，抽查的焊缝位置一般选在：可能或常出现缺陷的位置、危险断面或受力最大的焊缝部位和应力集中的位置。

32. 斜拉桥斜拉索索力测定的方法有：电阻应变片测定法、拉索伸长量测定法、索拉力垂度关系测定法、张拉千斤顶测定法、压力传感器测定法及振动测定法等。

33. 一般桥梁荷载试验的目的有：检验桥梁设计与施工的质量、判断桥梁结构的实际承载力和验证桥梁结构设计理论和设计方法等。

34. 桥梁荷载试验的主要内容为：明确荷载试验的目的、试验准备工作、加载方案设计、测点设置与测试、加载控制与安全措施、试验结果分析与承载力评定及试验报告编写等。

一般，以上荷载试验内容主要包含在三个阶段：桥梁结构的考察和试验准备、加载试验与观测和测试结果的分析与评定。

35. 试验荷载工况的确定

常见桥型荷载工况有：

(1) 简支梁桥：跨中最大正弯矩工况、$L/4$ 最大正弯矩工况、支点最大剪力工况及桥墩最大竖向反力工况 4 种工况。

(2) 连续梁桥：主跨跨中最大正弯矩工况、主跨支点负弯矩工况、主跨桥墩最大竖向反力工况、主跨支点最大剪力工况及边跨最大正弯矩工况 5 种工况。

(3) 悬臂梁桥（T 型刚构桥）：支点（墩顶）最大负弯矩工况、锚固孔跨中最大正弯矩工况、支点（墩顶）最大剪力工况及挂孔跨中最大正弯矩工况 4 种工况。

(4) 无铰拱桥：跨中最大正弯矩工况、拱脚最大负弯矩工况、拱脚最大推力工况及正负挠度绝对值之和最大工况 4 种工况。

(5) 刚架桥（包括斜腿刚架和刚架－拱式组合体系）：跨中截面最大弯矩工况、柱腿截面最大应力工况及节点附近截面最大应力工况 3 种工况。

(6) 悬索桥：主梁控制截面最大弯矩应力工况、主梁扭转变形工况、主梁控制截面位移或挠度工况、塔顶最大水平变位工况、塔柱底截面最大应力工况及钢索（主缆、吊索）最大拉力工况 6 种工况。

(7) 斜拉桥：主梁跨中最大正弯矩工况、主梁最大负弯矩工况、主塔塔顶顺桥向最大水平位移工况、斜拉索最大索力工况及主梁最大挠度工况 5 种工况。

36. 荷载试验宜选择温度稳定的季节和天气进行。

37. 车辆荷载加载分级的方法有：逐渐增加加载车数量、先上轻车后上重车、加载车位于内力影响线的不同部位及加载车分次装载重物等。

38. 加卸载的时间选择，为了减少温度变化对试验造成的影响，加载试验时间以 22：00 至早晨 6：00 为宜。

39. 静载试验加载设备，一般有：可行式车辆和重物直接加载。

采用称重法、体积法和综合计算法，对所加载进行称量，其称量误差最大不得超过 5%。最好能采用两种称重方法互相校核。

40. 几种常用桥梁体系的主要测点布设，有：

(1) 简支梁桥：跨中挠度、支点沉降及跨中截面应变。

(2) 连续梁桥：跨中挠度、支点沉降及跨中和支点截面应变。

(3) 悬臂梁桥：悬臂端部挠度、支点沉降及支点截面应变。

(4) 拱桥：跨中、$L/4$ 处挠度、拱顶 $L/4$ 及拱脚截面应变。

41. 桥梁静载试验时需测结构的反力、应变、位移、倾角、裂缝等物理量，应选择适当的仪器进行量测。常用的仪器有：百分表、千分表、位移表、应变仪、应变计（应变片）、精密水准仪、经纬仪、倾角仪、刻度放大镜等。这些测试仪器按其工作原理可分为：机械测试仪器、电测仪器和光测仪器等。

42. 电阻应变片的粘贴技术，其技术环节为：选片、定位、贴片、干燥固化及应变片的防护等。

43. 加载试验中裂缝观测的重点是结构承受拉力较大部位及旧桥原有裂缝较长、较宽的部位。

44. 终止加载控制条件

发生下列情况应中途终止加载：

（1）控制测点应力值已达到或超过用弹性理论按规范安全条件反算的控制应力值时。

（2）控制测点变位（或挠度）超过规范允许值时。

（3）由于加载，使结构裂缝的长度、缝宽急剧增加，新裂缝大量出现，缝宽超过允许值的裂缝大量增多，对结构使用寿命造成较大的影响。

（4）拱桥加载时沿跨长方向的实测挠度曲线分布规律与计算值相差过大或实测挠度超过计算值过多时。

（5）发生其他损坏，影响桥梁承载能力或正常使用时。

第5章 隧 道 工 程

5.1 术语与单位、分部及分项工程的划分

5.1.1 术语

1. 光面爆破

设计轮廓线周边炮眼间距比开挖区小，采用不耦合装药，周边炮眼较开挖区炮眼延时并同时起爆，使岩体上出现平整轮廓面的爆破技术。

2. 全断面法

采用全断面一次开挖成形的施工方法。

3. 正台阶法

将设计断面分成上、下断面（或上、中、下断面）先上后下分次开挖成形的施工方法。

4. 环形开挖留核心土法

先开挖上部环形导坑，并进行支护，再分部开挖中部核心土、两侧边墙的施工方法。

5. 中隔壁法（CD法）

先开挖隧道一侧，并施工中隔壁，然后再开挖另一侧的施工方法。

6. 交叉中隔壁法（CRD法）

先开挖隧道一侧的一两部分，施工部分中隔壁墙，再开挖隧道另一侧的一两部分，然后再开挖最先施工一侧的最后部分，并延长中隔壁墙，施工临时仰拱，最后开挖剩余部分的施工方法。

7. 双侧壁导坑法

先开挖隧道两侧的导坑，并进行初期支护，再分部开挖剩余部分的施工方法。

8. 干喷

将水泥、集料拌合后，压送到喷嘴加水喷出的喷射混凝土施工方法。

9. 初喷

第一层喷射混凝土，或者第一层喷射混凝土的施工。

10. 复喷

初喷以后的喷射混凝土，或者初喷以后喷射混凝土的施工。

11. 喷锚支护

由喷射混凝土、锚杆、钢筋网、钢架等组合成的支护结构。

12. 超前支护

在隧道施工中，对开挖工作面前方围岩进行预加固的支护。

13. 管棚

在开挖工作面的轮廓线外,按一定外插角插入带孔直径为 70～180mm 的钢管,压注水泥浆或水泥砂浆,并将钢管尾部与钢架焊接为一体形成的支护体系。

14. 小导管预注浆

在开挖前,沿开挖面的拱部外周插入直径为 38～70mm 的带孔钢管,压注浆液。

15. 锚杆

用钢筋、钢管等材料加工而成具有锚固、悬吊等作用的支护杆（构）件。

16. 超前锚杆

在开挖前,沿隧道拱部按一定角度设置的起着预加固围岩作用的锚杆。

17. 钢架

用钢筋或型钢等制成的支护骨架结构。

18. 中岩墙

小净距隧道上下行双洞之间岩石的简称,也叫做中岩柱、中夹岩、中夹岩墙。

19. 监控量测

在隧道施工和运营阶段,通过使用各种量测仪器和工具,对围岩变化情况及支护结构的工作状态进行监测,及时提供围岩稳定程度和支护结构可靠性信息的工作。

20. 岩爆

在高地应力岩层中开挖隧道时,围岩应力突然释放而引起岩块爆裂的现象。

21. 超前地质预报

通过掌子面的超前钻探、超前导坑或各种类型的地球物理探测等手段来查明隧道岩体的状态、特征以及可能发生地质灾害的不良地质体的位置、规模和性质,预测前方未施工段地质情况的方法。

22. 瓦斯

从煤（岩）层内逸出的以甲烷（CH_4）为主要成分的有害气体。

23. 瓦斯浓度

空气中瓦斯占有量与空气体积之比,以百分数表示。

24. 检验

对检验项目中的性能进行量测、检查、试验等,并将结果与标准规定要求进行比较以确定每项性能是否合格所进行的活动。

25. 评定

依据检验结果对工程质量进行评分并确定其等级的活动。

26. 关键项目

分项工程中对安全、卫生、环境保护和公众利益起决定性作用的实测项目。

27. 一般项目

分项工程中除关键项目以外的实测项目。

28. 外观（质量）

通过观察和必要的量测所反映的工程外在质量。

29. 权值

对工程项目或检测指标根据其重要程度所赋予的数值。

5.1.2 单位、分部及分项工程的划分

根据建设任务、施工管理和质量检验评定的需要，应在施工准备阶段按《公路工程质量检验评定标准 第一册 土建工程》JTG F80/1—2004 将建设项目，划分为单位工程、分部工程和分项工程。施工单位、工程监理单位和建设单位应按相同的工程项目划分进行工程质量的监控和管理。

1. 单位工程

在建设项目中，根据签订的合同，具有独立施工条件的工程。

2. 分部工程

在单位工程中，应按结构部位、路段长度及施工特点或施工任务划分为若干个分部工程。

3. 分项工程

在分部工程中，应按不同的施工方法、材料、工序及路段长度等划分为若干个分项工程。

隧道工程单位工程、分部及分项工程的划分，见表5-1。

隧道工程单位工程、分部及分项工程的划分表　　　表 5-1

单位工程	分部工程	分项工程
隧道工程	总体	隧道总体*等
	明洞	明洞浇筑，明洞防水层，明洞回填*等
	洞口工程	洞口开挖，洞口边仰坡防护，洞门和翼墙的浇（砌）筑，截水沟、洞口排水沟等
	洞身开挖	洞身开挖*（分段）等
	洞身衬砌	（钢纤维）喷射混凝土支护，锚杆支护，钢筋网支护，仰拱，混凝土衬砌*，钢支撑，衬砌钢筋等
	防排水	防水层，止水带、排水沟等
	隧道路面	基层*，面层*等
	装修	装修工程
	辅助施工措施	超前锚杆，超前钢管等

表内标注 * 者为主要工程，评分时给予2的权值；不带 * 者为一般工程，权值为1。

5.2 技术要求

技术要求包括：洞口、明洞与浅埋段；开挖；支护与衬砌；小净距隧道及连拱隧道；监控量测；防水和排水；风、水、电供应；通风、防尘、防有害气体；辅助工程措施；不良地质和特殊岩土地段；隧道路面；附属设施；交工验收13部分。

5.2.1 洞口、明洞与浅埋段

洞口、明洞与浅埋段包括：洞口工程；明洞工程；浅埋段工程；质量检验及标准4部分。

5.2.1.1 洞口工程

1. 洞口开挖和进洞施工宜避开雨期、融雪期及严寒季节。
2. 边坡和仰坡以上可能滑塌的表土、灌木及山坡危石等应清除或加固。
3. 在不良地质地段,应在进洞前按设计要求对地表及仰坡进行加固防护。

隧道洞口施工遇到地层滑坡、崩塌、偏压以及泥石流、雪崩等自然现象时,应采取措施治理,洞口自然灾害及处理措施见表 5-2。偏压防止措施示意如图 5-1。

洞口自然灾害及处治措施　　　　表 5-2

灾害现象	问　题　点	主　要　措　施
滑坡	由于洞口挖方破坏了原坡面的平衡状态,导致滑坡;在原地层滑坡线上开挖,导致出现新的滑坡	地表锚杆、注浆桩、深基桩、挡墙、土袋等
崩塌落石	在陡坡山崖处开挖,即使围岩条件较好也极有可能出现崩塌或落石	喷射混凝土、地表锚杆、锚索、防落石棚、化学药液注浆
偏压	由于地形的非对称性,作用在隧道横断面上的荷载不平衡,加大隧道结构上的压力,导致结构剪切破坏	平衡压重填土、护坡挡墙、挖切土体、减轻偏压力
泥石流	泥石流的冲击力极大,多从沟谷冲下,危害结构物安全	沿沟谷设梯级防沙坝
雪崩	与泥石流同样具有极大冲击力,多发生在沟谷或陡坡处	沿沟谷设梯级坝,洞口顶部设防护棚

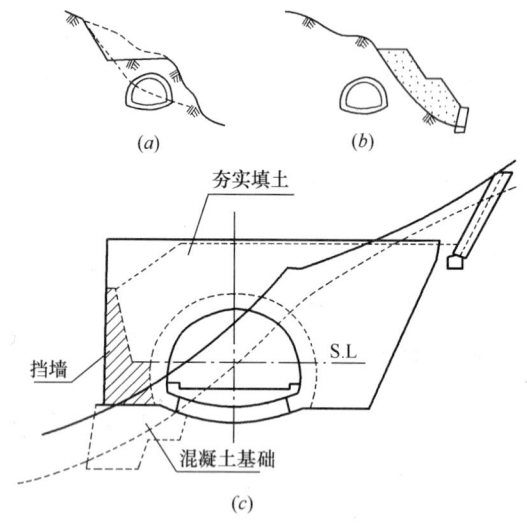

图 5-1　偏压防止措施示意图
(a) 切土防止偏压;(b) 填土防止偏压;(c) 设置挡墙构造物

4. 洞口边坡及仰坡应自上而下开挖,不得掏底开挖或上下重叠开挖。洞口有邻近建(构)筑物时,应采取微振动控制爆破。当地质条件不良时,应采取稳定边坡和仰坡的措施。
5. 应随时检查边坡和仰坡的变形状态,发现不稳定现象时,及时采取措施,保证施工安全。
6. 洞口边、仰坡排水系统应在雨期之前完成。
7. 隧道排水应与洞外排水系统合理连接,不得侵蚀软化隧道和明洞基础,不得冲刷路基坡面及桥涵锥坡等设施。
8. 应对地表沉降和拱顶下沉进行监控量测,并适当增加量测频率。
9. 洞口永久性挡护工程应紧跟土石方开挖及早完成。地基承载力应满足设计要求。

5.2.1.2 明洞工程

1. 明洞边坡开挖应根据设计要求采取岩土体加固措施。明洞衬砌施工应仰拱先行、拱墙整体浇筑。
2. 明洞石质开挖应防止爆破影响边仰坡的稳定。

3. 明洞边墙地基承载力应满足设计要求。边墙基础混凝土灌注前应排除坑内积水，完成后应及时回填。

4. 明洞衬砌施工应符合 5.2.3 支护与衬砌中的有关规定。明洞衬砌与暗洞衬砌应连接良好。

5. 明洞拱圈外模拆除后，应及时按设计做好防水层及纵向盲沟，保证排水通畅，并应符合 5.2.6 防水和排水中的有关规定。

6. 明洞拱圈混凝土达到设计强度后由人工夯实回填至拱顶以上 1m，方可采用机械回填。

7. 明洞回填施工要求

明洞回填分墙背回填和拱背回填两个部位。由于其作用不同，因而工艺的要求也不同：

（1）墙背回填的作用主要是使边墙与围岩密贴。当围岩较稳定时，一般自墙顶起坡开挖，墙背可挖垂直或较陡的坡度；当围岩稳定性较差时，采用先拱后墙法施工，边墙采用开挖马口灌注。两者的墙背空隙都不大，可用与边墙相同的材料同时灌注或用浆砌片石回填。

（2）拱背回填的作用主要是缓和边坡落石和坍塌的冲击及排除坡面水。对于不同类型的明洞和棚洞，设计各有具体规定。

5.2.1.3 浅埋段工程

浅埋段施工应符合下列规定：

（1）不应采用全断面法开挖。

（2）开挖后应尽快进行初期支护施工。

（3）应增加对地表沉降、拱顶下沉的量测及反馈。量测频率不宜小于深埋段的 2 倍。

5.2.1.4 质量检验及标准

1. 洞门端墙、翼墙和挡土墙基坑开挖施工质量标准见表 5-3。

洞门端墙、翼墙和挡土墙基坑开挖质量标准　　　　表 5-3

序 号	项 目	规定值或允许偏差（mm）	检验方法
1	基坑中心线到路线中心线距离	+50，0	尺量：每边不少于 5 处
2	基坑长度、宽度	+100，0	尺量：每边不少于 5 处
3	基坑高程	0，-100	水准仪测量：每边不少于 5 处

2. 洞门端墙、翼墙、挡土墙模板安装质量标准见表 5-4。

洞门端墙、翼墙、挡土墙模板安装质量标准　　　　表 5-4

序号	项 目	规定值或允许偏差（mm）	检 验 方 法
1	基础边缘位置	+15，0	测量：每边不少于 4 处
2	基础顶面高程	±10	
3	边墙边缘位置	±10，0	
4	边墙拱墙、端翼墙面顶面高程	±10	
5	模板表面平整度	5	2m 靠尺测量：不少于 4 处
6	模板表面错台	2	尺量
7	预留孔洞	+10，0	尺量

3. 洞门混凝土端墙、翼墙和挡土墙质量标准见表5-5。

洞门混凝土端墙、翼墙和挡土墙质量标准　　　　　表5-5

序号	项目	规定值或允许偏差（mm）	检验方法
1	强度	在合格标准内	按附录8检验
2	平面位置	50	仪器测量：每边不少于4处
3	断面尺寸	不小于设计	
4	顶面高程	±20	
5	底面高程	±50	
6	表面平整度	5	2m靠尺测量：拱部不少于2处，墙身不少于4处
7	竖直度或坡度（%）	0.5	吊垂线：每边不少于4处

4. 洞门砌体端墙、翼墙和挡土墙质量标准见表5-6。

洞门砌体端墙、翼墙和挡土墙质量标准　　　　　表5-6

序号	项目		规定值或允许偏差（mm）	检验方法
1	砂浆强度		在合格标准内	按附录9检验
2	平面位置		50	仪器测量：每边不少于4处；2m靠尺测量：拱部不少于2处，墙身不少于4处
3	断面尺寸		不小于设计	
4	顶面高程		±20	
5	底面高程		±50	
6	表面平整度	块石	20	2m靠尺测量：拱部不少于2处，墙身不少于4处
		料石	30	
		混凝土块料石	10	
7	竖直度或坡度（%）		0.5	吊垂线：每边不少于4处

5. 明洞回填及防水层质量标准见表5-7。

明洞回填及防水层质量标准　　　　　表5-7

序号	项目	规定值或允许偏差（mm）	检验方法
1	卷材搭接长度	≥100	尺量：每环测3处
2	卷材向隧道延伸长度	≥500	尺量：检查5处
3	卷材在基底的横向长度	≥500	尺量：检查5处
4	沥青防水层每层厚度	2	尺量：检查10点
5	回填层厚	≤300	尺量：每层检查，每侧至少5点
6	两侧回填高差	≤500	水准仪：检查5处
7	坡度	不大于设计	尺量：检查3处
8	回填压实	压实质量符合设计要求	厚度及碾压遍数符合要求

5.2.2 开挖

开挖包括：一般规定；开挖方法；超欠挖控制；钻爆4部分。

5.2.2.1 一般规定

1. 应根据隧道长度、断面大小、结构形式、工期要求、机械设备、地质条件等，选择适宜的开挖方案。
2. 开挖作业应符合下列规定：
（1）开挖断面尺寸应满足设计要求。
（2）爆破后，应及时对开挖面和未衬砌地段进行检查；对可能出现的险情，应采取措施及时处理。
（3）开挖作业不得危及初期支护、衬砌和设备的安全，并应保护好量测用的测点。
（4）开挖后，应做好地质构造的核对和监控量测工作。
（5）开挖作业必须保证安全。
3. 隧道爆破应采用光面爆破技术。
4. 爆破作业及爆破物品管理，必须符合《爆破安全规程》GB 6722 有关规定。
5. 隧道双向开挖接近贯通时，两端施工应加强联系，统一指挥。当两开挖面间距离剩下 15～30m 时，应改为单向开挖，并落实贯通面的安全措施，直到贯通为止。
6. 在瓦斯地层开挖时，除应符合 5.2.10.6 瓦斯中的规定外，尚应符合现行《煤矿安全规程》的相关规定。

5.2.2.2 开挖方法

1. 全断面法施工应符合下列规定：
（1）围岩自稳性好，无地下水出漏或出漏量不大。
（2）采用大型机械配套作业。
（3）超前开挖导洞时，应控制开挖距离。
2. 台阶法施工应符合下列规定：
（1）台阶长度不宜超过隧道开挖宽度的 1.5 倍。台阶不宜多分层。
（2）上台阶钢架施工时，应采取有效措施控制其下沉和变形。
（3）下台阶应在上台阶喷射混凝土强度达到设计强度的 70% 后开挖。

台阶法按上台阶超前长度分为长台阶法（台长 50m 以上）、短台阶法（台长 5～50m）和微台阶法（台长 3～5m）3 种。

3. 环形开挖留核心土法施工应符合下列规定：
（1）环形开挖进尺宜为 0.5～1.0m；核心土面积应不小于整个断面面积的 50%。
（2）开挖后应及时施工喷锚支护、安设钢架支撑，相邻钢架必须用钢筋连接，并应按设计要求施工锁脚锚杆。
（3）围岩地质条件差，自稳时间短时，开挖前应按设计要求进行超前支护。
（4）核心土与下台阶开挖应在上台阶支护完成后、喷射混凝土强度达到设计强度的 70% 后进行。
4. 中隔壁法或交叉中隔壁法施工应符合下列规定：
（1）初期支护完成后方可进行下一分部开挖。地质较差时，每个台阶底部均应按设计要求设临时钢架或临时仰拱。
（2）各部开挖时，周边轮廓应尽量圆顺。
（3）应在先开挖侧喷射混凝土强度达到设计要求后再进行另一侧开挖。

(4) 左右两侧导坑开挖工作面的纵向间距不宜小于15m。
(5) 当开挖形成全断面时,应及时完成全断面初期支护闭合。
(6) 中隔壁及临时支撑应在浇筑二次衬砌时逐段拆除。

5. 双侧壁导坑法施工应符合下列规定:
(1) 侧壁导坑开挖后,应及时施工初期支护并尽早形成封闭环。
(2) 侧壁导坑形状应近于椭圆形断面,导坑跨度宜为整个隧道跨度的1/3。
(3) 左右导坑施工时,前后拉开距离不宜小于15m。
(4) 导坑与中间土体同时施工时,导坑应超前30～50m。

6. 仰拱部位开挖应符合下列规定:
(1) 挖至设计高程时,底面应圆顺,渣物应清除。
(2) 做好排水设施,清除积水。
(3) 隧道底两隅与侧墙连接处应圆顺。
(4) 仰拱部开挖时,应采取措施保证施工交通安全。

5.2.2.3 超欠挖控制

1. 应严格控制欠挖。拱脚、墙脚以上1m范围内断面严禁欠挖。
2. 应尽量减少超挖,不同围岩地质条件下的平均和最大允许超挖值规定见表5-8。平均超挖值按公式(5-1)计算。

$$平均超挖值 = \frac{超挖面积}{爆破设计开挖断面周长(不包括隧底)} \quad (5-1)$$

平均和最大允许超挖值 表5-8

项	目	规定值或允许偏差(mm)	检查方法和频率
拱部	破碎岩、土(Ⅳ、Ⅴ级围岩)	平均100,最大150	水准仪或断面仪:每20m一个断面
	中硬岩、软岩(Ⅱ、Ⅲ、Ⅳ级围岩)	平均150,最大250	
	硬岩(Ⅰ级围岩)	平均100,最大200	
边墙	每侧	+100,0	尺量:每20m检查1处
	全宽	+200,0	
仰拱、隧底		平均100,最大250	水准仪:每20m检查3处

注:1. 最大超挖值系指最大超挖处至设计开挖轮廓切线的垂直距离。
2. 表列数值不包括测量贯通误差、施工误差。
3. 炮孔深度大于3m时,允许超挖值可根据实际情况另行确定。

3. 隧道开挖轮廓应按设计要求预留变形量,预留变形量大小宜根据监控量测信息进行调整。
4. 超挖部分必须回填密实。

5.2.2.4 钻爆

1. 施工前应进行钻爆设计,并根据实际爆破效果及时对爆破设计参数进行调整。
2. 爆破器材必须具备相关的检验合格证、技术指标及说明书。
3. 钻爆作业应按照钻爆设计进行。
4. 炮眼的深度、角度、间距应按爆破设计要求确定,并应符合下列精度规定:
(1) 掏槽眼眼口间距误差和眼底间距误差不得大于50mm。

(2) 辅助眼眼口排距、行距误差不得大于50mm。

(3) 周边眼沿隧道设计断面轮廓线上的间距误差不得大于50mm，周边眼外斜率不得大于50mm/m，眼底不超出开挖断面轮廓线100mm，最大不得超过150mm。

(4) 内圈炮眼至周边眼的排距误差不得大于50mm，炮眼深度超过2.5m时，内圈炮眼与周边眼宜采用相同的斜率。

5. 钻眼完成后，应按炮眼布置图进行检查并做好记录，不符合要求的炮眼应重钻，经检查合格后才能装药。

6. 装药前应将炮眼内泥浆、石屑吹洗干净。已装药的炮眼应及时堵塞密封。周边眼的堵塞长度不宜小于200mm。

7. 采用电力起爆时，除应执行现行《爆破安全规程》GB 6722的有关规定外，还应符合下列规定：

(1) 装药前电灯及电线应撤离开挖面，装药时应用投光灯、矿灯、风灯照明。

(2) 起爆主导线应敷设在电线和管路的对侧，不得已设在同一侧时，与钢轨、管道等导电体的间距必须大于1.0m，并悬空架设。

(3) 放炮前，应检查主线的连接，确认起爆顺序无误后方可起爆。

(4) 在地下水较多的地段，所用爆炸材料应能防水，连接线应采用塑料导线。敷设爆破网路时接头不得浸在水中，应加强接头的防水与绝缘处理。

8. 隧道爆破可能影响周围建（构）筑物安全时，应监测围岩爆破影响深度以及爆破震动对周围建（构）筑物的破坏程度。

9. 爆破前，所有人员应撤至安全地点。爆破后必须待洞内有害气体浓度符合本章第八节规定后方可进入开挖面工作。

10. 爆破作业应在上一循环喷射混凝土终凝不少于4h后进行。

5.2.3 支护与衬砌

支护与衬砌包括：一般规定；喷射混凝土；锚杆；钢筋网；钢架；衬砌钢筋；模筑混凝土衬砌；仰拱和底板；质量检验及标准9部分。

5.2.3.1 一般规定

1. 隧道施工支护应配合开挖作业及时进行，确保施工安全。
2. 隧道衬砌不得侵入隧道建筑限界。
3. 支护与衬砌材料的标准、规格及要求等应满足设计要求。
4. 隧道支护与衬砌施工过程中应做好施工记录。

5.2.3.2 喷射混凝土

1. 喷射混凝土施工不得采用干喷工艺。
2. 喷射混凝土配合比，应通过试验确定并满足设计强度和喷射工艺的要求。
3. 喷射混凝土作业应符合下列规定：

(1) 当喷射作业分层进行时，后一层喷射应在前一层混凝土终凝后进行。

(2) 混合料应随拌随喷。

(3) 喷射混凝土回弹物不得重新用作喷射混凝土材料。

4. 喷射混凝土应适时进行养护，隧道内环境温度低于5℃时不得洒水养护。

5. 冬期施工时，喷射作业区的气温不应低于5℃。在结冰的岩面上不得进行喷射混凝土作业。混凝土强度未达到6MPa前不得受冻。

6. 采用纤维喷射混凝土时，所用材料应满足设计要求。

7. 纤维喷射混凝土施工应符合本条第2～第6款的规定。

5.2.3.3 锚杆

1. 锚杆类型、规格、技术性能应满足设计要求。
2. 锚杆钻孔施工应符合下列规定：
(1) 钻孔机具应根据锚杆类型、规格及围岩情况选择。
(2) 孔位允许偏差为±150mm，钻孔数量应符合设计规定。
(3) 水泥砂浆锚杆钻孔直径应大于锚杆杆体直径15mm。其他形式锚杆钻孔直径应满足设计要求。
(4) 钻孔深度不应小于锚杆杆体有效长度，但深度超长值不应大于100mm。
3. 锚杆安装前应做好下列检查工作，并做好原始记录：
(1) 锚杆材料型号、规格、品种应符合设计要求，配件应配套。
(2) 锚杆孔位、孔径、孔深及布置形式应满足设计要求。
(3) 孔内应无积水、岩粉应吹洗干净。
(4) 锚杆杆体应调直、除锈、清除油污。
(5) 锚杆外端标准螺纹应有效，逐根检查并与标准螺母试装配。
4. 普通水泥砂浆锚杆施工应符合下列规定：
(1) 普通水泥砂浆锚杆材料、直径、插入孔内长度，应满足设计要求。
(2) 砂浆应在初凝前使用，已初凝的砂浆不得使用。
(3) 砂浆灌浆后应及时插入锚杆杆体。锚杆杆体插到设计深度时，孔口应有砂浆流出；若孔口无砂浆流出，则应将杆体拔出重新灌浆。全长黏结锚杆应灌浆饱满。
(4) 垫板、螺母应在砂浆初凝后安装。垫板与喷射混凝土应紧密接触。
5. 中空注浆锚杆施工时应保持中空通畅，并留有专门排气孔。螺母应在砂浆初凝后拧紧。
6. 水泥砂浆药包锚杆施工应符合下列规定：
(1) 应对药包做泡水检验。
(2) 药包不应有受潮结块现象。
(3) 药包应以专用工具推入钻孔内，防止中途破裂。
(4) 锚杆插到设计深度时，孔口应有砂浆流出。
(5) 应使垫板与喷射混凝土紧密接触。
7. 全长黏结式锚杆安设后不得敲击，其端部3d内不得悬挂重物。

5.2.3.4 钢筋网

1. 钢筋网材料应满足设计要求，钢筋网钢筋在使用前应调直、清除锈蚀和油渍。
2. 钢筋网安装应符合下列规定：
(1) 应在初喷一层混凝土后再进行钢筋网铺设。
(2) 采用双层钢筋网时，第二层钢筋网应在第一层钢筋网被喷射混凝土全部覆盖后进行铺挂。
(3) 钢筋搭接长度不得小于30d（d为钢筋直径），并不得小于一个网格长边尺寸。

(4) 钢筋网应与锚杆或其他固定装置连接牢固。

(5) 钢筋网应随受喷岩面起伏铺设，与受喷面的最大间隙不宜大于 30mm。

5.2.3.5　钢架

1. 钢架必须具有足够的强度和刚度，采用的钢架类型应满足设计要求。

2. 钢架材料应满足设计要求。

3. 钢架加工应符合下列规定：

(1) 钢架加工尺寸，应符合设计要求，其形状应与开挖断面相适应。

(2) 不同规格的首榀钢架加工完成后，应放在平整地面上试拼，周边拼装允许偏差为 ±30mm。平面翘曲应小于 20mm。当各部尺寸满足设计要求时，方可进行批量生产。

4. 钢架安装应符合下列规定：

(1) 钢架拱脚必须放在牢固的基础上。应清除底脚下的虚渣及其他杂物，脚底超挖部分应用喷射混凝土填充。

(2) 钢架应分节段安装，节段与节段之间应按设计要求连接。连接钢板平面应与钢架轴线垂直，两块连接钢板间采用螺栓和焊接连接，螺栓不应少于 4 颗。

(3) 相邻两榀钢架之间必须用纵向钢筋连接，连接钢筋直径不应小于 18mm，连接钢筋间距不应大于 1.0m。

(4) 钢架应垂直于隧道中线，竖向不倾斜、平面不错位，不扭曲。上、下、左、右允许偏差±50mm，钢架倾斜度应小于 2°。

5. 钢架安装就位后，钢架与围岩之间的间隙应用喷射混凝土充填密实。喷射混凝土应由两侧拱脚向上对称喷射，并将钢架覆盖，临空一侧的喷射混凝土保护层厚度应不小于 20mm。

5.2.3.6　衬砌钢筋

1. 钢筋加工应符合下列规定：

(1) 钢筋在加工弯制前应调直。

(2) 钢筋表面的油渍、铁锈等应清除干净。

(3) 钢筋拉直、弯钩、弯折、弯曲应采用冷加工。

2. 钢筋安装应符合下列规定：

(1) 横向钢筋与纵向钢筋的每个节点均必须进行绑扎或焊接。

(2) 钢筋焊接搭接长度及焊缝应满足设计要求。

(3) 相邻主筋搭接位置应错开，错开距离不应小于 1000mm。

(4) 同一受力钢筋的两个搭接距离不应小于 1500mm。

(5) 箍筋连接点应在纵横向筋的交叉连接处，必须进行绑扎或焊接。

(6) 钢筋的其他连接方式应符合相关规范的规定。

3. 安装钢筋时，钢筋长度、间距、位置、保护层厚度应满足设计要求。

5.2.3.7　模筑混凝土衬砌

1. 衬砌模板施工应符合下列规定：

(1) 混凝土衬砌模板及支架必须具有足够的强度、刚度和稳定性。

(2) 应按设计要求设置沉降缝。衬砌施工缝应与设计的沉降缝、伸缩缝结合布置。

(3) 安装模板时应检查中线、高程、断面和净空尺寸。

(4) 模板安装前，应仔细检查防水板、排水盲管、衬砌钢筋、预埋件等隐蔽工程，做好记录。

2. 水泥应符合现行《通用硅酸盐水泥》GB 175 规定。应检验水泥的安定性和强度，检验方法应符合《公路工程水泥及水泥混凝土试验规程》JTG E30 规定。水泥存放时间超过三个月（快硬硅酸盐水泥为一个月）时，应重新取样检验。

3. 混凝土用砂，应采用级配良好、质地坚硬、颗粒洁净的河砂，河砂不易得到时，也可用山砂或硬质岩石加工的机制砂。砂的检验方法应符合现行《公路工程集料试验规程》JTG E42 规定。

4. 钢筋混凝土严禁采用海砂。素混凝土不得不采用海砂时，砂中氯化物含量（以氯离子质量计,%）应小于 0.02%，并应符合本条第 9 款的规定。

5. 混凝土用粗集料应采用坚硬的卵石或碎石，其检验方法应符合现行《公路工程集料试验规程》JTG E42 规定。

6. 拌制混凝土宜采用饮用水；当采用其他水源时，混凝土拌制用水标准见表 5-9。

混凝土拌制用水标准　　　　　　表 5-9

项　目	钢筋混凝土	素混凝土
pH 值	≥4.5	≥4.5
不溶物含量（mg/L）	≤2000	≤5000
可溶物含量（mg/L）	≤5000	≤10000
Cl^- 含量（mg/L）	≤1000	≤3500
SO_4^{2-} 含量（mg/L）	≤2000	≤2700
碱含量（mg/L）	≤1500	≤1500

注：碱含量按 $Na_2O+0.658K_2O$ 计算值来表示。采用非碱活性集料时，可不检验碱含量。

7. 混凝土中掺用外加剂的质量及应用技术，应符合《混凝土外加剂》GB 8076、《混凝土外加剂应用技术规范》GB 50119 和有关环境保护的规定。

8. 混凝土掺加粉煤灰时，应符合《用于水泥和混凝土中的粉煤灰》GB 1596 和《粉煤灰混凝土应用技术规范》GBJ 146 规定。

9. 严禁使用含氯化物的水泥，混凝土中氯化物总含量应符合下列规定：

(1) 对于素混凝土，不得超过水泥含量的 2%。

(2) 对于钢筋混凝土，不得超过水泥质量的 0.3%；环境潮湿并且含有氯离子时，不得超过水泥质量的 0.1%。

10. 混凝土中总碱含量不得大于 $3kg/m^3$，并应满足设计要求。

11. 混凝土施工应符合下列规定：

(1) 混凝土的配合比应满足设计和施工工艺要求。

(2) 混凝土应在初凝前完成浇筑。

(3) 混凝土衬砌应连续浇筑。如因故中断，其中断时间应小于前层混凝土的初凝时间或能重塑时间。当超过允许中断时间时，应按施工缝处理。

(4) 混凝土的入模温度，冬期施工时不应低于 5℃，夏期施工时不应高于 32℃。

(5) 应采取可靠措施确保混凝土在浇筑时不发生离析。

(6) 浇筑混凝土时,应采用振动器振实,并应采取确实可靠措施,确保混凝土密实。振实时,不得使模板、钢筋和预埋件移位。

(7) 边墙基底高程、基坑断面尺寸、排水盲管、预埋件安设位置等应满足设计要求。

(8) 浇筑混凝土前,必须将基底石渣、污物和基坑内积水排除干净,严禁向有积水的基坑内倾倒混凝土干拌合物。

(9) 拱墙衬砌混凝土,应由下向上从两侧向拱顶对称浇筑。

(10) 拱部混凝土衬砌浇筑时,应在拱顶预留注浆孔,注浆孔间距应不大于3m,且每模板台车范围内的预留孔应不少于4个。

(11) 拱顶注浆充填,宜在衬砌混凝土强度达到100%后进行,注入砂浆的强度等级应满足设计要求,注浆压力应控制在0.1MPa以内。

12. 拆除拱架、墙架和模板,应符合下列规定:

(1) 不承受外荷载的拱、墙混凝土强度应达到5.0MPa。

(2) 承受围岩压力的拱、墙以及封顶和封口的混凝土强度应满足设计要求。

13. 衬砌拆模后应立即养护。在寒冷地区,应做好衬砌的防寒保温工作。

14. 衬砌采用防水混凝土时,除应符合本节规定外,尚应符合5.2.6防水和排水中的规定。

5.2.3.8 仰拱和底板

1. 仰拱混凝土施工应符合下列规定:

(1) 仰拱混凝土应超前拱墙混凝土施工。

(2) 仰拱混凝土浇筑前应清除积水、杂物、虚渣等。

(3) 仰拱混凝土浇筑必须使用模板,混凝土应振捣密实。

(4) 仰拱施工缝和变形缝处应按设计要求进行防水处理。

(5) 仰拱施工前,超挖在允许范围内时,应采用与衬砌相同强度等级的混凝土进行浇筑;超挖大于规定时,应按设计要求回填,不得用洞渣随意回填,严禁片石侵入仰拱断面。

2. 底板施工前应清除虚渣、杂物和积水。底板坡面应平顺。

3. 仰拱填充采用片石混凝土时,片石应距模板50mm以上,片石间距应大于粗集料的最大粒径,并应分层摆放,捣固密实。

5.2.3.9 质量检验及标准

1. 喷射混凝土支护施工质量标准见表5-10。

喷射混凝土支护施工质量标准 表5-10

序号	检查项目	规定值或允许偏差	检查方法和频率
1	喷射混凝土强度	在合格标准内	按5.4.1.1检验
2	喷射厚度	平均厚度≥设计厚度;检查点的90%≥设计厚度;最小厚度≥0.5倍设计厚度,且≥50mm	凿空法或雷达探测仪:每10m检查一个断面,每个断面从拱顶中线起每3m检查1点
3	空洞检测	无空洞、无杂物	凿空法或雷达探测仪:每10m检查一个断面,每个断面从拱顶中线起每3m检查1点

2. 锚杆支护施工质量标准见表5-11。

锚杆支护施工质量标准 表5-11

序号	检查项目	规定值或允许偏差	检查方法和频率
1	锚杆数量	不少于设计	现场逐根清点
2	锚拔力	拔力平均值≥设计值，最小拔力≥90%设计值	按锚杆数1%且不少于3根做拔力试验
3	孔位（mm）	±50	尺量
4	钻孔深度（mm）	±50	尺量
5	钻孔直径	满足设计要求	尺量
6	锚杆长度	满足设计要求	按锚杆数的3%，或不少于3根

3. 钢筋网支护施工质量标准见表5-12。

钢筋网支护施工质量标准 表5-12

序号	检查项目	规定值或允许偏差	检查方法和频率
1	网格尺寸（mm）	±10	尺量
2	钢筋保护层厚度	满足设计要求	凿孔检查：每10m检查5点
3	与受锚岩面的间隙（mm）	≤30	尺量：每10m检查10点
4	网的长、宽（mm）	±10	尺量

4. 钢架支护施工质量标准见表5-13。

钢架支护施工质量标准 表5-13

序号	检查项目		规定值或允许偏差	检查方法和频率
1	安装间距（mm）		50	尺量：每榀检查
2	净保护层厚度		满足设计要求	凿孔检查：每榀自拱顶每3m检查1点
3	倾斜度（°）		±2	仪器测量：每榀检查
4	安装偏差（mm）	横向	±50	尺量：每榀检查
		竖向	不低于设计高程	
5	拼装偏差（mm）		±3	尺量：每榀检查

5. 模板安装施工质量标准见表5-14。

模板安装施工质量标准 表5-14

序号	检查项目	规定值或允许偏差	检查方法和频率
1	平面位置及高程（mm）	±15	尺量：全部
2	起拱线高程（mm）	±10	水准仪测量：全部
3	拱顶高程（mm）	+10，0	水准仪测量：全部
4	模板平整度（mm）	5	2m靠尺和塞尺：每3m测5点
5	相邻浇筑段表面错台（mm）	±10	尺量：全部

6. 混凝土衬砌施工质量标准见表5-15。

混凝土衬砌施工质量标准　　　　　　　　　　　　　　表 5-15

序号	检查项目	规定值或允许偏差	检查方法和频率
1	混凝土强度	在合格标准内	试件强度试验报告
2	边墙平面位置（mm）	±10	尺量：全部
3	拱部高程（mm）	+30，0	水准仪测量（按桩号）
4	衬砌厚度	不小于设计值	激光断面仪或地质雷达随机检查
5	边墙、拱部表面平整度（mm）	15	2m 直尺、塞尺；每侧检查 5 处；或断面仪测量

7. 仰拱及底板施工质量标准见表 5-16。

仰拱及底板施工质量标准　　　　　　　　　　　　　　表 5-16

序号	检查项目	规定值或允许偏差	检查方法和频率
1	混凝土强度	在合格标准内	试件强度试验报告
2	仰拱（底板）厚度	不小于设计	水准仪：每 10m 检查一个断面，每个断面检查 5 点
3	钢筋保护层厚度（mm）	≥50	凿孔检查：每 10m 检查一个断面，每个断面检查 3 点
4	顶面高程（mm）	±15	水准仪：每一浇筑段检查一个断面

8. 衬砌钢筋施工质量标准见表 5-17。

衬砌钢筋施工质量标准　　　　　　　　　　　　　　表 5-17

序号	检查项目		规定值或允许偏差	检查方法和频率
1	主筋间距（mm）		±10	尺量：连续 3 处以上
2	两层钢筋间距（mm）		±5	尺量：两端、中间各 1 处以上
3	箍筋间距（mm）		±20	尺量：连续 3 处以上
4	绑扎搭接长度	受拉 HPB级钢	$30d$	尺量：每 20m 检查 3 个接头
		受拉 HRB级钢	$35d$	
		受压 HPB级钢	$20d$	
		受压 HRB级钢	$25d$	
5	钢筋加工长度（mm）		−10，+5	尺量：每 20m 检查 2 根
6	钢筋保护层厚度（mm）		+10，−5	尺量：两端、中间各 1 处

注：d——钢筋直径。

5.2.4　小净距隧道及连拱隧道

小净距隧道及连拱隧道包括：小净距隧道和连拱隧道两部分。

5.2.4.1　小净距隧道

1. 小净距隧道施工，应结合中岩墙厚度、围岩条件及埋深等制订单项施工技术方案。
2. 开挖和爆破应符合下列规定：
（1）爆破应进行专门设计，并进行试爆，测试振动值，严格控制爆破振动，符合《爆破安全规程》GB 6722 规定。

(2) 先行洞与后行洞掌子面错开距离应大于 2 倍隧道开挖宽度。

3. 初期支护应尽早封闭。

4. 后行洞开挖时应加强对中岩墙的监控量测。

中岩墙现场监控量测项目及方法见表 5-18。

中岩墙现场监控量测项目及方法　　　　　表 5-18

序号	项目名称	方法、工具	布置	间隔时间		
				1～30d	1～3 个月	大于 3 个月
1	中岩墙土压力	钢弦式压力盒	每 10～30m 一个断面，每个断面 3 个压力盒	1～2 次/d	1 次/2d	1 次/周
2	围岩内位移	多点位移计及千分表	每 10～30m 一个断面，每个断面 2 个测点			
3	围岩压力	钢弦式压力盒	每 10～30m 一个断面，每个断面 1 个压力盒			

5.2.4.2　连拱隧道

1. 主洞开挖应符合下列规定：

(1) 开挖先行主洞前，后行主洞围岩与中隔墙之间的空隙应按设计要求回填密实或支撑顶紧。

(2) 爆破设计时，不得以中导洞作为爆破临空面。

2. 中隔墙混凝土施工应符合下列规定：

(1) 基础底面应清扫干净，无水、无石渣。

(2) 墙身内预埋件、排水管应固定牢固，位置准确。

(3) 中隔墙顶部应与中导洞顶紧密接触、回填密实。

3. 侧墙开挖采用马口跳槽法施工时，马口开挖长度不宜超过 4m。

4. 开挖过程中应及时做好洞内排水系统，严禁洞内积水，排水沟不应沿边墙设置。

5.2.5　监控量测

监控量测包括：一般规定；量测作业；量测数据处理与应用 3 部分。

5.2.5.1　一般规定

1. 复合式衬砌和喷锚衬砌隧道开工前，应制定施工全过程监控量测方案。

2. 监控量测工作应结合开挖、支护作业的进程，按要求布点和监测，并根据现场实际情况及时调整补充，量测数据应及时分析、处理和反馈。

5.2.5.2　量测作业

1. 在复合式衬砌和喷锚衬砌隧道施工时必须进行必测项目的量测。隧道现场监控量测必测项目见表 5-19。

隧道现场监控量测必测项目 表5-19

序号	项目名称	方法及工具	布置	测试精度	量测间隔时间			
					1～15d	16d～1个月	1～3个月	大于3个月
1	洞内、外观察	现场观测、地质罗盘等	开挖及初期支护后进行	—		—		
2	周边位移	各种类型收敛计	每5～50m一个断面，每断面2～3对测点	0.1mm	1～2次/d	1次/2d	1～2次/周	1～3次/月
3	拱顶下沉	水准测量的方法，水准仪、钢尺等	每5～50m一个断面	0.1mm	1～2次/d	1次/2d	1～2次/周	1～3次/月
4	地表下沉	水准测量的方法，水准仪、钢尺等	洞口段、浅埋段（$h_0 \leq 2b$）	0.5mm	开挖面距量测断面前后小于2b时，1～2次/d；开挖面距量测断面前后小于5b时，1次/2～3d；开挖面距量测断面前后大于5b时，1次/3～7d			

注：b—隧道开挖宽度；h_0—隧道埋深。

2. 应根据设计要求、隧道横断面形状和断面大小、埋深、围岩条件、周边环境条件、支护类型和参数、施工方法等综合选择选测项目。隧道现场监控量测选测项目见表5-20。

隧道现场监控量测选测项目 表5-20

序号	项目名称	方法及工具	布置	测试精度	量测间隔时间			
					1～15d	16d～1个月	1～3个月	大于3个月
1	钢架内力及外力	支柱压力计或其他测力计	每代表性地段1～2个断面，每断面钢支撑内力3～7个测点，或外力1对测力计	0.1MPa	1～2次/d	1次/2d	1～2次/周	1～3次/月
2	围岩体内位移（洞内设点）	洞内钻孔中安设单点、多点杆式或钢丝式位移计	每代表性地段1～2个断面，每断面3～7个钻孔	0.1mm	1～2次/d	1次/2d	1～2次/周	1～3次/月
3	围岩体内位移（地表设点）	地面钻孔中安设各类位移计	每代表性地段1～2个断面，每断面3～5个钻孔	0.1mm	同地表下沉要求			
4	围岩压力	各种类型岩土压力盒	每代表性地段1～2个断面，每断面3～7个测点	0.01MPa	1～2次/d	1次/2d	1～2次/周	1～3次/月
5	两层支护间压力	压力盒	每代表性地段1～2个断面，每断面3～7个测点	0.01MPa	1～2次/d	1次/2d	1～2次/周	1～3次/月

续表

序号	项目名称	方法及工具	布置	测试精度	量测间隔时间			
					1~15d	16d~1个月	1~3个月	大于3个月
6	锚杆轴力	钢筋计、锚杆测力计	每代表性地段1~2个断面，每断面3~7根锚杆（索），每根锚杆2~4个测点	0.01MPa	1~2次/d	1次/2d	1~2次/周	1~3次/月
7	支护、衬砌内应力	各类混凝土内应变计及表面应力解除法	每代表性地段1~2断面，每断面3~7个测点	0.01MPa	1~2次/d	1次/2d	1~2次/周	1~3次/月
8	围岩弹性波速度	各种声波仪及配套探头	在有代表性地段设置	—				
9	爆破振动	测振及配套传感器	临近建（构）筑物	—	随爆破进行			
10	渗水压力、水流量	渗压计、流量计	—	0.01MPa	—			
11	地表下沉	水准测量的方法，水准仪、钢钢尺等	洞口段、浅埋段（$h_0 > 2b$）	0.5mm	开挖面距量测断面前后小于$2b$时，1~2次/d；开挖面距量测断面前后小于$5b$时，1次/2~3d；开挖面距量测断面前后大于$5b$时，1次/3~7d			

注：b—隧道开挖宽度；h_0—隧道埋深。

3. 各项量测作业均应持续到变形基本稳定后15~20d结束。

4. 应按表5-21和表5-22检查净空位移和拱顶下沉的量测频率，并与按表5-19确定的量测频率比较取大值。施工状况发生变化时（开挖下台阶、仰拱或撤除临时支护等），应增加监测频率。

净空位移和拱顶下沉的量测频率（按位移速度） 表5-21

位移速度（mm/d）	量测频率	位移速度（mm/d）	量测频率
≥5	2~3次/d	0.2~0.5	1次/3d
1~5	1次/d	<0.2	1次/3~7d
0.5~1	1次/2~3d		

净空位移和拱顶下沉的量测频率（按距开挖面距离） 表5-22

量测断面距开挖面距离（m）	量测频率	量测断面距开挖面距离（m）	量测频率
(0~1)b	2次/d	(2~5)b	1次/2~3d
(1~2)b	1次/d	>5b	1次/3~7d

注：b—隧道开挖宽度。

5.2.5.3 量测数据处理与应用

1. 每次量测后应及时进行数据整理和数据分析,并绘制量测数据时态曲线和距开挖面距离图;应绘制地表下沉值沿隧道纵向和横向变化量和变化速率曲线。
2. 应根据量测数据处理结果,及时提出调整和优化施工方案和工艺;围岩变形和速率较大时,应及时采取安全措施,并建议变更设计。
3. 围岩稳定性、二次支护时间应根据所测得位移量或回归分析所得最终位移量、位移速度及其变化趋势、隧道埋深、开挖断面大小、围岩等级、支护所受压力、应力、应变等进行综合分析判定。

5.2.6 防水和排水

防水和排水包括:一般规定;施工防排水;防排水结构施工;注浆防水;质量检验及标准 5 部分。

5.2.6.1 一般规定

1. 隧道施工防排水设施应与运营防排水工程相结合。
2. 应按设计做好防水混凝土、防水隔离层、施工缝、变形缝、诱导缝防水,盲沟、排水管(沟)排水应通畅。
3. 防排水材料应符合国家、行业标准,满足设计要求,并有出厂合格证明。不得使用有毒的、污染环境的材料。
4. 隧道防排水不得污染环境。

5.2.6.2 施工防排水

1. 隧道洞口及辅助坑道洞(井)口应及时做好排水系统,完善防排水措施。
2. 对于覆盖层较薄和渗透性强的地层,地表水应及早处理。
3. 洞内顺坡排水沟断面应满足排除隧道中渗漏水和施工废水的需要,并经常清理排水设施,防止淤塞,确保水路畅通。在膨胀岩、土质地层、围岩松软地段,排水沟中不得有积水,宜根据需要对排水沟进行铺砌或用管槽代替。
4. 洞内反坡排水必须采用水泵抽水。
5. 洞内有大面积渗漏水和股水时,宜集中汇流引排。
6. 明挖基坑和隧道洞口、竖井处,应保持地下水位稳定在基底开挖线 0.5m 以下,必要时应采取降水措施。
7. 集水坑设置的位置不得影响井内运输和安全。
8. 应制订防涌(突)水(泥)的安全措施。
9. 严寒地区隧道施工排水时,应采取防冻措施。

5.2.6.3 防排水结构施工

1. 防水混凝土抗渗等级应符合设计要求。防水混凝土施工应符合《地下工程防水技术规范》GB 50108 规定。
2. 防水混凝土施工配合比应通过试验确定,并符合相关技术要求。
3. 防水混凝土拌合物应采用机械搅拌,搅拌时间不应少于 2min。掺外加剂时,应根据外加剂的技术要求确定搅拌时间。
4. 防水混凝土应振捣密实。

5. 中心排水管（沟）坡度应符合设计要求。管路埋设好后，应进行通水试验，发现积水、漏水应及时处理。

6. 防水板铺设应符合下列规定：

(1) 应减少接头。

(2) 搭接宽度不应小于 100mm。焊缝应严密，单条焊缝的有效焊接宽度不应小于 12.5mm，不得焊焦、焊穿。

(3) 绑扎或焊接钢筋时，不应损伤防水板。

(4) 振捣混凝土时，振捣棒不得接触防水板。

7. 施工缝的施工应符合下列规定：

(1) 混凝土应连续浇筑，宜少留施工缝，拱圈不应留纵向施工缝。

(2) 墙体水平施工缝不应设在剪力与弯矩最大处或底板与边墙的交接处。

(3) 墙体若有预留孔洞时，施工缝距孔洞边缘不宜小于 300mm。

(4) 垂直施工缝设置宜与变形缝相结合。

(5) 应采取有效措施确保止水带（条）位置准确、固定牢固。

8. 变形缝嵌缝施工应符合下列规定：

(1) 缝内两侧应平整、清洁、无渗水。

(2) 缝内应设置与嵌缝材料无黏结力的背衬材料。

(3) 嵌缝应密实。

9. 遇水膨胀止水条施工应符合下列规定：

(1) 接头处不得留断点，搭接长度不应小于 50mm。

(2) 止水条定位后至浇筑下一段混凝土前，应避免被水浸泡。

(3) 振捣混凝土时，振捣棒不得接触止水条。

10. 止水带施工应符合下列规定：

(1) 止水带的接头每环不宜多于一处，且不得设在结构转角处。

(2) 止水带在转角处应做成圆弧形，橡胶止水带的转角半径不应小于 200mm，钢片止水带不应小于 300mm，且转角半径应随止水带的宽度增大而相应加大。

(3) 不得在止水带上穿孔打洞固定止水带。止水带不得被钉子、钢筋和石子等刺破。

5.2.6.4 注浆防水

1. 洞内有大面积渗漏水时，宜采用钻孔将水集中汇流引入排水沟或积水坑。并应对钻孔位置、数量、孔径、深度、方向和渗水量等作详细记录，以便在衬砌时确定拱墙背后排水设施。

2. 初期支护后出现大面积渗漏水时，应进行径向注浆或初期支护背后回填注浆。径向注浆或初期支护背后回填注浆应符合下列规定：

(1) 径向注浆孔深应符合设计要求。

(2) 初期支护背后回填注浆孔深不应小于 0.5m。

(3) 钻孔注浆顺序应由水少处向水多处进行。

(4) 注浆材料宜以水泥类浆液为主，可采用快凝早强水泥。

(5) 注浆终压宜为 0.5~1.0MPa。

3. 注浆过程中应进行监测。当发生围岩或支护结构变形超过允许值、堵塞排水系统、窜浆、危及地表安全等异常情况时，应采取措施处置。

4. 注浆施工不得污染水源。

5.2.6.5 质量检验及标准

1. 隧道防排水工程施工质量应符合下列规定：

（1）高速公路、一级公路、二级公路隧道应符合以下要求：

1）拱部、边墙、路面、设备箱洞不渗水。

2）有冻害地段的隧道衬砌背后不积水，排水沟不冻结。

3）洞内排水系统不淤积、不堵塞，确保排水通畅。

4）车行横通道、人行横通道等服务通道拱部不滴水，边墙不淌水。

（2）三级公路、四级公路隧道应符合以下要求：

1）拱部、边墙不滴水，路面不积水，设备箱洞不渗水。

2）有冻害地段的隧道衬砌背后不积水，排水沟不冻结。

2. 洞口排水沟施工质量标准见表5-23。

洞口排水沟施工质量标准　　　　表 5-23

序号	项目	规定值或允许偏差	检验方法和频率
1	轴线偏位（mm）	±50	仪器测量：每条排水沟不少于5处
2	沟底高程（mm）	±15	
3	排水沟纵坡（％）	±0.5，不积水	
4	排水沟宽度（mm）	+30，0	尺量：每条排水沟不少于4处
5	排水沟侧墙高度（mm）	－10	
6	壁厚（mm）	－10	

3. 洞内排水沟布置、结构形式、纵向坡度应满足设计要求。洞内排水沟断面尺寸质量标准见表5-24。

洞内排水沟断面尺寸质量标准　　　　表 5-24

序号	项目	规定值或允许偏差	检验方法和频率
1	断面尺寸（mm）	±10	尺量：每100m随机检查5处
2	壁厚（mm）	±5	
3	高度（mm）	0，－20	
4	沟底高程（mm）	±20	水准仪：每20m测高程

4. 防水混凝土抗压强度应满足设计要求。抗渗性能试验应符合《普通混凝土长期性能和耐久性能试验方法标准》GB/T 50082—2009 的有关规定，试件应在浇筑现场制作，在标准条件下养护。防水混凝土的质量标准见表5-25。

防水混凝土质量标准　　　　表 5-25

序号	项目	规定值或允许偏差	检验方法和频率
1	抗压强度	在合格标准内	按附录8检验
2	抗渗等级	符合设计	每200m衬砌做一组（6个）试件

5. 防寒泄水洞位置、结构形式、纵坡及混凝土强度和抗渗性能均应符合设计要求。防寒泄水洞应排水通畅，无淤积堵塞。防寒泄水洞质量标准见表5-26。

防寒泄水洞质量标准　　　　　　表5-26

序号	项目	规定值或允许偏差	检验方法和频率
1	断面尺寸（mm）	±50	尺量：每10m量1次
2	高程（mm）	±20	仪器测量：每10m测量高程及位置
3	平面位置（mm）	±50	

6. 混凝土强度和抗渗性能应符合本条第4款规定。检查井施工质量标准见表5-27。

检查井施工质量标准　　　　　　表5-27

序号	项目	规定值或允许偏差（mm）	检查方法和频率
1	轴线偏位	±50	经纬仪：逐个检查
2	断面尺寸	±20	尺量：逐个检查
3	井底高程	±20	水准仪：逐个检查
4	井盖与相邻路面高差	0, +4	水准仪、水平尺：逐个检查

7. 防水板、土工布的材质、性能、规格必须满足设计要求，铺设防水板的基面应坚实、平整、圆顺，无漏水现象。防水板焊接焊缝应全部进行充气检查。防水板施工质量标准见表5-28。

防水板施工质量标准　　　　　　表5-28

序号	项目		规定值或允许偏差	检查方法和频率
1	搭接宽度（mm）		≥100	尺量：全部搭接均要检查，每个搭接检查3处
2	缝宽（mm）	焊接	两侧焊缝宽≥25	尺量：每个搭接检查5处
		粘接	粘缝宽≥50	
3	固定点间距（mm）	拱部	符合设计要求	尺量：检查总数的10%
		侧墙	符合设计要求	
4	接缝与施工缝错开距离（mm）		≥500	尺量：每个接缝检查5处

8. 止水带材质、规格、性能应符合设计要求。止水带与衬砌端头模板应正交。止水带施工质量标准见表5-29。

止水带施工质量标准　　　　　　表5-29

序号	项目	规定值或允许偏差	检查方法和频率
1	纵向偏离（mm）	±50	尺量：每环至少3处
2	偏离衬砌中心线（mm）	≤30	尺量：每环至少3处

5.2.7 风、水、电供应

风、水、电供应包括：供风与供水和供电与照明两部分。

5.2.7.1 供风与供水

1. 空气压缩机站设置应合理,并有防水、降温和防雷击设施。
2. 隧道掌子面使用风压应不小于 0.5MPa,高压风管的直径应通过计算确定。
3. 高压风、水管路的安装使用,应符合下列规定:

(1) 洞内风、水管不宜与电缆电线敷设在同一侧。

(2) 在空气压缩机站和水池总输出管上必须设总闸阀;主管上每隔 300~500m 应分装闸阀。高压风管长度大于 1000m 时,应在管路最低处设置油水分离器,定时放出管中的积油和水。

(3) 高压风、水管在安装前应进行检查,有裂纹、创伤、凹陷等现象时不得使用,管内不得保留有残余物和其他脏物。

5.2.7.2 供电与照明

1. 非瓦斯隧道施工供电应采用 400V/230 V 三相五线系统。
2. 瓦斯隧道供电照明应符合《煤矿安全规程》的有关规定。
3. 洞外变电站应设置防雷击和防风装置。
4. 洞内供电线路布置和安装应符合下列规定:

(1) 成洞地段固定的电线路,应采用绝缘良好的胶皮线架设。施工地段的临时电线路应采用橡套电缆,竖井、斜井宜使用铠装电缆。瓦斯地段的输电线必须使用密封电缆,不得使用皮线。

(2) 涌水隧道的电动排水设备、瓦斯隧道的通风设备以及斜井、竖井内的电气装置应采用双回路输电,并有可靠的切换装置和防爆措施。

(3) 动力干线上的每一分支线,必须装设开关及保险装置。严禁在动力线路上加挂照明设施。

5. 洞内变电站设置应符合下列规定:

(1) 成洞地段洞内设置 6~10kV 变电站时,应有保证安全的措施。

(2) 洞内变电站,应设置在干燥的紧急停车带或不使用的横通道内,变压器与周围及上下洞壁的最小距离,不得小于 300mm,同时应按规定设置灯光、轮廓标等安全防护设施。

(3) 洞内高压变电站应采用井下高压配电装置或相同电压等级的油开关柜,不应使用跌落式熔断器,应有防尘措施。

6. 对各种电气设备和输电线路应有专人经常进行检查维修、调整等工作,其作业要求应符合《建设工程施工现场供用电安全规范》GB 50194、《用电安全导则》GB/T 13869及《电力建设安全工作规程》DL 5009 的有关规定。

7. 隧道施工作业地段必须有充足的照明。
8. 漏水地段照明应采用防水灯头和灯罩,瓦斯地段照明应采用防爆灯头和灯罩。

5.2.8 通风、防尘、防有害气体

1. 隧道施工作业环境应符合下列卫生及安全标准:

(1) 空气中的氧气含量在作业过程中始终保持在 19.5% 以上。严禁用纯氧进行通风换气。

（2）空气中的一氧化碳（CO）、二氧化碳（CO_2）、氮氧化物（NO_2）等有害气体浓度必须符合表 5-30 规定。

工作场所空气中有毒物质容许浓度（mg/m^3）　　　　表 5-30

中文名（CAS No.）			MAC	TWA	STEL
二氧化氮			—	5	10
二氧化硫			—	5	10
二氧化碳			—	9000	18000
一氧化氮			—	15	30
一氧化碳	非高原		—	20	30
	高原	海拔 2000～3000m	20	—	—
		海拔＞3000m	15	—	—

注：MAC—时间加权平均容许浓度（8h）；TWA—最高容许浓度，指在一个工作日内任何时间都不应超过的浓度；STEL—短时间接触容许浓度（15min）。

（3）工作场所空气中粉尘容许浓度见表 5-31。

工作场所空气中粉尘容许浓度（mg/m^3）　　　　表 5-31

中文名（CAS No.）		TWA	STEL
白云石粉尘	总尘	8	10
	呼尘	4	8
沉淀 SiO_2（白炭黑）（总尘）		5	10
大理石粉尘	总尘	8	10
	呼尘	4	8
电焊烟尘（总尘）		4	6
沸石粉尘（总尘）		5	10
硅灰石粉尘（总尘）		5	10
硅藻土粉尘	游离 SiO_2 含量＜10%（总尘）	6	10
滑石粉尘（游离 SiO_2 含量＜10%）	总尘	3	4
	呼尘	1	2
煤尘（游离 SiO_2 含量＜10%）	总尘	4	6
	呼尘	2.5	3.5
膨润土粉尘（总尘）		6	10
石膏粉尘	总尘	8	10
	呼尘	4	8
石灰石粉尘	总尘	8	10
	呼尘	4	8
石墨粉尘	总尘	4	6
	呼尘	2	3
水泥粉尘（游离 SiO_2 含量＜10%）	总尘	4	6
	呼尘	1.5	2

续表

中文名（CAS No.）			TWA	STEL
炭黑粉尘（总尘）			4	8
矽尘	总尘	含10%~50%游离SiO₂的粉尘	1	2
		含10%~80%游离SiO₂粉尘	0.7	1.5
		含80%以上游离SiO₂粉尘	0.5	1.0
	呼尘	含10%~50%游离SiO₂	0.7	1.0
		含50%~80%游离SiO₂	0.3	0.5
		含80%以上游离SiO₂	0.2	0.3
稀土粉尘（游离SiO₂含量<10%）（总尘）			2.5	5
萤石混合性粉尘（总尘）			1	2
云母粉尘		总尘	2	4
		呼尘	1.5	3
珍珠岩粉尘		总尘	8	10
		呼尘	4	8
蛭石粉尘（总尘）			3	5
重晶石粉尘（总尘）			5	10
其他粉尘			8	10

注：1. TWA—时间加权平均容许浓度（8h）；MAC—最高容许浓度，指在一个工作日内任何时间都不应超过的浓度；STEL—短时间接触容许浓度（15min）。
2. "其他粉尘"指不含有石棉且游离SiO₂含量低于10%，不含有毒物质，尚未制定专项卫生标准的粉尘。
3. "总粉尘"指直径为40mm的滤膜，按标准粉尘测定方法采样所得的粉尘。
4. "呼尘"即呼吸性粉尘，指按呼吸性粉尘采样方法所采集的可进入肺泡的粉尘粒子，其空气动力学直径均在 $7.07\mu m$ 以下，空气动力学直径 $5\mu m$ 粉尘粒子的采样效率为50%。

（4）有害气体和粉尘的测定方法应按《工作场所空气中有害物质监测的采样规范》GBZ 159执行。

（5）噪声不应大于90dB。

（6）隧道内气温不宜高于28℃。

2. 瓦斯隧道装药爆破时，爆破地点20m内风流中瓦斯浓度必须小于1.0%；总回风道风流中瓦斯浓度必须小于0.75%。开挖面瓦斯浓度大于1.5%时，所有人员必须撤至安全地点。

3. 隧道施工独头掘进长度超过150m时，必须采用机械通风。其通风方式应根据隧道长度、断面大小、施工方法、设备条件等综合确定。当主风流的风量不能满足隧道掘进要求时，应设置局部通风系统，并应尽量利用辅助坑道。

4. 隧道施工通风应能提供洞内各项作业所需要的最小风量。每人应供应新鲜空气 $3m^3/min$，采用内燃机械作业时，供风量不宜小于 $4.5m^3/(min \cdot kW)$。全断面开挖时风速不应小于0.15m/s，导洞内不应小于0.25m/s，但均不应大于6m/s。

5. 通风管的安装应符合下列规定：

（1）送风式的进风管口应设在洞外，宜在洞口里程30m以外。

（2）集中排风管口应设在洞外，并应做成烟囱式。

（3）通风管靠近开挖面的距离应根据开挖面大小确定，送风式通风管的送风口距开挖面不宜大于15m，排风式风管吸风口距开挖面不宜大于5m。

（4）采用混合通风方式时，当一组风机向前移动，另一组风机的管路应相应接长，并始终保持两组管道相邻端交错20~30m。局部通风时，排风式风管的出风口应引入主风流循环的回风流中。

（5）通风管的安装应做到平顺，接头严密，每100m平均漏风率不得大于2%，弯管半径不小于风管直径的3倍。

（6）通风管应设置专人定期维护、修理，如有破损，必须及时修补或更换。当采用软风管时，靠近风机部分，应采用加强型风管。

（7）送风管宜采用软管，排风管应采用硬管。

6. 通风机的功率、风管的直径应根据隧道独头掘进长度、运输方式、断面大小和通风方式等计算确定。通风管应与风机配套，同一管路的直径宜一致，对长、大隧道宜选用大直径风管。当通风管较长，需要提高风压时，可采用多台通风机串联；巷道式通风无大功率通风机时，亦可采用数台通风机并联。串联与并联的通风机应采用同一型号。

7. 通风机的安装与使用应符合下列规定：

（1）主风机安装应符合通风设计要求。洞内辅助风机应安装在新鲜风流中。

（2）通风机应装有保险装置，当发生故障时能自动停机。

（3）通风机应有适当的备用量，宜为计算能力的50%。

（4）主风机应保持经常运转，如需间歇时，因停止供风而受影响的工作面必须停止工作。

8. 隧道施工必须采用综合防尘措施并符合下列规定：

（1）隧道施工应采取通风、洒水等防尘措施，并按规定时间测定粉尘和有害气体的浓度。

（2）钻眼作业应采用湿式凿岩，当水源缺乏、容易冻结或岩性不适于湿式凿岩时，可采用带有捕尘设备的干式凿岩，采用防尘措施后应达到规定的粉尘浓度。

（3）凿岩机钻眼时必须先送水后送风。

（4）放炮后必须进行喷雾、洒水，出渣前应用水淋湿石渣和附近的岩壁。

（5）施工人员均应佩戴防尘口罩。

9. 洞内施工环境检查应符合下列规定：

（1）应测试通风的风量、风速、风压，检查通风设备的供风能力和动力消耗。

（2）应检测粉尘的浓度，测定方法应符合现行《工作场所空气中有害物质监测的采样规范》GBZ 159规定。

10. 放射性地层隧道施工应符合下列规定：

（1）施工单位应建立有效的防辐射监测和监督制度，严格控制无关人员进入隧道施工现场。

（2）现场施工人员必须穿戴防辐射衣具，工作场所应设置更衣室、淋浴室和污染监测装置。

（3）不得在隧道内抽烟、吃饭、喝水，洞内施工人员应定期体检。

（4）严格控制可能存在放射性的施工污染物排放和废弃，应在得到辐射防护和环境防护有关部门批准后方可排放和废弃。

（5）隧道施工完成后，应对施工人员进行体检。施工机械应经过去污，且其污染水平达到《放射性污染的物料解控和场址开放的基本要求》GBZ 167 的规定后，方可确定为正常设备使用。

5.2.9 辅助工程措施

辅助工程措施包括：一般规定；稳定地层措施；处理涌水措施；质量检验及标准 4 部分。

5.2.9.1 一般规定

1. 在浅埋、严重偏压、自稳性差的地段以及大面积淋水或涌水地段施工时，应按设计采用稳定地层和处理涌水的辅助工程措施。

地层稳定方法主要有：超前锚杆法、超前小导管法、管棚法、超前围岩预注浆法、地面砂浆锚杆与注浆加固法、掌子面正面喷射混凝土法、临时仰拱法、水平旋喷桩法、冻结法、墙式遮挡法等；涌水处理方法主要有：超前预注浆堵水法、开挖后补注浆堵水法、超前钻孔排水法、坑道排水法、井点降水法和深井降水法等。辅助工程措施及其适用条件见表 5-32。

辅助工程措施及其适用条件 表 5-32

	辅助工程措施	适 用 条 件
地层稳定措施	管棚法	Ⅴ级和Ⅵ级围岩，无自稳能力，或浅埋隧道及其地面有荷载
	超前导管法	Ⅴ级围岩，自稳能力低
	超前钻孔注浆法	Ⅴ级和Ⅵ级软弱围岩地段、断层破碎带地段、水下隧道或富水围岩地段、塌方或涌水事故处理地段以及其他不良地质地段和特殊岩土地段
	超前锚杆法	Ⅳ～Ⅴ级围岩，开挖数小时内可能剥落或局部坍塌
	拱脚导管锚固法	Ⅴ级围岩，自稳能力差
	地表锚杆与注浆加固法	Ⅴ级围岩浅埋地段和埋深≤50m 的隧道
	水平旋喷桩法	Ⅴ级和Ⅵ级软弱围岩（如淤泥、流沙等），土层含水率大，地下水位高（隧道位于地下水位以下），浅埋，隧道上方是交通繁忙的街道，还有纵横交错的管线，周围又紧邻高层建筑
	冻结法	含水率大于 10% 的含水、松散、不稳定地层
	掌子面正面喷射混凝土法	掌子面围岩破碎、渗淋水严重的临时措施
	临时仰拱法	围岩与支护变形异常的临时措施
	墙式遮挡法	浅埋隧道，且隧道上方地面两侧（或一侧）有建筑物
涌水处理措施	注浆堵水法	地下水丰富且排水时挟带泥沙引起开挖面失稳，或排水后对其他用水影响较大的地段
	超前钻孔排水法	开挖面前方有高压地下水或有充分补给源的涌水，且适量排放地下水不会影响围岩稳定及隧道周围环境条件
	坑道排水法	
	井点降水法	均质砂土、粉质黏土地段以及浅埋地段

2. 辅助工程措施施工应符合下列规定：

(1) 应做好相应的工序设计。

(2) 必须坚持"先支护（强支护）、后开挖（短进尺、弱爆破）、快封闭、勤量测"的施工原则。

(3) 应准备所需的材料及机具，制订有关的安全施工措施。

(4) 施工中应注意观察地形和降水、地质条件和地下水的变化以及量测数据的突变等情况，预防突发事故的发生。

(5) 做好详细的施工记录。

5.2.9.2　稳定地层措施

1. 超前锚杆搭接长度应大于1m。锚杆插入孔内的长度不得小于设计长度。

2. 超前小导管直径应按设计要求选用和加工。长度应满足设计要求，纵向搭接长度应不小于1m。

3. 超前管棚支护的长度和钢管外径应满足设计要求。纵向搭接长度应不小于3m。

4. 超前预注浆施工应符合下列规定：

(1) 注浆段的长度应满足设计要求。

(2) 注浆管应根据设计要求选用。

(3) 注浆孔的布置角度及深度应符合设计要求。

(4) 注浆作业应满足下列要求：

1) 注浆前应进行压水或压入稀浆试验，发现与设计不符时，应立即调整。

2) 在涌水量大、压力高的地段钻孔时，应先设置带闸阀的孔口管；当掌子面围岩破碎时，应先设置止浆墙和孔口管。

3) 分段注浆时，应设置止浆塞。

4) 注浆过程中应做好施工记录。发现问题，应及时处理。

5. 注浆机具设备应性能良好，满足使用要求。

6. 对于隧道开挖后自稳性差的地段，应根据地层情况及量测数据，采用封闭开挖面、修筑临时仰拱等措施。

5.2.9.3　处理涌水措施

1. 隧道涌水处理应符合"预防为主、疏堵结合、注重保护环境"的原则。

2. 采用超前预注浆堵水施工时，应按第5.2.9.2条第4.5款中的规定执行。

3. 开挖后补注浆堵水施工应符合下列规定：

(1) 注浆范围应根据地质条件、涌水量、允许排放量、环保要求等因素确定。

(2) 注浆类型应根据隧道开挖后的涌水规模及位置等因素选择。

4. 超前钻孔排水施工应符合下列规定：

(1) 应根据工程地质与水文地质条件，以及地下水流的方向等因素，确定钻孔位置、方向、数目及每次钻进深度等。

(2) 钻孔时孔口应有保护装置。

(3) 应保证钻孔排出的水迅速排至洞外。

5. 采用平行坑道排水时，平行导坑、横洞的底高程应低于正洞底高程。

6. 井点降水的方法、设备应满足降水要求。降水过程中，应设水位观测井，及时测定动水位。

5.2.9.4 质量检验及标准

1. 超前锚杆施工质量标准见表 5-33。

超前锚杆施工质量标准　　　　　　　　　　　表 5-33

序号	项目	规定值或允许偏差	检查方法和频率
1	长度	不小于设计	尺量
2	孔位（mm）	±50	尺量
3	钻孔深度（mm）	±50	尺量
4	孔径	符合设计要求	尺量

2. 超前小导管注浆施工质量标准见表 5-34。

超前小导管注浆施工质量标准　　　　　　　　表 5-34

序号	项目	规定值或允许偏差	检查方法和频率
1	长度	不小于设计	尺量：检查 10%
2	孔位（mm）	±50	尺量：检查 10%
3	钻孔深度（mm）	±50	尺量：检查 10%
4	孔径	符合设计要求	尺量：检查 10%
5	注浆压力	符合设计要求	压力表：全部检查

5.2.10 不良地质和特殊岩土地段

不良地质和特殊岩土地段包括：一般规定；膨胀岩土；黄土；岩溶；含水沙层；瓦斯；岩爆；富水软弱破碎围岩 8 部分。

5.2.10.1 一般规定

不良地质和特殊岩土地段隧道施工前，必须根据设计提供的工程及水文地质资料，结合现场实际情况，制定专项施工技术方案，并进行评审。施工技术方案应包括应急预案。

5.2.10.2 膨胀岩土

1. 膨胀岩土隧道施工防排水应采用"以防为主，防、截、堵、排相结合"的原则。
2. 应采取措施预防因分部开挖而引起围岩压力及偏压力增大。
3. 初期支护应紧跟开挖尽快对围岩施加约束。
4. 仰拱应尽早完成。
5. 二次衬砌拱、墙应一次施工。衬砌应与围岩密贴。当衬砌混凝土强度达到设计要求时，方可拆模。

5.2.10.3 黄土

1. 黄土隧道施工防排水应符合下列规定：
（1）按设计做好洞顶、洞门及洞口的防排水系统，排水沟应进行铺砌，防止地表水下渗。
（2）应在雨期前做好隧道洞门。
（3）地层含水率大时，应及时排水，拱脚严禁被水浸泡。

2. 黄土隧道开挖应符合下列规定：

(1) 施工中严格遵循"管超前、短进尺、强支护、早封闭、勤量测"的施工原则。

(2) 根据隧道开挖断面大小选择合理的开挖方法。墙脚、拱脚处必须严格控制超欠挖。

(3) 基底承载力不足时，应按设计采取措施加固隧道基底。

(4) 施工中应加强量测和观察，发现不安全因素时，应暂停开挖，加强临时支护，调整施工方案。

3. 黄土隧道初期支护施工应符合下列规定：

(1) 施工中应注意观察垂直节理，必要时应采取措施，防止塌方事故发生。

(2) 开挖后应立即对隧道周边及掌子面进行喷射混凝土封闭，并及时施工其他初期支护。

(3) 锚杆施工应采用干钻成孔，并采用早强材料锚固。

(4) 钢支撑锁脚锚杆（锚管）施工应满足设计要求。

(5) 不得在喷射混凝土前用水冲洗开挖面。

4. 黄土隧道二次衬砌施工应符合下列规定：

(1) 仰拱应超前拱墙二次衬砌施工。

(2) 拱墙二次衬砌应整体灌注。

5.2.10.4 岩溶

1. 岩溶地区隧道开挖应符合下列规定：

(1) 应采取综合超前地质预报措施查明施工面前方溶洞和水的情况。

(2) 岩溶段爆破开挖时，严格控制单段起爆药量和总装药量，控制爆破振动。

(3) 溶洞内不得任意抛填开挖弃渣。

(4) 应准备足够数量的排水设备。

2. 隧道施工遇到溶洞时，其处理应符合下列规定：

(1) 岩溶地区隧道施工前，应依据设计文件结合现场情况核查溶洞的分布范围、类型、规模、充填物和地下水流情况等，选择"疏导、堵填、注浆加固、跨越、绕避、宣泄"等措施进行处理。

(2) 溶洞规模大，内部充填有大量泥沙，且含有丰富的地下水时，应预留安全止水岩墙。

(3) 采用回填方法处理溶洞时，不得阻断过水通道。

3. 岩溶地区隧道支护和衬砌应按设计要求根据溶洞情况进行加强。二次衬砌施工前，应检查隧道周边围岩情况。

5.2.10.5 含水沙层

1. 隧道通过含水沙层时，应调查其特性、规模，并制定处治方案。

2. 含水沙层地段隧道开挖、支护应符合下列规定：

(1) 自上而下支护后开挖。

(2) 严格控制开挖长度，防止上部两侧不均匀下沉。

(3) 支护应及时，边挖边封闭，遇缝必堵，严防沙粒从支护缝隙中漏出。

(4) 应观测支护的实际沉落量，如预留量过大或不足，应在下一环节施工中及时调整。

3. 含水沙层隧道的衬砌应仰拱先行，必要时，仰拱应紧跟开挖面，及时形成封闭的结构体系，并应采取措施防止沙土液化。

5.2.10.6 瓦斯

1. 瓦斯隧道施工组织应符合下列规定：

（1）成立负责通风、瓦斯检测、防治处理瓦斯爆炸和煤与瓦斯突出、救护等的专门机构。

（2）设置灭火器、消防水池、消防用沙等消防设施。

（3）对施工作业人员、管理人员进行安全培训。

（4）制定防治瓦斯的专项施工方案并严格遵照执行。

2. 瓦斯工区钻爆作业应符合下列规定：

（1）工作面附近20m以内风流中瓦斯浓度必须小于1%。必须采用湿式钻孔。炮眼深度不应小于0.6m，炮眼最大抵抗线不得小于0.3m。装药前炮眼应清除干净。

（2）必须采用煤矿许用炸药和煤矿许用电雷管。高瓦斯工区必须采用安全等级不低于二级的煤矿许用炸药，有煤与瓦斯突出可能的地段必须采用安全等级不低于三级的煤矿许用炸药。严禁使用秒或半秒级电雷管。使用毫秒级电雷管时，最后一段的延期时间不得大于130ms。应采用连续装药方式，雷管安放在最后一节炸药中，严禁反向装药。

（3）爆破网络必须采用串联连接方式，不得并联或串并联。

（4）起爆电源必须使用防爆型起爆器，应安装在新鲜风流中，并与开挖面保持200m左右距离。同一开挖面不得同时使用两台及以上起爆器起爆。

（5）炮眼封泥不严或不足时，不得进行爆破。严禁用煤粉、块状材料或其他可燃性材料做炮泥。

（6）揭煤爆破15min后，应由救护队员佩戴防毒面具或自救器到开挖工作面，查看爆破效果、检测瓦斯浓度、巡查通风及电路，如有煤尘超标、电路破损、通风死角、瞎炮残炮等危险情况必须立即处理，在确认安全后方可通知送电、开启局部风机。通风30min后由瓦斯检测人员检测工作面、回风道瓦斯浓度。当瓦斯浓度小于1%、二氧化碳浓度小于1.5%时，解除警戒，允许施工人员进入作业面。

3. 半煤半岩段与全煤层段的支护、衬砌施工应符合下列规定：

（1）在掘进过程中应按设计采用超前支护或预注浆，防止坍塌或突出。

（2）爆破后及时喷锚支护封闭瓦斯。

（3）仰拱应及早施工，保证拱、墙、仰拱衬砌形成闭合整体。

（4）煤层地层设防段的二次衬砌应预留注浆孔，衬砌完成后及时压浆，充填空隙，封闭瓦斯。

4. 瓦斯隧道施工通风应符合下列规定：

（1）编制全隧道和各工区的施工通风设计文件，并考虑工区贯通后的风流调整和防爆要求。

（2）应建立瓦斯通风、监控、检测的组织机构，系统地测定瓦斯浓度、风量风速及气象等参数。

（3）高瓦斯工区的施工通风宜采用巷道式。瓦斯隧道各掘进工作面必须独立通风，严禁任何两个工作面之间串联通风。

(4) 按瓦斯绝对涌出量计算的风量，应将洞内各处的瓦斯浓度稀释到 0.5% 以下；巷道式通风的回风道内瓦斯浓度应小于 0.75%。

(5) 防止瓦斯聚积的风速不宜小于 1m/s。对瓦斯易聚积处应实施局部通风。

(6) 施工期间应连续通风。因故障原因停风时，必须撤出人员、切断电源。恢复通风前，必须检测瓦斯浓度，符合规定后才可启动机器。

(7) 瓦斯工区的通风机应设两路电源，电源的切换应在 15min 内完成，保证风机正常运转；必须有一套同等性能备用通风机，并保持良好的使用状态。

(8) 应采用抗静电、阻燃的风管。

5. 隧道内应采用便携式瓦检仪检测瓦斯。高瓦斯工区和瓦斯突出工区还应配置高浓度瓦检仪和瓦斯自动检测报警断电装置。

6. 隧道内瓦斯浓度限值及超限处理措施见表 5-35。

隧道内瓦斯浓度限值及超限处理措施　　　　表 5-35

序号	地　　点	限值	超限处理措施
1	低瓦斯工区任意处	0.5%	超限处 20m 范围内立即停工，查明原因，加强通风监测
2	局部瓦斯积聚（体积大于 $0.5m^3$）	2.0%	附近 20m 停工，撤人，断电，进行处理，加强通风
3	开挖工作面风流中	1.0%	停止电钻钻孔
4	煤层爆破后工作面风流	1.0%	继续通风不得进入
5	局部通风机及电器开关 20m 范围内	0.5%	停机并不得启动
6	钻孔排放瓦斯时回流中	1.5%	撤人，停电，调整风量
7	竣工后洞内任何处	0.5%	查明渗漏点，向设计方反映，增加运营通风设备

7. 瓦斯隧道施工必须采取下列防爆安全措施：

(1) 高瓦斯工区和瓦斯突出工区供电应配置两套电源，工区内采用双电源线路，其电源线上不得分接隧道以外的任何负荷。

(2) 高瓦斯工区和瓦斯突出工区必须采用安全防爆型机电设备，非瓦斯工区和低瓦斯工区的行走机械严禁驶入高瓦斯工区和瓦斯突出工区。

(3) 严禁火源进洞。任何人员进入隧道前必须在洞口外进行登记并接受检查；进入高瓦斯工区和瓦斯突出工区的作业人员必须携带个人自救器。

(4) 铲装石渣前必须将石渣浇湿，防止摩擦和碰击火花。

(5) 通风用的风筒、风道、风门和风墙等设施，必须保持密闭，防止漏风和松动塌落，施工中应派专人维修和保养。禁止频繁开启风门，确保风流稳定。

8. 含煤地层钻爆作业遇有下列情况之一者，未经妥善处理前严禁装药或放炮：

(1) 放炮地点附近 20m 以内风流中，瓦斯浓度达到或超过 1% 时；

(2) 在放炮地点 20m 以内，有未清除的碎石、煤渣、装载设备及其他物体阻塞隧道断面 1/3 以上时；

(3) 隧道内通风风量不够，风向不稳或局部有循环风时；

(4) 炮眼内有异状,温度骤高、骤低,煤岩松散或有显著瓦斯涌出时;

(5) 炮眼内煤岩粉末未清除干净时;

(6) 存在无炮泥、封泥不足或不严的炮眼。

9. 发生瓦斯事故时,应立即启动应急预案。

5.2.10.7　岩爆

1. 隧道施工有可能发生岩爆时,应遵循"以防为主、防治结合"的原则。事前应进行岩爆的预测预报,针对开挖面前方可能发生的岩爆,及时采取施工对策;事后应仔细研究岩爆规律,制定出后续施工的对策并逐步改进。

2. 岩爆隧道施工应采取防范岩爆发生措施,并符合下列规定:

(1) 开挖宜短进尺循环,每循环进尺宜控制在1.0~2.0m以内。

(2) 采用光面爆破技术,隧道开挖断面周壁宜圆顺。

(3) 对岩爆强烈的开挖面,按设计施工超前锚杆锁定前方围岩。

(4) 拱部及边墙按设计布置预防岩爆锚杆。

3. 隧道施工中发生岩爆时,应立即采取下列措施:

(1) 停机待避。

(2) 每循环内对暴露的岩面找顶2~3次。

(3) 采用受力及时的摩擦型锚杆、喷射50~80mm厚的钢纤维混凝土,进行支护。

(4) 台车、装渣机械、运输车辆加装防护钢板。注意避免岩爆伤及人员、砸坏施工设备。必要时人机撤至安全地段。

(5) 采取技术措施释放围岩内部应力。

5.2.10.8　富水软弱破碎围岩

1. 富水软弱破碎围岩隧道开挖应符合下列规定:

(1) 应提前了解开挖面前方的地质、地下水情况。

(2) 可排水施工的隧道段,采用超前钻孔排水。

(3) 不宜排水施工的隧道地段,应按设计采取堵水措施。

(4) 开挖每一循环进尺宜为0.5~1.0m。

2. 富水软弱破碎围岩施工应根据支护位移量测结果,及时调整支护参数。

3. 富水软弱破碎围岩隧道防排水系统施工应符合下列规定:

(1) 衬砌混凝土应按设计要求的防水等级施工,施工缝、变形缝应作防水处理。

(2) 铺设防水板前应完成设计要求的止水注浆,严禁在已铺设防水板范围内压浆。

4. 富水软弱破碎围岩隧道衬砌施工应符合下列规定:

(1) 仰拱应超前施工,尽早与支护构成封闭结构。

(2) 二次衬砌应根据监控量测结果确定施工时间,全断面浇筑。

(3) 整体式衬砌施工应紧跟开挖工序,及时封闭。

5.2.11　隧道路面

1. 隧道路面施工应根据隧道内施工作业环境特点编制单项施工组织设计,并制定应急预案。

2. 隧道路面施工除应按设计要求组织施工外,还应符合《公路水泥混凝土路面施工技术规范》JTG F30、《公路沥青路面施工技术规范》JTG F40 及《公路工程质量检验评定标准》JTG F80/1 的有关规定。隧道进、出口外 50m 范围内路基、路面基层和路面的施工方法和技术要求，应与洞内施工相协调。

3. 隧道路面施工应设置满足施工需要的照明系统。

4. 隧道路面施工前应进行试验段铺筑。

5. 隧道路面施工过程中，隧道内必须保持良好通风。

6. 隧道路面施工宜在排水系统施工完成后进行，施工过程应确保排水设施完好，排水畅通。

7. 路床和基层应结合隧道的仰拱填充和底板浇筑进行，施工质量符合设计要求。

8. 水泥混凝土路面强度未达到设计要求前，不得开放交通。

5.2.12 附属设施

附属设施包括：设备洞、横通道及其他；装饰工程；预埋件及其他 3 部分。

5.2.12.1 设备洞、横通道及其他

1. 当运营通风洞内倾斜段的倾角大于 12°时，宜按斜井开挖方法施工。

2. 各类洞室及横通道与正洞连接地段，支护应按设计予以加强。

3. 设备洞、横通道及其他各类洞室的永久性防、排水工程，应与正洞一次同时完成。各类洞室及横通道与正洞连接的折角处，防水层应根据铺设面的形状平顺铺设，不得出现空白。

4. 电缆槽的施工应符合下列规定：

(1) 电缆槽开挖应与边墙基础开挖同时进行，不得在边墙浇筑后再爆破开挖。

(2) 电缆槽壁与边墙应连接牢固，必要时可加设短钢筋。

(3) 电缆槽盖板应平顺、整齐、无翘曲；盖板铺设应平稳，盖板两端与沟壁的缝隙应用砂浆填平，不得晃动或吊空；盖板规格应统一，可以互换。

5. 隧道内顶棚隔板的施工应符合下列规定：

(1) 顶棚隔板施工前应调整好顶棚栏杆的标高，确保顶棚隔板保持在同一水平面上。

(2) 顶棚隔板施工时的脚手架及模板应架设牢固；模板安装时应设一定预拱度，保证隔板浇筑符合设计要求。

(3) 隔板钢筋与衬砌预埋钢筋及挡头板钢筋的连接必须牢固，并不得外露。

(4) 顶棚隔板混凝土达到设计强度后才可拆模，顶棚隔板不得产生下挠度；上下表面应光洁平整；接缝处应严密，不得漏风和渗水。

(5) 在隧道衬砌设置沉降缝处，隔板应相应设置横向沉降缝。

(6) 顶棚拉杆露出混凝土隔板的部分应镀锌或涂防锈漆。

6. 洞口遮光棚框架混凝土表面应光洁、美观，不应有蜂窝、麻面。

5.2.12.2 装饰工程

1. 洞门及隧道的内装饰应根据设计的装饰材料及设计要求，采用相应的施工方法施工，并符合《建筑装饰装修工程质量验收规范》GB 50210 有关规定。

2. 装饰工程应符合下列规定：

(1) 贴面装饰应做到黏结牢固、整齐、面平、美观，不允许背后有空洞。

(2) 各类洞室的防护门应开启方便、严密、防火、隔热。
(3) 洞室应有标明洞室名称的标牌。

5.2.12.3 预埋件及其他

1. 通风机的机座与基础，应按设计要求施工。对于风机底盘与机座相连的地脚螺栓，应按设计要求的风机底盘螺栓孔布置预留灌注孔眼。螺栓埋设时，灌浆应密实。螺栓应与机座面垂直。

2. 蓄水池的施工应符合下列规定：
(1) 蓄水池混凝土浇筑应做到外光内实，无渗漏。
(2) 在混凝土达到设计强度后，应进行闭水试验。
(3) 设置避雷设备时，应进行接地电阻试验，其冲击接地电阻应符合设计要求。

3. 水泵基础应稳固可靠，并按设计要求埋设水泵地脚螺栓或预留孔位。

4. 管道工程施工应符合下列规定：
(1) 沟槽开挖遇有管道、电缆或其他结构物时，应妥善保护并及时与相关单位协商处理。
(2) 沟槽开挖后，应及时铺管，不得有积水。
(3) 管道铺设前必须清除管内污垢、杂物或浮锈，铺设应牢固。
(4) 吊运管道及下沟时，不得与沟壁或沟底相碰撞，且不得损坏管道的防腐层及保护层。
(5) 管道接口不得设在砌体内。接口到砌体的距离不应小于0.6m。
(6) 所有钢管、钢制管件及各种连接附件应符合设计规定。
(7) 对于压力管道，应进行压力试验。

5. 安装工程所用各种预埋件应按设计进行防锈蚀处理。

5.2.13 交工验收

1. 隧道工程施工完毕并满足以下要求后，应进行工程的交工验收。
(1) 全部施工现场已做到了工完场清。
(2) 施工范围内的测量控制网点、导线点、水准点已恢复，并满足精度要求。
(3) 已按《公路工程竣（交）工验收办法》有关规定的要求，准备好了完整、齐全的交工验收资料。
(4) 施工单位已按《公路工程质量检验评定标准》JTG F80/1 的要求进行自检评定，并提供了交验申请。

2. 交验完成后，应及时办理交验手续。

3. 隧道贯通后，贯通误差调整段的长度不宜小于200m。

4. 交（竣）工验收时，应提交隧道总体检验项目结果，见表5-36规定。

隧道总体检验项目表　　　　　　　　　　　　　　　　　　　表 5-36

序号	检查项目	规定值或允许偏差	检验方法
1	车行道宽（mm）	±10	尺量：每20m（曲线）或50m（直线）检查一处
2	隧道净总宽	不小于设计	尺量：每20m（曲线）或50m（直线）检查一处

续表

序号	检查项目	规定值或允许偏差	检验方法
3	隧道净高	不小于设计	水准仪：每20m（曲线）或50m（直线）测一断面，每个断面测拱顶和拱腰3个点
4	隧道偏位（mm）	20	全站仪：每20m（曲线）或50m（直线）检查一处
5	引道中心线与隧道中心线的衔接（mm）	20	分别将引道中心线和隧道中心线延长至两侧洞口，比较其平面位置
6	边坡、仰坡的坡度	不大于设计	坡度板：检查10处

5.3 试验检测项目、检测方法、频率及评定要求

5.3.1 试验检测项目

5.3.1.1 材料检测

1. 通用材料

通用材料包括：水泥、细集料、粗集料、石料、混凝土及砂浆拌合水、掺合料、外加剂、钢筋、钢筋焊接接头及钢筋焊接网等。

(1) 水泥的试验检测项目，见4.5.1.1原材料的相关内容。

(2) 细集料的试验检测项目，见4.5.1.1原材料的相关内容。

(3) 粗集料的试验检测项目，见4.5.1.1原材料的相关内容。

(4) 石料的试验检测项目，见4.5.1.1原材料的相关内容。

(5) 混凝土及砂浆拌和水的试验检测项目，见4.5.1.1原材料的相关内容。

(6) 掺合料的试验检测项目，见4.5.1.1原材料的相关内容。

(7) 外加剂主要包括：高效减水剂（缓凝型）、速凝剂、锚固剂及防水剂等。

1) 高效减水剂（缓凝型）的试验检测项目有：减水率、泌水率比、含气量、凝结时间差（初凝、终凝）、1h经时变化量（坍落度、含气量）、抗压强度比（1d、3d、7d、28d）及收缩率比等。

2) 速凝剂的试验检测项目有：细度（80μm筛余）、含水率、净浆（初凝、终凝）及砂浆（1d抗压强度、28d抗压强度比）等。

3) 锚固剂的试验检测项目有：凝结时间（初凝、终凝）、抗压强度（0.5h、1h、24h）、锚固力（0.5h、1h）及最大膨胀率（0.5h、1h）等。

4) 防水剂的试验检测项目有：净浆安定性、泌水率比、凝结时间差（初凝、终凝）、抗压强度比（3d、7d、28d）、渗透高度比、48h吸水量比及28d收缩率比等。

(8) 钢筋的试验检测项目，见4.5.1.1原材料的相关内容。

(9) 钢筋焊接接头的试验检测项目，见4.5.1.2施工过程质量控制的相关内容。

(10) 钢筋焊接网的试验检测项目，见4.5.1.2施工过程质量控制的相关内容。

2. 支护材料

支护材料主要包括：锚杆、喷射混凝土及钢构件等。

(1) 锚杆主要包括：钢管（小导管）、中空锚杆及砂浆锚杆等。

1) 钢管（小导管）的试验检测项目有：外观尺寸、化学成分、拉伸试验、冲击试验、压扁试验、扩口试验、弯曲试验、液压试验、超声波探伤检验、涡流探伤检验、漏磁探伤检验等。

2) 中空锚杆的试验检测项目有：外观尺寸、锚杆杆体极限拉力值、杆体伸长率及弯曲试验等。

3) 砂浆锚杆的试验检测项目，同上款（8）项。

(2) 喷射混凝土的试验检测项目有：原材料（水泥、细集料、粗集料、混凝土拌合水、速凝剂）、配合比（设计配合比、施工配合比）及强度（抗压强度、抗拉强度、抗剪强度、疲劳强度、粘结强度）等。

(3) 钢构件主要包括：型钢、钢筋网（钢格栅）及钢管等。

1) 型钢的试验检测项目有：屈服强度、抗拉强度、伸长率及冷弯试验等。

2) 钢筋网（钢格栅）的试验检测项目同上款（10）项。

3) 钢管的试验检测项目，同本款（1）项1)。

3. 隧道防排水材料

防排水材料主要包括：注浆材料、高分子合成卷材、石油沥青纸胎油毡、防水涂料、土工布、排水管及防水混凝土等。

(1) 注浆材料主要包括：工业液体硅酸钠（水玻璃）、水泥等。

1) 工业液体硅酸钠（水玻璃）的试验检测项目有：铁含量、水不溶物含量、密度、氧化钠含量、二氧化硅含量、可溶固体总含量、铝含量及模数等。

2) 水泥的试验检测项目，同本条第1款（1）项。

3) 注浆浆液的试验检测项目有：黏度、渗透能力、凝胶时间、渗透系数及抗压强度等。

(2) 高分子合成卷材主要包括：片材、止水带及止水条（遇水膨胀橡胶）等。

1) 片材的试验检测项目有：单位面积质量、厚度偏差、断裂拉伸强度（常温）（纵向、横向）、扯断伸长率（常温）（纵向、横向）、不透水性（0.3MPa，30min）、低温弯折（≤-20℃）及撕裂强度（纵向、横向）等。

2) 止水带的试验检测项目有：硬度、拉伸强度、扯断伸长率、压缩永久变形（70℃，24h，23℃，168h）、热空气老化（70℃，168h）（硬度、拉伸强度、扯断伸长率）及撕裂强度等。

3) 止水条（遇水膨胀橡胶）的试验检测项目有：体积膨胀倍率、低温试验（-20℃，2h）及高温流淌性（80℃，5h）等。

(3) 石油沥青纸胎油毡的试验检测项目有：单位面积浸涂材料总量、不透水性（0.02MPa，20min）、吸水率、耐热度、拉力（纵向）及柔度等。

(4) 防水涂料的试验检测项目有：拉伸性能（强度/拉力）、伸长率（延伸率）、撕裂强度、低温柔性（弯折性）、不透水性、粘结强度、耐热性（度）、固体含量及干燥时间等。

(5) 土工布的试验检测项目有：单位面积质量、厚度、孔径、几何尺寸、垂直渗透系数、水平渗透系数、有效孔径、淤堵、拉伸强度、CBR顶破及刺破等。

(6) 排水管主要包括：波纹管、软式透水管及预制混凝土管等。

1) 波纹管的试验检测项目有：外观质量、外形尺寸、扁平试验、环刚度、进水孔面积、柔韧性及落锤冲击等。

2) 软式透水管的试验检测项目有：外观质量、外径尺寸、构造要求（直径、间距、保护层厚度）、滤布性能（纵、横向抗拉强度、纵、横向伸长率、圆球顶破强度、CBR 顶破强力、渗透系数、等效孔径）及耐压扁平率等。

3) 预制混凝土管的试验检测项目有：外观检查、原材料（水泥、细集料、粗集料、石料、混凝土拌合水、钢筋）、配合比（设计配合比、施工配合比）及强度等。

(7) 防水混凝土的试验检测项目有：原材料（水泥、细集料、粗集料、石料、混凝土拌合水、防水剂）、配合比（设计配合比、施工配合比）、抗压强度及抗渗等级等。

4. 其他材料

(1) 镀锌焊接钢管的试验检测项目有：外观尺寸（外径允许偏差、壁厚允许偏差）、厚度、力学性能（屈服强度、抗拉强度、伸长率）、工艺性能（冷弯试验 90°、压扁试验）、液压试验及镀锌层（镀锌层重量、镀锌层均匀性、镀锌层的附着力检验）等。

(2) 槽钢的试验检测项目有：外观尺寸、屈服强度、抗拉强度、伸长率及冷弯试验等。

(3) 角钢的试验检测项目有：外观尺寸、屈服强度、抗拉强度、伸长率及冷弯试验等。

(4) 钢板的试验检测项目有：屈服强度、抗拉强度、伸长率及冷弯试验等。

5.3.1.2　施工检测

1. 施工质量检测

(1) 洞门端墙、翼墙和挡土墙基坑开挖的实测项目，见表 5-3。

(2) 洞门端墙、翼墙、挡土墙模板安装的实测项目，见表 5-4。

(3) 洞门混凝土端墙、翼墙和挡土墙的实测项目，见表 5-5。

(4) 洞门砌体端墙、翼墙和挡土墙的实测项目，见表 5-6。

(5) 明洞回填及防水层的实测项目，见表 5-7。

(6) 超前锚杆施工的实测项目，见表 5-33。

(7) 超前小导管注浆施工的实测项目，见表 5-34。

(8) 喷射混凝土支护施工的实测项目，见表 5-10。

(9) 锚杆支护施工的实测项目，见表 5-11。

(10) 钢筋网支护施工的实测项目，见表 5-12。

(11) 钢架支护施工的实测项目，见表 5-13。

(12) 模板安装施工的实测项目，见表 5-14。

(13) 混凝土衬砌施工的实测项目，见表 5-15。

(14) 仰拱及底板施工的实测项目，见表 5-16。

(15) 衬砌钢筋施工的实测项目，见表 5-17。

(16) 洞口排水沟施工的实测项目，见表 5-23。

(17) 洞内排水沟断面尺寸的实测项目，见表 5-24。

(18) 防水混凝土的实测项目，见表 5-25。

(19) 防寒泄水洞的实测项目，见表 5-26。

(20) 检查井施工的实测项目,见表 5-27。

(21) 防水板施工的实测项目,见表 5-28。

(22) 止水带施工的实测项目,见表 5-29。

(23) 隧道路面的实测项目,见水泥混凝土面层实测项目表 3-132 和沥青混凝土面层和沥青碎(砾)石面层实测项目表 3-133。

(24) 隧道总体检验的实测项目,见表 5-36。

2. 施工监控量测

(1) 隧道现场监控量测必测项目,见表 5-19。

(2) 隧道现场监控量测选测项目,见表 5-20。

(3) 中岩墙现场监控量测项目,见表 5-18。

5.3.1.3 环境检测

1. 施工环境检测主要包括:粉尘、有害气体等。

(1) 粉尘检测的主要项目有:白云石粉尘、沉淀 SiO_2(白炭黑)、大理石粉尘、电焊烟尘、沸石粉尘、硅灰石粉尘、硅藻土粉尘、滑石粉尘、煤尘、膨润土粉尘、石膏粉尘、石灰石粉尘、石墨粉尘、水泥粉尘、炭黑粉尘、矽尘、稀土粉尘、萤石混合性粉尘、云母粉尘、珍珠岩粉尘、蛭石粉尘、重晶石粉尘及其他粉尘等。

(2) 有害气体检测的主要项目有:二氧化氮、二氧化硫、二氧化碳、一氧化氮、一氧化碳及甲烷(CH_4)等。

2. 运营环境检测主要包括:通风、照明、噪声等。

(1) 通风检测的主要项目有:粉尘浓度测定、瓦斯(CH_4)检测、一氧化碳检测、烟雾浓度检测及隧道内风压测定、流速测定等。

(2) 照明检测的主要项目有:实验室检测(对单个灯具的特性或质量)和现场检测(路面照度、亮度、眩光)等。

(3) 噪声检测的主要项目有:噪声。

5.3.2 试验检测方法和频率

5.3.2.1 材料检测

1. 通用材料

通用材料主要包括:水泥、细集料、粗集料、石料、混凝土及砂浆拌合水、掺合料、外加剂、钢筋、钢筋焊接接头及钢筋焊接网等。

(1) 水泥的检测方法和频率,见 4.5.2.1 原材料的相关内容。

(2) 细集料的检测方法和频率,见 4.5.2.1 原材料的相关内容。

(3) 粗集料的检测方法和频率,见 4.5.2.1 原材料的相关内容。

(4) 石料的检测方法和频率,见 4.5.2.1 原材料的相关内容。

(5) 混凝土及砂浆拌合水的检测方法和频率,见 4.5.2.1 原材料的相关内容。

(6) 掺合料的检测方法和频率,见 4.5.2.1 原材料的相关内容。

(7) 外加剂主要包括:高效减水剂(缓凝型)、速凝剂、锚固剂及防水剂 4 种。其检测方法和频率如下:

1) 高效减水剂(缓凝型):采用《混凝土外加剂》GB 8076 的规定方法;频率:a.

以进场的同批号产品数量为一检验批，不同批号产品应分别取样；b. 产品批号划分：根据生产厂家产量和生产设备条件，将产品分批编号，掺量大于1%（含1%）同品种的外加剂每一编号为100t，掺量小于1%的外加剂每一编号为50t，不足100t或50t的也可按一个批量计，同一批号的产品必须混合均匀；c. 或对减水剂质量有疑问时，应进行检验。

2）速凝剂：采用《喷射混凝土用速凝剂》JC 477的规定方法；每批次进场检验一次，每20t为一批，不足20t也按一批计，或对速凝剂质量有疑问时，应进行检验。

3）锚固剂：采用《水泥锚杆 卷式锚固剂》MT 219的规定方法；每批次进场检验一次，每检验批代表数量不超过500卷，或对锚固剂质量有疑问时，应进行检验。

4）防水剂：采用《砂浆、混凝土防水剂》JC 474的规定方法；根据生产厂家产量和生产设备条件，将产品分批编号。年产不小于500t的每50t为一批；年产500t以下的每30t为一批；不足50t或者30t的，也按照一个批量计，同一批号的产品必须混合均匀；或对防水剂质量有疑问时，应进行检验。

(8) 钢筋的检测方法和频率，见4.5.2.1 原材料的相关内容。

(9) 钢筋焊接接头的检测方法和频率，见4.5.2.2 施工过程质量控制的相关内容。

(10) 钢筋焊接网的检测方法和频率，见4.5.2.2 施工过程质量控制的相关内容。

2. 支护材料

支护材料主要包括：锚杆、喷射混凝土及钢构件等。其检测方法和频率如下：

(1) 锚杆主要包括：钢管（小导管）、中空锚杆及砂浆锚杆等。

1）钢管（小导管）：采用《输送流体用无缝钢管》GB/T 8163—2008的规定方法；钢管按批进行检查和验收；若钢管在切成单根后不再进行热处理，则从一根管坯轧制的钢管截取的所有管段都应视为一根；每批应由同一牌号、同一炉号、同一规格和同一热处理制度（炉次）的钢管组成。每批钢管的数量应不超过如下规定：

①外径不大于76mm，并且壁厚不大于3mm：400根；

②外径大于351mm：50根；

③其他尺寸：200根。

需方如无特殊要求时，10号、20号钢可以不同炉号的同一牌号、同一规格的钢管组成一批；剩余钢管的根数，如不少于上述规定的50%时则单独列为一批，少于上述规定的50%时可并入同一牌号、同一炉号和同一规格的相邻一批中。

2）中空锚杆：采用《金属材料 拉伸试验 第1部分：室温试验方法》GB/T 228.1的规定方法；每批次进场检验一次，每检验批代表数量不超过300根。

3）砂浆锚杆：同上款(8)项。

(2) 喷射混凝土：见5.4.1.1 喷锚支护的试验和测定方法中的规定。

(3) 钢构件主要包括：型钢、钢筋网（钢格栅）及钢管等。其检测方法和频率如下：

1）型钢：采用《碳素结构钢》GB/T 700的规定方法；应按成批验收，每批由同一牌号、同一炉号、同一质量等级、同一品种、同一尺寸、同一交货状态的钢材组成。每批重量应不大于60t。

2）钢筋网（钢格栅）：同上款(10)项。

3）钢管：同本款(1)项1)。

3. 隧道防排水材料

防排水材料主要包括：注浆材料、高分子合成卷材、石油沥青纸胎油毡、防水涂料、土工布、排水管及防水混凝土等。其检测方法和频率如下：

(1) 注浆材料主要包括：工业液体硅酸钠（水玻璃）、水泥等。

1) 工业液体硅酸钠（水玻璃）：采用《工业硅酸钠》GB/T 4209 的规定方法；按以生产企业用相同材料，基本相同的生产条件，连续生产或同一班组生产的同一级别的产品为一批，液体硅酸钠每批产品不超过 500t，固体硅酸钠每批产品不超过 400t。

2) 水泥：同本条第 1 款（1）项。

3) 注浆浆液：采用《隧道工程试验检测技术》（陈建勋、马建秦主编，北京：人民交通出版社，2004）的相关测定方法。

(2) 高分子合成卷材主要包括：片材、止水带、止水条（遇水膨胀橡胶）等。

1) 片材：采用《高分子防水材料　第 1 部分：片材》GB 18173.1 的规定方法；以同品种、同规格的 5000m^2 片材（如日产量超过 8000m^2 则以 8000m^2）为一批，随机抽取三卷进行规格尺寸和外观质量检验，并在上述检验合格的样品中再随机抽取足够的试样，进行物理性能检验。

2) 止水带：采用《高分子防水材料　第 2 部分：止水带》GB 18173.2 的规定方法；以每月同标记的止水带产量为一批，逐一进行规格尺寸和外观质量检验，并在上述检验合格的样品中随机抽取足够的试样，进行物理性能检验。

3) 止水条（遇水膨胀橡胶）：采用《高分子防水材料　第 3 部分：遇水膨胀橡胶》GB/T 18173.3 的规定方法；以每月同标记的膨胀橡胶产量为一批，每批抽取两根进行外观质量检验，并在每根产品的任意 1m 处随机取三点进行规格尺寸检验（腻子型除外）；并在上述检验合格的样品中随机抽取足够的试样，进行物理性能检验。

(3) 石油沥青纸胎油毡：采用《石油沥青纸胎油毡》GB 326 的规定方法；以同一类型的 1500 卷卷材为一批，不足 1000 卷也可作为一批；在该批产品中随机抽取 5 卷进行卷重、面积和外观检查。

(4) 防水涂料：

1) 检测方法

采用《聚氨酯防水涂料》GB/T 19250、《聚氯乙烯弹性防水涂料》JC/T 674、《聚合物水泥防水涂料》GB/T 23445、《水乳型沥青防水涂料》JC/T 408 及《溶剂型橡胶沥青防水涂料》JC/T 852 的规定方法；

2) 频率

① 《聚氨酯防水涂料》GB/T 19250 中规定，以同一类型、同一规格 15t 为一批，不足 15t 亦作为一批（多组分产品按组分配套组批）；在每批产品中按 GB/T 3186 规定取样，总共取 3kg 样品（多组分产品按配比取）。

② 《聚氯乙烯弹性防水涂料》JC/T 674 中规定，以同一类型、同一型号 20t 产品为一批，不足 20t 也作一批进行出厂检验；型式检验按 GB/T 3186 规定的数量，在批中随机抽取整桶（袋）产品，然后按 GB/T 3186 有关规定，取混合样品 2kg 进行物理力学性能的检验。

③ 《聚合物水泥防水涂料》GB/T 23445 中规定，以同一类型的 10t 产品为一批，不足 10t 也作为一批；产品的液体组分抽样按 GB/T 3186 的规定进行，配套固体组分的抽

样按 GB/T 12573—2008 中袋装水泥的规定进行，两组分共取 5kg 样品。

④《水乳型沥青防水涂料》JC/T 408 中规定，以同一类型、同一规格 5t 为一批，不足 5t 亦作为一批；在每批产品中按 GB/T 3186 规定取样，总共取 2kg 样品。

⑤《溶剂型橡胶沥青防水涂料》JC/T 852 中规定，以 5t 产品为一批，不足 5t 也作一批进行出厂检验；型式检验按 GB/T 3186 规定的数量，在批中随机抽取整桶（袋）产品，然后按 GB/T 3186 有关规定，取混合样品 2kg 进行性能检验。

(5) 土工布：采用《公路土工合成材料应用技术规范》JTG/T D32、《公路工程土工合成材料试验规程》JTG E50 的规定方法；试验频率：1) 亦可根据工程规模、所用材料数量由设计单位或监理单位确定。当材料数量不足 10000m^2 时，取样频率亦一次；2) 工地试验频率按所购材料的批次进行，如每批次大于 5000m^2，为一批。

(6) 排水管主要包括：波纹管、软式透水管、预制混凝土管等。

1) 波纹管：采用《农田排水用塑料单壁波纹管》GB/T 19647、《热塑性塑料管材环刚度的测定》GB/T 9647、《热塑性塑料管材耐外冲击性能试验方法：时针旋转法》GB/T 14152、《埋地用聚乙烯（PE）结构壁管道系统 第 1 部分：聚乙烯双壁波纹管材》GB/T 19472.1 的规定方法；

取样频率：《农田排水用塑料单壁波纹管》GB/T 19647 规定，同一批原料、同一配方和工艺情况下生产的同一规格管材为一批，每批数量不超过 30km；《埋地用聚乙烯（PE）结构壁管道系统 第 1 部分：聚乙烯双壁波纹管材》GB/T 19472.1 规定，同一批原料，同一配方和工艺情况下生产的同一规格管材为一批，管材内径≤500mm 时，每批数量不超过 60t，如生产数量少，生产期 7 天尚不足 60t，则以 7 天产量为一批；管材内径大于 500mm 时，每批数量不超过 300t，如生产数量少，生产期 30 天尚不足 300t，则以 30 天产量为一批。

2) 软式透水管：采用《软式透水管》JC 937 的规定方法；按以出厂检验样品同一规格 10000m 为一批量，不足 10000m 的也按一批量计。

3) 预制混凝土管：

①水泥：同本条第 1 款 (1) 项。

②细集料：同本条第 1 款 (2) 项。

③粗集料：同本条第 1 款 (3) 项。

④石料：同本条第 1 款 (4) 项。

⑤混凝土拌合水：同本条第 1 款 (5) 项。

⑥钢筋：同本条第 1 款 (8) 项。

⑦配合比（设计配合比、施工配合比）：采用《普通混凝土配合比设计规程》JGJ 55 的规定方法；不同强度等级应至少设计 1 次配合比，施工配合比应根据每天细集料、粗集料的含水率进行调整。

⑧强度：采用《公路工程水泥及水泥混凝土试验规程》JTG E30 的规定方法；试件取样频率详见附录 8 的规定。

(7) 防水混凝土：

1) 水泥：同本条第 1 款 (1) 项。

2) 细集料：同本条第 1 款 (2) 项。

3）粗集料：同本条第 1 款（3）项。

4）石料：同本条第 1 款（4）项。

5）混凝土拌合水：同本条第 1 款（5）项。

6）防水剂：同本条第 1 款（7）项 4）。

7）配合比（设计配合比、施工配合比）：采用《普通混凝土配合比设计规程》JGJ 55 的规定方法；不同强度等级应至少设计 1 次配合比，施工配合比应根据每天细集料、粗集料的含水率进行调整。

8）抗压强度：采用《公路工程水泥及水泥混凝土试验规程》JTG E30 的规定方法；试件取样频率详见附录 8 的规定。

9）抗渗等级：采用《公路工程水泥及水泥混凝土试验规程》JTG E30《普通混凝土长期性能和耐久性试验方法标准》GB/T 50082 的规定方法；试件取样频率为每 200m 衬砌做一组（6 个）试件。

4. 其他材料

(1) 镀锌焊接钢管的检测方法和频率：采用《低压流体输送用焊接钢管》GB/T 3091 的规定方法；钢管应按批进行检查和验收，每批由同一炉号、同一牌号、同一规格、同一焊接工艺、同一热处理制度（如适用）和同一镀锌层（如适用）的钢管组成。每批钢管的数量应不超过如下规定：

1）$D \leqslant 33.7$mm：1000 根；

2）$D > 33.7 \sim 60.3$mm：750 根；

3）$D > 60.3 \sim 168.3$mm：500 根；

4）$D > 168.3 \sim 323.9$mm：200 根；

5）$D > 323.9$mm：100 根；

(2) 槽钢的检测方法和频率：采用《碳素结构钢》GB/T 700 的规定方法；应按成批验收，每批由同一牌号、同一炉号、同一质量等级、同一品种、同一尺寸、同一交货状态的钢材组成。每批重量应不大于 60t。

(3) 角钢的检测方法和频率：采用《碳素结构钢》GB/T 700 的规定方法；应按成批验收，每批由同一牌号、同一炉号、同一质量等级、同一品种、同一尺寸、同一交货状态的钢材组成。每批重量应不大于 60t。

(4) 钢板的检测方法和频率：采用《碳素结构钢》GB/T 700 的规定方法；应按成批验收，每批由同一牌号、同一炉号、同一质量等级、同一品种、同一尺寸、同一交货状态的钢材组成。每批重量应不大于 60t。

5.3.2.2 施工检测

1. 施工质量检测

(1) 洞门端墙、翼墙和挡土墙基坑开挖各检测项目的检测方法和频率，见表 5-3。

(2) 洞门端墙、翼墙、挡土墙模板安装各检测项目的检测方法和频率，见表 5-4。

(3) 洞门混凝土端墙、翼墙和挡土墙各检测项目的检测方法和频率，见表 5-5。

(4) 洞门砌体端墙、翼墙和挡土墙各检测项目的检测方法和频率，见表 5-6。

(5) 明洞回填及防水层各检测项目的检测方法和频率，见表 5-7。

(6) 超前锚杆施工各检测项目的检测方法和频率，见表 5-33。

(7) 超前小导管注浆施工各检测项目的检测方法和频率,见5-34。

(8) 喷射混凝土支护施工各检测项目的检测方法和频率,见表5-10。

(9) 锚杆支护施工各检测项目的检测方法和频率,见表5-11。

(10) 钢筋网支护施工各检测项目的检测方法和频率,见表5-12。

(11) 钢架支护施工各检测项目的检测方法和频率,见表5-13。

(12) 模板安装施工各检测项目的检测方法和频率,见表5-14。

(13) 混凝土衬砌施工各检测项目的检测方法和频率,见表5-15。

(14) 仰拱及底板施工各检测项目的检测方法和频率,见表5-16。

(15) 衬砌钢筋施工各检测项目的检测方法和频率,见表5-17。

(16) 洞口排水沟施工各检测项目的检测方法和频率,见表5-23。

(17) 洞内排水沟断面尺寸各检测项目的检测方法和频率,见表5-24。

(18) 防水混凝土各检测项目的检测方法和频率,见表5-25。

(19) 防寒泄水洞各检测项目的检测方法和频率,见表5-26。

(20) 检查井施工各检测项目的检测方法和频率,见表5-27。

(21) 防水板施工各检测项目的检测方法和频率,见表5-28。

(22) 止水带施工各检测项目的检测方法和频率,见表5-29。

(23) 隧道路面各检测项目的检测方法和频率,见水泥混凝土面层实测项目表3-132和沥青混凝土面层和沥青碎(砾)石面层实测项目表3-133。

(24) 隧道总体检验各检测项目的检测方法和频率,见表5-36。

2. 施工监控量测

(1) 隧道现场监控量测必测项目的检测方法和频率,见表5-19。

(2) 隧道现场监控量测选测项目的检测方法和频率,见表5-20。

(3) 中岩墙现场监控量测项目的检测方法和频率,见表5-18。

5.3.2.3 环境检测

1. 施工环境检测主要包括:粉尘、有害气体等。其测定方法 应按《工作场所空气中有害物质监测的采样规范》GBZ 159 执行。

2. 运营环境检测主要包括:通风、照明及噪声等。其测定方法如下:

(1) 通风检测的主要项目包括:粉尘浓度、瓦斯(CH_4)、一氧化碳、烟雾浓度及隧道内风压、风速等。

1) 粉尘浓度:采用滤膜测尘法。

2) 瓦斯(CH_4):采用催化型瓦斯测量仪法、光干涉瓦斯检定器法。

3) 一氧化碳:采用检知管法(比色式、比长式)、AT2型一氧化碳测量仪法。

4) 烟雾浓度:采用光透过率仪法。

5) 隧道风压:绝对静压采用气压计法(水银和空盒);相对静压采用U型压差计法。

6) 隧道风速:采用风表法(杯式和翼式)、热电式风速仪法(热线、热球式)及皮托管与压差计法等。

(2) 照明检测的主要项目包括:实验室检测(对单个灯具的特性或质量)、现场检测(对灯群照明下的路面照度、亮度、眩光)等。

1) 光度检测主要包括:照度、光强、光强分布(配光特性)、光通量及亮度等。

①照度：采用照度计法。
②光强：采用直尺光度计（光轨）法。
③光强分布（配光特性）：采用分布光度计法。
④光通量：采用球形积分光度计法。
⑤亮度：采用亮度计法。
2）现场检测主要包括：照度和亮度。
①照度：采用照度计法。
②亮度：先测照度，后根据换算公式计算亮度。
(3) 噪声：采用噪声计法。

5.3.3 评定要求

评定要求包括：开挖质量的评定；开挖质量评价原理；初期支护阶段围岩稳定性判别标准；二次衬砌稳定性和衬砌效果的判别；喷射混凝土施工质量评判；喷射混凝土厚度合格标准；高分子防水卷材的结果评判；水泥混凝土抗压强度评定；隧道路面水泥混凝土弯拉强度评定；水泥砂浆抗压强度评定 10 部分。

1. 开挖质量的评定

隧道开挖质量的评定包含两项内容：一是检测开挖断面的规整度，二是超欠挖控制。

对于规整度，一般采用目测的方法进行评定；对于超欠挖，则需通过对大量实测开挖断面数据的计算分析，才能做出正确的评价。

2. 开挖质量评价原理

隧道开挖质量不能以某一个开挖断面为标准进行评价，而应以某一长度段内所有的实测数据的综合计算分析来评价。

通常以 50m（或 100m）长、围岩类别相同段落的开挖实测数据作一个分析群，则这一分析群内共有 (50/5+1) 11 个断面，11×19＝209 个数据。通过对这 209 个实测数据的综合计算，再与设计要求进行比较分析，则可对这 50m 的开挖质量作一评价。

3. 初期支护阶段围岩稳定性判别标准

(1) 据最大位移值进行施工管理

1）当量测位移 U 小于 $U_n/3$，表明围岩稳定，可以正常施工。

2）当量测位移 U 大于 $U_n/3$ 并小于 $2U_n/3$，表明围岩变形偏大，应密切注意围岩动向，可采取一定的加强措施。

3）当量测位移 U 大于 $2U_n/3$，表明围岩变形很大，应立即停止掘进，并采取特殊的加固措施。

4）当实测最大位移值或预测最大位移值不大于 $2U_n/3$ 时，可以认为初期支护达到基本稳定。

注：U 为实测位移值；U_n 为最大允许位移值。

(2) 根据位移速率进行施工管理

1）当位移速率大于 1mm/d 时，表明围岩处于急剧变形阶段，应密切关注围岩动态。

2）当位移速率在 1～0.2mm/d 之间时，表明围岩处于缓慢变形阶段。

3）当位移速率小于 0.2mm/d 时，表明围岩已达到基本稳定，可以进行二次衬砌作业。

(3) 根据位移时态曲线进行施工管理

1) 当位移速率很快变小，时态曲线很快平缓，则表明围岩稳定性好，可适当减弱支护。

2) 当位移速率逐渐变小，时态曲线趋于平缓，则表明围岩变形趋于稳定，可正常施工。

3) 当位移速率不变，时态曲线直线上升，则表明围岩变形急剧增长，无稳定趋势，应及时加强支护，必要时暂停掘进。

4) 当位移速率逐步增大，时态曲线出现反弯点，则表明围岩已处于不稳定状态，应立即停止掘进，及时采取加固措施。

(4) 二次衬砌的施作条件

1) 各测试项目的位移速率明显收敛，围岩基本稳定。

2) 已产生的各项位移已达预计总位移量的 80%～90%。

3) 周边位移速率小于 0.1～0.2mm/d，或拱顶下沉速率小于 0.07～0.15mm/d。

从安全考虑，周边位移速率与拱顶下沉速度，应指不少于 7d 的平均值，总位移值可由回归分析计算取得。

(5) 喷射混凝土强度判别标准

喷射混凝土 1d 龄期的抗压强度不应低于 5MPa。钢纤维喷射混凝土的设计强度等级不应低于 C20，其抗拉强度不应低于 2MPa，抗弯强度不应低于 6MPa。

(6) 钢支撑强度判别标准

钢支撑强度按钢材的抗拉或抗压计算强度作为大致标准判别。

4. 二次衬砌稳定性和衬砌效果的判别

(1) 净空收敛判别标准

关于二次衬砌长期稳定性判别，目前国内外尚无具体标准。根据我国铁路部门在下坑隧道、大瑶山隧道、金家岩隧道和柴家坡隧道等几座铁路隧道长期观测的结果得出：当位移速率小于 1～2mm/年时，就认为二次衬砌是稳定的。

(2) 围岩压力判别标准

根据《公路隧道设计规范》JTG D70—2004 规定，按围岩松弛荷载（围岩接触压力）来判断。

(3) 二次衬砌混凝土可靠性判别标准

将实测混凝土应力值与混凝土的极限强度值比较，求出安全系数判别二次衬砌混凝土可靠性。按规范要求，混凝土抗拉极限强度安全系数 $K_l=3.6$；混凝土抗压极限强度安全系数 $K_a=2.4$。

5. 喷射混凝土施工质量评判

(1) 匀质性

喷射混凝土强度的匀质性，可用现场 28d 龄期同批 n 组试块抗压强度的标准差 S_n 和变异系数 V_n 表示。

(2) 抗压强度

抗压强度评定，见附录 10。

6. 喷射混凝土厚度合格标准

(1) 检查方法和数量

1) 喷层厚度可用凿孔或激光断面仪、光带摄影等方法检查。凿孔检查时，宜在混凝土喷后8h以内，用短钎将孔凿出，发现厚度不够时可及时补喷。

2）检查断面数量。每10延米至少检查一个断面，再从拱顶中线起每隔3米凿孔检查一个点。

（2）合格条件

1）每个断面拱、墙分别统计，全部检查孔处喷层厚度应有90%以上不小于设计厚度，平均厚度不得小于设计厚度，最小厚度不应小于设计厚度的1/2。在软弱破碎围岩地段，喷层厚度不应小于设计规定的厚度。钢筋网喷射混凝土的厚度不应小于6cm。

2）当发现喷射混凝土表面有裂缝、脱落、露筋、渗漏水情况时，应予修补，凿除重喷或进行整治。

7. 高分子防水卷材的结果评判

对于防水卷材中的外观质量、面积允许偏差、卷材中的允许接头数、卷材平直度、平整度、厚度允许偏差和最小单个值等6项要求，其中有2项不合格即为不合格卷材。不合格卷不多于2卷，且卷材的各项物理力学性能均符合要求时，判定为批合格。

如不合格卷为两卷或有1项物理力学性能不符合要求，则判定为该批不合格。如不合格卷为两卷，但有两卷出现上述6项中的同1项不合格，则仍判该批不合格。

对于判为不合格的批，允许在批中按规定重新加倍抽样，对不合格项目进行重检。如果仍有一组试样不合格，则判定为批不合格。

8. 水泥混凝土抗压强度评定

水泥混凝土抗压强度评定，见附录8。

9. 隧道路面水泥混凝土弯拉强度评定

隧道路面水泥混凝土弯拉强度评定，见附录11。

10. 水泥砂浆抗压强度评定

水泥砂浆抗压强度评定，见附录9。

5.4 试验检测注意事项

5.4.1 试验注意事项

5.4.1.1 喷锚支护的试验和测定方法

1. 喷射混凝土强度检查试件的制作方法

（1）喷大板切割法

在施工的同时，将混凝土喷射在450mm×350mm×120mm（可制成6块）或450mm×200mm×120mm（可制成3块）的模型内，当混凝土达到一定强度后，加工成100mm×100mm×100mm的立方体试块，在标准条件养护至28d进行试验（精确到0.1MPa）。

（2）凿方切割法

在具有一定强度的支护上，用凿岩机打密排钻孔，取出长约350mm、宽约150mm的混凝土块，加工成100mm×100mm×100mm的立方体试块，在标准条件下养护至28d进行试验（精确到0.1MPa）。

2. 喷射混凝土强度检查试件的制取组数

试件3件为1组。双车道隧道每10延米，至少在拱部和边墙各制取1组试件。其他工程，每喷射 50～100m³ 混合料或小于 50m³ 混合料的独立工程，不得少于 1 组。材料或配合比变更时应重新制取试件。

3. 喷射混凝土抗压强度的合格标准

（1）试件组数大于或等于 10 时，试件抗压强度平均值不低于设计值，且任一组试件抗压强度不低于 0.85 倍的设计值。

（2）试件组数小于 10 时，试件抗压强度平均值不低于 1.05 倍的设计值，且任一组试件抗压强度不低于 0.9 倍的设计值。

4. 喷射混凝土与岩面粘结力的试验方法

（1）成型试验法

在模型内放置面积为 100mm×100mm、厚 50mm 且表面粗糙度近似于实际情况的岩块，用喷射混凝土掩埋。当混凝土达到一定强度后，加工成 100mm×100mm×100mm 的立方体试块，在标准条件下养护至 28d，用劈裂法进行试验。

（2）直接拉拔法

在围岩表面预先设置带有丝扣和加力板的拉杆，用喷射混凝土将加力板埋入，喷层厚度约为 100mm，试件面积约为 300mm×300mm（周围多余的部分应予清除）。经 28d 养护，进行拉拔试验。

5. 喷射混凝土实际配合比、水灰比的测定方法

（1）测定步骤

1）从受喷面上采取一块刚喷好的混凝土，迅速称出质量各为 3000g 的两部分。

2）将第一份混凝土放在瓷盘里，在烘箱中以 105～110℃烘至恒量。由烘干前后的质量，算出喷射混凝土中可烘干水的质量。

3）在取样的同时，用 400g 水泥及施工相同掺量的速凝剂，加 160g 水（水灰比为 0.4），迅速拌制一份净浆，与第一份混凝土在相同条件下烘至恒量。由烘干前后的质量，算出不可烘干水的质量与水泥质量的比率（即不可烘干水率）。

4）将第二份混凝土放入盛有 6～8kg 水的桶中，立即搅散开，使水泥、速凝剂、砂石分离，仔细淘洗清除水泥、速凝剂和粒径小于 0.15mm 的细粉。将砂、石在烘箱中以 105～110℃烘至恒量，筛分并称出质量。

5）根据式（5-2）算出的水泥质量，即可求出喷射混凝土的实际配合比和水灰比。

$$\text{水泥质量} = 3000 - \frac{\text{砂质量} + \text{石质量} + \text{可烘干水质量}}{1 + \text{速凝剂掺量} + \text{不可烘干水率}} \tag{5-2}$$

注：式中各项材料质量以克计，要求精确到 0.1g；速凝剂掺量和不可烘干水率均以水泥质量的百分比表示；水质量为可烘干水质量与不可烘干水质量之和。

（2）测定注意事项

1）采取试样、称质量、拌制净浆以及第二份试样在水中搅散开，均应在尽可能短的时间内完成，最长不得超过 5min。

2）第二份试样在淘洗时，每次倒污水都要经过 0.15mm 孔径的筛。

3）计算时，砂、石中小于 0.15mm 的细粉，应按原材料中的比例计入砂、石质量中；水泥、速凝剂中大于 0.15mm 的颗粒，也应按原材料的比例计入水泥、速凝剂质量中。

6. 锚杆拉拔力的试验方法

拉拔力试验应在现场实际工点进行。试验时注意事项如下：
(1) 应保证拉力计（或千斤顶）与锚杆外露部分平行。
(2) 加力时，应匀速缓慢。
(3) 拉力计（或千斤顶）应固定牢固，并有安全保护措施。

5.4.1.2 爆破成缝试验方法

1. 试验目的

确定周边眼的装药量、装药结构、堵塞长度和炮眼间距等。

2. 试验步骤

(1) 核对隧道地质情况。
(2) 选择与隧道实际地质条件相似的洞内或露天试验场。
(3) 按施工要求确定炮眼深度。
(4) 单孔爆破成缝试验。

单孔爆破成缝试验前，可先参照光面爆破参数表5-37初选单装药量、装药集中度及装药结构等。

光面爆破参数　　　　　　　　表5-37

参数 岩石种类	饱和单轴抗压极限强度 R_b（MPa）	装药不耦合系数 D	周边眼间距 E（mm）	周边眼最小抵抗线 V（mm）	相对距离 E/V	周边眼装药集中度 g（kg/m）
硬岩	>60	1.25~1.50	550~700	700~850	0.8~1.0	0.30~0.35
中硬岩	30~60	1.50~2.00	450~600	600~750	0.8~1.0	0.20~0.30
软岩	≤30	2.00~2.50	300~500	400~600	0.5~0.8	0.07~0.15

注：1. 软岩隧道光面爆破的相对距离宜取小值。
2. 装药集中度按2号岩石硝铵炸药考虑。当采用其他炸药时，应进行换算，换算指标主要是猛度和爆力（平均值）。换算系数 K 按式(5-3)计算：

$$K=\frac{1}{2}\left(\frac{2号岩石炸药猛度}{换算炸药猛度}+\frac{2号岩石炸药爆力}{换算炸药爆力}\right) \quad (5-3)$$

单孔试验时，通过调整装药量、装药结构、堵塞长度等，直到爆破后孔口只出现裂缝不产生爆破漏斗为止。此时装药深度即为实际的临界深度（装药重心至孔口距离）。

(5) 预裂爆破试验。

根据单孔爆破成缝试验，参考装药结构和表5-38的药量，初选炮眼间距，进行排孔爆破成缝试验，直到不出现爆破漏斗，只出现孔间贯通裂缝为止（缝宽宜为5~10mm）。

预裂爆破参数　　　　　　　　表5-38

参数 岩石种类	饱和单轴抗压极限强度 R_b（MPa）	装药不耦合系数 D	周边眼间距 E（cm）	周边眼至内圈崩落眼间距（cm）	周边眼装药集中度 q（kg/m）
硬岩	>60	1.2~1.3	40~50	40	0.35~0.40
中硬岩	30~60	1.3~1.4	40~45	40	0.25~0.35
软岩	<30	1.4~2.0	30~40	30	0.09~0.19

(6) 光面爆破试验。

根据排孔爆破得出的炮眼间距 E，参照表 5-37 中的相对距离 E/V，定出不同的抵抗线 V，进行试验，得出最小抵抗线 V 值。

(7) 根据以上试验得出的 V、q、E/V 各值，在洞内进行试爆，再次调整各值，得出最佳参数供实际使用。

5.4.1.3 超欠挖量测定方法

超欠挖量测定方法，见表 5-39。

超欠挖量测定方法 表 5-39

测定方法及采用的测定仪			测定法概要
测量断面的方法	直接测量开挖断面积的方法	1. 以内模为参照物直接测量法； 2. 使用激光束的方法	以内模为参照物，用直尺直接测量超欠挖量；利用激光射线在开挖面上定出基点，并由该点实测开挖断面
		3. 使用投影机的方法	利用投影机将基点或隧道基本形状投影在开挖面上，然后据此实测开挖断面面积
	非接触观测法	4. 三维近景摄影法	在隧道内设置摄影站，采用三维近景摄影方法获取立体像，在室内利用立体测图仪进行定向和测绘，得出实际开挖轮廓线
		5. 直角坐标法	利用激光打点仪照准开挖壁面各变化点，用经纬仪测出各点的水平角和竖直角，利用立体几何的原理，计算出各测点距坐标原点的纵横坐标，按比例画出断面图形
		6. 极坐标法（断面仪法）	以某物理方向（如水平方向）为起算方向，按一定间距（角度或距离）依次——测定仪器旋转中心与实际开挖轮廓线的交点之间的矢径（距离）及矢径与水平方向的夹角，将这些矢径端点依次相连即可获得实际开挖的轮廓线

5.4.1.4 锚杆拉拔力测试

锚杆拉拔力指锚杆能够承受的最大拉力，它是锚杆材料、加工和施工安装质量的综合反映，是锚杆质量检测的一项基本内容。

1. 测试方法

(1) 根据试验目的，在隧道围岩指定部位钻锚杆孔。

(2) 按照正常的安装工艺安装待测锚杆。

(3) 根据锚杆的种类和试验目的确定拉拔时间。

(4) 在锚杆尾部加上垫板，套上中空千斤顶，将锚杆外端与千斤顶内缸固定在一起，并装设位移量测设备与仪器。

(5) 通过手动油压泵加压，从油压表读取油压，根据活塞面积换算锚杆承受的拉拔力。

2. 试验要求

(1) 每安装 300 根锚杆至少随机抽样一组 (3 根),设计变更或材料变更时另做一组拉拔力测试。

(2) 同组锚杆锚固力或拉拔力的平均值,应大于或等于设计值。

(3) 同组单根锚杆的锚固力或拉拔力,不得低于设计值的 90%。

3. 注意事项

(1) 安装拉拔设备时,应使千斤顶与锚杆同心,避免偏心受拉。

(2) 加载应匀速,一般以 10kN/min 的速率增加。

(3) 如无特殊需要,可不做破坏性试验,拉拔到设计拉力即停止加载。用中空千斤顶进行锚杆拉拔试验,一般都要求做破坏性试验,测取锚杆的最大承载力。

(4) 千斤顶应固定牢固,并有必要的安全保护措施。特别应注意的是,试验时操作人员要避开锚杆的轴线延长线方向,在锚杆的侧向并远离锚杆尾部的位置上加压读数;测位移时停止加压。

5.4.1.5 砂浆锚杆砂浆注满度检测

1. 原理

基本原理:在锚杆杆体外端发射一个超声波脉冲,它沿杆体钢筋以管道波形式传播,到达钢筋底端后反射,在杆体外端可接收此反射波。如果钢筋外密实、饱满地由水泥砂浆握裹,砂浆又与周围岩体粘结,则超声波在传播过程中,不断从钢筋通过水泥砂浆向岩体扩散,能量损失很大,在杆体外端测得的反射波振幅很小,甚至测不到;如果无砂浆握裹,仅是一根空杆,则超声波仅在钢筋中传播,能量损失不大,接收到的反射波振幅则较大;如果握裹砂浆不密实,中间有空洞或缺失,则得到的反射波振幅的大小介于前两者之间。由此,可以根据反射波振幅大小判定水泥砂浆的饱满程度。

2. 检测仪器:M-7 锚杆检测仪

3. 测试方法

(1) 在施工现场按设计参数,对不同类型的围岩,各设 3~4 组标准锚杆,每组 1~2 根。

(2) 在这些标准锚杆上测定反射波振幅值(若每组有一根以上锚杆则取平均值),这些值即作为检测其他锚杆的标准。

(3) 这些标准值在进行其他锚杆的检测前储入仪器,在检测其他锚杆时可由测量仪器自动显示被测锚杆的长度与砂浆密实度的级别。

5.4.1.6 端锚式锚杆施工质量无损检测

1. 检测原理

对于带有螺栓和托板的端锚式锚杆来说,托板和螺母安装后,可通过拧紧压在托板上的螺母使锚杆杆体受拉,拉力的大小与螺母的拧紧程度有关,拧紧程度又与加在螺母上的力矩有关,所以锚杆上的拉力取决于加在螺母上的力矩。利用锚杆拉力与所加力矩之间的关系,可通过给待检测锚杆螺母施加力矩,来间接确定锚杆的锚固质量。

2. 检测仪器:扭力扳手

3. 检测方法

(1) 将套筒套在待检测锚杆的螺母上,并将扭力扳手主体与套筒连接。

（2）左手轻按扭力扳手套筒端，右手扳动手柄，同时读取扭力矩的最大读数，并作记录。

（3）根据扭力矩和锚杆拉力之间的对应关系，确定锚杆的拉力。

5.4.1.7 地质雷达法

1. 原理

地质雷达法是一种用于确定地下介质分布的光谱（$1MH_z \sim 1GH_z$）电磁技术。利用一个天线发射高频宽频带电磁波，另一个天线接收来自地下介质界面的发射波。电磁波在介质中传播时，其路径、电磁场强度与波形将随所通过介质的电性质及几何形态而变化。因此，可根据接收到波的旅行时间（亦称双程走时）、幅度与波形资料，可推断介质的结构。

2. 检测仪器：地质雷达仪。地质雷达探测系统由地质雷达主机、天线、便携式计算机、数据采集软件、数据分析处理软件等组成。地质雷达天线具有屏蔽功能，最大探测深度大于 2m，垂直分辨率应高于 2cm。

3. 现场检测

（1）测线布置

1）隧道施工过程中质量检测以纵向布线为主，横向布线为辅。纵向布线的位置应在隧道拱顶、左右拱腰、左右边墙和隧底各布 1 条；横向布线可按检测内容和要求布设线距，一般情况线距 8~12m；采用点测时每断面不小于 6 个点。检测中发现不合格地段应加密测线或测点。

2）隧道竣工验收时质量检测应纵向布线，必要时可横向布线。纵向布线的位置应在隧道拱顶、左右拱腰和左右边墙各布 1 条；横向布线线距 8~12m；采用点测时每断面不少于 5 个点。需确定回填空洞规模和范围时，应加密测线或测点。

3）三车道隧道应在隧道拱顶部位增加 2 条测线。

4）测线每 5~10m 应有一里程标记。

（2）介质参数标定

1）检测前应对衬砌混凝土的介电常数或电磁波速做现场标定，且每座隧道应不少于 1 处，每处实测不少于 3 次，取平均值为该隧道的介电常数或电磁波速。当隧道长度大于 3km、衬砌材料或含水率变化较大时，应适当增加标定点数。

2）标定方法：a. 在已知厚度部位或材料与隧道相同的其他预制件上测量；b. 在洞口或洞内避车洞处使用双天线直达波测量；c. 钻孔实测。

3）求取参数时应具备以下条件：a. 标定目标体的厚度一般不小于 15cm，且厚度已知；b. 标定记录中界面反射信号应清晰、准确。

（3）纵向布线应采用连续测量方式，扫描速度不得小于 40 道（线）/s；特殊地段或条件不允许时可采用点测方式，测量点距不宜大于 20cm。

（4）检测工作注意事项

1）测量前应检查主机、天线以及运行设备，使之均处于正常状态；

2）测量时应确保天线与衬砌表面密贴（空气耦合天线除外）；

3）检查天线应移动平衡、速度均匀，移动速度宜为 3~5km/h；

4）记录应包括记录测线号、方向、标记间隔以及天线类型等。

5) 当需要段测量时,相邻测量段接头重复长度不应小于 1m;
6) 应随时记录可能对测量产生电磁影响的物体(如渗水、电缆、铁架等)及其位置;
7) 应准确标记测量位置。

5.4.2 其他注意事项

1. 公路隧道的类型,可分为:山岭隧道、水下沉埋隧道和软土盾构隧道等。公路隧道的特点,主要有:断面大、形状扁平、需要运营通风、需要运营照明及防水要求高等。

2. 公路隧道常见的质量问题,主要有:隧道渗漏、衬砌开裂、限界受侵、衬砌结构同围岩结合不密实及通风、照明不良等。

3. 公路隧道检测的主要内容,按隧道修建过程分为:材料质量检测、超前支护与预加固围岩施工质量检测、开挖质量检测、初期支护施工质量检测、防排水质量检测、施工监控量测、混凝土衬砌质量检测、通风检测、照明检测等。也可按材料检测、施工检测、环境检测等内容分类。

(1) 材料检测包括隧道工程的常用原材料(通用材料)、支护材料和防排水材料等检测。支护材料包括锚杆、喷射混凝土和钢构件等;防排水材料包括注浆材料、高分子合成卷材、排水管和防水混凝土等。

(2) 施工检测的内容包括施工质量检测和施工监控量测两个方面。施工质量检测的主要内容包括:超前支护及预加固、开挖、初期支护、防排水和衬砌混凝土质量检测;施工监控量测的基本内容有隧道围岩变形、支护受力和衬砌受力。

支护质量主要指锚杆安装质量、喷射混凝土质量和钢构件质量。锚杆施工质量检测的内容有锚杆的间排距、锚杆的长度、锚杆的方向、注浆式锚杆的注满度、锚杆的抗拔力等;喷射混凝土施工质量检测的内容有强度、厚度和平整度;钢构件施工质量检测的内容有构件的规格与节间连接、架间距、构件与围岩的接触情况以及与锚杆的连接。

衬砌混凝土质量检测包括衬砌的几何尺寸、衬砌混凝土强度、混凝土的完整性、混凝土裂缝、衬砌背后的回填密度和衬砌内部钢架、钢筋分布等的检测。

(3) 环境检测可分为施工环境检测和运营环境检测。施工环境检测的主要任务是检测施工过程中隧道内的粉尘和有害气体(主要指 CH_4);运营环境检测包括通风(主要有 CO 浓度、烟尘浓度和风速等)、照明和噪声等。

4. 隧道开挖前或开挖中采用辅助施工方法以增加隧道围岩稳定。常用的辅助施工方法,一般可分为对地层预支护(超前支护)和预加固两大类,主要有:地表砂浆锚杆或地表注浆加固、超前锚杆或超前小导管支护、管棚钢架超前预支护、超前小导管预注浆、超前围岩深孔预注浆等。

隧道施工所采用辅助的施工方法,应根据隧道所处的工程地质和水文地质条件、隧道长度、埋置深度、施工机械、工期和经济等方面综合考虑决定。

地表砂浆锚杆和地表注浆是对地层预加固的一种方法,它适用于浅埋、洞口地段和某些偏压地段;超前锚杆或超前小导管支护是一种超前预支护方法,一般适用于浅埋松散破碎的地层内;管棚钢架超前预支护适用于极破碎的地层、塌方体、岩堆等地段;超前小导管预注浆适用于自稳时间很短(12h 以内)的砂层、砂卵(砾)石层、断层破碎带、软弱围岩浅埋地段或处理塌方等地段;超前围岩深孔预注浆适用于极其松散、破碎、软弱地层,或在大量涌水的软弱地段以及断层破碎带的地段。

5. 处理涌水的施工方法有:超前围岩预注浆堵水、开挖后补注浆堵水、超前钻孔排水、坑道排水及井点降水等。

6. 国内隧道工程的实践表明,判断产生岩爆的主要指标有以下 5 个:

(1) 岩石的强度 $R_b \geqslant 80$MPa;

(2) 岩层中的原始初应力 $\sigma_0 \geqslant (0.15 \sim 0.2) R_b$;

(3) 围岩的级别:Ⅰ、Ⅱ或Ⅲ级;

(4) 隧道的埋深 $H \geqslant 50$m;

(5) 岩石干燥无水,呈脆性,节理基本不发育。

7. 注浆是指将注浆材料按一定配合比制成的浆液压入围岩或衬砌与围岩之间的空隙中,经凝结、硬化后起到防水和加固作用的一种施工方法。

一种理想的注浆材料,应满足以下要求:

(1) 浆液黏度低,渗透力强,流动性好,能进入细小裂隙和粉、细砂层。

(2) 可调节并准确控制浆液的凝固时间,以避免浆液流失,达到定时注浆之目的。

(3) 浆液凝固时体积不收缩,能牢固粘结砂石;浆液结合率高,强度大。

(4) 浆液稳定性好,长期存放不变质,便于保存运输,货源充足,价格低廉。

(5) 浆液无毒,无臭,不污染环境,对人体无害,非易燃、易爆之物。

8. 浆液材料通常划归两大类,即水泥浆液和化学浆液;按浆液的分散体系划分,以颗粒直径为 0.1μm 为界,大者为悬浊液,如水泥浆液(单液水泥浆、水泥-水玻璃双液浆);小者为溶液,如化学浆液(水玻璃类、脲醛树脂类、铬木素类、丙烯酰胺类及聚氨酯类)。

9. 注浆材料的主要性质有:黏度、渗透能力、凝胶时间、渗透系数及抗压强度等。

10. 注浆效果检查的方法,主要有:分析法、检查孔法和声波监测法等。

11. 开挖质量标准,应严格控制欠挖,尽量减少超挖。当石质坚硬完整且岩石抗压强度大于 30MPa,并确认不影响衬砌结构稳定和强度时,允许岩石个别凸出部分($1m^2$ 内不大于 $0.1m^2$)突入衬砌断面,锚喷支护时突入不大于 3cm,衬砌时不大于 5cm。拱脚、墙脚以上 1m 内严禁欠挖。

12. 激光断面仪不仅可应用于开挖断面质量的控制,还可应用于初期支护(喷射混凝土)、二次衬砌断面轮廓和厚度的检测。

13. 初期支护的类型有:锚杆支护、喷射混凝土支护、喷射混凝土与钢筋网联合支护、喷射混凝土与锚杆及钢筋网联合支护、喷钢纤维混凝土支护、喷钢纤维混凝土锚杆联合支护,以及上述几种类型加设钢架而成的联合支护。初期支护的类型及参数应根据围岩的性质及状态、地下水情况、隧道净空尺寸及其埋深等条件确定。

锚杆具有"悬吊、组合梁和加固拱"等作用,使围岩得到加固。

喷射混凝土的喷射工艺有 3 种:干喷、湿喷和潮喷。喷层凝固后具有"支撑、填补、粘结和封闭"等作用。锚喷支护具有主动加固围岩、充分利用围岩自承载力、可及时灵活施工和比较经济等特点,目前在隧道初期支护中广泛应用。钢架是依靠"被动支撑"来维持围岩稳定的,在软弱围岩条件下,钢架对维持围岩稳定是必不可少的。

14. 锚杆加工质量与安装尺寸检查

锚杆加工质量检查,主要有:锚杆材料(抗拉强度、延展性与弹性)、杆体规格和加工质量等;安装尺寸检查,主要有:锚杆位置、锚杆方向、钻孔深度、孔径与孔形等。

15. 喷射混凝土的质量检验指标主要有喷射混凝土的强度和喷射混凝土的厚度两项内容。此外,还应采取措施减少喷射混凝土粉尘、回弹率。

喷射混凝土强度包括抗压强度、抗拉强度、抗剪强度、疲劳强度及粘结强度等;喷射混凝土支护工程质量必须做到内坚外美。外观上,无漏喷、离鼓、裂缝、钢筋网(或金属网)外露现象,做到混凝土表面平整密实,断面轮廓符合要求;从内部看,喷射混凝土抗压强度和厚度必须达到设计要求。

16. 影响喷射混凝土强度的因素,主要有:混凝土原材料(水泥、砂、石子、水及速凝剂等)和施工作业两个方面。

17. 影响喷射混凝土厚度的因素,主要有:爆破效果、回弹率、施工管理及喷射参数等。

18. 喷射混凝土与岩石的粘结力,Ⅳ类及以上围岩不低于 0.8MPa,Ⅲ类围岩不低于 0.5MPa。

19. 钢支撑的形式,主要分为:钢格栅(矩形断面格栅、三角形断面格栅)、型钢支撑(H 型钢支撑、工字型钢支撑和 U 型钢支撑)及钢管支撑等。

20. 钢支撑施工质量检测内容包括钢支撑的加工与安装质量检测。加工质量检测包括有加工尺寸、强度和刚度及焊接等;安装质量检测包括有安装尺寸、倾斜度及连接于固定等。

21. 支护(衬砌)背部与围岩之间存在空洞时,会导致围岩松弛,使支护结构产生弯曲应力,而损伤支护结构的功能,降低其承载能力,极大地影响了隧道的安全使用。

22. 地质雷达法应用于检测支护(衬砌)厚度、背部的回填密实度、内部钢架及钢筋等分布情况。

23. 衬砌背后回填密实度的主要判定特征

(1) 密实:信号幅度较弱,甚至没有界面反射信号;

(2) 不密实:衬砌界面的强反射信号同相轴呈绕射弧形,且不连续,较分散;

(3) 空洞:衬砌界面反射信号强,三振相明显,在其下部仍有强反射界面信号,两组信号时程差较大。

24. 衬砌内部钢架、钢筋位置分布的主要判定特征

(1) 钢架:分散的月牙形强反射信号;

(2) 钢筋:连续的小双曲线形强反射信号。

25. 隧道防排水结构的主要类型,有:水密型防水(以防为主)、泄水型或引流自排型(以排为主)及防排结合的控制型 3 种类型。

隧道内水的来源一般有 2 种:

(1) 由围岩中渗出的地下水。

(2) 在隧道使用过程中产生的污水。

26. 高分子防水卷材与传统的石油沥青油毡相比,具有:使用寿命长、技术性能好、冷施工、质量轻和污染性低等优点,在隧道防水工程中得到广泛应用。高分子防水卷材主要是 ECB、EVA、LDPE 等。

27. 土工织物也称土工布，是透水性的土工合成材料，具有过滤、排水、隔离、加筋、防渗和防护等作用。

土工布具有物理特性、力学特性和水力学特性。物理特性包括单位面积质量和厚度；力学特性包括抗拉强度及延伸率、握持强度及延伸率、抗撕裂强度、顶破强度、刺破强度及抗压缩性能等；水力学特性包括孔隙特征和渗透特性（垂直渗透系数、水平渗透系数）。

隧道用土工布的力学性能测试一般有：条带拉伸试验、撕裂试验、顶破强度试验、刺破试验等，且必须具有保土性、渗水性和防堵性等特性。

28. 防水混凝土一般分为：普通水泥防水混凝土、外加剂防水混凝土和膨胀水泥防水混凝土等。

29. 隧道工程防水混凝土的一般要求

（1）隧道工程防水混凝土的抗渗等级不得小于 S_8；

（2）当衬砌处于侵蚀性地下水环境中，混凝土的耐侵蚀系数不应小于 0.8；

（3）当受冻融作用时，不宜采用火山灰质硅酸盐水泥和粉煤灰硅酸盐水泥；

（4）隧道工程防水混凝土的水泥用量不得少于 $320 kg/m^3$，水泥强度等级不低于 32.5 级，水灰比不大于 0.50；当掺入活性细粉时，不得少于 $280 kg/m^3$。

（5）防水混凝土结构应满足：1）裂缝宽度应不大于 0.2mm，并不贯通；2）迎水面主钢筋保护层厚度不应小于 50mm；3）衬砌厚度不应小于 30cm；

（6）试件的抗渗等级应比设计要求提高 0.2MPa；

（7）当采用防水混凝土时，应对衬砌的各种缝隙采取有效的防水措施，以使衬砌获得整体防水效果。

30. 防水混凝土的抗渗标号可分为：设计标号、试验标号和检验标号 3 种。抗渗混凝土试件每组为 6 个，标准养护龄期为 28d；与构件相同条件下养护，试件的养护期不少于 28d，不超过 90d。

31. 防水层铺设的喷射混凝土基面要求

（1）喷射混凝土基面平整度（用直尺检测）：边墙 $D/L \leqslant 1/6$，拱顶 $D/L \leqslant 1/8$。其中：L 为喷射混凝土相邻两凸面间的距离；D 为喷射混凝土相邻两凸面间下凹的深度。

（2）基面不得有钢筋、凸出的构件等尖锐突出物。若待铺设卷材基面有尖锐突出物，则必须进行割除，并在割除部位用砂浆抹平顺，以免刺破防水层。

（3）隧道断面变化或转弯处的阴角应抹成 $R \geqslant 5cm$ 的圆弧。

（4）防水层施工时，基面不得有明水；若有明水，应采取施堵或引排。

32. 山岭隧道常见排水系统及地下水流向关系可以概括为：围岩→环向排水管→纵向排水管→横向排水盲管→中央排水管→洞外出水口。

33. 隧道防水的薄弱环节是衬砌施工缝、沉降缝及伸缩缝或明洞与隧道衬砌接缝。据调查，95%的渗漏水与施工缝和沉降缝有关。衬砌施工缝和沉降缝一般都采用塑料止水带或橡胶止水带进行防水。

34. 止水带的类型，按照止水带的安装位置分为外贴式、预埋式及内贴式 3 种；按照止水带的材料，有橡胶止水带、塑料止水带、沥青麻筋及膨胀橡胶止水条 4 种类型。

35. 施工监控量测的任务，主要有：确保安全、指导施工、修正设计及积累资料等。

36. 隧道混凝土衬砌常见的质量问题有：混凝土开裂和内部缺陷、混凝土强度不够、衬砌厚度不足、钢筋锈蚀和背后存在空洞等。

37. 隧道混凝土衬砌的类型，从结构形式上，分为：复合式衬砌结构中的喷射混凝土和模筑混凝土、整体式衬砌和明洞衬砌 3 种；按施工方法，可以分为：喷射混凝土、模筑现浇混凝土和预制拼装混凝土衬砌 3 种。

38. 混凝土衬砌质量检测，常用的检测方法：按照检测内容可以分为：衬砌混凝土强度、厚度、钢筋、混凝土缺陷和几何尺寸等检测；根据检测与施工工序的时间关系，可以分为施工检测和工后或运营检测。

39. 混凝土衬砌的养护

（1）普通混凝土养护 7d，加外加剂者 14d。

（2）覆盖或洒水养护。

（3）混凝土内部温度与环境温度差不得超过 20℃；混凝土的降温速率最大不应超过 3℃/d。

40. 现场检测混凝土强度的检测方法有：钻芯法、拔出法、压痕法、射击法、回弹法、超声法、回弹超声综合法、超声衰减综合法、射线法、落球法等。

41. 用回弹法检测混凝土强度时，影响检测强度值的因素有：原材料（水泥、细集料、粗集料）、外加剂、成型方法、养护方法及湿度、碳化及龄期、泵送混凝土、混凝土表面缺陷及混凝土结构中的表层钢筋等。

造成表面强度局部异常的常见原因有：施工振捣过甚、表面离析、砂浆层太厚、局部混凝土表面潮湿软化、构件表面粗糙、检测前未按要求认真打磨等操作失误或测区划分错误。

42. 用超声波法检测混凝土强度时，影响声速的因素有：横向尺寸效应、温度和湿度、混凝土结构中的钢筋、粗集料品种、粒径和含量、水灰比和水泥用量、混凝土龄期及混凝土缺陷与损伤等。

43. 衬砌厚度检测的常用检测方法有：冲击—回波法、超声发射法、激光断面仪法、地质雷达法和直接测量法等。

直接测量法是量测衬砌混凝土厚度最直接、最准确的方法。

44. 衬砌混凝土在施工和使用过程中所生成的缺陷有：裂缝、孔洞、蜂窝和层状破坏等。根据缺陷的部位，隧道衬砌缺陷检测内容可以分为：外观表面缺陷检测和内部缺陷检测两部分。

内部缺陷检测的常用检测方法有：水压法、超声波法、钻孔取芯法、地质雷达法、红外成像法、冲击—回波法等。

隧道衬砌混凝土的外观缺陷检测包括：裂缝、蜂窝、麻面、平整度和几何轮廓等。裂缝检测采用刻度放大镜（裂缝显微镜）和塞尺。

45. 隧道通风的检测方法，内容包括：粉尘浓度测定、瓦斯检测、一氧化碳检测、烟雾浓度检测、隧道内风压测定和流速测定等。

46. 隧道照明标准，综合考虑安全和经济两个方面，隧道白天照明被划分成：入口段、过渡段、中间段和出口段 4 个区段。隧道夜间照明全线亮度与中间段亮度相同。

人车混合通行的隧道中，中间段亮度不得低于 2.5cd/m²。在单向交通隧道中，应设置出口段照明，出口段长度宜取 60m，亮度宜取中间段亮度的 5 倍；在双向交通隧道中，可不设出口段照明。

47. 隧道照明检测可分为实验室检测和现场检测。

实验室检测主要对单个灯具的特性或质量进行检测；现场检测则主要对灯群照明下的路面照度、亮度和眩光等参数进行检测。

48. 隧道照明的眩光可以分为两类：失能眩光和不舒适眩光。

49. 亮度与照度的关系，用公式 $L=E/C$ 进行亮度与照度的换算；对混凝土路面 $C=13$，对沥青路面 $C=22$。式中：L 为亮度，E 为照度，C 为常数。

第6章 交通安全设施

6.1 术语与单位、分部及分项工程的划分

6.1.1 术语

1. 交通工程学

是研究人、车、路与交通环境之间关系规律及其应用的一门工程技术科学。它的研究内容主要是交通规划、道路线形设计、交通设施、交通运营管理。

2. 交通工程设施

是交通工程学的一部分,是实现交通管理最终目标的物质体现。是指与道路基础设施相配合,为提高道路通行能力、减少交通事故、降低交通公害程度、增加经济效益,使道路出行者快速、安全、舒适地到达目的地,而沿道路或管理场所设置的构件、装置、设备或系统的总称。

3. 漫反射

平行光线射到凹凸不平的表面上,反射光线射向各个方向,这种反射称为漫反射。

4. 逆反射

反射光线从靠近入射光线的反方向,向光源返回的反射,这种反射称为逆反射。

5. 镜面反射

光在理想的均匀介质中发生的,遵循反射规律的反射,这种反射称为镜面反射。

6. 全反射

当光从光密介质进入光疏介质时,折射角大于入射角。当入射角增大到某一角度时,折射角等于90°,此时,折射光完全消失,入射光全部返回原来的介质中,这种现象称为全反射。

7. 临界角

光从光密介质射向光疏媒质时,折射角等于90°时的入射角,称为临界角。

8. 光源的色温

光源所发出的光的颜色与黑体在某一温度下辐射的颜色相同时,黑体对应的温度就称为该光源的色温,用绝对温度 K 表示。如太阳光和白炽灯均辐射连续光谱。

9. 相关色温

当光源所发出的光的颜色与黑体在某一温度下辐射的颜色接近时,黑体对应的温度就称为该光源的相关色温,单位为 K。如气体放电光源一般为非连续光谱。

10. 光源的显色性

把光源对物体真实颜色的呈现程度称为光源的显色性。

以标准光源为准,将其显色指数定为100,其余光源的显色指数均低于100。显色指

数用 Ra 表示，Ra 值越大，光源的显色性越好。

11. 光度学

光度学是研究光在发射、传播、吸收和散射等过程中各种光学量计量的学科。光度学主要研究发光强度、光通量、照度和亮度计量。

12. 发光强度

是表征光的强弱的物理量。是光学计量中最基本的量，也是国际单位制中七个基本量之一。单位为坎德拉，符号 cd。

13. 波长的相对视见函数

某波长的光的视见函数与波长为 555nm 的黄绿光视见函数的比称为该波长的相对视见函数。

14. 光通量

是表征光源辐射功率大小的物理量，它等于单位时间内某一波长的辐射能量和该波长的相对视见函数的乘积。不同波长光的辐射功率相等时，其光通量并不相等。单位为流明，符号为 lm。

流明是发光强度为 1 坎德拉的均匀点光源，在 1 球面度立体角内发射的光通量。Sr 为球面度，是立体角的单位。立体角的最大数值为 4π 球面度。

15. 照度

是表征被光源照射点处明暗程度的光度量。单位为勒克斯，符号为 lx。在数量上等于光源照射在被照物体单位面积上的光通量，$1lx = 1lm \cdot m^{-2}$。

16. 亮度

是表征光源表面明亮程度的光度量。单位为尼特，符号为 nt。在数量上，光源在某一方向的亮度是光源在该方向上的单位投影面积，单位立体角内发射的光通量，$1nt = 1cd \cdot m^{-2}$。

17. 亮度因数

在规定观测条件和照明条件下，表面上某点在给定方向的亮度因数等于该方向的亮度与相同条件下全反射或全透射的漫射体的亮度之比。

18. 发光效率

光源所发出的总光通量与该光源所消耗的电功率（W）的比值，称为该光源的光效。单位为流明/瓦（lm/W）。

19. 色度学

色度学是研究人眼对颜色的视觉规律、颜色测量理论与技术的科学，它是一门以物理光学、视觉生理与心理、心理物理等学科为基础的综合性科学。色度学主要研究物体颜色的配色与计量表达。

20. 电位

是表征电场特性的物理量。单位是伏特，符号为 V。

21. 电压

电场中两点之间的电位差，称为电压。电压有方向性，电压的正方向是从高电位指向低电位。单位是伏特，符号为 V。

22. 电流

是指电荷的定向移动。电流的大小称为电流强度（简称电流，符号为 I），是指单位时间内通过导线某一截面的电荷量，每秒通过 1 库仑的电量称为 1 安培。单位是安培，符号为 A，是国际单位制中所有电性的基本单位。

电流的方向，物理上规定电流的方向是正电子的流动方向或者负电子流动的反方向。

23. 额定电流

是指电气设备等在额定输出时的电流。

24. 电阻

导体对电流的阻碍作用，称为该导体的电阻。

电阻器简称电阻（通常用 R 表示），是电子电路中使用最多的元件。电阻的主要物理特征是变电能为热能，也可以说它是一个耗能元件，电流经过它就产生内能。

电阻在电路中通常起分压、分流的作用。单位是欧姆，符号为 Ω。

电阻的阻值标法通常有色环法、数字法。

25. 欧姆定律

在同一电路中，导体中的电流跟导体两端的电压成正比，跟导体的电阻成反比，这就是欧姆定律。$I=U/R$。

26. 电功率

电功率是衡量用电器消耗电能快慢的物理量，也就是电流在单位时间内所做的功，用 P 表示。单位是 W（瓦特，简称瓦）。

电功率可以由电压与电流的乘积求得，即：$P=UI$。

每个用电器都有一个正常工作的电压值，叫做额定电压。用电器在额定电压下的功率叫做额定功率。

27. 安全电压

指不会使人直接死亡或残疾的电压。

28. 力学

是研究物质机械运动规律的科学，是机械工程、土木工程、道路桥梁、航空航天工程、材料工程等的基础。

29. 应力、应变

材料构件单位面积所承受的力称为应力。

当材料构件在外力作用下不能产生位移时，它的几何形状和尺寸将发生变化，这种形变称为应变。

30. 弹性变形、塑性变形

材料受力后发生的变形分为弹性变形和塑性变形；当外力撤销后材料可以恢复原来形状的变形称为弹性变形；当外力撤销后材料不能恢复原来形状的变形称为塑性变形。

31. 正向应力、剪应力

同截面垂直的应力称为正应力或法向应力；同截面相切的应力称为剪应力或切应力。

32. 屈服强度

当材料所受应力超过弹性极限后，变形增加较快，此时除了产生弹性变形外，还产生部分塑性变形。当应力达到一个值后，塑性应变急剧增加，曲线出现一个波动的小平台，这种现象称为屈服。这一阶段的最大、最小应力分别称为上屈服点和下屈服点。由于下屈服点的数值较为稳定，因此以它作为材料抗力的指标，称为屈服点或屈服强度。

33. 拉伸强度

是指材料在拉伸应力下产生最大均匀塑性变形的应力值。

34. 伸长率

材料在拉伸试验中，试样原始标距的伸长量与原始标距之比的百分数。

35. 标准体系

一定范围内的标准按其内在联系形成的科学的有机整体，称为标准体系。标准体系一般以树状结构图和体系表的形式表示。

36. 测量误差

测量结果减去被测量的真值所得的差，称为测量误差，简称误差。测量误差也称测量的绝对误差。

37. 随机误差

在重复性条件下，对同一被测量进行无限次测量所得结果与其平均值之差，称为随机误差。随机误差的统计规律性，主要包括对称性、有界性和单峰性。

38. 系统误差

在重复性条件下，对同一被测量进行无限多次测量所得结果的平均值与被测量的真值之差，称为系统误差。

39. 测量不确定度

是指表征合理地赋予被测量之值的分散性、与测量结果相联系的参数。

40. 标准不确定度

为表征其分散性，以标准差表示的测量不确定度，称标准不确定度。

41. 合成标准不确定度

当测量结果是由若干个其他量的值求得时，按其他各量的方差和协方差算得的标准不确定度，称为合成标准不确定度。

42. 扩展不确定度

确定测量结果区间的量，合理赋予被测量之值分布的大部分可望含于此区间时，称此为扩展不确定度。

43. 盐雾试验

是一种利用盐雾试验设备所创造的人工模拟盐雾环境条件来考核产品或金属材料耐腐蚀性能的环境试验方法。

44. 逆反射材料或逆反射体

逆反射是光线反射的一种特殊类型。依据逆反射原理制成的材料或物体称逆反射材料或逆反射体。

利用逆反射材料制造的交通标志、标线、突起路标、轮廓标等是一大类公路交通安全设施。

45. 参考中心

在确定逆反射材料特性时，在试样的中心或接近中心处所给定的一个点。

46. 参考轴

起始于参考中心，垂直于被测试样反射面的直线。

第6章 交通安全设施

47. 照明轴

连接参考中心和光源中心的直线。

48. 观测轴

连接参考中心和光探测器中心的直线。

49. 观测角 α

照明轴与观测轴之间的夹角。

50. 入射角 β

照明轴与参考轴之间的夹角。

51. 发光强度系数 R

逆反射在观察方向的发光强度除以投向逆反射体且落在垂直于入射光方向的平面内的光照度的商。

52. 逆反射系数 R'

平面逆反射表面上的发光强度系数除以它的表面面积的商。

53. 视场角

入射窗直径对入射光瞳中心的张角。

54. 逆反射色

逆反射材料或逆反射体在夜间条件下,即采用标准 A 光源照射时,从接近入射光方向所观测到的逆反射光的颜色。

55. 光亮度因数

非自发辐射的媒质面元在给定方向上的光亮度与相同照明条件下理想漫反射(或透射)体的光亮度之比,它的符号是 β_V。遇到光致发光媒质时,该光亮度因数是反射光亮度因数 β_S 和发光光亮度因数 β_L 这两部分之和,即 $\beta_V = \beta_S + \beta_L$。

56. 逆反射亮度系数

观测方向的(光)亮度与垂直于入射光方向的平面上的法向照度之比,以坎德拉每平方米每勒克斯表示 $[(cd \cdot m^{-2}) \cdot lx^{-1}]$。

57. 抗滑值

用摆式摩擦系数仪测定的表面抗滑能力,单位是英式抗滑摆值 British Pendulum (tester) Number,简称 BPN。

58. 遮盖力

路面标线涂料所涂覆物体表面不再能透过涂膜而显露出来的能力。

59. 遮盖率

路面标线涂料在相同条件下,分别涂覆于亮度因数不超过 5% 黑色底板上和亮度因数不低于 80% 白色底板上的遮盖力之比。遮盖力用亮度因素来描述,遮盖力与亮度因数成正比。

60. 固体含量

涂料在一定温度下加热焙烘后剩余物质量与实验质量的比值,以百分数表示。

61. 面撒玻璃珠

涂料在路面划出标线后,播撒在未干的标线涂料表面的玻璃珠。

62. 预混玻璃珠

在路面标线涂料划线以前，均匀混合在该涂料中的玻璃珠。

63. 镀膜玻璃珠

为改善玻璃珠的性能，在其表面覆盖有特定涂层的玻璃珠。

64. 贝克线

在两种不同光程的介质边界上成像的一条明亮线。

65. 眩光

在视野范围内出现亮度极高的物体或强烈的亮度对比，而引起视觉机能或视力降低的现象，称为眩光。

66. 防眩设施

是设置在道路中央分隔带上用于消除汽车前照灯夜间眩光影响的道路交通安全设施。

67. 遮光角

是指防眩设施遮挡对向车辆前照灯入射光线的角度。

68. 逆反射元

产生逆反射的最小光学单元，例如一个三面直角棱镜或一个双凸透镜结构。

69. 逆反射器

由一个或多个逆反射元组成的、可直接应用的器件或组件，通常为梯形片状。

70. 定向透镜

一种在一定的入射条件和观测条件下才具备逆反射性能的器件，通常为小双凸透镜。

71. 全向透镜

在水平360°的入射条件下都具有逆反射性能的逆反射器。

72. 钢化玻璃

经热处理工艺之后的玻璃，其特点是在玻璃表面形成压应力层，机械强度和耐热冲击强度得到提高，并且碎裂时，碎片呈钝角颗粒状。

73. 永久突起路标

在长期应用条件下，为道路使用者提供夜间警示诱导和信息的突起路标，通常在重车使用环境下，使用寿命大于一年。

74. 临时突起路标

用于道路施工区和维护区，在白天和夜间为道路使用者提供警示诱导和信息的突起路标，通常在重车使用环境下，使用寿命大于四个月。

75. 逆反射（发光）器中心

突起路标发光面（片）或逆反射片的几何中心，简称几何中心。

76. 基准轴

起始于逆反射（发光）器的几何中心，垂直于安装水平面的直线。

77. 逆反射（发光）器轴

水平面内通过几何中心与基准轴，与突起路标迎车面底边线相互垂直的直线。

78. 标准测试条件

环境温度为 25 ± 1℃，用标准太阳电池测量的光源辐照度为 $1000W/m^2$ 并具有标准的太阳光谱辐照度分布。

79. 半强角

发光强度为最大发光强度光轴方向一半时，观测轴与最大发光强度光轴的夹角。

80. 浮充电

把充电电路和储能元件的供电电路并联到负载上，充电电路在向负载供电的同时，仍向储能元件充电，只有当充电电路断开时，储能元件才向负载供电的一种充电方式。

81. 轮廓标

沿道路两侧边缘设置的、用于指示道路前进方向和边界的、具有逆反射性能的交通安全设施。

82. 硅芯管

高密度聚乙烯硅芯塑料管的简称。

83. 玻璃钢管道

玻璃纤维增强塑料管道的简称。

84. 玻璃钢管箱

玻璃纤维增强塑料管箱的简称。

85. 粉末涂料

是一种含有100%固体分、以粉末形态涂装的涂料。它与溶剂型涂料和水性涂料不同，不使用溶剂或水作为分散介质，而是借助于空气作为分散介质。

86. 热塑性粉末涂料

是以热塑性合成树脂作为成膜物，它的特性是合成树脂随温度升高而变化，以至熔融，经冷却后变得坚硬。

87. 热固性粉末涂料

是以热固性合成树脂作为成膜物，它的特性是用聚合度较低的预聚体树脂，在固化剂存在下经一定温度的烘烤交联反应固化，成为不能溶解或熔融的质地坚硬的最终产物。

88. 检验

对检验项目中的性能进行量测、检查、试验等，并将结果与标准规定要求进行比较以确定每项性能是否合格所进行的活动。

89. 评定

依据检验结果对工程质量进行评分并确定其等级的活动。

90. 关键项目

分项工程中对安全、卫生、环境保护和公众利益起决定性作用的实测项目。

91. 一般项目

分项工程中除关键项目以外的实测项目。

92. 外观（质量）

通过观察和必要的量测所反映的工程外在质量。

93. 权值

对工程项目或检测指标根据其重要程度所赋予的数值。

6.1.2 单位、分部及分项工程的划分

根据建设任务、施工管理和质量检验评定的需要，应在施工准备阶段按《公路工程质量检验评定标准确第一册 土建工程》JTG F80/1—2004 将建设项目，划分为单位工程、

分部工程和分项工程。施工单位、监理单位和建设单位应按相同的工程项目划分进行工程质量的监控和管理。

1. 单位工程

在建设项目中，根据签订的合同，具有独立施工条件的工程。

2. 分部工程

在单位工程中，应按结构部位、路段长度及施工特点或施工任务划分为若干个分部工程。

3. 分项工程

在分部工程中，应按不同的施工方法、材料、工序及路段长度等划分为若干个分项工程。

交通安全设施工程单位工程、分部及分项工程的划分，见表6-1。

交通安全设施单位工程、分部及分项工程的划分表 表6-1

单位工程	分部工程	分项工程
交通安全设施（每20km或每标段）	标志*（5~10km路段）	标志*
	标线、突起路标（5~10km路段）	标线*，突起路标等
	护栏*、轮廓标（5~10km路段）	波形梁护栏*，缆索护栏*，混凝土护栏*，轮廓标等
	防眩设施（5~10km路段）	防眩板、网等
	隔离栅、防落网（5~10km路段）	隔离栅、防落网等

注：1. 表内标注*号者为主要工程，评分时给以2的权值；不带*号者为一般工程，权值为1。
2. 按路段长度划分的分部工程，高速公路、一级公路宜取低值，二级及二级以下公路可取高值。

6.2 技术要求

技术要求的内容有：标志；标线、突起路标；护栏、轮廓标；防眩设施；隔离栅和桥梁护网5部分。

6.2.1 标志

标志的内容有：一般规定；材料；施工；验收4部分。

6.2.1.1 一般规定

1. 交通标志的加工、制作应符合《道路交通标志和标线》GB 5768 和《公路交通标志板》JT/T 279 的规定。

2. 交通标志的设置应符合《道路交通标志和标线》GB 5768 和设计文件的规定。

3. 施工前应进行现场踏勘，发现与设计文件不一致处，应在施工前解决。

6.2.1.2 材料

1. 除设计文件另行规定外，交通标志所用的材料应符合下列规定：

（1）标志板用材料应符合现行《公路交通标志板》JT/T 279 的规定。

（2）标志立柱、横梁用钢管、H型钢、角钢及槽钢等钢构件，应符合现行《碳素结构钢》GB/T 700、《结构用无缝钢管》GB/T 8162、《直接电焊钢管》GB/T 13793、《热轧钢板和钢带的尺寸、外形、重量及允许偏差》GB/T 709、《热轧H型钢和剖分T型钢》

GB/T 11263 等的规定。

(3) 标志基础、里程碑、百米桩、公路界碑等所用的钢筋、水泥、细集料、粗集料、拌合用水、外加剂等材料，应符合《公路桥涵施工技术规范》JTG/T F50 的要求。

(4) 法兰盘、加劲肋、连接螺栓、地脚螺栓等所用材料应符合设计文件的要求。

2. 防腐要求

(1) 所有钢构件均应进行防腐处理。除设计文件另行规定外，防腐处理均应满足《高速公路交通工程钢构件防腐技术条件》GB/T 18226 的规定。螺栓、螺母等紧固件和连接件在防腐处理后，必须清理螺纹或进行离心分离处理。

(2) 铝合金构件可不考虑防腐处理。

(3) 不同材质的金属构件互相接触时，应使用非金属套、垫或保护层使两者隔离。

6.2.1.3 施工

1. 加工标志底板

(1) 标志底板应根据设计尺寸在工厂进行加工成型，并根据设计文件的要求进行加固、拼接、冲孔、卷边。挤压成型的铝合金型材应根据标志尺寸拼装，板面应保持平整。

(2) 加工完成后，标志板应进行脱脂、清洗、干燥等工序。

2. 制作标志面

(1) 标志面采用反光膜材料时，应符合下列规定：

1) 标志反光膜应在干净、无尘土、温度不低于 18℃、相对湿度在 20%～50% 的车间内进行粘贴。

2) 版面的形状、颜色、文字、箭头、编号、图形及边框应严格按照《道路交通标志和标线》(GB 5768) 和设计文件的规定执行。

3) 标志反光膜的逆反射性能应符合设计要求。

4) 反光文字符号应采用电脑刻绘机来完成。标志底膜应在专用的真空热敏压贴机或连续电动滚压贴膜机上完成贴膜。文字符号一般采用转移膜法粘贴。

5) 反光膜应尽量减少拼接。当不能避免接缝时，应使用反光膜产品的最大宽度进行拼接，接缝以搭接为主。当需要滚筒粘贴或丝网印刷时，可以平接，其间隙不应超过 1mm。在距标志板边缘 50mm 范围内，不得拼接。

(2) 当批量生产版面和规格相同的标志时，可采用丝网印刷的方法。

(3) 包装、贮存及运输标志面时，应符合下列规定：

1) 采用丝网印刷的标志面应在油墨干透后才可以包装。

2) 贴上反光膜的标志板应用保护纸进行分隔，并应存放在室内干燥的地方。标志可以分层贮存，但应用发泡胶把两块标志分隔。标志也可以竖立贮存以减少压力，一些小标志可以悬挂贮存。

3) 标志面应有软衬垫材料加以保护，以免搬运中受到刻划或其他损伤。

(4) 采用其他标志面材料时，应符合设计文件的规定。

3. 钢构件的加工

(1) 所有钢构件的钻孔、冲孔、焊接均应按《公路桥涵施工技术规范》JTG/T F50 和设计文件的要求在防腐处理之前完成。

(2) 所有钢构件在运输过程中不应损伤防腐层。

4. 标志定位与基础设置

(1) 所有交通标志均应按设计文件的要求确定设置位置。

(2) 标志基础的地基承载力应满足设计文件的规定。设计文件中未规定时,地基承载力不得小于 150kPa。基础的施工应符合《公路桥涵施工技术规范》JTG/T F50 的规定,浇筑混凝土时,应注意准确设置地脚螺栓和底座法兰盘。

5. 标志安装

(1) 立柱必须在基础混凝土强度达到设计强度的 80% 以上时才能安装。

(2) 路侧柱式标志板可通过抱箍固定在立柱上。

(3) 悬臂、门架式标志吊装横梁时,应使预拱度达到设计文件的要求。

(4) 标志板安装到位后,应进行板面平整度和安装角度的调整。

6. 里程碑、百米桩、公路界碑的施工

(1) 里程碑、百米桩、公路界碑应按实际里程准确定位和设置。

(2) 里程碑、百米桩、公路界碑等混凝土预制件的施工及强度应符合《公路桥涵施工技术规范》JTG/T F50 和设计文件的规定。

(3) 除设计文件另有规定外,里程碑、百米桩、公路界碑应根据《道路交通标志和标线》GB 5768 的规定制作和刷漆。

6.2.1.4 验收

1. 标志的设置位置及安装角度应符合设计文件的要求。

2. 标志面应平整完好,无起皱、开裂、缺损或凸凹变形。

3. 标志面在夜间车灯照射下,底色和字符应清晰明亮、颜色均匀,不应出现明暗不均和影响认读的现象。

4. 标志板外形尺寸、底板厚度、文字高度、标志面的逆反射性能等应符合设计文件的规定。

5. 标志板下缘至路面的净空高度及标志板内缘距公路边缘线的距离应满足设计文件的要求。

6. 所有钢构件防腐层应均匀、颜色一致,不得有流挂、滴瘤或多余结块,镀件表面应无漏镀等缺陷。

7. 标志基础的地基承载力和规格、强度应符合设计要求。

6.2.2 标线、突起路标

标线、突起路标的内容有:一般规定;材料;施工;验收 4 部分。

6.2.2.1 一般规定

1. 新铺沥青混凝土路面的交通标线施工,可在路面施工完成一周后开始;新建水泥混凝土路面的交通标线施工,应在混凝土养护膜老化起皮并清除后开始。

2. 雨、雪、沙尘暴、强风、气温低于规定温度的天气,应暂停施工。

3. 突起路标宜在路面标线施工完成后安装,且不得影响标线质量。

4. 路面标线、突起路标施工过程中,应加强安全管理,维护标线涂料和突起路标的正常养护周期。

6.2.2.2 材料

1. 除设计文件另行规定外，路面标线涂料的性能、质量应符合《路面标线涂料》JT/T 280、《道路交通标线质量要求和检测方法》GB/T 16311 的规定。

2. 除设计文件另行规定外，突起路标的性能应符合《突起路标》GB/T 24725 的规定，底胶可采用耐候性专用沥青胶或环氧树脂。

6.2.2.3 施工

1. 路面标线的施工

(1) 路面应清洁干燥，不得存在松散颗粒、灰尘、沥青渣、油污或其他有害材料。

(2) 应根据公路横断面的具体尺寸和设计文件的要求确定标线位置和标线宽度、长度，在路面上划出标线位置。

(3) 正式施划前应进行试划，以检验划线车的行驶速度、线宽、标线厚度、玻璃珠撒布量等能否满足要求。调试合格后才能开始正式施工。

(4) 施工时，应按设计文件的要求留出排水孔，位于禁止超车线处的突起路标应空出其位置。

(5) 对施工中存在的缺陷，应及时修整。

(6) 成型标线带和防滑彩色路面标线的施工应符合产品使用说明书的规定。

2. 突起路标的施工

(1) 根据设计文件的要求确定突起路标的设置位置，反射体应面向行车方向。

(2) 路面和突起路标底部应清洁干燥并涂加胶粘剂。突起路标就位后，应在其顶部施加压力，排除空气，调整就位。

6.2.2.4 验收

1. 路面标线的颜色、形状和标线划法应符合《道路交通标志和标线》GB 5768 和设计文件的规定。

2. 路面标线、突起路标的设置位置和规格应符合设计文件的规定。

3. 标线线形应流畅，与公路线形相协调，曲线圆滑，不得出现折线。

4. 反光标线玻璃珠应撒布均匀，附着牢固，反光均匀。

5. 标线涂料表面不应出现网状裂缝、断裂裂缝、起泡、变色、剥落、纵向有长的起筋或拉槽等现象。

6. 突起路标的抗压荷载应大于 160kN，不得有任何破损开裂。

6.2.3 护栏、轮廓标

护栏、轮廓标的内容有：路基护栏；桥梁护栏；活动护栏；轮廓标 4 部分。

6.2.3.1 路基护栏

路基护栏包括：缆索护栏、波形梁护栏和混凝土护栏等。

1. 一般规定

(1) 缆索护栏、波形梁护栏的路基土压实度和混凝土护栏的地基承载力应符合设计文件的规定。

(2) 所有钢构件均应进行防腐处理。除《公路交通安全设施施工技术规范》JTG F71—2006 和设计文件另行规定外，防腐处理均应满足现行《高速公路交通工程钢构件防腐技术条件》GB/T 18226 的规定。螺栓、螺母等紧固件和连接件在防腐处理后，必须清理螺纹或进行离心分离处理。

2. 缆索护栏

(1) 材料

1) 除设计文件另行规定外，路侧用缆索护栏的各种材料应符合以下规定：

a. 缆索用钢丝绳应符合现行《镀锌钢绞线》YB/T 5004 的要求，缆索的性能和构造应符合表 6-2 的规定。

缆索的性能和构造　　　　　　表 6-2

钢丝绳直径 (mm)	单丝直径 (mm)	构造	钢丝绳公称抗拉强度 (MPa)	断面积 (mm²)	捻制方法	单位重量 (kg/m)
18	3.86	3 股 7 芯	≥1270	134	右同向捻	1.09

b. 端部立柱、中间端部立柱、中间立柱、间隔保持件、螺栓、螺母、垫圈等构件应符合《碳素结构钢》GB/T 700 中 Q235 钢的要求。

c. 托架所用钢板应符合《碳素结构钢和低合金结构钢热轧薄钢板和钢带》GB/T 912 的规定。

d. 索端锚具的拉杆螺栓和锚具以及固定缆索用别针应符合《优质碳素结构钢》GB/T 699 中 45 号优质碳素结构钢的规定。

2) 缆索用钢丝绳采用热浸镀锌防腐处理时，应采用单丝进行热浸镀锌的办法，并应符合《镀锌钢绞线》YB/T 5004 中有关镀锌层质量为 $250g/m^2$ 的规定。用于镀层的锌应满足现行《锌锭》GB/T 470 中特一号或一号锌的规定。

(2) 施工

1) 放样

a. 应根据现场桥梁、涵洞、通道、路线交叉、隧道等的分布确定控制立柱的位置，并测定控制立柱之间的间距，据此调整端部立柱、中间端部立柱、中间立柱的设置位置。

b. 应调查立柱下是否存在地下管线、构造物等设施，并进行适当处理。

2) 端部立柱和中间端部立柱的设置

a. 应根据设计文件的要求，将立柱、斜撑及底板焊接成牢固的三角形支架。

b. 应根据最终确定的立柱位置开挖基坑、浇筑混凝土基础，到达规定标高时，应对三角形支架进行准确定位。基坑开挖、地基检验、地基处理及混凝土的浇筑应符合《公路桥涵施工技术规范》JTG/T F50 的规定。

c. 位于桥梁、涵洞、通道、挡土墙等构造物处的端部立柱和中间端部立柱，应根据设计文件的要求进行基础预埋。

3) 中间立柱的设置

a. 中间立柱应定位准确，纵向和横向位置与公路线形一致。

b. 位于土基中的中间立柱，可采用挖埋法、钻孔法或打入法施工。立柱标高应符合设计要求，并不得损坏立柱端部。

c. 位于混凝土基础中的中间立柱，可设置在预埋的套筒内，通过灌注砂浆或混凝土固定，或通过地脚螺栓与桥梁护轮带基础相连。

4）托架安装

中间立柱或中间端部立柱上的托架，应按设计文件规定的托架编号和组合正确安装。

5）架设缆索

a. 缆索应在端部立柱和中间端部立柱的混凝土基础达到设计强度的80%以上时架设。

b. 缆索应支放在立柱的内侧，通过中间支架向另一端滚放。严禁在路面上长距离拖拽缆索。

c. 可用楔子固定或注入合金的方法将一端的缆索锚固在索端锚具上。

d. 应在另一端立柱或中间端部立柱上设置倒链滑车或杠杆式倒链张紧器将缆索临时拉紧。B级和A级缆索护栏的初拉力应为20kN，其他等级的缆索护栏初拉力应符合设计文件的规定。

e. 应根据索端锚具的规格，切断多余的缆索。缆索切断面应垂直整齐，不得松散，可按本项c规定的方法锚固在索端锚头上。

f. 索端锚具安装到端部立柱或中间端部立柱后，可卸除临时张拉力。

g. 缆索应按从上向下的顺序架设。

h. 缆索调整完毕后，应拧紧各中间立柱、中间端部立柱托架上的索夹螺栓。

(3) 验收

1）立柱埋深不得小于设计值。采用挖埋法施工时，回填土应分层夯实，并达到规定的压实度。立柱埋入混凝土基础中时，基础的几何尺寸、强度等级应符合设计要求。

2）立柱顶部不应出现明显的变形、倾斜、扭曲或卷边等现象。

3）索端锚具、托架、索夹螺栓应安装到位、固定牢固。托架组合应与缆索护栏的类别相适应。

4）钢构件表面不得有气泡、剥落、漏镀及划痕等表面缺陷。

5）直线段护栏应线形平顺，曲线段护栏应线形圆滑顺畅。

6）立柱中距、立柱垂直度、缆索的高度应满足设计要求。

3. 波形梁护栏

(1) 材料

除设计文件另行规定外，路侧及中央分隔带波形梁护栏所用的各种材料的规格、材质均应符合《公路波形梁钢护栏》JT/T 281、《公路三波形梁钢护栏》JT/T 457 及《结构用冷弯空心型钢尺寸、外形、重量及允许偏差》GB/T 6728 等标准、规范的要求。

(2) 施工

1）立柱放样

a. 应根据设计文件进行立柱放样，并以桥梁、通道、涵洞、隧道、中央分隔带开口、紧急电话开口、路线交叉等控制立柱的位置，进行测距定位。

b. 立柱放样时可利用调节板调节间距，并利用分配方法处理间距零头数。

c. 应调查立柱所在处是否存在地下管线、排水管等设施，或构造物顶部埋土深度不足的情况。

2）立柱安装

a. 立柱安装应与设计文件相符，并与公路线形相协调。

b. 位于土基中的立柱,可采用打入法、挖埋法或钻孔法施工。立柱标高应符合设计要求,并不得损坏立柱端部。

(a) 采用打入法打入过深时,不得将立柱部分拔出加以矫正,必须将其全部拔出,将基础压实后再重新打入。立柱无法打入到要求深度时,严禁将立柱的地面以上部分焊割、钻孔,不得使用锯短的立柱。

(b) 采用挖埋法施工时,回填土应采用良好的材料并分层夯实,回填土的压实度不应小于设计规定值。填石路基中的柱坑,应用粒料回填并夯实。

(c) 采用钻孔法施工时,立柱定位后应用与路基相同的材料回填,并分层夯填密实。

c. 在铺有路面的路段设置立柱时,柱坑从路基至面层以下 5cm 处应采用与路基相同的材料回填并分层夯实,余下部分应采用与路面相同的材料回填并压实。

d. 位于石方区的立柱,应根据设计文件的要求设置混凝土基础。

e. 位于小桥、通道、明涵等混凝土基础中的立柱,可设置在预埋的套筒内,通过灌注砂浆或混凝土固定,或通过地脚螺栓与桥梁护轮带基础相连。

f. 立柱安装就位后,其水平方向和竖直方向应形成平顺的线形。

g. 护栏渐变段及端部的立柱,应按设计规定的坐标进行安装。

3) 防阻块、托架、横隔梁安装

a. 防阻块、托架应通过连接螺栓固定于护栏板和立柱之间,在拧紧连接螺栓前应调整防阻块、托架使其准确就位。防撞等级为 SA、SAm 和 SS 的波形梁护栏在安装防阻块时,应同时安装上层立柱,线形应与下层立柱相同。

b. 设有横隔梁的中央分隔带护栏,应在立柱准确定位后安装横隔梁。在护栏板安装前,横隔梁与立柱间的连接螺栓不应过早拧紧。

4) 横梁安装

a. 护栏板应通过拼接螺栓相互连接成纵向横梁,并由连接螺栓固定于防阻块、托架或横隔梁上。护栏板拼接方向应与行车方向一致。拼接螺栓必须采用高强螺栓。

b. 防撞等级为 SA、SAm 和 SS 的波形梁护栏通过螺栓将上层横梁与上层立柱加以连接。

c. 立柱间距不规则时,可利用调节板、梁进行调节,不得采用现场切割护栏板的方法。

d. 所有的连接螺栓及拼接螺栓应在护栏的线形达到规定要求时才能拧紧。终拧扭矩应符合表 6-3 的规定。

波形梁护栏板连接螺栓及拼接螺栓的终拧扭矩规定值　　　　表 6-3

螺栓类型	螺栓直径(mm)	扭矩值(N·m)
普通螺栓	M16	60~68
	M20	95~102
	M22	163~170
高强螺栓		315~430

5) 端头安装

各类护栏端头应通过拼接螺栓与护栏板牢固连接,拼接螺栓必须采用高强螺栓。防撞等级为 SA、SAm 和 SS 的波形梁护栏上横梁必须按设计文件的规定进行端部处理。

(3) 验收

1) 护栏立柱的埋深、基础规格、土基压实度、端部和过渡段处理应符合设计规范和设计文件的规定。

2) 立柱位置、立柱中距、垂直度、横梁中心高度应符合设计要求。

3) 所有构件不应因运输、施工造成防腐层的损伤。

4) 直线段护栏不得有明显的凹凸、起伏现象；曲线段护栏应圆滑顺畅，与线形协调一致；中央分隔带开口端头护栏的线形应与设计文件相符。

5) 波形梁板搭接方向应正确，搭接平顺，垫圈齐备，螺栓紧固。

6) 防阻块、托架、横隔梁、端头的安装应与设计文件相符，安装到位，不得有明显变形、扭转、倾斜。

7) 波形梁板和立柱不得现场焊割和钻孔。

8) 立柱及柱帽安装牢固，其顶部应无明显塌边，变形、开裂等缺陷。

4. 混凝土护栏

(1) 材料

1) 配制混凝土所用的水泥、细集料、粗集料、拌合用水、外加剂以及钢筋等材料，应符合《公路桥涵施工技术规范》JTG/T F50 的规定。

2) 除设计文件另行规定外，钢管桩应符合《碳素结构钢》GB/T 700 标准中 Q235 钢的性能要求。

(2) 施工

混凝土护栏的施工除应符合《公路桥涵施工技术规范》JTG/T F50 的规定外，还应满足下列要求：

1) 应根据现场条件确定并核对混凝土护栏的设置位置，确定控制点，检测基础承载力是否达到设计规范或设计文件的要求。

2) 现场浇筑混凝土护栏

a. 采用固定模板法施工时，模板宜采用钢模板，钢模板的厚度不应小于 4mm。

b. 浇筑混凝土前，应按设计文件的要求绑扎钢筋及预埋件。钢模板涂隔离剂后，可浇筑混凝土。

c. 混凝土浇筑前的温度应维持在 10~32℃ 之间。

d. 采用滑动模板法施工时，滑模机的施工速度应根据旋转搅拌车、混凝土卸载速度以及成型断面的大小决定，可采用 0.5~0.7m/min。混凝土振捣由设置在滑模机上的液压振动器完成，振动器应能根据混凝土的坍落度无级调速，一边振动一边前进。振动器的数量可根据混凝土护栏断面形状，配置 5 根左右。

e. 两处伸缩缝之间的混凝土护栏必须一次浇筑完成，伸缩缝应与水平面垂直，宽度应符合设计文件的规定，伸缩缝内不得连浆。

f. 混凝土初凝后，严禁振动模板，预埋钢筋不得承受外力。

g. 应根据气温和混凝土强度确定拆模时间，一般可在混凝土终凝后 3~5 天拆除混凝土护栏侧模。拆模时不应损坏混凝土护栏的边角，并应保持模板的完好状况。

h. 假缝可在混凝土护栏拆除模板后，按设计文件要求的间距和规格采用切割机切开，并应保证断面光滑、平整。

3）预制混凝土护栏

a. 预制混凝土护栏的施工场地应平整、坚实、排水良好、交通方便。

b. 应采用钢模板，模板长度应根据吊装和运输条件确定，宜采用固定的规格。

c. 每块预制混凝土护栏必须一次浇筑完成。

d. 拆模时间应根据气温和混凝土达到的强度而定，拆模时混凝土强度不应低于设计强度的70%。拆模时不得损坏混凝土护栏的边角，并应保持模板完好。

e. 在起吊、运输和堆放过程中，不得损坏混凝土护栏构件的边角，否则在安装就位后，应采用高于混凝土护栏强度的材料及时修补。

f. 混凝土护栏的安装应从一端逐步向前推进，护栏的线形应与公路的平、纵线形相协调。

g. 中央分隔带混凝土护栏在超高路段，应按设计文件要求处理好排水问题。

（3）验收

1）混凝土护栏的线形应与公路线形相一致，直线段不得出现明显的凸凹，曲线段应圆滑顺畅。

2）混凝土护栏外观、色泽应均匀一致，不应出现漏石、蜂窝、麻面、裂缝、脱皮、啃边、掉角以及印痕等现象。

3）混凝土护栏的强度等级、基础处理、地基承载力、端部处理及纵向连接等均应达到设计规范或设计文件的规定值。

4）混凝土护栏施工时，不得损坏已完工的超高路段纵向排水沟、集水井、盲沟及管线等设施。

6.2.3.2 桥梁护栏

1. 一般规定

（1）桥梁护栏应在桥梁车行道板、人行道板施工完毕，跨中支架及脚手架拆除后桥跨处于独立支撑的状态时才能施工。

（2）对于焊接的金属护栏，在进行防腐处理前应对所有外露焊缝做好磨光或补满的清面工作。

（3）桥梁护栏施工前应对所有预埋件的设置位置、强度、腐蚀程度进行检查，不符合要求的必须整改。

2. 材料

（1）除设计文件另行规定外，桥梁护栏用各种材料应符合下列规定：

1）钢材应符合《碳素结构钢》GB/T 700的规定。

2）铝合金材料应符合《一般工业用铝及铝合金挤压型材》GB/T 6892、《铝及铝合金拉（轧）制无缝管》GB/T 6893、《一般工业用铝及铝合金板、带材》GB/T 3880.2～3880.3等的规定。

3）配制混凝土所用的水泥、细集料、粗集料、拌合用水、外加剂以及钢筋等材料，应符合《公路桥涵施工技术规范》JTG/T F50的规定。

4）拼接螺栓应采用高强螺栓，并符合《钢结构用高强度大六角头螺栓》GB/T 1228、《钢结构用高强度大六角螺母》GB/T 1229和《钢结构用高强度垫圈》GB/T 1230的有关规定。连接螺栓宜选用普通螺栓,并符合《六角头螺栓》GB/T 5782、《1型六角螺母》GB/T 6170和《平垫圈A级》GB/T 97.1等的规定。

(2) 桥梁护栏的防腐处理应符合下列规定:

1) 所有钢构件均应进行防腐处理。除设计文件另行规定外,防腐处理均应满足《高速公路交通工程钢构件防腐技术条件》GB/T 18226的规定。螺栓、螺母等紧固件和连接件在防腐处理后,必须清理螺纹或进行离心分离处理。

2) 铝合金构件可不考虑防腐处理,但在经常使用盐水除冰和靠近海岸的路段,以及由于长期使用表面变色而影响美观的路段,可采用阳极氧化涂装复合涂料或热固性丙烯树脂涂料进行防腐处理,其涂膜厚度一般为20~30μm。与水泥混凝土或灰浆直接接触的铝合金构件表面至少需热镀沥青两次,并应在热镀之前清除其表面油脂。

3) 不同材质的金属构件互相接触时应使用非金属套、垫或保护层使两者隔离。

4) 地脚螺栓在基础表面以下5cm范围内应采取适当的防锈措施。

3. 金属桥梁护栏的施工

(1) 立柱放样与预埋件设置

1) 应以桥梁伸缩缝附近的端部立柱作为控制立柱,并在控制立柱之间测距定位。

2) 立柱间距出现零数时,可用分配的办法使其符合横梁规定的尺寸,立柱宜等距设置。

3) 在车行道板或人行道板上应准确地设置套筒或地脚螺栓等预埋件,并采取适当措施,使预埋件在桥梁施工期间免遭损坏。

(2) 护栏安装

1) 横梁和立柱的安装位置应准确。连接螺栓和拼接螺栓开始时不宜过早拧紧,以便在安装过程中充分利用横梁和立柱法兰盘的长圆孔进行调整,使其线形顺适,不应出现局部的凹凸现象。调整完毕后,必须拧紧螺栓。

2) 横梁、立柱等构件在安装过程中应避免损坏防腐层。安装完成后,应对被损坏的防腐层按规定的方法进行修复。

4. 钢筋混凝土墙式和梁柱式桥梁护栏的施工

(1) 宜采用现场浇筑的方法进行施工,当采用预制件时,护栏与车行道板或人行道板间应按照设计文件的要求进行可靠连接。

(2) 护栏的施工应符合6.2.3.1的规定。

(3) 护栏伸缩缝内清理干净后,应填满橡胶或沥青胶泥等弹性、不透水的材料。

(4) 端部翼墙应根据设计文件的要求加工模板,设置在桥梁上或路基段的端部翼墙应采用现场浇筑施工方法,并设置预埋件。

5. 组合式桥梁护栏的施工

(1) 金属结构部分应符合本条第3款中的规定。

(2) 钢筋混凝土部分应符合本条第4款中的规定。

6. 验收

(1) 桥梁护栏的形式、设置位置、构件规格及基础连接应与设计文件相一致,线形应与桥梁相协调。

(2) 护栏伸缩缝的宽度应与桥梁主体结构相一致。

(3) 钢构件应连接牢固，符合设计规范和设计文件的要求。防腐处理表面应光洁，焊缝处不应有毛刺、滴瘤和多余结块，防腐层应均匀。

(4) 钢筋混凝土护栏表面不应出现裂缝、蜂窝、剥落、露筋等缺陷。

(5) 桥梁护栏与路基护栏连接应设置符合设计文件要求的护栏过渡段。

6.2.3.3 活动护栏

1. 一般规定

(1) 插拔式活动护栏的预埋基础应在面层施工前完成，其余部分应在路面施工后安装。插拔式活动护栏应在工厂加工制作。

(2) 充填式活动护栏应在路面施工后安装。

2. 材料

(1) 除设计文件另行规定外，活动护栏所用的材料应符合下列规定：

1) 插拔式活动护栏所采用钢构件应符合《碳素结构钢》GB/T 700 的规定。混凝土基础所用的钢筋、水泥、细集料、粗集料、拌合用水、外加剂等材料，应符合《公路桥涵施工技术规范》JTG/T F50 的规定，

2) 充填式活动护栏所采用的玻璃钢材料应符合《公路用玻璃纤维增强塑料产品》GB/T 24721 的规定。

(2) 插拔式活动护栏所用的钢构件均应进行防腐处理。除设计文件另行规定外，防腐处理应符合《高速公路交通工程钢构件防腐技术条件》GB/T 18226 的规定。

3. 施工

(1) 插拔式活动护栏的施工

1) 插拔式活动护栏基础应根据设计文件放样，并与中央分隔带护栏端头相协调。应调查基础与地下管线是否冲突，经论证可对基础的埋设位置或标高进行适当调整。

2) 混凝土基础可采用现浇法施工，并应符合《公路桥涵施工技术规范》JTG/T F50 的规定，混凝土浇筑时应按设计文件的规定预埋连接件。基础施工完成后应采取措施，防止杂物落入预埋套管内。

3) 基础混凝土强度达设计强度的 70% 以上后，可将焊接成整体的插拔式活动护栏片插入预埋套管内。

4) 对有防眩和视线诱导要求的路段，应按设计文件要求安装防眩设施和轮廓标。

(2) 充填式活动护栏的施工

1) 充填式活动护栏应按设计文件的规定放样定位和拼装。

2) 线形调整平顺后，应将符合设计文件要求的材料按规定数量充填活动护栏。

4. 验收

(1) 活动护栏的形式、规格、钢构件的防腐处理应符合设计文件的要求。

(2) 插拔式活动护栏的预埋套管应定位精确。

(3) 活动护栏宜与两端护栏齐平，线形与公路保持一致。

(4) 充填式护栏的充填材料和数量应符合设计文件的规定。

(5) 有防眩和视线诱导要求的路段应安装相应的防眩设施和轮廓标。

6.2.3.4 轮廓标

1. 一般规定

(1) 轮廓标应在具备安装条件时施工。

(2) 在施工安装前,应对轮廓标的埋设条件、位置、数量进行核对。

2. 材料

(1) 除设计文件另行规定外,轮廓标所用材料应符合《轮廓标》GB/T 24970 的规定。混凝土基础所用的钢筋、水泥、细集料、粗集料、拌合用水、外加剂等材料,应符合《公路桥涵施工技术规范》JTG/T F50 的规定。

(2) 所有钢构件均应进行防腐处理。除设计文件另行规定外,防腐处理均应满足现行《高速公路交通工程钢构件防腐技术条件》GB/T 18226 的规定。螺栓、螺母等紧固件和连接件在防腐处理后,必须清理螺纹或进行离心分离处理。

3. 施工

(1) 柱式轮廓标的施工

1) 柱式轮廓标应按设计文件的规定量距定位。

2) 混凝土基础可采用现浇或预制的方法施工,并应符合《公路桥涵施工技术规范》JTG/T F50 的规定,预制时应按设计文件的规定预埋连接件。

3) 柱式轮廓标安装时,柱体应垂直于水平面,三角形柱体的顶角平分线应垂直于公路中心线,柱体与混凝土基础之间可用螺栓连接。

(2) 附着式轮廓标的施工

1) 附着于梁柱式护栏上的轮廓标可按立柱间距定位,附着于混凝土护栏和隧道侧墙上的轮廓标应量距定位。

2) 附着式轮廓标应按照放样确定的位置进行安装。反射器的安装角度应符合设计文件的规定。安装高度宜尽量统一,并应连接牢固。

4. 验收

(1) 轮廓标安装完成后应与公路线形协调一致。夜间应反光明亮、线条流畅。安装高度宜保持一致。

(2) 轮廓标的外形尺寸应符合设计文件的规定。

(3) 柱式轮廓标应安装牢固,柱体表面不应有明显的划痕、气泡、裂纹及颜色不均等缺陷。

(4) 附着式轮廓标应安装牢固、角度准确、高度一致。

(5) 钢构件表面防腐处理应满足设计文件的规定。

6.2.4 防眩设施

防眩设施的内容有:一般规定;材料;施工;验收 4 部分。

1. 一般规定

(1) 桥梁段或混凝土护栏上设置防眩板、防眩网时,应对预埋件的设置位置、强度和腐蚀程度进行检查,不符合要求的应整改。

(2) 植树防眩应符合设计文件和有关规范的规定。

2. 材料

(1) 除设计文件另行规定外,防眩板、防眩网所用材料应符合《防眩板》GB/T 24718 的规定。独立设置的混凝土基础所用的钢筋、水泥、细集料、粗集料、拌合用水、外加剂等材料，应符合《公路桥涵施工技术规范》JTG/T F50 的规定。

（2）所有钢构件均应进行防腐处理。除设计文件另行规定外，防腐处理均应满足《高速公路交通工程钢构件防腐技术条件》（GB/T 18226）的规定。螺栓、螺母等紧固件和连接件在防腐处理后，必须清理螺纹或进行离心分离处理。

3. 施工

（1）设置于混凝土护栏上的防眩板或防眩网的安装

1）防眩板或防眩网可通过混凝土护栏顶部的预埋件及连接件安装在混凝土护栏上。未设置预埋件时，可采取后固定的施工工艺安装。

2）混凝土护栏强度低于设计强度的70%时，不得安装防眩板或防眩网。

3）防眩板或防眩网下缘与混凝土护栏顶部的间距应符合设计文件的规定。

4）防眩板或防眩网安装后，不得削弱混凝土护栏的原有功能。

（2）设置于波形梁护栏上的防眩板或防眩网的安装

1）防眩板或防眩网可通过连接件安装在波形梁护栏上。

2）防眩板或防眩网安装在波形梁护栏上时，不得削弱波形梁护栏的原有功能。

3）防眩板或防眩网下缘与波形梁护栏顶面的间距应符合设计文件的规定。

4）施工过程中不应损伤波形梁护栏的防腐层，否则应在24h之内予以修补。

（3）独立设置立柱的防眩板或防眩网的安装

1）施工前，应清理场地、协调与其他设施的关系。

2）防眩板或防眩网单独设置立柱时，可根据所在位置将立柱埋入土中、设置混凝土基础或固定于桥梁、通道、明涵等构造物上。设置混凝土基础，其强度达到设计强度的70%以上时，才能在立柱上安装防眩板或防眩网。

3）立柱施工时，不得破坏地下管线和排水设施。

4. 验收

（1）防眩板或防眩网安装完成后，其设置路段、防眩高度、遮光角应满足设计要求。

（2）防眩板或防眩网整体应与公路线形协调一致，不得有明显的扭曲或凹凸不平。

（3）防眩板或防眩网外观不应有划痕、颜色不均等缺陷。防腐层不得有气泡、裂纹、疤痕、端面分层、毛刺等缺陷。

（4）防眩板或防眩网应牢固安装。

6.2.5 隔离栅和桥梁护网

隔离栅和桥梁护网的内容有：一般规定；材料；施工；验收 4 部分。

1. 一般规定

（1）隔离栅所在位置应进行场地清理，软基应进行处理。

（2）桥梁护网施工前应对所有预埋件的设置位置、强度、腐蚀程度进行检查，不符合要求的应整改。

2. 材料

（1）除设计文件另行规定外，隔离栅和桥梁护网所用的金属材料应符合《隔离栅技术条件》JT/T 374 的规定，混凝土立柱和基础所用的钢筋、水泥、细集料、粗集料、拌合用水、外加剂等材料应符合《公路桥涵施工技术规范》JTG/T F50 的规定。

（2）所有钢构件均应进行防腐处理。除设计文件另行规定外，防腐处理均应满足《高速公路交通工程钢构件防腐技术条件》GB/T 18226 的规定。螺栓、螺母等紧固件和连接件在防腐处理后，必须清理螺纹或进行离心分离处理。

3. 施工

（1）隔离栅的施工

1）应根据设计文件中规定的隔离栅设置位置和实际地形、地物条件确定控制立柱的位置和立柱中心线，在控制立柱之间按设计文件规定的柱距定出柱位。

2）每个柱位均应按设计文件的要求确定高程，并应按实际地形进行调整。

3）应根据设计文件的规定开挖基坑。

4）立柱应根据设计文件的规定设置在现浇混凝土基础或预制混凝土基础内。立柱的埋设应分段进行。可先埋设两端的立柱，然后拉线埋设中间立柱，控制立柱与中间立柱的平面投影应在一条直线上，柱顶应平顺。预制混凝土立柱和基础在运输及装卸时应避免折断或损坏边角。

5）混凝土基础强度达到设计强度的 70% 以上时，可按下列规定安装隔离栅网片：

a. 安装无框架卷网时，应从端头立柱开始，沿纵向展开，边铺设边拉紧，挂钩时网片不得变形。

b. 安装有框架的片网时，网面应平整，框架应整体平顺、美观，框架与立柱应连接牢固。

c. 安装刺钢丝网时，应从端头立柱开始。刺钢丝之间应平行、平直，绷紧后应与立柱上的铁钩牢固绑扎，横向与斜向刺钢丝相交处也应绑扎牢固。

6）隔离栅网片安装完毕后，应对基础周围进行夯实处理。

（2）桥梁护网的施工

1）应以上跨桥梁与公路、铁路等设施的交叉点为控制点，向两侧对称进行桥梁护网的施工。桥梁护网的设置长度应符合设计文件的规定。

2）应根据桥梁护网立柱预埋基础的位置安装立柱。未设置预埋件时，应采取后固定的施工工艺固定立柱。

3）桥梁防护网网片应牢固地安装在立柱上，网片应平整、绷紧。

4）应根据设计文件的规定对桥梁护网做防雷接地处理。

4. 验收

（1）隔离栅和桥梁护网的封闭应严密、牢固，不应出现缺口。

（2）隔离栅应与公路线形走向一致，顺直、流畅，纵坡起伏自然、美观。

（3）混凝土基础尺寸和埋深、立柱的垂直度和柱间距、网面高度以及混凝土立柱和基础的强度等级应符合设计文件的规定。

（4）安装完成的金属片不得有明显变形，电焊网不得脱焊、虚焊。

（5）镀锌层表面应均匀完整、颜色一致，不得有气泡、裂纹、疤痕、折叠等缺陷。

（6）混凝土立柱应密实平整，不得有裂缝、翘曲、蜂窝、麻面等缺陷，

（7）桥梁护网的防雷接地处理应符合设计文件的规定。

6.3 试验检测项目、检测方法、频率及评定要求

6.3.1 试验检测项目

公路交通安全设施质量检测分为实验室检测（送样检测）和工程现场检测（抽样检测）两部分。

6.3.1.1 实验室检测（送样检测）

1. 道路交通标志产品的试验检测项目有：结构尺寸、外观质量、钢构件防腐层质量、材料力学性能、标志板面色度性能、反光型标志板面光度性能、标志板抗冲击性能、耐盐雾腐蚀性能、标志板耐高低温性能、标志板耐候性能、标志板面与标志底板的附着性能及标志板面油墨与反光膜的附着性能等。

2. 反光膜产品的试验检测项目有：外观、色度性能、逆反射性能、耐候性能、盐雾腐蚀试验、溶剂试验、冲击试验、弯曲试验、高低温试验、收缩试验、反光膜的附着性能试验、防沾纸的剥离试验及抗拉试验等。

3. 路面标线涂料的试验检测项目有：容器中状态、黏度、密度、施工性能与涂膜制备、涂膜外观、热稳定性、不黏胎干燥时间、遮盖率、色度性能、耐磨性、耐水性、耐碱性、附着性、柔韧性、固体含量、冻融稳定性、早期耐水性、软化点、热熔状态、抗压强度、玻璃珠含量、流动度、涂层低温抗裂性、加热稳定性及人工加速耐候性等。

4. 路面标线用玻璃珠的试验检测项目有：外观检查、粒径分布、成圆率、密度、折射率、耐水性、磁性颗粒含量及防水涂层要求等。

5. 波形梁护栏产品的试验检测项目有：基材的化学成分及机械性能、外形尺寸、外观质量及防腐层质量等。

6. 缆索护栏产品的试验检测项目有：外形结构、材料性能及金属构件防腐层质量等。

7. 隔离栅产品的试验检测项目，见表 6-15～表 6-18 的规定。

8. 防眩板产品的试验检测项目有：外观质量、结构尺寸、整体力学性能、耐溶剂性能、耐水性能、环境适应性能、玻璃钢防眩板理化性能、钢质金属基材防眩板理化性能等。

9. 突起路标产品的试验检测项目有：外观质量、结构尺寸、色度性能、逆反射性能、整体抗冲击性能、逆反射器抗冲击性能、抗压荷载、纵向弯曲强度、耐磨损性能、耐温度循环、碎裂后状态、金属反光膜附着性能、耐盐雾腐蚀性能及耐候性能等。

10. 太阳能突起路标产品的试验检测项目有：一般要求和外观质量、外形尺寸、太阳能电池和储能元件的匹配性能、循环使用寿命、主动发光单元工作时的发光强度和色品坐标、逆反射器的发光强度系数和色品坐标、闪烁频率、夜间视认距离、耐溶剂性能、密封性能、耐磨损性能、抗压性能、耐低温、高温、湿热、温度交变、机械振动等性能、耐循环盐雾性能及耐候性能等。

11. 轮廓标产品的试验检测项目有：外观质量、外形尺寸、色度性能、光度性能、耐候性能、耐盐雾腐蚀性能、耐高低温性能、密封性能、弯曲性能及黑色标记的剥离性能等。

12. 高密度聚乙烯硅芯塑料管（硅芯管）的试验检测项目有：外观检验、尺寸测量、

物理化学性能等。

13. 双壁波纹管的试验检测项目有：颜色及外观、结构尺寸及长度、承口尺寸、弯曲度、落锤冲击、扁平、环刚度、复原率、坠落、纵向回缩率、连接密封性、维卡软化温度、静摩擦系数及蠕变比率等。

14. 公路用玻璃纤维增强塑料管道的试验检测项目有：外观质量、结构尺寸、通用物理力学性能、氧指数、耐水性能、耐化学介质性能及环境适应性能等。

15. 公路用玻璃纤维增强塑料管箱的试验检测项目有：外观质量、结构尺寸、通用物理力学性能、氧指数、耐水性能、耐化学介质性能、环境适应性能等。

16. 防腐粉末涂料产品的试验检测项目有：粉体外观质量、涂层外观质量、涂层厚度、涂层附着性、涂层耐冲击性、涂层抗弯曲性、涂层耐化学腐蚀性、涂层耐盐雾性能、涂层耐湿热性能、涂层耐低温脆化性、耐候性能、挥发物含量、粒度分布、表观密度、熔融指数、光泽度、拉伸强度、断裂延伸率、涂层硬度、维卡软化点及耐环境应力开裂等。

6.3.1.2 工程现场检测（抽样检测）

1. 交通标志的实测项目

按《公路工程质量检验评定标准 第一册 土建工程》JTG F80/1—2004 的规定，交通标志实测项目见表 6-4。

交通标志实测项目 表 6-4

检查项目	规定值或允许偏差	检查方法和频率
标志板外形尺寸（mm）	±5。当边长尺寸大于 1.2m 时允许偏差为边长的 ±0.5%；三角形内角应为 60°±5°	钢卷尺、万能角尺、卡尺：检查 100%
标志底板厚度（mm）	不小于设计	
标志汉字、数字、拉丁字的字体及尺寸（mm）	应符合规定字体，基本字高不小于设计	字体与标准字体对照，字高用钢卷尺：检查 10%
标志面反光膜等级及逆反射系数（$cd \cdot lx^{-1} \cdot m^{-2}$）	反光膜等级符合设计。逆反射系数值不低于《公路交通标志板技术条件》JT/T 279 规定	反光膜等级用目测初定。便携式测定仪：检查 100%
标志板下缘至路面净空高度及标志板内缘距路边缘距离（mm）	+100，0	用直尺、水平尺或经纬仪：检查 100%
立柱竖直度（mm/m）	±3	垂线、直尺：检查 100%
标志金属构件镀层厚度（μm）	标志柱、横梁≥78，紧固件≥50	测厚仪：检查 100%
标志基础尺寸（mm）	−50，+100	钢尺、直尺：检查 100%
基础混凝土强度	在合格标准内	基础施工同时做试件每处 1 组（3 件）：检查 100%

2. 路面标线的实测项目

(1) 按《道路交通标线质量要求和检测方法》GB/T 16311—2009 的规定，路面标线的试验检测项目有：外观质量、外形尺寸、标线厚度（湿膜厚度、干膜厚度、已成形标线的厚度）、色度性能（表面色、逆反射色）、光度性能、抗滑值 BPN 及面撒玻璃珠分布等。

(2) 按《公路工程质量检验评定标准 第一册 土建工程》JTG F80/1—2004 的规

定,路面标线实测项目见表 6-5。

路面标线实测项目 表 6-5

检查项目		规定值或允许偏差	检查方法和频率
标线线段长度 (mm)	6000	±50	钢卷尺；抽检 10%
	4000	±40	
	3000	±30	
	1000～2000	±20	
标线宽度 (mm)	400～450	+15,0	钢尺；抽检 10%
	150～200	+8,0	
	100	+5,0	
标线厚度 (mm)	常温型 (0.12～0.2)	−0.03,+0.10	湿膜厚度计,干膜用水平尺、塞尺或用卡尺抽检 10%
	加热型 (0.20～0.4)	−0.05,+0.15	
	热熔型 (1.0～4.50)	−0.10,+0.50	
标线横向偏位 (mm)		±30	钢卷尺；抽检 10%
标线纵向间距 (mm)	9000	±45	钢卷尺；抽检 10%
	6000	±30	
	4000	±20	
	3000	±15	
标线剥落面积		检查总面积的 0～3%	4 倍放大镜；目测检查
反光标线逆反射系数 (cd.$lx^{-1} \cdot m^{-2}$)		白色标线≥150 黄色标线≥100	反光标线逆反射系数测量仪：抽检 10%

3. 波形梁钢护栏的实测项目

按《公路工程质量检验评定标准 第一册 土建工程》(JTG F80/1—2004)的规定,波形梁钢护栏实测项目见表 6-6。

波形梁钢护栏实测项目 表 6-6

检查项目	规定值或允许偏差	检查方法和频率
波形梁板基底金属厚度 (mm)	±0.16	板厚千分尺：抽检 5%
立柱壁厚 (mm)	4.5±0.25	测厚仪、千分尺：抽检 5%
镀(涂)层厚度 (μm)	符合设计	测厚仪：抽检 10%
拼接螺栓(45 号钢)抗拉强度 (MPa)	≥600	抽样做拉力试验,每批 3 组
立柱埋入深度	符合设计规定	过程检查,直尺：抽检 10%
立柱外边缘距路肩边线距离 (mm)	±20	直尺：抽检 10%
立柱中距 (mm)	±50	钢卷尺：抽检 10%
立柱竖直度 (mm/m)	±10	垂线、直尺：抽检 10%
横梁中心高度 (mm)	±20	直尺：抽检 10%
护栏顺直度 (mm/m)	±5	拉线、直尺：抽检 10%

4. 混凝土护栏的实测项目

按《公路工程质量检验评定标准 第一册 土建工程》JTG F80/1—2004 的规定，混凝土护栏实测项目见表 6-7。

混凝土护栏实测项目　　　　　　　　　　　　　　　　　　　表 6-7

检查项目		规定值或允许偏差	检查方法和频率
护栏混凝土强度（MPa）		在合格标准内	按附录 8 检查
地基压实度（%）		符合设计要求	现场检查
护栏断面尺寸（mm）	高度	±10	直尺、钢卷尺：抽检 10%
	顶宽	±5	
	底宽	±5	
基础平整度（mm）		10	水平尺；检查 100%
轴向横向偏位（mm）		±20 或符合设计要求	直尺、钢卷尺：抽检 10%
基础厚度（mm）		±10%H	过程检查，直尺：检查 100%

5. 缆索护栏的实测项目

按《公路工程质量检验评定标准 第一册 土建工程》JTG F80/1—2004 的规定，缆索护栏实测项目见表 6-8。

缆索护栏实测项目　　　　　　　　　　　　　　　　　　　表 6-8

检查项目	规定值或允许偏差	检查方法和频率
缆索直径（mm）	18±0.5	卡尺：抽检 10%
单丝直径（mm）	$2.86^{+0.10}_{-0.02}$	
初张力（kN）	±5%	过程检查，张拉计：抽检 10%
最下一根缆索的高度（mm）	±20	直尺：抽检 10%
立柱壁厚（mm）	±0.10	千分尺：抽检 10%
立柱埋入深度	符合设计要求	过程检查，抽检 10%
立柱竖直度（mm/m）	±10	垂线、直尺：抽检 10%
立柱中距（mm）	±50	直尺：抽检 10%
镀锌层厚度（μm）	立柱≥85	测厚仪：抽检 10%
	索端锚具≥50	
	紧固件≥50	
	镀锌钢丝≥33	
混凝土基础尺寸	符合设计规定	过程检查，直尺：检查 100%
混凝土强度	在合格标准内	基础施工同时做试件，每个工作班 1 组（3 件），检查试件的强度，抽检 100%

6. 突起路标的实测项目

按《公路工程质量检验评定标准 第一册 土建工程》JTG F80/1—2004 的规定，突起路标实测项目见表 6-9。

突起路标实测项目 表 6-9

检查项目	规定值或允许偏差	检查方法和频率
安装角度（°）	±5	角尺：抽检 10%
纵向间距（mm）	±50	钢卷尺：抽检 10%
损坏及脱落个数	<0.5%	检查损坏及脱落个数：抽检 30%
横向偏位（mm）	±50	钢卷尺：抽检 10%
承受压力（kN）	>160	检查测试记录
光度性能	在规定范围内	检查测试报告

7. 轮廓标的实测项目

按《公路工程质量检验评定标准 第一册 土建工程》JTG F80/1—2004 的规定，轮廓标实测项目见表 6-10。

轮廓标实测项目 表 6-10

检查项目	规定值或允许偏差	检查方法和频率
柱式轮廓标尺寸（mm）	三角形断面：底边允许偏差为±5，三角形高允许偏差为±5；柱式轮廓标总长允许偏差为±10	钢尺：抽检 10%
安装角度（°）	0～5	花杆、十字架、卷尺、万能角尺：抽检 10%
反射器中心高度（mm）	±20	直尺：抽检 10%
反射器外形尺寸（mm）	±5	卡尺、直尺：抽检 10%
光度性能	在合格标准内	检查检测报告

8. 防眩设施的实测项目

按《公路工程质量检验评定标准 第一册 土建工程》（JTG F80/1—2004）的规定，防眩设施实测项目见表 6-11。

防眩设施实测项目 表 6-11

检查项目	规定值或允许偏差	检查方法和频率
安装高度（mm）	±10	钢卷尺：抽检 5%
镀（涂）层厚度	符合设计	涂层测厚仪：抽检 5%
防眩板宽度（mm）	±5	直尺：抽检 5%
防眩板设置间距（mm）	±10	钢卷尺：抽检 10%
竖直度（mm/m）	±5	垂线、直尺：抽检 10%
顺直度（mm/m）	±8	拉线、直尺：抽检 10%

9. 隔离栅和防落网的实测项目

按《公路工程质量检验评定标准 第一册 土建工程》JTG F80/1—2004 的规定，隔离栅和防落网实测项目见表 6-12。

隔离栅和防落网实测项目 表 6-12

检 查 项 目	规定值或允许偏差	检查方法和频率
高度（mm）	±15	钢卷尺：每100根测2根
镀（涂）层厚度（μm）	符合设计	测厚仪：抽检5%
网面平整度（mm/m）	±2	直尺、塞尺：抽检5%
立柱埋深	符合设计	过程检查，直尺：抽检，10%
立柱中距（mm）	±30	钢卷尺：每100根测2根
混凝土强度（MPa）	在合格标准内	基础施工同时做试件每工作班作1组（3件），检查试件的强度，抽检10%
立柱竖直度（mm/m）	±8	直尺、垂线：每100根测2根

6.3.2 试验检测方法和频率

6.3.2.1 实验室检测（送样检测）

1. 道路交通标志产品的检测方法

(1) 结构尺寸

结构组成采用目测的方式，外形尺寸、铆接间距、板厚、外径、壁厚等采用精度和量程满足要求的直尺、卷尺、板厚千分尺等工具测量。

(2) 外观质量

外观质量包括缺陷检查、板面不平度测量、板面拼接缝检查3部分内容。

对于逆反射性能不均匀缺陷的检查，是在夜间黑暗空旷的环境中，距离标志板面10m处，以汽车前照灯远光为光源，垂直照射标志板面的条件下进行的。

板面不平度是将标志板面朝上自由放置于一平台上，将1m的直尺放置于标志板面上，用钢板尺等量具测量板面任意处与直尺之间的最大间隙。

板面拼接缝是在白天环境中，面对标志板面，目测并用直尺测量检查。

(3) 钢构件防腐层质量

参照《高速公路交通工程钢构件防腐技术条件》GB/T18226—2000 规定的方法来进行测试。

(4) 材料力学性能

金属材料按《金属材料 拉伸试验 第一部分：室温试验方法》GB/T 228.1—2010、塑料按《塑料 拉伸性能的测定 第1部分：总则》GB/T 1040.1—2006、玻璃钢材料按《纤维增强塑料性能试验方法总则》GB/T 1446—2005、焊接接头强度按《焊接接头拉伸试验方法》GB/T 2651—2008、铆钉强度按《铝及铝合金铆钉线与铆钉剪切试验方法及铆钉线铆接试验方法》GB/T 3250—2007 的要求进行测试。

其中对于金属材料，材料性能测试所测试的量值主要有屈服强度、抗拉强度、伸长率等。

对于玻璃钢材料，测试拉伸强度、压缩强度、弯曲强度、冲击强度4项材料力学性能指标，并依次分别按《纤维增强塑料拉伸性能试验方法》GB/T 1447—2005、《纤维增强塑料压缩性能试验方法》GB/T1448—2005、《纤维增强塑料弯曲性能试验方法》GB/

T1449—2005、《纤维增强塑料简支梁式冲击韧性试验方法》GB/T1451—2005 的规定实施。

（5）标志板面色度性能

按照《公路交通标志反光膜》GB/T 18833—2002 的方法使用色彩色差计进行测试，获取色品坐标和亮度因数值。

（6）反光型标志板面光度性能

按照《公路交通标志反光膜》GB/T 18833—2002 的方法进行测试，读取逆反射系数值。

（7）标志板抗冲击性能

按照《公路交通标志反光膜》GB/T 18833—2002 的方法进行测试。

（8）耐盐雾腐蚀性能

按照《人造气氛腐蚀试验　盐雾试验》GB/T 10125—1997 的方法进行测试。

（9）标志板耐高低温性能

试验时，将150mm×150mm 的试样放入试验箱内，开动冷源，使箱内温度逐渐降至 −40±3℃，并在该温度下保持72h。之后关闭电源，使试验箱自然升至室温，在约 12h 后，再将试验箱升温至 70±3℃，并在该温度下保持 24h，最后关闭电源，使试验箱自然冷却至室温，取出试样，在标准测试条件下放置 2h，检查其表面的变化。

（10）标志板耐候性能

标志板耐候性能试验分为自然暴露试验和人工加速老化试验两种类型。

自然暴露试验按照《塑料　自然日光气候老化、玻璃过滤后日光气候老化和菲涅耳镜加速日光气候老化的暴露试验方法》GB/T 3681—2011 的规定；人工加速老化试验是按照《塑料实验室光源暴露试验方法　第 2 部分：氙弧灯》GB/T 16422.2—1999 的规定。

（11）标志板面与标志底板的附着性能

该项试验包括反光膜及黑膜与标志底板的附着性能测试和涂料对标志底板的附着性能测试两项内容。

前者按照《公路交通标志反光膜》GB/T 18833—2002 的方法进行测试；后者是由涂料涂敷到标志底板上制成试样，按《漆膜附着力测定法》GB/T 1720—1979（1989）的方法进行测试。

（12）标志板面油墨与反光膜的附着性能

按《液体油墨附着牢度检验方法》GB/T 13217.7—2009 中规定的方法进行测试。

2. 反光膜产品的检测方法

（1）外观

1）对划痕、条纹、气泡和颜色不均匀等缺陷和损伤的检查

在白天明亮的环境中（光照度不少于 150lx），把反光膜自由平放在一平台上，面对反光膜或防沾纸，用目测能观察到的划痕、条纹、气泡和颜色不均匀等缺陷和损伤，即为不合格。

2）对逆反射性能不均匀的检查

在夜间黑暗空旷的环境中，把至少 3m² 的反光膜固定在一平板上，竖直放到 10m 远的地方，以汽车前照灯远光为光源，垂直照射反光膜，用目测能辨别出反光膜不同区域的

逆反射性能有明显差异者,即有逆反射性能不均匀的缺陷。

(2) 色度性能

选用尺寸为150mm×150mm的单色反光膜试样,采用《标准照明体和几何条件》GB/T 3978—2008规定的照明观测条件,按《物体色的测量方法》GB/T 3979—2008规定的方法,测出样品光谱的反射比,然后计算出该颜色的色品坐标或直接测得各种颜色的色品坐标。在同样的照明观测条件下,分别测出试样和标准漫反射白板的光亮度,两者之比值即为亮度因数,或直接测得各种颜色的亮度因数。

选用尺寸为150mm×150mm的单色反光膜试样,采用《标准照明体和几何条件》GB/T 3978—2008规定的照明观测条件,按《物体色的测量方法》GB/T 3979—2008规定的方法,直接测得各种颜色的色品坐标。

(3) 逆反射性能

分为逆反射系数和湿状态的逆反射系数的测试两部分内容。

1) 逆反射系数可通过绝对测量法和相对测量法两种方法来进行测试。其中绝对测量法为仲裁方法。

2) 湿状态的逆反射系数

把150mm×150mm的试样安装在一垂直平板上。给喷嘴提供足够量洁净的水,在试样表面形成连续移动的水膜,按绝对测量的方法,测试在观测角为0.2°,入射角为−4°时,试样的逆反射系数 R' 即为湿状态的逆反射系数。

(4) 耐候性能

反光膜耐候性能试验分为自然暴露试验和人工加速老化试验两种类型。

1) 自然暴露试验

按《塑料 自然日光气候老化、玻璃过滤后日光气候老化和菲涅耳镜加速日光气候老化的暴露试验方法》GB/T 3681—2011规定的方法进行测试。

2) 人工加速老化试验

试样的尺寸可根据老化试验箱的要求来选定,一般不应小于70mm×120mm。老化箱可采用氙灯作为光源,试样受到光谱波长为300~800nm光线的辐射,其辐射强度为1000W/m²±100W/m²;光谱波长低于300nm光线的辐射强度不应大于1W/m²。整个试样面积内,辐射强度的偏差不应大于±10%。在试验过程中,应采用连续光照,周期性喷水,其中箱内黑板温度为63±3℃,喷水周期为每120min为一周期,其中18min喷水、102min不喷水。

当试验时间规定为1200h,若试样所受累积辐射能量小于$4.32×10^6$kJ/m²,则应延长试验时间,以保证试样所受累积辐射能量值;当试验时间规定为600h,若试样所受累积辐射能量小于$0.54×10^6$kJ/m²,也应延长试验时间,以保证试样所受累积辐射能量值。

经过规定时间老化试验后的试样,用浓度5%的盐酸溶液清洗表面45s,然后用水彻底冲洗,最后用干净软布擦干,即可置于标准测试条件下,用4倍放大镜进行各种检查并进行有关性能测试。

(5) 盐雾腐蚀试验

按《电工电子产品环境试验 第2部分:试验方法 试验Ka:盐雾》GB/T 2423.17—2008规定的方法进行测试。

（6）溶剂试验

把反光膜尺寸为150mm×25mm的试样，分别浸没在表6-13所示各种溶剂的浸渍时间中，到规定的时间后取后，在室温下通风橱内干燥，然后用4倍放大镜检查其表面变化。

各种溶剂的浸渍时间　　　　　　　　　　　表6-13

溶剂种类	浸渍时间（min）	溶剂种类	浸渍时间（min）
煤油	10	甲苯	1
		二甲苯	
		甲醇	

（7）冲击试验

把150mm×150mm试样的反光面朝上，水平放置在厚度为20mm的钢板上。在试样上方250mm处，让一个质量为0.45kg的实心钢球自由落下，撞击试样中心部位，用四倍放大镜检查被撞击表面的变化。

（8）弯曲试验

在温度23±2℃条件下，裁取230mm×70mm的反光膜做弯曲试验试样，撕去防沾纸，在背衬粘结剂表面撒上足够的滑石粉。在5s内将试样沿长度方向围绕在一直径为3.2mm的圆棒上，使试样的粘结剂面与圆棒外表面接触，放开试样，用4倍放大镜检查试样表面的变化。

（9）高低温试验

将150mm×150mm的试样放入试验箱（室）内，开动冷源，将箱（室）内温度逐渐降至−40±3℃，使试样在该温度下保持72h，关闭电源，使试验箱（室）自然升至室温，约12h后，再把试验箱（室）升温至70±3℃，并在该温度下保持24h，最后关闭电源，使试验箱（室）自然冷却至室温，取出试样，在标准测试条件下放置2h后，用4倍放大镜检查其表面的变化。

（10）收缩试验

裁取230mm×230mm的反光膜作收缩试验试样，放置在标准测试条件下至少1h。撕去防沾纸，把试样放在一平滑的表面上，粘结剂面朝上。在防沾纸撕去后10min和24h时分别测出反光膜试样的尺寸变化。

（11）反光膜的附着性能试验

裁取150mm×25mm的反光膜，从一端撕去100mm长的防沾纸，按生产厂商的使用说明，粘贴在厚度为2mm的铝合金板上，制成附着性能试验试样。

试样在标准测试条件下放置24h，然后把试样水平悬挂，反光膜面朝下，在反光膜的自由端上，使用夹具悬挂一重0.8kg的重物（包括夹具的重量），使其与试样板面成90°角下垂。5min后，测出反光膜被剥离的长度L。

（12）防沾纸的剥离试验

在25mm×150mm的反光膜上，放置一个6.6kg的重物，使反光膜受到0.176kg/cm²的压力，然后置于70±2℃的空间里放置4h。取出反光膜，在标准测试条件下使之冷却到室温。用手剥去防沾纸，并进行检查。

(13) 抗拉试验

准备三条 25mm×150mm 的反光膜，撕去中间 100mm 的防沾纸，装入精度为 0.5 级的万能材料试验机夹紧装置中，在试样宽度上负荷应均匀分布。开启试验机，以 300mm/min 的速度拉伸，分别记录断裂时的抗拉荷载值。

3. 路面标线涂料的检测方法

(1) 容器中状态

按《色漆、清漆和色漆与清漆用原材料 取样》GB/T 3186—2006 用调刀检查有无结皮、结块，是否易于搅匀。

(2) 黏度

按《涂料黏度的测定 斯托默黏度计法》GB/T 9269—2009 规定的方法进行测试。其中溶剂普通型路面标线涂料的黏度按《涂料黏度测定法》GB/T 1723—1993 涂-4 黏度计法进行测试。

(3) 密度

1) 溶剂型、双组分、水性路面标线涂料，按《色漆和清漆 密度的测定 比重瓶法》GB/T 6750—2007 使用金属比重瓶（质量/体积杯）进行测定。

2) 热熔型路面标线涂料，将熔融试样注在制样器的模腔（约 20mm×20mm×20mm）中，冷却至室温。用稍加热的刮刀削掉端头表面的突出部分，用 100 号砂纸将各面磨平。放置 24h 后用游标卡尺测量（精确至 0.1mm），供作试块。将 3 块试块称量准确至 0.05g。

按式 (6-1) 求出密度：

$$D = \frac{W}{V} \tag{6-1}$$

式中 D——密度（g/cm^3）；

W——试块质量（g）；

V——体积（cm^3）。

取其平均值为试样密度，如其中任意两块 D 值相对误差大于 0.1，则应重做。

(4) 施工性能与涂膜制备

按《色漆、清漆和色漆与清漆用原材料 取样》GB/T 3186—2006 取样后，按《漆膜一般制备法》GB/T 1727—1992 制备涂膜，可分别用喷涂、刮涂等方法在水泥石棉板上进行涂布，考查其施工性能。

(5) 涂膜外观

1) 溶剂型、双组分、水性路面标线涂料，用 300μm 的漆膜涂布器将试料涂布于水泥石棉板上，制成约 50mm×100mm 的涂膜，然后放置 24h，在自然光下观察涂膜是否有皱纹、泛花、起泡、开裂现象，用手指试验有无黏着性。并与同样处理的标准样板比较，涂膜的颜色和外观差异不大。

2) 热熔型路面标线涂料，将热熔涂料刮板器放在水泥石棉板（约 300mm×150mm×1.6mm）的中心部位；立即将准备好的试料倒入热熔涂料刮板器中；平移刮板器刮成厚约 1.5~2.0mm 的与短边平行的涂层，试板放置 1h 后，在自然光下目测应无皱纹、斑点、起泡、裂纹、剥离。同时与用同样方法制备的标准涂膜相比，其颜色及手感黏附性应与标准样板差异不大。

(6) 热稳定性

按《涂料黏度的测定　斯托默黏度计法》GB/T 9269—2009 规定的方法进行测试。

(7) 不黏胎干燥时间

溶剂型、双组分、水性路面标线涂料的涂膜制备，用 $300\mu m$ 的漆膜涂布器将试料涂布于水泥石棉板（200mm×150mm×5mm）上，涂成与水泥石棉板的短边平行，在长边中心处成一条 80mm 宽的带状涂膜。涂后，立刻按下秒表，普通型 10min 时开始测试，反光型 5min 时开始测试。

热熔型路面标线涂料的涂膜制备，将热熔涂料刮板器放在水泥石棉板（约 300mm×150mm×1.6mm）的中心部位；立即将准备好的试料倒入热熔涂料刮板器中；平移刮板器刮成厚约 1.5~2.0mm 的与短边平行的涂层，涂后，立刻按下秒表，3min 时开始测试。

使用总质量为 15.8±0.2kg 的不黏胎时间测定仪，自试板的短边一端中心处向另一端滚动 1s，立刻用肉眼观察测定仪的轮胎有无黏试料，若有黏试料，立刻用丙酮或甲乙酮湿润过的棉布擦净轮胎，此后每 30s 重复一次试验，直至轮胎不黏试料时，停止秒表记时，该时间即为该试样的"不黏胎时间"。

(8) 遮盖率

将原样品用 $300\mu m$ 的漆膜涂布器涂布在遮盖率测试纸上，沿长边方向在中央涂约 80mm×200mm 的涂膜，并使涂面与遮盖率测试纸的白面和黑面呈直角相交，相交处在遮盖率测纸的中间，涂面向上放置 24h，然后在涂面上任意取三点用 D65 光源 45°/0°色度计测定遮盖率测试纸白面上和黑面上涂膜的亮度因数，取其平均值。

按式（6-2）计算其遮盖率。

$$X = \frac{B}{C} \tag{6-2}$$

式中　X——遮盖率（反射对比率）；

B——黑面上涂膜亮度因数平均值；

C——白面上涂膜亮度因数平均值。

(9) 色度性能

溶剂型、双组分、水性路面标线涂料的涂膜制备，用 $300\mu m$ 的漆膜涂布器将试料涂布于水泥石棉板（200mm×150mm×5mm）上，涂成与水泥石棉板的短边平行，在长边中心处成一条 80mm 宽的带状涂膜。

热熔型路面标线涂料的涂膜制备，将熔融试样注入制样器（约 60mm×60mm×5mm）中，使其流平，冷却至室温，取出供作试片。

涂面向上放置 24h 后，在涂面上任取三点，用 D65 光源 45°/0°色度计测定其色品坐标和亮度因数。

(10) 耐磨性

按《色漆和清漆　耐磨性的测定　旋转橡胶砂轮法》GB/T 1768—2006 规定的方法进行测试。

(11) 耐水性

按《漆膜耐水性测定法》GB/T 1733—1993 规定的方法进行测试。

(12) 耐碱性

按《建筑涂料 涂层耐碱性的测定》GB/T 9265—2009 规定的方法进行测试。

（13）附着性

按《漆膜附着力测定法》GB/T 1720—1979（1989）规定的方法进行测试。

（14）柔韧性

按《漆膜柔韧性测定法》GB/T 1731—1993 规定的方法进行测试。

（15）固体含量

按《色漆、清漆和塑料 不挥发物含量的测定》GB/T 1725-2007 规定的方法进行测试。

（16）冻融稳定性

分别取 400mL 样品放在三个加盖的小铁桶内，在－5±2℃条件下放置 18h 后，立即置于 23±2℃条件下放置 6h 为一个周期；经连续三个周期后，取出试样经搅匀后应无分层、无结块，施工性能良好。

（17）早期耐水性

用 300μm 的漆膜涂布器将试料涂布于水泥石棉板上，制成约 50mm×100mm 的涂膜；将制好的试板立即置于温度 23±2℃、湿度 90%±3%RH 的试验箱内，每隔 5min 用拇指触摸表面，然后将拇指旋转 90°，记下膜表面不被拇指破坏所需的时间即为实干时间。

（18）软化点

按《色漆和清漆用漆基 软化点的测定 环球法》GB/T 9284—1988 规定的方法进行测定。

（19）热熔状态

除应遵照每个试验的特定要求外，在熔融试样时，应将一定量的试样放在金属容器内，在搅拌状态下熔融，使上下完全均匀一致，且无气泡。

（20）抗压强度

将熔融试样注在制样器的模腔（约 20mm×20mm×20mm）中，冷却至室温。用稍加热的刮刀削掉端头表面的突出部分，用 100 号砂纸将各面磨平。放置 24h 后用游标卡尺测量（精确至 0.1mm），供作试块。制备试块 3 个，在标准试验条件下放置 24h 后，分别放在压力试验机球形支座的基板上，调整试块位置及球形支座，使试块与压片的中心线在同一垂线上，并使试块面与加压面保持平行；启动压力机，以 30mm/min 的速度加载，直至试块破裂（或压下试块高度 20%时）为止。

按式（6-3）计算抗压强度：

$$R_t = \frac{P}{A} \tag{6-3}$$

式中 R_t——抗压强度（MPa）；

P——破裂时的荷载（或压下试块高度 20%时）（N）；

A——加压前断面面积（mm²）。

试验后取其平均值。

突起型热熔路面标线涂料在 50±2℃时的抗压强度试验，将试块在 50±2℃烘箱内恒温 4h 后，立即分别从烘箱内取出按前述方法测试抗压强度。

(21) 玻璃珠含量

精确称取约 30g（精确至 0.01g）的试样放在三角烧瓶中；加入醋酸乙酯与二甲苯，比例为 1∶1 的混合溶剂约 150mL，在不断搅拌下溶解树脂等成分，玻璃珠沉淀后，将悬浮液流出；再加入 500mL 上述混合溶剂，使其溶解，并使其流出，此操作反复进行三次后，加入 50mL 丙酮清洗后流出悬浮液；将三角烧瓶置于沸腾水浴中，加热至几乎不再残留有剩余溶剂，冷却至室温；加入约 100mL 的稀硫酸或稀硫酸和稀盐酸（1∶1）的混合液，用表面皿作盖在沸腾水浴中加热约 30min，冷却至室温后使悬浮液流出；然后加入 300mL 水搅拌，玻璃珠沉淀后，使液体流出，再用水反复清洗 5~6 次；最后加入 95% 的乙醇 50mL 清洗，使洗液流出；将三角烧瓶置于沸腾的水浴中，加热至几乎不再残留有乙醇为止，将其移至已知重量的表面皿中，如烧瓶中有残留玻璃珠，可用少量水清洗倒入表面皿中，并使水流出；将表面皿放置在保持 105~110℃ 的烘箱中加热 1h，取出表面皿放在干燥器中冷却至室温后称重（精确至 0.01g）；同时做三个平行试验。

按式（6-4）求出玻璃珠含量：

$$A = B/S \times 100\% \tag{6-4}$$

式中 A——玻璃珠含量（%）；
B——玻璃珠质量（g）；
S——试样质量（g）。

试验后取其平均值。如原试样中有石英砂，应在称重前经玻璃珠选形器除去石英砂。

(22) 流动度

先将流动度测定杯加热至 200℃ 左右，并保持 1h；将热熔涂料加入热熔杯中，放置加热炉上在搅拌状态下加热至 180~200℃ 进行熔融，直至涂料熔融为呈施工状态，并使其上下完全均匀一致，且无气泡；将熔融后的涂料，立即倒满预热后的流动度测定杯中，打开流出口并同时按动秒表记时；待料流完时立即记下流完的时间；重复三次试验，取其流完的时间的平均值即为流动度。

(23) 涂层低温抗裂性

将热熔涂料刮板器放在水泥石棉板（约 300mm×150mm×1.6mm）的中心部位；立即将准备好的试料倒入热熔涂料刮板器中；平移刮板器刮成厚约 1.5~2.0mm 的与短边平行的涂层，试板放置 1h 后，用 5 倍放大镜观其是否有裂纹，如有裂纹应重新制板；将制备好的试板平放于温度为 −10±2℃ 低温箱内并保持 4h，取出后在室温下放置 4h 为一个循环，连续做 3 个循环；取出后用 5 倍放大镜观其应无裂纹。

(24) 加热稳定度

将热熔涂料加入热熔杯中，放置加热炉上在搅拌状态下加热至 200~220℃，并在搅拌状态下保持 4h；观其是否有明显泛黄、焦化、结块等现象。

(25) 人工加速耐候性

用 300μm 的漆膜涂布器将试料涂布于水泥石棉板上，制成约 50mm×100mm 的双组分涂料涂膜；将热熔涂料刮板器放在水泥石棉板（约 300mm×150mm×1.6mm）的中心部位；立即将准备好的试料倒入热熔涂料刮板器中；平移刮板器刮成厚约 1.5~2.0mm 的与短边平行的热熔涂料涂层。样品数量为每组 3 块。耐候性试验前，在涂面上任取 3 点，用 D65 光源 45°/0° 色度计测定其色品坐标和亮度因数。

试验设备应满足《塑料实验室光源暴露试验方法 第1部分：总则》GB/T 16422.1—2006的要求；试验时样品架辐射照度为$1077\pm50\text{W/m}^2$，氙灯在300～340nm的光谱辐照度为$0.40\sim0.35\text{W/m}^2$；试验箱内黑板温度为$63\pm3℃$，相对湿度为$(50\pm5)\%\text{RH}$；氙灯连续照射，无暗周期且每隔$102\pm0.5\text{min}$喷水$18\pm0.5\text{min}$；试验时间为600h，试验的总辐射能量约$2.3\times10^6\text{kJ/m}^2$；测定耐候性试验后样品的色品坐标和亮度因数。

4. 路面标线用玻璃珠的检测方法

(1) 外观检查

目测玻璃珠在容器中的状态，同时把少许玻璃珠样品放在载玻片上，用放大倍数不小于10倍的显微镜或投影仪进行观察检查。

(2) 粒径分布

将若干玻璃珠试样在105～110℃的温度下干燥1h。在干燥器中冷却至室温后，称取约200g样品，精确到0.1g，倒入一组标准试验筛中。该组筛网的孔径应依次为850μm、600μm、300μm、212μm、150μm、106μm、90μm，标准试验筛的质量应符合《金属丝编织网试验筛》GB/T 6003.1—1997的有关规定。盖上试验筛网盖，开动振筛机，振筛机的摇动次数为290次/min，拍击次数156次/min，振动5min，然后将试验筛从振筛机上取下，分别称出各筛网上的样品质量及托盘上留存的样品质量，精确到0.1g。若网眼被玻璃珠堵住，可用刷子从下面将其刷出，作为该筛网上筛余的样品。如果筛后玻璃珠总质量少于最初所取样品的98%，需要重新取样测试。

根据式(6-5)，分别计算出各筛网筛余样品的质量百分比，精确到小数点后1位。

$$G = \frac{m}{M} \times 100 \tag{6-5}$$

式中 G——各试验筛网或托盘上筛余样品的质量百分比(%)；

M——样品的总质量(g)；

m——试验筛网或托盘上筛余样品的质量(g)。

根据各标准试验筛网和托盘上筛余样品的质量百分比，对照表6-32的规定，检查玻璃珠的粒径分布。

(3) 成圆率

1) 使用满足《玻璃珠选形器》JT/T 674—2007要求的玻璃珠选形器进行成圆率试验。

2) 用蘸有少许工业酒精的脱脂棉球，清洁玻璃珠选形器的玻璃平板及玻璃珠收集器。

3) 从玻璃珠试样中称取约20g样品，精确到0.1g。

4) 开启玻璃珠选形器的电源开关，调节玻璃平板的斜度和振动器的振幅，使玻璃板上有缺陷的玻璃珠慢慢向上移动，而真正圆的玻璃珠向下滚动。

5) 用小勺慢慢往选形器玻璃平板上喂料，应使玻璃珠不在玻璃平板上堆积或大量滑落。所有圆珠将滚落到圆珠收集器中，而有缺陷的玻璃珠慢慢进入不圆珠收集器内，直至玻璃珠样品全部分离完毕。

6) 把收集到的圆玻璃珠和有缺陷的玻璃珠分别再通过玻璃珠选形器进行分离。直至所有的圆玻璃珠通过选形器后，没有带缺陷的玻璃珠分离出来；而所有有缺陷玻璃珠通过选形器后,没有圆玻璃珠分离出来。

7) 分别称出分离得到的所有圆玻璃珠的总质量 N (g) 和有缺陷玻璃珠的总质量 C (g),精确到 0.1g。

8) 玻璃珠的成圆率 P 用式 (6-6) 计算:

$$P = \frac{N}{N+C} \tag{6-6}$$

式中　P——成圆率 (%);
　　　N——圆玻璃珠的总质量 (g);
　　　C——有缺陷的玻璃珠的总质量 (g)。

9) 按前述规定的方法,筛得一定量粒径为 850~600μm 范围的玻璃珠。称取约 20g 样品,精确到 0.1g。按前述方法测得该粒径范围玻璃珠的成圆率。

(4) 密度

1) 把若干玻璃珠用蒸馏水或去离子水清洗干净,然后置于 110±5℃ 的烘箱内干燥 1h,取出冷却至室温(本测试工作应在 23±2℃ 的环境中进行)。称取约 100g 玻璃珠样品的质量 W_1,精确到 1g,待测密度。

2) 把化学纯的二甲苯倒入 100mL 量筒内,至刻度 100mL 处。称其质量 W_2,精确到 1g,然后把二甲苯从量筒内倒出来。

3) 把待测密度的、质量为 W_1 的玻璃珠样品倒入量筒内,加入二甲苯至 100mL 刻度,称其质量 W_3,精确到 1g。

4) 按式 (6-7) 计算出玻璃珠密度,精确到小数点后 2 位。

$$D = \frac{W_1 \cdot d}{W_1 + W_2 - W_3} \tag{6-7}$$

式中　D——玻璃珠的密度 (g/cm³);
　　　W_1——玻璃珠样品的质量 (g);
　　　W_2——装有 100mL 二甲苯后,量筒的质量 (g);
　　　W_3——加入玻璃珠样品和二甲苯至刻度 100mL 后,量筒的质量 (g);
　　　d——在该室温下二甲苯密度 (g/cm³)。

(5) 折射率

1) 把少许玻璃珠放在研钵里粉碎,然后置于载玻片上。往载玻片滴 1~2 滴折射率与玻璃珠折射率相同或相近的浸油,使浸油完全浸没玻璃粉。

2) 把载玻片置于放大倍数为 100 倍的显微镜的载物台上,使用钠光灯作光源供给透过光线。调整显微镜的照明灯光,从下方以暗淡光线照射玻璃粉覆盖区域,将显微镜聚焦在玻璃粉上。

3) 缓慢提升显微镜镜筒,观察每颗玻璃粉周围贝克线的移动,若贝克线向玻璃粉中心方向移动,则玻璃的折射率大于浸油的折射率;若贝克线向浸油方向移动,则玻璃的折射率小于浸油的折射率。当提升或下降显微镜镜筒时,玻璃粉的轮廓呈模糊状态;当完全聚焦时,玻璃粉几乎不可见,此时玻璃的折射率与浸油的折射率相等。

(6) 耐水性

称取 10.0g 玻璃珠,倒入 250mL 的锥形瓶中,然后往瓶内注入 100mL 的蒸馏水。把锥形瓶置于沸腾的水浴中加热1h。从锥形瓶中直接观察玻璃珠表面的状态。等瓶中的水冷却至室温，用酚酞作指示剂，接着用0.01mol/L的盐酸溶液滴定至中性。算出所用盐酸溶液的用量（mL）。

（7）磁性颗粒含量

1）从玻璃珠试样中称取约200g样品m_1，精确到0.01g。

2）把载玻片置于放大倍数为100倍的显微镜的载物台上，使用钠光灯作光源供给透过光线。调整显微镜的照明灯光，从下方以暗淡光线照射玻璃粉覆盖区域，将显微镜聚焦在玻璃粉上。

3）把永久磁铁安装在一框架上。在磁铁上放一块玻璃珠，组成一个磁性颗粒分选架。

4）重复上述步骤，使玻璃珠反复通过磁性区。直至通过3次或在纸上已见不到磁性颗粒为止。称取收集到的全部磁性颗粒的质量m_2，精确至0,01g。

5）玻璃珠中磁性颗粒的含量C，用式（6-8）计算（结果计算至小数后两位）。

$$C = \frac{m_1}{m_2} \times 100 \tag{6-8}$$

式中 C——磁性颗粒含量（％）；

m_1——玻璃珠样品的质量（g）；

m_2——收集到的全部磁性颗粒的质量（g）。

（8）防水涂层要求

按《路面标线用玻璃珠》GB/T 24722—2009规定的方法进行测定。

5. 波形梁护栏产品的检测方法

（1）基材的化学成分及机械性能

按《金属材料 拉伸试验 第1部分：室温试验方法》GB/T 228.1—2010、《金属材料弯曲试验方法》GB/T 232—2010等相关标准的规定执行。高强度拼接螺栓连接副的试验方法按《钢结构用高强度大六角头螺栓、大六角螺母、垫圈技术条件》GB/T 1231—2006的有关规定执行。其他紧固件的试验方法按相关标准的规定执行。

（2）外形尺寸

外形尺寸检测时，应根据所测尺寸及误差要求，选择合适量程和精度的卷尺、直尺、数显卡尺、板厚千分尺、塞尺、角尺等进行测量。

每组外形尺寸至少测量3组数据，分别在两边和中间各测1组，取其平均值为测量结果。

（3）外观质量

目测及手感检查。

（4）防腐层质量

波形梁护栏防腐层质量的检测方法见表6-14。

波形梁护栏防腐层质量检测方法　　　　　表6-14

防腐层质量	检测方法		
	镀锌层	镀铝层	涂塑层
镀层/涂层外观	目测或手感	目测或手感	目测或手感

续表

防腐层质量	检测方法		
	镀锌层	镀铝层	涂塑层
镀层/涂层厚度	磁性测厚仪测试	磁性测厚仪测试	磁性测厚仪测试
镀层附着量	热浸镀锌层附着量试验方法（氯化锑法）	铝层附着量试验方法（氢氧化钠）	—
镀层/涂层均匀性	热浸镀锌层均匀性试验方法（硫酸铜法）	铝层有孔度试验方法	目测
镀层/涂层附着性	热浸镀锌层附着性试验方法（锤击法）	铝层弯曲试验方法	剥离试验或划格试验
镀层/涂层耐盐雾性	200h 中性盐雾试验	200h 中性盐雾试验	8h 中性盐雾试验
涂层抗弯曲性	—	—	涂塑层抗弯曲试验 $d_{芯棒}/d_{试样}=4$ 倍
涂层耐磨性	—	—	涂塑层耐磨性试验，1kg
涂层耐冲击性	—	—	$24\pm2℃$，$9N\cdot m$
涂层耐化学药品性	—	—	30%硫酸、40%氢氧化钠、10%氯化钠，$24\pm2℃$，45天
涂层耐湿热性	—	—	$47\pm1℃$，$96\%\pm2\%RH$，8h
涂层耐低温脆化性	—	—	$-60\pm5℃$，168h
涂层耐候性	—	—	1000h，人工加速老化试验

注：1. 热浸镀锌层附着量试验方法（氯化锑法）、热浸镀锌层均匀性试验方法（硫酸铜法）、热浸镀锌层附着性试验方法（锤击法）见《公路波形梁钢护栏》JT/T 281—2007 附录 A、B、C。
2. 铝层附着量试验方法（氢氧化钠）、铝层有孔度试验方法、铝层弯曲试验方法见《高速公路交通工程钢构件防腐技术条件》GB/T 18226—2000 附录 A、B、C。

6. 缆索护栏产品的检测方法

（1）外形结构

采用目测和手感检查，必要时辅以直尺或卷尺测量。

（2）材料性能

材料抗拉伸性能（包括抗拉强度、伸长率等）检测方法，按《金属材料 拉伸试验 第1部分：室温试验方法》GB/T 228.1—2010、《金属材料弯曲试验方法》GB/T 232—2010 的有关规定执行；扭转性能检测方法，按《金属材料 线材 单向扭转试验方法》GB/T 239.1 的有关规定执行。

（3）金属构件防腐层质量

金属构件防腐层质量可参照波形梁护栏产品的相关检测方法，对于缆索所用的镀锌钢丝的防腐层质量的检测方法，按《钢产品镀锌层质量试验方法》GB/T 1839—2008。

7. 隔离栅产品的检测方法

隔离栅主要有：钢板网隔离栅、电焊网隔离栅、编织网隔离栅及刺钢丝隔离栅等。其检测方法应符合表 6-15～表 6-18 的规定。

（1）钢板网隔离栅

钢板网隔离栅的检测方法　　　　　　　　　　　　　　表 6-15

序号	检测项目	抽样数量	抽样方法	检 测 方 法
1	丝梗厚度	每批 1 件	随机抽样	用分辨率为 0.02mm 的游标卡尺在节点处进行,并任取 3 个节点,计算平均值
2	丝梗宽度	每批 1 件	随机抽样	用分辨率为 0.02mm 的游标卡尺在节点处进行,并任取 3 个节点,将所得的平均值除以 2
3	短节距	每批 1 件	随机抽样	用分辨率为 1mm 的钢卷尺测得连续 10 个 TL 总长,测 3 次,计算平均值
4	网面长、宽	每批 1 件	随机抽样	用分辨率为 1mm 的钢卷尺,任意量取 3 个长、宽,计算平均值
5	网面长、短差	每批 3 件	随机抽样	用分辨率为 1mm 的钢卷尺量取长、短边长,相减后取平均值
6	网面平整度	每批 3 件	随机抽样	GB 11953 中 5.5
7	钢管外径	每批 1 件	随机抽样	用分辨率为 0.1mm 的游标卡尺,任意量取 3 个直径,计算平均值
7	钢管壁厚	每批 1 件	随机抽样	用分辨率为 0.01mm 的壁厚千分尺任意量取 3 壁厚计算平均值
8	钢管定尺长度	每批 3 件	随机抽样	用分辨率为 1mm 的钢卷尺量取,计算平均值
9	钢管弯曲度	每批 3 件	随机抽样	将钢管水平放于工作台上,用刀口尺和塞尺量取 3 次,计算平均值
10	型钢边长	每批 1 件	随机抽样	用分辨率为 0.1mm 的游标卡尺,每个值量取 3 次,计算平均值
10	型钢壁厚	每批 1 件	随机抽样	用分辨率为 0.01mm 的千分尺,任意量取 3 个壁厚,计算平均值
11	型钢定尺长度	每批 3 件	随机抽样	用分辨率为 1mm 的钢卷尺量取,计算平均值
12	型钢弯曲度	每批 3 件	随机抽样	将型钢水平放于工作台上,用刀口尺和塞尺量取 3 次,计算平均值
13	Y 型钢断面尺寸	每批 3 件	随机抽样	用分辨率为 0.1mm 的游标卡尺,每个值量取 3 次,计算平均值
14	Y 型钢定尺长度	每批 3 件	随机抽样	用分辨率为 1mm 的钢卷尺量取,计算平均值
15	Y 型钢弯曲度	每批 3 件	随机抽样	将型钢水平放于工作台上,用刀口尺和塞尺量取 3 次,计算平均值
16	钢板网强度	每批 1 件	随机抽样	《钢板网》GB 11953 中 5.6
17	钢材料的机械性能	每批 1 件	随机抽样	《金属材料 拉伸试验 第一部分:室温试验方法》GB/T 228.1、《金属弯曲试验方法》GB/T 232、《钢材力学及工艺性能试验取样规定》GB 2975、《金属拉伸试验试样》GB 6397

续表

序号	检测项目	抽样数量	抽样方法	检测方法
18	钢材料化学成分	每批1件	随机抽样	《钢的化学分析用试样取样法及成品化学成分允许偏差》GB 222、《钢铁及合金化学分析方法》GB 223
19	紧固件机械性能			《紧固件机械性能》GB 3098
20	外观质量	逐张、逐根		目视、手感
21	锌附着量	每批1件	随机抽样	三氯化锑法
22	锌层均匀性	每批1件	随机抽样	硫酸铜法
23	锌层附着性	每批1件	随机抽样	锤击试验、缠绕试验

(2) 电焊网隔离栅

电焊网隔离栅的检测方法　　　　表 6-16

序号	检测项目	抽样数量	抽样方法	检测方法
1	钢丝直径	每批1件	随机抽样	用分辨率为0.02mm的游标卡尺,任意量取3根钢丝的直径,计算平均值
2	网格尺寸	每批1件	随机抽样	用分辨率为1mm的钢卷尺,任意量取3个网孔的长、宽,计算平均值
3	网面长度、宽度	每批1件	随机抽样	用分辨率为1mm的钢卷尺,任意量取3个网面长、宽,计算平均值
4	钢管外径	每批1件	随机抽样	用分辨率为0.1mm的游标卡尺,任意量取3个直径,计算均值
4	钢管壁厚	每批1件	随机抽样	用分辨率为0.01mm的壁厚千分尺,任意量取3个壁厚计算平均值
5	钢管定尺长度	每批3件	随机抽样	用分辨率为1mm的钢卷尺量取,计算平均值
6	钢管弯曲度	每批3件	随机抽样	将钢管水平放于工作台上,用刀口尺和塞尺量取3次,计算平均值
7	型钢边长	每批1件	随机抽样	用分辨率为0.1mm的游标卡尺,每个值量取3次,计算平均值
7	型钢壁厚	每批1件	随机抽样	用分辨率为0.01mm的千分尺,任意量取3个壁厚,计算平均值
8	型钢定尺长度	每批3件	随机抽样	用分辨率为1mm的钢卷尺量取,计算平均值
9	型钢弯曲度	每批3件	随机抽样	将型钢水平放于工作台上,用刀口尺和塞尺量取3次,计算平均值
10	Y型钢断面尺寸	每批1件	随机抽样	用分辨率为0.1mm的游标卡尺,每个值量取3次,计算平均值
11	Y型钢定尺长度	每批3件	随机抽样	用分辨率为1mm的钢卷尺量取,计算平均值

续表

序号	检测项目	抽样数量	抽样方法	检测方法
12	Y型钢弯曲度	每批3件	随机抽样	将型钢水平放于工作台上，用刀口尺和塞尺量取3次，计算平均值
13	焊点脱落数	每批1件	随机抽样	目测
14	焊点抗拉力	每批1件	随机抽样	在网上任取5个焊点，进行拉伸，以拉断时拉力值计算平均值
15	钢丝力学性能	每批1件	随机抽样	《金属材料 拉伸试验 第一部分：室温试验方法》GB/T 228.1、《金属弯曲试验方法》GB/T 232
16	钢材料机械性能	每批1件	随机抽样	《金属材料 拉伸试验 第一部分：室温试验方法》GB/T 228.1、《金属弯曲试验方法》GB/T 232、《钢材力学及工艺性能试验取样规定》GB 2975、《金属拉伸试验试样》GB 6397
17	钢材料化学成分	每批1件	随机抽样	《钢的化学分析用试样取样法及成品化学成分允许偏差》GB 222、《钢铁及合金化学分析方法》GB 223
18	紧固件机械性能			《紧固件机械性能》GB 3098
19	外观质量	逐张、逐根		目视、手感
20	锌附着量	每批1件	随机抽样	三氯化锑法
21	锌层均匀性	每批1件	随机抽样	硫酸铜法
22	锌层附着性	每批1件	随机抽样	锤击试验、缠绕试验

（3）编织网隔离栅

编织网隔离栅的检测方法　　　　　表6-17

序号	检测项目	抽样数量	抽样方法	检测方法
1	钢丝直径	每批1件	随机抽样	用分辨率为0.02mm的游标卡尺，任意量取3根钢丝的直径，计算平均值
2	网格尺寸	每批1件	随机抽样	用分辨率为1mm的钢卷尺，任意量取3个网孔的长、宽，计算平均值
3	网面长度、宽度	每批1件	随机抽样	用分辨率为1mm的钢卷尺，任意量取3个网面长、宽，计算平均值
4	钢管外径	每批1件	随机抽样	用分辨率为0.1mm的游标卡尺，任意量取3个直径，计算均值
	钢管壁厚			用分辨率为0.01mm的壁厚千分尺，任意量取3个壁厚计算平均值
5	钢管定尺长度	每批3件	随机抽样	用分辨率为1mm的钢卷尺量取，计算平均值
6	钢管弯曲度	每批3件	随机抽样	将钢管水平放于工作台上，用刀口尺和塞尺量取3次，计算平均值

续表

序号	检测项目	抽样数量	抽样方法	检 测 方 法
7	型钢边长	每批1件	随机抽样	用分辨率为0.1mm的游标卡尺,每个值量取3次,计算平均值
7	型钢壁厚	每批1件	随机抽样	用分辨率为0.01mm的千分尺,任意量取3个壁厚,计算平均值
8	型钢定尺长度	每批3件	随机抽样	用分辨率为1mm的钢卷尺量取,计算平均值
9	型钢弯曲度	每批3件	随机抽样	将型钢水平放于工作台上,用刀口尺和塞尺量取3次,计算平均值
10	Y型钢断面尺寸	每批1件	随机抽样	用分辨率为0.1mm的游标卡尺,每个值量取3次,计算平均值
11	Y型钢定尺长度	每批3件	随机抽样	用分辨率为1mm的钢卷尺量取,计算平均值
12	Y型钢弯曲度	每批3件	随机抽样	将型钢水平放于工作台上,用刀口尺和塞尺量取3次,计算平均值
13	钢丝力学性能	每批1件	随机抽样	《金属材料 拉伸试验 第一部分:室温试验方法》GB/T 228.1、《金属弯曲试验方法》GB/T 232
14	钢材料机械性能	每批1件	随机抽样	《金属材料 拉伸试验 第一部分:室温试验方法》GB/T 228.1、《金属弯曲试验方法》、GB/T 232《钢材力学及工艺性能试验取样规定》GB 2975、《金属拉伸试验试样》GB 6397
15	钢材料化学成分	每批1件	随机抽样	《钢的化学分析用试样取样法及成品化学成分允许偏差》GB 222、《钢铁及合金化学分析方法》GB 223
16	紧固件机械性能			《紧固件机械性能》GB 3098
17	外观质量	逐张、逐根		目视、手感
18	锌附着量	每批1件	随机抽样	三氯化锑法
19	锌层均匀性	每批1件	随机抽样	硫酸铜法
20	锌层附着性	每批1件	随机抽样	锤击试验、缠绕试验

(4) 刺钢丝隔离栅

刺钢丝隔离栅的检测方法 表6-18

序号	检测项目	抽样数量	抽样方法	检 测 方 法
1	钢丝直径	每批1件	随机抽样	用分辨率为0.02mm的游标卡尺,任意量取3根钢丝的直径,计算平均值
2	刺距	每批1件	随机抽样	用分辨率为1mm的钢卷尺,任意量取3个刺距,计算平均
3	捆重	每批1件	随机抽样	用分辨率不小于1kg的磅秤,称重3次,计算平均值
4	接头数	每批1件	随机抽样	目测
5	型钢边长	每批1件	随机抽样	用分辨率为0.1mm的游标卡尺,每个值量取3次,计算平均值
5	型钢壁厚	每批1件	随机抽样	用分辨率为0.01mm的千分尺,任意量取3个壁厚,计算平均值

续表

序号	检测项目	抽样数量	抽样方法	检测方法
6	钢管定尺长度	每批3件	随机抽样	用分辨率为1mm的钢卷尺量取,计算平均值
7	型钢弯曲度	每批3件	随机抽样	将型钢水平放于工作台上,用刀口尺和塞尺量取3次,计算平均值
8	Y型钢断面尺寸	每批1件	随机抽样	用分辨率为0.1mm的游标卡尺,每个值量取3次,计算平均值
9	Y型钢定尺长度	每批3件	随机抽样	用分辨率为1mm的钢卷尺量取,计算平均值
10	Y型钢弯曲度	每批3件	随机抽样	将型钢水平放于工作台上,用刀口尺和塞尺量取3次,计算平均值
11	混凝土立柱断面尺寸	每批1件	随机抽样	分辨率为1mm的钢直尺,量取3次,计算平均值
12	混凝土立柱定尺长度	每批3件	随机抽样	用分辨率为1mm的钢卷尺,量取3次,计算平均值
13	刺型 刺形	每批1件	随机抽样	目测
13	刺型 刺尖角	每批1件	随机抽样	用万能角尺,任意量取3个刺尖角,计算平均值
13	刺型 刺长	每批1件	随机抽样	用分辨率为1mm的钢直尺,任意量取3个刺长,计算平均值
14	钢丝力学性能	每批1件	随机抽样	《金属材料 拉伸试验 第一部分:室温试验方法》GB/T 228.1、《金属弯曲试验方法》GB/T 232
15	钢材料机械性能	每批1件	随机抽样	《金属材料 拉伸试验 第一部分:室温试验方法》GB/T 228.1、《金属弯曲试验方法》GB/T 232、《钢材力学及工艺性能试验取样规定》GB 2975、《金属拉伸试验试样》GB 6397
16	钢材料化学成分	每批1件	随机抽样	《钢的化学分析用试样取样法及成品化学成分允许偏差》GB 222、《钢铁及合金化学分析方法》GB 223
17	配置混凝土用材料			《公路工程水泥及水泥混凝土试验规程》JTG E30
18	外观质量	逐张、逐根		目视、手感
19	锌附着量	每批1件	随机抽样	三氯化锑法
20	锌层均匀性	每批1件	随机抽样	硫酸铜法
21	锌层附着性	每批1件	随机抽样	锤击试验、缠绕试验

隔离设施除网片外,其他构件的镀层检测类似波形梁护栏,网片锌层附着量试验、锌层均匀性试验和锌层附着性试验方法按照6.4.1.4~6.4.1.6条的规定。

8.防眩板产品的检测方法

(1)外观质量

在正常光线下,目测直接观察。

(2)结构尺寸

1) 高度 H

将试样做平面投影,用分度值为 1mm 的钢卷尺,在试样投影的最大长度位置量取 3 个数值,取算术平均值作为测量结果。

2) 宽度 W

将试样做平面投影,用分度值为 1mm 的钢板尺,在试样投影的上、中、下 3 个部位分别量取 3 个测量值,取算术平均值作为测量结果。

3) 厚度 t

对板材厚度均匀的试样,用分度值 0.02mm 的千分尺分别在板的中部及边缘部分量取 3 个测量值,取算术平均值作为测量结果。对厚度不均匀的试样,对其板面的极限厚度值各量取 3 个测量值,取算术平均值作为厚度区间的测量结果。对于中空型的防眩板,厚度 t 为材料实壁单层厚度。

4) 固定螺孔直径 ϕ

用分度值为 0.01mm 的游标卡尺在不同方向量取 3 个测量值,取算术平均值作为测量结果。

5) 纵向直线度

用分度值为 0.01mm 的塞尺,量取板侧与试验平台间的 3 个最大缝隙值 d,取算术平均值 $\bar{d}$,则纵向直线度按下面公式 (6-9) 求出:

$$\text{纵向直线度} = \bar{d}/H \times 100\% \tag{6-9}$$

式中 $\bar{d}$——最大缝隙值算术平均值 (mm);

H——防眩板高度 (mm)。

6) 端部不垂直度

对于规则方形防眩板,以万能角度尺在其板端量取 3 个测量值,取算术平均值作为测量结果。对于非规则方形防眩板,不作要求。

(3) 整体力学性能

1) 抗风荷载 F

将防眩板底部固定于试验平台上,板的中部用标准夹具夹持,以标准夹具的中点为力学牵引点,用刚性连接介质通过定滑轮与力学试验机牵引系统牢固连接,牵引点应与定滑轮下缘在同一直线上,且牵引方向应垂直于防眩板板面。在连接介质完全松弛的情况下,以 100mm/min 的速度牵引,直至板面破裂或已经达到最大负荷时,停止试验,所受最大牵引负荷即为试样的抗风荷载。如此共进行 3 组试验,取 3 次试验结果的算术平均值为测试结果。

2) 抗变形量 R

试验设备设置同抗风荷载,将防眩板固定于试验平台上,并与试验机良好连接。标记出板上端到操作台平面的投影 S_0,启动试验机,以 15mm/min 的速度进行牵引,当牵引负荷达到表 6-36 中相应规格的抗风荷载时,停止牵引,卸掉施加负荷,使防眩板自由弹性恢复,5min 后做板上端到操作台平面的投影,标记为 S_1。则防眩板抗变形量 R 可用式 (6-10) 表示为:

$$R = (S_1 - S_0)/H \tag{6-10}$$

式中 R——抗变形量 (mm/m);

S_1——最终投影位移（mm）；
S_0——初始投影位移（mm）；
H——板高（m）。

如此共进行3组试验，取3次试验结果的算术平均值为测试结果。

3) 抗冲击性能

将试样放置在标准环境条件下调节24h后进行试验。试样应平整放置于硬质地面或试验台上，用质量为1kg钢球从距板面高度1m处自由下落，冲击试样，保证在冲击的过程中钢球与试样只接触一次，每件试样冲击点应选择上、中、下3个部位进行冲击试验，观测试验结果应符合表6-36的规定。

(4) 耐溶剂性能

1) 塑料防眩板

常规耐溶剂性能按照《塑料 耐液体化学试剂性能的测定》GB/T 11547—2008的方法进行，浸泡温度为23±2℃，浸泡时间为168h。

试验试剂选用以下类型：

a. 30%的H_2SO_4溶液；

b. 10%的NaOH溶液；

c. 90号汽油。

2) 玻璃钢防眩板

按《公路用玻璃纤维增强塑料产品 第1部分：通则》GB/T 24721.1—2009中的规定。

(5) 耐水性能

玻璃钢防眩板耐水性能按照《玻璃纤维增强塑料老化性能试验方法》GB/T 2573—2008规定的方法进行，试验用水应为蒸馏水或去离子水，试验水温为80±2℃，试验144h后进行外观测试。

(6) 环境适应性能

1) 耐低温坠落性能

将长度为500mm试样放置在低温试验箱中，温度降至-40±3℃，恒温调节2h后取出试样，板面平行于地面由1m高度处自由坠落至硬质地面，观测试验结果。

2) 耐候性能（氙弧灯人工加速老化试验）

按《公路沿线设施塑料制品耐候性要求及测试方法》GB/T 22040—2008中的规定执行。

(7) 玻璃钢防眩板理化性能

1) 密度

按《纤维增强塑料密度和相对密度试验方法》GB/T 1463—2005规定执行，采用浮力法。

2) 巴柯尔硬度

按《纤维增强塑料巴氏（巴柯尔）硬度试验方法》GB/T 3854—2005规定执行。

3) 氧指数（阻燃性能）

按《纤维增强塑料燃烧性能试验方法 氧指数法》GB/T 8924—2005规定执行。

(8) 钢质金属基材防眩板理化性能

1) 基板厚度

试样经剥离外部涂塑层后,用分度值 0.02mm 的板厚千分尺分别在板的上、中、下边缘部分量取 3 个测量值,取算术平均值作为测量结果。

2) 涂层厚度

涂层厚度按《非磁性覆盖层厚度测量磁性法》GB/T 4956—2005 的规定进行,以测量值的算术平均值表示测试结果。

3) 双涂层基板镀锌层附着量

按《公路波形梁钢护栏》JT/T 281—2007 中附录 A 的规定执行。

4) 涂层附着性能

a. 热固性粉末涂料涂层

按照《色漆和清漆 漆膜的划格试验》GB/T 9286—1998 的方法进行。

b. 热塑性粉末涂料涂层

用锋利的刀片在涂塑层上划出两条平行的长度为 5cm 的切口,切入深度应达到涂层附着基底的表面。板状或柱状试样两条切口间距为 3mm,丝状试样的两条切口位于沿丝轴向 180°的对称面。在切口的一端垂直于原切口作一竖直切口,用尖锐的器具将竖直切口挑起少许,用手指捏紧端头尽量将涂层扯起。以扯起涂层状态将涂层附着性能区分为 0～4 级如下。

0 级:不能扯起或扯起点断裂;

1 级:小于 1cm 长的涂层能被扯起;

2 级:非常仔细的情况下可将涂层扯起 1～2cm;

3 级:有一定程度附着,但比较容易可将涂层扯起 1～2cm;

4 级:切开后可轻易完全剥离。

5) 耐盐雾性能

按《高速公路交通工程钢构件防腐技术条件》GB/T 18226—2000 中 6.3.7 的规定执行。

6) 涂层耐湿热性能

按照《高速公路交通工程钢构件防腐技术条件》GB/T 18226—2000 中相关规定执行,温度 47±1℃,相对湿度 96%±2%。

9. 突起路标产品的检测方法

(1) 外观质量

一般项目检查在白天环境照度大于 150lx 的条件下目测检验;对于逆反射器的均匀性,可在一个暗室通道中用手电筒和眼睛形成的近似逆反射条件目视检查。

(2) 结构尺寸

长度尺寸用分辨率不低于 0.02mm 的游标卡尺测量,坡度角用分辨率不低于 2′的万能角尺或标准角规测量,每个试样、每个参数测量 3 次,取算术平均值为测量结果。

(3) 色度性能

1) 表面色

采用《标准照明体和几何条件》GB/T 3978—2008 中规定的照明观测条件下,按

《物体色的测量方法》GB/T 3979—2008 规定的方法测量突起路标基体的表面色，也可用符合上述光源和照明观测条件的色差仪在被测样品的顶部或其他平缓部位直接读取色品坐标和亮度因数。

2) 逆反射色

采用《标准照明体和几何条件》GB/T 3978—2008 中规定的照明观测条件下，按《夜间条件下逆反射体色度性能测试方法》JT/T 692—2007 规定执行。

(4) 逆反射性能

方法一：按《逆反射体光度性能测试方法》JT/T 690—2007 规定的比率法或直接发光强度法进行测量。

方法二：用符合《逆反射测量仪》JT/T 612—2004 规定的突起路标发光强度系数测量仪直接测量。

当发生争议时，以方法一中的比率法为仲裁方法。

(5) 整体抗冲击性能

在坚固、平整的水平面上放置一厚度不小于 13mm、面积大于突起路标下表面的钢板，将突起路标置于钢板上，用质量为 1040±10g 的实心钢球，从突起路标正上方 1m 的高度自由落下，冲击点为突起路标上表面的中心。

(6) 逆反射器抗冲击性能

1) 将样品放置在电热鼓风烘箱中，在 55℃的条件下保持 1h，将样品取出，迅速放置在样品架上。

2) 在样品保持高温的条件下，用头部为半径 6.4mm 的半球，总质量为 190±2g 的冲击锤头，从 457mm 的高度自由落下，冲击样品逆反射面的中心部位。

3) 检查被测样品逆反射面的碎裂、剥落和分层状况，用游标卡尺测量裂纹的长度，并做相应记录（如果试验用电热鼓风烘箱容积足够大，可将样品预先固定在保持架上，同时放入烘箱在线测试）。

(7) 抗压荷载

1) 测试前，将样品放置在 23±2℃的条件下进行 4h 的状态调节。

2) 在试验机下压平台中心上放置一个厚度为 13mm、比被测样品基底大的钢板，将样品基底放置在钢板中心上。

3) 在被测样品顶部放置一块厚度为 9.5mm、邵氏硬度为 A60、尺寸大于被测样品受压面积的弹性橡胶垫。

4) 另一块厚度为 13mm、比被测样品大的钢板放置在弹性橡胶垫上。

5) 调整钢板、被测样品、弹性垫，使被测样品置于试验机上下压头的轴线上，开启试验机，以 2.5mm/min 的速率对试验样品进行加载，直到样品破坏或样品产生明显变形（大于 3.3mm）为止，记录此时的最大力值为试验结果。

(8) 纵向弯曲强度

1) 测试前，将样品放置在 23±2℃的条件下进行 4h 的状态调节。

2) 在试验机下压平台上放置两块截面为 12.7mm×25.4mm 的钢块，钢块的窄面一面朝下放在水平位置，钢块的长度要大于被测突起路标底面的宽度。

3) 在钢块的另一窄面上分别放置一块厚度为 3mm 的邵氏硬度 A70 的弹性橡胶片。

4) 将被测突起路标放置在这两个弹性片上，突起路标的迎车面底边与钢块窄面长边外沿平行且对齐。

5) 将一块厚度为25mm、邵氏硬度A70的弹性橡胶片放置在被测突起路标的顶面上，该弹性垫上放置第三块同样尺寸的钢块，该钢块与其他两块保持平行，窄面一面朝下，第三块弹性垫要大于突起路标的上顶面。

6) 调整钢块、被测样品、弹性垫，使被测样品和第三块钢块与弹性垫置于试验机上下压头的轴线上，其余两钢块和弹性垫对称。

7) 开启试验机，以5mm/min的速率通过第三块钢块和弹性垫对试验样品进行加载，直到样品彻底断裂或突然卸荷为止，记录此时的力值为试验结果，单位精确到N。

(9) 耐磨损性能

采用落砂法评价被测样品表面的耐磨损性能，适用于A1、A2类突起路标，A3类可参照使用。

(10) 耐温度循环

将样品放置在60℃的高温箱中保持4h，接着将样品转移到-7℃的低温箱中保持4h，如此为一个循环。共试验3个循环后，将样品取出，即刻检查样品的破裂、反射体剥离基体、耐磨层分层情况。

(11) 碎裂后状态

将样品放置在压力机上加荷，加荷速度为50~60kN/min，直至样品破裂，将所有碎块收集后放入孔径为30mm的标准筛中，均匀摇动1min后，检查筛中残留物形状，用分辨率为0.5mm钢直尺测量残留碎块的最大尺寸。

(12) 金属反光膜附着性能

1) 按制造商使用说明配制好黏合剂，在规定时间内，将黏合剂涂抹在A3类突起路标下部的金属反射膜上，涂抹面积为长20mm、宽10mm，涂抹位置在突起路标下部金属反射膜区中间部位，长度方向与突起路标下部环向一致；对于在金属反射膜外涂敷保护漆的突起路标，应将保护漆层除去，再在金属膜上涂粘合剂。

2) 将准备好的金属片放在粘合剂的中间沿环向与突起路标加压粘好，在标准环境下静置48h。

3) 将金属片与突起路标撕开，检查金属反射膜有无剥落、凸起等现象。

(13) 耐盐雾腐蚀性能

按《人造气氛腐蚀试验 盐雾试验》GB/T 10125—1997中有关中性盐雾试验的规定，每24h为一周期，每周期连续喷雾，共试验6个周期144h。试验结束后，用流动水冲洗掉样品表面的盐沉积物，再用蒸馏水漂洗，并用软布擦干，立即检查样品试验后的状态。

(14) 耐候性能

按《公路沿线设施塑料制品耐候性要求及测试方法》GB/T 22040—2008中有关自然暴晒试验和耐候性试验的规定执行。

10. 太阳能突起路标产品的检测方法

(1) 一般要求和外观质量

用目测方法进行。

(2) 外形尺寸

用分度值不低于 0.02mm 的游标卡尺测量，每个尺寸分别测量 5 次，取算术平均值为测量结果。

(3) 太阳能电池和储能元件的匹配性能

1) 储能元件的额定容量采用专用的仪表按规定执行。

2) 太阳能电池和储能元件的匹配性能：取 10 个试样将储能元件的电量放电至不能正常工作后，进行实测，取平均值作为结果。

(4) 循环使用寿命

按规定执行。

(5) 主动发光单元工作时的发光强度和色品坐标

单粒 LED 和太阳能突起路标成品工作时的发光强度和色品坐标按有关发光强度和色品坐标测试方法的规定执行。

(6) 逆反射器的发光强度系数和色品坐标

太阳能突起路标成品逆反射器的发光强度系数和色品坐标按《突起路标》GB/T 24725—2009 有关发光强度系数和色品坐标测试方法的规定执行。

(7) 闪烁频率

用频率计、示波器等仪器检测，当频率较低时可采用秒表和目测进行。

(8) 夜间视认距离

按照有关规定执行。

(9) 耐溶剂性能

将太阳能突起路标样品完全浸泡于标准 92 号无铅汽油中，浸泡 10min 后，立即用自来水清洗干净，在室温条件下晾干后，用 4 倍放大镜检查。

(10) 密封性能

将试样平放入温度为 50 ± 3℃、深度为 200 ± 10mm 的水中，浸泡 15min 之后，在 5s 内迅速将试样取出并立即放入 5 ± 3℃、深度为 200 ± 10mm 的水中，再浸泡 15min 后取出为一个循环。上述试验共进行 4 次，试验结束后立即用 4 倍放大镜进行检查。

(11) 耐磨损性能

1) 在磨损试验前，先测样品的发光强度系数和发光强度，并做记录。

2) 将一直径为 25.4 ± 5mm 的钢纤维棉砂纸固定在水平操作台上。

3) 将突起路标的逆反射器或发光面放置到符合要求的钢纤维棉砂纸的正上方，出光面向下。

4) 在片或面上施加一个 22 ± 0.2kg 的荷载，之后完全摩擦该试片或面 100 次。

5) 卸下荷载对试验后的反射器或发光面进行测试。

(12) 抗压性能

1) 测试前，将样品放置在 23 ± 2℃ 的条件下进行 4h 的状态调节。

2) 将样品基底放置在一个厚度为 13mm、比被测样品大的钢板中心上。

3) 在被测样品上放置一块厚度为 9.5mm、邵氏硬度为 A60、尺寸大于被测样品的弹性垫。

4) 另一块厚度为 13mm、比被测样品大的钢板放置在弹性垫上。

5) 开启试验机，以 2.5mm/min 的速率对试验样品进行加载，直到样品被破坏或样品产生明显变形（大于3.3mm）为止，记录下此时的力值为一次试验结果。

(13) 耐低温、高温、湿热、温度交变、机械振动等性能

耐低温、高温、湿热、温度交变、机械振动等性能，分别按 GB/T 2423.1、GB/T 2423.2、GB/T 2423.3、GB/T 2423.22、GB/T 2423.10 中有关试验的规定执行。

(14) 耐循环盐雾性能

按《公路沿线设施塑料制品耐候性要求及测试方法》GB/T 22040—2008 中有关耐循环盐雾试验的规定执行。

(15) 耐候性能

按《公路沿线设施塑料制品耐候性要求及测试方法》GB/T 22040—2008 中有关耐候性试验的规定执行。

11. 轮廓标产品的检测方法

(1) 外观质量

1) 在白天室内照度大于150lx 的条件，目测产品外观或用4倍放大镜查看。

2) 把刀口尺的刃口紧靠轮廓标柱体表面，测量柱体表面与刃口之间的最大间隙，即为该表面的平面度。

(2) 外形尺寸

用直尺、游标卡尺测量轮廓标的外形尺寸。

(3) 色度性能

轮廓标的色度性能包括表面色和逆反射色两种，表面色的测量方法同反光膜，见本条第2款；逆反射色的测量方法同突起路标，见本条第9款。

(4) 光度性能

1) 反射器发光强度系数

轮廓标的测量几何条件是：观测角两种 20′ 和 30′，入射角 β_2 有5个，分别为 0°，±10°，±20°。

用式（6-11）计算出不同观测角和入射角条件下的发光强度系数 R。

$$R = \frac{L}{E_\perp} = \frac{E_r \cdot d^2}{E_\perp} \tag{6-11}$$

式中 E_r——光探测器在不同观测角和入射角条件下测得反射光的照度，lx；

d——试样参考中心与光探测器孔径表面的距离，m；

$E_\perp$——试样在参考中心上的垂直照度，lx。

2) 反光膜逆反射系数

测试轮廓标用反光膜在观测角分别为 12′、20′，入射角 β_1（$\beta_2=0$）分别为 −4°、15°、30°时的反光强度系数。

3) 反光膜逆反射系数其他测试方法

轮廓标用反光膜的逆反射系数，也可用试样与标准样板对比的测量方法和仪器进行测试。其标准样板应定期到计量检定单位标定。如发生计量纠纷，应以前述的装置和方法为仲裁。

(5) 耐候性能

1) 耐候性能试验时间

　　a. 自然暴露试验：2年；

　　b. 人工气候加速老化试验：1200h。

2) 自然暴露试验

按照《塑料 自然日光气候老化、玻璃过滤后日光气候老化和菲涅耳镜加速日光气候老化的暴露试验方法》GB/T 3681—2011，把产品试样或反光膜试样（反光膜试样的尺寸应不小于150mm×250mm）安装在至少高于地面0.8m的暴晒架上，试样面朝正南方，与水平面呈当地的纬度角或45°±1°。试样表面不应被其他物体遮挡阳光，不得积水。暴露地点的选择尽可能近似实际使用环境或代表某一气候类型最严酷的地方。

试样开始暴晒后，每月做一次表面检查，半年后每3个月检查一次，直至达到规定的暴晒期限，最终检查后进行有关性能测试。

3) 人工气候加速老化试验

按照《塑料实验室光源暴露试验方法 第2部分：氙弧灯》GB/T 16422.2—1999，老化箱采用氙灯作为光源，产品试样或反光膜试样受到光谱波长为290～800nm的光线辐射，其辐射强度为$1000±100W/m^2$，光谱波长低于290nm光线的辐射强度不应大于$1W/m^2$。整个试样面积内，辐射强度的偏差不应大于±10%。在试验过程中，应采用连续光照，周期性喷水。

相关技术参数如下：箱内黑板温度为65±3℃；喷水周期为120min，其中18min喷水、102min不喷水。

试验时间到达1200h时，若试样所受累积辐射能量小于$4.32×10^6 kJ/m^2$，则应延长试验时间，以保证试样所受累积辐射能量值。

经过规定时间老化试验后的样品，用浓度5%的盐酸溶液清洗表面45s，然后用水彻底冲洗，最后用干净软布擦干，即可置于标准测试条件下，用4倍放大镜进行各种检查并进行有关性能测试。

(6) 耐盐雾腐蚀性能

轮廓标的盐雾试验同反光膜，见本节第2款第(5)项。

(7) 耐高低温性能

将产品试样或反光膜试样放入试验箱内，开动冷源，使箱内温度逐渐降至-40±3℃，试样在该温度下保持72h；关闭电源，让试验箱自然升温至室温（约需5～12h）。再使试验箱升温至70±3℃，并在该温度下保持24h；最后关闭电源，让试验箱自然冷却至室温。取出试样，在标准测试条件下放置2h后，用4倍放大镜检查其表面的变化。

(8) 密封性能

将产品试样或反射器试样放入温度为50±3℃、深度为200±30mm的水中，使逆反射表面向上，浸泡15min之后，在10s内，迅速将试件取出并立即放入温度为5±3℃、同样深度的水中，再浸泡15min。重复上述试验3次，使试样总计经受4个热冷循环的浸泡。然后取出试样，擦干其表面的水分，目测进行检查。

(9) 弯曲性能

把弹性柱式轮廓标安装到弯曲试验机的样品架上，开动试验机的电机，使滚轮（在金属轮上涂以厚度为5±2mm、邵氏硬度为A75的橡胶层）在离地面垂直距离270mm处，以每分钟30次、48±2cm/s的速度,将弹性柱式轮廓标推倒至水平位置,然后让它自动弹起。经30次弯曲试验后,用4倍放大镜检查弹性柱式轮廓标的表面是否出现裂缝或折断的痕迹,并测量出弹起的轮廓标柱体顶部任意点与原竖直位置的最大水平偏差。

(10) 黑色标记的剥离性能

在黑膜(除搭接处)的任何位置,用锋利的刀片垂直于黑膜,沿柱体纵向轴,靠着直尺,从顶部到底部将黑膜完全切透,水平相隔约2cm,切出两条平行线。在平行线中间的一端剥开黑膜,然后用力往外撕开黑膜,并进行检查。

12. 高密度聚乙烯硅芯塑料管(硅芯管)的检测方法

高密度聚乙烯硅芯塑料管(硅芯管)的检测方法,按《高密度聚乙烯硅芯管》GB/T 24456—2009标准的规定执行。

(1) 外观检验

在正常光线下,用目测法直接检验。

(2) 尺寸测量

硅芯管尺寸的测量按《塑料管道系统 塑料部件尺寸的测定》GB/T 8806—2008的规定方法进行。

(3) 物理化学性能

1) 外壁硬度

将长度100mm的硅芯管试样紧密套在外径适当的金属棒上,放置在D型邵氏硬度计正下方,按《塑料和硬橡胶 使用硬度计测定压痕硬度(邵氏硬度)》GB/T 2411的规定方法进行。

2) 内壁摩擦系数

a. 内壁静态摩擦系数试验方法见《高密度聚乙烯硅芯管》GB/T 24456—2009标准中附录C。

b. 内壁动态摩擦系数试验方法见《高密度聚乙烯硅芯管》GB/T 24456—2009标准中附录D。

3) 拉伸屈服强度及断裂伸长率

试样形状应符合《热塑性塑料管材 拉伸性能测定 第3部分:聚烯烃管材》GB/T 8804.3—2003中类型2的规定,用冲裁的方法从管材上截取3个试样。试验按《热塑性塑料管材 拉伸性能测定 第1部分:试验方法总则》GB/T 8804.1—2003的步骤进行,试验速度为100±5mm/min。取3个有效试验的算术平均值作为测试结果。

注:若无明显屈服点时,以最大拉伸强度为试验结果。

4) 最大牵引负荷

取3段长度为200±5mm的完整硅芯管试样,试样两端应垂直切平。用专用夹具将试样夹持在试验机上,拉伸速度为450±10mm/min,直至试样屈服时,读取试验的屈服负荷为试验结果。若试样在夹具边缘断裂,则试验无效,应重新更换试样。取3个有效试验的算术平均值为测试结果。

5) 冷弯曲性能

冷弯曲性能见《高密度聚乙烯硅芯管》GB/T 24456—2009标准中附录E。

6) 环刚度

取 3 段长度为 200±1mm 的完整硅芯管试样,压缩速度 5±1mm/min,压缩量为内径的 5%,按《热塑性塑料管材环刚度的测定》GB/T 9647—2003 的规定进行。

7) 复原率

取 3 段长度为 200±1mm 的完整硅芯管试样,试样两端应垂直切平。在试样直径两端做好标记,并量取标记处的外径为初始外径,按《热塑性塑料管材环刚度的测定》GB/T 9647—2003 的规定将试样放置在两平行压板之间,以 100±5mm/min 的试验速度沿标记外径方向加压至外径变形量为初始外径的 50% 时,立即卸荷。在标准状态下恢复 10min,再次量取标记处的外径为终了外径,按式 (6-12) 计算复原率:

$$复原率 = \frac{D_1}{D_0} \times 100\% \tag{6-12}$$

式中 D_0——试验前初始外径;

D_1——试验后终了外径。

取 3 个试样试验结果的算术平均值为测试结果。

8) 耐落锤冲击性能

按《热塑性塑料管材耐外冲击性能试验方法:时针旋转法》GB/T 14152—2001 的规定,截取 10 个硅芯管试样,将试样放在温度 -20±2℃ 的低温试验箱中保持 2h,在落锤高度 2m,锤头尺寸型号为 D90,落锤总质量 15.3kg 的条件下进行冲击,每个试样冲击一次,每次取出一个试样,在 30s 内完成。试样不破裂或裂纹宽度不大于 0.8mm 为合格,10 个试样中,9 个(含)以上试样合格为落锤冲击试验合格。

9) 耐液压性能

取两段长度不小于 250mm 的完整硅芯管试样,按照《流体输送用热塑性塑料管材耐内压试验方法》GB/T 6111—2003 规定的 A 型密封方式对试样端头进行密封,将该试样夹持到试验机上缓慢注水,水温 20±2℃,1min 内达到规定的压力后保持 15min,试样无明显鼓胀、无渗漏、不破裂为合格。

10) 纵向收缩率

按《热塑性塑料管材纵向回缩率的测定》GB/T 6671—2001 试验方法 B 进行,取 3 段长度 200±5mm 的硅芯管,标距 100mm,烘箱温度 110±2℃。

11) 耐环境应力开裂

按《塑料 聚乙烯环境应力开裂试验方法》GB/T 1842—2008 规定,从硅芯管上沿轴线直接截取试样,刻痕长度方向与轴线一致,刻痕深度:壁厚小于等于 3.5mm 时为 0.65mm,壁厚大于 3.5mm 时为 0.80mm;其他规定见《塑料 聚乙烯环境应力开裂试验方法》GB/T 1842—2008,试剂为壬基酚聚氧乙烯醚(TX-10)10%(体积分数)水溶液,试验温度 50℃。

12) 耐碳氢化合物性能

在标准试验环境下,取 3 段长度为 300±1mm 硅芯管试样,用庚烷浸泡 720h 后取出,排干试验液体,在室温下放置 30min,之后对硅芯管径向施加 528N 的压力并保持 1min,卸荷后立即对试验进行观测,试样无损坏或产生的永久变形不超过 5% 为合格。

13) 系统密封性

取两段长度适当的完整硅芯管试样,用硅芯管专用连接头按生产企业提供的工具和方法连接好，一端用管塞密封好，另一端连接专用卡具注水，在水温 20±2℃，压力 50kPa 条件下，保持 24h，试样的连接头、管塞均不渗漏为合格。

14）管接头连接力

取两段长度为 200±5mm 的完整硅芯管，用硅芯管专用连接头按生产企业提供的工具和方法连接好组成试样，用专用卡具将该试样夹持到拉伸试验机上，拉伸速度为 100±5mm/min，直至管连接头被拉破裂或硅芯管被拉出时，读取试验的最大拉伸负荷为试验结果。如此共进行 3 组试验，取 3 次试验结果的算术平均值为测试结果。

15）熔体流动速率

按《热塑性塑料熔体质量流动速率和熔体体积流动速率的测定》GB/T 3682—2000 规定进行，试验温度 190℃，试验负荷 2.16kg。

13. 双壁波纹管的检测方法

(1) 颜色及外观

可用肉眼观察，内壁可用光源照看。

(2) 结构尺寸及长度

按《地下通信管道用塑料管 第 1 部分：总则》YD/T 841.1—2008 的相关规定进行试验。

(3) 承口尺寸

1）壁厚

按《塑料管道系统 塑料部件尺寸的测定》GB/T 8806—2008 的规定进行测试。

2）平均内径

按《埋地用聚乙烯（PE）结构壁管道系统 第 1 部分：聚乙烯双壁波纹管材》GB/T 19472.1—2004）中 8.3.5 的规定进行测试。

3）结合长度

用精度为 0.02mm 的量具测量不少于 3 个试样的结合长度，取最小值作为测量结果。

(4) 弯曲度

按《硬质塑料弯曲度测量方法》QB/T 2803—2006 的规定进行测量。

(5) 落锤冲击

按《热塑性塑料管材耐外冲击性能试验方法：时针旋转法》GB/T 14152—2001 的规定进行试验。

(6) 扁平

按《热塑性塑料管材环刚度的测定》GB/T 9647—2003 的有关规定进行试验。

(7) 环刚度

取 3 段长度为 200±1mm 的完整硅芯管试样，压缩速度 5±1mm/min，压缩量为内径的 5%，按《热塑性塑料管材环刚度的测定》GB/T 9647—2003 的规定进行。

(8) 复原率

试验设备，应符合《热塑性塑料管材环刚度的测定》GB/T 9647—2003 的相应规定。从 3 根管材上各取 1 根 200±5mm 管段为试样，试样两端应垂直切平，试样在 23±2℃的条件下进行状态调节不少于 4h。压缩速度为 10±0.4mm/min。垂直方向施加压力至试样初始高度的 30%时，立即卸荷。在标准状态下恢复 10min 后，测量此时试样高度，并记录。

按式（6-13）计算复原率：
$$\delta = H_0/H_1 \times 100\% \tag{6-13}$$
式中　H_0——试验前试样初始高度（m）。

H_1——试验后试样高度（m）。

取 3 个试样试验结果的算术平均值为测试结果。

（9）坠落

按《硬聚氯乙烯（PVC-U）管件坠落试验方法》GB/T 8801—2007 的规定进行试验。

（10）纵向回缩率

按《热塑性塑料管材纵向回缩率的测定》（GB/T 6671—2001）试验方法 B-烘箱试验规定的方法进行试验。

（11）连接密封性

进行连接密封性试验时，取 3 段标准长度 500mm（允许偏差 0~20mm）试样，用专用的管接头将管材连接，两端按《流体输送用热塑性塑料管材耐内压试验方法》GB/T 6111—2003 规定的 A 型密封方式对试样端头进行密封，向管材内注水，在室温下，充满水加压到 50kPa 保持 24h。

（12）维卡软化温度

按《热塑性塑料管材、管件维卡软化温度的测定》GB/T8802—2001 规定进行试验。

（13）静摩擦系数

按《高密度聚乙烯硅芯管》GB/T 24456—2009 标准中附录 C。

（14）蠕变比率

按《热塑性塑料管材蠕变比率的试验方法》GB/T 18042—2000 规定进行。试样温度为 23±2℃，计算并外推至 2 年的蠕变比率。

14. 公路用玻璃纤维增强塑料管道的检测方法

（1）外观质量

在正常光线下，用目测直接观察。

（2）结构尺寸

1）内径

用分度值 0.02mm 的游标卡尺，在管道插入端量取 3 个数值，取算术平均值作为测量结果。

2）壁厚

用分度值 0.01mm 的千分尺，在承插端和其他部位各量取 3 个测量值，取算术平均值作为测量结果。

3）承插端内径

用分度值 0.02mm 的游标卡尺，在管道承插端量取 3 个数值，取算术平均值作为测量结果。

4）长度

用分度值 0.5mm 的钢卷尺，沿管道轴向分别量取 3 个数值，取算术平均值作为测量结果。

5) 弯曲度

按《硬质塑料弯曲度测量方法》QB/T 2803—2006 的规定进行测量。

(3) 通用物理力学性能

1) 拉伸强度

卷制成型玻璃钢管道，按《纤维增强塑料拉伸性能试验方法》GB/T 1447—2005 规定执行；非模压短切纤维塑料样品，宜优先选用Ⅱ型试样。缠绕成型玻璃钢管道，按《纤维缠绕增强塑料环形试样力学性能试验方法》GB/T 1458—2008 规定执行。

2) 弯曲强度

卷制成型玻璃钢管道，按《纤维增强塑料压缩性能试验方法》GB/T 1448—2005 规定执行。缠绕成型玻璃钢管道，按《纤维增强热固性塑料管平行板外载性能试验方法》GB/T 5352—2005 规定执行。

3) 密度

按《纤维增强塑料密度和相对密度试验方法》GB/T 1463—2005）规定执行，形状规则的产品试样宜优先采用几何法，异型产品试样可采用浮力法。

4) 巴柯尔硬度

按《纤维增强塑料巴氏（巴柯尔）硬度试验方法》GB/T 3854—2005 规定执行。

5) 热变形温度

按《塑料 负荷变形温度的测定 第 2 部分：塑料、硬橡胶和长纤维增强复合材料》GB/T 1634.2—2004 规定执行，最大弯曲应力选用 A 法，为 1.80MPa。

6) 管道内壁静摩擦系数

按《高密度聚乙烯硅芯管》GB/T 24456—2009 标准中附录 C。

7) 管刚度

按《纤维增强热固性塑料管平行板外载性能试验方法》GB/T 5352—2005 的规定，试样长度为 300mm，试验结果为管道径向变化率为内径的 10% 时的管刚度。

8) 耐落锤冲击性能

按《热塑性塑料管材耐外冲击性能试验方法：时针旋转法》GB/T 14152—2001 的规定执行。

(4) 氧指数

按《纤维增强塑料燃烧性能试验方法 氧指数法》GB/T 8924—2005）规定执行。

(5) 耐水性能

耐水性能，按《玻璃纤维增强塑料老化性能试验方法》GB/T 2573—2008 的规定执行。

(6) 耐化学介质性能

1) 耐汽油性能

按《玻璃纤维增强热固性塑料耐化学介质性能试验方法》GB/T 3857—2005 规定的方法进行。

2) 耐酸性能

按《玻璃纤维增强热固性塑料耐化学介质性能试验方法》GB/T 3857—2005 规定的方法进行。

3) 耐碱性能

按《玻璃纤维增强热固性塑料耐化学介质性能试验方法》GB/T 3857—2005 规定的方法进行。

(7) 环境适应性能

1) 耐湿热性能

按《玻璃纤维增强塑料老化性能试验方法》GB/T 2573—2008 规定的方法进行。

2) 耐低温坠落性能

将长度不小于 300mm 或不小于其样品总长度的 50% 的试样放置在低温试验箱中，温度降至 -40 ± 2℃后，恒温 2h 后取出试样，试样长度方向或样品正面平行于地面由 1m 高度处自由坠落至硬质地面，观测试验结果。

15. 公路用玻璃纤维增强塑料管箱的检测方法

(1) 外观质量

在正常光线下，用目测直接观察。

(2) 结构尺寸

1) 长度

用分度值 0.5mm 的钢卷尺，在管箱体的 3 个面，沿轴向分别量取 3 个数值，取算术平均值作为测量结果。

2) 宽度

用分度值 0.5mm 的钢板尺或钢卷尺，在管箱体的两上、中、下 3 个部位共量取 6 个测量值，取算术平均值作为测量结果。

3) 高度

用分度值 0.5mm 的钢板尺或钢卷尺沿管箱体长度方向，任取 3 个截面，量取 3 个高度测量值，取算术平均值作为测量结果。

4) 厚度

用分度值 0.02mm 的板厚千分尺在盖板、箱体的 3 个面各量取 3 个测量值，取算术平均值作为测量结果。

(3) 通用物理力学性能

1) 管箱内壁静摩擦系数

按《高密度聚乙烯硅芯管》GB/T 24456—2009 标准中附录 C，要求管箱试样长度为 500mm，标准滑动物质不变。

2) 其他物理力学性能

按《公路用玻璃纤维增强塑料产品 第 1 部分：通则》GB/T 24721.1—2009 中 5.5.2 规定试验。

(4) 氧指数（阻燃性能）

同本条第 14 款 (4) 项的规定。

(5) 耐水性能

同本条第 14 款 (5) 项的规定。

(6) 耐化学介质性能

同本条第 14 款 (6) 项的规定。

(7) 环境适应性能

1) 耐湿热性能

同本条第 14 款（7）项 1）的规定。

2) 耐低温冲击性能

将长度不小于 300mm 或不小于其样品总长度的 50% 的试样放置在低温试验箱中，温度降至 -40 ± 2℃后，恒温 2h 后取出试样，立即用质量 1kg 的钢球在离试样正上方 1m 处，自由落下冲击样品，观测试验结果。

3) 人工加速老化（氙弧灯灯源）

按《公路沿线设施塑料制品耐候性要求及测试方法》GB/T 22040—2008 中 6.9 规定执行。型式检验也应采用人工加速老化试验。

4) 耐自然暴露

按《玻璃纤维增强塑料老化性能试验方法》GB/T 2573—2008 规定执行。仲裁试验也应采用自然暴露试验。

16. **防腐粉末涂料产品的检测方法**

(1) 粉体外观质量

在正常光线下，用目测观察。

(2) 涂层外观质量

在正常光线下，用目测直接观察。

(3) 涂层厚度

涂层厚度以测量值的算术平均值表示测试结果，若测试值中 10% 以上的值超出技术要求范围，即使算术平均值符合技术要求，但该结果仍为不符合标准的技术要求。

1) 非磁性基底的涂层厚度，按《漆膜厚度测定法》GB/T 1764—1979（1989）的规定进行；

2) 磁性基底的涂层厚度，按《非磁性覆盖层厚度测量磁性法》GB/T 4956—2005 的规定进行。

(4) 涂层附着性

热固性粉末涂料涂层的附着性，按照《色漆和清漆 漆膜的划格试验》GB/T 9286—1998 的方法进行。

热塑性粉末涂料涂层的附着性，用锋利的刀片在涂塑层上划出两条平行的长度为 5cm 的切口，切入深度应达到涂层附着基底的表面。板状或柱状试样两条切口间距为 3mm，丝状试样的两条切口位于沿丝的轴向的 180°对称面。在切口的一端垂直于原切口作一竖直切口，用尖锐器具将竖直切口挑起少许，用手指捏紧端头尽量将涂层扯起。以扯起涂层状态将涂层附着性能区分为 0~4 级如下。

0 级：不能扯起或扯起点断裂；

1 级：小于 1cm 长的涂层能被扯起；

2 级：非常仔细的情况下可将涂层扯起 1~2cm；

3 级：有一定程度附着，但比较容易可将涂层扯起 1~2cm；

4 级：切开后可轻易完全剥离。

(5) 涂层耐冲击性

按照《漆膜耐冲击测定法》GB/T 1732—1993 进行。

(6) 涂层抗弯曲性

涂层抗弯曲性的测定，可以依据如下方法：

1) 丝状试样，按照《高速公路交通工程钢构件防腐技术条件》GB/T 18226—2000 中的方法进行。

2) 板状试样，按照《色漆和清漆 弯曲试验（圆柱轴）》GB/T 6742—2007 的方法进行。

(7) 涂层耐化学腐蚀性

按照《塑料 耐液体化学试剂性能的测定》GB/T 11547—2008 的方法进行，浸泡温度为 23±2℃，不同类型的粉末涂料涂层试验溶液浓度和浸泡时间，见表 6-19～表 6-21。

热塑性聚乙烯涂层耐化学腐蚀性能试验要求　　　表 6-19

溶液类型	溶液浓度（%）	浸泡时间（h）
H_2SO_4	30	720
NaOH	40	720
NaCl	10	720

注：H_2SO_4、NaOH 和 NaCl 溶液，均为质量百分比浓度。

热塑性聚氯乙烯涂层耐化学腐蚀性能试验要求　　　表 6-20

溶液类型	溶液浓度（%）	浸泡时间（h）
H_2SO_4	30	720
NaOH	40	720
NaCl	10	720

注：H_2SO_4、NaOH 和 NaCl 溶液，均为质量百分比浓度。

热固性聚酯涂层耐化学腐蚀性能试验要求　　　表 6-21

溶液类型	溶液浓度（%）	浸泡时间（h）
H_2SO_4	30	720
NaOH	1	720
NaCl	10	720

注：H_2SO_4、NaOH 和 NaCl 溶液，均为质量百分比浓度。

(8) 涂层耐盐雾性能

按照《高速公路交通工程钢构件防腐技术条件》GB/T 18226—2000 中的方法进行。

(9) 涂层耐湿热性能

按照《高速公路交通工程钢构件防腐技术条件》GB/T 18226—2000 中的方法进行。其温度为 47±1℃，相对湿度为 96%±2%。

(10) 涂层耐低温脆化性

按《高速公路交通工程钢构件防腐技术条件》GB/T 18226—2000 中的方法进行，试验后在常温环境下调节 2h 后，按规定进行耐冲击性能试验与试验前结果进行比对。

(11) 耐候性能

按《公路沿线设施塑料制品耐候性要求及测试方法》GB/T 22040—2008 中的规定执行。

试样外观质量的结果评价,按照《色漆和清漆 涂层老化的评级方法》GB/T 1766—2008 的规定进行,评价项目应包括变色、粉化、开裂、起泡、生锈和剥落,并统一对综合老化性能等级进行评定。

(12) 挥发物含量

按《电气绝缘用树脂基反应复合物 第2部分:试验方法电气用涂敷粉末方法》GB/T 6554—2003 中的方法进行。试验条件为 105±2℃ 的温度下在烘箱内试验 1h。

(13) 粒度分布（筛余物）

粒度分布（筛余物）项目的测试,可采用激光粒度分布仪进行,也可以按照《电气绝缘用树脂基反应复合物 第2部分:试验方法电气用涂敷粉末方法》GB/T 6554—2003 中的方法进行手工筛分。在进行手工筛分的试验时,应符合以下要求:

1）进行粒度分布项目测试时,选用叠筛筛分,试验结果的叠加质量损失百分数不超过 2%；

2）进行筛余物项目测试时,只选用规定孔径的网筛进行单筛筛分,结果计算精确至 0.1%。

(14) 表观密度

按《电气绝缘用树脂基反应复合物 第2部分:试验方法电气用涂敷粉末方法》GB/T 6554—2003 中的方法进行。

(15) 熔融指数

按《热塑性塑料熔体质量流动速率和熔体体积流动速率的测定》GB/T 3682—2000 的方法进行。本指标只适用于热塑性粉末涂料。

(16) 光泽度

按《色漆和清漆 不含金属颜料的色漆 漆膜的 20°、60°和 85°镜面光泽的测定》GB/T 9754—2007 的方法进行。

(17) 拉伸强度

按《塑料拉伸性能的测定》GB/T 1040 的方法进行,拉伸试验速度为 100mm/min。

(18) 断裂延伸率

按《塑料拉伸性能的测定》GB/T 1040 的方法进行,拉伸试验速度为 100mm/min。

(19) 涂层硬度

按《塑料和硬橡胶 使用硬度计测定压痕硬度（邵氏硬度）》GB/T 2411—2008 的方法进行。

(20) 维卡软化点

按《热塑性塑料维卡软化温度（VST）的测定》GB/T 1633—2000 的方法进行。

(21) 耐环境应力开裂

按《塑料 聚乙烯环境应力开裂试验方法》GB/T 1842—2008 的方法进行,试验溶剂选用壬基酚聚氧乙烯醚（TX-10）,试样厚度应满足 1.75~2.00mm 的要求。

6.3.2.2 工程现场检测（抽样检测）

1. 交通标志各检测项目的检测方法和频率,见表 6-4。

2. 路面标线

(1) 按《道路交通标线质量要求和检测方法》GB/T 16311—2009 的规定，路面标线的检测方法，如下：

1) 外观质量

目测标线的外观。

2) 外形尺寸

用分度值不大于 0.5mm 的钢卷尺测量抽样检测点上的标线所在位置、标线宽度及间断线的实线段长度、纵向间距以及其他标线的尺寸，取其算术平均值。

用测量精度为 ±0.50 的量角器测量标线的角度，取其算术平均值。

3) 标线厚度

a. 湿膜厚度

在标线施工时，把一块厚度 0.3mm 以上、面积为 300mm×500mm 光亮平整的金属片或厚度 2mm 以上、面积为 300mm×500mm 玻璃片放置在路面将要划制标线的始端或终端处，待划线机划过后，立即将符合《道路交通标线涂层湿膜厚度梳规》JT/T 675—2007 规定的湿膜厚度梳规垂直插入涂在金属片或玻璃片上的标线湿膜中，稳定地保持 3s，然后垂直提出，观察涂料覆盖湿膜厚度梳规的位置，读出相应数值。在每片涂层的四角距涂层边缘 20mm 处读出 4 个数，取其算术平均值。

b. 干膜厚度

标线施工时，先准备好厚度 0.3mm 以上，面积为 300mm×500mm 且光亮平整的金属片，预先测量其厚度，然后将金属片放置在将要划制标线的始端或终端处，待划线机划过后，把已覆盖有标线涂料的金属片取出，过 5～10min 后，用分度值不大于 0.01mm 的游标卡尺测量金属片上四角距涂层边缘 20mm 处 4 点的厚度，减去已测量的金属片厚度即为涂层厚度，取其算术平均值。

c. 已成形标线的厚度

已成形标线的厚度可按图 6-1 所示的方法进行测量，也可使用符合要求的数显卡尺或涂层测厚仪进行测量。

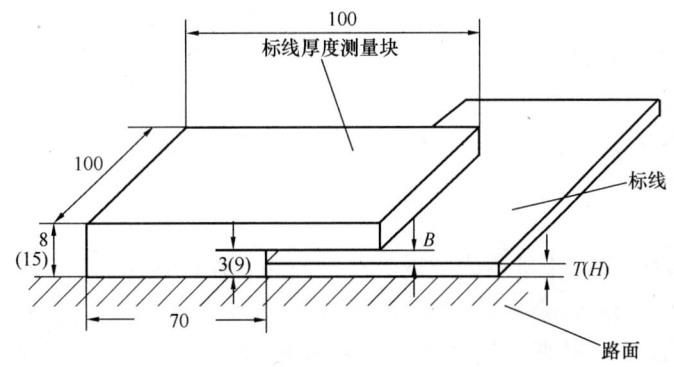

图 6-1 已成形标线厚度测量示意图

将标线厚度测量块紧靠在标线侧边，用塞尺测量标线厚度测量块槽口与标线之间的间隙 B，则标线的厚度 $T=(3-B)$ mm。

测量突起振动标线的突起高度时，按图 6-1 中括号内的数据。测量块的厚度为 15mm，测量块的槽口深度为 9mm，标线突起高度 $H=(9-B)$ mm。

4）色度性能

a. 标线的表面色，采用标准照明体 D_{65}、45/0 照明观测条件的测色仪，测取每个抽样检测点的色品坐标和亮度因数，求算术平均值。

b. 反光标线的逆反射色，采用观测角 1.05°、入射角 88.76°照明观测条件，按《夜间条件下逆反射体色度性能测试方法》JT/T 692—2007 规定的方法进行测试。

5）光度性能

a. 正常使用期间，标线逆反射亮度系数的测试应在干燥状态下进行。按照《逆反射体光度性能测试方法》JT/T 690—2007 或《水平涂层逆反射亮度系数测试方法》JT/T 691—2007，在观测角 1.05°、入射角 88.76°的条件下，使用逆反射测量仪沿行车方向平放在前述抽样方法选取的测试点进行测试，并取其算术平均值为测试结果。

b. 新划标线初始逆反射亮度系数的测试应执行《新划路面标线初始逆反射亮度系数及测试方法》GB/T 21383—2008。

c. 在雨夜或路面标线浸于水中的夜间，用汽车前照灯远光照射雨夜标线，目测其逆反射效果。

6）抗滑值 BPN

按《道路预成形标线带》GB/T 24717—2009 规定的方法进行测试。

7）面撒玻璃珠分布

用 5 倍放大镜观察反光标线面撒玻璃珠是否分布均匀，有无结团、成块现象，与标线涂层的黏结情况是否良好。

（2）按《公路工程质量检验评定标准 第一册 土建工程》JTG F80/1—2004 的规定，路面标线各检测项目的检测方法和频率，见表 6-5。

3. 波形梁钢护栏各检测项目的检测方法和频率，见表 6-6。

4. 混凝土护栏各检测项目的检测方法和频率，见表 6-7。

5. 缆索护栏各检测项目的检测方法和频率，见表 6-8。

6. 突起路标各检测项目的检测方法和频率，见表 6-9。

7. 轮廓标各检测项目的检测方法和频率，见表 6-10。

8. 防眩设施各检测项目的检测方法和频率，见表 6-11。

9. 隔离栅和防落网各检测项目的检测方法和频率，见表 6-12。

6.3.3 评定要求

评定要求的内容有：测量不确定度的评定方法；盐雾试验的评价方法；道路交通标志产品的检验规则；反光膜产品的检验规则；路面标线涂料产品的检验规则；路面标线用玻璃珠产品的检验规则；波形梁护栏产品的检验规则；防眩板产品的检验规则；突起路标产品的检验规则；太阳能突起路标产品的检验规则；轮廓标产品的检验规则；高密度聚乙烯硅芯塑料管（硅芯管）的检验规则；防腐粉末涂料产品的检验规则 13 部分。

1. 测量不确定度的评定方法

测量不确定度评定是将测量结果或测量误差作为随机变量，研究分析其统计规律，并计算其范围的一项活动。

不确定度评定分为标准不确定度的 A 类评定和 B 类评定。

A 类评定是用对观测列进行统计分析的方法来评定标准不确定度。评定的方法，有：贝塞尔法、最大极差法、彼得斯法、最大误差法、极差法等，常用贝塞尔法，即使用贝塞尔公式计算实验标准差。

B 类评定是用不同于对观测列进行统计分析的方法来评定标准不确定度，即使用以前的测量数据、有关材料及特点性能的经验、制造说明书、校准/检定等证书提供的数据进行评定。

A 类评定和 B 类评定都是求标准不确定度。A 类评定是通过观测列数据求得标准偏差，继而算出标准不确定度；B 类评定则是先估计被评定的量的变化范围，再按变量可能的分布情况反算标准偏差（即标准不确定度）。

测量不确定度的评定步骤如下：

(1) 产生测量不确定度的原因分析和测量模型化。

(2) 标准不确定度分量的逐项评定（A 类评定或 B 类评定）。

(3) 计算合成标准不确定度。

(4) 计算扩展不确定度。

(5) 不确定度报告。

2. 盐雾试验的评价方法

盐雾试验结果的评价方法有：评级判定法、称重判定法、腐蚀物出现判定法、腐蚀数据统计分析法 4 种。

3. 道路交通标志产品的检验规则

道路交通标志产品检验规则主要包括出厂检验、形式检验、抽样方法、判定规则 4 部分内容。

(1) 出厂检验

产品出厂前，应随机抽样，对结构尺寸、外观质量、标志板面色度性能、反光型标志板面光度性能、标志板抗冲击性能各项性能进行自检，合格者附合格证才可出厂。

(2) 型式检验

当出现老产品转厂生产、停产一年或一年以上的产品再生产、正常生产的产品经历两年生产、合同规定、国家授权的质量监督部门提出质量抽查以及产品结构、材料、工艺有较大改变任意一种情况时，应按《道路交通标志板及支撑件》GB/T 23827—2009 的要求，对产品全项性能进行型式检验。

(3) 抽样方法

对每批产品进行随机抽样或依据《公路交通安全设施质量检验抽样及判定》JT/T 495—2004 进行抽样检测。《道路交通标志板及支撑件》GB/T 23827—2009 要求的各项试验，宜抽样 3 个或以上。

(4) 判定规则

道路交通标志产品的各项试验，其检测频率及结果判定应符合的规定包括 3 方面：

1) 每项试验至少检测 3 个数据（宜在不同试样上进行），取其平均值为检测结果。

2) 检测数据全部符合标准要求，则判定该批产品合格。

3) 检测数据有一项不符合标准要求，抽取双倍数量的产品对该项指标进行复检，若复检合格，则判定该批产品合格；若复检不合格，则判定该批产品不合格。

4. 反光膜产品的检验规则

反光膜产品检验规则主要包括出厂检验、型式检验、检验结果处理3部分内容。

(1) 出厂检验

每个反光膜生产厂在每批产品出厂前，应随机抽取足够数量的样品，对一般要求、色度性能、逆反射系数、附着性能、防沾纸的可剥离性能和供需双方合同规定的其他项目进行自检，以保证出厂产品质量符合要求。每批产品的数量不得超过$3000m^2$。

(2) 型式检验

反光膜生产厂在新产品投入批量生产前，应提供足够数量的、具有代表性的新产品，做《公路交通标志反光膜》GB/T 18833—2002规定的全套性能试验。

当发生老产品转厂生产、停产一年或一年以上的产品再生产、正常生产的产品每经历一年生产、产品的设计、工艺或材料的改变影响产品性能任意一种情况时，也应进行型式检验。此时，应随机抽取足够数量的样品，做《公路交通标志反光膜》GB/T 18833—2002规定的全套性能试验（对正常生产的产品每经历一年生产时的型式检验耐候性能试验可每4年进行一次）；或在产品的设计、工艺或材料的改变影响产品部分性能时，仅对受影响的项目进行检验。

(3) 检验结果处理

对于检验结果的处理，每项性能试验至少取样3个，在试样测试结果全部合格的基础上，3个（或3个以上）试样测试结果的算术平均值为试验结果。若某一试样的测试结果不符合标准的要求，则应从同一批产品中再抽取双倍数量的试样进行该不合格项目的复验，若复验结果全部合格，则整批产品合格；若复验结果（包括该项试验所要求的任一指标）有一项指标不合格，则整批产品为不合格产品。

5. 路面标线涂料产品的检验规则

路面标线涂料产品检验规则主要包括出厂检验和型式检验两部分内容。

(1) 出厂检验

产品出厂前需经生产厂质检部门，按《路面标线涂料》JT/T 280—2004要求对除人工加速耐候性试验外的全部检验项目进行检测，合格者须附合格标志后方能出厂。

(2) 型式检验

正常生产时12个月或累计生产100t时，应进行一次型式检验；产品停产达6个月后恢复生产时，出厂检验结果与上次型式检验结果有较大差异时，国家（或部）授权的质量监督机构提出进行型式检验要求时以及产品结构、材料、工艺有较大改变时，应按《路面标线涂料》(JT/T 280—2004)的要求，对产品全项性能进行型式检验。

对每批产品进行随机抽样或依据《公路交通安全设施质量检验抽样及判定》JT/T 495—2004进行抽样检测。《路面标线涂料》JT/T 280—2004要求的各项试验，宜抽样3个或以上。

(3) 判定规则

路面标线涂料产品的各项试验，其检测频率及结果判定应符合的规定包括3方面的内容：

1) 每项试验至少检测 3 个数据（宜在不同试样上进行），取其平均值为检测结果。
2) 检测数据全部符合标准要求；则判定该批产品合格。
3) 检测数据有一项不符合标准要求，抽取双倍数量的产品对该项指标进行复检，若复检合格，则判定该批产品合格；若复检不合格，则判定该批产品不合格。

6. 路面标线用玻璃珠产品的检验规则

按《路面标线用玻璃珠》GB/T 24722—2009 的规定，对玻璃珠质量的检验分出厂检验和型式检验两种形式。

(1) 出厂检验

每家玻璃珠生产厂在产品出厂前，应对外观要求、玻璃珠的粒径分布、成圆率以及供需双方合同规定的其他项目进行自检，以保证出厂产品质量符合标准的要求。

(2) 型式检验

型式检验为每两年进行一次，新设计试制的产品，出厂检验结果与上次型式检验结果有较大差异时，国家质量监督机构提出型式检验时以及正式生产过程中原材料、工艺有较大改变可能影响产品性能时也应进行型式检验。

含防水涂层的玻璃珠产品型式检验项目为全部项目，不含防水涂层的玻璃珠产品型式检验项目不含防水涂层要求检测项目。

型式检验时，如有任何一项指标不符合标准要求时，则需在同批产品中重新抽取双倍试样，对该项目进行复验，复验结果仍然不合格时，则判定该型式检验为不合格，反之判定为合格。

7. 波形梁护栏产品的检验规则

波形梁护栏的质量由供方质检部门进行检验，产品经检验符合标准的要求后并附有质量合格证方可交货。需方有权按标准的规定进行抽检和验收。

波形梁板、立柱等应成批检查，每批应由同一基底材料、同一规格尺寸、同一表面处理的产品组成，3mm 厚板每批的重量不得超过 50t，4mm 厚板每批的重量不得超过 100t，三波形梁钢护栏每批的重量不得超过 100t。

护栏板、立柱、防阻块、连接副等部件的抽样、判定按《公路交通安全设施质量检验抽样及判定》JT/T 495—2004 规定进行。

8. 防眩板产品的检验规则

对防眩板产品质量的检验分型式检验和出厂检验两种形式。

(1) 型式检验

型式检验应在生产线终端或生产单位成品库内抽取足够的样品，按标准规定进行全部项目的检验。型式检验应每两年进行一次。防眩板产品在新设计试制产品时、出厂检验结果与上次型式检验结果有较大差异时、国家质量监督机构提出型式检验时，以及正式生产过程中如原材料、工艺有较大改变，可能影响产品性能时，应进行型式检验。

在生产企业首次批量定型生产时，型式检验中的耐候性能为必检项目，若检验合格，在产品配方不发生变化的情况下，耐候性能 4 年检验一次。若生产配方发生变化，应立即提请质检机构进行耐候性能测试。

型式检验时，如有任一项指标不符合《防眩板》GB/T 24718—2009 要求时，则需重新抽取双倍试样，对该项目进行复验。复验结果仍然不合格时，则判该型式检验为不合格，反之判定为合格。

(2) 出厂检验

产品需经生产单位质量部门出厂检验合格并附产品质量合格证方可出厂。用同一批号原材料，同一配方和同一工艺生产的产品可组成一批。取样方法按《公路交通安全设施质量检验抽样及判定》JT/T 495—2004 中 5.1 的规定进行。

出厂检验项目包括：外观质量、结构尺寸、抗冲击性能、产品标识和产品包装。

9. 突起路标产品的检验规则

对突起路标产品质量的检验分型式检验、出厂检验和验收检验 3 种形式。

(1) 型式检验

型式检验的样品应在生产线终端随机抽取，型式检验为每年进行一次。突起路标产品停产后恢复生产时、出厂检验结果与上次型式检验结果有较大差异时、国家质量监督机构提出型式检验时，以及正式生产过程中如原材料、半成品、工艺有较大改变，可能影响产品性能时，应进行型式检验。

型式检验时，如有任一项指标不符合标准要求时，则需重新抽取双倍试样，对该项指标进行复验，复验结果仍然不合格时，则判该次型式检验为不合格。

(2) 出厂检验

产品需经生产单位质量部门检验合格并附产品质量合格证方可出厂。用同一批原材料和同一工艺生产的突起路标可组成一批。

当批量不大于 10000 只时，随机抽取 20 只进行检验，其中破坏性项目做 8 只，其余项目全做；当批量大于 10000 只时，随机抽取 40 只进行检验，其中破坏性项目做 16 只，其余项目全做；批的最大数量不超过 25000 只。

出厂检验项目如有任一项指标不符合标准要求时，则需重新抽取双倍试样，对该项指标进行复验，复验结果仍然不合格时，则判该批为不合格批。

(3) 验收检验

验收型检验按《公路交通安全设施质量检验抽样及判定》JT/T 495—2004 中有关突起路标的规定进行。

10. 太阳能突起路标产品的检验规则

对太阳能突起路标产品质量的检验分型式检验、出厂检验和验收检验 3 种形式。

(1) 型式检验

太阳能突起路标产品须经过国家认可的质检机构型式检验合格才能批量生产。型式检验的样品应在生产线终端选取。太阳能突起路标产品停产后恢复生产时、出厂检验结果与上次型式检验结果有较大差异时、国家质量监督机构提出型式检验时，以及正式生产过程中如原材料、半成品、工艺有较大改变，可能影响产品性能时，应进行型式检验。

型式检验时，如有任一项指标不符合标准要求时，则需重新抽取双倍试样，对该项指标进行复验，复验结果仍然不合格时，则判该次型式检验为不合格。

(2) 出厂检验

产品需经生产单位质量部门检验合格并附产品质量合格证方可出厂。用同一批元器件和同一工艺生产的突起路标可组成一批。

当批量不大于 10000 只时，随机抽取 26 只进行检验；当批量大于 10000 只时，随机抽取 40 只进行检验；批的最大值不超过 25000 只。

出厂检验项目如有任一项指标不符合标准要求时，则需重新抽取双倍试样，对该项指标进行复验，复验结果仍然不合格时，则判该批为不合格批。

(3) 验收检验

验收型检验按《公路交通安全设施质量检验抽样及判定》JT/T 495—2004 中有关突起路标的规定进行。

11. 轮廓标产品的检验规则

对轮廓标产品质量的检验分出厂检验和型式检验两种形式。

(1) 出厂检验

轮廓标出厂前，应随机抽取足够数量的产品，对外观质量和外形尺寸进行检验；对于制造和购进反射器的轮廓标生产厂，还应进行反射器的发光强度系数微棱镜型反射器的密封性能的检验。检验合格后方能出厂。

(2) 型式检验

型式检验包括定型检验和周期检验。

定型检验是指轮廓标生产厂在新产品投入批量生产前，应提供足够数量、具有代表性的新产品，做《轮廓标》GB/T 24970—2010 标准规定的全套性能检验。试验结果全部合格后，才能开始批量生产。需方或上级质量监督部门有权按标准或供需双方合同的规定，对轮廓标的质量进行抽检或复查。

轮廓标生产厂在发生老产品转厂生产时、停产一年或一年以上的产品再生产时、正常生产的产品每经历两年生产时，以及产品的设计、工艺或材料的改变影响产品性能时，应进行周期检验。周期检验应随机抽取足够数量的样品，做《轮廓标》GB/T 24970—2010 标准规定的全套性能试验；或在产品的设计、工艺或材料的改变影响产品部分性能时，仅对受影响的项目进行检验。

(3) 判定规则

轮廓标产品的每项性能试验，至少取样 3 个，在试样测试结果全部合格的基础上，3 个（或 3 个以上）试样测试结果的算术平均值为试验结果。

若某一试样的测试结果不符合标准要求，则应从同一批产品中再抽取双倍数量的试样进行该不合格项目的复验，若复验结果全部合格，则整批产品合格；若复验结果（包括该项试验所要求的任一指标）即使有一个指标不合格，则整批产品为不合格产品。

12. 高密度聚乙烯硅芯塑料管（硅芯管）的检验规则

对高密度聚乙烯硅芯塑料管（硅芯管）的检验分形式检验、出厂检验两种形式。

(1) 型式检验

硅芯管产品须经过国家认可的质检机构型式检验合格后才能批量生产。型式检验项目为《高密度聚乙烯硅芯管》GB/T 24456—2009 标准规定的全部技术要求。型式检验的样品应在生产线终端选取。

硅芯管产品停产半年以上恢复生产时、出厂检验结果与上次型式检验结果有较大差异时、正式生产过程中如原材料、工艺有较大改变，可能影响产品性能时，应进行型式检验。

型式检验时，如有任一项指标不符合标准要求时，则需重新抽取双倍试样，对该项指标进行复验，复验结果仍然不合格时，则判该型式检验为不合格。

（2）出厂检验

产品需经生产单位质量部门检验合格，并附产品质量合格证方可出厂。同一批号树脂、同一配方和同一工艺生产的硅芯管可组成一批，一般不大于500km。

出厂检验项目为外观质量、规格尺寸、拉伸屈服强度、断裂伸长率、耐落锤冲击性能、内壁静态摩擦系数等。

在拉伸屈服强度、断裂伸长率、耐落锤冲击性能、内壁静态摩擦系数检验项目中，如有任一项指标不符合标准要求时，则需重新抽取双倍试样，对该项指标进行复验；如复验样品仍有不合格，则判该批为不合格批。

13. 防腐粉末涂料产品的检验规则

粉末涂料产品的检验分为两类，即型式检验和出厂检验。

（1）型式检验

粉末涂料产品由通过计量认证的质检机构型式检验合格后才能批量生产。型式检验应在生产线终端或生产单位成品库内抽取足够的样品，按产品标准的要求进行全部性能检验。型式检验为每两年进行一次。

粉末涂料产品在新设计试制的产品、出厂检验结果与上次型式检验结果有较大差异时、国家质量监督机构提出型式检验时以及正式生产过程中如原材料、工艺有较大改变，可能影响产品性能时，也应进行型式检验。

型式检验时，如有任何一项指标不符合标准《公路用防腐蚀粉末涂料及涂层》JT/T 600要求时，则需在同批产品中重新抽取双倍试样，对该项目进行复验，复验结果仍然不合格时，则判该型式检验为不合格，反之判定为合格。

（2）出厂检验

产品需经生产单位质量部门检验合格，并附产品质量合格证方可出厂。同一配方、原料、工艺和生产条件的粉末涂料可组成一批。

出厂检验项目为粉末涂料的外观、颜色、表观密度、粒度分布及产品的标志、包装。

6.4 试验检测注意事项

6.4.1 试验注意事项

6.4.1.1 涂层厚度

1. 磁性测量仪

原理：采用磁感应原理，利用从测头经过非铁磁覆层而流入铁磁基体的磁通的大小，来测定覆层厚度。也可以测定与之对应的磁阻的大小，来表示其覆层厚度。

2. 电涡流测厚仪

原理：高频交流信号在测头线圈中产生电磁场，测头靠近导体时，就在其中形成涡流。测头离导电基体越近，则涡流越大，反射阻抗也越大。这个反馈作用量表征了测头与导电基体之间距离的大小，也就是导电基体上非导电覆层厚度的大小。

3. 超声波测厚仪

原理：根据超声波脉冲反射原理来进行厚度测量的，当探头发射的超声波脉冲通过被测物体到达材料分界面时，脉冲被反射回探头，通过精确测量超声波在材料中传播的时间来确定被测材料的厚度。

(1) 超声波测厚仪一般测量方法

1) 在一点处用探头进行两次测厚，在超声波测厚仪两次测量中，探头的分割面要互为 90°，取较小值为被测工件厚度值。

2) 30mm 多点测量法：当测量值不稳定时，以一个测定点为中心，在直径约为 30mm 的圆内进行多次测量，取最小值为被测工件厚度值。

3) 精确测量法：在规定的测量点周围增加测量数目，厚度变化用等厚线表示。

4) 连续测量法：用单点测量法沿指定路线连续测量，间隔不大于 5mm。

5) 网格测量法：在指定区域画上网格，按点测厚记录。此方法在高压设备、不锈钢衬里腐蚀监测中广泛使用。

(2) 影响超声波测厚仪示值的因素

1) 工件表面粗糙度过大，造成探头与接触面耦合效果差，反射回波低，甚至无法接收到回波信号。

2) 工件曲率半径太小，尤其是用小径管超声波测厚仪测厚时，因常用探头表面为平面，与曲面接触为点接触或线接触，声强透射率低（耦合不好）。

3) 检测面与底面不平行，声波遇到底面产生散射，探头无法接收到底波信号。

4) 铸件、奥氏体钢因组织不均匀或晶粒粗大，超声波在其中穿过时产生严重的散射衰减，被散射的超声波沿着复杂的路径传播，有可能使回波湮没，造成不显示。

5) 探头接触面有一定磨损。

6) 被测物背面有大量腐蚀坑。

7) 被测物体（如管道）内有沉积物，当沉积物与工件声阻抗相差不大时，超声波测厚仪显示值为壁厚加沉积物厚度。

8) 当材料内部存在缺陷（如夹杂、夹层等）时，显示值约为公称厚度的 70%，此时可用超声波探伤仪进一步进行缺陷检测。

9) 温度的影响。

10) 层叠材料、复合（非均质）材料。

11) 耦合剂的影响。

12) 声速选择错误。

13) 应力的影响。

14) 金属表面氧化物或油漆覆盖层的影响。

6.4.1.2 中性盐雾试验

1. 试验设备：气流式喷雾（也称气流式盐雾试验箱）
2. 试验步骤：

(1) 准备试样

1) 试样的类型、数量、形状和尺寸，应根据被试材料或产品有关标准选择，若无标准，有关各方应协商决定。

2) 试验前试样必须清洗干净，清洗方法取决于试样材料性质，试样表面及其污物清洗不应采用可能侵蚀试样表面的磨料或溶剂。试验前不应洗去试样上有意涂覆的保护性有机膜。

3) 如果试样是从工件上切割下来的，不能损坏切割区附近的覆盖层，除另有规定外必须用适当的覆盖层，如油漆、石蜡或胶带等对切割区进行保护。

(2) 配制溶液

1) 溶液初配

试验用溶液应采用5%的氯化钠盐水溶液。在25℃时，配制的溶液密度在1.025～1.040范围内。

2) 调整pH

根据收集的喷雾溶液的pH值调整初配溶液到规定的pH值（6.5～7.2）。

pH值的测量可使用酸度计，作为日常检测也可用测量精度为0.3的精密pH试纸。溶液的pH值可用盐酸或氢氧化钠调整。

3) 过滤

为避免堵塞喷嘴，溶液在使用之前必须过滤。

(3) 放置试样

1) 试样放在盐雾箱内且被试面朝上，让盐雾自由沉降在被试表面上，被试表面不能受到盐雾的直接喷射。

2) 试样原则上应放平在盐雾箱中，被试表面与垂直方向呈15°～30°，并尽可能呈20°，对于不规则的试样（如整个工件），也应尽可能接近上述规定。

3) 试样可以放置在箱内不同水平面上，但不得接触箱体，也不能相互接触。试样之间的距离应不影响盐雾自由降落在被试表面上，试样上的液滴不得落在其他试样上。对总的试验周期超过96h的新检验或试验可允许试样移位。

4) 试样支架用玻璃、塑料等材料制造，悬挂试样的材料不能用金属，而应用人造纤维、棉纤维或其他绝缘材料。

(4) 设置试验条件

1) 盐雾箱内温度为35±2℃，整个盐雾箱内的温度波动应尽可能小。

2) 在盐雾箱内已按计划放置好试样，并确认盐雾收集速度和条件在规定范围内后，才开始进行试验。

3) 盐雾沉降的速度，经24h喷雾后，每80cm² 面积上为1～2mL/h，氯化钠浓度为50±5g/L，pH值的范围是：6.5～7.2。

4) 用过的喷射溶液不得再用。

5) 试验期间的温度和压力应稳定在规定范围内。

(5) 试验周期及试验观察

1) 试验周期应根据被试材料或产品的有关标准选择。若无标准，可经有关方面协商决定。

推荐的试验周期为2h，4h，6h，8h，24h，48h，72h，96h，144h，168h，240h，480h，720h，1000h。

2) 在规定的试验周期内喷雾不得中断，只有当需要短期观察试样时才能打开盐雾箱。

3) 如果试验终点取决于开始出现腐蚀的时间，应经常检查试样。因此，这些试样不能同要求预定试验周期的试样放在一起进行试验。

4) 定期目视检查预定试验周期的试样,但是在检查过程中不能破坏被试表面。开箱检查的时间与次数应尽可能少。

(6) 试样恢复

试验结束后取出试样,为减少腐蚀产物的脱落,试样在清洗前放在室内自然干燥0.5～1h,然后用温度不高于40℃的清洁流动水轻轻清洗以除去试样表面残留的盐雾溶液,再立即用吹风机吹干。

(7) 试验结果评定

试验结束后,按照产品标准进行评定,一般采用:评级判定法、称重判定法、腐蚀物出现判定法、腐蚀数据统计分析法4种方法。

交通工程设施通常用外观评定方法,定量指标一般用力学性能变化率表示。

6.4.1.3 热浸镀锌波形梁钢护栏板镀锌层厚度的检测步骤

1. 依据JT/T 495对波形梁钢护栏板产品批进行抽样,并为样品编号。
2. 准备好测量原始记录表,记录样品编号、生产施工单位、必要的天气状况、检测位置桩号等信息。
3. 打开磁性测厚仪开关,至显示稳定。
4. 用给定的校准片,按规定程序对测厚仪调零、校准。
5. 在原始记录表上记录测厚仪状态。
6. 在被测护栏板样品两端和中间选定3个截面,在截面的波峰、波谷及板侧平面部位各测3个数据,共9个数据记录在原始记录表中。测量时,应避开镀层表面的滴瘤、锌渣等凸起缺陷处。
7. 在同一样品的另一面,重复步骤本条第6款获得另外9个数据。
8. 取这18个数据的算术平均值作为测量结果。
9. 在原始记录表上签字和必要的时间等信息。
10. 选定一个与被测镀锌层厚度接近的校准片校验磁性测厚仪,校验结果应在仪器的重复性误差之内。
11. 收起测厚仪,整理数据,编制检测报告。

6.4.1.4 镀锌层附着量试验方法

1. 试样的准备

(1) 对于钢丝构件,截取3根,每根长度300~600mm。

(2) 对于钢管构件在其两端及中部各截取30~60mm(视规格大小决定)长的管段作为试样。

(3) 对于板状构件,截取3块,每块试样的测试面积不小于10000mm²,试样表面不应有粗糙面和锌瘤存在。

(4) 附着量采用三点法计算。3根(块)试样附着量的平均值为该试样的平均附着量。

(5) 试样用四氯化碳、苯或三氯乙烯等有机溶剂清除表面油污,然后以乙醇淋洗,清水冲洗,净布擦干,充分干燥后称量,钢管和钢板试样精确到0.01g。钢丝试样精确到0.001g。

2. 试验溶液的配制

将 3.5g 六次甲基四胺（$C_6H_{12}N_4$）溶液 500mL 的浓盐酸（$\rho=1.19g/mL$）中，用蒸馏水稀释至 1000mL。

3. 试验方法

试验溶液的数量，按试样表面每平方厘米不少于 10mL 准备。将称量后的试样放入试验溶液中（保持试验溶液温度不高于 38℃），直至镀锌（锌铝合金）层完全溶解，氢气泡显著减少为止。将试样取出，以清水冲洗，同时用硬毛刷除去表面的附着物，用棉花或净布擦干，然后浸入乙醇中，取出后迅速干燥，以同一精确度重新称量。

对于钢丝试样，测量去掉锌层后的直径，两个相互垂直的部位各测一次，取其平均值。对于钢管试样，测量去掉锌层后的 3 个壁厚，取平均值。对于钢板试样，测量去掉锌层后的 3 个板厚，取平均值。

4. 附着量计算

镀锌（锌铝合金）钢丝试样附着量按式（6-14）计算：

$$A = \frac{G_1 - G_2}{G_2} \times d \times 1960 \tag{6-14}$$

式中　A——钢丝单位表面积上的镀锌（锌铝合金）层附着量（g/m^2）；

G_1——试验前试样质量（g）；

G_2——试验后试样质量（g）；

d——钢丝试样剥离锌层后的直径（mm）。

镀锌钢管、钢板试样附着量按式（6-15）计算：

$$A = \frac{G_1 - G_2}{G_2} \times t \times 3920 \tag{6-15}$$

式中　A——钢管、钢板单位表面积上的镀锌层附着量（g/m^2）；

G_1——试验前试样质量（g）；

G_2——试验后试样质量（g）；

t——钢管试样剥离锌层后的壁厚，钢板试样剥离锌层后的板厚（mm）。

6.4.1.5　硫酸铜浸渍试验方法

1. 试样的准备

（1）取样

钢丝：在不同部位剪取 3 根，每根试样长度不小于 150mm；

立柱：任取 3 根，每根试样长度不小于 150mm；

板材：截取 3 块，每块面积不小于 $100cm^2$；

连接件：任取 3 套原件。

（2）试样预处理

试样用四氯化碳、苯或三氯化烯等有机溶剂清除表面油污，然后以乙醇淋洗，清水冲净，净布擦干，充分干燥。

2. 试验溶液的配制

（1）将 36g 化学纯硫酸铜（$CuSO_4 \cdot 5H_2O$）溶于 100mL 蒸馏水中，加热溶解后，冷却至室温，加入氢氧化铜或碳酸铜（每 1L 硫酸铜溶液加入 1g），搅拌混匀后，静置 24h

以上,然后过滤或吸出上面的澄清溶液供使用。该溶液在18℃时,相对密度应为1.18,否则应该以浓硫酸铜溶液或蒸馏水调整。硫酸铜的浓度在任何情况下不应低于标称溶液浓度的90%。

(2) 氢氧化铜制法:用10%的氢氧化钠溶液加入质量比为1:5的硫酸铜溶液中,生成浅绿色的氢氧化铜沉淀,然后过滤洗涤至溶液无游离碱为止。

3. 试验准备

(1) 硫酸铜溶液应以不与硫酸铜产生化学反应的惰性容器盛装,容器应有适当的容积,使硫酸铜溶液能将试样浸没,并使试样与容器壁保持不少于25mm的距离。

(2) 硫酸铜溶液注入的数量按试样被测试面积每平方厘米不少于10mL准备。

4. 试验方法

(1) 将准备好的试样,置于18±2℃的溶液中浸泡1min,此时不许搅动溶液,亦不得移动试样,1min后立即取出试样,以清水冲洗,并用软毛刷除掉黑色沉淀物,特别要刷掉孔洞凹处沉淀物,然后用净布擦干立即进行下一次浸蚀,重复上述操作,镀锌层按表6-22规定的时间及次数浸置,锌铝合金层按规定次数浸置。

镀锌层浸置时间及浸置次数 表6-22

品 名			浸置时间(min)	次 数
网片	Ⅰ		1	1
	Ⅱ	直径≤2.2mm		2
		直径>2.2mm		3
板材、立柱、连接件				5

(2) 除最后一次浸蚀外,试样应立即重新浸入溶液。

(3) 试验溶液溶解的锌达到5g/L时应更换溶液。

5. 浸蚀终点的确定

(1) 经上述试验后,试样上出现红色的金属铜时为试样达到浸蚀终点。出现金属铜的那次浸蚀不计入硫酸铜试验次数。

(2) 将附着的金属铜用无锋刃的工具将铜刮掉,如铜的下边仍有金属锌(或锌铝合金)时,不算浸蚀终点。

(3) 对金属铜红色沉积下的底面是否存在锌(锌铝合金)层有怀疑时,可将金属铜红色沉积刮除,于该处滴1至数滴盐酸,若有锌(锌铝合金)层存在,则有活泼氢气产生。此外,可用锌(锌铝合金)的定性试验来判定:即用小片滤纸或吸液管等把滴下来的酸液收集起来,用氢氧化铵中和,使其呈弱酸性,在此溶液中通过硫化氢,看其是否生成白色沉淀(硫化锌)来加以判定。

(4) 下列情形不作为浸蚀终点:

1) 试样端部25mm内出现红色金属铜时。

2) 试样的棱角出现红色金属铜时。

3) 镀锌(锌铝合金)后损伤的部位及其周围出现红色金属铜时。

6. 试验结果的判定

按表6-22规定的时间及次数浸置后达不到浸蚀终点时为合格。

6.4.1.6 镀锌层附着性试验方法

1. 试样准备

(1) 对钢丝试样取 3 根，每根试样长度不小于表 6-23 规定，试验前可对试样进行矫直，当用手不能矫直时，可将试样置于木材、塑料或铜的垫板上，以木锤或橡胶锤轻轻打直，矫直后试样表面不得有损伤。

(2) 对于板材、管材及连接件，同时镀 3 块。

芯棒直径及缠绕圈数　　　　　　　　　　表 6-23

钢丝直径（mm）	试样最小长度（mm）	芯棒直径为钢丝直径倍数	缠绕圈数，不小于
2.0	350	5	6
>2.0~3.0	600	7	6
>3.0~4.0	800	7	6

注：芯棒直径不允许有正偏差。

2. 试验装置

(1) 缠绕试验装置

1) 缠绕试验装置如图 6-2 所示。2) 试验机应符合缠绕松懈试验的技术要求。3) 试验机应能保证试样围绕芯棒沿螺旋方向缠成紧密的螺旋圈。4) 缠绕芯棒直径（自身缠绕除外）应符合表 6-23 的规定，但允许偏差不允许有正偏差值，芯棒应具有足够的硬度，其表面粗糙度 Ra 应不大于 $6.3\mu m$。5) 试验机应有对试样自由端施加张力的装置。

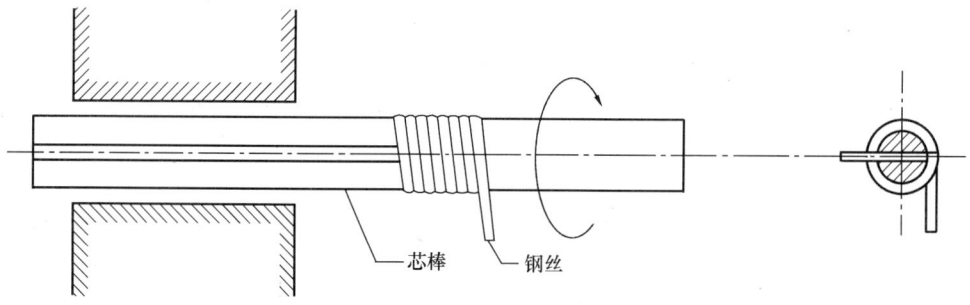

图 6-2　缠绕试验装置

(2) 锤击试验装置

参照《钢构件镀锌层附着性能测定仪》JT/T 684—2007 使用镀锌层附着性能测定仪进行锤击试验，镀锌层附着性能测定仪应稳固在木制台上，试验面应保持与锤底座同样高度并与其处于同一水平面上。

3. 试验步骤

(1) 缠绕试验

1) 将试样沿螺旋方向以紧密的螺旋圈缠绕在直径为 D 的芯棒上。2) 一般情况下，试验应在 10~35℃的室温下进行，如有特殊要求，试验温度应为 23±5℃。3) 缠绕、松懈的速度应均匀一致，缠绕速度为 5~10 圈/min，必要时可减慢试验速度，以防止温度升高而影响试验结果。4) 为确保缠绕紧密，缠绕时应在试样自由端施加不大于线材公称抗拉强度相应试验力的 5%。

(2) 锤击试验

试件应放置水平，锤头面向台架中心，锤柄与底座平面垂直后自由落下，以 4mm 的间隔平行打击 5 点，检查锌（锌铝合金）层表面状态。打击点应离端部 10mm 以外，同一点不得打击两次。

4. 试验结果的判定

(1) 缠绕试验后，镀锌（铝）层不开裂或起层到用裸手指能够擦掉的程度。

(2) 锤击试验后，镀锌层不剥离，不凸起。

6.4.1.7 镀铝层附着量试验方法

1. 试样的制备

(1) 试样

钢丝：每根试样长度 300～600mm；

钢管：每根试样长度 30～60mm；

钢板：试样的面积不小于 4000mm²；

对于不规则的样品，用一定直径的钢丝或一定厚度的钢板与被测样品在同一工艺条件下镀铝，钢丝、钢管长度或钢板面积满足上述要求。

(2) 用纯净的溶剂如苯、石油苯、三氯乙烯或四氯化碳洗净表面。再用乙醇淋洗，清水洗净。而后充分干燥。

2. 试验溶液的配制

将氢氧化钠 120g 溶于水中，配制成 1000mL 的氢氧化钠溶液。溶液温度 60～90℃。

3. 试验操作方法

(1) 用天平称量清洗并干燥后的试样的质量，精确到 0.01g。

(2) 将称量后的试样浸入试验溶液中，每次浸入一个试样，液面须高于试样。网片试样比容器长时，可将试样做适当弯曲或卷起来。试样不允许与试验容器壁接触。

(3) 当试样于溶液中，氢的发生变得很少，镀铝层已消失时，取出试样。在清水中冲洗并用棉花或净布擦干。待干燥后再在天平上称质量，精确到 0.01g。

(4) 如果试样干燥后发热，将其重新浸入测试溶液中，溶解残留于金属层上的铝，重复上述操作，直至不再引起发热。

注意：1）连续的气体发生减弱后，试样留在氢氧化钠溶液中时间不应超过 10min。

2）如果需要较长的时间来除去铝层，则需更新氢氧化钠溶液。

(5) 对于钢丝试样，测量去掉铝层后的直径，两个相互垂直的部位各测一次，取其平均值。对于钢管试样，测 3 个壁厚，取平均值。对于钢板试样，测 3 个板厚，取平均值。

4. 试验结果的计算

(1) 镀铝钢丝试样附着量按式 (6-16) 计算：

$$m_A = \frac{m_1 - m_2}{m_2} \times d \times 1960 \tag{6-16}$$

式中 m_A——钢丝单位表面上的铝层质量（g/m²）；

m_1——试样剥离铝层前的质量（g）；

m_2——试样剥离铝层后的质量（g）；

d——试样剥离铝层后的直径（mm）；

1960——常数。

（2）镀铝钢管、钢板试样附着量按式（6-17）计算：

$$m_A = \frac{m_1 - m_2}{m_2} \times t \times 3920 \tag{6-17}$$

式中 m_A——镀铝层的质量（g/m²）；
　　　m_1——试样剥离铝层前的质量（g）；
　　　m_2——试样剥离铝层后的质量（g）；
　　　t——钢管剥离铝层后的壁厚，或钢板剥离铝层后的板厚（mm）；
　　　3920——常数。

6.4.1.8 铝层有孔度试验方法

1. 试样的准备

（1）试样

钢丝：每根试样长度不小于150mm；

钢管：每根试样长度不小于150mm；

钢板：每块试样任意一边长度不小于150mm。

对于不规则的样品，用一定直径的钢丝或一定厚度的钢板与被测样品在同一工艺条件下镀铝，钢丝、钢管或钢板的长度满足上述要求。

（2）试验前试样应先用乙醇、汽油、乙醚或石油醚等擦洗（必要时再用氯化镁糊剂轻擦），除去所粘脏物及油脂，再用净水冲洗并用脱脂棉花或净布擦干。试样的截断部分应覆盖石蜡或涂漆。

2. 试验溶液

自来水。

3. 试验用容器

采用聚乙烯容器或其他不产生铁锈的容器。

4. 试验步骤

将清洁的试样缓慢地插入自来水中，放置24h或更长时间，静置期间不能搅动溶液，也不能注入新的自来水或倒出自来水。放置规定时间后，观察其表面产生的红褐色的氢氧化铁沉积物的情况。

试样截断处周围10mm以内产生的沉积物不计。

6.4.1.9 镀铝层钢板弯曲试验方法

1. 试样的准备

钢板：在距离样品边缘50mm以上的地方截取试样，试样宽度为50mm，长度为100～150mm长。

对于不规则的样品，用一定厚度的钢板与被测样品在同一工艺条件下镀铝，钢板长度满足上述要求。

2. 试验步骤

向任何方向弯曲180°，弯曲内径等于试样厚度的2倍，检查弯曲部分外表面是否有镀层剥落。距离试样边缘6mm以内的剥落不计。

6.4.1.10 涂塑层厚度检测方法

使用磁性测厚仪，其使用方法按《非磁性覆盖层厚度测量 磁性法》GB/T 4956—2005

进行。

6.4.1.11 涂塑层附着性试验方法

1. 剥离试验

在足够大试样上，用锋利的刀片在涂塑层上用力划两条距离3mm、长25mm的平行线，然后与上述两条平行线的一端与之成直角再划一条刻痕，从此端剥离平行线之间的涂塑层。

2. 划格试验

当涂塑层厚度小于0.125mm时，按《色漆和清漆 漆膜的划格试验》GB/T 9286中6规定的方法进行试验，切割间距为2mm。当涂塑层厚度大于0.125mm时，在试样上划两条长40mm的线，两条线相交于中部成30°～40°的锐角。所划线要直，要划透涂塑层。如果未穿透涂塑层，则换一处重新进行，不能在原划痕上继续刻划。试验后，观察刻痕边缘涂塑层脱落情况。

6.4.1.12 涂塑层抗弯曲试验方法

取300mm的试样，在15s内以均一速度绕芯棒弯曲180°，芯棒直径为试样直径的4倍。

6.4.1.13 涂塑层耐磨性试验方法

按《色漆和清漆 耐磨性的测定 旋转橡胶砂轮法》GB/T 1768的方法，所加载荷为1kg。

6.4.1.14 涂塑层耐冲击性试验方法

参照GB/T 1732的试验方法，试验温度为24±2℃，试样受到的冲击能量是9N·m。

6.4.1.15 涂塑层耐化学药品性试验方法

将试样放入30%的硫酸（GB/T 625）、40%的氢氧化钠G（B/T 629）、10%的氯化钠（GB/T 1266）溶液中，浸泡45d，试验温度为24±2℃。每组试样至少3块，试样的大小按GB/T 11547—2008中4.2的规定。

6.4.1.16 涂塑层耐盐雾性试验方法

取样3片，每片大小为70mm×150mm。用18号缝纫机针，将涂层划成长120mm的交叉对角线，划痕深至钢铁基体，对角线不贯穿对角，对角线端点与对角成等距离。划痕面朝上，置于盐雾试验箱中，按GB/T 1771规定的条件进行试验8h。检查时用自来水冲洗试样表面沉积盐分，冷风快干后，目视检查试片表面。

6.4.1.17 涂塑层耐候性试验方法

采用GB/T 11189.1中BH型设备，按方法A进行人工加速老化试验，试验时间为1000h。试样的大小及形状应与老化试验设备的试样夹具相适应。

6.4.1.18 涂塑层耐湿热性试验方法

取样3片，每片大小为70mm×150mm。用18号缝纫机针，将涂层划成长120mm的交叉对角线，划痕深至钢铁基体，对角线不贯穿对角，对角线端点与对角成等距离。划痕面朝上，置于调温调湿箱，按GB/T 1740的方法进行8h。

6.4.1.19 涂塑层耐低温脆化性试验方法

采用低温试验箱，温度控制在－60±5℃，试验时间168h。

6.4.2 其他注意事项

1. 交通工程学内容，结合实际工作可细分为以下几个部分：

（1）道路交通特性

1）驾驶员和行人的交通特性。

2）车辆的交通特性。

a. 车辆构造概述。汽车一般由发动机、底盘、车身和电气设备等 4 个基本部分组成。

b. 车辆的交通特性：车辆拥有量和车辆运行特性。

3）道路的交通特性。

a. 道路的组成。道路由路基和路面组成。路面结构层主要有：面层、基层和垫层。修筑高等级道路面层所用的材料主要有沥青混凝土和水泥混凝土等；基层位于面层之下，垫层或路基之上；垫层介于基层与土基之间，垫层主要起隔水（地下水、毛细水）、排水（渗入水）、隔温（防冻胀、翻浆）作用。

b. 公路线形。公路线形包括平面线形、横断面线形和纵断面线形。

c. 桥梁的基本构成。桥梁主要由上部结构、下部结构和附属结构组成。上部结构由桥跨结构、支座系统组成；下部结构由桥墩、桥台、墩台基础几部分组成；附属构件主要包括伸缩缝、灯光照明、桥面铺装、排水防水系统、栏杆（或防撞栏杆）等构成。

d. 隧道基本结构。隧道结构构造由主体构造物和附属构造物两大类组成。主体构造物指洞身衬砌和洞门构造物；附属构造物是主体构造物以外的其他建筑物。

4）交通流的特性。交通流通常用交通量、车速、车流密度 3 个参数来表征。

（2）交通调查。

交通调查包括交通量调查、车速调查、车流密度调查、延误调查、交通起讫点调查等项内容。

（3）交通流理论。

（4）交通规划。

交通规划依其规划的范围内容不同，可分为综合交通规划、道路交通规划、场站交通规划等。从时间跨度来说，可分为战略交通规划、中长期交通规划和近期交通规划。

（5）交通管理。

利用交通信号进行控制是目前最常见的一种交通控制方式。

（6）停车。

（7）交通事故与安全。

（8）城市交通。

（9）交通环境保护。

2. 道路的服务水平划分：高速公路、一级公路以车流密度作为主要指标；二、三级公路以延误率和平均运行速度作为主要指标；交叉口则用车辆延误来描述其服务水平。服务水平划分为 4 级（1 级服务水平、2 级服务水平、3 级服务水平、4 级服务水平）。

3. 交通工程学常用的分析方法

交通工程是一门综合性应用学科，主要研究人、车、路、环境之间的相互关系规律。各因素之间相对独立，又相互联系，适合用系统工程的方法进行分析。

系统工程的基本方法是：系统分析、系统设计与系统的综合评价。

4. 交通工程设施的功能与作用

交通工程设施的功能体现在两个方面：一是安全防护功能；二是管理服务功能。

5. 交通工程设施的分类

从目前实际应用状况分析，交通工程设施分为交通安全设施和交通机电设施。

交通安全设施包括：道路交通标志、道路交通标线、安全护栏、隔离设施、防眩设施、突起路标、轮廓标及地下通信管道等。

交通机电设施包括：监控设施、通信设施、收费设施、低压配电设施、照明设施及隧道机电设施等内容。

6. 交通工程设施质量通用要求

交通工程设施是用于交通管理的特殊产品，由安全设施和机电设施组成。安全设施一般是一种静态的机械装置或构件，其质量特性主要有：外观质量、结构尺寸、材料要求（机械力学性能）、防腐涂层质量、耐久性，对于交通标志标线等视觉设备还有光度性能、色度性能等要求。

现代机电产品一般是光机电一体化产品，除了安全设施要求的性能外，还有电器安全性能、环境适应性能、通信接口以及在微电脑控制下自动完成的特殊功能要求等。

7. 交通工程设施质量控制

在我国公路交通建设领域，广泛采用了生产企业自检、社会监理、政府监督的质量控制模式。

8. 光谱分布

光是一种电磁波。其波长范围为 $10^{-4} \sim 10^{-9}$ nm。光波可大致分为红外线、可见光和紫外线3个部分。

红外线又可分为：近红外线（780～2500nm）、中红外线（2500～15000nm）和远红外线（15000nm以上）。

可见光又可分为：红光（640～780nm）、橙光（595～640nm）、黄光（565～595nm）、绿光（492～565nm）、青光（455～492nm）、蓝光（424～455nm）和紫光（380～424nm）。

紫外线又可分为：近紫外线（250～380nm）、远紫外线（200～250nm）和真空紫外线（1～200nm）。波长小于200nm的光，在空气中很快就被吸收，只能在真空中传播，故称真空紫外线。

太阳发出的光谱很宽，从几个纳米到远红外线，但是能够到达地面的只有（290～2500nm）这一部分，其他部分都被大气层所吸收。

9. 光的传播规律

几何光学中，光的传播规律有3条。一是光的直线传播规律；二是光的独立传播规律；三是光的反射和折射定律。

普通的材料都会产生镜面反射和漫反射，只有经过特殊加工的材料才产生逆反射。逆反射材料是一类重要的交通安全设施专用材料。

10. 光源的种类

从发光原理来分，光源可以分为：热效应产生的光、原子发光、同步加速器激发的粒子发光（也叫同步辐射发光）及动植物发光4种。

11. 色度学主要研究物体颜色的配色与计量表达。彩色光的基本参数有：明亮度、色调和饱和度。

明亮度是光作用于人眼时引起的明亮程度的感觉；色调反映颜色的类别，如红色、绿色、蓝色等；饱和度是指彩色光所呈现颜色的深浅或纯洁程度。色调与饱和度又合称为色度，它既说明彩色光的颜色类别，又说明颜色的深浅程度。

三基色为红色、绿色和蓝色。色度计量是指对颜色量值的计量。通常实际使用的色度计量器具主要有：标准色板、色度计、色差计以及光谱光度计等。

12. 眩光的类型，主要有：不适型眩光、光适应型眩光和失能型眩光3种。

13. 电流形成的原因

电压是使电路中电荷定向移动形成电流的原因。

14. 电流产生的条件

(1) 必须具有能够自由移动的电荷。

(2) 导体两端存在电压（要使闭合回路中得到持续电流，必须要有电流）。

15. 用电流表测量电流，电流表的使用方法及注意事项

(1) 禁止把电流表直接连到电源的两极上。

(2) 确认目前使用的电流表的量程，被测电流不要超过电流表的量程。

(3) 电流表要串联在电路中。

(4) 测量直流时，正负接线柱的接法要正确，电流从正接线柱流入，从负接线柱流出。

(5) 确认每个大格和每个小格所代表的电流值。先试触，出现：

1) 指针不偏转；

2) 指针偏转过激；

3) 指针偏转很小；

4) 指针反向偏转等异常时，要先查找原因，再继续测量。

16. 电流的三大效应

(1) 热效应。

(2) 磁效应。

(3) 化学效应。

17. 电阻是导体本身的固有特性，只和导体的长度、横截面积、材料和温度有关，而和电压、电流无关。

18. 电压可分为高电压与低电压。

高低压的区别是：以火线对地间的电压值为依据，对地电压高于250V的为高压，对地电压小于250V的为低压。

安全电压是指不会使人直接死亡或残疾的电压。我国国家标准GB/T 3805—2008规定，对人体安全的电压，干燥情况下交流电不大于33V，直流电不高于70V。

19. 绝缘通常可分为：气体绝缘、液体绝缘和固体绝缘3类。在实际应用中，固体绝缘仍是使用最为广泛，且最为可靠的一种绝缘物质。

电气绝缘有两种作用。一种是对于电子信号来说，为了避免信号的相互干扰而采取的

措施;另一种是为了安全目的而将带电装置或元件隔离,避免人员触电或电气短路而采取的措施。

20. 力学的分类

力学可粗分为静力学、运动学和动力学 3 部分。按研究对象的物态进行区分,力学可以分为固体力学和流体力学;根据研究对象具体的形态、研究方法、研究目的的不同,固体力学可以分为理论力学、材料力学、结构力学、弹性力学、板壳力学、塑性力学、断裂力学、机械振动、声学、计算力学、有限元分析等;流体力学包含流体力学、流体动力学等。

21. 材料力学

材料力学是机械类、土木类等各专业的基础,是固体力学的一个分支。材料力学主要研究构件和机械零件的强度、刚度和稳定性问题。

22. 材料的力学性能

材料的力学性能是指材料在不同环境(温度、介质、湿度)下,承受各种外加载荷(拉伸、压缩、弯曲、扭转、冲击、交变应力等)时所表现出的力学特征。

23. 力是物体对物体的相互作用,力具有大小、方向、作用点。力的国际单位是牛顿,简称牛,符号为 N。

交通工程检测中常见的有:重力、拉力、压力、弯曲力、剪切力等。实践中注意重力与质量的区别。

物体含有物质的多少叫质量,质量不随物体形状、状态、空间位置的改变而改变,是物体的基本属性,通常用 m 表示,在国际单位制中质量的单位是千克(kg)。

24. 在材料的拉伸强度计算时,采用的面积是断裂处试样的原始截面积,而不是断裂后端口截面积。

25. 在描述材料的伸长率时应注意区分以下几个概念。

(1) 断裂总伸长率和断后伸长率

1) 断裂总伸长率 A_t 是指断裂时刻的总伸长与原始标距之比。实际操作中通常借助引伸计直接测量断裂时的标距,这时的标距同时包括了弹性变形部分,即比例延伸部分。

2) 断后伸长率 A 是指断裂残余伸长(断后标距-原始标距)与原始标距之比。实际操作中一般是将试样从试验机上取下,对接在一起后,测量断后标距。这时弹性变形部分已经恢复,比例延伸不包含在断后标距内。断后标距通常小于断裂时标距。

(2) 最大力总伸长率和最大非比例伸长率

最大力总伸长率 A_{gt} 是指最大力时对应的总伸长与原始标距之比,最大非比例伸长率 A_g 是指最大力时对应的非比例延伸与原始标距之比。

以上概念可用图 6-3 表示。图中:R_m 为试验过程中的最大应力;A_g 为最大力时对应的非比例伸长率;A_{gt} 为最大力时对应的总伸长率;A 为断后伸长率;A_t

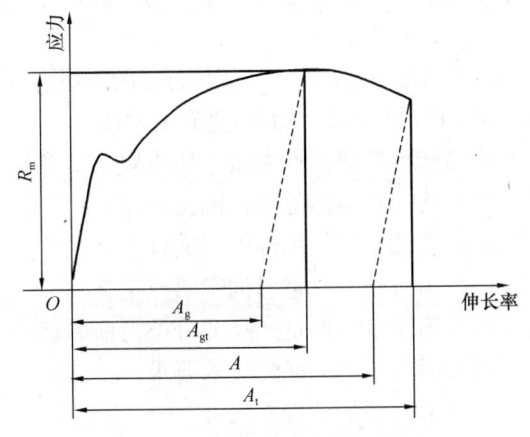

图 6-3 材料拉伸试验有关定义

为断裂时总伸长率。

26. 标准与标准化的关系

标准是标准化的结果，标准化是标准的过程。

27. 标准的分类

标准的种类繁多，为了不同的目的，可以从不同的角度以不同的方法对其进行分类。标准的分类方法主要有以下几种：

(1) 按标准的性质分类，可以分为强制性标准和推荐性标准两类。

(2) 按标准化的对象分类，可以分为技术标准、管理标准和工作标准。

(3) 按标准的外在形态分类，可以分为文字图表标准和实物标准。

28. 标准的级别

根据《中华人民共和国标准化法》（以下简称《标准化法》）的规定，我国标准分为国家标准、行业标准、地方标准和企业标准4个级别。

国家标准一般为基础性、通用性较强的标准，是我国标准体系中的主体。国家标准一经批准发布实施，与国家标准相重复的行业标准、地方标准即行废止。国家标准一般3～5年后，就要被修订或重新制定。强制性标准的代号为"GB"；推荐性标准的代号为"GB/T"。

行业标准由国务院有关行政主管部门主持制定和审批发布，并报国务院标准化行政主管部门备案。行业标准中同样分强制性标准和推荐性标准。

地方标准由省、自治区、直辖市标准化行政主管部门制定，并报国务院标准化行政主管部门和国务院有关行政主管部门备案。

企业标准是指由企业制定的产品标准和为企业内需要协调统一的技术要求和管理、工作要求所制定的标准。

29. 交通工程检测工程师在检测工作中主要应用两种标准：一是产品标准；二是工程质量检验评定标准。工程检验评定标准也是以产品标准为基础。

30. 标准的结构

构成标准的要素按照性质分为规范性要素和资料性要素两类。

(1) 规范性要素

是指声明符合标准而应遵守的条款，分为一般要素和技术要素。

(2) 资料性要素

标识标准，介绍标准，提供标准的附加信息的内容或条款，分为概述要素和补充要素。

31. 产品标准的规范性要素的构成

产品标准的规范性要素一般由以下8章构成。

(1) 第一章是标准的范围。

(2) 第二章是规范性引用文件。

(3) 第三章一般是名词术语或定义。

(4) 第四章一般是产品的分类与命名标识。

(5) 第五章是标准的技术要求。

(6) 第六章是试验方法。

(7) 第七章是检验规则（分为形式检验、出厂检验）。

(8) 第八章一般是产品的标识、包装、运输和储存条件。

32. 交通安全设施标准与交通机电设施标准的共同特点

交通安全设施标准可分为两大类，一类是防护产品；另一类是警示类产品。对于防护类产品，其技术要素一般围绕：外观质量、结构尺寸、材料力学性能、耐久性或防腐性能4部分制定；对于警示类产品，其技术要素除了包含上述4项内容外，还包括逆反射系数、色品坐标等光度性能和色度性能要求。

交通机电产品的技术要素一般有：外观质量、结构尺寸、元器件及材料要求、外壳防腐性能、电气安全、环境适应性、通信接口及功能要求6个方面，对于警示设备也有光度和色度性能要求。

33. 交通安全设施和交通机电设施在标准、检测仪器设备和试验方法等方面的相同点。

(1) 在标准方面的相同点有：外观质量、几何尺寸、材料性能、耐腐蚀、耐老化、光度、色度等技术要求。

(2) 在检测仪器方面的相同点有：几何尺寸（游标卡尺、钢卷尺、钢直尺、螺旋千分尺）、涂层厚度（磁性测量仪、电涡流测厚仪、超声波测厚仪）、力学（电子万能材料试验机）、光学（逆反射测量仪、色度测量仪）及电工测量设备（万用表）。

(3) 在试验方法方面的相同点有：低温试验、高温试验、恒温湿热试验、中性盐雾试验及耐候性试验等环境试验。

34. 判断游标上哪条刻度线与尺身刻度线对准

选定相邻的3条线，如左侧的线在尺身对应线之右，右侧的线在尺身对应线之左，中间那条线便可以认为是对准了。

35. 游标卡尺在操作使用、读数及保管时的注意事项

(1) 游标卡尺是比较精密的测量工具，要轻拿轻放，不得碰撞或跌落地下。使用时不要用来测量粗糙的物体，以免损坏量爪，不用时应置于干燥地方防止锈蚀。

(2) 测量时，应先拧松紧固螺钉，移动游标不能用力过猛。两量爪与待测物的接触不宜过紧。不能使被夹紧的物体在量爪内挪动。

(3) 读数时，视线应与尺面垂直。如需固定读数，可用紧固螺钉将游标固定在尺身上，防止滑动。

(4) 实际测量时，对同一长度应多测几次，取其平均值来消除偶然误差。

(5) 游标卡尺使用完毕，用棉纱擦拭干净。长期不用时应将它擦上黄油或机油，两量爪合拢并拧紧紧固螺钉，放入卡尺盒内盖好。

36. 钢卷尺测量中的几点注意事项

(1) 精确的钢卷尺出厂时和使用一段时间后都必须经过检定并注明检定时的温度、拉力与尺长。

(2) 尺上标注的长度为名义长度，其与实际长度的差值称为尺长改正 ΔL，尺子受到不同的拉力时会使尺长改变。为避免这项改变，要求使用钢卷尺时按照尺上标注拉力进行。

(3) 钢卷尺在不同温度下，其尺长也会变化。必须采用以温度 t 为变量的函数来表示尺长，这就是尺长方程式 (6-18)，其一般形式为：

$$L_t = L + \Delta L + \alpha \cdot L(t - t_0) \tag{6-18}$$

式中 L_t——钢卷尺在温度 t 时的实际长度；

L——钢卷尺名义长度；

ΔL——尺长改正数，即钢卷尺在温度 t_0 时实际长度与名义长度之差；

α——钢卷尺热膨胀系数（α 取为 1.25×10^{-5}）；

t_0——钢卷尺检定时的温度；

t——钢卷尺使用时的温度。

37. 钢卷尺在使用中，产生误差的主要原因有：温度变化的误差、拉力误差及钢尺不水平的误差等。

38. 涂层厚度是金属构件防腐层的重要指标。常用防腐层有镀锌层、镀铝层、高分子涂层及金属加高分子复合涂层。

39. 工程中常用的是便携式逆反射测量仪，主要有：交通标志、突起路标、反光标线逆反射测量仪；色度测量仪器分为表面色、逆反射色和光源色。表面色一般用色差计，逆反射色和光源色一般用非接触式色度计。

40. 误差的分类

测量误差由随机误差和系统误差构成。随机误差为测量结果减去总体均值；系统误差为总体均值减去真值。

41. 一般环境试验的几个共同点：一是设备要求；二是严酷等级（试验的强度）；三是试验程序或方法等。

试验过程一般经过：预处理、初始检测、条件试验、恢复及最后检测 5 步。

42. 低温对产品的影响

低温对产品产生的影响有：脆化、结冰、黏度增大和固化、物理性收缩、机械强度减低等，导致的后果是：绝缘损坏，开裂，机械故障，由于收缩、机械强度降低以及润滑性能的减少增大了运动磨损，密封和密封片失效损坏。

43. 高温对产品的影响

高温对产品产生的影响有：热老化（包括氧化、开裂、化学反应）、软化、融化和升华、黏度降低、蒸发、膨胀等，导致的后果是：绝缘损坏，机械故障，机械应力增加，由于膨胀丧失润滑性能或运动部件磨损增大。

44. 湿度对产品的影响

湿度分为高湿和低湿，高湿即常说的潮湿，低湿是指干燥。高湿和低湿对产品都会产生不利影响，导致产品功能或技能失效。

高湿对产品产生的影响有：潮气吸收或吸附、膨胀、机械强度减低、化学反应、腐蚀、电蚀、绝缘体的导电率增加等，导致的后果是：绝缘损坏，物理性能降低，机械故障。

低湿对产品产生的影响有：干燥、收缩、脆化、动触点摩擦增大、机械强度减低，导致的后果是：开裂、机械故障。

45. 盐雾试验的种类

盐雾试验分为一般盐雾试验和循环盐雾试验（也称交变盐雾试验）。一般盐雾试验分为中性盐雾试验、醋酸盐雾试验、铜盐加速醋酸盐雾试验。

46. 耐候性试验主要考核产品在太阳辐射条件下的耐久性，耐候性试验有自然暴晒和人工加速试验两类。人工加速试验有氙弧灯、紫外灯、碳弧灯 3 种。

交通工程设施常用的是氙弧灯人工加速老化试验方法。

47. 耐候性试验的喷水周期为 18min/102min（喷水时间/不喷水时间），即每 120min，喷水 18min。

48. 构成交通事故的 4 个要件，主要有：车辆、道路上、交通违法行为或过错及损害后果等。

49. 交通工程及沿线设施包括：交通安全设施、服务设施和管理设施 3 种。

50. 交通工程及沿线设施的等级

交通工程及沿线设施分为：A、B、C、D 4 级。其中，A 级适用于高速公路，B 级适用于作为干线公路的一级公路和二级公路，C 级适用于作为集散公路的一级公路和二级公路，D 级适用于三级公路和四级公路。

51. 交通工程设施常用的防腐处理工艺有：热浸镀锌、热浸镀铝、全聚酯静电喷涂及硫化床浸塑等。

52. 公路交通安全设施质量检测分为实验室检测和工程现场检测。实验室检测一般为送样检测，工程现场检测一般为抽样检测。

53. 常用防腐处理技术

金属材料的防腐蚀方法很多，主要有：

（1）改善金属的本质。

（2）形成保护层。在金属表面覆盖各种保护层，把被保护金属与腐蚀性介质隔开，是防止金属腐蚀的有效方法。

工业上普遍使用的保护层有非金属保护层和金属保护层两大类。形成保护层通常采用的方法，有：金属的磷化处理、金属的氧化处理、非金属涂层及金属保护层 4 种方法。

（3）改善环境。

（4）电化学保护法。是根据电化学原理在金属设备上采取措施，使之成为腐蚀电池中的阴极，从而防止或减轻金属腐蚀的方法，主要有：牺牲阳极保护法和外加电流法两种。

54. 防腐层厚度和（或）附着量

为了将金属构件和环境腐蚀介质隔开，防腐层需要一定的厚度，对于金属涂层通常用附着量来表征防腐层的厚度大小。

防腐层的厚度与防腐材料的密度和附着量的关系如下式（6-19）：

$$t = \frac{W}{\rho} \tag{6-19}$$

式中　t——防腐层厚度（μm）；

　　　W——防腐层附着量（g/m^2）；

　　　ρ——防腐层材料密度（g/cm^3）。

纯锌的标准密度是 $7.14g/cm^3$，由于一般的热镀锌中含有 5% 左右的铝，所以镀层的平均密度约 $7.0g/cm^3$。

例如：波形梁钢护栏要求镀锌层的单面平均附着量为 $600g/m^2$，换算为厚度约 $85.7\mu m$。有的标准或设计文件直接使用 $85\mu m$。

为了保证防腐层原材料的质量，标准要求：热浸镀锌所用的锌应为《锌锭》GB/T 470—2008 规定的特一号、一号锌锭。热浸镀铝所用的铝应为《重熔用铝锭》GB/T

1196—2008 规定的特一级、特二级、一级铝锭。

55. 各种防腐层的厚度和（或）附着量要求

在《高速公路交通工程钢构件防腐技术条件》GB/T 18226—2000 中，按钢构件表面保护层的材料分为：镀锌、镀铝、涂塑、镀锌（铝）后涂塑 4 种。

（1）镀锌防腐层的附着量（标准中称质量）应符合表 6-24 的要求。

镀锌防腐层的附着量　　表 6-24

钢构件类型		平均附着量（g/m²）	
		Ⅰ	Ⅱ
钢板厚度（mm）	≥3～<6	600	
	≥1.5～<3	500	
	<1.5	395	
紧固件、连接件		350	
钢丝直径（mm）	>1.8～2.2	105	230
	>2.2～2.5	110	240
	>2.5～3.0	120	250
	>3.0～3.2	125	260
	>3.2～4.0	135	270
	>4.0～7.5	135	290
	>7.5～10.0	—	300

（2）镀铝防腐层的附着量（标准中称质量）应符合表 6-25 的要求。

镀铝防腐层的附着量　　表 6-25

钢构件类型		平均附着量（g/m²）
钢管、钢板、钢带		120
紧固件、连接件		110
钢丝直径（mm）	>1.8～2.2	90
	>2.2～3.0	100
	>3.0～4.0	110
	>4.0～10.0	120

（3）双涂层防腐层的附着量（标准称质量）或厚度应符合表 6-26 的要求。

双涂层防腐层的附着量　　表 6-26

钢构件类型		平均镀锌层质量（g/m²）	平均镀铝层质量（g/m²）	涂塑层厚度（mm）	
				聚氯乙烯、聚乙烯	聚酯
钢管、钢板、钢带		270	61	>0.25	>0.076
紧固件、连接件		120	61	>0.25	>0.076
钢丝直径（mm）	>1.8～2.0	75	61	>0.15	>0.076
	>2.0～4.0	90			
	>4.0～5.0	120			

(4) 单涂塑构件防腐层厚度应符合表 6-27 的要求。

单涂塑构件防腐层厚度 表 6-27

钢构件类型		涂塑层厚度（mm）
钢管、钢板、钢带		0.38
连接件		0.38
钢丝直径（mm）	>1.8~4.0	0.30
	>4.0~5.0	0.38

56. 防腐层性能要求

(1) 镀锌层

1) 外观质量。镀锌构件表面锌层应均匀完整、颜色一致，表面具有实用性，光滑不允许有流挂、滴瘤或多余结块。镀件表面应无漏镀、露铁等缺陷。有螺纹的构件在热浸镀锌后，应清理螺纹或做离心分离。

2) 均匀性。镀锌构件的锌层应均匀，试样经硫酸铜浸渍试验后，金属构件表面无金属铜的红色沉积物。

3) 附着性。镀锌构件的锌层应与基底金属结合牢固，经钢丝附着性缠绕能试验、板材及连接件经附着性锤击试验后，锌层不剥离、不凸起，不得开裂或起层到用裸手指能够擦掉的程度。

4) 耐盐雾性能。镀锌构件经 200h 的中性盐雾试验后，基体钢材不应出现腐蚀现象，基体钢材在切割边缘出现的腐蚀除外。

(2) 镀铝层

1) 外观质量。镀铝构件表面铝层应连续，不允许存在明显影响外观质量的熔渣、色泽暗淡以及假浸、漏浸等缺陷。

2) 均匀性。镀铝构件的铝层应均匀，不允许有针孔，试样经有孔度试验后，无红褐色的氢氧化铁沉积物。

3) 附着性。构件的镀铝层应与基底金属结合牢固，钢丝经附着性缠绕试验、板材及连接件经镀铝层弯曲试验后，铝层不剥离、不凸起，不得开裂或起层到用裸手指能够擦掉的程度。

4) 耐盐雾性能。镀铝构件经 200h 的中性盐雾试验后，基体钢材不应出现腐蚀现象，基体钢材在切割边缘出现的腐蚀除外。

(3) 涂塑层

1) 均匀性。涂塑层应均匀光滑、连续，无肉眼可分辨的小孔、空间、孔隙、裂缝、脱皮及其他有害缺陷。

2) 附着性。涂塑层应附着良好，对于聚氯乙烯、聚乙烯涂塑层经涂塑层剥离试验后，涂塑层断裂，无剥离；对于聚酯涂塑层，经涂塑层划格试验后，刻痕光滑，涂塑层无剥离脱落现象。

3) 抗弯曲性能。聚氯乙烯、聚乙烯涂塑层经弯曲试验后，试样应无肉眼可见的裂纹或涂塑层脱落。

4) 耐磨性能。经 1000 转的耐磨性能试验后，质量损失应不超过 100mg。

5) 耐冲击性能。经耐冲击性能试验后，除冲击部位外，涂塑层无破碎、开裂或脱落现象。

6) 耐化学药品性能。经耐化学药品性能试验后，涂塑层无气泡、软化、丧失黏结等现象。

7) 耐盐雾性能。经8h涂塑层耐盐雾性试验后，除划痕部位任何一侧0.5mm内，涂层应无气泡、剥离、生锈等现象。

8) 耐候性能。经1000h的氙弧灯人工加速老化试验后，涂塑层不允许产生裂缝、破损等损伤现象，允许轻微褪色。

9) 耐湿热性能。经8h湿热性试验后，除划痕部位任何一侧0.5mm内，涂层应无气泡、剥离、生锈等现象。

10) 耐低温脆化性能。经168h的耐低温脆化性能试验后，涂塑层仍满足本款1) ~ 8) 项的要求。

57. 我国交通标志的3要素

我国的交通标志属于欧洲模式，即颜色、形状和图形符号3要素。

58. 道路交通标志的分类

交通标志按其作用分类，分为主标志和辅助标志两大类。辅助标志是附设在主标志下，对其进行辅助说明的标志。

交通标志按显示位置分类，分为路侧和车行道上方两种，对应的支撑结构形式为柱式（分为单柱式和多柱式）、路侧附着式、悬臂式（分为单悬臂式和双悬臂式）、门架式、车行道上方附着式。

交通标志按光学特性分类，分为逆反射式、照明式和发光式3种，其中照明式又分为内部照明式和外部照明式。

交通标志按板面内容显示方式分类，分为静态标志和可变信息标志。

交通标志按设置的时效分类，分为永久性标志和临时性标志。

交通标志按传递信息的强制性程度分类，分为必须遵守标志和非必须遵守标志。

59. 道路交通标志的设置原则

一般情况下交通标志应设置在道路行进方向右侧或车行道上方，也可根据具体情况设置在左侧，或左右两侧同时设置。

原则上要避免不同种类的标志并设。解除限制速度标志、解除禁止超车标志、优先道路标志、会车先行标志、会车让行标志、停车让行标志、减速让行标志应单独设置。如条件受限制无法单独设置时，一个支撑结构（支撑）上最多不应超过两种标志。

标志板在一个支撑结构（支撑）上并设时，应按禁令、指示、警告的顺序，先上后下，先左后右地排列。警告标志不宜多设。同一地点需要设置两个以上警告标志时，原则上只设置其中最需要的一个。

60. 道路交通标志的技术要求

道路交通标志产品包括标志板和支撑件两部分，其中标志板是由标志底板、板面以及滑槽、铆钉等构成的组件，支撑件是支撑和连接紧固标志板的构件，包括立柱、横梁、法兰盘、抱箍和紧固件等。

道路交通标志产品质量技术要求包括上述两方面的内容，主要质量评定标准为国家标准《道路交通标志板及支撑件》GB/T 23827—2009，具体包括：

(1) 结构尺寸

道路交通标志的标志板及支撑件的形状、尺寸应符合《道路交通标志和标线第 2 部分：道路交通标志》GB 5768.2—2009 的要求或设计要求。

(2) 外观质量

1) 标志板的字符、图形等应符合《道路交通标志和标线　第 2 部分：道路交通标志》GB 5768.2—2009 的规定。

2) 标志板应平整，表面无明显凹痕或变形，板面不平度不应大于 7mm/m。标志板面不应存在的缺陷包括裂纹、起皱、边缘剥离、颜色不均匀、逆反射性能不均匀和明显的气泡、划痕以及各种损伤。支撑件应表面光洁，颜色均匀一致，不应有破损、变形、锈蚀、漏镀及各种焊缝缺陷。

3) 反光型标志板的面膜应尽可能减少拼接。

(3) 钢构件防腐层质量

对于钢构件制作的支撑件，其防腐层质量应符合《高速公路交通工程钢构件防腐技术条件》GB/T 18226—2000 的要求，其中采用单一热浸镀锌处理时，标志底板、滑槽、立柱、横梁、法兰盘等大型构件，其镀锌量不低于 $600g/m^2$；抱箍、紧固件等小型构件，其镀锌量不低于 $350g/m^2$。

(4) 材料力学性能

制作标志底板的铝合金板材的力学性能应满足《一般工业用铝及铝合金板、带材第 2 部分：力学性能》GB/T 3880.2—2006 的规定。

制作标志底板及滑槽的挤压成型铝合金型材，应满足《一般工业用铝及铝合金挤压型材》GB/T 6892—2006 的规定，同时应具有轻质、高强、耐蚀、耐磨、刚度大等特点，经拼装后能满足大型标志板的性能要求。

标志底板采用碳素结构钢冷轧薄钢板、连续热镀锌钢板时，应满足《碳素结构钢冷轧薄钢板及钢带》GB/T 11253—2007、《连续热镀锌钢板及钢带》GB/T 2518—2008 等有关标准的规定。合成树脂类板材用于标志底板时，其力学性能应符合相关标准要求。立柱、横梁、法兰盘、抱箍、紧固件等支撑件的力学性能，应符合《结构用无缝钢管》GB/T 8162—2008、《直接电焊钢管》GB/T 13793—2008、《碳素结构钢》GB/T 700—2006 及有关设计要求。

(5) 标志板面色度性能

非反光型标志板面的普通材料色应符合《安全色》GB 2893 的要求。反光型标志板面的逆反射材料色（包括丝网印刷后），应符合《公路交通标志反光膜》GB/T 18833—2002 中表面色或逆反射色的要求。

(6) 反光型标志板面光度性能

《道路交通标志板及支撑件》GB/T 23827—2009 规定，标志板面为反光膜时，其板面逆反射系数值不应低于《公路交通标志反光膜》GB/T 18833—2002 中的相应规定。

(7) 标志板抗冲击性能

《道路交通标志板及支撑件》GB/T 23827—2009 中规定，抗冲击试验后，标志板在冲击点以外，不应出现裂缝、层间脱落或其他损坏。

(8) 耐盐雾腐蚀性能

在进行耐盐雾腐蚀试验后,标志板及支撑件不应有变色或被侵蚀等破坏痕迹。

(9) 标志板耐高低温性能

在进行耐高低温试验后,标志板不应出现裂缝、软化、剥落、皱纹、起泡、翘曲或外观不均匀等痕迹。

(10) 标志板耐候性能

连续自然暴露或人工加速老化试验后,标志板应无裂缝、刻痕、凹陷、气泡、侵蚀、剥离、粉化、变形等破坏,任何一边不应出现超过 0.8mm 的收缩,也不应出现反光膜从标志底板边缘翘曲或脱离的现象;标志板各种颜色的色品坐标及亮度因数应满足《公路交通标志反光膜》GB/T 18833—2002 的规定;标志板面为反光膜时,在观测角为 0.2°、入射角为 −4° 的条件下,其逆反射系数值应符合《公路交通标志反光膜》GB/T 18833—2002 的要求。

(11) 标志板面与标志底板的附着性能

《道路交通标志板及支撑件》GB/T 23827—2009 规定,反光膜及黑膜在 5min 后的剥离长度不应大于 20mm 和涂料对标志底板的附着性能应达到《漆膜附着力测定法》GB/T 1720—1979 (1989) 中 3 级以上要求。

(12) 标志板面油墨与反光膜的附着性能

标志板面上油墨与反光膜的附着牢度应大于或等于 95%。

61. 道路交通标志产品检验时,试样的制备和测试环境条件。

试样的制备有两种方式,一是可以通过随机抽取标志生产厂商制作的标志板及支撑件,或从其中截取相应尺寸作为试样;二是随机抽取生产厂商使用的原材料,将反光膜及黑膜粘贴到标志底板上,制成标志板试样。

测试环境条件,要求试样测试前,应在温度 23 ± 2℃、相对湿度 $50\%\pm10\%$ 的环境中放置 24h,然后进行各种测试工作,同时,一般的测试工作宜在温度 23 ± 2℃、相对湿度 $50\%\pm10\%$ 的环境中进行。

62. 道路交通标志反光材料使用的是逆反射材料,应用最广的是反光膜。

63. 由于不同种类的反光膜的反光性能存在差异,选择反光膜应综合考虑:

(1) 标志背景环境影响大、行驶速度快、交通量大的道路宜选用逆反射性能好的材料。

(2) 警告、禁令、指示标志等图形标志宜选用逆反射性能好的材料。

(3) 曲线路段及平面交叉,宜选用大观测角度下仍具有良好逆反射性能的材料。

(4) 门架标志、悬臂标志和车行道上方附着式标志宜选用逆反射性能好的材料。

(5) 四级及以下公路、交通量很小的其他道路可选用工程级逆反射材料。

(6) 指路标志字膜的逆反射性能宜高于底膜的逆反射性能,一般情况下,字膜和底膜材料的使用年限宜一致。

64. 反光膜的结构与分类

反光膜按其不同的逆反射原理,可分为玻璃珠型和微棱镜型两类;按不同的结构,反光膜可分为透镜埋入型、密封胶囊型和微棱镜型 3 类。

反光膜一般都是由表层(保护膜)、反射层(功能层)、基层(承载层)、胶黏层和底层（保护层）等多层不同的物质组成的膜结构物体。

65. 反光膜的5个等级

反光膜按其不同的逆反射性能，可分为5个等级。一级反光膜为微棱镜型反光膜；二级反光膜为密封胶囊型反光膜，通常称高强级反光膜；三级反光膜为透镜埋入型反光膜，通常称超工程级反光膜；四级反光膜为透镜埋入型反光膜，通常称工程级反光膜；五级反光膜为透镜埋入型反光膜，通常称经济级反光膜。

66. 反光膜的技术要求

反光膜的技术要求包括一般要求和物理性能要求两方面的内容，主要质量评定标准为国家标准《公路交通标志反光膜》GB/T 18833—2002。

(1) 反光膜的一般要求

1) 反光膜应有平滑、光洁的外表面，表面不应有明显的划痕、条纹、气泡、颜色不均匀或逆反射性能不均匀等缺陷或损伤。

2) 反光膜通常应以成卷的形式供货。每卷反光膜长度不应少于45.72m，并应给出至少0.30m的富余量。

3) 反光膜应具有颜色的可印刷性能。

(2) 反光膜的物理性能要求

反光膜的物理性能要求包括：

1) 色度性能

反光膜（包括丝网印刷后的反光膜）的各种颜色的色品坐标和亮度因数应在规定的范围内。

夜间使用的反光膜，其逆反射色分为白色、黄色、红色、绿色和蓝色5种颜色。

2) 逆反射性能

逆反射性能包括逆反射系数和湿状态下的逆反射系数两方面的内容。

3) 耐候性能

在进行连续自然暴露（仲裁试验），或进行人工加速老化试验后，反光膜应无明显的裂缝、刻痕、凹陷、气泡、侵蚀、剥离、粉化或变形；任何一边均不应出现超过0.8mm的收缩，也不应出现反光膜从底板边缘翘曲或脱离的痕迹。

4) 耐盐雾腐蚀性能

耐盐雾腐蚀性能试验后，反光膜表面不应有变色、渗漏、起泡或被侵蚀的痕迹。

5) 耐溶剂性能

耐溶剂性能试验后，反光膜表面不应出现软化、皱纹、渗漏、起泡、开裂或表面边缘被溶解等损坏的痕迹。

6) 抗冲击性能

抗冲击性能试验后，反光膜在受到冲击的表面以外，不应出现裂缝、层间脱落或其他损坏。

7) 耐弯曲性能

耐弯曲性能试验后，反光膜表面不应出现裂缝、剥落或层间分离的痕迹。

8) 耐高低温性能

耐高低温性能试验后，反光膜表面不应出现裂缝、软化、剥落、皱纹、起泡、翘曲或外观不均匀的痕迹。

9）收缩性能

收缩性能试验后，反光膜样品任何一边的尺寸在10min内，其收缩不应超过0.8mm；在24h内，其收缩不应超过3.2mm。

10）附着性能

附着性能试验后，反光膜在5min后的剥离长度不应大于20mm。

11）防沾纸的可剥离性能

防沾纸的可剥离性能试验后，反光膜无需用水或其他溶剂浸湿，即可方便地手工剥下防沾纸。防沾纸也不应有破损、撕裂或从反光膜上沾下黏合剂的痕迹。

12）抗拉荷载

抗拉荷载试验后，每25mm宽度反光膜的抗拉荷载值不应小于24N。

67. 反光膜应储存在通风、干燥、温度在23±5℃的空间内。反光膜的储存期不宜超过1年。

68. 反光膜产品检验时，试样的制备、存放和测试环境条件。

（1）试样的制备

根据不同情况，按下列办法之一制备试样：

1）随机抽取反光膜生产厂制造的整卷反光膜产品作为产品试样。

2）随机抽取整卷反光膜产品，从中随机截取相应尺寸的反光膜，作为反光膜试样。

3）随机抽取整卷反光膜产品，从中随机截取相应尺寸的反光膜，把该反光膜按生产厂商的使用说明，粘贴到厚度为2mm的铝合金板上，制成标准试样。

4）按特殊试验如耐弯曲性能试验等的要求，制成该试验的试样。

（2）试样的存放

试样测试前，应在温度为23±2℃，相对湿度50%±10%的环境中放置24h，然后进行各种测试工作。

（3）测试环境条件

一般的测试工作宜在温度23±2℃，相对湿度50%±10%的环境中进行。

69. 道路交通标线的作用和功能

道路交通标线的作用和功能，主要有：分离交通、渠化平交路口交通、指示和预告前方路况、执法和守法依据等4个方面。

70. 道路交通标线的分类

（1）道路交通标线按功能可分为3类：指示标线、禁止标线及警告标线。

（2）道路交通标线按设置方式可分为3类：纵向标线、横向标线及其他标线。

（3）道路交通标线按形态可分为4类：线条、字符、突起路标及轮廓标。

（4）道路交通标线按标线材料可分为5类：溶剂型涂料标线、热熔型涂料标线、水性涂料标线、双组分涂料标线及预成型标线带标线。

（5）道路交通标线按标线用途可分为6类：非反光标线、反光标线、突起振动标线、防滑标线、雨夜标线及其他标线。

71. 道路交通标线的施划原则

（1）道路交通标线的颜色

《道路交通标志和标线》GB 5768 明确规定：道路交通标线的颜色为白色、黄色、蓝色或橙色，路面图形标记中可出现红色或黑色的图案或文字。

白色标线主要用于各级公路；黄色标线主要用于分隔道路上对向行驶的交通流；橙色标线主要用于道路施工作业区；蓝色标线作为非机动车专用道标线，施划为停车位标线时，指示免费停车位。

（2）道路交通标线虚线的长度

道路交通标线虚线的实线段和间隔的长度与车辆行驶速度直接相关。闪现率在 $2.8 \sim 3.0$ 次/s 之间效果最好。

我国《道路交通标志和标线》GB 5768 中对道路交通标线虚线的线长进行了规定：实线段和间隔的长度分别为：2m 和 2m、2m 和 4m、4m 和 4m、4m 和 6m、6m 和 9m。

（3）道路交通标线的宽度

我国《道路交通标志和标线》GB 5768 中规定：纵向标线的线宽一般取 10cm、15cm、20cm 和 25cm，最小值和最大值分别为 8cm 和 30cm；横向标线的线宽一般取 20cm、30cm、40cm 和 45cm。

（4）道路交通标线的厚度

《道路交通标线质量要求和检测方法》GB/T 16311—2009 指出：溶剂型涂料标线和水性涂料标线的湿膜厚度为 $0.3 \sim 0.8$mm；热熔反光型和热熔普通型涂料标线的干膜厚度为 $0.7 \sim 2.5$mm；热熔突起振动标线的突起部分高度为 $3 \sim 7$mm、基线厚度为 $1 \sim 2$mm；双组分涂料标线的干膜厚度为 $0.4 \sim 2.5$mm；预成型标线带标线的干膜厚度为 $0.3 \sim 2.5$mm。

（5）道路交通标线的反光性

《道路交通标志和标线》GB 5768 明确规定：各等级公路和城市快速路、主干路应设置反光道路交通标线。《道路交通标线质量要求和检测方法》GB/T 16311—2009 规定：对于正常使用期间的反光标线，白色反光标线的逆反射亮度系数不应低于 $80\text{mcd} \cdot \text{lx}^{-1} \cdot \text{m}^{-2}$，黄色反光标线的逆反射亮度系数不应低于 $50\text{mcd} \cdot \text{lx}^{-1} \cdot \text{m}^{-2}$；对于新施划的反光标线，白色反光标线的逆反射亮度系数不应低于 $150\text{mcd} \cdot \text{lx}^{-1} \cdot \text{m}^{-2}$，黄色反光标线的逆反射亮度系数不应低于 $100\text{mcd} \cdot \text{lx}^{-1} \cdot \text{m}^{-2}$。

（6）道路交通标线的抗滑性

《道路交通标志和标线》GB 5768 明确规定：设置于路面的道路交通标线应使用抗滑材料。标线表面的抗滑性能一般应不低于所在路段路面的抗滑性能。《道路交通标线质量要求和检测方法》GB/T 16311—2009 规定：防滑标线的抗滑值应不小于 45BPN。

72. 道路交通标线的相关标准

目前，对于道路交通标线相关技术要求、质量要求和评定标准的依据，主要包括以下 3 个标准：

（1）《道路交通标志和标线》GB 5768—2009，主要用于道路交通标线的设计。

（2）《道路交通标线质量要求和检测方法》GB/T 16311—2009，主要用于道路交通标线的施工质量控制，施工单位、监理单位和检测单位质量可依据此标准进行自检和质量判断。

（3）《公路工程质量检验评定标准第一册土建工程》JTGF 80/1—2004，主要用于公路交通标线的交竣工验收。

73. 路面标线涂料的分类

目前路面标线涂料的分类方法很多，大体上包括以下 3 种分类方法：

（1）按涂料自身属性，路面标线涂料可分为：溶剂型路面标线涂料、热熔型路面标线涂料、水性路面标线涂料、双组分路面标线涂料 4 种。

1）溶剂型路面标线涂料，按施工温度又可分为常温型和加热型两种类型。

2）热熔型路面标线涂料，按使用功能划分，包括普通型、反光型和突起型 3 种；按施工方式划分，包括刮涂型、喷涂型和振荡型 3 种。

3）双组分路面标线涂料是一种化学反应型路面标线涂料。由主剂（A 组分）和固化剂（B 组分）组成，主剂的成膜物质包括环氧树脂、聚氨酯树脂和 MMA 型树脂等几种类型。

双组分路面标线涂料主要采用喷涂和刮涂两种施工方式，不黏胎干燥时间小于 35min，干膜厚度一般控制在 0.4~2.5mm 之间。

4）水性路面标线涂料是指以水为溶剂，乳液为主要成膜物质，并配之以颜料、填料和助剂等组成。

水性路面标线涂料主要采用喷涂方式施工，不黏胎干燥时间小于 15min，干膜厚度一般控制在 0.2~0.5mm 之间。

（2）按涂料的存在形态划分，路面标线涂料可分为固态涂料和液态涂料两大类。固态材料主要指热熔型路面标线涂料，液态材料包括溶剂型路面标线涂料、水性路面标线涂料和双组分路面标线涂料。

（3）按涂料的使用功能划分，路面标线涂料可分为普通型路面标线涂料、反光型路面标线涂料和突起型路面标线涂料。

74. 路面标线涂料施工形成道路交通标线后，通常应满足以下几方面的性能要求。

（1）标志效果鲜明

路面标线涂料经过施工形成交通标线后，在其使用寿命周期内应保持标志效果鲜明、醒目。

（2）附着力强

路面标线涂料施工后应与路面具有较强的附着力，不脱落。

（3）耐久性好

耐久性是指涂料持久抵抗气候变化、化学侵蚀、表面磨损、环境污染等破坏过程的能力。耐久性好的路面标线涂料会有较长的使用寿命，以减少养护、维护施工次数。标线材料种类、环境条件、车流量等对道路交通标线的使用寿命均有影响。

（4）反光效果优异

《道路交通标线质量要求和检测方法》GB/T 16311—2009 中规定：白色反光标线的初始逆反射系数应不小于 150mcd/lx；黄色反光标线的初始逆反射系数应不小于 100mcd/lx。

（5）施工干燥时间短

根据道路路面标线涂料种类的不同，其不黏胎干燥时间一般在 3~35min 之间。

（6）具备防滑性能

《道路交通标线质量要求和检测方法》GB/T 16311—2009 中规定：防滑标线的抗滑摆值应不小于 45BPN。

75. 路面标线涂料的相关标准

目前，对于路面标线涂料相关技术要求、质量要求和评定标准的依据，主要包括《路面标线涂料》JT/T 280—2004 和《路面标线用玻璃珠》GB/T 24722—2009 两项标准。

76. 路面标线涂料的技术要求

《路面标线涂料》JT/T 280—2004 中制定了：涂料性能、玻璃珠性能、色度性能、反光型路面标线涂料光度性能 4 方面技术要求。

（1）涂料性能

按溶剂型、热熔型、双组分和水性 4 种涂料类型的不同，分别规定的其涂料性能要求如下。

1）溶剂型路面标线涂料性能要求

溶剂型路面标线涂料性能要求如表 6-28 所示。

溶剂型路面标线涂料性能要求表 表 6-28

项目		溶剂型	
		普通型	反光型
容器中状态		应无结块、结皮现象，易于搅匀	
黏度		≥100（涂 4 黏度杯，s）	80～120（KU 值）
密度（g/cm³）		≥1.2	≥1.3
施工性能		空气或无空气喷涂（或刮涂）施工性能良好	
加热稳定性		—	应无结块、结皮现象，易于搅匀，KU 值不小于 140
涂膜外观		干燥后，应无发皱、泛花、起泡、开裂、黏胎等现象，涂膜颜色和外观应与标准板差异不大	
不黏胎干燥时间（min）		≤15	≤10
遮盖率（%）	白色	≥95	
	黄色	≥80	
色度性能（45°/0°）	白色	涂料的色品坐标和亮度因数应符合标准规定的范围	
	黄色		
耐磨性（mg）（200 转/1000g 后减重）		≤40（JM-100 橡胶砂轮）	
耐水性		在水中浸 24h 应无异常现象	
耐碱性		在氢氧化钙饱和溶液中浸 24h 应无异常	
附着性（划圈法）		≤4 级	
柔韧性（mm）		5	
固体含量（%）		≥60	≥65

2）热熔型路面标线涂料性能要求

热熔型路面标线涂料性能要求如表 6-29 所示。

热熔型路面标线涂料性能要求 表 6-29

项 目		热 熔 型		
		普通型	反光型	突起型
密度（g/cm³）		1.8～2.3		
软化点（℃）		90～125		≥100
涂膜外观		干燥后，应无皱纹、斑点、起泡、裂纹、脱落、黏胎现象，涂膜的颜色和外观应与标准板差别不大		
不黏胎干燥时间（min）		≤3		
色度性能（45°/0°）	白色	涂料的色品坐标和亮度因数应符合标准规定的范围		
	黄色			
抗压强度（MPa）		≥12		23±1℃时，≥12 50±2℃时，≥2（压下试块高度的20%）
耐磨性（mg） (200转/1000g 后减重)		≤80（JM-100 橡胶砂轮）		—
耐水性		在水中浸24h应无异常现象		
耐碱性		在氢氧化钙饱和溶液中浸24h应无异常		
玻璃珠含量（%）		—	18～25	
流动度（s）		35±10		—
涂层低温抗裂性		−10℃保持4h，室温放置4h为一个循环，连续做3个循环后应无裂纹		
加热稳定性		200～220℃在搅拌状态下保持4h，应无明显泛黄、焦化、结块等现象		
人工加速耐候性		经人工加速耐候性试验后，试板涂层不产生龟裂、剥落；允许轻微粉化和变色，但色品坐标应符合标准规定的范围，亮度因数变化范围应不大于原样板亮度因数的20%		

3）双组分路面标线涂料性能要求

双组分路面标线涂料性能要求如表 6-30 所示。

双组分路面标线涂料性能要求 表 6-30

项 目		双 组 分		
		普通型	反光型	突起型
容器中状态		应无结块、结皮现象，易于搅匀		
密度（g/cm³）		1.5～2.0		
施工性能		按生产厂的要求，将 A、B 组分按一定比例混合搅拌均匀后，喷涂、刮涂施工性能良好		
涂膜外观		涂膜固化后应无皱纹、斑点、起泡、裂纹、脱落、粘贴等现象，涂膜颜色与外观应与样板差别不大		
不黏胎干燥时间（min）		≤35		
色度性能（45°/0°）	白色	涂料的色品坐标和亮度因数应符合标准规定的范围		
	黄色			

续表

项 目	双 组 分		
	普通型	反光型	突起型
耐磨性（mg） （200转/1000g后减重）	≤40（JM-100橡胶砂轮）		
耐水性	在水中浸24h应无异常现象		
耐碱性	在氢氧化钙饱和溶液中浸24h应无异常		
附着性（划圈法）	≤4级（不含玻璃珠）	—	—
柔韧性（mm）	5（不含玻璃珠）	—	—
玻璃珠含量（%）	—	18～25	18～25
人工加速耐候性	经人工加速耐候性试验后，试板涂层不允许产生龟裂、剥落；允许轻微粉化和变色，但色品坐标应符合标准规定的范围，亮度因数变化范围应不大于原样板亮度因数的20%		

4）水性路面标线涂料性能要求

水性路面标线涂料性能要求如表6-31所示。

水性路面标线涂料性能要求表　　　　　　表6-31

项 目		水 性	
		普通型	反光型
容器中状态		应无结块、结皮现象，易于搅匀	
黏度		≥70（KU值）	80～120（KU值）
密度（g/cm³）		≥1.4	≥1.6
施工性能		空气或无空气喷涂（或刮涂）施工性能良好	
涂膜外观		应无发皱、泛花、起泡、开裂、粘贴等现象，涂膜颜色和外观应与样板差异不大	
不黏胎干燥时间（min）		≤15	≤10
遮盖率（%）	白色	≥95	
	黄色	≥80	
色度性能（45°/0°）	白色	涂料的色品坐标和亮度因数应符合标准规定的范围	
	黄色		
耐磨性（mg） （200转/1000g后减重）		≤40（JM-100橡胶砂轮）	
耐水性		在水中浸24h应无异常现象	
耐碱性		在氢氧化钙饱和溶液中浸24h应无异常	
冻融稳定性		在-5±2℃条件下放置18h后，立即于23±2℃条件下放置6h为一个周期，3个周期后，应无结块、结皮现象，易于搅匀	
早期耐水性		在温度为23±2℃，湿度为90%±3%的条件下，实干时间≤120min	
附着性（划圈法）		≤5级	—
固体含量（%）		≥70	≥75

(2) 玻璃珠性能

1) 玻璃珠产品的分类和用途

按《路面标线用玻璃珠》GB/T 24722—2009 中的规定如下:

a. 根据玻璃珠与路面标线涂料的结合方式不同,玻璃珠可分为面撒玻璃珠和预混玻璃珠两种。

b. 根据玻璃珠的折射率不同,将玻璃珠可分为低折射率玻璃珠、中折射率玻璃珠、高折射率玻璃珠 3 种,其折射率（RI）依次分别为 $1.50 \leqslant RI < 1.70$、$1.70 \leqslant RI < 1.90$、$RI \geqslant 1.90$。

c. 根据玻璃珠表面处理与否,将玻璃珠可分为镀膜玻璃珠和普通玻璃珠。

d. 路面标线用玻璃珠根据粒径分布不同,可分为 1 号、2 号、3 号 3 个型号,并规定了产品用途: 1 号玻璃珠宜用作热熔型、双组分、水性路面标线涂料的面撒玻璃珠; 2 号玻璃珠宜用作热熔型、双组分、水性路面标线涂料的预混玻璃珠; 3 号玻璃珠宜用作溶剂型路面标线涂料的面撒玻璃珠。

2) 玻璃珠技术要求

《路面标线用玻璃珠》GB/T 24722—2009 中制定了外观要求、粒径分布、成圆率、密度、折射率、耐水性、磁性颗粒含量和防水涂层要求 8 个方面技术要求。

a. 外观要求

玻璃珠应为无色松散球状,清洁无明显杂物。在显微镜或投影仪下,玻璃珠应为无色透明的球体,光洁圆整,玻璃珠内无明显气泡或杂质。

b. 粒径分布

玻璃珠粒径分布应符合表 6-32 的规定。

c. 成圆率

有缺陷的玻璃珠如椭圆形珠、不圆的颗粒、失透的珠、熔融粘连的珠、有气泡的玻璃珠和杂质等的质量应小于玻璃珠总质量的 20%,即玻璃珠成圆率不小于 80%,其中粒径在 850～600μm 范围内玻璃珠的成圆率不应小于 70%。

玻璃珠粒径分布表　　　　　　　　　　表 6-32

型　号	玻璃珠粒径 S（μm）	玻璃珠质量百分比（%）
1号	S>850	0
	600<S≤850	15～30
	300<S≤600	30～75
	106<S≤300	10～40
	S≤106	0～5
2号	S>600	0
	300<S≤600	50～90
	150<S≤300	5～50
	S≤150	0～5
3号	S>212	0
	S≤90	0～4

d. 密度

玻璃珠的密度应在 2.4～4.3g/cm³ 的范围内。

e. 折射率

玻璃珠的折射率应符合前述低折射率玻璃珠、中折射率玻璃珠、高折射率玻璃珠的规定。

f. 耐水性

在沸腾的水浴中加热后，玻璃珠表面不应呈现发雾现象；对 1 号和 2 号玻璃珠，中和所用 0.01mol/L 盐酸应在 10mL 以下；对 3 号玻璃珠，中和所用 0.01mol/L 盐酸应在 15mL 以下。

g. 磁性颗粒含量

玻璃珠中磁性颗粒的含量不得大于 0.1%。

h. 防水涂层要求

所有玻璃珠应通过漏斗而无停滞现象。

(3) 色度性能。

(4) 反光型路面标线涂料光度性能。

77. 路面标线涂料的构成主要包括：成膜物、颜料、填料、助剂、分散介质及玻璃珠等成分。常用的填料有：重质碳酸钙、轻质碳酸钙、硫酸钡、滑石粉、石英粉、硅灰石及高岭土等。

78. 路面标线涂料检验时，试样状态调节和试验的温湿度

按《涂料试样状态调节和试验的温湿度》GB/T 9278—2008 中的标准环境条件规定，路面标线涂料的试样状态调节和试验的温湿度为温度 23±2℃、相对湿度为 50%±5%。

79. 路面标线用玻璃珠检验时的试验条件

试验工作应在温度 23±2℃，相对湿度 50%±5% 的环境中进行。

80. 公路安全护栏的功能

公路安全护栏应实现以下功能：

(1) 阻止车辆越出路外或穿越中央分隔带闯入对向车道。

(2) 阻止车辆从护栏板下钻出或将护栏板冲断。

(3) 护栏应能使车辆回复到正常行驶方向。

(4) 发生碰撞时，对乘客的损伤程度最小。

(5) 能诱导驾驶员的视线。

要实现上述功能，则需要护栏既要有相当高的力学强度和刚度来抵挡车辆的冲撞力，又要使其刚度不要太大，以免使乘客受到严重的伤害。

81. 公路安全护栏的分类

公路安全护栏按其在公路中的纵向位置设置，可分为设置于路基上的路基护栏和设置于桥梁上的桥梁护栏；按其在公路中的横向位置，可分为路侧护栏和中央分隔带护栏；根据碰撞后的变形程度，可分为刚性护栏、半刚性护栏和柔性护栏。

其中，桥梁护栏包括纵向有效构件和纵向非有效构件两部分。

混凝土护栏是刚性护栏的主要代表形式，波形梁护栏是半刚性护栏的主要代表形式，缆索护栏是柔性护栏的主要代表形式。

82. 公路安全护栏的防撞等级

公路护栏防撞分为5个等级,设置于路侧的护栏分为 B、A、SB、SA、SS 5 级,设置于中央分隔带的护栏分为 Am、SBm、SAm 3 级。

83. 波形梁护栏的类型及组成

波形梁护栏包括二波波形梁钢护栏(简称波形梁钢护栏)和三波波形梁钢护栏(简称三波形梁钢护栏),按设置位置可分为路侧护栏和中央分隔带护栏两类,分别设置于道路的两侧和中央分隔带处。

波形梁钢护栏由波形梁板、立柱、端头、紧固件、防阻块等构件组成。

三波形梁钢护栏由三波形梁板、立柱、端头、紧固件、防阻块、三波形梁垫板等构件组成。采用750mm宽的薄钢板连续辊压成型。

84. 波形梁钢护栏产品的质量要求

波形梁钢护栏产品的质量要求包括:外形尺寸与允许偏差、材料要求、加工要求、外观质量及防腐处理4部分内容。主要质量评定标准为交通行业标准《公路波形梁钢护栏》JT/T 281—2007。

85. 三波形梁钢护栏产品的质量要求

三波形梁钢护栏产品的质量要求包括:外形尺寸与允许偏差、材料要求、加工要求、外观质量及防腐处理4部分内容。主要质量评定标准为交通行业标准《公路三波形梁钢护栏》JT/T 457—2007。

86. 混凝土护栏的类型

混凝土护栏按其安装位置、防撞等级、构造形式、基础处理方式等进行分类,见表6-33。

混凝土护栏分类表　　　　表6-33

安装位置	防撞等级	构造形式	基础处理方式
路侧	A、SB、SA、SS	F型、单坡型、加强型	座椅方式
			桩基方式
中央分隔带	Am、SBm、SAm	整体式	F型、单坡型	直接支承在土基上
		分离式		设置枕梁和支撑块

87. 混凝土护栏产品的质量要求

混凝土护栏产品的质量要求包括:外观质量、模板质量、基层质量3部分。

88. 缆索护栏的类型

缆索护栏不宜在4.5m以下宽度的中央分隔带设置,一般设置于路侧。路侧缆索护栏按防撞等级分为B级和A级。

89. 缆索护栏产品的质量要求

缆索护栏产品的质量要求包括:外形结构、材料性能、防腐层质量3部分。

90. 隔离设施的功能与用途

隔离设施包括隔离栅和桥梁护网。

隔离栅是用于阻止人、畜进入公路或沿线其他禁入区域,防止非法侵占公路用地的设施。

桥梁护网是安装于公路上跨桥梁两侧，用于阻止有人向公路内抛扔物品、杂物，或防止运输散落物等落到公路上的防护设施。

91. 隔离设施的分类

隔离设施按用途不同可分为隔离栅和桥梁护网两类。

隔离设施按构造形式可分为：隔离栅（钢板网、电焊片网、电焊卷网、编制片网、编制卷网、刺钢丝网）、常青绿篱和隔离墙等。

隔离栅产品按网片形式可分为：钢板网隔离栅、编制网隔离栅、电焊网隔离栅、刺钢丝隔离栅等。

隔离栅按立柱断面形式可分为：直缝焊接钢管立柱隔离栅、型钢立柱隔离栅、Y 型钢立柱及其他断面形状钢立柱隔离栅、混凝土立柱隔离栅等。

隔离栅按防腐形式可分为：热浸镀锌隔离栅、热浸镀铝隔离栅、浸塑隔离栅、热浸镀锌＋浸塑隔离栅等。

桥梁护网按网片形式可分为：钢板网桥梁护网、编制网桥梁护网、电焊网桥梁护网、实体板桥梁护网等。

92. 隔离设施设计指导思想

在进行隔离设施设计时，首先应遵循：以交通安全为原则，有效地阻止人、畜或物品进入公路用地范围或公路建筑限界以内。

其次，进行隔离设施设计时应遵循：隔离栅的高度应以成人高度为参考值，以距地面高 1.5～1.8m 为宜；桥梁护网以距桥面高 1.8～2.1m 为宜。

最后，进行隔离设施设计时应遵循：隔离栅和桥梁护网的结构计算可参考交通标志的相关内容。

93. 隔离设施设置原则

（1）隔离栅设置原则

除特殊路段外，高速公路及需要控制出入的一级公路沿线两侧必须实行封闭，以防止行人、非机动车、牲畜等闯入公路及非法侵占公路用地。其他公路可根据需要设置。

凡符合下列条件之一的，可不设置隔离栅。

1）高速公路、需要控制出入的一级公路的路侧有水渠、池塘、湖泊等天然屏障的路段。

2）高速公路、需要控制出入的一级公路的路侧有高度大于 1.5m 的挡土墙或砌石等陡坎的路段。

3）桥梁、隧道等构造物，除桥头、洞口需与路基隔离栅连接以外的路段。

隔离栅遇桥梁、通道时，应在桥头锥坡或端墙处围封。公路两侧的封闭，一般在桥梁、通道等处为薄弱环节。

隔离栅的中心线，一般沿公路用地范围界限以内 0.2～0.5m 处设置。

（2）桥梁护网设置原则

上跨高速公路、需要控制出入的一级公路的车行或人行构造物两侧均应设置桥梁护网，其设置范围为下穿公路宽度并向路外延长 10m。

公路跨越铁路、通航河流、交通量较大的其他公路时，应根据需要设置桥梁护网。

94. 隔离设施构造要求

(1) 隔离栅构造要求

在实际应用中，综合考虑不利于人为攀越、结构整体的配合要求、网面的强度（绷紧程度）3个因素。金属网格的网孔尺寸一般不宜大于150mm×150mm；上下两道刺钢丝的间距不宜大于250mm，一般以150~200mm为宜。

为便于公路的维修和养护，方便公路管理人员和养护人员以及机修设备的进出，需要在适当的位置设计隔离栅开口。大门的形式一般可分为单开门和双开门两种。单开门用于人员的进出；双开门主要为机修设备及车辆的进出而设置。单开门门宽设计尺寸不应大于1.5m，双开门总宽不应超过3.2m。

(2) 桥梁护网构造要求

桥梁护网所采用的金属网的形式可与隔离栅相同，其网孔规格不宜大于50mm×100mm。

桥梁护网应做防雷接地处理，接地电阻应小于10Ω。

95. 隔离设施的技术要求

目前，隔离设施主要质量评定标准为交通行业标准《隔离栅技术条件》JT/T 374—1998，该标准规定了隔离栅的规格和尺寸和质量要求。桥梁护网产品的质量评定主要参考JT/T 374—1998实施。

(1) 隔离栅产品规格和尺寸

隔离栅由网片、立柱、斜撑、连接件、门（门柱）、张力钢丝及延伸臂等构件组成。立柱与斜撑，立柱与网框用M8螺栓连接。门柱与门通过连接件用M16螺栓连接。张力钢丝用直径不小于3.5mm的低碳钢丝。

延伸臂可以垂直或与柱成40°~50°的夹角。延伸臂的长为250~350mm。延伸臂可由立柱直接折弯，通过焊接或用M8螺栓与立柱连接。

(2) 隔离栅产品尺寸偏差

隔离栅产品的尺寸偏差，主要有：钢板网隔离栅网片、电焊网隔离栅网片、编织网隔离栅网片、刺钢丝隔离栅网片、直缝焊接钢管立柱、冷弯等边槽钢及冷弯内卷边槽钢（统称型钢）立柱、Y型钢立柱及混凝土立柱等。

(3) 材料要求

1) 钢板网隔离栅网片

钢板网网片的材料，应采用低碳薄钢板，其化学性能和机械性能应满足《碳素结构钢和低合金结构钢热轧薄钢板和钢带》GB 912—2008 和《碳素结构钢冷轧薄钢板及钢带》GB/T 11253—2007的规定。钢板网弯曲90°无折断现象。

2) 电焊网隔离栅网片

电焊网用金属丝，应采用低碳钢丝，其力学性能应符合《一般用途低碳钢丝》YB/T 5294—2009的规定。

3) 编织网隔离栅网片

编织网用金属丝，应采用低碳钢丝，其力学性能应符合《一般用途低碳钢丝》YB/T 5294—2009的规定。

4) 刺钢丝网隔离栅

股线及刺线应采用低碳钢丝，其力学性能应符合《一般用途低碳钢丝》YB/T 5294—2009的规定。

5）其他材料及构件

钢管材料，以热轧钢带、冷轧钢带焊接或焊后冷加工方法制造，其化学成分及机械性能应满足《直缝电焊钢管》GB/T 13793—2008 的规定。

型钢材料，用冷加工变形的冷轧或热轧钢带在连续辊式冷弯机组上加工生产，其化学成分及机械性能应满足《碳素结构钢》GB/T 700—2006 的规定，连续铺设的型钢立柱上的挂钩经冲压加工成型。

Y 型钢，用普通碳素钢在普通的轧钢机上热轧而成，其化学成分及机械性能应满足《碳素结构钢》GB/T 700—2006 的规定。

混凝土立柱用混凝土标号应不低于 C20，拌制混凝土所用的各项材料及混凝土的配合比、拌制、浇筑、养护应满足有关标准的规定。

条形钢片和抱箍可采用冷轧或热轧钢板（带），其技术条件应符合《碳素结构钢和低合金结构钢热轧薄钢板和钢带》GB 912—2008 的规定。

螺栓、螺母可采用普通紧固件，其机械性能应符合《紧固件机械性能螺栓、螺钉和螺柱》GB/T 3098.1—2010 的规定。

（4）外观质量

整张网面平整，无断丝，网格无明显歪斜。钢丝防腐处理前表面不得有裂纹、斑痕、折叠及明显的纵面拉痕，且钢丝表面不得有锈。

钢管防腐处理前不允许有裂缝、结疤、折叠、分层、搭焊等缺陷存在。冷弯型钢及 Y 型钢防腐处理前表面不得有气泡、裂纹、结疤、折叠、夹杂和端面分层；允许有不大于公称厚度 10% 的轻微凹坑、凸起、压痕、发纹、擦伤和压入的氧化铁皮。

混凝土立柱表面应密实、平整、无裂缝、翘曲，如有蜂窝、麻面，其面积不超过同侧面积的 10%。

（5）防腐层质量

所有钢构件均应进行金属防腐处理，宜采用热浸镀锌方法。当采用热浸镀铝、静电喷涂等其他防腐方法时，应有可靠的技术数据和试验验证资料，其防腐性能应不低于《隔离栅技术条件》JT/T 374—1998 规定的热浸镀锌方法的相应要求。

采用热浸镀锌方法进行金属防腐处理时，热浸镀锌所采用的锌应为《锌锭》GB 470—2008 规定的 0 号或 1 号锌。镀锌构件的锌附着量见表 6-34。镀锌构件表面应具有均匀完整的锌层，颜色一致，表面具有实用性光滑，不允许有流挂、滴瘤或多余结块。镀件表面应无漏镀、露铁等缺陷。有螺纹的构件在热浸镀锌后，应清理螺纹或作离心分离。镀锌构件的锌层应均匀，试样经硫酸铜溶液浸蚀规定次数后无金属铜的红色沉积物。镀锌构件的锌层应与基底金属结合牢固，经锤击或缠绕试验后，镀锌层不剥离、不凸起，不得开裂或起层到用裸手指能够擦掉的程度。

镀锌构件的锌附着量　　　　　表 6-34

构 件 名 称		平均镀锌层质量 (g/m²)	
		Ⅰ	Ⅱ
网片 （板材厚或钢丝直径）(mm)	2.0	105	230
	2.2	110	230

续表

构件名称		平均镀锌层质量（g/m²）	
		Ⅰ	Ⅱ
网片 （板材厚或钢丝直径）(mm)	2.5	110	240
	2.8	120	250
	3.0	125	250
	3.5	135	270
	4.0	135	270
连接件		350	
立柱、斜撑、门柱		500	

注：1. 网片Ⅱ级镀锌量用于重工业、都市或沿海等腐蚀较严重的地区。
　　2. 立柱、斜撑、门柱的锌层质量最低值不得低于450g/m²。

96．防眩设施的主要形式

防眩设施主要包括防眩板、防眩网和植树防眩3种形式。

防眩板按其原材料材质性能又可分为金属材料防眩板、塑料防眩板、玻璃纤维增强塑料防眩板等。

植树防眩可采用间隔植树和密集植树两种方式。

97．防眩设施的设计指导思想

（1）防眩设施应按部分遮光原理设计，直线路段遮光角不应小于8°，平曲线路段及竖曲线路段遮光角应为8°～15°。

（2）设置防眩设施不应减少公路的停车视距。

（3）防眩设施所用材料不得反光。

（4）防眩设施结构计算可参考交通标志的相关内容。

98．防眩设施的设置原则

（1）高速公路、一级公路凡符合下列条件之一者，应设置防眩设施。

1）中央分隔带宽小于9m的路段。

2）夜间交通量较大，服务水平达到二级以上的路段。

3）圆曲线半径小于一般值的路段。

4）凹形竖曲线半径小于一般值的路段。

5）公路路基横断面为分离式断面，上下车行道高差小于或等于2m时。

6）与相邻公路或交叉公路有严重眩光影响的路段。

7）连拱隧道进出口附近。

（2）非控制出入的一级公路平面交叉、中央分隔带开口两侧各100m（设计速度大于或等于80km/h）或60m（设计速度为60km/h）范围内可逐渐降低防眩设施的高度，由正常高度降至开口处的0高度，否则不宜设置防眩设施。

（3）公路沿线有连续照明设施的路段，可不设置防眩设施。

（4）防眩设施连续设置时，应符合下列规定：

1）应避免在两端防眩设施中间带有短距离间隙。

2）各结构段应相互独立，每一结构段的长度不宜大于12m。

3) 结构形式、设置高度、设施位置发生变化时应设置渐变过渡段，过渡段长度以 50m 为宜。

99. 防眩设施的形式选择

(1) 选择防眩设施形式时，应针对公路的平纵线形、气候条件，充分比较各种防眩设施的性能，分析行驶安全感、压迫感、景观要求，并考虑与公路周围环境的协调性，结合经济性、施工条件及养护维修等因素综合确定。

除植树灌木外，在公路上设置的防眩设施有很多形式，总的来说有网格状防眩网、栅栏式防眩网、扇面式防眩扇板、板条式防眩板等。从制造材料方面分有金属的、塑料的、玻璃钢的等。

(2) 高速公路、一级公路宜采用防眩板和植树两种方式交替设置进行防眩。在进行技术经济论证后，也可采用其他的防眩形式。

当中央分隔带宽度较小时，应以防眩板为主进行防眩；而在中央分隔带较宽、地形变化较大、需要保护自然景观并且气候条件也较适宜植树时，可采用植树（灌木）防眩。

(3) 中央分隔带护栏间距小于树冠直径时，或植树对中央分隔带通信管道有影响时，不宜采用植树防眩。

100. 防眩设施的构造要求

(1) 防眩板宽度可采用 8～25cm，间距为 50～100cm，所用材料应符合《防眩板》GB/T 24718—2009 的规定；植树防眩的树丛间距应根据树冠有效直径计算确定。

1) 防眩板的结构设计要素主要有：遮光角、防眩高度、板宽、板的间距等。其中遮光角和防眩高度是重要指标。遮光角是设计的重要参数。

2) 防眩板条的间距规定为 50～100cm。

(2) 防眩设施的高度与驾驶员的视线高度和前照灯的高度有直接关系。

1) 在公路线形设计中，我国采用的驾驶员视线高度标准值是 1.2m。

根据调查，我国驾驶员视线高度建议值为汽车 1.3m，大客车 2.2m，货车 2.0m；汽车前照灯高度建议值为小型车为 0.8m，大型车为 1.0m。

2) 在凸形竖曲线路段，防眩设施的设置范围至少为凸形竖曲线顶部两侧各 120m。

3) 在凹形竖曲线路段，根据凹形竖曲线的半径和前后纵坡度的大小，适当增加凹形竖曲线路段防眩设施的高度。

4) 防眩设施的高度一般不宜超过 2m。

(3) 防眩板宜与护栏配合设置

1) 我国防眩设施和中央分隔带护栏设置时考虑的基本因素多数是一致。一般在需设置防眩设施的路段上，基本上也需设置中央分隔带护栏，因而防眩设施宜与护栏配合设置。

2) 防眩板与护栏配合设置时，其结构处理应满足以下规定：

a. 防眩板固定在混凝土护栏顶部时，可按独立结构段为单位进行安装。一般采用预埋地脚螺栓连接。

b. 防眩板与波形梁护栏配合设置时，可通过连接件将防眩板架设在护栏上，或通过立柱将防眩板埋设于中央分隔带上。

c. 防眩设施与护栏配合设置时，不应影响护栏的正常使用功能。

(4) 采用植树防眩时，应根据当地气候条件，选择易成活、根系发达且对埋土深度要求较浅、枝叶茂密、落叶少、养护工作量少的树种。

101. 防眩板产品的技术要求

防眩板产品的技术要求包括一般要求和理化性能两部分。

(1) 一般要求

1) 原材料

a. 塑料防眩板树脂原材料应符合相应的国家标准对于各类树脂的相关规定。

b. 玻璃纤维增强塑料（玻璃钢）防眩板的原材料性能应符合《公路用玻璃纤维增强塑料产品第 1 部分：通则》GB/T 24721.1—2009 的规定。

c. 金属板体的钢质基板应符合《碳素结构钢》GB/T 700—2006 中相关型号钢板的规定，涂塑层应用的粉末涂料应符合《公路用防腐蚀粉末涂料及涂层 第 1 部分：通则》JT/T 600.1—2004 的规定。

2) 外观质量

产品表面颜色均匀一致，无明显的反光现象，边缘圆滑、无毛刺、无飞边；表面无剥离、裂纹、气泡、砂眼等缺陷，整体成型完整、无明显歪斜。

3) 结构尺寸

除特殊造型防眩板产品外，产品主要结构尺寸见表 6-35。

防眩板主要结构尺寸（mm） 表 6-35

高度 H	宽度 W	厚度 t		固定螺孔直径 φ
700～1000	80～250	中空塑料板体型	≥1.5	8～10
		钢质金属板体型	2～4	
		玻璃钢及其他实体型	2.5～4	

结构尺寸的允许偏差应符合下列规定：

a. 高度 H 的允许偏差为 0，+5mm。

b. 宽度 W 的允许偏差为 ±2mm。

c. 钢质金属板体型等规则厚度防眩板，其厚度 t 的允许偏差为 ±0.3mm，其他非规则厚度板体其厚度允许偏差应满足规范中的上下限要求。

d. 固定螺孔直径允许偏差为 0，+0.5mm。

e. 纵向直线度不大于 2mm/m。

(2) 理化性能

防眩板产品的理化性能要求应符合表 6-36～表 6-39 的要求。

防眩板通用理化性能 表 6-36

序号	项目	技 术 要 求
1	抗风荷载 F (N)	F 应不小于 CS 的乘积，其中 C 为抗风荷载常数，取值为 1647.5N/m^2，S 为该规格防眩板的有效承风面积
2	抗变形量 R (mm/m)	≤10
3	抗冲击性能	以冲击点为圆心，半径 6mm 区域外，试样表面或板体无开裂、剥离或其他破坏现象

塑料防眩板理化性能   表 6-37

序号	项目		技术要求
1	耐溶剂性能	耐汽油性能	产品表面不应出现软化、皱纹、起泡、开裂、被溶解、溶剂浸入等痕迹
		耐酸性能	
		耐碱性能	
2	环境适应性能	耐低温坠落性能	产品应无开裂、破损现象
		耐候性能	经总辐照能量大于 $3.5\times10^6 kJ/m^2$ 的人工加速老化试验后，试样无明显变色、龟裂、粉化等老化现象，试样的耐候质量等级评定应符合《公路沿线设施塑料制品耐候性要求及测试方法》GB/T 22040—2008 中 5.2 的规定

玻璃钢防眩板理化性能   表 6-38

序号	项目		技术要求
1	密度（g/cm³）		≥1.5
2	巴柯尔硬度		≥40
3	氧指数（阻燃性能）（%）		≥26
4	耐溶剂性能	耐汽油性能	产品表面不应出现软化、皱纹、起泡、开裂、被溶解、溶剂浸入等痕迹
		耐酸性能	
		耐碱性能	
5	耐水性能		产品表面不应出现软化、皱纹、起泡、开裂、被溶解、溶剂浸入等痕迹
6	环境适应性能	耐低温坠落性能	产品应无开裂、破损现象
		耐候性能	经总辐照能量大于 $3.5\times10^6 kJ/m^2$ 的人工加速老化试验后，试样无明显变色、龟裂、粉化等老化现象，试样的耐候质量等级评定应符合《公路沿线设施塑料制品耐候性要求及测试方法》GB/T 22040—2008 中 5.2 的规定

钢质金属基材防眩板理化性能   表 6-39

序号	项目			技术要求
1	涂塑层厚度（mm）	热塑性涂层	单涂层	0.38~0.80
			双涂层	0.25~0.60
		热固性涂层	单涂层	0.076~0.150
			双涂层	0.076~0.120
2	双涂层基板镀锌层附着量（g/m²）			≥270
3	涂层附着性能	热塑性粉末涂料涂层		一般不低于 2 级
		热固性粉末涂料涂层		0 级
4	环境适应性能	耐盐雾性能	钢质基底无其他防护层	划痕部位任何一侧 0.5mm 外，涂层应无气泡、剥离的现象
			金属防护层基底 第Ⅰ段（8h）	划痕部位任何一侧 0.5mm 外，涂层应无气泡、剥离的现象
			金属防护层基底 第Ⅱ段（200h）	基底金属无锈蚀
5		涂层耐湿热性能		划痕部位任何一侧 0.5mm 外，涂层应无气泡、剥离的现象

102. 防眩板产品检验时，试样状态调节和试验环境条件

除特殊规定外，试样应按《塑料试样状态调节和试验的标准环境》GB/T 2918—1998中的规定进行24h状态调节，并且在此条件下进行试验。

(1) 试验环境温度：23±2℃；

(2) 试验环境相对湿度：50%±5%。

103. 突起路标的分类

按《突起路标》GB/T 24725—2009中规定的产品分类如下：

(1) 按逆反射性能，突起路标分为逆反射型（简称A类）和非逆反射型（简称B类）两种，逆反射型突起路标按逆反射器类型又可分为A1类、A2类、A3类等；

(2) 按基体材料分为塑料、钢化玻璃、金属等；

(3) 按逆反射器分为微棱镜、定向透镜、全向透镜等；

(4) 按位置分为车道分界线型和车道边缘线型；

(5) 按颜色分为白、黄、红、绿、蓝等类型。

104. 突起路标的组成

(1) A1类突起路标

由工程塑料或金属等材料基体和微棱镜逆反射器组成的逆反射突起路标。

(2) A2类突起路标

由工程塑料或金属等材料基体和定向透镜逆反射器组成的逆反射突起路标。

(3) A3类突起路标

由钢化玻璃基体和金属反射膜组成的一体化全向透镜逆反射突起路标。

(4) B类突起路标

一般不含逆反射器，直接由工程塑料、陶瓷或金属材料基体和色表面组成。

105. 突起路标的功能和作用

突起路标是一种固定于路面上起标线作用的突起标记块，可用来标记对向车行道分界线、同向车行道分界线、车行道边缘线等，也可用来标记弯道、进出口匝道、导流标线、道路变窄、路面障碍物等危险路段。

106. 太阳能突起路标产品的结构与分类

(1) 结构

太阳能突起路标一般由壳体、主动发光元件、太阳电池、储能元件以及控制器件等构成。

(2) 分类

1) 按照是否带逆反射器分为带逆反射器的组合式突起路标和不带逆发射器的单一式突起路标两种，分别用大写字母Z和D表示。

2) 按照使用环境温度条件分为A型、B型和C型3种：A型为常温型，最低使用温度为−20℃；B型为低温型，最低使用温度为−40℃；C型为超低温型，最低使用温度为−55℃。

3) 按照能见度条件分为Ⅰ型、Ⅱ型和Ⅲ型：Ⅰ型适用于无照明的道路，Ⅱ型适用于有照明的道路，Ⅲ型适用于多雾天气的道路。

107. 突起路标的设置原则

依据《道路交通标志和标线》GB 5768 相关要求，突起路标设置规定如下：

（1）突起路标与标线配合使用时，应选用主动发光型或定向反光型，其颜色与标线颜色一致，布设间隔为 6～15m，一般设置在标线的空当中，也可依据实际情况适当加密。与边缘线和中心单实线配合使用时，突起路标应设置在标线的一侧，其间隔应与在车行道分界线设置的间隔相同。

（2）突起路标与进出口匝道标线、导流标线、路面宽度渐变段标线、路面障碍物标线等配合使用时，应根据实际线形进行布设，力求夜间轮廓分明，清晰可见。

（3）突起路标单独用作车行道分界线时，其布设间距推荐值为 1～1.2m，也可依据实际情况适当加密。

（4）突起路标单独用作减速标线时，其布设间距推荐值为 30～50cm，并应使突起路标表面具有足够的抗滑性能。

108. 突起路标产品的技术要求

《突起路标》GB/T 24725—2009 制定了突起路标：外观质量、结构尺寸、色度性能、逆反射性能、整体抗冲击性能、逆反射器抗冲击性能、抗压荷载、纵向弯曲强度、耐磨损性能、耐温度循环、碎裂后状态、金属反射膜附着性能、耐盐雾腐蚀性能和耐候性能 14 项技术要求。

（1）外观质量

1）突起路标基体应成型完整，颜色均匀，外表面无明显的划伤、裂缝、飞边等缺陷；金属基体突起路标表面不应有砂眼、毛刺；工程塑料基体不应有毛刺、气泡、隐纹、变形等；玻璃基体不应有气泡、裂纹。

2）突起路标逆反射器应完整、无缺损，反光均匀。

3）A3 类突起路标金属发射膜应完整、均匀，无剥离、浮起、杂质、针孔等缺陷。

（2）结构尺寸

1）突起路标的材料应具有良好的耐化学腐蚀、耐水、耐 UV 紫外线和耐候性能，金属材料还应具有良好的韧性，受过载破坏后不应有导致交通伤害的尖锐碎片。

2）突起路标轮廓边缘应平滑，不应有导致交通伤害的尖锐边线；底部应做工艺处理，以便与路面黏结。

3）突起路标一般为梯形、圆形或椭圆形，底部边长或直径宜选用 100mm、125mm 和 150mm 3 种，边长或直径允许偏差±2mm。

4）突起路标位于路面以上的高度：车道分界线型应不大于 20mm，边缘线型应不大于 25mm。

5）突起路标面向行车方向的坡度：A1 类突起路标应不大于 45°，A2 类突起路标应不大于 65°。

（3）色度性能

1）表面色：白色、黄色突起路标外部表面的色品坐标和亮度因数应在规定的范围内。

2）逆反射色：逆反射型突起路标逆反射器色品坐标应在规定的范围内。

（4）逆反射性能

1）突起路标每个逆反射面的发光强度系数，按颜色分类应不低于表 6-40 规定基值与表 6-41 颜色系数之乘积。

2) 带耐磨层的 A1 类突起路标，其发光强度系数基值不低于表 6-40 规定值的 70%。

突起路标发光强度系数 R 基值　　　　　表 6-40

几何条件①		发光强度系数 R 最小值（mcd·lx^{-1}）		
观测角	水平入射角 β_2	A1	A2	A3
0.2°	0°	580	279	40
	±20°	272	112	40
0.33°	±5°	472	220	20
1.0°	±10°	74	25	10
2.0°	±15°	11.8	5	5

① 垂直入射角 β_1 和旋转角 ε 均为 0°。

突起路标逆反射器颜色系数　　　　　表 6-41

颜　色	颜色系数	颜　色	颜色系数
白色	1.0	绿色	0.3
黄色	0.6	蓝色	0.1
红色	0.2	—	—

3) A3 类突起路标在观测角相同、水平入射角变化时，其逆反射系数不均匀度应不大于 10%。

4) 对于 A1、A2 类突起路标，当左右对称的两入射角的平均发光强度系数大于上述规定值时，其对应的任一个入射角最小值允许不低于规定值的 80%。

（5）整体抗冲击性能

突起路标产品经抗冲击试验后，以冲击点为圆心，直径 12mm 的区域外不应有任何形式的破损。

（6）逆反射器抗冲击性能

经抗冲击试验后，以冲击点为圆心，直径 12mm 的区域外不应有任何形式的破损。带耐磨层的逆反射器，其耐磨层不应出现两条以上、长度为 6.4mm 的辐射状裂痕，裂痕不应延伸到耐磨层的边沿，耐磨层不应与逆反射器剥离。

（7）抗压荷载

抗压荷载测试后，A1、A2 类突起路标抗压荷载应不小于 160kN，A3 类突起路标抗压荷载应不小于 245kN。

（8）纵向弯曲强度

对 A1、A2 类突起路标纵向弯曲强度测试后，应不小于 9kN。

（9）耐磨损性能

耐磨损性能测试后，A1、A2、A3 类突起路标的发光强度系数分别应不小于表 6-40 规定值的 50%、70% 和 90%，再乘以相应的颜色系数。

（10）耐温度循环

经温度循环试验后，突起路标应无破裂、反射体剥离基体、耐磨层分层等现象。

（11）碎裂后状态

A3 类突起路标自爆或承压碎裂后,其碎片应呈钝角颗粒状,颗粒最大尺寸不大于 40mm,30~40mm 之间的致密性碎块数不应多于 2 块(钢化玻璃碎裂后,完整透亮的玻璃块被认为是致密结构,而有穿透性裂纹或微小碎条结合在一起的、非透亮的玻璃块被认为是非致密结构)。

(12) 金属反射膜附着性能

A3 类突起路标金属反射膜与钢化玻璃基体结合应牢固,试验后金属反射膜应无剥离、浮起等现象。

(13) 耐盐雾腐蚀性能

耐盐雾腐蚀性能试验后,突起路标基体及逆反射器应无变色、侵蚀、溶液渗入等现象。

(14) 耐候性能

经过一年自然气候曝露试验或 600h 人工加速老化试验后,被测样品应:

1) 无明显的褪色、粉化、龟裂、锈蚀等现象;
2) 突起路标基体的色品坐标和亮度因数仍应在规定的范围内;
3) A 类突起路标的逆反射器或金属反射膜不应脱落、分层;
4) A 类突起路标逆反射器的色品坐标仍应在规定的范围内,发光强度系数应不低于表 6-40 规定值的 80%乘以相应的颜色系数。

109. 太阳能突起路标的技术要求

《太阳能突起路标》GB/T 19813—2005 制定了:一般要求、外观质量、外形尺寸、太阳能电池和储能元件的匹配性能、太阳能电池和储能元件的耐久性、发光器件的性能、主动发光单元工作时的发光强度、主动发光单元工作时的色品坐标、组合式突起路标逆反射器的光学性能、闪烁频率、夜间视认距离、耐溶剂性能、密封性能、机械性能、环境适应性能、耐循环盐雾性能和耐候性能 17 项技术要求。

(1) 一般要求

突起路标的壳体、太阳能电池、储能元件、发光元件以及控制器件的性能应满足公路环境使用条件。

生产企业应向用户出示有关太阳能电池、储能元件、LED 产品的使用寿命证明和经有资质的检测机构检测合格的证书,并在产品质量保证书上明确标示出太阳能突起路标的设计使用寿命。

带闪烁的突起路标应设置控制端子以便控制闪烁频率和测试工作时的发光强度。

(2) 外观质量

突起路标壳体成型完整,无裂纹、无砂眼、无气泡;边角过渡圆滑、无毛刺、无飞边;外表面颜色应均匀一致,太阳能电池受光面清洁透亮、无明显瑕点。

太阳能突起路标应封装严密,除太阳能电池和发光装置外,从上部位置不应观察到其他元件和接线。

(3) 外形尺寸

太阳能突起路标的外形一般为梯形结构,下底边长有 100±3mm、125±2mm 和 150±1mm 3 种规格,安装于路面以上的有效高度不大于 25mm,梯形迎车面的坡度角应不大于 45°。

(4) 太阳能电池和储能元件的匹配性能

太阳能电池和储能元件应匹配良好，在标准测试条件下放置 8h，储能元件的额定容量应满足突起路标正常发光 72h 的需要；或选用的太阳能电池在太阳光照度小于 1000lx 时，向储能元件充电 8h 后，储能元件的容量应满足突起路标正常发光 12h 的需要。

(5) 太阳能电池和储能元件的耐久性

太阳能电池的使用寿命应不小于 40000h，储能元件在浮充电状态下的循环使用寿命应不小于 2000 次充放电（每年按 4000h 计算太阳能电池使用时间，按充放电 400 次计算储能元件的循环使用次数）。

(6) 发光器件的性能

发光器件应采用 LED，单粒 LED 在额定电流时的发光强度，不论白色、黄色和红色都应不小于 2000mcd，半强角不小于 15°。LED 的数量，每个发光面不少于 2 粒。

(7) 主动发光单元工作时的发光强度

突起路标主动发光单元发光时的发光强度应不小于表 6-42 的规定值，但上限值不应大于规定值的 10%。

突起路标发光强度表 表 6-42

测量几何条件		发 光 强 度（mcd）								
		Ⅰ 型			Ⅱ 型			Ⅲ 型		
水平入射角	观测角	白色	黄色	红色	白色	黄色	红色	白色	黄色	红色
$\beta=0°$	0.1°	500	500	500	600	600	600	660	660	660
	0.2°	480	480	480	500	500	500	550	550	550
	0.33°	450	450	450	480	480	480	530	530	530
$\beta=\pm20°$	1°	400	400	400	450	450	450	500	500	500
	2°	300	300	300	400	400	400	440	440	440

(8) 主动发光单元工作时的色品坐标

主动发光单元发光时的色品坐标及其测试方法应符合《公路交通标志反光膜》GB/T 18833—2002 中的有关规定。

(9) 组合式突起路标逆反射器的光学性能

1) 组合式突起路标逆反射器的发光强度系数应符合表 6-43 的规定。

发光强度系数 R 表 6-43

测量几何条件		最小发光强度系数（mcd/lx）		
水平入射角	观测角	白色	黄色	红色
$\beta=0°$	0.2°	279	167	70
$\beta=+20°$	0.2°	112	67	28
$\beta=-20°$	0.2°	112	67	28

注：1. 本表中的 β 即《突起路标》JT/T 390—1999 中的 β_1。
　　2. $\beta_2=0°$，没有列出。

2) 组合式突起路标逆反射器的色品坐标

组合式突起路标逆反射器的色品坐标应符合《公路交通标志反光膜》GB/T 18833—2002 的有关规定。

(10) 闪烁频率

安装在弯道、多雾等特殊路段的突起路标应闪烁发光，以便引起驾驶员的注意。闪烁频率分两个频段，第一频段应为 70~80 次/min，第二频段应为 200~300 次/min。在普通公路和城市道路上宜选用第一频段，在高速公路上宜选用第二频段。安装在道路直线段的突起路标使用闪烁方式时，闪烁频率宜为 30±5 次/min，占空比宜为 1.5∶1。

(11) 夜间视认距离

晴朗的夜间，在 15~200m 范围内由突起路标形成的发光轮廓线应清晰明亮。

(12) 耐溶剂性能

经过耐溶剂性能试验后，太阳能突起路标应无渗透、开裂、被溶解等损坏痕迹，受试后的样品应能正常工作。

(13) 密封性能

太阳能突起路标应密封良好，经密封试验后，受试样品内部不应进水和产生水雾及其他受浸润现象。

(14) 机械性能

1) 耐磨损性能

经过耐磨试验后，突起路标的发光强度和发光强度系数应分别符合表 6-42、表 6-43 的规定。

2) 耐冲击性能

太阳能突起路标耐冲击性能及测试方法应符合《突起路标》GB/T 24725—2009 有关规定。

3) 抗压荷载

太阳能突起路标的抗压荷载应不小于 100kN。

(15) 环境适应性能

1) 耐低温性能

将充满电的太阳能突起路标在 −55℃（−40℃、−20℃）条件下，按耐低温性能试验方法试验 16h，产品及其部件应能正常工作，外观应无任何变形、损伤。

2) 耐高温性能

将充满电的太阳能突起路标在 85℃条件下，按耐高温性能试验方法试验 8h，产品及其部件应能正常工作，外观应无任何变形、损伤。

3) 耐湿热性能

将充满电的太阳能突起路标在温度 45℃、相对湿度 98%的条件下，按耐湿热性能试验方法试验 48h，产品及其部件应能正常工作，外观应无任何变形、损伤。

4) 耐温度交变循环性能

将充满电的太阳能突起路标，按耐温度交变循环性能试验方法，在 60℃的环境中，保持 4h 后，立即转至 −20℃的环境中保持 4h，共进行 3 个循环，产品及其部件应能正常工作，试验后外观应无任何变形、损伤。

5) 耐机械振动性能

将充满电的太阳能突起路标，在振动频率 2～150Hz 的范围内，按耐机械振动性能试验方法进行扫频试验。在 2～9Hz 时按位移控制，位移 3.5mm；9～150Hz 时按加速度控制，加速度为 $10m/s^2$。2Hz→9Hz→150Hz→9Hz→2Hz 为一个循环，共经历 20 个循环后，产品功能正常，结构不受影响，零部件无松动。

(16) 耐循环盐雾性能

按《公路沿线设施塑料制品耐候性要求及测试方法》GB/T 22040—2008 中有关耐循环盐雾试验的方法试验后，太阳能突起路标的发光强度和发光强度系数不应低于表 6-42 和表 6-43 规定值的 80%，色品坐标仍符合标准要求。

(17) 耐候性能

按《公路沿线设施塑料制品耐候性指标及测试方法》GB/T 22040—2008 中有关耐候性试验的方法试验后，太阳能突起路标的发光强度和发光强度系数不应低于表 6-42 和表 6-43 规定值的 80%，色品坐标仍符合标准要求。

110. 突起路标产品检验时，试样状态调节和试验环境条件

测试前将样品放置在温度 23±2℃、相对湿度 50%±25% 的环境中进行状态调节 24h，然后进行各项测试。

一般的测试工作应在温度 23±2℃、相对湿度 50%±25% 的环境中进行。

111. 太阳能突起路标产品检验时，试样状态调节和试验环境条件

除特殊规定外，试样应按《塑料试样状态调节和试验的标准环境》GB/T 2918—1998 中的规定在 23±2℃ 条件下进行状态调节 24h，并且在此条件下进行试验。

单一式突起路标不测逆反射性能，组合式突起路标在测逆反射性能时应关闭主动发光单元。

除特殊规定外，太阳能突起路标一般在充满电状态下进行测试。

112. 轮廓标产品的分类

按《轮廓标》GB/T 24970—2010 中规定的产品分类如下：

(1) 按设置条件可分为埋设于地面上的柱式轮廓标和附着于构造物上的附着式轮廓标；

(2) 按形状不同可分为柱式、梯形、圆形和长方形轮廓标；

(3) 按颜色可分为白色和黄色两种；

柱式轮廓标按其柱体材料的不同特性，又可分为普通柱式轮廓标和弹性柱式轮廓标。

113. 轮廓标的设置原则

依据《道路交通标志和标线》GB 5768 相关要求，轮廓标设置规定如下。

(1) 高速公路、一级公路和城市快速干道的主线，以及其互通立交、服务区、停车场的进出匝道或连接道，应连续设置轮廓标。

(2) 二级公路、三级公路、其他道路和路段视需要可沿主线两侧连续设置轮廓标；在小半径弯道、连续转弯、视距不良、易发生冲出路侧事故和事故多发等路段，宜结合其他安全处置措施沿主线两侧连续设置轮廓标。

(3) 高速公路的主线直线段，轮廓标设置间隔一般为 50m；附设于护栏上时，其设置间隔可分为 48m；一级公路和城市快速干道的主线直线段，轮廓标设置间隔一般为 40m；二级公路、三级公路和其他道路的主线直线段，轮廓标设置间隔一般为 30m。

曲线段轮廓标设置间隔可按表 6-44 规定选用，也可适当加密。在曲线段外侧的起止路段设置间隔如图 6-4 所示，如果 2 倍或 3 倍的间距大于 50m，则取为 50m。

曲线段轮廓标的设置间隔   表 6-44

曲线半径 R（m）	<30	30～89	90～179	180～274	275～374	375～999	1000～1999	2000 及以上
设置间隔 S（m）	4	8	12	16	24	32	40	48

（4）轮廓标在道路左、右侧对称设置。轮廓标反射器分白色和黄色两种，白色反射器安装于沿行车前进方向的道路右侧，黄色反射器安装于沿行车前进方向的道路左侧或中央分隔带上。

（5）轮廓标的标准设置高度为 70cm，最小设置高度为 60cm。设置于混凝土基础中的轮廓标，其设置高度（指反射器的中心距路面的高度）应与附着式轮廓标的高度大致相同。

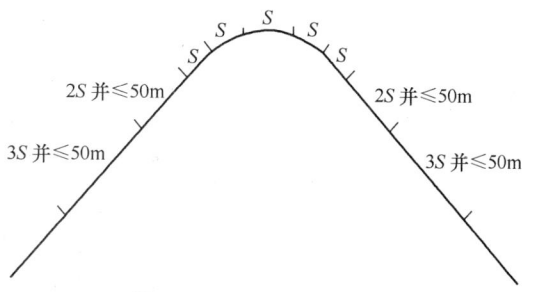

图 6-4　曲线段轮廓标设置间隔示意图

（6）轮廓标反射器的安装角度，无论在直线段或在曲线段上，应尽可能与驾驶员视线方向垂直。

114. 轮廓标产品的技术要求

《轮廓标》GB/T 24970—2010 中制定了：外观质量、材料要求、色度性能、光度性能、附着性能、密封性能、耐候性能、耐盐雾腐蚀性能和耐高低温性能 9 项技术要求。

（1）外观质量

1）轮廓标的各部分应成型完整，不应有明显的划伤、裂纹、缺陷或损坏。金属支架、底板的表面不得有砂眼、毛刺、飞边或其他缺陷；合成树脂类材料外表面不得有毛刺、裂缝、气泡或颜色不均匀等缺陷。

2）柱式轮廓标的外表面应平整光滑，无明显凹陷或变形等缺陷。普通柱式轮廓标的柱体表面平面度不应大于 2mm/m。

3）柱式轮廓标柱体白色和黑色的色品坐标和亮度因素应在规定范围内。

4）轮廓标的逆反射材料宜采用反射器或反光膜，反射器有微棱镜型和玻璃珠型两种形式。微棱镜型反射器的颜色和逆反射性能应均匀一致。玻璃珠型反射器的玻璃珠应颜色一致，排布均匀，不应有破损或其他缺陷。反光膜在柱体上应粘贴平整，无皱纹、气泡、拼接缝等缺陷。

（2）材料要求

1）合成树脂类材料

a. 柱式轮廓标的柱体宜采用耐候性能优良的合成树脂类材料。

b. 黑色标记宜采用耐候性能优良的涂料或塑料薄膜，应与轮廓标柱体有良好的粘结性能。

2）铝合金板

附着式轮廓标的支架和底板，一般应采用铝合金板或钢板制造。连接件应采用钢材制造。铝合金板应使用 GB/T 3880 中规定的牌号。用作支架及底板时,其最小实测厚度不应小于 2.0mm。

3) 钢板

钢板应使用 GB/T 709 中规定的牌号。用作支架及底板时,其最小实测厚度不应小于 1.5mm。为提高钢材的防腐能力,用于轮廓标底板、支架或连接件的钢构件应进行热浸镀锌的表面处理,镀锌层平均厚度应不小于 $50\mu m$,最小厚度应不小于 $39\mu m$。若用其他方法防腐处理,防腐层应符合《高速公路交通工程钢构件防腐技术条件》GB/T 18226—2000 的有关要求。

(3) 色度性能

逆反射材料的颜色有白色和黄色两种。在行车道右侧应安装含白色逆反射材料的轮廓标;在行车道左侧或中央分隔带上应安装含黄色逆反射材料的轮廓标。

轮廓标各部位表面色的颜色色品坐标和亮度因数,应在规定的范围内;轮廓标逆反射材料的逆反射色的色品坐标应在规定的范围内。

(4) 光度性能

1) 发光强度系数 R

轮廓标用微棱镜型反射器的发光强度系数值不应低于表 6-45 的规定;用作轮廓标用玻璃珠型反射器的发光强度系数值不应低于表 6-46 的规定。

轮廓标用微棱镜型反射器的发光强度系数　　　　表 6-45

观测角 α	入射角 β_2 ($\beta_1=0$)	最小发光强度系数 $(cd \cdot lx^{-1})$	
		白 色	黄 色
0.2°	0°	4.65	2.90
	±10°	3.75	2.35
	±20°	1.95	1.21
0.5°	0°	2.25	1.45
	±10°	1.85	1.20
	±20°	0.93	0.56

轮廓标用玻璃珠型反射器的发光强度系数　　　　表 6-46

观测角 α	入射角 β_2 ($\beta_1=0$)	最小发光强度系数 $(cd \cdot lx^{-1})$	
		白 色	黄 色
0.2°	0°	1.50	0.75
	±10°	1.20	0.60
	±20°	0.60	0.30
0.5°	0°	0.50	0.25
	±10°	0.45	0.22
	±20°	0.40	0.20

2) 逆反射系数 R'

用作轮廓标逆反射材料的反光膜应为《公路交通标志反光膜》GB/T 18833—2002 中的一级微棱镜型反光膜,其逆反射系数值不应低于表 6-47 的规定。

轮廓标用反光膜的逆反射系数 表 6-47

观测角 α	入射角 β_1 ($\beta_2=0$)	最小逆反射系数（cd·lx^{-1}·m^{-2}）	
		白 色	黄 色
0.2°	−4°	600	450
	15°	450	320
	30°	300	220
0.33°	−4°	360	250
	15°	260	180
	30°	160	110

（5）附着性能

反光膜对轮廓标的底板或柱体的附着性能应符合《公路交通标志反光膜》GB/T 18833—2002 中反光膜对标志底板的附着性能的有关规定。

（6）密封性能

经密封性能试验后，轮廓标用微棱镜型反射器不应出现被水或雾气渗入的现象。

（7）耐候性能

连续自然暴露，或进行人工气候加速老化试验（如发生计量纠纷，应以连续自然暴露为仲裁），在试验完成后应满足下列要求：

1) 轮廓标试样应无明显的裂缝、刻痕、气泡、锈蚀、侵蚀、剥离、褪色、粉化或变形等破损的痕迹。轮廓标用反射器不应出现被水渗入的痕迹；反光膜不应出现边缘被剥开的现象。

2) 轮廓标试样各种颜色的色品坐标和亮度因素，应在规定的范围内。

3) 轮廓标用反射器的发光强度系数值不应低于表 6-45 或表 6-46 相应规定值的 50%；反光膜的逆反射系数值不应低于表 6-47 相应规定值的 80%。

（8）耐盐雾腐蚀性能

经盐雾腐蚀性能试验后，轮廓标各部件不应有变色、起泡、锈斑或被侵蚀的痕迹。轮廓标用反射器不应出现被水或雾气渗入的痕迹；反光膜不应出现渗漏或边缘被剥离的现象。

（9）耐高低温性能

经高低温试验后，轮廓标各部件不应裂缝、剥落、碎裂、起泡、翘曲或变形等破损的痕迹。

115. 轮廓标产品检验时，试样状态调节和试验环境条件

测试前，试样应在温度 23±2℃、相对湿度 50%±10% 的环境中，放置 24h 后，方可进行各种测试工作。

一般的测试工作宜在温度 23±2℃、相对湿度 50%±10% 的环境中进行。

116. 通信管道的分类

通信管道主要有水泥管、塑料管以及钢管等，其中塑料管主要有硬聚氯乙烯（PVC-U）管和聚乙烯（PE）管。

由于硬聚氯乙烯管的耐低温性能不如聚乙烯（PE）管，在低于−70℃的特殊环境不

宜采用硬聚氯乙烯（PVC-U）管。

塑料通信管按结构划分，有实壁管、双壁波纹管、硅芯管、梅花管、蜂窝式管和栅格管；按成型外观划分，有硬直管、硬弯管、可挠管3种。

117. 高密度聚乙烯硅芯塑料管的结构与分类

高密度聚乙烯硅芯塑料管（简称硅芯管）的主要质量评定标准，为《公路地下通信管道高密度聚乙烯硅芯塑料管》JT/T 496—2004。

(1) 硅芯管的结构

硅芯管由高密度聚乙烯（HDPE）外壁、外层色条和永久性固体硅质内润滑层组成。

(2) 硅芯管的分类

1) 按结构划分为：内壁和外壁均是平滑的实壁硅芯管；外壁光滑、内壁纵向带肋的带肋硅芯管；外壁带肋、内壁光滑的带肋硅芯管；外壁、内壁均带肋的带肋硅芯管4类。

2) 按产品外层颜色划分为：硅芯管基体为一种纯色，外层镶嵌不同颜色色条的彩条硅芯管；硅芯管通体为一种纯色的单色硅芯管。

118. 高密度聚乙烯硅芯塑料管的技术要求

《高密度聚乙烯硅芯管》GB/T 24456—2009 中制定了：一般要求、规格尺寸、硅芯管的物理化学性能、硅芯管连接头、硅芯管管塞及系统适用性6项技术要求。

(1) 一般要求

生产硅芯管的主料应使用符合国家标准的高密度聚乙烯挤塑树脂，在保证符合标准规定技术条件下，单色黑色管可以使用不超过10%的少量清洁的回用料，其他颜色的硅芯管不得使用。

硅芯管外观颜色应均匀一致；内外壁实体应平整、均匀、光滑，无塌陷、坑凹、孔洞、撕裂痕迹及杂质麻点等缺陷；截面无气泡、裂痕；硅芯管内壁紧密熔结、无脱开现象；外壁上产品标识完整、清楚。

(2) 规格尺寸

硅芯管规格及尺寸允差，应符合表6-48的规定。

硅芯管规格及尺寸允差 表6-48

规格 DN	平均外径 d_{em} (mm)		壁厚及允差 (mm)		不圆度 (%)	
	标称值	允差	标准值	允差	绕盘前	绕盘后
32/26	32	0, +0.3	2.5	0, +0.3	≤2	≤3
34/28	34	0, +0.3	3.0	0, +0.3	≤2	≤3
40/33	40	0, +0.4	3.5	0, +0.35	≤2.5	≤3.5
46/38	46	0, +0.4	4.0	0, +0.35	≤3	≤5
50/41	50	0, +0.5	4.5	0, +0.40	≤3	≤5
63/54	63	0, +0.6	5.0	0, +0.40	≤3	≤5

注：带肋管的规格尺寸及允差由供需双方商定。

硅芯管应顺序缠绕在盘架上，盘架的结构应满足硅芯管最小弯曲半径的要求。每盘硅芯管出厂长度及允差宜符合表6-49的规定，也可由供需双方商定，但盘中部不得有断头。

长度及允差　　　　　　　　　　　表 6-49

规格 DN	标称长度（m）	长度允差（%）
32/26	3000	≥+0.3
34/28	3000	≥+0.3
40/33	2000	≥+0.3
46/38	1500	≥+0.3
50/41	1500	≥+0.3
63/54	1000	≥+0.3

（3）硅芯管的物理化学性能

硅芯管物理化学性能，见表 6-50。

硅芯管物理化学性能　　　　　　　　　　　表 6-50

项目	32/26	34/28	40/33	46/38	50/41	63/54
外壁硬度（HD）	≥59					
内壁摩擦系数	静态：≤0.25（平板法，对 PE-HD 标准试棒）					
	动态：≤0.15（圆鼓法）					
拉伸屈服强度（MPa）	≥20					
断裂伸长率（%）	≥350					
最大牵引负荷（N）	≥5000	≥6000	≥8000	≥10000	≥11000	≥12000
冷弯曲性能	按以下弯曲半径对相应规格的硅芯管进行冷弯曲试验，应无开裂和明显应力发白现象					
	300mm	300mm	400mm	500mm	625mm	750mm
环刚度（kN/m²）	≥50			≥40		≥30
复原率（%）	垂直方向加压至外径变形量为原外径的 50% 时，立即卸荷，试样不破裂、不分层，10min 内外径能自然恢复到原来的 85% 以上					
耐落锤冲击性能	在温度—20℃，高度 2m 条件下，用 15.3kg 重锤冲击 10 个试样，应 9 个（含）以上通过					
耐液压性能	在温度 20℃，水压 2.0MPa 条件下，保持 15min，试样无可见裂缝、无破裂					
纵向收缩率（%）	≤3.0					
耐环境应力开裂	48h，失效数≤20%					
耐碳氢化合物性能	用庚烷浸泡 720h 后对硅芯管施加 528N 的外力，试样不损坏，产生的永久变形不超过 5%					

（4）硅芯管连接头

硅芯管连接头应符合《高密度聚乙烯硅芯管》GB/T 24456—2009 标准附录 A 的规定。

（5）硅芯管管塞

硅芯管两端应使用膨胀管塞和（或）热塑套管密封，以防止潮气或尘土进入管内。硅芯管管塞的密封性能应满足系统适用性的要求。

（6）系统适用性

管材与连接头连接后应进行系统适用性试验，应符合表 6-51 的要求。

系统适用性 表 6-51

系统密封性	温度 20℃，压力 50kPa 条件下，保持 24h，无渗漏					
管接头连接力（N）	32/26	34/28	40/33	46/38	50/41	63/54
	≥4300	≥4300	≥6700	≥8000		

119. 双壁波纹管的产品分类

双壁波纹管的主要质量评定标准，为《地下通信管道用塑料管 第 3 部分：双壁波纹管》YD/T 841.3—2008。

双壁波纹管可以按环刚度分类，如表 6-52 所示。

环 刚 度 等 级 表 6-52

等　级	SN2	SN4	(SN6.3)	SN8	(SN12.5)	SN16
环刚度（kN/m²）	2	4	6.3	8	12.5	16

120. 双壁波纹管的技术要求

双壁波纹管的技术要求，主要有：材料要求、颜色、外观、结构尺寸、长度、弯曲度、物理力学及环境性能要求等。

（1）材料要求

管材的主要材料是聚氯乙烯和聚乙烯树脂，并加入为改进产品性能所必需的添加剂。

（2）颜色

管材内外层各自的颜色应均匀一致，外层一般为本色，或由供需双方协商确定。

（3）外观

管材内外壁应光滑、平整，无气泡、裂纹、凹陷、凸起、分解变色线及明显杂质。管材断面切割应平整，无裂口、毛刺并与管轴线垂直。

（4）结构尺寸

典型双壁波纹管结构尺寸，见表 6-53 所示，且承口的最小平均内径应不小于管材的最大平均外径。

典型的双壁波纹管外径系列管材的尺寸（mm） 表 6-53

公称外径	平均外径		最小平均内径	最小层压壁厚	最小内层壁厚	最小结合长度
	标称值	允许误差				
100	100	−0.6，+0.4	86	1.0	0.8	30
110	110		90	1.0	0.8	32
125	125		105	1.1	1.0	35
140	140	−0.9，+0.5	118	1.1	1.0	38
160	160		134	1.2	1.0	42
200	200	−1.2，+0.6	167	1.4	1.1	50

管材和连接件的承口的最小壁厚 $e_{2 \cdot \min}$，应符合式（6-20）规定。

$$e_{2 \cdot \min} = (d_e/33) \times 0.75 \qquad (6-20)$$

式中 d_e——管材外径（mm）。

（5）长度

管材有效长度一般为6m，其他长度由供需双方协商确定。

（6）弯曲度

硬直管同方向弯曲度应不大于2%。管材不允许有S形弯曲。可挠管不考核弯曲度指标。

（7）物理力学及环境性能要求

聚氯乙烯（PVC-U）管材物理力学及环境性能要求，见表6-54所示。

聚氯乙烯（PVC-U）管材物理力学及环境性能要求　　表6-54

检验项目	性能要求
落锤冲击	试样9/10不破裂
扁平试验	垂直方向上外径变形量为25%时，立即卸荷，试样无破裂
环刚度（kN/m²）	SN4等级：≥4；SN6.3等级：≥6.3；SN8等级：≥8；SN12.5等级：≥12.5；SN16等级：≥16
复原率	90%，且试样不破裂、不分层
坠落试验	试样无破损或裂纹
纵向回缩率	150±2℃保持60min，冷却至室温后观察，试样应无分层、无开裂或起泡，纵向回缩率≤5%
连接密封性	试样无破裂、无渗透
维卡软化温度（℃）	≥79
静摩擦系数	≤0.35
蠕变比率	≤4

注：必要时进行蠕变比率的测试。

聚乙烯（PE）管材物理力学及环境性能要求，见表6-55所示。

聚乙烯（PE）管材物理力学及环境性能要求　　表6-55

检验项目	性能要求
落锤冲击	试样9/10不破裂
扁平试验	垂直方向上外径变形量为40%时，立即卸荷，试样无破裂
环刚度（kN/m²）	SN4等级：≥4；SN6.3等级：≥6.3；SN8等级：≥8；SN12.5等级：≥12.5；SN16等级：≥16
复原率	≥90%，且试样不破裂、不分层
纵向回缩率	PE32/40试验温度100±2℃，PE50/63及PE80/100试验温度110±2℃保持60min，冷却至室温后观察，试样应无分层、无开裂或起泡，纵向回缩率≤3%
连接密封性	试样无破裂、无渗透
静摩擦系数	≤0.35
蠕变比率	≤4

注：必要时进行蠕变比率的测试。

121. 公路用玻璃纤维增强塑料管道产品的分类

公路用玻璃纤维增强塑料管道（简称玻璃钢管道）的主要质量评定标准，为《公路用玻璃纤维增强塑料产品 第3部分：管道》GB/T 24721.3—2009。玻璃钢管道按成型工艺，分为卷制成型玻璃钢管道（代号J）、缠绕成型玻璃钢管道（代号C）、其他成型玻璃钢管道（代号Q）3种。

122. 玻璃纤维增强塑料管道（简称玻璃钢管道）产品的技术要求

玻璃纤维增强塑料管道（简称玻璃钢管道）产品的技术要求，主要有：一般技术要求（原材料、外观质量）和理化性能。

(1) 一般技术要求

1) 原材料

热固性树脂的性能指标，应符合《纤维增强塑料用液体不饱和聚酯树脂》GB/T 8237—2005的要求，并应具有良好的机械强度、较好的耐化学性和耐候性能。

增强材料的性能指标，应符合《玻璃纤维短切原丝毡和连续原丝毡》GB/T 17470—2007、《玻璃纤维无捻粗纱》GB/T 18369—2008、《玻璃纤维无捻粗纱布》GB/T 18370—2001、《连续玻璃纤维纱》GB/T 18371—2008的要求，应选用无碱玻璃纤维或中碱玻璃纤维制成的纱制品和织物。

2) 外观质量

玻璃钢管道外形要求平直，管端平齐，无毛刺、飞边等现象。产品表面平整光滑、色泽均匀，不得有起皱、裂纹、颗粒、流胶、树脂剥落、纤维裸露和表面发黏等缺陷。

含胶量均匀、固化稳定，无分层，单件产品表面的气泡累积面积不得大于100mm²，单个最大气泡面积不得大于15mm²。

(2) 理化性能

玻璃钢管道理化性能，应符合表6-56的要求。

玻璃钢管道理化性能要求　　　　表6-56

项　目		技　术　要　求	
		卷制成型玻璃钢管道	缠绕成型玻璃钢管道
通用物理力学性能	拉伸强度（MPa）	≥160（轴向）	≥180（环向）
	弯曲强度（MPa）	≥140（轴向）	≥180（环向）
	密度（g/cm³）	≥1.5	
	巴柯尔硬度	≥40	
	负荷变形温度（℃）	≥130	
	管道内壁静摩擦系数（对HDPE硅芯塑料管）	≤0.363	
	管刚度（MPa）	≥3.0	
	耐落锤冲击性能	10次冲击9次通过	
	氧指数（阻燃2级）（%）	≥26	
	耐水性能	经规定时间试验后，产品表面不应出现软化、皱纹、起泡、开裂、被溶解、溶剂浸入等痕迹，材料弯曲强度性能保留率不小于试验前的85%	

续表

项 目		技 术 要 求	
		卷制成型玻璃钢管道	缠绕成型玻璃钢管道
环境适应性能	耐化学介质性能	耐化学介质性能，应符合表6-57的规定	
	耐湿热性能	经240h的耐湿热试验后，产品不应有变色或被侵蚀的痕迹，材料弯曲强度性能保留率不小于试验前的80%	
	耐低温坠落性能	经低温坠落试验后，产品应无折断、开裂、破损现象	

玻璃纤维增强塑料产品耐化学介质性能技术要求，如表6-57所示。

玻璃纤维增强塑料产品耐化学介质性能技术要求　　　　表6-57

介质种类	技 术 要 求	
汽油	经规定时间试验后，产品表面不应出现软化、皱纹、起泡、开裂、被溶解、溶剂浸入等痕迹，材料弯曲强度性能保留率不小于试验前的（右侧所列数据要求）	≥90%
酸		≥80%
碱		—

123. 公路用玻璃纤维增强塑料管箱产品的分类

公路用玻璃纤维增强塑料管箱（简称玻璃钢管箱）的主要质量评定标准，为《公路用玻璃纤维增强塑料产品 第2部分：管箱》GB/T 24721.2—2009。玻璃钢管箱按用途，分为普通管箱（Ⅰ类）和接头管箱（Ⅱ类）。

124. 玻璃纤维增强塑料管箱（简称玻璃钢管箱）产品的技术要求

玻璃纤维增强塑料管箱（简称玻璃钢管箱）产品的技术要求，主要有：一般技术要求（原材料、外观质量）和理化性能。

(1) 一般技术要求

1) 原材料

树脂及增强材料的原材料性能要求，同上述公路用玻璃纤维增强塑料管道的相关要求。

2) 外观质量

玻璃钢管箱应外形平直，无明显歪斜，管箱盖与管箱体配合紧密，具有良好的防水效果。其他外观质量要求，也同上述公路用玻璃纤维增强塑料管道的相关要求。

(2) 理化性能

玻璃钢管箱的理化性能，应符合表6-58的要求。

玻璃钢管箱理化性能要求　　　　表6-58

项 目		技 术 要 求	
通用物理力学性能	拉伸强度（MPa）	≥160（管箱长度方向）	≥96（管箱宽度方向）
	压缩强度（MPa）	≥130	
	弯曲强度（MPa）	≥170（管箱长度方向）	≥102（管箱宽度方向）
	冲击强度（kJ/m^2）	≥80	
	密度（g/cm^3）	≥1.6	
	巴柯尔硬度	≥45	
	负荷变形温度（℃）	≥150	
	管道内壁静摩擦系数	≤0.363	

续表

项　　目			技　术　要　求
氧指数（阻燃2级）（%）			≥26
耐水性能			经规定时间试验后，产品表面不应出现软化、皱纹、起泡、开裂、被溶解、溶剂浸入等痕迹，材料弯曲强度性能保留率不小于试验前的85%
耐化学介质性能			耐化学介质性能，应符合表6-57的规定
环境适应性能	耐湿热性能		经240h的耐湿热试验后，产品不应有变色或被侵蚀的痕迹，材料弯曲强度性能保留率不小于试验前的80%
	耐低温冲击性能		经低温冲击试验后，以冲击点为圆心，半径6mm区域外，试样无开裂、分层、剥离或其他破坏现象
	耐候性能	氙弧灯人工加速老化试验	经总辐照能量不小于$3.5\times10^6\,kJ/m^2$的氙灯人工加速老化试验后，试样无变色、龟裂、粉化等明显老化现象，材料弯曲强度性能保留率不小于试验前的80%
		自然曝露试验	经5年自然曝露试验后，试样无变色、龟裂、粉化等明显老化现象，材料弯曲强度性能保留率不小于试验前的60%

注：氧指数要求阻燃2级为一般要求，特殊要求可根据供求双方协商决定是否采用阻燃1级。

125. 硅芯管的施工工艺要点

（1）硅芯管敷设前，施工单位应根据设计文件及施工图中的要求，对所需敷设硅芯管的路由进行复测，核实路由长度、路由上各种障碍点的位置、硅芯管接头位置、人（手）孔位置及间距等。

（2）沟槽的开挖，应尽可能平整。

（3）硅芯管敷设前，应将硅芯管端口用密封塞子堵塞，防止水、土及其他杂物等进入管内。

（4）硅芯管敷设前，应先在沟槽底铺5cm左右厚的细土，用于调平。硅芯管铺放后及时回填20cm土加以保护，以免出现硅芯管摆放无序或缠绕。

（5）硅芯管过路至通信站，在过排水沟时硅芯管应整条敷设，中间不得有接头。

（6）当硅芯管通过中央分隔带入孔时，如在入孔处并不是端头，则不必人为断开。

126. 高密度聚乙烯硅芯塑料管检验时，试样状态调节和试验环境条件

除特殊规定外，试样应按《塑料试样状态调节和试验的标准环境》GB/T 2918—1998的规定在23±2℃条件下进行状态调节24h，并且在此条件下进行试验。

127. 双壁波纹管检验时，试样状态调节和试验环境条件

一般情况下，试验在室温进行。有特殊要求时，试样应按《塑料试样状态调节和试验的标准环境》GB/T 2918—1998的规定在23±2℃条件下进行状态调节，时间不少于24h。并在此条件下进行试验。

128. 公路用玻璃纤维增强塑料管道检验时，试样状态调节和试验环境条件

除特殊规定外，试样应按《纤维增强塑料性能试验方法总则》GB/T 1446—2005的

规定进行 24h 状态调节，并且在 23±2℃，相对湿度 50%±10% 进行试验。

129. 公路用玻璃纤维增强塑料管箱检验时，试样状态调节和试验环境条件

试样状态调节和试验环境条件，与公路用玻璃纤维增强塑料管道的检测方法相同，即除特殊规定外，试样应按《纤维增强塑料性能试验方法总则》GB/T 1446—2005 的规定进行 24h 状态调节，并且在 23±2℃，相对湿度 50%±10% 进行试验。

130. 粉末涂料的分类和特点

（1）分类

粉末涂料产品从固化成膜过程，可分为热塑性粉末涂料和热固性粉末涂料两大类。

用作热塑性粉末涂料的合成树脂主要有聚氯乙烯、聚乙烯、聚丙烯、聚酰胺、聚碳酸酯、聚苯乙烯、含氟树脂、热塑性聚酯等；用作热固性粉末涂料的树脂主要有聚酯树脂、环氧树脂、丙烯酸树脂和聚氨酯树脂等。

（2）特点

粉末涂料具有节能、节约资源、低污染和高效能的特点。它符合涂料工业高固体分、无溶剂化、水性化和紫外光固化的发展方向。粉末涂料在使用中有许多优点，但也存在一定的缺点。

1）优点

粉末涂料的主要优点如下：

a. 无溶剂，减少公害；

b. 简化涂装工艺，提高涂装效率；

c. 粉末涂料损失少，并可回收再利用；

d. 粉末涂料性能优，坚固耐用；

e. 可实现一次涂装。

2）缺点

粉末涂料的主要缺点如下：

a. 调色、换色困难；

b. 不宜涂薄；

c. 涂膜外观不如液态涂料；

d. 烘烤温度高。

131. 公路用防腐蚀粉末涂料及涂层通用技术要求

《公路用防腐蚀粉末涂料及涂层 第 1 部分：通则》JT/T 600.1—2004 中制定了粉体、涂层外观质量、涂层理化性能、涂层耐候性 4 个方面的通用技术要求。

（1）粉体

粉体干燥、松散、均匀无结块，色泽均匀一致，无明显色差及杂质。

（2）涂层

1）外观质量

涂层平整光滑，颜色均匀一致，无肉眼可见的气泡、气孔、裂缝和明显杂质等缺陷，允许有轻微橘皮。

2）理化性能

防腐蚀粉末涂料涂层理化性能的通用技术要求，应符合表 6-59 的规定。

防腐蚀粉末涂料涂层理化性能 表6-59

项　目			技　术　要　求	
			单　涂	双　涂
涂层厚度 (mm)	热塑性粉末涂料涂层	钢管、钢板、钢带	0.38~0.80	0.25~0.60
		钢丝直径 >1.8~4.0	0.30~0.80	0.15~0.60
		钢丝直径 >4.0~5.0	0.38~0.80	0.15~0.60
		其他基材	0.38~0.80	0.25~0.60
	热固性粉末涂料涂层		0.076~0.150	0.076~0.120
涂层附着性能	热塑性粉末涂料涂层		一般不低于2级	
	热固性粉末涂料涂层		0级	
涂层耐冲击性（0.5kg·m）			试验后，除冲击部位外，无明显裂纹、皱纹及涂层脱落现象	
涂层抗弯曲性			试验后，应无肉眼可见的裂纹及涂层脱落现象	
涂层耐化学腐蚀性			试验后，涂层应无气泡、溶解、溶胀、软化、丧失粘结等现象，试液应无混浊、褪色和填料沉淀的现象	
涂层耐盐雾性能	钢质基底无其他防护层		经8h试验后，划痕部位任何一侧0.5mm外，涂层应无气泡、剥离的现象	
	金属防护层基底	第Ⅰ段（8h）	经8h试验后，划痕部位任何一侧0.5mm外，涂层应无气泡、剥离的现象	
		第Ⅱ段（200h）	经200h试验后，基底金属无锈蚀	
涂层耐湿热性能			经8h试验后，划痕部位任何一侧0.5mm外，涂层应无气泡、剥离的现象	
涂层耐低温脆化性			经168h试验后，涂层应无明显变色及开裂现象，经耐冲击性后，除冲击部位外，无明显裂纹、皱纹及涂层脱落现象	

注：1. 单涂：对基底仅涂装有机防腐蚀涂层的防护类型；
    2. 双涂：基底材质为钢质，表层经金属防腐蚀涂层防护再涂装有机防腐蚀涂层的防护类型。

3）耐候性能

防腐蚀粉末涂料涂层经过人工加速老化试验累积能量达到 $3.5×10^6 kJ/m^2$ 后，涂层外观质量应不低于表6-60中质量等级评定要求。

防腐蚀粉末涂料涂层外观质量等级评定要求 表6-60

评　定　项　目		等级要求	变　化　程　度
变色等级		2	目测轻微变色
粉化等级		1	很轻微，仪器加压重或手指用力擦样板，试布或手指上刚可观察到的微量颜料粒子
开裂等级	开裂数量	1	仅有几条值得注意的开裂
	开裂大小	S1	10倍放大镜下可见开裂
起泡等级		0	无泡
生锈等级	锈点数量	1	很少，几个锈点
	锈点大小	S1	10倍放大镜下可见锈点
剥落等级	剥落面积	0	0
	剥落大小	—	—
综合评定等级		1	

132. 热塑性聚乙烯（PE）粉末涂料及涂层技术要求

按《公路用防腐蚀粉末涂料及涂层 第2部分：热塑性聚乙烯（PE）粉末涂料及涂层》JT/T 600.2—2004中的规定，热塑性聚乙烯粉末涂料及涂层除满足前述通用技术要求外，还应满足以下技术要求。

（1）粉体理化性能

热塑性聚乙烯（PE）粉体理化性能，应符合表6-61的要求。

热塑性聚乙烯（PE）粉体理化性能　　　　　　　　表6-61

项　目	技　术　要　求	项　目	技　术　要　求
挥发物含量（%）	≤1	筛余物（50目）①（%）	<5
表观密度（g/cm³）	0.35～0.50	熔融指数（g/10min）	5～10

① 筛网目数为50目时，对应筛网筛孔大小为270μm。

（2）涂层物理力学性能

热塑性聚乙烯（PE）涂层物理力学性能，应符合表6-62的要求。

热塑性聚乙烯（PE）涂层物理力学性能　　　　　　　　表6-62

项　目	技　术　要　求	项　目	技　术　要　求
光泽度（60°表头）（%）	≥40	涂层硬度（邵氏D型）	40～55
拉伸强度（MPa）	≥13	维卡软化点（℃）	≥80
断裂延伸率（%）	≥300	耐环境应力开裂（F50）（hr）	≥500

133. 热塑性聚氯乙烯粉末涂料及涂层技术要求

按《公路用防腐蚀粉末涂料及涂层 第3部分：热塑性聚氯乙烯（PVC）粉末涂料及涂层》JT/T 600.3—2004中的规定，热塑性聚氯乙烯粉末涂料及涂层除满足前述通用技术要求外，还应满足以下技术要求。

（1）粉体理化性能

热塑性聚氯乙烯（PVC）粉体理化性能，应符合表6-63的要求。

热塑性聚氯乙烯（PVC）粉体理化性能　　　　　　　　表6-63

项　目	技　术　要　求	项　目	技　术　要　求
挥发物含量（%）	≤1	筛余物（50目）①（%）	<5
表观密度（g/cm³）	0.32～0.40		

注：①筛网目数为50目时，对应筛网筛孔大小为270μm。

（2）涂层物理力学性能

热塑性聚氯乙烯（PVC）涂层物理力学性能，应符合表6-64的要求。

热塑性聚氯乙烯（PVC）涂层的物理力学性能　　　　　　　　表6-64

项　目	技　术　要　求	项　目	技　术　要　求
光泽度（60°表头）（%）	≥40	断裂延伸率（%）	≥200
拉伸强度（MPa）	≥17	涂层硬度（邵氏D型）	≥38

134. 热固性聚酯粉末涂料及涂层技术要求

按《公路用防腐蚀粉末涂料及涂层 第4部分：热固性聚酯（Polyester）粉末涂料及涂层》JT/T 600.4—2004 中的规定，热固性聚酯粉末涂料及涂层除满足前述通用技术要求外，还应满足以下技术要求。

（1）粉体理化性能

热固性聚酯粉体理化性能，应符合表 6-65 的要求。

热固性聚酯粉体的理化性能　　　　表 6-65

项　　目		技 术 要 求
挥发物含量（%）		≤0.5
密度（g/cm³）		1.4～1.8
粒度分布（%）	>100μm	≤1
	<16μm	≤5
胶化时间（180℃）（min）		1～5
水平流动性（mm）		20～50

（2）涂层物理力学性能

热固性聚酯涂层物理力学性能，应符合表 6-66 的要求。

热固性聚酯涂层的物理力学性能　　　　表 6-66

项　　目	技 术 要 求	项　　目	技 术 要 求
光泽度（60°表头）（%）	≥75	杯突试验（mm）	≥6
铅笔硬度	H～2H		

135. 防腐粉末涂料的成分构成

热塑性粉末涂料，一般由树脂、颜料、填料和助剂（包括促进剂、增光剂、消光剂、紫外线吸收剂、稳定剂、流平剂等）成分构成；热固性粉末涂料除包括上述成分外，还需要添加固化剂成分。

136. 防腐粉末涂料产品检验时，试样状态调节和试验环境条件

除特殊规定外，试样应按《塑料试样状态调节和试验的标准环境》GB/T 2918—1998 的规定进行 24h 状态调节，并且在如下条件下进行试验。

（1）试验环境温度：23±2℃；

（2）试验环境相对湿度：50%±5%。

第7章 机 电 工 程

7.1 术语与单位、分部及分项工程的划分

7.1.1 术语

1. 击穿强度

介质能够承受的最大电场强度,超过此值后介质将被击穿,失去介质性质。

2. 接地电阻

电气设备通过引线与埋入地中导体相连接称为接地。一个接地装置的接地电阻主要由接地的导体(接地体)电流流散时,通过土壤形成。对于引线电阻、接地体自身电阻以及接地体与大地之间的接触电阻,由于其值相对较小,除非特殊申明,一般不予考虑。

3. P型半导体

空穴数量远大于电子数量,以空穴导电为主,空穴为多数载流子,电子为少数载流子。

4. N型半导体

电子数量远大于空穴数量,以电子导电为主,电子为多数载流子,空穴为少数载流子。

5. 半导体三极管

半导体三极管简称晶体管或三极管。因多子和少子都参与导电,又称双极结型晶体管(BJT)。三极管的主要特点是具有电流放大作用,是构成放大电路的核心器件。

6. 数字电路

用来产生、传输、处理不连续变化的信号的电路。

7. 数制

在多位数码中,每一位的构成方法以及从低位向高位进位的规则称为计数进位制,简称数制。常用数制有:十进制数、二进制数、八进制数、十六进制数等。

8. 码制

用一定倍数的二进数来代表某一特定的事物、文字、符号等,称编码。采用不同的编码形式,称为码制。常用码制有:BCD码(Binary Coded Decimal,包括8421码、2421码和余三码)、格雷码(Gray)、奇偶校验码等。

9. 编码器

将二进制码按一定的规律进行编排,使每一组代码具有一定的含义(如代表某一个数或符号),这一过程称为编码。实现编码的电路称为编码器。

10. 译码器

译码是编码的逆过程,它的逻辑功能是将每一组代码的含义"翻译"出来,即将每一

组代码译为一个特定的输出信号，表示它原来所代表的信息。能完成译码功能的逻辑电路称为译码器。

11. 电磁骚扰

是指任何可能引起装置、设备或系统性能降低或者对有生命或无生命物质产生损害作用的电磁现象。

注：电磁骚扰可能是电磁噪声、无用信号或传播媒介自身的变化。

12. 电磁干扰

是指电磁骚扰引起的设备、传输通道或系统性能的下降。

13. 电磁兼容性

是指设备或系统在其电磁环境中能正常工作且不对该环境中任何事物构成不能承受的电磁骚扰的能力。电磁兼容的英文是 Electromagnetic Compatibility，英文缩写是 EMC。

14. 传导干扰

主要是指电子设备产生的干扰信号通过导电介质或公共电源线互相产生干扰。

15. 辐射干扰

是指电子设备产生的干扰信号通过空间耦合，把干扰信号传给另一个电网络或电子设备。

16. 静电放电

具有不同静电电位的物体相互靠近或直接接触引起的电荷转移叫静电放电。静电放电轻者引起干扰，重者损坏设备。静电放电的英文是 Electrostatic Discharge，缩写是 ESD。

17. 信息技术

是研究信息如何产生、获取、传输、变换、识别和应用的科学技术。信息技术能够延长或扩展人的信息功能。信息技术可能是机械的，也可能是光学的；可能是电子的，也可能是生物的等不同的载体和形态。

18. 模拟信号

是指代表消息的信号参量（幅度、频率或相位）随消息连续变化的信号。

模拟信号按一定的时间间隔 T 抽样后的抽样信号，由于其波形在时间上是离散的，它又叫离散信号。但此信号的幅度仍然是连续的，所以仍然是模拟信号，如：电话、传真、电视信号等。

19. 数字信号

是指代表消息的信号参量不仅在时间上是离散的，而且在幅度取值上也是离散的信号。

数字信号的特点是幅值被限制在有限个数值之内，它不是连续的而是离散的。这种幅度是离散的信号称数字信号。

20. PCM

把模拟信号变换为数字信号的最常用的技术为脉冲编码调制（PCM）。其最大特征是把连续的输入信号变换为在时间域和振幅域上都离散的量，然后把它变换为代码进行传输，一般包括 3 个步骤：抽样、量化和编码。

21. 信息传输速率

通常是指每秒所传输的二进制码元数目，其单位是比特/秒（bit/s）。

22. 信号传输速率

是指每秒所传输的码元数目，其单位为波特。

23. 误码率

是指错误接收码元在传输码元总数中所占的比例，也是码元被错误接收的概率值。

24. 误比特率

是指错误接收比特数在传输总比特数中所占的比例，也是传输每比特信息发生错误接收的概率值。

25. 工频接地电阻

按通过接地极流入地中工频交流电流求得的电阻，称为工频接地电阻。

26. 冲击接地电阻

按通过接地极流入地中冲击电流求得的接地电阻，称为冲击接地电阻。

27. 接地

是将电气回路中的某一节点通过导体与大地相连，使该节点与大地保持等电位（零电位）。

28. 接触电压

当接地短路电流 I_g 流过接地装置时，大地表面形成分布电位，在该地面上离设备水平距离 0.8m，沿设备垂直距离 1.8m 间的电位差，称为接触电势。人体接触该两点时所承受的电压称为接触电压。

29. 跨步电压

水平距离 0.8m 两点间的电位差，称跨步电压。

30. 电气装置

是指所有的电气设备及其之间相互连接的电路组合。

31. 外露可导电部分

是指电气设备的金属外壳、布线的金属槽盒、套管与电缆金属外护层、铠装层等。

32. 断路器

断路器又称高压开关，不仅可以切断或闭合高压电路中的空载电流和负荷电流，而且当系统发生故障时，通过继电保护装置的作用，切断过负荷电流和短路电流，具有完善的灭弧结构和足够的断流能力。断路器有时也简称为"开关"。

33. 振动的频率

每秒钟振动的次数，称为振动的频率，常用 f 表示。单位是：次数/每秒，用 Hz 表示。

34. 振动的角频率

假如用机械转子激振器每秒钟的转动弧度数来描述振动，称为振动的角频率，常用 ω 表示，单位是：弧度/每秒。

35. 位移

是指振动时物体离开平衡位置的最大距离，常用 A 表示，单位是：米（m）。

36. 速度

是指振动时物体运动的最大速度，常用 v 表示，单位是：米每秒（m/s）。

37. 加速度

是指振动时物体运动的最大加速度，常用 a 表示，单位是：米每二次方秒（m/s^2）。有时也用重力加速度 g 来表示：$g=9.8m/s^2$。

38. 电动台

电磁振动试验台简称"电动台"，以输出激振力为主要特点，它的频率范围最宽，一般为 1～3000Hz。最大位移一般为±51mm，最大加速度一般可达 100g。

39. 机械台

以最大负载为主要特点，频率范围一般为 5～80Hz。最大位移一般为±3～5mm，最大加速度一般可达 10g。

40. 液压台

以输出激振力为主要指标，频率范围一般为 1～200Hz。最大位移一般为±100～200mm，最大加速度一般可达 10g。

41. 振动器

以电磁铁原理工作的振动台（简称振动器），它的位移振幅在±1～3mm 左右。可作为工艺过程中的振动试验，但它在失真度、横向振动、均匀度等方面都不能作考核用试验台。

42. 流量

在规定的单位时间内通过道路上某一设定点的车辆数。

43. 瞬时速度

在某时刻，车辆通过道路上某一设定点时的车速。

44. 平均速度

单位时间内，通过道路上某一设定点全部车辆瞬时速度的算术平均值。

45. 车头时距

在同向行驶的车流中，前后相邻的两辆车驶过道路某一断面的时间间隔。

46. 车辆间距

在同向行驶的车流中，前后相邻的两辆车，前面车辆的车尾与后面车辆的车头之间的距离。

47. 时间占有率

在某一时间间隔内，道路上已知点被车辆占有的时间与该时间间隔之比。

48. 道路能见度检测器

是一种利用光的前向散射原理，采用微处理器控制的大气能见度检测仪器。

49. 能见度

正常视力的观测者观测目标物时，能从背景上分辨出视角大于 0.5°的目标轮廓的最大消失距离。

50. 夜间能见度

是正常视力的观测者在夜间能看到一定发光强度目标灯灯光的消失距离。

51. 气象光学视程

色温 2700K 的白炽灯发出的平行光辐射通量，经大气衰减到起始值的 5%后在大气中所需经过的距离。能见度检测器就是测量气象光学视程的设备。

52. 干燥

道路表层不含自由水分，或含有自由水分，但水膜厚度小于 0.1mm。

53．潮湿

道路表层含有自由水分，但形成的水膜厚度不小于 0.1mm，且不大于 2mm。

54．积水

道路表层含有自由水分，且形成的水膜厚度大于 2mm。

55．路面覆盖物

由各种不同气象条件所导致的路面凝霜、路面积雪、路面覆冰等。

56．凝霜

雾气因寒冷在道路表面凝结成的冰晶。

57．黑冰

覆盖在道路表层的冰，因车轮碾压的压力，使冰中的气泡消失，气体分子进入冰晶格，细小的冰晶体迅速融合扩大成的单晶，最终形成于路面颜色接近的、硬而滑的坚硬冰体。

58．除冰剂

除去道路上的冰雪的化学试剂。

59．冰点

路面上结冰的温度。

注：纯净水的冰点为 0℃，水的含盐度愈大，冰点愈低。

60．露点温度

空气在水汽含量和气压都不改变的条件下，冷却到饱和时的温度。

61．空气温度

表示空气冷热程度的物理量。气象上常用的气温，是指离地面 1.5m 高度上百叶箱中干球温度表所测得的空气温度。

62．空气湿度

表示空气中水汽多寡亦即干湿程度的物理量。湿度的大小常用水汽压、绝对湿度、相对湿度和露点温度等表示。其中最为常用的是相对湿度，它是空气中实际水汽含量（绝对湿度）与同温度下的饱和湿度（最大可能水汽含量）的百分比值。它只是一个相对数字，并不表示空气中湿度的绝对大小。

63．风速

空间特定点周周气体微团在单位时间内水平方向上的位移。

64．风向

空间特定点周围气体微团在水平面上的移动方向。

65．降雨量

在一定时间内降落到地面的水层深度，单位用毫米表示。单位时间内的降雨量称为降雨强度。降雨强度用降雨等级来划分。

66．视频电平

视频电平即是白电平值。

67．同步脉冲幅度

指底电平（黑电平和消隐电平之差）的大小。

68. 回波

回波值（K 系数）为被测系统的行时间波形失真 Kb、2T 正弦平方波与条脉冲的幅度比 Kpb、2T 调制正弦平方波失真 Kp 中绝对值的最大值。

69. 亮度非线性

亮度非线性是当平均图像电平为某一特定值时，将起始电平从消隐电平逐步增到白电平的小幅度阶跃信号加至被测通道输入端，输出端的各阶跃幅度与输入端相应的阶跃幅度比值的最大差值。

70. 色度/亮度增益差

色度/亮度增益差是把一个具有规定的亮度和色度分量幅度的测试信号加至被测通道的输入端，输入和输出之间的色度分量和亮度分量的幅度比的改变。

该指标亦指信号在通过一个系统后色度分量增益和亮度分量增益间的差，这个差值用百分数或 dB 的形式来表示。

71. 色度/亮度时延差

把一个亮度分量有规定的幅度和波形，色度分量是被这个亮度分量调制的色度副载波，这两个分量在幅度和时间上都有确定的关系的符合信号加到被测通道的输入端，在输出端，把亮度分量与色度分量的调制包络做比较，如果这两个波形的相应部分在时间关系上与输入端不同，则称此变化为色度/亮度时延差。

色度/亮度时延差亦指信号的色度部分通过一个系统所需要的时间与通过亮度信号所需要的时间之间的差。

72. 微分增益

微分增益是不同亮度电平下的色度幅度变化，亦指由于图像亮度信号幅度变化引起色度信号幅度的失真，失真的大小用百分数（%）表示。

73. 微分相位

微分相位是不同亮度电平上副载波相位的变化，用度表示。该指标亦指由于图像亮度信号幅度变化引起色度信号相位的失真。

74. 幅频特性

幅频特性是指从场重复频率至系统标称截止频率的频带范围内，通道输入与输出之间相对于基准频率的增益变化，以 dB 为单位。

75. 视频信杂比

指亮度信号幅度的标称值与随机杂波幅度有效值之比，以分贝（dB）为单位。

76. 可变标志

可变标志即显示信息可以变化的标志的简称。

在国标《道路交通标志和标线第 2 部分：道路交通标志》GB 5768.2—2009 第 3.17 条，对可变标志有一个明确的定义：可变标志是一种可依据道路、交通、气象等状况而改变显示内容的动态交通标志。

77. 衰减

由于集肤效应、绝缘损耗、阻抗不匹配和连接电阻等因素，信号沿链路传输损失的能量成为衰减。

78. 近端串扰

一条链路中，处于线缆一侧的某发送线对对同侧的其他相邻（接收）线对通过电磁感应所造成的信号耦合，即近端串扰。

79. 环路阻抗

是指在规定工作频率范围内呈现的电阻。

80. 近端串扰衰耗

近端串扰值（dB）和导致该串扰的发送信号（参考值定为 0dB）之差值（dB）为近端串扰衰耗。

81. 相邻线对综合串扰

在 4 对型双绞线的一侧，3 个发送信号的线对向另一相邻接收线对产生串扰的总和称为相邻线对综合串扰。

82. 远端串扰与衰减比

指远端串扰衰耗与线路传输衰减差。

83. 串扰衰减比（ACR）

在受相邻发信线对串扰的线对上其串扰损耗（NEXT）与本线对传输信号衰减值（A）的差值，单位为 dB。

84. 综合远端串扰比

线缆远端受干扰的接收线对上所承受的相邻各线对对它的等效串扰 ELFEXT 总和称为综合远端串扰比。

85. 同轴电缆特性阻抗

链路在规定工作频率范围内呈现的电阻。

86. 光电缆

就是将金属导线和光纤有机结合起来，是传输电能与光信息的一体化传输介质。

87. 光电缆线路

高速公路光电缆线路主要指中心（站）到附近的外场监控设备、通信设备和收费设备的供电电缆、控制信号电缆、传输光缆、同轴缆、声频电缆或综合缆等。

88. 光纤

是一种用于传输光信号的传输媒质，是光电缆线路最重要的组成部分。

89. 通信管道

是指通信网络中通信光（电）缆的布放通道。

90. 基本频带

在数字信号频谱中，把直流（零频）开始到能量集中的一段频率范围称为基本频带，简称基带。

91. 基带传输

数字信号被称为数字基带信号，那么在信道中将基带信号不经过载波调制和解调过程而直接进行传输就称为基带传输。

92. 频带传输

将基带信号进行载波调制和解调过程的传输过程。

93. 杂波

就是混杂在各种电气（模拟和数字）信号中的不规则波动。

94. 数据电路

指的是在线路或信道上加信号变换设备之后形成的二进制比特流通路，它由传输信道及其两端的数据电路通信设备 DCE（Data Communications Equipment）组成。

数据电路是一条通信双方的物理电路（可以是含线传输媒体）段，中间不包含任何交换节点，又称为物理链路或简称链路。它与数据链路是两个不同的概念。

95. 数据链路

是在数据电路已建立的基础上，是除了物理线路外，还必须有通信协议来控制这些数据的传输。加了通信控制器以后的数据电路称为数据链路。

96. 传输通道

是数据传输的通道。

97. 调制与解调

计算机在发送数据时，先由 Modem（调制解调器）把数字信号转换为相应的模拟信号，这个过程称为"调制"；经过调制的信号通过电话载波传送到另一台计算机之前，也要经由接收方的 Modem（调制解调器）负责把模拟信号还原为计算机能识别的数字信号，这个过程称为"解调"。

98. 同步

两个或多个时钟具有相同的长期频率准确度。

99. 同步的网络

该网络中所有正常运行条件下的时钟具有相同的长期频率准确度。

100. 同步网

提供基准定时信号的网络。是一种支撑网，由同步链路连接同步网节点组成。

101. 差错控制

是一种保证接收的数据完整、准确的方法。

102. 并行通信

是把一个字符的各数位用几条线同时进行传输，传输速度快，信息率高。

103. 串行通信

是指数据一位一位地依次传输，每一位数据占据一个固定的时间长度。

104. 异步传输

是一次只传输一个字符，每个字符用一位起始位引导、一位停止位结束。起始位为"0"，占一位时间；停止位为"1"，占 1~2 位的持续时间。在没有数据发送时，发送方可发送连续的停止位（又称空闲位）。接收方根据"1"至"0"的跳变来判别一个新字符的开始，然后接收字符中的所有位。

105. 同步传输

是一次传输一个数据帧块，为使接收方能判定数据块的开始和结束，须在每个数据块的开始处和结束处各加一个帧头和一个帧尾，加有帧头、帧尾的数据称为一帧（Fram）。帧头和帧尾的特性取决于数据块是面向字符的还是面向位的。

106. 系统接收光功率

$P_1 \geqslant P_R + M_c + M_e$。其中：$P_1$ 是系统接收光功率，一般用 dBm 表示；P_R 是灵敏度；M_c 是光缆富余度；M_e 是设备富余度。

107. 平均发送光功率

是指在正常工作条件下，光端机光源尾纤输出的平均光功率，也称入纤平均光功率。

108. 光接收灵敏度

是指在给定的误码率（1×10^{-10}）的条件下，光接收机所能接收的最小平均功率，表示 SDH 网元光接收机接收微弱信号的能力，是光接口的一个重要参数。

109. 误码指标（2M 电口）

是只在一个相当长的时间间隔内，传输码流中出现的误码的概率。

常用指标：比特误差比率 $BER\leqslant 1\times10^{-11}$，误码秒比率 $ESR\leqslant 1.1\times10^{-5}$，严重误码秒比率 $SESR\leqslant 5.5\times10^{-7}$，背景块误码比 $BBER\leqslant 5.5\times10^{-8}$。

110. 抖动、抖动幅度、抖动幅度

数字信号单元脉冲的有效瞬时对其理想时间位置的短时非积累性偏离叫做抖动，偏离的时间范围叫做抖动幅度，偏离时间间隔对时间的变化率叫做抖动频率。

111. 峰峰抖动

数字信号单元脉冲超前与滞后其理想位置之差的最大值称为峰峰抖动，常用 J_{p-p} 表示，单位为 UI，即单位间隔。

112. 高速公路数字程控交换系统

是以通用计算机平台为基础、以局域网为技术支撑，采用客户机/服务器方式的控制结构，具备灵活的组网能力和呼叫处理能力，具有高可靠性、良好的兼容性和可扩展性的电话业务系统。

113. 联网收费

是在一定的收费路网范围内，将分属不同收费公路经营单位管理的若干条收费公路纳入一个统一的封闭式收费系统，对各收费公路经营管理单位实行"统一收费、按比例分成"的收费运营和管理方式。

114. 路面有效宽度

用于道路照明设计的路面理论宽度，它与道路的实际宽度、灯具的悬挑长度和灯具的布置方式等有关；当灯具采用单侧布置方式时，道路有效宽度为实际路宽减去一个悬挑长度；当灯具采用双侧（包括交错和相对）布置方式时，道路有效宽度为实际路宽减去两个悬挑长度；当灯具在双幅路中间分隔带上采用中心对称布置方式时，道路有效宽度即道路实际宽度。

115. 诱导性

沿着道路恰当地安装灯杆、灯具，可以给驾驶员提供有关道路前方走向、线形、坡度等视觉信息，称其为照明设施的诱导性。

116. 路面维持平均亮度（照度）

路面平均亮度（照度）维持值。它是在计入光源计划更换时光通量的衰减，以及灯具因污染造成效率下降等因素（即维护系数）后，设计计算时所采用的平均亮度（照度）值。

117. 维护系数

照明装置在使用一定周期后，在规定表面上的平均照度或平均亮度与该装置在相同条件下新装时在规定表面上所得到的平均照度或平均亮度之比。

118. 路面平均亮度

按照国际照明委员会（CIE）有关规定，在路面上预先设定点上测得的或计算得到各点亮度的平均值。

119. 路面亮度总均匀度

路面上最小亮度与平均亮度的比值。

120. 路面亮度纵向均匀度

同一条车道中心线上最小亮度与最大亮度的比值。

121. 路面平均照度

按照国际照明委员会（CIE）有关规定，在路面上预先设定点上测得的或计算得到各点照度的平均值。

122. 路面照度均匀度

路面上最小照度与平均照度的比值。

123. 灯具的上射光通比

灯具安装就位时，其发出的位于水平方向及以上的光通量占灯具发出的总光通量的百分比。

124. 失能眩光

降低视觉对象的可见度，但不一定产生不舒适感觉的眩光。

125. 阈值增量

失能眩光的度量。表示为存在眩光光源时，为了达到同样看清物体的目的，在物体及其背景之间的亮度对比所需要增加的百分比。

126. 灯具效率

在相同的使用条件下，灯具发出的总光通量与灯具内所有光源发出的总光通量之比。

127. 环境比

车行道外边 5m 宽状区域内的平均水平照度与相邻的 5m 宽车行道上平均水平照度之比。

128. 交会区

位于道路的出入口、交叉口、人行横道等区域。

129. 道路照明功率密度（LPD）

单位路面面积上的照明安装功率（包含镇流器功耗）。

130. 隧道报警与诱导设施

是指隧道运营过程中发生火灾等紧急情况时，为现场人员提供报警并引导现场人员撤离的机电设施。

131. 检验

对检验项目中的性能进行量测、检查、试验等，并将结果与标准规定要求进行比较以确定每项性能是否合格所进行的活动。

132. 评定

依据检验结果对工程质量进行评分并确定其等级的活动。

133. 关键项目

分项工程中对安全、卫生、环境保护和公众利益起决定性作用的实测项目。

134. 一般项目

分项工程中除关键项目以外的实测项目。

135. 外观（质量）

通过观察和必要的量测所反映的工程外在质量。

7.1.2 单位、分部及分项工程的划分

根据建设任务、施工管理和质量检验评定的需要，应在施工准备阶段按《公路工程质量检验评定标准 第一册 土建工程》JTGF 80/1—2004 将建设项目，划分为单位工程、分部工程和分项工程。施工单位、工程监理单位和建设单位应按相同的工程项目划分进行工程质量的监控和管理。

1. 单位工程

在建设项目中，根据签订的合同，具有独立施工条件的工程。

2. 分部工程

在单位工程中，应按结构部位、路段长度及施工特点或施工任务划分为若干个分部工程。

3. 分项工程

在分部工程中，应按不同的施工方法、材料、工序及路段长度等划分为若干个分项工程。

机电工程单位工程、分部及分项工程的划分，见表 7-1。

机电工程单位工程、分部及分项工程的划分　　　　　表 7-1

单位工程	分部工程	分　项　工　程
机电工程	监控设施	车辆检测器，气象检测器，闭路电视监视系统，可变标志，光电缆线路，监控（分）中心设备安装及软件调测，大屏幕投影系统，地图板，计算机监控软件与网络等
	通信设施	通信管道与光电缆线路，光纤数字传输系统，数字程控交换系统，紧急电话系统，无线移动通信系统，通信电源等
	收费设施	入口车道设备，出口车道设备，收费站设备及软件，收费中心设备及软件，IC 卡及发卡编码系统，闭路电视监视系统，内部有线对讲及紧急报警系统，收费站内光、电缆及塑料管道，收费系统计算机网络等
	低压配电设施	中心（站）内低压配电设备，外场设备电力电缆线路等
	照明设施	照明设施
	隧道机电设施	车辆检测器，气象检测器，闭路电视监视系统，紧急电话系统，环境检测设备，报警与诱导设施，可变标志，通风设施，照明设施，消防设施，本地控制器，隧道监控中心计算机控制系统，隧道监控中心计算机网络，低压供配电等

7.2 技术要求

技术要求的内容有：监控设施；通信设施；收费设施；低压配电设施；照明设施；隧

道机电设施 6 部分。

7.2.1 监控设施

监控设施的内容有：车辆检测器；气象检测器；闭路电视监视系统；可变标志；监控中心设备安装及系统调测（地图板、大屏幕投影系统、监控中心设备安装及系统调测）；监控系统计算机网络及光、电缆线路 7 部分。

7.2.1.1 车辆检测器

车辆检测器是监控系统最重要的数据信息采集设备，其采集的交通量、车速和占有率等数据是监控中心进行实时分析、处理和决策的基础。

车辆检测器产品的种类很多，其对应技术要求亦各不相同，如：环形线圈车辆检测器、微波车辆检测器、视频车辆检测器、超声波车辆检测器等。目前我国监控系统中应用较多的是环形线圈车辆检测器、微波车辆检测器、视频车辆检测器 3 类。

1. 工作原理及主要组成

（1）环形线圈车辆检测器

环形线圈车辆检测器是检测车辆通过或静止在感应线圈的检测域时，通过感应线圈电感量的降低感知车辆的一种车辆检测系统。

1）主要组成

环形线圈车辆检测器主要由环形线圈、线圈调谐回路和检测电路等组成。

2）感应线圈车辆检测器工作原理如图 7-1 所示。

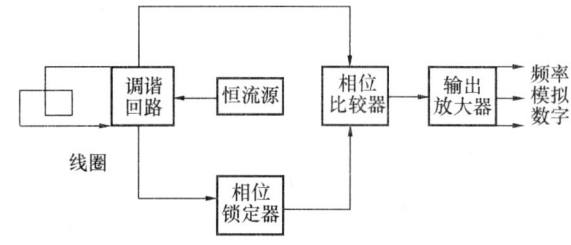

图 7-1 感应线圈车辆检测器工作原理

埋设在地下的线圈通过变压器连接到被恒流源支持的调谐回路，并在线圈周围的空间产生电磁场。当车体进入线圈磁场范围时，车辆铁构件内产生自闭合回路的感应电涡流，此涡流又产生与原有磁场方向相反的新磁场，导致线圈的总电感变小，引起调谐频率偏离原有数值；偏离的频率被送到相位比较器，与压控振荡器频率相比较，确认其偏离值，从而发出车辆通过或存在的信号。相位比较器输出信号控制压控振荡器，使振荡器频率跟踪线圈谐振频率的变化，从而使输出为一脉冲信号。输出放大器对该脉冲信号放大，并以数字、模拟和频率三种形式输出。频率输出可用来测速、数字信号便于车辆计数，模拟量输出用于计算车长和识别车型。

3）环形线圈车辆检测器的分类

根据其检测车的状态可分为存在型和通过型；根据其安装方式可将其分为盒式和卡式；根据其输出信号又可分为无中继/扩展和有中继/扩展；根据其通道数又将其分为 1，2，4 通道检测器等，详见《环形线圈车辆检测器》JT/T 455—2001。

（2）微波车辆检测器

微波车辆检测器是向检测区域内的车辆发射低能量的微波信号，通过对车辆反射的微波信号的识别而检测出道路交通参数的设备。

1）工作原理

工作原理是多普勒频移原理，微波车辆检测器发射中心频率为 10.525GHz 的连续频率调制微波［《交通信息采集 微波交通流检测器》GB/T 20609—2006 中规定的中心频率］在检测路面上投映一个微波带。当车辆通过这个微波投映区时，向检测器反射一个微波信号，检测器接收反射的微波信号，并计算接收频率和时间等参数，从而得出车辆的速度和长度等信息。

2）功能

微波车辆检测器应至少具有但不限于如下功能：能够检测车流量、平均车速、车道占有率参数。其最小检测距离不大于 5m，且最大检测距离不小于 40m。检测器在正常道路情况下，在检测车流量及车道占有率模式下，对检测断面内车流量、车道占有率的检测精度应不低于 95%；在检测平均车速模式下，对检测断面内平均车速的检测精度应不低于 95%。

（3）视频车辆检测器

视频车辆检测器是采用视频图像处理技术对交通动态信息进行采集，实时监测和传送车流量、车辆速度、占有率、排队长度等交通信息；实现对交通流的疏导与控制或作进一步分析处理用的检测器。

1）主要组成

视频车辆检测器系统主要由视频检测摄像机和视频处理器等组成。

2）工作原理

其主要工作原理是：架设在道路的相应位置（道路上方、路中央的隔离带等）的视频摄像机将其所采集的视频信号传至视频处理器。根据检测要求，在视频处理器产生的现场图像上设置虚拟车辆检测域，用于模拟环形感应线圈或轴车辆检测器。当车辆通过虚拟检测域时，视频处理器就会产生视频检测信号，并在对其分析处理后输出交通量、车速、占有率等交通数据。

3）视频车辆检测器的分类

视频车辆检测器根据摄像机的不同可以分为：可见光视频车辆检测器和红外视频车辆检测器两类。

2. 主要参数指标

车辆检测器主要用于车辆的流量、速度、车辆间距、车头时距和时间占有率等交通流参数的检测。

3. 环形线圈车辆检测器的技术要求

环形线圈车辆检测器的主要评定标准为《环形线圈车辆检测器》JT/T 455—2001，该标准对用于高速公路、一般公路、停车场（库）及各种特殊路段（大桥、隧道、海关等）的车辆监测点、站、系统等的环形线圈车辆检测器的技术要求进行了规定。

环形线圈车辆检测器的技术要求，包括：环境要求、机械及物理要求、电气要求、技术指标等。

（1）环境要求

环形线圈车辆检测器的机箱防护应符合《外壳防护等级（IP 代码）》GB 4208—2008 的 IP55 等级要求；产品适合使用的环境温度分为 3 级：A 级：−20～+65℃；B 级：−30～+55℃；C 级：−40～+45℃。

相对湿度：≤95%，无冷凝。

(2) 机械及物理要求

1) 检测器的制造材料和样式

对于盒式和卡式检测器的保护外壳应保证足够的机械强度和耐久性；应满足安装及使用条件，所用材料应选用固有的抗腐材料或经过处理的防腐材料；盒式检测器的外壳还应避免尖角或突出部分。

2) 尺寸

具体尺寸及偏差参见《环形线圈车辆检测器》JT/T 455—2001。

3) 连接件

盒式检测器，所有的输入/输出包括电源均应通过面板连接插头实现。盒式检测器应设计成积木式，当检测器被拆卸后，检测单元应运行在故障排除模式。

(3) 电气要求

1) 电源

所有环形线圈车辆检测器须满足下列交流电源和直流电源之一，或交直流共用。

a. 交流电源

电压：$220\times(1\pm 20\%)$V；频率：$50\times(1\pm 4\%)$Hz；电流：每通道稳定的电源输出不大于100mA(有效值)。

b. 交流电源的瞬态过程

环形线圈车辆检测器使用220V，50Hz的交流电源应满足如下条件：

检测器应能经受高重复、短噪声的干扰；检测器应能经受低重复、高能量的过渡过程；检测器应能承受非破坏性的瞬变过程。

c. 直流电源

电压：24 ± 2.5V；脉动电压：最大电压脉动500mV(峰—峰值)；功率：<25W@230V(AC)，<10W@24V(DC)；电流：控制输入端的"入"或"出"最大电流应小于10mA。

d. 直流电源的瞬态过程

使用+24V直流电源的环形线圈车辆检测器，用测试脉冲进行下列测试时应正常工作：在逻辑地和+24V直流之间加测试脉冲；在检测和非检测状态的通道之间加测试脉冲；在逻辑地和控制输入之间加测试脉冲。

2) 保护

在任何运行状态下，检测器施加于馈线电缆的电压不应超过超低压限值。主电源和线圈之间通过互感器绝缘。检测器外部供电线路应设有短路、开路和过载保护。

3) 接地

a. 逻辑地

逻辑地是直流+24V供电设备的回路输入，它不应与AC相连，也不应与任何线圈输入端或机箱地相连。

b. 机箱地

环形线圈车辆检测器处理单元应有一端与机箱相连，该端不应与逻辑地，AC端或装置内任何其他点相连。但该端可作为瞬态保护装置的回路，如果检测器采用金属外壳，则外壳应与机箱地相连。

(4) 技术指标

1) 线圈电感和 Q 值范围

环形线圈车辆检测器应能进行电感自动调整,当检测器的输入电感在 $50\sim70\mu H$ 之间时,检测器的工作频率范围为 $10\sim150kHz$,品质因数 Q 应位于:振荡频率低于 $60kHz$ 时,$Q\in[5,50]$;振荡频率高于 $60kHz$ 时,$Q\in[3,50]$。

2) 线圈对地电阻

在 250V 直流电压测试条件下,线圈对地电阻应大于 $10M\Omega$。

3) 最小激励

当检测器连接到《环形线圈车辆检测器》JT/T 455—2001 规定的初始电感范围时,在不超过 0.5s 时间内,任何电感变化率大于 0.13% 应至少持续 80ms 并产生一个输出。如果在 0.5s 内,当电感值恢复到初始值时,输出应终止。

4) 最大激励

当检测器连接到《环形线圈车辆检测器》JT/T 455—2001 规定的初始电感上,在不少于 60ms 内,任何电感变 30% 应持续至少 60ms 并产生一个输出。若电感在大于 60ms 内恢复到初始值,输出应终止。

5) 开启时间/关断时间/存在时间/瘫痪时间/恢复时间

a. 任何形式的检测器的开启时间不大于 100ms;关断时间等于开启时间超前或滞后 25ms;

b. 存在时间

对存在检测器:当线圈电感变化率不大于 0.2% ($\Delta L/L$),存在时间不大于 1min;当线圈电感变化率大于 0.2% ($\Delta L/L$),存在时间不大于 5min。

对有限存在检测器:存在时间不大于 10min;

c. 通过型检测器的瘫痪时间在 $0.5\sim2s$ 之间;

d. 存在检测器和有限存在检测器的恢复时间不大于 100ms。

6) 灵敏度

检测器的每个通道应能进行灵敏度调整,每通道应至少有七级灵敏度选择。振荡频率的分辨率为 1Hz。

7) 工作模式

检测器的每一通道应通过面板选择工作于:存在模式和通过模式两种模式。

8) 自动偏差补偿

检测器加电后应自动调准灵敏度,在加电 30s 内至少以所选灵敏度的 90% 工作,30s 后达到正常工作状态。

9) 延迟/扩展

带有延迟/扩展功能的检测器各通道应具有 3 种工作模式——延迟、扩展及正常(即既无延迟也无扩展功能)。

10) 输出

定义两种数据输出接口(可选 RS232 或/和 RS485)和两种模拟输出接口。检测器应具有上述接口之一。模拟输出接口应至少有下列两种输出方式之一:a. 中继输出;b. 直接输出（盒式检测器）。

11）对干扰的灵敏度

检测器应具有电磁屏蔽功能，能安装于交通信号控制器机柜内的任何地方而不受影响。

12）串扰

在规定的电感范围内，若输入端通过一个不小于 20kΩ 外部电阻接到地，检测器应能正常工作。

13）浪涌保护

检测器应能防止从输入端、输出端或主电源线引至设备的浪涌电流与瞬态变化所引起的损坏。

14）工作环境的变化

检测器在下列环境下，应能正常工作：

a. 频率 50Hz，电压变化范围在 220×(1±20%)V；

b. 在规定的温度与湿度条件的范围内；

c. 温度变化率达到 15℃/h。

15）精度

任何形式的检测器在其规定的使用环境里，记数精度不小于 98%，测速精度大于 97%。

7.2.1.2 气象检测器

气象检测器是监控系统中采集公路沿线影响公路通行安全及效率的路面温度、路面相对湿度、路面冰冻、气温、相对湿度、能见度、风速、风向和雨量等气象、路面状态及环境信息的设备。

目前公路监控系统用气象检测器通常由能见度检测器、路面状况检测器、温湿度检测器、风力风向检测器和雨量检测器等组成。

1. 工作原理及主要组成

（1）道路能见度检测器

能见度检测器（也称为能见度检测仪）主要有透射式和散射式两种。

透射式能见度检测器适用于民航系统；散射式能见度检测器适用于码头、航空、高速公路等系统，其可分为前向散射式、后向散射式和侧向散射式 3 类。其中道路能见度检测器通常为前向散射式。

1）工作原理：

道路能见度检测器的检测原理是建立在以下 3 个假设的基础上：

a. 大气是均质的，即大气是均匀分布的；

b. 大气消光系数等于大气中雾、霾、雪和雨的散射，即假定分子的吸收、散射或分子内部交互光学效应为零；

c. 散射仪测量的散射光强正比于散射系数。

在一般情况下，选择适当的角度，散射信号近似正比于散射系数。

2）主要组成：

依据《道路交通气象环境能见度检测器》JT/T 714—2008，道路能见度检测器由基本部件和扩展部件组成。

基本部件主要包括发射器、接收器、电源部件、控制处理器和机架；

扩展部件主要用于提升能见度检测器的性能或功能，包括校准装置、信道适配控制器、加热器和恒温器等。

3) 功能

能见度检测器的功能可分为基本功能和扩展功能。其基本功能包括：测量和自检功能、服务功能；扩展功能包括历史数据保存功能及现场转存功能。

（2）路面状况检测器

路面状况检测器是公路气象信息监测的一项重要路面信息采集设备，它能够给公路运营管理者提供路面覆盖物、路面干湿状态、路面温度以及使用除冰剂后路面的状态和冰点等实时变化的路面状况信息，为道路管理部门保障公路安全运行提供决策依据。

1) 主要组成：

路面状况检测器主要由前端传感器、后端处理单元及连接件 3 部分组成，可分为主动式和被动式两种。

被动式路面状况检测器嵌埋在路面中，基本不与周边环境传递热量，主要是通过传导率、电容、雷达等方法来观测路面状况和化学物质浓度。

主动式路面状况检测器具有降温和加热功能，可在当前条件基础上预测当温度下降几度时是否会出现结霜、结冰现象，如果出现结霜、结冰的现象，将提前发布危险路面状况警告。

2) 功能

依据《道路交通气象环境 埋入式路面状况检测器》JT/T 715—2008，埋入式路面状况检测器应具有路面状态检测、参数检测和预警报警输出功能。

a. 对于路面状态检测功能：

路面状况检测器应具备以下 8 种路面气象状态检测功能，即：路面干燥、路面潮湿、路面积水、路面潮湿且有除冰剂、路面积水且有除冰剂、路面凝霜、路面积雪和路面覆冰。

b. 对于参数检测功能：

路面状况检测器应至少具备以下路面状态参数检测功能，即：冰点、路面温度、路面下 6cm 处的温度、路面水层厚度、路面冰层厚度和除冰剂浓度。

c. 对于预警和报警输出功能：

路面状况检测器宜具备以下预警及报警功能：（a）霜预警及报警，道面温度下降或达到结冰温度，露点温度高于道面温度；（b）冰预警及报警，道面接近或达到结冰温度，在未来的 1~2h 路面可能结冰或已经结冰。

（3）风速风向检测器

目前常用的风速风向检测器可分为：三杯式风检测器、螺旋桨式联合风向风速检测器、超声波风检测器 3 类。

（4）雨量检测器

对降水的测量通常包括降水量、降水强度和降水类型 3 个指标。

目前最为常见的雨量检测器为翻斗式雨量检测器，可包括单翻斗、双翻斗、多翻斗等形式。

2. 主要参数指标

气象检测器主要用于公路沿线的能见度、路面温度、路面相对湿度、路面冰冻、气温、相对湿度、风速、风向和雨量等气象、路面状态及环境参数的检测。

3. 能见度检测器的技术要求

能见度检测器的主要质量评定标准为《道路交通气象环境能见度检测器》JT/T 714—2008，其主要技术要求，包括：技术指标、环境适应性、电磁兼容、杂光兼容性、安全性、可靠性和维修性等。

(1) 技术指标

1) 外观

能见度检测器表面应平整、光滑、清洁，无毛刺、蚀点、划痕，无永久性污渍。镀覆件表面色泽均匀，不应有起泡；涂层不应有脱落；标志应清晰耐久。

2) 道路能见度测量

能见度检测器的基本技术指标应满足道路监测业务要求，其基本技术指标如表 7-2 所示。

能见度检测器的基本技术指标   表 7-2

测量要求	测量范围 L (m)	准确度（%）	分辨力 (m)	时间常数 (min)	数据上传周期
气象光学视程	$5<L\leqslant50$	±10	1	1	在 1min～1h 范围内分级可调
	$50<L\leqslant500$	±10			
	$500<L\leqslant5000$	±15			

3) 开机稳定工作时间和工作方式

开机稳定工作时间不大于 15min；连续工作方式。

4) 能见度检测器的数据格式和通信协议

能见度检测器的数据格式和通信协议应满足《高速公路监控设施通信规程 第 1 部分：通用规程》JT/T 606.1—2004。

5) 接口

能见度检测器应具有如下接口：a. 标准交流（或直流）供电接口；b. 标准的 RS232（或 485）通信接口。

6) 历史数据保存时间

能见度检测器应至少保存最近 24h 的每分钟能见度数据和最近 1 星期的每半小时的能见度数据。

(2) 环境适应性

1) 气候环境

在下列条件下，能见度检测器应能正常工作：

a. 环境温度：−40～+60℃；

b. 相对湿度：不大于 95%（30℃）；

c. 大气压力：55～106kPa。

2) 电源

a. 交流：在单相交流 $220\times(1\pm10\%)$V，频率 $50\times(1\pm4\%)$Hz 交流供电条件下，能见度检测器应能正常工作；

b. 直流：在 $12\times(1\pm25\%)$V 或 $24\times(1\pm25\%)$V(可选项)条件下，能见度检测器应能正常工作。

（3）电磁兼容

1）静电放电抗扰度

能见度检测器的静电放电抗扰度应满足《电磁兼容 试验和测量技术 静电放电抗扰度试验》GB/T 17626.2—2006 中规定的等级 4 的要求。

2）浪涌（冲击）抗扰度

能见度检测器的浪涌（冲击）抗扰度应满足《电磁兼容 试验和测量技术 浪涌（冲击）抗扰度试验》GB/T 17626.5—2008 中规定的等级 3 的要求。

3）射频电磁场辐射抗扰度

能见度检测器的频电磁场辐射抗扰度应满足《电磁兼容 试验和测量技术 射频电磁场辐射抗扰度试验》GB/T 17626.3—2006 中规定的等级 2 的要求。

（4）杂光兼容性

适用于前散射原理的能见度检测器。将能见度检测器置于光波长在 $0.532\sim1\mu m$ 范围内，亮度不大于 $6000cd/m^2$ 的杂光条件下，产品应能正常工作。

（5）安全性

电源引入端子与机壳间的绝缘电阻在工作环境条件下应不小于 $100M\Omega$。电源引入端子与机壳间的抗电强度应能承受直流或正弦交流有效值为 1.5kV 的电压，历时 1min 应无击穿和飞弧现象。

（6）可靠性和维修性

1）平均无故障工作时间

能见度检测器的平均无故障工作时间（MTBF）不小于 25000h。

2）平均修复时间

能见度检测器的平均修复时间（MTTR）不大于 0.5h。

4. 埋入式路面状况检测器

埋入式路面状况检测器的主要质量评定标准为《道路交通气象环境 埋入式路面状况检测器》JT/T 715—2008，其主要技术要求，包括：环境要求、机械物理要求、电气要求、技术指标等。

（1）环境要求

1）安装及使用环境：检测器机箱防护应符合《外壳防护等级（IP 代码）》GB 4208—2008 的 IP55 等级要求。

2）环境温度：根据产品适合的使用温度分为 3 级(非产品优劣分类)：A 级：$-20\sim+80℃$；B 级：$-30\sim+70℃$；C 级：$-40\sim+60℃$。

3）相对湿度：相对湿度不大于 95%，无冷凝。

（2）机械物理要求

1）传感器

埋入式路面状况检测器的前端传感器不应使用可能改变环境的热源或冷源；传感器封

装物的热导率和辐射系数应与路面一致；传感器抗压荷载应大于160kN；传感器在未进行外部调整时，普通路面可磨损30mm；桥梁路面可磨损10mm，仍应可以正常使用。

2）处理单元（传感器接口板）

处理单元的保护外壳应保证足够的机械强度和耐久性；应满足安装及使用条件，所用材料应选用固有的抗腐材料或经过处理的防腐材料。

3）尺寸要求

a. 传感器的外形尺寸应满足以下要求：当应用于普通路面时，传感器的尺寸不应超过 $100mm(H) \times 100mm(W) \times 50mm(D)$；当应用于桥梁路面时，传感器的尺寸不应超过 $75mm(H) \times 100mm(W) \times 50mm(D)$。

b. 处理单元的外形尺寸不应超过 $200mm(H) \times 100mm(W) \times 50mm(D)$。

4）连接件

输入/输出包括电源均应通过面板连接插头实现。

(3) 电气要求

1）电源

路面状况检测器应满足下列交流电源和直流电源之一，或交直流共用。

a. 交流电源

电压：$220 \times (1 \pm 10\%)V$；频率：$50 \times (1 \pm 4\%)Hz$；功率小于25W，230V(AC)；电流输出不大于200mA(有效值)。

b. 交流电源的瞬态过程

路面状况检测器使用220V、50Hz的交流电源应能经受高重复、短噪声的干扰；应能经受低重复、高能量的过渡过程；应能承受非破坏性的瞬变过程。

c. 直流电源

电压 $24 \pm 2.5V$；最大电压脉动500mV(峰—峰值)；功率小于10W，24V(DC)；最大电流应小于20mA。

d. 直流电源的瞬态过程

用测试脉冲进行下列测试时应正常工作：即在逻辑地和 $+24V$ 之间加测试脉冲；在检测和非检测状态的通道之间加测试脉冲；在逻辑地和控制输入之间加测试脉冲。

2）保护

外部供电线路应设有短路和过载保护。

3）接地

路面状况检测器的接地应满足以下要求：

a. 逻辑地——直流 $+24V$ 供电设备的回路输入，它不应与AC相连，也不应与机箱地相连。

b. 机箱地——路面状况检测器处理单元应有一端与机箱相连，该端不应与逻辑地、AC端或装置内任何其他点相连。但该端可作为瞬态保护装置的回路。如果检测器采用金属外壳，则外壳应与机箱地相连。

(4) 技术指标

1）路面覆盖物检测

路面状况检测器应能准确检测出路面有无雪、冰、黑冰、凝霜等覆盖物，并宜检测出雪的水当量、覆冰的厚度等指标。

2）路面干湿检测

路面状况检测器应对路面水层厚度的检测应满足一下测量范围及测量精度要求：

a. 测量范围要求：能够准确测出 0～6mm 路面水层厚度；6mm 以上路面水层厚度的测量值仅作为参考。

b. 测量精度要求：在 0～1mm 范围内，准确率应达到 0.1mm；在 1～6mm 范围内，准确率应达到 0.5mm。同时路面状况检测器应明确给出路面的干湿状态。

3）除冰剂检测

路面状况检测器应能准确检测出使用除冰剂下路面的状态，能准确区分微湿、潮湿状态；同时应测出路面覆盖物中除冰剂的浓度。

4）冰点检测

路面状况检测器应能检测出实际路面的冰点以及使用除冰剂后路面的冰点变化情况。

5）路面及路面下 6cm 处温度检测

路面温度检测范围见环境要求；路面温度检测精度为±0.5℃。

6）开机稳定时间/无故障连续工作时间

路面状况检测器的开机稳定工作时间不大于 5min；传感器无故障连续工作时间不小于 50000h；处理单元的无故障连续工作时间不小于 10000h；平均故障修复时间不大于 0.5h。

7）输出

定义两种数据输出接口（RS232 和 RS485）和两种模拟输出接口。模拟输出接口选用电压 0～+5V 或电流 0～10mA 两种输出方式之一。

8）输出周期

检测器输出数据周期间隔应从 1min 到 1h 按分钟分档设置。

9）对干扰的灵敏度

检测器应具有电磁屏蔽功能，能安装于控制器机柜内的任何地方而不受影响。

10）串扰

在规定的电感范围内，若输入端通过一个不小于 20kΩ 外部电阻接地，检测器应能工作正常。

11）浪涌保护

检测器应满足《电磁兼容　试验和测量技术　浪涌（冲击）抗扰度试验》GB/T 17626.5—2008 中规定的等级 3 的要求。对电源线—线间施加 1kV，对线—地施加 2kV 的一个 1.2/50μs 的浪涌电压，路面状况检测器不应出现故障，并应符合该仪器技术条件的要求。

12）工作环境的变化

检测器在下列环境下，应能正常工作：

a. 交流电源：频率 50×(1±4%)Hz，电压 220×(1±10%)V；

b. 直流电源：电压变化范围在 24V±2.5V；

c. 温度变化率达到 15℃/h。

7.2.1.3 闭路电视监视系统

闭路电视监视系统是对车辆检测器等其他信息采集设备的有益补充，它使用视频监控的手段直观地采集重要地点或区域车辆检测器等设备难以获得的现场数据，并将从现场数据传送至监控室，使运营管理人员全面、直观地了解现场的情况，从而为交通应急及控制策略的制定提供直观的数据。

闭路电视监视系统通常由视频摄像子系统、图像传输子系统、输出子系统和控制子系统组成。

其中视频摄像子系统包括：摄像机、摄像机镜头、防护罩、云台、摄像机立柱等；图像传输子系统主要包括视频发射器、中继器、接收器、线缆、视频分频器等；输出子系统主要包括监视器、硬盘录像机、延时录像机等；控制子系统主要包括云镜控制器或控制键盘、副控制键盘、矩阵切换器和画面分割器等。

1. 功能

(1) 视频摄像子系统

视频摄像子系统是闭路电视监视系统的前沿，是整个闭路电视监视系统的"眼睛"。它布设于被监视场所的某一个位置，使其视场角能覆盖整个被监视区域。

(2) 图像传输子系统

图像传输子系统是连接摄像子系统、输出子系统和控制子系统的纽带，它将摄像子系统采集的视频信号、声频信号和各种报警信号等传送至监控中心，并把控制子系统的控制信号传送至摄像子系统。

目前高速公路监控系统传输主要采用光纤传输方式，多采用：点对点传输、级联式链路传输、以太网视频传输 3 种配置方式。

(3) 输出子系统

输出子系统的主要功能是实现信号的显示、输出及保存等。

(4) 控制子系统

控制子系统是整个闭路电视监视系统的"心脏"和"大脑"，是实现整个系统功能的指挥中心。

2. 视频传输性能主要指标

在交通行业标准《公路工程质量检验评定标准 第二册 机电工程》JTG F80/2—2004 中，闭路电视监视系统的视频传输性能测试包括传输通道指标和监视器画面指标两部分。

(1) 视频传输通道主要指标

《公路工程质量检验评定标准 第二册 机电工程》JTG F80/2—2004 中视频传输性能的指标和技术要求主要依据原广电部标准《有线电视系统测量方法》GY/T 121—1995、《有有线电视系统接收机变换器入网技术条件和测量方法》GY/T 125—1995、国家标准《电视视频通道测试方法》GB/T 3659—1983 和国家标准《电视广播接收机主观试验评价方法》GB 9379—1988 制定。

其主要指标包括：视频电平、同步脉冲幅度、回波、亮度非线性、色度/亮度增益差、色度/亮度时延差、微分增益、微分相位、幅频特性及视频信杂比 10 个客观参数。

1) 视频电平

视频电平即是白电平值；白电平偏高，说明显示器亮度高，图像没有层次，使得整个画面对比度减少，更为严重的是画面变得灰白，有雾状的感觉，清晰度明显降低。白电平值偏低，整个画面的亮度随之降低，整个画面偏暗或缺少层次，彩色由于色度的降低而变得不清晰。

2) 同步脉冲幅度

底电平过高会使画面有雾状感，清晰度不高；底电平过低时，正常情况下虽突出图像的细节，但对于暗淡的夜色画面，就会因图像偏暗或缺少层次、彩色不清晰、自然，肤色出现可见的失真现象。

3) 回波

回波值表征系统的幅频、相频失真，容易导致图像出现多重轮廓、造成重影、图像细节和边缘轮廓不清、清晰度下降等现象；在规定测试条件下，测得的系统中由于反射而产生的滞后于原信号并与原信号内容相同的干扰信号的值。把各种波形失真较人眼视觉特性，给予不同评价的基础上来度量图像损伤的一套系统方法。用百分数来表示，绝对值越小越好。如该值偏大，会使图像出现多轮廓，造成重影，使清晰度下降；图像调节变淡，边缘轮廓不清；图像垂直方向的亮度不均匀，背景亮度不真实；图像闪动；图像沿水平方向界限不清，严重时造成水平方向拖尾。

4) 亮度非线性

亮度非线性的绝对值越小越好，如该值偏大，会使图像失去灰度，层次减少，分辨率降低（因色度信号是叠加在亮度信号上），产生色饱和失真。

5) 色度/亮度增益差

对于色度增益低时为负值，对于色度增益高时为正值。数值过大会引起图像饱和度失真，类似色饱和度调节不当，差值为负值时，图像色彩变淡、人物神色不佳；差值为正值时，颜色过浓、轮廓不分明，类似儿童填色画，缺乏真实感。

6) 色度/亮度时延差

色度/亮度时延差反映系统群延时频率特性不平坦，中频滤波器特性变化，中频带宽不够等。如该值偏大，会使色度信号与亮度信号不能同时到达显示端，彩色套色不准，在水平方向出现彩色镶边。

7) 微分增益

微分增益的绝对值越小越好。不同亮度背景下的色饱和度失真，会影响彩色效果，如穿鲜红衣服从暗处走向亮处，鲜红衣服变浓或变淡。

8) 微分相位

该指标有正有负，绝对值越小越好。在不同亮度背景下，色调产生失真，由某种颜色变成其他颜色，如穿鲜红衣服从暗处走到明处，鲜红衣服就偏黄或偏紫。

9) 幅频特性

该指标是评价一个系统均匀一致传送不同频率的信号分量而不影响信号幅度的能力。该指标特别能看出传输通道内频率的衰减情况，当高频段损耗较大时，图像的边缘就会变得不清晰。

10) 视频信杂比

当信杂比比较低时，图像会出现颗粒状雪花点状的干扰，彩色闪烁会更明显，同时会影响图像的清晰度。

(2) 监视器画面指标

监视器画面指标，主要包括雪花干扰、网纹、黑白滚道、跳动4个主观评价指标。

7.2.1.4 可变标志

可变标志主要包括：LED可变信息标志、LED可变限速标志、LED车道控制标志及LED信号灯等。

可变标志即显示信息可以变化的标志的简称，可变信息标志与固定标志的最大不同是可根据变化的道路、交通、气象等条件，向道路使用者提供实时的交通信息，使道路使用者及时了解目标路线上的交通拥堵长度、事故原因、路面状况、天气以及道路管理者发布的出行建议或管理限令等，对减少交通事故、平抑交通流、舒展驾驶情绪、提高道路交通管理服务水平起着不可替代的作用。

1. 用途

可变标志一般可用作交通诱导、速度控制、车道控制、道路交通和气象状况告知及其他内容的显示。可变标志不宜显示和交通无关的信息。

可变标志是一种交通标志，具有法定地位，一旦使用，其显示内容具有强制性。

2. 显示方式

可变信息标志的显示方式有多种，如：点阵式、翻板式、字幕式、光纤式等。可根据道路对交通标志的功能要求、显示内容、控制方式、环保节能、经济性等进行选择。

3. 分类

(1) 按照显示版面内容是否全部可控分为：全可变标志和半可变标志。

(2) 按照功能分为：可变信息标志、可变限速标志、车道控制标志、信号灯等。其中，可变信息标志一般指大型的可任意变更显示内容的文字标志，可变限速标志是专用的禁令标志，车道控制标志和信号灯则属于小型的诱导指示类标志。

(3) 按照显示方式（原理）可分为：高亮度发光二极管（LED）、磁翻板式、字幕卷帘式、光纤式、旋转式等。

交通信号灯是一类独立的交通管理设施，不属于交通标志的内容；但从信息管理的角度，交通信号也是一种可变的交通信息，为道路使用者提供通行或禁止信号，指导交通流有序运行。其安装在高速公路匝道或入口收费车道，还可以控制交通的进出，起交通流调节作用。

4. 板面一般要求

可变标志显示的警告、禁令、指示等标志的图形、字符、形状等应符合《道路交通标志和标线 第1部分：总则》GB 5768.1—2009 的规定，显示的文字的字体、字高、间距等按照清晰、易辨、安全的原则确定。主动发光可变信息标志的颜色可按《道路交通标志和标线 第1部分：总则》GB 5768.1—2009 规定的标志颜色执行，也可按表7-3的规定执行。可变标志各部分颜色的色品坐标应符合相关国家标准的规定。

主动发光可变信息标志的颜色 表7-3

类 别	显示内容	底 色	边 框	图形、符号、文字
文字标志	道路一般信息	黑色	—	绿色
	道路警告信息		—	黄色
	道路禁令信息		—	红色

续表

类　别	显示内容	底　色	边　框	图形、符号、文字
图形标志	警告标志	黑色	黄色	黄色
	禁令标志	黑色	红色	黄色
	指示标志	黑色	蓝色	绿色
	指路标志	黑色	绿色	绿色
	作业区标志	黑色	随类型	黄色
	辅助标志	黑色	—	绿色
	潮汐车道标志	黑色	—	红色×、绿色↓
	其他信息	视需要		
	可变导向车道	蓝色*	—	绿色或黄色
	交通状况	蓝色或绿色*	白色	红、黄、绿等色

注：* 为不可变部分的颜色。

5. **设置地点**

按照《道路交通标志和标线　第1部分：总则》GB 5768.1—2009 规定，符合下列情况之一者，可设置可变标志：

(1) 城市主干道入口前或适当路段上；

(2) 互通立交或城市主干道出口前；

(3) 收费站或长隧道入口前；

(4) 潮汐车道起始路段；

(5) 可变导向车道进入路口前；

(6) 有其他特殊要求的路段。

6. **LED 可变信息标志**

LED 可变信息标志是利用点阵显示原理显示图形和文字。LED 可变信息标志是目前应用最为广泛的可变标志。

(1) 分类

依据现行国家标准《高速公路 LED 可变信息标志》GB/T 23828—2009，按用途分为图形和文字两种；按支撑方式分为门架式、悬臂式和柱式 3 种；按环境温度适用等级分为 A 型、B 型、C 型 3 种。

图形标志用图案或图形方式指示前方路段或匝道出入口的交通状况；文字标志为只显示汉字和字符信息的标志。

(2) 技术要求

《高速公路 LED 可变信息标志》GB/T 23828—2009 标准制定了：外观质量、结构与材料、显示性能、电气安全性能、通信接口与规程、环境适应性能、功能要求及整体可靠性等技术要求。

1) 外观质量

a. 产品构件应完整、装配牢固、结构稳定，边角过渡圆滑，无飞边、无毛刺。

b. 安装连接件应设置可调节标志视认角度的机构，以便于安装施工；其活动零件应灵活，无卡滞现象，机壳及安装连接件应无明显变形、凹凸等缺陷。

c. 外壳、包括控制箱及连接件的防护层色泽应均匀、无划伤、无裂痕、无基体裸露等缺陷，其性能指标应符合《高速公路交通工程钢构件防腐技术条件》GB/T 18226—2000 的规定。

d. 控制箱一般附着安装在显示屏的支撑柱或显示屏箱体内，要求：

(a) 部件齐全、安装牢固端正；

(b) 箱体出线孔开口合适、切口整齐；

(c) 出线管与箱体连接密封良好；

(d) 箱内接线回路编号清楚，走线整齐，横平竖直，符合工艺要求；

(e) 箱锁应采取防水、防锈措施；

(f) 箱门开闭灵活轻便，密封良好；

(g) 箱体内外清洁。

2) 结构与材料

a. 材料要求

(a) 产品的外壳、机架等结构件在保证结构稳定的条件下，宜采用符合国家相关标准的轻质材料，以减少产品自身的重量。

(b) 显示屏组合发光像素由发光二极管组成，单粒发光二极管在额定电流时的法向发光强度应：红色不小于 3000mcd；绿色不小于 6000mcd；蓝色不小于 2000mcd；黄色不小于 5500mcd。

(c) 发光二极管的半强角 $\theta_{1/2}$ 不小于 11.5°。

(d) 发光二极管的平均无故障时间 MTBF 不小于 50000h，其他电子元器件的 MTBF 不小于 30000h。

b. 结构尺寸

(a) 显示屏应为可拆装式模块化结构，显示屏上的文字、图案的结构尺寸应符合《道路交通标志和标线第 2 部分：道路交通标志》GB 5768.2—2009 的要求。汉字宜采用 24×24 或 32×32 点阵字符，形状应与《道路交通标志和标线第 2 部分：道路交通标志》GB 5768.2—2009 的要求一致或者显示字模符合《信息技术　汉字编码字符集（基本集）24 点阵字型》GB 5007.1—2010 和《信息技术　汉字编码字符集（辅助集）24 点阵字型 宋体》GB 5007.2—2008 中对字符的要求。

(b) 像素的结构排列间距可根据设计亮度调整，图形标志达到白平衡时的设计亮度或文字标志的最大设计亮度应不小于 $8000cd/m^2$。

(c) 显示屏的显示模块内各像素之间及各显示模块之间，像素应排列均匀、平整，各像素点间距允许误差±1mm，不平整度不大于 $2mm/m^2$。

(d) 大型文字标志一般为 8~12 个汉字，小型的一般为 4 个汉字。

c. 机械力学性能

(a) 标志板结构应稳定，承受由 40m/s 的风速产生的风压后，不影响标志板的使用性能，由此产生的几何变形量应不大于 2mm。

(b) 生产厂商应给出标志板的受力体系图和安装连接图，以供设计单位在设计基础和支撑时参考。

3) 显示性能

a. 色度性能

(a) 机壳：机壳的颜色宜采用符合国家标准油漆色卡的 510 号蓝灰色。

(b) 显示屏基底：显示屏基底应为亚光黑色，色品坐标应在规定的色品区域内，亮度因数不大于 0.03。

(c) 文字标志显示屏的前景字符：文字标志发光时前景字符为红色、绿色或黄色，不发光时为黑色或无色。红色为禁令性信息，绿色为提示性信息，黄色为警告性信息。

(d) 彩色图形标志：彩色图形标志可用红绿蓝 LED 组合成三基色发光像素。彩色图形标志对三基色发光像素的亮度等级控制不少于 16 级，通过控制三基色的亮度配比，至少能显示红、绿、蓝、黄、白 5 种颜色，这些颜色的色品坐标应在规定的色品区域内。

b. 视认性能

(a) 视认角：标志产品的视认角应不小于 30°。

(b) 视认距离：可变信息标志视认距离分为静态视认距离和动态视认距离两种，要求：静态视认距离不小于 250m；动态视认距离不小于 210m。

(c) 发光均匀性：显示屏各像素应发光均匀，必要时应剔除性能差异较大的发光单元。在额定工作电流时整屏范围内像素与像素之间的法向发光强度的不均匀度应不大于 5%，像素内 LED 之间的不均匀度应不大于 10%。

(d) 刷新频率：采用动态扫描驱动显示方式的显示屏，每屏刷新频率应不小于 100Hz。在汽车高速行驶时，标志的显示内容应清晰、稳定。

4) 电气安全性能

a. 绝缘电阻：产品的电源接线端子与机壳的绝缘电阻应不小于 100MΩ。

b. 电气强度：产品的电源接线端子与机壳之间施加频率 50Hz、有效值 1500V 正弦交流电压，历时 1min，应无闪络或击穿现象。

c. 安全接地：产品应设安全保护接地端子，接地端子与机壳（包括带电部件的金属外壳）连接可靠，接地端子与机壳的连接电阻应小于 0.1Ω。

d. 电源适应性：产品应适应电网波动要求，在以下条件下应可靠工作：

电压：交流 220×(1±15%)V；频率：50±2Hz。

e. 防雷保护：产品应采取必要的防雷和过电压保护措施，采用的接口、元器件和防护措施应符合有关标准要求。

f. IP 防护：产品应采取防雨、防尘措施，外壳的防护等级按《灯具第 1 部分：一般要求与试验》GB 7000.1—2007 的规定应不低于 IP56 级。

注：GB 7000.1 规定的 IP 要求与 GB 4208 规定的 IP 要求是一致的，都是等同采用 IEC 60529：2001。

5) 通信接口与规程

a. 接口：机械接口应使用 25 针 RS-232C 阴性插座和 4 针 RS-485 阳性插座，该两种接口的电气性能应符合相应标准的要求；接口与外部的连接应便于安装和维护，并采取防水、防尘等措施。

b. 通信规程：按《高速公路监控设施通信规程 第 1 部分：通用规程》JT/T 606.1—2004 和《高速公路监控设施 通信规程 第 3 部分：LED 可变信息标志》JT/T 606.3—2004 执行。

c. 通信方式：异步，全双工。

d. 通信速率：1200~19200bit/s。

e. 其他规定：在满足上述 a~b 的条件下，生产企业可以提供其他接口和规程，但应向需方提供详细的接口参数和通信规程，以便与系统连接。

6）环境适应性能

a. 耐低温性能：将产品在不通电状态，在－20℃（或－40℃、－55℃）条件下，试验 8h，产品应启动正常，逻辑正确。

b. 耐高温性能：将产品在不通电状态，在＋55℃（或＋50℃、＋45℃）条件下，试验 8h，产品应启动正常，逻辑正确。

c. 耐湿热性能：将产品在不通电状态，在温度＋40℃，相对湿度（98±2）%条件下，试验 48h，产品应启动正常，逻辑正确。

d. 耐温度交变性能：将产品（条件受限时可用代表产品质量特性的模块）在通电工作状态下放入温度交变试验箱中，在高温＋70℃保持 2h，在 3min 内转移到低温－40℃保持 2h，在 3min 内再转移到高温，如此共循环 5 次。试验期间和试验结束后，产品应启动正常，逻辑正确；产品的结构件包括像素、印刷电路板、显示模块、机架、显示屏等不应产生变形和其他损伤。

e. 耐机械振动性能：将产品在通电工作状态下进行扫频振动试验，频率范围为 2~150Hz。在 2~9Hz 时按定位移控制，位移幅值 3.5mm；9~150Hz 时按定加速度控制，加速度幅值为 $10m/S^2$。2Hz→9Hz→150Hz→9Hz→2Hz 为一个循环，共经历 20 个循环后，产品功能正常，结构不受影响，零部件无松动。

f. 耐盐雾腐蚀性能：产品的印刷电路板、外壳防腐层和像素及其支撑底板（其他部件由供需双方协定）经 168h 的盐雾试验后，应无明显锈蚀现象，金属构件应无红色锈点。印刷电路板经过 24h 自然晾干后功能正常。

g. 耐候性能：产品的外壳防腐层、像素及其支撑底板（其他部件由供需双方协定）经过两年自然暴晒试验或经过人工加速老化试验累积能量达到 $3.5×10^6 kJ/m^2$ 后，产品外观应无明显褪色、粉化、龟裂、溶解、锈蚀等老化现象，非金属材料的机械力学性能保留率应大于 90%。

7）功能要求

a. 显示内容

应至少显示《信息交换用汉字编码字符集·基本集》GB 2312—1980 指定的全部汉字和数字及字符，并且能控制全亮与全灭。像素在关闭状态时，不应产生微光。

b. 手动功能

在脱离系统控制时，通过人工方式亦能任意显示上述 a 的内容。

c. 自动功能

经通信接口接入系统后，应能接受系统或主控单元的控制，按系统或主控单元的命令正确显示相应的内容并将工作状况上传给系统或主控单元。

d. 自检功能

产品应设置自检功能和工作状态指示灯。通过自检功能，将发光像素、通信接口以及其他单元的工作状态正确检测出来，在工作状态指示灯上显示并上传给主控单元。

e. 调光功能

可变信息标志应设置环境照度检测装置,根据环境照度调整发光像素的发光强度,以避免夜间照度较低时形成眩光,影响信息的视读,夜间亮度应符合表 7-4 要求。

夜间亮度表(cd/m^2)　　表 7-4

黄　色	红　色	绿　色	蓝　色
150±10	105±10	180±10	70±10

8) 整体可靠性

在正常工作条件下,显示屏总像素的年失控率应不大于 1‰;整体产品的平均无故障时间 MTBF 不小于 10000h。

7. LED 可变限速标志

可变限速标志是一种特殊的可变标志,与静态标志一样也为禁令类标志,采用的标准是国家标准《高速公路 LED 可变限速标志》GB 23826—2009,属于强制标准。该标准大部分内容与《高速公路 LED 可变信息标志》GB/T 23828—2009 一致,只有外形、结构尺寸和色度性能是不一样。

(1) 分类

LED 可变限速标志按外形分为圆形和方形两种;按图形外圈有效外径尺寸分为 $\phi1200mm$、$\phi1400mm$、$\phi1600mm$ 3 种;按环境温度适用等级的分类与可变信息标志相同。

(2) 结构尺寸

可变限速标志的显示内容比可变信息标志简单,只显示外圈和数字,颜色只有红色外圈和黄(橙)色数字。要求其数字用点阵原理显示,其位数为两位半,即百位数只显示数字"1",规定其显示点阵为 16×24 点阵。

(3) 材料

可变信息标志对单粒 LED 的半强角 $\theta_{1/2}$ 只有 11.5°一个要求,而对可变限速标志规定:图形外圈有效直径小于或等于 1400mm 的发光二极管的半强角 $\theta_{1/2}$ 不小于 7.5°,大于 1400mm 的为不小于 11.5°。

另外,可变信息标志对显示屏的设计亮度有"不小于 $8000cd/m^2$"的要求,可变限速标志的亮度是依据规定的具体结构尺寸保证的,所以对设计亮度没有要求。

(4) 色度性能

可变限速标志发光时只有两种颜色,外圈为红色,数字为黄色,这两种颜色的色品坐标范围与可变信息标志相同。

8. LED 车道控制标志

LED 车道控制标志是由红色"×"和绿色"↓"图案组合而成的一种特殊可变标志,用于车道的通行或禁止管理,当显示红色"×"图案时禁止车辆使用车道,当显示绿色"↓"图案时允许车辆使用车道,与信号灯的功能不同,信号灯控制的是一个方向上交通流的通行或禁止,范围更大,并且信号灯一般设置在交叉口,车道控制标志可以设置在路段上。车道控制标志控制更精确,空间利用率更高,效率也更高。

LED 车道控制标志的现行有效标准是交通行业标准《LED 车道控制标志》JT/T 597—2004,其制定了:组成与分类、外观质量、结构与材料、显示性能、电气安全性能、环境适应性能、功能要求及整体可靠性等技术要求。

(1) 组成与分类

1) 组成

LED 车道控制标志由机壳、显示屏、控制器及安装连接件组成。

2) 分类

LED 车道控制标志按显示屏的外形分为圆形和方形两种；按外形尺寸分为 600mm、300mm 两种；按环境温度适用等级分为 A 型、B 型、C 型 3 种。

(2) 外观质量

外观质量要求与 LED 可变信息标志相同。

(3) 结构与材料

1) 材料要求

a. 产品的机壳等结构件在保证结构稳定的条件下，宜采用符合国家相关标准的轻质金属或非金属材料，以减少产品自身的质量和增加抗腐蚀能力，当采用钢板作机壳时应使用热镀锌板再加有机涂层防腐处理。

b. 单粒 LED 在额定电流时的法向发光强度应：红色不小于 3000mcd；绿色不小于 4500mcd；用于收费广场的半强角 $\theta_{1/2}$ 不小于 30°，用于匝道收费站和其他路段的半强角 $\theta_{1/2}$ 不小于 12.5°。LED 的平均无故障时间 MTBF 不小于 50000h，其他电子元器件的 MTBF 不小于 30000h。

2) 结构尺寸

a. 显示屏上有叉号和向下箭头两种图形，叉号发光时为红色表示下方车道禁止通行，箭头发光时为绿色表示下方车道允许通行。

b. 图形一般由单粒 LED 或像素构成。

c. 标志显示屏的显示模块内各像素之间及各显示模块之间，像素应排列均匀、平整，各像素点间距允许误差±1mm，不平整度不大于 2mm/m²。

d. 机箱门和安装方式的设计应便于维护。

3) 引出线及色标

a. 标志引出控制线应用截面积不小于 2.5mm² 的护套线引出。

b. 引出控制线的色标：红色叉号标志灯引出线，一根芯线外皮为红色、另一根芯线外皮为黑色；绿色箭头标志灯引出线，一根芯线外皮为绿色、另一根芯线外皮为白色。

4) 机械力学性能

产品结构应稳定，承受由 40m/s 风速产生的风压后，不影响标志的使用性能，由此产生的几何变形量应不大于 2mm。

(4) 显示性能

1) 色度性能

a. 机壳

机壳的颜色应符合国家标准油漆色卡的 510 号蓝灰色。

b. 显示屏基底

显示屏基底应为亚光黑色。

c. 显示屏的图形

禁行图形发光时为红色叉号，不发光时为黑色或无色；通行图形发光时，为绿色垂直向下箭头，不发光时为黑色或无色。发光时显示的红色及绿色图形的色品坐标应符合规定要求。

2）视认性能

a. 视认角

在距离标志 100m 处，标志产品的视认角应不小于 30°。

b. 视认距离

（a）标志产品的静态视认距离应不小于 300m；

（b）标志产品的动态视认距离应不小于 250m。

c. 发光均匀性

显示屏各像素应发光均匀，必要时应剔除性能差异较大的发光单元。在额定工作电流时整屏范围内像素与像素之间的法向发光强度的不均匀度应不大于 1%，像素内 LED 之间的不均匀度应不大于 10%。

（5）电气安全性能

与可变信息标志相同。

（6）环境适应性能

环境适应性能与可变信息标志相比少了"耐温度交变性能"一项，是考虑到车道控制标志外形与可变信息标志相比要小得多，温度的突变对结构不会构成较大的变形和破坏。

（7）功能要求

1）显示内容

显示红色叉号和绿色垂直向下的箭头。

2）调光功能

LED 车道控制标志设置环境照度检测装置，根据环境照度调整光源的发光强度，以避免夜间照度较低时形成眩光，调光等级不少于 3 级。

（8）整体可靠性

1）整机产品的平均无故障时间 MTBF 不小于 20000h；

2）平均维护时间小于 0.5h。

9. LED 信号灯

在公路上使用的信号灯主要是指收费车道里的两色信号灯，目前还没有专用的国家标准或行业标准。在实际检测中参照国家标准《道路交通信号灯》GB 14887—2011 和交通行业标准《LED 车道控制标志》JT/T 597—2004 执行。

标准《道路交通信号灯》GB 14887—2011 制定了：通用要求、光学性能、幻像、色度性能、功率及功率因数、电源适配器、启动瞬间电流、电源适应性、启动/关闭响应时间、夜间降光功能、发光二极管（LED）失效检测功能、盲人过街声响提示装置、外壳防护等级、太阳能供电信号灯的性能、绝缘电阻、介电强度、泄漏电流、防触电保护、内部接线、壳体安全性、耐高温性能、耐低温性能、耐湿热性能、耐盐雾性能、抗振动性能、强度性能、耐风压性能及耐候性能等技术要求。

（1）通用要求

1）外观

信号灯发光单元、壳体、遮沿表面应平滑，无开裂、无银丝、无明显变形和毛刺等缺陷，信号灯壳体颜色应与光信号颜色有明显区别。

信号灯壳体和发光单元上应有文字清晰的铭牌。

信号灯壳体可采用金属材料或非金属材料制作，但应提供标准的电源接口。

2）图案

对于采用有配光设计面罩的信号灯，发光单元的发光面应均匀一致，应无过亮或过暗的斑点或区域，图案轮廓清晰。

对于采用发光二极管（LED）光源和透明面罩的无图案信号灯，其发光二极管（LED）应排列成同心圆形。对于采用发光二极管（LED）光源和透明面罩的有图案信号灯，除非机动车信号灯、左转非机动车信号灯和人行横道信号灯的图案允许采用发光二极管（LED）勾勒轮廓外，其余图案均应采用发光二极管（LED）均匀排列。

有图案信号灯的图案应符合《道路交通信号灯》GB 14887—2011 附录 A 的要求。

3）尺寸和角度

a. 发光单元尺寸

ϕ200mm、ϕ300mm、ϕ400mm 3 种规格信号灯发光单元在信号灯壳体上，安装孔的直径分别为 ϕ200mm、ϕ290mm 和 ϕ390mm，尺寸允许偏差±2mm。

对于无图案信号灯，ϕ200mm、ϕ300mm、ϕ400mm 3 种规格信号灯的出光面直径分别为 ϕ185mm、ϕ275mm 和 ϕ365mm，尺寸允许偏差±2mm。

对于有图案信号灯，ϕ200mm、ϕ300mm、ϕ400mm 3 种规格信号灯图案出光面外接圆的直径分别为 ϕ185mm、ϕ275mm 和 ϕ365mm，尺寸允许偏差为±2mm。图案尺寸应符合《道路交通信号灯》GB 14887—2011 附录 A 的要求。

信号灯各发光单元中心距不得大于发光单元面罩尺寸的 135％。

b. 遮沿尺寸和角度

信号灯遮沿长度不应小于信号灯面罩外廓尺寸的 1.25 倍，遮沿侧夹角应小于 80°，遮沿包角不应小于 270°。

(2) 光学性能

1）无图案信号灯

a. 基准轴上的发光强度

无图案信号灯发光单元基准轴上的发光强度应符合表 7-5 的规定。

基准轴上的发光强度（cd） 表 7-5

面 罩 规 格	ϕ300mm、ϕ400mm	ϕ200mm
LED 光源、白炽灯光源、低压卤素灯光源	$I_{min} \geqslant 400$	$I_{min} \geqslant 200$
LED 光源	$I_{max} \leqslant 1000$	$I_{max} \leqslant 800$
白炽灯光源、低压卤素灯光源	$I_{max} \leqslant 2500$	$I_{max} \leqslant 2000$

b. 光强分布

无图案信号灯发光单元的发光强度分布应符合表 7-6 规定。在规定照射区域内，发光强度应均匀，即在该区域内任一方向上的发光强度，不应低于该方向相邻有数值规定方向中的最小值，且不大于表 7-5 规定的最大值。

信号灯的光强分布 表 7-6

基准轴向下	基准轴左右				
	±0°	±5°	±10°	±20°	±30°
0°	100	85	55	3	1
3°	80	75	—	—	—
5°	60	—	35	—	—
10°	30	—	—	8	—
20°	2	—	—	—	2

注：1. 数据以%计，以表 7-5 中规定的光强 I_{min} 为 100%。
　　2. "—"表示该角度对光分布不作确定数值规定。

2) 有图案信号灯

a. 亮度

除采用 LED 勾勒图案的非机动车信号灯、左转非机动车信号灯和人行横道信号灯外，其余有图案信号灯在各个方向上发光亮度的平均值应不低于表 7-7 中规定的最小亮度值，且不大于 15000cd/m²。在可观察信号灯点亮区域内，亮度应均匀，基准轴上的发光亮度的最大值与最小值之比应不大于 2。

有图案信号灯最低亮度值（cd/m²） 表 7-7

垂直角度 (基准轴向下)	水平角度 (基准轴左右)	信号灯光色		
		红色	黄色	绿色
0°	0°	5000	5000	5000
	±15°	1500	1500	1500
10°	0°	1500	1500	1500
	±10°	1500	1500	1500

b. 发光强度

采用 LED 勾勒图案的非机动车信号灯、左转非机动车信号灯和人行横道信号灯，其发光单元基准轴上的发光强度应不小于 150cd，且不大于 400cd，其他方向上的发光强度应不低于表 7-8 规定。

有图案信号灯轮廓最低光强（cd） 表 7-8

垂直角度 (基准轴向下)	水平角度 (基准轴左右)	信号灯光色		
		红色	黄色	绿色
0°	0°	150	150	150
	±15°	45	45	45
10°	0°	45	45	45
	±10°	45	45	45

c. 使用后的光学性能

信号灯投入使用 1 年以后，信号灯发光单元基准轴上的发光强度（亮度）不得低于表 7-5、表 7-7、表 7-8 规定值的 80%。

(3) 幻像

信号灯发光单元基准轴线上的发光强度 I_s 与其夹角为 10°方向上的幻像产生的发光强度 I_{ph} 之比应符合表 7-9 规定。

I_s 与 I_{ph} 比值   表 7-9

信号灯光色	比 值	
	有色面罩	无色面罩
红色、黄色	>8	>1
绿色	>16	>2

(4) 色度性能

信号灯的光色为红、黄、绿 3 种颜色,色度性能应符合规定要求。幻像和灯光信号同时作用时的信号灯色度性能也应符合规定要求。

(5) 功率及功率因数

在额定电压下,信号灯单个发光单元的功率应不大于表 7-10 的要求。具有电源适配器的信号灯发光单元功率因数应不小于 0.85。

信号灯发光单元最大功率（W）   表 7-10

面罩规格	具有电源适配器的信号灯			无电源适配器的信号灯
	LED 光源		白炽灯光源、低压卤素灯光源	白炽灯光源、低压卤素灯光源
	无图案信号灯	有图案信号灯		
φ200mm	12	8	60	110
φ300mm	15	12	60	110
φ400mm	20	15	60	110

(6) 电源适配器

1) 绝缘电阻与介电强度

电源适配器的输入和输出之间的绝缘电阻应大于 2M,应能承受交流 1440V 的介电强度而不发生火花和击穿现象。

2) 关断电压

当信号灯输入端电压有效值不大于 90V 时,信号灯应停止发出可见光。

3) 接地要求

当电源适配器接地时,输出电路接地应接在一个端点上;在信号灯正常工作期间,除了灯座的壳体外,被接地的金属不能成为一个电流通道的部件。

(7) 启动瞬间电流

信号灯启动时的瞬间电流应小于 2A。

(8) 电源适应性

1) 电源电压适应性

供电电源频率保持 50Hz 不变,供电电压在额定电压 220V 基础上变化±20%,信号灯应能正常工作,基准轴上发光强度变化幅度应不大于额定电压下发光强度的10%。

2) 电源频率适应性

供电电源电压保持交流220V不变,供电电源频率变化范围50±2Hz,信号灯应能正常工作,基准轴上发光强度变化幅度应不大于额定电压下发光强度的10%。

(9) 启动/关闭响应时间

信号灯发光单元的启动响应时间应不大于100ms,关闭响应时间应不大于100ms。

(10) 夜间降光功能

以调幅或调相方式降低信号灯供电电源电压,当电压有效值不大于150V时,信号灯应能正常工作,发光单元基准轴上的发光强度应不小于150cd,且不大于250cd,亮度应不小于1500cd/m², 且不大于2500cd/m²。

(11) 发光二极管(LED)失效检测功能

以发光二极管(LED)为光源的信号灯,无论工作在正常发光状态还是降光工作状态,当发光单元上不能正常发光的发光二极管(LED)的数量超过该发光单元上发光二极管(LED)总数的50%时,信号灯应能自动熄灭该发光单元上所有的发光二极管(LED),并且应在1s内在输入电源引线两端产生至少250kΩ的阻抗。

(12) 盲人过街声响提示装置

盲人过街声响提示装置应能在人行横道信号灯的绿灯信号周期内发出过街提示声音或语音,声音应具有朝向人行横道线的指向性;声音基本波形为正弦波,频率为700±50Hz,周期为0.4s;在绿灯信号周期的最后3s,保持声音基本波形、频率不变,周期为0.2s;白天声压级应不超过65dB(A计权),夜间声压级应不超过40dB(A计权)。

(13) 外壳防护等级

1) 防尘等级

信号灯的防尘等级应不低于《外壳防护等级(IP代码)》GB 4208—2008中规定的IP5X,即防尘。试验后,信号灯应承受介电强度试验,并且信号灯壳体内应无滑石粉沉积,发光单元内应无滑石粉痕迹。

2) 防水等级

信号灯的防水等级应不低于《外壳防护等级(IP代码)》GB 4208—2008中规定的IPX3,即防淋水。试验后,信号灯应承受介电强度试验,信号灯壳体内应无积水,并且壳体内带电部件及发光单元中应无水的痕迹。

(14) 太阳能供电信号灯的性能

1) 通用要求

太阳能供电信号灯应符合本款第(1)、(2)、(3)、(4)、(5)、(7)、(9)、(11)、(13)、(19)、(20)、(24)、(26)、(27)、(28)项的要求。

2) 工作状态要求

太阳能供电信号灯工作时,处于关闭状态的信号灯不应发出可见光,并且应同时符合本款第(21)、(22)、(23)(不复测绝缘电阻和介电强度)、(25)项的要求。

3) 太阳能电池板与蓄电池的匹配性能

太阳能电池板和蓄电池应匹配良好。太阳能电池板和蓄电池匹配试验中,太阳能供电信号灯应能正常工作,试验后复测其基准轴上的发光强度应不小于表7-5要求。

4）耐极性反接性能

在阳光照射下，分别将太阳能电池板的输出端和蓄电池的输出端反接，太阳能供电信号灯不应出现电气故障。

5）充放电保护性能

当蓄电池电压达到其供应商建议的最大电压时，控制电路应自动切断太阳能电池板与蓄电池之间的回路；当蓄电池输出电压低于其供应商建议的最低电压时，控制电路应自动切断蓄电池与输出负载之间的回路。

6）抗电压波动性能

供电电压在额定电压基础上变化±20%，太阳能供电信号灯应能正常工作，基准轴上发光强度变化幅度应不大于额定电压下发光强度的10%。

7）夜间降光功能

当太阳能供电电压有效值不大于太阳能供电信号灯额定工作电压的70%时，信号灯应能正常发光，发光单元基准轴上的发光强度应不小于150cd且不大于250cd，亮度应不小于1500cd/m^2且不大于2500cd/m^2。

8）连续工作性能

在25±5℃条件下，蓄电池充满电，然后切断充电电路，太阳能供电信号灯以多时段定周期控制方式连续工作120h，复测其基准轴上的发光强度不应低于表7-5要求。

（15）绝缘电阻

信号灯的带电部件与发光单元表面和信号灯壳体之间的绝缘电阻应不低于2MΩ。

（16）介电强度

信号灯的带电部件与发光单元表面和信号灯壳体之间应能承受交流1440V试验电压，在介电强度试验期间不应发生火花和击穿现象。

（17）泄漏电流

电源各极与发光单元表面和信号灯壳体之间的泄漏电流不应超过1.0mA。

（18）防触电保护

信号灯发光单元表面应无可触及带电部件。

按生产企业说明书中的规定进行信号灯或发光单元的安装调节、光源调换等操作时，其带电部件应不可触及。

（19）内部接线

信号灯壳体内部接线的标称截面积应不小于0.5mm^2，橡胶或聚氯乙烯的绝缘层厚度最小为0.6mm。内部接线的走线要合适或有保护，防止被锐边、铆钉、螺钉和类似零件或其他活动部件损坏，接线不得绞拧360°以上。所用导线火线绝缘层颜色应与其连接发光单元的光色相对应，零线导线应为黑色，黄绿双色导线只能用作接地线。

（20）壳体安全性

1）爬电距离和电气间隙

信号灯壳体内各种带电部件与邻近的金属件之间的爬电距离和电气间隙不得小于3.6mm。

2）电缆入口处防护

电缆入口应适合于采用导线管、导线保护套等措施保护导线，应进行倒边，使其光滑，其最小半径为 0.5mm。

3) 导线固定架及接线端子

信号灯壳体内应配有采用绝缘材料制作的导线固定架，以防接线端子受力和导线绝缘层磨损。

信号灯壳体内应具有供发光单元与外部电源连接的接线端子，接线端子应采用符合《灯具第 1 部分：一般要求与试验》GB 7000.1—2007 第 14 章要求的螺纹接线端子。

4) 接地要求

在信号灯内具有在完成安装、调换灯泡时可触及的金属部件或在绝缘出问题时可能变为带电的金属件时，应采用黄绿色导线将这些金属部件与设置在接线端子上（或附近）接地接线端子连接，并在接地接线端子上设置通用标识。连接导线的固定端应满足以下要求：

a. 螺纹端子夹紧装置应不能徒手松开；

b. 接地接线端子的螺钉或其他部件，均应采用黄铜或其他不锈钢金属或带不锈表面的材料制成，并且接触面应为裸露金属面。

c. 在接地接线端子与可触及金属件之间电阻不应超过 0.5Ω。

注：在不破坏信号灯各组成部分的前提下无可触及金属部件的信号灯不作此项要求。

(21) 耐高温性能

信号灯在环境温度为 80±2℃ 条件下，以工作状态经受 24h 试验。在试验中和试验后，信号灯均应工作正常，信号灯壳体、发光单元等应无变形、龟裂、光泽变化等缺陷，密封处不应有爆裂现象。

(22) 耐低温性能

信号灯在环境温度为 −40±3℃ 条件下放置 24h 后，接通信号灯电源，信号灯应能正常发光，以工作状态经受 24h 试验。在试验中和试验后，信号灯均应正常工作，信号灯壳体、发光单元等应无变形、龟裂、光泽变化等缺陷，密封处不应有爆裂现象。

(23) 耐湿热性能

信号灯在环境温度 40±1℃、湿度 93%～97% 条件下，以工作状态经受 48h 的试验。在试验中和试验后，信号灯均应能正常工作，试验后立即测试绝缘电阻和介电强度性能，应符合本款第 (16)、(17) 项的要求。

(24) 耐盐雾性能

信号灯经过 96h 的盐雾试验后，信号灯应能正常工作，外部可见金属部件表面应无锈点。

(25) 抗振动性能

信号灯在额定电压下以正常工作状态固定在振动台上，对其进行前后、左右、上下方向上的振动，每个方向振动 20 个周期。试验中及试验后，信号灯应能正常工作，紧固部件应无松动，无机械损伤，无电器接触不良现象。

(26) 强度性能

以 250±0.5g 的钢球从 40cm 的有效高度自由跌落，落点位于处于工作状态的信号灯面罩的中央。试验后，试样面罩不得碎裂，封接处不得有开裂等缺陷。

(27) 耐风压性能

风压试验期间，信号灯具不应损坏或从固定点移位，并在试验的两个过程的任一过程后产生的永久变形不得超过1°。

(28) 耐候性能

对信号灯的面罩、非金属壳体进行600h人工气候加速老化试验，试验后不应有裂缝、凹陷、侵蚀、气泡、剥离、粉化或变形等缺陷。发光单元覆盖试验后的面罩，测试其基准轴上的发光强度（亮度）和光色坐标，应符合本款第（2）、（4）项的要求。

7.2.1.5　监控中心设备安装及系统调测

1. 监控中心功能

监控中心设备通过使用各种外场监控设施能够及时、准确、完整地收集并预告前方道路的各类信息，按照信息采集、信息处理、信息发布流程实现对所辖高速路网的交通运行状况的动态管理，以提高高速公路交通安全和通行能力，更好地发挥高速公路畅通、高效、安全的运输功能。

监控中心的主要功能主要包括以下几个方面：

(1) 准确及时采集交通流、交通环境和主要交通设施的各种状态信息，并上传至监控大厅管理人员处；

(2) 管理人员根据已掌握的信息，迅速做出有针对性的处理和优化控制方案，迅速实施相关措施；

(3) 监控系统可建立多种信息发布渠道，为高速公路使用者提供信息服务，通过调整驾驶员驾驶行为，达到交通流动态平衡；

(4) 可利用视频监控系统对重点路段和重要项目进行专项监控，如用其监视某大桥的车流通过情况，探测和确认交通事件及冬季路面使用状态监测等；

(5) 通过各种外场监控设备，可对交通事故做出快速响应，迅速提供救援服务及排除事故根源；

(6) 可建立道路交通运行数据库，用以支持道路运行状况评价，为改善道路经营和交通管理的决策提供数据分析。

2. 监控中心设备组成与作用

监控中心设备一般包括计算机系统、综合控制台、CCTV监视器或电视墙、大屏幕投影系统、地图板和应用软件等。

(1) 地图板

地图板是高速公路监控中心的大型设备。主要由屏架、屏面、控制箱、显示单元、安装连接件、电力线缆和通信线缆等组成。

地图板是监控中心的显示设备，是高速公路交通工程设施中的一项重要交通安全监控管理设备，它能动态、及时地显示高速公路各路段的车流量和通阻状态，以及安装在高速公路上的车辆检测器、气象检测器、能见度检测器、可变标志、可变限速标志和摄像机等各种设备的运行状况，为高速公路指挥中心调度指挥提供依据，对保障交通安全起着重要作用。

(2) 监控室

监控室是监控中心设备及计算机系统的主要工作场所，监控室的环境温度、湿度、新风系统、防尘措施、噪声和室内照度等是监控室的关键技术指标。

(3) 大屏幕投影系统

大屏幕投影系统是监控中心的显示设备,主要由投影屏幕、投影机和多屏拼接控制器3部分组成。主要用于动态、直观、形象地显示高速公路运行信息,包括闭路电视摄像机视频图像、图形计算机输出的高速公路运行信息(通常是图形和数字结合的 VGA 信号)等。

(4) 应用软件

监控应用软件主要是实现监控中心系统的信息采集、信息处理、信息提供功能和自检功能以及监控中心管理功能的系统平台。

3. 地图板

地图板是监控中心的专用设备,《高速公路监控系统地图板装置》JT/T 601—2004 对地图板产品的技术要求进行了规定。

其技术要求,主要包括:环境条件、使用场所要求、电源要求、结构尺寸、外观要求、屏面图案、符号及尺寸要求、材料要求、系统功能要求及控制系统基本性能要求等。

(1) 环境条件

1) 环境温度:5~40℃;

2) 相对湿度:5%~75%(最大绝对湿度 28g/m³);

3) 大气压力:66~108kPa。

(2) 使用场所要求

使用场所不允许有超过产品标准规定的振动和冲击;使用场所不得有爆炸危险的介质,周围介质中不应含有腐蚀性和破坏电气绝缘的气体及导电介质,不允许充满水蒸气及有较严重的霉菌;使用场所不允许有较强的外磁场感应强度,其任一方向不超过 0.5mT;有防尘及防静电措施;安全保护接地的接地电阻不大于 4Ω。

(3) 电源要求

交流电源电压为单相 220V,允许偏差在 −15%~+10% 之间;交流电源频率 50Hz,允许偏差 ±5%;谐波含量不大于 5%。直流电源电压 +24V 和 +12V,允许偏差 ±10%;直流电源电压纹波系数小于 5%。

(4) 结构尺寸

1) 屏体基本结构要求

屏的设计与组合应考虑元器件安装、布线、运行以及维修的方便;屏面模块的组合应能任意组装,并能在相应的位置上安装仪器仪表或其他元器件;屏应有足够的强度和刚度,大型元器件的安装应有加强措施,且屏应具备固定用构件;屏门应保证在不小于 90°内灵活地开启与关闭,并不碰撞、顶伤其他零、部件;高速公路、隔离带、光带、立交桥、地域、河流等主要模拟图形及颜色由各种颜色塑料注塑成型的模块拼接而成;其他图案、符号、文字凹刻处理后可用油漆等喷涂颜色;显示器结构应便于在屏上安装,其外形尺寸应为屏面模块的整数倍。

2) 基本尺寸要求

a. 屏体外形尺寸规定

每列屏宽度(W)优先选用:600mm,800mm,1000mm;深度(D)优先选用:500mm,550mm,600mm,800mm;高度(H)优先选用:2000mm,2200mm,

2500mm，2800mm，3000mm，3200mm，3500mm；折面屏相邻面之间的夹角不小于150°，优先选用：175°，170°，160°，150°；弧面屏曲率半径不小于6m，优先选用6m，9m，12m，15m，18m。

　　b. 屏面模块尺寸：25mm×25mm、50mm×50mm，优先选用50mm×50mm。

　　c. 显示器数码管字高：20mm，25mm，30mm，60mm，80mm。

　　d. 灯光发光面：灯光发光面为17mm×17mm、36mm×36mm。

　3）尺寸形位公差

　　a. 屏架尺寸公差

（a）高度尺寸公差：±1mm/1000mm；

（b）每列屏宽度尺寸公差：-2～+1mm；

（c）屏深度尺寸公差：±1.5mm；

（d）折面屏相邻面之间的夹角公差：±0.5°；

（e）弧面屏曲率半径公差：±3%。

　　b. 模块尺寸公差

（a）模块尺寸公差不低于GB/T 1800中IT10级的规定；

（b）模块平整度不低于GB/T 1184中IT11级的规定；

（c）一个模块若由两种或两种以上颜色塑料拼接而成，拼接后的多色模块平整度小于0.1mm。

　　c. 相邻模块拼接公差

（a）相邻模块平整度：0.2mm；

（b）相邻模块间隙：不大于0.1mm。

　4）屏面垂直度：屏面对水平面的垂直度公差不大于2mm/1000mm。

　5）屏面平面度：屏面平整度要求不大于2mm/(1000mm×1000mm)。

（5）外观要求

1）屏的金属零件均应有防腐层，防腐层应平整光滑，色泽一致，无气孔、砂眼、裂纹、伤痕、锈斑等。

2）模块尺寸应均匀一致，无反光、缩瘪及伤痕、目视无明显差异。

3）屏用图案、符号、文字和颜色应均匀，色泽清晰易辨，布局应匀称美观。

（6）屏面图案、符号及尺寸要求

1）图案与符号规定：常用屏面图案与符号参见《高速公路监控系统地图板装置》JT/T 601—2004，其他则依据使用目的单独绘制。

2）尺寸要求如下：

　　a. 高速公路图形宽度建议为150mm；

　　b. 路面车辆状况由光带显示，光带建议宽度为10mm；

　　c. 隔离带宽度建议为10mm；

（7）材料要求

屏架结构件宜采用符合国家相关标准的钢材，屏面材料采用阻燃型工程塑料，塑料氧指数不小于27。

（8）系统功能要求

1) 模拟对象状态显示元件显示方式。
2) 模拟数字显示器位数、单位定义。
3) 控制系统具有以下基本功能：
a. 与在线监控系统的通信功能；
b. 状态模拟显示元件具有红、绿、橙显示和红闪、绿闪显示功能；
c. 光带红、绿、橙显示和红流动、绿流动、橙流动显示功能；
d. 数字显示器多种规格、多种位数的数据显示；
e. 告警功能（灯光、音响）；
f. 模拟设备检测功能，即能对模拟屏上的设备进行检测，检测过程不影响其原来状态；
g. 程序自恢复；
h. 通信指示。
4) 控制系统具备以下选配功能：
a. 模拟显示元件、光带的亮度调节功能；
b. 状态模拟显示元件亮暗闪光的间隔时间、光带流动的速度有多种设定值；
c. 可控制数字显示器闪烁和熄灭；
d. 数字显示器地址显示功能。
5) 地图板具备以下自检功能
a. 查灯自检，状态模拟显示元件可全部红、绿、橙显示；光带可全部红、绿、橙显示，自检结束应能恢复到原来状态；
b. 数字显示器自检，数字显示器显示数字每位从 0～9 逐一变化，自检结束应能恢复到正常状态；
c. 音响告警自检，各种音响可分别自检。

(9) 控制系统基本性能要求
1) 状态模拟显示元件和光带元件显示、输入要求为：
a. 状态模拟显示元件、光带元件显示表示应符合规范的规定。
b. 元件输入电流为直流，单色灯工作容量：24V、不大于 20mA，12V、不大于 40mA；双色灯工作容量：24V、不大于 40mA，12V、不大于 80mA。
2) 数字显示器显示、输入要求为：
a. BCD 码位数：1～6 位带极性或不带极性，显示表示应符合规范的规定。
b. 与数字显示器接口：串行 EIA RS-232 或 EIA RS-485 接口。
3) 亮度：灯光、显示器发光元件的亮度应均匀，通常不小于 $80cd/m^2$。连续运行两年内，其平均亮度的降低不大于 10%。
4) 控制系统与在线监控计算机系统串行通信接口
a. 接口方式：EIA RS-232 或 EIA RS-485 接口，接插件为 9 针。
b. 串行传送速率：4800bit/s、9600bit/s。
c. 按地图板通信规约与在线监控计算机系统通信。
5) 绝缘电阻
a. 正常大气条件下的绝缘电阻要求，见表 7-11。

正常大气条件下的绝缘电阻要求 表 7-11

额定电压 U_n（V）	绝缘电阻要求（MΩ）
$U_n \leqslant 60$	≥5（用 250V 兆欧表）
$U_n > 60$	≥5（用 500V 兆欧表）

与外部回路直接连接的接口回路绝缘电阻应采用 $U_n > 60$V 的要求。

b. 湿热条件（温度 40±2℃，相对湿度 90%～95%，大气压力 86～108kPa）下的绝缘电阻要求，见表 7-12。

湿热条件下的绝缘电阻要求 表 7-12

额定电压 U_n（V）	绝缘电阻要求（MΩ）
$U_n \leqslant 60$	≥1（用 250V 兆欧表）
$U_n > 60$	≥1（用 500V 兆欧表）

与外部回路直接连接的接口回路绝缘电阻应采用 $U_n > 60$V 的要求。

6）绝缘强度

在正常大气压条件下，设备的被试部分应能承受表 7-13 中所规定的 50Hz 交流电压 1min 绝缘强度的试验，无击穿与闪络现象。

绝缘强度要求 表 7-13

额定电压 U_n	试验电压有效值	额定电压 U_n	试验电压有效值	额定电压 U_n	试验电压有效值
$U_n \leqslant 60$	500	$60 < U_n \leqslant 125$	1000	$125 < U_n \leqslant 250$	1500

试验部分为非电气连接的两个独立回路之间、各带电回路与金属外壳之间，与外部回路直接连接的接口回路绝缘电阻应采用 $125V < U_n \leqslant 250V$ 的要求。

7）高频干扰适应能力

在正常试验大气压条件下设备处于工作状态时，施加下述所规定的高频干扰，由电子逻辑电路组成的回路及软件程序应能正常工作。

a. 高频干扰波特性：

（a）波形：衰减振荡波，包络线在 3～6 周期后衰减到峰值的 50%；

（b）频率：(1±0.1)MHz；

（c）重复率：400 次/s。

b. 高频干扰电压值，见表 7-14。

高频干扰电压值 表 7-14

试验级别	共模试验值	试验回路
1	0.5kV	信号、控制回路
2	1.0kV	信号、控制回路
3	2.5kV	信号、控制回路或电源回路

注：1. 串模试验电压值为共模试验电压值的 1/2。
　　2. 试验级别 1 级，在控制中心有较好的保护环境中使用的设备；2 级，在控制中心没有特别保护环境中使用的设备；3 级，在控制中心有严重干扰环境中使用的设备。

8) 可靠性

灯光显示元件、显示器、驱动器平均无故障工作时间（MTBF）应不小于17000h。

9) 连续通电试验

灯光显示元件、显示器、驱动器完成调试后，在出厂前进行不小于72h的连续稳定通电试验，性能应能符合技术要求。

10) 振动

显示屏应能在振动条件下工作，振动试验要求如下：

在频率小于10Hz时，振幅为0.3mm，频率在10～150Hz时加速度为$1m/s^2$，按1倍频程扫频，经历20个循环。

4. 大屏幕投影系统

大屏幕投影系统是监控（分）中心的显示设备，监控中心的大屏幕投影系统主要用于动态、直观、形象地显示高速公路运行信息，包括闭路电视摄像机视频图像、图形计算机输出的高速公路运行信息。

目前投影机主要通过3种投影技术实现，即阴极射线管（CRT）、液晶设备（LCD）及数字光处理（DLP）投影技术。

目前，高速公路监控中心大屏幕投影仪主流采用DLP投影机，少量采用LCD液晶板投影机和LCD液晶光阀投影机。

大屏幕投影系统是监控（分）中心的显示设备，基本要求首先是各设备符合设计要求，其次是设备的安装质量，最后要求提交的资料齐全。

7.2.1.6 监控系统计算机网络

高速公路监控系统计算机网络是利用通信设备和线路将地理位置不同的、功能独立的多个路段的监控计算机系统互相连接起来，以功能完善的网络（即网络通信协议、信息交换方式、网络操作系统等）实现高速公路网络资源共享和信息传递的系统。是实现监控中心日常功能的重要支撑系统。

1. 网络设备的组成

网络主要由网线、插座、连接头、网卡、集线器、交换机、路由器、调制调解器、服务器等网络设备组成。

2. 网络布线的主要指标

通信行业标准《综合布线系统电气特性通用测试方法》YD/T 1013—1999对计算机网络的技术要求进行了详细的规定。

其主要指标，包括有：网线接线图、布线长度、衰减、近端串扰、环路阻抗、远方近端串扰衰耗、相邻线对综合串扰、远端串扰与衰减比、近端串扰与衰减比、综合远端串扰比、回波衰耗、传输时延、线对间传输时延差、同轴电缆特性阻抗、光纤接头衰耗及网络维护性测试和网络健康测试等。

（1）网线接线图

网线接线图反映了实际线对组合及连接是否正确。8芯双绞线是目前局域网最主要的传输介质，线对组合与连接都应符合EIA/TIA 586的规定，否则将导致错误，正确的线对组合为：1/2，3/6，4/5，7/8。

（2）布线长度

应满足实际需求,并符合设计文件的具体要求。

(3) 衰减

由于集肤效应、绝缘损耗、阻抗不匹配和连接电阻等因素,信号沿链路传输损失的能量称为衰减。

对一条布线链路来说,衰减量由下述 3 部分构成:

1) 每个连接器对信号的衰减量;
2) 构成通道链路方式的 10m 跳线或构成基本链路方式的 4m 设备接线对信号的衰减量;
3) 布线线缆对信号的衰减量。

不同类线缆在不同频率、不同链路方式情况下每条链路最大允许衰减值如表 7-15 所示。

不同频率、不同链路方式情况下每条链路最大允许衰减值 表 7-15

频率(MHz)	3 类线缆 (dB)		4 类线缆 (dB)		5 类线缆 (dB)		5 类 E (dB)		6 类 (dB)	
	通道链路	基本链路	通道链路	基本链路	通道链路	基本链路	通道链路	基本链路	通道链路	基本链路
1.0	4.2	3.2	2.6	2.2	2.5	2.1	2.1	2.1	2.2	2.1
4.0	7.3	6.1	4.8	4.3	4.5	4.0	—	—	—	—
8.0	10.2	8.8	6.7	6.0	6.3	5.7	—	—	—	—
10.0	11.5	10.0	7.5	6.8	7.0	6.3	6.3	6.3	6.7	6.2
16.0	14.9	13.2	9.9	8.8	9.2	8.2	—	—	—	—
20.0	—	—	11.0	9.9	10.3	9.2	—	—	—	—
31.25	—	—	—	—	12.8	11.5	—	—	—	—
62.5	—	—	—	—	18.5	16.7	—	—	—	—
100	—	—	—	—	24.0	21.6	21.6	21.6	21.4	20.7
200	—	—	—	—	—	—	—	—	31.8	30.4

(4) 近端串扰

近端串扰与线缆类别、连接方式、频率值有关。

不同类线缆在不同频率、不同链路方式情况下近端串扰最小衰耗值如表 7-16 所示。

近端串扰最小衰耗值 表 7-16

频率(MHz)	3 类线缆 (dB)		4 类线缆 (dB)		5 类线缆 (dB)		5 类 E (dB)		6 类 (dB)	
	通道链路	基本链路	通道链路	基本链路	通道链路	基本链路	通道链路	基本链路	通道链路	基本链路
1.0	39.1	40.1	53.3	54.7	>60.0	>60.0	63.0	64.0	72.7	73.5
4.0	29.3	30.7	43.3	45.1	50.6	51.8	—	—	—	—
8.0	24.3	25.9	38.2	40.2	45.6	47.1	—	—	—	—
10.0	22.7	24.3	36.6	38.6	44.0	45.5	47.0	49.0	56.6	57.8
16.0	19.3	21.0	33.1	35.3	40.6	42.3	—	—	—	—
20.0	—	—	31.4	33.7	39.0	40.7	—	—	—	—
25.0	—	—	—	—	37.4	39.1	—	—	—	—
31.25	—	—	—	—	35.7	37.6	—	—	—	—
62.5	—	—	—	—	30.6	32.7	—	—	—	—
100	—	—	—	—	27.1	29.3	30.0	32.3	39.9	41.9
200	—	—	—	—	—	—	—	—	34.8	36.9

(5) 环路阻抗

无论 3 类、4 类、5 类、5E 类或宽带线缆,在通道链路方式或基本链路方式下,线缆每个线对的直流环路电阻在 20～30℃环境下的最大值规定如下:

1) 3 类链路不超过 170Ω;
2) 3 类以上链路不超过 30Ω。

(6) 远方近端串扰衰耗

近端串扰值(dB)和导致该串扰的发送信号(参考值定为 0dB)之差值(dB)为近端串扰衰耗,NEXT 值越大,近端串扰衰耗也越大。

近端串扰与线缆类别、连接方式、频率值有关。远方近端串扰衰耗值的具体规定参见表 7-16。

(7) 相邻线对综合串扰

在 4 对型双绞线的一侧,3 个发送信号的线对向另一相邻接收线对产生串扰的总和称为相邻线对综合串扰,计算公式为:

$$N_4 = \sqrt{N_1^2 + N_2^2 + N_3^2 + N_4^2} \tag{7-1}$$

式中 N_1,N_2,N_3,N_4——分别为线对 1、线对 2、线对 3 对线对 4 的近端串扰值。相邻线对综合近端串扰限定值如表 7-17 所示。

相邻线对综合近端串扰限定值　　　表 7-17

频率(MHz)	5 类 E (dB)		6 类 (dB)	
	通道链路	基本链路	通道链路	基本链路
1.0	60.0	60.0	71.2	71.2
10.0	44.0	45.5	54.0	55.5
100	27.0	29.3	37.1	39.3
200	—	—	31.9	34.3

(8) 远端串扰与衰减比

从链路近端线缆的一个线对发送信号,该信号经过线路衰减,从链路远端干扰相邻接收线对,定义该远端串扰值为 FEXT。FEXT 是随链路长度(传输衰减)而变化的量。

定义:ELFEXT 为 FEXT 与 A(A 为受串扰接收线对的传输衰减)的差值。

等效远端串扰损耗 ELFEXT 最小限定值如表 7-18 所示。

等效远端串扰损耗 ELFEXT 最小限定值　　　表 7-18

频率(MHz)	5 类 (dB)		5 类 E (dB)		6 类 (dB)	
	通道链路	基本链路	通道链路	基本链路	通道链路	基本链路
1.0	57.0	57.0	59.0	61.0	63.2	66.2
10.0	37.0	37.0	39.1	41.0	43.2	45.2
100	17.0	17.0	19.0	21.0	23.2	25.2
200	—	—	—	—	17.2	19.2

(9) 近端串扰与衰减比

串扰衰减比(ACR)定义为:在受相邻发信线对串扰的线对上其串扰损耗(NEXT)

与本线对传输信号衰减值（A）的差值，单位为 dB。

即：
$$ACR(dB) = NEXT(dB) - A(dB) \quad (7-2)$$

对于由 5 类及高于 5 类线缆和同类接插件构成的链路，由于高频效应及各种干扰因素，ACR 的标准参数不单纯从串扰损耗值 NEXT 与衰减值 A 在各相应频率上直接的代数差值导出。表 7-19 为最小近端串扰损耗一览表。通过提高链路串扰损耗 NEXT 或降低衰减 A 水平可以改善链路 ACR。五类布线链路在各工作频率下的 ACR 最小限定值如表 7-20 所示。

最小近端串扰损耗一览表 表 7-19

频率（MHz）	3 类线缆（dB）		4 类线缆（dB）		5 类线缆（dB）		5 类 E（dB）		6 类（dB）	
	通道链路	基本链路	通道链路	基本链路	通道链路	基本链路	通道链路	基本链路	通道链路	基本链路
1.0	39.1	40.1	53.3	54.7	>60.0	>60.0	63.0	64.0	72.7	73.5
4.0	29.3	30.7	43.3	45.1	50.6	51.8	—	—	—	—
8.0	24.3	25.9	38.2	40.2	45.6	47.1	—	—	—	—
10.0	22.7	24.3	36.6	38.6	44.0	45.5	47.0	49.0	56.6	57.8
16.0	19.3	21.0	33.1	35.3	40.6	42.3	—	—	—	—
20.0	—	—	31.4	33.7	39.0	40.7	—	—	—	—
25.0	—	—	—	—	37.4	39.1	—	—	—	—
31.25	—	—	—	—	35.7	37.6	—	—	—	—
62.5	—	—	—	—	30.6	32.7	—	—	—	—
100	—	—	—	—	27.1	29.3	30.0	32.3	39.9	41.9
200	—	—	—	—	—	—	—	—	34.8	36.9

串扰衰减差（ACR）最小限定值 表 7-20

频率（MHz）	ACR 最小值（dB） 5 类	频率（MHz）	ACR 最小值（dB） 5 类
1.0	—	20.0	28
4.0	40	31.25	23
10.0	35	62.5	13
16.0	30	100	4

（10）综合远端串扰比

线缆远端受干扰的接收线对上所承受的相邻各线对对它的等效串扰 ELFEXT 总和称为综合远端串扰比，限定值如表 7-21 所示。

远端等效串扰总和 PSELFEXT 限定值 表 7-21

频率（MHz）	5 类（dB）	5 类 E（dB）		6 类（dB）	
		通道链路	基本链路	通道链路	基本链路
1.0	54.4	56.0	58.0	60.2	62.2
10.0	34.4	36.0	38.0	40.2	42.2
100	14.4	16.0	18.0	20.2	22.2
200	—	—	—	14.2	16.2

(11) 回波衰耗

是由线缆特性阻抗和链路接插件偏离标准值导致功率反射而引起。简称 RL (Return lose)。RL 等于输入信号幅度和由链路反射信号幅度的差值。最小回波损耗值如表 7-22。

最小回波损耗值　　　　表 7-22

频率 (MHz)	最小回波损耗值（dB）			
	4 类	5 类	5 类 E	6 类
1～10	15	15	17	19
10～16	15	15		
16～20	—	15		
200～100	—	$15-10\log_{10}(f/20)$	$17-7\log_{10}(f/20)$	$19-10\log_{10}(f/20)$
200		$15-10\log_{10}(f/20)$	$17-7\log_{10}(f/20)$	$19-10\log_{10}(f/20)$

(12) 传输时延

在通道连接方式或基本连接方式下，5 类及 5 类以下链路传输 10～30MHz 频率信号时，要求线缆中任一线对的传输时延 $T \leqslant 1000$ns；对于 5 类 E 和 6 类链路，要求传输时延 $T \leqslant 548$ns。

(13) 线对间传输时延差

以同一缆线中信号传播时延最小的线对的时延值作为参考，其余线对与参考线对时延差值不得超过 45ns。若线对间时延差超过该值，4 个线对同时并行高速传输数据信号时，将造成数据帧结构严重破坏。

(14) 同轴电缆特性阻抗

综合布线用缆线为 100Ω，无论 3 类、4 类、5 类、5E 类或宽带线缆，其每对芯线的特性阻抗在整个工作带宽范围内应保证恒定、均匀。链路上任何点阻抗的不连续性将导致该链路信号反射和信号畸变。

链路特性阻抗与标称值之差 $\leqslant 20$Ω。

(15) 光纤接头衰耗

光纤分为"单模光纤"和"多模光纤"，布线中不能混用。

1) 单模光纤传播距离可达 10 余公里，多用于长距离传输；多模光纤传输距离较短。

2) 光纤接头常用的结构形式主要有 3 种形式（插针体均采用外径 2.5mm 的精密陶瓷插针）：

　a. FC：金属套螺丝结构，圆形借口，通过螺纹连接；

　b. SC：矩形嵌入式塑料插拔式结构，方形接口；

　c. ST：金属圆形卡口式结构，圆形接口，通过卡口连接。

3) 除此外，还有一些采用更细的插针（外径 1.5mm 陶瓷插针）的接口形式：

　a. LC 型：插拔式锁紧结构，外壳为矩形；

　b. MU 型：与 SC 型外观类似，方形接口。

光纤接头衰耗值不能大于 0.2dB。

(16) 网络维护性测试和网络健康测试

网络维护性测试、健康测试指标只是定性测试。

网络维护性测试和网络健康测试的主要技术指标有以下 6 项：

1）网络吞吐量；

2）时延；

3）帧丢失率；

4）背对背帧处理；

5）置位恢复速率；

6）系统恢复速率。

以上具体指标没有统一的标准，是由检测人员按照设计指标和设计要求，采用网络测试仪进行检测判定的。

7.2.1.7 光、电缆线路

1. 光电缆线路

光电缆就是将金属导线和光纤有机结合起来，是传输电能与光信息的一体化传输介质。

高速公路光电缆线路主要指中心（站）到附近的外场监控设备、通信设备和收费设备的供电电缆、控制信号电缆、传输光缆、同轴缆、声频电缆或综合缆等。

光电缆线路可以从不同的角度，有多种分类方式：

（1）按电压等级可分为：高压光电缆、低压光电缆；

（2）按应用领域可分为：室内型光电缆和室外型光电缆。其中，室外型光电缆又可分为架空光电缆和直埋光电缆；

（3）按结构形式可分为：层绞式和平行式两种。

2. 光纤

光纤是一种用于传输光信号的传输媒质，是光电缆线路最重要的组成部分。光纤是由中心的纤芯和外围的包层同轴组成的圆柱形细丝。

处于内层的纤芯是一种截面积很小、质地脆、易断裂的光导纤维。外层包裹的包层是由折射率比纤芯小的材料制成。

正是由于纤芯和包层之间存在折射率的差异，光信号才得以通过反射在纤芯不断向前传播。光能量主要在纤芯传输，包层为光的传输提供反射面和光隔离，并起一定的机械保护作用。

通常在工程使用中，都是将多根光纤扎成束并裹以保护层制成多芯光缆。

光纤可以从不同的角度，有多种分类方式：

（1）根据制作材料不同，可分为石英光纤、塑料光纤、玻璃光纤等；

（2）根据传输模式不同，可分为多模光纤和单模光纤；

（3）根据纤芯折射率的分布不同，可分为突变型光纤和渐变型光纤；

（4）根据工作波长的不同，可分为短波长光纤、长波长光纤和超波长光纤。

7.2.2 通信设施

通信设施的内容有：通信管道与光、电缆线路；光纤数字传输系统；数字程控交换系统；紧急电话系统；无线移动通信系统；通信电源 6 部分。

7.2.2.1 通信管道与光、电缆线路

1. 通信管道

通信管道是指通信网络中通信光（电）缆的布放通道。

高速公路通信管道建设是高速公路建设的一部分。高速公路通信管道的用途主要用于敷设高速公路机电系统光缆和紧急电话电缆。

通信管道主要由主线的纵向管道、主线手井、边坡手井等组成。

通信管道在高速公路上一般有两种埋设方式：一种为埋设于中央分隔带的下面，这种方式比较常用；另一种为埋设于路肩下面。

目前常用的通信管道按所用管材可分为3类（见图7-2）：钢管管道、塑料管道和水泥管道（灰管）。

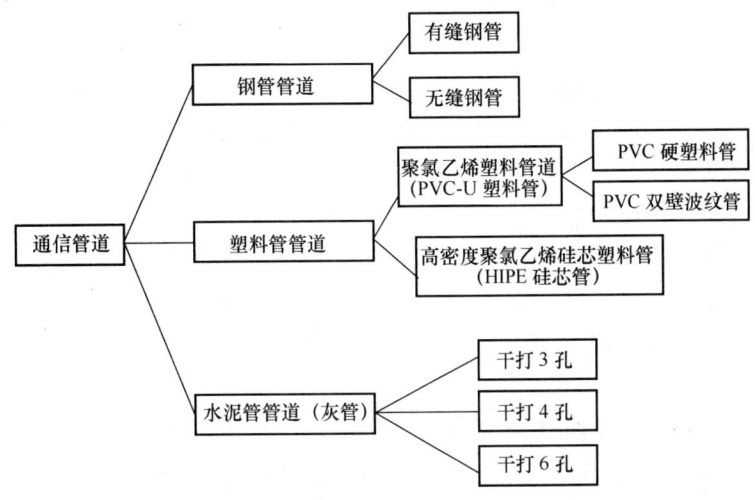

图7-2 通信管道分类

水泥混凝土管道由于造价高已很少使用，取而代之的是塑料管道，特别是高密度聚乙烯硅芯塑料管的应用，极大地提高了穿缆效率，降低了管道的投资成本，应用也越来越广泛。

2. 光、电缆线路

见7.2.1.7的内容。

7.2.2.2 光纤数字传输系统

1. 基带传输与频带传输

（1）基带传输

在数字信号频谱中，把直流（零频）开始到能量集中的一段频率范围称为基本频带，简称基带。数字信号被称为数字基带信号，那么在信道中将基带信号不经过载波调制和解调过程而直接进行传输就称为基带传输。

在基带传输中，整个信道只传输一种信号，通信信道利用率低。

（2）频带传输

将基带信号进行载波调制和解调过程的传输过程。计算机网络的远距离通信常采用的是频带传输。

基带信号与频带信号的转换是由调制解调技术完成的。

2. 光纤数字传输系统的构成

光纤数字传输系统主要包括：光发射机、光接收机和光纤。还包括中继器、光纤连接器和耦合器等无源器件。

光纤数字传输系统工作原理如图 7-3 所示。发射机把待传输的电信号转换为光信号，接收机把光信号转换为原来的电信号，光纤把发射机发出的光信号传送到接收机。

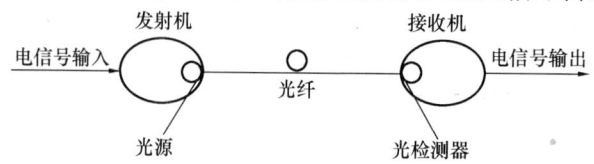

图 7-3　光纤数字传输系统工作原理

（1）光发射机（光源）

光发射机是实现电/光转换的光端机，它由光源、驱动器和调制器组成。其功能是用光端机的电信号对光源发出的光波进行调制，成为已调光波。然后再将已调的光信号耦合到光纤或光缆去传输。

（2）光接收机（光检测器）

光接收机是实现光/电转换的光端机。它由光检测器和光放大器组成，其功能是将光纤或光缆传输来的光信号，经光检测器转变为电信号，再将这微弱的电信号经放大电路放大到足够的电平送至接收端。

（3）光纤或光缆传输介质

光纤或光缆构成光传输通路。其功能是将发送机发出的已调光信号，经过光纤或光缆的远距离传输后，耦合到光接收机的光检测器，完成传送信息任务。

3. PCM 工作原理与系统组成

在光纤通信系统中，光纤中传输的是二进制光脉冲"0"码和"1"码，它由二进制数字信号对光源进行通断调制而产生。而数字信号是对连续变化的模拟信号进行抽样、量化和编码产生的，称为 PCM（pulse code modulation），即脉冲编码调制。如图 7-4 所示，PCM 脉冲编码调制就是对模拟信号先抽样，再对样值幅度进行量化、编码的过程。

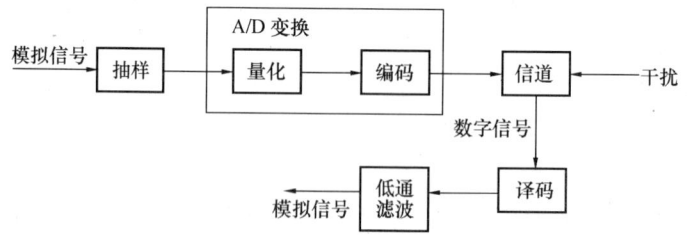

图 7-4　PCM 工作原理图

PCM 系统构成主要包括：模/数变换部分、信道部分（包括传输线路和再生中继器）和数/模变换 3 部分。如图 7-5 所示。

（1）PDH 工作原理与系统组成

在数字传输系统中有两种数字传输系列：一种叫"准同步数字系列"简称 PDH；另一种叫"同步数字系列"，简称 SDH。

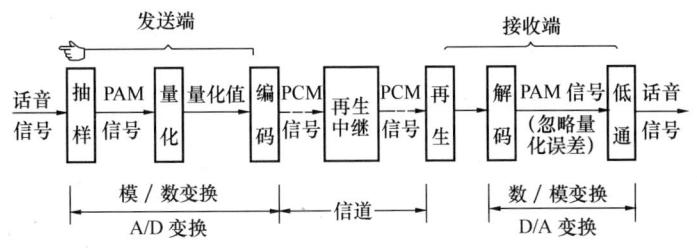

图 7-5　PCM 系统构成

目前世界上有两种 PDH 体系，通常称为欧洲体系和北美、日本体系。我国 PDH 使用的是欧洲体系，其基群速率是 2048kbit/s，按 4 倍的速率异步复接为 8448kbit/s、34368kbit/s 和 139264kbit/s 速率，如图 7-6 所示，它是一级一级复接成高次群的，分接亦需逐级实行，虽然也有跳群复用设备，但在设备内部仍是逐级复接和分接的。

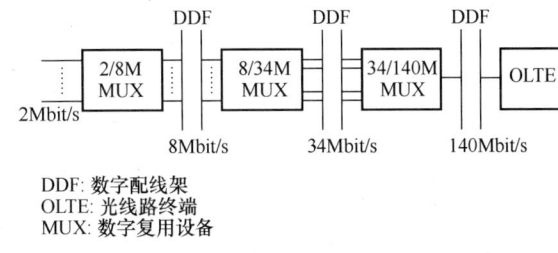

DDF：数字配线架
OLTE：光线路终端
MUX：数字复用设备

图 7-6　PDH 原理图

(2) SDH 工作原理与系统组成

SDH 传输系统是在准同步数字系列（PDH）系统的基础上发展起来的，是一种将复接、线路传输及交换功能融为一体、并由统一网管系统操作的综合信息传送网络，是美国贝尔通信技术研究所提出来的同步光网络（SONET）基础上发展起来的，可进行同步数字传输、复用和交叉连接的标准化数字信号的等级网络结构。它通过指针一步即可完成复用或解复用，可以动态改变网络配置，及时适应用户传输功能要求，是目前国内外广泛应用的一种光纤传输技术。其原理如图 7-7 所示。

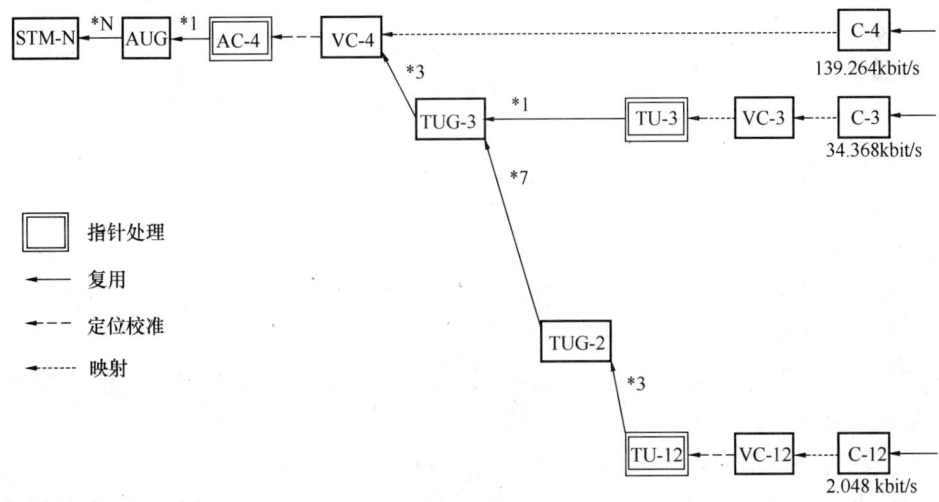

图 7-7　SDH 原理图

SDH 传输系统的基本网络单元包括：同步数字交叉连接设备（SDXC）、分/插复用设备（ADM）、同步复用设备（MUX）、同步再生器（REG），共 4 类网元。

(3) 杂波

杂波就是混杂在各种电气（模拟和数字）信号中的不规则波动，如果这些波动达到一定的程度和范围就会影响系统的正常运行。

实际中，设备本身产生的杂声电压和电流也能够对系统的正常运行产生一定的影响。

(4) 数据电路与数据链路

数据电路指的是在线路或信道上加信号变换设备之后形成的二进制比特流通路，它由传输信道及其两端的数据电路通信设备 DCE（Data Commu-nications Equipment）组成。数据电路是一条通信双方的物理电路（可以是含线传输媒体）段，中间不包含任何交换节点，又称为物理链路或简称链路。它与数据链路是两个不同的概念。

数据链路是在数据电路已建立的基础上，是除了物理线路外，还必须有通信协议来控制这些数据的传输。加了通信控制器以后的数据电路称为数据链路。一条链路只是一条通路的一个组成部分。可见数据链路包括物理链路和实现链路协议的硬件和软件。

(5) 传输通道

传输通道是数据传输的通道，其定义了在空中接口上数据传输的方式和特性。一般分为两类：专用信道和公共信道。

(6) 调制与解调

计算机在发送数据时，先由 Modem（调制解调器）把数字信号转换为相应的模拟信号，这个过程称为"调制"；经过调制的信号通过电话载波传送到另一台计算机之前，也要经由接收方的 Modem（调制解调器）负责把模拟信号还原为计算机能识别的数字信号，这个过程称为"解调"。

在通信系统中，将原始信号变换成其频带适合信道传输的信号，并在接收端进行反变换将原始信号还原，这种变换和反变换通常称为调制和解调。经过调制的信号称为已调信号，具有携带消息和适应在信道中传输两个基本特征。

(7) 同步

在数字通信系统中，传送的信号都是数字化的脉冲序列。这些数字信号流在数字交换设备之间传输时，其速率必须完全保持一致，才能保证信息传送的准确无误，这就叫做"同步"。

同步是指两个或多个信号之间在频率或相位上保持某种严格的特定关系。最简单的关系就是频率相等。

(8) 差错控制

差错控制是一种保证接收的数据完整、准确的方法。由于通信线路上总有噪声存在，噪声和有用信息中的结果，就会出现差错。

差错控制方式基本上分为两类，一类称为"反馈纠错"，另一类称为"前向纠错"。在这两类基础上又派生出一种称为"混合纠错"。

对于不同类型的信道，应采用不同的差错控制技术，否则就将事倍功半。反馈纠错可用于双向数据通信，前向纠错则用于单向数字信号的传输，例如广播数字电视系统，因为这种系统没有反馈通道。

(9) 并行通信与串行通信

并行通信是把一个字符的各数位用几条线同时进行传输，传输速度快，信息率高。比串行通信所用的电缆多，故常用在传输距离较短（几米至几十米）、数据传输率较高的场合。

串行通信是指数据一位一位地依次传输，每一位数据占据一个固定的时间长度。适用于计算机与计算机、计算机与外设之间的远距离通信。

（10）异步传输与同步传输

异步传输是一次只传输一个字符，每个字符用一位起始位引导、一位停止位结束。起始位为"0"，占一位时间；停止位为"1"，占1~2位的持续时间。在没有数据发送时，发送方可发送连续的停止位（又称空闲位）。接收方根据"1"至"0"的跳变来判别一个新字符的开始，然后接收字符中的所有位。

同步传输是一次传输一个数据帧块，为使接收方能判定数据块的开始和结束，须在每个数据块的开始处和结束处各加一个帧头和一个帧尾，加有帧头、帧尾的数据称为一帧（Fram）。帧头和帧尾的特性取决于数据块是面向字符的还是面向位的。

（11）单工、半双工、全双工

单工数据传输只支持数据在一个方向上传输，即只能发送或者只能接收数据；半双工数据传输允许数据在两个方向上传输，既可以接收也可以发送数据，但是，在某一时刻，只允许数据在一个方向上传输，它实际上是一种切换方向的单工通信；全双工数据通信允许数据同时在两个方向上传输，能同时接收数据和发送数据，因此，全双工通信是两个单工通信方式的结合，它要求发送设备和接收设备都有独立的接收和发送能力。

7.2.2.3 数字程控交换系统

高速公路数字程控交换系统作为整个路网语音传输平台，包括了高速公路业务电话系统、指令电话系统、与电信连接的对外电话系统，以及移动通信的接入系统，主要为高速公路沿线各管理部门提供业务电话（BT）和指令电话（CT）等通信业务。

1. 组成

（1）数字程控交换系统通常由交换网络、接口子系统和控制子系统3部分组成。

（2）从硬件接口来看，主要由话路系统、控制系统和网络交换机组成，数字程控交换机硬件结构如图7-8所示。

1）接口子系统的作用是将来自不同终端（如电话机，计算机等）或其他交换系统的

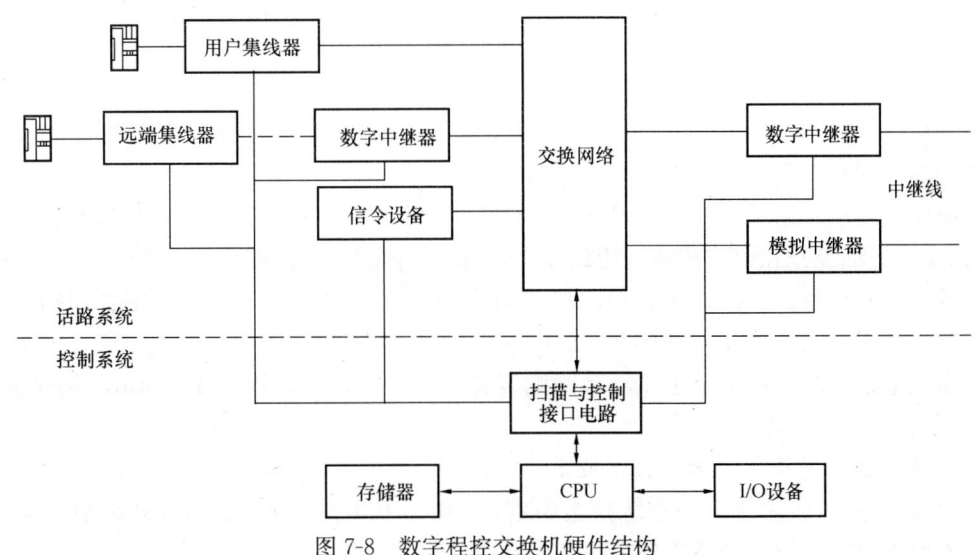

图7-8 数字程控交换机硬件结构

各种传输信号转换成统一的数字程控交换系统内部的工作信号,并按信号的性质分别将信令传送给控制系统,将信息传送给交换网络。

2) 交换网络的任务是实现输入输出线上信号的传递或接续。

3) 控制系统则负责处理信令,按信令的要求控制交换网络完成接续,通过接口发送必要的信令,协调整个数字程控交换系统的工作以及配合协调整个电信网的运行等。

2. 分类

数字程控交换系统按照不同的信息传递方式,可分为:模拟交换系统和数字交换系统。

(1) 模拟交换系统

以模拟信号交换设备为主体。空分式电子交换和脉幅调制(PAM)的时分式设备都属于这一类的电子交换设备。

(2) 数字交换系统

以数字信号交换设备为主体。常用的有数字信号为脉冲编码调制(PCM)的信号和对 PCM 信号进行交换的数字交换设备。

目前,最具有代表性的是数字程控交换系统,采用计算机常用的"存储程序控制"方式来控制整个交换工作。

3. 功能与作用

目前,在公路专用通信网中,数字程控交换系统发挥着重要作用,为公路运营管理提供了高效的通信服务,不仅能够完成基本的点对点的话音、传真、图像等数据的传输,还提供了一点对多点的指令电话、电话会议等特殊服务。

7.2.2.4 紧急电话系统

1. 功能与作用

紧急电话系统是沿高等级公路设置的应急通信设施,是高速公路使用者主动向高速公路运营管理单位呼叫救援的重要手段。

一般公路根据情况选择使用,在公路发生交通事故、车辆出现故障或遇到其他紧急情况时,能提供紧急通话业务。使用人员可以通过外场紧急电话机与紧急电话控制台直接通话,以便得到有关方面的帮助和处理。

2. 分类与组成

紧急电话系统分为有线式和无线式两大类。无线式又分为模拟式无线方式和基于 GSM 或 CDMA 网络的数字方式。

公路紧急电话系统一般由 3 部分组成:主机(控制中心设备)、路侧基础和报警分机(受话器和送话器)和通信线路(传输介质)。传输介质可采用电缆或光缆。

控制中心设备由主控设备、打印机和防雷配线模块组成。主控设备主要包括:主控机、值班话机、录音单元(可含于主控机内)。

紧急电话系统容量不小于 480 台路侧报警分机,覆盖范围不小于 50km。配置至少 2 部值班话机。

3. 有线式紧急电话系统的技术要求

《高速公路有线紧急电话系统技术要求》GB/T 19516—2004 在有线式紧急电话系统的技术要求方面进行了详细的规定和要求。

有线式紧急电话系统是供公路使用者处于困境中求援时所使用，控制中心设备和路侧分机应具有以下主要功能和技术要求。

(1) 控制台

1) 功能要求

a. 能实时接收路侧分机的呼叫，识别呼叫分机的位置，以振铃声和显示方式给出提示，并可对任一路侧分机进行呼叫；

b. 能够建立和拆除话务员与呼叫分机之间的话音通路；

c. 具有对路侧分机、电池电压等进行检测的功能，应能够按定期自动巡检、人工巡检和人工抽检 3 种方式进行检测。可对任一通话进行自动录音，并可记录日期、时间等信息；

d. 具有录音回放功能，可按条件检索到某条通话记录，并播放其对应的通话录音；

e. 当同时有多个呼叫，应能接受每一个呼叫，并对其进行排队处理；

f. 当进行无论何种方式的系统检测时，不能影响正常接收、处理路侧分机的呼叫；

g. 具有对呼叫及处理情况进行记录、分类统计并输出的功能；

h. 具有自动和人工启动系统检测并进行异常告警的功能；

i. 具有对系统检测结果进行记录、分类统计并输出的功能；

j. 配置与监控计算机通信的串行接口，按附录 A 的规定向监控计算机传送紧急电话系统的使用状态和设备状态。

2) 环境条件

a. 环境温度：$0 \sim +40℃$；

b. 相对湿度：$45\% \sim 75\%$；

c. 大气压力：$86 \sim 106 kPa$；

d. 环境噪声：$\leqslant 60 dBA$。

3) 信号特性

a. 呼叫信号、系统检测信号、数据及应答信号等应为平衡传输的电平信号或调制信号。

b. 经 15km 仿真线传输，信号传输误码率不大于 10^{-6}。

4) 话音特性

主控机配备的值班话机，其通话传输特性需符合《自动电话机技术条件》GB/T 15279—2002 中 4.2 的要求。

5) 振铃特性

振铃声压级应可调，其最大声压级应不小于 80dB (A)。

(2) 路侧分机

1) 功能要求

a. 具有发出呼叫信号的功能，此呼叫信号应能给出自己所在位置。

b. 接收来自控制中心的呼叫信号，并根据控制命令建立和拆除话音通路。

c. 通话采用免提方式，通过扬声器和麦克风与控制中心进行双向通话。

d. 接收来自控制中心的检测信号，并配合控制中心设备完成检测过程。

2) 环境条件

a. 安装环境：户外无气候防护；

b. 相对湿度：$RH \leqslant 95\%$；

c. 环境温度：应满足表7-23中给出的户外6种气候类型绝对极值划分表。

户外6种气候类型绝对极值划分表　　　　　表7-23

气候类型	低温（℃）	高温（℃）	气候类型	低温（℃）	高温（℃）
寒冷	-55	40	干热	-30	45
寒温Ⅰ	-40	40	亚湿热	-15	45
寒温Ⅱ	-45	35	湿热	0	40
暖温	-30	45	—	—	—

注：考虑到日光辐射影响，在高温时还应在表7-23绝对极值数上再增加5~10℃。

3）信号特性

a. 呼叫信号、系统检测信号、数据及应答信号等应为平衡传输的电平信号或调制信号。

b. 经15km仿真线传输，信号传输误码率不大于10^{-6}。

4）话音特性

a. 频率响应曲线

路侧分机不带用户线时，发送频率响应在规定的范围以内；接收频率响应在规定的范围以内。

b. 响度评定值

路侧分机发送、接收响度评定值应符合表7-24的要求。

响度评定值　　　　　表7-24

仿真线长度（km）	0	15
发送响度评定值SLR（dB）	≥+18	≤+36
接收响度评定值RLR（dB）	≥-25	≤-10

c. 非线性失真

路侧分机在通话状态时，发送、接收非线性失真均应不大于10%。路侧分机正常使用时应无振鸣现象。

4. 无线紧急电话系统的技术要求

《公路GSM/CDMA数字紧急电话系统》JT/T 621—2005对数字式无线紧急电话系统的技术要求进行了详细的规定和要求。

（1）控制台

1）基本功能

控制台应能够接受电话机发出的呼叫。控制台分机振铃，同时以显著的方式显示电话机在地图中的位置，控制台上显示电话机的编号、桩号和呼叫时间，摘机后进入通话状态。

控制台应能够简便地呼叫电话机。控制台上应能显示被呼叫电话机的状态、编号和呼叫时间。控制台应能同时进行多路通话和排队等待功能。

2) 录音、播放和话务量统计功能

控制台应能均衡对所有的呼入、呼出通话同时进行数字式录音,录音的开始与结束应为全自动方式。控制台应能显示当前是否处于录音状态、录音时长并可改变录音存放路径。控制台应能对通话录音进行查询、播放和转存,播放中应能进行快进、后退、暂停的控制。控制台应具备播放功能,通过音箱将被监听的通话实时播放出来,而且不应影响通话和录音的效果。监听的开始和结束应为全自动方式。控制台能按时间段、按电话机编号进行话务量统计,统计的项目至少应包括呼叫次数总计、通话时间总计和平均通话时间。

3) 呼叫记录

控制台接收到电话机的呼叫时应具备信息录入功能。所有的呼叫记录应储存,可查阅。控制台应能对呼叫记录按时间段、终端编号、值班工号进行分类查询,查询的结果可以用报表的形式打印输出。在查阅某条呼叫记录时,能同时播放其录音内容。

4) 告警功能

控制台应能接受所有电话机的各类告警信息,显示告警的时间、电话机编号以及告警的内容,同时自动储存。控制台应能对告警信息按内容、时间段、终端编号、值班工号进行分类查询,查询的结果可以用报表的形式打印输出。

5) 远程监控功能

控制台应能对电话机进行参数设置。控制台应能对电话机进行检测,检测项目至少应包括工作电压范围,扬声器和话筒的工作状态。控制台应具备重新启动电话机的功能。控制台应具备暂时关闭和解除暂时关闭外场紧急电话机的功能,暂时关闭的时间应能调整,控制台可查询电话机是否处于暂时关闭状态。

6) 远程查询功能

控制台应能通过不产生额外通信费用的方式对外场紧急电话机状态进行查询,判断电话机是否可建立呼叫。

7) 话费查询功能

仅限于使用充值业务的终端。控制台应能设定此类型电话机的基本话费资料。控制台应能对此类型电话机的当前余额进行查询。

8) 安全权限管理功能

控制台应配备一个以上的管理员账号,管理员拥有全部权限,可分配各值班工号不同的使用权限。控制台的使用应进行登录,登录后只能使用分配了相应权限的那部分控制台功能。控制台程序关闭时应进行密码确认。

9) 操作日志功能

控制台应能对所有值班人员登录后的操作进行记录,其内容应至少包括时间、值班工号、操作事项。控制台应能对操作日志分类查询,其结果可以用报表的形式打印输出。通过授权,所有记录均可备份、删除和恢复。

(2) 路侧分机

1) 基本功能

电话机呼叫控制台时,能给使用者清晰的语音提示,自动报警并发出地址信息,使控制台能识别出报警电话机的位置。地址信号应随呼叫同时到达控制台。电话机能够自动接受控制台的呼叫、应答。所有通话复原方式为控制台控制方式,在控制台挂机后外场紧急电话机自动复原。电话机应具备拒绝应答功能，与系统无关的电话来话拒绝应答并给出忙音信号。电话机应设置 SIM 卡或 LAIN 卡专用密码。

2）告警功能

电话机应具备开门告警功能。电话机应具备电压检测能力，对于使用太阳能及可充直流后备电源供电系统，应在后备电源电压低于限定值时向控制台发送欠压告警，当后备电源恢复后向控制台发送欠压恢复信号。电话机应具备呼叫按钮长时间不释放告警、按钮不释放解除告警功能，当按钮持续按下超过 3min 时，电话机向控制台告警。当呼叫按钮释放后，电话机功能自动恢复正常，同时向中心发送按钮释放信号。

3）自检功能

电话机应具备定期自动检测功能，被检测部件至少应包括扬声器、话筒和系统电路等，自检发现故障后应向控制台告警。电话机应能接收控制台的检测命令并执行检测，检测项目至少应包括电话机的工作电压范围，扬声器和话筒工作状态。测试结果应及时回送到控制台。

4）远程维护功能

电话机可响应控制台的命令，对电话机的参数进行远程调整或修复，修改参数不需在外场现场操作。每个电话机的扬声器和话筒的增益在控制台可以远程分别调整。电话机可响应控制台的命令，将电话机暂时关闭，暂时关闭的时间可调整，并可以随时响应控制台的恢复命令，使电话机由关闭恢复正常。对于使用充值类业务的电话机应具备通过控制台进行远程充值的功能。

5）电话机的声压等级

电话机与控制台通话时，距电话机受话器 40cm 处，声压应不小于 90dB（A）。

6）电话机的电源

电话机采用太阳能供电电源，配备可充直流后备电源。在无条件使用太阳能供电的情况下，也可使用外供交流电源。采用太阳能供电电源方式时，在标准光强时，待机状态下，可充直流后备电源的容量应能保证电话机在无法充电的情况下至少连续待机工作 20h。

7）高、低温性能

电话机在高温状况和低温状况时，应保证工作正常。

8）储存性能

电话机分别经 $-40℃$、$+55℃$ 储存温度，在正常条件下恢复后，应保证工作正常。

9）耐湿热

电话机经 $+40℃$，相对湿度 95%，应保证工作正常。

10）耐振动

电话机在通电状态振动试验后，功能正常，结构不受影响，零部件无松动。

11）耐冲击

电话机经加速度 $100m/s^2$，脉冲持续时间为 11ms，累计碰撞 1000 次后，应保证工作正常。

12）防雷能力

能承受电压脉冲波形为 $10/700\mu s$，峰值为 5000V 的过电压脉冲的冲击，导通电压应

在 $1.5U_n \sim 2.0U_n$ 之间（U_n 是最大工作电压）。

如果电话机外壳采用金属导体材料，则应保证外壳整体的良好导通性能（接触电阻应不大于 0.01Ω）。电话机保护接地的冲击接地电阻宜不大于 10Ω。

13）安全

电话机应有防雷保护措施，以确保人身和设备安全。应有防非法拆卸、开启、操作的措施。

14）传输网络

电话机可基于 GSM 方式、CDMA 方式或其他标准的数字式公用网格传输，其无线特性和音频性能应符合该传输方式的相应国家或国际标准或营运商的入网标准。

15）采用 GSM 公网传输产品的其他要求

a. 电话机应符合 EISI 的相应 GSM 标准。

b. 电话机应具备在 900MHz 和 1800MHz 两个频段工作的能力。

c. 电话机应能在信号强度大于 -91dm 的情况下工作正常。

d. 电话机应能使用符合公网要求的 SIM 卡或 UIM 卡。

e. 电话机开启时应具备 PIN 密码保护措施。

7.2.2.5 无线移动通信系统

1. 功能与作用

公路无线移动通信系统主要功能是满足公路巡逻、灾情、交通事故报告、调度等管理功能。

2. 分类与组成

（1）按照国家无线频段资源管理规定，目前有两种公路无线调度通信系统：450MHz 无线调度通信系统和 800MHz 集群移动通信系统。

（2）450MHz 无线移动通信接入系统简图如图 7-9 所示，系统设备由以下 4 部分组成：

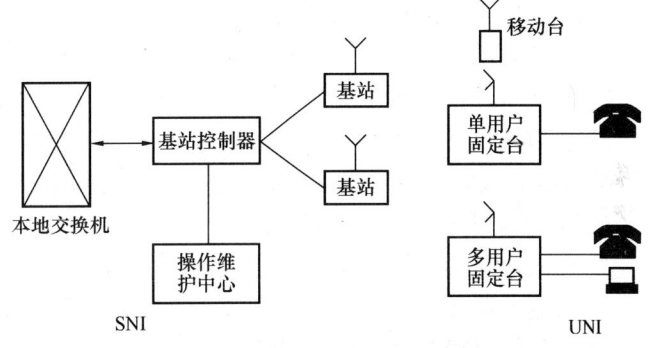

图 7-9 无线移动通信接入系统简图

1）用户单元（SU）：最终为用户提供电话、传真、数据业务等终端的标准接口。它与基站通过无线接口相接，并向终端用户透明地传送交换机所能提供的业务和功能。用户单元分为移动台、单用户固定台和多用户单元固定台。

2）基站（BS）：受基站控制器控制，为一个小区或同站址的多个小区服务的无线收发信设备。通过无线接口提供与用户单元之间的无线信道。

3）基站控制器（BSC）：功能是提供与基站、交换机网络侧和操作维护中心的接口。基站控制器提供无线信道控制和基站监测等功能，并完成与交换机的转接。基站控制器与本地交换机的接口采用 V5 接口，也可采用 Z 接口。

4）操作维护中心（OMC）：负责整个无线接入系统设备的操作与维护，其功能包括配置管理、故障管理、性能管理和安全管理。操作维护中心通过 Q_3 电与电信管理网

(TMN) 相连接。

根据我国已经开通的高速公路的管理运营经验，用 450MHz 无线调度系统即可满足现阶段路政管养和道路监控对无线调度应用的要求。

7.2.2.6 通信电源

1. 功能与作用

通信电源是向通信设备提供交直流电的电能源，被喻为高速公路通信网和通信设备的"心脏"，在高速公路通信网中的地位极其重要。

一般公路机电工程的监控、通信、收费 3 大系统都需要备用电源。如果高速公路通信电源系统发生故障，易造成整个高速公路通信系统中断、甚至瘫痪，后果将不堪设想。

可靠性和稳定性是对高速公路通信电源系统的基本要求。

2. 系统组成

一个完整的高速公路通信电源系统主要由 5 个部分组成：

(1) 信息监控系统；
(2) 直流配电单元；
(3) 交流配电单元；
(4) 整流分配模块；
(5) UPS 蓄电池组。

3. 通信电源产品防雷技术要求

通信电源系统设备的防雷有 H 型、M 型和 L 型 3 级，具体技术要求如下：

(1) H 型防雷电源设备技术要求

1) 交流电源接口线对地应承受 $20kA(8/20\mu s)$ 的标称放电电流的冲击试验。
2) 直流电源接口线对地应承受 $10kA(8/20\mu s)$ 的标称放电电流的冲击试验。
3) 通信接口线对地应承受 $5kA(8/20\mu s)$ 的标称放电电流的冲击试验。

冲击电流试验后，设备应工作正常，各项技术指标应符合要求。

(2) M 型防雷电源设备技术要求

1) 交流电源接口线对地应承受 $15kA(8/20\mu s)$ 的标称放电电流的冲击试验。
2) 直流电源接口线对地应承受 $5kA(8/20\mu s)$ 的标称放电电流的冲击试验。
3) 通信接口线对地应承受 $3kA(8/20\mu s)$ 的标称放电电流的冲击试验。

冲击电流试验后，设备应工作正常，各项技术指标应符合要求。

(3) L 型防雷电源设备技术要求

1) 交流电源接口线对地应承受 $5kA(8/20\mu s)$ 的标称放电电流的冲击试验。
2) 直流电源接口线对地应承受 $1kA(8/20\mu s)$ 的标称放电电流的冲击试验。
3) 通信接口线对地应承受 $300A(8/20\mu s)$ 的标称放电电流的冲击试验。

冲击电流试验后，设备应工作正常，各项技术指标应符合要求。

7.2.3 收费设施

收费设施的内容有：入口车道设备、出口车道设备、收费站设备及软件、收费中心设备及软件、IC 卡发卡编码系统、内部有线对讲及紧急报警系统 6 部分。

7.2.3.1 入口车道设备

1. 收费的意义与组成

收费系统是经营型高速公路的重要组成部分，它的基本功能是：收取通行费用，用以偿还建设投资贷款，进行公路养护维修、道路运营、员工薪酬等投入及开销，并最终服务于高速公路的管理。

收费系统一般由收费车道系统、收费站管理系统和收费中心管理系统 3 级构成，主要设备包括收费亭、电动（手动）栏杆、车道控制器（车道计算机）、收费员显示终端、专用键盘、费额显示器、报警器、车道信号灯、天棚信号灯、车辆检测器、摄像机、收发（打）卡设备等。

2. 收费系统的制式及特点

依据《公路收费制式》GB/T 18277—2000，收费制式是根据公路条件划分不同区段作为收费基本单位（各区段内按统一费额收费）的制度及相应的收费模式。

（1）收费制式的分类及特点

公路收费制式可分为均一制、开放式、封闭式和混合式 4 种类型。

1）均一制是全线按统一费额收费的制式，也称为全线均等收费制。均一制收费效率较高，收费站规模较小，但数量较多，其经济性较好；但均一制一般不能按行驶区段区别收费，其合理性较差。

2）开放式是将全线划分为若干路段，各路段内按统一费额收费的制式，也称为按路段均等收费制、栅栏式或路障式。开放式收费效率较高，收费站规模较小，数量较少，其经济性较好；但开放式一般不能严格按行驶区段区别收费，其合理性较差；另外，当两个主线收费站之间存在两个以上入出口时，可能出现部分漏收问题。

3）封闭式是指将全线以各互通立交为界划分为若干区段，各区段根据里程长短按不同费额收费，跨区段按区段累计收费的制式，也称为按互通立交区段收费制。封闭式可以严格按行驶区段区别收费，公平合理；但封闭式（出口）收费的效率较低，收费站规模较大，数量也较多，经济型较差。

4）混合式是指综合运用开放式和均一制收费的制式，也称为混合收费制。混合式收费的效率较高，收费站规模较小，数量也较少，其经济型优于封闭式。混合式可以大致按行驶区段区别收费，其合理性优于均一制和开放式，但不及封闭式。混合式可以做到无漏收或基本无漏收。

（2）选择收费制式的原则

在选择并确定收费制式时应综合考虑以下因素：

1）收费系统自身的经济性—包括工程成本和营运成本；

2）公路使用者通行费负担的公平合理性；

3）受收费制式影响的收费效率和收费次数等。

最终确定收费制式应以获取最大经济效益，并有利于吸引交通为原则。

（3）不同收费制式的收费站布设及适用条件

1）均一制

a. 均一制收费站的一般布设及收费模式

均一制收费站一般设置在收费公路各入口处（包括主线两端入口及互通立交入口），

出口不再设收费站。车辆进入收费公路时根据车型按统一费额一次性缴费后即可自由行驶。

b. 均一制的特殊情况

如有特殊需要，收费站可以建在各出口处，实行出口收费。另外，对于现状的收费公路，各收费站也可按距终点里程的差别而制定不同的费额。

c. 均一制的适用条件

均一制主要适用于总行驶里程较短（约40km以下）、大部分车辆行驶里程差距不大的收费公路。特别适用于交通量很大、收费广场规模受到严格限制的城市收费道路。

2）开放式

a. 开放式收费站的一般布设及收费模式

开放式的收费站一般设在路段内主线的某个位置上。距离较长的收费公路可以划分多个路段，各路段主线站的间距宜大于40km。

本制式下各入口不设收费站，车辆可以自由进出不受控制，收费公路对外界呈"开放状态"。但在公路内部，车辆需在经过的主线收费站根据车型按统一费额一次性（或多次性）交费。因控制距离不同，各路段费额可以有所差别。

b. 开放式的适用条件

开放式主要适用于独立收费的桥梁、隧道和不封闭（含有多处平交路口）的收费公路。对于不封闭的收费公路，应尽量选择交通流量较大、且不易绕行其他平行路线的路段设置主线收费站。

3）封闭式

a. 封闭式收费站的布设及收费模式

封闭式的收费站设在收费公路的所有入出口处，包括主线起终点收费站和互通立交匝道收费站。每处收费广场的收费车道分为入口车道和出口车道。车辆进出收费公路都要经过收费站并受控制，但在公路内部可以自由行使，收费公路对外界呈"封闭状态"。

一般封闭式应采用入口发通行券、出口收费的模式。

b. 封闭式的适用条件

封闭式适用于里程较长（约40km以上）、含有多个互通立交入出口、车辆行驶里程差距较大、且主线和匝道交通量较大的收费公路。

4）混合式

a. 混合式收费站的布设

与开放式相似，布设混合式收费站时首先应根据路线长度和互通立交的分布情况，以某互通立交为界将全线划分成若干路段，每个路段设置一处主线收费广场，条件允许时主线广场宜结合互通立交设置在入出匝道之间，主线广场的间距宜大于40km。

与均一制相似，在路段内的互通立交设置匝道收费广场。其中建有主线收费广场的互通立交需设全部匝道收费广场，路段内的其他互通立交则设部分匝道收费广场，从而在同一区段的两个方向分别实行入口收费和出口收费。以下互通立交可以不建匝道收费广场：路段分界处的互通立交；距离路段分界处很近的互通立交（因收费区段短造成通行费收入很低）；匝道交通量很小的互通立交（因交通量小造成通行费收入很低）。

b. 混合式的收费模式

混合式收费站根据车型按统一费额一次性（或多次）收费。主线收费广场收取所控路段的通行费；互通立交的匝道收费广场按行驶方向分别实行入口收费或出口收费，并分别收取所控区段的通行费。

c. 混合式的适用条件

混合式适用于互通立交间距较大或主线和互通立交交通量不大的收费公路。

3. 收费系统3级构成模式

高速公路收费系统一般采用收费车道系统、收费站管理系统和收费中心管理系统3级构成模式。

（1）收费车道系统

收费车道是收费系统的基础设施单元。我国高速公路目前主要采用封闭式、半自动收费，即车道收费员人工判别车型，计算机收费，闭路电视监控。

收费入口车道内主要有如下设备：车道控制机、收费终端、收费键盘、亭内摄像机、IC卡读写器、对讲设备、报警设备、自动栏杆机、车道通行灯、车道摄像机、抓拍线圈及记数线圈等。

（2）收费站管理系统

收费站主要由收费计算机系统、收费监视系统、有线对讲及紧急报警系统组成。

（3）收费（分）中心管理系统

收费中心计算机系统是实现收费（分）中心功能的关键组成部分，其一般采用双绞线星型开放网络结构。该系统主要由微机服务器（或小型机服务器）、交换机、客户机（管理计算机、多媒体计算机）、路由器、打印机、数据备份设备和UPS电源等构成。

4. 联网收费系统

（1）联网收费的目的

联网收费的主要目的是解决高速公路和其他全部控制出入的收费公路（含通路）网（简称收费路网）中，归属不同收费公路经营管理单位的路段（桥）因独立收费各自设置封闭的收费设施，造成收费路网中出现众多不合理主线站等问题，以提高收费路网服务质量、服务水平和使用效率，降低交通能耗，减少环境污染，最大限度地发挥路网综合效益。

（2）联网收费的范围

1）省内区域联网收费；

2）省域联网收费；

3）跨省（区、市）国道主干线联网收费；

4）跨省（区、市）区域联网收费。

5. 公路收费车道控制机技术要求

公路收费车道控制机的主要质量评定标准为《公路收费车道控制机》JT/T 602—2004。依据该标准，公路收费车道控制机是安装在公路收费车道收费亭内，用来管理收费车道的各种外围设备。它主要由工业控制计算机、输入输出模块、配电模块和设备机箱等组成。

其技术要求主要包括有：适用条件、材料要求、外观质量、功能要求、配置要求、电气安全性能及环境适应性能等。

(1) 适用条件

1) 安装及使用环境：收费亭内；

2) 环境温度：产品适合使用温度：$-15 \sim +50$℃；

3) 相对湿度：不大于 95%。

(2) 材料要求

1) 控制机机箱外壳应由坚固材料制成，具有良好的抗振性、耐腐蚀、防尘、防水溅、阻燃功能，且散热性能良好，坚固耐用。

2) 主要部件应具有合格证或质量保证书。

(3) 外观质量

1) 产品构件应完整、装配牢固、结构稳定，边角过渡圆滑，无飞边、无毛刺。

2) 箱体宜采用不锈钢或镀锌钢板表面喷涂有机涂层，涂层厚度不小于 0.076mm；机箱及连接件的防护层色泽均匀、无划伤、无裂痕、无机体裸露等缺陷。

3) 箱体内的所有金属构件应采取防腐措施，并符合《高速公路交通工程钢构件防腐技术条件》GB/T 18226—2000。

4) 机箱设计应方便检查、维修和日常维护。机箱内的设备及部件安装应牢固端正、位置正确、部件齐全、整齐美观；箱体出线孔开口合适、切口整齐，出线管与箱体连接密封良好；箱体内接线整齐，回路编号清楚，走线横平竖直，符合工艺和视觉美观要求；箱锁应采用防水、防锈措施；箱门开闭灵活轻便，密封良好，箱体内外清洁。

5) 散热降温：车道控制机应采取降温措施，采用风扇降温时，通风口应加过滤网。

(4) 功能要求

车道控制机应至少具有如下基本功能：

1) 按规定的收费流程控制收费亭及车道设备，完成收费操作；

2) 采集原始操作数据和交通流数据；

3) 将收费数据及图像文件上传到收费站计算机系统，同时接收其下传的数据和管理指令；

4) 采集车道摄像机摄取的通行车辆的图像，并具有字符叠加功能（通过字符叠加设备实现），在车道图像上进行数据叠加并对图像进行压缩存储；

5) 车道摄像机的视频图像提供必要信息，通过字符叠加设备叠加在视频图像上；

6) 在收费车道与收费站之间的通信出现故障时，车道控制机能独立工作并存储不小于 30 天的原始收费处理数据。在通信线路恢复后自动将存储的数据上传给上级计算机系统；

7) 在误操作和掉电等非正常情况下，收费处理数据不应被破坏；

8) 系统恢复应简单、易于操作；

9) 具有对所连接的外部设备的自检功能；

10) 能直观地显示车道设备的工作状况。

(5) 配置要求

1) 采用符合工业标准的工业控制计算机，充分电磁兼容设计，低功耗，具有全面故障自我诊断能力及报警提示。主板的 MTBF 不小于 20000h，MTTR 不大于 0.5h。

工业控制计算机应配置：

a. 一个标准以太网接口，速率为 10M/100Mbps 自适应或 100Mbps；

b. 至少两个标准 RS-232C 串行和 1 个并行接口；

c. 标准的键盘接口与鼠标接口；

d. 足够的 ISA 和 PCI 总线插槽，在满足基本模块的要求后，还至少留有 1 个 ISA 和两个 PCI 插槽；

e. CPU 时钟频率大于 800MHz；

f. 256M 以上 RAM（可扩展）；

g. 40GB 以上硬盘，带有防震保护措施；

h. 64M 以上电子盘（可选）；

i. 16M 以上显存；

j. 1 块 16 位彩色/黑白图像采集卡（或独立的视频图像处理模块），捕获图像分辨率不应低于 756×288（单场），图像捕获速率不应低于 25 帧/s，图像处理速度：从接收到图像抓拍信号到抓拍完成的时间小于 0.1ms。

2）输入输出模块应配置：

a. 至少 16 路带隔离的数字 I/O 通道（8 路输入，8 路输出）；

b. 至少 4 个带隔离保护的标准 RS－232C 串行接口；

c. 可控的 4 路交流输出：交流 220V，3A；直流输出：直流 12V，3A；

d. 所有接口板和功能板应附有隔离保护措施；

e. 接口提供防误插、机械锁定功能。

3）配电模块应配置：

a. 车道控制机需对总电源、工控机及外设等各独立设备电源分别控制，并作抗干扰处理；

b. 开关电源输出：DC5V，不小于 4A；DC12V，不小于 4A；DC24V，不小于 2A；

c. 应有防雷装置；

d. 电源输入：交流电源 220（1±15％）V，50（1±4％）Hz；

e. 接口提供防误插、机械锁定功能。

(6) 电气安全性能

1) 绝缘电阻：产品的电源接线端子与机壳的绝缘电阻应不小于 100MΩ。

2) 介电强度：在产品的电源接线端子与机壳之间施加频率 50Hz、有效值 1500V 正弦交流电压，历时 1min，应无火花、飞弧和击穿现象。

3) 安全接地：产品应设安全保护接地端子，接地端子与机壳连接可靠，接地端子与机壳的接触电阻应小于 0.1Ω。

4) 产品应适应电网波动要求，在以下条件下应可靠工作：

电压：交流 220×（1±15％）V，频率：50×（1±4％）Hz。

5) 产品的供电接口和通信接口按照《电子设备雷击保护导则》GB 7450—1987 的要求，应采取必要的防雷电和过电压保护措施，采用的元器件和防护措施应符合有关标准要求。

6) 产品应采取防雨、防尘措施，外壳的防护等级按《外壳防护等级（IP 代码）》GB 4208—2008 的规定应不低于 IP55 级。

（7）环境适应性能

1）耐低温存储性能：在−20℃条件下试验8h，应正常启动与关闭、系统引导正确，应用软件运行正常，外围设备工作逻辑正确。

2）耐低温工作性能：在−15℃条件下试验8h，控制机应正常启动与关闭、系统引导正确，应用软件运行正常，外围设备工作逻辑正确。

3）耐高温工作性能：在+50℃条件下试验8h，控制机应正常启动与关闭、系统引导正确，应用软件运行正常，外围设备工作逻辑正确。

4）耐湿热性能：在温度+40℃，相对湿度（95±2）%条件下，试验48h，控制机通电运行，控制机应正常启动与关闭、系统引导正确，应用软件运行正常，外围设备工作逻辑正确。

5）耐机械振动性能：产品通电工作时，经20个循环的振动试验，控制机应正常启动与关闭、系统引导正确，应用软件运行正常，外围设备工作逻辑正确，结构不受影响，零部件无松动。

6）耐盐雾腐蚀性能：产品的外壳防腐层经168h中性盐雾试验，无明显锈蚀现象，金属构件应无红色锈点。

6. 电动栏杆技术要求

电动栏杆的主要质量评定标准是《收费栏杆技术条件 第1部分：电动栏杆》JT/T 428.1—2000。依据该标准，电动栏杆由栏杆臂、机箱、连接件、控制开关机箱内部电机、电控装置与一系列机械装置等组成。

其技术要求主要包括有：适用条件、材料要求、形状与尺寸要求、功能要求及技术指标、电气安全性能、噪声要求、环境适应性能、电磁兼容性要求、防腐要求及外观质量等。

（1）适用条件

1）安装及使用环境：户外无气候防护。

2）环境温度：产品适合使用温度分为3级：A级−20~+55℃；B级−40~+50℃；C级−55~+45℃。

3）相对湿度：≤95%。

（2）材料要求

箱体宜采用2mm以上的Q235钢板制成，也可以采用不锈钢等强度相当的材料；栏杆臂可采用普通铝合金，也可用PVC、碳素纤维等材料组成。栏杆臂应有一定强度，不允许因自身重量、手扳或风吹而产生明显的挠度。

（3）形状与尺寸要求

1）机箱为长方体，栏杆机箱尺寸符合表7-25所示。

栏杆机箱尺寸（mm） 表7-25

长	240~480
宽	240~480
高	800~1200

2）栏杆臂长度可为3000mm、3500mm或4000mm。

3）栏杆臂下边缘距机箱底平面的高度应在650～950mm之间。

(4) 功能要求及技术指标

1）一般要求：产品应至少具备以下两种驱动控制方式：手动按钮操作和检测器控制自动操作；栏杆臂的关闭应由电机驱动，不允许自动下落；在栏杆臂下落到水平关闭位置的过程中，只要收到打开信号，栏杆臂应能立刻抬起；栏杆臂应贴敷红白相间的反光膜，红白间距为250mm。

2）起落角度：栏杆臂起落角度在0°～90°范围之内。处于关闭位置时为0°；打开至最大位置时为90°，容许误差为±3°。

3）起落时间：电动栏杆的起落总时间分为3档：$t<2s$；$2s \leqslant t \leqslant 4s$；$4s < t \leqslant 5s$。

4）产品平均无故障起落次数应不小于1500000次。

5）终点位置：正常工作下，在水平关闭重点位置或垂直开启终点位置时，栏杆臂应被锁定，不应抖动。

6）防撞要求：栏杆臂应能承受300Pa的风压，但在受到车辆撞击时应能及时水平转开或脱离机箱。

7）故障处理：在电源故障或机械失效时，处于关闭位置的栏杆臂能被手动开，或者自动回复至打开位置。

8）自检功能：产品应设置自检功能，当产品发生故障时，应能够发出示警信息。

(5) 电气安全性能

1）绝缘电阻：栏杆机电源输入端与外壳之间的绝缘电阻不小于100MΩ。

2）介电强度：在产品的接线端子与机壳之间应能承受有效值为2000V/50Hz正弦交流电压，历时1min，无击穿、闪络等异常现象。

3）接地电阻：产品应设安全保护接地端子，接地端子与机壳连接可靠，接地端子与机壳的接触电阻应小于0.01Ω。

4）机箱所有的外露金属构件（电压超过50V的带电部件）都应具有可靠的防触电保护，控制装置应有短路保护、欠电压及过电压保护。

5）电源适应性：电动栏杆机应在单项交流电压220V±10%，频率50Hz±4%条件下可靠工作。

6）电动栏杆所使用的电动机必须能满足频繁反复启动的要求，宜长时间运行在堵转状态。电机外壳防护等级按《旋转电机整体结构的防护等级（IP代码）分级》GB/T 4942.1—2006的规定不低于IP55级。

7）机箱防护等级：机箱外壳的防护等级按相关规定应不低于IP55级。

(6) 噪声要求

电动栏杆在正常工作时所产生的噪声，用声级计测量应不大于65dB（A）。

(7) 环境适应性能

1）耐高温性能：在+55℃（+55℃，+50℃，+45℃）条件下，将产品试验8h后，产品应能正常启动、运转。

2）耐低温性能：在-20℃（-40℃，-55℃）条件下，将产品试验8h后，产品应能正常启动、运转。

3）恒温恒湿试验：在40±2℃、相对湿度95%±2%条件下，按规定的方法将产品试验 8h 后，产品应能正常启动、运转。

4) 机械抗振性能：栏杆通电工作时，在振动频率 1~150Hz 的范围内进行扫频试验，在 1~9Hz 时按振幅控制，振幅 7.5mm；9~150Hz 时按加速度控制，加速度为 20m/s²。1→9→150→9→1Hz 为一个循环，经历 20 个循环，产品应能正常启动、运转，产品功能正常，结构不受影响，零部件无松动。

5) 耐盐雾腐蚀性能：产品经过 168h 试验后，产品外壳应无明显锈蚀现象。

(8) 电磁兼容性要求

电动栏杆电磁兼容要求有 3 项：

1) 电快速瞬变脉冲群抗扰度要求；
2) 静电放电抗扰度要求；
3) 辐射电磁场抗扰度要求。

(9) 防腐要求

机箱内的所有金属构件如连杆件、弹簧、螺栓等需提供有效的防腐措施，并应符合相关国家标准的规定。

(10) 外观质量

箱体内外与栏杆臂防护涂层色泽应均匀、无划伤、无裸露基体等损伤，其理化性能指标应符合国家或行业相关标准的要求；栏杆臂与机箱内杆件连接安装应方便、可靠，安装完毕后应无明显变形、凹凸等缺陷。机箱内部各构件应装配牢固，机械活动各部件应灵活、无卡滞现象；机箱体、栏杆臂喷涂色应符合《安全色》GB 2893—2008 中的有关规定，并与贴敷在栏杆臂上的反光膜颜色相区别；机箱体设计应方便检查、维修与日常维护。箱体出线开孔位置、大小应合适，切口整齐，出线管与箱体开孔要密封良好；箱内接线整齐，回路编号清楚，走线横平竖直，符合视觉美学要求。箱锁应采取防水与防锈措施，箱门密闭良好。箱门不应朝向行车道。面板上所有文字、符合应清晰、正确、牢固。

7. 手动栏杆技术要求

手动栏杆的主要质量评定标准是《收费栏杆技术条件 第 2 部分：手动栏杆》JT/T 428.2—2000。依据该标准，手动栏杆主要由横杆、旋转轴、底座等组成。根据横杆旋转方式分为水平转动式（S型）和垂直起落式（C型）两种类型。

其技术要求如下：

(1) 横杆、立柱等主要金属构件宜采用不锈钢制成，其他易腐蚀的金属构件应按相关国家标准作相应的防腐处理等。横杆应有一定强度要求，不能因手扳、风吹而产生明显的挠度。

(2) 横杆与旋转轴连接应灵活、无卡滞现象。

(3) 横杆处于关闭位置时应保持水平。

(4) 横杆长度宜在 3500~5000mm 之间；横杆下边缘距底座水平面的高度在 650~950mm 之间。

(5) 横杆表面应贴敷红白相间的反光膜，红白间距为 250mm，并在横杆中部选过禁止驶入标志。

(6) 各部件表面应光滑平整，无明显凹凸变形，边角过渡圆滑；金属构件防护层色泽均匀，无刮伤、裂痕等损伤。

8. 收费键盘技术要求

收费键盘的主要质量评定标准是《收费专用键盘》GB/T 24724—2009。依据该标准，收费专用键盘是安装在收费亭内，由可拆卸的单独按键开关组成，通过标准接口与收费车道控制机连接，供收费员完成收费功能的专用键盘。收费专用键盘一般由按键、印刷电路板和外壳等部分组成。

其技术要求主要包括有：适用条件、一般要求、外观质量、按键组成、按键使用寿命、防水与防尘、电磁兼容性能、环境适应性能及可靠性等。

(1) 适用条件

1) 安装及使用环境：收费亭内。

2) 环境温度：$-20 \sim +55$℃。

3) 相对湿度：不大于95%。

(2) 一般要求

1) 键盘上按键的排列距离符合PC标准键盘的相关标准。

2) 键盘上各种键的布置应便于收费员快速操作而不发生操作错误。

3) 键盘应具备锁定功能，当同时按下两个以上的按键时，只承认第一个按下的键，在该键放开之前，按其他键无效。

4) 键盘连接线应选用线径4.5mm以上、铜芯线径加粗且带单屏蔽网的线缆，线长应不低于2.5m。

(3) 外观质量

1) 产品构件应完整、装配牢固、结构稳定，边角过渡圆滑，无飞边、无毛刺。

2) 安装连接件应符合相关标准，以便于安装连接。其活动零件应灵活、无卡滞现象，机壳及安装连接件应无明显变形缺陷。

3) 外壳及连接件的防护层色泽应均匀，无划伤、无裂痕、无基体裸露等缺陷，其理化性能指标应符合相关国家或行业标准要求。

(4) 按键组成

收费专用键盘的按键一般由数字键区、常用键区和功能键区组成。不同区域可选用不同颜色的键帽，以示区分。

1) 数字键区：由0~9共10个按键组成，可使用该区域按键输入工号、密码等信息。

2) 常用键区：包括车型键、车种键、上/下班键、修改键、确认键等。本区域出现的按键在整个键盘中出现频度最高，因此可设置为大键，便于操作。

3) 功能键区：由特殊情况处理键，如卡损键、模拟键等组成。

(5) 按键使用寿命

在正常工作条件下，单键使用寿命大于10000000键次。并且键帽上的文字或字符在千万次操作后仍可识别。

(6) 防水与防尘

键盘应采取密封措施，防止雨、雪、其他水和灰尘等进入内部产生有害影响。外壳的防护等级为按《外壳防护等级（IP代码）》GB 4208—2008的规定应不低于IP55级。

(7) 电磁兼容性能

电磁兼容要求有3项：

1）电快速瞬变脉冲群抗扰度要求；

2）静电放电抗扰度要求；

3）辐射电磁场抗扰度要求。

(8) 环境适应性能

1）耐低温性能：键盘在 $-20℃$ 条件下，产品应启动正常，逻辑正确。

2）耐高温性能：键盘在 $+55℃$ 条件下，产品应启动正常，逻辑正确。

3）耐温度交变性能：键盘应能耐受温度由 $-20～+55℃$ 变化的影响，在温度循环变化后，产品应启动正常，逻辑正确。

4）耐湿热性能：键盘在温度 $+40℃$、相对湿度 95% 的条件下，产品应启动正常，逻辑正确。

5）耐机械振动性能：包装后的键盘在振动频率 $2～150Hz$ 的扫频循环振动下，产品功能应正常，结构不受影响，零部件无松动。

6）耐盐雾腐蚀性能：键盘的印刷电路板、传动机构和外壳防腐层及其支撑底板（其他部件由供需双方协定）应无明显锈蚀现象，金属构件应无红色锈点，印刷电路板经过 $24h$ 自然晾干后功能正常。

(9) 可靠性

键盘的平均故障间隔时间（MTBF）应满足：MTBF 不小于 30000h 要求。

9. LED 车道控制标志技术要求

LED 车道控制标志是安装于收费车道（入口车道或出口车道），用于对车道状态进行指示的设备，其主要质量评定标准是《LED 车道控制标志》JT/T 597—2004，其技术要求见第 7.2.1.4 条第 8 款车道控制标志的规定。

7.2.3.2 出口车道设备

出口车道主要是检验车辆携带的通行券，校核车型并根据它们的计算、收取通行费，打印收费票据，放行车辆。

收费出口车道内主要有如下设备：车道控制机、收费终端、收费键盘、亭内摄像机、IC 卡读写器、对讲设备、报警设备、自动栏杆机、车道通行灯、车道摄像机、抓拍线圈、记数线圈、收费票据打印机、费额显示器及字符叠加器等。

1. 汽车号牌视频自动识别系统技术要求

汽车号牌视频自动识别系统是用来对车辆号牌使用图像抓拍、分析识别的方法，最终输出车辆号牌信息的系统。

汽车号牌视频自动识别系统的主要质量评定标准是《汽车号牌视频自动识别系统》JT/T 604—2011。

依据该标准，其技术要求主要包括有：适用条件、外观和结构要求、功能要求、性能要求、电气安全性能、电磁兼容性能、环境适应性能及可靠性等。

(1) 适用条件

1）安装环境：户外。

2）环境温度：A 型 $-20～+70℃$；B 型 $-40～+55℃$；C 型 $-55～+45℃$。

3）相对湿度：不大于 95%。

(2) 外观和结构要求

1) 产品表面应光滑、平整、美观，涂层色泽均匀，无锈蚀、凹痕、划伤、裂缝和变形，无裸露基体等缺陷。

2) 产品结构应简单、牢靠，满足使用要求，安装调节方便。

3) 铭牌上所有文字和符号清晰、正确、牢固。

（3）功能要求

1) 采集功能

汽车号牌视频自动识别系统能采集以 0~60km/h 速度通过系统捕获区域的汽车号牌，并能实时输出识别结果。

2) 号牌图像输出功能

对可识别的车辆号牌和不能识别的车辆号牌，均能输出所采集的全幅 JPG 格式的数字图像。

3) 识别功能

对国内目前正在使用的各式汽车号牌，包括双层号牌、个性化号牌、军警号牌、港澳号牌等均能进行识别。

4) 存储功能

对每个汽车号牌的图像、二值化图像、车辆全景图像、识别时间、识别结果等信息均能自动存储，系统在断电时存储的信息不应丢失，存储的信息可通过通信接口导出到外部存储介质。

5) 数据通信接口与协议

汽车号牌视频自动识别系统应采用计算机通用的通信接口，通信输入输出协议见《汽车号牌视频自动识别系统》JT/T 604—2011 附录 A。

（4）性能要求

1) 图像分辨率：图像的分辨率不小于 768×288 像素；高清图像的分辨率不小于 100 万像素。

2) 号牌识别正确率：不小于 97%。

3) 号牌识别时间：不大于 200ms。

（5）电气安全性能

1) 绝缘电阻：产品的电源接线端子与机壳的绝缘电阻应不小于 100MΩ。

2) 电气强度：在产品的电源接线端子与机壳之间施加频率 50Hz、有效值 1500V 正弦交流电压，历时 1min，应无闪络或击穿现象。

3) 安全接地：产品应设安全保护接地端子，接地端子与机壳（包括带电部件的金属外壳）连接可靠，接地端子与机壳的连接电阻应小于 0.1Ω。

4) 电源适应性：产品应适应电网波动要求，在以下条件下应可靠工作：

电压：交流 220×(1±15%)V，频率：50×(1±4%)Hz。

5) 防水与防尘：产品应采取密封措施，防止雨、雪、其他水和灰尘等进入内部产生有害影响。外壳的防护等级为《外壳防护等级（IP 代码）》GB 4208—2008 规定的 IP55 级。

（6）电磁兼容性能

1) 静电放电抗扰度要求

在正常使用时，汽车号牌视频自动识别系统的接触点和表面以及维修点应具有抗静电放电性能，静电放电产生后，产品的各种动作、功能及运行逻辑应正常。

2）辐射电磁场抗扰度要求

汽车号牌视频自动识别系统应具有抗电磁场辐射性能，遭受电磁场辐射后，产品的各种动作、功能及运行逻辑应正常。

3）电快速瞬变脉冲群抗扰度要求

汽车号牌视频自动识别系统的电源端口、信号和控制端口以及壳体的接地线应具有抗电快速瞬变脉冲群的性能，在遭受电快速瞬变脉冲群干扰后，产品的各种动作、功能及运行逻辑应正常。

(7) 环境适应性能

1）耐低温性能：汽车号牌视频自动识别系统在-40℃（或-20℃、-55℃）条件下，应启动正常，逻辑正确。

2）耐高温性能：汽车号牌视频自动识别系统在+55℃（或+45℃、+70℃）条件下，应启动正常，逻辑正确。

3）耐温度交变性能：汽车号牌视频自动识别系统应能耐受温度由-40~+55℃变化的影响，在温度循环变化后，产品应启动正常，逻辑正确。

4）耐湿热性能：汽车号牌视频自动识别系统在温度+40℃、相对湿度98%的条件下，应启动正常，逻辑正确。

5）耐机械振动性能：汽车号牌视频自动识别系统在振动频率2~150Hz的扫频循环振动下，功能应正常，结构不受影响，零部件无松动。

6）耐盐雾腐蚀性能：汽车号牌视频自动识别系统的印刷电路板、外壳防腐层及其支撑底板应无明显锈蚀现象，金属构件应无锈点，印刷电路板经过24h自然晾干后功能正常。

(8) 可靠性

汽车号牌视频自动识别系统应满足平均故障间隔时间（MTBF）不小于10000h的要求。

2. 费额显示器技术要求

公路收费用费额显示器其主要质量检验评定标准是《公路收费用费额显示器》JT/T 641—2005，依据该标准，公路收费用费额显示器是由显示单元组成的显示屏幕，安装在收费亭外或收费岛尾，通过一定的控制方式，以文字形式（可辅以语音）向道路使用者显示缴费信息的电子装置，主要由显示单元、控制装置和电源模块等组成。

其技术要求主要包括有：适用条件、形状和尺寸要求、外观及其材料要求、安全要求、性能特性、电气安全性能、通信接口与规程、环境适应性能及电磁兼容性能等。

(1) 适用条件

1）安装及使用环境：收费亭外。

2）环境温度：A型-20~+55℃；B型-40~+50℃；C型-55~+45℃。

3）相对湿度：不大于95%。

(2) 形状和尺寸要求

机箱为长方形，费额显示器机箱尺寸见表7-26。

费额显示器机箱尺寸（mm）　　　　表 7-26

安装方式	长	宽	厚
附着式	660	270	150
独立式	570	450	150

（3）外观及其材料要求

1）材料：费额显示器外壳可采用钢、铝合金等材料，前面板采用亚光不锈钢或 PC 板。外壳应采用非反光材料或进行消除反光处理，结构坚固、美观。

2）外观：费额显示器外壳无明显划痕，显示单元无松动剂管壳破裂。

（4）安全要求

1）费额显示器属于《信息技术设备的安全》GB 4943—2001 规定的 Ⅰ 类安全设备。

2）温升：费额显示器正常使用时在达到热平衡后，金属部分的温升不超过 45℃，绝缘材料的温升不超过 70℃。

（5）性能特性

1）显示功能

a. LED 数码管显示分固定字符和动态数字分别显示，其中固定字符采用反光膜形式或丝印反光字，为红色；底色宜为浅灰。

b. 全屏点阵显示，为红色。

c. 数字显示应稳定、清晰无忧，数码字符在不显示时应尽可能与字符底板的颜色相近。

2）发光强度：不小于 $1500cd/m^2$。

3）视认性能：静态视认角不小于 30°，静态视认距离不小于 30m。

4）声学特性：对于语音型费额显示器，在设备正前方 1m，离地高 1.2m 处接收的等效声级值为 70~85dB（A）可调，非线性失真应小于 10%。

（6）电气安全性能

1）绝缘电阻：费额显示器的电源接线端子与机壳的绝缘电阻应不小于 100MΩ。

2）介电强度：在费额显示器的电源接线端子与机壳之间施加频率 50Hz、有效值 1500V 正弦交流电压，历时 1min，应无火花、飞弧和击穿现象。

3）安全接地：费额显示器应设安全保护接地端子，接地端子与机壳连接可靠，接地端子与机壳的连接电阻应小于 0.1Ω。

4）产品应适应电网波动要求，在以下条件下应可靠工作：

电压：交流 220×（1±15%）V，频率：50×（1±4%）Hz。

5）费额显示器的供电接口和通信接口按照《电子设备雷击试验方法》GB/T 3482—2008 的要求，应采取必要的防雷电和过电压保护措施，采用的元器件和防护措施应符合《浪涌保护装置》IEC 61643—1 的规定。

6）产品应采取防喷水、尘密措施，外壳的防护等级按《外壳防护等级（IP 代码）》GB 4208—2008 的规定应不低于 IP65 级。

（7）通信接口与规程

1）机械接口：采用 9 针或 25 针 RS-232C 阴性插座或 4 针 RS-485 阳性插座，该两种接口的电气性能应符合相应标准的要求，接口与外部的连接应便于安装和维护，并采取防水、防尘等措施。

2) 通信规程：符合《数据通信基本型控制规程》GB/T 3453—1994 的有关规定。

3) 通信方式：异步，半双工。

4) 通信速率：1200～19200bit/s。

5) 在满足 1)～4)的条件下，可以按需求提供其他接口和规程，以便与收费控制系统连接。

(8) 环境适应性能

1) 耐低温储存性能：在－20℃（或－40℃、－55℃）条件下，试验 8h，费额显示器与收费控制系统应能正常通信，收费信息显示正确。

2) 耐低温工作性能：产品通电工作，在－15℃（或－35℃、－55℃）条件下，试验 8h，费额显示器与收费控制系统应能正常通信，收费信息显示正确。

3) 耐高温工作性能：在＋50℃（或＋45℃、＋40℃）条件下，试验 8h，费额显示器与收费控制系统应能正常通信，收费信息显示正确。

4) 耐湿热工作性能：在温度＋40℃、相对湿度（98％±2％）RH 的条件下，试验 8h，费额显示器与收费控制系统应能正常通信，收费信息显示正确。

5) 耐机械振动性能：在振动频率 1～150Hz 范围内，试验经过 20 个循环后，费额显示器与收费控制系统应能正常通信，收费信息显示正确。结构不受影响，零部件无松动。

6) 耐盐雾腐蚀性能：外壳防腐层（其他部件由供需双方协定）应无明显锈蚀现象，金属构件应无红色锈点，消除反光的外涂材料不脱落。

(9) 电磁兼容性能

电磁兼容要求有 3 项：

1) 电快速瞬变脉冲群抗扰度要求；

2) 静电放电抗扰度要求；

3) 辐射电磁场抗扰度要求。

3. 票据打印机技术要求

票据打印机的主要质量评定标准是《公路收费用票据打印机》GB/T 24723—2009。依据该标准，票据打印机是安装在高速公路、普通公路、铁路、停车场等场所的收费亭及售票处，通过标准接口与上位机连接，完成发票、车票等票据打印功能的设备。

票据打印机一般由打印头、碳带、切纸刀和机壳等部分组成。

其技术要求主要包括有：适用条件、外观和结构要求、功能要求、性能特性、电气安全性能、电磁兼容性能、环境适应性能及可靠性能等。

(1) 适用条件

1) 安装及使用环境：收费亭内。

2) 环境温度：－20～＋55℃。

3) 相对湿度：不大于 95％。

(2) 外观和结构要求

1) 票据打印机表面应光滑、平整、美观、涂层色泽均匀，无锈蚀、凹痕、划伤、裂缝和变形，无裸露基体等缺陷。

2) 票据打印机各操作开关、按键应灵活、可靠、方便。供用户使用的选择开关应便于操作。机箱锁应牢固有效，使用对应的钥匙开启时应灵活方便。

3) 票据打印机应便于部件更换和维护，打开机箱后，应能在不使用工具的情况下，更换纸带、碳带及排除卡纸等异常现象。

4) 铭牌上所有文字和符号清晰、正确、牢固。

(3) 功能要求

1) 显示功能：能够显示电源及工作状态指示，发生故障时能够显示故障类型。

2) 自检功能：上电过程中票据打印机能够自检，并向上位机上报必要信息。

3) 报警功能：按《台式激光打印机通用规范》GB/T 17540—1998 的有关规定，在出现卡纸、纸尽、硬件出错等情况时应发出报警信号。

4) 数据通信接口：票据打印机应采用计算机通用的通信接口。

(4) 性能特性

1) 打印质量：打印的字符字形应完整、能正确识别，字迹清晰牢固。按《行式打印机通用技术条件》GB/T 9312—1988 的有关规定，打印位置误差为±0.4mm。

2) 单行打印时间：小于 2s。

3) 噪声：正常工作时小于 60dB（A）。

(5) 电气安全性能

1) 绝缘电阻：产品的电源接线端子与机壳的绝缘电阻应不小于 100MΩ。

2) 电气强度：在产品的电源接线端子与机壳之间施加频率 50Hz、有效值 1500V 正弦交流电压，历时 1min，应无闪络或击穿现象。

3) 安全接地：产品应设安全保护接地端子，接地端子与机壳（包括带电部件的金属外壳）连接可靠，接地端子与机壳的连接电阻应小于 0.1Ω。

4) 电源适应性：产品应适应电网波动要求，在以下条件下应可靠工作：

电压：交流 220×(1±15%)V，频率：50×(1±4%)Hz。

5) 防水与防尘：产品应采取密封措施，防止雨、雪、其他水和灰尘等进入内部产生有害影响。外壳的防护等级为《外壳防护等级（IP 代码）》GB 4208—2008 规定的 IP55 级。

(6) 电磁兼容性能

电磁兼容要求有 3 项：

1) 电快速瞬变脉冲群抗扰度要求；

2) 静电放电抗扰度要求；

3) 辐射电磁场抗扰度要求。

(7) 环境适应性能

1) 耐低温性能：票据打印机在−20℃条件下，产品应启动正常，逻辑正确。

2) 耐高温性能：票据打印机在+55℃条件下，产品应启动正常，逻辑正确。

3) 耐温度交变性能：票据打印机应能耐受温度由−20～+55℃变化的影响，在温度循环变化后，产品应启动正常，逻辑正确。

4) 耐湿热性能：票据打印机在温度+40℃、相对湿度 95%的条件下，产品应启动正常，逻辑正确。

5) 耐机械振动性能：包装后的票据打印机在振动频率 2～150Hz 的扫频循环振动下，

产品功能应正常,结构不受影响,零部件无松动。

6) 耐盐雾腐蚀性能:票据打印机的印刷电路板、传动机构和外壳防腐层及其支撑底板(其他部件由供需双方协定)应无明显锈蚀现象,金属构件应无红色锈点,印刷电路板经过24h自然晾干后功能正常。

(8) 可靠性能

票据打印机的平均故障间隔时间(MTBF)应满足:MTBF不小于30000h的要求。

7.2.3.3 收费站设备及软件

收费站是收费系统的基本管理机构。收费站计算机系统是收费站的功能核心部分,包括硬件和软件。

其中:硬件指收费计算机系统及其外部设备,如服务器、管理计算机、多媒体计算机、打印机、网络设备及其他辅助设备;软件包括操作系统、数据库系统、网络通信及收费控制、管理软件等。

1. 功能

收费站的主要功能如下:

(1) 实时采集收费车道的每一条收费数据,并将各车道的收费数据传输到服务器数据库中;

(2) 数据的统计、处理、存储、管理功能,将从车道采集的数据按照管理规定的格式进行统计,形成规定的报表,显示、查询、检索规定时间内收费数据的历史记录;

(3) 图像管理功能,可查询、打印各车道抓拍的图像;

(4) 具备对本站人员、票据和通行卡的管理功能;

(5) 具备收费监视功能,可监视各车道、亭内图像,对收费车道运行车况实时检测,一方面防止收费作弊情况,另一方面对收费状况实时监控,有利于紧急情况的发现和处理;

(6) 紧急报警信息处理功能;

(7) 作为收费车道和收费(分)中心之间的中间管理机构,实现相关信息的上传与下载。收费站可向收费(分)中心上传数据,并下载规定的数据。

2. 收费站设备性能

收费站设备主要包括有:网络服务器、多媒体计算机、管理计算机、打印机、网络设备、辅助设施等。

(1) 网络服务器

收费站服务器是收费站所有计算机中配置最高的,它不但要存储收费站所有的收费数据、交通量数据、班次管理数据和图像,还负责收费站局域网的网络管理。

收费站服务器功能主要包括以下几点:数据管理、系统管理、数据通信。

除进行数据管理、安全管理、时钟服务、数据库服务等功能外,服务器应用软件应具备如下数据库:系统基本属性数据库、IC卡数据库、历史交易数据库、业务统计数据库等。

网络服务器的主要技术要求,包括CPU、主频、内存、硬盘和接口等。实际设计中需要根据具体要求进行选择。

(2) 多媒体计算机

收费站要完成对车道数据和图像的管理，通常需要配备图像监控计算机，也称多媒体计算机。

多媒体计算机的主要功能包括：车道监视功能和图像管理功能。

多媒体计算机的主要技术指标，包括 CPU、主频、内存、硬盘、显示器分辨率及尺寸等。

（3）管理计算机

管理计算机主要完成各种数据处理、查询、统计和报表打印等功能，包括对图像数据进行进一步的查询统计。

主要功能包括：

1）从服务器数据库中提取数据，并统计交通量、业务收入、工作人员班次等；

2）输入收费员上缴现金，调出服务器中收费作业原始数据库，并由此产生新的财务统计数据库；

3）统计业务收入报表；

4）核对收费员收费金额收缴情况等；

5）按需求进行报表打印。

管理计算机的主要技术指标，包括 CPU、主频、内存及硬盘等。

（4）打印机

收费站打印机主要用于各种统计报表和抓拍图像的打印。

其主要技术指标，包括速度、分辨率、接口等。

（5）网络设备

收费站网络设备包括网卡、调制解调器、集线器及路由器等。

其主要技术指标，包括接口、速度、端口数量等。

（6）辅助设施

收费站系统主要附属设施包括各种收费综合控制台和电视墙及系统需要的光缆、电缆、配电箱等辅助设施。

3. 收费软件测试技术

收费软件的主要质量评定标准是《信息技术 软件包 质量要求和测试》GB/T 17544—1998，依据该标准可对收费系统软件从功能度、安全可靠性、效率、易用性、兼容性、可扩充性和用户文档等方面进行测试。

目前收费系统软件多进行功能度的测试。

收费系统软件功能测试主要围绕计算机软件功能测试的几个方面，按照收费系统收费车道、收费站、收费（分）中心各级管理机构的功能要求展开。

（1）软件测试流程

软件测试流程：制订测试计划、执行测试方案、测试结果分析及处理。

软件功能测试最后一个环节即是对测试结果进行分析，形成测试报告。

（2）收费站软件测试要求

收费站软件功能主要围绕数据管理和收费监视展开，各项要求也是为保障数据安全和图像的准确、安全。对收费站软件的测试主要验证功能实现的准确性和稳定性，不考虑软件对错误输入的响应。

对车道实时监控功能：指收费站计算机可查看车道最后一辆车处理信息及车道状态、操作员信息，监视计算机可监视、显示车道设备及操作情况。

数据管理：通过专用服务器和收费管理计算机可查询、统计原始数据。收费数据的统计管理是收费站计算机网络的主要功能，收费数据包括收费站人员管理，收费站票卡管理，通行费管理，交通流量统计等。

收费站另外一项重要功能是图形管理功能，包括图像稽查、报警录像、主监视器切换显示各车道及收费亭摄像机功能。

收费站是收费车道与收费（分）中心之间的二级管理机构，所以它还需具备通信功能，即与车道数据通信，与收费中心通信。

1）与车道数据通信包含两方面内容：一方面下发车道收费管理数据，包括费率表、时钟等；另一方面是接收车道上传的数据，包括收费数据、车流量数据、车道设备状态数据等。

2）与收费中心的通信功能同样包含两方面，上传与接收规定的数据，数据传输准确。在测试用例的设计中应选取可查询、可追溯的数据作为测试数据。

7.2.3.4 收费中心设备及软件

收费（分）中心是路段收费模式中高速公路的最高管理机构，肩负管理职能。其功能主要包括：运行参数的管理；收费数据的汇总管理；人员、票、卡的管理及通信功能。

1. 功能

收费中心设备及软件的主要功能：接收收费站计算机上传的统计信息并上报到收费中心；接受总中心转发的各种信息，并下传给收费站计算机；整理、统计、存储、打印所辖收费站上传的数据；通信线路故障时，中心计算机可独立工作。

2. 收费（分）中心软件测试技术要求

收费中心计算机系统是实现收费（分）中心功能的关键组成部分，其一般采用双绞线星型开放网络结构。

该系统主要由微机服务器（或小型机服务器）、交换机、客户机（管理计算机、多媒体计算机）、路由器、打印机、数据备份设备和 UPS 电源等构成。

（1）软件测试流程

软件测试流程：制订测试计划、执行测试方案、测试结果分析及处理。

（2）收费中心软件测试要求

收费（分）中心主要对所辖区域高速公路的收费、交通流量、通行卡和票据进行统计分析和有效管理，费率、车型分类表、时钟等信息的设定、下发与管理。

收费（分）中心软件测试的第一项内容是与收费站的数据传输功能，要求定时或实时轮询各收费站的数据。

收费（分）中心服务器一般选取双机热备份系统，对此功能的测试采取人工宕机的方式检测功能的实现性及切换时间的符合性。

收费（分）中心一项重要功能是报表统计管理与打印功能，对此功能的要求不仅是能够进行数据的统计管理，同时要求数据严格准确。收费（分）中心统计报表中的数据一般包括收费数据、交通流量数据、票卡管理数据、人员管理数据。

通行卡管理功能指收费（分）中心可通过授权正确制作通行卡、公务卡、身份卡，并能记录、统计、查询本中心发行卡的信息。

以路段为单位的管理模式来说，制作通行卡、公务卡、身份卡的功能由收费（分）中心完成，但目前对于大部分联网收费的路段制作各种功能卡由联网收费结算管理中心负责制作与发放，所以一般来讲路段收费（分）中心无此功能，但是收费（分）中心可记录、统计、查询本中心发行卡的信息，并能对通行卡流通路径进行查询。

7.2.3.5 IC卡发卡编码系统

IC卡发卡编码系统是公路收费系统的重要组成部分，主要完成收费系统通行卡的收、发以及收费站的编码等功能，收费系统中IC卡发卡编码系统的可靠性及效率是影响整个收费系统效能的关键。

公路收费非接触式收发卡机是IC卡发卡编码系统的重要设备。

1. 公路收费非接触式IC卡收发卡机技术要求

公路收费非接触式IC卡收发卡机主要质量评定标准是《公路收费非接触式IC卡收发卡机》JT/T 603—2004。依据该标准，公路收费非接触式IC卡收发卡机主要由卡传动机构、非接触式IC卡读写器及天线、卡箱及其驱动结构、控制电路、机壳、通信接口、状态显示及报警装置等部分组成。

其主要技术要求包括有：外观结构要求、工作环境条件、功能要求、性能要求、亭外型收发卡机机箱防护等级、电气安全性能、电磁兼容性能及环境适应性能等。

（1）外观结构要求

1）卡机表面光滑、平整、美观、涂层色泽均匀、无锈蚀、凹痕、划伤、裂缝和变形，无裸露基体，其理化性能指标应符合国家或行业相关标准的要求。卡机箱体设计应方便检查、维修与日常维护。

2）卡机箱体出线开孔位置、大小应合适，箱门开、闭灵活，能防尘和防水流入。箱内接线整齐，走线横平竖直，符合视觉美学要求。亭外型收发卡机还要求出线管与箱体开孔密闭良好，箱锁应采取防水与防锈措施，箱门密闭良好。

3）卡箱具有较高的机械强度和尺寸精度，长时间使用不变形。

4）铭牌上所有文字和符号清晰、正确、牢固。

（2）工作环境条件

1）工作环境温度：亭内型：$-5 \sim +55$℃；亭外型：A级：$-5 \sim +55$℃；B级：$-20 \sim +55$℃；C级：$-40 \sim +50$℃；D级：$-55 \sim +45$℃。

2）相对湿度：不大于95%；

3）大气压力：86～106kPa。

4）电源电压：交流$220 \times (1 \pm 15\%)$V，频率：$50 \times (1 \pm 4\%)$Hz。

（3）功能要求

卡机能够完成自检，能够根据上位机的命令自动地完成收卡或发卡、读写卡、计数（增加/减少）、装入卡箱等一系列动作，并将卡机的操作结果和当前状态向上位机报告。

1）非接触式IC卡数据读写功能：内置非接触式IC卡读写模块及天线，可对非接触式IC卡进行读写。

2）显示功能：能够显示电源及工作状态指示，显示卡箱状态和卡的数量。

3）卡机功能和要求：

a. 上位机可以通过命令控制卡机读写模块对身份卡、公务卡等进行读写及处理。

b. 卡机有下列处理功能：收卡机能将插入的通行卡收到读写天线位置；收卡机可以对停留在读写位置的通行卡进行读写；收卡机可以将停留在读写位置的通行卡退出或收入卡箱；发卡机能将卡箱内的通行卡收到读写天线位置；发卡机可以对停留在读写位置的通行卡进行读写；发卡机可以将停留在读写位置的通行卡发出；操作人员可以根据需要随时更换卡箱；断电能自动保存卡数；卡机工作过程中，应上报比较信息。

c. 变形的卡翘曲高度小于卡标准厚度的两倍时卡机能正常收或（和）发卡。

4）卡箱功能：卡箱内的卡按回首顺序整齐存放；卡箱内应有可能断电的数据记忆存储单元，以记录卡箱内卡数和卡箱的唯一 ID 号，并在任何卡机上均可读出。

5）自检功能：上电过程中卡机自检，并向上位机上报必要信息；每次安装卡箱后，卡机自动检测卡箱中卡数，并向上位机上报并显示。

6）报警功能：卡箱中的卡已发完或将收满时有不同声/光提示，卡被卡住或读写错误时有不同声/光报警。

7）数据通信接口：卡机应采用计算机通用的通信接口。

(4) 性能要求

1）卡收或发时间：小于 3s。

2）可接收外形尺寸符合《公路收费非接触式 IC 卡 第 1 部分：物理特性》JT/T 452.1—2001 的规定。

3）滞卡率：小于 1/20000。

4）平均无故障工作时间（MTBF）不少于 5000h；平均故障修复时间（MTTR）不大于 0.5h；使用寿命不少于 100 万张。

5）换卡箱时间：少于 30s/次。

6）噪声：正常工作时小于 60dB。

(5) 亭外型收发卡机机箱防护等级

亭外型卡机的机箱符合 IP53 要求。

(6) 电气安全性能

产品的基本安全应符合《电子设备安全要求》GB 8898—2001 中 I 类设备的有关要求。

1）绝缘电阻：产品电源接线端子与卡机机壳的绝缘电阻应不小于 100MΩ。

2）介电强度：接线端子与卡机外壳间应能承受有效值 1500V、50Hz 交流电压，持续 1min，无飞弧、击穿现象。

3）安全接地：产品应设安全保护接地端子，接地端子与卡机机壳连接可靠，接地端子与机壳的接触电阻应小于 0.1Ω。

(7) 电磁兼容性能

电磁兼容要求有 3 项：

1）电快速瞬变脉冲群抗扰度要求；

2）静电放电抗扰度要求；

3）辐射电磁场抗扰度要求。

(8) 环境适应性能

1) 亭外型卡机的耐盐雾腐蚀性能

亭外型卡机产品的印刷电路板、传动机构和外壳防腐层及其支撑底板（其他部件由供需双方协定），按《电工电子产品环境试验 第2部分：试验方法 试验Ka：盐雾》GB/T 2423.17—2008的方法，经168h试验后，应无明显锈蚀现象，金属构件应无红色锈点，印刷电路板经过24h自然晾干后功能正常。

2) 机械环境适应性能

卡机通电工作时，在振动频率2~150Hz的范围内按《电工电子产品环境试验 第2部分：试验方法 试验Fc：振动（正弦）》GB/T 2423.10—2008的方法及逆行扫频试验，在2~9Hz时按位移控制，位移3.5mm；9~150Hz时按加速度控制，加速度为$20m/s^2$。2Hz→9Hz→150Hz→9Hz→2Hz为一个循环，扫频速率为每分钟一个倍频程，共经历20个循环后，产品功能正常，结构不受影响，零部件无松动。

3) 耐候性能

产品的外壳防腐层及其支撑底板（其他部件由供需双方协定）经过两年自然暴晒试验或经过人工加速老化试验累积能量达到$3.5×10^2 kJ/m^2$后，产品外观应无明显褪色、粉化、龟裂、溶解、锈蚀等老化现象，非金属材料的机械力学性能保留率应大于90%。

7.2.3.6 内部有线对讲及紧急报警系统

1. 内部有线对讲系统

内部有线对讲系统为收费站控制室值班人员与收费员提供直接的双向语音通路。在每个收费亭内安装一个对讲分机，以传送收费员在收费作业时的语音内容；在监控中心安装一套对讲主机，监控中心即可与每个收费员进行对话或监听/记录收费员的语言行为，也可与收费人员之间进行语音交流。结合闭路电视监控系统，监控中心的监控员能及时准确掌握收费站的情况。

内部有线对讲系统主要是单向呼叫功能，收费员之间不能相互通话，主机面板上有带指示灯的分机通话按钮、扬声器的音量控制旋钮、"群呼"按钮和状态指示灯，检评时要注意这些指示灯的状态是否正常。

内部有线对讲系统的主要构成设备包括：对讲主机、对讲分机、双向音频光端机、中间光纤传输相关设备。

2. 紧急报警系统

紧急报警系统是实现现场收费人员在紧急事件发生时能及时向监控管理中心发送语音紧急报警信号，并可向CCTV系统提供报警输出信号。

紧急报警系统主要由安装在收费亭内的手动/脚踏报警开关、设在监控室的紧急报警器、设在站上的报警警笛和信号电缆组成。

设计报警录像功能的系统还要有与闭路电视矩阵切换器联动的报警控制器。

7.2.4 低压配电设施

低压配电设施包括有：作用与构成特点；原则与要点；带电导体形式；常用接线方式；技术要求；电能质量的技术要求；应急电源的技术要求；配电线路的敷设；低压强电和弱电设施的机房工程；蓄电池室与直流屏柜布置；防雷及过电压保护与接地11部分。

1. 作用与构成特点

配置合理的公路低压配电系统是满足公路专用电气负荷安全与电能质量的基础条件之一。公路交通机电系统与电子信息设施的供电电源一般取自就近的 10kV/6kV 公用电网，由设置于监控中心、收费站、服务区等场区的 10kV/0.4kV 变配电所，分别向各自有效供电半径范围内的动力、照明等设备提供符合正常工作要求的 220V/380V 电力。

鉴于目前相关行业管理划分的现实情况，公路用户通常是以场区变配电所低压配电柜（屏）的配电回路断路器（或空气开关）出线端为界面，并由其引出电源提供公路附属设施中的房建电气设备、电子信息和通信系统、各类功能的照明系统等负荷的工作电能。该电能输出链路所构成的系统称为公路低压配电设施。

低压配电系统主要是由：隔离电器、配电电缆、设备侧配电柜（箱）、开关电器、保护电器、接地装置、无功电容补偿、故障保护与应急电源等产品和设施构成。工程检测重点是对低压配电系统的安装质量进行功能和性能检验。

公路沿线用电设施的特点是：容量一般不大，用电点分散，距离供电点较远，配电系统的技术可靠性与经济可行性矛盾突出。

2. 原则与要点

针对公路低压配电系统特点，一般会采取如下设计原则。

(1) 公路沿线站点设施一般为 3 级负荷。

(2) 位于变配电所正常供电区域内，当大部分用电设备为中小容量且无特殊要求时，宜采用树干式配电。

(3) 当部分用电设备距离供电点较远，而彼此间却相距很近且容量均较小时，可采用链式配电，但每一回路链接设备不宜超过 5 台，其容量总和不宜超过 10kW。

(4) 当采用 220V/380V 的 TN 及 TT 系统接地形式且不存在较大功率的冲击性负荷时，照明和其他电力设备宜由同一台变压器供电。

(5) 在 TN 及 TT 系统接地形式低压电网中，当变压器选用的是 Yyn0 接线组别的三相变压器时，其由单相不平衡负荷引起的中性线电流不得超过低压绕组额定电流的 25%，且其任一相的电流在满载时不得超过额定电流值。

(6) 低压配电一般采用 220V/380V 电压。因特殊场所安全需要，可选用安全超低压方式（SELV）供电，但须采取电气分隔或相应的安全隔离措施。当普通配电方式线路损耗较大时，也可以在局部支线回路利用升/降压方式供电，从而减少线路损耗，节省导线截面耗材。

(7) 太阳能、风能条件适宜的地区，可以因地制宜地选择光伏、风力或风光互补等技术提供新型能源。当采用集中供电时，其配电系统的电压确定、接线方式、电能质量以及安全保护等特性，均须满足用电设备的工作需要。

(8) 连续稳定工作要求等级较高的公路机电系统或设备，应根据当地供电条件配备相应的应急电源，其供电、投切与保护方式应能满足相应的可靠性规定。

3. 带电导体形式

(1) 带电导体是指正常通过工作电流的导体，包括相线和中性线（N 线及 PEN 线），但不包括 PE 线。

常见的形式有：单相二线制、两相三线制、三相三线制、三相四线制及三相五线制。

(2) 交流配电电缆芯线的相间额定电压不得低于使用回路的工作线电压；电缆的冲击耐压水平应满足系统绝缘配合要求。

(3) 电缆截面选取应满足持续允许电流、短路热稳定、允许电压损失等要求。

4. 常用接线方式

公路低压配电系统常用接线方式主要有放射式、树干式、链式3种。

(1) 放射式：若某一配电线路发生故障，各回路之间互不影响，供电可靠性较高，断电维修时对系统波及较小。

放射式适用于电负荷集中或容量较大的设备，但消耗缆线较多，造成建设成本增加。

(2) 树干式：由电源干线通过各个支线回路给设备供电。该方式的灵活性较好，消耗缆线较少。

树干式适用于负荷均匀分布且容量不大的用电系统，但干线若出现故障则会波及线路上所有末端设备的工作正常。

(3) 链式：与干线式配电特点较相似，是由路经附近的配电干线 T 接出支线，直接供给设备用电。该方式所链接的设备不宜超过 5 台，其容量总和不宜超过 10kW。

5. 技术要求

(1) 通用要求

1) 电器的额定电压应与所在回路标称电压相适应。

2) 电器的额定电流不应小于所在回路的计算电流。

3) 电器的额定频率应与所在回路的频率相适应。

4) 电器应适应所在场所的环境条件。

5) 电器应满足短路条件下的动稳定与热稳定的要求。用于断开短路电流的电器，应满足短路条件下的通断能力。

6) 配电装置及馈电线路的绝缘电阻值不应小于 0.5MΩ。

(2) 配电缆线的要求

1) 线路电压损失应满足用电设备正常工作及启动时端电压的要求。

2) 按敷设方式及环境条件确定的导体载流量，不应小于计算电流。

3) 导体应满足动稳定与热稳定的要求。

4) 导体最小截面应满足机械强度的要求。

5) 直接敷设在土壤中的电缆，应采用敷设处历年最热月的月平均温度。当沿不同冷却条件的路径敷设绝缘导线和电缆时，若冷却条件最坏段的长度超过 5m，应按该段条件选择绝缘导线和电缆的截面，或只对该段采用大截面的绝缘导线和电缆。

6) 在三相四线制配电系统中，中性线（N 线）的允许载流量不应小于线路中的最大不平衡负荷电流，且应计入谐波电流的影响。以气体放电灯为主要负荷的回路中，N 线截面不应小于相线截面。

7) 保护线（PE 线）采用单芯绝缘导线时，按机械强度要求，有机械性保护时为 $2.5mm^2$；无机械性保护时为 $4mm^2$。

8) 装置外可导电部分禁用作保护中性线（PEN 线）。在 TN-C 系统中，PEN 线严禁接入开关设备。

(3) 配电缆线的保护

1）配电线路应装设短路保护、过负载保护和接地故障保护，其目的在于切断供电电源或发出报警信号。

2）配电线路采用的上下级保护电器，其动作应具有选择性；各级之间应能协调配合。但对于非重要负荷的保护电器，可采用无选择性切断。

3）保护电器应装设在操作维护方便，不易受机械损伤，不靠近可燃物的地方，并应采取措施避免保护电器运行时意外损坏对周围人员造成伤害。

4）保护电器应装设在被保护线路与电源线路的连接处，但为了操作与维护方便，可设置在离开连接点的地方，并应符合线路长度不超过3m的规定；应采取将短路危险减至最小的措施；保护电器不靠近可燃物。

5）短路保护电器应装设在低压配电线路不接地的各相（或极）上，但对于中性点不接地且N线也不引出的三相三线配电系统，可只在二相（或极）上装设保护电器。

6）在TT或TN—S系统中，若N线的截面与相线相同，或虽小于相线但已能为相线上的保护电器所保护，N线上可不装设保护；若N线不能被相线保护电器所保护，应另在N线上装设保护电器保护，将相应相线电路断开，但不必断开N线。

7）在TT或TN—S系统中，N线上不宜装设电器将N线断开，当需要断开N线时，应装设相线和N线一起切断的保护电器；当装设漏电电流动作的保护电器时，应能将其所保护的回路所有带电导线断开。在TN系统中，当能可靠地保持N线为地电位时，N线可不需断开；在TN—C系统中，严禁断开PEN线；不得装设断开PEN线的任何电器。当需要在PEN线装设电器时，只能断开相应相线回路。

8）当维护、测试和检修设备需断开电源时，应设置隔离电器。

6. 电能质量的技术要求

（1）配电系统的电能质量包括：电压质量、波形质量（谐波）和频率质量（频率偏差）。电压质量则包括：电压偏差、电压波动和电压闪变、不对称（不平衡）等性能指标。

（2）正常运行情况下，用电设备端子处电压偏差允许值（以额定电压的百分数表示）宜符合下列要求：

1）电动机：±5%。

2）照明：在一般工作场所为±5%；对于远离变电所的小面积一般工作场所，难以满足上述要求时，可为+5%、−10%；应急照明、道路照明和警卫照明等为+5%、−10%。

3）其他用电设备当无特殊规定时：±5%。

（3）采用电力电容器作为无功补偿装置时，宜就地平衡补偿。

（4）低压电容器组宜加大投切容量或采用专用投切接触器。当在受谐波量较大的用电设备影响的线路上装设电容器组时，宜串联电抗器。

7. 应急电源的技术要求

（1）公路负荷等级

公路负荷等级多数情况下属于3级；仅有区域或省级收费结算中心、监控管理中心等信息实时通信的网络系统和数据处理储存系统，可以列为1级负荷；因断电会造成较大经济损失或影响安全通行的收费和通信系统部分用电设备，可以列为2级负荷。

（2）公路机电系统的应急电源种类

因为多数地方的公路沿线电力条件有限且很不稳定，所以有必要在负荷等级要求较高的场所配置应急电源。应用于公路机电系统的应急电源种类主要有以下几种：蓄电池装置、静止型不间断供电装置（UPS）、快速启动的柴油发电机组。

1) 柴油发电机组：主要由柴油机、发电机和控制屏 3 部分组成，有移动式和固定式两种安装形式。

2) 不间断电源（UPS）：一般由整流器、蓄电池、逆变器、静态开关和控制系统组成。5kV·A 以下小容量 UPS 电源可分为后备式和在线式两种，通常采用在线式 UPS。

3) 蓄电池和充电装置

a. 蓄电池：通常分为碱性蓄电池和酸性蓄电池两种。常用的有：铅酸蓄电池、镉镍碱性蓄电池、铁镍蓄电池、金属氧化物蓄电池、锌银蓄电池、锌镍蓄电池、氢镍蓄电池、锂离子蓄电池等。

蓄电池按其供电性质可分为：经常负荷、事故负荷和冲击负荷（可能会是出现事故初期 1min 的初期冲击负荷，也可能是出现在事故末期或事故过程中的 5s 瞬时冲击负荷）。

b. 充电装置：主要有两种类型：高频开关型和晶闸管整流型。目前广泛应用的是高频开关模块型充电装置。

8. 配电线路的敷设

（1）一般技术要求

1) 应使电缆不易受到机械、振动、化学、地下电流、水锈蚀、热影响、蜂蚁和鼠害等各种损伤；便于维护；避开场地规划中的施工用地或建设用地；电缆路径较短。

2) 对于露天敷设的电缆，尤其是有塑料或橡胶外护层的电缆，应避免日光长时间的直晒；必要时应加装遮阳罩或采用耐日照的电缆。

3) 电缆在屋内、电缆沟、电缆隧道和竖井内明敷时，不应采用麻黄或其他易燃的外保护层。

4) 支承电缆的构架，当采用钢制材料时，应采取热镀锌等防腐措施；当处于较严重腐蚀的环境中时，应采取相适应的防腐措施。

5) 电缆的长度，宜在进户处、接头、电缆头处或地沟及隧道中留有一定余量。

6) 在经常会受到振动的桥梁上敷设电缆，应有防振措施。桥墩两端和伸缩缝处的电缆，应留有松弛冗余部分。

（2）电缆沟内敷设

1) 电缆沟应采取防水措施；其底部排水沟的坡度不应小于 0.5%，并应设置集水坑，积水可经集水坑用泵排出；当有条件时，积水可直接排入下水道。

2) 在多层支架上敷设电缆时，电力电缆应放在控制电缆的上层；在同一支架上的电缆可并列敷设。当两侧均有支架时，1kV 及以下的电力电缆和控制电缆宜与 1kV 以上的电力电缆分别敷设于不同侧支架上。电缆支架的长度不宜大于 350mm。

3) 电缆沟一般采用钢筋混凝土盖板，盖板的质量不宜超过 50kg。

（3）埋地敷设

1) 公路沿线用电设备的配电电缆敷设，一般采用在路肩或边坡下方直埋的敷设方式。直埋敷设的电缆，严禁位于地下管道的正上方或下方。

2) 电缆直接埋地敷设时，沿同一路径敷设的电缆数量不宜超过 8 根。

3) 电缆在屋外直接埋地敷设的深度不应小于 700mm；应在电缆上下各均匀铺设细砂层，其厚度宜为 100mm，在细砂层应覆盖混凝土保护板等保护层，保护层宽度应超出电缆两侧各 50mm。在寒冷地区，电缆应埋设于冻土层以下。当受条件限制不能深埋时，可增加细砂层的厚度，在电缆上方和下方各增加的厚度不宜小于 200mm。

4) 直埋敷设的低压配电电缆与通信电缆平行敷设最小间距为 0.1m，交叉敷设最小间距为 0.5m。与建筑物基础平行敷设最小间距为 0.6m，与公路平行敷设最小间距为 1m，与排水沟平行敷设最小间距为 1m；特殊情况时可视现场条件，在采用必要保护措施后可以酌减且最多能减少一半值。

5) 建筑物和构筑物的基础、散水坡、楼板和穿过墙体等处，铁路、道路处和可能受到机械损伤的地段，引出地面 2m 至地下 200mm 处的一段和人容易接触使电缆可能受到机械损伤地方，电缆通过上述场所，其保护穿管的内径不应小于电缆外径的 1.5 倍。

6) 电缆与建筑物平行敷设时，电缆应埋设在建筑物的散水坡外。电缆引入建筑物时，所穿保护管应超出建筑物散水坡 100mm。

7) 电缆与热力管沟交叉，当采用电缆穿隔热水泥管保护时，其长度应伸出热力管沟两侧各 2m；采用隔热保护层时，其长度应超过热力管沟和电缆两侧各 1m。

8) 电缆与道路、铁路交叉时，应穿管保护，保护管应伸出路基 1m。

9) 埋地敷设电缆的接头盒下面必须垫混凝土基础板，其长度宜超出接头保护盒两端 0.6~0.7m。

10) 电缆沿坡度敷设时，中间接头应保持水平；多根电缆并列敷设时，中间接头的位置应互相错开，其净距不应小于 1.5m。

11) 电缆在拐弯、接头、终端和进出建筑物等地段，应装设明显的方位标志，直线段上应适当增设标桩，标桩露出地面宜为 150mm。

(4) 架空敷设

1) 低压配电缆线架空敷设时一般采用水平排列，并可与高压线路同杆架设，但直线杆横担不宜超过 4 层（包括路灯线路）。高低压同杆时宜少于 4 回路（允许有两路高压）。且高压线路在上，低压线路在下；路灯照明回路应在最下面。

2) 三相四线配电的架空低压绝缘线在引入用户处将零线重复接地。接地体埋深不应小于 0.6m，接地体不应与地下燃气管、送水管接触。接地电阻不应大于 10Ω。

9. 低压强电和弱电设施的机房工程

(1) 机房一般等效均布活荷载为 5~7kPa，UPS 机柜与电池间的楼板荷载一般为 10kPa。

(2) 面积超过 50m² 的机房设两个门，并应是外开防火门。

(3) 设备（柜、台、盘）前操作距离应≥1.5m；背后开门的设备，背面距墙不宜小于 0.8m；并排布置的设备总长度≥4m，两侧均应设置通道。

(4) 一般墙挂式设备安装高度宜为底边距地面 1.3~1.5m，尺寸较大的设备安装高度宜为设备中心距地面 1.5m，侧面距墙应≥0.5m。

(5) 设置防静电活动地板的机房，活动地板距地坪高度宜为 200~350mm。活动地板下至各设备的线缆应敷设在封闭的金属线槽中。

(6) 强电和弱电线槽应分槽敷设,两种线路交叉处应设置有屏蔽分隔板的分线盒。线槽交叉、转弯或分支处也应设置分线盒。线槽的直线长度≥6m 时,宜加装分线盒。

(7) 机房宜采用联合接地方式,接地电阻应≤1Ω。机房内的工作接地、保护接地、防雷接地,活动地板防静电接地等均应接至接地端子箱,形成等电位联结。接地可采用 S 型接法、M 型接法或 S/M 型接法。

10. 蓄电池室、直流屏柜布置

(1) 机房条件要求

1) 蓄电池室内照明灯具应为防爆型,且应布置在通道的上方,地面最低照度应为 30lx,事故照明最低照度应为 3lx。蓄电池室内照明线宜穿管暗敷,室内不应装设开关和插座。

2) 蓄电池室内应有良好的通风设施。室内的通风换气量应按保证室内含氢量(按体积计算)低于 0.7%,含酸量小于 $2mg/m^3$ 来计算。通风电动机应为防爆型。

3) 蓄电池室的门应向外开启;应采用非燃烧体或难燃烧体的实体门,门的尺寸不宜小于 750mm×1960mm(宽×高)。

(2) 蓄电池布设要求

1) 蓄电池容量在 200Ah 及以下时,应采用直流成套装置;容量在 200Ah 以上时,应采用直流柜和蓄电池组分别布置。

2) 阀控密封铅酸蓄电池的钢架(台架)整体高度应不超过 1600mm,台架底层距地面高度不得小于 150~300mm;瓷砖或水泥台架高不得小于 250~300mm;通道宽度不得小于 800mm。

3) 普通防酸电池和镉镍电池的瓷砖或水泥台架高不得小于 250~300mm;通道宽度不得小于 800mm。

4) 蓄电池裸导体间距离:当电压为 65~250V 时,不应小于 800mm;当电压超过 250V 时,不应小于 1000mm;距地和建筑物距离不应小于 50mm;母线支持点间距离不应大于 2000mm。

11. 防雷及过电压保护与接地

(1) 公路低压配电设施(包括外场设备和敷设电缆)一般不会遭受直击雷,重点是防范雷电感应和防雷电波侵入。

(2) 公路沿线建筑物和设施一般属于 3 类防雷,其防雷电感应的接地装置应和电气设备接地装置共用,其冲击接地电阻不宜大于 30Ω。

(3) 室外低压配电线路宜采用直接埋地敷设,且非金属铠装电缆在入户前穿钢管保护的长度不应小于 15m。在入户处应将电缆的金属外皮、保护钢管接到等电位连接带或防雷电感应接地装置上;在入户处的总配电箱内是否装设 SPD(电涌保护器),应根据气体情况确定。

(4) 接地引下线宜采用圆钢或扁钢,宜优先选用圆钢。圆钢直径不应小于 8mm;扁钢截面不应小于 $48mm^2$,其厚度不应小于 4mm。

(5) 埋入土壤中的垂直人工接地体,宜采用角钢、钢管或圆钢;人工水平接地体,宜采用扁钢或圆钢。圆钢直径不应小于 10mm,扁钢截面不应小于 $100mm^2$,其厚度不应小于 4mm；钢管壁厚不应小于 3.5mm。在腐蚀性较强的土壤中，应采取热镀锌等防腐措施或加大接地体截面。

（6）人工垂直接地体的长度宜为 2.5m，垂直接地体间的距离及水平接地体间的距离宜为 5m；当受地方限制时可通当减小。接地体埋设深度不应小于 0.5m。

（7）SPD 必须能承受预期通过它们的雷电流，并应符合通过电流时的最大箱压和有能力熄灭雷电通过后产生的工频电流两个要求。

（8）220V/380V 设备耐冲击电压额定值为：电源设备处为 6kV（Ⅳ类耐冲击过电压）；配电线路和最后分支线设备为 4kV（Ⅲ类耐冲击过电压）；用电设备为 2.5kV（Ⅱ类耐冲击过电压）；需要特殊保护的设备为 1.5kV（Ⅰ类耐冲击过电压）。

（9）一般情况下，当线路上多处安装 SPD 且无准确数据依据时，电压开关型 SPD 之间的线路长度不宜小于 10m，限压型 SPD 之间的线路长度不宜小于 5m。

7.2.5 照明设施

照明设施包括有：作用与构成特点；原则与要点；技术要求（照明方式、光源选择、灯具及其附属装置选择、照明配电及控制）；照明装置布设要求及升降式高杆照明装置 5 部分。

7.2.5.1 作用与构成特点

1. 为了保证交通安全视认性以及视觉效果的舒适性。公路常用照明种类，可分为在公路一般路段、互通立交、收费广场及收费天棚、特大桥、隧道、平面交叉路口等区段，满足机动车安全行驶与交通管理需要的照明。

2. 公路照明系统主要是由照明光源、灯具与电器附件等装置、配电与控制设施、安全防护设备等组成。

3. 公路照明应以路面平均亮度（或路面平均照度）、路面亮度均匀度和纵向均匀度（或路面照度均匀度）、眩光限制、环境比和诱导性等作为评价指标。

（1）标准规定的照度值为作业面或参考平面上的维持平均照度值。

（2）设计时的照度计算值与选定的照度标准值之间允许有±10%偏差。

（3）光源颜色包含光源色表和显色性：

1）光源色表按相关色温分为 3 组：暖色（色温<3300K）；中间色（色温介于 3300～5300K）；冷色（色温>5300K）。

2）显色性是光源对物体色表的影响，以显色指数 R_a 表示，如收费亭、监控中心等场所为 80，收费天棚下方地面则可根据辨色要求选择 60、40 或 20。

（4）道路照明功率密度（LPD）：

1）按照选用的光源、灯具及布置计算照度，在符合标准值后验算实际 LPD 值，以不超过标准规定的 LPD 限值为合格，低于 LPD 限值为节能。

2）不能用规定的 LPD 限值作为单位面积功率去计算照度。

7.2.5.2 原则与要点

1. 下面介绍的指标以《城市道路照明设计标准》CJJ45—2006 为重点内容，《公路照明技术条件》GB/T 24969—2010 为现行有效的参考内容。

2. 设置连续照明的机动车交通道路的照明标准值应符合表 7-27 的规定。

机动车交通道路照明标准值　　　　表 7-27

级别	道路类型	路面亮度			路面照度		眩光限制阈值增量 T_1 最大初始值（%）	环境比 S_R 最小值
		平均亮度 L_{av}（cd/m²）	总均匀度 U_0 最小值	纵向均匀度 U_L 最小值	平均照度 E_{av} 维持值（lx）	均匀度 U_E 最小值		
Ⅰ	快速路、主干路	1.5/2.0	0.4	0.7	20/30	0.40	10	0.5
Ⅱ	次干路	0.75/1.0	0.4	0.5	10/15	0.35	10	0.5
Ⅲ	支路	0.5/0.75	0.4	—	8/10	0.30	15	—

注：1. 表中所列的平均照度仅适用于沥青路面。若系水泥混凝土路面，其平均照度值可相应降低约 30%。根据《城市道路照明设计标准》CJJ 45—2006 附录 A 给出的平均亮度系数可求出相同的路面平均亮度，沥青路面和水泥混凝土路面分别需要的平均照度。
　　2. 计算路面的维持平均亮度或维持平均照度时，应根据光源种类、灯具防护等级和擦拭周期，按照《城市道路照明设计标准》CJJ 45—2006 附录 B 确定维护系数。
　　3. 表中各项数值仅适用于干燥路面。
　　4. 表中对每一级道路的平均亮度和平均照度给出了两档标准值，"/"的左侧为低档值，右侧为高档值。

3. 对同一级道路选定照明标准值时，交通控制系统和道路分隔设施完善的道路，宜选择上表中的低档值，反之宜选择高档值。

4. 交会区的照明标准值应符合表 7-28 的要求。

交会区照明标准值　　　　表 7-28

交会区类型	路面平均照度 E_{av} 维持值（lx）	照度均匀度 U_E	眩光限制
主干路与主干路交会	30/50	0.4	在驾驶员观看灯具的方位角上，灯具在 80°和 90°高度角方向上的光强分别不得超过 30cd/1000lm 和 10cd/1000lm
主干路与次干路交会			
主干路与支路交会			
次干路与次干路交会	20/30		
次干路与支路交会			
支路与支路交会	15/20		

注：1. 灯具的高度角是在现场安装使用姿态下度量。
　　2. 表中对每一级道路交会区的路面平均照度给出了两档标准值，"/"的左侧为低档照度值，右侧为高档照度值。

7.2.5.3 技术要求

1. 照明方式

（1）灯具的安装高度：灯具的光中心至路面的垂直距离。

（2）灯具的安装间距：沿道路的中心线测得的相邻两个灯具之间的距离。

（3）常规照明：灯具安装在高度通常为小于 15m 的灯杆上，按一定间距有规律地连续设置在道路的一侧、两侧或中间分隔带上进行照明的一种方式。

采用常规照明方式时，灯具的纵轴垂直于路轴，使灯具所发出的大部分光射向道路的纵轴方向。

(4) 高杆照明：一组灯具安装在高度不小于 20m 的灯杆上进行大面积照明的一种照明方式。

(5) 半高杆照明（也称中杆照明）：一组灯具安装在高度 15～20m 等灯杆上进行照明的一种照明方式。

当按常规照明方式配置灯具时，属常规照明；按高杆照明方式配置灯具时，属高杆照明。

2. 光源选择

(1) 快速路、主干路、次干路和支路应采用高压钠灯。

(2) 对颜色识别要求较高的道路可采用金属卤化物灯。

(3) 道路照明不应采用自镇流高压汞灯和白炽灯。

3. 灯具及其附属装置选择

(1) 道路照明灯具按眩光要求，可分为截光型、半截光型和非截光型 3 类。

1) 截光型灯具：灯具的最大光强方向与灯具向下垂直轴夹角在 0°～65°之间，90°和 80°角方向上的光强最大允许值分别为 10cd/1000lm 和 30cd/1000lm 的灯具。不管光源光通量的大小，其在 90°角方向上的光强最大值不得超过 1000cd。

2) 半截光型灯具：灯具的最大光强方向与灯具向下垂直轴夹角在 0°～75°之间，90°和 80°角方向上的光强最大允许值分别为 50cd/1000lm 和 100cd/1000lm 的灯具，且不管光源光通量的大小，其在 90°角方向上的光强最大值不得超过 1000cd。

3) 非截光型灯具：灯具的最大光强方向不受限制，90°角方向上的光强最大值不得超过 1000cd 的灯具。

4) 快速路、主干路必须采用截光型或半截光型灯具；次干路应采用半截光型灯具；支路宜采用半截光型灯具。

5) 采用高杆照明时，应根据场所的特点选择具有合适功率和光分布的泛光灯或截光型灯具。

(2) 采用密闭式道路照明灯具时，光源腔的防护等级不应低于 IP54。环境污染严重、维护困难的道路和场所，光源腔的防护等级不应低于 IP65。灯具电器腔的防护等级不应低于 IP43。

(3) 空气中酸碱等腐蚀性气体含量高的地区或场所宜采用耐腐蚀性能好的灯具。

(4) 通行机动车的大型桥梁等易发生强烈振动的场所，采用的灯具应符合国家标准《灯具 第 1 部分：一般要求与试验》GB 7000.1—2007 所规定的防振要求。

(5) 国家标准《灯具 第 1 部分：一般要求与试验》GB 7000.1—2007 规定灯具防触电保护的类型分为 0、Ⅰ、Ⅱ、Ⅲ等 4 类。路灯常选用Ⅰ类。

(6) 高强度气体放电灯宜配用节能型电感镇流器，功率较小的光源可配用电子镇流器。

(7) 高强度气体放电灯的触发器、镇流器与光源的安装距离应符合产品的要求。

4. 照明配电及控制

(1) 道路照明总功率较大时，宜采用专用变压器。

(2) 电压偏差较大时，为保证照明质量和光源寿命并有利节能，宜采用有载自动调压变压器。

(3) 一般照明光源电压采用 220V、1500W 及以上高强度气体放电灯的电源电压宜采用 380V。照明灯具输入端的端电压不宜大于其额定电压的 105%，且不宜低于 90%。

(4) 照明配电宜采用放射式和树干式结合的系统。配电箱宜设置在靠近照明负荷中心便于操作维护的位置。

(5) 照明配电线路应设置短路保护、过负载保护和接地保护，每段配电线路的首端应装设保护电器（熔断器或断路器）。除配电回路设保护器外，每个灯具应设单独的保护器。

(6) 三相配电干线的各项负荷宜分配平衡，最大相负荷不宜超过三相负荷平均值的 115%，最小相负荷不宜小于其 85%。

(7) 每一单相分支回流的电流不宜超过 16A，所接光源数不宜超过 25 个；连接组合灯具时，回路不宜超过 25A，光源数不宜超过 60 个。单相分支回路宜单独装设保护器，不宜采用三相断路器对 3 个单相分支回路进行保护和控制。

(8) 供气体放电灯的配电线路，宜在线路或灯具内设置电容补偿，使功率因数不低于 0.9。气体放电灯的频闪效应对视觉有影响的场所，采用电感镇流器时，相邻灯具应分接在不同相序，以降低频闪深度。

(9) 道路照明宜采用 TN-S 或 TT 接地形式。当采用 I 类灯具时，灯具的外露可导电部分应可靠接地（直接接地或与 PE 线联结）。

(10) 照明配电线应采用铜芯绝缘电线或电缆，分支线截面不应小于 1.5mm^2。

(11) 应根据所在地区的地理位置（纬度）和季节变化合理确定开关灯时间，并根据天空亮度修正。

黄昏时天然光照度宜为 15lx 时开启路灯，清晨天然光照度为 20lx（对次干路和支路）或 30lx（对快速路和主干线）时关灯。

(12) 道路照明应采用集中遥控方式，有条件时最好采用光控和时控相结合的控制方式，所有情况都应具有集中手动控制功能。

(13) 道路照明同一电杆装有两只光源时，半夜时应能关闭一个；只装一个光源时宜采用功率转换控制（如双功率镇流器等方式），半夜时能转换至低功率状态运行。

7.2.5.4 照明装置布设要求

1. 应根据其范围和不同功能的要求，考虑照明的设置方式。服务区和停车区宜采用高杆或中杆照明。

2. 有照明设施且平均亮度高于 1.0cd/m^2 的公路的进出口，应设置照明过渡段。

3. 曲线路段的照明装置布设要求如下：

(1) 平曲线半径大于等于 1000m 的曲线路段，其照明灯杆可按直线路段设置。

(2) 平曲线半径小于 1000m 的路段照明灯杆的间距，宜为直线段的 0.5~0.75 倍。半径越小，间距也应越小。

(3) 曲线路段发生视线障碍时，可在曲线外侧增设照明灯杆。

(4) 曲线路段的照明灯杆不得安装在直线路段照明灯杆的延长线上。

4. 特殊部位的照明装置布设要求如下：

(1) 小型收费站广场宜采用低杆、中杆照明；大型收费站广场和互通式立体交叉宜采用高杆照明。

(2) 立体交叉的照明设施，不应产生眩光，应提供良好的诱导性。

(3) 平面交叉口、分合流点附近照明灯杆的设置，应能充分显现周围环境，使驾驶员在接近交叉口时，能辨认交叉口及前方位置。

5. 特大型桥梁的照明装置布设要求如下：

(1) 桥梁照明宜根据桥梁结构形式采用与之相适应的照明器具和设置方式。

(2) 桥梁照明应防止眩光，必要时采用严格控光灯具，不得使用对船舶航行等水上交通及渔业活动造成不利影响的照明设施。

6. 照明灯杆应选用金属灯杆或钢筋混凝土灯杆；采用金属灯杆时，应采用热浸锌或铝喷涂，对灯杆表面进行防蚀处理。

7.2.5.5 升降式高杆照明装置

1. 灯杆

(1) 灯杆分为圆形拔梢状和多边形拔梢状两大类。对于圆形拔梢状灯杆，其截面圆度误差不超过 3‰；对于多边形灯杆，其截面各内角偏差不超过 ±1.5°，边长误差不超过 2mm。

(2) 每 10m 灯杆，其轴线测量的直线度误差不超过 0.5‰，灯杆的全长直线度误差不超过 1‰。

(3) 灯杆的壁厚根据使用地区和设计文件确定。多边形灯杆的插接长度不小于插接直径的 1.5 倍。灯杆小门内下部应设有接地螺栓。

2. 灯盘

(1) 灯盘直径与灯杆高度之比宜控制在 1:5～1:7 之间。

(2) 灯盘造型可为圆形或对称多边形，也可为框架式功能型。

(3) 灯盘结构应有足够的机械强度，其结构可分成 2～3 瓣，采用现场拼接。

3. 升降系统和安全保护装置

(1) 升降系统采用单根钢丝绳做主绳，应设置防止灯盘发生意外坠落的制动装置，其钢丝绳设计安全系数不小于 8。

(2) 升降系统采用 2 根及以上钢丝绳做主绳的，其单根钢丝绳设计安全系数不小于 6。

(3) 灯盘上必须设置橡胶轮或橡胶圈，以防止在升降过程中灯盘与灯杆之间的碰撞。

(4) 钢丝绳升降传动滑轮轴最大应力应小于材料屈服点应力的 30%，其传动滑轮直径应大于钢丝绳直径的 12 倍。电源电缆线随钢丝绳升降用的导向滑轮的直径应大于电缆直径的 8 倍。

(5) 升降系统应设电气、机械限位装置和过扭矩保护装置。

(6) 升降系统应具备电动、手动两种功能。电动时，灯盘的升降速度不宜超过 2m/min；手动时，操作应轻便灵活。

(7) 采用单根主钢丝绳的升降系统在灯盘升至工作位置后，应具有自动卸载装置，将灯盘可靠地挂置在灯杆上，使牵引钢丝绳卸载。当使用两根或两根以上不锈钢丝绳做主绳时，灯盘上升至工作位置后，允许钢丝绳处在负载状态。

4. 防腐处理

升降式高杆照明装置的各加工部件，以及标准件中作改装的部件均应做防腐处理。防腐处理采用热浸锌、热铝喷涂以及涂漆等。对于沿海等腐蚀较严重的地区，应采用热浸锌或热铝喷涂方式进行结构防腐蚀处理。热浸锌层厚度不应低于85μm；热铝喷涂防腐蚀铝喷涂厚度不小于80μm；所涂底漆厚度不得小于40μm；涂完面漆后总厚度为125～175μm。

5. 防雷装置

高杆照明设施的防雷接地装置接地电阻不大于10Ω。灯杆的避雷针一般采用圆钢或焊接钢管制成，选用圆钢时直径不小于16mm；选用钢管时直径不小于25mm。

7.2.6 隧道机电设施

为充分发挥隧道的通行能力，保证隧道的运营安全，公路，特别是高速公路隧道大都配备了相对较为完善的隧道机电系统，该系统对于保障隧道的安全高效运营，改善隧道交通事故的应急处理能力，提高隧道通行能力起到了积极的作用。

7.2.6.1 公路隧道断面参数

根据《公路隧道设计规范》JTG D70—2004，在隧道横断面设计中，公路隧道建筑限界如图7-10所示，其主要参数如下：

H为建筑限界高度；W为行车道宽度；L_L为左侧向宽度；L_R为右侧向宽度；C为余宽；J为检修道宽度；R为人行道宽度；h为检修道或人行道的高度；E_L为建筑界限左顶角宽度；E_R为建筑界限右顶角宽度。

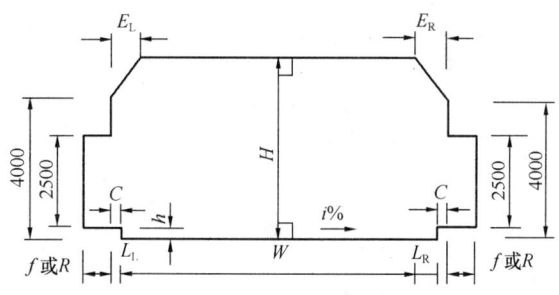

图7-10 公路隧道限界图

隧道内轮廓标准，即拱部为单心半圆，侧墙为大半径圆弧，仰拱与侧墙间用小半径圆弧连接。两车道隧道标准内轮廓断面如图7-11所示。

图中隧道内轮廓断面的主要参数有：R_1为拱部圆弧半径；R_2为拱部与侧墙连接段圆弧半径；R_3为侧墙圆弧半径；R_4为侧墙与仰拱连接段圆弧半径；R_5为仰拱圆弧半径；H_1为路面至起拱线的高度；H_2为侧墙结构高度；H_2'为设仰拱时的侧墙结构高度（侧墙与仰拱连接点至起拱线的高度）；θ_1为起拱线与R_3的夹角；θ_1'为设仰拱时起拱线与R_2的夹角；θ_2为隧道结构中心线与R_5的夹角；$\theta_3 = 90° - (\theta_1' + \theta_2)$；$\theta_4$为半径为$R_1$的拱部圆弧段夹角；$\theta_5$表示半径为$R_2$的圆弧段夹角。

7.2.6.2 隧道机电系统构成

隧道机电系统一般由：中央控制系统、现场总线系统、闭路电视系统、隧道信息采集系统、火灾报警系统、交通控制系统、通风照明控制系统、通信系统和供配电系统等组成。

7.2.6.3 环境检测设备

隧道环境检测设备主要包括：隧道一氧化碳检测器、能见度检测器（也称为烟雾检测器）和风速风向检测器等，它们是隧道监控系统环境信息采集的关键部件，其收集的信息直接影响通风设施是否启动，是高速公路隧道监控和应急处理策略的主要信息源，也是公路隧道安全保障系统的重要组成部分。

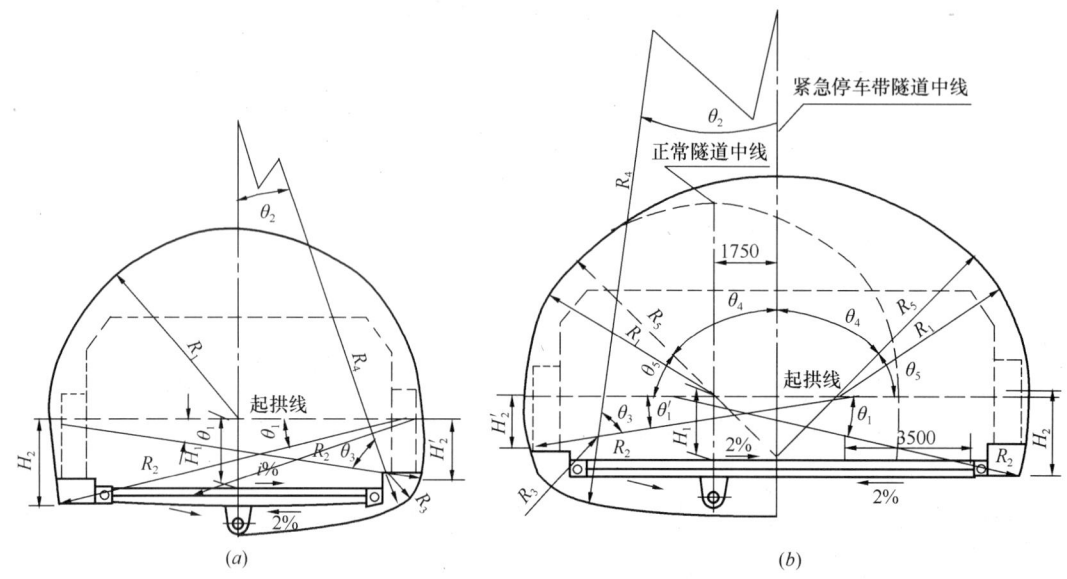

图 7-11　隧道标准内轮廓断面（双车道）
(a) 标准断面；(b) 紧急停车带断面

在隧道环境检测设备中，一氧化碳检测器（英文简称 CO），主要分为电化学式一氧化碳传感器和红外线检测一氧化碳传感器两类；能见度检测器（英文简称 VI），主要分为光电感烟烟雾传感器和离子感烟烟雾传感器两类；风速风向检测传感器（英文简称 TW），主要分为风速感应元件直接输出电信号测量风流速度和采用超声波时间差方法监控隧道内风速风向的传感器两类。

环境检测设备主要质量评定标准是《公路隧道环境检测设备技术条件》JT/T 611—2004，依据该标准，公路隧道环境检测设备的技术要求如下：

其技术要求主要包括，有：环境检测系统设备认证、一般要求、工作环境、功能、主要技术指标、负载特性及稳定性等。

1. 环境检测系统设备认证

环境检测系统设备应有国家认可的产品质量检测机构的检验合格证明，并符合国家相关标准、规范的规定。

2. 一般要求

(1) 传感器的结构应保证调试、维修和安装的方便与可靠，应有适应隧道安装条件的结构。

(2) 传感器的表面不应有明显的划痕、外壳表面涂层应牢固、金属部件不应有锈蚀和变形、接插件应紧固、开关按键操作应灵活、可靠。

(3) 传感器外壳、接插件和零件应采取防腐措施，印制电路板的焊点应美观、无虚焊、应涂覆两遍三防（防腐、防霉、防潮）绝缘漆。

(4) 装入隧道内的设备应符合《低压电器外壳防护等级》GB/T 4942.2—1993 中 IP65 的要求。

3. 工作环境

如应用场所无特殊要求，安装在隧道内的环境检测设备应满足以下环境要求：

(1) 环境温度：-15~+45℃；
(2) 相对湿度：30%~90%；
(3) 大气压力：80~110kPa；
(4) 风速：0~10m/s。

4. 功能

(1) 实时 CO、Ⅵ、TW 监测。在控制器计算机上应以汉字、数字、图形等多种形式不间断显示被监测现场的 CO 浓度值、Ⅵ 值、TW 值等信息。

(2) 报警值设定。具有警报功能的传感器应能在测量范围内任意设置警报点。

(3) 故障显示。环境检测系统发生下列故障之一时，控制器应显示故障信息或报警：

1) 主电源故障：主电过压、欠压、短路；
2) 无应答故障：传感器电源短路或通信线缆断路。

5. 主要技术指标

(1) CO 传感器。测量范围：$(0\sim300)\times10^{-6}$；测量精度：$\pm2\times10^{-6}$；输出：4~20mA 的隔离输出，最大负载 500Ω 或 RS422 通信接口。

(2) Ⅵ 传感器。测量范围：0~0.0015/m；测量精度：±0.0002/m；输出：4~20mA 的隔离输出，最大负载 500Ω。

(3) TW 传感器。测量范围：-20~20m/s；测量精度：±0.2m/s；输出：4~20mA 的隔离输出，最大负载 500Ω。

6. 负载特性

将传感器在空气中稳定时外接负载电阻为 500Ω 和 0Ω 时输出信号之差，分别换算为 CO 浓度值、Ⅵ值、TW 值，其值应符合传感器量程范围和测量精度的要求。

7. 稳定性

(1) CO 传感器。稳定性试验后，传感器的指示值和输出信号应符合标准物质的测定值和测量精度的要求。

(2) Ⅵ 传感器。稳定性试验后，传感器的指示值和输出信号应符合标准物质的测定值和测量精度的要求。

(3) TW 传感器。稳定性试验后，传感器的指示值和输出信号应符合标准物质的测定值和测量精度的要求。

7.2.6.4 报警与诱导设施

隧道报警与诱导设施是指隧道运营过程中发生火灾等紧急情况时，为现场人员提供报警并引导现场人员撤离的机电设施。

隧道报警与诱导设施主要由火灾手动报警器、隧道紧急电话、车道指示器、可变限速标志、可变信息标志、主动发光隧道诱导标、紧急疏散照明灯等构成。

7.2.6.5 通风设施

公路隧道的通风系统是保证隧道行车安全的关键系统，其原理是通过向隧道内注入新鲜空气，稀释洞内由汽车排出的废气和烟雾，使得隧道内的空气质量和烟雾透过率能保证驾乘人员的身体健康和行车安全。

隧道通风设施主要由：轴流风机、射流风机、软件启动器等组成。

公路隧道通风系统的目的不仅要保证正常营运时的需风量，更重要的还要保证火灾时的通风有利于人员逃生和救灾。正常营运时，隧道的通风系统主要稀释隧道内的 CO、烟雾和空气中的异味，提高隧道行车的舒适性和安全性。

公路隧道通风方式通常可分为纵向式、半横向式、全横向式以及在这 3 种基本方式基础上的组合通风方式。

1. 隧道通风基本要求

依据《公路隧道设计规范》JTG D70—2004，公路隧道通风的基本要求如下（详细的隧道通风系统设计要求请见《公路隧道通风照明设计规范》JTJ 026.1—1999）。

（1）公路隧道通风设计应综合考虑交通条件、地形、地物、地质条件、通风要求、环境保护要求、火灾时的通风控制、维护与管理水平、分期实施的可能性、建设与应用费用等因素。

（2）隧道通风应符合以下要求：

1）单向交通的隧道设计风速不宜大于 10m/s，特殊情况下可取 12m/s；双向交通的隧道设计风速不应大于 8m/s；人车混合通行的隧道设计风速不应大于 7m/s。

2）风机产生的噪声及隧道中废气的集中排放均应符合环保的有关规定。

3）确定的通风方式在交通条件等发生变化时，应具有较高的稳定性，并能适应火灾工况下的通风要求。

4）隧道内营运通风的主流方向不应频繁变化。

（3）隧道通风主要应对一氧化碳（CO）、烟雾和异味进行稀释。

（4）CO 设计浓度取值要求如下：

1）采用全横向通风方式与半横向通风方式时，CO 设计浓度可按表 7-29 取值；采用纵向通风方式，CO 设计浓度可按表 7-29 所列各值提高 50ppm 取值。

CO 设计浓度 δ（一）　　　　　　　　　　　　　　　　　表 7-29

隧道长度（m）	≤1000	≥3000
δ（ppm）	250	200

注：隧道长度为 1000～3000m 时，可按插入法取值。

2）交通阻滞（隧道内各车道均以怠速行驶，平均速度为 10km/h）时，阻滞段的平均 CO 设计浓度可取 300ppm，经历时间不超过 20min。阻滞段的设计长度不宜大于 1km。

3）人车混合通行的隧道长度不宜超过 2000m，其 CO 设计浓度应按表 7-30 取值。

CO 设计浓度 δ（二）　　　　　　　　　　　　　　　　　表 7-30

隧道长度（m）	≤1000	≥2000
δ（ppm）	150	100

注：隧道长度为 1000～2000m 时，可按插入法取值。

（5）烟雾设计浓度取值要求如下：

1）采用钠灯光源时，烟雾设计浓度应按表 7-31 取值；采用荧光灯光源时，烟雾设计浓度应提高一级。

烟雾设计浓度 K　　　　　　　　　　　　　　　　　表 7-31

设计速度 (km/h)	100	80	60	40
K (m^{-1})	0.0065	0.0070	0.0075	0.0090

2) 当烟雾浓度达到 0.012m^{-1} 时,应按采取交通管制措施考虑。

3) 隧道内进行养护维修时,应按现场实际烟雾浓度不大于 0.0035m^{-1} 考虑。

(6) 稀释异味应符合以下要求:

1) 隧道空间不间断换气频率不宜低于每小时 5 次;交通量较小或特长隧道,可采用每小时 3~4 次。

2) 采用纵向通风的隧道,隧道内换气风速不应低于 2.5m/s。

(7) 通风设计时必须考虑火灾对策,长度大于 1500m 且交通量较大的隧道应考虑排烟措施。火灾时的排烟风速可按 2~3m/s 取值。

(8) 选用的风机,在环境温度为 250℃情况下其可靠运转时间应不低于 60min。

7.2.6.6　照明设施

隧道照明系统是保证公路隧道行车安全的重要辅助系统。该系统可以改善交通条件,减轻驾驶员疲劳,提高隧道行车舒适性,保证隧道行车安全。

隧道照明系统由隧道照明设施(隧道照明灯具)、照明控制器和照明配电箱等组成。

隧道照明基本要求:

依据《公路隧道设计规范》JTG D70—2004,公路隧道照明的基本要求如下(详细的隧道照明系统设计要求请见《公路隧道通风照明设计规范》JTJ 026.1—1999)。

(1) 长度大于 100m 的隧道应设置照明。

(2) 照明设计应综合考虑环境条件、交通状况、土建结构设计、供电条件、设计与营运费用等因素。

(3) 照明设计路面亮度总均匀度 (U_0) 应不低于表 7-32 的要求,路面亮度纵向均匀度 (U_1) 应不低于表 7-33 的要求。

路面亮度总均匀度 U_0　　　　　　　　　　　　表 7-32

设计交通量 N (辆/h)		U_0
双车道单向交通	双车道双向交通	
≥2400	≥1300	0.4
≤700	≤360	0.3

路面亮度纵向均匀度 U_1　　　　　　　　　　　表 7-33

设计交通量 N (辆/h)		U_1
双车道单向交通	双车道双向交通	
≥2400	≥1300	0.6~0.7
≤700	≤360	0.5

(4) 中间段亮度要求如下:

1) 中间段亮度可按表 7-34 取值。

中间段亮度 (cd/m²)　　　　　　　　　　　　　　　　表 7-34

设计速度 v (km/h)	双车道单向交通 $N>2400$ 辆/h 或双车道双向交通 $N>1300$ 辆/h	双车道单向交通 $N \leqslant 700$ 辆/h 或 双车道双向交通 $N \leqslant 360$ 辆/h
100	9.0	4.0
80	4.5	2.0
60	2.5	1.5
40	1.5	1.5

2) 当双车道单向交通 700 辆/h＜N≤2400 辆/h，双向交通 360 辆/h＜N≤1300 辆/h，且通过隧道的行车时间超过 135s 时，可按表 7-32 的 80% 取值。

3) 人车混合通行的隧道中，中间段亮度不得低于 2.5cd/m²。

4) 隧道两侧墙面 2m 高的范围内，宜铺设反射率不小于 0.7 的墙面材料。

5) 灯具布置应满足闪烁频率低于 2.5Hz 或高于 15Hz 的要求。

6) 中间段灯具的平面布置形式可采用单光带布置、两侧交错布置或两侧对称布置。

7) 紧急停车带宜采用荧光灯光源，其照明亮度应大于 7cd/m²。

8) 连接通道亮度应大于 2cd/m²。

(5) 入口段亮度可按式 (7-3) 计算：

$$L_{th} = k \cdot L_{20}(S) \tag{7-3}$$

式中　L_{th}——入口段亮度 (cd/m²)；

　　　k——入口段亮度折减系数，可按表 7-35 取值；

　　　$L_{20}(S)$——洞外亮度 (cd/m²)。

入口段亮度折减系数 k　　　　　　　　　　　　　　　表 7-35

设计交通量 N (辆/h)		k			
		设计速度 v_1 (km/h)			
双车道单向交通	双车道双向交通	100	80	60	40
≥2400	≥1300	0.045	0.035	0.022	0.012
≤700	≤360	0.035	0.025	0.015	0.010

注：当交通量在其中间值，可内插取值。

(6) 过渡段照明要求如下：

1) 过渡段亮度。过渡段由 TR_1、TR_2、TR_3 3 个照明段组成，与之对应的亮度可按按表 7-36 取值。

过 渡 段 亮 度　　　　　　　　　　　　　　　　　表 7-36

照明段	TR_1	TR_2	TR_3
亮度	$L_{TR1}=0.3L_{th}$	$L_{TR2}=0.1L_{th}$	$L_{TR3}=0.035L_{th}$

2) 过渡段长度。各过渡段的长度可按表 7-37 取值。

过渡段长度 D_{TR} (m)　　　　　　　　　　　　　　　表 7-37

设计速度 v (km/h)	D_{TR1}	D_{TR2}	D_{TR3}
100	106	111	167
80	72	89	133
60	44	67	100
40	26	44	67

(7) 出口段照明要求如下：

1) 在单向交通隧道中，应设置出口段照明；出口段长度宜取 60m。亮度宜取中间段亮度的 5 倍。

2) 在双向交通隧道中，可不设出口段照明。

(8) 隧道照明灯具的防护等级应不低于 IP65。

7.2.6.7 隧道照明设施（公路隧道照明灯具）技术要求

公路隧道照明灯具应满足公路隧道照明特点，使车辆进出隧道并在隧道内行驶时，驾驶员能够识别各种情况的专用照明灯具。

隧道照明设施的主要质量评定标准是《公路隧道照明灯具》JT/T 609—2004，依据该标准，公路隧道照明灯具按采用光源，可分为钠灯灯具和荧光灯灯具；按光源布置形式及反光器形式可分为对称光带灯具、非对称光带灯具、逆光带灯具；按是否调光，可分为调光灯具和非调光灯具。其技术要求如下：

其技术要求主要包括有：一般要求、外观质量、公路隧道照明灯具的材料、结构要求、性能要求、寿命及工作条件等。

1. 一般要求

(1) 公路隧道照明灯具应按经批准的图样和技术文件制造。

(2) 公路隧道照明灯具光源采用荧光灯时，在额定电压的 90%～110% 的范围内应能正常启动和燃点，应配电子镇流器和熔断器。

(3) 公路隧道照明灯具内所有电器元件应采用防潮、无自爆、耐火或阻燃产品。

(4) 公路隧道照明灯具应具有防眩特性。公路隧道照明灯具的配光性能应满足隧道照明要求，并应符合《公路隧道通风照明设计规范》JTJ 026.1—1999 的有关要求。

2. 外观质量

公路隧道照明灯具表面应光滑，以防污物堆积和便于清洗；无损伤、变形、涂层剥落，玻璃罩应无气泡、明显划痕和裂纹等缺陷。

3. 公路隧道照明灯具的材料

(1) 公路隧道照明灯具所采用的电线（缆）、光源和电器部件（如镇流器、电容等），均应符合相应的国家标准或行业标准的规定要求。

(2) 插销、铰链、螺钉和其他外部构件，应采用不锈钢或其他耐腐蚀（耐废气、盐和隧道中烟雾的腐蚀）材料制成。公路隧道照明灯具及其安装构件不应受混凝土的化学反应腐蚀。

(3) 公路隧道照明灯具密封件，应耐温、耐老化和抵御隧道内的腐蚀性气体，并应方便更换。

4. 结构要求

(1) 公路隧道照明灯具的结构应符合《灯具 第 1 部分：一般要求与试验》GB 7000.1—2007 中的有关规定。

(2) 同一企业的相同型号的公路隧道照明灯具应有良好的互换性。

(3) 公路隧道照明灯具应坚固耐用，并能承受一定的机械应力、电动应力和热应力。

(4) 公路隧道照明灯具反光器应结构牢固，表面应无明显划痕；清洗和拆装不变形；表面应进行抛光、氧化或镀膜处理。

(5) 公路隧道照明灯具应便于灯具使用中的维护、便于更换光源和附件；宜采用前开门式。

(6) 公路隧道照明灯具应安装方便，安装角度应能灵活调节。

(7) 公路隧道照明灯具应有特设的导线出（入）口密封装置。

(8) 公路隧道照明灯具的外部接线和内部接线穿过硬质材料时，应有保护措施；其外部接线和内部接线的要求应符合《灯具 第 1 部分：一般要求与试验》GB 7000.1—2007 中的有关规定。

(9) 公路隧道照明灯具内应有电源接线端子。灯具内部所有型号的螺纹接线端子、无螺纹接线端子（或电气连接件）的要求应符合《灯具 第 1 部分：一般要求与试验》GB 7000.1—2007 中的有关规定。

5. 性能要求

(1) 耐腐蚀性：公路隧道照明灯具应具有良好的耐腐蚀性能；公路隧道照明灯具上的油漆部件涂层应符合《灯具油漆涂层》QB/T 1551—1992 中Ⅱ类使用条件的要求；公路隧道照明灯具上的电镀或化学覆盖件，其覆盖层应符合《灯具电镀、化学覆盖层》QB/T 3741—1999 中Ⅲ类使用条件的要求。

(2) 玻璃罩特性与透射比：公路隧道照明灯具应配备一个耐温骤变、废气、烟雾和隧道内大气中含有其他化学物质制成的玻璃罩。玻璃罩应由钢化玻璃组成，厚度应不小于 5mm，耐高温，透射比应达到 86% 以上。

(3) 电路连续性：公路隧道照明灯具光源采用钠灯时，在额定电压的 92%～106% 范围内应能正常启动和点燃；应采用中心触点伸缩式灯头和低损耗型镇流器。当选用电感式镇流器时，应配有专用触发器，能够在短暂停电后 80s 内恢复启动灯泡重新发光；应有匹配的补偿电容，使功率因数不低于 0.85；此外，还应配有熔断器，作短路保护。

(4) 接地连续性：公路隧道照明灯具必须有良好的接地措施，非带电金属应形成整体，要求应符合《灯具 第 1 部分：一般要求与试验》GB 7000.1—2007 中的有关规定。安装时其接地装置与隧道照明系统接地干线相连。

(5) 防触电保护：公路隧道照明灯具的防触电保护应达到《灯具 第 1 部分：一般要求与试验》GB 7000.1—2007 中的Ⅰ类防触电保护的要求。

(6) 防尘和防水：公路隧道照明灯具的防尘和防水要求应达到《灯具 第 1 部分：一般要求与试验》GB 7000.1—2007 中的 IP65 级。

(7) 绝缘电阻和电气强度：公路隧道照明灯具的绝缘电阻和电气强度的要求应符合《灯具 第 1 部分：一般要求与试验》GB 7000.1—2007 中的有关规定。

(8) 爬电距离和电器间隙：公路隧道照明灯具爬电距离和电器间隙的要求应符合《灯

具 第1部分：一般要求与试验》GB 7000.1—2007 中的有关规定。

（9）耐久性和耐热性：公路隧道照明灯具的耐久性和耐热性的要求应符合《灯具 第1部分：一般要求与试验》GB 7000.1—2007 中的有关规定。

（10）耐热、耐火和耐电痕：公路隧道照明灯具上绝缘材料制成的部件，其耐热、耐火、耐电痕的要求应符合《灯具 第1部分：一般要求与试验》GB 7000.1—2007 中的有关规定。

（11）灯具效率：公路隧道照明灯具效率应不低于70%。

（12）光度性能：公路隧道照明灯具应提供符合《灯具分布光度测量的一般要求》GB/T 9468—2008 中有关规定的光度数据报告。

（13）噪声：公路隧道照明灯具的噪声等级不大于55dB（A）。

6. 寿命

公路隧道照明灯具光源的平均寿命应符合《高压钠灯》GB/T 13259—2005 和《双端荧光灯 性能要求》GB/T 10682—2010 中的规定。

7. 工作条件

公路隧道照明钠灯灯具应在−40～+40℃条件下正常启动和燃点；公路隧道照明荧光灯灯具应在−10～+35℃条件下正常启动和燃点。

7.2.6.8 消防设施

隧道消防设施主要由火灾探测器、消防控制器、火灾报警器、消火栓、灭火器、加压设施、供水设施及消防专用连接线缆、管道、配（附）件等构成。它是在隧道发生火灾时用于灭火及应急救援的重要设施，也是隧道机电设施的重要组成部分。

公路隧道火灾报警系统的主要质量评定标准是《公路隧道火灾报警系统技术条件》JT/T 610—2004，依据该标准，火灾自动报警系统用于火灾自动探测、报警，由火灾探测传感器、下位机、手动报警按钮、火灾报警控制器等设备构成。其技术要求如下：

其技术要求有：系统的设置与设备配置、系统设备认证、系统设计、功能、工作环境、性能及系统指标等。

1. 系统的设置与设备配置

（1）火灾报警系统的设置应符合《高速公路隧道监控系统模式》GB/T 18567—2010 的相应规定。

（2）每一系统应至少配置1台火灾报警控制器，火灾报警系统设备设置见表7-38。

火灾报警系统设备设置　　　　　　　表7-38

设备名称	隧道部位				配置要求
	隧道内	隧道工程建筑物内			
		中控室及设备房	配电房及地下风机房	发电机房备用	
室外下位机	√	—	—	—	每100m 1台
室内下位机	—	√	√	—	在建筑物相应位置进行设置
手报按钮	√	√	√	√	隧道内不大于50m 1个；与消防设备同址设置，建筑物内按需设置

续表

设备名称		隧道部位				配置要求
		隧道内	隧道工程建筑物内			
			中控室及设备房	配电房及地下风机房	发电机房备用	
探测器	线型感温	✓	—	—	—	沿隧道长度分段布设
	点型感烟	—	✓	✓	✓	按GB 50116设计规范设置
	点型感温	—	—	—	✓	按GB 50116设计规范设置

注：有"✓"的设备宜设置。

2. 系统设备认证

(1) 火灾报警系统设备应有具备资质的检测机构出具的检验合格证明，并符合国家标准、规范的规定。

(2) 国外引进的火灾报警系统设备，无论其是否取得国际防火联合会的认可，均需办理中国国家消防电子产品质量认可证明，并符合国家相关标准、规范的规定。

3. 系统设计

(1) 火灾报警系统的设计应符合《火警自动报警系统设计规范》GB 50116—2008的相关规定及表7-38中的配置要求，传感器宜选择线缆式感温传感器。

(2) 连接各设备的所有缆线，除铠装电缆及线性感温探测器外，应穿管保护并封堵。

(3) 装于隧道壁上设备，若无特殊规定，应暗装。

(4) 火灾报警系统应采用一级负荷，并采用单独的配电回路。

4. 功能

(1) 实时温度监测：在控制器计算机上应以汉字、数字、图形等多种形式不间断地显示被监测现场的温度、温升速率等信息。

(2) 报警温度设定：线性感温探测器的定温报警温度及差温报警温升速率，应由相应级别的人员根据应用场所的要求进行设定或修改设定。

(3) 传输介质：火灾报警系统应满足传输介质为光缆与电缆的要求；铜芯绝缘导线和铜芯电缆线芯最小截面面积见表7-39。

铜芯绝缘导线和铜芯电缆线芯最小截面面积　　表7-39

类　　别	线芯最小截面面积（mm^2）
穿管敷设的绝缘导线	1.00
线槽内敷设的绝缘导线	0.75
多芯电缆	0.50

(4) 通信：火灾报警系统（含手动报警与自动报警）的数据通信应正常、可靠，同时应具备与中央控制计算机、PLC或其他设备进行数据通信与联动控制的能力，并具有以太网接口。

(5) 系统软件：火灾报警系统的软件应满足《火灾报警控制器》GB 4717—2005中相关规定的要求。

5. 工作环境

如应用场所无特殊要求，安装在隧道内的火灾自动报警系统设施应满足以下环境要求：

(1) 环境温度：$-15 \sim +45℃$；

(2) 相对湿度：35%~90%。

6. 性能

(1) 绝缘性能：火灾报警系统设备电源接点（接地点除外）与设备外壳间应能耐受1500V、50Hz交流电压，历时60±5s的耐压试验。试验期间设备不应发生表面飞弧、扫掠放电或击穿现象。

(2) 接地：火灾报警系统接地装置的接地电阻值应符合下列要求：

1) 采用专用接地装置时，接地电阻值应不大于4Ω。

2) 采用共用接地装置时，接地电阻值应不大于1Ω。

7. 系统指标

(1) 火灾报警：分为手动火灾报警和自动火灾报警两种。

1) 手动火灾报警：按下手动报警按钮，控制器应发出声、光报警信号，报警响应时间不超过60s。

2) 自动火灾报警：发生火灾时，火灾控制器须同时进行声、光报警，火灾自动报警响应时间应不超过60s。火灾报警区间应不大于100m。

(2) 故障报警：火灾报警系统发生下列故障之一时，控制器应发出声、光报警信号，报警响应时间不超过100s。

1) 主电源故障：主电过压、欠压、断路。

2) 无应答故障：下位机电源断路或通信线缆断路。

3) 探测器、手报按钮断路、短路。

(3) 防护等级：装入隧道内的火灾报警系统设备，如下位机、火灾探测传感器、手动报警按钮等应符合IP65的要求。

(4) 寿命

1) 火灾探测传感器：在工作环境下，连续正常工作寿命（未发生过火灾）应不少于10年。

2) 下位机：在工作环境下，隧道内下位机连续正常工作寿命（未发生过火灾）应不少于5年。安装在室内的下位机连续正常工作寿命（未发生过火灾）应不少于10年。

7.2.6.9 本地控制器

本地控制器是隧道监控系统中区域控制器的中央处理单元，也是隧道监控的关键和核心设备。它通过交通监控设施（如车辆检测器、可变信息标志、通行信号灯等）、火灾报警设施、通风设施、照明设施、风速风向检测器、能见度检测器、温度检测器和有害气体浓度（或烟感）检测器等，检测和控制单元的数据通信，完成系统的逻辑功能。

本地控制器技术要求主要包括有：工作条件、基本功能与配置、技术要求（防护性能、结构稳定性、机械强度、布线和端接、电气安全、后备电源、电磁兼容性能、环境适应性能、通信规程、平均无故障时间）等。

1. 工作条件

除了特别规定更加严酷的使用环境要求外,一般工作条件如下所述。

(1) 安装地点:隧道监控站室内或隧道洞壁内固定安装。

(2) 大气压力:86~106kPa。

(3) 环境温度:-5~+55℃。

(4) 相对湿度:30%~90%RH。

(5) 电源容差:AC220×(1±15%)V;频率:50×(1±5%)Hz;其他电源条件应符合《标准电压》GB/T 156—2007 的规定。

2. 基本功能与配置

(1) 基本功能

1) 监控系统中的应用功能:隧道可编程控制器是隧道监控系统中区域控制器的中央处理单元,通过交通监控设施(如车辆检测器、可变信息标志、通行信号灯等)、火灾报警设施、通风设施、照明设施、风速风向检测器、能见度检测器、温度检测器和有害气体浓度(或烟感)检测器等,检测和控制单元的数据通信,完成系统的逻辑功能。

2) 隧道可编程控制器分类:按照《高速公路隧道监控系统模式》GB/T 18567—2010的规定,隧道可编程控制器按照其安装位置的不同可分为隧道监控站内和隧道洞内的区域可编程控制器。

其中,隧道监控站内的可编程控制器是指:

a. 隧道监控系统的中央节点,公路交通监控子系统(隧道监控)的主节点端机;

b. 与公路监控(分)中心远程通信,执行(分)中心上位机的动作指令和本机的控制程序。

隧道洞内的区域可编程控制器是指:

a. 环网(或总线)拓扑结构的隧道监控子系统(区域监控)的节点端机;

b. 通过光、电传输介质的连接,执行隧道站上位机的动作指令和本机的控制程序。

(2) 基本配置

隧道可编程控制器通常包括:

1) 硬件构成:主处理器、内存、电源、数据处理模块,输入/输出模块、通信模块(包括支持 RS232/485、以太网、FDDI、TCP/IP 等协议)、总线连接器和防护机箱等;

2) 软件系统:操作系统与可编程的应用软件;外围工作器件与安全防护装置等。同时,防护机箱内应备有功能测试和检修维护时所必需的电源和信号端口。

其他相关的数据处理模块、通信模块、传感器、执行器、人机接口和电源等器件以及编程语音应符合《可编程序控制器 第 3 部分:编程语言》GB/T 15969.3—2005 的相关规定。

3. 技术要求

(1) 防护性能

1) 防护机箱:机箱密封性能应符合《外壳防护等级(IP 代码)》GB 4208—2008 的相关规定,不低于 IP65 的防尘、防潮等级。

2) 防腐蚀涂层:机箱防腐涂层应符合以下要求:机箱外壳宜采用不小于 1.5mm 厚度的冷轧钢板或机械强度相当的户外型材料;有机防腐蚀涂层厚度应不小于 0.076mm;

镀锌防腐蚀层厚度应不小于 72μm；镀铝防腐蚀涂层厚度应不小于 44μm；机箱其他组件的相关要求应符合《高速公路交通工程钢构件防腐技术条件》GB/T 18226—2000 的相关规定。

(2) 结构稳定性

落地或隧道洞壁内安装的机箱，其质量大于 25kg 时，工作及检修状态下不应倾倒。

(3) 机械强度

1) 耐恒定作用力：机箱外壳在承受一定外应力时，箱体表面不应出现损伤、龟裂、凹痕和掉落碎片等现象。

2) 耐机械冲击力：机箱受到一定外冲击力时，产品功能正常，结构不受影响，零部件无松动。

(4) 布线和端接

1) 布线和保护：机箱内部布线应以适当方式联机、支撑、夹持或固定，线孔护口和线槽折角应平滑、无锋利棱角。

2) 线缆端接：电源、信号、地线等线缆的端接装置（端子排、焊接、压接、插接等）应保证产品正常使用时，连接点不会发生位移、松动和脱落，且各连接点之间的爬电距离和电气间隙应符合《信息技术设备安全 第 1 部分：通用要求》GB 4943.1—2011 的相关规定。

(5) 电气安全

1) 绝缘电阻：电源输入线缆端子与箱体外壳的绝缘电阻应不小于 100MΩ。

2) 抗电强度：设备被测试部分承受 AC1500V/50Hz 的电压，漏电流不大于 3.5mA，并保持 1min，期间绝缘不应击穿。

3) 接触电阻：产品安全保护接地端子应与机箱外壳紧固连接，接地端子与箱体顶部最长距离测试点的接触电阻应不大于 0.01Ω。

(6) 后备电源

一般工作条件下：后备电源可维持数据存储时间应大于 300h；更换后备电源或向后备电池充电时，存储资料不应丢失。

(7) 电磁兼容性能

1) 涌（冲击）抗扰度：电源输入端口浪涌器标称导通电压一般为 $U=2.2U_n$（U_n 为额定电压）；信号输入/输出端口能承受电压脉冲波形为 $10\mu s/700\mu s$，峰值为 5kV 的过电压脉冲的冲击，导通电压应在 $(1.5\sim2.0)U_n$ 之间（U_n 为最大工作电压）。

2) 工频、脉冲、阻尼振荡磁场抗扰度：如产品安装现场存在产生漏磁通的大功率电气设备（变压器等）、保护系统的接地导体、敷设间距不不于 30m 的中压（6kV）回路或高压母线（不小于 10kV）等环境，则工频磁场、脉冲和阻尼振荡磁场应为 4 级抗扰度。

3) 电压跌落和中断：电源短时间扰动，即电压跌落至 AC44~187V（额定电压的 20%~85% 之间），产品主机应保持正常工作；电源瞬间中断，产品主机应保持正常工作或者进入预先设定的状态；掉电停机重新启动后，产品主机应无操作系统错误和任何异常动作。

(8) 环境适应性能

1) 耐低温待机：在 −25℃ 条件下，8h 后，在室温条件下恢复 2h，应启动和关机正常、系统引导正确，应用软件满足功能要求，并能通过测试程序的验证，外围设备工作逻辑正确。

2）耐低温工作：在-5℃条件下，通电运行8h，应关机与启动正常、系统引导正确，应用软件满足功能要求，并能通过测试程序的验证，外围设备工作逻辑正确。

3）耐高温工作：在+55℃条件下，通电运行8h，应关机与启动正常、系统引导正确，应用软件满足功能要求，并能通过测试程序的验证，外围设备工作逻辑正确。

4）耐湿热工作：在温度+40℃，相对湿度93%±2%条件下，通电运行48h，应关机与启动正常、系统引导正确，应用软件满足功能要求，并能通过测试程序的验证，外围设备工作逻辑正确。

5）振动：通电状态振动试验后，产品功能正常，结构不受影响，零部件无松动。

6）耐盐雾腐蚀：有机涂层除划痕部位任何一侧0.5mm内，应无起泡、剥离、生锈等现象；金属防腐蚀材料应无红色锈斑等现象。

(9) 通信规程

主机与外围设备或周边系统的DTE/DCE数据通信接口和传输协议，应符合《数据通信基本型控制规程》GB/T 3453—1994及《数据终端设备（DTE）和数据电路终接设备（DCE）之间的接口电路定义表》GB/T 3454—2011的相关规定。

(10) 平均无故障时间

主机MTBF大于20000h。

7.2.6.10 隧道监控中心设备与软件

与公路监控中心设备及软件类似，隧道监控中心设备及软件亦是整个隧道机电系统的指挥中枢，是整个隧道监控系统安全、高效运行的核心。

主要由隧道监控中心设备和计算机控制系统软件构成。在集中控制的隧道控制模式下，隧道监控中心计算机控制系统软件，主要完成以下功能：

(1) 能准确及时采集交通流、交通环境和主要交通设施运行状态的各种信息。

(2) 能探测和确认交通事件，能监测冬期路面状态

(3) 能对交通事故作出快速响应，迅速准确地提供事故信息。

(4) 根据已掌握的信息，迅速作出有针对性的处理和优化控制方案，并立即执行。

(5) 有多种信息发布渠道，为用户提供信息服务。

7.3 试验检测项目、检测方法及评定要求

7.3.1 试验检测项目

公路机电工程质量检测分为实验室检测（送样检测）和工程现场检测（抽样检测）两部分。

7.3.1.1 实验室检测（送样检测）

1. 监控设施

监控设施产品主要包括有：环形线圈车辆检测器；能见度检测器；埋入式路面状况检测器；高速公路LED可变信息标志；道路交通信号灯及地图板等。

(1) 环形线圈车辆检测器产品的试验检测项目有：电源测试、环形线圈/馈线电缆的

电气特性测试。

(2) 能见度检测器产品的试验检测项目有：功能检测、技术指标测试、环境试验、电磁兼容、杂光兼容性、安全性及可靠性和维修性等。

(3) 埋入式路面状况检测器产品的试验检测项目有：电源测试、传感器各项技术指标测试。

(4) 高速公路 LED 可变信息标志产品的试验检测项目有：除一般要求和通用试验外，还有外观检验、材料检验、结构尺寸、产品结构稳定性试验、色度性能、视认性能、电气安全性能、通信接口与规程、环境适应性能、可靠性试验及功能测试等。

(5) 道路交通信号灯（简称信号灯）产品的试验检测项目有：通用要求检查、光学性能试验、幻像试验、色度试验、功率及功率因数试验、电源适配器试验、启动瞬间电流试验、电源适应性试验、启动/关闭响应时间试验、夜间降光功能测试、发光二极管（LED）失效检测功能试验、盲人过街声响提示装置功能试验、外壳防护等级试验、太阳能供电信号灯的性能试验、绝缘电阻测量、介电强度试验、泄漏电流测量、防触电保护检查、内部接线检查、壳体安全性检查、高温试验、低温试验、湿热试验、盐雾试验、振动试验、强度试验、风压试验及人工气候加速老化试验等。

(6) 地图板产品的试验检测项目有：外观检查、屏架尺寸测量、屏面尺寸测量、阻燃试验、功能试验、绝缘电阻试验、绝缘强度试验、低温、高温、湿热试验、电源影响试验、亮度试验、抗高频干扰试验及振动试验等。

2. 收费设施

收费设施产品主要包括有：入口车道设备（公路收费车道控制机、电动栏杆、手动栏杆、收费专用键盘、LED 车道控制标志）；出口车道设备（汽车号牌视频自动识别系统、公路收费用费额显示器、公路收费用票据打印机）；IC 卡发卡编码系统（公路收费非接触式 IC 卡收发卡机）等。

(1) 公路收费车道控制机产品的试验检测项目有：外观质量、材料检验、功能要求、配置检验、电气安全性能及环境适应性能等。

(2) 电动栏杆产品的试验检测项目有：外观质量、外形尺寸、材料试验、电气安全性能、功能要求及技术指标试验、噪声试验、电磁兼容性能及环境适应性能等。

(3) 手动栏杆产品的试验检测项目有：外观质量、外形尺寸及材料试验等。

(4) 收费专用键盘产品的试验检测项目有：一般要求、外观质量和按键组成、按键使用寿命、防水与防尘、电磁兼容性能、环境适应性能及可靠性试验等。

(5) LED 车道控制标志产品的试验检测项目同 LED 可变信息标志的试验检测项目。

(6) 汽车号牌视频自动识别系统产品的试验检测项目有：外观和结构、功能试验、性能试验、电气安全性能、电磁兼容性能、环境适应性能及可靠性等。

(7) 公路收费用费额显示器产品的试验检测项目有：外观质量、材料试验、功能测试、电气安全性能、通信接口与规程、环境适应性能及电磁兼容性能等。

(8) 公路收费用票据打印机产品的试验检测项目有：外观和结构要求、功能试验、性能试验、电气安全性能、电磁兼容性能、环境适应性能及可靠性等。

(9) 公路收费非接触式 IC 卡收发卡机产品的试验检测项目有：外观结构检查、功能试验、性能试验、电源适应性能、亭外型卡机机箱外壳防护性能、电气安全性能、电磁兼容性能及环境适应性能等。

3. 隧道机电设施

隧道机电设施产品主要包括有：环境检测设备；隧道报警与诱导设施（可变信息标志、可变限速标志、车道指示器（LED车道控制标志））；公路隧道照明灯具；公路隧道火灾报警系统及本地控制器等。

（1）环境检测设备产品的试验检测项目有：外观、工作环境温度试验、传感器负载特性及稳定性等。

（2）隧道报警与诱导设施的试验检测项目，见本条第1款第（4）项。

（3）公路隧道照明灯具产品的试验检测项目有：结构试验和性能试验。

（4）公路隧道火灾报警系统的试验检测项目有：性能试验。

（5）本地控制器产品的试验检测项目有：功能测试、防护性能试验、结构稳定性试验、机械强度试验、布线和端接测试、电气安全试验、电源性能试验、电磁兼容性能试验、环境适应性试验、通信规程测试及平均故障时间（MTBF）测试等。

7.3.1.2 工程现场检测（抽样检测）（表中标注△项目为关键项目）

1. 监控设施

监控设施的工程施工及安装，主要包括有：车辆检测器；气象检测器；闭路电视监视系统；可变标志；地图板；大屏幕投影系统；监控中心设备安装及系统调测；监控系统计算机网络及光、电缆线路等。

（1）车辆检测器的实测项目

按《公路工程质量检验评定标准 第二册 机电工程》JTG F80/2—2004 的规定，车辆检测器实测项目应符合表 7-40 的规定。

车辆检测器实测项目　　　　　　　　　　　　　　表 7-40

检查项目	技术要求	检查方法
△交通量计数精度	允许误差：±2%	人工计数与交通数据采集仪结果比较
平均车速精度	允许误差：±5%（km/h）	雷达测速仪实测值与交通数据采集仪结果比较
△传输性能	24h 观察时间内失步现象不大于 1 次或 BER$\leq 10^{-8}$	查日志和用数据传输测试仪
△绝缘电阻	强电端子对机壳$\geq$50MΩ	500V 兆欧表测量
△安全接地电阻	$\leq$4Ω	接地电阻测量仪
△自检功能	自动检测线圈（探头）的开路、短路和损坏情况	模拟故障状态实测
逻辑识别线路功能	一辆车作用于两个车道的两个线圈，处理器逻辑正常，输出的检测信息正确	模拟状态实测
△复原功能	加电后硬件恢复和重新设置时，原存储数据保持不变	实际操作
本地操作与维护功能	能够接便携机进行维护和测试	实际操作
控制功能	具有设计文件要求的控制功能	实际操作

续表

检查项目	技术要求	检查方法
基础尺寸	符合设计要求	长、宽用量具测量,埋深查隐蔽工程验收记录或实测
机箱和地脚防腐涂层质量	符合设计要求	用量具或涂层测厚仪测量

(2) 气象检测器的实测项目

按《公路工程质量检验评定标准 第二册 机电工程》JTG F80/2—2004 的规定,气象检测器实测项目应符合表 7-41 的规定。

气象检测器实测项目　　　　表 7-41

检查项目	技术要求	检查方法
立柱竖直度	≤5mm/m	铅坠、直尺或全站仪
立柱、法兰和地脚几何尺寸	符合设计要求	超声波测厚仪测量立柱壁厚,用量具测量其他尺寸
基础尺寸	符合设计要求	长、宽用量具测量,埋深查隐蔽工程验收记录或实测
机箱、立柱、法兰和地脚的防腐涂层厚度	符合设计要求	用量具或涂层测厚仪测量
△绝缘电阻	强电端子对机壳≥50MΩ	500V 兆欧表测量
△安全接地电阻	≤4Ω	接地电阻测量仪
△防雷接地电阻	≤10Ω	接地电阻测量仪
△温度误差	±1.0℃	温度计实地测量比对
湿度误差	±5%RH	湿度计实地测量比对
△能见度误差	±10% 或符合合同要求	模拟、目测或标准能见度仪实地测量比对
风速误差	±5% 或符合合同要求	风速仪实地测量比对
△数据传输性能	24h 观察时间内失步现象不大于 1 次或 BER≤10^{-8}	查日志或用数据传输测试仪
功能验证	能检测到降水天气	模拟降雨实测

(3) 闭路电视监视系统的实测项目

按《公路工程质量检验评定标准 第二册 机电工程》JTG F80/2—2004 的规定,闭路电视监视系统实测项目应符合表 7-42 的规定。

闭路电视监视系统实测项目　　　　表 7-42

检查项目	技术要求	检查方法
立柱竖直度	≤5mm/m	铅坠、直尺或全站仪
△立柱、避雷针(接闪器)、法兰和地脚几何尺寸	符合设计要求	超声波测厚仪测量立柱壁厚,用全站仪测量立柱和避雷针高度,用量具测量其他尺寸
基础尺寸	符合设计要求	长、宽用量具测量,埋深查隐蔽工程验收记录或实测

续表

检查项目		技术要求	检查方法
△机箱、立柱、法兰和地脚的防腐涂层厚度		符合设计要求	用量具或涂层测厚仪测量
△强电端子对机壳绝缘电阻		≥50MΩ	500V兆欧表测量
△安全接地电阻		≤4Ω	接地电阻测量仪
△防雷接地电阻		≤10Ω	接地电阻测量仪
传输通道指标	△视频电平	700±30mV	电视信号发生器发送75%彩条信号,用视频测试仪检测
	△同步脉冲幅度	300±20mV	电视信号发生器发送75%彩条信号,用视频测试仪检测
	△回波E	<7%kF	电视信号发生器发送2T信号,用视频测试仪检测
	亮度非线性	≤5%	电视信号发生器发送2T信号,用视频测试仪检测
	色度/亮度增益差	±5%	电视信号发生器发送2T信号,用视频测试仪检测
	色度/亮度时延差	≤100ns	电视信号发生器发送2T信号,用视频测试仪检测
	微分增益	≤10%	电视信号发生器发送调制的五阶梯测试信号,用视频测试仪检测
	微分相位	≤10°	电视信号发生器发送调制的五阶梯测试信号,用视频测试仪检测
	△幅频特性	5.8MHz带宽内±2dB	电视信号发生器发送sinx/x信号,用视频测试仪检测
	△视频信杂比	≥56dB(加权)	电视信号发生器发送多波群信号,用视频测试仪检测
监视器画面指标	△随机信噪比(雪花干扰)	黑白:≥37dB,彩色:≥36dB	仪器测量,也可人工(5人以上)主观评分,不小于4分为合格
	△单频干扰(网纹)	黑白:≥40dB,彩色:≥37dB	
	△电源干扰(黑白滚道)	黑白:≥40dB,彩色:≥37dB	
	△脉冲干扰(跳动)	黑白:≥37dB,彩色:≥31dB	
△云台水平转动角		水平:≥350°	实际操作
△云台垂直转动角		上仰:≥15°,下俯:≥90°	实际操作
△监视范围		符合设计要求	实际操作
△外场摄像机安装稳定性		受大风影响或接受变焦、转动等控制时,动作平滑、无抖动	实际操作
自动光圈调节		自动调节	实际操作
调焦功能		快速自动聚焦	实际操作

续表

检查项目	技术要求	检查方法
变倍功能	可变倍	实际操作
雨刷功能	工作正常	实际操作
△切换功能	监控中心可切换任意摄像机	实际操作
录像功能	可录像，且录像回放清晰	实际操作
硬拷贝功能	拷贝图像清楚	实际操作
报警功能	监控中心可检测外场摄像机的工作状态并在故障时报警	模拟

注：主观评分可采用五级损伤制评定：
　1. 图像上不觉察有损伤或干扰存在：5分；
　2. 图像上稍有可觉察的损伤或干扰存在：4分；
　3. 图像上有明显的损伤或干扰存在：3分；
　4. 图像上损伤或干扰较严重：2分；
　5. 图像上损伤或干扰极严重：1分。

（4）可变标志的实测项目

按《公路工程质量检验评定标准　第二册　机电工程》JTG F80/2—2004 的规定，可变标志实测项目应符合表 7-43 的规定。

可变标志实测项目　　　　　　　　　　　　　表 7-43

检查项目	技术要求	检查方法
立柱竖直度	≤5mm/m	铅坠、直尺或全站仪
△立柱、避雷针（接闪器）、法兰和地脚几何尺寸	符合设计要求	超声波测厚仪测量立柱壁厚，用全站仪测量立柱和避雷针高度，用量具测量其他尺寸
△基础尺寸	符合设计要求	长、宽用量具测量，埋深查隐蔽工程验收记录或实测
△机箱、立柱、法兰和地脚的防腐涂层厚度	符合设计要求	用量具或涂层测厚仪测量
△强电端子对机壳绝缘电阻	≥50MΩ	500V 兆欧表测量
安全接地电阻	≤4Ω	接地电阻测量仪
防雷接地电阻	≤10Ω	接地电阻测量仪
△视认距离	120km/h，≥250m	按 GB/T 23828
发光单元色度坐标 (x, y)	可变信息标志按 GB/T 23828 测量红、绿、蓝、白 4 种颜色	按 GB/T 23828、GB/T 23826、GB 14887
	可变限速标志按 GB/T 23826 测量红、黄两种颜色	
	其他标志按 GB 14887 测量红、绿两种颜色	

续表

检查项目	技术要求	检查方法
显示屏平均亮度	最大亮度和最小亮度符合设计要求。无规定时,应不小于 8000cd/m²	用亮度计实测
△数据传输性能	24h 观察时间内失步现象不大于 1 次或 BER 小于 10^{-8}	查日志和用数据传输测试仪
自检功能	能够向中心计算机提供显示内容的确认信息及本机工作状态自检信息	实际操作
△显示内容	及时、正确地显示中心计算机发送的内容	实际操作
亮度调节功能	能自动根据环境照度自动调节显示屏的亮度	实际操作

(5) 地图板的实测项目

按《公路工程质量检验评定标准 第二册 机电工程》JTG F80/2—2004 的规定,地图板实测项目应符合表 7-44 的规定。

地图板实测项目　　　　　　　　　　　　表 7-44

检查项目	技术要求	检查方法
整板尺寸	允许偏差：1%	卷尺
垂直度	≤2mm/m	铅坠、直尺
平整度	任意相邻两块不平度≤1.0mm	游标卡尺或靠尺、塞尺
△电源导线对机壳绝缘电阻	≥50MΩ	查验随工验收记录或用 500V 兆欧表测量
静态显示	显示的内容符合设计要求	目测
动态交通状态显示	绿、黄、红表示交通正常、拥挤、阻塞状态	模拟
△设备工作状态显示	绿、红表示外场设备的正常、故障状态	目测
△可变标志内容显示	符合设计	实际操作
△紧急电话呼入显示	亮灯表示 ET 通话状态	模拟
△交通量、气象参数、时间、日期等显示	显示正确	目测

(6) 大屏幕投影系统的实测项目

按《公路工程质量检验评定标准 第二册 机电工程》JTG F80/2—2004 的规定,大屏幕投影系统实测项目应符合表 7-45 的规定。

大屏幕投影系统实测项目　　　　　　　　　　　　　　　　表 7-45

检查项目	技术要求	检查方法
拼接缝	不大于 2mm 或合同要求的尺寸	长度尺实测
△亮度	达到白色平衡时的亮度不小于 150cd/m²	亮度计实测
亮度不均匀度	不大于 10%	亮度计实测
图像显示	正确显示监控中心 CCTV 监视器的切换图像及图形计算机输出信息	实际操作
△窗口缩放	可对所选择的窗口随意缩放控制	实际操作
△多视窗显示	同时显示多个监视断面的窗口	实际操作

（7）监控中心设备安装及系统调测的实测项目

按《公路工程质量检验评定标准　第二册　机电工程》JTG F80/2—2004 的规定，监控中心设备安装及系统调测实测项目应符合表 7-46 的规定。

监控中心设备安装及系统调测实测项目　　　　　　　　　　　表 7-46

检查项目	技术要求	检查方法
监控室内温度	18～28℃	用温湿度计测 10 个测点
监控室内相对湿度	30%～70%	用温湿度计测 10 个测点
监控室内新风系统功能	要求有通风换气装置且工作正常	感官目测、查验新风装置工作状态
监控室内防尘措施	B 级（一周内，设备上应无明显尘土）	目测
监控室内噪声	＜70dB（A）	用声级计实测
监控室内操作照度	5～200lx 可调	用照度计实测
△电源导线对机壳接地绝缘电阻	≥50MΩ	查验随工验收记录或用 500V 兆欧表抽测 3 台设备
△监控中心联合接地电阻	≤1Ω	接地电阻测量仪测量
工作接地电阻	≤4Ω	接地电阻测量仪测量
安全接地电阻	≤4Ω	接地电阻测量仪测量
防雷接地电阻	≤10Ω	接地电阻测量仪测量
与外场设备的通信轮询周期	30～60s 可调	实测 10min
△与下端设备交换数据的实时性和可靠性	按设定的系统轮询周期，及时准确地与车辆检测器、气象检测器、可变标志等交换数据	对于检测器，在外场进行人工测试统计，然后与上端系统按时间段逐一对比，时间不少于 30min。对于可变标志用通信设备在外场与上端比对信息的正确性和实时性
△图像监视功能	能够监视全程或重点路段的运行状态	实际操作
与收费系统交换数据功能	正确接收收费数据、收费系统抓拍图像	实际操作

续表

检查项目	技术要求	检查方法
△系统工作状况监视功能	系统外场设备的工作状态在计算机和投影仪上正确显示	实际操作
事故阻塞告警	符合设计要求	模拟阻塞测试
恶劣气候告警	天气异常时，自动报警	模拟低能见度测试
紧急情况告警	能识别交警、消防、急救等特殊电话并在地图板、大屏幕上提示	实际操作
△信息提供功能	指令信息通过系统正确地传送到可变标志、交通信号灯、车道控制器以及消防、救援部门	实际操作
统计、查询、打印报表功能	迅速、正确地统计、查询、打印命令指示、设备状况、系统故障、交通参数等数据	实际操作，查询历史数据报表
数据备份、存档功能	每日数据备份，并带时间记录	实际操作，查询历史数据报表
加电自诊断功能	可循环检测所有监控中心内、外场设备运行状况，正确及时显示故障位置、类型	目测

(8) 监控系统计算机网络的实测项目

按《公路工程质量检验评定标准 第二册 机电工程》JTG F80/2—2004）的规定，监控系统计算机网络实测项目应符合表 7-47 的规定。

监控系统计算机网络实测项目 表 7-47

检查项目	技术要求	检查方法	备注
△网线接线图	EIA/TIA 568	通信行业标准：YD/T 1013—1999	双绞线缆
布线长度	符合设计要求	通信行业标准：YD/T 1013—1999	双绞线缆
△衰减	EIA/TIA 568	通信行业标准：YD/T 1013—1999	双绞线缆
△近端串扰	EIA/TIA 568	通信行业标准：YD/T 1013—1999	双绞线缆
环路阻抗	EIA/TIA 568	通信行业标准：YD/T 1013—1999	双绞线缆
远方近端串扰衰耗	EIA/TIA 568	通信行业标准：YD/T 1013—1999	5e，6 类双绞线缆
相邻线对综合串扰	EIA/TIA 568	通信行业标准：YD/T 1013—1999	5e，6 类双绞线缆
远端串扰与衰减比	EIA/TIA 568	通信行业标准：YD/T 1013—1999	5e，6 类双绞线缆
近端串扰与衰减比	EIA/TIA 568	通信行业标准：YD/T 1013—1999	5e，6 类双绞线缆
综合远端串扰比	EIA/TIA 568	通信行业标准：YD/T 1013—1999	5e，6 类双绞线缆
△回波衰耗	EIA/TIA 568	通信行业标准：YD/T 1013—1999	5e，6 类双绞线缆
传输时延	EIA/TIA 568	通信行业标准：YD/T 1013—1999	5e，6 类双绞线缆
线对间传输时延差	EIA/TIA 568	通信行业标准：YD/T 1013—1999	5e，6 类双绞线缆
△同轴电缆特性阻抗	50Ω 或 75Ω	通信行业标准：YD/T 1013—1999	同轴缆
光纤接头衰耗	0.2dB	光时域反射计	光缆
光纤接头回损	按设计文件	光时域反射计	光缆

续表

检查项目	技术要求	检查方法	备注
光纤衰耗	按设计文件	光时域反射计	光缆
△网络维护性测试	符合设计要求	网络测试仪	网络
网络健康测试	符合设计要求	网络测试仪	网络

(9) 光、电缆线路的实测项目

按《公路工程质量检验评定标准 第二册 机电工程》JTG F80/2—2004 的规定，光、电缆线路实测项目应符合表 7-48 的规定。

光、电缆线路实测项目 表 7-48

检查项目	技术要求	检查方法
光纤护层绝缘电阻	≥1000MΩ·km	1000V 兆欧表测量（仅对直埋光纤）
△单模光纤接头损耗平均值	≤0.1dB	光万用表或光时域反射计测量
△多模光纤接头损耗平均值	≤0.2dB	光万用表或光时域反射计测量
△低速误码率	BER≤10^{-8}	将线对一端短接，另一端接数据传输测试仪以 64kb 速率测量
同轴电缆衰耗	符合设计要求	衰耗测试仪
同轴电缆内外导体绝缘电阻	≥500MΩ	用兆欧表 500V 档，在连接器的芯线和外导体之间测量
△电力电缆绝缘电阻	≥2MΩ	用 1000V 兆欧表在配电箱和用电设备两点间测量
光电缆埋深	符合设计要求	查隐蔽工程记录，必要时挖开实测

2. 通信设施

通信设施的工程施工及安装，主要包括有：通信管道与光、电缆线路；光纤数字传输系统；数字程控交换系统；紧急电话系统；无线移动通信系统；通信电源等。

(1) 通信管道与光、电缆线路的实测项目

按《公路工程质量检验评定标准 第二册 机电工程》JTG F80/2—2004 的规定，通信管道与光、电缆线路实测项目应符合表 7-49 的规定。

通信管道与光、电缆线路实测项目 表 7-49

检查项目	技术要求	检查方法
管道地基	符合设计要求	查隐蔽工程验收记录，必要时剖开复测
管道铺设	符合设计要求	查隐蔽工程验收记录，必要时剖开复测
回土夯实	符合设计要求	查隐蔽工程验收记录，必要时剖开复测
人（手）孔、管道掩埋	符合设计要求	查隐蔽工程验收记录，必要时剖开复测
人（手）孔的位置	符合设计要求	用量具实测
分歧形式及内部尺寸	符合设计要求	用量具实测
通信管道的横向位置	符合设计要求	用量具实测
△主管道管孔试通试验	畅通	查随工验收记录或按附录21实测
△硅芯塑料管孔试通试验	畅通	查随工验收记录或气吹法实测
人手孔接地电阻	符合设计要求	接地电阻测量仪实测

续表

检查项目	技术要求	检查方法
光纤护层绝缘电阻	≥1000MΩ·km	查随工验收记录或用高阻兆欧表测量（仅对直埋光纤）
△单模光纤接头损耗平均值	≤0.1dB	光万用表或光时域反射计在中继段两端测量
多模光纤接头损耗平均值	≤0.2dB	光万用表或光时域反射计在传输段两端测量
△中继段单模光纤总衰耗	符合设计要求	光万用表或光源、光功率计在中继段两端测量
△中继段多模光纤总衰耗	符合设计要求	光万用表或光源、光功率计在传输段两端测量
同轴电缆衰耗	符合设计要求	衰耗测试仪
同轴电缆内外导体绝缘电阻	≥500MΩ	用兆欧表 500V 档，在连接器的芯线和外导体之间测量
△声频电缆绝缘电阻	≥1000MΩ·km	用高阻兆欧表在线对之间测量
声频电缆直流环阻	符合设计要求	用电桥或电缆分析仪测量
声频电缆串音衰减	符合设计要求	用电缆分析仪或串扰分析仪测量
△信号电缆绝缘电阻	≥500MΩ·km	用 1000V 兆欧表在线对之间测量
信号电缆直流电阻	≤23.5Ω/km	用电桥或电缆分析仪测量
△声频电缆传输误码率	BER≤10^{-8}	将线对一端短接，另一端接数据传输测试仪 以 64kb 速率测量

（2）光纤数字传输系统的实测项目

按《公路工程质量检验评定标准 第二册 机电工程》JTG F80/2—2004 的规定，光纤数字传输系统实测项目应符合表 7-50 的规定。

光纤数字传输系统实测项目　　　　　　　　　　表 7-50

检查项目	技术要求	检查方法
△系统设备安装联接的可靠性	系统设备安装联接应可靠，经振动试验后系统无告警、无误码	橡皮锤轻轻敲击设备基架和网管计算机主机的配线背板 15min
接地连接的可靠性	工作地、安全地、防雷地按规范要求分别连接到汇流排上	用万用表测量，目测检查
△系统接收光功率	$P_1 \geq P_R + M_C + M_e$①	用光功率计，每站 1 个光口
△平均发送光功率	符合设计要求和出厂检验的要求	光功率计，每站每个传送级别各 1 个光口（STM1、STM4、STM16）
△光接收灵敏度	符合设计要求和出厂检验的要求	光功率计和误码仪，每站每个传送级别各 1 个光口（STM1、STM4、STM16）
△误码指标（2M 电口）	BER=1×10^{-11} ESR=1.1×10^{-5} SESR=5.5×10^{-7} BBER=5.5×10^{-8}	用误码仪，每块 2M 电路板抽测 3 条 2M 支路。1 个支路测试时间 24h，其他支路 15min。允许将多条支路串接起来测试
电接口允许比特容差	YD/T 5095—2000	PDH/SDH 通信性能分析仪
输入抖动容限	YD/T 5095—2000	PDH/SDH 通信性能分析仪
输出抖动	YD/T 5095—2000	PDH/SDH 通信性能分析仪
2M 支路口漂移指标	MTIE≤18μs（24h） 40h 滑动不应大于 1 次	在传输链路最长或定期链路经过网元最多、通过不同步边界的 2M 链路上测试

续表

检查项目	技术要求	检查方法
声频电路和低速数据电路测试	通路电平、衰减频率失真、增益变化、信道噪声、总失真、路基串话等指标符合设计要求	用PCM话路特性仪测试
△安全管理功能	未经授权不能进入网管系统,并对试图接入的申请进行监控	实际操作
△自动保护倒换功能	工作环路故障或大误码时,自动倒换到备用线路	实际操作,测一个环路
△远端接入功能	能通过网管将远端模块添加或删除	实际操作
配置功能	能对网元部件进行增加或删除配置,并以图形方式显示当前配置	实际操作
公务电话功能	系统应配置公务电话,声音清楚	实际操作
网络性能监视功能	能实时采集分析网络误码等性能参数	实际操作
△激光器自动关断功能	无光输入信号时应能自动关断	测试备用板的发光口
故障定位功能	模拟系统故障	实际操作
△信号丢失告警	产生告警	实际操作
△电源中断告警	产生告警	实际操作
△帧失步告警	产生告警	实际操作
△AIS告警	产生告警	实际操作
64kb/s输入信号消失告警	产生告警	实际操作
参考时钟丢失告警	产生告警	实际操作
指针丢失告警	产生告警	实际操作
远端接收失效FERF告警	产生告警	实际操作
远端接收误码FEBE	产生告警	实际操作
电接口复帧丢失(LOM)	产生告警	实际操作
信号劣化(BER>1×10^{-6})	产生告警	实际操作
信号大误码(BER>1×10^{-3})	产生告警	实际操作
环境检测告警	产生告警	实际操作
机盘失效告警	能自动倒换,产生告警	实际操作

① P_1——接收端实测系统接收光功率;

P_R——接收器的接收灵敏度;

M_C——光缆富余度;

M_e——设备富余度。

(3) 数字程控交换系统的实测项目

按《公路工程质量检验评定标准 第二册 机电工程》JTG F80/2—2004的规定,数字程控交换系统实测项目应符合表7-51的规定。

数字程控交换系统实测项目　　　　表 7-51

检查项目	技术要求	检查方法
△工作电压	$-57 \sim -40\text{V}$	用万用表实测
系统再启动功能	系统紧急关机后启动或作系统倒换后,系统应能恢复正常运行	实际操作
△修改用户号码功能	用软件修改后不影响原话机的连接通信功能	实际操作
△修改单个用户的号码属性	用软件修改后不影响原话机的连接通信功能	实际操作
修改用户数限	主要对用户的长途呼叫进行限制	实际操作
计费功能	能修改费率,并打印显示费额和通话记录	实际操作
话务管理	自动记录话务信息	实际操作
△故障诊断、告警	故障告警	模拟故障
系统交换功能	本局呼叫、出入局呼叫、新业务等功能	实际操作
△指令电话功能	使用数字程控交换机特殊功能,建立一点对多点的快速通话功能	实际操作
局内障碍率	$\leqslant 3.4 \times 10^{-4}$	模拟呼叫器
接通率	$>99.96\%$	模拟呼叫器
处理能力	系统达到 BHCA 值时,对人机命令的响应 90% 均应在 3s 以内	模拟呼叫器

(4) 紧急电话系统的实测项目

按《公路工程质量检验评定标准　第二册　机电工程》JTG F80/2—2004 的规定,紧急电话系统实测项目应符合表 7-52 的规定。

紧急电话系统实测项目　　　　表 7-52

检查项目	技术要求	检查方法
△音量	$>90\text{dB (A)}$	在扬声器正前方 400mm 处,用声级计
分机安装竖直度	$\leqslant 10\text{mm/m}$	铅坠、直尺
△防雷接地电阻	$\leqslant 10\Omega$	接地电阻测量仪
MIC 距基础平台的高度	$1450 \pm 20\text{mm}$	卷尺
喇叭高度	$1600 \pm 20\text{mm}$	卷尺
△控制台绝缘电阻	$>50\text{M}\Omega$	500V 兆欧表
△语音传输衰耗	$\leqslant 30\text{dB}, 3000\text{Hz}$	语音传输分析仪
△语音质量	语音要求清晰,音量适中,无噪声,无断字等缺陷	感官
△呼叫功能	响应灵敏	实际操作
按键提示	按键提示简明易懂	目测
噪声抑制	话机在通话过程及静态时,要求无嗡嗡、沙沙声及自激、哨声等杂音	感官
△通话呼叫功能	按下按钮,可呼叫监控中心控制台	实际操作
呼叫排队功能	同时呼叫或通话时的呼叫,可按优先级处理	实际操作
△地址码显示功能	控制台显示呼叫位置	实际操作
△振铃响应	呼叫在控制台有振铃响应	实际操作

续表

检查项目	技术要求	检查方法
语音提示功能	呼叫后，话机有等待信号或提示音	实际操作
录音功能	控制台有自动录音功能	实际操作
故障报告功能	中心可自动立即显示故障信息	实际操作
取消呼叫功能	控制台可取消呼叫	实际操作
打印报告功能	值班记录、事件、故障等文件可打印	实际操作
△定时自检功能	能检测到线路连接、电池、传输故障等情况	故障模拟
手动自检功能	能检测到线路连接、电池、传输故障等情况	实际操作
加电自恢复功能	加电后，控制台应自动恢复到工作状态	实际操作，测一次

(5) 无线移动通信系统的实测项目

按《公路工程质量检验评定标准　第二册　机电工程》JTG F80/2—2004 的规定，无线移动通信系统实测项目应符合表 7-53 的规定。

无线移动通信系统实测项目　　　　表 7-53

检查项目	技术要求	检查方法
铁塔基础尺寸	符合设计要求	实测和随工记录结合
铁塔所用材料规格	符合设计要求	用量具测量必要时取样检测
铁塔和地脚防腐层质量	符合 GB/T 18226 要求	涂层测量仪实测
地脚规格尺寸	符合设计要求	用量具测量必要时取样检测
防雷接地系统用材料规格	符合设计要求	用量具测量和核查隐蔽工程记录相结合
防雷接地电阻	≤10Ω	接地电阻测量仪测量
基地台发射功率	符合设计要求	按 YD/T 1009
中转台发射功率	符合设计要求	按 YD/T 1009
车载台发射功率	符合设计要求	按 YD/T 1009
手持台发射功率	符合设计要求	按 YD/T 1009
基地台接收灵敏度	符合设计要求	按 YD/T 1009
中转台接收灵敏度	符合设计要求	按 YD/T 1009
车载台接收灵敏度	符合设计要求	按 YD/T 1009
手持台接收灵敏度	符合设计要求	按 YD/T 1009
△电波覆盖范围	≥90%	基站监测，实地测量
△基地台与车载台通话功能	建立、释放响应灵敏、通话清楚	实际操作
△基地台与手持台通话功能	建立、释放响应灵敏、通话清楚	实际操作
△手持台与手持台通话功能	建立、释放响应灵敏、通话清楚	实际操作
△手持台与车载台通话功能	建立、释放响应灵敏、通话清楚	实际操作
手持台与业务电话通话功能	建立、释放响应灵敏、通话清楚	实际操作
车载台与业务电话通话功能	建立、释放响应灵敏、通话清楚	实际操作
用户之间群呼、组呼、选呼功能	建立、释放响应灵敏、通话清楚	实际操作

(6) 通信电源的实测项目

按《公路工程质量检验评定标准 第二册 机电工程》JTG F80/2—2004 的规定，通信电源实测项目应符合表 7-54 的规定。

通信电源实测项目　　　　　　表 7-54

检查项目	技术要求		检查方法
设备、列架的绝缘电阻	交流配电屏	符合设计要求，无要求时应≥2MΩ	用 500V 兆欧表在设备内布线和地之间测量
	直流配电屏		
	开关电源		
	不中断电源		
△开关电源的主输出电压	−40～−57V		万用表实测
开关电源输出杂声	电话衡重杂声	≤2mV	杂波表实测
	峰值杂声（0～300Hz）	≤100mV	
	宽频杂声（3.4～150kHz）	≤100mV	
	宽频杂声（0.15～30MHz）	≤30mV	
电池组供电特性	放电、浮冲及免维护等符合要求		电池性能测试仪实测或核查随工验收记录
△电源系统报警功能	机房内可视、可听报警显示不正常状态		模拟实测
△远端维护管理功能	可实现远端的遥测、遥控和遥信的集中管理		实际操作
不间断电源	断开主供电线路时，UPS 能正常启动，系统不掉电，不影响系统的工作		实际操作
通信电源系统防雷	符合 YD5078—1998		YD/T944—2007
通信电源的接地	符合设计要求		接地电阻测量仪测量
设备安装的水平度	≤2mm/m		量具实测
设备安装的垂直度	≤3mm		用吊坠和量具实测

3. 收费设施

收费设施工程施工及安装，主要包括有：入口车道设备；出口车道设备；收费站设备及软件；收费中心设备及软件；IC 卡发卡编码系统；内部有线对讲及紧急报警系统；闭路电视监视系统；收费站内光、电缆及塑料管道及收费系统计算机网络等。

(1) 入口车道设备的实测项目

按《公路工程质量检验评定标准 第二册 机电工程》JTG F80/2—2004 的规定，入口车道设备实测项目应符合表 7-55 的规定。

入口车道设备实测项目　　　　　　表 7-55

检查项目	技术要求	检查方法
设备机壳防腐涂层及厚度	符合设计要求，无要求时按 GB/T 18226	用涂层测厚仪实测

续表

检查项目		技术要求	检查方法
△设备强电端子对机壳绝缘电阻		≥50MΩ	500V兆欧表测量
△车道控制器安全接地电阻		≤4Ω	接地电阻测量仪测量
△电动栏杆机安全接地电阻		≤4Ω	接地电阻测量仪测量
收费亭防雷接地电阻		≤10Ω	接地电阻测量仪测量
收费天棚信号灯色度和亮度	红色	符合GB14887	色度/亮度计实测
	绿色	符合GB14887	
收费车道内通行信号灯色度和亮度	红色	符合GB14887	色度/亮度计实测
	绿色	符合GB14887	
△车道信号灯动作		按规定的触发状态正常工作	实际操作
电动栏杆起落总时间		≤4.0s或符合设计要求	秒表，测10次，取平均值
△电动栏杆动作响应		按规定操作流程动作，具有防砸车和水平回转功能	实际操作
△车道车辆检测器计数精度偏差		≤0.1%	人工记数核对，要大于1000辆。或借助录像带核对历史记录
环形线圈电感量		符合设计要求	用电感测量仪器实测
摄像机清晰度		符合设计要求	用测试卡和视频测试仪实测
读写卡设备响应时间及对异常卡的处理		符合设计要求	实测40次
△闪光报警器		按规定的触发状态正常工作	实际操作
专用键盘		标记清楚、牢固，键位划分合理，操作灵活，响应准确、可靠	实际操作
手动栏杆与天棚信号灯的互锁功能		只有手动栏杆打开时天棚信号灯才由红色变为绿色	实际操作
△初始状态动作		车道控制标志显示车道关闭，车道栏杆处于水平关闭状态，收费员显示器显示内容齐全正确	实际操作
△车道打开动作		按"交班"键，识别操作员身份，登录成功后，可打开车道，处于正常工作状态，并具有防止恶意登录功能	输入身份卡正确、错误各一次
△入口正常处理流程		符合规定的操作流程	实际操作
公务车处理流程		符合规定的操作流程	实际操作
军车处理流程		符合规定的操作流程	实际操作
车队处理流程		符合规定的操作流程	实际操作
其他紧急车处理流程		符合规定的操作流程	实际操作
△违章车报警流程		符合规定的操作流程	实际操作
修改功能流程		有车型判别错误时，可按规定的流程修改	实际操作
车道维修和复位操作流程		维护菜单允许维护员进行车道维护和复位操作等	实际操作

续表

检查项目	技术要求	检查方法
△车道关闭操作流程	按"交班"键,识别操作员身份,可关闭车道,处于关闭状态	实际操作
对车道控制设备状态监测功能	运行过程中,车道控制器(车道计算机)可对车道设备进行监测,故障时应给出报警信号,提醒收费员和站内监控人员	实际操作
△断电数据完整性测试	任意流程时关闭车道控制器(车道计算机)电源,车道工作状态正常、加电后数据无丢失	实际操作
△断网测试	断开车道控制器(车道计算机)与收费站的通信链路,车道工作状态正常、加电后数据无丢失	实际操作
图像抓拍	车道关闭时,抓拍检测器处于启动状态,车辆进入入口车道时,图像抓拍检测器侦获"来车"信号,触发图像抓拍,抓拍信息符合要求,能按规定格式存储转发	实际操作
每辆小客车平均处理时间	≤8s 或符合设计要求	秒表,5 位熟练收费员,一人操作三次,取平均值

(2) 出口车道设备的实测项目

按《公路工程质量检验评定标准 第二册 机电工程》JTG F80/2—2004 的规定,出口车道设备实测项目应符合表 7-56 的规定。

出口车道设备实测项目　　　　　　　　　表 7-56

检查项目		技术要求	检查方法
设备机壳防腐涂层及厚度		符合设计要求,无要求时按 GB/T 18226	用涂层测厚仪实测
△设备强电端子对机壳绝缘电阻		≥50MΩ	500V 兆欧表测量
△车道控制器安全接地电阻		≤4Ω	接地电阻测量仪测量
△电动栏杆机安全接地电阻		≤4Ω	接地电阻测量仪测量
△收费亭防雷接地电阻		≤10Ω	接地电阻测量仪测量
收费天棚信号灯色度和亮度	红色	符合 GB14887	色度/亮度计实测
	绿色	符合 GB14887	
收费车道内通行信号灯色度和亮度	红色	符合 GB14887	色度/亮度计实测
	绿色	符合 GB14887	
△车道信号灯动作响应		按规定的触发状态正常工作	实际操作
电动栏杆起落总时间		≤4.0s 或符合设计要求	秒表测 10 次,取平均值
△电动栏杆动作响应		按规定操作流程动作,具有防砸车和水平回转功能	实际操作
△车道车辆检测器计数精度偏差		≤0.1%	人工记数核对,要大于 1000 辆。或借助录像带核对历史记录
环形线圈电感量		符合设计要求	用电感测量仪器实测

续表

检查项目	技术要求	检查方法
摄像机清晰度	符合设计要求	用测试卡和视频测试仪实测
读写卡设备响应时间及对异常卡的处理	符合设计要求	实测 40 次
专用键盘	标记清楚、牢固，键位划分合理，操作灵活，响应准确、可靠	实际操作
△费额显示器	通行卡处理后，通行费显示于费额显示器	实际操作＋目测
△收据打印机	迅速正确打印收据	实际操作
△脚踏报警	工作正常	实际操作
△闪光报警器	按规定的触发状态正常工作	实际操作
手动栏杆与天棚信号灯的互锁功能	只有手动栏杆打开时天棚信号灯才由红色变为绿色	实际操作
△车道初始状态	车道信号灯显示车道关闭，车道栏杆处于水平关闭状态，收费员显示器显示内容齐全正确，并具有防止恶意登录功能	实际操作
△车道打开状态	按"交班"键，识别操作员身份，登录成功后，可打开车道，处于正常工作状态	输入身份卡正确、错误各一次
△出口正常处理流程	符合出口基本作业流程	实际操作
△换卡车处理流程	符合中途换卡车处理规定	实际操作
△入出口车型不符合处理流程	自动报警，站处理	实际操作
△无支付或不足支付处理流程	符合出口"未付车"监督处理流程	实际操作
△丢卡、坏卡处理流程	符合卡丢失、卡故障处理流程	实际操作
△军警车处理流程	记录特殊事件	实际操作
△公务车处理流程	符合公务车处理流程	实际操作
△车队处理流程	符合出口"车队"处理流程	实际操作
△"拖车"处理流程	符合"拖车"处理流程	实际操作
△闯关车处理流程	符合"闯关车"处理流程	实际操作
车道维修和复位操作处理流程	维护菜单允许授权维护员进行车道维护和复位操作	实际操作
△车道关闭操作处理流程	按"交班"键，识别操作员身份，可关闭车道，处于关闭状态	实际操作
车道控制设备状态监测	运行过程中，车道控制器（车道计算机）可对车道设备进行监测，故障时给出报警信号	实际操作
△断网测试	断开车道控制器与光纤的连接，车道工作状态正常、数据无丢失	实际操作
△断电数据完整性测试	任意流程时关闭车道控制器（车道计算机）电源，车道工作状态正常，加电后数据无丢失	实际操作

续表

检查项目	技术要求	检查方法
△断网测试	断开车道控制器（车道计算机）与收费站的通信链路，车道工作状态正常、数据无丢失	实际操作
图像抓拍	车道关闭时，抓拍检测器处于启动状态，车辆进入入口车道时，图像抓拍检测器侦获"来车"信号，触发图像抓拍，抓拍信息符合要求，按规定格式存储转发	实际操作
每辆小客车平均处理时间	≤14s 或符合设计要求	秒表，5 位熟练收费员，一人操作三次，取平均值

（3）收费站设备及软件的实测项目

按《公路工程质量检验评定标准 第二册 机电工程》JTG F80/2—2004 的规定，收费站设备及软件实测项目应符合表 7-57 的规定。

收费站设备及软件实测项目　　　　表 7-57

检查项目	技术要求	检查方法
△强电端子对机壳绝缘电阻	≥50MΩ	500V 兆欧表测量
△收费站联合接地电阻	≤4Ω	接地电阻测量仪测量
△对车道的实时监控功能	收费站管理计算机可查看车道后一辆车处理信息及车道状态、操作员信息，监视计算机可监视、显示车道设备及操作情况	实际操作
查原始数据功能	通过专用服务器和收费管理计算机可查询、统计原始数据	实际操作
△图像稽查功能	可稽查所有出入口车道"有问题"车辆图像	实际操作
打印报表功能	值班员可通过收费站管理计算机打印各种报表	实际操作
查看费率表功能	可通过收费管理计算机查看费率表	实际操作
与车道数据通信功能	专用服务器在不同模式下可和车道控制机交换规定的信息，数据传输准确	实际操作
△数据备份功能	车道控制器、收费站专用服务器、管理计算机数据保护安全、可靠	实际操作
字符叠加功能	在监视器上可观察到信息	实际操作
与收费中心的通信功能	可以和收费中心交换规定的数据，数据传输准确	实际操作后比对
查断网试验的数据上传	与收费中心计算机通信故障时，数据可存贮在移动存储器上并可在收费中心计算机上恢复	实际操作
△报警录像功能	用于报警时显示报警图像的显示器具有报警显示功能，值班员通过键盘控制切换控制器切换该路报警视频信号进行录像，或自动进行切换	实际操作
△主监视器切换显示各车道及收费亭摄像机功能	监视计算机可切换显示各车道及收费亭录像机	实际操作
查看事件报表打印功能	可查看入口、出口车道特殊处理明细表并打印	实际操作

续表

检查项目	技术要求	检查方法
数据完整性测试	系统崩溃或电源故障,重新启动时,系统能自动引导致正常工作状态,不丢失任何历史数据	模拟操作或查历史记录

(4) 收费中心设备及软件的实测项目

按《公路工程质量检验评定标准 第二册 机电工程》JTG F80/2—2004 的规定,收费中心设备及软件实测项目应符合表 7-58 的规定。

收费中心设备及软件实测项目 表 7-58

检查项目	技术要求	检查方法
△强对端子对机壳绝缘电阻	≥50MΩ	500V 兆欧表测量
△收费中心联合接地电阻	≤4Ω	接地电阻测量仪测量
△与收费站的数据传输功能	定时或实时轮询各收费站的数据	实际操作
△费率表、车型分类参数的设置与变更	可设置、变更费率表、车型分类参数,并下传到收费站	实际操作
△系统时间设定功能	对收费站计算机的时钟进行统一校准	实际操作
△图像稽查功能	可稽查所有出入口车道"有问题"车辆图像	实际操作
△报表统计管理及打印功能	收费中心计算机系统可打印规定的各种报表	实际操作
△对各站及车道 CCTV 图像切换及控制功能	可切换、可控制	实际操作
与监控中心计算机通信功能	与监控中心传输规定的数据,传输准确	实际操作
双机热备份功能	当主机宕机时,从机能够自动接管,保证业务的连续性和正确性,切换时间符合要求	模拟操作
通行卡管理功能	通过授权正确制作通行卡、公务卡、身份卡,并能记录、统计、查询本中心发行卡的信息	实际操作
数据完整性测试	系统崩溃或电源故障,重新启动时,系统能自动引导致正常工作状态,不丢失任何历史数据	模拟操作或查历史记录
通行费拆分	能按设置的逻辑日自动或手动完成通行费的正确拆分	模拟操作

(5) IC 卡发卡编码系统的实测项目

按《公路工程质量检验评定标准 第二册 机电工程》JTG F80/2—2004 的规定,IC 卡发卡编码系统实测项目应符合表 7-59 的规定。

IC 卡发卡编码系统实测项目 表 7-59

检查项目	技术要求	检查方法
发卡设备安全性测试	在交流 220V 侧进行绝缘和耐压测试	兆欧表和耐压测试仪实测
发卡设备可靠性测试	连续读写 500 张测试卡,读发卡设备无卡滞,用计算机软件核对应无错误	实际操作

续表

检查项目	技术要求	检查方法
兼容性测试	能适应符合标准的多家生产企业的卡	实际操作
卡处理时间（完成一次读写）	典型应答处理时间≤300ms	实际操作
发放身份IC卡	可制作不同类型的身份卡	实际操作
发放公务IC卡	可制作公务卡	实际操作
发放预付IC卡	可制作预付卡	实际操作
预付卡业务查询、统计与打印	路段分中心可为持卡人开设系列查询业务，可打印对账单等	实际操作
发放通行IC卡	可制作通行卡	实际操作
△防冲突	同时识别两张卡，识别正确	实际操作

(6) 内部有线对讲及紧急报警系统的实测项目

按《公路工程质量检验评定标准 第二册 机电工程》JTG F80/2—2004 的规定，内部有线对讲及紧急报警系统实测项目应符合表 7-60 的规定。

内部有线对讲及紧急报警系统实测项目 表 7-60

检查项目	技术要求	检查方法
△主机全呼分机	按下主控台全呼键，站值班员可向所有车道收费员广播	实际操作
△主机单呼某个分机	主机可呼叫某个分机	实际操作
△分机呼叫主机	分机可呼叫主机	实际操作
△分机之间的串音	分机之间不能相互通信	主管评定
主机对分机的侦听功能	能侦听分机试图呼叫分机的操作	实际操作
扬声器音量调节	可调	实际操作
语音质量	语音清晰，音量适中，无噪声，无断字等缺陷	实际操作
按钮状态指示灯	主机上有可视信号显示呼叫的分机号	实际操作＋目测
△手动/脚踏报警功能	按动报警开关可驱动报警	实际操作
报警器故障监测功能	信号电缆出现断路故障时报警	断开信号电缆线
报警器向CCTV系统提供报警输出信号	报警器可向闭路电视系统提供报警输出信号	实际操作
报警器自检功能	报警器具有自检功能	实际操作

(7) 闭路电视监视系统的实测项目

按《公路工程质量检验评定标准 第二册 机电工程》JTG F80/2—2004 的规定，闭路电视监视系统实测项目应符合表 7-61 的规定。

闭路电视监视系统实测项目 表 7-61

检查项目	技术要求	检查方法
立柱竖直度	≤5mm/m	铅锤、直尺或全站仪

续表

检查项目		技术要求	检查方法
△立柱、避雷针（接闪器）、法兰和地脚几何尺寸		符合设计要求	超声波测厚仪测量立柱壁厚，用全站仪测量立柱和避雷针高度，用量具测量其他尺寸
基础尺寸		符合设计要求	长、宽用量具测量，埋深查隐蔽工程验收记录或实测
△机箱、立柱、法兰和地脚的防腐涂层厚度		符合设计要求	用量具或涂层测厚仪测量
△强电端子对机壳绝缘电阻		≥50MΩ	500V兆欧表测量
△安全保护接地电阻		≤4Ω	接地电阻测量仪
△防雷接地电阻		≤10Ω	接地电阻测量仪
传输通道指标	△视频电平	700±30mV	电视信号发生器发送75%彩条信号，用视频测试仪检测
	△同步脉冲幅度	300±20mV	电视信号发生器发送75%彩条信号，用视频测试仪检测
	△回波 E（%KF）	<7	电视信号发生器发送2T信号，用视频测试仪检测
	亮度非线性（%）	≤5	电视信号发生器发送2T信号，用视频测试仪检测
	色度/亮度增益差	±5%	电视信号发生器发送2T信号，用视频测试仪检测
	色度/亮度时延差	≤100	电视信号发生器发送2T信号，用视频测试仪检测
	微分增益（%）	≤10	电视信号发生器发送调制的五阶梯测试信号，用视频测试仪检测
	微分相位（度）	≤10	电视信号发生器发送调制的五阶梯测试信号，用视频测试仪检测
	△幅频特性	5.8MHz带宽内±2dB	电视信号发生器发送 sinx/x 信号，用视频测试仪检测
	△视频信杂比	≥56dB（加权）	电视信号发生器发送多波群信号，用视频测试仪检测
收费中心监视器画面指标	△随机信噪比（雪花干扰）(dB)	黑白：≥37，彩色：≥36	仪器测量，也可人工（5人以上）主观评分，≥4分合格
	△单频干扰（网纹）(dB)	黑白：≥40，彩色：≥37	
	△电源干扰（黑白滚道）(dB)	黑白：≥40，彩色：≥37	
	△脉冲干扰（跳动）(dB)	黑白：≥37，彩色：≥31	

续表

检查项目	技术要求	检查方法
△监视范围	监控室能清楚识别车型、车牌、收费额等信息	实际操作
△外场摄像机安装稳定性	受大风影响或接受变焦、转动等控制时，动作平滑、无抖动	实际操作
△切换功能	可切换到任一车道	实际操作
△录像功能	可录像，且录像回放效果清晰	实际操作
△信息叠加功能	能将时间、车道号、车型、收费额等信息叠加到图像上，且显示清楚	实际操作
硬拷贝功能	拷贝图像清楚	实际操作
报警功能	故障报警	模拟
云台水平转动角	水平：$\geqslant 350°$	实际操作
云台垂直转动角	上仰：$\geqslant 15°$，下俯：$\geqslant 90°$	实际操作
自动光圈调节	自动调节	实际操作
调焦功能	快速自动聚焦	实际操作
变倍功能	可变倍	实际操作
雨刷功能	工作正常	实际操作

注：1. 主观评分可采用五级损伤制评定：
（1）图像上不觉察有损伤或干扰存在：5分；
（2）图像上稍有可觉察的损伤或干扰存在：4分；
（3）图像上有明显的损伤或干扰存在：3分；
（4）图像上损伤或干扰较严重：2分；
（5）图像上损伤或干扰极严重：1分；
2. 云台水平转动角、云台垂直转动角、自动光圈调节、调焦功能、变倍功能、雨刷功能等6项不适用于车道收费亭的定焦距摄像机。

（8）收费站内光、电缆及塑料管道的实测项目

按《公路工程质量检验评定标准　第二册　机电工程》JTG F80/2—2004 的规定，收费站内光、电缆及塑料管道实测项目应符合表7-62的规定。

收费站内光、电缆及塑料管道实测项目　　　　表7-62

检查项目	技术要求	检查方法
光纤护层绝缘电阻	$\geqslant 1000\text{M}\Omega \cdot \text{km}$	1000V兆欧表测量（仅对直埋光纤）
△单模光纤接头损耗	$\leqslant 0.1\text{dB}$	光万用表或光时域反射计测量
△多模光纤接头损耗	$\leqslant 0.2\text{dB}$	光万用表或光时域反射计测量
△低速误码率	$BER \leqslant 10^{-8}$	数据传输测试仪
同轴电缆衰耗	符合设计要求	衰耗测试仪
同轴电缆内外导体绝缘电阻	$\geqslant 500\text{M}\Omega$	用兆欧表500V档，在连接器的芯线和外导体之间测量

续表

检查项目	技术要求	检查方法
△电力电缆绝缘电阻	≥2MΩ	用500V兆欧表在配电箱和用电设备两点间测量
光电缆埋深	符合设计要求	查隐蔽工程记录，必要时挖开实测

(9) 收费系统计算机网络的实测项目

按《公路工程质量检验评定标准 第二册 机电工程》JTG F80/2—2004 的规定，收费系统计算机网络实测项目，见表 7-47 的规定。

4. 低压配电设施

低压配电设施的工程施工及安装，包括有：中心（站）内低压配电设备和外场设备电力电缆线路。

(1) 中心（站）内低压配电设备的实测项目

按《公路工程质量检验评定标准 第二册 机电工程》JTG F80/2—2004 的规定，中心（站）内低压配电设备实测项目，见表 7-63。

中心（站）内低压配电设备实测项目　　　　表 7-63

检查项目		技术要求	检查方法
室内设备、列架的绝缘电阻	交流配电箱（柜）	符合设计要求，无要求时应≥2MΩ（设备安装后）	用500V兆欧表在设备内布线和地之间测量
	直流配电箱（柜）		
	交流稳压器		
	不中断电源		
△安全接地电阻		≤4Ω	接地电阻测量仪
△联合接地电阻		≤1Ω	接地电阻测量仪
设备安装的水平度		≤2mm/m	量具实测
设备安装的垂直度		≤3mm/m	用铅锤和量具实测
发电机组控制柜接地电阻		≤4Ω	接地电阻测量仪
发电机组控制柜绝缘电阻		≥2MΩ（设备安装后）	≥2MΩ（设备安装后）
发电机组启动及启动时间		符合要求	实际操作
发电机组容量测试		符合设计要求	查出厂测试报告
发电机组相序		与机组输出标志一致	相序指示器测试
发电机组输出电压稳定性		符合设计要求	查出厂测试报告和实际测量
自动发电机组自启动转换功能测试		市电掉电后，机组能自动启动，稳定后送入规定的线路上，可手动优先切换	实际操作或查有效的历史记录
△机组供电切换对机电系统的影响		机电系统所有设备不因受到机组电源切换，而工作出现异常	实际操作或查有效的历史记录
△电源室接地装置施工质量检查		接地体的材质和尺寸、安装位置及埋深；接地体引入线与接地体的连接以及防腐处理等符合设计要求	查隐蔽工程验收记录和施工记录

(2) 外场设备电力电缆线路的实测项目

按《公路工程质量检验评定标准 第二册 机电工程》JTG F80/2—2004 的规定，外场设备电力电缆线路实测项目，见表 7-64。

外场设备电力电缆线路实测项目 表 7-64

检查项目	技术要求	检查方法
△配电箱基础尺寸及高程	符合设计要求	用量具测量
配电箱涂层厚度	符合设计要求，无要求时按 GB/T 18226	用涂层测厚仪实测
电缆埋深	符合设计要求	查验隐蔽工程记录或实测
△电源箱、配电箱、分线箱安全接地电阻	≤4Ω	用接地电阻测量仪实测
△配线架对配电箱绝缘电阻	≥10MΩ	用兆欧表实测
△相线对绝缘护套的绝缘电阻	≥2MΩ（全程）	用兆欧表实测

5. 照明设施

照明设施的实测项目，按《公路工程质量检验评定标准 第二册 机电工程》JTG F80/2—2004 的规定，照明设施实测项目，见表 7-65。

照明设施实测项目 表 7-65

检查项目	技术要求	检查方法
△灯杆基础尺寸	符合设计要求	长、宽用量具测量，埋深查隐蔽工程验收记录或实测
△灯杆壁厚	符合设计要求	金属灯杆用超声波测厚仪测量，混凝土灯杆查隐蔽工程验收记录
△灯杆、避雷针（接闪器）高度、法兰和地脚几何尺寸	符合设计要求	用全站仪测量灯杆和避雷针高度，用量具测量其他尺寸
△金属灯杆防腐涂层壁厚	镀锌：≥85μm，其他涂层符合设计要求	涂层测厚仪测量
灯杆垂直度	≤5mm/m	经纬仪
灯杆横纵向偏差	符合设计要求	经纬仪
△照明设备控制装置的接地电阻	≤4Ω	接地电阻测试仪
△灯杆接地电阻	≤10Ω	接地电阻测试仪
高杆灯灯盘升降功能测试	符合设计要求	实际操作
路段直线段照度及均匀度	符合设计要求	照度计
路段弯道段照度及均匀度	符合设计要求	照度计
大桥桥梁段照度及均匀度	符合设计要求	照度计
立交桥面段照度及均匀度	符合设计要求	照度计
收费广场照度及均匀度	符合设计要求	照度计
收费天棚照度及均匀度	符合设计要求	照度计
自动、手动两种方式控制全部或部分照明器的开闭	可控	实地操作
亮度传感器与照明器的联动功能	可控	模拟遮挡光探头
定时控制功能	可控	设定时间，观察

6. 隧道机电设施

隧道机电设施的工程施工及安装，主要包括有：车辆检测器；气象检测器；闭路电视监视系统；紧急电话系统；环境检测设备；报警与诱导设施；可变标志；通风设施；照明设施；消防设施；本地控制器；隧道监控中心设备及软件；隧道监控中心计算机网络及低压供配电等。

(1) 车辆检测器的实测项目，见表 7-40。

(2) 气象检测器的实测项目，见表 7-41。

(3) 闭路电视监视系统的实测项目，见表 7-42。

(4) 紧急电话系统的实测项目，除安装高度和声量符合隧道设计要求外，见表 7-52。

(5) 环境检测设备

按《公路工程质量检验评定标准 第二册 机电工程》JTG F80/2—2004 的规定，环境检测设备实测项目，见表 7-66。

环境检测设备实测项目　　　　　　　　　　　　　　　表 7-66

检查项目	技术要求	检查方法
△传感器安装位置偏差	符合设计要求	用经纬仪或量尺测量
△绝缘电阻	强电端子对机壳≥50MΩ	500V 兆欧表测量
△安全保护接地电阻	≤4Ω	接地电阻测量仪
防雷接地电阻	≤10Ω	接地电阻测量仪
△数据传输性能	24h 观察时间失步现象不大于 1 次或 BER 小于 10^{-8}	数据传输测试仪
CO 传感器灵敏度	符合要求或出厂检验指标	用相应仪器比对
△烟雾传感器灵敏度	符合要求或出厂检验指标	用相应仪器比对
△照度传感器灵敏度	符合要求或出厂检验指标	用相应仪器比对
风速传感器灵敏度	符合要求或出厂检验指标	用相应仪器比对
CO 传感器精度偏差	符合要求或出厂检验指标	用相应仪器比对
烟雾传感器精度偏差	符合要求或出厂检验指标	用相应仪器比对
照度传感器精度偏差	符合要求或出厂检验指标	用相应仪器比对
风速传感器精度偏差	符合要求或出厂检验指标	用相应仪器比对
风向传感器精度偏差	符合要求或出厂检验指标	用相应仪器比对
△数据采样周期	符合设计要求	实际操作
信号输出方式	符合设计要求	用示波器和数据传输分析仪
与风机、照明、消防、报警、诱导、可变标志、控制计算机的联动功能	符合设计要求	模拟或实际操作

(6) 报警与诱导设施

按《公路工程质量检验评定标准 第二册 机电工程》JTG F80/2—2004 的规定，报警与诱导设施实测项目，见表 7-67。

报警与诱导设施实测项目　　　　表 7-67

检查项目	技术要求	检查方法
报警按钮的位置和高度偏差	符合设计要求	用经纬仪或量尺测量
警报器的位置和高度偏差	符合设计要求	用经纬仪或量尺测量
诱导设施的位置和高度偏差	符合设计要求	用经纬仪或量尺测量
△绝缘电阻	强电端子对机壳≥50MΩ	500V 兆欧表测量
△安全保护接地电阻	≤4Ω	接地电阻测量仪
防雷接地电阻	≤10Ω	接地电阻测量仪
△数据传输性能	24h 观察时间内失步现象不大于 1 次或 BER≤10^{-8}	数据传输测试仪
△警报器音量	96~120dB（A）或设计要求	声级计
诱导设施的色度	符合 GB14887 要求	用色度/亮度计实测
诱导设施的亮度	符合 GB14887 要求	用色度/亮度计实测
报警信号输出	能将报警器位置、类型等信息传送到中心控制室计算机或本地控制器	实际操作
△报警按钮与警报器的联动功能	警报器可靠接受报警信号的控制	实际操作

（7）可变标志的实测项目，见表 7-43。

（8）通风设施

按《公路工程质量检验评定标准　第二册　机电工程》JTG F80/2—2004 的规定，通风设施实测项目，见表 7-68。

通风设施实测项目　　　　表 7-68

检查项目	技术要求	检查方法
安装误差	符合设计要求	用经纬仪或量尺测量
△净空高度	符合设计要求	用经纬仪或量尺测量
△绝缘电阻	强电端子对机壳≥50MΩ	500V 兆欧表测量
△控制柜安全保护接地电阻	≤4Ω	接地电阻测量仪
△防雷接地电阻	≤10Ω	接地电阻测量仪
△风机运转时隧道断面平均风速	符合设计要求	风速仪实测
风机全速运转时隧道噪声	符合设计要求	声级计实测
响应时间	发送控制命令后至风机启动带动叶轮转动时的时间≤5s，或符合设计要求	实际操作
方向可控性	接收手动、自动控制信号改变通风方向	实际操作
风速可控性	接收手动、自动控制信号调节通风量	实际操作
运行方式	风机具有手动、自动两种运行方式以控制风机的启动、停止、方向和风量	实际操作
本地控制模式	自动运行方式下，可以接收多路检测器的控制，控制风机启动、停止与方向、风量	实际操作
远程控制模式	自动运行方式下，通过标准串口，接收本地控制器或计算机控制系统的控制，控制风机启动、停止与方向、风量	实际操作

(9) 照明设施

按《公路工程质量检验评定标准 第二册 机电工程》JTG F80/2—2004 的规定，照明设施实测项目，见表 7-69。

照明设施实测项目　　　　　　　　　　　　　　　　表 7-69

检查项目	技术要求	检查方法
灯具的安装偏差	符合设计要求。无要求时：纵向≤30mm，横向≤20mm，高度≤10mm	用经纬仪或量尺测量
△绝缘电阻	强电端子对机壳≥50MΩ	500V 兆欧表测量
△控制柜安全保护接地电阻	≤4Ω	接地电阻测量仪
△防雷接地电阻	≤10Ω	接地电阻测量仪
灯具启动时间的可调性	照明回路组的启动时间间隔可调、可控	实际操作
△启动、停止方式	可自动、手动两种方式控制全部或部分照明器的启动、停止	实际操作
△照度（入口段、过渡段、中间段）	符合设计要求	照度计
照度总均匀度、纵向均匀度	符合设计要求	照度计
紧急照明	双路供电照明系统，主供电路停电时，应自动切换到备用供电线路上	模拟操作

(10) 消防设施

按《公路工程质量检验评定标准 第二册 机电工程》JTG F80/2—2004 的规定，消防设施实测项目，见表 7-70。

消防设施实测项目　　　　　　　　　　　　　　　　表 7-70

检查项目	技术要求	检查方法
火灾探测器安装位置	符合设计要求	用经纬仪或量尺测量
消防控制器安装位置	符合设计要求	用经纬仪或量尺测量
火灾报警器、消火栓安装位置	符合设计要求	用经纬仪或量尺测量
灭火器安装位置	符合设计要求	用经纬仪或量尺测量
消防控制器安装位置	符合设计要求	用经纬仪或量尺测量
加压设施气压	符合设计要求	利用设施上的气压表目测
供水设施水压	符合设计要求	利用设施上的水压表目测
绝缘电阻	强电端子对机壳≥50MΩ	500V 兆欧表测量
△控制器安全保护接地电阻	≤4Ω	接地电阻测量仪
△防雷接地电阻	≤10Ω	接地电阻测量仪
△火灾探测器灵敏度	可靠探测火灾，不漏报、不误报，并将探测数据传送到火灾控制器和上端计算机	模拟测试
△火灾报警器灵敏度	按下报警器时，触发警报器，并把信号传送到火灾控制器和上端计算机	模拟测试
△消火栓的功能	打开阀门后在规定的时间内达到规定的射程	模拟测试 1 次

续表

检查项目	技术要求	检查方法
其他灭火器材的功能	按使用说明书	抽测1个
火灾探测器与自动灭火设施的联合测试	符合设计要求	模拟测试1次,或查施工记录、历史记录

(11) 本地控制器

按《公路工程质量检验评定标准 第二册 机电工程》JTG F80/2—2004 的规定,本地控制器实测项目,见表7-71。

本地控制器实测项目 表7-71

检查项目	技术要求	检查方法
基础尺寸	符合设计要求	用量尺测量
安装水平度、竖直度	水平:≤3mm/m 垂直:≤5mm/m	铅锤、直尺或全站仪
△机箱、锚具和地脚的防腐涂层厚度	符合设计要求	用量具或涂层测厚仪测量
△强电端子对机壳绝缘电阻	≥50MΩ	500V 兆欧表测量
△安全保护接地电阻	≤4Ω	接地电阻测量仪
△防雷接地电阻	≤10Ω	接地电阻测量仪
△数据传输性能	48h 观察时间内失步现象不大于1次或24h BER≤10^{-8}	数据传输测试仪
△与计算机通信功能	按设计周期与中心计算机通信	实际操作
△对所辖区域内下端设备控制功能	按设计周期或中心控制采集、处理、计算各下端设备的数据	实际操作
△本地控制功能	中心计算机或通信链路故障时,具有独立控制功能	实际操作
断电时恢复功能	加电或系统重启后可自动运行原预设控制方案	实际操作

(12) 隧道监控中心设备及软件

按《公路工程质量检验评定标准 第二册 机电工程》JTG F80/2—2004 的规定,隧道监控中心设备及软件实测项目,见表7-72。

隧道监控中心设备及软件实测项目 表7-72

检查项目	技术要求	检查方法
△系统设备安装联接的可靠性	系统设备安装联接应可靠,经振动试验后系统无告警、错误动作	橡皮锤轻轻敲击设备基架和服务器主机的配线背板15min
接地连接的可靠性	工作地、安全地、防雷地按规范要求分别连接到汇流排上	用万用表测量,目测检查
△联合接地电阻	≤4Ω	接地电阻测量仪测量

续表

检查项目	技术要求	检查方法
强电端子对机壳绝缘电阻	≥50MΩ	500V兆欧表抽测人易触摸到的带电金属壳体设备
与本地控制器的通信功能	定时或实时轮询各本地控制器的数据,收集信息或发送执行命令	实际操作
与监控中心计算机通信功能	与监控中心传输规定的数据,传输准确	实际操作
服务器功能	主要完成网管、数据备份、资源共享。其他设计规定的内容	实际操作
中央管理计算机功能	协调和管理其他计算机。其他设计规定的内容	实际操作
交通控制计算机功能	接收下端车辆检测器传来的信息,作出执行控制方案。其他设计规定的内容	实际操作或模拟操作
通风照明计算机功能	接收下端环境检测器传来的信息,作出执行控制方案。其他设计规定的内容	实际操作或模拟操作
火灾报警控制计算机功能	接收下端火灾报警控制器传来的信息,作出执行控制方案。其他设计规定的内容	实际操作或模拟操作
图像控制计算机的功能	对各CCTV图像切换、控制,在大屏幕上显示。其他设计规定的内容	实际操作
紧急电话控制台功能	完成对下端分机呼叫的应答。其他设计规定的内容	实际操作
大屏幕的安装质量和功能	符合设计要求	目测和实际操作
地图板的安装质量和功能	符合设计要求	目测和实际操作
△报表统计管理及打印功能	中心计算机系统可打印规定的各种报表	实际操作
双机热备份功能	当主机宕机时,从机能够自动接管,保证业务的连续性和正确性,切换时间符合要求	模拟操作
数据完整性测试	系统崩溃或电源故障,重新启动时,系统能自动引导至正常工作状态,并执行原控制方案,不丢失历史数据	模拟操作或查历史记录

(13) 隧道监控中心计算机网络的实测项目,见表7-47。

(14) 低压供配电的实测项目,见表7-63和表7-64。

7.3.2 试验检测方法

7.3.2.1 实验室检测(送样检测)

1. 监控设施

监控设施产品主要包括有:环形线圈车辆检测器;能见度检测器;埋入式路面状况检测器;高速公路LED可变信息标志;道路交通信号灯及地图板等。

(1) 环形线圈车辆检测器产品的检测方法

依据《环形线圈车辆检测器》JT/T 455—2001标准,其检测方法如下。

1) 试验仪器设备

试验仪器设备主要有:变频振荡器、电源、线圈模拟器、第一车辆模拟器、第二车辆模拟器、干扰源、计数器、示波器、恒温箱等。

① 环形线圈车辆检测器试验仪器设备布置图如图7-12所示。

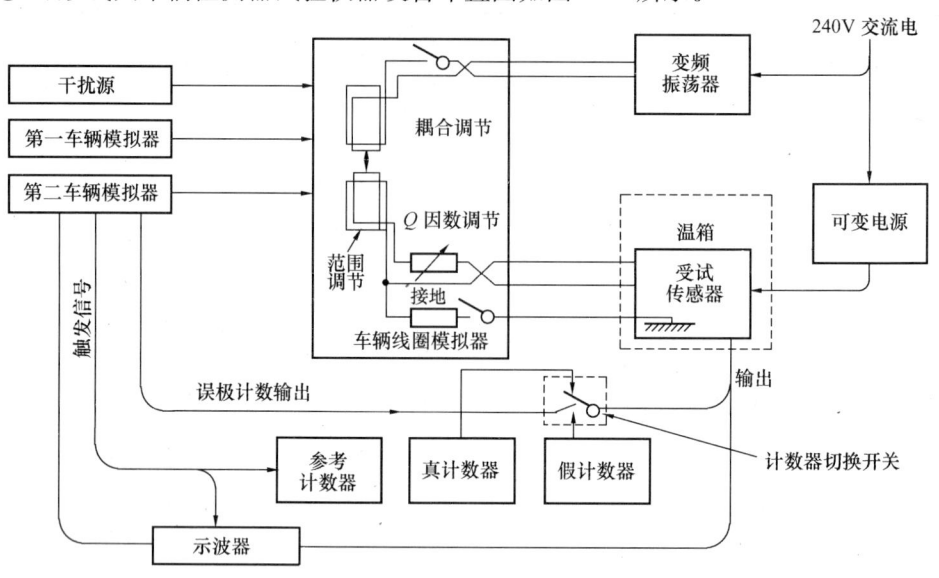

图7-12 试验仪器设备布置图

② 线圈模拟器

提供3个规格的电感值模拟检测线圈的电感变化，其电感值和Q值的变化范围如下：

测试线圈L_1电感变化范围$70×(1±2\%)\mu H$　　　Q因数$5×(1±2\%)$；

测试线圈L_2电感变化范围$150×(1±2\%)\mu H$　　Q因数$50×(1±2\%)$；

测试线圈L_3电感变化范围$700×(1±2\%)\mu H$　　Q因数$5×(1±2\%)$。

2) 校准与预调节

在进行任何测试前，检测器应根据生产商的推荐值进行校准与设置。

3) 电源测试

① 交流电源瞬态过程测试

瞬态测试表及测试电路图，见表7-73及图7-13。

瞬态测试表　　　　　　　　　表7-73

测试号	开关位置选择	极性选择	测试输入
1	1	正	D-H
2	2	正	E-H
3	3	正	D-E
4	4	正	E-D
5	1	负	D-H
6	2	负	E-H
7	3	负	D-E
8	4	负	E-D

② 直流电源瞬态过程测试

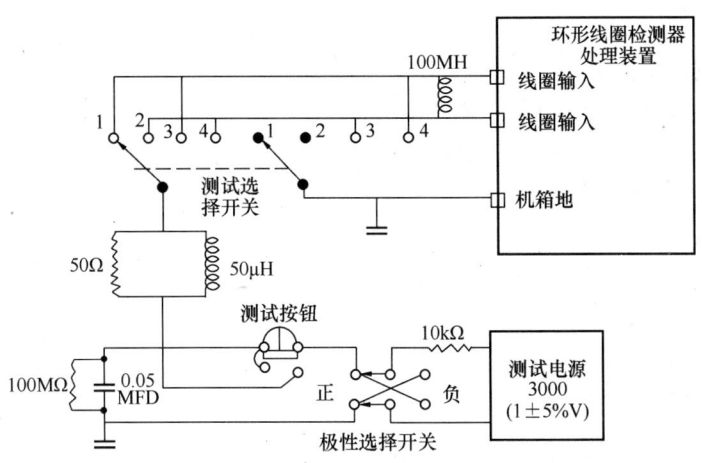

图 7-13 瞬态测试电路图

检测器直流供电下瞬态过程测试电路图，如图 7-14 所示。

输入直流电压应为 24±2.5V，当电源极性相反时，发光二极管极性应颠倒。

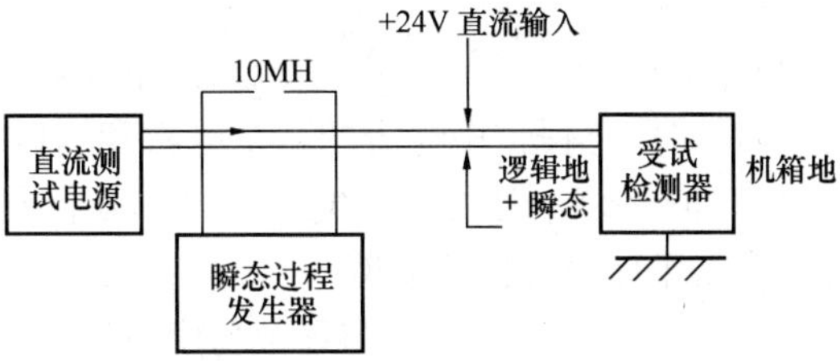

4) 环形线圈/馈线电缆的电气特性测试

① 线圈电感和 Q 值范围的测试

主要步骤如下：

(a) 把测试线圈 L_1 连接到待测检测器；

(b) 提供 3 次脉冲序列 TR12，总共 12 个脉冲；

图 7-14 检测器直流供电下瞬态过程测试电路图

(c) 用测试线圈 L_2 和 L_3 重复步骤（a），(b)。

② 线圈对地电阻测试

采用摇表或其他方法测量线圈对地的电阻。

③ 最小/最大激励测试与计数精度测试

主要步骤如下：

(a) 将检测器连到测试线圈 L_1；

(b) 连续 5min 使用脉冲列 TR1；

(c) 应用脉冲列 TR2 与 TR12 重复步骤；

(d) 使用测试线圈 L_2 和 L_3 重复步骤(a)~(c)。

④ 开启时间与关断时间的测试

主要步骤如下：

(a) 将检测器连到测试线圈 L_1；

(b) 仅用一次脉冲列 TR1；

(c) 使用示波器，测量开启时间与关断时间；

(d) 用线圈 L_2 和 L_3 重复步骤(a)~(c)。

⑤ 存在时间与瘫痪时间的测试

主要步骤如下：
(a) 连接测试线圈 L_1；
(b) 在测试期间连续使用脉冲列 TR8；
(c) 1min 后连续应用第二车辆输入持续 1min；
(d) 用线圈 L_2 和 L_3 重复步骤(a)～(c)。
⑥ 灵敏度测试
不同的灵敏度状态下，测量检测器的计数和测速精度。
⑦ 自动偏差补偿
主要步骤如下：
(a) 线圈按规定的变化率变化；
(b) 线圈以规定的品质因数连续变化；
(c) 重复最小/最大激励测试与计数精度测试的步骤连续 3 次。
⑧ 串扰测试
在检测器的输入端与大地之间串接一个 20kΩ 的电阻。
⑨ 浪涌保护测试
对下面两种情况，按最小/最大激励测试与计数精度测试的步骤，重复 1 次。
(a) 将漏电保护中规定的一个电阻和测试线圈的一边与检测器的机架相连；
(b) 同（a），但用测试线圈的另一端来连接。
⑩ 工作环境变化的测试
按最小/最大激励测试与计数精度测试的步骤重复 3 次，同时在每种情况下还应附加下列条件：
(a) 第 1 次测试中，50Hz 电源应在规定的范围内连续变化，如以每分钟改变 10V（AC）的速度从低限到高限再返回，重复 1 次；
(b) 测试应该在周围温湿度保持在规定的极限值的条件下重复一次；
(c) 在规定的工作温度与湿度范围内，按温度变化 15℃/h 重复一次。
(2) 能见度检测器产品的检测方法
依据《道路交通气象环境 能见度检测器》JT/T 714—2008 标准，其检测方法如下：
1) 试验条件
按照《军用气象装备定型试验方法 第 6 部分：环境适应性》GJB 6556.6—2008 的要求执行。计算机应配备专门的测试软件，通信协议应符合《高速公路监控设施通信规程 第 1 部分：通用规程》JT/T 606.1—2004。
2) 功能检测
① 大气能见度连续监测
能见度检测器输出信号通过通信接口或经信道适配控制器，传给计算机进行实际检查，连续记录 12h，观察数据的变化。
② 自身电源、光辐射能量、机内温度等监测
由计算机通过通信接口直接读取有关自身电源、光辐射能量、机内温度等数据进行测量。
③ 历史数据保存时间测试
保存周期中应经过 3～5 个开关机过程及 3～5 个意外断电再启动过程，所存数据应无

丢失和混乱现象。

3）技术指标测试

① 外观

目测检查，应符合产品标准《道路交通气象环境 能见度检测器》JT/T 714—2008 中外观的技术要求。

② 能见度值

用专用校准装置对能见度仪进行校验。将能见度检测器安装在室外开阔的场地，测量能见度，与其他能见度检测器和人工观测比较，结果应符合表 7-2 的要求。

③ 连续工作时间

连续工作时间 120h，连续工作时间内设备应工作正常。

4）环境试验

① 高温

按《军用气象装备定型试验方法 第 6 部分：环境适应性》GJB 6556.6—2008 中的试验方法进行，产品应符合标准《道路交通气象环境 能见度检测器》JT/T 714—2008 中环境要求。

② 低温

按《军用气象装备定型试验方法 第 6 部分：环境适应性》GJB 6556.6—2008 中的试验方法进行，产品应符合标准《道路交通气象环境 能见度检测器》JT/T 714—2008 中环境要求。

③ 恒定湿热

按《军用气象装备定型试验方法 第 6 部分：环境适应性》GJB 6556.6—2008 中的试验方法进行，产品应符合标准《道路交通气象环境 能见度检测器》JT/T 714—2008 中环境要求。

④ 电源

交流 220V（或直流 12V、24V）供电时，将输入能见度检测器的电源电压分别降至正负偏差极端值时，检查产品性能应符合标准《道路交通气象环境 能见度检测器》JT/T 714—2008 中交流供电的技术要求。

直流 12V 或 24V 供电时，将输入能见度检测器的电源电压分别降至正负偏差极端值时，检查产品性能应符合标准《道路交通气象环境 能见度检测器》JT/T 714—2008 中直流供电的技术要求。

5）电磁兼容

① 静电放电抗扰度

按《电磁兼容 试验和测量技术 静电放电抗扰度试验》GB/T 17626.2—2006 规定的试验方法进行试验，产品应符合标准《道路交通气象环境 能见度检测器》JT/T 714—2008 中的静电放电抗扰度的规定。

② 浪涌（冲击）抗扰度

按《电磁兼容 试验和测量技术 浪涌（冲击）抗扰度试验》GB/T 17626.5—2008 规定的试验方法进行试验，产品应符合标准《道路交通气象环境 能见度检测器》JT/T

714—2008 中的浪涌（冲击）抗扰度的规定。

③ 射频电磁场辐射抗扰度

按《电磁兼容 试验和测量技术 射频电磁场辐射抗扰度试验》GB/T 17626.3—2006 规定的试验方法进行试验，产品应符合标准《道路交通气象环境 能见度检测器》JT/T 714—2008 中的射频电磁场辐射抗扰度的规定。

6）杂光兼容性

在大气环境相对稳定且能见度低于 4km 的条件下进行该项试验。在无杂光照射状态下，用亮度不大于 6000cd/m² 的白炽光源进行连续照射，记录 5min 内的每分钟能见度值，计算每分钟信号值的平均值和相对偏差，相对偏差应不大于 10%。

7）安全性

① 绝缘电阻

用 500V 精度 1.0 级的兆欧表检查电源引入端子与机壳间的绝缘电阻。

② 抗电强度

用耐电压测试仪检测器检查电源引入端子与机壳间的耐电压强度。

8）可靠性和维修性

① 可靠性

可靠性试验按照《设备可靠性试验 总要求》GB 5080.1—1986 中的相关条款执行。

② 维修性

维修性在可靠性试验中进行统计，必要时可采用人为制造故障的方法进行试验。

(3) 埋入式路面状况检测器产品的检测方法

依据《道路交通气象环境 埋入式路面状况检测器》JT/T 715—2008 标准，其检测方法如下：

1）校准与预调节

在进行任何测试前，应根据生产商的推荐值进行校准与设置。

2）电源测试

① 交流电源瞬态过程测试

瞬态测试表及测试电路图，见表 7-73 及图 7-15。

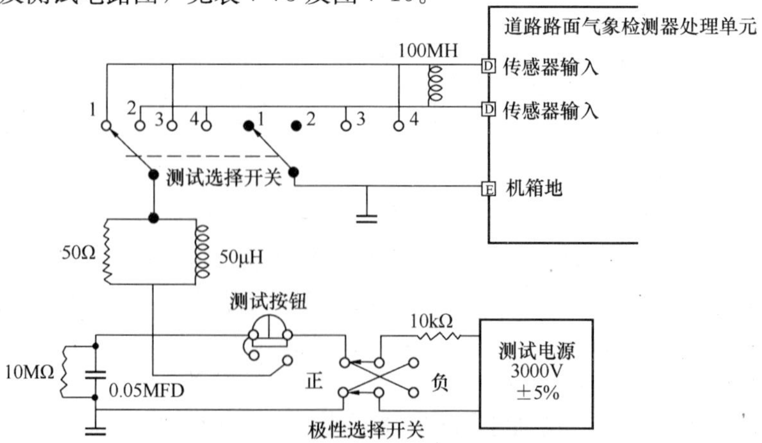

图 7-15 瞬态测试电路图

② 直流电源瞬态过程测试

检测器对直流供电下瞬态过程测试电路图，如图 7-16。

输入直流电压应为 24±2.5V，当电源极性相反时，发光二极管极性应颠倒。

3) 传感器各项技术指标测试

① 路面覆盖物测试

测试步骤：

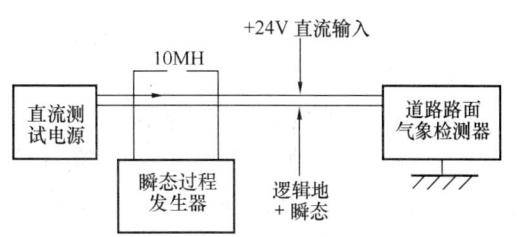

图 7-16　检测器对直流供电条件下瞬态过程测试电路图

(a) 将雪覆盖到传感器上，检测器的输出结果为路面积雪；

(b) 将新冰覆盖到传感器上，检测器的输出结果为路面覆冰，并可以给出冰层厚度；

(c) 将新冰多次重度碾压，并重新结成黑冰，覆盖到传感器上，检测器的输出结果为路面黑冰；

(d) 将传感器放入 70% 饱和水汽压的密闭容器中，放入可控温箱，降至 −10℃，检测器的输出结果为凝霜。

② 干湿状态测试

测试步骤：

(a) 测试干燥状态下的传感器，检测器的输出结果为路面干燥；

(b) 用滴管滴一滴水到传感器上，用水膜厚度测试仪检测水膜厚度；

(c) 读取检测器的输出结果，以及水层厚度的数据；

(d) 重复执行步骤 (b) 和 (c)，连续执行 10 次。

③ 除冰剂测试

测试步骤：

(a) 将雪覆盖在传感器上，洒上除冰剂，并轻轻碾压，至雪大部分融化，检测器的输出为路面潮湿且有除冰剂，并可以给出除冰剂浓度；

(b) 待传感器看不到明水时，再次测试，检测器的输出为路面微湿且有除冰剂，并可以给出除冰剂浓度。

④ 冰点测试

测试步骤：

(a) 将传感器放在可控温箱内；

(b) 将雪覆盖在传感器上，洒上除冰剂，并轻轻碾压，至雪大部分融化，检测器的输出为路面潮湿且有除冰剂；

(c) 调节温箱温度，待融雪结冰时，记录温箱温度；

(d) 读取检测器输出的冰点温度；

(e) 重复步骤 (b)~(d)，共测试 5 次。

⑤ 温度测试

测试步骤：

(a) 将传感器放在可控温箱内；

(b) 在量程范围内，设置 5 组温度值；

(c) 读取检测输出的路面温度和路面下温度值。

⑥ 开机稳定时间/无故障连续工作时间测试

测试步骤：

(a) 将传感器接上数据接收设备；

(b) 测量从启动传感器开始进行检测到接收到稳定准确的测量数据的时间间隔；

(c) 重复测量上述稳定时间，共测量 5 次；

(d) 无故障连续工作时间可与上述仪器性能试验同时进行；

(e) 开机稳定后，保持检测器连续工作 120h。

⑦ 输出/输出周期测试

测试步骤：

(a) 根据检测器输出接口，选择相应的数据接收接口设备进行测试；

(b) 分别设定检测器的数据输出周期间隔：1min、2min、5min、1h。

⑧ 对干扰的灵敏度测试

将检测器的接口板置于控制器机柜内任意 3 个不同位置。

⑨ 串扰测试

在检测器的输入端与大地之间串接一个 20kΩ 的电阻。

⑩ 浪涌保护测试

按《电磁兼容 试验和测量技术 浪涌（冲击）抗扰度试验》GB/T 17626.5—2008 规定的试验方法进行试验，产品应符合浪涌保护测试规定。

⑪ 对工作环境变化的测试

测试步骤：

(a) 交流电源测试：测试中 50Hz 电源应在规定的范围内连续变化，如以每分钟改变 10V 的速度从低限到高限再返回，重复一次；

(b) 直流电源测试：以每分钟改变 0.5V 的速度从低限到高限再返回，重复一次；

(c) 在规定的工作温度与湿度范围内，按温度变化 15℃/h 重复一次。

⑫ 抗交通重压的测试

将传感器平放于压力试验机平台上（压力头面积大于试验传感器受压面的面积），传感器上覆盖 8～15mm 厚的软橡胶片，逐步加载，加载速度为 20～30kN/min，传感器加载至 160kN，检查试验后的样品，应符合标准中对于传感器抗压荷载的规定。

(4) 高速公路 LED 可变标志产品的检测方法

LED 可变信息标志、可变限速标志、车道控制器的检测项目和方法是相似的。以项目最多的 LED 可变信息标志的检测方法如下：

1) 试验条件及测试结果的处理

①对发光二极管的光电性能试验条件如下：

(a) 环境温度：(25±1)℃

(b) 相对湿度：(50±5)%。

② 对于其他项目，除特殊规定外，一般试验条件如下：

(a) 环境温度：+15～+35℃；

(b) 相对湿度：35%～75%；

(c) 大气压力：85～106kPa。

③ 测试结果的处理

除特殊规定外,一般对可重复的客观测试项目进行 3 次测试,取算术平均值为测试结果,根据需方要求,可给出测试结果的不确定度。对于主观测试项目,测试人员应不少于 3 人,测试结果分为合格、不合格两级。

2) 外观检验

主观评定项目用目测和手感法,涉及涂层厚度等客观指标的按《高速公路交通工程钢构件防腐技术条件》GB/T 18226—2000 规定执行。

3) 材料检验

① 主要核查原材料的材质证明单是否齐全有效,必要时可对原材料的主要性能指标(如物理力学性能)进行检验。

② 发光二极管和发光像素的发光强度、半强角,可按图 7-17 所示原理进行测试,张角 γ 不大于 $12'$,像素的观测距离 d 不小于 1m,单粒发光二极管的观测距离 d 不小于 0.3m,光探测器精度误差应小于 5%;也可用 LED 综合测试仪进行测试,综合测试仪应溯源到国家基准并经法定计量检定部门检定合格,其精度误差应小于 5%。

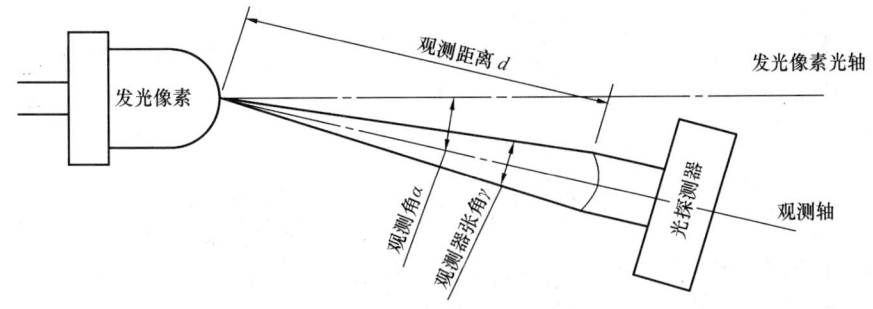

图 7-17 发光强度测试原理图

③ 对于像素失效率和整体设备平均无故障时间 MTBF,采用序贯试验方案 4∶2,按《设备可靠性试验 恒定失效率假设下的失效率与平均无故障时间的验证试验方案》GB/T 5080.7—1986 的规定进行。

4) 结构尺寸

① 标志产品的结构尺寸,用分辨力 0.5mm、精度 A 级的钢板尺和卷尺,分辨力 0.02mm、精度 0.02mm 的游标卡尺进行测量。

② 标志字符和图形图案与《道路交通标志和标线 第 2 部分:道路交通标志》GB 5768.2—2009 的符合性,用目测法。

③ 字模的检测可按《信息技术 汉字字型要求和检测方法》GB/T 11460—2009 的规定进行。

④ 设计亮度,按照材料试验方法得到单粒 LED 在额定电流时的法向发光强度,依据式 (7-4) 计算设计亮度。

$$L_a = \frac{\sum_{k=1}^{n} i_k}{S} \tag{7-4}$$

式中 L_a ——设计亮度 (cd/m²);

n——测量区域内单粒 LED 的数量；

i_k——单粒 LED 在额定电流时的法向发光强度（cd）；

S——测量区域的有效面积（m^2）。

5）产品结构稳定性试验

① 一般规定

条件许可时，应用风洞模拟 40m/s 的风速，对标志产品进行结构稳定性试验。无风洞试验条件时，用沙袋进行模拟试验。

② 沙袋试验方法

（a）将标志板显示面向下水平安装在支撑臂上，稳定 10min，用标准规定的量具对标志的结构尺寸进行测量；

（b）把沙袋均匀地加在标志板背面上，沙袋对标志背面投影面产生的正压力为 1.5kN/m^2，加载完毕后，持续 10min 卸去沙袋，立即对受试标志进行测量；

（c）将标志板显示面向上水平安装在支撑臂上，稳定 10min，用标准规定的量具对标志的结构尺寸进行测量；

（d）把沙袋均匀地加在标志板背面上，沙袋对标志背面投影面产生的正压力为 1.5kN/m^2，加载完毕后，持续 10min 卸去沙袋，立即对受试标志进行测量。

6）色度性能

① 标志的外壳、发光像素不发光时的颜色为主观评定项目，用目测法。

② 对于发光像素发光时颜色的测量按《照明光源颜色的测量方法》GB/T 7922—2008 用光谱辐射法测得，也可在暗室中用色测量仪器直接读取色品坐标，当读取整个版面的色品坐标时观测距离应不小于 30m，测量仪视场角的覆盖范围应不小于显示屏的 80%，但不应超出显示屏的有效范围。将测试结果表示在标准的色品图上看其是否在规定的界限内。标准规定在边界点上的测量结果也应判为合格。

③ 显示屏基底色测量方法：关闭被测标志电源，用 D65 光源、45/0 观测条件的色差计直接读取显示屏基底的色品坐标和亮度因数，取 5 个点的算数平均值为测量结果。

7）视认性能

《高速公路 LED 可变信息标志》GB/T 23828—2009 规定的视认性能是对标志整体产品而言的，以主观评定为主。

8）电气安全性能

① 绝缘电阻：用精度 1.0 级的兆欧表在电源接线端子与机壳之间施加 500V 直流电压 1min 后读取测量结果。

② 电气强度：用精度 1.0 级的耐电压测试仪在接线端子与机壳之间测量。

③ 连接电阻：用精度 0.5 级、分辨力 0.01Ω 的电阻表在机壳顶部金属部位与安全保护接地端子之间测量。

④ 电压波动适应性：用自耦变压器或可调交流电源给标志供电，测试电压分别为 180V→200V→220V→240V→255V→230V→210V→180V。每调整到一档电压并稳定后，分别开启和关闭标志电源开关，检查逻辑和功能是否正常。

⑤ 频率波动适应性：用可调频交流电源给标志供电，电源电压为交流 220V，测试频率分别为 48Hz→49Hz→50Hz→51Hz→52Hz。每调整到一档并稳定后，分别开启和关闭

标志电源开关，检查逻辑和功能是否正常。

⑥ 标志产品的防雨、防尘及安全防护，按《外壳防护等级（IP 代码）》GB 4208—2008 的试验方法进行。

9）通信接口与规程

通信接口与规程的测试方法为主观评定和客观测试两部分，客观测试按《高速公路监控设施 通信规程 第 1 部分：通用规程》JT/T 606.1—2004 和《高速公路监控设施 通信规程 第 3 部分：LED 可变信息标志》JT/T 606.3—2004 逐项验证；主观评定方法是在把可变信息标志连接到系统中后，评定该产品与系统的通信情况，可用 24h 通信失败次数来评价产品的通信性能。

10）环境适应性能

① 耐低温性能试验方法。

按《电工电子产品环境试验 第 2 部分：试验方法 试验 A：低温》GB/T 2423.1—2008 规定进行。

② 耐高温性能试验方法

按《电工电子产品环境试验 第 2 部分：试验方法 试验 B：高温》GB/T 2423.2—2008 规定进行。

③ 耐湿热性能试验方法

按《电工电子产品环境试验 第 2 部分：试验方法 试验 Cab：恒定湿热方法》GB/T2423.3—2006 规定进行。

④ 耐温度交变性能试验方法

按《电工电子产品环境试验 第 2 部分：试验方法 试验 N：温度变化》GB/T 2423.22—2002 的规定进行。

⑤ 耐机械振动性能试验方法

按《电工电子产品环境试验 第 2 部分：试验方法 试验 Fc：振动（正弦）》GB/T 2423.10—2008 规定进行。

⑥ 耐盐雾腐蚀性能试验方法

按《电工电子产品环境试验 第 2 部分：试验方法 试验 Ka：盐雾》GB/T 2423.17—2008 规定进行。

⑦ 耐候性能试验

按《塑料实验室光源暴露试验方法 第 2 部分：氙弧灯》GB/T 16422.2—1999 规定进行。

11）可靠性试验

采用序贯试验方案 4：2，按《设备可靠性试验 恒定失效率假设下的失效率与平均无故障时间的验证试验方案》GB/T 5080.7—1986 的规定进行。

12）功能测试

显示内容、手动功能、自动功能、自检功能为主观评定项目，按功能要求的内容逐项验证。亮度调节功能应模拟环境光的照度，逐级验证调光功能。对于夜间亮度，控制显示屏所有像素显示单一颜色，使用亮度计在距离标志 100m 处，沿标志法线方向读取标志发光屏或显示模组的上中下 5 个点，取算数平均值为测量结果。

(5) 道路交通信号灯（简称信号灯）产品的检测方法

依据《道路交通信号灯》GB 14887—2011 标准，其检测方法如下：

1) 试验环境要求

无特别说明时，应在温度为 23±5℃、相对湿度不大于 75% 的环境中进行试验。

2) 通用要求检查

① 外观检查

目视检查信号灯发光单元、壳体、遮掩的外观。

② 图案检查

信号灯在额定电压下工作，检查信号灯发光图案的形状、构成方式、光源排列情况等，并在距离信号灯 10m 位置检查信号灯发光均匀性。

③ 尺寸与角度测量

采用量具测量信号灯出光面尺寸、发光单元中心距离，必要时采用亮度计确定出光面边缘（确定发光边缘时亮度计取样点直径应不大于 $\phi 2mm$），测量遮掩长度并计算遮掩侧夹角的角度。

3) 光学性能试验

① 试验暗室、装置及设备

进行光学性能测试的暗室、装置及设备应符合以下要求：

(a) 试验暗室应无漏光，其环境条件应不影响光束的透射性能和仪器精确度；

(b) 配光测试应采用交流稳压电源，电气仪表准确度不低于 0.2 级，照度计和亮度计应为国家检定规程中规定的一级照度计（其示值误差不超过±4%）和一级亮度计（其示值误差不超过±5%）；

(c) 测量仪器的受光面直径对试样的基准中心的张角介于 $10'\sim 1°$ 之间；

(d) 转角装置应保证测量时的实际测量位置与规定位置的偏差不超过 $±15'$。

② 发光强度测量

信号灯发光强度测量应符合以下要求：

(a) 发光强度测量距离为 10m；

(b) 测量时为独立发光单元，不安装遮沿和信号灯壳体；

(c) 试样在额定电压下工作，待试样发光趋于稳定后，测量光学性能中规定各方向上的发光强度。

③ 亮度测量

信号灯亮度测量应符合以下要求：

(a) 测量时为独立发光单元，不安装遮沿和壳体；

(b) 测量距离应不小于 4m；

(c) 测量时亮度计在信号灯发光面上的取样圆形黑斑直径为 20mm；

(d) 试样在额定电压下工作，待试样发光趋于稳定后，均匀选取 4 个测量点，测量光学性能有图案信号灯亮度中规定的各方向上的亮度。

4) 幻像试验

如图 7-18 所示，采用 CIE 模拟 A 光源，该光源可照亮信号灯面罩，其产生照度 $E=40000lx$，照度均匀性为 10%。如果 A 光源产生照度 E 达不到 40000lx，则测出低照度 E_1

下幻像 I（phl）后可计算出幻像值

$$I(ph) = I(ph_1)(40000/E_1) \tag{7-5}$$

A 光源的光轴与信号灯基准轴处于同一垂面，夹角 10°，模拟从信号灯上方发光。A 光源开启，信号灯光源关闭，测量出幻像的发光强度 I（ph）；A 光源关闭，信号灯光源开启，测量出信号灯实际的发光强度 I（s）。

测试幻像信号时，为避免面罩表面的镜面反射，可在面罩表面覆盖 1 个圆形的黑色不反光物体，该物体直径为 30mm（200mm 规格信号灯）、45mm（300mm 规格信号灯）和 50mm（400mm 规格信号灯）。

为保证测量准确性，推荐其他测量的几何条件如下：

① 测量距离 10m；

② 探测器对信号灯中心张角 10′，在 10m 地方相当于探测器有效受光面积直径为 2.9cm；

③ A 光源对信号灯中心张角 10′，在 10m 地方相当于 A 光源有效光出射孔径为 2.9cm。

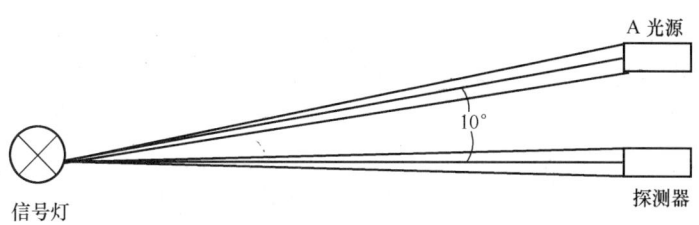

图 7-18　幻像测试示意图

5）色度试验

按《灯光信号颜色》GB/T 8417—2003 规定方法分别测定信号灯光色坐标（x_s，y_s）和幻像色坐标（x_{ph}，y_{ph}），并按式（7-6）、式（7-7）计算（x_{s+ph}，y_{s+ph}）。

$$x_{s+ph} = \frac{I_s \times y_s^{-1} \times x_s + I_{ph} \times y_{ph}^{-1} \times x_{ph}}{I_s \times y_s^{-1} + I_{ph} \times y_{ph}^{-1}} \tag{7-6}$$

$$y_{s+ph} = \frac{I_s + I_{ph}}{I_s \times y_s^{-1} + I_{ph} \times y_{ph}^{-1}} \tag{7-7}$$

6）功率及功率因数试验

采用稳压电源为信号灯发光单元提供额定工作电压，使用电压精度为 0.1V、电流精度为 0.001A、功率因数精度为 0.001 的功率测量仪器测量信号灯发光单元的功率及功率因数。

7）电源适配器试验

① 绝缘电阻与介电强度试验

绝缘电阻测试仪精度为 1MΩ，介电强度测试仪器精度为交流 1V。

在两个测试点之间，施加约 500V 的直流电压，保持 1min 后测定信号灯的绝缘电阻；在电源适配器输入端和输出端之间，施加交流 1500V、50Hz 的试验电压，试验电压应在 5～10s 内逐渐增至交流 1440V，持续时间为 1min。

② 关断电压试验

采用交流稳压电源以 90V 有效值为信号灯发光单元供电，目测检查发光单元的光信号输出。

③ 接地检查

目视检查电源适配器的接地情况。

8) 启动瞬间电流试验

将信号灯连接供电电源和电流测量仪器，在额定工作电压下启动信号灯，测试其启动瞬间的峰值电流。

9) 电源适应性试验

① 电源调压试验

将信号灯发光单元连接到可调压电源，可调压电源输出电压频率保持在 50Hz，输出电压在交流 220V±20% 范围内调整，检查信号灯发光单元的工作状态，并分别测试交流 264±1V、220±1V 和 176±1V 时发光单元基准轴上的发光强度。

② 电源调频试验

将信号灯发光单元连接到可调频电源，可调频电源输出电压保持在交流 220V，输出电压频率在 50±2Hz 范围内调整，检查信号灯发光单元的工作状态，并分别测试 48±0.5Hz、50±0.5Hz 和 52±0.5Hz 时发光单元基准轴上发光强度。

10) 启动/关闭响应时间试验

以额定电压为发光二极管（LED）信号灯供电，开启信号灯，用双信道示波器和光探测器分别测量发光单元输入端的电信号和发光二极管（LED）的光信号，记录启动时间。

信号灯在额定电压下正常工作 30min 后，关闭供电电源，用双信道示波器和光探测器分别测量信号灯输入端的电信号和发光二极管（LED）的光信号，记录关闭时间。

11) 夜间降光功能测试

以交流 220V 电压为信号灯供电使其正常发光 1min，然后以调幅或调相方式降低信号灯供电电源电压，在 100~150V 电压有效值范围内，按本款第 3) 项的规定测量基准轴上的发光强度（亮度），至少测试 4 个不同电压值下的发光强度（亮度）。

12) 发光二极管（LED）失效检测功能试验

以额定工作电压或夜间降光时工作电压给信号灯发光单元供电，30min 后分别随机熄灭每种颜色发光单元中 50% 的发光二极管（LED），检查信号灯的工作状态，并测试信号灯完全熄灭后电源线两端的电阻值。

13) 盲人过街声响提示装置功能试验

用数字存储示波器、频谱分析仪、声级计测量盲人过街声响提示装置的波形、声响频率、周期、声压级。

14) 外壳防护等级试验

① 防尘试验

试验在粉尘试验箱内进行，箱内气流使滑石粉保持悬浮状态，每立方米空间内应含滑石粉 2kg，滑石粉的粒径最小为 1~75μm，其中至少有 50%（质量）的粒径 小于 5μm。不得用使用过 20 次以上的滑石粉来试验。信号灯挂在粉尘箱外面，在额定电压下工作 1h，然后将正在工作的信号灯以最小的扰动放到粉尘箱内，接着启动风扇或风机，使滑石粉悬浮，1min 后关闭信号灯电源，在滑石粉保持悬浮状态下冷却信号灯 3h。试验后目视检查试样，并进行介电强度试验。

② 防水试验

使用淋水试验装置进行防水试验，半圆形管的半径要尽可能小，并与信号灯的尺寸和位置相适应，管子上的喷水孔应使水直接喷向圆的中心，装置入口处的水压约为 80kPa，管子应摆动 120°，垂线两侧各 60°，完整摆动一次（2×120°）的时间约 4s，信号灯应安装在管子的旋转轴线以上，使灯具两端都能充分地喷到水。接通信号灯电源，使信号灯处于正常工作状态，且灯具绕其垂直轴旋转，转速为 1r/min，然后用淋水装置向信号灯喷水，10min 后关闭信号灯电源，使灯具自然冷却，同时继续喷水 10min。试验后目视检查试样，并进行介电强度试验。

15）太阳能供电信号灯的性能试验

① 通用要求的试验

按本款第 2）、3）、4）、5）、6）、8）、10）、12）、14）、20）、21）、25）、27）、28）、29）等项规定的方法分别对太阳能供电信号灯进行试验。

② 工作状态试验

设定太阳能供电信号灯信号周期为 60s，其中红灯 32s、黄灯 3s、绿灯 25s，目视观察信号灯工作状态。按本款第 22）、23）、24）（不复测绝缘电阻和介电强度）、26）等项的方法分别对太阳能供电信号灯进行试验，试验中和试验后，目视观察信号灯工作状态。

③ 太阳能电池的匹配性能试验

在 25±5℃的环境中进行测试。对太阳能供电信号灯的蓄电池正常放电，直至其过放电保护控制电路启动；然后对太阳能供电信号灯进行充电，充电试验时间为 8h；接着切断充电电路，使太阳能供电信号灯连续工作 52h；最后测试太阳能供电信号灯基准轴上的发光强度。

④ 耐极性反接试验

在晴朗日间的阳光直射下，将太阳能电池板的正极和负极输出接线反接入电路，持续 1min 后恢复正确连接方式，检查太阳能供电信号灯能否正常工作。

在晴朗日间的阳光直射下，将蓄电池的正极和负极输出接线反接入电路，持续 1min 后恢复正确连接方式，检查太阳能供电信号灯能否正常工作。

⑤ 过充电保护和过放电保护试验

（a）过充电保护试验

将太阳能供电信号灯放置在晴朗日间的阳光下（或采用其他等效方法）充电，在充电电路中串联电流检测，用直流电表测试充电结束时蓄电池电压。

（b）过放电保护试验

采用直流可调电源代替蓄电池对太阳能供电信号灯供电，调节直流电源的输出电压，记录太阳能供电信号灯停止发光时直流电源的输出电压。

⑥ 抗电压波动试验

供电电压在额定电压基础上变化±20%，检查信号灯发光单元的工作状态，并分别测试供电电压为额定工作电压 120%、80%时发光单元基准轴上的发光强度。

⑦ 夜间降光功能试验

信号灯以额定工作电压工作 1min，然后分别调节供电电压有效值至额定工作电压的

70%、60%、50%、40%,观察信号灯工作状态,按本款第3)项规定的方法测量发光单元基准轴上的发光强度或亮度。

⑧ 连续工作时间试验

对太阳能供电信号灯进行充电,至过充电保护装置启动,切断充电电路。设定太阳能供电信号灯信号周期为60s,其中红灯32s、黄灯3s、绿灯25s,连续进行120h试验。试验结束后,检查太阳能供电信号灯的工作状态,并复测基准轴上发光强度。

16) 绝缘电阻测量

绝缘电阻测试仪精度为1MΩ。

在两个测试点之间,施加约500V的直流电压,保持1min后测定信号灯的绝缘电阻。

17) 介电强度试验

介电强度测试仪精度为交流1V。

在两个测试点之间,施加交流1500V、50Hz的试验电压,试验电压应在5~10s内逐渐增至交流1440V,持续时间为1min。

18) 泄漏电流测量

泄漏电流测试设备精度为0.1mA。

将信号灯与泄漏电流测试设备相连接,由泄漏电流测试设备向信号灯供电,测量信号灯的泄漏电流。

19) 防触电保护检查

用目视和必要的工具检查信号灯防触电保护性能。

20) 内部接线检查

用目视和必要的工具检验信号灯内部接线。

21) 壳体安全性检查

① 爬电距离和电气间隙测量

用量具测量信号灯内部爬电距离和电气间隙。

② 电缆入口处防护检查

由目视和必要的手工来检验信号灯电缆入口处的防护。

③ 导线固定架及接线端子检查

目视检查信号灯内导线固定架及接线端子。

④ 接地检查

在不破坏信号灯各组成部分的前提下,由目视和手工检验信号灯上的可触及金属部件与接地接线端子的连接情况,以及接地接线端子的标识情况,并在各金属部件与接地接线端子之间施加空载电压不超过12V、至少为10A的电流,由电流和电压降计算出电阻。

22) 高温试验

高温试验设备应符合《电工电子产品环境试验 第2部分:试验方法 试验B:高温》GB/T 2423.2—2008的要求。

将信号灯以正常工作状态放入高温试验箱,信号灯与试验箱内壁的距离应不小于100mm,然后将信号灯连接信号机并设定信号周期,红、黄、绿发光单元信号依次发光、熄灭,每个信号周期内每种颜色发光时间为1min。开始试验,试验时间共计24h,试验温度80±2℃。试验中观察并记录信号灯的工作状态,试验结束后,取出信号灯,在室温下恢复 2h，然后检查信号灯外观。

23）低温试验

低温试验设备应符合《电工电子产品环境试验 第 2 部分：试验方法 试验 A：低温》GB/T 2423.1—2008 的要求。

试验温度为 $-40\pm3℃$，将信号灯以正常工作状态放入低温试验箱，信号灯与试验箱内壁的距离不应小于 100mm，信号灯先不通电放置 24h，然后以设定信号周期，红、黄、绿发光单元信号依次发光、熄灭，每个信号周期内每种颜色发光时间为 1min，继续试验 24h。试验中观察并记录信号灯工作状态，试验结束后，取出信号灯，在室温下恢复 2h，然后检查信号灯外观。

24）湿热试验

湿热试验设备应符合《电工电子产品环境试验 第 2 部分：试验方法 试验 Cab：恒定湿热方法》GB/T2423.3—2006 的要求。

将信号灯置于 $40\pm1℃$ 温度、93%～97%湿度环境中，信号灯与试验箱内壁的距离不应小于 100mm，将信号灯连接信号机并设定信号周期，红、黄、绿发光单元信号依次发光、熄灭，每个信号周期内每种颜色发光时间为 1min，试验 48h。试验后立即进行绝缘电阻和介电强度测试，并记录试验中及试验后信号灯的工作状态。

25）盐雾试验

盐雾试验设备应符合《电工电子产品环境试验 第 2 部分：试验方法 试验 Ka：盐雾》GB/T 2423.17—2008 的要求。

将信号灯以正常工作位置放入盐雾试验箱内，信号灯与试验箱内壁的距离不应小于 100mm，试验箱温度为 $35\pm2℃$，盐雾溶液质量百分比浓度为 5%±0.1%，盐雾沉降率为 $1.0\sim2.0\text{mL/h}\cdot80\text{cm}^2$，在 96h 内每隔 45min 喷雾 15min。试验后用流水清洗掉信号灯表面的沉积物，再在蒸馏水中漂洗，洗涤水温不应超过 35℃，恢复放置 1h 后检查信号灯外观。

26）振动试验

振动试验设备应符合《电工电子产品环境试验 第 2 部分：试验方法 试验 Fc：振动（正弦）》GB/T 2423.10—2008 的要求。

信号灯在额定电压下以正常工作状态固定在振动台上，对其进行上下、前后、左右方向上的振动，试验条件：频率 10～35Hz、振幅 0.75mm、1 倍频程，循环 20 个周期。观察并记录试验中及试验后信号灯的工作状态

27）强度试验

以额定电压供电，使信号灯连续工作 30min 后，250 ± 0.5g 的钢球从 40cm 的高度自由跌落，落点位于信号灯发光单元中心位置。试验进行一次。

28）风压试验

灯具以正视的最大投影面水平放置，并按照制造厂所推荐的固定附件方法来安装。

用沙袋作为不变的均匀负载加在灯具上 10min，沙袋对灯具的投影面产生的压强为 1.5kN/m^2，然后将灯具在垂直平面内绕安装点旋转 180°，并且重复上述试验。

29）人工气候加速老化试验

试验装置应满足《塑料实验室光源暴露试验方法 第 2 部分：氙弧灯》GB/T

16422.2—1999 的要求。试样经受的辐射强度为 $1000\pm200W/m^2$，辐射强度偏差不超过 $\pm10\%$，黑板温度为 $63\pm3℃$，相对湿度为 $65\%\pm5\%$，喷水周期为 18min/102min（喷水时间/不喷水时间），推荐试验时间 600h。试验后，检查试样，并按本款第 3）、5）项规定测试信号灯基准轴上的发光强度（亮度）和光色坐标。

(6) 地图板产品的检测方法

依据《高速公路监控系统地图板装置》JT/T 601—2004 标准，其检测方法如下：

1) 测试条件

除非另有规定，正常检验大气条件不应超出下列范围：

① 环境温度：$+15\sim+35℃$；

② 湿度：$45\%\sim75\%$；

③ 大气压力：$86\sim108kPa$。

2) 外观检查

用目测法检查屏架、模块、字符、图案等外观。

3) 屏架尺寸测量

用精度为 0.5mm 的卷尺对屏架高度、宽度尺寸进行测量。测量方法按《产品几何量技术规范（GPS）形状和位置公差 检测规定》GB/T 1958—2004 进行。

4) 屏面尺寸测量

① 屏面垂直度测量。从屏顶悬下吊以重锤的铅垂线，靠近屏面，用直尺测量屏面与铅垂线的最大间隙值。

② 屏面平面度测量。用直线度公差值不大于 0.02mm，长 1000mm 直尺检查屏平面，并用塞尺测量平面与直尺间的间隙。

③ 相邻模块平整度测量。用直线度公差值不大于 0.02mm，长为模块边长两倍的直尺检查模块平面，并用塞尺测量平面与直尺间任意方向的间隙。

④ 相邻模块间隙测量。用塞尺测量任意相邻模块间的缝隙。

⑤ 模块外形尺寸测量。用精度为 0.02mm 的卡尺对模块尺寸进行测量。

⑥ 单色模块平面度测量。用不平面度小于 0.02mm，尺寸与模块相同的基准平面检查模块，用塞尺测量模块与基准确性平面间的间隙。

⑦ 多色模块平面度测量。用不平面度小于 0.1mm，尺寸与模块相同的基准平面检查模块，用塞尺测量模块与基准确性平面间的间隙。

5) 阻燃试验

塑料模块的阻燃性能按《塑料 用氧指数法 测定燃烧行为》GB/T 2406 规定进行测试。

6) 功能试验

① 被测试设备主要包括：

(a) 状态模拟显示元件 1 组（每组个数按控制系统结构要求配置）；

(b) 光带显示元件 1 组（16 个）；

(c) 6 位数字显示器 1 个；

(d) 4 位带符号数字显示器 1 个；

(e) 设备工作电源 1 台；

(f) 通信模拟器 1 台。

② 状态模拟显示元件试验

通信模拟器按通信规定向状态模拟显示元件输出各项信息,每个模拟显示元件的显示状态应与设置的状态一致。对驱动器每个状态输出都应进行上述试验。

③ 光带显示元件试验

通信模拟器按通信规定光带模拟显示元件输出各项指令,每组光带的显示状态应与设置的状态一致。

④ 数字显示器试验

通信模拟器按通信规定向某一地址的显示器输出各项指令,相应地址的显示器应与设置的值及状态一致。

⑤ 通信试验

用通信模拟器对模拟设备输出各项指令,其试验结果应符合模拟屏通信规约,模拟设备的反应状态与设置的值及状态一致。

7) 绝缘电阻试验

对被测试设备用相应电压的兆欧表测量绝缘电阻。测试时间不小于 5s。在试验各整机对地绝缘电阻时,应采取相应保护措施,如短接有关电路。

8) 绝缘强度试验

对被测试设备用击穿电压测试仪进行绝缘强度试验。试验电压从零起始,在 5s 内逐渐升到规定值并保持 1min,然后迅速平滑地降到零值。测试完毕断电后应用接地线对被测试品进行安全放电。对额定电压为 60V 以下的半导体器件(光耦器件除外),在整机进行绝缘强度试验时,应采取防护措施,如短接有关电路。

9) 低温、高温、湿热试验

试验方法按《电工电子产品环境试验 第 2 部分:试验方法 试验 A:低温》(GB/T 2423.1—2008、《电工电子产品环境试验 第 2 部分:试验方法 试验 B:高温》GB/T 2423.2—2008、《电工电子产品环境试验 第 2 部分:试验方法 试验 Cab:恒定湿热方法》GB/T 2423.3—2006 进行;对不便进行整机试验的大型产品,根据《电工电子产品环境试验》GB/T 2421 可按设备技术条件中的规定对关键部件进行相对试验。

10) 电源影响试验

在正常试验大气条件下。参数在最大允许偏差范围内变化时(其余各项为额定值)设备应可靠工作,性能及参数符合功能要求。

11) 亮度试验

在发光面上任取 3 点,在额定电压条件下,用亮度计测量点直径为 1.5mm 的圆孔发光亮度,计算出平均亮度值。

12) 抗高频干扰试验

抗高频干扰试验分为共模高频干扰试验和串模高频干扰试验。试验电路分别如图 7-19 和图 7-20 所示。

① 共模高频干扰试验。如图 7-19 所示。

对被测试设备施加额定电压的电源,当对某回路进行干扰试验时,应将电感 L 串入该输入(输出或电源)回路的外回路中。高频干扰波通过电容 C 加于设备被测试回路与

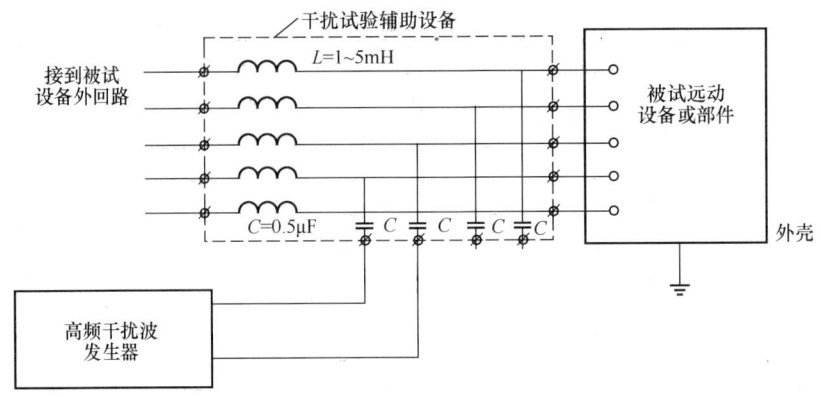

图 7-19 共模高频干扰试验电路

外壳之间,外壳应接地。

② 串模高频干扰试验。如图 7-20 所示。

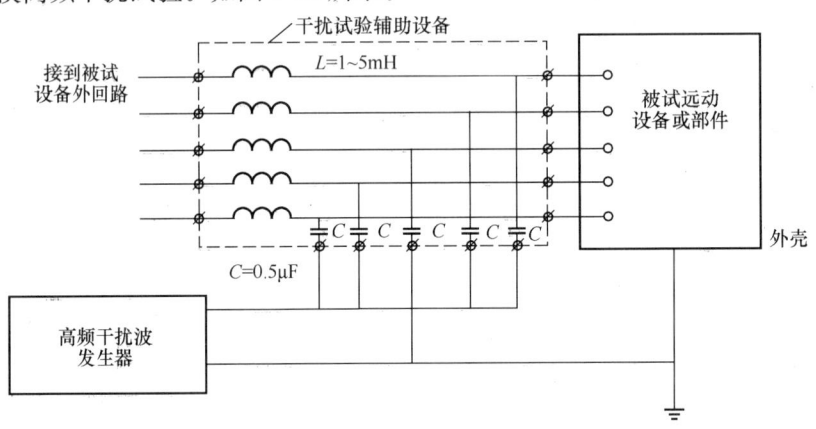

图 7-20 串模高频干扰试验电路

电源、外电路的连接与共模干扰试验相同,不同的是,干扰波加于同一组的两条回路之间。

用高频干扰发生器在被测试设备处于工作状态下进行试验:

(a) 共模干扰试验:将干扰波加在每组输入(或输出)端子与地之间;

(b) 串模干扰试验:将干扰波加在被测试回路端子之间;

(c) 试验时间:2~2.2s。

13) 振动试验

按《电工电子产品环境试验 第 2 部分:试验方法 试验 Fc:振动(正弦)》GB/T 2423.10—2008,在 3 个互相垂直的轴线上依次进行扫频试验,每轴线扫频循环 20 次。

2. 收费设施

收费设施产品主要包括有:入口车道设备(公路收费车道控制机、电动栏杆、手动栏杆、收费专用键盘及 LED 车道控制标志);出口车道设备(汽车号牌视频自动识别系统、公路收费用费额显示器、公路收费用票据打印机);IC 卡发卡编码系统(公路收费非接触式 IC 卡收发卡机)等。

(1) 公路收费车道控制机产品的检测方法

依据《公路收费车道控制机》JT/T 602—2004 标准，其检测方法如下：

1) 试验条件

除特殊规定外，一般试验条件如下：

① 环境温度：+15～+35℃；

② 相对湿度：45%～75%；

③ 大气压力：86～106kPa。

2) 外观质量

用目测和手感法测试外观质量，应符合《公路收费车道控制机》JT/T 602—2004 标准的相关要求。

3) 材料检验

原材料和元器件的材质证明单应齐全有效，必要时可对原材料的主要性能指标（如物理化学性能）进行检验。

4) 功能要求

连接显示器、键盘等计算机外围设备，接通电源打开工控机电源，连接模拟车道设备，运行车道测试软件，车道设备运行应正常，应满足《公路收费车道控制机》JT/T 602—2004 标准相关功能要求。

5) 配置检验

打开车道控制机箱门，核对车道控制机内安装的部件，应符合《公路收费车道控制机》JT/T 602—2004 标准相关配置要求。

6) 电气安全性能

① 绝缘电阻：用精度 1.0 级、500V 的兆欧表在电源接线端子与机壳之间测量。

② 介电强度：用精度 1.0 级的耐电压测试仪在电源接线端子与机壳之间测量。

③ 接触电阻：用精度 0.5 级、分辨力 0.01Ω 的电阻表在机壳顶部金属部位与安全保护接地端子之间测量。

④ 电源适应性试验用自耦变压器或可调交流电源给控制机供电，测试电压分别为 185V→200V→220V→240V→255V→230V→210V→185V。每调整到一档电压并稳定后，都分别开启和关闭控制机电源开关，试验结果逻辑和功能应正常。

⑤ 产品的防水、防尘及安全防护试验，按《外壳防护等级（IP 代码）》GB 4208—2008 的方法进行。

7) 环境适应性能

6 项环境适应性试验方法，分别按《电工电子产品环境试验　第 2 部分：试验方法　试验 A：低温》GB/T 2423.1—2008、《电工电子产品环境试验　第 2 部分：试验方法　试验 B：高温》GB/T 2423.2—2008、《电工电子产品环境试验　第 2 部分：试验方法　试验 Cab：恒定湿热方法》GB/T 2423.3—2006、《电工电子产品环境试验　第 2 部分：试验方法　试验 Fc：振动（正弦）》GB/T 2423.10—2008、《电工电子产品环境试验　第 2 部分：试验方法　试验 Ka：盐雾》GB/T 2423.17—2008 等的规定进行。

8) 测试结果的处理

除特殊规定外，一般对可重复的客观测量项目进行 3 次测试，取算术平均值为测试结果，根据需方要求，可给出标准差和不确定度。对于目测项目，测试人员应不少于 3 人，测试结果分为两级：合格和不合格。

(2) 电动栏杆产品的检测方法

依据《收费栏杆技术条件 第 1 部分：电动栏杆》JT/T 428.1—2000 标准，其检测方法如下：

1) 试验条件

除特殊规定外，一般试验条件如下：

① 环境温度：+15～+35℃；

② 相对湿度：45%～75%；

③ 大气压力：85～106kPa。

2) 测试结果的处理

除特殊规定外，一般对可重复的客观测量项目进行 3 次测试，取算术平均值为测试结果，根据需方要求，可给出标准差和不确定度。对主观测试项目，测试人员应不少于 3 人，测试结果分为两级：合格和不合格。

3) 外观质量

用目测和手感法，为主观评定项目。

4) 外形尺寸

用精度为 0.5mm 的钢卷尺测量。

5) 材料试验

应核查原材料的材质证明单是否齐全有效，必要时可对原材料的主要性能指标（如物理化学性能）进行检验。

6) 电气安全性能

① 绝缘电阻：用精度 1.0 级、500V 的兆欧表在电源接线端子与机壳之间测量。

② 介电强度：用精度 1.0 级的耐电压测试仪在电源接线端子与机壳之间测量。

③ 接触电阻：用精度 0.5 级、分辨力 0.01Ω 的电阻表在机壳顶部金属部位与安全保护接地端子之间测量。

④ 电源适应性试验用自耦变压器或可调交流电源给控制机供电，测试电压分别为 185V→200V→220V→240V→255V→230V→210V→185V。每调整到一档电压并稳定后，都分别开启和关闭控制机电源开关，试验结果逻辑和功能应正常。

⑤ 电机防护等级和产品外壳防护等级试验分别参照《旋转电机整体结构的防护等级（IP 代码）分级》GB/T 4942.1—2006 及相关试验方法进行。

7) 功能要求及技术指标试验

① 用角规测量电动栏杆开和角度，应满足《收费栏杆技术条件 第 1 部分：电动栏杆》JT/T 428.1—2000 标准要求。

② 用秒表检测起落杆总时间，应满足《收费栏杆技术条件 第 1 部分：电动栏杆》JT/T 428.1—2000 标准要求。

③ 在户外无气候防护的环境下，给电动栏杆通电，是栏杆臂连续起落 10min。用计时器控制，处于关闭位置 5min，用计数器记下 15min 内连续起落次数，周而复始，平均无故障工作次数应满足《收费栏杆技术条件 第 1 部分：电动栏杆》JT/T 428.1—2000 标

准要求。

④ 给电动栏杆通电，发出关闭指令，观察栏杆臂的关闭过程至水平关闭位置，发出打开指令，观察栏杆臂的打开过程直至垂直打开位置，应符合《收费栏杆技术条件 第1部分：电动栏杆》JT/T 428.1—2000 标准终点位置的要求。

⑤ 给电动栏杆通电，发出关闭指令，栏杆臂至水平关闭位置后，给栏杆臂中部先、后分别施加120N、300N压力，结果应符合《收费栏杆技术条件 第1部分：电动栏杆》JT/T 428.1—2000 标准的防撞要求。

⑥ 给电动栏杆通电，发出关闭指令，栏杆臂至水平关闭位置后，断开电源，产品应符合《收费栏杆技术条件 第1部分：电动栏杆》JT/T 428.1—2000 标准故障处理要求。

8）噪声试验

噪声测试时可采用普通声级计进行，采用A声级。测试应在环境噪声水平比产品和环境总噪声低10dB的条件下进行。环境噪声应当是在《收费栏杆技术条件 第1部分：电动栏杆》JT/T 428.1—2000 标准确定的每个参考点紧接在产品进行试验前和试验后进行测量，取其平均值。

产品放置在周围空间3m内没有声音反射面的地方（除地板或地面外）。正对产品外壳前面中心开始，从上看以顺时针方向围绕产品按每间隔1m取一个参考点，应当取不少于4个参考点。每个参考点离产品外壳的距离应为1m。传声话筒应置于参考点上离地面1.2~1.5m高处，正对着设备的主噪声产生源，且距离测量人员身体0.5m以上。在每个参考点上测量一次噪声，取其平均值作为产品的噪声水平。

9）电磁兼容性能

① 电快速瞬变脉冲群抗扰度要求

按照《电磁兼容 试验和测量技术 电快速瞬变脉冲群抗扰度试验》GB/T17626.4 确定试验等级3，对设备的电源端口、信号和控制端口以及机箱的接地线进行静电放电抗扰度试验，将2kV试验电压通过耦合/去耦网络施加到供电电源端口和保护接地上，将1kV试验电压通过耦合/去耦网络施加到输入输出信号和控制端口上，施加试验电压5次，每次持续时间不少于1min。产品的各种动作、功能及运行逻辑应正常。

② 静电放电抗扰度要求

按照《电磁兼容 试验和测量技术 静电放电抗扰度试验》GB/T17626.2 确定试验等级2，对操作人员正常使用设备时可能接触的点和表面以及用户维修点进行静电放电抗扰度试验。对所确定的放电点采用接触放电，试验电压为4kV。至少施加10次单次放电，放电之间间隔至少1s。产品的各种动作、功能及运行逻辑应正常。

③ 辐射电磁场抗扰度要求

按照《电磁兼容 试验和测量技术 射频电磁场辐射抗扰度试验》GB/T17626.3 确定试验等级2，对正常工作的设备进行辐射电磁场抗扰度试验，对正常运行的设备4个侧面分别在发射天线垂直极化和水平极化位置进行试验，发射场强为3V/m。产品的各种动作、功能及运行逻辑应正常。

10）环境适应性能

高低温等5项环境适应性试验方法，分别按《电工电子产品环境试验 第2部分：试验方法 试验A：低温》GB/T 2423.1—2008、《电工电子产品环境试验 第2部分：试

验方法　试验 B：高温》GB/T 2423.2—2008、《电工电子产品环境试验　第 2 部分：试验方法　试验 Cab：恒定湿热方法》GB/T2423.3—2006、《电工电子产品环境试验　第 2 部分：试验方法　试验 Fc：振动（正弦）》GB/T 2423.10—2008、《电工电子产品环境试验　第 2 部分：试验方法　试验 Ka：盐雾》GB/T 2423.17—2008 等的规定进行。

(3) 手动栏杆产品的检测方法

依据《收费栏杆技术条件 第 2 部分：手动栏杆》JT/T 428.2—2000 标准，其检测方法如下：

1) 外观质量

用目测和手感法，测试人员应不少于 3 人，测试结果分为合格、不合格两级。

2) 外形尺寸

用精度为 0.5mm 的钢卷尺测量，横杆长度及安装高度应满足《收费栏杆技术条件 第 2 部分：手动栏杆》JT/T 428.2—2000 标准相关要求。

3) 材料试验

应核查原材料的材质证明单是否齐全有效，必要时可对原材料的主要性能指标（如物理化学性能）进行检验。

4) 测试结果的处理

除特殊规定外，一般对可重复的客观测量项目进行 3 次测试，取算术平均值为测试结果，根据需方要求，可给出标准差和不确定度。对主观测试项目，测试人员应不少于 3 人，测试结果分为两级：合格和不合格。

(4) 收费专用键盘产品的检测方法

依据《收费专用键盘》GB/T 24724—2009 标准，其检测方法如下：

1) 试验条件

一般在测量和试验的标准大气条件下进行试验：

① 环境温度：+15～+35℃；

② 相对湿度：25%～75%；

③ 大气压力：86～106kPa。

2) 一般要求

使产品处于正常工作状态下，按"使用说明书"中的操作程序，对一般要求中的功能逐项进行功能验证。

3) 外观质量和按键组成

用目测法进行。

4) 按键使用寿命

对单键连续进行千万次操作试验。可用人工操作，也可以用机械装置模拟人手操作，但机械装置的表面材质和操作力度应与人手相仿。

5) 防水与防尘

按《外壳防护等级（IP 代码）》GB 4208—2008 规定的试验方法进行。

6) 电磁兼容性能

① 电快速瞬变脉冲群抗扰度要求

按照《电磁兼容　试验和测量技术　电快速瞬变脉冲群抗扰度试验》GB/T17626.4

确定试验等级 3，对设备的电源端口、信号和控制端口以及机箱的接地线进行静电放电抗扰度试验，将 2kV 试验电压通过耦合/去耦网络施加到供电电源端口和保护接地上，将 1kV 试验电压通过耦合/去耦网络施加到输入输出信号和控制端口上，施加试验电压 5 次，每次持续时间不少于 1min。产品的各种动作、功能及运行逻辑应正常。

② 静电放电抗扰度要求

按照《电磁兼容 试验和测量技术 静电放电抗扰度试验》GB/T17626.2 确定试验等级 2，对操作人员正常使用设备时可能接触的点和表面以及用户维修点进行静电放电抗扰度试验。对所确定的放电点采用接触放电，试验电压为 4kV。至少施加 10 次单次放电，放电之间间隔至少 1s。产品的各种动作、功能及运行逻辑应正常。

③ 辐射电磁场抗扰度要求

按照《电磁兼容 试验和测量技术 射频电磁场辐射抗扰度试验》GB/T17626.3 确定试验等级 2，对正常工作的设备进行辐射电磁场抗扰度试验，对正常运行的设备 4 个侧面分别在发射天线垂直极化和水平极化位置进行试验，发射场强为 3V/m。产品的各种动作、功能及运行逻辑应正常。

7）环境适应性能

低温、高温、温度交变、湿热、机械振动和盐雾腐蚀等 6 项环境适应性试验方法，分别按《电工电子产品环境试验 第 2 部分：试验方法 试验 A：低温》GB/T 2423.1—2008、《电工电子产品环境试验 第 2 部分：试验方法 试验 B：高温》GB/T 2423.2—2008、《电工电子产品环境试验第 2 部分：试验方法试验 N：温度变化》GB/T 2423.22—2002、《电工电子产品环境试验 第 2 部分：试验方法 试验 Cab：恒定湿热试验方法》GB/T2423.3—2006、《电工电子产品环境试验 第 2 部分：试验方法 试验 Fc：振动（正弦）》GB/T 2423.10—2008、《电工电子产品环境试验 第 2 部分：试验方法 试验 Ka：盐雾》GB/T 2423.17—2008 等的规定进行。

8）可靠性试验

按《设备可靠性试验 恒定失效率假设下的失效率与平均无故障时间的验证试验方案》GB/T 5080.7—1986 的规定进行。

(5) LED 车道控制标志产品的检测方法

依据《LED 车道控制标志》JT/T 597—2004 标准，其检测方法同第 7.3.2.1 条第 1 款第（4）项高速公路 LED 可变标志产品的检测方法。

(6) 汽车号牌视频自动识别系统产品的检测方法

依据《汽车号牌视频自动识别系统》JT/T 604—2011 标准，其检测方法如下：

1）试验条件

除在收费车道上进行的试验外，一般在测量和试验的标准大气条件下进行。

① 环境温度：+15～+35℃；

② 相对湿度：25%～75%；

③ 大气压力：86～106kPa。

2）外观和结构

用目测法进行。

3）功能试验

产品在正常工作状态下,按"使用说明书"中的操作程序逐项进行功能验证。

4) 性能试验

① 图像分辨率

用视频测量仪进行测试。

② 号牌识别正确率

(a) 该测试在实际通车运营的车道上进行。按产品要求在车道上安装调试好系统,然后由检测人员对系统设置密码进行锁定后开始测试,测试过程中不得对系统进行任何操作。

(b) 系统以车道上实际通行的车辆为样本进行采集识别,连续测试24h以上。

(c) 测试时间达到24h后查看识别记录,如果汽车号牌数量超过2000张,则现场测试结束;如果号牌数量不到2000张,则测试继续进行,直到号牌数量达到2000张后现场测试结束。

(d) 将测试时间内所有的汽车号牌识别记录从系统中导出,同时提取车道摄像机在测试时间内拍摄的实际车辆通行录像,检测人员参照录像对每条记录进行逐一比对、判定、统计,计算出号牌识别正确率。

③ 号牌识别时间

该测试在实验室内搭建模拟环境进行。编制测试软件并安装到系统中,使用控制机控制触发的方式,控制汽车号牌视频抓拍系统进行车牌识别并记录时间。

测试软件控制系统连续进行100次的触发识别,记录每次从触发系统到系统输出识别结果的时间,取100次试验的时间平均值作为检测结果。

5) 电气安全性能

① 绝缘电阻:用精度1.0级、500V的电阻表在电源接线端子与机壳之间测量。

② 电气强度:用精度1.0级的耐电压测试仪在接线端子与机壳之间测量。

③ 连接电阻:用精度0.5级、分辨率0.01Ω的电阻表在机壳顶部金属部位与安全保护接地端子之间测量。

④ 电源适应性

(a) 电压波动适应性:用自耦变压器或可调交流电源给汽车号牌视频自动识别系统供电,测试电压分别为180V→200V→220V→240V→255V→230V→210V→180V。每调整到一档电压并稳定后,都分别开启和关闭汽车号牌视频自动识别系统电源开关,检查逻辑和功能是否正常。

(b) 频率波动适应性:用可调频交流电源给汽车号牌视频自动识别系统供电,电源电压为交流220V,测试频率分别为48Hz→49Hz→50Hz→51Hz→52Hz。每调整到一档并稳定后,都分别开启和关闭汽车号牌视频自动识别系统电源开关,检查逻辑和功能是否正常。

⑤ 防水与防尘:按《外壳防护等级(IP代码)》GB 4208—2008规定的试验方法进行。

6) 电磁兼容性能试验

① 静电放电抗扰度试验

确定试验等级2,按照《电磁兼容 试验和测量技术 静电放电抗扰度试验》GB/

T17626.2 进行试验，对所确定的放电点采用接触放电，试验电压为 4kV。至少施加 10 次单次放电，放电之间间隔至少 1s。

② 辐射电磁场抗扰度试验

确定试验等级 2，按照《电磁兼容 试验和测量技术 射频电磁场辐射抗扰度试验》GB/T17626.3 进行试验，对正常运行的汽车号牌视频自动识别系统四个侧面分别在发射天线垂直极化和水平极化位置进行试验，发射场为 3V/m。

③ 电快速瞬变脉冲群抗扰度试验

确定试验等级 3，按照《电磁兼容 试验和测量技术 电快速瞬变脉冲群抗扰度试验》GB/T17626.4 进行试验，将 2kV 试验电压通过耦合/去耦网络施加到供电电源端口和保护接地上，将 1kV 试验电压通过耦合/去耦网络施加到输入输出信号和控制端口上，施加试验电压 5 次，每次持续时间不少于 1min。

7) 环境适应性能

① 耐低温性能

按《电工电子产品环境试验 第 2 部分：试验方法 试验 A：低温》GB/T 2423.1—2008 规定执行。试验时间 8h。

② 耐高温性能

按《电工电子产品环境试验 第 2 部分：试验方法 试验 B：高温》GB/T 2423.2—2008 规定执行。试验时间 8h。

③ 耐温度交变性能

按《电工电子产品环境试验 第 2 部分：试验方法 试验 N：温度变化》GB/T 2423.22—2002 试验 Na 的规定执行。汽车号牌视频自动识别系统应能耐受温度循环变化的影响，温度从室温到低温 −40℃，再经室温到高温 +55℃ 回到室温为 1 个循环。接着再到低温 −40℃ 开始第二个循环，共进行 5 次循环，最后在高温中取出，在大气中，使温度恢复到室温。

④ 耐湿热性能

按《电工电子产品环境试验 第 2 部分：试验方法 试验 Cab：恒定湿热方法》GB/T2423.3—2006 规定执行。试验时间 48h。

⑤ 耐机械振动性能

按《电工电子产品环境试验 第 2 部分：试验方法 试验 Fc：振动（正弦）》GB/T 2423.10—2008 的规定执行。将汽车号牌视频自动识别系统在振动频率 2~150Hz 的范围内进行扫频试验。在 2~9Hz 时按位移控制，位移 3.5mm；9~150Hz 时按加速度控制，加速度为 $100m/s^2$。2Hz→9Hz→150Hz→9Hz→2Hz 为 1 个循环，共经历 20 个循环。

⑥ 耐盐雾腐蚀性能

按《电工电子产品环境试验 第 2 部分：试验方法 试验 Ka：盐雾》GB/T 2423.17—2008 规定执行。试验时间 168h。

8) 可靠性

采用序贯试验方案 4:2，按《设备可靠性试验 恒定失效率假设下的失效率与平均无故障时间的验证试验方案》GB/T 5080.7—1986 的规定进行。

9) 测试结果的处理

除特殊规定外，一般对可重复的客观测试项目进行3次测试，取算术平均值作为测试结果，可给出测试结果的准确度。

对于主观测试项目，测试人员应不少于3人，测试结果分为合格、不合格两级。

(7) 公路收费用费额显示器产品的检测方法

依据《公路收费用费额显示器》JT/T 641—2005标准，其检测方法如下：

1) 试验条件

除特殊规定外，一般试验条件如下：

① 环境温度：+15～+35℃；

② 相对湿度：45%～75%；

③ 大气压力：86～106kPa。

2) 外观质量

用目测和手感法。外观质量应符合《公路收费用费额显示器》JT/T 641—2005标准的相关要求。

3) 材料试验

主要检查原材料和元器件的材质证明单是否齐全有效，必要时可对原材料的主要性能指标（如物理化学性能）进行试验。

4) 功能测试

连接费额显示器及收费控制系统，接通电源，运行车道收费软件，检验费额显示器运行是否正常，逐项核查功能是否满足标准的相关要求。

5) 电气安全性能

① 绝缘电阻：用精度1.0级、500V的兆欧表在导电端子与机壳之间测量。

② 介电强度：用精度1.0级的耐电压测试仪在导电端子与机壳之间测量。

③ 连接电阻：用精度0.5级、分辨力0.01Ω的毫欧表在机壳顶部金属部位与安全保护接地端子之间测量。

④ 用自耦变压器或可调交流电源给费额显示器供电，测试电压分别为185V→200V→220V→240V→255V→230V→210V→185V。每调整到一档电压并稳定后，接通费额显示器，检查显示功能是否正常。

⑤ 产品的防雨、防尘及安全防护，按《外壳防护等级（IP代码）》GB 4208—2008的试验方法进行。

⑥ 其他安全性能试验按《信息技术设备安全 第1部分：通用要求》GB 4943.1—2011试验方法进行。

6) 通信接口与规程

该项的测试方法为主观评定和客观测试两部分。客观测试方法将由相关标准具体规定。对每个区段的每个显示字进行测试，应能正确显示；主观评定方法是把费额显示器连接到收费控制系统后，评定该产品与系统的通信情况，可用24h失步次数来评价产品的通信性能。

7) 环境适应性能

6项环境适应性能，分别按《电工电子产品环境试验 第2部分：试验方法 试验A：低温》GB/T 2423.1—2008、《电工电子产品环境试验 第2部分：试验方法 试验

B：高温》GB/T 2423.2—2008、《电工电子产品环境试验 第 2 部分：试验方法 试验 Cab：恒定湿热方法》GB/T 2423.3—2006、《电工电子产品环境试验 第 2 部分：试验方法 试验 Fc：振动（正弦）》GB/T 2423.10—2008、《电工电子产品环境试验 第 2 部分：试验方法 试验 Ka：盐雾》GB/T 2423.17—2008 等的规定进行。

8) 电磁兼容性

① 电快速瞬变脉冲群抗扰度要求

按照《电磁兼容 试验和测量技术 电快速瞬变脉冲群抗扰度试验》GB/T17626.4 确定试验等级 3，对设备的电源端口、信号和控制端口以及机箱的接地线进行静电放电抗扰度试验，将 2kV 试验电压通过耦合/去耦网络施加到供电电源端口和保护接地上，将 1kV 试验电压通过耦合/去耦网络施加到输入输出信号和控制端口上，施加试验电压 5 次，每次持续时间不少于 1min。产品的各种动作、功能及运行逻辑应正常。

② 静电放电抗扰度要求

按照《电磁兼容 试验和测量技术 静电放电抗扰度试验》GB/T17626.2 确定试验等级 2，对操作人员正常使用设备时可能接触的点和表面以及用户维修点进行静电放电抗扰度试验。对所确定的放电点采用接触放电，试验电压为 4kV。至少施加 10 次单次放电，放电之间间隔至少 1s。产品的各种动作、功能及运行逻辑应正常。

③ 辐射电磁场抗扰度要求

按照《电磁兼容 试验和测量技术 射频电磁场辐射抗扰度试验》GB/T17626.3 确定试验等级 2，对正常工作的设备进行辐射电磁场抗扰度试验，对正常运行的设备 4 个侧面分别在发射天线垂直极化和水平极化位置进行试验，发射场强为 3V/m。产品的各种动作、功能及运行逻辑应正常。

(8) 公路收费用票据打印机产品的检测方法

依据《公路收费用票据打印机》GB/T 24723—2009 标准，其检测方法如下：

1) 试验条件

一般在测量和试验的标准大气条件下进行试验：

① 环境温度：+15～+35℃；

② 相对湿度：25%～75%；

③ 大气压力：86～106kPa。

2) 外观和结构要求

用目测法进行。

3) 功能试验

使产品处于正常工作状态下，按"使用说明书"中的操作程序逐项进行功能验证。

4) 性能试验

① 打印质量：目测验证票据的打印质量，用手轻擦打印好的票据，上面的字迹不应有掉色、模糊等现象。用精度为 1 级的游标卡尺测试打印位置误差。

② 单行打印时间：用精度为 0.1 级的秒表进行测试。

③ 噪声检测：用声强计在与设备等高、距设备 1m 处测得，在 4 个方向各测试 1 次，平均后得出噪声值。

5) 电气安全性能

① 绝缘电阻：用精度 1.0 级的兆欧表在电源接线端子与机壳之间施加 500V 直流电压 1min 后读取测量结果。

② 电气强度：用精度 1.0 级的耐电压测试仪在接线端子与机壳之间测量。

③ 连接电阻：用精度 0.5 级、分辨力 0.01Ω 的毫欧表在机壳顶部金属部位与安全保护接地端子之间测量。

④ 电源适应性

(a) 电压波动适应性：用自耦变压器或可调交流电源给票据打印机供电，测试电压分别为 180V→200V→220V→240V→255V→230V→210V－180V。每调整到一档电压并稳定后，都分别开启和关闭票据打印机电源开关，检查逻辑和功能是否正常。

(b) 频率波动适应性：用可调频交流电源给票据打印机供电，电源电压为交流 220V，测试频率分别为 48Hz→49Hz→50Hz→51Hz→52Hz。每调整到一档并稳定后，都分别开启和关闭票据打印机电源开关，检查逻辑和功能是否正常。

⑤ 防水与防尘

按《外壳防护等级（IP 代码）》GB 4208—2008 规定的试验方法进行。

6) 电磁兼容性能试验

① 电快速瞬变脉冲群抗扰度要求

按照《电磁兼容 试验和测量技术 电快速瞬变脉冲群抗扰度试验》GB/T17626.4 确定试验等级 3，对设备的电源端口、信号和控制端口以及机箱的接地线进行静电放电抗扰度试验，将 2kV 试验电压通过耦合/去耦网络施加到供电电源端口和保护接地上，将 1kV 试验电压通过耦合/去耦网络施加到输入输出信号和控制端口上，施加试验电压 5 次，每次持续时间不少于 1min。产品的各种动作、功能及运行逻辑应正常。

② 静电放电抗扰度要求

按照《电磁兼容 试验和测量技术 静电放电抗扰度试验》GB/T17626.2 确定试验等级 2，对操作人员正常使用设备时可能接触的点和表面以及用户维修点进行静电放电抗扰度试验。对所确定的放电点采用接触放电，试验电压为 4kV。至少施加 10 次单次放电，放电之间间隔至少 1s。产品的各种动作、功能及运行逻辑应正常。

③ 辐射电磁场抗扰度要求

按照《电磁兼容 试验和测量技术 射频电磁场辐射抗扰度试验》GB/T17626.3 确定试验等级 2，对正常工作的设备进行辐射电磁场抗扰度试验，对正常运行的设备 4 个侧面分别在发射天线垂直极化和水平极化位置进行试验，发射场强为 3V/m。产品的各种动作、功能及运行逻辑应正常。

7) 环境适应性能

低温、高温、温度交变、湿热、机械振动和盐雾腐蚀等 6 项环境适应性试验方法，分别按《电工电子产品环境试验 第 2 部分：试验方法 试验 A：低温》GB/T 2423.1—2008、《电工电子产品环境试验 第 2 部分：试验方法 试验 B：高温》GB/T 2423.2—2008、《电工电子产品环境试验 第 2 部分：试验方法 试验 N：温度变化》GB/T 2423.22—2002、《电工电子产品环境试验 第 2 部分：试验方法 试验 Cab：恒定湿热方法》GB/T 2423.3—2006、《电工电子产品环境试验 第 2 部分：试验方法 试验 Fc：振动（正弦）》GB/T 2423.10—2008、《电工电子产品环境试验 第 2 部分：试验方法 试验 Ka：盐雾》GB/T 2423.17—2008 等的规定进行。

8) 可靠性

按《设备可靠性试验 恒定失效率假设下的失效率与平均无故障时间的验证试验方案》GB/T 5080.7—1986 的规定进行。

(9) 公路收费非接触式 IC 卡收发卡机产品的检测方法

依据《公路收费非接触式 IC 卡收发卡机》JT/T 603—2004 标准，其检测方法如下：

1) 试验条件

标准中除气候环境、可靠性试验外，其他试验均在下述条件下进行：

① 环境温度：25 ± 1℃；

② 相对湿度：$50\%\pm5\%$；

③ 大气压力：85～106kPa。

2) 外观结构检查

用目测法进行，应符合标准的外观结构要求。

3) 功能试验

使产品处于正常工作状态下，按"使用说明书"中的操作程序，至少满足相关标准的功能要求。

4) 性能试验

① 卡箱容量：卡箱应能装入厚度为 0.76mm、不少于额定规格张数的通行卡。

② 滞卡率：滞卡率测试采用表面亚光质地的新卡及逆行，卡厚 0.76mm，表面无污染，卡面平整无翘曲变形。使卡机连续进行收卡或发卡操作，每次收或发卡到额定规格张数时更换卡箱。连续测试 10 万张，卡被卡住的次数不大于 5 次。

③ 平均无故障工作时间 MTBF 和平均故障修复时间 MTTR：按《设备可靠性试验 恒定失效率假设下的失效率与平均无故障时间的验证试验方案》GB/T 5080.7—1986 的规定进行，应符合标准的相应要求。

④ 卡收或发时间和换卡箱时间：用精度为 0.1 级秒表进行测试，应符合标准相应要求。

⑤ 噪声检测：使用声强计在与设备等高、距设备 1m 处测得，在 4 个方向各测试一次，平均后得出，应符合标准相应要求。

5) 电源适应性能

用自耦变压器或可调交流电源给卡机供电，测试电压分别为 187V→200V→220V→253V→220V→200V→187V。每调整到一档电压并稳定后，都分别开启和关闭卡机电源开关，并检查逻辑和功能是否正常。

6) 亭外型卡机机箱外壳防护性能

按有关试验方法进行。

7) 电气安全性能

① 绝缘电阻：用精度 1.0 级、500V 的兆欧表在电源接线端子与卡机机壳之间测量，应满足标准相关要求。

② 介电强度：用精度 1.0 级的耐电压测试仪在电源接线端子与卡机机壳之间测量，应满标准相关要求。

③ 接触电阻：用精度 0.5 级、分辨力 0.01Ω 的电阻表在卡机机壳顶部金属部位与安全保护接地端子之间测量，应满是标准的相关要求。

8）电磁兼容性能

① 电快速瞬变脉冲群抗扰度要求

按照《电磁兼容 试验和测量技术 电快速瞬变脉冲群抗扰度试验》GB/T17626.4 确定试验等级 3，对设备的电源端口、信号和控制端口以及机箱的接地线进行静电放电抗扰度试验，将 2kV 试验电压通过耦合/去耦网络施加到供电电源端口和保护接地上，将 1kV 试验电压通过耦合/去耦网络施加到输入输出信号和控制端口上，施加试验电压 5 次，每次持续时间不少于 1min。产品的各种动作、功能及运行逻辑应正常。

② 静电放电抗扰度要求

按照《电磁兼容 试验和测量技术 静电放电抗扰度试验》GB/T17626.2 确定试验等级 2，对操作人员正常使用设备时可能接触的点和表面以及用户维修点进行静电放电抗扰度试验。对所确定的放电点采用接触放电，试验电压为 4kV。至少施加 10 次单次放电，放电之间间隔至少 1s。产品的各种动作、功能及运行逻辑应正常。

③ 辐射电磁场抗扰度要求

按照《电磁兼容 试验和测量技术 射频电磁场辐射抗扰度试验》GB/T17626.3 确定试验等级 2，对正常工作的设备进行辐射电磁场抗扰度试验，对正常运行的设备 4 个侧面分别在发射天线垂直极化和水平极化位置进行试验，发射场强为 3V/m。产品的各种动作、功能及运行逻辑应正常。

9）环境适应性试验

3 项试验分别按《电工电子产品环境试验 第 2 部分：试验方法 试验 Ka：盐雾》GB/T 2423.17—2008、《电工电子产品环境试验 第 2 部分：试验方法 试验 Fc：振动（正弦）》GB/T 2423.10—2008、《塑料实验室光源暴露试验方法 第 2 部分：氙弧灯》GB/T 16422.2—1999）等的规定进行。

10）运输试验方法

按《一般电子产品运输包装基本试验方法 汽车运输试验》SJ 3213—1989 规定进行，产品结构不受影响，零部件无松动，产品的各种动作、功能及运行逻辑应正常。

3. 隧道机电设施

隧道机电设施产品主要包括有：环境检测设备；隧道报警与诱导设施［可变信息标志、可变限速标志、车道指示器（LED 车道控制标志）］；公路隧道照明灯具；公路隧道火灾报警系统及本地控制器等。

(1) 环境检测设备产品的检测方法

依据《公路隧道环境检测设备技术条件》JT/T 611—2004 标准，其检测方法如下：

1）试验环境

除环境试验或有关标准中另有规定外，试验应在下列环境中进行：

① 环境温度：+15～+35℃；

② 相对湿度：45%～85%；

③ 大气压力：80～100kPa；

④ 风速：0～10m/s。

2) 试验用仪表

① 气体流量计：测量范围 0~30L/min；

② 秒表：分度值为 0.01s；

③ 直流毫安表：0~100mA；

④ 频率计：0~1000kHz；

⑤ 直流稳压电源：0~30V、2A；

⑥ 风速仪：0~20m/s；

⑦ 烟尘浓度测定仪：0~0.2mg/m³。

3) 外观

用目测法检查。

4) 工作环境温度试验

工作状态的环境温度试验按《电工电子产品环境试验 第2部分：试验方法 试验A：低温》GB/T 2423.1—2008 和《电工电子产品环境试验 第2部分：试验方法 试验B：高温》GB/T 2423.2—2008 的规定进行。

5) 传感器负载特性

将传感器在空气中稳定时外接负载电阻为 500Ω 和 0Ω 时输出信号之差，分别换算为 CO 浓度值、VI 值、TW 值。试验次数不少于 5 次，取值分别为平均值、最大值、最小值。

6) 稳定性

① CO 传感器。把调整好的传感器安装在特制的注气装置内，连续运行 7d，每隔 24h 按标定的流量依次通入清洁空气和空气中一氧化碳（CO）等标准物质各 3min，记录指示值和输出信号值。试验期间不得调整传感器。

② VI 传感器。把调整好的传感器安装在特制的发烟装置内，连续运行 7d，每隔 24h 点燃发烟源，熄灭火焰，保持连续冒烟，记录指示值和输出信号值。试验期间不得调整传感器。

③ TW 传感器。把调整好的传感器安装在计量标准器是低速的风洞内，连续运行 7d，每隔 24h 启动无级调速风机提供风量，记录指示值和输出信号值。试验期间不得调整传感器。

(2) 隧道报警与诱导设施的检测方法，第 7.3.2.1 条第 1 款第 (4) 项。

(3) 公路隧道照明灯具产品的检测方法

依据《公路隧道照明灯具》JT/T 609—2004 标准，其检测方法如下：

1) 结构试验

① 公路隧道照明灯具的外部接线和内部接线的试验应符合《灯具 第1部分：一般要求与试验》GB 7000.1—2007 中的有关规定。

② 公路隧道照明灯具内接线端子的试验应符合《灯具 第1部分：一般要求与试验》GB 7000.1—2007 中的有关规定。

2) 性能试验

① 耐腐蚀性：公路隧道照明灯具上油漆部件涂层的试验应按《灯具油漆涂层》QB/T 1551—1992 的要求进行；电镀或化学覆盖件的试验应按《灯具电镀、化学覆盖层》

QB/T 3741—1999 的要求进行。

② 玻璃罩特性与透射比：玻璃罩特性试验应按《道路与街路照明灯具安全要求》GB 7000.5—2005 中的有关要求进行；透射比试验应按《建筑用安全玻璃 第 2 部分：钢化玻璃》GB 15763.2—2005 中的有关要求进行。

③ 电路连续性：电路连续性试验应按《高压钠灯》GB/T 13259—2005 中的有关要求进行。

④ 接地连续性：接地连续性试验应按《灯具 第 1 部分：一般要求与试验》GB 7000.1—2007 中的有关规定进行。

⑤ 防触电保护：防触电保护试验应按《灯具 第 1 部分：一般要求与试验》GB 7000.1—2007 中的有关规定进行。

⑥ 防尘和防水：防尘和防水试验应按《灯具 第 1 部分：一般要求与试验》GB 7000.1—2007 中的有关规定进行。

⑦ 绝缘电阻和电气强度：公路隧道照明灯具的绝缘电阻和电气强度试验应按《灯具 第 1 部分：一般要求与试验》GB 7000.1—2007 中的有关规定进行。

⑧ 爬电距离和电气间隙：隧道灯具的爬电距离和电气间隙的试验应按《灯具 第 1 部分：一般要求与试验》GB 7000.1—2007 中的有关规定进行。

⑨ 耐久性和耐热性：公路隧道照明灯具的耐久性和耐热性的试验应按《灯具 第 1 部分：一般要求与试验》GB 7000.1—2007 中的有关规定进行。

⑩ 耐热、耐火和耐电痕：公路隧道照明灯具上耐热、耐火和耐电痕试验应按《灯具 第 1 部分：一般要求与试验》GB 7000.1—2007 中的有关规定进行。

⑪ 灯具效率：公路隧道照明灯具的效率测试方法应按《灯具分布光度测量的一般要求》GB/T 9468—2008 的有关规定进行。

⑫ 光度性能：公路隧道照明灯具光度性能试验应按《灯具分布光度测量的一般要求》GB/T 9468—2008 的有关规定进行。

⑬ 噪声：公路隧道照明灯具的噪声测试应按《声学 声压法测定噪声源声功率级 消声室和半消声室精密法》GB/T 6882—2008）的有关规定进行。

(4) 公路隧道火灾报警系统的检测方法

依据《公路隧道火灾报警系统技术条件》JT/T 610—2004 标准，其检测方法如下：

1) 试验环境条件

如火灾自动报警场所没有特殊要求时，则各项试验均在下述大气条件下进行：

① 环境温度：$-15 \sim +45$℃；

② 相对湿度：35%～90%。

③ 大气压力：86～106kPa。

2) 性能试验

① 绝缘性能

通过绝缘电阻试验装置，对火灾报警系统设备电源输入接点（接地点除外），设备外壳之间施加 500 ± 50V 的直流电压，持续时间为 60 ± 5s。试验时，应保证接触点有可靠的接触，引线间的绝缘电阻应足够大，以保证度数正确。

② 接地电阻

将地阻仪与被测试系统相接，其阻值应符合《火灾报警控制器》GB 4717—2005 的相关规定。

③ 系统指标试验

(a) 火灾报警：下述火灾报警均在火灾报警系统处于正常工作状态下进行。

对于手动火灾报警，随机按动一手动火灾报警按钮，控制器应符合《火灾报警控制器》GB 4717—2005 的相关规定；

对于火灾自动报警，应按规定在隧道中实施模拟点火试验，应符合《火灾报警控制器》GB 4717—2005 的相关规定。

(b) 故障报警：下述故障报警均在火灾报警系统处于正常工作状态下进行。

主电源故障：将控制器主供电回路接入 1000W、可调范围 0～250V 的调压器。当出现下列情况之一时，控制器应符合《火灾报警控制器》GB 4717—2005 的相关规定：主电断路—断开主电源或将调压器调至 0V；主电过压—将调压器调至 242V 以上；主电欠压—将调压器调至 187V 以上。

无应答故障：随机断开一火灾探测器线路或随机断开一通信电缆，控制器应符合《火灾报警控制器》GB 4717—2005 的相关规定。

探测器、手报按钮断路、短路：随机断开或短路探测器、手报按钮，控制器应符合《火灾报警控制器》GB 4717—2005 的相关规定。

(5) 本地控制器产品的检测方法

1) 试验条件

① 除特殊规定外，一般试验条件如下：

(a) 环境温度：+15～+35℃；

(b) 相对湿度：35%～75%RH。

(c) 大气压力：86～106kPa。

(d) 额定电源：AC220V，50Hz。

② 如果有关条文中没有说明，则各项试验数据允许范围为±5%。

2) 试验结果判定

除特殊规定外，一般可重复的测量项目进行 3 次试验，取算术平均值为试验结果。试验结果分为合格与不合格两级评定。

3) 功能测试

① 功能测试条件：各项功能验证应在符合基本配置规定的产品上进行；硬件和软件被测平台应具备完整的产品属性，为合格产品；制造商需提供实现产品功能验证所必需的测试程序；制造商需提供正确运用测试程序的方法；外围设备或周边系统的功能响应，可由软件模拟工作信号或者直接与外围设备进行实物连接测试（包括试验室内搭建模拟系统环境）。

② 功能测试内容：不应出现硬件失控和损坏；不应发生操作系统和测试程序的修改，及程序执行的变化；不应出现功能、部件的信息路径逻辑紊乱；各项工作状态正确提示（显示、指示灯、报警信号、寄存器自检结果等）；验证正常启动和停机、冷/热重新启动、编程、装载、监视等基本操作；验证设备部件的初始化和复位条件；对模块、单元、外部输入/输出接线、可拆卸连接器进行 100% 范围测试（适用于熔断器、电池等）；若标准未作具体规定，但为实现产品功能需要的特殊性能也应当进行测试。

4）防护性能试验

① 机箱防护性能试验：按《外壳防护等级（IP 代码）》GB 4208—2008 的规定进行，符合本标准的相关要求。

② 机箱防腐蚀涂层试验：用电子涂层测厚仪，按平均法取样测量，符合本标准的相关要求。

5）结构稳定性试验

在箱门呈最大开启状态，距离地面 2m 以下高度的任意方向施加相当于箱体自重 20% 的推/拉力（但该力不大于 250N），符合相关规范的要求。

6）机械强度试验

① 耐恒定作用力试验：通过一个直径 30mm 的圆形试验平面依次施加 250±10N 的恒定作用力到机箱的顶面和侧面，持续 5s，符合相关标准的要求。

② 耐机械冲击力试验：用一个直径 50mm、质量 500±25g，光滑的实心钢球，从距离机箱试验面上方 1.3m 处自由跌落，符合相关标准的要求。

7）布线和端接测试

目测验证，应符合相关标准的技术要求。

8）电气安全试验

① 绝缘电阻试验：用精度 1.0 级、500V 的兆欧表在电源接线端子与机壳之间测量，符合相关标准要求。

② 抗电强度试验：用精度 1.0 级的耐电压测试仪在电源接线端子与机壳之间测量，符合相关标准的要求；因试验引起电流以失控方式迅速增大，则视为绝缘已被击穿；电晕放电和单次瞬间闪络则不视为绝缘击穿。

③ 接触电阻：用精度 0.5 级、分辨力 0.001Ω 的电阻表在机壳顶部金属部位与安全保护接地端子之间测量，符合相关标准的要求。

9）电源性能试验

① 电源容差试验：用自耦变压器或可调交流电源分别给出测试电压 185V→200V→220V→240V→255V→230V→210V→185V。每调整一档电压达到稳定后（持续时间大于 10s），分别关闭和启动主机电源开关，检查逻辑和功能，应符合相关标准的要求。

② 后备电源试验：断掉外供电源，每 12h 对产品进行 1 次功能序列测试，应符合相关标准的要求。

10）电磁兼容性能试验

① 浪涌（冲击）抗扰度试验：按《电磁兼容 试验和测量技术 浪涌（冲击）抗扰度试验》GB/T 17626.5—2008)的规定，进行测试冲击波形为 3kA、6kV，限制电压 $8/20\mu s$ 条件以及测试冲击波形为 5kV，$10\mu s/700\mu s$ 条件下试验，符合本标准的相关要求。

② 工频、脉冲、阻尼振荡磁场抗扰度试验：按《电磁兼容 试验和测量技术 工频磁场抗扰度试验》GB/T 17626.8—2006、《电磁兼容 试验和测量技术 脉冲磁场抗扰度试验》GB/T 17626.9—2011 与《电磁兼容 试验和测量技术 阻尼振荡磁场抗扰度试验》GB/T17626.10—1998 的规定，应符合本标准的相关要求。

③ 电压跌落和中断试验：试验方法按《电磁兼容 试验和测量技术 电压暂降、短时中断和电压变化的抗扰度试验》GB/T 17626.11—2008 的规定进行，应符合本标准的相关

要求。电源跌落至 AC44~187V（额定电压的 20%~85%之间），共试验 20 次，每次间隔不小于 1s，应符合本标准的相关技术要求。电压瞬间中断，持续时间不大于 10ms，共试验 20 次，每次间隔不小于 1s，应符合本标准的要求。模拟掉电停机，以正常电压平缓重新启动，共进行两次，两次试验间隔不大于 10s，应符合本标准的相关要求。

11）环境适应性试验

① 耐低温待机试验方法：按《电工电子产品环境试验 第 2 部分：试验方法 试验 A：低温》GB/T 2423.1—2008 的规定，适应性应符合本标准的要求。

② 耐低温工作试验方法：按《电工电子产品环境试验 第 2 部分：试验方法 试验 A：低温》GB/T 2423.1—2008 的规定，适应性符合本标准的要求。

③ 耐高温工作试验方法：按《电工电子产品环境试验 第 2 部分：试验方法 试验 B：高温》GB/T 2423.2—2008 的规定，适应性符合本标准的要求。

④ 耐湿热工作试验方法：按《电工电子产品环境试验 第 2 部分：试验方法 试验 Cab：恒定湿热方法》GB/T2423.3—2006 的规定，适应性符合本标准的要求。

⑤ 振动试验方法：按《电工电子产品环境试验 第 2 部分：试验方法 试验 Fc：振动（正弦）》GB/T 2423.10—2008 的规定，适应性符合本标准的要求。振动频率范围：1~150Hz，适用于 3 个相互垂直轴的每一个轴，一个扫频循环：1Hz→9Hz→150Hz→9Hz→1Hz，持续 20 次；振动幅值：1~9Hz 范围按振幅控制，振幅 7.5mm；9~150Hz 范围按加速度控制，加速度为 $10m/s^2$。

⑥ 耐盐雾腐蚀试验：取规格为 65mm×142mm 的机箱外壳试样共 9 件，按《电工电子产品环境试验 第 2 部分：试验方法 试验 Ka：盐雾》GB/T 2423.17—2008 的规定，经过 168h 的盐雾试验，耐盐雾腐蚀应符合本标准的要求。

12）通信规程测试

按《数据通信基本型控制规程》GB/T 3453—1994 及《数据终端设备（DTE）和数据电路终接设备（DCE）之间的接口电路定义表》GB/T 3454—2011 的相关要求验证符合性，同时测试 24h 数据传输误码率（要求$\leqslant 10^{-8}$）。

13）平均故障时间（MTBF）测试

按《设备可靠性试验 恒定失效率假设下的失效率与平均无故障时间的验证试验方案》GB/T 5080.7—1986 的要求，应符合相关标准的要求。

7.3.2.2 工程现场检测（抽样检测）

1. 监控设施

监控设施的工程施工及安装，主要包括有：车辆检测器；气象检测器；闭路电视监视系统；可变标志；地图板；大屏幕投影系统；监控中心设备安装及系统调测；监控系统计算机网络及光；电缆线路等。

(1) 车辆检测器各检测项目的检测方法，见表 7-40。

(2) 气象检测器各检测项目的检测方法，见表 7-41。

(3) 闭路电视监视系统各检测项目的检测方法，见表 7-42。

(4) 可变标志各检测项目的检测方法，见表 7-43。

(5) 地图板各检测项目的检测方法，见表 7-44。

(6) 大屏幕投影系统各检测项目的检测方法，见表 7-45。

(7) 监控中心设备安装及系统调测各检测项目的检测方法，见表 7-46。

(8) 监控系统计算机网络各检测项目的检测方法，见表 7-47。

(9) 光、电缆线路各检测项目的检测方法，见表 7-48。

2. 通信设施

通信设施的工程施工及安装，主要包括有：通信管道与光、电缆线路；光纤数字传输系统；数字程控交换系统；紧急电话系统；无线移动通信系统；通信电源等。

(1) 通信管道与光、电缆线路各检测项目的检测方法，见表 7-49。

(2) 光纤数字传输系统各检测项目的检测方法，见表 7-50。

(3) 数字程控交换系统各检测项目的检测方法，见表 7-51。

(4) 紧急电话系统各检测项目的检测方法，见表 7-52。

(5) 无线移动通信系统各检测项目的检测方法，见表 7-53。

(6) 通信电源各检测项目的检测方法，见表 7-54。

3. 收费设施

收费设施的工程施工及安装，主要包括有：入口车道设备；出口车道设备；收费站设备及软件；收费中心设备及软件；IC 卡发卡编码系统；内部有线对讲及紧急报警系统；闭路电视监视系统；收费站内光、电缆及塑料管道及收费系统计算机网络等。

(1) 入口车道设备各检测项目的检测方法，见表 7-55。

(2) 出口车道设备各检测项目的检测方法，见表 7-56。

(3) 收费站设备及软件各检测项目的检测方法，见表 7-57。

(4) 收费中心设备及软件各检测项目的检测方法，见表 7-58。

(5) IC 卡发卡编码系统各检测项目的检测方法，见表 7-59。

(6) 内部有线对讲及紧急报警系统各检测项目的检测方法，见表 7-60。

(7) 闭路电视监视系统各检测项目的检测方法，见表 7-61。

(8) 收费站内光、电缆及塑料管道各检测项目的检测方法，见表 7-62。

(9) 收费系统计算机网络各检测项目的检测方法，见表 7-47。

4. 低压配电设施

低压配电设施的工程施工及安装，主要包括有：中心（站）内低压配电设备和外场设备电力电缆线路。

(1) 中心（站）内低压配电设备各检测项目的检测方法，见表 7-63。

(2) 外场设备电力电缆线路各检测项目的检测方法，见表 7-64。

5. 照明设施

照明设施各检测项目的检测方法，见表 7-65。

6. 隧道机电设施

隧道机电设施的工程施工及安，主要装包括有：车辆检测器；气象检测器；闭路电视监视系统；紧急电话系统；环境检测设备；报警与诱导设施；可变标志；通风设施；照明设施；消防设施；本地控制器；隧道监控中心设备及软件；隧道监控中心计算机网络及低压供配电等。

(1) 车辆检测器各检测项目的检测方法，见表 7-40。

(2) 气象检测器各检测项目的检测方法，见表 7-41。

（3）闭路电视监视系统各检测项目的检测方法，见表 7-42。
（4）紧急电话系统各检测项目的检测方法，见表 7-52。
（5）环境检测设备各检测项目的检测方法，见表 7-66。
（6）报警与诱导设施各检测项目的检测方法，见表 7-67。
（7）可变标志各检测项目的检测方法，见表 7-43。
（8）通风设施各检测项目的检测方法，见表 7-68。
（9）照明设施各检测项目的检测方法，见表 7-69。
（10）消防设施各检测项目的检测方法，见表 7-70。
（11）本地控制器各检测项目的检测方法，见表 7-71。
（12）隧道监控中心设备及软件各检测项目的检测方法，见表 7-72。
（13）隧道监控中心计算机网络各检测项目的检测方法，见表 7-47。
（14）低压供配电各检测项目的检测方法，见表 7-63 和表 7-64。

7.3.3 评定要求

评定要求的内容有：产品检验规则和工程安装质量要求及检验评定标准两部分。

7.3.3.1 产品检验规则

产品检验规则包括：监控设施、收费设施和隧道机电设施等。

1. 监控设施

监控设施的产品检验规则，包括有：环形线圈车辆检测器；能见度检测器；埋入式路面状况检测器；高速公路 LED 可变信息标志；高速公路 LED 可变限速标志；道路交通信号灯及地图板等。

（1）环形线圈车辆检测器

环形线圈车辆检测器产品的检验分为出厂检验和型式检验。

1）出厂检验

① 检测器性能指标的测试（见《环形线圈车辆检测器》JT/T 455—2001 中表 7）。

② 产品出厂是在性能指标测试通过的前提下，由产品生产企业质量检验部门按《环形线圈车辆检测器》JT/T 455—2001 中表 8 中规定逐项进行检验，合格后签发合格证，方可出厂。

③ 出厂检验中，若出现一项不合格，则应返修，返修后重新对不合格项进行检验。若仍不合格，则判为不合格品。

2）型式检验

① 凡有下列情况之一时，应进行型式检验：

(a) 新产品或老产品转厂生产的试制定型鉴定；

(b) 正式生产后，如结构、材料、工艺有较大改变，可能影响产品性能时；

(c) 产品长期停产半年以上，恢复生产时；

(d) 正常批量生产时，每年一次；

(e) 国家质量监督机构提出要求时。

② 型式检验的样品应从出厂检验合格的产品中随机抽取 3 个完整的产品。

③ 型式检验的项目及顺序按《环形线圈车辆检测器》JT/T 455—2001 中表 8 规定。

④ 型式检验中，安全性能不合格时，该型式检验该批次检验为不合格。若其他项目也出现不合格，应在同一批产品中加倍抽取样品，对其不合格项进行检验；若仍不合格，则该型式检验该批次产品判为不合格。

(2) 能见度检测器

能见度检测器产品的检验分为出厂检验和型式检验两类。

1) 出厂检验

① 出厂产品应100%进行检验，合格后方能出厂。

② 出厂产品应有合格证，产品合格证的编写应符合《航空机载设备履历本及产品合格证编制要求》GJB 2489—1995 的规定。

2) 型式检验

型式检验一般在设计定型或生产定型时进行，但在设计有重大改变时也应进行。

3) 检验项目

出厂检验和型式检验的具体检验项目见《道路交通气象环境 能见度检测器》JT/T 714—2008 中表 2。

4) 判定规则

出厂检验和型式检验的判定规则为：若出现一项不合格，则应返修，返修后重新对不合格项进行检验。若仍不合格，则判为不合格品。

(3) 埋入式路面状况检测器

埋入式路面状况检测器产品的检验分为出厂检验和型式检验。

1) 出厂检验

① 出厂产品应100%进行检验，合格后方能出厂，具体的检测项目见《道路交通气候环境 埋入式路面状况检测器》JT/T 715—2008 中表 2。

② 出厂产品应有合格证，产品合格证的编写应符合《航空机载设备履历本及产品合格证编制要求》GJB 2489—1995 的规定。

③ 出厂检验中，若出现一项不合格，则应返修，返修后重新对不合格项进行检验。若仍不合格，则判为不合格品。

2) 型式检验

① 凡有下列情况之一时，应进行型式检验：

(a) 新产品或老产品转厂生产的试制定型鉴定；

(b) 正式生产后，如结构、材料、工艺有较大改变，可能影响产品性能时；

(c) 产品停产半年以上，恢复生产时；

(d) 正常批量生产时，每年1次；

(e) 国家质量监督机构提出要求时。

② 型式检验的样品应从出厂检验合格的产品中抽取，产品抽样方法应符合《计数抽样检验程序及表》GJB 179A—1996 的有关要求。

③ 型式检验的项目及顺序按《道路交通气候环境 埋入式路面状况检测器》JT/T 715—2008 中表 2 的规定。

④ 型式检验中，若有不合格项目，则应在同一批产品中加倍抽取样品，对其不合格项目进行检验；若仍不合格，则该型式该批次产品判为不合格。

(4) 高速公路 LED 可变信息标志

高速公路 LED 可变信息标志产品的检验分为出厂检验和型式检验，产品型式检验合格后，才能批量生产。

1) 出厂检验

① 对于批量不大于 3 台的产品，由产品生产企业质量检验部门按《高速公路 LED 可变信息标志》GB/T 23828—2009 中表 4 的规定，逐台进行检验，检验合格后签发合格证，方可出厂。

② 对于批量大于 3 台的产品，出厂检验的样品应从生产线终端随机抽取不少于 30%的样品，但不少于 3 台。若 3 台全部合格则整个检验批合格，签发合格证，允许出厂；若有 1 台不合格，则需对整个批进行逐台检验，剔除不合格品。

③ 出厂检验中，剔除的不合格品允许返修，返修后重新对不合格项进行检验，但返修次数不应超过 2 次。

2) 型式检验

①产品的型式检验一般由国家法定的质量监督机构组织进行。

②凡有下列情况之一时，应进行型式检验：

(a) 新产品试制定型鉴定或老产品转厂生产；

(b) 正式生产后，如结构、材料、工艺有较大改变，可能影响产品性能时；

(c) 产品停产半年以上，恢复生产时；

(d) 正常批量生产时，每年一次；

(e) 国家质量监督机构提出要求时。

③ 型式检验的样品应随机抽取 1 个完整的标志产品。

④ 型式检验的项目及顺序按《高速公路 LED 可变限速标志》GB/T 23826—2009 中表 4 的规定执行。

⑤ 型式检验中，电气安全性能不合格时，该次型式检验为不合格。若其他项目也出现不合格，应在同一批产品中加倍抽取样品，对其不合格项进行检验；若仍不合格，则该次型式检验不合格。

(5) 高速公路 LED 可变限速标志

高速公路 LED 可变限速标志产品的检验分为出厂检验和型式检验，产品型式检验合格后，才能批量生产。

1) 出厂检验

① 对于批量不大于 3 台的产品，由产品生产企业质量检验部门按《高速公路 LED 可变限速标志》GB/T 23826—2009 中表 4 规定，逐台进行检验，检验合格后签发合格证，方可出厂。

② 对于批量大于 3 台的产品，出厂检验的样品应从生产线终端随机抽取不少于 30%的样品，但不少于 3 台。若 3 台全部合格则整个检验批合格，签发合格证，允许出厂；若有 1 台不合格，则需对整个批进行逐台检验，剔除不合格品。

③ 出厂检验中，剔除的不合格品允许返修，返修后重新对不合格项进行检验，但返修次数不应超过 2 次。

2) 型式检验

① 产品的型式检验一般由国家法定的质量监督机构组织进行。
② 凡有下列情况之一时，应进行型式检验：
(a) 新产品试制定型鉴定或老产品转厂生产；
(b) 正式生产后，如结构、材料、工艺有较大改变，可能影响产品性能时；
(c) 产品停产半年以上，恢复生产时；
(d) 正常批量生产时，每年一次；
(e) 国家质量监督机构提出要求时。
③ 型式检验的样品应随机抽取1个完整的标志产品。
④ 型式检验的项目及顺序按《高速公路LED可变限速标志》GB/T 23826—2009中表4规定执行。
⑤ 型式检验中，电气安全性能不合格时，该次型式检验为不合格。若其他项目也出现不合格，应在同一批产品中加倍抽取样品，对其不合格项进行检验；若仍出现不合格，则该次型式检验不合格。

(6) 道路交通信号灯（简称信号灯）

信号灯的检验分为型式检验、出厂检验和质量一致性检验。

1) 型式检验

有下列情况之一时，应进行型式检验：
① 新产品投产或老产品转厂生产的试制定型鉴定；
② 正式生产后，如结构、材料、工艺有较大改变，可能影响产品性能；
③ 产品进行安全认证时；
④ 产品长期停产后，恢复生产；
⑤ 出厂检验结果与上次型式检验有较大差异；
⑥ 行业主管部门、国家或行业质量监督机构提出要求。

按《道路交通信号灯》GB 14887—2011中表8规定的试验项目和方法进行型式检验，如果有一个项目不符合标准《道路交通信号灯》GB 14887—2011第5章的要求，则判定为型式检验不合格。

2) 出厂检验

每组信号灯产品出厂前，应进行出厂检验。出厂检验由生产企业的质检部门依据《道路交通信号灯》GB 14887—2011中表8规定的项目进行，生产企业可在《道路交通信号灯》GB 14887—2011中表8规定项目基础上自行增加检验项目，但不得减少检验项目。若检验结果全部符合要求，则该批产品判定为合格产品。若检验结果有一项不符合要求，则按情况进行返工或返修，返工、返修后的产品应再次进行检验。

3) 质量一致性检验

质量一致性检验是验证批量产品符合性的抽样检验，质量一致性检验的抽样按《随机数的产生及其在产品质量抽样检验中的应用程序》GB/T 10111—2008有关规定进行。

信号灯正常生产后，每2年应进行一次质量一致性检验。质量一致性检验的项目应包括《道路交通信号灯》GB 14887—2011中表8规定的质量一致性检验项目，其中人工气候加速老化试验每4年进行一次。质量一致性检验可由生产企业自行检验，当生产企业能力不具备时，应委托有资质的第三方检验机构进行。

质量一致性检验出现一项不合格，则应加倍抽取样品进行复验，必要时进行全性能检验。

(7) 地图板

地图板产品检验分出厂检验、型式检验和现场检验3种。

1) 出厂检验

每套设备出厂前应由制造厂技术检验部门在正常大气条件下，按《高速公路监控系统地图板装置》JT/T 601—2004 中表8要求的项目内容进行检测。

2) 型式检验

型式检验按《高速公路监控系统地图板装置》JT/T 601—2004 中表8要求的项目内容进行检验。

①有下列情况之一时，进行型式检验：

(a) 新产品定型或老产品转厂生产时；

(b) 大批量生产的设备（每年100台以上）每2年1次；

(c) 小批量生产的设备每3年1次；

(d) 正式生产后，如设计、工艺材料、元件有较大改变、可能影响产品性能时；

(e) 国家质量监督机构提出进行型式检验的要求时；

(f) 产品长期停产后，恢复生产时；

(g) 出厂检验结果与上次型式检验有较大差异时。

②型式检验抽样与复验

出厂检验合格产品中任意抽取2台以上进行型式检验。

型式检验各项目全部符合技术要求为合格，发现有不符合技术要求的项目应分析原因，处理缺陷，对产品进行整顿后，再按全部型式检验项目进行检验。

3) 现场检验

每套设备在现场安装、调试完毕后，由用户技术部门、生产厂家在正常大气条件下，按《高速公路监控系统地图板装置》JT/T 601—2004 中表8要求的项目内容进行现场检验。

2. 收费设施

收费设施的产品检验规则，包括有：公路收费车道控制机；电动栏杆；手动栏杆；收费专用键盘；LED车道控制标志；汽车号牌视频自动识别系统；公路收费用费额显示器；公路收费用票据打印机及公路收费非接触式IC卡收发卡机等。

(1) 公路收费车道控制机

公路收费车道控制机产品的检验分为出厂检验和型式检验。

1) 出厂检验

①产品出厂检验由产品生产企业质量检验部门按《公路收费车道控制机》JT/T 602—2004 中表1规定逐项进行检验，合格后签发合格证，方可出厂。

②出厂检验中，若出现一项不合格，则应返修。返修后重新对不合格项进行检验，若仍不合格，则判为不合格品。

2) 型式检验

①凡有下列情况之一时，应进行型式检验：

(a) 新产品定型鉴定或老产品转厂生产；
(b) 正式生产后，如结构、材料、工艺有较大改变，可能影响产品性能时；
(c) 国家质量监督机构提出要求时。

②型式检验的项目及顺序按《公路收费车道控制机》JT/T 602—2004 中表 1 规定。

③型式检验中，安全性能不合格时，该次型式检验为不合格；若其他项目也出现不合格，应在同一批产品中加倍抽取样品，对其不合格项进行检验；若仍不合格，则该型式检验批产品判为不合格。

(2) 电动栏杆

电动栏杆产品的检验分为出厂检验和型式检验。

1) 出厂检验

①产品出厂均应由产品生产企业质量检验部门按《收费栏杆技术条件 第 1 部分：电动栏杆》JT/T 428.1—2000 中表 2 规定逐项进行检验，合格后签发合格证，方可出厂。

②出厂检验中，若出现一项不合格，则应返修。返修后重新对不合格项进行检验，若仍不合格，则判为不合格品。

2) 型式检验

①凡有下列情况之一时，应进行型式检验：
(a) 新产品或老产品转厂生产的试制定型鉴定；
(b) 正式生产后，如结构、材料、工艺有较大改变，可能影响产品性能时；
(c) 产品长期停产半年以上，恢复生产时；
(d) 正常批量生产时，每两年 1 次；
(e) 国家质量监督机构提出要求时。

②型式检验的样品应从出厂检验合格的产品中随机抽取 3 个完整的产品。

③型式检验的项目及顺序按《收费栏杆技术条件 第 1 部分：电动栏杆》JT/T 428.1—2000 中表 2 规定进行。

④型式检验中，安全性能不合格时，该次型式检验为不合格。若其他项目也出现不合格，应在同一批产品中加倍抽取样品，对其不合格项进行检验；若仍不合格，则该型式检验批产品判为不合格。

(3) 手动栏杆

手动栏杆产品的检验分为出厂检验和型式检验。

1) 出厂检验

产品出厂前，应按标准《收费栏杆技术条件 第 2 部分：手动栏杆》JT/T 428.2—2000 由产品生产企业质量检验部门随机抽样，检验项目包括 5.2、5.3、5.4、5.6 规定的内容。

2) 型式检验

型式检验的样品应从出厂检验合格的产品中随机抽取 3 个完整的产品。

型式检验的项目按标准《收费栏杆技术条件 第 2 部分：手动栏杆》JT/T 428.2—2000 第 5 章的要求进行。

(4) 收费专用键盘

收费专用键盘产品的检验分为型式检验和出厂检验，产品通过型式检验合格后，才能批量生产。

1）型式检验

①产品的型式检验一般由国家法定的质量监督机构组织进行。

②凡有下列情况之一时，应进行型式检验：

(a) 新产品试制定型鉴定或老产品转厂生产；

(b) 正式生产后，如结构、材料、工艺有较大改变，可能影响产品性能时；

(c) 产品停产半年以上，恢复生产时；

(d) 正常批量生产时，每年1次；

(e) 国家质量监督机构提出要求时。

③型式检验的样品应随机抽取一个完整的键盘产品。

④型式检验的项目及顺序按《收费专用键盘》GB/T 24724—2009 中表1规定执行。

⑤型式检验中，电气安全性能不合格时，该次型式检验为不合格。若其他项目出现不合格，应在同一批产品中加倍抽取样品，对不合格项进行检验；若仍不合格，则该次型式检验不合格。

2）出厂检验

①对于批量不大于3个的产品，由产品生产企业质量检验部门按《收费专用键盘》GB/T 24724—2009 中表1规定，逐个进行检验，检验合格后签发合格证，方可出厂。

②对于批量大于3个的产品，出厂检验的样品应从生产线终端随机抽取不少于30%的样品，但不少于3个完整的键盘产品。若3个全部合格则整个检验批合格，签发合格证，允许出厂；若有1个不合格，则需对整个批进行逐个检验，剔除不合格品。

③出厂检验中，若出现一项不合格，则对该批产品的该项目进行全部检验，剔除的不合格品允许返修，返修后重新对不合格项进行检验。

（5）LED车道控制标志

LED车道控制标志产品的检验分为出厂检验和型式检验。

1）出厂检验

①产品出厂检验由产品生产企业质量检验部门按《LED车道控制标志》JT/T 597—2004 中表4规定逐项进行检验，合格后签发合格证，方可出厂。

②出厂检验中，若出现一项不合格，则应返修，返修后重新对不合格项进行检验。若仍不合格，则判为不合格品。

2）型式检验

①凡有下列情况之一时，应进行型式检验：

(a) 新产品试制定型鉴定或老产品转厂生产；

(b) 正式生产后，如结构、材料、工艺有较大改变，可能影响产品性能时；

(c) 产品停产半年以上，恢复生产时；

(d) 正常批量生产时，每年1次；

(e) 国家质量监督机构提出型式检验要求时。

②定型鉴定型式检验的样品应不少于3个，其他型式检验从出厂检验合格的产品中随机抽取3个。

③型式检验的项目及顺序按《LED车道控制标志》JT/T 597—2004 中表4规定。

④型式检验中,安全性能不合格时,该次型式检验为不合格;若其他项目也出现不合格,应在同一批产品中加倍抽取样品,对其不合格项进行检验;若仍不合格,则该次型式检验不合格。

(6) 汽车号牌视频自动识别系统

汽车号牌视频自动识别系统产品的检验分为型式检验和出厂检验,产品通过型式检验合格后,才能批量生产。

1) 型式检验

①产品的型式检验一般由国家法定的质量监督机构组织进行。

②凡有下列情况之一时,应进行型式检验:

(a) 新产品试制定型鉴定或老产品转厂生产;

(b) 正式生产后,如结构、材料、工艺有较大改变,可能影响产品性能时;

(c) 产品停产半年以上,恢复生产时;

(d) 正常批量生产时,每年1次;

(e) 国家质量监督机构提出要求时。

③型式检验的样品应随机抽取1台完整的识别系统产品。

④型式检验的项目及顺序按《汽车号牌视频自动识别系统》JT/T 604—2011 中表1规定执行。

⑤型式检验中,电气安全性能不合格时,该次型式检验为不合格。若其他项目出现不合格,应在同一批产品中加倍抽取样品,对不合格项进行检验;若仍不合格,则该次型式检验不合格。

2) 出厂检验

①对于批量不大于3台的识别系统产品,由产品生产企业质量检验部门按《汽车号牌视频自动识别系统》JT/T 604—2011 中表1规定,逐台进行检验,检验合格后签发合格证,方可出厂。

②对于批量大于3台的识别系统产品,出厂检验的样品应从生产线终端随机抽取不少于30%的样品,但不少于3台完整的识别系统产品。若3台全部合格则整个检验批合格,签发合格证,允许出厂;若有1台不合格,则需对整个批进行逐台检验,剔除不合格品。

③出厂检验中,若出现一项不合格,则对该批产品的该项目进行全部检验,剔除的不合格品允许返修,返修后重新检验。

(7) 公路收费用费额显示器

公路收费用费额显示器产品的检验分为型式检验和出厂检验。

1) 型式检验

①产品的型式检验一般由国家法定的质量监督机构组织进行。

②凡有下列情况之一时,应进行型式检验:

(a) 新产品试制、定型鉴定或老产品转厂生产;

(b) 正式生产后,如结构、材料、工艺有较大改变,可能影响产品性能时;

(c) 产品停产半年以上,恢复生产时;

(d) 正常批量生产时,每年1次;

(e) 国家质量监督机构提出要求时。

③型式检验的样品在产品中随机抽取3个完整的产品。

④型式检验的项目及顺序按《公路收费用费额显示器》JT/T 641—2005 中表1规定。

⑤型式检验中，安全性能不合格时，该次型式检验为不合格。若其他项目出现不合格，应在同一批产品中加倍抽取样品，对不合格项进行检验；若仍不合格，则该型式检验批次产品判为不合格。

2）出厂检验

①产品出厂检验由产品生产企业质量检验部门按《公路收费用费额显示器》JT/T 641—2005 中表1规定逐项进行检验，合格后签发合格证，方可出厂。

②出厂检验中，若出现一项不合格，则应返修，返修后重新对不合格项进行检验。若仍不合格，则判为不合格品。

（8）公路收费用票据打印机

公路收费用票据打印机产品的检验分为型式检验和出厂检验，产品通过型式检验合格后，才能批量生产。

1）型式检验

①产品的型式检验一般由国家法定的质量监督机构组织进行。

②凡有下列情况之一时，应进行型式检验：

(a) 新产品试制定型鉴定或老产品转厂生产；

(b) 正式生产后，如结构、材料、工艺有较大改变，可能影响产品性能时；

(c) 产品停产半年以上，恢复生产时；

(d) 正常批量生产时，每年1次；

(e) 国家质量监督机构提出要求时。

③型式检验的样品应随机抽取1台完整的打印机产品。

④型式检验的项目及顺序按《公路收费用票据打印机》GB/T 24723—2009 中表1规定执行。

⑤型式检验中，电气安全性能不合格时，该次型式检验为不合格。若其他项目出现不合格，应在同一批产品中加倍抽取样品，对不合格项进行检验；若仍不合格，则该次型式检验不合格。

2）出厂检验

①对于批量不大于3台的打印机产品，由产品生产企业质量检验部门按《公路收费用票据打印机》GB/T 24723—2009 中表1规定，逐台进行检验，检验合格后签发合格证，方可出厂。

②对于批量大于3台的打印机产品，出厂检验的样品应从生产线终端随机抽取不少于30%的样品，但不少于3台完整的打印机产品。若3台全部合格则整个检验批合格，签发合格证，允许出厂；若有1台不合格，则需对整个批进行逐台检验，剔除不合格品。

③出厂检验中，若出现一项不合格，则对该批产品的该项目进行全部检验，剔除的不合格品允许返修，返修后重新对不合格项进行检验。

（9）公路收费非接触式IC卡收发卡机

1）一般规定

产品在定型时（设计定型、生产定型）和生产过程中应按标准《公路收费非接触式

IC卡收发卡机》JT/T 603—2004 的规定进行检验，并应符合各项规定的要求。

2）检验分类

产品的检验分为出厂检验和型式检验。

3）出厂检验

①产品出厂检验由产品生产企业质量检验部门按《公路收费非接触式 IC 卡收发卡机》JT/T 603—2004 中表 1 规定逐项进行检验，合格后签发合格证，方可出厂。

②出厂检验中，若出现一项不合格，则应返修，返修后重新对不合格项进行检验。若仍不合格，则判为不合格品。

4）型式检验

产品的型式检验一般由国家法定的质量监督机构组织进行。

①凡有下列情况之一时，应进行型式检验：

（a）新产品试制定型鉴定或老产品转厂生产；

（b）正式生产后，如结构、材料、工艺有较大改变，可能影响产品性能时；

（c）国家质量监督机构提出要求时。

②型式检验的样品应从出厂检验合格的产品中随机抽取 3 个完整的标志产品。

③型式检验的项目及顺序按《公路收费非接触式 IC 卡收发卡机》JT/T 603—2004 中表 1 规定。

④型式检验中，安全性能不合格时，该次型式检验为不合格；若其他项目出现不合格，应在同一批产品中加倍抽取样品，对其不合格项进行检验；若仍不合格，则该型式检验批产品判为不合格。

3. 隧道机电设施

隧道机电设施的产品检验规则，包括有：可变信息标志；可变限速标志；LED 车道控制标志；公路隧道照明灯具及隧道可编程控制器等。

(1) 可变信息标志的产品检验规则，见监控设施高速公路 LED 可变信息标志产品的产品检验规则。

(2) 可变限速标志的产品检验规则，见监控设施高速公路 LED 可变限速标志产品的产品检验规则。

(3) LED 车道控制标志的产品检验规则，见收费设施 LED 车道控制标志产品的产品检验规则。

(4) 公路隧道照明灯具

公路隧道照明灯具产品的检验分为出厂检验和型式检验。

1）出厂检验

①公路隧道照明灯具应由制造厂质检部门检验合格，并签发产品合格证后方可出厂。

②出厂检验的具体检验项目见《公路隧道照明灯具》JT/T 609—2004 中表 1 规定。

2）型式检验

①有下列情况之一时，应对产品进行型式检验：

（a）新产品或者老产品转厂生产的定型鉴定；

（b）正式生产后，如结构、材料工艺有较大改变，可能影响产品性能时；

（c）供需双方商定；

(d) 产品停产 1 年后，恢复生产时；

(e) 质量监督机构提出进行型式检验的要求时。

②型式检验每次随机抽样数为 3 套，抽样基数不少于 50 套。

③型式检验项目包括《公路隧道照明灯具》JT/T 609—2004 第 5 章规定的内容。

④型式检验时，当标准《公路隧道照明灯具》JT/T 609—2004 规定的内容中，有任一项次检验不合格时，则判本批产品为不合格。

(5) 隧道可编程控制器

隧道可编程控制器产品的检验分为出厂检验和型式检验。

1) 出厂检验

①产品出厂检验由产品生产企业质量检验部门按《隧道可编程控制器》JT/T 608—2004 中表 1 规定逐项进行检验，合格后签发合格证，方可出厂。

②出厂检验中，若出现一项不合格，则应返修。返修后重新对不合格项进行检验。若仍不合格，则判为不合格品。

2) 型式检验

①凡有下列情况之一时，应进行型式检验：

(a) 新产品试制、定型鉴定或老产品转移生产；

(b) 正式生产后，如结构、材料、工艺有较大改变，可能影响产品性能时；

(c) 产品停产半年以上，恢复再生产时；

(d) 连续批量生产时，每年 1 次；

(e) 国家质量监督机构提出抽查要求时。

②型式检验的样品应从出厂检验合格的产品中随机抽取。

③型式检验的项目及顺序按《隧道可编程控制器》JT/T 608—2004 中表 1 规定。

④型式检验中，安全性能不合格时，则判定本次型式检验为不合格；若其他项目也出现不合格，应在同一批产品中加倍抽取样品，对其不合格项进行检验；若仍不合格，则该型式检验批产品判定为不合格。

7.3.3.2 工程安装质量要求及检验评定标准

1. 监控设施

监控设施的工程施工及安装质量要求及检验评定，主要包括有：车辆检测器；气象检测器；闭路电视监视系统；可变标志；地图板；大屏幕投影系统；监控中心设备安装及系统调测；监控系统计算机网络及光、电缆线路等。

(1) 车辆检测器

目前，我国交通工程应用的车辆检测器主要包括：环形线圈车辆检测器、微波车辆检测器、视频车辆检测器和超声波车辆检测器等。但无论是哪种车辆检测器在工程安装及检验评定中其主要质量控制点都应包括：测参数的准确性、数据传输性能、安全保护、机壳质量等。具体安装质量要求及检验评定标准如《公路工程质量检验评定标准　第二册　机电工程》JTG F80/2—2004。

1) 基本要求

①车辆检测器及其配件的数量、型号规格符合要求。

②车辆检测器安装位置正确，机箱外部完整，门锁开闭灵活。

③线圈（探头）安装尺寸符合设计要求，线槽顺直、均匀，封填后平整，引线过缘石处理得当。

④电源、通信线路按规范要求连接到位，检测器处于正常状态。

⑤隐蔽工程验收记录、分项工程自检和设备调试记录、有效的设备检验合格报告或证书等资料齐全。

2）外观鉴定

①机箱安装牢固、端正。

②机箱表面光泽一致、无划伤、无刻痕、无剥落、无锈蚀。

③基础混凝土表面应刮平，无损边、无掉角；联结地脚及螺栓规格符合设计要求，防腐措施得当，裸露金属基体无锈蚀；金属机箱与接地极连接可靠，接地极引出线无锈蚀。

④机箱的出线管与箱体连接密封良好，箱体内无积水、尘土、霉变。

⑤机箱内电力线、信号线、元器件等布线平直、整齐、固定可靠，标识正确、清楚，插头牢固。

(2) 气象检测器

根据《公路工程质量检验评定标准 第二册 机电工程》JTG F80/2—2004，气象检测器的施工质量要求及检验评定标准如下：

1）基本要求

①气象检测器及其配件的数量、型号规格符合要求。

②气象检测器安装位置正确，机箱外部完整，门锁开闭灵活。

③探头安装方位、尺寸符合设计要求。

④电源、通信线路按规范要求连接到位，气象检测器处于正常工作状态。

⑤隐蔽工程验收记录、分项工程自检和设备调试记录、有效的设备检验合格报告或证书等资料齐全。

2）外观鉴定

①立柱、机箱及各探头传感器安装牢固、端正。

②各部件表面光泽一致、无划伤、无刻痕、无剥落、无锈蚀。

③基础混凝土表面应刮平，无损边、无掉角；机箱、立柱、法兰及地脚螺栓规格符合设计要求，防腐措施得当，裸露金属基体无锈蚀。

④防雷接地和安全接地应分开设置，接地焊接牢固，焊缝饱满并做防腐处理；金属机箱与安全保护地连接可靠，接地极引出线无锈蚀。

⑤机箱的出线管与箱体连接密封良好，箱体内无积水、尘土、霉变。

⑥机箱内电力线、信号线、元器件等布线平直、整齐、固定可靠，标识正确、清楚，插头牢固。

(3) 闭路电视监视系统

根据《公路工程质量检验评定标准 第二册 机电工程》JTG F80/2—2004，闭路电视监视系统的施工质量要求及检验评定标准如下：

1）基本要求

①闭路电视监视系统的设备及配件数量、型号规格符合要求，部件完整。

②外场摄像机基础安装位置正确，立柱安装竖直、牢固。

③防雷部件安装到位、连接措施符合规范要求。

④摄像机（云台）安装方位、高度符合设计要求。

⑤控制机箱外部完整，门锁开闭灵活。

⑥电源、控制线路以及视频传输线路按规范要求连接到位，闭路电视系统的所有设备处于正常工作状态。

⑦隐蔽工程验收记录、分项工程自检和设备调试记录、有效的设备检验合格报告或证书等资料齐全。

2）外观鉴定

①立柱、机箱及摄像机（云台）安装牢固、端正。

②各部件表面光泽一致、无划伤、无刻痕、无剥落、无锈蚀。

③基础混凝土表面应刮平，无损边、无掉角；机箱、立柱、法兰及地脚螺栓规格符合设计要求，防腐措施得当，裸露金属基体无锈蚀。

④防雷接地和安全接地应分开设置，接地焊接牢固，焊缝饱满并做防腐处理；防雷引下线及接地体所用材料规格、防腐与连接措施、安装位置符合设计要求；金属机箱与安全保护地连接可靠，接地极引出线无锈蚀。

⑤云台防护罩和机箱的出线管与箱体连接密封良好，箱体内无积水、尘土、霉变。

⑥机箱内电力线、信号线、元器件等布线平直、整齐、固定可靠，标识正确、清楚，插头牢固。

（4）可变标志

高速公路上可变标志的安装质量技术要求和质量评定按照《公路工程质量检验评定标准　第二册　机电工程》JTG F80/2—2004执行；交叉口信号灯的安装技术要求按照国家标准《道路交通信号灯设置与安装规范》GB 14886—2006执行。

在《公路工程质量检验评定标准　第二册　机电工程》JTG F80/2—2004标准中，可变标志的施工质量要求及检验评定标准如下：

1）基本要求

①可变标志设备及配件数量、型号规格符合要求，部件完整。

②基础安装位置正确，立柱安装竖直、牢固。

③防雷部件安装到位、连接措施符合规范要求。

④可变标志板面安装方位、角度、高度符合设计要求。

⑤控制机箱外部完整，门锁开闭灵活。

⑥电源、控制线路以及通信线路按规范要求连接到位，设备处于正常工作状态。

⑦显示屏发光单元处于受控状态，失效率符合产品标准要求。

⑧隐蔽工程验收记录、分项工程自检和设备调试记录、有效的设备检验合格报告或证书等资料齐全。

2）外观鉴定

①立柱、控制机箱及显示屏安装牢固、端正。

②各部件表面光泽一致、无划伤、无刻痕、无剥落、无锈蚀。

③基础混凝土表面应刮平，无损边、无掉角；控制机箱、立柱、法兰及地脚螺栓规格符合设计要求，防腐措施得当，裸露金属基体无锈蚀。

④防雷接地和安全接地应分开设置,接地焊接牢固,焊缝饱满并做防腐处理;防雷引下线及接地体所用材料规格、防腐与连接措施、安装位置符合设计要求;金属机箱与接地极连接可靠,接地极引出线无锈蚀。

⑤显示屏、控制机箱的出线管与箱体连接密封良好,箱体内无积水、尘土、霉变。

⑥显示屏、控制机箱内电力线、信号线、元器件等布线平直、整齐、固定可靠,标识正确、清楚、插头牢固。

注:可变标志包括:可变限速标志、可变信息标志,匝道、隧道、收费站的车道控制标志,交通信号灯等交通信息提供装置。

(5) 地图板

在《公路工程质量检验评定标准 第二册 机电工程》JTG F80/2—2004 标准中,地图板的施工质量要求及检验评定标准如下:

1) 基本要求

①地图板、控制器及其他配件的数量、型号规格符合设计要求,部件完整。

②安装方位、角度、高度符合设计要求。

③电源、控制线路以及通信线路按规范要求连接到位,设备处于正常工作状态。

④显示屏发光单元处于受控状态。

⑤分项工程自检和设备调试记录、有效的设备检验合格报告或证书等资料齐全。

2) 外观鉴定

①地图板各显示区域布局合理,符合设计要求。

②屏幕模块拼接完整,无明显歪斜,安装稳固、横竖端正。

③屏幕基底色泽一致,无明显差异。

④各显示区域有信息显示时清晰明亮、稳定。

⑤地图板后箱内各设备之间布线整齐、美观,编号标识清楚;信号线和动力线及其接插头座应明确区分,预留长度适当。

(6) 大屏幕投影系统

在《公路工程质量检验评定标准 第二册 机电工程》(JTG F80/2—2004) 标准中,大屏幕投影系统的施工质量要求及检验评定标准如下:

1) 基本要求

①投影仪、屏幕及配件的数量、型号符合要求,部件完整。

②投影仪、屏幕安装方位、角度、高度符合设计要求。

③电源、控制线路以及通信线路按规范要求连接到位,设备处于正常工作状态。

④分项工程自检和设备调试记录、有效的设备检验合格报告或证书等资料齐全。

2) 外观鉴定

①投影仪外观完整无损伤、镜头洁净,屏幕平整整洁、白度均匀。

②图像清晰、稳定、无抖动。

③图像明亮、色泽鲜艳可调。

(7) 监控中心设备安装及系统调测

在《公路工程质量检验评定标准 第二册 机电工程》(JTG F80/2—2004) 标准中,监控中心设备安装及系统调测的质量要求及检验评定标准如下:

1) 基本要求

①硬件

(a) 监控中心机房应整洁，通风、照明良好。

(b) 监控系统所有设备的配置、设备数量、型号规格符合设计要求，部件完整。

(c) 监控中心的防雷、水暖、供电、空调通风、照明等辅助设施安装调试完毕并通过相关专业的验收。

(d) 监控中心的所有设备应安装调试完毕，系统处于正常运转工作状态。

(e) 隐蔽工程验收记录、分项工程自检和设备及系统联调记录、有效的设备检验合格报告或证书等资料齐全。

②软件

(a) 能准确及时采集交通流、交通环境和主要交通设施运行状态的各种信息。

(b) 能监测恶劣气候。

(c) 能对交通事故作出快速响应，迅速准确地提供事故信息。

(d) 根据已掌握的信息，迅速作出有针对性的处理和优化控制方案，并立即执行。

(e) 有多种信息发布渠道，为用户提供信息服务，通过驾驶员调整行驶行为，达到交通流动态平衡。

(f) 可以建立道路交通数据库，用以支持道路运行状况评价，为改善道路经营和交通管理的决策提供数据分析。

(g) 按国家相关标准要求进行了软件的稳定性、可靠性测试并提供了报告；编制并提供了符合规范的软件手册及相关文档。

2) 外观鉴定

①控制台上设备布局合理，安装稳固、横竖端正，符合设计和人机工学的要求，接线端子和接、插座标识清楚。

②CCTV 监视器布局合理，屏幕拼接完整，无明显歪斜，安装稳固、横竖端正，符合设计和人机工学的要求，接线端子和接、插座标识清楚。

③控制台、CCTV 电视墙内以及各设备之间布线整齐、美观，编号标识清楚；信号线和动力线及其接头插座应明确区分，预留长度适当。

④电力配电柜、信号配线架内布线整齐、美观；绑扎牢固、成端符合规范要求；编号标识清楚，预留长度适当。

(8) 监控系统计算机网络

在《公路工程质量检验评定标准 第二册 机电工程》（JTG F80/2—2004）标准中，监控系统计算机网络的质量要求及检验评定标准如下：

1) 基本要求

①网线、插座、连接头、网卡、集线器、交换机、路由器、调制解调器、服务器等网络设备的数量、型号规格符合设计要求。

②插座、双绞线接头的压接形式（线对分配）符合 EIA/TIA 586A 或 586B 的要求，且在一个系统中只能选用一种压接形式，不得混用。

③网络设备安装调试完毕，系统处于正常运转工作状态。

④隐蔽工程验收记录、分项工程自检和设备及系统联调记录、有效的设备检验合格报

告或证书等资料齐全。

2) 外观鉴定

①网络设备、网线线槽、信息插座布放整齐美观，安装牢固、标识清楚。

②线缆布放路由正确、绑扎牢固、端头连接规范、标识清楚，弯曲半径和预留长度符合设计或《建筑及建筑群综合布线系统工程验收规范》GB/T 50132—2000 规范要求。

(9) 光、电缆线路

在《公路工程质量检验评定标准 第二册 机电工程》JTG F80/2—2004 标准中，光、电缆线路的施工质量要求及检验评定标准如下：

1) 基本要求

①监控系统各种光、电缆规格及使用的保护管道符合设计要求。

②人（手）孔及管道设置安装齐全、合格，防水措施良好。

③塑料通信管道敷设与安装符合规范要求。

④光、电缆接续及占用管道孔正确，密封防水措施符合规范要求。

⑤光、电缆成端及进室的措施得当，符合规范要求。

⑥直埋电缆符合相关施工规范要求。

⑦隐蔽工程验收记录、分项工程自检和通电调试记录、有效的光电缆及接续附件的检验合格报告或证书等资料齐全。

2) 外观鉴定

①在配电箱和用电设备控制箱内光、电缆排列整齐、有序，绑扎牢固，标识清楚；电力电缆尾端联接与接续应使用专用连接器并用热塑套管封合与标记。

②同轴电缆成端应使用焊接方式，端头处理时预留长度一致，各层的开剥尺寸与电缆插头相应部分配合良好；芯线焊接端正、牢固，焊锡适量，焊点光滑、不带尖、不成瘤；组装成的同轴电缆插头配件齐全、位置正确、装配牢固。

③监控中心（局内）光电缆排列整齐有序，进入墙壁要有保护套管，预留长度满足使用要求。

④人（手）孔位置准确，预埋件安装牢固，防水措施良好，人（手）孔内无积水，高程符合设计要求。

⑤光电缆在人（手）孔内余留长度符合规定；光缆接续箱安装牢固，密封良好。

⑥直埋电缆两端铠装层接地处理措施得当，电缆标石埋设符合设计要求。

2. 通信设施

通信设施的工程施工及安装质量要求及检验评定，主要包括有：通信管道与光、电缆线路；光纤数字传输系统；数字程控交换系统；紧急电话系统；无线移动通信系统及通信电源等。

(1) 通信管道与光、电缆线路

在《公路工程质量检验评定标准 第二册 机电工程》JTG F80/2—2004 标准中，通信管道与光、电缆线路的施工质量要求及检验评定标准如下：

1) 基本要求

①通信光电缆、塑料管道、人（手）孔圈等器材的数量、规格程式符合设计要求。

②塑料通信管道敷设与安装符合规范要求。

③管道基础及包封用原材料、型号、规格及数量应符合相关的国家和行业标准的规定。

④光、电缆横穿路基时应加钢管保护，钢管的型号规格和防腐措施符合设计要求。

⑤光、电缆在过桥梁或其他构造物时采用的管箱、引上和引下工程采用的保护管符合设计要求，光、电缆及保护管与接驳的保护管过渡圆滑、密封良好。光、电缆的弯曲半径应符合要求。

⑥光、电缆的敷设、接续、预留及成端等符合规范要求。

⑦直埋电缆符合相关施工规范要求。

⑧出厂时及施工前光、电缆单盘测试记录，施工后所有线对的连通性测试记录，管道及电缆接续等隐蔽工程验收记录，分项工程自检和通电调试记录，有效的光电缆、保护管（箱）及接续附件的检验合格报告或证书等资料齐全。

2）外观鉴定

①光、电缆配线箱（架）安装端正、稳固，配件齐全。

②在配线箱（架）或设备控制箱内光、电缆排列整齐、有序，绑扎牢固，标识正确、清楚。

③通信中心（局内）光电缆的进线与成端符合规范要求，进入墙壁要有保护套管，预留长度满足使用要求并且统一规整。

④人（手）孔位置准确、预埋件安装牢固、防水措施良好。人（手）孔内无积水，其高程符合设计要求。

⑤光电缆在人（手）孔内占用管道孔正确、排列整齐、余留长度符合规定，标志清楚、牢固；光缆接续箱安装牢固，密封良好。

⑥光、电缆在过桥梁或其他构造物时采用的保护管安装牢固、排列整齐有序；光电缆及保护管与接驳的保护管过渡圆滑、密封良好。

⑦直埋电缆两端铠装层、屏蔽层接地处理措施得当，电缆标石埋设符合设计要求。

（2）光纤数字传输系统

在《公路工程质量检验评定标准 第二册 机电工程》JTG F80/2—2004 标准中，光纤数字传输系统的施工质量要求及检验评定标准如下：

1）基本要求

①光纤数字传输系统通信机房应整洁，通风、照明良好。

②光纤数字传输系统所有设备（包括机架、槽道、列柜及成端用光电缆）的配置、数量、型号规格符合设计要求，部件完整。

③通信机房的防雷、水暖、供电、通信电源、空调通风、照明等辅助设施安装调试完毕并通过相关专业的验收。

④光纤数字传输系统所有设备安装调试完毕，系统处于正常运转工作状态。

⑤隐蔽工程验收记录、分项工程自检和设备及系统联调记录、有效的设备检验合格报告或证书等资料齐全。

2）外观鉴定

①槽道、机架（包括子架、DDF、ODF）及设备布局合理、安装稳固；机架横竖端正、排列整齐；拼装螺丝紧固、余留长度一致。

②设备安装后表面光泽一致、无划伤、无刻痕、无剥落、无锈蚀；部件标识正确、清楚。

③电缆及光纤连接线路由和位置正确、布放整齐符合施工工艺要求。

④光纤连接线在槽道内保护措施得当；分线正确、编扎排列整洁、工艺符合要求；在光缆配线架上路由走向正确、标识清楚、布放工艺符合要求。

⑤数字配线架上跳线的规格程式符合要求、路由走向正确、标识清楚、布放工艺符合规范要求。

⑥同轴电缆的成端余留长度统一、芯线焊接及端头处理得当、符合工艺要求。

⑦数字配线架、光缆配线架内布线整齐、美观；绑扎牢固、成端符合规范要求；编号标识清楚，余留长度适当。

⑧设备连接用连接线、跳线（纤）符合设计要求，长度规整统一、标识清楚。

（3）数字程控交换系统

在《公路工程质量检验评定标准　第二册　机电工程》JTG F80/2—2004 标准中，数字程控交换系统的施工质量要求及检验评定标准如下：

1）基本要求

①数字程控交换系统通信机房应整洁，通风、照明、环境温湿度条件良好。

②交换设备、辅助设备、控制台及各种电路板的数量、型号及安装位置符合要求。

③设备及其辅助设备安装牢固、标志齐全。

④设备的各种开关置于指定位置。

⑤设备的各级熔丝规格符合要求。

⑥列架、机架及各种配线架接地良好。

⑦设备内部的电源布线无接地现象。

⑧所有设备安装连接到位并经过严格的系统检查，稳定性达到要求。

⑨隐蔽工程验收记录、分项工程自检和设备及系统联调记录、有效的设备检验合格报告或证书等资料齐全。

2）外观鉴定

①槽道、机架及设备布局合理、安装稳固；机架横竖端正、排列整齐，符合设计要求；拼装螺丝紧固、余留长度一致。

②设备安装后表面光泽一致、无划伤、无刻痕、无剥落、无锈蚀；部件标识正确、清楚。

③电缆及光纤连接线路由和位置正确、布放整齐符合施工工艺要求。

④电缆在槽道内保护措施得当；分线正确、编扎排列整洁、工艺符合要求；在配线架上路由走向正确、标识清楚、布放工艺符合要求。

⑤配线架上跳线的规格程式符合要求、路由走向正确、标识清楚、布放工艺符合规范要求。

⑥同轴电缆的成端余留长度统一、芯线焊接及端头处理得当、符合工艺要求。

⑦配线架内布线整齐、美观；绑扎牢固、成端符合规范要求；编号标识清楚，余留长度适当。

⑧设备连接用连接线、跳线（纤）符合设计要求，长度规整统一、标识清楚。

(4) 紧急电话系统

在《公路工程质量检验评定标准 第二册 机电工程》JTG F80/2—2004 标准中，紧急电话系统的施工质量要求及检验评定标准如下：

1) 基本要求

①紧急电话分机、主机的数量、型号符合要求。

②紧急电话分机安装位置正确，机箱外部完整、门锁开闭灵活。

③紧急电话分机上的标志应符合《道路交通标志和标线》GB 5768 的要求，反光膜应使用高强级反光材料。

④安装方位符合路线走向要求，并按要求安装必要的防护措施。

⑤电源、通信线路按规范要求连接到位，主、分机连通并处于正常工作状态。

⑥隐蔽工程验收记录、分项工程自检和设备调试记录、有效的设备检验合格报告或证书等资料齐全。

2) 外观鉴定

①防雷接地要求与接地极焊接，焊缝要饱满，焊后清渣并做防腐处理。

②基础混凝土表面应刮平，无损边、无掉角；法兰及地脚螺栓规格符合设计要求，应用热浸镀锌作防腐层，裸露金属基体无锈蚀。

③分机机身与基础联接牢固、端正，安装后外露螺纹长度一致。

④分机表面光泽一致、无划伤、无刻痕、无剥落，金属机箱或部件无锈蚀。

⑤机箱内电力线、信号线、元器件等布线平直、整齐、固定可靠，标识正确、清楚。

⑥机箱的出线管与箱体连接密封良好，箱体关键部位无积水、尘土、霉变。

⑦太阳能供电的分机，太阳能电池板自身密封以及与分机的密封状态良好，无积水、无渗透。

(5) 无线移动通信系统

在《公路工程质量检验评定标准 第二册 机电工程》JTG F80/2—2004 标准中，无线移动通信系统的施工质量要求及检验评定标准如下：

1) 基本要求

①无线移动通信系统所用设备（包括基地台、中转台、便携台、车载台、有无线转接设备、天线、铁塔、馈线、电源等）的数量、型号符合设计要求，部件完整。

②铁塔基础设置位置正确、按规范要求施工、铁塔安装牢固达到设计要求，并通过验收。

③天线铁塔安装的防雷系统符合设计要求。

④天线、馈线、收发控制设备、电源设备等安装到位，系统经过了联调并经过了严格测试，处于正常工作状态。

⑤隐蔽工程验收记录、分项工程自检和设备调试记录、安装和非安装设备及附（备）件清单、有效的设备检验合格报告或证书等资料齐全。

2) 外观鉴定

①无线移动通信系统所用设备安装稳固端正、排列位置符合设计要求。

②设备之间的连接线端部连接头处理措施符合规范要求，连接稳固、标识清楚，排列绑扎规整。

③安装设备和手持台表面光泽一致、无划伤、无刻痕、无剥落、无锈蚀;可动部件动作灵活、标识正确、清楚。

④天线铁塔基础混凝土表面应刮平,无损边、无掉角;法兰及地脚螺栓规格符合设计要求,应用热浸镀锌作防腐层,裸露金属基体无锈蚀。

⑤铁塔塔靴与基础地脚用双螺母固定。螺母拧紧后,螺栓外露丝扣不少于2扣。

⑥天线铁塔制作工艺符合规范要求,装配部件齐全、规整,外形美观。

⑦天线及馈线安装牢固;馈线两端连接件部件完整、装配符合工艺要求;馈线绑扎均匀,穿墙保护措施得当。

⑧防雷接地引下线与接地极采用焊接,焊缝要饱满,焊后清渣并做防腐处理。

(6) 通信电源

在《公路工程质量检验评定标准 第二册 机电工程》JTG F80/2—2004标准中,通信电源的施工质量要求及检验评定标准如下:

1) 基本要求

①通信电源设备数量、型号符合设计要求,部件及配件完整。

②所有设备安装到位并已连通,处于正常工作状态。

③配电、换流设备都作了可靠的接地连接。

④蓄电池和连接条、螺栓、螺母做了防腐处理,并且连接可靠。

⑤隐蔽工程验收记录、分项工程自检和设备调试记录、安装和非安装设备及附(备)件清单、有效的设备检验合格报告或证书等资料齐全。

2) 外观鉴定

①配电屏、设备、列架布局合理、安装稳固、横竖端正、排列整齐。

②设备安装后表面光泽一致、无划伤、无刻痕、无剥落、无锈蚀;部件标识正确、清楚。

③电源输出配线路由和位置正确、布放整齐,符合施工工艺要求。

④设备内布线整齐、美观、绑扎牢固,接线端头焊(压)结牢固、平滑;编号标识清楚,余留长度适当。

⑤设备抗震加固措施符合设计要求。

3. 收费设施

收费设施的工程施工及安装质量要求及检验评定,主要包括有:入口车道设备;出口车道设备;收费站设备及软件;收费中心设备及软件;IC卡发卡编码系统;内部有线对讲及紧急报警系统;闭路电视监视系统;收费站内光、电缆及塑料管道及收费系统计算机网络等。

(1) 入口车道设备

在《公路工程质量检验评定标准 第二册 机电工程》JTG F80/2—2004标准中,入口车道设备的施工质量要求及检验评定标准如下:

1) 基本要求

①入口车道设备数量、型号规格符合设计要求,部件及配件完整。

②收费亭、电动(手动)栏杆、车道控制器(车道计算机)、收费员显示终端、键盘、信号灯、车辆检测器、摄像机、发(打)卡设备等主要设备是符合国家或行业标准的定型

产品。

③收费亭内操作台、设备安装符合要求。

④收费亭、控制器、发（打）卡机、UPS、电动栏杆等设备的接地连接符合规范要求。

⑤电动栏杆、信号灯、摄像机等安装方位和位置正确。

⑥收费亭至收费岛、天棚上安装设备的裸露的电源线、信号线按设计要求进行保护处理。

⑦所有设备安装到位并连通，处于正常工作状态。

⑧隐蔽工程验收记录、分项工程自检和设备调试记录、安装和非安装设备及附（备）件清单、有效的设备检验合格报告或证书等资料齐全。

2）外观鉴定

①收费亭外设备安装稳固、端正。

②收费亭内操作台、座椅、设备、配线列架等整齐、有序、无明显歪斜，标志清楚、牢固。

③所有设备安装后，外观无划伤、刻痕，以及防护层剥落等缺陷。

④设备及收费亭内布线整齐美观、固定可靠、标识清楚；过墙、板、地下通道处有保护套管，并留有适当余量。

⑤设备之间连线接插头等部件连接可靠、紧密、到位准确；布线整齐、余留规整、标识清楚；固定螺丝等紧固，无松动。

⑥配电箱内信号线、动力线及其接插头要求明显区分，标识清楚，有永久性接线图。

⑦电动（手动）栏杆挡杆上反光标记完整醒目，落下时应处于水平位置。

（2）出口车道设备

在《公路工程质量检验评定标准　第二册　机电工程》JTG F80/2—2004 标准中，出口车道设备的施工质量要求及检验评定标准如下：

1）基本要求

①出口车道设备数量、型号规格符合设计要求，部件及配件完整。

②收费亭、电动（手动）栏杆、车道控制器（车道计算机）、收费员显示终端、专用键盘、费额显示器、信号灯、车辆检测器、摄像机、收（打）卡设备等主要设备是符合国家或行业标准的定型产品。

③收费亭内操作台、座椅、设备安装符合设计要求。

④收费亭、控制器、收（打）卡机、UPS、电动栏杆等设备接地连接正确。

⑤电动栏杆、费额显示器、信号灯、摄像机等安装方位和位置正确。

⑥车道设备的电源线、信号线按设计要求进行保护处理。

⑦所有设备安装到位并连通，处于正常工作状态。

⑧隐蔽工程验收记录、分项工程自检和设备调试记录、安装和非安装设备及附（备）件清单、有效的设备检验合格报告或证书等资料齐全。

2）外观鉴定

①收费亭外设备安装稳固、端正。

②收费亭内操作台、座椅、设备、配线列架等整齐、有序、无明显歪斜，标志清楚、

牢固。

③所有设备安装后，外观无划伤、刻痕，以及防护层剥落等缺陷。

④设备及收费亭内布线整齐美观、固定可靠、标识清楚；过墙、板、地下通道处要有保护套管，并留有适当余量。

⑤设备之间连线接插头等部件要求连接可靠、紧密、到位准确；布线整齐、余留规整、标识清楚；固定螺丝等要求紧固，无松动。

⑥配电箱内信号线、动力线及其接、插头明显区分，标识清楚，有永久性接线图。

⑦电动（手动）栏杆挡杆上反光标记完整醒目，落下时处于水平位置。

(3) 收费站设备及软件

在《公路工程质量检验评定标准　第二册　机电工程》JTG F80/2—2004 标准中，收费站设备及软件的施工质量要求及检验评定标准如下：

1) 基本要求

①收费站内设备数量、型号符合要求，部件完整。

②设备安装到位并连通，处于正常工作状态，并进行了严格测试和联调。

③提交了分项工程自检和系统联调记录、设备及附（备）件清单、有效的设备检验合格报告或证书等资料。

2) 外观鉴定

①站内设备安装稳固、端正。

②收费站内操作台、座椅、设备、配线列架等整齐、有序、无明显歪斜，标志清楚、牢固。

③所有设备安装后，外观无划伤、刻痕，以及防护层剥落等缺陷。

④设备及收费站监控室内布线整齐美观、固定可靠、标识清楚；过墙、板、地下通道处有保护套管，并留有适当余量。

⑤设备之间连线接、插头等部件要求连接可靠、紧密、到位准确；布线整齐、余留规整、标识清楚；固定螺丝等紧固，无松动。

⑥配电箱内信号线、动力线及其接、插头要求明显区分，标识清楚，有永久性接线图。

(4) 收费中心设备及软件

在《公路工程质量检验评定标准　第二册　机电工程》JTG F80/2—2004 标准中，收费中心设备及软件的施工质量要求及检验评定标准如下：

1) 基本要求

①收费中心设备数量、型号符合要求，部件完整。

②设备安装到位并已连通，处于正常工作状态，并进行了严格测试和联调。

③分项工程自检和系统联调记录、设备及附（备）件清单、有效的设备检验合格报告或证书等资料齐全。

2) 外观鉴定

①收费中心收费设备安装稳固、端正。

②收费中心监控室内操作台、座椅、设备、配线列架等整齐、有序、无明显歪斜，标志清楚、牢固。

③所有设备安装后,外观无划伤、刻痕,以及防护层剥落等缺陷。

④设备及收费监控室内布线整齐美观、固定可靠、标识清楚;过墙、板、地下通道处要有保护套管,并留有适当余量。

⑤设备之间连线接、插头等部件要求连接可靠、紧密、到位准确;布线整齐、余留规整、标识清楚;固定螺丝等要求紧固,无松动。

⑥配电箱内信号线、动力线及其接插头要求明显区分,标识清楚,有永久性接线图。

(5) IC卡发卡编码系统

在《公路工程质量检验评定标准 第二册 机电工程》JTG F80/2—2004 标准中,IC卡发卡编码系统的施工质量要求及检验评定标准如下:

1) 基本要求

①IC卡编码系统的设备数量、型号符合要求,部件完整。

②设备安装到位并已连通,处于正常工作状态。

③分项工程自检和设备调试记录、设备及附(备)件清单、有效的设备检验合格报告或证书等资料齐全。

2) 外观鉴定

①设备安装后,外观无划伤、刻痕,以及防护层剥落等缺陷。

②设备安装稳定、机箱内布线整齐美观、固定可靠、标识清楚。

③设备之间连线接、插头等部件要求连接可靠、紧密、到位准确。布线整齐、余留规整、标识清楚;固定螺丝等要求紧固,无松动。

④收发卡箱边角圆滑、携带方便。

(6) 内部有线对讲及紧急报警系统

在《公路工程质量检验评定标准 第二册 机电工程》JTG F80/2—2004 标准中,内部有线对讲及紧急报警系统的施工质量要求及检验评定标准如下:

1) 基本要求

①内部有线对讲及紧急报警系统的设备数量、型号符合要求,部件完整。

②设备安装到位并已连通,处于正常工作状态。

③分项工程自检和设备调试记录、设备及附(备)件清单、有效的设备检验合格报告或证书等资料齐全。

2) 外观鉴定

①主、分机安装位置正确、方便使用。

②设备安装后,外观无划伤、刻痕及防护层剥落等缺陷。

③主分机之间布线整齐美观、固定可靠、标识清楚;过墙、板、地下通道处有保护套管,并留有适当余量。

④设备之间连线接插头等部件连接可靠、紧密、到位准确;布线整齐、余留规整、标识清楚。

(7) 闭路电视监视系统

在《公路工程质量检验评定标准 第二册 机电工程》JTG F80/2—2004 标准中,闭路电视监视系统的施工质量要求及检验评定标准如下:

1) 基本要求

①闭路电视系统的设备及配件数量、型号规格符合要求,部件完整。
②收费广场摄像机基础安装位置正确,立柱安装竖直、牢固。
③防雷部件安装到位、连接措施符合规范要求。
④收费广场、车道以及收费亭内摄像机(云台)安装方法、高度符合设计要求。
⑤控制机箱外部完整,门锁开闭灵活。
⑥车道至收费站内的传输线不允许有中间接头。
⑦电源、控制线路以及视频传输线路按规范要求连接到位,闭路电视系统的所有设备处于正常工作状态。
⑧收费中心、收费站、收费车道各级监控室的连接按设计要求已经开通。
⑨提交了隐蔽工程验收记录、分项工程自检和设备调试记录、有效的设备检验合格报告或证书等资料。

2)外观鉴定
①立柱、机箱及摄像机(云台)安装牢固、端正。
②各部件表面光泽一致、无划伤、无刻痕、无剥落、无锈蚀。
③基础混凝土表面应刮平,无损边、无掉角;机箱、立柱、法兰及地脚螺栓规格符合设计要求,防腐措施得当,裸露金属基体无锈蚀。
④防雷接地和安全接地应分开设置,接地焊接牢固,焊缝饱满并做防腐处理;防雷引下线及接地体用材料规格、防腐与连接措施、安装位置符合设计要求;金属机箱与安全保护地连接可靠,接地极引出线裸露金属无锈蚀。
⑤云台防护罩和机箱的出线管与箱体连接密封良好,箱体内无积水、尘土、霉变。
⑥机箱内电力线、信号线、元器件等布线平直、整齐、固定可靠,标识正确、清楚,插头牢固。
⑦摄像机的电力线、信号线、视频传输线在收费广场地下通道内排列整齐、有序、无扭绞,标识正确、清楚。

(8)收费站内光、电缆及塑料管道

在《公路工程质量检验评定标准 第二册 机电工程》JTG F80/2—2004 标准中,收费站内光、电缆及塑料管道的施工质量要求及检验评定标准如下:

1)基本要求
①收费系统各种光、电缆规格程式及使用的保护管道符合设计要求。
②人(手)孔及管道设置安装齐全、合格,防水措施良好。
③塑料通信管道敷设与安装符合规范要求。
④光、电缆接续及占用管道孔正确,密封防水措施符合规范要求。
⑤光、电缆成端及进室的措施得当,符合规范要求。
⑥直埋电缆符合相关施工规范要求。
⑦在收费广场电缆沟内,光电缆不得有接头。
⑧隐蔽工程验收记录、分项工程自检和通电调试记录、有效的光电缆及接续附件的检验合格报告或证书等资料齐全。

2)外观鉴定
①配电箱和用电设备控制箱内光、电缆排列整齐、有序,绑扎牢固,标识清楚;电力

电缆尾端连接与接续应使用专用连接器并用热塑套管封合与标记。

②同轴电缆成端应使用焊接方式，端头处理时预留长度一致、各层的开剥尺寸与电缆插头相应部分配合良好；芯线焊接端正、牢固、焊锡适量；焊点光滑、不带尖、不成瘤；组装成的同轴电缆插头配件齐全、位置正确、装配牢固。

③光、电缆入收费中心（站）的进线与成端符合规范要求，沿电缆井引入时，光电缆排列整齐有序、绑扎牢固；进入墙壁要有保护套管，余留长度满足使用要求。

④人（手）孔位置准确、预埋件安装牢固、防水措施良好，人（手）孔内无积水，高程符合设计要求。

⑤直埋电缆两端铠装层接地处理措施得当，电缆标石埋设符合设计要求。

（9）收费系统计算机网络的施工质量要求及检验评定标准，见监控设施的规定。

4. 低压配电设施

低压配电设施的工程施工及安装质量要求及检验评定，主要包括中心（站）内低压配电设备和外场设备电力电缆线路。

（1）中心（站）内低压配电设备

在《公路工程质量检验评定标准　第二册　机电工程》（JTG F80/2—2004）标准中，中心（站）内低压配电设备的施工质量要求及检验评定标准如下：

1）基本要求

①电源设备数量、型号规格符合设计要求，部件及配件完整。

②电源室内市电油机转换屏（柜）、交直流配电、动力开关柜、UPS、室外配电箱、发电机组、发电机组控制柜等设备安装稳固，位置、方位正确。设备、列架排列整齐、有序，标志清楚、牢固。

③进入配电（箱）柜的所有电缆接头按规范进行开剥、焊接、镀锡、绑扎、密封和热塑封合防潮处理。

④设备、列架内以及设备之间的连接布线符合规范要求。所有进出线都进行标记，并附有配电简图。

⑤蓄电池组的连接条、螺栓、螺母进行防腐处理，并且连接可靠。

⑥所有设备安装到位，工作、安全、防雷等接地连接可靠。

⑦经过通电测试，处于正常工作状态。

⑧电源室、发电机组室通过安全、消防验收。

⑨隐蔽工程验收记录、分项工程自检和设备调试记录、安装和非安装设备及附（备）件清单、有效的设备检验合格报告或证书等资料齐全。

2）外观鉴定

①配电屏、设备、列架布局合理、安装稳固、横竖端正、排列整齐。

②设备安装后表面光泽一致、无划伤、无刻痕、无剥落、无锈蚀；部件标识正确、清楚。

③电源输出配线路由和位置正确、布放整齐，符合施工工艺要求。

④设备内布线整齐、美观、绑扎牢固，接线端头焊（压）结牢固、平滑；编号标识清楚，预留长度适当。

⑤设备抗震加固措施符合设计要求。

(2) 外场设备电力电缆线路

在《公路工程质量检验评定标准 第二册 机电工程》(JTG F80/2—2004) 标准中,外场设备电力电缆线路的施工质量要求及检验评定标准如下:

1) 基本要求

①室内外配电设备、电缆程式、保护管道、人(手)孔形式等设施的数量、型号规格、技术要求符合设计规定,部件及配件完整。

②电缆路由符合设计要求、人(手)孔及管道设置安装齐全、防水措施良好。

③室内外配电箱等设备安装稳固,位置、方位正确。标志清楚、牢固。

④室外配电箱应做双层防腐处理并有明显的"高压危险"字样及图案等标志。

⑤进入配电(箱)柜的所有电缆接头都按规范进行了开剥、焊接、镀锡、绑扎、密封处理,最后并进行热塑封合防潮处理。

⑥设备、列架内以及设备之间的连接布线符合规范要求。所有进出线都进行了标记,并附有配电简图。

⑦直埋电缆符合相关施工规范要求。

⑧所有设备安装到位并作可靠的接地连接。

⑨经过了通电测试,处于正常工作状态。

⑩提交了隐蔽工程验收记录、分项工程自检和设备调试记录、安装和非安装设备及附(备)件清单、有效的设备检验合格报告或证书等资料。

2) 外观鉴定

①基础混凝土表面应刮平,无损边、无掉角;联结地脚及螺栓规格符合设计要求,外观无锈蚀现象。

②配电箱安装后,防腐涂层光泽一致,无划伤、无刻痕、无剥落等缺陷。

③箱体开孔合适、切口整齐;出线管与箱体连接密封良好;箱门开闭灵活。

④箱内接线整齐、回路编号齐全正确。

⑤机箱密封良好,机箱内应无积水、无明显尘土和霉变。

⑥接地焊接牢固,焊缝饱满并做防腐处理;机箱应接地可靠,连线标识清楚,走线横平竖直,符合视觉美观要求。

⑦电缆成端符合规范要求,沿电缆井引入时,电缆排列整齐有序、绑扎牢固;进入墙壁有保护套管,预留长度满足使用要求。

⑧直埋电缆两端铠装层接地处理措施得当,电缆标石埋设符合设计要求。

5. 照明设施

在《公路工程质量检验评定标准 第二册 机电工程》JTG F80/2—2004 标准中,照明设施的施工质量要求及检验评定标准如下:

1) 基本要求

①照明器和亮度传感器的类别、规格、适用场所、有效范围、数量、位置、安装间距、安装质量等符合要求。

②设备的电力线、信号线、接地线的类别、规格、数量、布设方式、位置、连接质量等符合要求。

③路面照明、建筑物(构造物)的景观照明、航空障碍灯、桥墩障碍灯等照明设施完

整、协调。

④高杆灯由取得相应资质的单位供货,并有可靠的测试记录和报告。

⑤隐蔽工程验收记录、分项工程自检和设备调试记录、有效的设备检验合格报告或证书等资料齐全。

2) 外观鉴定

①灯柱、机箱及灯具安装位置和方位正确、牢固、端正。

②各部件表面光泽一致、无划伤、无刻痕、无剥落、无锈蚀。

③基础混凝土表面应刮平,无损边、无掉角;机箱、立柱、法兰及地脚螺栓规格符合设计要求,防腐措施得当,裸露金属基体无锈蚀。

④高杆灯防雷接地焊接牢固,焊缝饱满并做防腐处理;防雷引下线及接地体用材料规格、防腐与连接措施、安装位置符合设计要求;金属机箱与安全保护地连接可靠,接地极引出线裸露金属基体无锈蚀。

⑤机箱的出线管与箱体连接密封良好,箱体内无积水、尘土、霉变。

⑥机箱内电力线、信号线、元器件等布线平直、整齐、固定可靠,标识正确、清楚,插头牢固。

⑦灯杆、灯具装配安装后,线形与道路线形在横向、纵向、高度协调一致,线形美观。

6. 隧道机电设施

隧道机电设施的工程施工及安装,主要包括有:车辆检测器;气象检测器;闭路电视监视系统;紧急电话系统;环境检测设备;报警与诱导设施;可变标志;通风设施;照明设施;消防设施;本地控制器;隧道监控中心设备及软件;隧道监控中心计算机网络及低压供配电等。

(1) 车辆检测器的施工质量要求及检验评定标准,见监控设施的规定。

(2) 气象检测器的施工质量要求及检验评定标准,见监控设施的规定。

(3) 闭路电视监视系统的施工质量要求及检验评定标准,见监控设施的规定。

(4) 紧急电话系统的施工质量要求及检验评定标准,见通信设施的规定。

(5) 环境检测设备:

在《公路工程质量检验评定标准 第二册 机电工程》JTG F80/2—2004 标准中,环境检测设备的施工质量要求及检验评定标准如下:

1) 基本要求

①环境检测器及其配置的 CO 传感器、烟雾传感器、照度传感器、风向风速传感器的数量、型号规格符合要求,部件完整。

②环境检测器及其配置的传感器安装位置正确,符合要求。

③按规范要求连接环境检测器及其传感器的保护线、信号线、电力线,排列规整、无交叉拧绞,经过通电测试,处于正常工作状态。

④隐蔽工程验收记录、分项工程自检和设备调试记录、安装和非安装设备及附(备)件清单、有效的设备检验合格报告或证书等资料齐全。

2) 外观鉴定

①环境检测器控制箱安装稳固、位置正确,表面光泽一致、无划伤、无刻痕、无剥

落、无锈蚀。

②控制箱门开关灵活、出线孔分列明确、密封措施得当,机箱内无积水、无霉变、无明显尘土,表面无锈蚀。

③控制箱内电力线、信号线、接地线分列明确,布线整齐、美观、绑扎牢固,接线端头焊(压)结牢固、平滑;编号标识清楚,余留长度适当、规整。

④控制箱至传感器的电力线、信号线、接地线端头制作规范;按设计要求采取了线缆保护措施、布线排列整齐美观、安装牢固、标识清楚。

⑤传感器的布设位置正确、排列整齐美观、安装牢固、标识清楚。

⑥传感器表面光泽一致、无划伤、无刻痕、无剥落、无锈蚀。

(6)报警与诱导设施

在《公路工程质量检验评定标准 第二册 机电工程》JTG F80/2—2004标准中,报警与诱导设施的施工质量要求及检验评定标准如下:

1)基本要求

①报警与诱导设施的数量、型号规格符合设计要求,部件完整。

②报警与诱导设施的安装位置正确,符合要求。

③按规范要求连接报警与诱导设施的保护线、信号线、电力线,排列规整、无交叉拧绞,经过通电测试,工作状态正常。

④隐蔽工程验收记录、分项工程自检和设备调试记录、安装和非安装设备及附(备)件清单、有效的设备检验合格报告或证书等资料齐全。

2)外观鉴定

①警报器和诱导设施控制箱安装稳固、位置正确,表面光泽一致、无划伤、无刻痕、无剥落、无锈蚀。

②控制箱柜门开关灵活、出线孔分列明确、密封措施得当,机箱内无积水、无霉变、无明显尘土,表面无锈蚀。

③控制箱内电力线、信号线、接地线分列明确,布线整齐、美观、绑扎牢固,接线端头焊(压)结牢固、平滑;编号标识清楚,预留长度适当、规整。

④控制箱至警报器和诱导设施的电力线、信号线、接地线端头制作规范;按设计要求采取线缆保护措施、布线排列整齐美观、安装牢固、标识清楚。

⑤警报器和诱导设施的布设位置正确、排列整齐美观、安装牢固、标识清楚。

⑥警报器和诱导设施表面光泽一致、无划伤、无刻痕、无剥落、无锈蚀。

(7)可变标志的施工质量要求及检验评定标准,见监控设施的规定。

(8)通风设施。

在《公路工程质量检验评定标准 第二册 机电工程》JTG F80/2—2004标准中,通风设施的施工质量要求及检验评定标准如下:

1)基本要求

①通风设备及缆线的数量、型号规格、程式符合设计要求,部件及配件完整。

②通风设备安装支架的结构尺寸、预埋件、安装方位、安装间距等符合设计要求,并附抗拔力的检验报告。

③通风设备安装牢固、方位正确。

④按规范要求连接通风设备的保护线、信号线、电力线,排列规整、无交叉拧绞,经过通电测试,工作状态正常。

⑤隐蔽工程验收记录、分项工程自检和设备调试记录、安装和非安装设备及附(备)件清单、有效的设备检验合格报告或证书等资料齐全。

2)外观鉴定

①通风设备安装稳固、位置正确。

②通风设备的电力线、信号线、接地线端头制作规范;按设计要求采取线缆保护措施、布线排列整齐美观、安装固定、标识清楚。

③设备表面光泽一致、无划伤、无刻痕、无剥落、无锈蚀。

④控制柜内布线整齐、美观、绑扎牢固、接线端头焊(压)结牢固、平滑;编号标识清楚,预留长度适当;柜门开关灵活、出线孔密封措施得当,机箱内无积水、无霉变、无明显尘土,表面无锈蚀。

(9)照明设施

在《公路工程质量检验评定标准 第二册 机电工程》JTG F80/2—2004标准中,照明设施的施工质量要求及检验评定标准如下:

1)基本要求

①照明设备及缆线的数量、型号规格、程式符合设计要求,部件及配件完整。

②照明灯具安装支架的结构尺寸、预埋件、安装方法、安装间距等符合设计要求。

③照明设备及控制柜安装牢固、方位正确。

④按规范要求连接照明设备的保护线、信号线、电力线,排列规整、无交叉拧绞,经过通电测试,工作状态正常。

⑤隐蔽工程验收记录、分项工程自检和设备调试记录、安装和非安装设备及附(备)件清单、有效的设备检验合格报告或证书等资料齐全。

2)外观鉴定

①照明灯具安装稳固、位置正确,灯具轮廓线形与隧道协调、美观。

②照明设备的电力线、信号线、接地线端头制作规范;按设计要求采取线缆保护措施、布线排列整齐美观、安装固定符合要求、标识清楚。

③设备表面光泽一致、无划伤、无刻痕、无剥落、无锈蚀。

④控制柜内布线整齐、美观、绑扎牢固,接线端头焊(压)结牢固、平滑;编号标识清楚,预留长度适当;柜门开关灵活、出线孔密封措施得当,机箱内无积水、无霉变、无明显尘土,表面无锈蚀。

⑤照明灯具应发光均匀、无刺眼的眩光。

(10)消防设施

在《公路工程质量检验评定标准 第二册 机电工程》JTG F80/2—2004标准中,消防设施的施工质量要求及检验评定标准如下:

1)基本要求

①消防设施的火灾探测器、消防控制器、火灾报警器、消火栓、灭火器、加压设施、供水设施及消防专用连接线缆、管道、配(附)件等器材的产品质量符合国家或行业标准,其数量、型号规格符合设计要求,部件完整。

②消防设施的安装支架、预埋锚固件、预埋管线、在隧道内安装孔位、安装间距等符合设计要求。

③明装的线缆、管道保护措施符合设计要求。

④所有安装设施安装到位、方位正确、不侵入公路建筑限界,设备标识清楚。

⑤按规范要求连接消防设施的保护线、信号线、电力线,线缆排列规整、无交叉拧绞,标识完整、清楚,消防系统经过通电测试、联调,工作状态正常。

⑥隐蔽工程验收记录、分项工程自检和设备调试记录、安装和非安装设备及附(备)件清单、有效的设备检验合格报告或证书等资料齐全。

2) 外观鉴定

①消防设施安装稳固、位置正确,与隧道协调、美观。

②消防设施的电力线、信号线、接地线端头制作规范;按设计要求采取了线缆保护措施、布线排列整齐美观、安装固定、标识清楚。

③设备表面光泽一致、无划伤、无刻痕、无剥落、无锈蚀。

④控制箱内布线整齐、美观、绑扎牢固,接线端头焊(压)结牢固、平滑,并进行了热塑封合;编号标识清楚,预留长度适当;箱门开关灵活、出线孔密封措施得当,机箱内无积水、无霉变、无明显尘土,表面无锈蚀。

(11) 本地控制器

在《公路工程质量检验评定标准 第二册 机电工程》JTG F80/2—2004 标准中,本地控制器的施工质量要求及检验评定标准如下:

1) 基本要求

①本地控制器及其配件的数量、型号规格符合要求,部件完整。

②本地控制器安装方位正确、不侵入公路建筑限界,设备标识清楚。

③明装的线缆、管道保护措施符合设计要求。

④本地控制器至控制中心以及隧道内下端设备的保护线、信号线、电力线的连接符合设计要求。线缆排列规整、无交叉拧绞,标识完整、清楚。

⑤与下端设备及控制中心计算机进行通电测试、联调,工作状态正常。

⑥隐蔽工程验收记录、分项工程自检和设备调试记录、有效的设备检验合格报告或证书等资料齐全。

2) 外观鉴定

①本地控制器安装稳固、位置正确,设备表面光泽一致、无划伤、无刻痕、无剥落、无锈蚀。

②与外部连接的电力线、信号线、接地线端头制作规范;按设计要求采取线缆保护措施、布线排列整齐美观、安装固定符合要求、标识清楚。

③控制箱内布线整齐、美观、绑扎牢固,接线端头焊(压)结牢固、平滑,并进行热塑封合;编号标识清楚,余留长度适当。

④箱门开关灵活、出线孔密封措施得当,机箱内无积水、无霉变、无明显尘土,表面无锈蚀。

(12) 隧道监控中心设备及软件

在《公路工程质量检验评定标准 第二册 机电工程》JTG F80/2—2004 标准中,

隧道监控中心设备及软件的施工质量要求及检验评定标准如下：

1) 基本要求

①隧道监控中心设备

(a) 所有设备型号规格、数量、性能参数和配置符合设计和合同要求。

(b) 隧道监控中心机房的防雷、接地、水暖、供电、空调通风、照明等辅助设施安装调试完毕并通过相关专业的验收。

(c) 隧道监控中心机房应整洁，通风、照明良好。

(d) 计算机控制系统所有硬件设备安装调试完毕，并与外场所有子系统通了联调，系统处于正常运转工作状态。

(e) 隐蔽工程验收记录、分项工程自检和设备及系统联调记录、有效的设备检验合格报告或证书等资料齐全。

②计算机控制系统软件

(a) 具有采集隧道段交通流、气象参数、隧道内环境参数、火灾信息、声音图像信息、隧道段主要交通设施运行状态信息的功能。

(b) 具有自动探测和确认隧道内异常事件并作出快速响应的功能。

(c) 具有建立隧道段交通数据库的功能。

(d) 按国家相关标准进行软件的稳定性、可靠性测试并附报告；编制并提供符合规范的软件手册及相关文档。

2) 外观鉴定

①监控中心计算机设备安装稳固、端正。

②中心监控室内操作台、座椅、设备、配线列架等整齐、有序、无明显歪斜，标志清楚、牢固。

③所有设备安装后，外观无划伤、刻痕，以及防护层剥落等缺陷。

④设备及收费监控室内布线整齐美观、固定可靠、标识清楚；过墙、板、地下通道处要有保护套管，并留有适当余量。

⑤设备之间连线接、插头等部件要求连接可靠、紧密、到位准确；布线整齐、余留规整、标识清楚；固定螺丝等要求紧固，无松动。

⑥配电箱内信号线、动力线及其接、插头要求明显区分，标识清楚，有永久性接线图。

(13) 隧道监控中心计算机网络的施工质量要求及检验评定标准，见监控设施的规定。

(14) 低压供配电的施工质量要求及检验评定标准，见低压配电设施的规定。

7.4 试验检测注意事项

7.4.1 试验注意事项

7.4.1.1 耐温度交变试验

温度交变试验用于评价电子元件、设备和其他产品经受环境温度迅速变化的能力。

1. 依据的标准

国家标准《电工电子产品基本环境试验 第2部分：试验方法 试验N：温度变化》

GB/T 2423.22—2002。该标准中有 3 种试验方法：

(1) 试验 Na：规定转换时间的快速温度变化试验；
(2) 试验 Nb：规定温度变化速率的温度变化试验；
(3) 试验 Nc：两液槽温度快速变化试验。

公路机电产品一般选择试验 Na。

2. 试验设备

试验设备可以采用一个具有快速温度交变能力的专用试验箱，也可以用一个高温箱和一个低温箱的组合，大部分检测机构使用后者。

试验设备应符合国家标准《高温试验箱技术条件》GB 11158—2008 和《低温试验箱技术条件》GB 10589—2008 的要求。

3. 交通机电产品对严酷等级的规定

严酷程度由低温与高温温度值、转换时间和循环数确定。交通机电产品温度交变试验通常把低温定为 −40℃，高温定为 +70℃；试验持续时间定为较为严酷的 2h，循环次数定为 5 次，转换时间定为 2min。

4. 测试方法

采用"两箱法"和"一箱法"。

"两箱法"是国家标准中规定的测试方法，也是耐温度试验常规测试方法。

5. 耐温度交变试验中的常见问题

耐温度交变试验过程中的常见问题有：试验样品在试验过程中会出现内部润滑脂凝结的现象，影响样品的正常工作；试验样品的电源模块在温度交变环境下容易出现工作故障；结构变形或开裂、玻璃蒙面的产品破碎。

7.4.1.2 循环盐雾试验

1. 试验标准

采用国家标准《电工电子产品基本环境试验 第 2 部分：试验方法 试验 Kb：盐雾，交变（氯化钠溶液）》GB/T 2423.18—2000，该标准等效采用 IEC 68—2—52：1996，已经实施了近 14 年，该标准只有两个状态：喷雾 2h 和恒温恒湿存储一定时间。现在，国际上一般有 3 种状态，即：喷雾、湿热贮存、干燥为 1 个周期。

2. 试验设备

"两状态"循环盐雾试验可使用专用循环盐雾试验箱。也可以使用 1 台普通盐雾试验箱和 1 台恒温恒湿试验箱组合。

"3 状态"、"4 状态"循环盐雾试验需要使用专用循环盐雾试验箱，因为增加了 60±2℃，20%～30%RH 条件，一般的恒温箱不能满足。

3. 循环盐雾试验的严酷等级

循环盐雾试验的严酷等级由循环周期和循环数决定。《电工电子产品基本环境试验 第 2 部分：试验方法 试验 Kb：盐雾，交变（氯化钠溶液）》GB/T 2423.18—2000 有 6 个严酷等级。

《公路沿线设施塑料制品耐候性要求及测试方法》GB/T 22040—2008 的严酷等级由试验周期决定，试验周期由试验流程决定，一个典型的试验流程有盐雾、干燥、湿热贮存 3 种状态，状态之间转化有一个 0.5h 的时间间隔。

4. 试验步骤

与普通盐雾试验一样,循环盐雾试验也要经过:准备试样、配置盐溶液、设定试验程序、初始检测、预处理、放入试样开始试验、恢复、最后检测等步骤。

试验使用的盐溶液浓度也是 5±1%,沉降量也是 80cm² 面积上,1~2mL/h。该数值是基于每天平均至少 16h 的连续喷雾的基础上的。在试验时应引导或阻挡喷嘴,避免喷出的气雾直接喷在试件上。

7.4.1.3 机械振动试验

1. 试验目的:确定样品的机械薄弱环节和(或)特性降低情况。

2. 试验标准

耐正向机械振动试验的国家标准是《电工电子产品环境试验 第 2 部分:试验方法 试验 Fc:振动(正弦)》GB/T 2423.10—2008。

3. 试验设备

试验设备符合《电工电子产品环境试验 第 2 部分:试验方法 试验 Fc:振动(正弦)》GB/T 2423.10—2008 第 4 章的规定,并且检定合格。

4. 严酷等级

振动试验的严酷等级由 3 个参数共同确定,即频率范围、振动幅值和耐久试验的持续时间(按扫频循环数或时间给出)。

5. 注意事项

(1) 在试验过程中,样品应始终处于通电状态。如果在中间检测时样品的工作状态和性能不符合相关标准要求,应立即终止试验。

(2) 样品在振动台上的安装应严格按照《电工电子产品环境试验 第 2 部分:试验方法 振动、冲击和类似动力学试验样品的安装》GB/T 2423.43—2008 的规定进行。否则,如果安装不符合要求,可能会使样品在试验中经受的严酷性加大,从而对测试结果产生影响。

(3) 样品在振动过程中容易出现内部焊点、螺丝和接线头脱落的现象,因此在试验开始前要仔细检查内部元件情况,有问题要及时地维修更换。

(4) 试验过程中要注意试验夹具松动脱落或试件破碎飞出导致的伤害,对于大型试件或易碎试件,试验人员要穿戴必要的防护用具。

7.4.1.4 接地电阻的测试方法

接地电阻对机电工程来说是一个重要安全参数,防雷接地是防止机电设备遭雷击而采取的保护性措施,目的是把雷电产生的雷击电流通过避雷针引入到大地,从而保证设备正常运行。同时,保护接地也是保护人身安全的一种有效手段,当某种原因引起的相线(如电线绝缘不良、线路老化等)和设备外壳碰触时,设备的外壳就会有危险电压产生,由此生成的故障电流就会流经 PE 线到大地,从而起到保护作用。

接地电阻测量方法有打钎法和钳形表法,目前最有效、可靠的是前者。

1. 测量原理

接地电阻的测量原理:在测量仪内部通过手摇发电机发出的电流出电流极,经电流地钎注入接地回路,通过电位极测出接地回路的电压降,就得到接地电阻。

2. 注意事项如下

(1) 测量前断开接地极与被测设备的连接；
(2) 均匀快速地摇动测量仪的摇把，转速达到 150 转/min；
(3) 电位极和电流极应设置在被测接地极的同一侧并保证大于规定的距离；
(4) 地钎尽量打在潮湿的土壤中，必要时在地钎周围浇水。

7.4.1.5 绝缘电阻的测试方法

公路机电设备的工作电压为 220V、频率为 50Hz，采用基本绝缘的方式。根据《信息技术设备的安全》GB 4943—2001 的要求，试验电压定为 500V，绝缘电阻要求大于 100MΩ。该指标是在标准测试条件下的测量值，工程环境下可能会变差，所以在一些行业标准中有规定不小于 2MΩ。

1. 测量原理

在兆欧表内部产生 500V 直流电压，一路施加在内部电感 1 和被测试电阻上，一路施加在内部电感 2 和内部电阻上，通过两个电流的比值来计算出被测试电阻值。

2. 测试仪器

绝缘电阻的测试一般用测试精度 1.0 级、500V 的手摇式或用电池供电的兆欧表。

3. 测试方法

(1) 将被测设备控制机箱内的空气开关断开，取下防雷模块；
(2) 将绝缘电阻测试仪的黑表笔与设备 PE 端子可靠连接，红表笔连接到空气开关高压输出 L 端；
(3) 将测试仪的输出电压设置到 500V 挡，打开电源开关，按动测试按钮，待仪器读数稳定后记录测量结果；
(4) 松开测试按钮，将红表笔连接到空气开关高压输出 N 端，再按动测试按钮，待仪器读数稳定后记录测量结果；
(5) 测试完毕后关闭仪器电源，并将设备调整到正常工作状态。

4. 测试中常见问题

(1) 对于目前的公路机电产品来说，如果绝缘电阻试验不合格，可能是采用了标准中禁止使用的吸湿性材料如塑料做绝缘端子。
(2) 目前，很多供电线路采用"零地共线"的接线方式，尤其是农网供电的机电设备，在这种情况下测试时会出现测试值为零的情况。这时可去掉被测设备空气开关上的零线后再进行试验。

7.4.1.6 介电强度试验

介电强度现在在国家标准《信息技术设备的安全》GB 4943—2001 中称电气强度，新颁布的交通机电产品标准都改成为电气强度，是考核交流用电设备，电气绝缘强度的另一项指标。

在检测中发现，一些绝缘电阻合格的设备，其电气强度不一定合格。电气强度不合格的电子设备存在使人触电的危险，因此发现不合格后，应查找出现问题的原因，采用更换、加强等措施提高电气产品的耐电气强度。

1. 技术要求

交通机电产品的耐电气强度要求是：在产品的电源接线端子与机壳之间施加频率 50Hz、有效值 1500V 正弦交流电压，历时 1min，应无闪络或击穿现象。

2. 试验设备

标准规定为用 1.0 级耐电压测试仪。

3. 测试方法

使用耐电压测试仪在接线端子与机壳之间测量，具体步骤如下：

(1) 将被测设备的防浪涌电容或其他避雷原件暂时拆除，确认电源接线完全与外接供电线路断开。

(2) 检查耐电压测试仪的初始状态：

1) 确认升压旋钮已调到最小值；

2) 将测试仪的"⏚"端子可靠接入安全地；

3) 确认测试仪开关处于断开状态；

4) 将测试仪输出接地端与被测设备的 PE 端子可靠连接；

5) 将测试仪高压测试棒接入交流（AC）高压输出端，并放置在安全位置。

(3) 给耐压测试仪通电，并设置测试条件：

1) 将电压输出类型选为交流；

2) 设置漏电流大小，一般设为 20mA。

3) 设置计时器为 1min。

(4) 测试

1) 确认高压测试棒放置在安全位置；

2) 启动测试计时按钮；

3) 缓慢调整升压旋钮，使耐压测试仪输出电压达到 1500V；

4) 将测试计时按钮置于停止状态，使得耐压测试仪输出电压变到 0；

5) 将高压棒连接到被测设备的 L 端，启动测试计时按钮；

6) 观测被测设备，无闪络、无击穿为通过；

7) 重复 4)、5)、6) 测试 N 端；

8) 两端子都通过测试，则测试合格，否则不合格。

(5) 测试后处理：

1) 将耐压测试仪输出按钮置回到最小值，使得输出变为 0；

2) 断开耐压测试仪电源；

3) 卸下高压输入棒，并放入安全位置；

4) 断开测试仪与被测设备的其他连接；

5) 恢复被测设备所做的改动；

6) 对所做试验进行记录。

7.4.1.7 可变标志显示屏色度、亮度的试验方法

1. 目的：利用亮度计测量已安装的可变标志显示屏的色度、亮度。

2. 测试设备

亮度计，辅助设备：逆变器、蓄电池。

3. 测试条件

一般在夜间测量，以避免测试环境对测量结果的影响，对于已经开通的道路要注意交通安全，设置警示标志，必要时申请封路。

4. 测试步骤

(1) 测试人员在距离可变标志法线方向 200m 处架设亮度计,将亮度计支架调整到水平位置。

(2) 打开亮度计电源开关,预热待仪器自检完成后调整焦距至合适位置,选择亮度功能,慢慢微调支架上的上下及左右旋转台使得亮度值读数最大,固定支架上的旋转台。

(3) 依据被测对象面积大小,选择亮度计的视场角,以覆盖尽量多的发光像素。但要注意测量车道控制标志时不要将视场调到显示笔画的外边;避免选用小视场角,使得在视场内只有一个像素,甚至是一类 LED。

(4) 将可变标志调整成全屏红色最亮,测试人员待亮度计读数稳定后分别测量出色品坐标和最大亮度并记录。

(5) 再将可变标志分别调整成绿色、蓝色、黄色和白色全屏最亮,测试人员分别测量并记录结果。

(6) 测试完毕后关闭仪器电源,并将可变标志调整到正常工作状态。

7.4.1.8 网线的测试方法

以 DTX1800 为例,其测试方法如下:

1. 测试设备

智能测试仪表,也叫网线认证测试仪。

2. 测试步骤

(1) 首先将待测网线从设备或信息插座上拔下。

(2) 将网络认证测试仪两个模块分别接在网线的两端。

(3) 打开发射端的网络认证测试仪,并设置为测试模式,往接收端的网络认证测试仪发送网络测试信号。

(4) 点击接收端的网络认证测试仪"TEST"按钮进入测试模式和界面,选择测试方案,按开始测试图标。测试完步,将测试结果保存、打印、后处理。

(5) 恢复网线原始状态。

7.4.1.9 光纤护层绝缘电阻的测试方法

1. 测量时先用兆欧表测得光电缆芯线的绝缘电阻,用乘以该光缆长度(换算到 km)后的计算值与标准值进行比较,若不小于标准值则合格,否则不合格。

2. 光电缆的绝缘电阻随着长度的增加而变小,其单位应是 $M\Omega \cdot km$,而不是 $M\Omega/km$。

7.4.1.10 中继段单模光纤总衰耗的光源、光功率计测试方法

1. 测试设备

光源、光功率计。

2. 测试步骤

(1) 将被测光纤一端与光源连接,另一端与光功率计连接;

(2) 按照光纤使用波长,在光源和光功率计上选择相应的测试波长;

(3) 打开光源和光功率计电源并进行测试,读出光功率计上的数值 P_1,光源的发光功率为 P_0;

(4) 用式(7-8)计算中继段单模光纤总衰耗值:

$$P = P_0 - P_1 \tag{7-8}$$

7.4.1.11 声频电缆直流环阻的电桥测试方法

采用电桥测试时可采用单桥和双桥测试方法,如图 7-21 和图 7-22 所示。

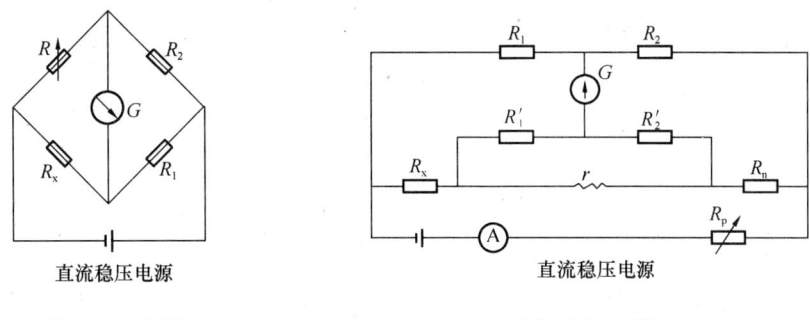

图 7-21 单桥　　　　　　　图 7-22 双桥

实际测试时,单桥和双桥测试连接线路图如图 7-23 所示。

测试步骤:

(1) 先将直流稳压电源电压调到 0V,按图 7-23 接线,;

(2) 调节直流稳压电源输出电流调到 0.5A;

(3) 将 R_1、R_2 设置到恰当的数值,再调节 R 使电桥平衡,记录 R_1、R_2、R;

(4) 按式 (7-9) 计算所测试设备的电阻值:

$$R_x = (R_n/R_1) \times R \tag{7-9}$$

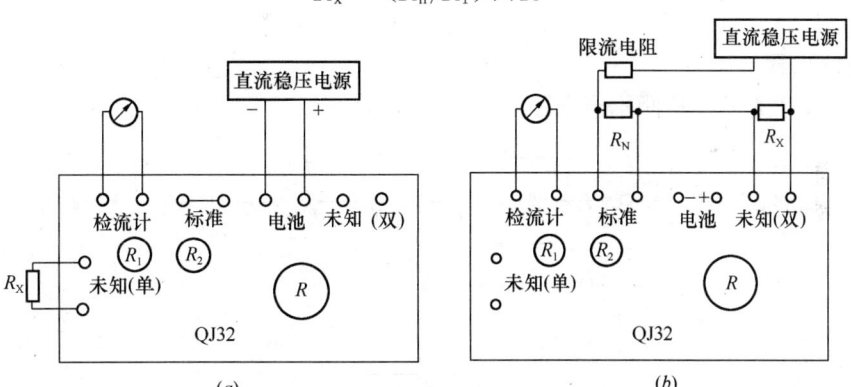

图 7-23 电桥测试连接线路图

(a) 单桥接线图;(b) 双桥接线图

7.4.1.12 声频电缆串音衰减的串扰分析仪测试方法

1. 测试设备

串扰分析仪。

2. 测试步骤

(1) 将串扰分析仪的两端(发送端子和接收端子)分别接在音频电缆的主串通路和被串通路的两个给定点子;

(2) 分别测试出这两点的串音信号电平;

(3) 这两点电平差即为该声频电缆所测两点间的串音衰减。

7.4.1.13 光纤数字传输系统接收光功率测试方法

1. 测试设备

光功率计。

2. 测试步骤

(1) 按接收光功率检测示意图图 7-24 连接好设备。

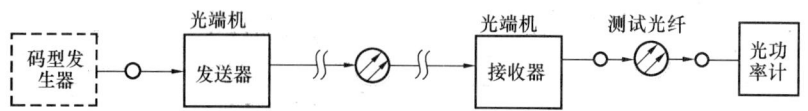

图 7-24 接收光功率检测示意图

(2) 对于 SDH 设备输入口一般不需要送信号；如果需要送信号，按输入的速率等级选择适当的伪随机序列，向输入口送入测试信号。

(3) 从接收器连接器取出线路光纤插头，用测试光纤分别插入接收器端连接器和光功率计连接器。

(4) 核对激光器的偏置电流（或输入功率）及温度，确认在正常的工作状态；

(5) 将光功率计设置在被测光波长上，待输出功率稳定，从光功率计读出系统接收光功率的测试值。

7.4.1.14 光纤数字传输系统平均发送光功率测试方法

1. 测试设备

光功率计。

2. 测试步骤

(1) 按发送光功率检测示意图图 7-25 连接好设备。

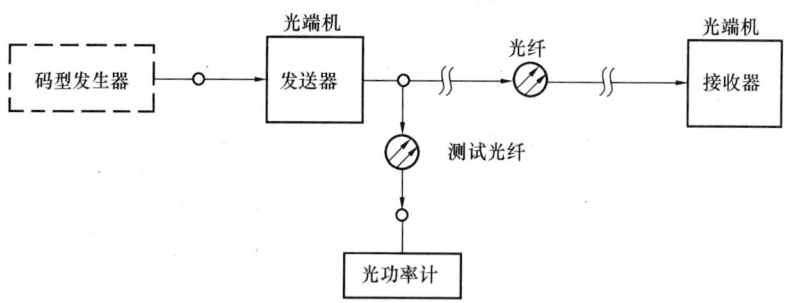

图 7-25 发送光功率检测示意图

(2) 对于 SDH 设备输入口一般不需要送信号；如果需要送信号，按输入的速率等级选择适当的伪随机序列，向输入口送入测试信号。

(3) 从光传输设备的发送器连接器取出线路光纤插头，用测试光纤分别插入发送器端连接器和光功率计连接器。

(4) 核对激光器的偏置电流（或输入功率）及温度，确认在正常的工作状态；

(5) 将光功率计设置在被测光波长上，待输出功率稳定，从光功率计读出平均发送光功率。

7.4.1.15 光纤数字传输系统光接收灵敏度测试方法

1. 测试设备

光功率计、误码仪。

2. 测试步骤

(1) 按光接收灵敏度检测示意图图 7-26 连接好设备，图中的图案发送和误码检测分别是通信性能分析仪的发送和接收部分。

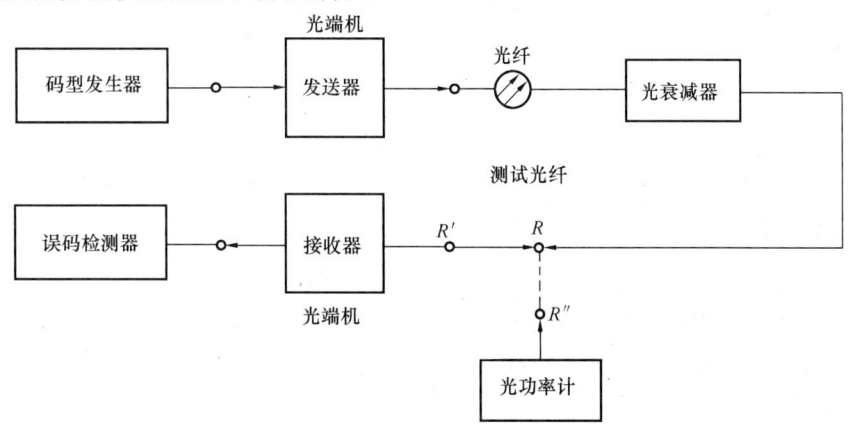

图 7-26 光接收灵敏度检测示意图

(2) 分析仪向发送器输入接口选择传送适当速率等级的伪随机二元序列（PRBS），比特率、容差、测试用 PRBS 见表 7-74。

比特率、容差、测试用 PRBS   表 7-74

比特率（kbit/s）	容 差	测试用 PRBS
2048（VC-12）	$\pm 50 \times 10^{-6}$ (2048000±103bit/s)	$2^{15}-1$
34368（VC-12）	$\pm 50 \times 10^{-6}$ (34368000±688bit/s)	$2^{23}-1$
139264（VC-4）	$\pm 50 \times 10^{-6}$ (139264000±2089bit/s)	$2^{23}-1$
155520（VC-4）	$\pm 50 \times 10^{-6}$ (155520000±3111bit/s)	$2^{23}-1$

(3) 逐渐增大光衰减器的光衰减值，使连接到光接收器输出口的误码检测器测到的误码尽量接近，但不大于规定的 BER；在工程中多采用误码判决法，即测试时先增大光衰减器的光衰减值，使误码检测器初次出现误码，在逐渐减小光衰减值，使误码检测器刚刚不出现误码，并观察 2min。

(4) 稳定观察后，断开接收侧的活动连接器，将光衰减器与光功率计相连，此时测得的光功率即为光接收机灵敏度。

7.4.1.16 光纤数字传输系统误码指标（2M 电口）测试方法

1. 测试设备

误码仪。

2. 测试步骤

(1) 按误码指示检测示意图图 7-27 连接好设备。

(2) 按输入的速率等级选择适当的伪随机序列，向输入口送入测试信号。

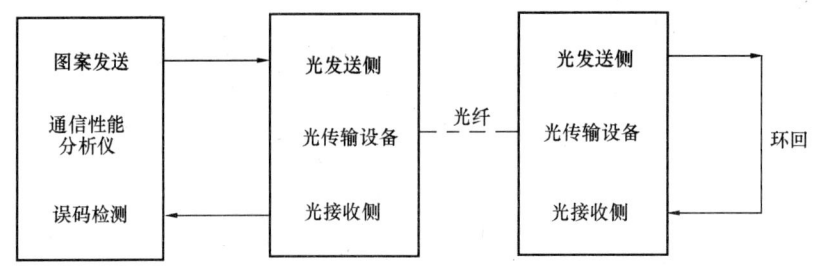

图 7-27 误码指标检测示意图

(3) 先测试 15min，作为一个周期，如果没有出现任何异常，则确认系统正常；若在此周期内出现误码或其他异常，应重复测试一个周期，最多测试至第三个周期，如果出现异常，则系统需要查明原因，进行调试。

(4) 如果需要长期考察系统性能指标，按指标要求设置观测时间（如 24h）。工程上对光纤通信系统的测试中，检测到的 ONU 误码性能合格的基础上，常常对网络的 OLT 做 24h 误码测试。我国标准中，采用的是连续 24h 无误码的要求。

7.4.1.17 光纤数字传输系统输入抖动容限测试方法

1. 测试设备

PDH/SDH 通信性能分析仪。

2. 测试步骤

(1) 按测试配置图（与误码测试基本相同）连接好设备（一般采用具有自动测试输入抖动和漂移容限功能的仪表），确认系统工作正常。

(2) 根据被测支路输入口速率等级，选择适当的 PRBS 测试信号，并向输入口送入测试信号。

(3) 在测试仪表上设置选用模板（输入抖动容限图）。

(4) 用误码检测仪监视与被测输入口相关的输出口，当输入抖动在容限图以下强度时，设备不应出现误码。

(5) 测试完毕时，观察仪表上的测试曲线与容限图的对比结果。

7.4.1.18 光纤数字传输系统输出抖动测试方法

1. 测试设备

PDH/SDH 通信性能分析仪。

2. 测试步骤

(1) 按测试配置图（与误码测试示意图基本相同）连接好设备。

(2) 按被测接口速率等级，按照标准要求设置带通滤波器（通常由一个高通滤波器和一个低通滤波器叠加构成），分别测试。

(3) 连续测试不少于 60s 的时间，读出最大抖动峰—峰值。

7.4.1.19 光纤接续损耗测试方法

光纤接续方法大致分为 3 种：熔接法、机械接续法、粘接法。

测试步骤：

(1) 在被测光缆的接续处的前一个头处，把两根不同的光纤连接起来；

(2) 将被测光纤 A 接入 OTDR 发光输出端；

(3) 根据被测光纤接续处距 OTDR 的距离，在 OTDR 上设置好起始位置、测试距离、折射率等参数，启动发光脉冲；

(4) 将环回光纤 B 接至 OTDR，用同样的方法测出光纤接续处的损耗值；

(5) 将两个方向的测试值取代数和的绝对值除以 2 即为光纤接续损耗值。

7.4.1.20 光纤数字传输系统 2M 支路口漂移指标的测试方法

1. 测试设备

SDH 测试仪。

2. 测试步骤

(1) 按 SDH 系统漂移测试连接图 7-28 将测试系统连接好；

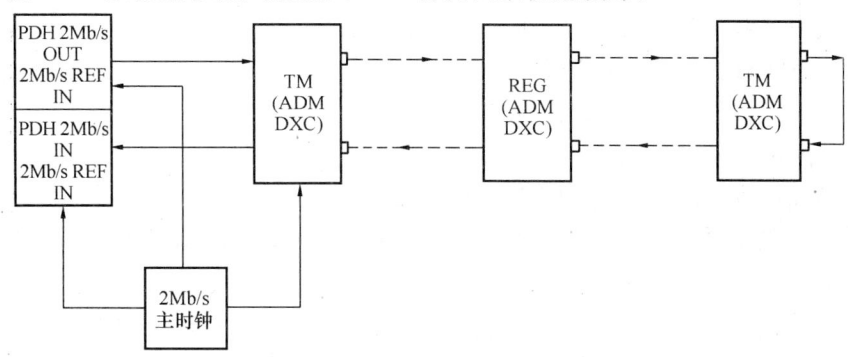

图 7-28 SDH 系统漂移测试连接图

(2) SDH 测试仪 PDH 发送 2048Mb/s、HDB3 码 $2^{15}-1$ 伪随机信号至被测系统，在远端环回后，确认 SDH 被测系统处于无误码正常工作状态；

(3) SDH 测试仪选择漂移测试菜单，并使 SDH 测试仪自动记录测试结果；

(4) 打印时间设定为 0.5h，测试时间设定为 24h。正式启动测试，SDH 测试仪就能自动打印出 24h 内的测试结果。

7.4.1.21 数字程控交换系统接通率的测试方法

1. 测试设备

模拟呼叫器。

2. 测试步骤

1) 按接线要求，正确连接模拟呼叫器端口与待测交换机；

2) 设置呼叫参数，并为模拟呼叫器各端口设置呼叫号码和呼叫顺序；

3) 进入测试界面开始测试；

4) 达到总呼叫次数，停止测试，记录模拟呼叫次数和呼叫错误数；

5) 计算呼损率或接通率。

7.4.1.22 数字程控交换系统局内障碍率的测试方法

1. 测试设备

模拟呼叫器。

2. 测试步骤

1) 按接线要求，正确连接模拟呼叫器端口与局内待测交换机；

2) 设置呼叫参数，并为模拟呼叫器各端口设置呼叫号码和呼叫顺序；

3) 进入测试界面开始测试；
4) 达到总呼叫次数，停止测试；
5) 记录模拟呼叫次数和呼叫障碍次数，并计算局内障碍率。

7.4.1.23 数字程控交换系统处理能力（BHCA）的测试方法

1. 测试设备

模拟呼叫器。

2. 测试步骤

1) 按接线要求，正确连接模拟呼叫器端口与待测交换机；
2) 设置呼叫参数，并为模拟呼叫器各端口设置呼叫号码和呼叫顺序；
3) 进入测试界面，当交换机达到 BHCA 值时，开始测试；
4) 达到总呼叫次数，停止测试；
5) 记录人机命令的响应次数、响应时间；
6) 统计人机命令响应时间。

7.4.1.24 通信电源系统开关电源输出杂音的测试方法

主要包括：电话衡重杂音、0～300Hz 峰值杂音、3.4～150kHz 和 0.15～30MHz 宽频杂音。

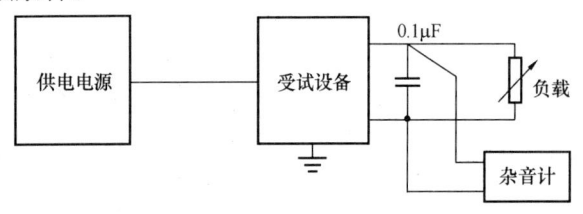

图 7-29 电话衡重杂音测试框图

1. 电话衡重杂音测试框图见图 7-29。

（1）测试设备

杂波表。

（2）测试步骤：

1) 输出端并接 $0.1\mu F$ 直流无极性电容；
2) 附加加权网络；
3) 杂音计接加权网络输入。

2. 0～300Hz 峰值杂音测试框图见图 7-30。

（1）测试设备

杂波表。

（2）测试步骤：

1) 输出端并接 $0.1\mu F$ 直流无极性电容；
2) 示波器探头接入电容引线两端；

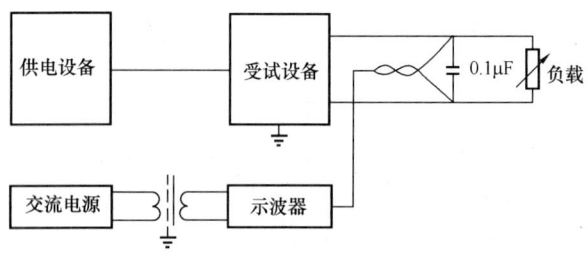

图 7-30 0～300Hz 峰值杂音测试框图

3) 示波器与市电隔离，机壳不接地；
4) 读出最大杂音脉冲幅度。

3. 3.4～150kHz 和 0.15～30MHz 宽频杂音测试框图同电话衡重杂音的测试框图类似。

（1）测试设备

杂波表。

(2) 测试步骤：

1) 输出端并接 $0.1\mu F$ 直流无极性电容；

2) 杂音表接入电容引线两端；

3) 测试框图类似电话衡重杂音测试框图。

7.4.1.25 通信电源系统单相交流电源的耐雷电冲击能力的测试方法

测试步骤：

(1) 单相交流电源的耐雷电冲击能力测试框图如图 7-31 所示，图中 R 为阻性额定负载；

(2) 进行冲击试验时，被测试品（电源设备）应处于正常工作状态；

(3) 开关 K 分别放在 1 和 2 位置，冲击电流试验波形的极性采用正极性、负极性各重复试验 5 次，每次间隔不少于 3min；

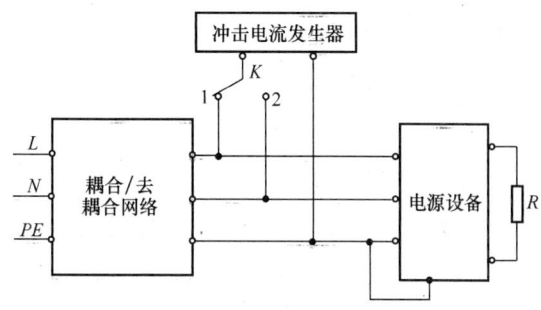

(4) 电流幅值按试品耐雷电标称放电电流确定；

图 7-31 单相交流电源的耐雷电冲击能力测试框图

(5) 冲击电流试验后，试品应工作正常，通信接口应工作正常，各项技术指标应正常。

7.4.1.26 通信电源系统三相交流电源的耐雷电冲击能力的测试方法

测试步骤：

(1) 三相交流电源的耐雷电冲击能力测试框图如图 7-32 所示。图中 R 为阻性额定负载；

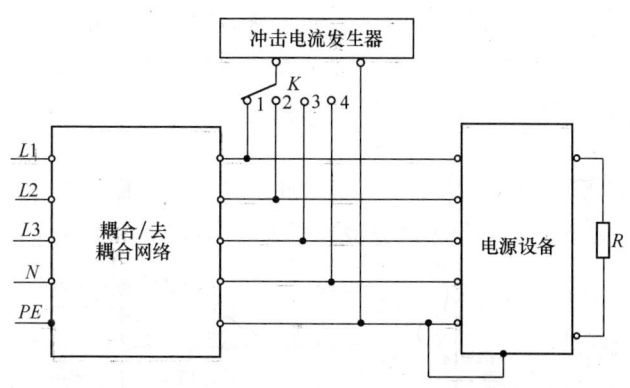

图 7-32 三相交流电源的耐雷电冲击能力测试框图

(2) 进行冲击试验时，被测试品（电源设备）应处于正常工作状态；

(3) 开关 K 分别放在 1、2、3 和 4 位置，冲击电流试验波形的极性采用正极性、负极性各重复试验 5 次，每次间隔不少于 3min；

(4) 电流幅值按试品耐雷电标称放电电流确定；

(5) 冲击电流试验后，试品应工作正常，通信接口应工作正常，各项技术指标应正常。

7.4.1.27 通信电源系统直流电源的耐雷电冲击能力的测试方法

测试步骤：

(1) 直流电源的耐雷电冲击能力测试框图如图 7-33 所示。图中 R 为阻性额定负载；

(2) 进行冲击试验时，被测试品（电源设备）应处于正常工作状态；

(3) 开关 K 分别放在 1 和 2 位置，冲击电流试验波形的极性采用正极性、负极性各重复试验 5 次，每次间隔不少于 3min；

(4) 电流幅值按试品耐雷电标称放电电流确定；

(5) 冲击电流试验后，试品应工作正常，通信接口应工作正常，各项技术指标应符合《通信电源设备的防雷技术要求和测试方法》YD/T 944—2007 附录 A 的规定。

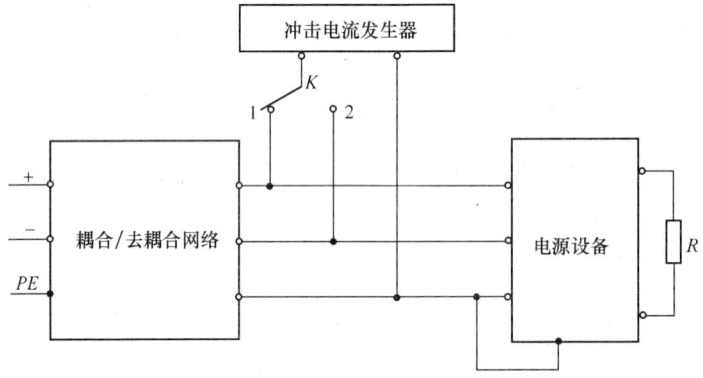

图 7-33　直流电源的耐雷电冲击能力测试框图

7.4.1.28 通信电源系统设备通信接口耐雷电冲击能力的测试方法

测试步骤：

(1) 通信接口（包含三遥接口）耐雷电冲击能力测试框图如图 7-34 所示；

(2) 进行冲击试验时，被测试品（电源设备）应处于正常工作状态；

(3) 电流幅值按试品耐雷电标称放电电流确定，正、负极性各重复试验 5 次，每次间隔不少于 3min；

(4) 冲击电流试验后，试品应工作正常，通信接口应工作正常，各项技术指标应符合《通信电源设备的防雷技术要求和测试方法》YD/T 944—2007 附录 A 的规定。

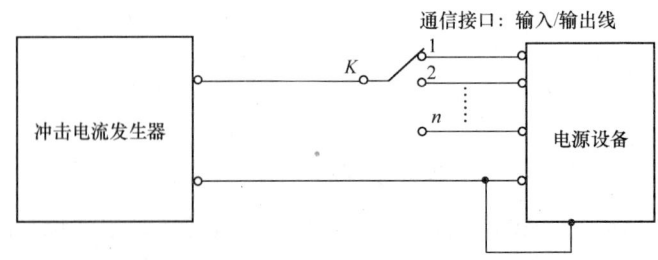

图 7-34　通信接口（包含三遥接口）耐雷电冲击能力测试框图

7.4.1.29 隧道断面风速的测量方法

进行隧道断面风速试验前应检查风机的功能是否正常，风机进出口之间不得存在未规定的气体循环。根据隧道通风系统设计文件确定其工作模式，开启风机，并应确定所测试的隧内的气流处于稳定状态（不存在紊流等非稳定状态）。

1. 断面选择

隧道风速测试断面的选择，应根据隧道通风设施的抽样情况，在所抽中的射流风机或通风区段前根据隧道线形、湍流、逆流等情况确定测试断面。

2. 测点分布

根据《工业通风机 现场性能试验》GB/T 10178—2006 以及隧道主洞轮廓，将该断面划分为 16 个测试区域，并将该断面测点设于每个测试区域的形心，隧道测试断面测点分布图如图 7-35 所示。

实际测试时，可根据隧道的断面轮廓、通风设施安装位置等选择合理的测点数量及分布。

3. 断面平均风速计算

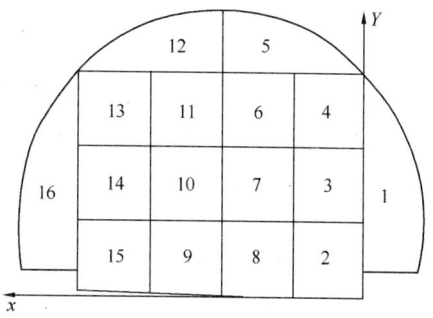

图 7-35 隧道测试断面测点分布图

根据断面测点分布、通风系统流线及现场实施条件，搭建隧道断面风速测试装置，利用风速计多次测量该断面的 16 个测点处的风速值 V_i（$i=1, 2, \cdots, 16$）。

则该测试断面的平均风速 $\overline{V}$ 可根据式（7-10）计算：

$$\overline{V} = \frac{\sum_{i=1}^{16} V_i A_i}{A} \tag{7-10}$$

式中　A_i——与风速 V_i 对应的小块面积（m^2）；

A——断面总面积（m^2），其计算式（7-11）如下：

$$A = \sum_{i=1}^{16} A_i \tag{7-11}$$

7.4.1.30　隧道照明测量方法

依据《照明测量方法》GB/T 5700—2008，以下分别给出了隧道照明系统照度和亮度测量方法。

对于隧道照明系统中测量区域的抽样可按照隧道设计的入口段、过渡段、中间段、过渡段和出口段，将每个段内划分为若干百米段，在每公里的 10 个百米段内，抽取 3 个百米段进行测量。

1. 照度测量方法

（1）仪器要求

分辨力不低于 0.1lx 的照度计。

（2）照度测量范围

沿隧道纵向，为同一侧两个灯具之间的区域。

沿隧道横向，当灯具采用单侧布置时，应为隧道路面的路宽；当灯具采用双侧交错布置、双侧对称布置、中心对称布置和中心布置时宜为隧道的半条路宽。

（3）照度测量点

将测量范围内的路段划分为若干大小相等的矩形网格。沿隧道纵向宜将测量范围 10

等分,当同一侧两个灯具间距大于 50m 时,宜增加划分的网格数,使每一个网格边长不大于 5m;沿隧道横向宜将每条车道 2 等分。当隧道路面的照度均匀度较好或相对测量的准确度要求较低时,划分的网格数可少些。纵向网格边长可与上面的取值相同,而道路横向的网格边长可取每条车道的宽度。

对应每个测量矩形网格区域,可选择下列的照度测量方法。

1) 四点法 (图 7-36)。测点应布置在网格的四角,测量网格四角点上的照度。

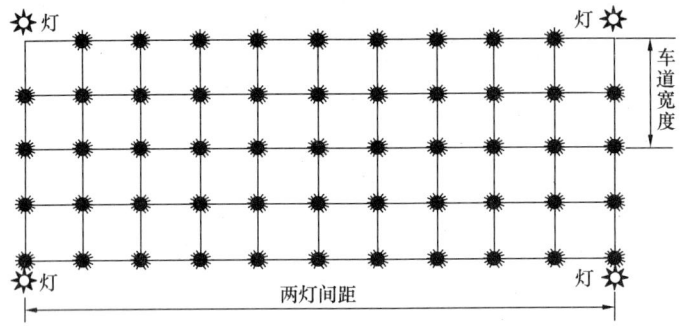

图 7-36 四点法测点布局

2) 中心法。测点应布置在每个网格的中心点 (图 7-37),测量网格中心点的照度。

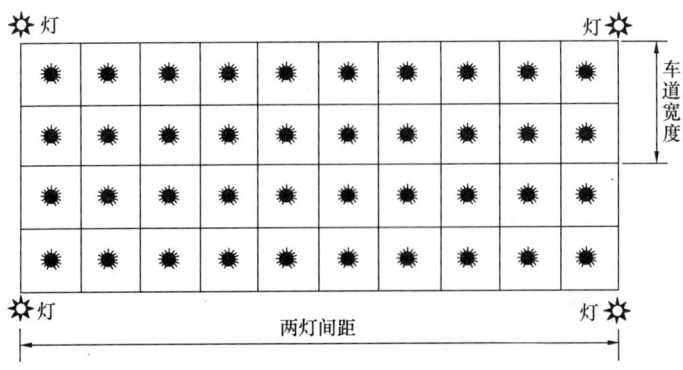

图 7-37 中心法测点布局

实际测试时,照度测量点多选为每个矩形网格的中心点,高度为隧道路面。

(4) 平均水平面照度和照度均匀度的计算

1) 四点法的平均水平面照度的计算:

$$E_{hav} = \frac{1}{4MN}(\Sigma E_\theta + \Sigma E_0 + 4\Sigma E) \tag{7-12}$$

式中 E_{hav}——隧道路面的平均水平照度 (lx);
M——纵向网格数;
N——横向网格数;
E_θ——测量区域四个角处的测点照度 (lx);
E_0——除 E_θ 外,四条外边上的测点照度 (lx);
E——四条外边以内的测点照度 (lx)。

2) 中心法的平均水平面照度的计算:

$$E_{\text{hav}} = \frac{1}{4MN}\Sigma E_i \qquad (7\text{-}13)$$

式中 E_{hav}——平均水平照度（lx）；

E_i——第 i 个测点上的照度（lx）；

其他符号意义同式（7-12）。

3）照度总均匀度的计算：

$$U_0 = \frac{E_{\text{hmin}}}{E_{\text{hav}}} \qquad (7\text{-}14)$$

式中 U_0——照度总均匀度；

E_{hmin}——测点的最小照度值（lx）；

E_{hav}——按式（7-12）或式（7-13）求出的平均水平面照度（lx）；

4）照度纵向均匀度的计算：

$$U_1 = \frac{E'_{\text{min}}}{E'_{\text{max}}} \qquad (7\text{-}15)$$

式中 U_1——隧道路面照度纵向均匀度；

E'_{min}——沿隧道行车方向同一车道内中心线的路面照度最小值（lx）；

E'_{max}——沿隧道行车方向同一车道内中心线的路面照度最大值（lx）；

2. 亮度测量方法

(1) 仪器要求

应使用在垂直方向的视场角不大于 $2'$，在水平方向的视场角 $2' \sim 20'$ 的亮度计进行测量。

(2) 亮度测量范围

沿隧道纵向为从一个灯具起 100m 距离以内的区域，当两个灯具间距大于 100m 时，应为两个灯具之间的区域；当灯具采用双向交错布设时，应以观测方向右侧灯具为参考；沿隧道横向宜为整条路宽。

(3) 亮度测量点

沿隧道纵向宜将测量范围内两个灯具间区域 10 等分，当同一侧两个灯具间距大于 50m 时，宜增加等分数，使两个相邻等分线间距不大于 5m；沿隧道横向宜将每条车道横向布置 3 个测量点，其中 1 点位于中心线上，其余 3 个点分别位于车道两侧边界线内侧 1/6 车道宽处。亮度测量点应位于沿隧道纵向的等分线上。

(4) 亮度测量观测点要求

亮度计的观测点高度应距路面 1.5m；纵向位置应距测量范围起始处 60m；横向位置应位于观测方向右侧路缘内侧 1/4 路宽处，当进行亮度纵向均匀度的测量时，应位于每条车道的中心线上。

(5) 隧道路面亮度及亮度均匀度的计算

1）隧道路面平均亮度的计算：

$$L_{\text{av}} = \frac{\Sigma L_i}{M} \qquad (7\text{-}16)$$

式中 L_{av}——隧道路面的平均亮度（$cd \cdot m^{-2}$）；

M——总测点数；

L_i——第 i 个测点上的亮度（cd·m^{-2}）。

2）亮度总均匀度的计算：

$$U_0 = \frac{L_{\min}}{L_{av}} \tag{7-17}$$

式中　U_0——亮度总均匀度；

$L_{\min}$——测点的最小亮度值（cd·m^{-2}）；

L_{av}——路面平均亮度（cd·m^{-2}）。

3）亮度纵向均匀度的计算：

$$U_1 = \frac{L'_{\min}}{L'_{\max}} \tag{7-18}$$

式中　U_1——隧道路面亮度纵向均匀度；

$L'_{\min}$——沿隧道行车方向同一车道内中心线的路面亮度最小值（cd·m^{-2}）；

$L'_{\max}$——沿隧道行车方向同一车道内中心线的路面亮度最大值（cd·m^{-2}）。

7.4.2　其他注意事项

1. 公路机电系统的基本功能

利用其分布于公路沿线的各种设施，以自动化监测、分析、控制和大容量多业务的信息传输、交换功能为技术依托，保障公路运营管理最大限度地掌握实时动态的交通状况，并据此采用有效地平抑措施，及时消减隐患，迅速排除干扰与危害，确保道路每个重要环节的安全畅通。

2. 机电系统的一般构成

常见的公路机电系统由监控、收费、通信、供配电、照明和隧道机电等子系统和设施构成的。

（1）监控系统

监控系统一般由信息采集、信息处理与信息发布3个子系统组成。可分为集中式和分布式两种控制模式，可以采用主线控制、匝道控制和通道控制等方式。

系统的性能指标常采用检测率、误报率、平均检测时间等指标评价交通事件自动检测算法的性能；采用系统响应时间、交通事故率下降比例、交通延误下降比例、总出行时间下降比例等指标评价系统的综合性能。

1）信息采集系统：主要包括车辆检测子系统、气象环境监测子系统、闭路电视（CCTV）子系统、隧道环境检测子系统、紧急电话子系统、隧道火灾报警子系统、无线对讲子系统等。

2）交通信息处理系统：是监控系统的核心环节，是监控策略制定、信息分析、生成方案、控制决策、措施启动等功能的主要承担子系统。通常由计算机系统、室内显示设备和操作控制台等组成。

3）交通信息提供发布系统：主要包括可变信息板、可变限速标志、车道控制器、交通信号灯和交通广播等设施。

（2）收费系统

高速公路收费系统主要由收费中心管理系统、收费站管理系统和车道收费系统3部分构成。

　　1）收费制式：可采用开放式、封闭式或混合式。

　　2）收费方式：宜采用半自动收费、自动收费或不停车收费。

　　3）通行券（卡）：宜选择多次重复使用的非接触式 IC 卡、一次性使用的纸质磁性券或一次性使用的纸质二维条形码券等。

　　4）电子收费方式（ETC）：主要目的是为了减少停车缴费次数，改善收费广场和道路通行能力；减少现金付款，方便用户，防止作弊；降低收费广场建设规模，减少征地；减轻因停车付费带来的环境污染；降低运营成本等。

　　5）区域联网收费：一般由联网收费管理中心、区域收费管理中心、路段收费分中心、收费站 4 级组成 1 个收费路网，实施封闭式联网收费。

　（3）通信系统

　　通信系统主要由干线传输、程控交换、移动通信和紧急电话等子系统组成。

　（4）供配电系统

　　供配电系统主要包括供电电源、配电线缆、保护装置、配电设备、应急电源等设施。

　（5）照明系统

　　公路照明一般由路面照明、工作照明和景观照明等组成。

　（6）隧道机电系统

　　隧道机电系统一般包括监控、远程通信、通风、照明、消防和供配电等子系统。

　3. MOS 集成电路的分类

　　MOS 集成电路按照所用的管子类型不同，分为 PMOS、NMOS 和 CMOS 3 种。

　　CMOS 电路是由 PMOS 管和 NMOS 管构成的互补 MOS 集成电路。具有静态功耗低、抗干扰能力强、工作稳定性好，开关速度高等优点。

　4. 交通机电设施电磁干扰试验要求

　　《公路机电系统设备通用技术要求及检测方法》JT/T 817—2011 中将电快速瞬变脉冲群抗扰度、静电放电抗扰度、辐射电磁场抗扰度 3 项电磁兼容要求作为通用要求予以规定，作为其他电子设备共同遵守的条款。

　5. 计算机系统的组成

　　计算机系统是由硬件系统和软件系统两部分组成，两部分构成计算机系统的统一体。

　　硬件系统的组成由主机和外部设备（简称外设）组成，主机由 CPU、内存储器、主板（总线系统）构成，外部设备由输入设备（如键盘、鼠标等）、外存储器（如光盘、硬盘、U 盘等）、输出设备（如显示器、打印机等）组成。

　　软件系统的组成由程序和相关的文档组成。

　6. 软件的生命周期

　　软件生命周期大体可分为 3 个阶段 6 个过程：制定计划、需求分析、设计、编码、测试、运行和维护等。

　　软件的开发阶段包括需求分析、设计、编码和测试四个阶段。软件开发成功之后转入运行维护阶段，这个阶段是不断地循环，直到软件生命周期结束。

　7. 数字通信系统的主要性能指标

　　数字通信系统的主要性能指标为：有效性和可靠性。其中数字通信系统的有效性通常用传输速率来衡量，传输速率分为信号传输速率和信息传输速率；可靠性通常用差错率衡量，通常用误码率和误比特率表述。

8. 通信网络的组成

一个完整的通信网络应由终端设备、传输设备（包括线路）、交换设备 3 大部分组成。

通信网络除 3 大部分"硬件"外，还包括一套"软件"，即各种规约，如信令、协议等。

9. 通信网络的分类

通信网络的分类如下：

(1) 按信道分类：有线通信网、无线通信网。

(2) 按信号分类：模拟信号网、数字信号网、数模混合网。

(3) 按通信距离分类：长途通信网、本地通信网、内部通信网。

(4) 按信源分类：语音通信网、数据通信网、文字通信网、图像通信网。

10. 网络体系结构

包括：网络的拓扑结构、网络的逻辑功能结构、物理实体网的结构。

11. 卫星通信的特点

卫星通信具有通信距离远、通道特性稳定、覆盖面积大、通信频带宽、机动灵活等特点。

12. 卫星通信系统的分类

(1) 按卫星运动方式分为：静止卫星通信系统、低轨道移动卫星通信系统。

(2) 按多址方式分为：频分多址卫星通信系统、时分多址卫星通信系统、空分多址卫星通信系统、码分多址卫星通信系统、混合卫星通信系统等。

13. 电子设备信号电路接地系统的形式

电子设备信号电路接地系统的形式一般可根据接地引线长度和电子设备的工作频率来确定：

(1) 单点接地

适用于低频 0～30Hz。信号电路以一点做电位参考点，再将该点连接至接地极系统。

(2) 多点接地

适用于高频大于 300Hz，也可低至 30Hz。信号电路采用多条导电通路与接地网或等电位面连接。

1) 对高频信号电路接地，多点接地是唯一实用的方法。

2) 为实现有效多点接地，当最高频率时，接地导体长度大于 $\lambda/8$（λ 为波长），需采用等电位接地平面。

(3) 混合式接地

是单点接地线和多点接地线的组合。具体做法为设置一个等电位接地平面，以满足高频信号接地的要求；再以单点接地方式连接至同一接地系统，以满足低频信号接地要求。

(4) 接地形式选用

为防止接地线成为辐射天线，其长度不应超过 0.02λ。接地线小于 0.02λ 时采用单点接地，大于 0.02λ 时采用多点接地。在 300Hz 时其长度为 20m，在 30Hz 时约为 200m。大于 300Hz 时一般接地长度将超过 0.02λ，应采用多点接地。

(5) 无论采用哪种接地系统,应避免接地线长度 $L=\lambda/4$ 及 $\lambda/4$ 的奇数倍的情况。因为此时的阻抗为无穷大,相当于一根天线,可接收或辐射干扰信号。

14. 交流配线接地

交流配线不允许与信号接地线紧贴或近距离地平等敷设,应敷设在不同支架上,相距不小于 30cm,末端回路可置于共同支架上,间距至少为 5cm。同时要避免形成过大的环路,以防止产生具有危害性的感应电压和电流。线路交叉时宜成直角。经验表明:

(1) 接地干线两点间的等电位联结效果取决于所用导体的阻抗(取决于导线截面和敷设长度等)。在频率 50Hz 或 60Hz 时,采用截面积为 $50mm^2$ 的铜导体是材料成本与阻抗之间的最佳折中方案。

(2) 机房内由计算机引至铜排网之间的接地线一般采用 $0.35mm \times 100mm$ 或 $0.5mm \times 100mm$ 的薄铜排。

15. 电力系统运行的基本要求

(1) 保证安全可靠供电。

(2) 保证电能的质量(电压、频率、谐波)。

(3) 要有良好的经济性(降低电压网损、降低能耗)。

(4) 电能生产要符合环境保护标准(限制二氧化碳、二氧化硫等污染的排放)。

16. 电能质量各项指标

(1) 电压幅值:对于 35kV 及以上电压允许变化范围为额定值的 $\pm 5\%$,10kV 及以下电压级允许变化范围为 $\pm 7\%$。

(2) 频率:我国电力系统的额定频率为 50Hz,正常运行时允许的偏移为 $\pm 0.2 \sim \pm 0.5Hz$。

(3) 谐波:为保证电压质量,要求电压为正弦波形,但由于某种原因总会产生一些谐波,会造成电压波形的畸变。为此,对电压正弦波形畸变率也有限制,对于 $6 \sim 10kV$ 供电电压不超过 4%,0.38kV 电压不超过 5%。

17. 电力系统的平均额定电压

我国电力系统的平均额定电压(额定电压指线电压 U_N) $U_{avN} \approx 1.05 U_N$,并适当取整,具体值为:3.15kV、6.3kV、10.5kV、37kV、115kV、230kV、345kV、525kV。

18. 电力网络中性点运行方式

(1) 电力网络中性点是指星形接线的变压器或发电机的中性点。中性点的运行方式或称用接地方式分为两大类:中性点直接接地、中性点不接地或 经消弧线圈接地。

(2) 目前我国采用的接地方式为:

1) 110kV 及以上电力网络采用中性点直接接地方式。

2) 35kV 及以下电网采用不接地方式。

3) 电容电流较大的 35kV 和 10kV 电网采用中性点经消弧线圈(电感线圈)接地方式。

19. 三相变压器的形式

三相变压器的形式有三相组式变压器和三相芯式变压器两种形式。

20. 三相变压器连接组别

国家规定了 5 种标准连接组别是:$Y/Y_0\text{-}0$、$Y/\triangle\text{-}11$、$Y_0/\triangle\text{-}11$、$Y_0/Y\text{-}0$ 和 $Y/Y\text{-}0$,

最常用的是前3种。根据变压器并联运行的要求，连接组别不同是绝对不允许的。

21. 电力变压器的绝缘

电力变压器分为干式和油浸两种。

(1) 干式变压器用环氧树脂作为干式绝缘材料。由于环氧树脂的绝缘性能好，耐热等级高，目前在35kV以下电压等级的配电系统中广泛应用。

(2) 油浸变压器是用变压器油（一种矿物油，比空气具有较高的介电强度）灌注满油箱，将铁芯与绕组装配在一起后放入油箱内，使铁芯与绕组全部变压器油中。绕组本身的绝缘一般采用A级绝缘材料，出线端经绝缘套管与外界相连。目前35kV以上电压等级的变压器广泛采用纠结式绕组。

22. 变压器冷却方式和允许温升

(1) 干式变压器是用空气作为冷却介质。

(2) 油浸变压器是用变压器油作为冷却介质，一般分为：油浸自冷式、油浸风冷式和强迫油循环式3种形式。

(3) 油浸变压器的A组绝缘材料，最高允许温度为105℃。根据现行标准周围冷却空气的最高温度定为40℃。

(4) 按照变压器正常使用年限为20～30年，则油浸变压器温升限度：绕组（包括自然油循环和强迫油循环）为65℃，铁芯表面为75℃，与变压器接触的构件表面（非导电部分）为80℃，油面为55℃。

23. 过电压产生的原因

过电压产生的原因，可以分为：

(1) 雷电过电压

1) 直击雷过电压；

2) 感应雷过电压；

3) 侵入雷电波过电压。

(2) 内部过电压

1) 暂时过电压（包括工频过电压和谐振过电压）；

2) 操作过电压（包括操作电容负荷过电压、操作电感负荷过电压、解列过电压和间歇电弧过电压等）。

24. 过电压绝缘配合

(1) 工频过电压和暂时过电压下的绝缘配合

工频运行电压下电气装置外绝缘的爬电距离应符合相应环境污秽分级条件下的爬电比距要求。在绝缘配合中不考虑谐振过电压，应在设计和运行中避免和消除出现谐振过电压的条件。

(2) 操作过电压下的绝缘配合

110kV及以下电气装置承受暂时过电压及操作过电压的能力，以电气设备的短时（1min）工频耐受电压来表征。当需要用避雷器限制某些操作过电压的场合，则以避雷器的相应保护水平为基础进行绝缘配合。对操作冲击的配合系一般取≥1.15。

(3) 雷电过电压下的绝缘配合

变配电所电气设备、绝缘子串和空气间隙的雷电冲击强度，以避雷器雷电保护水平进行配合。配合时，对非自恢复绝缘采用惯用法，对自恢复绝缘将绝缘强度作为随机变量处理。根据我国情况，对雷电过电压的配合系数取≥1.4，以电气设备额定雷电冲击耐受电压来表征。110kV 及以下电气装置一般由雷电过电压决定其绝缘水平。

25. 接地电阻的类型

按功能用途接地有 4 种：

（1）工作（系统）接地：接地电阻值大约在 0.5～10Ω 范围内。

（2）保护接地：接地电阻值要求在 1～10Ω 范围内。

（3）防雷电接地：接地电阻值一般在 1～30Ω 范围内。

（4）防静电接地：接地电阻值不大于 30Ω。

26. 系统接地形式

系统接地形式的分类是依据电源点的对地关系和负荷侧电气装置外露可导电部分的对地关系。

系统接地的形式有：TN、TT、IT 3 种类型，TN 系统按中性线（N 线）与保护线（PE 线）的组合情况还分为 TN-S、TN-C-S 和 TN-C 3 种类型。

公路系统接地形式通常为 TN 或 TT 系统，其中，TN-S 或 TN-C-S 系统多用于室内电子信息、通信网络等系统的配电线路；TT 系统则常用于野外（外场）设备的配电系统。

27. 高压断路器的种类

高压断路器主要分为多油断路器、少油断路器、六氟化硫（SF_6）断路器、真空断路器、压缩空气断路器等。

28. 断路器的主要性能与参数

断路器的主要性能与参数：额定电压 U_N、额定电流 I_N、额定开断电流 I_{brN}、额定开断容量 S_{brN}、额定关合电流 I_{mc}、额定热稳定电流 I_t、额定动力电流 i_{am}、分闸时间、自动重合闸时间等。

29. 电气主接线的基本要求与主要形式

（1）电气主接线的基本要求为：可靠性、灵活性、经济性、可扩展性。

（2）电气主接线的主要形式，按有无工作母线划分为有汇流母线接线和无汇流母线接线两类形式。

30. 电气设备选择与校验

（1）按正常工作方式选择电气设备

1）选择额定电压

电气设备最高耐压不得低于安装位置的最大可能工作电压。一般电气设备的最高耐压为其额定电压的 1.11～1.15 倍，而系统的电压波动一般在额定的 ±10% 以内。由此只需使电气设备的额定电压 U_N 不低于安装位置的系统额定电压 U_{Ns}。

2）选择额定电流

电气设备的额定电流不应小于在各种合理运行方式下流过设备的电流；发电机、变压器回路最大可能工作电流为其额定电流的 1.05 倍；变压器有过载可能时，回路最大工作电流按变压器最大过载能力（1.3～2 倍额定负荷能力）选取；母联回路一般取母线上最大 1 台发电机或变压器的最大工作电流；母线分段回路按照所联母线上最大 1 台发电机故障时为保障母线负荷所需要的最大穿越功率选取；出线回路除了考虑正常负荷方式外，还要考虑故障时从其余回路转移过来的负荷。

3）考虑环境条件的影响

当电气设备安装地点的环境条件，如海拔、温度、污秽等超过一般使用条件时，应采取措施进行设备调整。

(2) 按短路校验电气设备

1）短路热稳定校验；2）短路动稳定校验；3）短路计算条件；4）短路计算时间。

(3) 共振校验

重要回路的硬导体应进行共振校验。

(4) 一般性环境要求

1）落地式配电箱的底部宜抬高，室内宜高出地面 50mm 以上，室外应高出地面 200mm 以上。

2）安装于外场的机箱外壳防护等级（IP 代码）一般不得低于 IP54。室内标称电压超过交流 25V（均方根值）容易被触及的裸带电体必须设置遮护物或外罩，其防护等级不应低于 IP2X。

3）低压配电设备的化学腐蚀环境分为 3 个类别：0 类（轻腐蚀环境）、1 类（中等腐蚀环境）、2 类（强腐蚀环境）。设备防护类型共有 5 种：户内防中等腐蚀型（F1），户内防强腐蚀型（F2）、户外防轻腐蚀型（W）、户外防中等腐蚀型（WF1）、户内防强腐蚀型（WF2）。

4）我国低压配电设备都能适用于海拔 2000m 及以下地区，海拔为 2000m 以上的地区应采用高原型设备。

5）热带地区根据常年空气的干湿程度分为湿热带和干热带。湿热带地区的低压配电设施宜采用 TH 型产品；干热带地区的低压配电设施宜采用 TA 型产品。

6）地震基本烈度为 7 度及以下地区的电器可不采取防震措施。安装在 7 度以上地区的电器设备应能承受地震力分别为：8 度：地面水平加速度 $0.2g$ 地面垂直加速度 $0.1g$；9 度：地面水平加速度 $0.4g$ 地面垂直加速度 $0.2g$。

7）为了减少噪声影响，在距电器 2m 处不应大于：

a. 连续性噪声水平：85dB；

b. 非连续性噪声水平：屋内：90dB；屋外：110dB。

31. 交通机电产品检测特点

交通机电产品是为交通管理服务的，交通管理的多样性和复杂性决定了机电产品的多样性和复杂性，这突出表现在：专业杂种类多、产品尺寸跨度大、适应环境范围宽、检测仪器多等 4 个方面。

32. 交通机电产品检测一般步骤

交通机电产品的检测属于遍历性检测，即一个产品必须通过所有项目的考验才算合格，不能用多台设备的分部数据拼凑检测报告。另外，交通机电产品整机一般比安全设施贵重得多，检测后送检单位一般要求收回。所以，除正常的接样程序外，一般遵照"先外后里、先易后难、先静后动、先整后破"的原则进行检测。

一个完整的测试过程如下所示：

接样→样品编号→外观检查→内部检查→外形尺寸测量→功能检查→光学检测→电学检测→耐低温试验→耐高温试验→耐湿热试验→耐温度交变试验→恢复→耐绝缘→耐电气强度试验→耐机械振动试验→耐盐雾试验→耐候性试验→最后检查综合评价→出具检测报告。

33. 交通机电工程质量检测的依据与检查频率

交通机电工程质量检测依据为《公路工程质量检验评定标准 第二册 机电工程》JTG F80/2—2004。

检查频率也称抽样频度，在《公路工程质量检验评定标准 第二册 机电工程》JTG F80/2—2004标准第1.0.3中规定"机电工程分项工程检查频率：施工单位为100%；工程监理单位不少于30%，当项目测点数少于3个时，全部检查。"

34. 交通机电工程的外观鉴定原则

在《公路工程质量检验评定标准 第二册 机电工程》JTG F80/2—2004标准中，外观鉴定采用了主观评价减分制。具体要求如下：

(1) 外观鉴定条目下的每一款为一个项目；

(2) 有轻微缺陷，而无证据时，该项目可扣0.1分；

(3) 有轻微缺陷，有证据时，每个证据可扣0.1分，每项目累计的轻微缺陷不超过1分；

(4) 有明显缺陷，每个证据可扣0.5分，每项目累计的明显缺陷不超过1.5分，当累计至1.5分以上时为不合格项，要求返工修复此测点；

(5) 有严重缺陷，很明显不符合标准要求，此测点不得分，要求返修此测点。

需要注意：在一个分项工程有多个测点数时，每个测点的外观鉴定项目的扣分是一个条目一个条目累加的，但测点与测点不累加，选择扣分最大的测点为该分项工程的外观鉴定扣分。

35. 交通机电产品的试验项目

交通机电产品的试验项目，除高温、低温、湿热、盐雾、人工加速老化5项试验外，还有温度交变、循环盐雾、机械振动、IP等级4项环境例行试验，接地电阻、绝缘电阻、介电强度3项电气安全性能试验。

36. 环境例行试验的一般要求

交通机电产品的环境试验需要经过试验准备、试验前检查、试验设备准备、试验条件设定、样品装载、试验、中间检查、恢复、最终检测、设备复原、出具报告等过程。重要的是严酷等级的设定和试验设备的选择与操作。

37. 振动的分类

振动可分为随机振动和周期振动。

周期振动包括正谐、多谐、方波、锯齿波。周期振动都可分解为一系列简谐振动之和。

按是否有外力推动，振动又可分为自由振动和强迫振动。

38. 频率和角频率之间的关系

频率和角频率都是用来描述单位时间内振动次数的。频率和角频率之间有如下的关系：

$$\omega = 2\pi f \tag{7-19}$$

式中　ω——角频率；

　　　f——振动频率（Hz）；

　　　π——圆周率，取 3.14。

39. 位移、速度、加速度三者之间的关系

在正弦振动的情况下，且使用国际单位制时，位移、速度、加速度三者之间有如下的关系：

$$v = \omega A = 2\pi f A \tag{7-20}$$

$$a = \omega v = \omega^2 A = (2\pi f)^2 A \tag{7-21}$$

另外，根据牛顿定律：$F = m \cdot a$ 就可以计算出振动台的最大负荷 m。

$$m = \frac{F}{a} = \frac{F}{4\pi^2 f^2 A} \tag{7-22}$$

式中　m——试验台的总质量（kg）；

　　　F——试验台的最大推力（N），一般由生产厂给出；

　　　f——振动频率（Hz），由试验标准确定；

　　　A——位移（m），由试验标准确定，标准中一般以 mm 为单位需要乘以 10^{-3}；

　　　π——圆周率，取 3.14。

试验前应严格按照上式校核，试验台上装载的质量 $m_1 = m - m_0$，m_0 为试验台自身的质量，由生产厂给出。

40. IP 防护代码

IP 防护等级有两层含义：一是防止异物进入设备，对设备造成故障；二是防止人体的一部分进入设备，对人身造成伤害。除此之外还有防止水进入设备的功能。

防护能力的大小，在国际上有统一的规定，这就是 IEC60529：2001 对应《外壳防护等级（IP 代码）》GB 4208—2008 的作用。

（1）IP 代码的标志

IP 代码由 IP 字母和两位特征数字和一位附加字母、一位补充字母组成。

（2）IP 代码的含义

IP 代码中各数字的含义：

1) 第一位特征数字

第一位特征数字所代表的对接近危险部件或对固体异物（包括灰尘）进入的防护等级。

2) 第二位特征数字

第二位特征数字表示外壳防止由于进水而对设备造成有害影响的防护等级。

3) 附加字母

附加字母表示对人接近危险部件的防护等级。附加字母在下述两种情况下使用：

a. 接近危险部件的实际防护高于第一位特征数字代表的防护等级；

b. 第一位特征数字用"X"代替，仅需表示对接近危险部件的防护等级。

（3）交通机电产品的机箱防护等级

交通机电产品的机箱防护性能应满足《外壳防护等级（IP 代码）》GB 4208—2008 中

规定的 IP55 或 IP65 两个等级。

41. 交通量和平均测速精度的表示方法

对于交通量和平均测速精度，用检测允差指标来表示，具体计算方法如下：

$$允差 = \frac{X - X_0}{X_0} \times 100\% \tag{7-23}$$

式中　X——被测设备示值，如交通量或平均车速；

　　　X_0——人工或更高一级检测设备示值，如人工计数的交通量或雷达测速仪测得平均车速。

42. 视频通道指标的测量设备

视频通道指标的测量设备为视频信号发生器和视频分析测量仪。

43. 隧道照明系统的设计参数

依据《公路隧道通风照明设计规范》JTJ 026.1—1999，隧道照明系统的设计参数即为路面亮度及亮度均匀度（路面亮度总均匀度和纵向均匀度）。

44. 隧道照明系统中，平均亮度与平均照度之间的换算关系

对于隧道照明系统最直观的测量方法是进行隧道路面亮度的检测，然而由于亮度的测试相对于照度而言条件较为苛刻。

目前隧道照明系统的工程测试多采用先进行照度测试，然后根据平均亮度与平均照度之间的换算关系进行换算。

平均亮度与平均照度之间的换算关系一般取值为：按沥青路面 $15 \sim 22 \text{lx}/(\text{cd} \cdot \text{m}^{-2})$；水泥混凝土路面 $10 \sim 13 \text{lx}/(\text{cd} \cdot \text{m}^{-2})$。

附　　录

附录 1　关于印发公路水运工程试验检测人员考试办法的通知

质监综字 [2007] 4 号

各省、自治区、直辖市交通（公路、道路、水运）工程质监站（局）、新疆生产建设兵团公路建设质监站、上海港建设工程安全质量监督站、天津港港务工程质量监督站、长江航务工程质量监督中心站：

　　为进一步规范公路水运工程试验检测人员考试工作，依据《公路水运工程试验检测管理办法》（交通部令 2005 第 12 号），结合近一年的考试工作，质监总站对《公路水运工程试验检测人员考试办法》（试行）质监办字 [2005] 71 号进行了修订，现印发给你们，请遵照执行。《公路水运工程试验检测人员考试办法》（试行）质监办字 [2005] 71 号同时废止。

主题词：印发　公路　水运　办法　通知

抄　送：各省、自治区、直辖市交通厅（局、委），上海市市政工程管理局，天津市市政公路管理局，新疆生产建设兵团交通局，长江航务管理局，上海港口管理局

2007 年 2 月 14 日

公路水运工程试验检测人员考试办法

第一章 总 则

第一条 根据《公路水运工程试验检测管理办法》(交通部令 2005 第 12 号)第三十九条的规定,为加强对公路水运工程试验检测人员管理,提高试验检测人员的素质,制定本办法。

第二条 公路水运工程试验检测人员资格(以下简称检测人员)分为公路工程和水运工程 2 个专业,设试验检测工程师(以下简称检测工程师)和试验检测员(以下简称检测员)2 个等级。

第三条 从事公路、水运工程试验检测的人员应当通过公路水运工程试验检测业务考试(以下简称考试),取得上岗资格证书。

第四条 质监总站为考试工作的组织和监管部门,负责:

(一)确定考试大纲,建设和管理考试题库;
(二)指导监督各省的考试工作;
(三)确定考试合格分数线;
(四)组织对检测工程师的考卷评判,核发检测工程师证书;
(五)制定有关考试工作管理规定并监督落实;
(六)建立并维护考试合格人员管理数据库。

第五条 各省级质监机构(以下简称省站)为本行政区域内考试工作的组织实施部门,负责:

(一)制定本行政区域内考试计划,报质监总站核备;
(二)发布试验检测工程师和试验检测员考试通知,审查报名考试者资格;
(三)组织实施考试,负责监考,承担相应考务工作;
(四)组织对检测员的考卷评判;
(五)核发检测员证书;
(六)负责动态更新和维护考试合格检测人员的管理数据库。

第二章 考试科目与方式

第六条 公路工程和水运工程工程师考试科目分为公共基础科目和专业科目,检测员仅设置专业科目。

第七条 公路检测工程师和检测员考试专业科目分为:材料、公路、桥梁、隧道、交通安全设施和机电工程;水运检测工程师和检测员考试专业科目为:材料、地基与基础、结构。

第八条 试验检测工程师应当通过公共基础科目和任意一门专业科目的考试;从事试验检测工作两年以上且具有相关专业高级职称的考生可免试公共基础科目;试验检测员应当通过任意一门专业科目的考试。每个考生可报考多个专业,单科考试成绩 2 年内有效。

第九条 考试方式实行计算机考试或纸质试卷考试的方式。

采用计算机考试的应使用质监总站规定的专用程序，当场随机抽取试题组成试卷，当场确定考生成绩。考试组织单位应按考生数量配备计算机（每人1台），并在考前进行测试，保证计算机在考试过程中正常运行。

采用纸质试卷考试的应从题库中随机抽取试题，经专家审查后组成试卷，人工阅卷。

第三章 报名及考试

第十条 申请试验检测考试的人员（简称"考生"），应当符合下列基本条件：

（一）遵纪守法，遵守试验检测工作职业道德；

（二）身体健康，能胜任试验检测工作；

（三）申请检测员的考生应具有高中以上文化程度及2年以上所申请专业的工作经历，或大学专科及以上毕业生，或具有初级专业技术任职资格；

（四）申请检测工程师的考生应取得中级或相当于中级（含高级技师）以上工程专业技术任职资格，有1年以上所申请专业的试验检测工作经历，且满足以下相关专业学历的年限要求：

1. 获博士学位当年；
2. 获硕士学位后从事工程专业技术工作3年以上；
3. 获得双学士学位或研究生毕业，从事工程专业技术工作4年以上；
4. 大学本科毕业后，从事工程专业技术工作5年以上；
5. 大学专科毕业后，从事工程专业技术工作7年以上；
6. 工作后取得大学本科学历，从事工程专业技术工作6年以上；
7. 工作后取得大学专科学历，从事工程专业技术工作8年以上；
8. 相关专业中专毕业后，从事工程专业技术工作12年以上。

第十一条 考生可在户籍或工作所在地报名，考试实行网上报名。考生同时向考场所在地省站提交以下材料：

（一）公路水运工程试验检测人员考试申请表；

（二）本人学历、职称、身份证原件及相应复印件；

（三）近期小二寸标准证件照片4张。

申请者对个人材料真实性负责。申请表须经其所在单位或人事档案管理部门审核盖章。审核单位对材料真实性负审核责任。

第十二条 考生或其所在单位应在规定时间内将申报材料报送省站进行审查，省站审核证件原件后保留证件副本及其他材料。考试资格审查实行审查人负责制。

第十三条 各省站根据当地报名情况拟定考试计划。考试计划向质监总站报备，核准后，在质监总站统一确定的时间内由省站组织集中考试。

各省站须严格执行考试有关规章制度，公平、公正、科学地组织考试；监考人员要恪尽职守，严格执行监考守则；考生必须遵守考场纪律。

第十四条 开考前，监考人员要逐人核查考生身份，并明示考场纪律。发现作弊、替考、违反考试纪律等违规现象要及时制止，并在监考记录单上如实记录。

第十五条 考试违规处理：

（一）考试作弊者取消当场考试成绩及后续考试资格，当年内不得再次报考；

（二）替考、扰乱考场秩序、提供假资料者取消本次考试资格，2年内不得再次报考；

（三）对已取得试验检测人员证书的人员，经查实有弄虚作假骗取考试资格、违规替考等违反考试纪律的人员取消其证书资格，并在2年内不得再次报考。

第十六条 考试结束后，各考点主考应如实填写考试信息，由省站签章认可后及时报质监总站。各省站应对考试信息的真实性负责。

第四章 检测人员证书

第十七条 检测工程师考试结束后，由省站将考试信息报送质监总站，质监总站核准后组织阅卷，并对考试合格者颁发《公路水运工程试验检测工程师证书》。

第十八条 检测员考试结束后，由各省站组织阅卷，并对考试合格者颁发《公路水运工程检测员证书》。

第十九条 检测人员证书格式由质监总站制定。

第二十条 各省站应将本区域获得检测人员证书者纳入检测人员数据库进行动态管理。

第二十一条 检测人员证书是从事检测工作的岗位证书，不得伪造、涂改、租借。

第二十二条 检测人员证书有效期为5年。证书有效期内，检测人员应按规定参加继续教育。继续教育内容和时间由质监总站制定。

检测人员证书到期，发证部门应对其参加继续教育情况及业绩信誉记录进行核查。核查合格的在证书上签署核查意见并加盖印章。核查不合格的，责令限期整改，或按《公路水运工程试验检测管理办法》（交通部令第12号）第五十条执行。检测人员在整改期间不得从事试验检测业务。

附件1（略）

附录2 关于公布《公路水运工程试验检测机构等级标准》及《公路水运工程试验检测机构等级评定程序》的通知

（交质监发〔2008〕274号）

为适应公路水运工程建设的发展和技术进步，提高检测工作质量，进一步规范试验检测机构等级评定工作，我部对《公路水运工程试验检测管理办法》（交通部令2005第12号）中的《公路水运工程试验检测机构等级标准》及《公路水运工程试验检测机构等级评定程序》进行了修订。将修订后的《公路水运工程试验检测机构等级标准》及《公路水运工程试验检测机构等级评定程序》予以公布，自2008年11月1日起执行。原《公路水运工程试验检测机构等级标准》及《公路水运工程试验检测机构等级评定程序》同时废止。在此之前申报的试验检测机构仍按原标准和程序进行评定。

2008年8月21日

公路水运工程试验检测机构等级标准

一、公路工程试验检测机构等级标准

公路工程试验检测人员配备　　　　　　　　　　　　　　　附表 2-1

项目	综合甲级	综合乙级	综合丙级	交通工程专项	桥梁隧道工程专项
持试验检测人员证书总人数	**≥32 人**	**≥16 人**	**≥7 人**	**≥22 人**	**≥25 人**
持试验检测工程师证书人数	**≥12 人**	**≥6 人**	**≥3 人**	**≥10 人**	**≥12 人**
持证工程师专业配置	材料、公路专业分别≥3 人，桥梁、隧道、交安专业分别≥2 人	材料专业≥3 人，公路专业≥2 人，桥梁专业≥1 人	材料、公路、桥梁专业分别≥1 人	机电工程专业≥6 人，安全设施专业≥4 人	材料专业≥2 人，桥梁、隧道专业分别≥5 人
相关专业高级职称人数	≥6 人	≥1 人	——	≥4 人	≥6 人
技术负责人	1. **相关专业高级职称**； 2. **持试验检测工程师证书**； 3. 8 年以上试验检测工作经历	1. **相关专业高级职称**； 2. **持试验检测工程师证书**； 3. 5 年以上试验检测工作经历	1. 相关专业中级职称； 2. **持试验检测工程师证书**； 3. 5 年以上试验检测工作经历	1. **相关专业高级职称**； 2. **持试验检测工程师证书**； 3. 8 年以上试验检测工作经历	1. **相关专业高级职称**； 2. **持试验检测工程师证书**； 3. 8 年以上试验检测工作经历
质量负责人	1. **相关专业高级职称**； 2. **持试验检测工程师证书**； 3. 8 年以上试验检测工作经历	1. 相关专业中级职称； 2. **持试验检测工程师证书**； 3. 5 年以上试验检测工作经历	1. 相关专业中级职称； 2. **持试验检测工程师证书**； 3. 5 年以上试验检测工作经历	1. **相关专业高级职称**； 2. **持试验检测工程师证书**； 3. 8 年以上试验检测工作经历	1. **相关专业高级职称**； 2. **持试验检测工程师证书**； 3. 8 年以上试验检测工作经历

注：表中黑体字为强制性要求，一项不满足视为不通过。

公路工程试验检测能力基本要求及主要仪器设备　　　　　附表 2-2

等级	序号	项目	主要试验检测参数	设备配置
综合甲级	1	土	颗粒级配，界限含水率，最大干密度，最佳含水率，CBR，相对密度，天然稠度，回弹模量，粗粒土最大干密度，凝聚力，内摩擦角，自由膨胀率，烧失量，有机质含量	标准筛，摇筛机，密度计，电子天平，烘箱，光电液塑限联合测定仪，自动击实仪，脱模器，CBR 试验装置（路面材料强度仪或其他荷载装置），比重瓶，杠杆压力仪，承载板及测力装置，表面振动压实仪，三轴仪，自由膨胀率测定装置、高温炉，分析天平

续表

等级	序号	项目	主要试验检测参数	设备配置
综合甲级	2	集料	颗粒级配，针片状颗粒含量，压碎值，磨耗值，磨光值，集料含泥量，砂当量，吸水率，密度，坚固性，碱活性，软弱颗粒含量，细集料棱角性，含水率，泥块含量，有机质含量，亚甲蓝值MBV，矿粉亲水系数	标准筛（砂、石筛），摇筛机，烘箱，电子天平，规准仪，游标卡尺，压碎值试验仪，压力机，洛杉矶磨耗机，加速磨光机，摆式摩擦系数测定仪，砂当量仪，李氏比重瓶，细集料棱角性测定仪，叶轮搅拌机，测长仪及配件，应力环及测试装置
	3	岩石	单轴抗压强度，抗冻性，含水率，密度，毛体积密度，吸水率	压力机，电动切石机，游标卡尺，砂轮磨平机，低温试验箱，电子天平，烘箱，抽气设备
	4	水泥	密度，比表面积，标准稠度用水量，凝结时间，安定性，胶砂强度，胶砂流动度，烧失量，SO_3含量，MgO含量	电子天平，Blaine透气仪，透气比表面积仪，水泥净浆搅拌机，标准法维卡仪，沸煮箱，雷氏夹，胶砂搅拌机，振实台，标准恒温恒湿护箱，电动抗折试验机，恒应力压力机，凝结时间测定仪，水泥胶砂流动度测试仪，高温炉，滴定装置
	5	水泥混凝土、砂浆	抗压强度，抗折强度，抗压弹性模量，配合比设计，坍落度，含气量，混凝土凝结时间，抗渗性，表观密度，泌水率，劈裂抗拉强度，抗折弹性模量，抗冻性，耐磨性，砂浆稠度，分层度，干缩率	标准养护室，水泥混凝土搅拌机，振动台，压力机（材料试验机），抗折试验夹具，千分表，坍落度筒，含气量测定仪，混凝土贯入阻力仪，混凝土渗透仪，容量筒，劈裂试验夹具，冻融试验机，混凝土动弹性模量测定仪，混凝土磨耗试验机，水泥砂浆搅拌机，水泥砂浆稠度仪，水泥砂浆分层度仪，干缩养护箱，比长仪
	6	水、外加剂	pH值，氯离子含量，减水率，泌水率比，抗压强度比，不溶物含量，可溶物含量，硫酸盐及硫化物含量，含气量，凝结时间差，外加剂的钢筋锈蚀，匀质性	酸度计，分析天平，滴定设备，烘箱，压力机，混凝土贯入阻力仪，含气量测定仪，阳极极化仪或钢筋锈蚀测量仪
	7	无机结合料稳定材料	最大干密度，最佳含水量，无侧限抗压强度，水泥或石灰剂量，石灰有效钙镁含量，粉煤灰细度，粉煤灰烧失量，粉煤灰比表面积，SiO_2、Al_2O_3、Fe_3O_4含量	自动击实仪，压力机，路面材料强度仪，脱模器，标准养护室，滴定设备，电子天平，负压筛析仪，烘箱，电炉，分析天平，高温炉，Blaine透气仪
	8	沥青	密度，针入度，针入度指数，延度，软化点，薄膜加热试验，旋转薄膜加热试验，闪点，蜡含量，粘附性，动力黏度，布氏旋转黏度，改性沥青弹性恢复率，改性沥青的离析性，沥青化学组分，运动黏度，恩格拉黏度，粘韧性，乳化沥青蒸发残留物含量，乳化沥青筛上残留物含量，乳化沥青微粒子电荷，乳化沥青储存稳定性，乳化沥青破乳速度	比重瓶，分析天平，自动针入度仪，恒温水槽，烘箱，低温延度仪，软化点仪，闪点仪，薄膜烘箱，电子天平，旋转薄膜烘箱，蜡含量测定仪，真空减压毛细管黏度计，秒表，布氏旋转黏度仪，毛细管黏度计，真空泵，恩格拉黏度计，粘韧性试验仪，滤筛（1.18mm），电极板，沥青乳液稳定性试验管，标准筛，电炉，冰箱

续表

等级	序号	项目	主要试验检测参数	设备配置
综合甲级	9	沥青混合料	配合比设计，密度，马歇尔稳定度，空隙率，矿料间隙率，流值，最大理论密度，动稳定度，沥青用量，矿料级配，抗弯拉强度，冻融劈裂强度比，沥青析漏损失，飞散损失	沥青混合料拌合机，浸水天平，电子天平，烘箱，马歇尔自动击实仪，马歇尔稳定度仪，恒温水槽，脱模器，真空负压装置，轮碾成型机，车辙试验机，沥青抽提仪（或燃烧炉），标准筛，摇筛机，路面材料强度仪，恒温冰箱
	10	钢筋（含接头）	抗拉强度，屈服强度，伸长率，冷弯	万能材料试验机，弯曲装置，游标卡尺，标距打点机
	11	锚具、钢绞线	最大力，规定非比例延伸力，最大力总伸长率，锚固效率系数，总应变，洛氏硬度，弹性模量，松弛率，组装件疲劳试验，周期荷载试验，辅助性试验	大行程万能试验机，引伸仪，锚具试验系统，洛氏硬度计，松弛试验机，疲劳试验机
	12	板式橡胶支座	抗压弹性模量，抗剪弹性模量，极限抗压强度，抗剪粘结性能，抗剪老化	压力机（≥5000kN），剪切侧向加载系统，老化箱，游标卡尺，变形测量装置
	13	土工合成材料	拉伸强度，延伸率，梯形撕裂强度，顶破强度，厚度，单位面积质量，垂直渗透系数	材料试验机，各种专用夹具，厚度测定仪，电子天平，钢尺，渗透系数测定仪
	14	路基路面	厚度，压实度，平整度，土基回弹模量，弯沉，构造深度，摩擦系数，渗水系数，车辙，几何尺寸	路面雷达测试系统，环刀，灌砂筒，天平，取芯机，激光平整度仪，承载板，贝克曼梁，自动弯沉仪（落锤或连续式），激光构造深度测试仪，摩擦系数测试设备（横向力或制动力式），摆式仪，路面渗水仪，车辙自动测定仪，全站仪（或经纬仪、测距仪）、水准仪、钢尺，核子密度仪或无核密度仪
	15	地基基础、基桩	地基承载力，地表沉降，基桩完整性，基桩承载力，深层水平位移，成孔质量	承载板及测试装置，水准仪，基桩动测仪，超声波检测仪，千斤顶加载装置，位移测试装置，静力触探仪，动力触探仪，测斜仪，百米钻机（配标准贯入设备，泥浆泵，岩芯管钻头，取样器等），成孔质量检测装置
	16	结构混凝土	强度，混凝土碳化深度，钢筋位置及保护层厚度，表观及内部缺陷，钢筋锈蚀电位，氯离子含量，混凝土电阻率	回弹仪，取芯机，压力机，非金属超声波检测仪，碳化深度测量装置，钢筋保护层测定仪，裂缝测量装置，钢筋锈蚀测量仪，氯离子含量测定仪或化学滴定装置，混凝土电阻率测量仪
	17	桥梁结构、构件	静态、动态应变（应力），变形（位移），模态参数（频率、振型、阻尼比），承载能力	静态应变测量与采集设备（至少两种原理设备，测点总数不少于100），动态应变测量、采集与分析设备（不少于16通道），全站仪，变形测量装置，精密水准仪，测振传感器，裂缝测量装置，钢筋锈蚀测量仪，氯离子含量测定仪或化学滴定装置，桥梁检查车（平台）

续表

等级	序号	项目	主要试验检测参数	设备配置
综合甲级	18	隧道	断面尺寸，锚杆拉拔力，支护（衬砌）背后的空洞，衬砌厚度，地质观察，周边位移，拱顶下沉，CO浓度，烟雾浓度，照度，噪声	激光断面仪，锚杆拉拔仪，地质雷达，收敛计，精密水准仪，CO浓度检测仪，光透过仪，照度计，精密声级计
综合甲级	19	交通安全设施（标志，标线，护栏，隔离栅等）	外观及几何尺寸，反光标志逆反射系数，反光标线逆反射系数，标线涂层厚度，标线抗滑性能，突起路标发光强度系数，色度性能（表面色），金属构件防腐层性能，立柱（支撑）竖直度，拼接螺栓抗拉荷载，反光膜抗拉荷载，反光膜附着性能，玻璃珠含量，涂料抗压强度，涂料耐磨耗性能，突起路标抗压荷载，突起路标抗冲击性能	几何测量量（刃）具，反光标志逆反射系数测试仪，反光标线逆反射系数测试仪，标线涂层厚度测试仪，摆式摩擦系数测定仪，突起路标发光强度系数测试仪，色彩色差仪（表面色），磁性涂层测厚仪，超声波测厚仪，电涡流涂层测厚仪，分析天平，电子天平，气流式盐雾腐蚀试验箱，1.0级电子万能材料试验机（量程不小于200kN），0.5级电子万能材料试验机，反光膜附着性能测定仪，玻璃珠筛分器，恒温恒湿环境试验箱（均匀性不超过±1℃），漆膜磨耗仪，突起路标冲击试验装置或落球冲击试验机
综合乙级	1	土	颗粒级配，界限含水率，最大干密度，最佳含水率，CBR，天然稠度，比重，回弹模量，有机质含量，烧失量	标准筛，摇筛机，密度计，电子天平，烘箱，光电液塑限联合测定仪，自动击实仪，脱模器，CBR试验装置（路面材料强度试验仪或其他荷载装置），比重瓶，杠杆压力仪，承载板及测力装置，分析天平，高温炉
综合乙级	2	集料	颗粒级配，针片状颗粒含量，压碎值，磨耗值，集料含泥量，砂当量，坚固性，密度，吸水率，软弱颗粒含量，细集料棱角性，含水率，泥块含量，有机质含量，亚甲蓝值MBV，矿粉亲水系数	标准筛（砂、石筛），摇筛机，烘箱，电子天平，规准仪，游标卡尺，压碎值试验仪，压力机，洛杉矶磨耗机，加速磨光机，摆式摩擦系数测定仪，砂当量仪，李氏比重瓶，细集料棱角性测定仪，叶轮搅拌机，测长仪及配件，应力环及测试装置
综合乙级	3	岩石	单轴抗压强度，抗冻性，含水率，密度，毛体积密度，吸水率	压力机，游标卡尺，电动切石机，砂轮磨平机，低温试验箱，电子天平，烘箱，抽气设备
综合乙级	4	水泥	密度，比表面积，凝结时间，安定性，胶砂强度，标准稠度用水量，烧失量，胶砂流动度	电子天平，透气比表面积仪，水泥净浆搅拌机，标准法维卡仪，雷氏夹，沸煮箱，胶砂搅拌机，振实台，标准恒温恒湿养护箱，电动抗折试验机，恒应力压力机，凝结时间测定仪，水泥胶砂流动度测试仪，高温炉
综合乙级	5	水泥混凝土、砂浆	抗压强度，抗折强度，配合比设计，坍落度，含气量，混凝土凝结时间，抗渗性，表观密度，抗压弹性模量，泌水率，劈裂抗拉强度，抗折弹性模量，砂浆稠度，分层度，干缩率	标准养护室，水泥混凝土搅拌机，振动台，材料试验机，抗折试验夹具，千分表，坍落度筒，含气量测定仪，混凝土贯入阻力仪，混凝土渗透仪，容量筒，劈裂试验夹具，水泥砂浆搅拌机，水泥砂浆稠度仪，水泥砂浆分层度仪，干缩养护箱，比长仪
综合乙级	6	水，外加剂	pH值，氯离子含量，减水率，抗压强度比，泌水率比，不溶物含量，可溶物含量，硫酸盐及硫化物含量，含气量，凝结时间差，外加剂的钢筋锈蚀试验	酸度计，分析天平，滴定设备，烘箱，压力机，混凝土贯入阻力仪，含气量测定仪，阳极极化仪或钢筋锈蚀测量仪

续表

等级	序号	项目	主要试验检测参数	设备配置
综合乙级	7	无机结合料稳定材料	最大干密度,最佳含水量,无侧限抗压强度,水泥或石灰剂量,石灰有效钙镁含量,粉煤灰细度,粉煤灰烧失量,粉煤灰比表面积	自动击实仪,压力机,路面材料强度仪,脱模器,标准养护室,滴定设备,电子天平,烘箱,电炉,分析天平,负压筛析仪,高温炉,Blaine透气仪
	8	沥青	针入度,延度,软化点,闪点,粘附性,薄膜加热试验,密度,动力黏度,改性沥青弹性恢复率,改性沥青的离析性,乳化沥青贮存稳定性,乳化沥青破乳速度,乳化沥青微粒粒子电荷,乳化沥青筛上残留物含量	自动针入度仪,烘箱,恒温水槽,低温延度仪,软化点仪,闪点仪,薄膜烘箱,电子天平,比重瓶,分析天平,真空减压毛细管黏度计,滤筛(1.18mm),沥青乳液稳定性试验管,电极板,标准筛,电炉,冰箱
	9	沥青混合料	马歇尔稳定度,流值,空隙率,矿料间隙率,沥青用量,矿料级配,动稳定度,最大理论密度	沥青混合料拌合机,马歇尔自动击实仪,马歇尔稳定仪,烘箱,恒温水槽,脱模器,沥青抽提仪(或燃烧炉),电子天平,标准筛,摇筛机,轮碾成型机,车辙试验机,最大理论密度测定仪,真空负压装置,路面材料强度测试仪
	10	钢筋(含接头)	抗拉强度,屈服强度,伸长率,冷弯	万能材料试验机,弯曲装置,游标卡尺,标距打点机
	11	路基路面	厚度,压实度,平整度,弯沉,构造深度,摩擦系数,渗水系数,几何尺寸,土基回弹模量	环刀,灌砂筒,天平,取芯机,弯沉测试设备,平整度测试设备,摩擦系数测试设备,构造深度测试仪,路面渗水仪,全站仪(或经纬仪,测距仪),水准仪,钢尺,承载板
	12	地基基础、基桩	地基承载力,地表沉降,基桩完整性	承载板及测试装置,水准仪,静力触探仪,动力触探仪,压力机,基桩动测仪,超声波检测仪
	13	结构混凝土	强度,混凝土碳化深度,钢筋位置及保护层厚度,表观及内部缺陷	回弹仪,取芯机,压力机,碳化深度测量装置,钢筋位置及保护层测定仪,非金属超声波检测仪,裂缝测量装置
综合丙级	1	土	颗粒级配,界限含水率,最大干密度,最佳含水率,天然稠度,有机质含量,相对密度	标准筛,摇筛机,密度计,电子天平,烘箱,光电液塑限联合测定仪,自动击实仪,脱模器,分析天平,比重瓶
	2	集料	颗粒级配,压碎值,针片状颗粒含量,密度,含水率,泥块含量,矿粉亲水系数	标准筛,摇筛机,压碎值测定仪,压力机,针片状规准仪,游标卡尺,李氏比重瓶
	3	水泥	凝结时间,安定性,胶砂强度,标准稠度用水量	水泥净浆搅拌机,标准法维卡仪,雷氏夹,沸煮箱,胶砂搅拌机,振实台,标准恒温恒湿养护箱,电动抗折试验机,恒应力压力机,凝结时间测定仪
	4	水泥混凝土、砂浆	抗压强度,抗折强度,配合比设计,坍落度,含气量,砂浆稠度,分层度	标准养护室,水泥混凝土搅拌机,标准振动台,材料试验机,抗折试验夹具,坍落度筒,水泥砂浆搅拌机,水泥砂浆稠度仪,水泥砂浆分层度仪、含气量测定仪
	5	外加剂	减水率,抗压强度比,泌水率比,凝结时间差,含气量,外加剂的钢筋锈蚀试验	压力机、混凝土贯入阻力仪,含气量测定仪、钢筋锈蚀测量仪

续表

等级	序号	项目	主要试验检测参数	设备配置
综合丙级	6	无机结合料稳定材料	最大干密度，最佳含水量，无侧限抗压强度，水泥或石灰剂量，石灰有效钙镁含量	标准电动击实仪，压力机，路面材料强度试验仪，烘箱，恒温恒湿养护室（箱），脱模器，电子天平，滴定设备，分析天平
	7	沥青	针入度，延度，软化点，粘附性，沥青密度	针入度仪，恒温水槽，烘箱，低温延度仪，软化点仪，电炉，比重瓶，分析天平
	8	沥青混合料	马歇尔稳定度，流值，空隙率，矿料间隙率，沥青用量，矿料级配	沥青混合料拌和机，马歇尔自动击实仪，烘箱，马歇尔稳定仪，恒温水槽，脱模器，沥青抽提仪（或燃烧炉），电子天平，标准筛
	9	钢筋（含接头）	抗拉强度，屈服强度，伸长率，冷弯	万能材料试验机，弯曲装置，游标卡尺，标距打点机
	10	路基路面	厚度，压实度，弯沉，平整度，摩擦系数，构造深度	环刀，灌砂筒，天平，取芯机，贝克曼梁，3m 直尺，摆式摩擦系数测定仪，人工铺砂仪
	11	结构混凝土	强度，表观缺陷，混凝土碳化深度	回弹仪，取芯机，压力机，碳化深度测量装置，裂缝观测装置
交通工程专项	1	例行试验	环境温度试验，环境湿度试验，一般盐雾试验，耐化学溶剂腐蚀试验，振动试验，冲击试验，循环盐雾腐蚀试验，人工加速耐候性试验	步入式环境试验箱（不小于 12m³），气流式盐雾腐蚀试验箱，化学试验器皿，分析天平（感量 0.1 毫克），架盘天平，电子天平（感量 0.01 克），电磁振动试验台（不小于 3t 推力），循环盐雾腐蚀试验箱，6500W 水冷氙弧灯老化试验箱，紫外光老化试验箱
	2	电性能检测	电压，电流，电阻，接地电阻，视频传输性能，数据传输性能，电气绝缘强度，IP 防护等级	数字万用表，钳形电流表，接地电阻表，视频信号发生器，视频测量仪，低速数据测试仪（50bit/s～10Mbit/s），通信性能综合分析仪（速率不小于 2.5G），兆欧表，耐电压测试仪，密封防尘试验箱（不小于 8m³），喷淋试验装置
	3	光学量检测	发光强度，照度，亮度，表面色，逆反射色，绝对法测发光强度系数，绝对法测逆反射系数	光强计，照度计，非接触型亮度色度计，色彩色差仪，标准 A 光源，暗室（箱）（有效空间不小于 20×2×2m³），标准逆反射测试系统（30.48m）
	4	原材料性能	耐环境应力开裂性能，非金属材料硬度，金属材料力学性能，非金属材料力学性能，耐热应力开裂，维卡软化点，热变形温度，氧指数，熔体流动速率，粉末涂层光泽度，高分子材料官能团分析，金属材料化学成分分析，循环盐雾腐蚀试验，人工加速耐候性试验	耐环境应力开裂试验装置，邵式硬度计，巴氏硬度计，1.0 级电子万能材料试验机（量程不小于 200kN），0.5 级电子万能材料试验机（分辨力 1N），耐热应力开裂试验装置，维卡软化点测定仪，热变形温度测量仪，氧指数测定仪，熔体流动速率测定仪，光泽度仪，红外光谱分析仪，光谱直读分析仪，循环盐雾腐蚀试验箱，6500W 水冷氙弧灯老化试验箱，紫外光老化试验箱

续表

等级	序号	项目	主要试验检测参数	设备配置
交通工程专项	5	防腐层质量	金属涂层对金属基底的附着性能，附着量，平均厚度，均匀性，高分子涂层附着性能，抗弯曲性能，耐冲击性能，耐湿热性能，耐盐雾腐蚀性能，耐化学溶剂腐蚀性能，耐低温脆化性能，循环盐雾腐蚀试验，人工加速耐候性试验	涂层附着力测定锤，化学试验器皿，分析天平（感量0.1mg），架盘天平，电子天平（感量0.01g），游标卡尺，板厚千分尺，磁性涂层测厚仪，超声波测厚仪，漆膜弯曲试验装置，漆膜耐冲击测定器，小型恒温恒湿环境试验箱（均匀性不超过±1℃），电热恒温干燥箱，气流式盐雾腐蚀试验箱，化学试验器皿，脆化温度试验箱，电涡流涂层测厚仪，循环盐雾腐蚀试验箱，6500W水冷氙弧灯老化试验箱，紫外光老化试验箱
	6	交通安全设施	波形梁钢护栏安装质量及性能测试，反光膜性能测试，交通标志板安装质量及性能测试，热熔型路面标线涂料性能测试，道路交通线施工质量及性能测试，路面标线用玻璃微珠性能测试，突起路标安装质量及性能测试，轮廓标安装质量及性能测试，隔离设施安装质量及性能测试，防眩设施安装质量及性能测试，混凝土护栏安装质量及性能测试，缆索安装质量及性能测试，金属材料化学成分分析，耐候性，热熔型路面标线涂料密度、不粘胎干燥时间、耐水性、耐碱性、加热残留份、流动度，路面标线用玻璃微珠折射率、密度、耐水性	几何测量量具刃具，反光标志逆反射系数测试仪，反光膜附着性能测定装置，反光膜抗冲击性能测试仪，恒温恒湿环境试验箱，反光标线逆反射系数测试仪，漆膜磨耗仪，标线涂层厚度测试装置，摆式摩擦系数测试仪，玻璃珠筛分器，标准筛，放大镜（不小于100倍）加标准液，突起路标发光强度系数测试仪，突起路标冲击试验装置或落球冲击试验机，轮廓标发光强度系数测试仪（或标准逆反射测试系统），轮廓标耐密封测量装置，压力机（不小于600kN）、测力计，光谱直读分析仪，6500W水冷氙弧灯老化试验箱，紫外光老化试验箱，不粘胎时间测定仪，流动度测定杯
	7	通信管道与基础	外观质量，外形尺寸，材料力学性能，塑料通信管内壁摩擦系数，塑料管道耐压爆破性能，管道密封性能，耐落锤冲击性能，塑料管弯曲半径，管道基础压实度，人（手）孔防水，高程	几何测量量（刃）具，1.0级电子万能材料试验机（量程不小于100kN），0.5级电子万能材料试验机（含引伸计），分析天平，电子天平，化学器皿，塑料通信管内壁摩擦系数测定仪，微机控制管材耐压爆破试验机，落锤式冲击仪，弯曲半径试验装置，灌砂筒，全站仪或水准仪
	8	监控设施	车辆检测器安装质量及性能测试，气象检测器安装质量及性能测试，闭路电视监视系统安装质量及性能测试，可变标志安装质量及性能测试，监控（分）中心设备安装及软件调测，大屏幕投影系统性能，计算机监控软件与网络性能测试，光电缆线路安装质量及性能测试，地图板安装质量及性能测试	几何测量量（刃）具，测速雷达，低速数据测试仪，兆欧表，耐电压测试仪，全站仪，风速风向计，视频信号发生器，视频测量仪，亮度计，数字式万用表，接地电阻测试仪，温湿度计，照度计，数字存储示波器（不小于500MHz），网络线缆认证测试仪，网络性能分析仪，网络协议分析仪，目测及功能现场测试，OTDR，光源，光功率计，电缆故障综合测试仪
	9	通信设施	通信管道（含双壁波纹管，高密度聚乙烯硅芯管，玻璃纤维增强塑料管道及电缆管箱）与光电缆线路的技术参数及安装质量，光纤数字传输设备安装质量及系统测试，数字程控交换设备安装质量及系统测试，紧急电话设备安装质量及系统测试，通信电源性能，无线移动通信系统测试	几何测量量（刃）具，OTDR，电缆故障综合测试仪，话缆串扰测试仪，通信性能综合分析仪（速率不小于2.5G），光源，光功率计，可变光衰减器，时基钶钟，市话模拟呼叫器，声级计，通用信号发生器，数字式万用表，钳形电流表，接地电阻测试仪，兆欧表，耐电压测试仪，数字存储示波器，杂波表，话路传输分析仪，场强计，功率计，频谱分析仪，高压测试系统

续表

等级	序号	项目	主要试验检测参数	设备配置
交通工程专项	10	收费设施	入口车道设备性能及安装质量，出口车道设备性能及安装质量，收费站设备性能及软件测试，IC卡及发卡编码系统测试，内部有线对讲及紧急报警系统测试，收费系统计算机网络性能测试，收费中心设备及软件测试，收费站内光电缆及塑料管道参数及安装质量	亮度计，照度计，数字式万用表，接地电阻测量仪，兆欧表，耐电压测试仪，数字存储示波器（不小于500MHz），视频信号发生器，视频测量仪，网络线缆认证测试仪，电缆故障综合测试仪，目测及功能现场测试，几何测量量具，OTDR，光源，光功率计，电缆故障综合测试仪
交通工程专项	11	低压配电设施	中心（站）内低压配电设备性能及安装质量，外场设备电力电缆线路参数及安装质量	数字式万用表，接地电阻测量仪，兆欧表，耐电压测试仪，电力谐波表，相位表，电缆故障综合测试仪，高压测试系统
交通工程专项	12	照明设施	照度及均匀度，灯杆基础尺寸，法兰和地脚几何尺寸，灯杆壁厚，灯杆垂直度，灯杆横纵向偏差，金属灯杆防腐涂层厚度，避雷针或接闪器高度	几何测量量（刃）具，照度计，亮度计，超声波测厚仪，全站仪（或测距仪加经纬仪），磁性涂层测厚仪，超声波测厚仪，电涡流涂层测厚仪
交通工程专项	13	隧道机电设施	环境检测设备性能及安装质量，报警与诱导设施性能及安装质量，通风设施性能及安装质量，照明设施性能及安装质量，本地控制器性能及安装质量，隧道监控中心计算机控制系统测试，消防设施性能及安装质量，隧道监控中心计算机网络测试	CO测试仪，烟雾传感器，能见度仪，几何测量量（刃）具，全站仪，风速风向计，测速雷达，低速数据测试仪，兆欧表，耐电压测试仪，视频信号发生器，视频测量仪，亮度计，数字式万用表，接地电阻测量仪，温湿度计，照度计，数字存储示波器（不小于500MHz），网络线缆认证测试仪，网络性能分析仪，网络协议分析仪，电缆故障综合测试仪，OTDR，光源，光功率计，电力谐波表，相位表，高压测试系统
桥梁隧道工程专项	1	结构混凝土	强度，混凝土碳化深度，钢筋位置及保护层厚度，表观及内部缺陷，钢筋锈蚀电位，氯离子含量，混凝土电阻率	回弹仪，取芯机，压力机，碳化深度测量装置，钢筋位置及保护层测定仪，非金属超声波检测仪，裂缝测量装置，钢筋锈蚀仪，混凝土电阻率测量仪，氯离子含量测定仪或化学滴定装置
桥梁隧道工程专项	2	桥梁结构检测与监测	静态、动态应变（应力），变形，位移，模态参数（频率，振型，阻尼比），索力，承载能力，桥梁线形，温度，加速度，速度，风速	静态应变测量与采集设备（至少要有两种原理设备，测点总数不少于200点），动态应变测量，采集与分析设备（测点数不少于16通道），全站仪，变形测量装置，水准仪，测振传感器，温度测量装置，索力测量装置，GPS测量系统，风速仪，桥梁检查车（平台）
桥梁隧道工程专项	3	地基基础、基桩	地基承载力，地表沉降，深层水平位移，基桩完整性，基桩承载力，特殊地基处理性能，成孔质量	承载板及测试装置，水准仪，测斜仪，静力触探仪，动力触探仪，压力机，超声波检测仪，低应变仪，承载力测试装置，千斤顶加载装置，位移测试装置，高应变仪，百米钻机（配标准贯入设备，泥浆泵，岩芯管钻头，取样器等），成孔质量检测装置

续表

等级	序号	项目	主要试验检测参数	设备配置
桥梁隧道工程专项	4	钢筋（含接头）	**抗拉强度，屈服强度，伸长率，冷弯**	**万能材料试验机，游标卡尺**，标距打点机
	5	锚具、钢绞线	**最大力，规定非比例延伸力，最大力总伸长率，弹性模量，松弛率，静载锚固性能（锚固效率系数，总应变）**，洛氏硬度，周期荷载试验，组装件疲劳试验，辅助性试验	**大行程万能试验机，松弛试验机，引伸仪，锚具试验系统**，洛氏硬度计，疲劳试验机
	6	桥梁支座	**外观及内在质量，竖向压缩变形，抗压弹性模量，抗剪弹性模量，极限抗压强度，抗剪粘结性能，抗剪老化，盆环径向变形，支座摩擦系数，支座转动力矩**	**压力机（≥5000kN），剪切侧向加载系统，老化箱，游标卡尺，厚度塞尺、变形测量装置**
	7	伸缩缝	**外形尺寸，外观质量，组装质量，防水性能，拉伸压缩时最大水平摩阻力，拉伸压缩时变位均匀性**	**钢直尺，游标卡尺，厚度塞尺，力学性能试验装置**
	8	波纹管	**外观质量，外形尺寸，环刚度，局部横向载荷，柔韧性，抗冲击性**	**钢直尺，游标卡尺，小型电子万能试验机（带加载工装），柔韧性专用工装，落锤冲击试验机，低温装置**
	9	钢结构	**几何尺寸，防护涂装，高强螺栓扭矩，钢材及焊缝无损探伤**	**全站仪（或经纬仪和测距仪），水准仪，钢尺，涂层厚度仪，扭力扳手，金属超声波探伤仪，射线探伤仪，磁粉探伤仪**，超声测力计
	10	隧道结构	**断面尺寸，锚杆拉拔力，支护（衬砌）背后的空洞，衬砌厚度**	**隧道激光断面仪，锚杆拉拔仪，地质雷达，电钻**或地质雷达
	11	隧道围岩稳定性及支护监控量测	**周边位移，拱顶下沉，锚杆轴力，地表下沉，围岩内部位移，围岩压力及两层支护间压力，钢支撑内力**	**收敛计，精密水准仪，钢筋应力计及测量装置，多点位移计及测量装置，压力盒，表面应变计**
	12	隧道环境检测	**照度，噪声，一氧化碳浓度，风速，烟雾浓度**	**照度计，精密声级计，CO浓度检测仪，风速计，光透过率仪**
	13	隧道施工超前地质预报	**前方地质的变化情况，灾害体的分布及性质**	**超前地质预报仪（地震探测仪或地质雷达探测仪）**

注：1. 所列设备功能、准确度均应符合所测参数现行规范的要求。
2. 表中黑体字标注的参数和仪器为强制性要求，少一项视为不通过。
3. 申请交通工程专项中6增项的应同时增加第3、第4、第5三项。
4. 申请交通工程专项8~13增项的应同时增加第1、第2两项，申请第9项的还应增加第7项。
5. 交通工程专项中第6项交通安全设施部分强制性测试项目中含有的非强制性参数列于该项后面。

公路工程试验检测环境　　　　附表2-3

项目	综合甲级	综合乙级	综合丙级	交通工程专项	桥梁隧道工程专项
试验检测用房使用面积（不含办公面积）（m²）	≥1000	≥600	≥300	≥600	≥800
	检测试验环境应满足所开展的检测项目要求，且布局合理、干净整洁				

注：此表为强制性要求。

二、水运工程试验检测机构等级标准

水运工程试验检测人员配备　　　　　　　　　　　附表 2-4

项　目	材料甲级	材料乙级	材料丙级	结构甲级	结构乙级
持试验检测人员证书总人数	≥20人	≥8人	≥5人	≥20人	≥8人
持试验检测工程师证书人数	**≥8人**	**≥3人**	**≥1人**	**≥8人**	**≥3人**
持工程师专业配置	水运材料专业≥8人	水运材料专业≥3人	水运材料专业≥1人	水运结构专业≥5，水运地基与基础专业≥3人	水运结构专业≥2，水运地基与基础专业≥1人
相关专业高级职称人数	≥4人	≥1人	—	≥4人	≥1人
技术负责人	1. 相关专业高级职称； 2. 试验检测工程师； 3. 8年以上试验检测工作经历	1. 相关专业高级职称； 2. 试验检测工程师； 3. 5年以上试验检测工作经历	1. 相关专业中级职称； 2. 试验检测工程师； 3. 5年以上试验检测工作经历	1. 相关专业高级职称； 2. 试验检测工程师； 3. 8年以上试验检测工作经历	1. 相关专业高级职称； 2. 试验检测工程师； 3. 5年以上试验检测工作经历
质量负责人	1. 相关专业高级职称； 2. 试验检测工程师； 3. 8年以上试验检测工作经历	1. 相关专业中级职称； 2. 试验检测工程师； 3. 5年以上试验检测工作经历	1. 相关专业中级职称； 2. 试验检测工程师； 3. 5年以上试验检测工作经历	1. 相关专业高级职称； 2. 试验检测工程师； 3. 8年以上试验检测工作经历	1. 相关专业中级职称； 2. 试验检测工程师； 3. 5年以上试验检测工作经历

注：表中黑体字为强制性要求，一项不满足视为不通过。

水运工程试验检测能力基本要求及主要仪器设备　　　　　附表 2-5

等级	序号	项目	主要试验检测参数	设备配置
材料甲级	1	水泥	胶砂强度、安定性、细度、凝结时间、标准稠度用水量、比表面积、化学分析、胶砂流动度、强度快速测定、水化热、密度、氯离子含量	水泥胶砂搅拌机、水泥胶砂振实台、水泥净浆搅拌机、电子天平、分析天平、烘箱、标准恒温恒湿养护箱、维卡仪、雷氏夹膨胀值测定仪、沸煮箱、负压筛析仪、压力机、电动抗折试验机、高温炉、比表面积测定仪、火焰光度计（原子吸收分光光度计）、秒表、比重瓶、水泥水化热测定设备、胶砂流动度测定仪、水泥蒸压设备、量水器
	2	粗、细集料	颗粒级配、含泥量、泥块含量、氯离子含量（细）、针片状含量（粗）、岩石抗压强度（粗）、压碎指标（粗）、表观密度、堆积密度、碱集料反应、坚固性、云母含量（细）、石粉含量（粗）、吸水率、硫酸盐及硫化物含量、轻物质及有机物含量	砂筛全套、石筛全套、摇筛机、台称、电子天平、分析天平、容量筒、烘箱、滴定设备、比长仪、压力机、针片状规准仪、压碎指标值测定仪、浸水天平、干燥器

续表

等级	序号	项目	主要试验检测参数	设备配置
材料甲级	3	水、外加剂	pH值、氯离子含量、细度、氯离子含量、水泥净浆流动度、水泥砂浆工作性、减水率、凝结时间差、抗压强度比、泌水率比、含气量、收缩率、钢筋锈蚀试验、固体含量（含水量）、密度、碱含量测定、不溶物含量、可溶物含量、硫酸盐及硫化物含量	酸度计、分析天平、滴定设备、比重计、试验筛、含气量测定仪、贯入阻力仪、比长仪、胶砂流动度测定仪、电位测定仪、电极、酸度计、压力机、烘箱、阳极极化仪、试剂、滴定设备
	4	掺和料	细度、烧失量、需水量比、三氧化硫、含水量、比表面积、流动度比、活性指数	负压筛析仪、烘箱、高温炉、电子天平、分析天平、水泥胶砂试验设备、胶砂流动度测定仪、压力机、比表面积测定仪
	5	砖	外观质量、尺寸偏差、抗压强度、抗折强度、含水率、吸水率	压力机、抗折夹具、烘箱、卡尺、沸煮箱、台称
	6	土工合成材料	塑料排水板纵向通水量、塑料排水板滤膜渗透系数、塑料排水板滤膜等效孔径、塑料排水板滤膜抗拉强度、塑料排水板复合体抗拉强度、单位面积质量、厚度、拉伸强度、延伸率、塑料排水板外形尺寸、梯形撕裂强度、顶破强度、刺破强度、动态穿刺强度、孔径、垂直渗透系数、老化性能试验	电子拉力机、渗透仪、纵向通水量试验仪、标准筛、电子天平、无侧限测厚仪、拉力机、专用电子拉力机、垂直渗透仪、落锤穿透仪、标准筛、老化试验箱
	7	砂浆	配合比设计、稠度、分层度、密度、含气量、泌水率、立方体抗压强度、劈裂抗拉强度、含气量（北方地区）	砂浆稠度仪、砂浆分层度测定仪、容量筒、砂浆搅拌机、振动台、电子天平、压力机
	8	水泥混凝土	配合比设计、稠度、密度、泌水率、含气量、凝结时间、立方体抗压强度、抗折强度、轴心抗压强度、混凝土与钢筋握裹力、静力弹性模量、收缩率、抗渗性、钢筋在新拌（硬化）砂浆中阳极极化性能、混凝土中砂浆氯离子总含量、游离氯离子含量、电通量、氯离子扩散系数、抗冻性及动弹性模量（北方地区）、劈裂抗拉强度、混凝土防腐（耐碱性试验、粘接力试验）	混凝土搅拌机、标准振动台、标准养护室、维勃稠度仪、贯入阻力仪、坍落度筒、含气量测定仪、容量筒、压力机、比长仪、千分表、混凝土与钢筋握裹力测定仪、抗渗仪、冷冻设备（北方地区）、阳极极化仪、甘汞电极、烘箱、分析天平、滴定设备、动弹性模量测定仪（北方地区）、电通量测定仪、氯离子扩散系数测定仪、涂层湿膜厚度规、显微镜式测厚仪、拉脱式涂层粘接力测试仪
	9	无机结合料稳定材料	无侧限抗压强度、水泥或石灰剂量、石灰有效钙镁含量、粉煤灰细度、粉煤灰烧失量、粉煤灰比表面积	压力机、直读式测钙仪、分析天平、滴定设备、负压筛析仪、高温炉、电子天平、透气比表面积仪
	10	钢筋（含接头）	屈服强度、抗拉强度、伸长率、弯曲、化学分析、硬度、反向弯曲	万能材料试验机、冷弯冲头、分析天平、游标卡尺、钢化设备、电动反向弯曲机、洛式硬度计
	11	钢绞线	抗拉强度、伸长率、松弛、弹性模量	万能材料试验机、松弛试验机、引伸仪
	12	沥青	软化点、延度、针入度	软化点仪、延度仪、针入度仪
	13	粘结材料	抗压强度、抗拉强度、砂浆粘结抗拉强度、混凝土粘接劈裂抗拉强度、抗折强度、冲击强度、粘结面层热相容性、混凝土粘结抗剪强度、黏度、有效收缩性	万能材料试验机、压力机、恒温箱、黏度计、冲击试验机、冷冻箱

续表

等级	序号	项目	主要试验检测参数	设备配置
材料甲级	14	土	含水率、密度、击实试验、颗粒级配、无侧限抗压强度、界限含水率、比重、渗透系数、压缩系数、固结系数、承载比、三轴试验、直剪试验	环刀、灌砂筒、烘箱、电子天平、台秤、标准筛、液塑限联合测定仪、击实仪、压力机、无侧限抗压强度测定仪、渗透仪、固结仪、三轴仪、直剪仪、比重计
	15	结构混凝土	强度（回弹法、超声回弹法、取芯法）、混凝土缺陷（超声法）、钢筋位置和保护层厚度、钢筋锈蚀状况	回弹仪、非金属超声波检测仪、取芯机、钢筋保护层测定仪、钢筋锈蚀仪
	16	钢结构防腐	自然腐蚀电位、保护电位、涂层厚度、钢材厚度、表面粗糙度、涂膜附着力	参比电极、电压表、磁性测厚仪、超声波测厚仪、粗糙度仪、涂膜附着力测试仪
材料乙级	1	水泥	胶砂强度、安定性、细度、凝结时间、标准稠度用水量、比表面积、化学分析、胶砂流动度、强度快速测定、水化热、密度、氯离子含量	水泥胶砂搅拌机、水泥胶砂振实台、水泥净浆搅拌机、电子天平、分析天平、烘箱、标准恒温恒湿养护箱、维卡仪、雷氏夹膨胀值测定仪、沸煮箱、负压筛析仪、压力机、电动抗折试验机、高温炉、胶砂流动度测定仪、比表面积测定仪、秒表、比重瓶、水泥水化热测定设备
	2	粗、细集料	颗粒级配、含泥量、泥块含量、表观密度、堆积密度、氯离子含量（细）、针片状含量（粗）、压碎指标（粗）、坚固性、云母含量（细）、岩石抗压强度（粗）、石粉含量（粗）、吸水率、碱集料反应、硫酸盐及硫化物含量、轻物质及有机物含量	砂筛全套、石筛全套、摇筛机、台秤、电子天平、分析天平、容量筒、滴定设备、烘箱、压力机、针片状规准仪、压碎指标值测定仪、浸水天平、干燥器、比长仪
	3	水	pH值、氯离子含量、不溶物含量、硫酸盐及硫化物含量	酸度计、分析天平、试剂、滴定设备
	4	掺和料	细度、烧失量、需水量比、含水量、流动度比、活性指数、三氧化硫	负压筛析仪、烘箱、高温炉、电子天平、分析天平、水泥胶砂试验设备、胶砂流动度测定仪、压力机
	5	砖	外观质量、尺寸偏差、抗压强度、抗折强度、含水率、吸水率	压力机、抗折夹具、烘箱、卡尺、沸煮箱、台秤
	6	砂浆	配合比设计、稠度、泌水率、立方体抗压强度、密度、劈裂抗拉强度	砂浆稠度仪、砂浆搅拌机、振动台、电子天平、压力机、容量筒
	7	水泥混凝土	配合比设计、稠度、密度、泌水率、含气量、凝结时间、立方体抗压强度、抗折强度、抗渗性、轴心抗压强度、抗冻性及动弹性模量（北方地区）、劈裂抗拉强度、静力弹性模量、混凝土与钢筋握裹力	混凝土搅拌机、标准振动台、标准养护室、维勃稠度仪、贯入阻力仪、坍落度筒、含气量测定仪、容量筒、压力机、抗渗仪、千分表、混凝土与钢筋握裹力测定仪、冷冻设备、动弹性模量测定仪
	8	无机结合料稳定材料	无侧限抗压强度、粉煤灰细度、水泥或石灰剂量、石灰有效钙镁含量、粉煤灰烧失量	压力机、负压筛析仪、电子天平、直读式测钙仪
	9	钢筋（含接头）	屈服强度、抗拉强度、伸长率、曲弯、反向弯曲	万能材料试验机、冷弯冲头、游标卡尺、电动反向弯曲机
	10	土	含水率、密度、击实试验、颗粒级配、界限含水率、无侧限抗压强度、相对密度	环刀、灌砂筒、烘箱、电子天平、台秤、标准筛、击实仪、压力机、液塑限联合测定仪、比重计
	11	结构混凝土	强度（回弹法、超声回弹法、取芯法）、质量（超声法）、钢筋位置和保护层厚度	回弹仪、非金属超声波检测仪、取芯机、钢筋保护层测定仪

续表

等级	序号	项目	主要试验检测参数	设备配置
材料丙级	1	水泥	胶砂强度、安定性、细度、凝结时间、标准稠度用水量、比表面积、胶砂流动度、密度	水泥胶砂搅拌机、水泥胶砂振实台、水泥净浆搅拌机、电子天平、标准恒温恒湿养护箱、维卡仪、雷氏夹膨胀值测定仪、沸煮箱、负压筛析仪、压力机、电动抗折试验机、比表面积测定仪、秒表、比重瓶、胶砂流动度测定
	2	粗、细集料	颗粒级配、含泥量、泥块含量、表观密度、堆积密度、针片状含量（粗）、压碎指标（粗）、氯离子含量（细）、坚固性	砂筛全套、石筛全套、摇筛机、台称、电子天平、烘箱、针片状规准仪、压碎指标值测定仪、浸水天平、容量筒、分析天平、滴定设备
	3	砂浆	稠度、立方体抗压强度、配合比设计、密度、泌水率、劈裂抗拉强度	砂浆稠度仪、电子天平、压力机、砂浆搅拌机、振动台、容量筒
	4	水泥混凝土	稠度、立方体抗压强度、配合比设计、密度、泌水率、抗折强度	混凝土搅拌机、标准振动台、标准养护室、维勃稠度仪、坍落度筒、压力机、台称、容量筒
	5	土	含水率、密度、击实试验、颗粒分析、界限含水率、无侧限抗压强度	环刀、灌砂筒、烘箱、电子天平、台称、标准筛、击实仪、烘箱、比重计、压力机、液塑限联合测定仪
	6	结构混凝土	强度（回弹法）	回弹仪
结构甲级	1	结构混凝土	强度（回弹法、超声回弹法、取芯法）、混凝土缺陷（超声法）、钢筋位置和保护层厚度、钢筋锈蚀状况	回弹仪、非金属超声波检测仪、取芯机、压力机、塞尺或裂缝宽度测试仪、钢筋保护层测定仪、钢筋锈蚀仪
	2	钢结构防腐	自然腐蚀电位、保护电位、涂层厚度、钢材厚度、表面粗糙度、涂膜附着力	参比电极、电压表、磁性测厚仪、超声波测厚仪、粗糙度仪、涂膜附着力测试仪
	3	结构及构件	承载能力、静应力（应变）、静位移、静挠度、动应力（应变）、动位移、动挠度、振动频率、振型、振幅、大体积混凝土温度	千斤顶、反力架、油泵、千分表、百分表、静（动）态电阻应变仪、激光挠度仪、位移计、传感器、经纬仪、水准仪、测温仪
	4	基桩	基桩承载力（抗压-静载、高应变，抗拔与水平-静载、桩身内力-应力应变）、无侧限抗压强度（钻芯法）、基桩完整性（低应变反射波法、声波透射法、钻芯法）、钻孔灌注桩成孔质量（超声波法、电阻率法）、地下连续墙成槽质量（超声波法）	千斤顶、反力架、油泵、位移计、千分表、百分表、静载试验仪、静态电阻应变仪、基桩高应变仪、基桩低应变仪、非金属超声波检测仪、力传感器、加速度传感器、钻机、压力机、井径仪（孔壁垂直度测定仪）
	5	地基	地基承载力（静载试验、标准贯入、静力触探、动力触探）、表层及深层水平位移、表层及分层沉降、孔隙水压力、水位、土压力、不排水抗剪强度（十字板剪切试验）、桩身无侧限抗压强度与桩身完整性（钻芯法或动测法）	承载板、反力架、千斤顶、油泵、位移计、百分表、千分表、水准仪、经纬仪、测斜仪、孔隙水压力计、土压力计、弦式接收仪、分层沉降仪、水位计、标准贯入仪、钻机、压力机、十字板剪切仪、静动力触探仪

续表

等级	序号	项目	主要试验检测参数	设备配置
材料乙级	1	结构混凝土	**强度（回弹法、超声回弹法、取芯法）**、混凝土缺陷（超声法）、钢筋位置和保护层厚度、钢筋锈蚀状况	**回弹仪**、非金属超声波检测仪、取芯机、钢筋保护层测定仪、钢筋锈蚀仪
	2	钢结构防腐	**自然腐蚀电位**、保护电位、涂层厚度、钢材厚度、表面粗糙度、涂膜附着力	**参比电极、电压表**、磁性测厚仪、超声波测厚仪、粗糙度仪、涂膜附着力测试仪
	3	结构及构件	**承载能力、静应力（应变）、静位移、静挠度**、动应力（应变）、动位移、动挠度	**千斤顶、反力架、油泵、千分表、百分表、静态电阻应变仪**、激光挠度仪、位移计、传感器、经纬仪、水准仪、动态电阻应变仪
	4	基桩	**基桩完整性（低应变反射波法）**、钻孔灌注桩成孔质量（超声波法、电阻率法）、地下连续墙成槽质量（超声波法）	**基桩低应变仪**、非金属超声波检测仪、井径仪或孔壁垂直度测定仪
	5	地基	**地基承载力（静载试验、动力触探）**、桩身无侧限抗压强度与桩身完整性（钻芯法或动测法）	**承载板、反力架、千斤顶、油泵、百分表、千分表**、钻机、压力机、动力触探仪

注：1. 所列设备功能、准确度均应符合所测参数现行规范的要求。
　　2. 表中黑体字标注的参数和仪器为强制性要求，少一项视为不通过。

水运工程试验检测环境　　　　　　　　　　附表 2-6

项目	材料甲级	材料乙级	材料丙级	结构甲级	结构乙级
试验检测用房使用面积（不含办公面积）（m²）	≥800	≥400	≥200	≥400	≥200
	检测试验环境应满足所开展的检测项目要求，且布局合理、干净整洁				

注：此表为强制性要求。

公路水运工程试验检测机构等级评定程序

第一章　受理和初审

一、公路水运工程试验检测机构申请公路水运工程试验检测机构等级评定，应填报《公路水运工程试验检测机构等级评定申请书》（附件Ⅰ），并按《公路水运工程试验检测管理办法》（交通部令 2005 第 12 号）（以下简称《办法》）第九条规定，向省级交通质量监督机构（以下简称省质监机构）提交申请材料 1 份。

二、省质监机构收到申请材料后，应按照《办法》第十一条要求进行认真核查，及时作出书面受理或不受理的决定。

所申请的等级属于部质监总站负责评定范围的，省质监机构应在 10 个工作日内完成核查工作。对于受理的，退回申请材料中相关材料的原件，出具核查意见，并将申请材料转报部质监总站。

三、部质监总站或省质监机构（以下简称质监机构）对受理的申请材料应按照《办法》第十二条要求进行初审。初审发现问题需要澄清的，质监机构应当通知申请人予以澄清，并出具"公路水运工程试验检测机构等级评定申请补正通知书"（附件Ⅱ-1）；初审不合格的，质监机构应当及时书面说明理由；初审合格的进入现场评审阶段。

四、增项申请

（一）增项申请应填报《公路水运工程试验检测机构等级评定申请书》中增项相关内容。

（二）增项申请必须以检测项目为单位，不得申请单个或多个参数的增项。

（三）增项原则上应是试验检测机构等级标准范围内的检测项目，特殊情况下可对试验检测机构等级标准范围外但在现行交通行业标准、规范内规定的检测项目申请增项。

（四）增项数量应不超过本等级检测项目数量的50%，增项检测项目对人员、环境等对应条件的要求应在申报材料中体现。

五、同一检测机构申请多项等级

（一）同一人所持的多个专业检测资格证书，可在不同的检测等级申报中使用，但不得超过2次。

（二）除行政、技术、质量负责人外，其他持单一专业检测资格证书的人员不得重复使用。

（三）不同等级的专业重叠部分检测用房可共用，不重叠部分检测用房必须独立分别满足要求，以保证试验检测工作的正常开展。

（四）不同等级专业重叠部分的仪器设备可交叉使用，但对用量大的仪器设备应有数量规模要求，省质监机构初审时可视具体情况掌握。

第二章 现场评审

第一节 现场评审准备

一、现场评审时间一般为2天，现场评审专家组人数一般为3~5人。如申请人申请多个资质或申请1个资质另加增项检测项目，评审组人数可适当增加。现场评审专家组设组长1名，负责主持现场评审工作。现场评审过程中，质监机构可派员进行过程监督。

二、现场评审5个工作日前质监机构应向申请人发出"公路水运工程试验检测机构等级评定现场评审通知书"（附件Ⅱ-2），属于部质监总站评定范围的增项申请，由部质监总站向申请单位所在的省质监机构发出"试验检测项目评审任务书"（附件Ⅱ-6）。

三、现场评审专家组由质监机构在其所建的公路水运工程试验检测专家库中随机抽取。被选专家与被评定的检测机构有利害关系的，在现场评审前应主动向部质监总站提出回避。

第二节 现场评审程序及内容

一、预备会议

在首次会议前，评审组长应组织预备会议，明确现场评审计划及专家分工，提请专家现场评审应注意的有关事项。

参加人员：评审组、监督人员

二、首次会议

（一）介绍评审任务和依据。

任务：按照《公路水运工程试验检测等级评定现场评审通知书》或《试验检测项目评审任务书》，对被评审检测机构做出公平、公正、公开、科学的现场评审，提出现场评审意见。

依据：《办法》和《公路水运工程工程试验检测等级标准》。

（二）介绍评审组成员组成，宣布现场评审计划考核内容和人员分工。

（三）对检测机构提出评审工作要求。

（四）检测机构随机抽取现场操作项目，并随机指定操作人员。

（五）检测机构负责人介绍机构总体情况。

参加人员：评审组、监督人员、被评审检测机构主要人员。

评审组需填写完成《现场评审会议签到表》（附件Ⅲ-1）和《现场试验项目委托单》（由机构准备）。

二、现场总体考察

现场总体考察的目的是从宏观上评价检测机构总体状况，评审组可按试验检测工作流程，重点考察：

（一）试验室面积、总体布局、环境、设备管理状况等情况。

（二）可能存在的薄弱环节。

（三）对环境、安全防护等有特殊要求的项目。

四、分组专项考核

按现场评审计划及分工，评审组成员分档案材料组、硬件环境组和技术考核组分别进行专项考核。3个小组在现场评审过程中既有分工又有合作，应相互协调、配合，对发现的问题及时沟通，确保现场评审客观、全面、准确。

（一）档案材料组。

通过对档案和内业资料的查阅考核申请人的业绩、检测能力、管理的规范性和人员资格等情况。内容包括：

1. 查验试验检测人员的职称证书、检测资格证书是否真实有效，检查技术负责人和质量负责人的资格以及试验检测人员的专业配置是否满足要求，试验检测报告的审核、签发人是否具备试验检测工程师资格。

2. 检测机构是否为所有持证试验检测人员签订劳动合同且办理三险。

3. 所有强制性试验检测项目的原始记录和试验检测报告或模拟检测报告是否齐全，抽查不少于10%的强制性项目和5%的非强制性项目检测报告的正确性、科学性、规范性。对于有模拟报告而无业绩的项目，检测机构应提交比对试验报告，或由现场评审专家组织比对试验进行确认。

4. 试验检测项目适用的标准、规范和规程是否齐全且现行有效。

5. 质量保证体系文件是否齐全、合理，运转有效。

6. 收样、留样和盲样运转记录是否齐全、合理。

评审组需填写完成《检测机构试验检测人员审查表》（附件Ⅲ-3）、《检测机构检测报告核查缺陷表》。（附件Ⅲ-5）

（二）硬件环境组。

通过现场符合性检查，考核检测机构硬件实际状况是否与所申请材料的内容一致，是否满足等级标准的要求。检查的主要内容：

1. 试验检测场地的面积是否满足要求，检查被评审检测机构用房的产权，若是租赁，租赁合同是否长期有效（租期≥5 年为长期）。

2. 逐项核查仪器设备的数量和运行使用状况，与申请材料是否符合。强制性设备不得缺少；非强制性设备配置率应不低于 80%，低于此比例的按每缺 1 台（套）扣 0.5 分。

3. 仪器设备管理状况，逐一核查仪器设备的使用记录、维修记录、检定/校准证书。重点核查有疑问仪器设备的购货凭证（购货发票和合同原件）。所有仪器设备必须具有所有权，不得租赁。

4. 试验检测场所是否便于集中有效管理；试验环境是否满足要求。

5. 样品的管理条件是否符合要求。

评审组需填写完成《试验检测仪器设备现场检查表》。（附件Ⅲ-4）

（三）技术考核组。

通过现场操作考核，检查试验检测人员能否完整、规范、熟练地完成试验检测项目，从而评定申请人所具有的实际试验检测能力。

现场操作考核工作要点：

1. 提问考核技术负责人和质量负责人的业务和质量管理的相关知识。

2. 检查操作人员的检测证书，确定是否为所申报的人员，避免替换。

3. 观察检测人员的实际操作过程，是否完整、规范、熟练。

4. 通过提问或问卷，随机抽查试验检测人员相关试验检测知识。

5. 审查提交的现场操作项目报告的规范性、完整性。选 2 份作为《现场评审报告》附件。其余封存，留检测机构备查。

6. 对涉及结构安全的检测项目，如基桩等应对所有操作人员加强现场操作考核，并在证书上确认。

评审组需填写完成《现场考核技术人员评价记录表》（附件Ⅲ-6）、《现场考核试验情况记录表》（附件Ⅲ-7）。

五、评审组内部沟通会议

档案材料组、硬件环境组和技术考核组将评审情况进行汇总，确定总体评价，提出存在的问题和整改要求，整理完善各评审工作表，并在沟通情况的基础上，各专家独立打分，填写《公路水运工程试验检测机构现场评分表》（附件Ⅲ-2），由组长汇总计算平均分。

六、末次会议

末次会议是现场评审的最终会议，由评审组长主持，参加人员与首次会议相同，目的是通报评审总体情况，指出存在的问题并要求检测机构按《现场评审专家反馈意见表》内容落实整改。

评审组需填写完成《现场评审会议签到表》（附件Ⅲ-1），《现场评审专家反馈意见表》（附件Ⅲ-8）

七、提交现场评审材料

现场评审结束后，评审组组长负责将《公路水运工程试验检测机构能力等级现场评审报告》(附件Ⅳ)及《公路水运工程试验检测机构等级评定现场工作用表》(附件Ⅲ)等材料整理齐备,连同电子稿及选取的2份现场操作项目试验检测报告一并在现场评审后5个工作日内上报质监机构。

八、现场评审结果

(一)得分<80分,不予通过,评定结束满6个月后可重新申报。

(二)80分≤得分<85分,不予通过,评定结束后满3个月方可申请现场整改复核评定。

(三)得分≥85分,予以通过,需整改的方面,应报送书面整改。

第三章 等级评定

质监机构依据《办法》及《现场评审报告》召开专题会议,对申请人进行公路水运工程试验检测机构等级评定。并将评定结果予以公示。公示期为7个工作日。

(一)对于评定通过,且公示期间无异议或经核实异议不成立的试验检测机构,质监机构发出"公路水运工程试验检测机构等级评定决定书"(附件Ⅱ-3),并核发《等级证书》及"公路水运试验检测机构"专用标识用章。

(二)对于公示期间有异议、且经核实异议成立的,应当书面通知申请人。并视情节轻重,作出相应处理。

(三)对于需要整改后复核的试验检测机构,质监机构发出"公路水运工程试验检测机构等级评定整改通知书"(附件Ⅱ-4)。

(四)对于评定不通过的试验检测机构,质监机构发出"公路水运工程试验检测机构等级评定不予通过决定书"(附件Ⅱ-5)。

(五)对于甲级或专项增项通过的试验检测机构,质监总站向省质监机构发出"试验检测项目评定决定书"(附件Ⅱ-7)。

(六)为提高公路、水运等级检测机构出具试验检测报告的权威性,增强检测机构责任意识,所有等级试验检测机构,在其业务范围内出具的试验检测报告,应在报告封面加盖"公路水运试验检测机构"专用标识。

附件Ⅰ~附件Ⅳ(略)

附录3 公路水运工程试验检测管理办法

(2005年10月19日 交通部令2005年第12号)

第一章 总 则

第一条 为规范公路水运工程试验检测活动,保证公路水运工程质量及人民生命和财产安全,根据《建设工程质量管理条例》,制定本办法。

第二条 从事公路水运工程试验检测活动,应当遵守本办法。

第三条 本办法所称公路水运工程试验检测,是指根据国家有关法律、法规的规定,依据工程建设技术标准、规范、规程,对公路水运工程所用材料、构件、工程制品、工程实体的质量和技术指标等进行的试验检测活动。

本办法所称公路水运工程试验检测机构（以下简称检测机构），是指承担公路水运工程试验检测业务并对试验检测结果承担责任的机构。

本办法所称公路水运工程试验检测人员（以下简称检测人员），是指经考试合格，具备相应公路水运工程试验检测知识、能力，并承担相应公路水运工程试验检测业务的专业技术人员。

第四条 公路水运工程试验检测活动应当遵循科学、客观、严谨、公正的原则。

第五条 国务院交通主管部门负责公路水运工程试验检测活动的统一监督管理。交通部基本建设质量监督总站（以下简称质监总站）具体实施公路水运工程试验检测活动的监督管理。

省级人民政府交通主管部门负责本行政区域内公路水运工程试验检测活动的监督管理。省级交通质量监督机构（以下简称省站）具体实施本行政区域内公路水运工程试验检测活动的监督管理。

质监总站和省站以下称质监机构。

第二章 检测机构等级评定

第六条 检测机构等级，是依据检测机构的公路水运工程试验检测水平、主要试验检测仪器设备及检测人员的配备情况、试验检测环境等基本条件对检测机构进行的能力划分。

检测机构等级，分为公路工程和水运工程专业。

公路工程专业分为综合类和专项类。公路工程综合类设甲、乙、丙3个等级。公路工程专项类分为交通工程和桥梁隧道工程。

水运工程专业分为材料类和结构类。水运工程材料类设甲、乙、丙3个等级。水运工程结构类设甲、乙2个等级。

检测机构等级标准由质监总站另行制定。

第七条 质监总站负责公路工程综合类甲级、公路工程专项类和水运工程材料类及结构类甲级的等级评定工作。

省站负责公路工程综合类乙、丙级和水运工程材料类乙、丙级、水运工程结构类乙级的等级评定工作。

第八条 检测机构可以同时申请不同专业、不同类别的等级。

检测机构被评为丙级、乙级后须满1年且具有相应的试验检测业绩方可申报上一等级的评定。

第九条 申请公路水运工程试验检测机构等级评定，应向所在地省站提交以下材料：

（一）《公路水运工程试验检测机构等级评定申请书》；
（二）申请人法人证书原件及复印件；
（三）通过计量认证的，应当提交计量认证证书副本的原件及复印件；
（四）检测人员考试合格证书和聘（任）用关系证明文件原件及复印件；
（五）所申报试验检测项目的典型报告（包括模拟报告）及业绩证明；
（六）质量保证体系文件。

第十条 公路水运工程试验检测机构等级评定工作分为受理、初审、现场评审3个阶段。

第十一条 省站认为所提交的申请材料齐备、规范、符合规定要求的,应当予以受理;材料不符合规定要求的,应当及时退还申请人,并说明理由。

所申请的等级属于质监总站评定范围的,省站核查后出具核查意见并转送质监总站。

所申请的等级属于省站评定范围,但申报的试验检测项目有属于质监总站评定范围的,对该项目的评审省站应当报请质监总站同意,评审专家从质监总站专家库中抽取,质监总站对该项目的评审进行监督抽查。

第十二条 初审主要包括以下内容:
(一)试验检测水平、人员及检测环境等条件是否与所申请的等级标准相符;
(二)申报的试验检测项目范围及设备配备与所申请的等级是否相符;
(三)采用的试验检测标准、规范和规程是否合法有效;
(四)检定和校准是否按规定进行;
(五)质量保证体系是否具有可操作性;
(六)是否具有良好的试验检测业绩。

第十三条 初审合格的进入现场评审阶段;初审认为有需要补正的,质监机构应当通知申请人予以补正直至合格;初审不合格的,质监机构应当及时退还申请材料,并说明理由。

第十四条 现场评审是通过对申请人完成试验检测项目的实际能力、检测机构申报材料与实际状况的符合性、质量保证体系和运转等情况的全面核查。

现场评审所抽查的试验检测项目,原则上应当覆盖申请人所申请的试验检测各大项目。抽取的具体参数应当通过抽签方式确定。

第十五条 现场评审由专家评审组进行。

专家评审组由质监机构组建,3人以上单数组成(含3人)。评审专家从质监机构建立的试验检测专家库中选取,与申请人有利害关系的不得进入专家评审组。

专家评审组应当独立、公正地开展评审工作。专家评审组成员应当客观、公正地履行职责,遵守职业道德,并对所提出的评审意见承担个人责任。

第十六条 专家评审组应当向质监机构出具《现场评审报告》,主要内容包括:
(一)现场考核评审意见;
(二)公路水运工程试验检测机构等级评分表;
(三)现场操作考核项目一览表;
(四)两份典型试验检测报告。

第十七条 质监机构依据《现场评审报告》及检测机构等级标准对申请人进行等级评定。

质监机构的评定结果,应当通过交通主管部门指定的报刊、信息网络等媒体向社会公示,公示期不得少于7天。

公示期内,任何单位和个人有权就评定结果向质监机构提出异议,质监机构应当及时受理、核实和处理。

公示期满无异议或者经核实异议不成立的,由质监机构根据评定结果向申请人颁发《公路水运工程试验检测机构等级证书》(以下简称《等级证书》);经核实异议成立的,应当书面通知申请人，并说明理由，同时应当为异议人保密。

省站颁发证书的同时应当报质监总站备案。

第十八条 《公路水运工程试验检测机构等级评定申请书》和《等级证书》由质监总站统一规定格式。

《等级证书》应当注明检测机构从事公路水运工程试验检测的专业、类别、等级和项目范围。

第十九条 《等级证书》有效期为5年。

《等级证书》期满后拟继续开展公路水运工程试验检测业务的，检测机构应提前3个月向原发证机构提出换证申请。

第二十条 换证的申请、复核程序按照本办法规定的等级评定程序进行，并可以适当简化。在申请等级评定时已经提交过且未发生变化的材料可以不再重复提交。

第二十一条 换证复核以书面审查为主。必要时，可以组织专家进行现场评审。

换证复核的重点是核查检测机构人员、仪器设备、试验检测项目、场所的变动情况，试验检测工作的开展情况，质量保证体系文件的执行情况，违规与投诉情况等。

第二十二条 换证复核合格的，予以换发新的《等级证书》。不合格的，质监机构应当责令其在6个月内进行整改，整改期内不得承担质量评定和工程验收的试验检测业务。整改期满仍不能达到规定条件的，质监机构根据实际达到的试验检测能力条件重新作出评定，或者注销《等级证书》。

换证复核结果应当向社会公布。

第二十三条 检测机构取得《等级证书》后，可以向原发证质监机构申请增加试验检测项目。

经评审具备拟新增加项目的试验检测水平、人员、设备配备和检测环境等条件的，质监机构应当予以增加试验检测项目，并在《等级证书》上予以注明。

第二十四条 检测机构名称、地址、法定代表人或者机构负责人、技术负责人等发生变更的，应当自变更之日起30日内到原发证质监机构办理变更登记手续。

第二十五条 检测机构停业时，应当自停业之日起15日内向原发证质监机构办理《等级证书》注销手续。

第二十六条 质监机构依照本办法发放《等级证书》可以收取工本费。工本费的具体收费标准依据省、自治区、直辖市人民政府财政部门、价格主管部门会同同级交通主管部门核定的标准执行。

第二十七条 《等级证书》遗失或者污损的，可以向原发证质监机构申请补发。

第二十八条 任何单位和个人不得伪造、涂改、转让、租借《等级证书》。

第三章 试验检测活动

第二十九条 取得《等级证书》，同时按照《计量法》的要求经过计量行政部门考核合格，通过计量认证的检测机构，可向社会提供试验检测服务。

取得《等级证书》的检测机构在《等级证书》注明的项目范围内出具的试验检测报告，可以作为公路水运工程质量评定和工程验收的依据。

第三十条 公路水运工程质量事故鉴定、大型水运工程项目和高速公路项目验收的质量鉴定检测，质监机构应当委托通过计量认证并具有甲级或者相应专项能力等级的检测机构承担。

第三十一条 取得《等级证书》的检测机构，可设立工地临时试验室，承担相应公路水运工程的试验检测业务，并对其试验检测结果承担责任。

工程所在地省站应当对工地临时试验室进行监督。

第三十二条 检测机构应当严格按照现行有效的国家和行业标准、规范和规程独立开展检测工作，不受任何干扰和影响，保证试验检测数据客观、公正、准确。

第三十三条 检测机构应当建立严密、完善、运行有效的质量保证体系。应当按照有关规定对仪器设备进行正常维护，定期检定与校准。

第三十四条 检测机构应当建立样品管理制度，提倡盲样管理。

第三十五条 检测机构应当重视科技进步，及时更新试验检测仪器设备，不断提高业务水平。

第三十六条 检测机构应当建立健全档案制度，保证档案齐备，原始记录和试验检测报告内容必须清晰、完整、规范。

第三十七条 检测机构在同一公路水运工程项目标段中不得同时接受业主、监理、施工等多方的试验检测委托。

第三十八条 检测机构依据合同承担公路水运工程试验检测业务，不得转包、违规分包。

第三十九条 检测人员应当通过公路水运工程试验检测业务考试。

检测人员考试的组织、实施由质监总站统一管理。

第四十条 检测人员分为试验检测工程师和试验检测员。

检测机构的技术负责人应当由试验检测工程师担任。

试验检测报告应当由试验检测工程师审核、签发。

第四十一条 检测人员应当重视知识更新，不断提高试验检测业务水平。

第四十二条 检测人员应当严守职业道德和工作程序，独立开展检测工作，保证试验检测数据科学、客观、公正，并对试验检测结果承担法律责任。

第四十三条 检测人员不得同时受聘于两家以上检测机构，不得借工作之便推销建设材料、构配件和设备。

第四章 监督检查

第四十四条 质监机构应当建立健全公路水运工程试验检测活动监督检查制度，对检测机构进行定期或不定期的监督检查，及时纠正、查处违反本规定的行为。

第四十五条 公路水运工程试验检测监督检查，主要包括下列内容：

（一）《等级证书》使用的规范性，有无转包、违规分包、超范围承揽业务和涂改、租借《等级证书》的行为；

（二）检测机构能力变化与评定的能力等级的符合性；

（三）原始记录、试验检测报告的真实性、规范性和完整性；

（四）采用的技术标准、规范和规程是否合法有效，样品的管理是否符合要求；

（五）仪器设备的运行、检定和校准情况；

（六）质量保证体系运行的有效性；
（七）检测机构和检测人员试验检测活动的规范性、合法性和真实性；
（八）依据职责应当监督检查的其他内容。

第四十六条 质监机构实施监督检查时，有权采取以下措施：
（一）查阅、记录、录音、录像、照相和复制与检查相关的事项和资料；
（二）进入检测机构的工作场地（包括施工现场）进行抽查；
（三）发现有不符合国家有关标准、规范、规程和本办法规定的试验检测行为时，责令即时改正或限期整改。

第四十七条 质监机构应当组织比对试验，验证检测机构的能力。

质监总站不定期开展全国检测机构的比对试验。各省站每年年初应当制定本行政区域检测机构年度比对试验计划，报质监总站备案，并于年末将比对试验的实施情况报质监总站。

检测机构应当予以配合，如实说明情况和提供相关资料。

第四十八条 任何单位和个人都有权向质监机构投诉或举报违法违规的试验检测行为。

质监机构的监督检查活动，应当接受交通主管部门和社会公众的监督。

第四十九条 质监机构在监督检查中发现检测机构有违反本规定行为的，应当予以警告、限期整改，情节严重的列入违规记录并予以公示，质监机构不再委托其承担检测业务。

实际能力已达不到《等级证书》能力等级的检测机构，质监机构应当给予整改期限。整改期满仍达不到规定条件的，质监机构应当视情况注销《等级证书》或者重新评定检测机构等级。重新评定的等级低于原来评定等级的，检测机构1年内不得申报升级。被注销等级的检测机构，2年内不得再次申报。

质监机构应当及时向社会公布监督检查的结果。

第五十条 质监机构在监督检查中发现检测人员违反本办法的规定，出具虚假试验检测数据或报告的，应当给予警告，情节严重的列入违规记录并予以公示，直至注销考试合格证书。因违反本办法规定被注销考试合格证书的检测人员2年内不得再次参加考试。

第五十一条 质监机构工作人员在试验检测管理活动中，玩忽职守、徇私舞弊、滥用职权的，应当依法给予行政处分。

第五章 附 则

第五十二条 本办法施行前检测机构和人员通过的资质评审，期满复核时应当按照本办法的规定进行《等级证书》的评定和人员考试。

第五十三条 本办法自2005年12月1日起施行。交通部1997年12月10日公布的《水运工程试验检测暂行规定》（交基发〔1997〕803号）和2002年6月26日公布的《交通部水运工程试验检测机构资质管理办法》（交通部令2002年第4号）同时废止。

附录4 关于进一步加强公路水运工程工地试验室管理工作的意见

(厅质监字 [2009] 183号)

公路水运工程工地试验室是工程质量控制和评判的重要基础数据来源，是工程建设质量保证体系的重要组成部分。为进一步加强工地试验室管理，规范试验检测行为，提高试验检测数据的客观性、准确性，保证公路水运工程质量，现提出以下意见。

第一条 各地交通运输主管部门及其质量监督机构要以科学发展观为指导，高度重视工地试验室管理。结合本地区实际情况，建立健全工地试验室监督管理制度，加强对工地试验室的指导与监督管理。要以规范试验检测行为和提高工地试验检测工作水平为主线，落实责任制，推动诚信体系建设，营造有利于工地试验室独立规范运行的外部环境，有效发挥工地试验室对工程质量的控制和指导作用，促进公路水运工程质量水平不断提高。

第二条 需设立工地试验室的公路水运工程建设项目，建设单位应在招标文件、合同文件中明确工地试验室的检测能力、人员、仪器设备配备要求，督促中标单位保证工地试验室的投入，加强对工地试验室试验检测工作的监督检查，按照《公路水运工程试验检测信用评价办法》的要求开展对工地试验室和试验检测人员的信用评价工作。

第三条 施工单位、监理单位应根据工程质量安全管理需要或合同约定，在工程现场可自行设立工地试验室，也可委托第三方试验检测机构设立工地试验室，设立工地试验室的母体均应具有相应的《公路水运试验检测机构等级证书》（以下简称等级证书）。

建设单位也可通过招标等方式直接委托具有等级证书和《计量认证证书》（以下简称计量证书）的第三方试验检测机构设立工地试验室，承担工程建设项目监理的全部或部分试验检测工作。

任何单位不得干预工地试验室独立、客观地开展试验检测活动。

第四条 设立工地试验室的母体试验检测机构，应当在其等级证书核定的业务范围内，根据工程现场管理需要或合同约定，对工地试验室进行授权。授权内容包括工地试验室可开展的试验检测项目及参数、授权负责人、授权工地试验室的公章、授权期限等。"公路水运工程工地试验室设立授权书"（见附件1）应加盖母体试验检测机构公章及等级专用标识章。

第五条 工地试验室设立实行登记备案制。经试验检测机构授权设立的工地试验室，应当填写"公路水运工程工地试验室备案登记表"（见附件2），经建设单位初审后报送项目质监机构登记备案，质监机构对通过备案的工地试验室出具"公路水运工程工地试验室备案通知书"（见附件3）。

工地试验室被授权的试验检测项目及参数或试验检测持证人员进行变更的，应当由母体试验检测机构报经建设单位同意后，向项目质监机构备案。

第六条 母体试验检测机构应加强对授权工地试验室的管理和指导，根据工程现场管理需要或合同约定，合理配备工地试验室试验检测人员和仪器设备，并对工地试验室试验检测结果的真实性和准确性负责。

第七条 工地试验室应按照母体试验检测机构质量管理体系的要求，建立完整的试验检测人员档案、仪器设备管理档案和试验检测业务档案，严格按照试验检测规程操作，并做到试验检测台账、仪器设备使用记录、试验检测原始记录、试验检测报告相互对应。试验检测报告签字人必须是持证的试验检测人员。

工地试验室试验检测环境（包括所设立的养护室、样品室、留样室等）应满足试验检测规程要求和试验检测工作需要。

鼓励工地试验室推行标准化、信息化管理。

第八条 工地试验室应在母体试验检测机构授权的范围内，为工程建设项目提供试验检测服务，不得对外承揽试验检测业务。

工地试验室出具的试验检测报告应加盖工地试验室印章，印章包含的基本信息有：母体试验检测机构名称＋建设项目标段名称＋工地试验室。

第九条 工地试验室实行授权负责人责任制。工地试验室授权负责人对工地试验室运行管理工作和试验检测活动全面负责，授权负责人必须是母体试验检测机构委派的正式聘用人员，且须持有试验检测工程师证书。

第十条 授权负责人有以下职责：

（一）审定和管理工地试验室资源配置，确保工地试验室人员、设备、环境等满足试验检测工作需要。签发工地试验室出具的试验检测报告，对试验检测数据及报告的真实性、准确性负责。对违规人员有权辞退。

（二）建立完善的工地试验室质量保证体系和管理制度，包括人员、设备、环境以及试验检测流程、样品管理、操作规程、不合格品处理等各项制度，监督各项制度的有效执行。

（三）严格按照国家和行业标准、规范、规程以及合同的约定独立开展试验检测工作。有权拒绝影响试验检测活动公正性、独立性的外部干扰和影响，保证试验检测数据客观、公正、准确。

（四）实行不合格品报告制度，对于签发的涉及结构安全的产品或试验检测项目不合格报告，工地试验室授权负责人应在2个工作日之内报送试验检测委托方，抄送项目质量监督机构，并建立不合格试验检测项目台账。

第十一条 工地试验室授权负责人的管理。

（一）母体试验检测机构应制定工地试验室授权负责人管理制度，对其工作进行监督管理。

（二）质监机构应建立工地试验室授权负责人专用信息库，加强监督检查。按照《公路水运工程试验检测信用评价办法》对其从业情况进行全面的信用评价。

（三）工地试验室授权负责人变更，需由母体试验检测机构提出申请，经项目建设单位同意后报项目质监机构备案。擅自离岗或同时任职于两家及以上工地试验室，均视为违规行为，按照《公路水运工程试验检测信用评价办法》予以扣分。

（四）工地试验室授权负责人信用等级被评为信用较差的，2年内不能担任工地试验室授权负责人。信用等级被评为信用很差的，5年内不能担任工地试验室授权负责人。

（五）工地试验室信用评价结果小于等于70分的，其授权负责人两年内不能担任工地试验室授权负责人。

附件1～附件3（略）

附录5 单位、分部及分项工程的划分

一般建设项目的工程划分　　　　　　　　　　　　　　　　　　　　　　　附表 5-1

单位工程	分部工程	分项工程
路基工程 （每 10km 或每标段）	路基土石方工程*① （1~3km 路段）②	土方路基*，石方路基*，软土地基*，土工合成材料处治层*等
	排水工程（1~3km 路段）	管节预制，管道基础及管节安装*，检查（雨水）井砌筑*，土沟，浆砌排水沟*，盲沟，跌水，急流槽*，水簸箕，捧水泵站等
	小桥及符合小桥标准的通道*，人行天桥，渡槽（每座）	基础及下部构造*，上部构造预制、安装或浇筑*，桥面*，栏杆，人行道等
	涵洞、通道（1~3km 路段）	基础及下部构造*，主要构件预制、安装或浇筑*，填土，总体等
	砌筑防护工程（1~3km 路段）	挡土墙*，墙背填土，抗滑桩*，锚喷防护*，锥、护坡，导流工程，石笼防护等
	大型挡土墙*，组合式挡土墙*（每处）	基础*，墙身*，墙背填土，构件预制*，构件安装*，筋带，锚杆，拉杆，总体*等
路面工程 （每 10km 或每标段）	路面工程*（1~3km 路段）	底基层，基层*，面层*，垫层，联结层，路缘石，人行道，路肩，路面边缘排水系统等
桥梁工程③ （特大、大、中桥）	基础及下部构造*（每桥或每墩、台）	扩大基础，桩基*，地下连续墙*，承台，沉井*，桩的制作*，钢筋加工及安装，墩台身（砌体）浇筑*，墩台身安装，墩台帽*，组合桥台*，台背填土，支座垫石和挡块等
	上部构造预制和安装*	主要构件预制*，其他构件预制，钢筋加工及安装，预应力筋的加工和张拉*，梁板安装，悬臂拼装*，顶推施工梁*，拱圈节段预制，拱的安装，转体施工拱*，劲性骨架拱肋安装*，钢管拱肋制作*，钢管拱肋安装*，吊杆制作和安装*，钢梁制作*，钢梁安装，钢梁防护*等
	上部构造现场浇筑*	钢筋加工及安装，预应力筋的加工和张拉*，主要构件浇筑*，其他构件浇筑，悬臂浇筑*，劲性骨架混凝土拱*，钢管混凝土拱*等
	总体、桥面系和附属工程	桥梁总体*，钢筋加工及安装，桥面防水层施工，桥面铺装*，钢桥面铺装*，支座安装，搭板，伸缩缝安装，大型伸缩缝安装*，栏杆安装，混凝土护栏，人行道铺设，灯柱安装等
	防护工程	护坡，护岸*④，导流工程*，石笼防护*，砌石工程等
	引道工程	路基*，路面*，挡土墙*，小桥*，涵洞*，护栏等

续表

单位工程	分部工程	分项工程
互通立交工程	桥梁工程*（每座）	桥梁总体，基础及下部构造*，上部构造预制、安装或浇筑*，支座安装，支座垫石，桥面铺装*，护栏，人行道等
	主线路基路面工程*（1~3km 路段）	见路基、路面等分项工程
	匝道工程（每条）	路基*，路面*，通道*，护坡，挡土墙*，护栏等
隧道工程	总体	隧道总体*等
	明洞	明洞浇筑，明洞防水层，明洞回填*，等
	洞口工程	洞口开挖，洞口边仰坡防护，洞门和翼墙的浇（砌）筑，截水沟、洞口排水沟等
	洞身开挖	洞身开挖*，（分段）等
	洞身衬砌	（钢纤维）喷射混凝土支护，锚杆支护，钢筋网支护，仰拱，混凝土衬砌*，钢支撑，衬砌钢筋等
	防排水	防水层，止水带、排水沟等
	隧道路面	基层*，面层*，等
	装修	装修工程
	辅助施工措施	超前锚杆，超前钢管等
环保工程	声屏障（每处）	声屏障
	绿化工程（1~3km 路段或每处）	中央分隔带绿化，路侧绿化，互通立交绿化，服务区绿化，取、弃土场绿化等
交通安全设施（每20km或每标段）	标志*（5~10km 路段）	标志*
	标线、突起路标（5~10km 路段）	标线*，突起路标等
	护栏*、轮廓标（5~10km 路段）	波形梁护栏*，缆索护栏*，混凝土护栏*，轮廓标等
	防眩设施（5~10km 路段）	防眩板、网等
	隔离栅、防落网（5~10km 路段）	隔离栅、防落网等
机电工程	监控设施	车辆检测器，气象检测器，闭路电视监视系统，可变标志，光电缆线路，监控（分）中心设备安装及软件调测，大屏幕投影系统，地图板，计算机监控软件与网络等
	通信设施	通信管道与光电缆线路，光纤数字传输系统，数字程控交换系统，紧急电话系统，无线移动通信系统，通信电源等
	收费设施	入口车道设备，出口车道设备，收费站设备及软件，收费中心设备及软件，1C 卡及发卡编码系统，闭路电视监视系统，内部有线对讲及紧急报警系统，收费站内光、电缆及塑料管道，收费系统计算机网络等
	低压配电设施	中心（站）内低压配电设备，外场设备电力电缆线路等
	照明设施	照明设施

续表

单位工程	分部工程	分项工程
机电工程	隧道机电设施	车辆检测器，气象检测器，闭路电视监视系统，紧急电话系统，环境检测设备，报警与诱导设施，可变标志，通风设施，照明设施，消防设施，本地控制器，隧道监控中心计算机控制系统，隧道监控中心计算机网络，低压供配电等
房屋建筑工程	（按其专业工程质量检验评定标准评定）	

①表内标注＊号者为主要工程，评分时给以 2 的权值；不带＊号者为一般工程，权值为 1。
②按路段长度划分的分部工程，高速公路、一级公路宜取低值，二级及二级以下公路可取高值。
③斜拉桥和悬索桥可参照附表 5-2 进行划分。
④护岸参照挡土墙。

特大斜拉桥和悬索桥为主体建设项目的工程划分　　　　　　附表 5-2

单位工程	分部工程	分项工程
塔及辅助、过渡墩（每座）	塔基础＊	钢筋加工及安装，扩大基础，桩基＊，地下连续墙＊，沉井＊等
	塔承台＊	钢筋加工及安装，双壁钢围堰，封底，承台浇筑＊，等
	索塔＊	索塔＊
	辅助墩	钢筋加工，基础，墩台身浇（砌）筑，墩台身安装，墩台帽，盖梁等
	过渡墩	
锚碇	锚碇基础＊	钢筋加工及安装，扩大基础，桩基＊，地下连续墙＊，沉井＊，大体积混凝土构件＊等
	锚体＊	锚固体系制作＊，锚固体系安装＊，锚碇块体，预应力锚索的张拉与压浆＊等
上部构造制作与防护（钢结构）	斜拉索＊	斜拉索制作与防护＊
	主缆（索股）＊	索股和锚头的制作与防护＊
	索鞍＊	主索鞍和散索鞍制作与防护＊
	索夹	索夹制作与防护
	吊索	吊索和锚头制作与防护＊等
	加劲梁＊	加劲梁段制作＊，加劲梁防护＊，等
上部构造浇筑与安装	悬浇＊	梁段浇筑＊
	安装＊	加劲梁安装＊，索鞍安装＊，主缆架设＊，索夹和吊索安装＊等
	工地防护＊	工地防护＊
	桥面系及附属工程	桥面防水层的施工，桥面铺装，钢桥面板上防水粘结层的洒布，钢桥面板上沥青混凝土铺装，支座安装＊，抗风支座安装，伸缩缝安装，人行道铺设，栏杆安装，防撞护栏等
	桥梁总体	桥梁总体
引桥		（参见附表 5-1 "桥梁工程"）

单位工程	分部工程	分项工程
	引道	(参见附表5-1"路基工程"和"路面工程")
	互通立交工程	(参见附表5-1"互通立交工程")
	交通安全设施	(参见附表5-1"交通安全设施")

表内标注*号者为主要工程，评分时给以2的权值；不带*号者为一般工程，权值为1。

附录6 路基、路面压实度评定

1. 路基和路面基层、底基层的压实度以重型击实标准为准。沥青层压实度以《沥青路面施工技术规范》的规定为准。

对于特殊干旱、潮湿地区或过湿土，以路基设计施工规范规定的压实度标准进行评定。

2. 标准密度应作平行试验，求其平均值作为现场检验的标准值。对于均匀性差的路基土质和路面结构层材料，应根据实际情况增补标准密度试验，求得相应的标准值，以控制和检验施工质量。

3. 路基、路面压实度以1~3km长的路段为检验评定单元，按本标准各有关章节要求的检测频率进行现场压实度抽样检查，求算每一测点的压实度K_i。细粒土现场压实度检查可以采用灌砂法或环刀法；粗粒土及路面结构层压实度检查可以采用灌砂法、水袋法或钻孔取样蜡封法。应用核子密度仪时，须经对比试验检验，确认其可靠性。

检验评定段的压实度代表值K（算术平均值的下置信界限）为：

$$K = k - t_\alpha/\sqrt{n} \times S \geqslant K_0$$

式中 k——检验评定段内各测点压实度的平均值；

t_α——t分布表中随测点数和保证率（或置信度α）而变的系数；t_α见附表6-1。
采用的保证率：
高速公路、一级公路：基层、底基层为99%，路基、路面面层为95%；
其他公路：基层、底基层为95%，路基、路面面层为90%；

S——检测值的标准差；

n——检测点数；

K_0——压实度标准值。

路基、基层和底基层：$K \geqslant K_0$，且单点压实度K_i全部大于等于规定值减2个百分点时，评定路段的压实度合格率为100%；当$K \geqslant K_0$，且单点压实度全部大于等于规定极值时，按测定值不低于规定值减2个百分点的测点数计算合格率。

$K < K_0$或某一单点压实度K_i小于规定极值时，该评定路段压实度为不合格，相应分项工程评为不合格。

路堤施工段较短时，分层压实度应点点符合要求，且样本数不少于6个。

沥青面层：当$K \geqslant K_0$且全部测点大于等于规定值减1个百分点时，评定路段的压实度合格率为100%；当$K \geq K_0$时，按测定值不低于规定值减1个百分点的测点数计算合格率。

$K < K_0$时，评定路段的压实度为不合格，相应分项工程评为不合格。

$t_\alpha/\sqrt{n}$ 值   附表6-1

保证率\n	99%	95%	90%	保证率\n	99%	95%	90%
2	22.501	4.465	2.176	21	0.552	0.376	0.289
3	4.021	1.686	1.089	22	0.537	0.367	0.282
4	2.270	1.177	0.819	23	0.523	0.358	0.275
5	1.676	0.953	0.686	24	0.510	0.350	0.269
6	1.374	0.823	0.603	25	0.498	0.342	0.264
7	1.188	0.734	0.544	26	0.487	0.335	0.258
8	1.060	0.670	0.500	27	0.477	0.328	0.253
9	0.966	0.620	0.466	28	0.467	0.322	0.248
10	0.892	0.580	0.437	29	0.458	0.316	0.244
11	0.833	0.546	0.414	30	0.449	0.310	0.239
12	0.785	0.518	0.393	40	0.383	0.266	0.206
13	0.744	0.494	0.376	50	0.340	0.237	0.184
14	0.708	0.473	0.361	60	0.308	0.216	0.167
15	0.678	0.455	0.347	70	0.285	0.199	0.155
16	0.651	0.438	0.335	80	0.266	0.186	0.145
17	0.626	0.423	0.324	90	0.249	0.175	0.136
18	0.605	0.410	0.314	100	0.236	0.166	0.129
19	0.586	0.398	0.305	>100	$\frac{2.3265}{\sqrt{n}}$	$\frac{1.6449}{\sqrt{n}}$	$\frac{1.2815}{\sqrt{n}}$
20	0.568	0.387	0.297				

附录7 路基、柔性基层、沥青路面弯沉值评定

1. 弯沉值用贝克曼梁或自动弯沉仪测量。每一双车道评定路段（不超过1km）检查80~100个点，多车道公路必须按车道数与双车道之比，相应增加测点。

2. 弯沉代表值为弯沉测量值的上波动界限，用下式计算：

$$L_r = \bar{l} + Z_\alpha S$$

式中 l_r——弯沉代表值（0.01mm）；

$\bar{l}$——实测弯沉的平均值（0.01mm）；

S——标准差；

Z_α——与要求保证率有关的系数，见附表7-1。

层 位	Z_α 值	附表 7-1
	高速公路、一级公路	二、三级公路
沥青面层	1.645	1.5
路基、柔性基层	2.0	1.645

3. 当路基和柔性基层、底基层的弯沉代表值不符合要求时，可将超出 $l\pm(2\sim3)S$ 的弯沉特异值舍弃，重新计算平均值和标准差。对舍弃的弯沉值大于 $l+(2\sim3)S$ 的点，应找出其周围界限，进行局部处理。

用两台弯沉仪同时进行左右轮弯沉值测定时，应按两个独立测点计，不能采用左右两点的平均值。

4. 弯沉代表值大于设计要求的弯沉值时相应分项工程为不合格。

5. 测定时的路表温度对沥青面层的弯沉值有明显影响，应进行温度修正。当沥青层厚度小于或等于 50mm 时，或路表温度在 20±2℃范围内，可不进行温度修正。

若在非不利季节测定时，应考虑季节影响系数。

附录 8 水泥混凝土抗压强度评定

一、《公路工程质量检验评定标准第一册 土建工程》JTG F80/1—2004 的规定：

1. 评定水泥混凝土的抗压强度，应以标准养生 28d 龄期的试件、在标准试验条件下测得的极限抗压强度为准。试件为边长 150mm 的立方体。试件 3 个为 1 组，制取组数应符合下列规定：

（1）不同强度等级及不同配合比的混凝土应在浇筑地点或拌和地点分别随机制取试件。

（2）浇筑一般体积的结构物（如基础、墩台等）时，每一单元结构物应制取 2 组。

（3）连续浇筑大体积结构时，每 80~200m³ 或每一工作班应制取 2 组。

（4）上部结构，主要构件长 16m 以下应制取 1 组，16~30m 制取 2 组，31~50m 制取 3 组，50m 以上者不少于 5 组。小型构件每批或每工作班至少应制取 2 组。

（5）每根钻孔桩至少应制取 2 组；桩长 20m 以上者不少于 3 组；桩径大、浇筑时间很长时，不少于 4 组。如换工作班时，每工作班应制取 2 组。

（6）构筑物（小桥涵、挡土墙）每座、每处或每工作班制取不少于 2 组。当原材料和配合比相同、并由同一拌和站拌制时，可几座或几处合并制取 2 组。

（7）应根据施工需要，另制取几组与结构物同条件养生的试件，作为拆模、吊装、张拉预应力、承受荷载等施工阶段的强度依据。

2. 水泥混凝土抗压强度的合格标准

（1）试件≥10 组时，应以数理统计方法按下述条件评定：

$$R_n - K_1 S_n \geqslant 0.9R$$

$$R_{\min} \geqslant K_2 R$$

$$S_n = \sqrt{\frac{\Sigma R_i^2 - n R_n^2}{n-1}}$$

式中　n——同批混凝土试件组数；

　　　R_n——同批 n 组试件强度的平均值（MPa）；

　　　S_n——同批 n 组试件强度的标准差（MPa），当 $S_n<0.06R$ 时，取 $S_n=0.06R$；

　　　R——混凝土设计强度等级（MPa）；

　　　R_i——第 i 组混凝土的抗压强度（MPa）；

　　　R_{min}——n 组试件中强度最低一组的值（MPa）；

K_1、K_2——合格判定系数，见附表 8-1。

K_1、K_2 的值　　　　　　　　　　　　　　　　　附表 8-1

n	10~14	15~24	≥25
K_1	1.70	1.65	1.60
K_2	0.9	0.85	

（2）试件<10 组时，可用非统计方法按下述条件进行评定：

$$R_n \geq 1.15R$$

$$R_{min} \geq 0.95R$$

3. 实测项目中，水泥混凝土抗压强度评为不合格时相应分项工程为不合格。

二、《混凝土强度检验评定标准》GB/T 50107—2010 的规定：

1. 混凝土的强度等级应按立方体抗压强度标准值划分。混凝土强度等级应采用符号 C 与立方体抗压强度标准值（以 N/mm^2）表示。立方体抗压强度标准值应为按标准方法制作和养护的边长为 150mm 的立方体试件，用标准试验方法在 28d 龄期测得的混凝土抗压强度总体分布中的一个值，强度低于该值的概率应为 5%。

2. 混凝土强度应分批进行检验评定。一个检验批的混凝土应由强度等级相同、试验龄期相同、生产工艺条件和配合比基本相同的混凝土组成。

3. 对大批量、连续生产混凝土的强度应按本标准规定的统计方法评定。对小批量或零星生产混凝土的强度应按本标准规定的非统计方法评定。

4. 混凝土的取样，宜根据本标准规定的检验评定方法要求制定检验批的划分方案和相应的取样计划。混凝土强度试样应在混凝土的浇筑地点随机抽取。每次取样应至少制作一组标准养护试件。每组 3 个试件应由同一盘或同一车的混凝土中取样制作。

5. 试件的取样频率和数量应符合下列规定：

（1）每 100 盘，但不超过 100m^3 的同配合比混凝土，取样次数不应少于一次；

（2）每一工作班拌制的同配合比混凝土，不足 100 盘和 100m^3 时其取样次数不应少于一次；

（3）当一次连续浇筑的同配合比混凝土超过 1000m^3 时，每 200m^3 取样不应少于一次；

（4）对房屋建筑，每一楼层、同一配合比的混凝土，取样不应少于一次。

6. 每批混凝土试样应制作的试件总组数，除满足本标准规定的混凝土强度评定所必需的组数外，还应留置为检验结构或构件施工阶段混凝土强度所必需的试件。

7. 混凝土强度的检验评定

（1）统计方法评定

1) 采用统计方法评定时,应按下列规定进行:

a. 当连续生产的混凝土,生产条件在较长时间内保持一致,且同一品种、同一强度等级混凝土的强度变异性保持稳定时,应按本标准样本容量为连续的 3 组试件时的规定进行评定。

b. 其他情况应按本标准样本容量不少于 10 组试件时的规定进行评定。

2) 一个检验批的样本容量应为连续的 3 组试件,其强度应同时符合下列规定:

$$R_n \geqslant R + 0.7S_n$$
$$R_{min} \geqslant R - 0.7S_n$$

检验批混凝土立方体抗压强度的标准差应按下式计算:

$$S_n = \sqrt{\frac{\sum_{i=1}^{n} R_i^2 - nR_n^2}{n-1}}$$

当混凝土强度等级不高于 C20 时,其强度的最小值尚应满足下式要求:

$$R_{min} \geqslant 0.85R$$

当混凝土强度等级高于 C20 时,其强度的最小值尚应满足下式要求:

$$R_{min} \geqslant 0.90R$$

式中 R_n——同一检验批混凝土立方体抗压强度的平均值(N/mm^2),精确到 0.1(N/mm^2);

R——混凝土立方体抗压强度标准值(N/mm^2),精确到 0.1(N/mm^2);

S_n——检验批混凝土立方体抗压强度的标准差(N/mm^2),精确到 0.01(N/mm^2);当检验批混凝土强度标准差 S_n 计算值小于 $2.5N/mm^2$ 时,应取 $2.5N/mm^2$;

R_i——前一个检验期内同一品种、同一强度等级的第 i 组混凝土试件的立方体抗压强度代表值(N/mm^2),精确到 0.1(N/mm^2);该检验期不应少于 60d,也不得大于 90d;

n——前一检验期内的样本容量,在该期间内样本容量不应少于 45;

R_{min}——同一检验批混凝土立方体抗压强度的最小值(N/mm^2),精确到 0.1(N/mm^2)。

3) 当样本容量不少于 10 组时,其强度应同时满足下列要求:

$$R_n \geqslant R + \lambda_1 S_{cu}$$
$$R_{min} \geqslant \lambda_2 R$$

同一检验批混凝土立方体抗压强度的标准差应按下式计算:

$$S_{cu} = \sqrt{\frac{\sum_{i=1}^{n} R_i^2 - nR_n^2}{n-1}}$$

式中 S_{cu}——同一检验批混凝土立方体抗压强度的标准差(N/mm^2),精确到 0.01(N/mm^2);当检验批混凝土强度标准差 S_{cu} 计算值小于 $2.5N/mm^2$ 时,应取 $2.5N/mm^2$;

λ_1,λ_2——合格评定系数,按附表 8-2 取用;

n——本检验期内的样本容量。

混凝土强度的合格评定系数　　　　　　　　　　　　　　附表 8-2

试件组数	10～14	15～19	≥20
λ_1	1.15	1.05	0.95
λ_2	0.90	0.85	

(2) 非统计方法评定

1) 当用于评定的样本容量小于 10 组时,应采用非统计方法评定混凝土强度。

2) 按非统计方法评定混凝土强度时,其强度应同时符合下列规定:

$$R_n \geqslant \lambda_3 R$$
$$R_{min} \geqslant \lambda_4 R$$

式中　λ_3,λ_4——合格评定系数,按附表 8-3 取用;

混凝土强度的非统计方法合格评定系数　　　　　　　附表 8-3

混凝土强度等级	<C60	≥C60
λ_3	1.15	1.10
λ_4	0.95	

(3) 混凝土强度的合格性评定

1) 当检验结果满足样本容量分别为连续的 3 组或不少于 10 组或小于 10 组试件时的强度评定的规定时,则该批混凝土强度应评定为合格;当不能满足上述规定时,该批混凝土强度应评定为不合格。

2) 对评定为不合格批的混凝土,可按国家现行的有关标准进行处理。

附录 9　水泥砂浆强度评定

1. 评定水泥砂浆的强度,应以标准养护 28d 的试件为准。试件为边长 70.7mm 的立方体。试件 6 个为 1 组,制取组数应符合下列规定:

(1) 不同强度等级及不同配合比的水泥砂浆应分别制取试件,试件应随机制取,不得挑选。

(2) 重要及主体砌筑物,每工作班制取 2 组。

(3) 一般及次要砌筑物,每工作班可制取 1 组。

(4) 拱圈砂浆应同时制取与砌体同条件养护试件,以检查各施工阶段强度。

2. 水泥砂浆强度的合格标准

(1) 同强度等级试件的平均强度不低于设计强度等级。

(2) 任意一组试件的强度最低值不低于设计强度等级的 75%。

3. 实测项目中,水泥砂浆强度评为不合格时相应分项工程为不合格。

附录10 喷射混凝土抗压强度评定

1. 喷射混凝土抗压强度系指在喷射混凝土板件上，切割制取边长为100mm的立方体试件，在标准养护条件下养护28d，用标准试验方法测得的极限抗压强度，乘以0.95的系数。

2. 双车道隧道每10延米，至少在拱脚部和边墙各取1组（3个）试件。

其他工程，每喷射50～100m³混合料或小于50m³混合料的独立工程，不得少于1组。

材料或配合比变更时需重新制取试件。

3. 喷射混凝土强度的合格标准

（1）同批试件组数 $n \geqslant 10$ 时

试件抗压强度平均值不低于设计值；

任一组试件抗压强度不低于0.85设计值。

（2）同批试件组数 $n < 10$ 时

试件抗压强度平均值不低于1.05设计值；

任一组试件抗压强度不低于0.90设计值。

4. 实测项目中，喷射混凝土抗压强度评为不合格时相应分项工程为不合格。

附录11 水泥混凝土弯拉强度评定

1. 混凝土弯拉强度试验方法应使用标准小梁法或钻芯劈裂法，试件使用标准方法制作，标准养护时间28d。取样检查频率，高速公路和一级公路每工作班制作2～4组：日进度大于1000m取4组，大于等于500m取3组，小于500m取2组；其他公路每工作班制作1～3组：日进度大于1000m取3组，大于等于500m取2组，小于500m取1组。每组3个试件的平均值作为一个统计数据。

2. 混凝土弯拉强度的合格标准

（1）试件组数大于10组时，平均弯拉强度合格判断式为：

$$f_{cs} \geqslant f_r + K\sigma$$

式中　f_{cs}——混凝土合格判定平均弯拉强度（MPa）；

　　　f_r——设计弯拉强度标准值（MPa）；

　　　K——合格判定系数（见附表11-1）；

　　　σ——强度标准差。

合格判定系数　　　　　　　　　　　　　　　　　　　附表 11-1

试件组数 n	11～14	15～19	≥20
合格判定系数 K	0.75	0.70	0.65

当试件组数为11～19组时，允许有一组最小弯拉强度小于 $0.85f_r$，但不得小于 $0.80f_r$。当试件组数大于20组时，其他公路允许有一组最小弯拉强度小于 $0.85f_r$，但不

得小于 $0.75f_r$；高速公路和一级公路均不得小于 $0.80f_r$。

(2) 试件组数等于或少于 10 组时，试件平均强度不得小于 $1.10f_r$，任一组强度均不得小于 $0.85f_r$。

3. 当标准小梁合格判定平均弯拉强度 f_{cs} 和最小弯拉强度 f_{min} 中有一个不符合上述要求时，应在不合格路段每公里每车道钻取 3 个以上 $\phi 150mm$ 的芯样，实测劈裂强度，通过各自工程的经验统计公式换算弯拉强度，其合格判定平均弯拉强度 f_{cs} 和最小值 f_{min} 必须合格，否则，应返工重铺。

4. 实测项目中，水泥混凝土弯拉强度评为不合格时相应分项工程评为不合格。

附录 12　路面结构层厚度评定

1. 评定路段内路面结构层厚度按代表值和单个合格值的允许偏差进行评定。
2. 按规定频率，采用挖验或钻取芯样测定厚度。
3. 厚度代表值为厚度的算术平均值的下置信界限值，即：

$$X_L = \underline{X} - t_a/\sqrt{n} \times S$$

式中　X_L——厚度代表值（算术平均值的下置信界限）；

　　　$\underline{X}$——厚度平均值；

　　　S——标准差；

　　　n——检测点数；

　　　t_a——t 分布表中随测点数和保证率（或置信度 α）而变的系数，可查附表 6-1。

采用的保证率：

高速、一级公路：基层、底基层为 99%，面层为 95%。

其他公路：基层、底基层为 95%，面层为 90%。

4. 当厚度代表值大于等于设计厚度减去代表值允许偏差时，则按单个检查值的偏差不超过单点合格值来计算合格率；当厚度代表值小于设计厚度减去代表值允许偏差时，相应分项工程评为不合格。

代表值和单点合格值的允许偏差，见第 3 章路面工程中的实测项目表。

5. 沥青面层一般按沥青铺筑层总厚度进行评定，高速公路和一级公路分 2~3 层铺筑时，还应进行上面层厚度检查和评定。

附录 13　半刚性基层和底基层材料强度评定

1. 半刚性基层和底基层材料强度，以规定温度下保湿养护 6d、浸水 1d 后的 7d 无侧限抗压强度为准。
2. 在现场按规定频率取样，按工地预定达到的压实度制备试件。每 $2000m^2$ 或每工作班制备 1 组试件：不论稳定细粒土、中粒土或粗粒土，当多次偏差系数 $C_v \leqslant 10\%$ 时，可为 6 个试件；$C_v = 10\% \sim 15\%$ 时，可为 9 个试件；$C_v > 15\%$ 时，则需 13 个试件。
3. 试件的平均强度 $\underline{R}$ 应满足下式要求：

$$\underline{R} \geqslant R_d/(1 - Z_a C_v)$$

式中 R_d——设计抗压强度（MPa）
C_v——试验结果的偏差系数（以小数计）；
Z_α——标准正态分布表中随保证率而变的系数。
高速公路、一级公路：保证率95%，$Z_\alpha=1.645$
其他公路：保证率90%，$Z_\alpha=1.282$。

4. 评定路段内半刚性材料强度评为不合格时相应分项工程为不合格。

附录14 沥青层压实度评定方法

1. 沥青路面的压实度采取重点进行碾压工艺的过程控制，适度钻孔抽检压实度校核的方法。钻孔取样应在路面完全冷却后进行，对普通沥青路面通常在第2天取样，对改性沥青及SMA路面宜在第3天以后取样。沥青面层的压实度按下式计算：

$$K = \frac{D}{D_0} \times 100$$

式中 K——沥青层某一测定部位的压实度（%）；
D——由试验测定的压实沥青混合料试件实际密度（g/cm³）；
D_0——沥青混合料的标准密度（g/cm³）。

2. 施工及验收过程中的压实度检验不得采用配合比设计时的标准密度，应按如下方法逐日检测确定：

（1）以实验室密度作为标准密度，即沥青拌合厂每天取样1~2次实测的马歇尔试件密度，取平均值作为该批混合料铺筑路段压实度的标准密度。其试件成型温度与路面复压温度一致。当采用配合比设计时，也可采用其他相同的成型方法的实验室密度作为标准密度。

（2）以每天实测的最大理论密度作为标准密度。对普通沥青混合料，沥青拌合厂在取样进行马歇尔试验的同时以真空法实测最大理论密度，平行试验的试样数不少于2个，以平均值作为该批混合料铺筑路段压实度的标准密度；但对改性沥青混合料、SMA混合料以每天总量检验的结果及油石比平均值计算的最大理论密度为准，也可采用抽提筛分的结果及油石比计算最大理论密度，计算法确定最大理论密度的方法按热拌沥青混合料配合比设计方法的规定进行。

（3）以试验路密度作为标准密度。用核子密度仪定点检查密度不再变化为止。然后取不少于15个的钻孔试件的平均密度为计算压实度的标准密度。

（4）可根据需要选用实验室标准密度、最大理论密度、试验路密度中的1~2种作为钻孔法检验评定的标准密度。

（5）施工中采用核子密度仪等无破损检测设备进行压实度控制时，宜以试验路密度作为标准密度，核子密度仪的测点数不宜少于39个，取平均值，但核子密度仪需经标定认可。

3. 压实度钻孔频率、合格率评定方法等按《公路沥青路面施工技术规范》JTG F40—2004中的施工质量管理与检查验收的要求执行。

4. 在交工验收阶段，一个评定路段的压实度以代表值和极值评定压实度是否合格。

（1）一个评定路段的平均压实度K_0、标准差S、变异系数C_V，按下式计算：

$$K_0 = \frac{K_1 + K_2 + \cdots + K_N}{N}$$

$$S = \sqrt{\frac{(K_1-K_0)^2 + (K_2-K_0)^2 + \cdots + (K_N-K_0)^2}{N-1}}$$

$$C_V = \frac{S}{K_0}$$

式中　　K_0——该评定路段的平均压实度（%）；

　　　　S——一个评定路段的压实度测定值的标准差（%）；

　　　　C_V——一个评定路段的压实度测定值的变异系数（%）；

K_1，K_2，…，K_N——该评定路段内各测定点的压实度（%）；

　　　　N——该评定路段内各测定点的总数，其自由度为 $N-1$。

(2) 一个评定路段的压实度代表值按下式计算：

$$K' = K_0 - \frac{t_\alpha S}{\sqrt{N}}$$

式中　K'——一个评定路段的压实度代表值（%）；

　　　t_α——t 分布表中随自由度和保证率而变化的系数，见附表 14-1。当测点数大于 100 时，高速公路的 t_α 可取 1.6449，对其他等级公路 t_α 可取 1.2815。

$t_\alpha/\sqrt{N}$ 的值　　　　　　　　附表 14-1

测点数 N	高速公路、一级公路	其他等级公路	测点数 N	高速公路、一级公路	其他等级公路
2	4.465	2.176	20	0.387	0.297
3	1.686	1.089	21	0.376	0.289
4	1.177	0.819	22	0.367	0.282
5	0.953	0.686	23	0.358	0.275
6	0.823	0.603	24	0.350	0.269
7	0.734	0.544	25	0.342	0.264
8	0.670	0.500	26	0.335	0.258
9	0.620	0.466	27	0.328	0.253
10	0.580	0.437	28	0.322	0.248
11	0.546	0.414	29	0.316	0.244
12	0.518	0.393	30	0.310	0.239
13	0.494	0.376	40	0.266	0.206
14	0.473	0.361	50	0.237	0.184
15	0.455	0.347	60	0.216	0.167
16	0.438	0.335	70	0.199	0.155
17	0.423	0.324	80	0.186	0.145
18	0.410	0.314	90	0.175	0.136
19	0.398	0.305	100	0.166	0.129

注：本表适用于压实度、厚度等单边检验要求的情况。对高速公路、一级公路，保证率为 95%；对其他等级公路，保证率为 90%。

附录15　路面横向力系数评定

1. 评定路段内的路面横向力系数按 SFC 的设计或验收标准值进行评定。
2. SFC 代表值为 SFC 算数平均值的下置信界限值，即：

$$\mathrm{SFC_r} = \overline{\mathrm{SFC}} - t_a/\sqrt{n} \times S$$

式中　$\mathrm{SFC_r}$——SFC 代表值；
　　　$\overline{\mathrm{SFC}}$——SFC 平均值；
　　　S——标准差；
　　　n——检测点数；
　　　t_a——t 分布表中随测点数和保证率（或置信度 α）而变的系数，可查附表6-1。
　　　　　采用的保证率：高速公路、一级公路为 95%；其他公路为 90%。

3. 当 SFC 代表值不小于设计或验收标准时，按单个 SFC 值计算合格率；当 SFC 代表值小于设计或标准值时，相应分项工程评为不合格。

附录16　回弹弯沉值的计算与检验

1. 土基回弹模量的调整

由于设计中采用的土基回弹模量计算值是针对不利季节的，而施工中的弯沉值检验往往是在非不利季节进行的，因此，需先将土基回弹模量计算值（E_0）按下式调整到相当于非不利季节的值（E_0'）：

$$E_0' = K_1 E_0$$

式中　K_1——季节影响系数，不同地区取值范围为 1.2~1.4，各地可根据经验确定。

2. 土基顶面的回弹弯沉计算值

土基顶面的回弹弯沉值按回归方程式计算：

$$l_0 = 9308 E_0^{-0.938}$$

式中　E_0——土基回弹模量（MPa）；
　　　l_0——土基顶面的回弹弯沉计算值（0.01mm）。

例如，土基回弹模量测量值 $E_0 = 50$ MPa，如该地区土基的季节影响系数为 1.2，则土基回弹模量的调整值 $E_0' = 60$ MPa，相应的回弹弯沉计算值如下：

$$l_0 = 9308 \times 60^{-0.938} = 200 \times 10^{-2} \mathrm{mm}$$

这个值就是对土基进行弯沉值检验时的标准值，也即土基应达到的标准值。进行弯沉测量后，路段的代表弯沉值 $l_0 + 2S$ 应小于此标准值（对于一级公路和高速公路），或 $l + 1.645S$ 和 $l_0 + 1.5S$ 应小于此标准值（对于二级和二级以下的公路）。

3. 底基层顶面回弹弯沉按如下步骤计算：

（1）利用土基和底基层材料的回弹模量计算值 E_0 和 E_1 以及底基层的厚度 h_1（cm），计算模量比 $K_1 E_0 / K_2 E_1$ 及比值 h_1/δ（δ 为个轮迹当量圆的半径（cm），对于黄河卡车，$\delta = 10.75$ cm；K_2 为底基层材料的季节影响系数，可取 1.1~1.2）。

（2）查附图 16-1，双层体系表面弯沉系数图，得底基层表面弯沉系数 α_L。

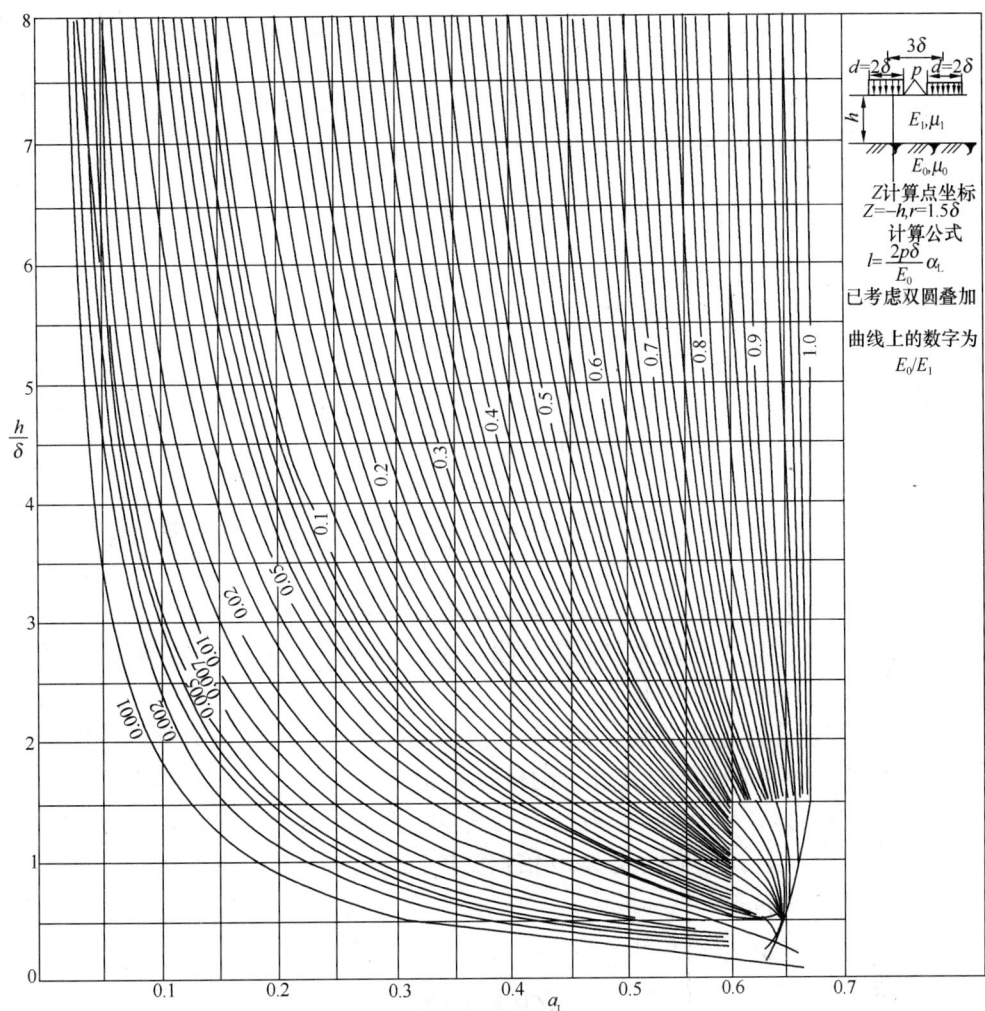

附图 16-1 双层体系表面弯沉系数图

(3) 弯沉综合修正系数 F 按下式计算：

$$F = 3.643\alpha_L^{0.8519}$$

(4) 按下式计算底基层顶面的回弹弯沉计算值 L_1，即标准值：

$$l_1 = \frac{2p\delta}{E_0 K_1}\alpha_L F \text{ (cm)}$$

式中 p——后轴重 100kN 卡车轮胎的单位压力，对于黄河卡车，可取 0.7MPa；

K_1——季节影响系数，不同地区取值范围为 1.2～1.4。

4. 基层（厚度 h_2）顶面弯沉值计算的步骤如下：

(1) 按双层体系表面弯沉系数图，查得底基层顶面的弯沉系数 α_L；

(2) 将具有回弹模量 E_1 和厚度 h_1 的底基层换算为与基层材料相当（即具有回弹模量 E_2）的厚度 h_2^1，为此，根据弯沉系数 α_L 和比值 KE_0/KE_2（K_3 为基层材料的季节影响系数，可取 1.05～1.0，无塑性指数的级配碎石取低值，有塑性指数的级配碎石、级配砾石、填隙碎石取高值）由双层体系表面弯沉系数图查得相应的 h_2^1/δ 值；

(3) 由 h_2/δ 与 h_2^1/δ 之和及 K_1E_0/K_3E_2 的值，从双层体系表面弯沉系数图查得相应的 α_L；

(4) 按 $F=3.643\alpha_L^{0.8519}$ 计算相应于 α_L' 的弯沉综合修正系数；

(5) 按下式计算基层顶面应有的回弹弯沉计算值 l_2，即标准值：

$$l_2 = \frac{2p\delta}{K_1E_0}\alpha_L'F(\text{cm})$$

上述计算当量厚度的方法，也可由下述简化方法代替：

即将厚度 h_1 的底基层按下式换算为与基层材料相当的厚度 h_2^1：

$$h_2^1 = h_1\sqrt[3]{E_1/E_2}$$

当底基层和基层超过一层而且每层材料的回弹模量不同时，可同样按上述方法计算各层顶面应达到的回弹弯沉值，即标准值。

附录17 钢筋机械连接接头的设计原则与性能等级

1. 钢筋机械连接接头的设计应满足强度及变形性能的要求。

2. 接头连接件的屈服承载力和受拉承载力的标准值应不小于被连接钢筋的屈服承载力和受拉承载力标准值的 1.10 倍。

3. 接头应根据其性能等级和应用场合，对单向拉伸性能、高应力反复拉压、大变形反复拉压、抗疲劳等各项性能确定相应的检验项目。

4. 接头应具有残余变形小、高延性及反复拉压性能。对Ⅰ级接头，其抗拉强度应不小于被连接钢筋的实际抗拉强度或 1.10 倍钢筋抗拉强度标准值；Ⅱ级接头的抗拉强度应不小于被连接钢筋的抗拉强度标准值。

5. 钢筋接头性能见附表 17-1。

钢筋接头性能 附表 17-1

接头等级			Ⅰ级	Ⅱ级
抗拉强度			$f_{\text{mst}}^0 \geqslant f_{\text{stk}}$ 断于钢筋 或 $f_{\text{mst}}^0 \geqslant 1.10 f_{\text{stk}}$ 断于钢筋	$f_{\text{mst}}^0 \geqslant f_{\text{stk}}$
单向拉伸	残余变形 (mm)	$d \leqslant 32$	$u_0 \leqslant 0.10$	$u_0 \leqslant 0.14$
		$d > 32$	$u_0 \leqslant 0.14$	$u_0 \leqslant 0.16$
	最大总伸长率（%）		$A_{\text{sgt}} \geqslant 6.0$	
高应力反复拉压	残余变形 (mm)		$u_{20} \leqslant 0.3$	
大变形反复拉压	残余变形 (mm)		$u_4 \leqslant 0.3$；$u_8 \leqslant 0.6$	

注：f_{mst}^0——接头试件实测抗拉强度；
　　f_{stk}——钢筋抗拉强度标准值；
　　d——钢筋公称直径；
　　u_0——接头试件加载至 $0.6f_{\text{yk}}$ 并卸载后在规定标距内的残余变形；
　　f_{yk}——钢筋屈服强度标准值；
　　A_{sgt}——接头试件的最大力总伸长率；
　　u_4——接头试件经大变形反复拉压 4 次后的残余变形；
　　u_8——接头试件经大变形反复拉压 8 次后的残余变形；
　　u_{20}——接头试件经大变形反复拉压 20 次后的残余变形。

6. 对直接承受动力荷载的结构或构件，其接头应满足设计要求的抗疲劳性能要求；当无专门要求时，接头的疲劳应力幅限值应不小于普通钢筋疲劳应力幅限值的80%。

附录18 掺合料技术要求

1. 拌制混凝土和砂浆用粉煤灰的技术要求应符合附表18-1的规定。

拌制混凝土和砂浆用粉煤灰的技术要求 GB/T 1596—2005　　附表18-1

名称		粉煤灰等级质量指标		
		Ⅰ	Ⅱ	Ⅲ
细度（45μm方孔筛筛余，%）		≤12.0	≤25.0	≤45.0
比表面积（m²/kg）		≥600	≥400	≥150
烧失量（%）		≤5.0	≤8.0	≤15.0
需水量比（%）		≤95	≤105	≤115
含水率（%）		≤1.0		
游离氧化钙（%）	F类粉煤灰	≤1.0		
	C类粉煤灰	≤4.0		
SO_3（%）		≤3.0		
安定性（雷氏夹沸煮后增加距离，mm）C类粉煤灰		≤5.0		
均匀性		单一样品的细度不应超过前10个样品细度平均值的最大偏差		
总碱量		当粉煤灰用于活性集料混凝土，需要限制掺合料的含碱量时，由买卖双方协商确定		

注：1. F类粉煤灰指由无烟煤或烟煤煅烧收集的粉煤灰。C类粉煤灰指由褐煤或次烟煤煅烧收集的粉煤灰。
    2. 拌制混凝土和砂浆的粉煤灰试验结果符合表中技术要求时为等级品。其中任一项不符合要求允许在同一编号加倍取样复验全部项目，复验不合格可降级处理。凡低于表中最低级别要求的为不合格产品。
    3. 表中比表面积要求为旧规范的要求，作为参考。

2. 磨细矿渣的技术要求应符合附表18-2的规定。

磨细矿渣技术要求 GB/T 18046—2008　　附表18-2

名称		级别		
		S105	S95	S75
密度（g/cm³）		≥2.8		
比表面积（m²/kg）		≥500	≥400	≥300
活性指数（%）	7d	≥95	≥75	≥55
	28d	≥105	≥95	≥75
流动度比（%）		≥95		
含水率（质量分数，%）		≤1.0		

续表

名称	级别		
	S105	S95	S75
SO_3（质量分数，%）	≤4.0		
氯离子（质量分数，%）	≤0.06		
烧失量（质量分数，%）	≤3.0		
玻璃体含量（质量分数，%）	≥85		
放射性	合格		

3. 硅灰技术要求应符合附表 18-3 的规定。

硅灰技术要求 附表 18-3

名称		质量指标
比表面积（m^2/kg）（BET 氮吸附法）		≥15000
烧失量（%）		≤6
含水率（%）		≤3
Cl^-（%）		≤0.02
SiO_2（%）		≥85
混合砂浆性能	需水量比（%）	≤125
	28d 活性指数（%）	≥85
总碱量		注明测定数值

注：本表摘自《公路工程水泥混凝土外加剂与掺合料应用技术指南》。

附录 19 混凝土配制强度计算

1. 混凝土的施工配制强度 $f_{cu,0}$，可根据强度标准差的历史平均水平按下式计算确定：

$$f_{cu,0} \geqslant f_{cu,k} + 1.645\sigma$$

式中 $f_{cu,0}$——混凝土配制强度（MPa）；

$f_{cu,k}$——混凝土立方体抗压强度标准值（MPa）；

σ——混凝土强度标准差（MPa）。

2. 混凝土强度标准差宜根据同类混凝土统计资料计算确定，并应符合下列规定：

(1) 计算时，强度试件组数应不少于 25 组。

(2) 当混凝土强度等级为 C20 和 C25，其强度标准差计算值小于 2.5MPa 时，计算配制强度用的标准差应取不小于 2.5MPa；当混凝土强度等级大于或等于 C30，其强度标准差计算值小于 3.0MPa 时，计算配制强度用的标准差应取不小于 3.0MPa。

(3) 当无统计资料计算混凝土强度标准差时，其值可按附表 19-1 取用。

σ 值 附表 19-1

混凝土强度等级	<C20	C20~C35	>C35
σ（MPa）	4.0	5.0	6.0

注：在采用本表时，可根据实际情况对 σ 值作适当调整。

附录20 超声波探伤

1. 超声波探伤的距离-波幅曲线灵敏度见附表20-1。

超声波探伤的距离-波幅曲线灵敏度　　　　　　附表20-1

焊缝质量等级	板厚（mm）	判废线	定量线	评定线
对接焊缝Ⅰ、Ⅱ级	8~100	$\phi3\times40-4dB$	$\phi3\times40-10dB$	$\phi3\times40-16dB$
角焊缝Ⅱ级	8~25	$\phi1\times2$	$\phi1\times2-6dB$	$\phi1\times2-12dB$
	>25~100	$\phi1\times2+4dB$	$\phi1\times2-4dB$	$\phi1\times2-10dB$
全熔透角焊缝	8~100	$\phi3\times40-4dB$	$\phi3\times40-10dB$	$\phi3\times40-16dB$
	8~100	$\phi6$	$\phi3$	$\phi2$

注：1. 角焊缝超声波探伤采用铁路钢桥制造专用柱孔标准试块或与其校准过的其他孔形试块。
2. 当允许未焊透尺寸不大于7mm时，采用与探测距离等距的槽形对比试块进行纵波扫查，槽形对比试块的槽形宽度为允许的未焊透尺寸；当允许未焊透尺寸大于7mm时，采用半波高度法界定未焊透尺寸。
3. 如超声波探伤已可准确认定焊缝存在裂纹，则应判定焊缝质量不合格。
4. $\phi6$、$\phi3$、$\phi2$表示纵波探伤的平底孔参考反射体尺寸。

2. 超声波探伤缺陷等级评定应符合附表20-2的规定，判断为裂纹、未熔合、未焊透（对接焊缝）等危机性缺陷者，应判断为不合格。

缺陷等级评定　　　　　　附表20-2

评定等级	板厚（mm）	单个缺陷指示长度
对接焊缝Ⅰ级	8~100	$t/3$，最小可为10，最大不超过30
对接焊缝Ⅱ级		$2t/3$，最小可为12，最大不超过30
全熔透角焊缝Ⅰ级		$t/3$，最小可为10，最大不超过30
全熔透角焊缝Ⅱ级		$2t/3$，最小可为12，最大不超过30
角焊缝Ⅱ级		$t/2$，最小可为10，最大不超过30

注：1. 母材板厚不同时，按较薄板评定。
2. 缺陷指示长度小于8mm时，按5mm计。

附录21 通信管道试通的检验与评定

1. 通信管道工程试通管孔，是通信管道工程质量评定具有否决权的关键项目，应符合以下规定：

（1）直线管道管孔试通应用比被试管孔标称直径小5mm、长900mm的拉棒进行；钢材等单孔组群的通信管道，每5孔抽试1孔；5孔以下抽试1/2；2孔试1孔；1孔则全试。

（2）管道在曲率半径大于36m时，应用比被试管孔标称直径小6mm、长900mm的拉棒进行；试通管孔数同上。

(3) 有包封的管道管孔试通，同上处理。

2. 通信管道工程管孔试通的评定标准，应按下列规定执行。

(1) 管孔试通全部通过第 1 款的规定或在试通总数（孔段）的 5% 以下标准拉棒不能通过，但能通过比标准拉棒直径小 1mm 的，为"合格"。

(2) 其他为不合格，应由施工单位返修至合格后，再进行验收。

参 考 文 献

[1] 张超，郑南翔，王建设主编．路基路面试验检测技术(第1版)．北京：人民交通出版社，2004．
[2] 解先荣主编．公共基础(第1版)．北京：人民交通出版社，2010．
[3] 关于印发公路水运工程试验检测人员考试办法的通知(质监综字[2007]4号)．
[4] 关于发布《公路水运工程试验检测机构等级标准》《公路水运工程试验检测机构等级评定程序》的通知[交质监发[2008]274号]．
[5] 公路水运工程试验检测管理办法(交通部令[2005]第12号)．
[6] 关于进一步加强公路水运工程工地试验室管理工作的意见(厅质监字[2009]183号)．
[7] 中华人民共和国行业标准．公路路基施工技术规范(JTG F10－2006)．北京：人民交通出版社，2006．
[8] 中华人民共和国行业标准．公路土工试验规程(JTG E40－2007)．北京：人民交通出版社，2007．
[9] 中华人民共和国行业标准．公路工程质量检验评定标准　第一册　土建工程(JTG F80/1－2004)．北京：人民交通出版社，2004．
[10] 中华人民共和国行业标准．公路路基路面现场测试规程(JTG E60－2008)．北京：人民交通出版社，2008．
[11] 中华人民共和国行业标准．公路水泥混凝土路面施工技术规范(JTG F30－2003)．北京：人民交通出版社，2003．
[12] 中华人民共和国国家标准．混凝土强度检验评定标准(GB/T 50107－2010)．北京：中国建筑工业出版社，2010．
[13] 中华人民共和国行业标准．公路沥青路面施工技术规范(JTG F40－2004)．北京：人民交通出版社，2004．
[14] 中华人民共和国行业标准．公路工程集料试验规程(JTG E42－2005)．北京：人民交通出版社，2005．
[15] 中华人民共和国行业标准．公路工程沥青及沥青混合料试验规程(JTG E20－2011)．北京：人民交通出版社，2011．
[16] 中华人民共和国行业标准．公路路面基层施工技术规范(JTJ 034－2000)．北京：人民交通出版社，2000．
[17] 中华人民共和国行业标准．公路工程无机结合料稳定材料试验规程(JTG E51－2009)．北京：人民交通出版社，2009．
[18] 中华人民共和国行业标准．公路桥涵施工技术规范(JTJ 041－2000)．北京：人民交通出版社，2000．
[19] 中华人民共和国行业推荐性标准．公路桥涵施工技术规范(JTG/T F50－2011)．北京：人民交通出版社，2011．
[20] 中华人民共和国行业标准．公路工程水泥及水泥混凝土试验规程(JTG E30－2005)．北京：人民交通出版社，2005．
[21] 中华人民共和国行业标准．普通混凝土配合比设计规程(JGJ 55－2011)．北京：中国建筑工业出版社，2011．
[22] 王建华，孙胜江主编．桥涵工程试验检测技术(第1版)．北京：人民交通出版社，2004．
[23] 陈建勋，马秦主编．隧道工程试验检测技术(第1版)．北京：人民交通出版社，2005．
[24] 中华人民共和国行业标准．公路隧道施工技术规范(JTG F60—2009)．北京：人民交通出版

社，2009.

[25] 中华人民共和国行业标准. 公路土工合成材料应用技术规范(JTG/T D32—2012). 北京：人民交通出版社，2012.

[26] 中华人民共和国交通行业标准. 公路工程土工合成材料 塑料排水板(带)(JT/T 521—2004). 北京：人民交通出版社，2004.

[27] 中华人民共和国建材行业标准. 软式透水管(JC 937—2004). 北京：中国建材工业出版社，2005.

[28] 中华人民共和国国家标准. 工业硅酸钠(GB/T 4209—2008). 北京：中国标准出版社，2008.

[29] 中华人民共和国国家标准. 农田排水用塑料单壁波纹管(GB/T 19647—2005). 北京：中国标准出版社，2005.

[30] 中华人民共和国国家标准. 埋地用聚乙烯(PE)结构壁管道系统 第1部分 聚乙烯双壁波纹管材(GB/T 19472.1—2004). 北京：中国标准出版社，2004.

[31] 中华人民共和国国家标准. 混凝土外加剂(GB 8076—2008). 北京：中国标准出版社，2009.

[32] 中华人民共和国建材行业标准. 喷射混凝土用速凝剂(JC 477—2005). 北京：中国建材工业出版社，2005.

[33] 中华人民共和国煤炭行业标准. 水泥锚杆 卷式锚固剂(MT 219—2002). 北京：煤炭工业出版社，2002.

[34] 中华人民共和国建材行业标准. 砂浆、混凝土防水剂(JC 474—2008). 北京：中国建材工业出版社，2008.

[35] 中华人民共和国国家标准. 碳素结构钢(GB/T 700—2006). 北京：中国标准出版社，2007.

[36] 中华人民共和国国家标准. 低压流体输送用焊接钢管(GB/T 3091—2008). 北京：中国标准出版社，2008.

[37] 中华人民共和国国家标准. 石油沥青纸胎油毡(GB 326—2007). 北京：中国标准出版社，2007.

[38] 中华人民共和国国家标准. 输送流体用无缝钢管(GB/T 8163—2008). 北京：中国标准出版社，2008.

[39] 中华人民共和国国家标准. 聚氨酯防水涂料(GB/T 19250—2003). 北京：中国标准出版社，2003.

[40] 中华人民共和国建材行业标准. 聚氯乙烯弹性防水涂料(JC/T 674—1997). 北京：国家建筑材料工业局标准化研究所出版社，1997.

[41] 中华人民共和国国家标准. 聚合物水泥防水涂料(GB/T 23445—2009). 北京：中国标准出版社，2009.

[42] 中华人民共和国建材行业标准. 水乳型沥青防水涂料(JC/T 408—2005). 北京：中国建材工业出版社，2005.

[43] 中华人民共和国建材行业标准. 溶剂型橡胶沥青防水涂料(JC/T 852—1999). 北京：国家建筑材料工业局标准化研究所出版社，1999.

[44] 中华人民共和国国家标准. 合成树脂乳液外墙涂料(GB/T 9755—2001). 北京：中国标准出版社，2001.

[45] 中华人民共和国国家标准. 建筑防水涂料试验方法(GB/T 16777—2008). 北京：中国标准出版社，2008.

[46] 中华人民共和国国家标准. 高分子防水材料 第1部分 片材(GB 18173.1—2006). 北京：中国标准出版社，2007.

[47] 中华人民共和国国家标准. 高分子防水材料 第2部分 止水带(GB 18173.2—2000). 北京：中国标准出版社，2000.

[48] 中华人民共和国国家标准. 高分子防水材料 第3部分 遇水膨胀橡胶(GB/T 18173.3—2002).

北京：中国标准出版社，2002.

[49] 中华人民共和国行业标准. 公路交通安全设施施工技术规范(JTG F71—2006). 北京：人民交通出版社，2006.

[50] 韩文元，包左军主编. 交通安全设施及机电工程(第1版). 北京：人民交通出版社，2010.

[51] 中华人民共和国国家标准. 轮廓标(GB/T 24970—2010). 北京：中国标准出版社，2010.

[52] 中华人民共和国国家标准. 道路交通标志和标线(GB 5768.1—2009～GB 5768.3—2009). 北京：中国标准出版社，2009.

[53] 中华人民共和国国家标准. 道路交通标志板及支撑件(GB/T 23827—2009). 北京：中国标准出版社，2009.

[54] 中华人民共和国交通运输行业标准. 公路机电系统设备通用技术要求及检测方法(JT/T 817—2011). 北京：人民交通出版社，2012.

[55] 交通工程现行通信行业标准和国家标准，如《综合布线系统电气特性通用测试方法》(YD/T 1013—1999)、《通信电源设备的防雷技术要求和测试方法》(YD/T 944—2007)、《收费专用键盘》(GB/T 24724—2009)、《公路收费用票据打印机(GB/T 24723—2009)》、《道路交通信号灯》(GB 14887—2011)、《高密度聚乙烯硅芯管》(GB/T 24456—2009)等.

[56] 《公路工程试验检测人员业务考试应试题集及模拟试卷》编写组编. 公路工程试验检测人员业务考试应试题集及模拟试卷. 北京：人民交通出版社，2007.

[57] 中华人民共和国交通运输行业标准. 汽车号牌视频自动识别系统(JT/T 604—2011). 北京：人民交通出版社，2012.

[58] 中华人民共和国行业标准. 公路工程质量检验评定标准 第二册 机电工程(JTG F80/2—2004). 北京：人民交通出版社，2004.

[59] 广西壮族自治区交通工程质量监督站，广西交通科学研究院等编. 2012年公路水运工程试验检测人员继续教育培训材料. 广西：2012(10).

[60] 中华人民共和国交通行业标准. 公路工程机电设施标准汇编，如《环形线圈车辆检测器》(JT/T 455—2001)、《收费栏杆技术条件 第1部分：电动栏杆》(JT/T 428.1—2000)、《收费栏杆技术条件 第2部分：手动栏杆》(JT/T 428.2—2000)、《公路收费车道控制机》(JT/T 602—2004)、《公路收费非接触式IC卡收发卡机》(JT/T 603—2004)、《LED车道控制标志》(JT/T 597—2004)、《高速公路监控系统地图板装置》(JT/T 601—2004)、《隧道可编程控制器》(JT/T 608—2004)、《公路隧道照明灯具》(JT/T 609—2004)等. 北京：人民交通出版社，2005.

[61] 中华人民共和国交通行业标准. 公路收费用费额显示器(JT/T 641—2005). 北京：人民交通出版社，2006.

[62] 中华人民共和国交通行业标准. 道路交通气象环境 能见度检测器(JT/T 714—2008). 北京：人民交通出版社，2008.

[63] 中华人民共和国交通行业标准. 道路交通气象环境 埋入式路面状况检测器(JT/T 715—2008). 北京：人民交通出版社，2008.

[64] 中华人民共和国国家标准. 高速公路LED可变信息标志(GB/T 23828—2009). 北京：中国标准出版社，2009.

[65] 中华人民共和国国家标准. 高速公路LED可变限速标志(GB 23826—2009). 北京：中国标准出版社，2009.